普遍的国際社会への法の挑戦

謹しんで

芹田健太郎先生に捧げます

一　同

〈執筆者一覧〉（掲載順）

坂元茂樹（さかもと しげき）	神戸大学大学院法学研究科教授
林　陽子（はやし ようこ）	女性差別撤廃委員会（国連条約機関）委員，弁護士
吾郷眞一（あごう しんいち）	九州大学大学院法学研究院教授
江島晶子（えじま あきこ）	明治大学大学院法務研究科教授
大塚泰寿（おおつか やすひさ）	甲南大学非常勤講師
西片聡哉（にしかた としや）	京都学園大学法学部准教授
佐藤以久子（さとう いくこ）	桜美林大学リベラル・アーツ学群・法学政治学系准教授
棟居快行（むねすえ としゆき）	大阪大学大学院高等司法研究科教授
建石真公子（たていし ひろこ）	法政大学法学部教授
初川　満（はつかわ みつる）	横浜市立大学国際総合科学部教授
武村二三夫（たけむら ふみお）	日弁連国際人権問題委員会委員長，弁護士
安藤由香里（あんどう ゆかり）	大阪大学グローバルコラボレーションセンター特任助教
更田義彦（ふけた よしひこ）	上智大学法科大学院教授，弁護士
尾﨑久仁子（おざき くにこ）	国際刑事裁判所判事
薬師寺公夫（やくしじ きみお）	立命館大学大学院法務研究科教授
川村真理（かわむら まり）	杏林大学総合政策学部准教授
林　美香（はやし みか）	神戸大学大学院国際協力研究科准教授
黒神直純（くろかみ なおずみ）	岡山大学大学院社会文化科学研究科教授
酒井啓亘（さかい ひろのぶ）	京都大学大学院法学研究科教授
荒島千鶴（あらしま ちづ）	神戸学院大学法学部准教授
森川俊孝（もりかわ としたか）	成城大学法学部教授，横浜国立大学名誉教授
呉　美英（お みよん）	韓国東國大学校法科大学法学科副教授
大窪敦子（おおくぼ あつこ）	世界銀行法務総局上級法務担当官
李　禎之（り よしゆき）	岡山大学大学院社会文化科学研究科准教授
浅田正彦（あさだ まさひこ）	京都大学大学院法学研究科教授

芹田健太郎 先生

普遍的国際社会への法の挑戦

――芹田健太郎先生古稀記念――

坂元茂樹・薬師寺公夫 編

信 山 社

はしがき

　本書は，2011年3月10日に70歳を迎えられた芹田健太郎先生の古稀をお祝いする記念論文集として編集されたものです。芹田先生は，1963年に京都大学法学部を卒業された後，京都大学大学院において人権の国際的保障についての研究にとりくむことから，研究者としての人生をスタートされました。そして，この「人権の国際的保障」の問題は，現在に至るまで，芹田国際法学の中心をなす部分であります。ヨーロッパ人権条約や米州人権条約，また，国際人権規約などのさまざまな人権条約の起草過程を丹念に追い，実施の現実を資料に基づいて緻密に描き出していく芹田先生の手法は，他に類を見るものではなく，後の世代の研究者にとって，模範でありまた目標となるものでもありました。

　1981年に出版された『国際人権規約草案註解』（有信堂）に始まり，1991年の『永住者の権利』（信山社），2000年の『亡命・難民保護の諸問題Ⅰ』（北樹出版），2003年の『地球社会の人権論』（信山社），2011年の『国際人権法Ⅰ』（信山社）など枚挙にいとまのない著作活動を続けてこられたことはご承知のとおりです。芹田先生が，国際人権法学会の実質的な創始者であり，同学会の理事長を2期6年お務めになり，現在の学会の基礎を築かれたことはつとに知られています。学会のこうした発展を記念すべく編まれた国際人権法講座4巻本の編集責任者として活躍されたことも，記憶に新しいところです。

　芹田先生は，さまざまな意味において，学界の先駆者でした。たとえば，今でこそ，文化の多様性を主張し，先進国の視点からのみ国際社会を見ることの問題性を主張する人は増えてきていますが，芹田先生は，研究生活に入られた最初の段階から，この問題を明確に意識しておられました。そして，グスタフ・ラートブルフやジャン＝ポール・サルトルの理論を基に「抽象的人間像から具体的人間像への転換」を主張し，独自の国際人権法学を打ち立てられました。さらに，この理論は人権法にとどまることなく，「具体的国家像」を考慮することの重要性を唱えられ，芹田先生ならではの国家承認論が構築された『普遍的国際社会の成立』（有斐閣，1996年）の刊行につながりました。

　また，芹田先生は，国際法と国内法との関係や相互作用を早くから認識して

はしがき

いた，という意味でも先駆者でありました。先生は，1970年代に『憲法と国際環境』(有信堂) と題する著書を出され，さらに，実務家向けの「国際人権規約と弁護士実務」という座談会 (前掲『地球社会の人権論』所収) の中で，国際人権規約の国内的効力について詳しく説明されています。「国際法の国内適用」というテーマは，1980年代後半からさまざまな研究者の注目を集め，現在はブームと言っていいほどの隆盛を見ていますが，先生はその基盤をつくられたわけです。

さらに，神戸商船大学 (現神戸大学海事科学部) に長く勤務しておられたこともあって，海洋法の分野でも多くの業績を残されました。1999年に出版された『島の領有と経済水域の境界画定』(有信堂) は，芹田海洋法学の頂点を示す著作です。その後も，先生の研究意欲は衰えることなく，『日本の領土』(中公叢書) では，日本を取り巻く領土紛争について鋭い分析と画期的な提言を行っておられます。また，神戸大学法学部においては，他の大学には例を見ない「国際海洋法」の講義を新設され，教育面でも活躍されました。

加えて，芹田先生のご業績の中で忘れてはならないのは，外務省国際法課 (旧法規課) との協力で続けられている，国際法事例研究会のお仕事です。『国家承認』，『国交再開・政府承認』，『領土』，『外交・領事関係』，『条約法』という著作の刊行にあたってその中心的な役割を担ってこられました。

このように日本の国際法学を先導してこられた芹田先生の古稀を祝うべく，その教え子のみならず，学会や研究会において交流を続けてきた研究者が集って，現在自分らが抱えている問題意識を論文にすることによって，少しでも芹田先生の学恩に報いたいという趣旨で編まれたのが本書です。ご寄稿いただいた25本の論文は，芹田先生のこれまでの幅広いご活躍を反映するように，国際法研究者のみならず，国内法研究者，国際刑事裁判所の裁判官や弁護士などの実務家の方々によってご執筆いただいたものです。当然のことながら，その内容は各分野に及んでいますが，現在の国際社会及び国内社会が抱える問題を鋭く析出した力作揃いと自負しています。この論文集が，芹田先生の学恩に少しでも報いるものとなれば，執筆者一同の望外の喜びです。

なお，芹田先生は本年4月より京都にあるノートルダム女子大学の学長に就任されます。ますますご多忙を極めることになると推察しますが，ご健康に留意されご活躍いただくことを願っております。

最後になりましたが，ご多忙な中，この論文集に意欲的な論文をお寄せいただいた執筆者の方々にお礼を申し上げるとともに，困難な出版事情の中で，本書の刊行にご尽力いただいた信山社の袖山貴氏，稲葉文子氏，及び編集実務にご尽力いただいた今井守氏のご協力に心より感謝申し上げます。

　2013年2月

編集代表
坂元茂樹　薬師寺公夫

目　次

はしがき

◆ 第 1 部 ◆　国際人権保障制度の実相と展望

1　普遍的定期審査の理想と現実
　　──相互審査の内実──………………………………〔坂元茂樹〕…5

　　Ⅰ　はじめに（5）
　　Ⅱ　普遍的定期審査の現実──事例研究と通して（10）
　　Ⅲ　作業部会による再検討（24）
　　Ⅳ　おわりに（27）

2　女性差別撤廃条約から見た民法 750 条
　　──夫婦同氏制度──……………………………………〔林　陽子〕…33

　　Ⅰ　問題の所在（33）
　　Ⅱ　民法 750 条の成立から現在まで（35）
　　Ⅲ　条約批准と国内法整備（39）
　　Ⅳ　民法 750 条の女性差別撤廃条約適合性（41）
　　Ⅴ　条約の直接適用可能性および被害者の救済（54）

3　ILO 基準適用監視制度再考………………………〔吾郷眞一〕…61

　　Ⅰ　国際法実施過程における監視の意義──序にかえて（61）
　　Ⅱ　ILO 基準実施監視の法的根拠（63）
　　Ⅲ　特別な監視機構（75）
　　Ⅳ　監視の現状と問題点──結びにかえて（81）

◆ 第 2 部 ◆　ヨーロッパ人権保障制度の新展開

4　ヨーロッパ人権裁判所と国内裁判所の「対話」？
　　── *Grand Chamber Judgment of Al-Khawaja and Tahery v. the United Kingdom* ── ………………………〔江島晶子〕…85

　　Ⅰ　はじめに（85）

目　次

　　　　Ⅱ　摩　　擦（*88*）
　　　　Ⅲ　「対　話」（*98*）
　　　　Ⅳ　小　　結（*119*）

**5　ヨーロッパ人権裁判所の受理可能性審査手続に関する
　改革について**
　　　　──第14議定書及びその後の発展を中心にして──
　　　………………………………………………………………〔大塚泰寿〕…*121*

　　　　Ⅰ　はじめに（*121*）
　　　　Ⅱ　ヨーロッパ人権条約第14議定書成立の原因（*122*）
　　　　Ⅲ　第14議定書による受理可能性審査手続に関する諸改革（*124*）
　　　　Ⅳ　改革に関する諸問題（*127*）
　　　　Ⅴ　将来の展望──むすびにかえて（*150*）

6　欧州人権条約における個人申立権の濫用
　　　　──人権裁判所の判例の検討を中心に──　………〔西片聡哉〕…*153*

　　　　Ⅰ　はじめに（*153*）
　　　　Ⅱ　申立人の法廷での行為（*156*）
　　　　Ⅲ　条約システムと釣りあわない些細な不利益（*164*）
　　　　Ⅳ　おわりに（*168*）

7　EU基本権憲章上の庇護権
　　　　──解釈と庇護関連指令を含む国内適用──　………〔佐藤以久子〕…*169*

　　　　Ⅰ　はじめに（*169*）
　　　　Ⅱ　EU法上の庇護に関する枠組規定（*171*）
　　　　Ⅲ　EU庇護権規定の国内適用（*191*）
　　　　Ⅳ　おわりに（*204*）

───◆　**第3部**　◆　**人権保障を巡る憲法と条約の相克**　───

8　障害者権利条約の国内実施をめぐって　…………〔棟居快行〕…*211*

　　　　Ⅰ　問題の所在（*211*）
　　　　Ⅱ　「障害（者）」の定義（*213*）
　　　　Ⅲ　障害者差別の特殊性（*214*）
　　　　Ⅳ　「障害者の憲法上の権利」──複合的権利として（*215*）

Ⅴ　立法にあたり予想される困難とその克服
　　　　　　――仮設事例を用いた検討（*219*）
　　　Ⅵ　「立法事実」の存在（*225*）

9　日本国憲法における「法律に対する条約優位」と
「人権」条約の適用
　　　　――憲法制定過程及び大日本帝国憲法の解釈における
　　　　　条約の地位の検討から――
　　　　……………………………………………〔建石真公子〕…227

　　　Ⅰ　は じ め に（*227*）
　　　Ⅱ　法規範としての人権条約の特質（*235*）
　　　Ⅲ　最高裁判所における人権条約の適用
　　　　　　――法律等の条約適合性審査（*240*）
　　　Ⅳ　日本における「条約に対する法律優位」原則（*252*）
　　　Ⅴ　お わ り に（*272*）

10　緊急事態における人権の制限 ………………〔初川　満〕…275
　　　Ⅰ　序 と し て（*275*）
　　　Ⅱ　国際人権法における人権の制限手法（*279*）
　　　Ⅲ　英国における権利の停止（*342*）
　　　Ⅳ　緊急事態と日本（*355*）
　　　Ⅴ　結 び と し て（*389*）

―――――――― ◆ **第 4 部** ◆ **国内人権訴訟の諸相** ――――――――

11　受刑者の選挙権と比例性の原則 ……………〔武村二三夫〕…397
　　　Ⅰ　は じ め に（*397*）
　　　Ⅱ　受刑者の選挙権制限（*398*）
　　　Ⅲ　国際的な裁判例とその審査手法（*405*）
　　　Ⅳ　考　　察（*418*）

12　難民訴訟事件における迫害の解釈と退去強制の
執行停止 ………………………………………〔安藤由香里〕…423
　　　Ⅰ　は じ め に（*423*）
　　　Ⅱ　日本の裁判例における迫害の解釈（*425*）
　　　Ⅲ　日本の裁判例における退去強制の執行停止（*430*）

目　次

　　　　Ⅳ　おわりに（442）

13　障害者の権利に関する条約とサリドマイド被害者
　　　　………………………………………………………〔更田義彦〕…445
　　　　Ⅰ　サリドマイド被害者と権利回復への闘い（445）
　　　　Ⅱ　障害者権利条約（2006年）の日本に対するインパクト（453）

──── ◆ 第5部 ◆　移行期正義の課題と対応 ────

14　国際刑事裁判所における手続上の問題
　　　──いわゆる「証人テスト」を例として──　………〔尾﨑久仁子〕…469
　　　　Ⅰ　はじめに（469）
　　　　Ⅱ　ICCにおける刑事手続（471）
　　　　Ⅲ　各国国内法における証人テスト（473）
　　　　Ⅳ　国際刑事裁判法廷における証人テスト（478）
　　　　Ⅴ　ICCにおける証人テスト禁止の問題点（485）
　　　　Ⅵ　おわりに（494）

15　強制失踪条約における非国家主体の人権侵害行為
　　と締約国の責任……………………………………〔薬師寺公夫〕…497
　　　　Ⅰ　はじめに（497）
　　　　Ⅱ　ジェノサイド条約における非国家主体による人権侵害行為
　　　　　　と締約国の責任──ジェノサイド条約適用事件ICJ判決を手
　　　　　　がかりに（501）
　　　　Ⅲ　一般的人権条約における非国家主体による人権侵害行為と
　　　　　　締約国の責任──失踪の典型事例を手がかりに（517）
　　　　Ⅳ　拷問禁止条約及び強制失踪条約における非国家主体による
　　　　　　人権侵害行為と締約国の責任（537）
　　　　Ⅴ　むすびにかえて（561）

16　国連人道問題調整事務所の機能と組織化
　　　──統合・調整機能とその正当性──　……………〔川村真理〕…565
　　　　Ⅰ　はじめに（565）
　　　　Ⅱ　権限と組織構造（567）
　　　　Ⅲ　機　　能（573）
　　　　Ⅳ　統合・調整の正当性とアカウンタビリティー（586）

Ⅴ　お わ り に (600)

**17　クラスター弾条約及び対人地雷禁止条約における
　　除去・廃棄義務とその支援義務**
　　　――非常設・非公式・非政府間組織を利用した履行確保の効果――
　　　………………………………………………………………〔林　　美香〕…603

　　　Ⅰ　はじめに――多国間条約の履行確保 (603)
　　　Ⅱ　クラスター弾条約及び対人地雷禁止条約における除去・廃棄
　　　　義務とその支援義務 (605)
　　　Ⅲ　非常設の履行確保手段――「締約国会合」および「検討会議」(608)
　　　Ⅳ　非公式の履行確保手段
　　　　　――「会合間作業プログラム」及び「会合間会合」(614)
　　　Ⅴ　非政府間組織を利用した履行確保――「実施支援部門」(620)
　　　Ⅵ　結　　論 (624)

―――――◆　**第 6 部**　◆　**課題に挑む国際機構**　―――――

18　国際機構の免除と国際公務員の身分保障
　　　――欧州人権裁判所 Waite & Kennedy 判決が及ぼした影響――
　　　………………………………………………………………〔黒神直純〕…629

　　　Ⅰ　は じ め に (629)
　　　Ⅱ　Waite & Kennedy 事件――国際機構の裁判権免除と
　　　　「公正な裁判を受ける権利」(634)
　　　Ⅲ　Waite & Kennedy 判決後の展開 (641)
　　　Ⅳ　お わ り に (651)

19　国際再生可能エネルギー機関（IRENA）について
　　　………………………………………………………………〔酒井啓亘〕…657

　　　Ⅰ　は じ め に (657)
　　　Ⅱ　IRENA の設立 (659)
　　　Ⅲ　IRENA の活動とその性格 (670)
　　　Ⅳ　お わ り に (688)

目　次

20　リスボン条約体制下の構成国議会の役割
　　　——構成国議会による審査制度の促進の観点から——
　　　　………………………………………………………〔荒島千鶴〕…*691*

　　　Ⅰ　はじめに——ニース条約からリスボン条約へ（*691*）
　　　Ⅱ　EU 法（*695*）
　　　Ⅲ　EU における代表制民主主義の制度と実態のダイナミズム（*699*）
　　　Ⅳ　お わ り に（*710*）

━━━━◆　**第 7 部　伝統的国際法概念の変容と発展**　◆━━━━

21　投資条約仲裁における国際法と国内法の適用と機能
　　　　………………………………………………………〔森川俊孝〕…*715*

　　　Ⅰ　は じ め に（*715*）
　　　Ⅱ　投資条約と適用法の決定（*717*）
　　　Ⅲ　国際法と国内法の適用と機能（*729*）
　　　Ⅳ　お わ り に（*747*）

22　韓国における未承認国家の法的地位
　　　——韓国の国内裁判における北朝鮮の著作権保護を中心に——
　　　　………………………………………………………〔呉　美英〕…*751*

　　　Ⅰ　は じ め に（*751*）
　　　Ⅱ　国際法上未承認国家の法律適用（*754*）
　　　Ⅲ　韓国と北朝鮮の法的地位（*757*）
　　　Ⅳ　韓国の国内裁判における北朝鮮の著作物の保護（*762*）
　　　Ⅴ　お わ り に（*766*）

23　グローバル・ガバナンス・ギャップと国際秩序形成に関する一考察
　　　——国連「（人権の）保護，尊重，救済の政策フレームワーク」と
　　　国家管轄権の域外適用に対する視座を中心に——
　　　　………………………………………………………〔大窪敦子〕…*769*

　　　Ⅰ　は じ め に（*769*）
　　　Ⅱ　人権，企業と国際法（*770*）
　　　Ⅲ　国家管轄権の域外適用と国際秩序形成（*777*）
　　　Ⅳ　お わ り に（*796*）

24 領域紛争における仮保全措置の新展開
──最近の国際司法裁判所判例とその含意── ………〔李　禎之〕…799

Ⅰ　は じ め に（799）
Ⅱ　指示要件──被保全権利の変容（802）
Ⅲ　措置内容──紛争悪化防止機能の強化（807）
Ⅳ　お わ り に（818）

25 非国家主体と自衛権
──「侵略の定義」決議第3条(g)を中心に── ………〔浅田正彦〕…821

Ⅰ　は じ め に（821）
Ⅱ　ニカラグア事件判決における自衛権と帰属論（823）
Ⅲ　「侵略の定義」決議（829）
Ⅳ　国 家 実 行（837）
Ⅴ　お わ り に（856）

芹田健太郎先生略歴・主要業績（巻末）

● 執筆者紹介 ●
(掲載順)

坂元茂樹 (Sakamoto Shigeki)
　1950年生まれ。2007年神戸大学博士(法学)。現在，神戸大学大学院法学研究科教授。
　〈主要著作〉『条約法の理論と実際』(東信堂，2004年)，『講座国際人権法1～4』共編著(信山社，〔1・2〕2006年，〔3・4〕2011年)，『国際法(第5版)』共著(有斐閣，2007年)，『ブリッジブック国際人権法』共著(信山社，2008年)，『国際立法の最前線』藤田久一先生古稀記念　編著(有信堂，2009年)，『現代国際法の思想と課題Ⅰ・Ⅱ』共著編(東信堂，2012年)

林　陽子 (Hayashi Yoko)
　1956年生まれ。1979年早稲田大学法学部卒業。現在，弁護士(アテナ法律事務所)，女性差別撤廃委員会(国連条約機関)委員。
　〈主要著作〉『女性差別撤廃条約と私たち』編著(信山社，2011年)，『実務　ジェンダー法講義』共編著(民事法研究会，2007年)，『働く女たちの裁判』共著(学陽書房，1996年)，「女性差別撤廃条約──国家責任と被害者の救済」『講座ジェンダーと法〈第1巻〉ジェンダー法学のインパクト』(日本加除出版，2012年)

吾郷眞一 (Ago Shinichi)
　1948年生まれ。1989年ジュネーブ大学大学院博士。現在，九州大学大学院法学研究院教授。
　〈主要著作〉『国際労働基準法』(三省堂，1997年)，『国際経済社会法』(三省堂，2005年)，『労働CSR入門』(講談社，2007年)

江島晶子 (Ejima Akiko)
　明治大学大学院法学研究科博士後期課程単位取得退学，博士(法学)。現在，明治大学大学院法務研究科教授。
　〈主要著作〉『人権保障の新局面』(日本評論社，2002年)，「日本における「国際人権」の可能性」『岩波講座憲法(第5巻)グローバル化と憲法』(岩波書店，2007年)，『ヨーロッパ人権裁判所の判例』共編著(信山社，2008年)，「国際人権条約の司法的国内実施の意義と限界」芹田健太郎ほか編『講座国際人権法3　国際人権法の国内的実施』(信山社，2011年)，「憲法の未来像における国際人権条約のポジション」『憲法理論の再創造』(日本評論社，2011年)，「国際人権保障の観点から見た「国際協調主義」の課題と可能性」『憲法の国際協調主義の展開』(敬文堂，2012年)

大塚泰寿 (Ohtsuka Yasuhisa)
　1965年生まれ。2001年神戸大学博士(法学)。現在，甲南大学非常勤講師。
　〈主要著作〉「ヨーロッパ人権保障システムの改革について」国際協力論集4巻1号(神戸大学大学院国際協力研究科，1996年)「ヨーロッパ人権条約における友好的解決に関する考察」六甲台論集(国際協力研究編)2号(2001年)

西片聡哉 (Nishikata Toshiya)
　1969年生まれ。2003年神戸大学大学院法学研究科博士課程後期課程修了，博士(法学)。現在，京都学園大学法学部准教授。
　〈主要著作〉『ヨーロッパ人権裁判所の判例』共著(信山社，2008年)，「欧州人権条約における『民主主義』に関する一考察──人権裁判所による『真に民主的な政治体制』の保障

を中心に」松田竹男ほか編『現代国際法の思想と構造Ⅰ』（東信堂，2012年），「集会・結社の自由の制約に対する欧州人権裁判所の統制」国際人権13号（2002年）

佐藤以久子（Sato Ikuko）

1960年生まれ。2003年神戸大学博士（法学）。現在，桜美林大学リベラル・アーツ学群・法学政治学系准教授。

〈主要著作〉「EUにおける難民の保護——現状と国際法上の課題」渡邊彰悟＝大橋毅＝関聡介＝児玉晃一編『日本における難民事件の発展と現在』伊藤和夫弁護士50周年記念論文集（現代人文社，2010年），「EUにおける庇護申請手続——事前審査手続の基準（Dublin Procedures）」法律時報75巻2号（2003年），「庇護申請におけるデュー・プロセスの法源」国際人権13号（2002年），「北欧の動向——スウェーデンの庇護法」『難民と人権——新世紀の視座』（現代人文社，2001年）

棟居快行（Munesue Toshiyuki）

1955年生まれ。1978年東京大学法学部卒業。現在，大阪大学大学院高等司法研究科教授。
〈主要著作〉『人権論の新構成』（信山社，1992年），『憲法学再論』（信山社，2001年），『憲法学の可能性』（信山社，2012年）

建石真公子（Tateishi Hiroko）

1953年生まれ。1991年東京都立大学社会科学研究科基礎法学専攻博士課程単位取得満期退学。現在，法政大学法学部教授。

〈主要著作〉『憲法と人権条約』（有信堂高文社，近刊），『身体・性・生——個人の尊重とジェンダー』共編著（尚学社，2012年），「ヨーロッパ人権裁判所による『公正な裁判』保護の拡大——『ヨーロッパ規範』の形成および手続きの保障による実体的権利の保護へ」比較法研究74号（2013年），「フランス2008年憲法改正における違憲審査と条約適合性審査——人権保障における憲法とヨーロッパ人権条約の規範の対立の逆説的な強化(1)(2)」法学志林109巻3号，111号1号（2012年，2013年），«L'impact de droit international sur la Constitution Japonaise» 法学志林109巻4号（2012年），「『ジェンダーに基づく差別』禁止と人権条約——フランスにおける性差別禁止に関する国内法制と人権条約」（財）東海ジェンダー研究所記念論集編集委員会編『越境するジェンダー研究』共著（明石書店，2010年）

初川　満（Hatsukawa Mitsuru）

1949年生まれ。1982年よりロンドン大学（L.S.E.）大学院。後，ロンドン大学高等法律研究所（I.A.L.S.）。現在，横浜市立大学国際総合科学部教授。

〈主要著作〉『人間の法的権利』〔翻訳〕（信山社，1991年），『国際人権法概論——市民的・政治的権利の分析』（信山社，1994年），『ヒギンズ国際法——問題解決の過程としての国際法』〔翻訳〕（信山社，1997年），『21世紀の人権』編著（信山社，2000年），『ヨーロッパ人権裁判所の判例』（信山社，2002年），『国際人権法の展開』（信山社，2005年），『緊急事態と人権』（信山社，2007年），『テロリズムの法的規制』編著（信山社，2009年），『国際テロリズム入門』編著（信山社，2010年）

武村二三夫（Takemura Fumio）

1950年生まれ。1973年京都大学法学部卒業。現在，日弁連国際人権問題委員会委員長，弁護士（大阪弁護士会）。

〈主要著作〉『外登証常時携帯制度と人権侵害』共編（日本評論社，1987年），「別件逮捕・

執筆者紹介

勾留（弁護）」『刑事手続 上』（筑摩書房，1988年），「証拠の新規性とは何か」『刑事弁護の技術（下）』（第一法規出版，1994年），「人権擁護活動の国際連帯」日本弁護士連合会編『21世紀弁護士論』（有斐閣，2000年），「生活保護法の外国人への適用」芹田健太郎ほか編『講座国際人権法2 国際人権規範の形成と展開』（信山社，2006年），「生命の権利と死刑」芹田健太郎ほか編『講座国際人権法3 国際人権法の国内的実施』（信山社，2011年）

安藤由香里（Ando Yukari）

1970年生まれ。1999年英国ウォリック大学法学修士，2009年名古屋大学博士後期課程退学。現在，大阪大学グローバルコラボレーションセンター特任助教。

〈主要論文〉「外国人の退去強制における拷問等禁止条約のノン・ルフルマン原則の活用」移民政策研究2号（2010年）。"Limited Complementarity and Possible Subsidiarity: Scope of the Lex Specialis Theory" *Revue Tunisienne de Droit* 2009 (Centre de Publication Universitaire, 2010); "Repatriation Assistance for Refugees and IDPs as UN PKO Mandates: From Humanitarian Assistance to The Challenge of Peacebuilding" *CDR Quarterly* No. 1, Human Security Programme (University of Tokyo, 2011)

更田義彦（Fuketa Yoshihiko）

1942年生まれ。1966年東京大学法学部卒。現在，上智大学法科大学院教授，弁護士（第二東京弁護士会）。

〈主要著作〉『薬品公害と裁判――サリドマイド事件の記録から』共著（東京大学出版会，1974年），「子どもの権利と裁判の役割」別冊『発達・子どもの権利条約と児童の福祉』（ミネルヴァ書房，1992年），「フランスの弁護士懲戒手続」『現代ヨーロッパ法の展望』（東京大学出版会，1998年），『人権保障としての成年後見制度』（一橋出版，2002年），『Q&A中間法人法解説』共著（三省堂，2003年），『長銀最高裁無罪事件（上）・（下）』共編（信山社，2011年）

尾﨑久仁子（Ozaki Kuniko）

1956年生まれ。1982年英オクスフォード大学 M. Phil.（International Relations）。現在，国際刑事裁判所判事。

〈主要著作〉『国際人権・刑事法概論』（信山社，2004年），「日本における戦争犯罪の処罰について」村瀬信也＝真山全編『武力紛争の国際法』（東信堂，2004年），「国際組織犯罪防止条約について」刑事法ジャーナル9号（2007年），「国際刑事裁判所の現状と課題」刑事法ジャーナル27号（2011年）

薬師寺公夫（Yakushiji Kimio）

1950年生まれ。1979年京都大学大学院法学研究科博士課程単位取得満期退学。現在，立命館大学大学院法務研究科教授。

〈主要著作〉「国連海洋法条約と海洋環境保護」国際問題 No. 617（電子版，2012年），『現代国際法の思想と構造Ⅰ・Ⅱ』共編著（東信堂，2012年），『講座国際人権法3・4』共編著（信山社，2011年），「国際人権法の現代的意義」世界法年報29号（2010年）

川村真理（Kawamura Mari）

1964年生まれ。2003年神戸大学博士(法学)。現在，杏林大学総合政策学部准教授。

〈主要著作〉『難民の国際的保護』（現代人文社，2003年），「拷問等禁止条約第3条における送還禁止基準」杏林社会科学研究21巻1号（2005年），「アメリカの「対テロ戦争」と拷問禁止規範」杏林社会科学研究22巻3号（2006年）

執筆者紹介

林　美香 (Hayashi Mika)
1970 年生まれ。2003 年東京大学大学院総合文化研究科博士課程単位取得退学。現在，神戸大学大学院国際協力研究科准教授。
〈主要著作〉"The Information Revolution and the Rules of Jurisdiction in Public International Law", in Myriam Dunn et al. (eds.), *The Resurgence of the State: Trends and Processes in Cyberspace Governance* (Ashgate, 2007), pp. 59-83; "Ottawa Convention on Landmines in Two Perspectives: International Humanitarian Law and Disarmament", in Sai Felicia Krishna-Hensel (ed.), *Global Cooperation: Challenges and Opportunities in the Twenty-First Century* (Ashgate, 2006), pp. 75-108; "The Principle of Civilian Protection and Contemporary Armed Conflict", in Howard M. Hensel (ed.), *The Law of Armed Conflict: Constraints on the Contemporary Use of Military Force* (Ashgate, 2005), pp. 105-129; "Constraints on Sovereignty in the Chemical Weapons Convention from the Perspective of International Law", in Howard M. Hensel (ed.), *Sovereignty and the Global Community: The Quest for Order in the International System* (Ashgate, 2004), pp. 55-82.

黒神直純 (Kurokami Naozumi)
1965 年生まれ。2004 年神戸大学博士(法学)。現在，岡山大学大学院社会文化科学研究科教授。
〈主要著作〉『国際公務員法の研究』(信山社，2006 年)，「国連行政裁判所の改革について――国連紛争裁判所と国連上訴裁判所の設立」岡山大学法学会編『法学と政治学の新たなる展開』岡山大学創立 60 周年記念論文集 (有斐閣，2010 年)，「国連事務局の機能変化」世界法年報 30 号 (2011 年)

酒井啓亘 (Sakai Hironobu)
1963 年生まれ。1992 年京都大学大学院法学研究科単位取得認定退学。現在，京都大学大学院法学研究科教授。
〈主要著作〉『国際法基本判例 50』共編 (三省堂，2010 年)，『国際法』共著 (有斐閣，2011 年)，「国連国際法委員会による法典化作業の成果――国際法形成過程におけるその影響」村瀬信也＝鶴岡公二編『変革期の国際法委員会』山田中正大使傘寿記念 (信山社，2012 年)

荒島千鶴 (Arashima Chizu)
1971 年生まれ。2002 年神戸大学博士(法学)。現在，神戸学院大学法学部准教授。
〈主要著作〉「地域委員会による EU 政策決定過程への民主的コントロール」国際協力論集 14 巻 1 号 (2006 年)，「補完性の原則の下での地域委員会の役割の拡大」国際協力論集 12 巻 2 号 (2004 年)，「構成国国会の審査制度による EU 立法過程の民主的統制」日本 EU 学会年報 21 号 (2001 年)

森川俊孝 (Morikawa Toshitaka)
1945 年生まれ。1974 年一橋大学大学院法学研究科博士課程単位取得満期退学。現在，成城大学法学部教授，横浜国立大学名誉教授。
〈主要著作〉『新国際法講義』共編著 (北樹出版，2011 年)，『開発協力の法と政治』共編著 (国際協力出版会，2004 年)，「収用・国有化　投資協定仲裁における規制と間接収用」日本国際経済法学会編／村瀬信也編集代表『国際経済法講座 I　通商・投資・競争』(法律文化社，2012 年)，「ICSID 仲裁における国際法と国内法の関係」日本国際経済法学会年報 17 号 (2008 年)

xxiii

執筆者紹介

呉　美英（Oh Mi-Young）
1997 年神戸大学法学部法律学科卒業，同大学院進学(博士(法学))。現在，韓国東國大学校法科大学法学科副教授。
〈主要著作〉『外国軍の法的地位』(法元社，2003 年)，『脱冷戦期の韓半島と周辺 4 強』共著 (図書出版 Maebong, 2004 年), "New Perspectives on Historical Issues in Korean-Japanese Relations from the Point of International Law" (Kim Pu-ja et al., Northeast Asian History Foundation, 2009),「韓国の国内裁判における国際人権」芹田健太郎ほか編『講座国際人権法 3 国際人権法の国内的実施』(信山社，2011 年)，『国際投資協定と ISDS』〔共訳〕(韓国学術情報，2012 年)

大窪敦子（Okubo Atsuko）
1967 年生まれ。1991 年神戸大学法学部卒業。1998 年米国ジョージタウン大学ローセンター修士(法学)。現在，世界銀行法務総局上級法務担当官。
〈主要著作〉"Environmental Labeling Programs and the GATT/WTO Regime," *Georgetown International Environmental Law Review*, Vol. 11, pp. 599-646 (1999)．その他，地球環境ファシリティーや気候変動枠組条約の下での適応基金の運営等に関して，種々の文献を執筆。

李　禎之（Lee Yoshiyuki）
1974 年生まれ。2004 年神戸大学博士(法学)。2001 年ライデン大学(蘭)LL.M.。現在，岡山大学大学院社会文化科学研究科准教授。
〈主要著作〉『国際裁判の動態』(信山社，2007 年)，「国際司法裁判所による請求の規律」国際法外交雑誌 107 巻 4 号 (2009 年), "The Repercussions of the *LaGrand* Judgment: Recent ICJ Jurisprudence on Provisional Measures," *Japanese Yearbook of International Law*, Vol. 55 (2012)

浅田正彦（Asada Masahiko）
1958 年生まれ。1983 年京都大学大学院法学研究科修士課程修了。現在，京都大学大学院法学研究科教授。
〈主要著作〉『21 世紀国際法の課題』編著 (有信堂高文社，2006 年)，『核軍縮不拡散の法と政治』黒澤満先生退職記念 共編著 (信山社，2008 年)，『軍縮条約・資料集 (第三版)』共編 (有信堂高文社，2009 年)，『国際法』編著 (東信堂，2011 年)，『輸出管理』編著 (有信堂高文社，2012 年)

xxiv

普遍的国際社会への法の挑戦

第 1 部
国際人権保障制度の実相と展望

1 普遍的定期審査の理想と現実
——相互審査の内実——

坂元茂樹

Ⅰ はじめに
Ⅱ 普遍的定期審査の現実——事例研究を通して
Ⅲ 作業部会による再検討
Ⅳ おわりに

Ⅰ はじめに

　2006年3月の人権理事会の発足に伴い，すべての国連加盟国（当時は192カ国，現在は193カ国）について普遍的定期審査（Universal Periodic Review，以下UPRという）を行うことが，2007年6月18日の制度構築決議5/1によって決定された[1]。加盟国が誓約を行い，その加盟国同士で相互審査（peer review）を行うという制度は，「アフリカ開発のための新パートナーシップ（NEPAD）」がアフリカ相互審査メカニズム（African Peer Review Mechanism）を採用しているが，普遍的機関である国連では初めての試みである[2]。このUPRが誕生した背景及びその制度設計についてはすでに小畑郁教授による詳細な研究があり，屋上屋を重ねることになるが，本章の検討に必要な限りでUPRの誕生の背景について説明したい[3]。

---

[1] Human Rights Council, Res.5/1, Institution-Building of the United Nations Human Rights Council, Report on the Fifth Session of the Council, U. N. Doc. A/HRC/5/21 (2007).

[2] 相互審査の対象になっているのは，NEPADを通じて，アフリカ大陸を再建することを誓約した各国に対する，①民主化と良き政治ガバナンス，②経済ガバナンスと運営，③コーポレートガバナンス，④社会経済発展，の4点についてである。30カ国の加盟国による相互審査を採用し，2006年1月から2011年1月までの間に14カ国の相互審査を終えている。詳しくは，Cf. http://www.nepad.org/economicandcorporategovernance/african-peer-review-mechanism/about.

〈第1部〉国際人権保障制度の実相と展望

　UPRの構想は，コフィ・アナン事務総長（当時）によって任命された「脅威，挑戦，変革に関するハイレベルパネル」（16名の世界的識者から構成）が，2004年12月に公表した「より安全な世界を目指して──責任を共有する」の中で言及された[4]。さらに，2005年3月に公表した「より大きな自由に向けて──すべての人の安全，開発，人権のために」と題する報告書の中でも，人権理事会の創設を中心とする提言とUPRへの言及がなされた[5]。同年9月の世界首脳会議もこの考えを受け入れた。

　そこで，2006年3月15日の第60回国連総会で，人権理事会設置決議（60/251）が採択された。同決議は，「国連人権委員会に代えて，ジュネーヴに所在する人権理事会を，総会の補助機関として設立することを決定する」（1項）とともに，理事会の任務の一つとしてUPRを取り上げ，「対象の普遍性及びすべての国家についての平等な取扱いを確保するようなやり方で，客観的かつ信頼できる情報に基づき，各国家の人権義務及び約束の履行の普遍的定期審査を行うこと。この審査は，関係国が十分に関わり，その能力の開発のニーズを考慮して，双方向性のある対話に基づく協力的メカニズムでなければならない。かかるメカニズムは，人権条約機関の作業を補完するものでなければならず，それと重複してはならない。理事会は，普遍的定期審査のための方式及び必要な時間割当を，その第一会期ののち一年以内に開発するものとする[6]」（5項(e)）と規定し，UPRの原則的な部分について合意した。

　人権理事会の構成国は，人権委員会の53カ国から47カ国に削減され，その地理的配分もアジア，アフリカ各13カ国，ラ米8カ国，東欧6カ国，西欧7カ国となり，アジア・アフリカ諸国だけで過半数の26カ国を占めることに

---

(3)　小畑郁「国連人権理事会における普遍的定期審査」芹田健太郎ほか編『講座国際人権法4 国際人権法の国際的実施』（信山社，2011年）107-127頁参照。

(4)　Report of the Secretary-General's High-Level Panel on Threat, Challenges and Changes, A more secure world: our shared responsibility──report of the High-level Panel on Threats, Challenges and Change, A/59/565（1 December 2004）, p. 74, para. 283. 詳しくは，横田洋三「人権小委員会及びILO専門委員会での経験を踏まえて」国際人権19号（2008年）139-140頁参照。

(5)　"In larger freedom: Towards development, security and human rights for all," A/59/2005（21 March 2005）, p. 45, para. 183.

(6)　田中則夫＝薬師寺公夫＝坂元茂樹編集代表『ベーシック条約集2012』（東信堂，2012年）189頁（小畑郁訳）。

なった。そのため，決議にも途上国の意向が反映されやすい構成になった⁽⁷⁾。そして，この人権理事会が先の制度構築決議5/1において，加盟国同士の相互審査によるUPRという制度を誕生させた⁽⁸⁾。人権理事会の改革の柱が，「すべての国連加盟国が対象となる政府間の人権対話」という，これまでに例のないユニークなUPRの導入であったことは論を待たないであろう⁽⁹⁾。かつての人権委員会に対しては，特定国の人権状況について，政治的配慮から非難決議を採択したり，またその反対に，深刻な人権状況であるにもかかわらず，なんらの決議も採択しなかったりという，いわゆる人権委員会の「政治化」と，対象国によって異なる判定基準を使うという「二重基準（ダブル・スタンダード）の適用」に陥っているという批判があった。とりわけ途上国側は，先進国が特定の国の人権状況を選択的かつ政治的に取り上げて非難してきたと批判した。他方で，人権を公然と侵害してはばからない途上国がみずからが非難されることを避けるために人権委員会のメンバーに選出されることを望むという事態が生じ，それこそが問題の根源であるという認識が先進国の一部にはあった。

　アナン前国連事務総長の言葉を借りれば，このような人権委員会は「国連システム全体に対して影を投げかけていた」⁽¹⁰⁾。なぜなら，一部の国が人権の伸長・強化のためではなく，人権侵害国であるとの批判から免れるために委員会の構成国になろうとしたからである⁽¹¹⁾。さらに，同委員会では西欧先進国と途上国の間に「対決と不信の文化」が渦巻いていた。アナン前国連事務総長

---

(7) 外務省総合外交政策局人権人道課「人権理事会発足以来の動き」国際人権19号（2008年）131頁参照。なお，人権理事会において，「国別非難決議」に基づく国別特別報告者のうち，北朝鮮，ミャンマーは延長されたが，キューバ，ベラルーシは廃止された。「人権分野の諮問サービス及び技術協力」の下で設置されてきた国別特別報告者（ブルンジ，カンボジア，コンゴ民主共和国，ハイチ，リベリア，ソマリア，スーダン，パレスチナ）についてはすべて延長された。「同上」132頁。

(8) 「途上国の中には，UPRを可能な限り形式的なものとしようというアプローチをとる国」もあったようである。木村徹也「人権理事会の発足の経緯と現状」『国際人権』第18号（2007年）104-105頁。なお，相互審査のアイデアは，ベルン大学のケーリン（Walter Kälin）教授らのアイデアとされる。小畑・前掲注(3) 111頁。詳しくは，Cf. Walter Kälin & Cecilia Jimenez, "Reform of the UN Commission on Human Rights", pp. 1–35. http://www.humanrights.ch/home/upload/pdf/041201_kaelin_HRC_study.pdf.

(9) 小畑・前掲注(3) 109頁。

(10) A/59/2005, p. 45, para. 182.

(11) A/59/565, *supra* note (4), p. 74, para. 283.

〈第1部〉国際人権保障制度の実相と展望

は，第1回の人権理事会の冒頭，「人権委員会に巣くっていた『対決と不信の文化』を『協力と関与の文化』へ変えなければならない[12]」との演説を行ったが，UPRはまさしくこの「協力と関与」を基本理念とした制度である。その意味で，UPRの成否は，各国の人権問題に対処する考え方やアプローチに変化が生じたかどうかを示すリトマス試験紙の役割を果たすことになろう。なお，国連総会決議60/251は，人権理事会を総会の補助機関として位置づけており，経済社会理事会の補助機関に過ぎなかった人権委員会の地位と比較すると，その期待の大きさが見て取れる[13]。

当然のことながら，アナン前国連事務総長がいう「協力と関与の文化」への転換の前提となるのは，人権理事会を構成する47カ国の理事国，あるいはオブザーバー国を含む192カ国（当時）の国連加盟国が，人権を護ることがどの国にとっても長期的にはそれぞれの利益につながるという認識を醸成できるかどうかである。そのためには，非難や強制ではなく，理解と説得を促す信頼関係の樹立が不可欠である。はたして，これは国家間の相互審査であるUPRで実現できたのであろうか。国連事務総長は，「相互審査の重要な点は，普遍的な精査の観念である。すなわち，人権上の約束すべてに関するすべての加盟国の実施を他の国の評価に服せしめることである。相互審査は，できる限り，人権委員会の既存の制度の顕著な特徴である政治化と選択性を避けることである[14]」と説明している。問題は，UPRが，どの程度，こうした政治化と選択性を排除し，各国による相互尊重と相互理解に資するような形で実践されているかである[15]。

なお，制度構築決議は，その3項で，UPRが「客観的で，透明，非選択性，建設的，非敵対的でかつ政治化されていない方法で進められること」((g))が，「すべての人権の普遍性，相互依存性，不可分性及び相互関連性を促進するこ

---

[12] The Secretary-General Address to the Human Rights Council, Geneva, 19 June 2006, p. 5.

[13] Nico Schrijver, "The UN Human Rights Council: A New 'Society of the Committed' or Just Old Wine in New Bottles?" *Leiden Journal of International Law*, Vol. 20 No. 4, December 2007, p. 822.

[14] A/59/2005/Add. 1, para. 8.

[15] Felice D. Gaer, "Scrutinizing Countries: The Challenge of Universal Review," *Human Rights Brief*, Vol. 13 (2005-2006), p. 10.

と」((a)),「対象の普遍性及びすべての国家の平等な取扱いを確保すること」((c)),「他の人権の仕組みを補完し，それらと重複するものではなく，かくして追加的価値を示すものであること」((f)) になるとして，これらを UPR の原則と位置づけている。

こうした UPR の審査の基礎になる文書は，(a)国際連合憲章，(b)世界人権宣言，(c)国家が当事国となっている人権文書，(d)国家によってなされた自発的誓約及び約束である（第1項）。世界人権宣言が審査の基礎文書になることによって，個々の人権条約に加入していない国に対しても，当該人権条約が扱う権利に関する当該国の人権状況の審査が可能になる。その結果，自由権規約に加入していない中国であっても自由権に関する問題を，社会権規約に加入していない米国であっても社会権に関する問題を取り上げることが可能になる。さらに，具体的審査にあたっては，審査の基礎として，20頁を超えない被審査国による国家報告書，10頁を超えない国連人権高等弁務官事務所（OHCHR）が作成した被審査国の人権状況を記した集成（compilation）及び10頁を超えない NGO からの被審査国の人権状況に関する信頼できる情報の要約，いわゆる人権状況要約書が提出される（第15項）。

なお，UPR は，4年間のサイクルで審査が行われ，2008年の第1会期におけるモロッコの審査を皮切りに2011年の第12会期のモルドバの審査を最後に，すべての国連加盟国192カ国の審査を終えている[16]。それでは，第1巡目における UPR が，制度構築決議の理念に沿う形で行われたかどうかを，代表的な国の審査を例に検討してみよう。なお，検討にあたっては，UPR の意義と課題を抽出するために，分析対象は，①人権の実現に関し深刻な問題を抱えていると考えられている国，②国連が採択した人権条約の多くに加入していない国，及び③条約機関から多くの問題を指摘されている国を中心に選んだ[17]。

---

[16] 詳細については，8/PRST/1. Modalities and Practices for Universal Periodic Review Process を見よ。

[17] （公財）世界人権問題研究センターは，安藤仁介京都大学名誉教授を研究代表に，「国連人権理事会の実効性──普遍的定期審査を中心に」と題する UPR の共同研究を続けている。本研究はこの研究プロジェクトに参加している研究者の方々の報告と討論から多くの示唆を受けている。記して感謝を表明したい。

〈第1部〉国際人権保障制度の実相と展望

II 普遍的定期審査の現実——事例研究を通して

1 中 国

　中国の審査は，第4会期の2009年2月9日に行われた。カナダ，インド及びナイジェリアがトロイカ（審査の促進のために理事国中の異なる地域グループからくじ引きで選ばれる3人の報告者グループ）を構成した。事前に質問を提出したのは，11カ国であり，いずれも西欧先進国であった[18]。第1巡目のUPRでみられた特徴の1つは，事前質問の制度を積極的に活用するのは，EU加盟国など西欧先進国が多く，途上国による利用は低調であったことである。

　なお，中国は指定された期日に国家報告書を提出し，UPRに対して協力的な態度をとった。しかし，当時注目されていた，チベットや新疆ウイグル自治区の少数民族の取り扱いについても，また劉暁波氏が獄中にあってノーベル平和賞授賞式に出られないという出来事についても，報告書ではまったく触れられなかった。たとえば，中国の国家報告書では，中国刑法，中国刑事訴訟法などが拷問による自白の強要や違法な証拠収集を明白に禁止していることが説明されている[19]。また，信教の自由については，中国は多様な宗教を信仰する人々を抱えており，憲法も信教の自由を保障しており，独立した3,000を超える宗教団体があると述べる。報告書では，これらの団体はみずからで指導者を選んでいるとするが，実際には中国共産党の指導下にあり，現実と大きく乖離した報告内容になっている[20]。さらに，中国憲法は市民が表現の自由と報道の自由を享受すると明確に定めていると記述する[21]。このほか，中国は多民族国家であり，漢民族のほか55の民族がおり，民族の平等は少数民族に関する中国の政策の礎石であると記述されていた[22]。

---

[18] チェコ，ラトビア，リヒテンシュタイン，スウェーデン，カナダ，デンマーク，ドイツ，リトアニア，オランダ，ノルウェー及び英国である。自由権規約の批准の時期の質問（デンマーク）や拷問禁止選択議定書の加入（チェコ）を始め，強制労働キャンプでの恣意的抑留（スウェーデン）や2008年の死刑の執行数など（カナダ）自由権に関わる質問が多いのが目立つ。Cf. http://lib.ohchr.org/HRBodies/UPR/Documents/Session4/CN/CHINA.pdf and http://lib.ohchr.org/HRBodies/UPR/Documents/Session4/CN/CHINAAdd1.pdf.

[19] A/HRC/WG.6/4/CHN/1. p. 13, para. 49.

[20] *Ibid*., p. 14, paras. 55–58.

[21] *Ibid*., p. 15, para. 59.

しかし，OHCHR が作成した「集成」には，「生命に対する権利，身体の自由及び安全」の項目の下で，2008 年に人権高等弁務官がチベット自治区におけるデモ参加者に対する公安の行き過ぎた力の行使に懸念を表明するとともに，拷問禁止委員会が，民族的，宗教的少数者，さらにはチベット人やウイグル人，法倫功の信者といった脆弱な集団に対する拷問，虐待及び強制失踪などの主張に懸念を表明していることが記述されている[23]。また，同集成は，信教の自由に関する報告者が中国政府に対して，キリスト教徒や法倫功の信者に対する逮捕，拘禁及び拷問を含む人権違反の主張を伝えていることを記述している[24]。また集成には，拷問に関する特別報告者が，表現，集会，結社の自由を平和的に行使する人々に対して，「国家の安全を危険にさらす」として，公安や検察当局に広範な裁量を与える「政治犯罪」の罪で有罪を宣告していることを憂慮し，これらの人々を釈放するように求める記述も記載されている[25]。こうした国家報告書と国連が作成した集成の内容の大きな乖離について，UPR でどのような質疑が行われるのかが注目された。

UPR においては 60 カ国が発言したが，この他，発言を希望した 55 カ国が審査時間の制約から発言できなかった。なお，発言したアジア・アフリカ諸国やイスラム諸国など途上国は，中国における少数民族の人権状況については一切触れず，逆にこの問題を取り上げた西欧諸国の発言を政治化した態度として非難した。たとえば，スリランカは，「チベットに対する批判を拒否する。チベットは中国の譲り渡すことのできない地域と考える[26]」と反論した。パキスタンに至っては，チベット自治区に対する〔西欧諸国の〕発言を捉え，UPR の政治化の傾向として，これを非難した[27]。この他，UPR で発言したアジア諸国の 11 カ国のほとんどは，中国の人権政策を称賛した。たとえば，インドは，ミレニアム・サミットの目標達成期間前に貧困を撲滅した中国の施策についてこれを称賛した[28]。同様の発言が，シンガポール[29]，フィリピン[30]，ブータン

---

[22] *Ibid.*, p. 17, para. 73.
[23] A/HRC/WG.6/4/CHN/2, p. 6, para. 17.
[24] *Ibid.*, p. 6, para. 18.
[25] *Ibid.*, p. 8, para. 29.
[26] A/HRC/11/25, p. 10, para. 39.
[27] *Ibid.*, p. 22, para. 88. われわれは，こうしたグループに，「ミャンマーは，人権の政治化に強く反対する」と述べたミャンマーを加えることができる。*Ibid.*, p. 23, para. 94.

〈第1部〉国際人権保障制度の実相と展望

[31]，ベトナム[32]，インドネシア[33]，タイ[34]およびマレーシア[35]によってなされた。わずかに日本が，微温的な表現でチベットや新疆自治区の少数民族に対する経済的及び社会的援助を拡大するように要請したのみである[36]。ヒューマンライツウォッチの表現を借りれば，中国に対する「過度の称賛と非難への臆病な態度」が，アジア諸国を含む途上国の発言に共通にみられたといえる[37]。これに対し，西欧諸国は積極的に中国の少数民族の人権状況を取り上げた。たとえば，英国は，チベット自治区の人権状況に懸念を表明したし[38]，カナダは，チベット，新疆自治区及びモンゴルを含む，少数民族の構成員の恣意的な拘禁に深い憂慮を示した[39]。UPRは，たしかに相互尊重と相互理解に資する形で行われるべきものであるが，主眼は被審査国の人権状況を精査するというものであり，その意味で少なからず問題を含んだ審査であった。

この中国のUPRにおいては，95の勧告が行われ，そのうち42の勧告を中国が受け入れた[40]。しかし，表現の自由，結社の自由，司法の独立，法曹の保障，人権活動家の保護，少数民族の権利，死刑の削減，強制労働による再教育の廃止，拷問の禁止，メディアの自由，差別に対する効果的な救済を含む，50の勧告については中国によって拒否された[41]。残り3つの勧告についてはすでに実施されているとの見解が中国によって述べられた[42]。なお被審査国には，

---

(28) *Ibid.*, p. 14, para. 55.
(29) *Ibid.*, p. 7, para. 29.
(30) *Ibid.*, p. 8, para. 32.
(31) *Ibid.*, p. 9, para. 35.
(32) *Ibid.*, p. 13, para. 50.
(33) *Ibid.*, p. 18, para. 74.
(34) *Ibid.*, p. 23, para. 93.
(35) *Ibid.*, p. 24, para. 98.
(36) *Ibid.*, p. 18, para. 75.
(37) UPRで中国の人権状況を称賛した途上国を挙げれば，リビア，南アフリカ，サウジアラビア，モザンビーク，ウズベキスタン，スーダン，キューバ，ガーナ，アンゴラ，モロッコ，オマーン，アラブ首長国連邦，ニカラグア，イエメン，ヨルダン，イラン，バーレーン，ジンバブエ，ベニン，マリ，ガボン，パレスタイン，カタール及びセネガルである。
(38) *Ibid.*, p. 11, para. 42. スイスも同様の懸念を表明した。*Ibid.*, pp. 7-8, para. 31.
(39) *Ibid.*, p. 7, para. 28.
(40) *Ibid.*, pp. 27-31, para. 114 p. 31, para. 117.
(41) *Ibid.*, p. 31, para. 117.

12

〔坂元茂樹〕　　　　　　　　　　　　*1*　普遍的定期審査の理想と現実

受け入れた勧告を実施する責任があり，第2巡目のUPRの際に，実施のために何を行ったかを報告しなければならない。他方で，被審査国が受け入れなかった勧告について，理事会がどのように対処するのか，制度構築決議では必ずしも明確ではない。この点は，第2巡目のUPRの課題として残っている。

2　北朝鮮

国連総会は，2007年12月18日，総会第62会期の決議62/167において，北朝鮮における市民的，政治的，経済的，社会的及び文化的権利の組織的，広範かつ重大な違反の報告に深い憂慮を表明した[43]。また国連事務総長も，政府の側に目に見える形での人権状況の改善がみられないことに憂慮を示した。事務総長は，国連総会への2008年の報告書において，北朝鮮に人権条約上の義務を履行するために，かつ国際基準を遵守するために国内法の改革を目に見える形で示すように迫っていた[44]。

こうした中で行われた2009年12月7日の北朝鮮のUPRに対して，国際社会の関心が集まった。メキシコ，ノルウェー及び南アフリカがトロイカを構成した。事前質問はもっぱらEU諸国が行うのが通例であるが，北朝鮮の審査においては15カ国が事前質問を行ったが，EU諸国に加え，これに日本と韓国が加わった[45]。両国は，拉致被害者の問題と帰国者の拷問や公開処刑について質問した。さらに日本は，多くの収容施設の将来や栄養失調による子どもの状況を，韓国は南北離散家族の交流について事前質問を行った。

なお，北朝鮮は，OHCHRが作成した「集成」でも明らかなように，社会権規約，自由権規約，女子差別撤廃条約及び児童の権利条約の締約国であるが，コア人権条約である人種差別撤廃条約，拷問禁止条約，難民条約，移住労働者権利条約，障害者権利条約及び強制失踪条約には加入していない[46]。集成では，

---

(42)　*Ibid.*, p. 31, para. 115.
(43)　A/RES/62/167, para. 1.
(44)　Situation of Human Rights in the People's Republic of Korea, Report of the Secretary-General, A/63/332, para. 57.
(45)　ドイツ，日本，アルゼンチン，チェコ，デンマーク，ラトビア，韓国，スウェーデン，スイス，英国，ノルウェー，オランダ，ハンガリー，アイルランド，カナダの15カ国である。質問分野は，拉致問題や離散家族の問題に加え，児童，食糧，拷問禁止など多岐にわたった。
(46)　A/HRC/WG.6/6/PRK/2, p. 2, para. 1.

〈第1部〉国際人権保障制度の実相と展望

北朝鮮には人権の促進と擁護のための国内機関に関する国内調整委員会（ICC）によって認定を受けた国内人権機関が存在しないこと，北朝鮮の人権状況に関する特別報告者であるビィティト・ムンタボーン（Vitit Muntarbhorn）氏が，人権の保護は，とりわけ，国際基準に基づく法，政策，計画を要求すると述べ，北朝鮮が支出を軍事費から人間の発展の部門に変更し，人権と人間の安全保障に振り向けるように勧告していること，北朝鮮がOHCHRの専門的支援を拒否していること，女子差別撤廃委員会による女性に対する固定的な差別観念の存在の指摘や児童の権利委員会による障害をもつ児童への無差別原則が尊重されていないとの指摘，さらには特別報告者による公開処刑や政治犯収容所における秘密処刑，北朝鮮が拉致や強制失踪の問題に効果的に対応しておらず，被害者やその家族に救済を提供していないことなど，さまざまな人権上の問題が指摘されていた[47]。しかし，北朝鮮が提出した国家報告書にはこうした問題について一切触れられていない。

　提出された同国の報告書には，附属書2に掲げる人権NGOと24回の協議を経て報告書を作成したとの記述があるが，これらのNGOがはたして「非政府」の地位を獲得しているかどうか疑問が残る[48]。注目されるのは，北朝鮮による人権の捉え方の特異性である。同国は，人権が真に権利となるのは，個人が自然，社会及びみずからの主人となることを可能にする独立した権利になった時であるというチュチェ（主体）思想に基づかせている。北朝鮮は，人権の実現は国家の保障の下においてのみ可能だとし，人権問題を口実とする体制の変革は人権の違反を構成するとして，この意味で人権は国家主権を意味すると捉えている[49]。北朝鮮によるこうした人権の捉え方が他の国と大きく異なることは明らかである。

　さらに北朝鮮の国家報告書のもう一つの特徴は，第5章の「人権の保護と促進に対する障害と課題」の中で，自国内の人権実現を妨げている障害や課題を取り上げるのではなく，米国の対北朝鮮に対する敵対政策を取り上げていることである。いわく，米国は人権保護を口実に内政干渉を行っており，米国による制裁が朝鮮人民の人権の享受を深刻に阻害していると非難する。さらに，

---

[47] Ibid., pp. 3-5, paras. 6-21.
[48] A/HRC/WG. 6/6/PRK/1, p. 3, para. 5.
[49] Ibid., p. 4, paras. 14-15.

〔坂元茂樹〕　　　　　　　　　　　　　　　*1*　普遍的定期審査の理想と現実

2003年以来のEU提案による国連における北朝鮮人権決議を含む反北朝鮮キャンペーンが北朝鮮の人権分野における国際協力に対する障害となっていると主張する。こうした主張を踏まえて，北朝鮮が，主権，尊厳そして人民の人権を保護するためによりいっそう自衛手段を強化すると述べるに至っては，人権基準実施のための各国の能力向上を目指すUPRの趣旨とはかなりかけ離れた国家報告書の内容になっているといわざるを得ない[50]。

　こうした中，23の理事国と29のオブザーバー国が参加した審査が行われた。北朝鮮の人権状況を鋭く非難するアジアの国としては，たとえば日本が，公開処刑，拉致問題や拘禁施設の問題などを含む国際社会の懸念に北朝鮮が十分に応えていないとして遺憾の意を表明した[51]。韓国は，政治犯収容所における拘禁や移動，表現，思想及び宗教の自由の侵害，法律における人権の承認と現実の実施の大きなギャップ，離散家族，捕虜及び拉致被害者の状況に対して懸念を表明した[52]。この他，ニュージーランド，インドネシア及びオーストラリアというアジア・太平洋の国々が北朝鮮の人権状況に憂慮を表明した[53]。

　他方，いくつかのアジア諸国は北朝鮮の人権状況を積極的に評価した。たとえば中国は，憲法や法律で人権の尊重が規定されていることを評価し，パキスタンも保健や教育へのアクセスを十分に確保している体制を評価した[54]。ミャンマーやベトナムも，同様に好意的な評価を行った[55]。たしかに，UPRは個々の国家の人権状況を非難する場ではなく，事態の改善のための建設的な対話の場である。しかし，自国の人権状況に同様の非難が降りかかることを恐れた国による現状から大きくかけ離れた一方的評価では，政治的評価だとの非難は免れえないであろう。これらの国の態度は，UPRに参加した西欧諸国が，北朝鮮の人権状況について極めて深い憂慮を表明したことと好対照をなしている。西欧諸国の批判の対象になったのは，裁判手続によらない処刑，拷問，非人道的又は品位を傷つける取り扱い，表現の自由や移動の自由の制限，政治的反対者の失踪，拉致問題，政治犯収容所，強制労働，社会的出身に基づく差別，朝

---

(50)　*Ibid.*, pp. 15-16, paras. 79-86.
(51)　A/HRC/13/13, para. 19.
(52)　*Ibid.*, para. 20.
(53)　*Ibid.*, para. 71, para. 55 and para. 33.
(54)　*Ibid.*, para. 52 and para. 26.
(55)　*Ibid.*, para. 35 and para. 51.

15

〈第 1 部〉国際人権保障制度の実相と展望

鮮戦争による離散家族の再会が実施されていないこと，適正手続の制度的な欠陥，政治的及び宗教的な理由による死刑，女性や子どもに対する暴力，人身売買などである[56]。

しかし，北朝鮮は，西欧諸国によるこうした懸念は北朝鮮に対する偏見の産物であると反論して，人権違反の存在そのものを否定した。結局，北朝鮮のUPRでは167もの勧告が採択された。国際社会を驚かしたのは，この167という勧告の数の多さではなく，これらの勧告を頑なに拒否し続けた北朝鮮の態度であった。北朝鮮は，50の勧告を受け入れず，残りの117に対してもその態度を表明しなかった[57]。

しかし，2010年3月18日に採択された作業部会の報告書では，北朝鮮が検討して回答することになった29の勧告が掲載されている。仮に，北朝鮮がすべての勧告を受け入れない場合には，2巡目のUPRの実施に困難をもたらすことになるし，制度構築決議の，「普遍的定期審査の仕組みへの国家の協力を奨励するあらゆる努力を尽くした後，理事会は，適当な場合，仕組みへの一貫した非協力の事例に対処するものとする」（第38項）との規定の発動にもつながりかねない事態が生じるわけで，その点でも北朝鮮が検討を約束したことは，UPRという制度の存続の上からも適切であった。こうした態度変更の背後には，事務局の説得や努力があったものと推測される。しかし，仮に2巡目以降も北朝鮮がUPRに非協力的な態度をとり続ければ，制度構築決議第38項に予定するような対処も視野に入れざるを得ないわけで，第2巡目の北朝鮮の審査が注目される。

北朝鮮の事例は，人権委員会に巣くっていた過度の政治化の克服が容易でないことを示している。UPRにおいて各国が政治化の弊害をどれほど克服しえるかについては，もう少し観察の時間を必要とするであろうが，現在の時点でいえることは，国連による北朝鮮人権決議を政治的で選択的だと非難する北朝鮮の態度こそが人権問題を政治化しているということである[58]。

---

[56] こうした国の中には，米国（*Ibid.*, para. 22），ベルギー（*Ibid.*, para. 23），フランス（*Ibid.*, para. 32），英国（*Ibid.*, para. 37），メキシコ（*Ibid.*, para. 39），ノルウェー（*Ibid.*, para. 56），オーストリア（*Ibid.*, para. 60），ドイツ（*Ibid.*, para. 61），オランダ（*Ibid.*, para. 63），チリ（*Ibid.*, para. 64），スウェーデン（*Ibid.*, para. 66），スペイン（*Ibid.*, para. 75），ギリシャ（*Ibid.*, para. 77），スイス（*Ibid.*, para. 78）及びハンガリー（*Ibid.*, para. 79）がいた。

[57] *Ibid.*, pp. 13-23, paras. 90-91.

〔坂元茂樹〕　　　*1*　普遍的定期審査の理想と現実

3　イラン

　最高指導者が86名の聖職者から構成される専門家会議によって選出される政教一致の体制をとるイランは，イスラムの教えや基本原則を害しない限りで，人権を保障することを公言するイスラム原理主義の国家である。実際，同国は，児童の権利条約の批准時に，「イラン政府は，イスラム法に両立しない条約のいかなる規定も適用しない権利を留保する[59]」との宣言を行っている。この点については，OHCHRが作成した「集成」において，児童の権利委員会が児童の権利条約の趣旨及び目的と留保の両立性につき懸念を表明していることが紹介されている[60]。今回の国家報告書においても，イランはイスラム教義に従う国家としての文化的多様性を主張し，西側の人権基準を受け入れるようにとの圧力と要求は人権促進に否定的な影響しか持たないとの見解を表明した[61]。イランは，報道の自由はイスラムの教えと国民の最善利益が守られる限りにおいて保障されるに過ぎず，政党・結社・集会の自由は，イスラムの教えやイスラム共和国の基礎を侵害しない限りにおいて，保障されると公言してはばからないのである[62]。

　なお，イランの国家報告書においては，弁護人選任権，無罪の推定，拷問の禁止等は保障されていると説明されている[63]。しかし，集成では，国連事務総長が，イランの刑法と刑事訴訟法が，適正手続と公正な裁判を受ける権利を保障した国際基準に合致していないと指摘している[64]。

　イランのUPR審査は2010年2月19日に行われた。メキシコ，パキスタン及びセネガルがトロイカを構成した。審査では，53カ国が発言し，2009年選挙以後の人権状況に対する懸念，未成年者を含む死刑の増加，治安部隊の市民への暴力，刑務所内での拷問，シャリアーと人権条約との整合性や公開処刑などの問題が取り上げられ，合計188もの勧告が行われた。イランは，このうち

---

[58]　A/HRC/WG. 6/6/PRK/1, p. 16, para. 86.
[59]　イランは，署名時にも「イランはイスラムのシャリアーに反する諸規定に留保し，批准時にこうした特定の宣言を行う権利を保持する」との留保を行っていた。
[60]　A/HRC/WG. 6/7/IRN/2, p. 2, para. 1.
[61]　A/HRC/WG. 6/7/IRN/1, p. 24, para. 130.
[62]　*Ibid.*, p. 16, paras. 84 and 86.
[63]　*Ibid.*, pp. 7-8, paras. 27-32.
[64]　A/HRC/WG. 6/7//IRN/2, p. 3, para. 7.

の123項目の勧告を受け入れるとし，20項目については2010年6月までに検討して回答すると約束し，残りの45項目については受け入れられないと回答した[65]。

受け入れられないと回答したもののなかには，①女子差別撤廃条約の批准，②女子に対する国内法上のあらゆる差別的規定の廃止や修正，③拷問に関する特別報告者の入国を認め拘留施設への立ち入りを認めること，④バハイ教徒に対する差別と扇動の禁止，⑤同意に基づく同性間の性交渉を犯罪からはずすこと，⑥死刑の廃止及び廃止に向けた執行停止，公開処刑の禁止，⑦すべての政治犯の釈放や違法に拘留されている者の即時釈放，⑧公正な裁判の保障，⑨民族的・宗教的少数者への抑圧の停止，⑩表現・集会・結社の自由の厳しい制限の撤廃やジャーナリストへの迫害の停止，⑪拷問，強姦あるいは殺害に関わった治安警察官の訴追などがある[66]。いずれもが早急な解決を求められる問題であり，次回の第2巡目の審査においても，当然取り上げられるべき重大な問題である。

4 リビア

リビアのUPR審査は，2010年11月19日の人権理事会第9会期に行われた。同時期はリビアで2011年2月17日にベンガジ，ベイダにおける反政府デモが発生し，首都トリポリに拡大した前年である。アルゼンチン，ノルウェー及びセネガルがトロイカを構成した。事前質問を行ったのは，EU諸国の9カ国であった[67]。審査にあたっては46カ国が発言した[68]。

---

[65] A/HRC/14/12, pp. 13-25, paras. 90-92.

[66] *Ibid.*, p. 22, para. 92.

[67] 英国，チェコ，デンマーク，ドイツ，ラトビア，ノルウェー，スロベニア，スウェーデン及びオランダである。オランダの質問に代表されるように，死刑，拷問，報道の自由，結社の自由，女性差別，少数者の権利など，自由権に関する質問が多くなされている。Cf. http://lib.ohchr.org/HRBodies/UPR/Documents/session9/LY/LibyanArabJamahiriya_Add3.pdf

[68] 発言順でいえば，アルジェリア，カタール，スーダン，シリア，北朝鮮，バーレーン，パレスチナ，イラク，サウジアラビア，チュニジア，ベネズエラ，ヨルダン，キューバ，オマーン，エジプト，マルタ，バングラディシュ，マレーシア，イラン，モロッコ，パキスタン，メキシコ，ポーランド，スイス，豪州，カナダ，ミャンマー，ベトナム，タイ，ブラジル，スロバキア，クウェート，チェコ，米国，韓国，イスラエル，スリランカ，日本，アラブ首長国連邦，英国，アゼルバイジャン，イエメン，トルコ，フランス，

〔坂元茂樹〕　*1*　普遍的定期審査の理想と現実

　リビア政府が受け入れた勧告は，オマーンによる障害者権利条約の加入の勧告や米国による自由権規約と拷問禁止条約への加入の勧告，スロバキアによる恣意的拘禁者の釈放の勧告，ベトナムなどによる一般的な人権状況の改善努力の勧告，イランなどによる女性や児童及び障害者の人権保護の勧告，アゼルバイジャンによる国連の特別手続への協力の勧告，カナダによる治安部隊や警官，刑務官の国際人権基準の遵守の勧告，チェコによる表現の自由の遵守の勧告などである[69]。リビアによる，2011年2月の反政府デモに対する過酷な弾圧（現在，シリアでも行われている。）をみれば，勧告の受け入れがどの程度真剣な考慮に基づく決定なのか疑問なしとしない。UPRの勧告に対する受け入れが単なるリップサービスに堕するのであれば，UPRは人権侵害国にとってはアリバイ作りになってしまいかねず，ますます第2巡目のフォローアップの重要性は増しているといえる。

　なお，リビア政府が人権理事会第11会期に遅れないように2011年3月までに回答を約束した勧告として，①イラクによる拷問選択議定書や障害者権利条約の加入の勧告[70]，②チェコによる鞭打ち刑などの国内法の廃止の勧告[71]，③フランスによる恣意的拘禁に関する作業部会や拷問禁止特別報告者招請の勧告[72]，④メキシコによる死刑廃止の勧告[73]などがあったが，いずれについても回答は提出されなかった。周知のように，その後リビアでは内戦が勃発し2011年8月24日にトリポリが陥落し，42年間に及ぶカダフィ体制は崩壊した。第9会期でUPRが行われた他の国（リベリアなど15カ国）について2011年3月の第10会期で審査終了が決定されたが，リビアについては2011年2月以降の

　　ベラルーシ及びチャドの46カ国である。A/HRC/16/15.
[69]　*Ibid.*, pp. 14-18, paras. 93.
[70]　*Ibid.*, p. 19, paras. 95.2 and 95.3. この他，検討を約束した勧告に，エジプトによる未だ加入していない人権条約への加入の勧告（*Ibid.*, p. 18, para. 95.1）とチャドによる難民条約の加入の勧告（*Ibid.*, p. 19, para. 95.4）があった。
[71]　*Ibid.*, p. 20, para. 95.24. この他，検討を約束した勧告に，法及び実行における鞭打ち刑の禁止を勧告したスイスの勧告（*Ibid.*, p. 20, para. 95.25）と拷問禁止条項挿入の刑法改正の日本（p. 19, para. 95.6）の勧告があった。
[72]　*Ibid.*, p. 19, para. 95.10. 他に検討を約束した勧告に，特別報告者の受け入れの勧告を行ったスイス（*Ibid.*, p. 19, para. 95.11）とスロバキア（*Ibid.*, p. 19, para. 95.12）の勧告がある。
[73]　*Ibid.*, p. 19, paras. 95.13 and 95.14. 他に検討を約束した勧告に，死刑執行のモラトリアムを勧告したブラジルの勧告（*Ibid.*, p. 19, para. 95.15）がある。

〈第1部〉国際人権保障制度の実相と展望

リビア状勢もあり、審査の終了は決定されなかった[74]。2011年2月25日に開催された「リビアにおける人権状況」と題する第15回特別会期で、イスラエルとパレスチナが共同提案国になったことも注目されるが、西欧諸国30カ国を中心とするリビア非難の決議案が審議された[75]。最終的に、投票なしで、人権理事会は、「リビアで行われている大規模かつ組織的な人権侵害を深く憂慮し、またこれを強く非難」（第1項）し、「リビア当局が自国民を保護する責任を果たし、すべての人権侵害を直ちに停止し、文民に対する攻撃を中止し、表現の自由と集会結社の自由を含む、すべての人権と基本的自由を完全に尊重するように強く要請する」（第2項）決議を採択した[76]。こうした事態の流動性もあり、UPR後にほぼ自動的に採択される「UPRの結果（outcome of the universal periodic review)」は採択されていない。

ただし、リビア政府の場合、同一の問題を扱う勧告であっても、勧告を行った国が友好国であるかどうかによって、受け入れたり、これを拒否したりしており、検討を約束している勧告と拒否した勧告との間にどのような相違があるのか判然としない。これはリビアのみでなく、途上国のUPRの際に散見される現象であり、これも「政治化」の一側面と捉えることも可能であろう。あるいは、制度それ自体を正確に理解しないで対応しているということかもしれないが、いずれにしても政治的考慮が大きく働いていることはたしかである。

ちなみに、リビアが受け入れを拒否した勧告は、大別して、次の六つである。すなわち、①人権条約の批准及び加入の勧告（たとえば、イラクによる社会権規約選択議定書及び人種差別撤廃条約の批准の勧告[77]）、②死刑及び拷問の撤廃並びに拷問

---

[74] 第9会期でUPR審査が行われた国はリベリア、リビア、マラウィ、モーリタニア、レバノン、モルジブ、マーシャル諸島、ミクロネシア、モンゴル、ホンジュラス、ジャマイカ、パナマ、米国、アンドラ、ブルガリア及びクロアチアである。

[75] Draft resolution A/HRC/S-15/L. 1. 共同提案国は、オーストラリア、オーストリア、ベルギー、ブルガリア、キプロス、チェコ、デンマーク、エストニア、フィンランド、フランス、ドイツ、ギリシャ、ハンガリー、アイルランド、イスラエル、イタリア、ラトビア、リトアニア、ルクセンブルグ、マルタ、オランダ、パレスチナ、ポーランド、ポルトガル、ルーマニア、スロバキア、スペイン、スウェーデン及び英国である。

[76] A/HRC/RES/S-15/1.

[77] *Ibid.*, p. 7, para. 36, p. 19, paras. 95.2, 95.3 and p. 20, para. 96.3. 同様の勧告としては、フランスによる強制失踪条約の批准の勧告（*Ibid.*, p. 20, para. 96.2)、韓国による人種差別撤廃条約と拷問禁止条約の個人通報制度受託宣言の勧告（*Ibid.*, p. 21, para. 96.3)、及びカナダによる難民議定書の批准・加入の勧告（*Ibid.*, p. 21, para. 96.5）があった。

や失踪の調査（豪州による死刑廃止の勧告[78]，カナダによる拷問，失踪及び恣意的拘禁の十分な調査の勧告[79]），③表現の自由及び結社の自由の保障の勧告（チェコによる表現の自由の完全かつ妨害されない享受を確保すべきとの勧告[80]），④差別撤廃の勧告（イスラエルによる一夫多妻制を含む婚姻に関する差別規定の撤廃，男性による後見，子の監護，離婚と相続に関する女性への差別撤廃や人種による差別撤廃の勧告[81]），⑤司法の独立と公正な裁判手続の勧告（カナダによる国家保安裁判所など特別法廷の廃止の勧告[82]やイスラエルによる司法の独立の確保と迅速な裁判等を含む公正な裁判の国際基準の確保の勧告[83]），⑥移民への対処及びノン・ルフールマン原則尊重の勧告（ポーランドによる退去強制に対して移民が争えるような立法的行政的措置の勧告[84]やブラジルによる難民や庇護申請者に対するノン・ルフールマン原則保持の勧告[85]）に分類できる。拒否した人権条約加入の勧告は，リビアが検討を約束した，エジプトによる未だ加入していない人権条約への加入の勧告への態度と矛盾するように思われる。また，死刑執行のモラトリアムの勧告については，メキシコによる死刑廃止の勧告や死

---

[78] *Ibid.*, p. 20, para. 95. 20. 同様の勧告としては，イスラエルによる表現の自由の行使の権利を含む深刻な犯罪でないものに対する死刑適用法規の修正や廃止の勧告（*Ibid.*, p. 21, para. 96. 6），メキシコによる死刑執行モラトリアムの発出の勧告（*Ibid.*, p. 16, para. 93. 34），スイスによる恣意的拘禁や拷問の停止の勧告（*Ibid.*, p. 21, para. 96. 11 and p. 19, para. 93. 34），英国による 1996 年のアブサリム刑務所での死亡者リストの公表と家族への死亡証明書の発給の勧告（*Ibid.*, p. 21, para. 96. 10）がある。なお，豪州（*Ibid.*, p. 20, para. 95. 26）とカナダ（*Ibid.*, p. 11, para. 64）もアブサリム刑務所につき同様の勧告を行った。

[79] *Ibid.*, p. 21, para. 96. 9.

[80] *Ibid.*, p. 17, para. 93. 41. 同様の勧告としては，米国による表現と結社の自由の地位について懸念の勧告（*Ibid.*, p. 12, para. 72），メキシコによる労働組合の創設を含む結社の自由の完全な享受のための環境整備の促進の勧告（*Ibid.*, p. 22, para. 96. 17），豪州による結社の自由，表現の自由及び上訴の権利の勧告（*Ibid.*, p. 22, para. 96. 18），カナダによる表現の自由や結社，集会の自由を犯罪化する刑法の禁止の勧告とこれらの権利を平和的に行使し拘禁されている個人の釈放の勧告（*Ibid.*, p. 22, para. 96. 19）がある。なお，スロバキアもカナダと同様の勧告（*Ibid.*, p. 22, para. 96. 20）を行った。

[81] *Ibid.*, p. 21, paras. 96. 7 and 96. 8. カナダも同様の勧告を行った。*Ibid.*, p. 20, para. 95. 27.

[82] *Ibid.*, p. 21, para. 96. 9.

[83] *Ibid.*, pp. 21-22, para. 96. 13.

[84] *Ibid.*, p. 22, para. 96. 22.

[85] *Ibid.*, p. 22, para. 96. 24. フランスも，アフリカにおける難民問題という特別な側面を起律する条約を完全適用するように勧告した。*Ibid.*, p. 20, para. 95. 23.

刑執行のモラトリアムを勧告したブラジルの勧告は検討を約束したが，豪州による死刑廃止の勧告は拒否しており，必ずしも整合的ではない。

こうした矛盾が露呈しないための考慮か，第2巡目のUPRの審査では，UPRの作業報告書（working report）末尾における勧告につき，テーマ別（たとえば，死刑）に出された勧告をできるだけ分類（cluster）する手法がとられる予定である。これにより，被審査国の対応にも矛盾は生じないし，政治的配慮により同一の内容の勧告の検討を約束したり，これを拒否したりという実行を防ぐことの一助にもなろう。

5 スーダン

スーダンのUPR審査は2011年5月10日に行われた。トロイカは，ベルギー，中国及びモーリタニアによって構成された。審査にあたって提出された国家報告書は，第1部スーダン，第2部南スーダンに分かれていた。審査の時点では，南スーダンはまだ独立していなかったが，報告の準備は2005年南スーダン暫定憲法によって委任された法律・憲法発展省を通じて南スーダン政府によって準備された[86]。審査終了後の2011年7月9日にスーダンの南部10州が南スーダン共和国として正式に分離独立したため，勧告のフォローアップについても，スーダン政府に対してはなされた勧告160のうち，南スーダン政府に対しては，①文民統制下での法の支配に基づく民主的社会の構築，②移行期における文民の保護の分野における努力の拡大（以上，ノルウェー），③軍隊及び武装勢力による違法な新兵徴募や使用から子どもを守る児童の権利条約及び同議定書の遵守（フランス），④死刑廃止を視野に入れた死刑執行モラトリアムの導入（イタリア）の4項目について，フォローアップが求められることになった[87]。なお，審査終了後に採択される「人権理事会の決定」と題するスーダンに関する成果文書は，2011年10月18日に採択されたが，18/114Aがスーダン，18/114Bが南スーダンに分かれて記述された[88]。

スーダンは，UPRについてこれを好意的に評価する。他方で，選択性と二重基準によって特徴づけられ，かつ人権と無関係な目的のために用いられる国

---

[86] A/HRC/WG. 6/11/SDN/1, p. 23, para. 111.
[87] *Ibid.*, p. 24, para. 85.
[88] A/HRC/DEC/18/114.

別特別手続を含む,非実効的で改革の必要がある他の人権メカニズムを非難し,UPRのメカニズムが,これらに取って代わるべきだとの希望を表明した[89]。ダルフール問題などを抱え,大規模人権侵害国としてのイメージが強いスーダンによって,好まれる人権審査のメカニズムとしてUPRが挙げられている事実が,UPRの抱えている問題点を端的に物語っているようにも思われる。

審査においては,52カ国が発言したが,時間の都合で発言できない国も24カ国にのぼった。取り上げられたのは,ダルフール問題,女性や子どもの人権状況,身体の自由や表現の自由の問題であった。

前述した,人権委員会に巣くっていた先進国と途上国の対立が国連人権理事会に衣替えしたからとして,一夜にしてなくならないことを実感させたのは,米国のUPR審査であった。これまで取り上げてきた国とは異質ではあるが,最後にUPRの第1巡目において最も多くの勧告数となった228の勧告を受けた米国について付言しておきたい。そこには,人権委員会の時代と異ならない先進国と途上国の対立が,UPRにおいても見て取れるからである。

米国のUPR審査は,第9会期の2010年11月5日に行われた。トロイカはカメルーン,フランス及び日本で構成された。事前質問を提出したのは,日本を含む14カ国であった[90]。審査にあたっては,56カ国が発言し,審査期間中に発言できなかった27カ国が追加の声明を行い,これまでに例のない合計228の勧告がなされた[91]。たしかにアルカイダなど違法戦闘員の抑留状況など深刻な人権侵害状況を抱えるものの,その他の点で米国の人権状況が北朝鮮やイランを上回るほどの悪辣な人権状況にあるとは思えず,この勧告数の多さはUPRが未だ人権委員会のときの政治化を引きずっていることを示唆するものである。

米国は,みずからになされた勧告を,①勧告を受諾する(96の勧告),②勧告を部分的に受諾する(75の勧告),③勧告を拒否する(57の勧告),の3つに分類

---

[89] A/HRC/18/16, p. 5, para. 15.

[90] チェコ,デンマーク,ドイツ,ラトビア,スロベニア,ボリビア,オランダ,ロシア,スウェーデン,スイス,英国,日本,ノルウェー及びメキシコの14カ国である。ロシアが国連採択の人権条約をわずか3つしか批准していない米国の状況やグアンタナモにおける被拘禁者の抑留状況を質問したのが注目される。Cf. http://lib.ohchr.org/HRBodies/UPR/Documents/session9/US/UnitedStatesAmerica_Add1.pdf

[91] A/HRC/16/11, pp. 13-28, para. 92.

〈第1部〉国際人権保障制度の実相と展望

した。そのうち，部分的受諾は，「提案されている行動もしくは目標には同意するが，勧告に含まれるしばしば挑発的な主張は拒否する[92]」（第4項）と述べられており，「事実上の拒否」とみなされる。米国は死刑の廃止については受け入れられないとして全面的拒否の姿勢を示したが，総じて誠実な態度に終始した。

なお，米国は勧告を，①市民的権利と差別（22の勧告のうち12を受諾），②刑事司法問題（40の勧告のうち13を受諾），③先住民問題（10の勧告のうち7を受諾），④国家安全保障（33の勧告のうち13を受諾），⑤移民（24の勧告のうち16を受諾），⑥経済的・社会的・文化的権利，措置と環境（10の勧告のうち6を受諾），⑦労働及び違法売買（7の勧告のうち5を受諾），⑧人権の国内実施（10の勧告のうち4を受諾），⑨条約及び国際人権メカニズム（58の勧告のうち20を受諾），及び⑩その他の勧告（14の勧告すべてを拒否）に分類した[93]。こうした分類の手法は，今後の勧告の実施にあたって，テーマ別に当該被審査国において，何が課題となっているかを把握する上で有益であると思われ，勧告が多岐にわたる被審査国の場合には参考になろう。

こうした第1巡目のUPRの経験を踏まえて，人権理事会ではUPRの審査のあり方について再検討が行われることになった。

III　作業部会による再検討

2006年3月15日に国連総会第74本会議で採択された「国際連合人権理事会」決議（決議60/251）は，その第16項で，「国連人権理事会は，その設立後5年目にその作業と機能を再検討し，国連総会に報告すること[94]」を決定している。これを受けて，国連人権理事会は，2009年9月25日に，ボリビア，バングラデッシュ，キューバ，ナイジェリア（アフリカ・グループを代表），パキスタン，フィリピン，ロシア，セルビア及びシンガポールの提案に基づいて，「人権理事会の作業と機能の再検討に関する開放された政府間作業部会」と題する決議を採択した。同決議は，その第1項で，こうした作業グループの設置を決定し，第2項で，「第14会期後に，ジュネーヴで，5日間の作業日の2会期の

---

[92]　A/HRC/11/Add. 1, p. 2, para. 4.
[93]　*Ibid.*, pp. 2-9, paras. 5-32.
[94]　A/RES/60/25, para. 16.

〔坂元茂樹〕　　*1*　普遍的定期審査の理想と現実

会合を開く」ことを決定した。併せて，その議長を国連人権理事会の議長が務めることを決定し（第3項），第4項で，「作業部会の会期の前に，再検討の方法について，議長に対して透明性のある，かつ包括的な協議を行うよう要請」した。さらに，国連人権高等弁務官に対して，人権理事会の会議や事務局の役務の改善方法を，国連人権理事会の第15会期に報告するよう要請」（第5項）した。そして，「作業部会に対して，人権理事会の第17会期に，決議履行にあたって達成された進展を報告するよう要請」（第6項）したのである(95)。

　この作業部会の第1回の会期は2010年10月25日から29日にかけて開催された。会期の最後に，議長が各国提案の集成とNGOの提案を配布した。各国提案の集成第1部にはUPRに関する「具体的な提案」が含まれていた。2010年10月29日，人権理事会の議長は，UPRに関する作業の進行役（facilitator）としてモロッコ大使のオマル・ヒラル（Omar Hilale）氏を指名した(96)。

　第2回の作業部会は，2011年1月7日，17日から18日及び23日から24日にかけて開催された。2011年2月24日の第9会合で採択された再検討の結果案では，制度構築決議5/1の附属書で述べられたUPRの基礎，原則及び目的を再確認するとともに，第2巡目を2012年6月に開始し，周期は半年延ばし4年半とし，1年間の審査対象国の数を48カ国から42カ国に減らし，審査の順序は第1巡目と同じとすることを決定した(97)。これにより，審査時間が拡大されることになった。さらに，審査の過程と焦点については，第2巡目以降の審査では，受諾された勧告の実施と被審査国の人権状況の発展に焦点をあてるとした(98)。そして作業の方式としてトロイカを維持することとした。審査の結果に含まれる勧告については，被審査国と勧告を行った国の完全な関与と同意を得て，勧告をばらばらの形で記述するのではなくテーマ別に分類することを決定した(99)。そして協力のメカニズムとして，審査の結果は被審査国によって主に実施されるが，それに際してすべての関連する利害関係者と広範に協議することが奨励されるとした。そして，国が受諾した勧告につきフォローアップ

---

(95)　A/HRC/12/L. 28, paras. 1-6.
(96)　A.HRC/WG. 8/1, pp. 3-4, paras. 7-9.
(97)　*Ibid.*, p. 5, paras. 1-4.
(98)　*Ibid.*, p. 5, para. 6.
(99)　*Ibid.*, p. 6, paras. 10-15.

25

〈第 1 部〉国際人権保障制度の実相と展望

に関する中間報告を自発的に理事会に提供することが奨励された[100]。日本は，2008 年 5 月に行われた UPR の勧告実施のための中間報告を 2011 年 3 月に自発的に提出したが，UPR の実施状況について中間報告を提出した国は，日本を含め 27 カ国にとどまっている[101]。フォローアップを確実なものにするためには，各国が，もう少しこうした中間報告を自発的に行う必要があろう。

　なお，第 1 巡目の UPR においては，みずからの人権状況に不安を抱える国であればあるほど，グループ・ポリティクスに働きかける傾向が強く，その結果，「お仲間の国」が発言の順番を確保するために，早朝からジュネーヴの国連欧州本部に並び，審査において美辞麗句の発言に終始するという事態が生じた。これにより，他の国の発言の機会が奪われるという結果になった。実際，2009 年 9 月，UPR に関する一般討議がなされた際，参加の公平性という観点から，西欧諸国がこの問題を提起した。そこで，各国の発言の機会を平等に確保するために，第 2 巡目では，発言時間については，理事国は 3 分間，その他のオブザーバー国は 2 分間という確立した手続は，割り当てられた時間内に収まる限りは維持するとしたが，発言機会の平等が優先されるとした。また，深夜や未明から発言順を確保するために並ぶといった，行き過ぎた順番取りを避ける方策が決定された。すなわち，UPR に先立つ週の月曜日午前 10 時から木曜日の午後 6 時までの 4 日間，国連欧州本部に設置された登録デスクにある発言リストに発言を希望する国が国名を記入する方式を採用することとなった。記入された国名はアルファベット順に並び替えられ，UPR の議長団の議長がくじで最初の発言国を決定し，その国から順に発言する形をとることになった。そして，金曜日の午後に，各国代表に発言順と発言時間が告げられる方式が採用された。審査時間は 3 時間 30 分に延長され，被審査国には 70 分が割当てられることになった。残りの時間が発言国に割り当てられる。なお，発言時間は厳格に実施され，時間を超えるとマイクのスイッチが切られることになっ

---

[100] *Ibid.*, p. 6, paras. 17-18.
[101] 中間報告を行ったのは，アルゼンチン，アゼルバイジャン，バーレーン，ベラルーシ，ベニン，チリ，コロンビア，コスタリカ，エクアドル，フィンランド，マケドニア，フランス，日本，カザフスタン，モーリシャス，モナコ，オランダ，ノルウェー，ポーランド，ポルトガル，ルーマニア，スロベニア，スペイン，スイス，ウクライナ，英国及びウルグアイである。http://www.ohchr.org/EN/HRBodies/UPR/Pages/UPRImplementation.aspx.

た[102]。

　このほか，フォローアップに関する人権理事会決定17/119によれば，第2巡目のUPRの一般的ガイドラインとして，①第1巡目以来の発展（規範的及び制度的側面），②決議5/1の附属書Ⅰ(A)に列挙された人権義務の履行，第1巡目に対するフォローアップの提示，達成されたもの，最良の実行，課題と束縛，主要な国内の優先順位，発議及び約束が含まれることになった[103]。

Ⅳ　おわりに

　UPRについて，現在の段階で断定的見解を下すのは時期尚早であろう。とにもかくにも，すべての国連加盟国の人権状況について相互審査が行われることは画期的なことであるからである。少なくとも，すべての国連加盟国による人権対話が実現したことは評価に値するといえよう。UPRは，人権の実現のための加盟国の能力開発を行うための協力的メカニズムであり，辛抱強い取り組みを続ける必要がある。また，人権条約の国家報告制度においては，国家報告書の提出の遅延が日常茶飯事であることと比較すると，192カ国の国連加盟国がUPRに積極的に協力して国家報告書を期限内に提出したことは特筆に値しよう。

　さらに，第1巡目のUPRの経験でいえば，このような審査にあたっては，通常，国連が採択した主要な人権条約（コア人権条約）の締約国でない国に対しては，その批准・加入を勧告する発言が多くみられ，審査が条約の普遍化に資する側面があることはたしかであろう。しかも，こうした勧告を受けた多くの国は，それを受諾する傾向がうかがえる。特に強制失踪条約のような新しい条約についてはその傾向が顕著である。たとえば，インドネシアは，2008年4月9日に行われた第1巡目のUPRで批准を促された人権条約について，2012年5月21日に開催された第2巡目のUPRにおいて，2011年11月に障害者権利条約を，2012年5月に移住労働者権利条約を批准したこと，また児童の権利条約の二つの選択議定書の批准のための法案を議会に上程していることを明

---

(102) A/HRC/WG.8/2/1, p. 11, Appendix, Modalities for establishing the list of speakers for the Working Group on the Universal Periodic Review and Steps for drawing up the list of speakers, paras. 1-2.
(103) A/HRC/DEC/17/119.

〈第1部〉国際人権保障制度の実相と展望

らかにした[104]。インドネシアはまた，2010年に強制失踪条約に署名し，批准手続を進めていることも明らかにした[105]。

　他方で，いくつかの課題が見えてきたこともたしかである。みずからの人権状況の精査をいとわぬ国もあれば，それを避けたがる国もあるということである。後者の国であればあるほど，おざなりの発言や勧告を「仲間内の国」に求める傾向が強い。この求めに応じる国も少なからずいることにより，相互にかばい合う「利益共同体」的なものが形成されている。小畑教授の表現を借りれば，「相変わらずのグループ・ポリティクスである[106]」。たとえば，2009年12月8日に開催されたブルネイの第1巡目のUPRにおいては，54カ国が発言したが，最初に発言した10カ国のうち，実に8カ国がASEAN諸国（ラオス，カンボジア，ベトナム，ミャンマー，フィリピン，タイ，マレーシア及びシンガポール）であった。しかも，その内容はブルネイの人権の強化と民主化の進展を異口同音に賛美する内容になっている。ところが，当のブルネイは，国連のコア人権条約のうち批准しているのは女子差別撤廃条約，児童の権利条約及び児童の売買等に関する児童の権利条約選択議定書の3つの条約のみであり，UPRで指摘されたコア人権条約（自由権規約，同選択議定書，社会権規約，拷問禁止条約，人種差別撤廃条約，強制失踪条約，国際刑事裁判所規程及び移住労働者保護条約）の署名・批准の勧告を拒否した国である[107]。国内に30万人の外国人労働者を抱え，不法入国者に鞭打ち刑を科し，聖書などの輸入を禁止し，最低婚姻年齢が14歳，刑事責任の最低年齢が7歳，就業の最低年齢が不明な国であり，しかも無差別原則が法令上明示されていないという国であるにもかかわらずである[108]。

　ヒューマンライツウォッチのいう，「UPRプロセスは，国家の善意に委ねられている。その結果，国連人権理事会の信頼性は，こうした意思を有せず，そのプロセスを損なっている諸国によって厳しい挑戦を受けている[109]」との批

---

(104) A/HRC/21/7, p, 4, paras. 9-10.
(105) *Ibid.*, para. 11.
(106) 小畑・前掲注(3)124頁。小畑教授によれば，アフリカ，アジア，ラ米といった地域グループに属する国は，審査対象国が自らと同じグループに属する場合には双方向対話に多く参加し，そうでない場合にはあまり参加しないという傾向が強いとされる。
(107) A/HRC/13/14, p. 17, para. 90-1.
(108) A/HRC/WG. 6/6/BRN/2, paras. 13, 21, 24, 28 and 35. 併せて，NGOの情報，Cf. A/ HRC/WG. 6/6/BRN/3.
(109) Human Rights Watch Statement on UPR Outcome Report of China, June 11, 2009.

判が妥当する部分があることは否定できまい。前述したように，人権侵害国として悪名高いスーダンが，他の人権メカニズムに代わってUPRを支持する発言を行ったことに，それは示唆されている。先のブルネイのUPRでは，ブルネイはイランによる「シャリアー法の実施を揺るぎないものとするためのさらなる措置を継続的に講じること」との勧告を受け入れている[110]。ブルネイは，女子差別撤廃条約の批准に際し，「ブルネイ政府は，ブルネイ憲法，イスラムの信仰と原則，ブルネイの国教に反しうる条約の諸規定に留保を表明する」との包括的な留保を行い，EU諸国を中心に22カ国の異議を招いた国であるが，人権条約よりはシャリアー法を優先させようとする姿勢に変化はみられない。ブルネイがヒューマンライツウォッチの指摘する国だと断定する意図は筆者にはないが，UPRに課題が多いのも事実である。

第1巡目で露呈したもう一つの問題点は，審査への参加の公平性の確保という問題であるが，この点については，前述したように発言の機会の公平性を確保すべく一定の改革がなされた。第2巡目以降は発言を希望した国から抽選によって発言国を選出するという方式をとることによって，こうした弊害を克服しようとしている。なお，第1巡目を見る限り，事前質問を行うのはもっぱらEUなどの先進国が多かったが，発言の機会がないとしても事前に被審査国に質問を行うことはできるわけで，EUなど先進国のみならず，途上国も積極的にこの制度を利用することが望まれる[111]。

もう1つは，審査のフォローアップの仕組みに関する問題点である。制度構築決議は，「次回以降の審査は，とりわけ，前回の成果文書の実施に焦点を合わせるもの[112]」（第34項）とされている。成果報告書には，関係国が受諾したあるいは支持を得た勧告が明記されることになる。たとえば，2008年5月9日に行われた日本のUPR審査は，初期であったことも手伝い，審査にあたっては42カ国が発言し，26の勧告が行われた。このうち，日本は13の勧告を

---

(110) A/HRC/13/14, p. 14, para. 5.
(111) UPRの第一会期においてはジブチがチュニジアに対して，キューバとロシアがチェコに対して事前の質問を行ったが，総じて途上国が事前質問を行うのは少ない。もっぱら事前質問を行うのは，西欧先進国である。Cf. Elvira Dominguez Redondo, "The Universal Periodic Review of the UN Human Rights Council: An Assessment of the First Session," *Chinese Journal of International Law*, Vol. 7, No. 3, 2008, p. 733, n. 34.
(112) A/HRC/11/25, p. 31, para. 115.

〈第1部〉国際人権保障制度の実相と展望

受け入れた(113)。このように受諾した勧告が少ない場合には，2012年10月に開催予定の第2巡目の日本のUPRにおいてフォローアップの実質討議は期待できよう。しかし，UPRは第1巡目の後半になるにつれ勧告の数が増え，たとえば2010年2月に行われたエジプトの審査では53ヵ国が審査に参加し，発言できなかった44ヵ国が追加の勧告を行い，計165の勧告が行われ，同国は119の勧告を受諾した。188の勧告がなされたイランも，123の勧告を受け入れた。勧告を積極的に受け入れるエジプトやイランの姿勢は評価されるが，次回の審査でこれほど多数の受諾された勧告につき実効的なフォローアップが期待できるかといえば疑問が残る。人権問題を多く抱える国の場合，多数の勧告がなされる傾向にあるが，こうした国が積極的に勧告を受諾すればするほど，UPRの実質が失われるというパラドックスが生じる可能性がある。さらに，拒否された勧告の取り扱いについて，どのような形でフォローアップが行われるのか，この点も必ずしも明確ではない。この問題を含め，人権の普遍性と客観性を高めるために始まったUPRという制度の将来が，必ずしも楽観できる状況にはないことはたしかである。第2巡目では，UPRにおける勧告をフォローアップする実効的かつ包括的なアプローチを確立する必要がある。

安藤仁介教授によれば，「『人権問題の政治化』とは，普遍的に尊重されるべき人権の適用を，特定の利害や思想を根拠として，拒否する態度を指す(114)」とされる。ジャスミン革命で崩壊したベンアリ政権時に提出されたチュニジアの国家報告書では，「人権を道具化することに反対する」との言及がなされており，人権の捉え方に対する先進国と途上国の対立の構図に大きな変化がみられないことがわかる(115)。相互審査においては，先に紹介したようにグルー

---

(113) 日本に対する26の勧告のうち，日本が受け入れた勧告は13，検討などを約束した勧告が4，受け入れなかった又は検討を約束しなかった勧告が9である。受け入れた勧告の中には，パリ原則に基づく国内人権機関の設置，女性に対する差別の撤廃，女性・子どもに対する暴力の撤廃など重要な事項が含まれている。また，検討を約束した勧告の中には，長い間の懸案事項となっている個人通報制度に関する自由権規約第一選択議定書や女性差別撤廃条約議定書などの批准が含まれている。ただし，死刑制度や代用監獄の廃止，「慰安婦」問題についての国連の勧告に真摯に対応するといった勧告については，受け入れなかった。なお本文で述べたように，日本は，2011年3月，受諾した勧告につき人権理事会に中間報告を行っている。

(114) 安藤仁介「人権理事会の発足——規約人権委員会から見た人権理事会」国際人権18号（2007年）113頁。

〔坂元茂樹〕　　　　　　　　　　　　　　**1**　普遍的定期審査の理想と現実

プ・ポリティクスの傾向がみられ、小畑教授は、「アジアやアフリカのグループでは、グループ内での庇い合いの傾向が強い(116)」と指摘する。こうした傾向に対して、今井直教授は、「確かに UPR は、定期的にすべての国を審査するという意味では形式的には平等であるが、それは個々の審査における公平性を担保するものではない。国家が審査の担い手である以上、被審査国に対する各国の政治的・外交的な立場や思惑が審査の中身に反映するのは、当然でさえある。国家間の相互監視である UPR によって、『政治化と選別性を、可能な限りにおいて回避する』というアナン前事務総長の発想は、独立した専門家機関や NGO の役割が介在しない限り、そもそも限界があるといわざるをえない(117)」と述べている。この批判は、ハリントン（Joanna Harrington）教授の、「UPR は、国家に人権義務の履行を確保するための措置をとっている外観を与えることによって、単に説明責任を覆い隠すことに役立つ。明らかに、UPR プロセスが真に革新的なものとなるためには、国家の人権の履行につき真に独立した評価を使用する機会を増やす必要がある(118)」との辛辣な評価に通底するところがある。国同士による相互審査という UPR のメカニズムにおいて、いかに NGO の関与の度合いを高めていくかも課題であろう。勧告の実施にあたっての NGO との協議に加え、国家報告書作成の比較的速い段階から NGO と協議を行うことが各国に求められる(119)。

　なお、UPR の第 2 巡目は、バーレーンから開始され、エクアドル、チュニジア、モロッコ、インドネシア、フィンランド、英国、インド、ブラジル、フィリピン、アルジェリア、ポーランド、オランダ及び南アフリカの計 14 カ

---
(115)　A/HRC/WG. 6/1/TUN/1, para. 5.
(116)　小畑・前掲注(3)124-125 頁。
(117)　今井直「国連人権理事会の創設とその活動に関する一考察」島田征夫＝古谷修一編『国際法の新展開と課題』（信山社、2009 年）227 頁参照。
(118)　Joanna Harrington, "Canada, the United Nations Human Rights Council, and Universal Periodic Review," *Constitutional Forum*, Vol. 18, No. 2, 2009, p. 88.
(119)　OHCHR が作成した Training Module UPR（July, 2008）では、この面での最良の実行（best practice）として、エクアドル、英国、バーレーン、インド及びフィリピンが挙げられている。日弁連が国連人権高等弁務官事務所に提出した 2008 年 2 月 8 日付の「国際連合人権高等弁務官事務所が作成する日本に関する人権状況要約書のための文書による情報提供」では、日本政府が、2 月 8 日の段階で、国家報告書の作成に関して NGO 等の利害関係者との協議を実施していないことが指摘されている。

〈第1部〉国際人権保障制度の実相と展望

国が 2012 年第 13 会期の最初の審査国となる。

　第1巡目の UPR で最初に審査されたチェコとアルゼンチンは，第 14 会期に審査が行われることになった。審査対象国が各会期 2 カ国減るので，ずれこむことになる。なお，2 巡目のリストの最後に南スーダンが入り，2016 年 7 月 25 日の第 26 会期での審査が予定されている。

　インドネシアは，第 2 巡目の UPR の総括発言において，「審査の終了にあたり，インドネシア代表はすべての国の積極的参加と価値ある貢献に謝意を表明する。人権分野におけるインドネシアの努力が認められてうれしく思うと同時に，提供された視点や提起された問題につき，その進展には課題と制約があることを十分に承知している。インドネシアは，多文化，多宗教及び多民族社会における人権尊重の文化を育て続ける。普遍的人権の向上は政府の最重要課題の一つである[120]」と述べたが，これがひとりインドネシアのみでなく，人権の普遍性と客観性を高めるために，また人権基準実施のための各国の能力向上に資する制度として始まった UPR において，すべての国の共通認識になる必要がある。UPR が各国の人権状況の改善に資するものとして，その理念に沿う形で定着してゆくことを切に期待したい。

---

[120]　A/HRC/21/7, p. 13, paras. 103-104.

2 女性差別撤廃条約から見た民法750条
―― 夫婦同氏制度 ――

林　陽　子

Ⅰ　問題の所在
Ⅱ　民法750条の成立から現在まで
Ⅲ　条約批准と国内法整備
Ⅳ　民法750条の女性差別撤廃条約適合性
Ⅴ　条約の直接適用可能性および被害者の救済

Ⅰ　問題の所在

1　夫婦同氏の強制制度

　私は，弁護士として，一般市民が参加する講座で女性の権利問題について話をする機会があるが，参加者から出る最も多い質問のひとつは，「夫婦別姓はいつ実現するのか」というものである。

　日本は1985年に国連の女子に対するあらゆる形態の差別の撤廃に関する条約（以下「女性差別撤廃条約」または，単に「条約」という）を批准し，同条約は日本について発効し，憲法98条2項によって国内法的効力が生じた。条約16条には「婚姻および家族関係」に関する規定があり，同条1項の柱書は，「締約国は，婚姻及び家族関係に係るすべての事項について女子に対する差別を撤廃するためのすべての適当な措置をとるものとし，特に，男女の平等を基礎として次のことを確保する」とした上で，「(b)自由に配偶者を選択し及び自由かつ完全な合意のみにより婚姻をする同一の権利」および「(g)夫及び妻の同一の個人的権利（姓および職業を選択する権利を含む）」（傍点筆者）と規定する。

　日本の民法750条は，「夫婦は，婚姻の際に定めるところに従い，夫又は妻の氏を称する」として，夫婦同氏制を定めている[1]。法文上は，「夫又は妻の

---
(1)　「氏」は家族集団の呼称であり，個人の呼称としては「姓」を用いるべきであるが，本稿では民法の規定に従い，日本法に関しては苗字を「氏」と表記する。

〈第1部〉国際人権保障制度の実相と展望

氏」となっているが、2011(平成23)年の厚労省人口動態調査によれば、同年度中に婚姻届を出した66万1,895組の夫婦のうち、夫の氏を選択したものが63万6,799組（約96.2％）を占め、この割合には、同条を創設した改正民法（1947年）施行後、一貫して大きな変化はない。もちろんこの約96％の中には、好んで夫の氏を選択した女性が含まれているだろうが、他方で、婚姻するために意思に反して自己の氏を喪失した女性（あるいは4％に含まれる男性）が相当数存在することは、公知の事実である[2]。

2 本稿の構成

日本は女性差別撤廃条約の当事国として、管轄下にある個人に対し、条約で保障された権利を実現する義務を負っている。本稿では、まず夫婦同氏制度の成立の経緯、これまでの法改正の試み（第II節）、および女性差別撤廃条約批准の際の国内法整備の状況を検討する（第III節）。その上で、条約の文理解釈、人権条約機関から出された一般勧告および国際機関の先例に照らし、民法750条の女性差別撤廃条約との適合性を検討する（第IV節）。私見では、民法750条は、同条約2条(d)(e)(f)、5条、16条1項(b)(g)に違反し、条約1条に規定する女性差別を構成する[3]。最後に、女性差別撤廃条約の即時性および自動執行性（直接適用可能性）の検討を行った上で、女性差別撤廃条約上の権利を侵害された個人（被害者）に与えられるべき救済の内容に触れる（第V節）。国際違法行為の解決手段としての賠償（reparation）概念は、金銭賠償よりも包括的なものであり、原状回復、再発防止の措置や謝罪、職務関係者や市民社会に向けた啓発のための研修などを含んでいる。これらは国際法から派生する国家責任を

---

[2] 女性差別撤廃条約は、「女性に対する」差別を撤廃する条約であり、本来、男性が性差別の被害者となることを想定していない法文書である。しかし女性差別撤廃委員会が一般勧告を通して行う解釈指針の定立により、最近では、条約が禁止するのはジェンダーに基づく差別であり、生物的な性のみが条約規範の前提たる差別禁止事由ではない、との理解が優勢になりつつある。例として、女性差別撤廃委員会一般勧告25号パラグラフ7、同11、同一般勧告28パラグラフ16を参照。国連文書における「ジェンダー」概念の浸透については、阿部浩己『国際法の暴力を超えて』（岩波書店、2010年）第3章を参照。

[3] 民法750条には、平等権の問題のほかに、いずれか一方の配偶者が婚姻前の氏を喪失しないと婚姻ができない点において、婚姻の自由、自己決定権およびプライバシー権の侵害の問題がある。

解除するための手段であるが，ここでは，条約が国内法的効力を持つ以上，国内訴訟においても，被害者が訴求できる救済はより多様なものであることが可能ではないか，という問題を提起するものである。

なお，2011年2月に，民法750条により夫婦同氏を強制されるため，婚姻により改姓せざるを得なかった女性および婚姻前の氏を各自の氏とする別姓での婚姻届を提出したが受理されなかった男女等が原告となり，被告国を相手に国家賠償請求等を求める訴訟が提起され（弁護団代表・榊原富士子弁護士。本稿ではこれを「夫婦別姓訴訟」という），現在も東京地裁に係属中である[4]。本稿は，この訴訟に触発され，さらに，訴訟の原告弁護団から意見書（民法750条の女性差別撤廃条約適合性について）を依頼された後に，提出した意見書に大幅な加筆訂正を加えて執筆したものである[5]。

II 民法750条の成立から現在まで

1 歴史――「家破れて氏あり」

広義での氏の起源は，大化の改新（645年）以前の氏姓制に遡ると言われるが，氏は江戸時代には苗字と称され，帯刀などと同様に武士階級の特権であり，農民町人は称することが許されなかった。明治政府は1870（明治3）年の太政官布告によって平民に苗字の公称を許し，翌年4月の太政官布告に基づく壬申戸籍において，国民は一般に苗字を付して記載されることとなった。明治維新後の日本の氏の制度は，別氏制であり，1876（明治9）年の太政官指令においても，既婚女性は夫の家を相続したのではない限り，生家の氏を用いることとされていた[6]。これを変えたのが，1898（明治31）年施行の民法典（以下「旧法」）であり，「家」制度のためのさまざまな法制度が確立され，その中枢に位置づけられたのが「戸主及ヒ家族ハ其家ノ氏ヲ称ス」とした旧法764条の規定である。戸主は家族全員に対して婚姻，養子縁組，分家などの同意権や居所指定権という家

---

[4] 事件番号 東京地裁平成23年（ワ）第6049号 損害賠償請求事件。「別姓訴訟を支える会」のホームページ上に，主な裁判書面が公表されている。http://www.asahi-net.or.jp/~dv3m-ymsk/saibannews.html（2012年8月30日現在）

[5] 注(4)の訴訟には，二宮周平教授および申惠丰教授も専門家意見書を提出しており，本稿執筆にあたり，弁護団作成文書および両教授の意見書から多大な教示をいただいた。

[6] 大森政輔「氏名権論」川井健他編『講座・現代家族法 第1巻（総論）島津一郎教授古稀記念』（日本評論社，1991年）15頁。

〈第1部〉国際人権保障制度の実相と展望

族を統率するための強大な権利を持ち，その権利は「家」の財産とともに家督として長男子が単独で相続をすることとなっていた。そこでは氏は「家名」であり，個人の呼称ではなかった。

　第二次大戦後，民法上の「家」を廃止することは最優先課題とされ，我妻栄，中川善之助らが立法作業に参加をした。民法改正は憲法施行に間に合わず，「日本国憲法の施行に伴う民法の応急的措置に関する法律」が制定され，戸主をはじめとする「家」に関する規定が廃止された。福島正夫はこの応急措置法について，「維新以来80年，明治民法以来50年にして，『家』の制度はここに公けに廃止されたのである」と述べているが[7]，たかだか50年の命しか持たなかった明治民法が残した父権主義の負の遺産がいかに大きなものであったか，改めて思い知らされる。戸籍法の改正作業は，「進歩的学者の参加もなく，官僚ペースでなされ」[8]，GHQが支持した個人単位の身分登録制度はついに実現することがなく，「同一戸籍同一氏の原則」が生き残った。憲法学者の宮沢俊義がこれを「家破れて氏あり」と慨嘆したことは，よく知られている[9]。戸籍は本来，家族法によって規制される身分登録の制度であったはずであるが，「戸籍制度を根幹から変えなければならない」ことが夫婦別氏に反対する根拠として挙げられ[10]，主（民法）・従（戸籍法）が逆転してしまったことが，法改正を困難にする一因となっている。

2　法改正の試みと現状
(1)　民法改正をめぐる動き

　新憲法の精神に則った民法改正作業が不徹底であったことは，改正民法を議決した国会も認めており，1947（昭和22）年10月27日の衆議院において，同法採択の後，「本法は，可及的速かに，将来において更に修正する必要があることを認める」との附帯決議がなされた[11]。その後，民法750条の夫婦同氏制を改正し，選択的夫婦別氏制度を支持する動きは，今日までの間に，いくつかの

---

[7]　福島正夫『日本資本主義と「家」制度』（東京大学出版会，1967年）39頁。
[8]　金城清子『法女性学——その構築と課題（第2版）』（日本評論社，1996年）149頁。
[9]　宮沢俊義「家破れて氏あり」法律タイムズ1巻6=7号（1947年）25頁。
[10]　女性差別撤廃条約承認の際の参議院での政府答弁（1985年6月16日第102国会参議院外務委員会議事録第16号17-18頁）。
[11]　第1回国会衆議院司法委員会議事録第50号439頁。

モメンタムを迎えた。

　第1の波は，1954(昭和29)年7月の法務省による法制審議会に対する民法親族編についての改正の諮問により始まる。この審議の結果は，1959(昭和34)年に公表されたが，そこでは「夫婦異姓を認めるべきか否か等の問題につき，なお検討の余地がある」として，氏の問題は「留保事項」とされた[12]。

　第2の波は，1975(昭和50)年の国連「国際女性年」，それに続く「国連女性の10年」(1976年-1985年)である。日本政府は総理府に婦人問題企画推進本部を置き，「婦人の地位向上のための国内行動計画」(「国内行動計画」)を策定し，この計画に基づき，女性差別撤廃条約を批准した。

　第3の波は，1990年代に始まる「国内行動計画」の改訂（1991(平成3)年5月）および法務省法制審議会民法部会身分法小委員会における婚姻および離婚に関する制度全般の見直しの開始（同年1月）である。この後ろ盾となったのは，国連の第3回世界女性会議（ナイロビ会議）で採択された「婦人の地位向上のためのナイロビ将来戦略」であり，同文書は婚姻における平等のための法整備を各国に求めていた[13]。1950年代にいったん「留保事項」としてタンスの奥にしまわれていた「夫婦別姓」の議論を，約30年ぶりに再燃させたのは，国連が主催した世界女性会議文書（国際法のソフトロー）であったことは，記憶されるべきであろう。1992(平成4)年12月，法務省は，法制審議会身分法小委員会の審議結果を踏まえ，「婚姻及び離婚制度の見直し審議に関する中間報告（論点整理）」を公表し，夫婦別氏制度に関する問題提起を行った。

(2)　**法務省案の公表**

　第4の波は，1994(平成6)年7月に法務省から「婚姻制度等に関する民法改正要綱試案」が公表されたことに始まる[14]。要綱は，夫婦の氏について，同姓を原則とするA案，別姓を原則とするB案，同姓制をとりつつ呼称として旧姓使用を認めるC案の3論を併記したものであった。これに対して各界から多くのパブリックコメントが寄せられ，1995(平成7)年9月，「婚姻制度等の見直し審議に関する中間報告」を経て，1996(平成8)年2月，法務省は「民法の

---

[12]　法制審議会民法部会身分法小委員会における仮決定および留保事項（昭和34年）。
[13]　国連文書番号 A/CONF. 116/28/Rev. 1（パラグラフ68）。
[14]　法務省民事局参事官室編『婚姻制度等に関する民法改正要綱試案及び試案の説明』（日本加除出版，1994年）。

〈第1部〉国際人権保障制度の実相と展望

一部を改正する法律案要綱」を公表した。法律案要綱は，夫婦の氏について，「夫婦は，婚姻の際に定めるところに従い，夫若しくは妻の氏を称し，又は各自の婚姻前の氏を称するものとする」と規定した。要綱試案および改正法案要綱が公表されたこの時期に，選択的夫婦別氏制度はマスメディアでも多くの関心を呼び，夫婦別氏に関するすぐれた学術論文も，この時期に書かれたものが多い[15]。

(3) 進まない法改正

しかしながら，上記法律案要綱は，内閣提出法案としては一度も国会に提出されることがなかった。その後，2010年1月に法務省は上記法律案要綱を踏襲した民法改正法案を準備し，同省ホームページ上で公表したが，この法案についても閣議決定は行われていない。各種の世論調査では，民法改正要綱公表後，「法改正をしてもよい」という別氏容認派は増加しており，現行法の支持派と拮抗しているとはいえ，近年では改正を支持する人の方が多い[16]。夫婦別氏に反対する人々は，夫婦同氏が社会的に定着している，家族の一体感の維持にとって同氏が必要であり，別氏の家庭は子どもの氏の選択や祖先の祭祀の承継などに支障を来す，と主張し，与野党の議員の中でその意見は無視できない影響力を持っている。中川善之助は，1950年代に，男が女の氏を称することは，何か自分が屈服したのだというような意識があると思う，と述べ[17]，夫婦別氏

---

[15] 代表的なものとして，滝沢聿代「選択的夫婦別氏制──その意義と課題」成城法学43号（1993年）1頁，水野紀子「夫婦の氏」戸籍時報 No.428（1993年）6頁，犬伏由子「夫婦別姓」民商法雑誌111巻4・5号（1995年）27頁など。

[16] 民法改正を考える会編『よくわかる民法改正──選択的夫婦別姓＆婚外子差別撤廃を求めて』（朝陽会，2010年）79頁以下に，各新聞および内閣府による世論調査結果が収録されている。朝日，読売，毎日，産経の2009年の調査では，いずれも別姓賛成が反対を上回っている。たとえば，読売新聞の調査では，選択的夫婦別姓に賛成（43％），反対（40％）となっているが，内閣府の調査（2006年）では，容認（37％），反対（39％），通称使用に賛成（21％）という結果であり，いずれの統計でも若い世代は容認派が多い。

[17] 座談会「民法改正に関する問題点（下）」ジュリスト98号（1956年）17頁。中川教授はここで「結婚したら新しい第三の氏を必ずつけるということにしたら男が反対するでしょう。……自分が従来の氏を変えるということは，何か自分が屈服したのだというような意識があるんです。だから男は絶対に自分の氏を変えようとしない。変えないのが当然だと考えるんです。何故当然なのかといえば，俺は男だからということだけなんです」と述べている。

の問題の根底にあるのが，父権主義および定型化された男女の役割意識（今日の用語で言うところのジェンダー・ステレオタイプ）であることを見抜いていた。

　民主党は，野党時代には，枝野幸男（衆議院），千葉景子（参議院）議員らが中心となって選択的夫婦別氏制を含む民法改正法案を提出していた。2009年の政権交代によってこれらの人々は入閣したにもかかわらず，法案は閣議決定されることがなく，今日まで放置されている。人権条約の選択議定書批准問題（民主党は政権公約の中で批准を掲げていた）が政権交代によっても全く進展していないのと同じ状況にあり，政権を担っている政治家の責任感・リーダーシップの欠如を端的に示している。

Ⅲ　条約批准と国内法整備

1　条約の国内実施の担保手段

　次に，女性差別撤廃条約を批准するに際しての国内法整備の状況を概観する。
　外務省で条約締結の実務に携わっていた谷内正太郎氏（引用文献の執筆当時は，外務省総合外交政策局長）は，条約の実施のための国内法の必要な担保手段として，大別して次の4つがある，と指摘する[18]。第1は，国内法令の新たな制定，あるいは既存の法令の改廃，現行法令の維持である。第2は，自動執行力を有する（self-executing）条約の直接適用である。第3は，当事国同士で何らかの合意（交換公文や合意議事録等）を行うことである。第4は，国際約束に至らない実務的なアレンジメントとして，当事国間で何らかの措置をとることである。

　条約批准に際し，父系優先主義をとっていた国籍法が，条約9条（国籍に関する平等の権利）との積極的抵触を避けるために父母両系主義に改められた。さらに，条約11条（雇用における差別の撤廃）の義務内容を確保するために，男女雇用機会均等法が制定された。同法は，形式上は勤労婦人福祉法の改正法という形をとったが，その実質は，条約11条との消極的抵触を避けるために，条約上の義務の受け皿として新法を制定したものである。これらの2つの法律の改正・制定は，上述の第1の担保手段にあたる。さらに，日本政府は，中学・高校の学習指導要領において，男子は「技術」，女子は「家庭科」を履修するとされていたことが，条約10条(b)（同一の教育課程）に抵触すると判断したこ

---

[18]　谷内正太郎「日本に於ける国際条約の実施」国際法外交雑誌100巻1号（2001年）1頁。

〈第1部〉国際人権保障制度の実相と展望

とから，学習指導要領を改訂し条約の要請に応えた。これは法律とは異なる規範等の改正による条約の国内実施の例である[19]。

条約批准当時，父系優先主義をとっていた国籍法は，外国人夫との間の子の国籍確認を求めた日本人母から提起された訴訟において，「合憲」のお墨付きを裁判所から与えられていた[20]。日本政府の立場は，憲法が国籍の得喪の要件を立法府の裁量に委ねているのであるから，「憲法上，日本国民たる父母がその子に日本国籍を承継させる権利は存在」しない，というものであった[21]。それにもかかわらず国籍法が父母両系主義へと改められたことは，行政や司法が合憲と判断した法律であっても，人権条約と抵触するのであれば改正するという国家実行を顕現させた点で，重要な先例である[22]。

2　条約批准の国会承認審議[23]

条約の国会承認の過程では，以上3点のほかに，再婚禁止期間，婚外子の相続差別問題等と併せ，民法750条に関する質疑も行われた。参議院外務委員会において，抜山映子議員（民社党）が，夫婦同氏制度からくる不都合をあげ，「婚姻前の姓を称することができるという弾力的な扱い」について質問をしたが，政府の説明員の答弁は，我が国においては夫婦同姓が戸籍制度と相まち非常に定着していること，別姓にすることによる社会生活上の混乱が予想されること，夫婦別姓は戸籍制度を根幹から変え個人登録にしなければならないことなどを

[19] 谷内・前掲注[18] 14頁。条約に合わせて指導要領を改める必要があったが，「締約国として遅滞なく男女同一化を目指す措置をとり，その結果として合理的期間内に条約の要請を充足することが可能であると考えられたため，我が国による批准に当って障害となるものではない」との判断が政府によってなされた。

[20] 東京地判昭和56年3月30日判時996号23頁。控訴審は，母による国籍確認訴訟には確認の利益がないとして憲法判断を行わなかった。控訴審は，国籍法に日本国民の母の子の国籍取得について規定がないのは「法の欠缺」であるが，これを補うのは国会の権限であり，裁判所の判断ではできないとした（東京高判昭和57年6月23日判タ470号92頁）。

[21] 細川清「国籍法の一部を改正する法律の概要」民事月報39巻6号（1984年）9頁。

[22] 山元一教授は，人権条約の具体的な名宛人は国家の諸機関であり，国際社会に対して応答責任を引き受けており，その意味で拘束されていることの例示として，国籍法改正と併せ，男女雇用機会均等法の成立を挙げる。山元一「ジェンダー法関連領域における国際人権法と国内裁判」『講座国際人権法3 国際人権法の国内的実施』（信山社，2011年）377頁注[25]。

[23] 前掲注[10]。

応答し,法改正の必要性は一切認めなかった[24]。条約批准当時の外務省の担当者の論考は,皇室典範と条約の整合性が検討されたことに触れているが[25],民法750条については政府部内でも国会でも深い議論がなされた形跡はない。

IV 民法750条の女性差別撤廃条約適合性

1 条約機関の一般勧告

条約機関は,すべての締約国に向けた条約解釈の指針として,一般勧告(条約機関によっては「一般的意見」等の用語が用いられる)を採択している[26]。民法750条の条約適合性について述べる前段として,個人の姓に関する権利に関して触れている一般勧告をまず紹介する(以下,年代順)。

(1) 自由権規約一般的意見19号(家族の保護,婚姻についての権利および配偶者の平等)1990年採択[27]

「各配偶者が自己の婚姻前の姓の使用を保持する権利または平等の基礎において新しい姓の選択に参加する権利は,保障されるべきである」(パラグラフ7)

(2) 女性差別撤廃委員会(以下「CEDAW委員会」)一般勧告21号(婚姻及び家族関係における平等)1994年採択[28]

「各パートナーは,共同体における個性およびアイデンティティを保持し,社会の他の構成員と自己を区別するために,自己の姓を選択する権利を有するべきである。法もしくは慣習により,婚姻もしくはその解消に際して自己の姓の変更を強制される場合には,女性はこれらの権利を否定されている」(パラグラフ24)

(3) 自由権規約一般的意見28号(男女の権利の平等)2000年採択[29]

(23条4項(家族の保護および婚姻の権利)の義務を果たすために)「締約国は,それぞれの配偶者が婚姻前の姓の使用を保持し,または新しい姓を選択する場

---

[24] 前掲注(10)。
[25] 谷内・前掲注(18) 11頁。
[26] 女性差別撤廃条約では一般勧告(general recommendation),自由権規約では一般的意見(general comment)の用語が使用されているが,本稿では前者に統一して表記する。
[27] 国連文書番号 CCPR/C/19/Rev.1/Add.10.
[28] 国連文書番号 HRI/GEN/1/Rev.9/(Vol.II).
[29] 国連文書番号 CCPR/C/21/Rev.1/Add.10.

〈第1部〉国際人権保障制度の実相と展望

合に対等な立場で決定する配偶者各自の権利に関して性別に基づく差別が起こらないことを確実にしなければならない」(パラグラフ25)

以上いずれも，配偶者が婚姻前の姓を保持することが，条約上保護される権利であることを明記している。

2 締約国の差別撤廃義務に関する一般勧告 28 号

さらに，2009年に策定された締約国の差別撤廃義務に関する CEDAW 委員会の一般勧告28号（国連文書番号 CEDAW/C/GC/28）は，条約解釈のための重要な指針である。

第一に，条約2条（締約国の差別撤廃義務）は，3条（女性の完全な発展・向上の確保），4条（差別とならない特別措置），5条（男女の固定観念に基づく慣行等の撤廃）および24条（条約上の権利の完全実現の約束）とともに，また，1条に規定された差別の定義に照らして，読まれるべきであるとされている（パラグラフ7）。第二に，締約国の差別撤廃義務は，複層的なものであることを述べている。具体的には，尊重義務（女性を差別するような法律，政令，行政手続等を締約国が自制すること），保護義務（私的主体による差別から女性を保護すること），充足義務（女性と男性の法的および事実上の平等な権利の享受を確保するため，適切な場合には暫定的特別措置の採用を含め，多様な措置を積極的にとること）の3つの内容を明らかにしている（パラグラフ9）。第三に，条約1条の定義規定は間接差別を含むこと（「いかなる区別，排除，制限であって，女性の人権および自由の行使を妨げる効果または目的を持つものは，たとえ差別を意図するものでない場合でも，差別である」）を確認している。(パラグラフ5，16)。第四に，締約国が達成すべき平等とは，形式的なもので終わってはならず，実質的なものであることが強調されている（パラグラフ20）。第五に，締約国の差別撤廃義務は漸進的なものではなく，「遅滞なく」という柱書から明らかなように即時的なものであり，締約国は国内における政治的，文化的，宗教的，経済的，資源あるいはその他の懸念や制約を含むいかなる理由によっても，不履行を正当化できない，としている（パラグラフ29）。

3 国際機関の先例

次に，姓名に対する権利に関する，代表的な国際機関の先例を紹介する。

(1) 欧州人権裁判所・ウナル・テケリ 対 トルコ事件判決（Ünal Tekeli v. Turkey, 2004年11月16日, application no. 29865/96）

申立人（女性）Ayten Ünal Tekeli はトルコの弁護士であり，1990年に結婚したが，当時のトルコ民法153条は，「既婚女性は夫の姓を名乗る」と定めていた。申立人は婚姻前の姓である Ünal を継続して使用したいとして国を相手に国内訴訟を提起したが，1995年に敗訴した。トルコ政府はその後，1997年に民法153条を改正し，「既婚女性は夫の姓を名乗る。ただし，婚姻証明書に署名する際に，公の文書において夫の姓の前に婚姻前の姓を結合して名乗ることを宣言することができる」旨を定めた。トルコ政府は夫婦同姓を支持する理由として，家族法には社会的弱者である女性を保護し家族の絆を強化する役目があること，家族の統合は公共政策の対象であり，婚姻生活に入ることにより「個人の私生活は終了する」こと，改正法により妻は結合姓により婚姻前の姓を維持できることなどを主張した。欧州人権裁判所判決は，たとえ夫婦が同姓を選ばなくても家族の統合には影響がないこと，夫婦同姓から別姓へと法改正をすることにより身分関係証書等に変更を余儀なくされることは事実であるが，社会は個人が自分の選んだ姓を使用して尊厳を持って生きることに対して合理的な程度に寛容であるべきことが期待されていることから，トルコ政府の主張には理由がないとし，欧州人権条約14条（性差別の禁止）および8条（私生活の保護）の違反を認めた。申立人は物理的損害および精神的損害を求めていたが，裁判所は，本件申立の核心部分の主張が認容されたこと自体が公正な満足にあたるとして，物理的損害の1,750ユーロのみ認容したほか，トルコ政府に対しては「婚姻したパートナーが各自の姓を保持するか，またはファミリーネームの選択において平等の決定権 (equal say) を持つこと」を確保することを救済として命じた。

(2) 欧州人権裁判所・ブルクハルツ 対 スイス事件判決（Burghartz v. Switzerland, 1994年2月22日, Series A, no. 280-B）

スイスにおいては，既婚女性は夫の姓の前に自らの姓を付ける複合姓が認められているが，既婚男性は妻の姓との複合姓を認められていなかった。判決は，このような性による取り扱いの違いには客観的かつ合理的な正当性がないとする申立人の主張を認め，スイスの法律が欧州人権条約8条（私生活および家族生活が尊重される権利）および14条（性差別の禁止）にあたると判断し

た。欧州人権条約14条は，同条約が定める権利および自由についてのみ差別を禁止するので，姓に関する権利が，同条約8条の私生活上の権利に含まれるかが本件では争点となった。判決は，氏名が公的・私的双方の側面を持つことを前提とした上で，他者と職業的・業務的な関係を結ぶ権利に言及し，私生活におけるその重要性を強調して保護の対象とした。締約国は，姓の選択における配偶者間の不平等を家族の一体性と伝統で正当化しようと試みたが，受け入れられず，判決後，判決に従い法改正をした[30]。

(3) 自由権規約委員会個人通報見解・コエレリほか 対 オランダ事件
　　(Coeriel et al. v. The Netherlands, Communication 453/1991)[31]

　通報者2名はオランダの市民権を有するヒンズー教徒である。両名はインドにおいてヒンズー教の宣教師（pandit）になる修行をするためには，その氏名をヒンズー教徒のものに変更する必要があると主張し，氏名の変更をオランダ法務省に申請したが，名については変更を認められたものの姓については拒否された。オランダ政府は，オランダの「姓の変更に関するガイドライン」は，珍奇な姓，帰化した外国人の姓が「オランダ風ではない」場合等にのみ変更を例外的に認めており，本件はこれにあたらないこと，また仮に「オランダ人の氏名ではヒンズー教の修行ができない」との事実があったとしても，それはオランダ政府の責任ではなく，氏名がヒンズー教修行の障害になっているとの証拠もないこと等を主張した。

　委員会の多数意見は，自己のアイデンティティを自由に表現することはプライバシー権の内容であり，姓はアイデンティティの主要な構成要素であるから，自己の氏名を選択し変更する権利を恣意的にまたは不法に干渉されないことは，規約17条（私生活の保護）上の権利であるとし，本件のオラン

---

[30] 中井伊都子「婚姻後の姓の選択に関する男女平等――ブルクハルツ判決」戸波江二ほか編『ヨーロッパ人権裁判所の判例』（信山社，2008年）302頁。ブルクハルツ判決は，従前の欧州人権裁判所の判決が，既婚女性が旧姓で選挙に立候補する権利を否定することは違法ではないとしていたものから，姓に法的利益をより強く認め，姓に関する判断の変化を示すとされている（Aeyal M. Gross, "Rights and Normalization : A Critical Study of European Human Rights Case Law on the Choice and Change of Names", 9 *Harvard Human Rights Journal* 269（1996）p. 269）。

[31] 自由権規約委員会の個人通報見解は，同委員会のホームページ上で全文が入手可能である。http://www2.ohchr.org/english/bodies/hrc/HRCommitteeCaseLaw/htm.（2012年8月30日現在）

ダ政府の行為（姓変更の拒否）は法令上の根拠があるので「不法」ではないが，規約 17 条上の権利を制約する根拠として合理的でなく恣意的であることを理由に，当事国の権利侵害を認め，適切な賠償の措置と再発防止の措置を勧告した。

この結論に対して 2 名の委員の反対意見が付せられている。安藤仁介委員（日本）は，姓を変更しないとヒンズー教の修行ができないという通報者の主張は立証されていないことに加え，姓は非西洋社会ではアイデンティティのみの問題ではなく，社会的・歴史的・文化的な含意があり，したがってこの問題をプライバシー権の問題として扱うことは困難である，とする。ヘルンデル委員（オーストリア）は，姓を変えることの宗教上の要請について証拠がないことに加え，規約 17 条が保障しているのは姓について干渉を受けない権利であって，姓を変更する権利はその対象外であるとする[32]。

(4) 自由権規約委員会個人通報見解・ラーマン 対 ラトビア事件（Leonid Raihman v. Latvia, Communication 1621/2007）[33]

通報者は旧ソ連邦のラトビアに住むロシア語を母国語とするユダヤ人（ラトビア国内での少数民族）である。1998 年にラトビアがソ連から独立した際，ラトビア政府は通報者の氏名を本人の同意なく Leonid Raihman から Leonids Raihmans に変更した。ラトビア政府は，「言語法」は氏名はラトビア語で表記されるべきことを規定していること，これは氏名の変更ではなく，ラトビア語に表記を変更したにすぎず，ラトビア語では男性の姓には「s」を末尾につけること，同じくラトビア語のスペルでは i ではなく ī が正しく，このような法律は旧ソ連時代にラトビア語が弾圧された歴史に鑑みれば必要な規制である，と主張した。

委員会の多数意見は上記(3)の Coeriel et al. v. The Netherlands を援用し，姓は人のアイデンティティの重要な構成要素であり，自己の氏名を選択しまたは変更する権利が不法または恣意的な干渉から保護されるべきことは，プライバシー権の保護に含まれる，とした。多数意見はさらに Canepa v. Canada（Communication No. 558/1993）を援用し，たとえ法律の規定であって

---

[32] Jakob Th. Möller et al. *United Nations Human Rights Committee Case Law 1977-2008, A Handbook* (Kehl, N. P. Engel Verlag, 2009) p. 335.
[33] 前掲注[31]。

〈第1部〉国際人権保障制度の実相と展望

も，それが恣意的な干渉かどうかは自由権規約の規定，意図，目的に照らして判断されるとする。ラトビア政府の主張する，ラトビア語を統合的なものとして守るという制度目的は理解できるものの，通報者に課された不利益と立法目的が比例しておらず，合理的な権利制限理由とはならない。したがってラトビア政府は規約上の権利を侵害された通報者に対して，適切な救済と同様の人権侵害の再発防止の措置をとるよう勧告する，とした。

これに対しては2名の委員（テリン委員｛スウェーデン｝およびポサダ委員｛コロンビア｝）の反対意見が付されており，「言語法」の立法目的は正当であり，その適用の結果通報者に不利益が課されても，それは目的との関係で比例しており，規約違反は認められない，というものである。

(5) 女性差別撤廃委員会個人通報見解・グループ・ダンテレ・プール・マトロニム（団体名）対フランス事件（Group d'Inérêt pour le Matronyme v. France）およびエス・オー・エス・セクシズム（団体名）対フランス事件（SOS Sexisme v. France）[34]

フランスでは革命期の中間法（共和暦2年実月6日法）が，すべての市民は出生証書に記載された氏名を称することとする「氏名不変の原則」を打ち立て，婚姻により市民は配偶者の姓の使用権を持つに過ぎないとされている[35]。子どもに夫婦どちらの姓を承継させるかについては，長い間，嫡出子は父の氏を名乗るとの慣習法があり，母は子に姓を承継させることができなかった。幾度かの法改正により，父母いずれかの姓を子に承継できることとされたが，協議が整わないときは父の姓を承継することとされた。このような法制をめぐって，母の姓を承継できず父の姓を名乗らざるを得なかったことが女性差別であると主張する女性たちから集団で2件の申し立てがなされた。CEDAW委員会の多数意見は，16条1項(g)は，既婚（法律婚・事実婚を含む）の女性が自分の姓を自己のアイデンティティの一部として保持すること，およびその姓を子どもに承継させることを目的としていることは認めたものの，その権利の主体は婚姻した女性（条文上も「妻」の権利とされる）または母親である，として，「母の旧姓を承継できなかった」という申立人ら（子）の主張に対しては受理可能性がないとした。これに対しては反対（少数）意見が

---
[34] 国連文書番号 CEDAW/C/D/44/12/2007，および同 CEDAW/C/D/44/13/2007．
[35] 前掲注[15]参照．

付されており，16条の規定は制限列挙ではなく例示列挙であり，氏に関する差別はより広い文脈で解釈されるべきこと，本件で締約国が子どもたちに父の姓から母の姓への変更を許諾していないことは，性差別的法律および慣行であると結論づけている[36]。

4 国際機関の先例が示唆するもの

以上で紹介した国際機関の先例のうち，日本の民法750条の人権条約適合性を考えるにあたり最も参考になると思われるのは，上記(4)のラーマン対ラトビア事件（自由権規約委員会）である。民法750条は，形式上は妻の氏を保持できる選択肢があり，夫の氏しか選択できないことが問題となったÜnal Tekeli v. Turkeyとは異なる。ブルクハルツ事件は，複合姓への手続における男女差を問題としているが，日本では婚姻前の姓は維持されるか喪失するかのいずれかであり，複合姓の制度は存在しない。コエレリ事件は，姓の変更を国が認めなかったことが問題とされており，姓の喪失のケースではない。これに対し，ラーマン事件は，ユダヤ人の姓であったものを本人の意思に反して国がラトビア風に変更したことが問題とされており，姓の喪失に関わるものである。委員会は，氏名を選択し変更することはプライバシー権として不法または恣意的な干渉から保護されるべきであり，たとえそれが法律の規定であっても，恣意的干渉になりうると結論づけた。法律の目的に合理性があったとしても，氏を喪失するという個人の不利益との均衡が問題とされるのであり，権利を制限する国の側が氏の変更という手段の合理性を証明できないときは，国家による恣意的干渉であるとした点で，日本の夫婦同氏制度を考える上で参考になる。

5 差別の定義

次に，条約1条が規定する女性差別の定義を確認しておきたい。

条約1条は差別の定義規定であり，「この条約上，『女性に対する差別』とは，性に基づく区別，排除または制限であって，政治的，経済的，社会的，文化的，市民的その他のいかなる分野においても，女子（婚姻をしているかいなかを問わない。）が男女の平等を基礎として人権及び基本的自由を認識し，享有し又は行

---

[36] 近江美保「国際人権先例紹介(3) 女性差別撤廃委員会通報番号13/2007」神奈川ロージャーナル3号（2010年）51頁。

〈第1部〉国際人権保障制度の実相と展望

使することを害し又は無効にする効果又は目的を有するものをいう」と定める。

　この定義規定の要件は，①あらゆる形態の区別，排除，制限であって，②女性が人権および基本的自由を認識し，享有し，行使することを害し又は無効にする，③目的あるいは効果を有するものをいう，というものである。以下，民法750条との関係でこれらが何を意味するのかを分説する。

① 「あらゆる形態の区別，排除，制限」には，民法という国の基幹法により，婚姻前の姓を維持することを制限されるという状況も含まれる。

② 「女性が人権および基本的自由を認識し，享有し，行使すること」には，女性がプライバシー権に由来する氏名保持権という権利，あるいは結婚の自由という基本的自由を認識し，享有し，行使することが含まれる。「害し，または無効にする」とは，権利・自由の実現の妨害または否定を指す[37]が，民法の規定により婚姻前の姓の維持を妨害または否定さる状態も含まれる。

③ 「目的あるいは効果を有するもの」とは，差別を行為の目的とその効果の双方から捕捉するものであり，本条にいう差別には直接差別だけではなく，間接差別も含まれている[38]。民法750条は，文言上は性中立的であり，差別の「目的」は国にないかもしれないが，実際の効果はそうではない。日本政府は，第1回国家報告書審査で民法750条についてCEDAW委員から質問を受けた際，「妻の姓を選択することを禁止する法律はない」と回答した[39]。しかし，一般勧告28号は，「間接差別は，構造的および歴史的な差別の類型と女性と男性の間の不平等な権力関係の認識を欠いているた

---

[37] 国際女性の地位協会編『コンメンタール女性差別撤廃条約』（尚学社，2010年）黒岩容子執筆部分，79頁。最判三小昭和63年2月16日（民集42巻2号27頁）は，「氏名は，社会的にみれば，個人を他人から識別し特定する機能を有するものであるが，同時に，その個人からみれば，人が個人として尊重される基礎であり，その個人の人格の象徴であって，人格権の一内容を構成するというべきである」と判示する。同判決は，氏名を正確に呼称される利益について判示するものであるが，そのような利益は，氏名を他人に冒用されない権利・利益と異なり，強固なものではないから，他人に不正確に呼称されたからといって直ちに不法行為が成立するものではない，とし，氏名冒用の場合は不法行為が成立することを当然の前提としている。氏を喪失させられる行為は，氏を保持しつつ冒用されることよりも深刻な人格権侵害であるとの評価は可能であろう。

[38] 前掲注(27)。

[39] 山下泰子『女性差別撤廃条約の研究（初版）』（尚学社，1996年）394頁。

めに，既存の不平等を強化する場合がある」と述べ（パラグラフ16），性中立的な法律でありさえすれば条約に合致するという考えは，形式主義であり，一般勧告28号の示す解釈とは相容れないものである。

6　男女の固定観念に基づく慣行等の撤廃（5条）

さらに，民法750条と条約の関係を理解するにあたっては，条約5条が重要である。

5条は男女の固定観念（原文では「ステレオタイプ」）に基づく偏見・慣習・慣行によって女性差別が存続していることを問題とし，実質的な平等を達成するために男女の社会的・文化的な行動様式を修正することを締約国に求めている。この課題は条約2条(f)の「法律，規則，慣習および慣行」の修正・廃止と連動するものであり，したがって「遅滞なく追求」することが締約国の義務である[40]。

女性差別撤廃条約は法律が形式的に性中立的であれば必要かつ十分であるとの立場をとっておらず，事実上（de facto）ないし実質的な（substantive）平等の実現を求めている。たとえば，過去の総括所見の内容を見ても，パートタイマー労働者の不利益取扱いは，それ自体では性中立的であるが，実態を見れば女性に対する間接差別であるとの指摘がなされている（ドイツ，英国，スロバキア等）。条約が暫定的特別措置（条約4条1項）を奨励している理由も，固定的な性別役割分業を打破するための政策を締約国に求めているからである。したがって，5条の下での締約国の義務は，単にジェンダー平等という考え・イデオロギーを普及することだけではなく，社会の構造的な差別を終わらせ，現状を変容する平等を目指すことにある[41]。

最近の学説の中にはさらに，「形式的平等」（formal equality）と「実質的平等」（substantive equality）の区分に加え，"transformative equality" という概念を梃子に，締約国の積極的義務を強調するものがある。私はこれに「現状を変容する平等」という仮の訳をあてている[42]。女性に対する差別は，歴史的なもの

---

[40] 国際女性の地位協会・前掲注(37)若尾典子執筆部分，154頁。
[41] Marsha Freeman et al. edited. *The UN Convention on the Elimination of Discrimination against Women, A Commentary*（Oxford, Oxford University Press, 142-167頁，Rikki Holmat 執筆部分）。

〈第1部〉国際人権保障制度の実相と展望

であり，社会の中に蓄積し（compound），交差し（intersectional），複合的な形態（multiple）をとっているのであるから，国家はそれを傍観するのではなく，現状を変容するために積極的な施策をとる義務がある。婚姻に際して96％以上の男女が夫の姓を選択する背景には，男女の役割についての根強い固定観念や，戦前の「家」意識に由来する差別的な慣習・慣行があり，国家は条約を批准したことによって，それを変革していく義務を負ったのである。同時に，夫婦同氏の強制を貫く限りは，いずれかの配偶者が婚姻前の氏を失う結果は避けられないのであり，たとえ妻の氏を選択する夫婦が50％に達したところで，問題の解決にはならない。

7 条約16条（家族関係における平等）について

以上の総則的規定の検討の上に立ち，条約16条1項(b)および(g)を検討する。

(1) 条約16条1項(b)（自由な合意のみによる婚姻）

日本では夫婦いずれかの氏を選択しなければ婚姻届が受理されず，法律婚ができないのであるから，婚姻そのものに関する「自由かつ完全な合意」のほかに，氏の選択に関する合意を婚姻の要件として課している。公的な統計を探すことができなかったが，夫婦同姓の強制があるために法律婚をしない人々が現に存在する。法律による婚外子差別とあいまって，これらの人々は自由な合意のみにより婚姻する権利を制限されている。

(2) 条約16条1項(g)（姓についての夫婦の同一の権利）

16条1項は柱書で「男女の平等を基礎とし」た措置の確保を求めているが，民法750条はこの要請に応えていない。

婚姻に際して男女が氏に関してどのような選択をするか（夫または妻の氏を名乗る，双方がそれぞれの氏を名乗る，結合氏を選択する等）は，男女間の力関係に大きく関係する。選択された氏は「結婚の社会に向けた顔」であり，両当事者の国および地域社会との関係でアイデンティティを表象するものである[43]。

---

(42) 前掲注(41)。国連人権理事会の文化的権利に関する特別報告者（Farida Shaheed）の報告書は，CEDAW委員会の一般勧告25号（暫定的特別措置）のパラグラフ7を引用しつつ，transformative equalityを論じ，女性の文化的権利は現存するパターンや思考を変容する権利を包含しており，女性の人権の実現にとり本質的なものである，と述べている（国連文書番号 A/67/287）。

(43) 前掲注(41) Marsha Freeman執筆部分，431頁。

〔林　陽子〕　　　　　　　　　　**2　女性差別撤廃条約から見た民法 750 条**

　これに対し，氏の問題は「公的制度」の問題であり，単なる「個人の自由の問題ではない」とする学説[44]があり，夫婦別姓訴訟においても日本政府によって援用されている。しかし公的制度であるからこそ，憲法や条約の適用がより強く求められるのであり，公権力が平等権の保障のために介入することを排除する理由にはならない。夫婦同氏を強制する民法 750 条は，婚姻に際しては夫の氏を選ぶことが当然である（あるいはそうすることが望ましい），とする根強い慣習・慣行とともに，日本社会で実施され，その結果として，日本の女性たちは氏についての同一の権利を侵害されている。したがって民法 750 条は条約 16 条 1 項(g)の要請を満たしていないものである。

　以上述べたところを，締約国の差別撤廃義務（2 条）との関係で整理すると，次のようになる。

　2 条(d)は，締約国のあらゆる機関が，女性に対する差別となる行為，慣習を差し控えることを義務づけており，人権条約の当事国として最も基本的な「尊重義務」を体現する。国が女性差別的法律を改廃せずその適用を継続していることは，2 条(d)と矛盾し，人権の「尊重義務」に違反する。

　2 条(e)は，個人，団体，企業による差別を撤廃するための措置を義務づけるものである。96％以上の男女が婚姻に際して夫の氏を選択するという現状は，私人間での性別役割分業・男女の優劣に関する偏見を変容することを国が怠っている結果であり，その意味において 2 条(e)と矛盾し，「保護義務」に違反する。

　2 条(f)は，締約国が批准を契機として自国の法制度に関して女性差別撤廃という観点から見直すこと，および法律の制定において継続的に見直していくことを要請している[45]。2 条柱書は「遅滞なく」差別的法律・慣習・慣行の撤廃を義務づけているが，後述のとおり，日本政府は 1988 年の第一回国家報告書審査においてすでに民法 750 条の条約との抵触を CEDAW 委員会から指摘されていたにもかかわらず，その後，新たな立法をすることなく差別的法律を放置してきたのであり，現状は条約 2 条(f)に違反する。

　これに対して，民法 750 条の擁護論の大きな柱は，家庭の安定性や一体感を確保することであるが，水野紀子教授は，同氏強制制度が家庭の安定性に寄与

---

[44]　内田貴『民法Ⅳ（補訂版）親族相続』（東京大学出版会，2004 年）51 頁。
[45]　国際女性の地位協会・前掲注(37)建石真公子執筆部分，112 頁。

〈第1部〉国際人権保障制度の実相と展望

するかどうか大いに疑問である、としつつ、「かりに寄与するところがあったとしても、同氏強制によって家庭の安定が図られるべきではない。その寄与は、意思に反して改氏を強いられる被害とは、比較にならないからである」と述べているが[46]、同感である。前述の国際機関における氏の権利をめぐる先例も、氏の変更を強制する立法目的と、個人の人権に及ぼす不利益との利益衡量を行っているが、家庭の一体感といった曖昧な概念によって個人の権利を奪うことは許されない。現在、法務省が夫婦同氏強制制度を採る国として指摘するのは、インドネシア、トルコ、タイの3カ国にとどまり、しかもトルコとタイについては「法改正されたとの情報もあり、詳細について現在調査中」であるという[47]。夫婦同氏制が世界でも極めて稀な法制であることは、日本政府も認めているのである。

8 条約の国際実施機関からの日本への勧告（総括所見とそのフォローアップ）

民法750条に関しては、これまで条約の国際実施機関であるCEDAW委員会からいくつかの勧告が日本に出されている。

(1) 国家報告書審査における総括所見

日本政府はこれまで1988年（第1回報告書）、1994年（第2・第3回報告書）、2003年（第4・第5回報告書）、2009年（第6回報告書）の合計4回、CEDAW委員会での国家報告書審査を経験している。審査後の総括所見が文書で公表されるようになったのは1994年なので、第1回報告書審査に関する総括所見は存在しないが、日本人委員であった赤松良子氏（元労働省婦人局長。細川・羽田内閣の文部大臣）は、日本政府代表団に対して、「民法750条は夫婦の姓に関して法的には同じ権利を有しているということができるが、統計では98％の女性が結婚にあたり夫の姓を自分の姓としており、率直に申してこの統計は現実に存在する男女の不平等を反映していると感じさせられる」「日本においてこの点に関する法改正へ向けて政府が一歩すすめ、女性が結婚に際して姓の変更を強制されることのないよう検討すべき時期が来ているのではないか」と発言

---

[46] 水野・前掲注(15)15頁。
[47] 法務省ホームページ「選択的夫婦別氏制度（いわゆる選択的夫婦別姓制度）について」http://www.moj.go.jp/MINJI/minji36.html（2012年11月1日現在）。

した[48]。これは，委員は自国の問題については発言しないという委員会の慣行から見て，異例のことであった。この第1回審査においては，夫婦同氏の強制に関して，複数の委員から質問が出されたが，日本政府の回答は，「妻が夫の姓を名乗ることを禁止する法律はない」という木で鼻をくくったようなものであった[49]。

その後，2003年の第4回・第5回報告書，2009年の第6回報告書審査においても，CEDAW委員会は日本の民法750条は差別的な法規定であるとの懸念を表明した。すなわち，2003年の審査では「民法が夫婦の氏の選択などに関する，差別的な規定を依然として含んでいることに懸念を表明する。……民法に依然として存在する差別的な法規定を廃止し，法や行政上の措置を条約に沿ったものとする」よう勧告がなされた[50]。次いで2009年の審査では，「夫婦の氏の選択に関する差別的な法規定が改廃されていないことについて懸念を有する。……選択的夫婦別氏制度を採用することを内容とする民法改正のために早急な対策を講じるよう」勧告がなされた[51]。

(2) 総括所見のフォローアップ

CEDAW委員会は，2009年以降，総括所見の勧告の中から当該国にとって条約履行上最も大きな障害となっており，かつ2年以内に進展が期待できると思われるものを1ないし2項目選び，2年以内の期間に再度進捗状況を報告させることとしており，これを「総括所見のフォローアップ手続」と呼んでいる。2009年の日本に対する総括所見に対しては，暫定的特別措置の導入と並んで，民法（家族法）改正への勧告がフォローアップ対象条項とされた。日本政府によるフォローアップ報告書は2011年8月にCEDAW委員会に提出され[52]，政府による一定の努力は認められたものの，民法改正のための法案が内

---

[48] 赤松良子「CEDAWと私」国際女性の地位協会編『女子差別撤廃条約──国際化の中の女性の地位』（三省堂，1990年）11頁。

[49] 山下・前掲注(39) 394頁。

[50] 国連文書番号 CEDAW/C/JPN/CO/4.5

[51] 国連文書番号 CEDAW/C/JPN/CO/6 夫婦の姓をめぐってCEDAW委員会から法改正の勧告を受けた例としては，ヨルダン（A/55/38.パラグラフ174-175），オランダ（A/56/38.パラグラフ223-224）等がある。後者は子の姓について父が優先することへの勧告であり，夫婦別姓が前提となっている。

[52] 国連文書番号 CEDAW/C/JPN/CO/6/Add.1

〈第 1 部〉国際人権保障制度の実相と展望

閣提出法案として成立していないことから,「一部のみしか履行されていない」とCEDAW委員会によって評価され，2012年11月までに以下の情報の提供が再度求められることとなった。「(a)男女ともに婚姻適齢を18歳に設定すること，女子差別撤廃条約16条1(g)の規定に沿って夫婦に氏の選択を認めること，嫡出である子と嫡出でない子の相続分を同等化することを内容とする民法改正法案の採択について講じた措置，(b)女性のみに課せられている6カ月の再婚禁止期間を廃止する法律規定の準備および採択について講じた措置（傍点筆者)[53]。

9 小　　括

以上述べたとおり，民法750条は，女性差別撤廃条約2条(d)(e)(f)，5条，16条1項(b)(g)に違反する。また，国際人権条約機関から出されている一般勧告，個人通報の委員会見解，欧州人権裁判所の判例に違反し，日本政府に対してはCEDAW委員会での総括所見において懸念が表明され，総括所見のフォローアップ対象事項となっている。日本に対する総括所見には，条約と同様の法的拘束力はないが，条約の当事国は条約の誠実履行義務を負っており（ウィーン条約法条約26条)，拘束力の有無と条約の解釈にあたって参考とされるか否かとは別個の問題である[54]。個人通報の委員会見解および欧州人権裁判所の判例については，いずれも日本は当事国ではないので，日本を名宛国とした見解・判決等は存在しないが，個人通報の見解の法的効力に関して，自由権規約委員会の一般意見33号[55]が，「選択議定書に基づく委員会の見解は，規約自身に基づいて設置され，みずから規約の解釈に責任を負う機関による権威ある決定である」（パラグラフ13）と述べていることに留意がなされるべきである。

Ⅴ　条約の直接適用可能性および被害者の救済

1 即　時　性

日本政府は，CEDAW委員会での国家報告書審査や，女性差別撤廃条約違

---

[53] フォローアップ評価の結果は締約国あての書簡の形式で送られるため，国連文書番号は付されていない。CEDAW委員会のサイトに掲載されている。http://www2.ohchr.org/english/bodies/cedaw/index.htm（2012年8月30日現在）
[54] 大阪地判平成16年3月9日判時1858号79頁。
[55] 国連文書番号 CCPR/C/GC/33

反が問われている国内訴訟において、①女性差別撤廃条約上の締約国の義務の性質は、漸進的なものであり、即時性がなく、②条約上の義務の国内における実施（条約16条を含む）は、国内法制の整備を通じて行うことを当然の前提としており、同条約は自動執行力のない条約であり、③同条約はある事項について一定の水準の国内制度を設けることを義務づけているのであり、個人に直接何らかの権利義務を付与するものではない、などと主張している[56]ので、最後にこれらの見解を検討したい。

はじめに、義務の漸進性についてであるが、条約2条の柱書は「遅滞なく追求する」との即時性を表しており、社会権規約2条1項のような漸進的性格に相当する規定は存在しない。締約国の差別撤廃義務に関する一般勧告28号も、義務の即時性を明記している（パラグラフ29）ので、日本政府の見解には賛同することができない。

2 自動執行性

条約の自動執行性（ここでは直接適用可能性と同義で用いる）は、ある条約がそれ以上の国内法の介在を要せずそれのみで適用されうるかという問題である[57]。日本の判例には、この要件を極めて厳格に解し、条約が国内で直接適用されるためには、直接適用に関する条約締約国の意思が確認でき、かつ私人の権利義務を明白・確定的に定めているという要件を具備する必要がある[58]、といった見解がある。このような厳格な要件は、国内法的効力を有する条約の適用範囲を不必要に狭めるものであり、賛成できない。最近の学説は、①条約またはその規定そのものが直接適用性を否認しておらず、②当事者の権利義務関係を明確に定めていること、③直接適用に憲法などの法令上の障害がないこと、を挙げており[59]、筆者もこの判断基準を適切なものであると考える。

学説は、女性差別撤廃条約および自由権規約の双方について、原則として自

---

[56] たとえば、2003年のCEDAW委員会での国家報告書審査。山下・前掲注(39)、第4章「女性差別撤廃委員会における日本レポート審議」参照。

[57] 岩沢雄司『条約の国内適用可能性——いわゆる"self-executing な条約に関する一考察』（有斐閣、1985年）。

[58] 東京高判平成17年6月23日判時1904号83頁。

[59] 薬師寺公夫他『法科大学院ケースブック国際人権法』（日本評論社、2006年）村上正直執筆部分、31頁。

〈第 1 部〉国際人権保障制度の実相と展望

動執行性を肯定する[60]。人権条約上の国家の義務の多くは「結果の義務」であり，その実施方法・手段は各国の裁量に委ねられていると考えられている。たとえば，女性差別撤廃条約 16 条がいう「婚姻および家族関係に係るすべての事項について女性に対する差別を撤廃するためのすべての適当な措置」としてどのようなものを採用するかについて，国が裁量権を持っていることは，認めざるを得ない。法務省の「民法改正要綱試案」が，夫婦の氏についてＡ，Ｂ，Ｃ案の 3 論を併記したことは前述した。このうち最も徹底した夫婦別氏案であるＢ案を採ることが，条約上の義務を達成する上で最も望ましいが，それは，Ａ案やＣ案が条約違反であることを必ずしも意味せず，いずれの案も当事国の「評価の幅」の範囲内であるとの考え方は可能である。

また，国が条約上の義務を国内的に実現するために必要な措置をとらない場合（前述の例では，Ａ，Ｂ，Ｃ案のいずれも立法府が可決しない場合），裁判所が立法府に対して必要な措置をとることを義務づけることができるのかは，日本国憲法上の権力分立の原則から問題となり得る。しかし，この場合であっても，国家が条約を国内的に実施しないために損害を蒙った個人による国家賠償請求は認められるべきである[61]。

とりわけ女性差別撤廃条約は，日本によって批准されて 27 年が経過し，夫婦同氏の強制については，法律改正のあった 1947(昭和 22)年においてさえ，男女平等の理念が不徹底であると学者らから批判されていた。1996 年以降，法改正のための法案が法務省により準備されているにもかかわらず，政府の怠慢によって国会への法案提出がなされなかったのである。

---

[60] 女性差別撤廃条約の自動執行性については山下泰子「第一章 国際人権と国内人権──女性差別撤廃条約の国内的適用」同『女性差別撤廃条約と日本』（尚学社，2010 年）参照。Yuji Iwasawa, *International Law, Human Rithts and Japanese Law* (Oxford, Oxford University Press, 1998) は，女性差別撤廃条約のすべての条項が直接適用されるわけではない，としつつ，同条約の自動執行性一般を否定するものではない (p. 62)。自由権規約の自動執行性については，坂元茂樹「日本の裁判所における国際人権規約の解釈適用」芹田健太郎ほか編『講座国際人権法 3 国際人権法の国内的実施』（信山社，2011 年）66 頁は，「……個人の権利を定めた自由権規約の条文は，当事者の権利義務関係が明確に定められており，原則として，国内裁判所において自動執行性を持つ」としている。

[61] 岩沢・前掲注(57) 333 頁も，条約義務の不履行に対する被害者個人からの国家賠償請求は認められる余地はある，とする。

〔林　陽子〕　　　　　　　　　　*2*　女性差別撤廃条約から見た民法 750 条

　学説の中には，自動執行性と裁判規範性に関して，条約が国内法的効力を有することは自明であり，「個々具体的な条約の個々具体的な規定が個々具体的な法律上の紛争を解決する際に裁判規範たりうるか否かという問題として考えればそれで必要かつ十分であり，self-executing 性を有するか否かについて独自に検討することは不必要である」とする山元一教授などの見解がある[62]。阿部浩己教授が，国内法令には直接適用可能性という術語は用いられないことを理由に，国際法規にだけにそのような「特殊な外套」を装着する必然性はないのではないか，と問うのも[63]，同様の問題意識から出ていると思われる。魅力的な見解ではあるが，国際人権法を援用した訴訟実務上の問題を解決するものではないのではないかと思われる。「夫婦別姓訴訟」を例に挙げれば，女性差別撤廃条約の 16 条 1 項(g)という具体的条約の具体的条文について，裁判官が適用の有無の判断を迫られている，という事実をもって，条約がすでに裁判規範化している（したがって，直接適用されている）との評価は可能であろう。しかし，そのことによって国家賠償請求の成否は判断できたとしても，原告らが求めている婚姻届け不受理処分の取り消し（原告らは夫婦の氏を選択しなかったために法律婚ができなかったと主張している）の成否は決められないであろう。仮に不受理処分が取り消されたとして，原告らについて戸籍法の改正なしに（すなわち条約を直接適用することによって）国は原告夫婦の別姓での戸籍を作成できるのかどうかは，未解決のまま残る。女性差別撤廃条約がある特定の訴訟の「裁判規範」であるというだけでは解決できない問題があり，条約の該当条項が「それ以上の介在を要せず国内法として適用されるのか」という判断なしでは，現実の紛争は解決しない。

3　被害者の救済

　最後に，条約上の権利を侵害された個人は，国に対して何を請求できるのかについて，試論を述べて結びに代えたい。仮に日本が女性差別撤廃条約の選択議定書を受諾した場合，夫婦同氏の強制は，被害者が国内救済を尽くした場合に個人通報制度の対象となり，かつ「大規模かつ継続的な女性に対する人権侵

---

[62]　山元・前掲注[22]。

[63]　阿部浩己「国際人権法と日本の国内法制――国際人権訴訟の再構成」国際法学会編『日本と国際法の 100 年　第 4 巻　人権』（三省堂，2001 年）267 頁。

害」として調査手続（選択議定書8条）の対象ともなり得る。女性差別撤廃条約の個人通報制度で出された「権利侵害あり」の見解の多くは，条約上の効果として，賠償（reparation）を当事国に勧告しており，金銭賠償，法令の改正，当事者への謝罪，職務関係者への研修など多様な措置が勧告されている。そして，これらの勧告は，個人通報制度の効果なのではなく，実体法である条約に内在する効果であり，個人通報制度という手続規定があることによって，もともと条約が用意した賠償手段が現実化したのではないだろうか。このような理解が仮に正しいとすると，国の条約違反を問う国内訴訟において，「請求の趣旨」として金銭賠償以外のこれらの要求を掲げることが，実務法曹によってもっと検討されてよいはずである。現在でも人格権を請求原因とする訴訟では，謝罪の要求や接近禁止など，多様な請求の態様が取られているが[64]，伝統的な人格権侵害訴訟は，国際人権法を基礎に置くことによって，より発展させることができる可能性があると考える。

　個人通報の委員会見解が，司法手続に準ずるものなのか否かについては，一致した見解はないと思われる[65]。これまで私は，個人通報の見解や総括所見は，個人の権利義務をめぐる攻撃防御を目的とする対審構造ではなく，よりインフォーマルな「対話」なので，司法においては不可能なことも可能なのではないか，という推論をしていた[66]。しかし，個人通報の見解で出された勧告は，

---

[64]　名誉毀損訴訟では，「名誉を回復するのに適当な処分」（民法723条）として判例は謝罪広告を認めている（最大判昭和31年7月4日民集10巻7号785頁）。判例法上の救済手段であった接近禁止命令は，被害者保護法制の整備により，配偶者暴力防止法，ストーカー規制法等で法制化された。しかし救済手段の類型として現行法はまだ十分ではない。たとえば，育児休業を取得する女性労働者への降格を日常的に行っていた雇い主（私企業）を被告にした訴訟において，原告女性は雇い主による謝罪と育休取得者に対する不利益取り扱いの禁止を就業規則に盛り込むよう求めたが，裁判所は損害賠償請求は認容したものの，謝罪文の交付と就業規則改訂の請求については棄却した（東京高判平成23年12月27日労働判例ジャーナル1号1頁）。このような事案がCEDAW委員会の個人通報で扱われれば，締約国には「公正な満足」としての謝罪文の交付や，再発防止措置としての就業規則の改訂を企業に行なわせることなど，多様な形での救済が勧告される可能性がある。

[65]　自由権規約委員会の一般的意見33号（前掲注[55]）は，「選択議定書に基づいて委員会が出す見解は司法判断のいくつかの重要な特徴を示している」として，見解の準司法的性格を強調する。一般的意見33号の採択の経緯と内容については，岩沢雄司「自由権規約委員会の規約解釈の法的意義」世界法学会世界法年報第29号（2010年）50頁を参照。

本来，国内救済の段階で実現していなければならなかったものであることを考えると，国内司法と国際機関の提供する救済内容は，もっと接近してよいのではないか，と考えるようになった。

　私は約30年間，女性の権利に関心を持って法廷活動を続けてきたが，日本において，ジェンダー平等の理論的根拠となる概念の実に多くのもの（たとえば，間接差別，同一価値労働，「女性に対する暴力」，暫定的特別措置等）が，国際人権法に由来している。それを法廷で援用することによって，司法も少しずつ変化しているのであり，実務法曹は広く世界に目を向け，そこで得たものを日本の裁判所に還流させる努力を怠ってはならないと思う。私たちの前にそのことの重要性を示し，導いて下さった先駆者である芹田健太郎教授のご業績に敬意を込めて，この拙い一文を捧げさせていただきたい。

---

(66) 2011年度の国際人権法学会での報告（女性差別撤廃委員会の個人通報フォローアップ手続）でも，同様の報告をさせていただいた。拙稿「女性差別撤廃条約の個人通報「見解」のフォローアップ」国際人権23号（2012年）111頁。

3 ILO基準適用監視制度再考

吾 郷 眞 一

I 国際法実施過程における監視の意義——序にかえて
II ILO基準実施監視の法的根拠
III 特別な監視機構
IV 監視の現状と問題点——結びにかえて

I 国際法実施過程における監視の意義——序にかえて

　国際労働法学のいわば創始者ともよぶことができるバルティコスは、その晩年「もう一度ILO監視制度について……」という表題で論文を書いている[1]。ほとんど言いつくされたかのようなILOの監視手続きについてのテーマが、再度取り上げられたことは、単にバルティコスがその問題についての権威であり、関連問題について記念論文集に寄稿するためには余人をもって代えがたい、という状況があったこととは別に、ILOの監視が常に進化し、その都度新しい切り口での分析が可能だということを示している。また、監視という国際法での重要な事象について、その位置づけに関する議論がし尽くされたとは言い難く、さらなる理論的検討が要請されていると考えられる。本稿は、そういうことで古くからの問題を新しい視点から再度掘り起こしてみようとする意味では「再考」ではあるが、ILOによる基準実施監視活動を国際公法上の規範執行過程の重要な一側面と位置付けることによって、国際法学における執行過程の研究が実体法の研究に勝るとも劣らない意義を持っていることを認識しようとするものである。国際法において規範の適用監視という行政作用は、立

---

[1] Nicolas Valticos "Once more about the ILO system of supervision: In what respect is it still a model?" in *Towards more effective supervision by international organizations*, Essays in honour of Henry G. Schermers, Nijhoff, 1994, pp. 99-113.

〈第1部〉国際人権保障制度の実相と展望

法作用にとっても極めて重要だからである。

　いうまでもなく国際法秩序は基本的には主権国家を基礎とする分権的法体制であり，集権化した立法，行政，司法の仕組みを欠く。国際法立法過程が分権的であると同時に，執行過程（司法も含む）にも分権化が徹底しているところに，法体制としての脆弱性（未熟性）がある。条約という国際立法の主要な装置においても，その執行の多くは条約当事国，その行政・司法機関に委ねられている。セルの二重機能説[2]にあるような国内機関の国際化という説明が試みられるとしても，そこには一定の擬制が働くことは否めない。多数国間条約の解釈ですら，基本的には当事国の行政・司法機関が行うものが当面は有効性を持つとされる。しかし，法は実施されて初めて意味があるものであり，とりわけ多数国間条約のうちのいわゆる立法条約においては，国際行政による機能が重要になってくる。ここに条約実施の国際的監視（コントロール）という作用が注目される素地があり，古くから国際法学者の分析の対象となってきた[3]。

　国際的監視は国内法秩序において監督と呼ばれる行政機能に近い性質を持っているということができる。それ自体としては最終的な法の実現を保障するものではないが，監督行為を通して法が実施されることを確保しようとする働きを持つ。国内法の監督には，監督を実施する行為主体に一定の是正勧告をする権能が与えられ，たとえば労働基準監督官の場合は行政指導だけでなく刑事訴訟法に基づいて司法警察員として捜査を行い検察庁に送検する権能もある。そこまでは行かないが，違法状況を確定し，その事実をつきつけて条約遵守を働きかけるのが国際法における監視の機能である。集中的な法執行・司法機関を

---

[2] Georges Scelle, "Le phénomène juridique du dédoublement fonctionnel", *Rechtsfragen der internationalen Organisation – Festschrift für Hans Wehberg*, Klostermann, 1956, pp. 324-342.

[3] 古くはScelleが1933年のハーグアカデミーでの講義でも言及し（"Règles générales du droit de la paix" *RCADI*（1933-IV）pp. 331-703.），N. Kaasikによる *Le contrôle en droit international*, Pedone, 1933, p. 398という本も同年に刊行されている。ただしLazare Kopelmanasが "Le contrôle international" *RCADI*（1950-II）の63頁において「コントロールを扱ううえで最も大きい問題はその概念の非厳密性である」と述べたりHugo Hahnも "Internationale Kontrolle", *Archiv des Völkerrechts*, Vol. 7, 1958, p. 89で「コントロール概念は様々な解釈が可能である」とするなどなかなか統一された用語法がなかった。最近の森田章夫『国際コントロールの理論と実行』（東京大学出版会，2000年）36-42頁では古い学説が整理され，全体としてコントロール概念についての体系的分析がなされている。

欠く国際法体制の中にあって，この監視機能は司法機能を代替する場合すらあると思われる。ILO 条約の解釈についての争いは，国際司法的に解決されたケースはほとんどないのであり，ILO という国際組織の一部である監視機構による判断が事実上最終的なものとなってきている。もちろんそれは国際法的に拘束力があるとはいえないから，本当の意味における「最終」なものではない。しかし，90 年以上にわたる ILO 監視機構の働きの中から，その判断に限りなく「最終的」な性質が付与されるようになってきているのであり，仕組みが不断に発展してきたことから，ILO の監視を研究することは常に新鮮な発見を伴う。

　また，国際労働基準 (ILO 基準) は，労働問題 (労使関係，労働行政，安全衛生，社会保障など) を守備範囲とした多数国間条約と勧告であるから，あたかも WTO 協定や環境条約と同じように，労働に特化した特殊自己完結的なレジームとする考え方もありえようが，労働基本権を初めとする労働社会法上の権利は優れて人権法の性質を持つ。したがって，一般国際法上の権利と位置付けるのが適当で，ILO が行う国際労働立法もその実施の監視活動も国際法体系を構成する主要な要素の一つである。ILO の監視活動も同様に普通の国際法規範が実施される一つの過程と見るべきであって，ILO 基準の実施監視はまさしく国際法の実施監視と同義語である。その意味で ILO 基準の監視を研究することは国際法一般の実施の研究をすることを意味する。そして ILO の監視機構こそ，他の多くのレジームが内包する実施措置の先駆であり，いまだに数多くの教訓を与えてきているのである。

II　ILO 基準実施監視の法的根拠

1　ILO 憲章 19 条及び 22 条

　前述のバルティコスを初め数多くの分析が行われてきた ILO の監視 (Supervision of ILO Standards) は，その中心的機構として条約勧告適用専門家委員会と総会基準適用委員会を擁するが，そのいずれも明示的に設立文書たる ILO 憲章に規定されているわけではない。その意味で，自由権規約のもとにおかれた人権委員会 (いわゆる規約人権委員会) や他の各種人権条約の下におかれた条約が規定した委員会とは違うように見える。しかし，それは社会権規約委員会の場合のように，後になって作られた委員会で条約に初めから内包されてい

〈第1部〉国際人権保障制度の実相と展望

たものではないものとは法的性格が違うと思われる。社会権規約委員会は経済社会理事会決議によって設置が決定されたものであり、親条約であるところの社会権規約自体の授権によるものではない。これに対してILOの監視機構は、明示的に憲章に規定されていないとはいえ、憲章19条や22条を自然に読むならば、当然そのようなものの設置が予定されていたということができる。少なくとも総会基準適用委員会はそうである。そうでなければ報告書を提出する義務というのはほとんど意味を失うからである。単なる一片の報告書を送付することだけで19条や22条の義務が履行されたことになるのでは、特に実施措置に関する規定を置かない普通の条約と何ら変わることはない。ILOの監視機構設立の根拠はやはりILO憲章であって、その19条や22条に含意されていたと考えるべきであろう。加盟国が単に報告書を送付するだけでなく、監視機構が発する各種の質問や報告の再提出要請に応じる義務も憲章から演繹される。ちょうど国連においてPKOの合憲性が議論されたとき含意理論 implied power theory が主張され、「ある種の経費事件」[4]においては反対意見も表明されたものの、一応合憲として数十年慣行が積み重ねられてきたことから、今ではPKOの合憲性について争いがないのと同様なことをここでも言えるのではないだろうか。すなわち、ILO憲章19条及び22条に内包された権能として、ILO総会は基準適用に関する委員会を設置し、そこが明示的な義務として送付されてきた国家報告書を吟味し、意見を発表することが含まれていたし、その委員会の手に負えなくなったために専門家委員会を設けていわば二人三脚で基準適用の監視にあたる、ということも憲章19条及び22条のもつ implied power（含意された権能）によって遂行されていると見るものである。

そしてこの含意された権能は総会や理事会が下部機関を設置するという国際組織法的に認められる権能を通じて実現されていくのである[5]。また、設置されたそれぞれの下部機関は、自ら権能を明確にして作業を進めていくのであって、その過程でまた根拠規定であるところのILO憲章を演繹的に解釈適用していく働きがみえてくる。もちろん、それらの各種権能は基本文書であるとこ

---

[4] *ICJ Reports 1962*, p. 151.
[5] 国際組織の機関（総会とか理事会）の決定手段は決議であるが、そのうちの多くのものが勧告的であって法的拘束力を欠くものであるのに対して、下部機関を設置する決定は法的拘束力を持つ。

ろのILO憲章を超えるものであってはならないことは，設置された機関が自らに課せられた委託事項を再確認する際に明言されることに見てとることができる。専門家委員会がしばしば「自分たちにはILO条約の解釈を有権的に行う権能はない」[6]と断るところにもそれが表れている。しかし，どこまでが黙示的に与えられた授権事項であるのかを判定することは難しく，実際にはかなりの幅で発展的に解釈がなされ，運用されてきているように思われる。次節では，監視機構の活動，権限に関してどのような展開があったのかを詳しく見ていくことにする。

2　条約勧告適用専門家委員会の成立の意義

　国際労働基準の設定はILOの根源的な活動であり，ILOのそもそもの始まりである。1919年にベルサイユ平和会議において機構の設置が決まり，その趣旨がILO憲章前文に明快な形で表現されている。「世界の永続する平和は，社会正義を基礎としてのみ確立することができる……」という言葉に表れる社会正義達成のための国際協力は，労働基準を平準化（標準化）することにより，国際的調和を図り，ひいては国際関係の安定を導くことが意図されている。今日でこそ，ILOに期待される活動は基準設定に限定されることなく，南北問題対応にも大きい役割が担わされているが，ILOの政策文書がしばしば確認するように，ILOが行う技術協力は最終的には基準適用を促進するためのものである[7]。その基準の中心が条約（国際労働条約 International labour Conventions，通称ILO条約）と勧告（国際労働勧告 International labour Recommendations，通称ILO勧告）であって，90年以上の間にそれぞれ約200の文書が採択されてきている。これらの基準は，設定されることに意味があるのではなく，各国で（それも数多くの，できれば全ての加盟国において）実施されなくてはならない。分権化した国際社会においては，ILO条約のような多数国間条約であっても，実施はそれぞれの主権国家に委ねられる。批准することすら義務化されていない。そこに「監視」の意味が出てくるわけであるが，ここで少し注意をしたいのは，批准すら

---

(6)　International Labour Conference, 73rd Session, 1987, Report Ⅲ (Part 4A), *Report of the Committee of Experts on the Application of Conventions and Recommendations*, p.12.

(7)　"*Defending values, promoting change – Social justice in a global economy: An ILO agenda*", Report of the Director General, International Labour Conference 1994, p. 88.

〈第1部〉国際人権保障制度の実相と展望

義務的でないということが、全く任意であるということと同義ではないことである。国連海洋法条約のような重要な多数国間条約であったとしても、その採択に際して賛成投票をした国連加盟国にも批准する義務はほとんど課せられないが、ILO条約の場合は設立文書であるILO憲章の19条や22条によって、批准の努力をしなくてはいけない義務が想定されていることが分かる。すなわち、19条5項(b)で、いわゆる「権限ある機関への提出義務」[8]、同項(e)で「適当な間隔でとった措置について報告すること」が規定されていることに表れている。実は、これはILOの監視が働くもう一つの重要な側面であって、監視の効果は、拘束力がある条約の実施を確保することだけにとどまらず、条約の批准・勧告の実施に向けた働きかけとしても機能しているのである[9]。しかし、ここでは当面国際労働基準の実施を監視することに特に焦点をあてて議論を進めることにする。

　ILO憲章は22条で批准した条約の実施に関してとった措置を加盟国が定期的に報告する義務を規定した。そのあとどうするかについては明示的な規定はない。現在の監視機構は、ほぼすべてこの22条と勧告および批准されない条約についての報告義務を規定した19条を根拠規定として成り立っていることを上で述べた通りである。このことは重要な点でありILOの監視制度の発展を考えるときの要になる。ILOの監視機構の働きがILO憲章19条と22条に含意されていたものと想定すれば、1922年に初めて総会において基準適用が審議されたとき、その委員会は19条や22条の授権による活動をしたと意味付けることができる。そして、その活動が条約数と批准数の増大により物理的に不可能になってきたとき、条約勧告適用専門家委員会が設置されたのもその流れの延長線上にあるものであって、広い意味でILO憲章によって設置されたと見ることが可能である。

---

[8]「各加盟国は、立法又は他の措置のために、総会の会期の終了後おそくとも1年以内に、又は例外的な事情のために1年以内に不可能であるときはその後なるべくすみやかに、且つ、いかなる場合にも総会の会期の終了後18箇月以内に、条約を当該事項について権限のある機関に提出することを約束する。」

[9] 条約・勧告の「権限ある機関への提出義務」については拙著『国際経済社会法』（三省堂、2005年）97-99頁参照。

3 自己展開的な監視機構

まず初めに憲章19条,22条の含意として総会委員会及び専門家委員会が活動する際,委託事項は憲章に明記されているわけではないので,自らが決めていくことになる。総会委員会の最初の数年の活動を総会議事録に依拠しながら見ていくと,そこではほとんど報告書をILOが受領したかどうか,内容がどんなものであるかの忠実な再現または要約にとどまっている[10]。監視機構の活動展開を消極的に見るとしたら,総会が憲章19条,22条のもとに行うことができる活動は,ここまでであると考えることも可能かもしれない。しかし,実際には総会はそれ以上のことをすることを決定したのであって,まさしくそのために理事会のもとに専門家委員会を置くことにしたのである。

1926年に専門家委員会が設立されるに至る経緯は,何年かの総会報告書から読み取ることができる。それは数年かけて徐々に形成されてきた[11]。

1924年にジェンクスの言うところの「注意深くも大胆なイノベーション」[12]が始まっていることを見てとることができる。すなわち,総会報告書(付属事務局長報告)によれば「最初の3年間は,総会が批准された条約の適用について報告を受けるという条約408条[13]の意図は明らかであるので,受領された報告書は全文そのまま総会に提出された。(中略)今年については状況が若干異なっている。(報告書の)数と長さは,不可能ではないにしろ総会がそのまま取り上げることを非常に困難にしだした。そこで,408条の規定内容に忠実に則し,報告書の要約を総会に提出することが望ましくなった」として,条項別に整理された要約が提出される慣行が始まった。これは,生の報告書に手を入れ適用状況がよくわかるように整理されて提出されることを意味し,事務局による初期的な報告書吟味がなされだしたとも言うこともできる。そして1926年の総会は「総会は毎年408条に基づいて送付される報告書の要約を審査する委

---

[10] たとえば1923年の総会報告書を見ると,「報告書が要請される条約は1921年採択の二つの条約についてのみであり,1923年10月15日までに受領した報告書は次のようなものである」として,いくつかの国から送られてきた報告書がそのまま転記されている。International Labour Conference 1923, Fifth Session, Report of the Director, p. 25.

[11] JenksはこれをILO tradition of bold but cautious innovationと呼んでいる。C. W. Jenks, *Social Justice in the Law of Nations – The ILO impact after fifty years*, Oxford UP, 1970, p. 42.

[12] 前掲注[11]。

[13] ベルサイユ条約408条は現行のILO憲章22条である。

〈第 1 部〉国際人権保障制度の実相と展望

員会を設置すべきであり」「これらの情報を十分に活用できるよう，技術的な委員会を試行的に設置するよう理事会に対して」勧告した[14]。この決議こそ総会基準適用委員会と条約勧告適用専門家委員会の形式的な設置根拠である。

　1928 年総会報告書を読み進むとさらに興味がある次のような個所が見つかる。「この理事会決議の最終条項に従い，試行として（傍点筆者）次の委員からなる条約勧告適用専門家委員会を選任した」として，委員名を挙げるとともに「1926 年についての年次報告を審査する最初の専門家委員会を招集するにつき，事務局は同委員会が純粋に勧告的であり技術的であることをつとめて明らかにしようとした」，「総会第 8 会期において，委員会設置を支持する意見も反対する意見も等しく問題にしたのであるが，委員会は決して憲章を改定するものでもなく，新たな監視機構を創設するものではない」，「委員会に委託されているのは，平和条約 408 条から 420 条までに規定された責任を直接的にも間接的にも請け負ったり，執行することではない」[15]というものであり，極めて禁欲的である。総会報告書のこの部分からわかるように 1925 年の総会では設置に反対する意見もあったようである。そうであるからこそ，委員会の任務について極めて限定的なことが確認されていると思われる。今日では専門家委員会はILO の監視機構の中で最も中心的なものであると認識されているにもかかわらず，この段階ではそれは「新たに設けられる監視メカニズムではない」とされ

---

[14]　"… And requests the Governing Body to appoint, as an experiment and for a period of one, two or three years, a technical committee of experts, consisting of six or eight members, for the purpose of making the best and fullest use of this information and of securing such additional datas may be provided for in the forms approved by the Governing Body…", International Labour Conference, Eighth Session 1926, Appendix VII, Resolutions adopted by the Conference, p. 429.

[15]　International Labour Conference, Eleventh Session 1928, Report of the Director, Second Part, Summary of Annual Reports under Article 408, p.6：In convening the first meeting of this Committee of Experts to examine the annual reports for the year 1926, the Office endeavoured above all things to make it clear that the function of the Committee was entirely advisory and technical in character. During the discussion of the Eighth Session of the Conference, both the supporters and the opponents of the creation of the Committee were equally concerned to emphasize the fact that it was in no sense a constitutional innovation, that no new mechanism for the supervision of the application of Conventions was being created. The Committee was called upon to assume or exercise, either directly or indirectly, any of the obligations imposed or the powers conferred by Articles 408 to 420 of the Treaty of Peace.

ているのである。それでは新たに設けられたものではない旧来の監視メカニズムとは何か。それは平和条約408条から420条まで（現在の22条から34条まで）であるということになるが，そこでは総会基準適用委員会は明示的に規定されているわけではなく，1925年の総会で初めて毎年総会が設置すべきものとして確認されたにすぎない。ということは，専門家委員会も新たなメカニズムではなく，旧来のメカニズムの中にあるものと考えられている。その意味では完全な constitutional innovation ではない。委託事項については抑制的にみえるが，実際はこれら（専門家委員会と総会委員会）こそ正統的な監視機構であることを物語っているものといえよう。

監視 supervision という機能も，実行の積み上げの上に内容を明確化して行ったことが分かる指摘を総会報告書の中に見つけることができる。すなわち1929年の第12回総会報告書では，まず専門家委員会の任期延長が理事会により決定されたとの記述の後「（専門家）委員会はその委託事項を超えることのないように注意しながらも，……理事会がそのように望むならば，総会の期待に沿う形で社会立法についての国際協力がいかにあるべきかについて言明することを厭うことはない」という記述がある。若干レトリックをうまく再現できないので原文を注に引用するが[16]，このことの意味は，専門家委員会が単に報告書要約を提出する際の内容整理にあたるだけではなく，批准した条約の内容と国内法制や実行が合致していない場合，それについての意見を述べることを任務として加えるという宣言である。1930年前半までの年次報告書（および要約）の総会送付がほとんど年次報告書の忠実な再現以外の何物でもなかったのに対して，30年以降のそれには，委員会としての意見がかなり入るようになり，それに基づいた総会委員会での審議がなされるという現在の姿に発展していく。その意味でも，この1929年の専門家委員会自身によるマンデートの発展的確

---

[16] International Labour Conference, 12th Session, 1929, pp. 518-520. "The Committee of Experts, anxious as it is not to go beyond its terms of reference, must nevertheless take into account the report submitted to the Conference and the lofty conception expressed by the Conference, in agreement with its Committee on Article 408, in regard to the spirit of confidence in which international collaboration regarding social legislation should be conducted. The Committee therefore ventures to assure the Governing Body that it is ready, should the Governing Body thinks fit, to meet the wishes of the Conference. It would be glad to be in a position to supply the Conference with that kind of information.".

〈第1部〉国際人権保障制度の実相と展望

認は,ILO 監視機構の展開にとって重要な道標ということができる。これもまた ILO 憲章が含意していたものの確認であり,権限踰越ではないと考えられるであろう。

1936年の総会報告書を見ると依然として年次報告書の忠実な要約が踏襲されていることが見られる半面,条約適用専門家委員会[17]報告書は Appendix として追加され,独立したものとしてページ数も新しく1から始まっている。しかし,それは全体の量(395頁)から比べると比較的少量(24頁)である[18]。ところが,これが1948年になるとずいぶん様相が変わってくる。ここでは,全体(238頁)の5分の1程度(46頁)に増えるとともに,個別国家の特定な条約の適用状況についての委員会としての意見 (observation) がはっきりと表明されるようになる。たとえば1948年の専門家委員会報告書16頁では第3号条約(母性保護)に関するチリに対する意見に「出産手当が一部または全部において使用者負担となっているチリの制度は,3条c項において公的基金または保険によって賄われるべきとされている条約上の規定と重大な齟齬があることを委員会は憂慮する」という具合である。

1960年代には,専門家委員会の意見の部分が全体の3分の1程度になり,ついに1972年代には半分を占めるとともに,(後に関係者からグリーンブックと呼ばれるようになった)別個の印刷物として印刷されることになった。

なお,専門家委員会の根源は前述の1926年の総会決議によって設置が決まったものではあるが,組織法的に言うと総会の下部機関ではなく,理事会が設置する独立した機関となっている。では,両者はどのような関係にあるのかというと,それはかなり微妙である。専門家委員会は ILO 憲章上に明示的な根拠がなく,あとから設置されたものであるのに対して,総会委員会の方は明文の規定はないにしろ,ILO 憲章が予定した ILO の基本的な活動を担うものであるという理由で,総会委員会が専門家委員会よりも上位に位置付けられるとする見解が,特に総会委員会の一部の委員によって表明されたこともあった。

---

[17] この辺りまではまだ委員会の呼称は Committee of Experts on the Application of Conventions であって Recommendations の語は欠けている。

[18] International Labour Conference, 1936, Twentieth Session, Report III, Summary of Annual Reports under Article 22 of the Constitution of the International Labour Organisation. p, 16.

その論理が成り立つとすれば，場合によっては総会委員会によって専門家委員会の判断が覆されることも可能になる。

専門家委員会は，事務局長の推薦により理事会が選任するのであり総会との直接的関係はない。むしろ理事会が選任するという意味においては，理事会の下部組織と考えられないわけでもないが，実際にはいずれからも独立した機関であって，理事会が上部組織になっているとも言えない。比喩的にこの関係を考える際，日本の最高裁判事の位置づけが参考になるかと思われる。最高裁判事は内閣が任命するが，最高裁が内閣の下部機関ではないことは明らかである。

実際の慣行としても，総会委員会はほぼ全面的に専門家委員会の判断を受け入れ，それを基にして議論を展開しているのであって，総会委員会優位説は採用できない。一方では，専門家委員会が総会委員会に優位に立っているわけではないので，総会委員会での問題の展開に対して専門家委員会が異議を唱えることはできない。現実にも，そのようなことは生じてはおらず，両者が相互依存関係にありながら，監視体制がうまく機能している。

4 「判例法」の形成

今まで見てきたように，総会基準適用委員会も条約勧告適用専門家委員会も司法機関ではないから，それらが行う判断はいかに紛争解決のための司法的判断のようにみえようと，また用いる文言も司法裁判の判決であるかのように見えるとしても，ILO憲章やILO条約などを有権的に解釈適用する司法判断ではない。しかしながら，その積み重ねはあたかも判例法の形成のように見えることがあり，監視機構の活動はほぼ準司法的機能を持つに至っている。後述の結社の自由委員会の場合などは，三者構成という委員会の組織から（ソーシャルパートナー）三者の協議によって結論が導かれる。これは具体的な（労働組合侵害の）紛争に関して当事者が参加する形で，あたかも仲裁裁定が行われているかのようにみることもできる。

ことわざにあるように継続は力であって，専門家委員会や結社の自由委員会が長年にわたって判断してきたものには，相応の重みがあり，実際的にそれに反する条約解釈ができなくなってきているということができる。例としてストライキ権を見てみるとそのことが明らかである。すなわち，国際労働基準のなかでストライキ権に関する明示的な規定があるのは，強制労働についての105

〈第1部〉国際人権保障制度の実相と展望

号条約,任意調停・仲裁についての 92 号勧告のみであり,結社の自由に直接的に関係する 87 号と 98 号条約では団結権と団体交渉権だけが取り上げられている。しかし,87 号条約（第3条）にいう「計画の策定」には,ストライキをする決定が含まれると ILO の監視機構は一貫して判断してきた。

　条約の作成過程で,ストライキ権を明文で確認あるいは否認する提案が採択されなかったことに依拠して,87 号条約にはストライキ権が含まれないとする考え方もありうるが,起草過程ではストライキ権を肯定も否定もしないことが決定されたのであって,条約自体はこの点について中立であるとするのが正しい。したがって,その後監視機構による判断の積み重ねが,ストライキ権を 87 号条約問題とする（条約の中に読み込む）ことに貢献した。すなわち,専門家委員会は,1959 年の一般調査においてストライキを一般的に禁止する法令が「労働組合が有する潜在的活動能力を制限することになり,87 号条約第 8 条 2 項に反することになりうる」という判断を示した後も,同様の趣旨の意見を継続して述べてきており,確立した解釈原則となっている。1994 年の一般調査もそのことを確認し,次のように総括している。「ストライキ権は経済的社会的利益の向上と擁護のため,労働者とその団体が用いうる基本的手段の一つである。これらの利益は,労働条件の改善と職業的性格の集団的要求実現に関するものにとどまらず,経済的社会的諸政策や,労働者に直接的関連があるすべての労働問題について関係するものとならざるを得ない」[19]。

　結社の自由委員会も,その判断基準として 87 号条約の解釈を援用する形でストライキ権を労働基本権上の当然の原則として取り扱ってきた。結社の自由委員会が三者構成の委員会であり,原則として（使用者代表委員も賛同する）コンセンサス方式で最終結論を出していることを考慮に入れると,50 年以上経過した今日ストライキ権について ILO の監視機構の判断は誤っているとは言えなくなってきている。禁反言の原則を準用すれば,使用者委員も含めて長期間にわたりなされた数多くの結社の自由委員会での判断を何十年も経た今否定することは難しい。したがって,87 号条約はストライキ権こそ明記しなかったが,後の慣行の中から明記されたのと同じ結果が導き出されたと考えるのが適当である。もちろん,それが慣習として成立したものであるから,別の慣行が確立

---

[19] International Labour Conference 81st Session 1994, Report Ⅲ（Part 4B）General Survey on the Freedom of Association and Collective Bargaining, p. 147.

した段階で判断は異なってくるだろう。しかし，87号条約でストライキ権が認められていないとする意見は多数を占めておらず，現在のところ，専門家委員会が言うように，「ストライキ権は，87号条約に保護されている団結権から当然に導かれるものである」[20]とする考え方が，ILO では確立している。

　ストライキ権に関する ILO 監視機構による「判例法」の蓄積は，さらに詳細になっていく。ストライキがいかなる場合にも許されるのかということに対して専門家委員会は細かい判断基準を設定している。「ストライキ権を絶対的な権利としてみなすことはできないことを強調する。それは例外的な状況では全面的禁止の対象となることすらあるのであって，いろいろな条件や制約に服させることも十分に考えられる」[21]。どのような場合に，ストライキが全面的に禁止されて，どのような場合に一部制限されるのか，また，実質的に，結果としてストライキ禁止を意味するような制度があることについて各国の法令と慣行が極めて多彩であり，一般的傾向を把握することは難しい。しかし，明らかに言えることは，公務員であるからというのみで，無制限にストライキ権を認めない法制は，条約に定める組合の自由原則に反する。公務員でなくても，一定の業務では，その停止が社会一般に大きな影響を及ぼすこともあり得ることから，ストライキ権の制限が正当化されることがある。そこで，判断基準は各労働者の地位ではなく，提供する役務の具体的な内容に求められなければならない。専門家委員会は，「その役務の中断が，住民の全部または一部の生命，個人的安全もしくは健康に危険を及ぼすような不可欠業務（essential services）」の場合にのみ，ストライキ規制が許されるとする。従って不可欠業務の業種は，一般的な形であらかじめ決められない。例えば，離島と本土を結ぶ船舶に勤務する船員の場合，それは不可欠業務の定義にあてはまるだろう。また，通常は不可欠業務とは言えない種類の業種である家庭ゴミの収集であっても，中断期間が異常に長期化した場合に不可欠業務の性質に近くなることも考えられる[22]。

　ストライキに関して，しばしば問題となるもう一つの概念に政治ストライキおよび同情ストライキがある。限界状況となるケースの判断が難しいが，専門家委員会は，それらが合理的範囲内で行われることを留保したうえで，全面的

---

[20] General Survey・前掲注[19] 151 頁。
[21] General Survey・前掲注[19] 151 頁。
[22] General Survey・前掲注[19] 160 頁。

〈第1部〉国際人権保障制度の実相と展望

な政治および同情ストライキの禁止は条約に適合しないとの判断を示してきた[23]。また、ストライキに入る条件（例えば、スト権確立のために、一定の組合員の賛成投票を必要条件とすること）を設定すること自体は、条約違反にはならないが、それが事実上ストライキ権の行使を不可能ならしめるような条件であってはならない。

専門家委員会は、また、ストライキ参加者に対する制裁についても判断を加えている。違法ストライキに対して刑事罰を科すことは、条約違反とは言えないものの、多大な罰金や懲役刑を含むバランスを失した刑罰は、問題解決にならないばかりか、健全な労使関係を育てるためには悪影響をもたらすとし[24]、たとえば、日本の国家公務員法・地方公務員法がストライキを一般的な形で禁止していることは、それ自体として条約違反の疑いがあるが、これに対して懲役刑を含む罰則が規定されていることに対して、条約勧告適用専門家委員会は、重ねて日本政府に注意を喚起してきているのである[25]。

ILO監視機構が行う判断（条約解釈）について、日本政府は様々な弁明を行ってきているが、ILO監視機構の条約解釈権能自体を問題にすることはない。「消防は日本では警察に類似する機能を果たしている」という理由で87号条約が認める例外（警察と軍隊は条約の適用から外してもいいという9条）を援用するのであって、専門家委員会や総会委員会の解釈に従う必要がないとは言わないのである。これは日本に限らず、他の多くの（ほとんどすべての）政府がとる対応である。たとえば、英国においてかつてある政府部門（政府情報本部GCHQ Government Communications Headquarters）の職員の組合権が法令によって制限されていたとき、説明に立った英国政府代表は「……この件について条約勧告適用専門家委員会は判断を誤っている」と述べて[26]条約違反を釈明したのであって「条約の解釈は当事国の専権的権能であるので、ILO機関の解釈に従う必要

---

[23] General Survey・前掲注(19) 168頁。
[24] General Survey・前掲注(19) 177頁。
[25] 専門家委員会報告書、1995年、日本に対する87号条約適用に関する個別意見参照。
[26] 1987年より89年にかけて毎年のように総会委員会が英国案件を取り上げたが、政府は専門家委員会の判断は違っているとして苦しい説明を続けた（結局はブレア労働党政権の誕生とともに法令改正があり、この問題は解決した）。総会議事録は以下のウェブサイトで参照可能：http://www.ilo.org/dyn/normlex/en/f?p=1000:13100:1877702932667834::NO:13100:P13100_COMMENT_ID:2554117

はない」とは言わなかったのである。暗黙のうちに ILO 監視機構の解釈権能を認め，長年（ストライキ権等については 50 年以上）それに従ってきた後，特定な解釈が誤りであるとか，そもそも ILO 監視機構に解釈権限がないとは言いにくい状況が出来上がっている。これによって ILO 監視機構による判例法的展開が助長されるのである。

III 特別な監視機構

1 特別に自己展開的な監視機構としての結社の自由委員会
(1) 国連経済社会理事会との協働

結社の自由の重要性についての認識は，87 号条約が 1948 年に採択されていることからも分かるように，第二次大戦終了直後から既にある程度の高まりを示していた。しかし 1950 年には特異な制度が設けられることになるのである。ILO 条約の批准の有無にかかわらず結社の自由侵害に対して国際社会として何らかの手を打たなければならないという意識が実行に移され，国連経済社会理事会の決議に基づき ILO と国連の共同利用機関として，「結社の自由に関する実情調査調停委員会（Fact-Finding and Conciliation Commission on Freedom of Association）」の設置が決定されたのである。これこそ，国連憲章にも ILO 憲章，ましてや関連 ILO 条約（87 号，98 号）にも明示的・個別具体的根拠を持つものではなく，国連の経済社会理事会の活動の一つとして設置されたものである。強いて言えば，憲章 1 条 3 項の国連の一般的目的と第 9 章及び 10 章を読み合わせ，機構に課せられたそれらの一般的義務遂行として実施されたという意味を与えることができるかもしれない。一般的な国際機構の決議の法的性質に関する議論からすれば，実情調査調停委員会を設置する経済社会理事会のこの決定はいわゆる国連機関の決議，すなわち法的拘束力がない国際文書であって，それ自体として何らかの条約上その他の国際法的義務を加盟国に課すものではない。しかし，国際機構法的に考えると，この委員会設置そのものは国連憲章 68 条に基づいて設置された理事会の補助機関であって，組織体としては一応有効に成立している。一応というのは，国連総会，安全保障理事会，経済社会理事会に与えられた権限（22 条，29 条，68 条）に基づいて設置された下部機関の合法性が，とりわけ「国際組織のある種の経費」事件で争われたことがあることは広く知られているからである。その場合は ICJ によって黙示の権能説が

〈第1部〉国際人権保障制度の実相と展望

採用され合法性が認定されたが、この1950年の経済社会理事会も含め、多くの機構法（組織内法）的決定の合法性は推定されたり、事後の慣行によって確立していったりして、ここに壮大な国際機構法、国際行政法のすそ野が広がってきている。国連憲章や、ILO憲章は結社の自由原則を遵守する義務を個別具体的には加盟国に対して課していないので、かなりの部分、これらの補助機関（下部機関）の活動は、権能の自己付与をしながら、活動を展開していっているということができるだろう。

このように自由権規約人権委員会のように明示的に規約に設置がうたわれているものと違って、委託事項を与える根拠規範が抽象的（国連憲章に意味付与をする必要がある）であることから、こういった種類の委員会活動には一定の限界がある。まず、この委員会は、ILO事務局長の推薦に基づき理事会が任命する委員によって構成されるが、常設機関ではなく、提訴があった場合にのみ設置される。次に、提訴の対象となった政府が結社の自由に関するILO条約を批准していない場合には、委員会の審査に応じるという当該政府の同意を要する[27]。同意の必要性は大きなネックとなり、過去半世紀の間にわずか6件しか付託されていない。もっとも、そのいずれのケースも満足できる結果を生みだしており、最近では1992年に、当時ILO非加盟の南アフリカ共和国に関する委員会が設置され、一定の成果を上げた[28]。国連加盟国であってILO加盟国でない国は絶対数の上ではそれほど多くはないが、南アフリカ共和国の例を見ても分かるように、国際政治的に何らかの問題を有する国である場合があるので、この手続の存在は全く意味がないものとは言えないだろう。なお、いったん設置された委員会は、ILO憲章26条の苦情手続に準じた形で審理を進めることになっている。

(2) 結社の自由委員会

実情調査調停委員会がその活動展開について対象国政府の同意を要するとい

---

[27] もっとも、同意があったときは関連のILO条約を批准していない国に対しても発動できる手続であるばかりでなく、国連との共同作業として発足した制度であることから、国連加盟国であればILOに加盟していない国の政府に対しても、手続を進めることができるという特殊性がある。

[28] International Labour Office, Governing Body, Official Bulletin, LXXV Series B, Special Supplement, GB. 253/15/7, 253rd Session.

う大きい弱点を持っていたところに登場したのが，ILO 理事会のもとにおかれた結社の自由委員会の機能拡大である。理事会は，1951 年に，実情調査調停委員会の正式手続にのせるために十分な根拠があるかどうかを事前に調べる目的を持つ委員会（結社の自由委員会）を設置した。本来的に言えばこの結社の自由委員会は受理要件を調べる事前審査のために設置されたものだったが，本体であるべき実情調査調停委員会の方が思うように活動しないため，事実上，実質審査も行うように発展していったのである。その取扱件数は今日 2,300 件を超え，正規の監視手続と肩を並べるほどの地位を占めるに至っている。そこでは，訴えられた結社の自由違反の事実認定を行い，結社の自由原則（実際的には 87 号条約や 98 号条約の諸規定）違反が認定された場合には，その是正措置を勧告し，場合によっては技術援助として直接接触（direct contact）手法を使って問題を解消しようとするものである。

手続は，1951 年から 1979 年にかけての一連の理事会決定によって形を整えていった。そのうちの受理要件[29]や委員会の構成[30]などは，組織法規定であって理事会が定めることに何ら問題はないが，委員会の審議手続きを定める部分になってくると，かなり実体に踏み込み始める。そのうちの「訴えの内容が十分に明らかでない場合，事務局はいつでも提訴団体に対して，具体的にどの点が組合権侵害になっているのかを尋ねることができる」とか「事務局は提訴団体に対し，提訴後 1 カ月以内に，さらに追加的情報を提出することができることを通知する」「訴の内容は事務局によって当該政府に送付され，それに対する回答の概要を提訴団体に送付するとともに，さらにまたそれへの回答を一定期間内に受け付ける」「委員会は結論を出すかどうか，または政府に追加情報を要請するかどうかを決定する」あたりまでは手続規則の延長ということができるが「結論を採択した場合には，理事会が当該政府に対して問題状況を指摘

---

[29] (i)訴え（Complaint）は，書面によってなされ，署名があり，結社の自由侵害の具体的主張がなされてなくてはならない。(ii)訴えは使用者もしくは労働者の団体または政府によって提出される。その場合の団体とは，以下のものをいう。(イ)直接的にその件にかかわっている国内団体 ILO の中で諮問的地位を有する使用者および労働者の国際団体，(ロ)傘下の組合が直接的に関連している場合，(ハ)その他の使用者または労働者の国際団体。

[30] 委員会は理事会の下部機関であり，政労使それぞれ 3 人の理事からなるとともに，独立の委員長が選任される。委員会は年に 3 度（通常は理事会の始まる直前の数日間）会合する。

〈第1部〉国際人権保障制度の実相と展望

し，改善措置をとることを要請し，その措置について追加情報を提供することを要請するよう勧告することができる」「委員会はさらに，実情調査調停委員会への付託を勧告することもできる」「委員会は，さらに審査が必要と思われる全てのケースについて報告書を理事会に提出し，後者の承認を得た後に公報に載せる」「当該国が関連の結社の自由条約を批准している場合には，専門家委員会が，その通常監視手続の下で引き続き当該案件を取り上げていく。そうでない場合には，委員会が適宜，当該案件を再審査し，政府に対して，それがとった措置についての情報提供を要請することができる」[31]というところにまでなると，理事会は委員会の機能を相当任意に決定しているということができる。本来，実情調査調停委員会へ付託することができるかどうかの（主として受理要件の）予備審査をするだけだったはずの結社の自由委員会に，「当該政府に対して問題状況を指摘し，改善措置をとることを要請し，その措置について追加情報を提供することを要請するよう勧告することができる」ことを理事会に進言するという役割をここで担わせてしまったのである。結社の自由委員会が実体審査をして，是正勧告等を理事会が行うことを決定する権限は，このようにして理事会が定めた手続規則の中にこっそりと入れ込まれたということができる。これも前記ジェンクスの言う「注意深くも大胆なイノベーション」，むしろ大胆そのものの変革ということになろう。

(3) 委員会が適用する規範

　実情調査調停委員会があまり開かれない中にあって，結社の自由委員会が事実上それを代行するに至ったことは既に述べた。活動開始後60年を越えた現在，多数のケースを処理し，その報告書の内容は，結社の自由に関するILOの立場を明確に表し，専門家委員会の打ち立てるILO条約解釈とならんで一種の判例法を形成している。

　ただ，ここで判例法という場合に気をつけなくてはならないのは，専門家委員会の場合と同じように，ILOの監視機構は条約についての有権的解釈権能を有していないことである。ILO憲章に間接的な根拠がある専門家委員会ですらないのだから，国連の経済社会理事会とILO理事会の共同作業で成立した結社の自由委員会に形式的な資格がないことは明らかである。ましてや，結社の

---

[31] ILO Official Bulletin・前掲注(28)。

自由委員会の場合は，検討対象が国内の法令および慣行が「結社の自由原則」へ適合しているかどうかということであって，批准された条約への適合性ではないことが特徴的である。したがって，結社の自由委員会も審査報告において「結社の自由原則に照らして」という文言を用いるのが普通である。実体においては，結社の自由原則が事実上 87 号と 98 号条約にほぼ集約されているため，この二つの条約をあてはめて判断していることに他ならない。現実にも，結社の自由委員会の報告書の中に，両条約への明示的言及がしばしばなされることがある。しかし，仮に当該案件にかかわる国が条約を批准していたとしても，結社の自由委員会の任務は条約の適合性を調べることではなく，あくまでも結社の自由原則への適合性である。判断の中に条約が言及されているとしても，それはあくまでも憲章上の義務である結社の自由原則を履行するうえでの，補助的手段として用いられているにすぎない。条約が直接的に適用されているのではないことに注意をしなければならない。ILO 加盟国であり，結社の自由条約（主として 87 号と 98 号条約）を批准している国の場合と，加盟することによって憲章上の一般的遵守義務は負うものの，関連条約の方は批准していない国の場合とでは，法律上に一応は違いがあるが，事実上の問題としてさほど差がないのが興味深い。それは，結社の自由委員会の長年にわたる判断の蓄積，しかも政労使の合意の上に立った決定の重みが，憲章上の一般的規定である「結社の自由原則」を実のあるものにした結果である。換言すれば，抽象規定であったものに具体性を帯びさせることにより，抽象的であった法的義務を直接執行可能にしたと評価することができる。

2　申立及び苦情手続

申立（Representation）と苦情（Complaint）の手続はそれぞれ ILO 憲章 24 条と 26 条以降に規定されているという意味では，もっとも正統性が高い手続であり，正規の監視機構にほかならないが，いずれも提訴があって手続が進行するという意味において紛争解決手続に近い性質を持っている。かつては利用率が低くあまり注目されてはこなかったが，少なくとも 24 条の申立手続は近年増大している。また，26 条の苦情手続が進行すると訴えられた政府にとっては対応が容易でないという点で，重要性は否定できない。最近ではミャンマーが強制労働に関する 29 号条約及び結社の自由に関する 87 号条約違反を理由に苦情を

〈第1部〉国際人権保障制度の実相と展望

申し立てられ，前者については調査委員会が設けられ報告書も提出された[32]。

この二つの手続は，ILO 憲章が明示的に規定しているので，条約勧告適用専門家委員会や結社の自由委員会のような，自らの依って立つところを説明しなくてはならないということはない。むしろだからこそ，ほとんどマンデートは憲章に掲げられていること以外に展開することなく，地味な存在となっているということができる。それでも，細かい点についてまで申立審査委員会や苦情審査委員会の活動規則が憲章で決められているわけではないので，理事会が漸次定めていき，現在では 24 条の手続については 1981 年の ILO の公報[33]に掲載されている規則によって進められ，26 条の苦情手続の下に設置される調査委員会の行動規則は審査委員会自体が，その都度作業方法を決める。最近の例として 1991 年の ILO の公報[34]に公示されているものがある。

この手続があまり一般に注意を向けられないのは，それぞれの事例についてその都度結論が出て，仮に紛争が終息しないときであっても原則としてケースは継続しないからである。つまり前述の「判例法的展開」が見られないのである。最も新しい憲章 24 条に基づく苦情申立に対する委員会判断は奇しくも日本の 181 号条約違反問題であるが，その最後で委員会は憲章 22 条に基づく通常監視機構による継続追跡を勧告している[35]。

3　その他

ILO 条約でも ILO 勧告でもないので厳密な意味での ILO でいうところの国際労働基準ではないが，1966 年にユネスコと協働して採択された「教員の地位に関する勧告」，1977 年に理事会の宣言という形で採択された「多国籍企業及び社会政策の原則に関する三者宣言」，そして 1998 年の総会決議「労働における基本的原則及び権利に関する ILO 宣言とそのフォローアップ」（いわゆる

---

[32] Report of the Commission of Inquiry appointed under article 26 of the Constitution of the International Labour Organization to examine the observance by Myanmar of the Forced Labour Convention, 1930（No. 29）GB. 267/16/2, GB. 268/14/8, GB. 268/15/1.

[33] Official Bulletin Vol. LXIV, 1981, SeriesA, No. 1.

[34] Official Bulletin Vol. LXXXIV, 1991, Series B, Suppl. 2-3.

[35] International Labour Office, Governing Body 313th Session, Geneva, 15-30 March 2012, GB. 313/INS/12/3, p. 10.

「基本権宣言」）は，極めて規範性の高いものであり，それぞれ監視システムが整備されている。国際法的にみた場合，いずれの文書もその法的拘束力の側面から興味深いものではあるが，本稿では詳説せず[36]，付随している監視制度が，やはりここでもある程度自己発展的に内容を整えていき，それなりの法的効果を及ぼしていることを指摘するにとどめる。もっとも，最後の基本権宣言はその正式名称の最後に「そのフォローアップ」という言葉が出ていることに表れているように，監視制度は初めから組み込まれていた。また，その制度はILO憲章19条を援用していることから，ある意味では法的拘束力ある監視である。ただ，それだからこそ最後に述べるようにILO監視機構全体の相対化現象を引き起こす契機を持っている。

Ⅳ 監視の現状と問題点——結びにかえて

ILOにおける監視制度は国際法を実施するために設けられた制度としては先駆的なものであると同時に，今日でも最も実効性の高い仕組みとして国際法の実現に貢献している。ILO憲章を深く読み込むことにより，もともと明示的に設置されていなかった仕組みが時間をかけて整備されていき，国際法的に意味を持つ決定を判例法形成に似た形で集積してきた。仕組みが出来上がるまでには，その時々に若干の未開拓の領域に踏み込む決定がなされてきた。ジェンクスが言うところの「注意深くも大胆なイノベーション」[37]は存在した。そして，それは時の経過という重みに支えられて正統性を具備するに至ったと見ることができる。国際組織法の慣習法的発展が，国際法の発展に寄与している。実施の観点から国際法を見ることの重要性[38]が再確認されていると思われる。ILO監視機構の業績は，国連の下に採択された各種人権条約に影響を及ぼし，今後も模範を提供していくであろう。

ただ，最近若干気になることが生じている。ILO監視機構の中心的機関が相対化し始めたことである。1998年のいわゆる「基本権宣言」がそれ自体の監視機構を置いたために，8つの基本権条約については伝統的な条約勧告適用

---

[36] 拙著・前掲注(9) 141-147頁参照。
[37] C. W. Jenks・前掲注(11)。
[38] *Public interest rules of international law*, Teruo Komori and Karel Wellens (eds) Ashgate, 2009.

〈第1部〉国際人権保障制度の実相と展望

専門家委員会と並行して履行監視機構が出現したかのような様相を呈している。任務が違うのだから本来的には心配がないはずではあるものの，基本権宣言の監視にだけ耐えていけばいいような錯覚をもつ加盟国が出てくる恐れがある。また，それと歩調を合わすかのように条約勧告適用専門家委員会自体も相対化していっているように思われる。微妙なイノベーションとして発展してきた専門家委員会は，当初その正統性を実質的に担保する意味で，ILO 理事会は文字通り「世界の全ての地域を代表する最も優秀な法律家」を任命してきた。各国最高裁判所長官経験者[39]が多く登用され，3人までも同時に現役国際司法裁判所判事が兼務していた[40]時代も長かった。近年は，そのような「権威付け」が必要ないと思われるまでに専門家委員会の地位が確立されたと考えられたかどうかはわからないが，かつてのような人員構成になっていない。

しかしながら，それだからと言ってほぼ1世紀かけて築きあげられてきた仕組みがすぐに崩れるとは思えず，ILO 基準監視制度はこれからも国際法実現の主要な手段として機能していくであろうし，国際労働法上の多くの「判例法」を積み重ねていくであろう。むしろ，ここで期待されるのはそれを裏付ける国内法制度による補強である。国際労働基準，特に ILO 条約は人権条約として個人（多くの場合労働組合等の集団であるが，強制労働禁止などの基本権条約の場合は個々の私人）に直接的権利を付与するので，その権利が実現されるためにはやはり国内司法過程において援用されることが望まれる。ILO の監視機構が打ち立てた「判例法」に従った司法判断を国内裁判所が行うことによって，国際法もまたその内容を堅固なものにするという相乗効果が出てくるのであって，国内機関による国際法実現の「二重機能」が強く期待される。

---

[39] 1970年代のウォーレン元米国連邦最高裁判事，横田喜三郎元日本最高裁長官をはじめ，多数の最高裁長官クラスの専門家が応嘱していた。

[40] 1985年にはR. アゴー（イタリア），K. ムバイエ（セネガル），J-M. ルーダ（アルゼンチン）3人の国際司法裁判所判事が同時に委員会メンバーであったときがある。

第2部
ヨーロッパ人権保障制度の新展開

4 ヨーロッパ人権裁判所と国内裁判所の「対話」?
―― *Grand Chamber Judgment of Al-Khawaja and Tahery v the United Kingdom* ――

江 島 晶 子

Ⅰ は じ め に　　　　　Ⅲ 「対　　話」
Ⅱ 摩　　擦　　　　　　Ⅳ 小　　結

Ⅰ は じ め に

　ヨーロッパ人権裁判所長 Nicholas Bratza が行った 2012 年の年頭演説は，ヨーロッパ人権裁判所（以下，人権裁判所という）と国内裁判所との「対話」を強調するものであった。ヨーロッパ人権裁判所と国内裁判所との対話自体は決して目新しいものではなく，かねてよりヨーロッパ人権裁判所が力を入れているテーマである[1]。だが，このスピーチの興味深い点は，人権裁判所が出した特定の判決の名前に言及して，それが国内裁判所の判決に対する応答であることを明示し，それを「対話」と呼んだ点である。

　その背景には，様々な要素があるが，ここでは二つ指摘しておく。一つは，今や長期的難題となった申立件数の急増・滞積である。人権裁判所の存在が広まり，かつ，人権裁判所に対する高い期待が申立件数を急増させているので，人権裁判所は自身の成功の犠牲者ともいわれる。すでに，第 11 議定書，第 14 議定書と抜本的な制度改革を行ってきたが，それをさらに上回る申立件数の急増，そしてその結果として未処理件数が生じている（正確には第 14 議定書の発効は 2010 年 6 月 1 日であるので，その効果を検証するには時期尚早ではある）。しかも，事

---

[1]　裁判所が毎年発刊している Dialogue between judges はその象徴といえる。裁判所 HP にてアクセス可能である。
http://www.echr.coe.int/echr/en/header/reports+and+statistics/seminar+documents/dialogue+between+judges（visited 29/03/2012）。

〈第2部〉ヨーロッパ人権保障制度の新展開

件における条約違反が，単発の問題ではなく，当該締約国の構造的問題（例として，訴訟遅延，刑務所の環境等）に起因する場合には，同種の事件（反復的事件 repetitive cases ともクローン事件 clone cases とも称されている）がストラスブールに押し寄せることになる。換言すれば，国内レベルにおいて問題が解決されれば，ストラスブールに来る事件は減るはずである。よって，人権条約の国内実施および人権裁判所の判決履行を強化するというのが，後述するように，最近の改革案において重要な柱を占めてきた（国内裁判所において人権条約が適切に解釈適用されることも重要な国内実施の一つであることをここで言及しておく）。

　もう一つは，ヨーロッパ人権条約（以下，人権条約という）誕生時からこれに参加し，なかば基礎を作ってきた締約国から新たに噴出した不満・批判である。2011年12月にヨーロッパ評議会閣僚理事会（Committee of Ministers, Council of Europe）の議長国となったイギリスは，2012年1月25日にヨーロッパ評議会議員会議（Parliamentary Assembly, Council of Europe）におけるイギリス首相 Cameron の演説によって，裁判所改革に力を入れることを表明した。その演説の中で，人権裁判所に対する批判が表明された。すなわち，人権裁判所は，国内法の事情をよく知らずに，本来人権条約が予定していた枠を越えて，国民を代表する民主的国内機関（議会）の決定に，あるいは，きちんとした手続的保障の下に行われた合理的司法機関（裁判所）の決定に介入しすぎているのではないかというものである。

　前者の事件超過問題は，1980年代後半以降の発展を考慮に入れれば，本来，予期しえたことである。（実際，それを予測して第11議定書を制定したのであるが，その予測を上回る申立が押し寄せた）。1953年発効時には10カ国で出発した人権条約が，今や47締約国となり，しかもその半数以上は東西冷戦終結後に加入した国である。これらの国々は，本来，人権条約に入ることができる人権保障水準を満たしていないのに，政治的考慮から加入が認められてしまったと批判されてきた[2]。実際のところ，現在，申立件数上位10国のうち7カ国は，90年代以降に人権条約に加入した国（ロシア〔1998年〕，ルーマニア〔1994年〕，ウクライナ〔1997年〕，セルビア〔2004年〕，ポーランド〔1993年〕，モルドバ共和国〔1997年〕，ブ

---

[2] Andrew Drzemczewski, Reflections on a Remarkable Period of Eleven Years: 1986 to 1997, in Olivier Delas and Michaela Leuprecht (eds.), *Mondialisation et Droit International (Liber Amicorum Peter Leuprecht)*, 2011, Bruylant, p. 114.

〔江島晶子〕　　　　**4**　ヨーロッパ人権裁判所と国内裁判所の「対話」？

ルガリア〔1992年〕＊批准した年を〔　〕に入れて示す）で占めている[3]。さらに，申立件数第2位のトルコは，古くからの締約国〔1954年〕ではあるが，トルコが個人申立権および裁判所の義務的管轄[4]を認めたのは1990年代に入ってからであるので，実は，先の7カ国とさほど状況は違わない。よって，これまでは，裁判所の改革と合わせて，国内における人権条約の実効的実施（とくに国内の構造的問題の解決とそれによるクローン事件の一掃）の重要性が強調されてきた。

　前者はすでに問題性が認識されてから相当時間も経過し，目新しい点はないが，後者は，今回のような批判が加盟年数の長い締約国（いわゆる「成熟した民主主義国」）から表立って提起されたことは今までなかった点において注目される[5]。人権裁判所のあり方，正統性に直接かかわる問題であり，かつ，国内憲法においては，「民主主義と立憲主義」で議論される問題と一定の類似性を有する。イギリスの批判は，簡略に記せば，人権裁判所はそもそも補完的存在で，締約国に本来，「評価の余地」（裁量）を広く認めてきたはずではなかったのか，人権裁判所の役割はヨーロッパの最低基準を確実に守るというものではなかったのか（そして，それに限定すれば，申立件数も減らすことができるという含意がある）である。そして，それが，イギリスが議長国となって開催を準備しているブライトン会議において予定されてブライトン宣言草案（Draft Brighton Declaration）に垣間見える（具体的には後述する）。ブライトン宣言は，裁判所改革のために開催された会議において，採択された，インターラーケン宣言（Interlaken Declaration, 2010年），イズミール宣言（Izmir Declaration, 2011年）を引き継ぐものであるはずだが，前述のイギリスの疑義は議論の中で不協和音を奏で始めている。ここで，一例を挙げれば，「補完性（subsidiary）」や「評価の余地（margin of appreciation）」を条約に書き込むべきだというイギリスの主張は，裁判所のあり方の議論につながりうる。すでに，イギリスは人権裁判所の判決に懐疑的なのであるので，イギリスがこれらの原理を条文に入れたいとする趣

---

(3)　European Court of Human Rights, Analysis of statistics 2011, http://www.echr.coe.int/NR/rdonlyres/11CE0BB3-9386-48DC-B012-AB2C046FEC7C/0/STATS_EN_2011.PDF〔visited 08/03/2012〕．
(4)　第11議定書が発効するまでは，選択的であった。
(5)　人権裁判所長Bratza自ら，この40年の間「前例のない」ことだと表現している。Sir Nicholas Bratza, "The Relationship between the UK Courts and Strasbourg" [2011] *EHRLR* 505.

〈第 2 部〉ヨーロッパ人権保障制度の新展開

旨は，明文化することによって「補完性」や「評価の余地」を根拠にして人権裁判所の権限を限定したいと解するのは妥当であろう（後述の演説内容を参照）。いまや，人権条約自体だけでなく，それを解釈する人権裁判所判例は，各締約国における憲法解釈において多かれ少なかれ重要な役割を果たしている。イギリスは，長らく人権条約を国内法化しないことによって，その影響から逃れてきたが，1998 年人権法（以下，「人権法」という）がその状況を一変させた[6]。イギリスの国内当局（ただし議会を除く）は，人権条約適合的に解釈する法的義務を負い，その際に人権裁判所判例を考慮することになった。その結果として，国内裁判所から人権裁判所判例に対する疑問が提起されることになってもいる。他方，人権裁判所判決の履行システムの強化をはかったために，条約違反判決の履行がこれまで以上に強く締約国に対して制度的に求められることが[7]，イギリスを苦境に追い込んでいる（後述する Hirst 判決が典型）。こうした国内事情も，上記の提案にはほのかに見えるといっても過言ではない。

　本稿では，権威と名声を獲得した人権裁判所が，そうであるがゆえに，新たな局面を迎えているのではないかと考え，まず，現在の状況を明らかにすることを目的とする。第一に，「裁判所の改革」という様相をとりながらも，その背後で見え隠れする，人権裁判所と締約国との「摩擦」の現状を紹介する。第二に，人権裁判所長自ら「対話」の好例として挙げる Al-Khawaja and Tahery v. the United Kingdom[8] 大法廷判決の分析を通して，「対話」の中身を検討する。そして，現状についての暫定的評価を行いたい。

II　摩　擦

1　前提：第四審，補完性，評価の余地

　人権条約上，人権裁判所と国内裁判所の関係はどのように設定されているかという問題がある[9]。人権裁判所は「第四審（forth instance）」（国内の最上級審のさらに上級に位置する上訴審）ではないことは当初から強調されてきた。「国内裁

---

[6]　江島晶子『人権保障の新局面』（日本評論社，2002 年）参照。
[7]　Lucja Miara（江島晶子訳）「新たに改革されたヨーロッパ人権裁判所における判決履行の監視」比較法学 46 巻 2 号（2012 年発行予定）。
[8]　Al-Khawaja and Tahery v. the United Kingdom, Application nos. 26766/05 and 22228/06, judgment of 15 December 2011.
[9]　第四審，補完性，評価の余地といった概念の検討については，別稿を期す。

〔江島晶子〕　　　**4**　ヨーロッパ人権裁判所と国内裁判所の「対話」？

判所によってなされた事実または法律の間違いを取り扱うことは，それが人権条約によって保護されている権利および自由を侵害しないかぎり，人権裁判所の役割ではない」[10]。国内裁判所が法ないし事実を誤ったという申立は受理されない。

　では，上訴審ではないとすると，人権裁判所はどのような審査を行うのか（換言すれば，どのような審査をすると第4審になってしまうのかということでもある）。まず，人権裁判所は，抽象的審査は行わない（後で紹介する *Al-Khawaja* 大法廷判決においてもそうである）[11]。では，具体的事件においてどのような審査を行うのか。その点で，これまで重要な役割をしてきたのが，補完性の原則である。人権裁判所は，条約による人権保障システムを，国内システムの補完的なものととらえ，裁判所の任務は権限ある国内機関にとって代わることではなく，国内機関の行った決定を条約の観点から審査することだとする[12]。では，いつ補完的な役割を果たすのか。それは，ヨーロッパの最低基準を下回ったときに初めて「ヨーロッパの監督」の出番となる。

　では，ヨーロッパの最低基準はどのように決定されるのか。ここで，よく援用されるのが，「評価の余地」である。締約国は人権裁判所よりも情報および事情に通じており，判断を行う裁量の立場にあることから，判断をする際に一定の裁量が認められている。この裁量を越えたときに，はじめて条約違反となるというものである。当初，「評価の余地」は，締約国の判断を尊重する文脈で言及されてきた。だが，判例法の発展の中で，締約国の「評価の余地」を縮減する場合にも用いられるようになった[13]。どちらの方向にも機能することから，結果として曖昧であるという批判が登場するのも無理からぬところである[14]。

---

[10]　*Garcia Ruiz v. Spain*, Application no. 30544/96, judgment of 21 January 1999, Reports of Judgments and Decisions 1999-I, para. 28.

[11]　*Klass v. Germany*, judgment of 6 September 1978, para. 33.

[12]　*Handyside v the United Kingdom*, judgment of 7 December 1976, Ser. A no. 24, para 48 and 50. 詳細については，戸波江二＝北村泰三＝建石真公子＝小畑郁＝江島晶子‐編『ヨーロッパ人権裁判所の判例』(信山社，2008年) 146-147頁 (江島晶子‐執筆) 参照。

[13]　*Sunday Times v. the United Kingdom*, judgement of 26 April 1979, Ser. A no. 30.

[14]　評価の余地に関する論文は枚挙にいとまがないが，人権裁判所裁判官による最近の分析として，Dean Spielmann, Allowing the Right Margin the European Court of Human Rights and the National Margin of Appreciation Doctrine: Waiver or Subsidiarity of

〈第 2 部〉ヨーロッパ人権保障制度の新展開

　上記の「補完性」については，初期の判例における「補完性」と現在の「補完性」とは同一のものなのかという疑問が提起されている[15]。なぜならば，補完性の原則が当初確立された時の状況は，ヨーロッパ人権委員会（当時）に対する申立も裁判所の義務的管轄の承認も選択的であり，そもそも人権裁判所設立当初は，はたして人権裁判所が審理する事件があるのか自体疑問視される状況（そして現に，年に数件の判決しか出されていない）だったからである。だが，もはや状況は異なる。第 11 議定書発効後は，人権裁判所への申立も裁判所の義務的管轄も選択の余地は残されていない。上述の疑問を提起した小畑教授は，現在の補完性は，「条約上の権利についての各締約国の救済制度の実効性についての評価を関数として，人権裁判所のコントロールを抑制する方向にも，強化する方向にも働く」と結論づけている。とすれば，イギリスは，そのうちの後者の部分に反発して，「補完性」の明文化を主張していることになる。これは，イギリスが，独自の権利章典ではなく，人権条約適合的解釈義務を国内当局に課すという方式を採用したことによって直面することになった問題である[16]。国内当局は，締約国自前の権利章典ではなく，仮に国内の事件が後にストラスブールに申し立てられれば，人権裁判所も解釈適用する同じ人権条約を国内法の文脈で解釈しなければならない。当然，国内裁判所による人権条約解釈と人権裁判所による人権条約解釈が異なる場合が生じる[17]。そして，人権裁判所の判断の方が後にくるのだからことは深刻である。

　　European Review?, *CELS Working Paper Series* 2012（The original French version of the paper has also been published in Journal des Tribunaux-Luxembourg, 2010, pp. 117-127）．なお，同論文の注 8 に，評価の余地に関する主要な論文一覧がある。

[15]　小畑郁「ヨーロッパ人権条約における国内的実施の進展と補完性原理」法律時報 80 巻 5 号（2008 年）50 頁。

[16]　小畑教授の言葉を用いれば，「知的ヘゲモニーを掌握できるという観測」（同上 52 頁）があったからこのような方式を取り入れたことになるのだろうが，そうはいかなかったとすれば皮肉な結果である。もっとも，「知的ヘゲモニー」の奪還という観点からの説明は，人権法を通過させやくするための政治的方便でもあり，制定時に現在のような状態になることを正確に予測していたとは思えず，だからこそ人権法が成立してしまったともいえる。

[17]　最近の例として，以下を挙げておく。*S and Marper v. the United Kingdom*, Application nos. 30562/04 and 30566/04, judgement of 8 December 2008； *Gillan and Quinton v. the United Kingdom*, Application no. 4158/05, judgment of 12 January 2010.

2　イギリスによる問題提起

(1)　ヨーロッパ評議会議員会議におけるイギリス首相の演説

　イギリス首相Cameronは，議長国となったことを受け，2012年1月25日に，議員会議において演説した[18]。前述したように，Cameronは，人権裁判所に対する疑義を以下のように明らかにした。

　「評価の余地が縮減したので，論争が大きくなった。…(略)…イギリスでは，人権法の運用方法および我国の裁判所がどのようにヨーロッパと交流するのかについて活発な討論が存在する。…(略)…このような問題〔受刑者の投票の問題（筆者補足）〕が，適切な，理性ある民主的討論に託され，それが人権条約と一致する国内裁判所による詳細な審査に付された場合，国内レベルの決定は尊重されるべきである。

　こうしたもう一つの例は移民の問題に存する。…(略)…人権裁判所は，いくつかの事件において，合理的な国内プロセスによる判決を人権裁判所の判決に取り換えがちであったということ，そして，それは裁判所の役割ではないということに全国家は同意していると私は考える。…(略)…我々の安全を脅かす外国人について，我々はまさに問題を抱えている。

　イギリスにおいて，我々は，当該外国人らがどのように取り扱われるべきかに関する骨の折れる国際的協定，そして，イギリスの裁判所など，合理的な国内プロセスを全て通過したにもかかわらず，いまだ国外追放できないでいる。したがって，現在の取決めがはたして賢明なものなのか疑問を持ち始めても不思議ではない。

　もちろん，立派な国であれば，国外追放したならば拷問にかけられるという人を国外追放すべきではない。だが，今日の問題は，この国に住む権利がない者で，この国に害悪を及ぼすことになると確信し，かつ確信する妥当な理由がある者を抱え込む結果になることである。しかも，当人を裁判にかけることもできない，拘束することもできない，国外追放することもできないという状況がありえるのである。

　人権条約上の権利が侵害されないようにするあらゆる可能なセーフガードを

---

[18]　UK Prime Minister's speech at the Parliamentary Assembly (Wednesday 25 January). http://www.number10.gov.uk/news/european-court-of-human-rights (visited 22/02/2012)

〈第 2 部〉ヨーロッパ人権保障制度の新展開

備えても，法律を順守する市民を守るという義務を果たすことができないのである。我々は，一緒に，これに対する解決を見つけなければならない。こうした問題は多くの締約国によって共有されている。そしてこの問題の中心にあるのは，人権に対する無関心ではない。人権の概念が歪曲されているという心配である。結果として，多くの人にとって，権利の概念自体が，高貴なものから不名誉なものになり下がるという危険がある。それは我々全てにとって重大な問題でなければならない。人権を支持し，促進することは，政府や裁判所だけでできることではない。全ての社会が取組むことを我々は必要としている。そして，論争的な判決が，これまでなされてきた，優れた，辛抱強い，長期に及ぶ業績に暗雲を投げかけ，裁判所の業績を公正に扱えないならば，人々の人権に対する支援にとって，腐食的効果となる。人権裁判所はヨーロッパの人々の信頼を失うことはできない。」

　首相がとりわけ不満を示したのは，2012 年 1 月 17 日に出されたばかりの *Othman (Abu Qatada) v. the United Kingdom* 判決である[19]。ヨルダンへの国外追放は人権条約 3 条違反ではないとしつつも（UK とヨルダンとの協定があるので），同 6 条違反を判示した。「9/11」以後，イギリスはテロリズム対策法を制定してきたが，同時に，それは 1998 年人権法／ヨーロッパ人権条約との関係で，国内外の裁判において難問を抱えることになった。よって，イギリス特有の事情ゆえにといってしまえばことは簡単であるが，それ以上により様々なレベルでヨーロッパ人権条約が国内において影響を及ぼしている状況がある。それを次に紹介する。

(2) イギリスの状況：イギリス首相の演説の背景

　上記のような見解が示される背景には，イギリスの政治状況も関係している。第一に，2010 年総選挙によって，人権法を制定した労働党から保守党とリベラル・デモクラッツによる連立政権に交代したことである。保守党党首 Cameron は，野党時代から人権法に対する異議を積極的に唱え，連立綱領の中にも人権法の見直しを盛り込んでいた。これを受けて，2011 年 3 月に権利章典委員会（Commission on a Bill of Rights）が設置され，同年 8 月に討議文書

---

[19] *Othman (Abu Qatada) v. the United Kingdom*, Application no. 8139/09, judgment of 17 January 2012.

〔江島晶子〕　　　　　　　　　　　　　4　ヨーロッパ人権裁判所と国内裁判所の「対話」？

「我々はイギリス権利章典が必要か？ (Do we need a UK Bill of Rights?)」が出され，検討が進行中である (2012年12月に結論を出す予定)[20]。同委員会には，人権条約からの離脱を説く報告書[21]をシンクタンク Policy Exchange から出した Pinto-Duchinsky が加わった点でも，これまでの流れに変化が生じていることがうかがわれる[22]。

　第二に，ここ数年，テロリズム対策以外の分野においても，イギリスにとって対応しにくい人権裁判所判決が出されていることである。中でも注目を集めたのが，受刑者の選挙権行使の機会の一律剥奪が人権条約第1議定書第3条違反であるとされた Hirst v. the United Kingdom である[23]。同判決後，Hirst と同じ状況に置かれている受刑者または元受刑者からの人権裁判所への提訴が2,500件以上にのぼり[24]，人権裁判所は，Greens and M.T. v. the United Kingdom においてパイロット判決の手法をとるに至った[25]。同判決は，判決確定後6カ月以内に国民代表法の改正案を用意することが求められたので，イギリス政府はより具体的な履行が迫られており，法改正の準備に入っていた。ところが，国内では，党派を超えてバックベンチャーが法改正阻止の動議を庶民院（下院）で行い，賛成234票，反対22票という大差で動議を可決するに至った。決議には政府を法的に拘束する力はないが，法改正案は議員にも国民にも不人気なものとなることが予想でき，しかも動議には各党の大物政治家も

---

[20]　http://www.justice.gov.uk/downloads/about/cbr/cbr-discussion-paper.pdf（visited 15/03/2012）.

[21]　http://www.policyexchange.org.uk/images/publications/bringing%20rights%20back%20home%20-%20feb%2011.pdf（visited 30/03/2012）.

[22]　なお，本年(2012年)3月に Pinto-Duchinsky は，権利章典委員会は自分の意見（Pinto-Duchinsky の弁によると首相や保守党議員の意見）が無視されてばかりいると抗議して辞任した。

[23]　Hirst v. the United Kingdom (No.2), Application no. 74025/01, judgment of 6 October 2005 (GC). 評釈および事件の背景について，北村泰三「重層的人権保障システムにおける受刑者の選挙権——欧州人権裁判所の判例を中心に」法律時報83巻3号（2011年）40頁以下参照。

[24]　イギリスは，1990年代初頭まで，申立件数，条約違反判決件数において第1位という不名誉な地位を占めていたが，その後，相対的に事件数が減少し，10位以下に後退していたところ，2011年の統計では第10位に返り咲いている。

[25]　Greens and M.T. v. the United Kingdom, Applications nos. 60041/08 and 60054/08, judgment of 23 November 2010.

93

〈第２部〉ヨーロッパ人権保障制度の新展開

含まれていたことから，法案実現に向けて相当の困難が予想される。現在，同種の事件がイタリアに対して提起されており，大法廷での審理が予定されているため，イギリスに対する期限の延長が認められたところである[26]。他方，パイロット判決は，イギリスのメディアの格好の批判の種になっている。すなわち，同判決は，一定期限内の条約履行をイギリスに義務づけており，これに従えないときは自動的に賠償の支払い義務が生じる。そこで，メディアは納税者の税金を無駄遣いさせていると報道するのである。

だが，こうした反応ならば，他国においても大なり小なり見受けられるものである。第三に（そしてこれが，人権裁判所にとって，実質的に最も憂慮する点だと思われる），裁判官や学者からの問題提起である[27]。中でも，貴族院裁判官であった Lord Hoffmann による批判の影響は大きい。Lord Hoffmann は，裁判官の教育研修機関である Judicial Studies Board[28]において，「人権の普遍性」というタイトルで講演を行ったが，そこで人権裁判所裁判官の質に疑問を提起すると同時に，人権裁判所は評価の余地をより尊重すべきだと主張した[29]。その背景には，人権法の影響がある。すなわち，人権法制定の結果として，イギリス

---

[26] *Scoppola v. Italy*, Application no. 126/05, judgment of 18 January 2011. 2011 年 6 月 20 日に大法廷に付託された。〔付記〕2012 年 5 月 22 日の大法廷判決は条約違反を認定しなかったが，選挙権を一律剥奪するイギリスと一定の場合に限定するイタリアを区別した（よって判例変更していない）。よって，イギリスは判決の履行を一層迫られていることになる。

[27] Policy Exchange の報告書は，ヨーロッパ人権条約からの脱退さえ推奨している（かつそこに Lord Hoffmann が序文を寄せている）。Michael Pinto-Duschinsky, *Bringing Rights Back Home*, Policy Exchange, 2011. http://www.policyexchange.org.uk/publications/category/item/bringing-rights-back-home-making-human-rights-compatible-with-parliamentary-democracy-in-the-uk?category_id=24（visited 13/03/2012）.

[28] Judicial Studies Board は，2011 年 4 月 1 日から Judicial College に移行した。

[29] http://www.judiciary.gov.uk/media/speeches/2009/speech-lord-hoffman-19032009（visited 31/03/2012）. これに対する人権裁判所裁判官 Rozakis の応答として，Christos Rozakis, "Is the Case-Law of the European Court of Human Rights a Procrustean Bed? Or is it a Contribution to the Creation of a European Public Order? A Modest Reply to Lord Hoffmann's Criticisms", *UCL Human Rights Review* Vol. 2, 51-69. Lord Hoffmann よりも人権条約・人権裁判所に対して好意的な立場である Arden 裁判官自身も人権裁判所の改革は必要という立場である。Rt Hon Lady Justice Arden DBE, "Peaceful or Problematic? The Relathiship between National Supreme Courts and Supranational Courts in Europe" 29 *Yearbook of European Law* 3 (2011).

裁判官は公的機関として，人権条約適合的に国内法を解釈する義務が課せられ（これに反した場合には人権法違反となる），その結果，人権条約のみならず，人権裁判所の判例を考慮に入れなければならなくなった（人権法2条[30]）。その結果として，同判例に従うべきかどうかを真剣に問わざるをえない場面が生じるようになったということである[31]。

3　裁判所改革における不協和音／誤解
(1)　「ブライトン宣言」草案

　裁判所改革をめぐる議論は，第14議定書の採択（2004年）および賢人グループ報告書（2006年）に引き続いて行われ，インターラーケン宣言（2010年），イズミール宣言（2011年）と，政治的協議が進行形で行われており，両宣言に付されたアクション・プランの成果を確実に実現させるべく，いわばその総仕上げともいうべき段階に来ていた。そこにイギリスが議長国となるという機会が重なった[32]。そして，イギリスはこの機会をとらえて，前述したような首相演説を行い，裁判所改革に力を注ぐことを宣明したのである。2012年4月のブライトン会議で採択するための「ブライトン宣言」の草案はまだ正式には公表されていないが，2012年2月23日に副閣僚会議（非公開）において発表された草案がリークされて，その内容が明らかになった[33]。以下に示すように，実現には条約改正（すなわち第15選択議定書の起草）を要するものも含まれている。

　① 補完性の原則および「評価の余地」の明文化，② Advisory Opinion（EU裁判所方式）の導入，③ 出訴期間制限の短縮（現在6カ月のところを2～4カ月程度

---

[30]　人権法2条の解釈をめぐって議論がある。人権法の設計者ともいわれるLord Irvingが同条の立法趣旨を最近，講演（2012年12月14日）で明らかにしたものとして，以下を参照。Lord Irvine of Lairg, A British Interpretation of Convention Rights, http://www.ucl.ac.uk/laws/judicial-institute/docs/Lord_Irvine_Convention_Rights_dec_2012.pdf（visited 31/03/2012）.

[31]　イギリス裁判所による人権条約の解釈として，江島晶子「国際人権条約の司法的国内実施の意義と限界——新たな展開の可能性」芹田健太郎＝戸波江二＝棟居快行＝薬師寺公夫＝坂元茂樹編『講座国際人権法3 国際人権法の国内的実施』（信山社, 2011年）151頁以下参照。

[32]　ヨーロッパ評議会の加盟国は47カ国であることから，議長国（任期は半年）の順番が回ってくるのには相当時間を要する。

[33]　http://www.guardian.co.uk/law/interactive/2012/feb/28/echr-reform-uk-draft?fb=native（visited 01/03/2012）.

〈第2部〉ヨーロッパ人権保障制度の新展開

に短縮する），④人権条約 35 条 3 項(b)の一部削除，⑤新しい受理要件（最も重要かつ深刻な事件に集中するために，「国内裁判所によってすでに人権条約違反の有無が検討されている場合には，国内裁判所が人権条約の解釈において明らかに誤っているか，当該申立が条約の解釈に影響する重大な問題を提起しない限り，不受理とする」[34]），⑥裁判官の追加採用，⑦人権条約 30 条の一部削除（大法廷への移送に対する当事者の反対を認めなくする）。

現時点では，あくまでも案であり，すでにその後の検討の中で厳しい批判にさらされているものもあり[35]，リークされた草案内容がそのままの形で宣言として採択されることはないと考えられる。だが，前述したように，人権裁判所のあり方について，この段階で（条約発効から約 60 年，人権裁判所が活動を開始して約半世紀，新常設人権裁判所が活動を開始してから十数年），「補完性」や「評価の余地」について明文化の主張が出てくることに，イギリス政府のいらだちを，そして新たな受理要件の提案には，伝統ある国内裁判所の理由づけ・判断に人権裁判所が干渉すべきではないという主張を読み取るのは容易である。

(2) 人権裁判所：ブライトン会議のための予備的意見

人権裁判所は，2012 年 2 月 20 日，ブライトン会議の準備として，予備的意見を準備し，全員法廷において採択した[36]。同意見は，締約国による人権保障へのコミットメント（人権条約上の権利および自由が国内レベルで実施されるよう努力することおよびその努力はヨーロッパの監督に服することを認めること）の確認こそが前

---

[34] 国内裁判所における最高裁への上訴要件を想起させる内容である。

[35] 新聞報道によると，ベルギー，ドイツ，オーストリアは懐疑的，スイス，フランスはイギリスの提案に好意的とある。2013 年に議長国になる予定のオーストリアのある外交官は，匿名ながら，イギリスの提案は，司法へのアクセスを制約するので個人の権利を制約することになること，また，提案に政治的論争（とりわけ外国人テロリストの国外追放を条約違反とした人権裁判所にイギリスの国会議員の一部が強い講義を挙げていること）が含まれていることに懸念を表明し，イギリスの提案に反対すると述べたと報道されている。*Financial Times*, 13 March 2012, http://www.ft.com/intl/cms/s/0/69e3521c-6d35-11e1-ab1a-00144feab49a.html（visited 15/03/2012）.

[36] Preliminary Opinion of the Court in preparation for the Brighton Conference Adopted by the Plenary Court on 20 February 2012 (hereafter Opinion), http://www.echr.coe.int/NR/rdonlyres/BF069E9B-8EE5-4FA8-877E-2DFAA4C167BD/0/2012_Avis_Cour_Conférence_de_Brighton_1820_avril_2012_EN.pdf（visited 20/03/2012）.

提であるとする[37]。そして，問題の関心である事件件数の超過については，事件の類型化とそれぞれに適当な対応で臨むという実際的方向性を示した。人権裁判所は，2009年6月に裁判所規則を改正して，事件処理に関する優先方針を採用し，事件を重要度に応じて7つのカテゴリーに分類し，原則として重要度の高いものを優先して取り扱う方針に転換している[38]。このカテゴリーに依拠して，さらに四つの分類を提示し，裁判所がとりうる方策を示した。

① 不受理事件（第6および第7カテゴリー[39]）：単独裁判官方式の下でのフィルタリングの合理化，6カ月ルールの厳格な運用，単独裁判官方式の下で開発した作業方法の普及によって対応する[40]。

② 反復的事件（第5カテゴリー）：2012年初めの段階で，優先度の高くない，反復的事件として34,000件が存在するが，その内10,800件は2011年に登録されたものである。これは，判決の履行過程において実効的な一般的手段をとっていないことの表れである。原因はすでに過去の先例またはパイロット判決で明らかにされており，重要な法的問題は決着ずみである。よって，このような場合，人権裁判所は事件のリストを政府に直接送り，適切な方法で解決するように指示することを検討している。政府から正当な異議がない場合，政府が一定の期限以内に救済を提供しないと，申立人への賠償を認める「不履行判決（"default judgment"）」となる[41]。

③ 非反復的・非優先事件（第4カテゴリー）：上記①および②（第5～7カテゴリー）に該当しない非反復的事件は，現在，19,000件（内新規4600件が2011年に発生）に到達しているが，これは厄介な問題である。なぜならば，公正な審理，私生活に対する尊重，表現・結社の自由等に関する重要な問題を提起するかもしれないからである。しかも，こうした権利の行使は，最優先の三カテゴリーに該当する中核的権利に対する深刻な違反を明らかにすることにつながりうる[42]。一方，こうした事件は，「十分確立した人権裁判所の判例」（人権条

---

[37] *Id.*, para. 2. なお，この意見は，ブライトン宣言案に対する応答ではなく，前段階で出されていた各国の提案に応答するものである。

[38] http://www.echr.coe.int/NR/rdonlyres/DB6EDF5E-6661-4EF6-992E-F8C4ACC62F31/0/Priority_policyPublic_communication_EN.pdf (visited 30/03/2012).

[39] 事件処理に関する7つのカテゴリーの内，重要度が最も低いもの。

[40] Preliminary Opinon, *supra* note [35], para. 20.

[41] *Id.*, para. 21.

〈第2部〉ヨーロッパ人権保障制度の新展開

約28条1項(b)）に依拠する取扱が可能であり，そうであれば，委員会の簡易手続が可能である。裁判所が検討しているのは，反復的事件の文脈でのみ適用されてきたこの概念の拡張解釈である。こうしたアプローチは第14議定書の目的趣旨に全く適っているとする[43]。

④ 優先事件（第1～3カテゴリー）：反復的事件は裁判所外で解決され，非反復的事件の大部分については簡略手続が用いられるとすれば，裁判所は最優先の三カテゴリーにより多くの時間と資源を費やせる。これに該当するのは，2012年初めで6,000件（内1,500件が2011年の申立）である[44]。

Advisory Opinionの導入については，さらなる検討が必要であるとする[45]。出訴期間制限の短縮については，情報ツールの発達を考慮に入れれば（50年前とは異なる），短縮を考慮してもよいとする[46]。人権裁判所は，新たな受理可能性要件の創設については，長期的にはさておき，短期的には疑問視している[47]。というのも，国内裁判所が明らかに誤りを犯したかどうかは徹底的検討が必要となり，時間がかかるからである[48]。「補完性」と「評価の余地」の明文化についての言及はないが，反対というのが大方の論調である[49]。

Ⅲ 「対　　話」

1　対話のありよう

前述したように，人権裁判所は，自身の権威と信頼が高まる中で，人権裁判所と国内裁判所・他の国際裁判所との関係について注意を払ってきた[50]。では，具体的にどのような対話が考えられるのか。冒頭で言及した人権裁判所長

---

[42]　Id., para. 22.
[43]　Id., para. 23.
[44]　Id., para. 24.
[45]　Id., para. 28. なお，先行する第27パラグラフにおいて，後で言及するBratza所長の「対話」と同じ趣旨が述べられている。
[46]　Id, para 37.
[47]　そもそも第14議定書によって導入した新しい受理可能性要件の真価は，同議定書自体がまだ発効したばかりなので明らかではないので，まずはその効果を検証してからだという意見もある（2012年3月実施の筆者による現地調査から）。
[48]　Preliminary Opinion, supra note (36), para 32.
[49]　2012年3月実施の現地調査において聴取した意見の大半を占める。
[50]　裁判官の対話というタイトルの論文もよく見かけられる。それらの内容については，稿を改めて検討する予定であるが，最も最近の代表的なものとして以下を挙げておく。

〔江島晶子〕　　　　*4*　ヨーロッパ人権裁判所と国内裁判所の「対話」？

Bratzaの演説（2012年1月27日）を手がかりに整理する[51]。

第一に，すでに，多くの論者が言及してきた「対話」である。これまで，人権裁判所裁判官と国内裁判所裁判官は，ストラスブールおよび各締約国において定期的に会合の機会を設けてきた。こうした対話の促進は，歴代の所長が努力を払ってきた。たとえば，前所長Costaは，所長としての在任中，頻繁に各締約国を訪問する一方，各国の首脳を人権裁判所に迎えてきた[52]。また，毎年1月，新たな司法年の開始を期するセレモニーにおいて，締約国の最高裁判所または憲法裁判所の長を招聘し，演説をしてもらった上，これを人権裁判所のHPに掲載すると同時に，前述したように「裁判官の対話（Dialogue between judges）」として刊行している[53]。Bratzaの演説によれば，「人権条約の実効的実施におけるもう一つの重要な局面は，国内裁判所の役割であり，ストラスブール[54]と国内裁判所との必然的対話である。……人権裁判所は国内裁判所に対して，そして人権条約システムにおける国内裁判所の地位について高い敬意を表してきた。人権条約を自ら適用する国内裁判所は，人権裁判所自身の解釈を発展させる上で，影響を及ぼし得る」という。

第二に，本稿で注目する「対話」である。同じくBratzaの言葉を用いれ

M. E. Villiger, "The Dialogue of Judges", in C. Hohmann-Dennhardt et al. (eds.), *Festschrift für Renate Jaeger–Grundrechte und Solidarität. Durchsetzung und Verfahren*, N. P. Engel Verlag, 2011, p. 196.
http://www.echr.coe.int/NR/rdonlyres/3F410EB0-4980-4562-98F1-B30641C337A5/0/DIALOGUE_2010_EN.pdf（08/03/2012visited）.

[51] Solemn hearing of the European Court of Human Rights on the occasion of the opening of the judicial year, Friday 27 January 2012, Address by Sir Nicolas Bratza President of the European Court of Human Rights.
http://www.echr.coe.int/NR/rdonlyres/9F353912-1F71-4ABD-827F-4CEBA52EDBD0/0/2012_AUDIENCE_SOLENNELLE_Discours_Bratza_EN.pdf（visited 30/03/2012）.

[52] Patrick, Titiun, Préface, L'action de Jean-Paul Costa à la tête de la cour européenne des droits de l'homme, in *La conscience des droits, Mélanges en l'honneur de Jean-Paul Costa*, Dalloz, 2011, XXVII.

[53] 最新の例として，2012年1月27日に開催されたセミナーのテーマは，"How to ensure greater involvement of national courts in the Convention system?" であったことも言及しておく。
http://www.echr.coe.int/NR/rdonlyres/DCB7A98A-DAD9-49B0-BE4D-B6E8DB998C79/0/2012_SEMINAIRE_Discours_Bratza_EN.pdf（visited 30/03/2012）.

[54] ストラスブールに所在する人権裁判所のこと。

〈第2部〉ヨーロッパ人権保障制度の新展開

ば，「判決および決定された事件を通じた司法的対話（judicial dialogue through judgments and decided cases）」である。Bratzaは，ここで*Al-Khawaja and Tahery v. the United Kingdom* 大法廷判決を例に挙げている。「イギリス最高裁判所は，イギリスの刑事手続規則特有の特徴に適切な考慮を払わずに，伝聞証拠に依拠することの公正さに関する人権裁判所の判例法を硬直的に適用したものだと最高裁がみなしたものに懸念を表明した。この最高裁判所の見解は，大法廷判決の中で，人権裁判所によって注意深く検討され，詳細に応答が行われた。私の考えでは，これは，建設的精神の下，両者で行われた，非常に貴重な交流である」とする[55]。

最後に考えられる対話は，正式な法的手続によって行うものである。たとえば，EU司法裁判所に対して先決判決を求める手続と類似のものを導入することが考えられる[56]。Bratza自身は，演説の中では将来的課題ととらえている。

2　「対話」の実践：*Al-Khawaja* 大法廷判決
(1)　事　　実
(a)　申立人 Al-Khawaja の場合

申立人 Imad Al-Khawaja は，1956年生まれのイギリス国籍保持者で，ブライトンに居住していた（§9[57]）。申立人は内科医として勤務していたが，診療中，治療により催眠状態にある2人の女性患者（ST, VU）に対する強制わいせつ（STに対しては2003年6月3日，VUに対しては2003年6月12日）で起訴された（§10）。告発者のうちの1人STは，裁判の前に自殺した（自殺は強制わいせつとは関係していない）。死亡する前に（事件後数カ月後），STは警察に供述書を提出していた（§11）。

2004年3月22日，予備審理において，STの供述書は陪審に対して読み上げられるべきだと決定された。裁判官は，申立人は，VUに対する訴因について弁護するには，証言する以外の他の現実的方法がないと強く感じるだろうと考え，STの供述書の読み上げは，申立人が証言しないことを困難にするものではないと考えた。STとVUとの間で共謀があったという主張もないことか

---
[55]　これについては3で具体的に検討する。
[56]　前述したように，ブライトン宣言草案の中にも盛り込まれている。
[57]　判決のパラグラフ番号である。以下，同じ。

ら，両者に対する交互尋問によって調査する必要がないことも指摘した（§12）。さらに，2003年6月3日の診療中に起きたことに関する直接証拠がSTの供述書以外に存在しないので，当該供述書は第一訴因の起訴において重要であることを認めた（§13）。

裁判において，STの供述書が読み上げられた後に，陪審は，STの友人であるBF, SHの証言，STのGE[58]の証言を聞いた。第二訴因（VUに対する強制わいせつ）に関しては，VUと事件を捜査した警察官が証言した。さらに，催眠診療中に申立人が不適切な暗示をしたという2人の女性による証言があった（同種の事実に関する証言として検察側から）。催眠の効果に関して専門家から証言があった。弁護側には，その場で証言をした全ての証人に対して反対尋問をする機会が与えられた。申立人は弁護として証言した。さらに，数名の証人を召喚し，申立人の人柄の良さについて証言してもらった（§14）。

裁判官説示において，審理判事は，陪審に対して，陪審はSTが証拠を提供したり反対尋問を受けたりするところをみていないこと（§15），および当該告発は被告によって全面否定されていることを喚起した（§16）。STの友人の証言については，それとSTの供述との間に矛盾があることも喚起した（§17）。そして，次のように指示した。STの供述が真実かどうかを判断する際に，VUの証言と2人の女性の証言（催眠治療中に申立人が不適切な暗示をしたという証言）を考慮に入れることができる。しかし，第一に，陪審は4人の女性の共謀の可能性を外して考えなければならない。第二に，個別に同種の主張をしている四人の人が全て，嘘をついているか，誤解しているか，同種の幻覚または誤った記憶に陥っているということが合理的かどうかについて考えなければならない。もしもそんなことは信じがたいと思うのであれば，STおよびVUは真実を語ったと納得できる。さらに，主張の類似性が大きければ大きいほど，四人の女性は真実を語っている確率が高いと指示した（§18）。

2004年11月30日，申立人は，両方の事件について強制わいせつで有罪となった（全員一致）。第一の事件については，15カ月の実刑判決を，第2の事件については12カ月の実刑判決を受け，両者は続けて執行されることになった

---

[58] General Practitionerのこと。イギリスでは，専門医にかかる前に，一般開業医に診てもらい，必要がある場合には一般開業医が専門医への紹介状を書く方式をとっており，ホームドクターとしてGEを決めておくことが多い。

〈第 2 部〉ヨーロッパ人権保障制度の新展開

（§19）。

申立人は控訴したが成功しなかった（2005 年 9 月 6 日）。控訴院は，審理判事による指示は「適切」であったと考え，人権条約 6 条に基づく公正な裁判を受ける権利は侵害されなかったと結論づけた[59]（§20-22）。申立人のさらなる上訴も失敗に終わった（§23-24）。

(b) 申立人 Tahery の場合

申立人 Ali Tahery は イラン国籍保持者で，1975 年にテヘランで出生し，ロンドンに居住している（§25）。

2004 年 5 月 19 日，ロンドンに住むイラン人 S はクルド人と口論になり，申立人は S を守るためにそこに割って入った。2004 年 5 月 20 日未明，申立人と S はレストランの外で再び会い，諍いとなり，S は気がつくと背中を刺されていたが，申立人が刺すところも，申立人が背後に回ることも見ていない（§26）。けんかの間，現場には，その前に口論をしたクルド人，S の友人，T（イラン人コミュニティのメンバー），申立人の叔父がいた（§27）。

現場で証人（目撃者）に尋ねたときは，申立人が S を刺すのを見たと主張する者はいなかった。しかし，2 日後，証人のうちの 1 人 T が，申立人が S を刺すのを見たという供述を警察に対して行った（§29）。

2004 年 11 月 3 日，申立人が逮捕され，故意の傷害および司法の運営の妨害（申立人は 2 人の黒人が S を刺したと警察に告げた）について起訴された（§30）。申立人は後者については有罪を認めたが，前者については無罪を主張した（§31）。

2005 年 4 月 25 日から，クラウン・コートでの審理が開始された。S は自分と申立人がどのように格闘したかを述べた。S は 1 分ほどで背中に傷を負ったことに気がついたが，誰が自分のことを刺したのかは見なかった。申立人が S を座らせ，傷口を押さえた。S は申立人に誰がやったのかと聞いたが，申立人は自分ではないと答えた。S に対する反対尋問において，S は，申立人が S の背後に回るところを見ていないこと，S と申立人は向かい合っていたことを認めた。同時に，誰かが「黒人がやったと彼(S)に言え」と言っている声を聞いたこと，その声は申立人のものではなかったことを証言した（§32）。

---

[59] *Doorson v. the Netherlands*, Application no. 20524/90, judgment of 26 March 1996, Reports of Judgments and Decisions 1996-Ⅱ に基づき，証拠の裁量は国内法事項だと述べた。

〔江島晶子〕　　　　　*4*　ヨーロッパ人権裁判所と国内裁判所の「対話」？

　Sの証言の後，Tが裁判所に出頭するのを非常に恐れているので，検察は，2003年刑事裁判法116条2項(e)および4項に基づき，Tの供述を読み上げる許可を求めた。審理判事は，事件担当の警察官から，イラン人コミュニティは緊密に結びついていて（close-knit），Tの恐怖は本物であるという証言を聞いた。そして，T自身も，審理判事に対して（陪審に対しではなく），遮蔽の背後から証言し，訪問や電話（ただし申立人からのものではない）を受けていて自分と家族が心配であることを証言した（§33）。審理判事は，Tの供述書を証拠として採用することを認めた（§34）。

　Tの証人供述書は，Tのいないところで陪審に対して読み上げられた。続いて病院でSの治療に当たった医師が傷に状態について証言した。次に，科学捜査官が，申立人の衣服から検出された血がSのものとマッチングすることを証言した（しかしどのように衣服に付着したかについては確かな結論は引き出せない）（§35）。

　申立人は次のように証言した。事前にあったクルド人との諍いの時から自分は現場にいた。自分とSがレストランとの外で会った時に，歩きながら話そうとSの手を引っ張った。しかし，Sが自分のことを殴りかかってきたので，防衛するためにSの衣服の襟をつかんで押した。そこにTがとりなそうと割り込んできて，イラン人コミュニティの他のメンバーもSのことを押さえこんだ。Tは，Sと申立人との間に立っていた。その時，申立人は地面のナイフに気がついた。それを拾って，放り投げたが，その時にはSが刺されていることは知らなかった。Sが申立人がやったと非難してきた時，申立人はSに座るようにいい，落ち着かせることに成功した。申立人はSの背中の傷口に手をあてた。その時は，Sは申立人が刺したのではないことを認めたようだった。申立人は，自分の叔父がそう言えといったので，2人の黒人が犯人だと警察に告げたことも証言した。最後に，申立人に対する警察の尋問前に，申立人はSを刺していないことを自分は知っているとTが申立人に言ったことを証言した（§36）。

　裁判官は，説示において，陪審に対して，Tの証拠は反対尋問を受けていないので，それに依拠することは危険であることを警告した（§37）。

　2005年4月29日，申立人は，故意の重大な身体傷害について多数決で有罪と評決され，10年と3カ月の刑を宣告された（§38）。

〈第2部〉ヨーロッパ人権保障制度の新展開

申立人は控訴し，Tに対して反対尋問できなかったので，公正な裁判に対する権利を侵害されたと主張した。控訴院は，Tの証拠が採用されなかったならば，有罪の可能性は減じられ，無罪の可能性は高まったていたであろうことを認めた。しかし，不公正さは，検察側の他の証人に対する反対尋問，申立人自身からの証言，および，傍観者を召喚する可能性をTが有していたことによって阻止されているとした。さらに，審理判事は，問題の供述書をどのように取り扱うべきかについて明確な指示を陪審に与えていた。さらなる上訴の許可は拒否された。ただし，刑期に関する控訴は認め，9年から7年に減じた（§39）。

(c) 手続関係

申立人 Al-Khawaja は，2005年7月18日に人権裁判所に，申立人 Tahery は，2006年5月23日に申立てた。小法廷（第4部）は，2009年1月20日に，両事件を一緒に取扱い，申立人 Tahery に対する裁判において欠席した証人からの供述書を読み上げることを認めた決定に関して，条約6条3項と結合して条約6条1項違反があると判示した（全員一致）。

2010年3月1日，イギリス政府の要請に基づき，事件は大法廷に移送された。大法廷は2010年12月15日に判決を下した。

(1) *Al-Khawaja* 大法廷判決以前

(a) *Al-Khawaja* 小法廷判決以前

被告人が，自分に対する証人を反対尋問する権利は，人権条約6条3項(d)の重要な要素で，原則である[60]。人権裁判所は，*Unterpertinger v. Austria*[61]において，証人が公開審理における出廷しないまま，当該証人の供述を法廷で読み上げることは同6条1項および3項(d)に適合しないわけではいが，証拠としての利用は6条が保護する防御権と合致していなければならないことを強調する。とりわけ，刑事犯罪で起訴されている場合，被告人は6条3項(d)に基づき被告人に対する証人を尋問する権利を有するので，審理で読み上げられた供述を行った人を尋問する機会を有しなければならない[62]。しかしながら，他方で，

---

[60] D. J. Harris, M. O'Boyle, E.P. Bates and C. M. Buckley, Harris, *O'Boyle & Warbrick Law of the European Convention on Human Rights*, Second Edition, 2009, Oxford University Press, p. 323.

[61] *Unterpertinger v. Austria*, Application no. 9120/80, judgment of 24 November 1986, Ser. A no. 110.

〔江島晶子〕　　*4*　ヨーロッパ人権裁判所と国内裁判所の「対話」？

人権裁判所は，国内慣行を考慮して，様々な例外を認めてきた。例外を認めた場合としては，証人や家族に対する復讐の予防，警察の活動方法の保護，性犯罪被害者が加害者と対峙することの免除，自分の家族の一員に対する証拠の提供の免除，証人が病気，証人が行方不明または死亡等が挙げられる[63]。そこで，どのような場合に例外が認められるのか，そのルールが問題となるが，それが必ずしもはっきりしているとはいえないことが，今回のような問題を招来させた原因でもある。

　匿名証人に対する反対尋問が問題となった *Kostovski v. the Netherlands*[64]では，「原則として，すべての証拠は，反駁という観点から，公開法廷において被告人の面前で提出されなければならない」としつつも，「証拠として用いるためには証人の供述は裁判所の公開審理でなされなければならないということを意味せず，審理前に得られた証人の供述を証拠として用いること自体は，防御権が尊重されているのであれば6条3項(d)および1項と適合しないわけではない」[65]とする。そして，「原則として，防御権は，被告人に対して，被告人に不利な証人に挑戦・尋問する適当かつ適切な機会が与えられることを要請する」[66]ということを，先の *Unterpertinger v. Austria* から引き出す。だが，本件では，こうした機会が申立人に与えられていなかったとして，条約違反を認める結論に至った。すなわち，被告人（申立人）にとって不利な証拠は，匿名証人によって警察と治安判事に対してなされた供述であったが，弁護側は審理前段階で証人に対峙することは許されなかったし，証人は組織犯罪による報復を恐れて法廷では証言しなかったからである[67]。なお，この判決では，人権裁判所は，「実際のところ，（オランダ）政府は，申立人の有罪が匿名供述に「決定的な程度（to a decisive extent）依拠していることを認めていた」[68]と述べており，後述する判決での「唯一または決定的」ルールとの関連性がうかがえる。

---

[62]　*Id.*, para. 31.
[63]　Harris, *supra* note [60], 323.
[64]　*Kostovski v. the Netherlands*, Application no. 11454/85, judgment of 20 November 1989, Ser. A no. 166. 本判決の評釈として，戸波ほか・前掲注[12]，249頁以下（田中康代執筆）参照。
[65]　*Id.*, para. 41.
[66]　*Ibid.*
[67]　*Id.*, para. 42-43.
[68]　*Id.*, para. 44.

〈第 2 部〉ヨーロッパ人権保障制度の新展開

　オランダ政府は，匿名証拠に関するオランダの判例法および実務は，証人に対する威迫の増加が原因で，社会，被告人および証人の諸利益の均衡に基づいていると主張したのに対して，人権裁判所は，組織犯罪の増加による匿名証拠を認める必要性は認めつつも，「公正な司法運営に対する権利は民主的社会において卓越した地位にある[69]」と述べている点にも，人権条約 6 条の条約全体において重要な位置づけを与えている[70]。

　Kostovski 判決は，匿名証拠で証人が法廷に登場しない場合で，かつ，それが決定的な証拠であっても例外として認める余地を残しているが，*Doorson v. the Netherlands*[71]では，「均衡をとる手続が，弁護側の負ったハンディキャップを十分に埋め合わせることが認定できても，有罪判決は匿名供述に唯一または決定的な程度にまで基づいてはならない」[72]と判示した。

　さらに，*Lucá v. Italy*[73]では，「被告人が，証言がなされたとき，またはその後に，当該証言に対して異議を唱える適当かつ適切な機会が与えられていれば，証拠として認めることはそれ自体，人権条約 6 条 1 項および 3 項(d)に反しない。しかしながら，そこからの当然の結果として，有罪判決が，被告人が尋問するか，または，尋問してもらう機会のなかった人物によってなされた証言に唯一または決定的な程度基づいている場合には，捜査中においてであろうと，裁判においてであろうと，弁護側の権利の制限の程度は人権条約 6 条によって提供されている保障と合致しない」[74]。以上からすると，人権裁判所には，「唯一または決定的」ルールが存在し，それは絶対的なものと解する余地が生じたことになる。

　これに対して，イギリスの国内裁判所は，*R v. Sellick and Sellick*[75]（被告人が証人を脅迫しているとの主張の下で，証人の証言供述書を陪審に読み上げることを許可）において，*Lucá* 判決を以下のように咀嚼した。

---

[69] ここで，*Delcourt v. Belgium*, Application no. 2689/65, judgment of 17 January 1970, Ser. A no. 11, §25 を引用している。
[70] *Kostovski v. the Netherlands*, *supra* note (64), para. 44.
[71] *Doorson v. the Netherlands*, *supra* note (59).
[72] *Id*, para. 76. この部分については，*Al-Khawaja* 小法廷判決および大法廷判決が引用。
[73] *Lucá v. Italy*, Application no. 33354/96, judgment of 27 February 2001, Reports of Judgments and Decisions 2001-Ⅱ.
[74] *Id*, para. 40. この部分について *Al-Khawaja* 小法廷および大法廷判決が引用。
[75] *R v. Sellick and Sellick* [2005] EWCA Crim 651.

［江島晶子］　　　*4*　ヨーロッパ人権裁判所と国内裁判所の「対話」？

　まず，*Lucá* 判決を検討した上で，以下のことが明らかであるとする。①証言の承認は第一に国内法の問題である。②証言は通常公開審理で行い，一般ルールとして人権条約6条1項および3項(d)は，証人に対して異議を唱え，尋問する適切かつ適当な機会が被告人に与えられることを要求している。③人権条約6条3項(d)は，公正な裁判が行われたかどうかを検討する際に考慮に入れるべき例示にすぎない〔傍点は筆者による〕。④証言の質およびその内在的信頼性，加えてそれに依拠することに関連して行った注意の程度は，裁判が公正かどうかの問題に関係する。

　そして，①～④を踏まえて，一見，*Lucá* 判決の第40パラグラフは，いかなる状況にあろうとも，そしていかなる釣り合いをとる要素が現存しようとも，供述が唯一または決定的な証拠の場合には，それが読み上げられたら条約6条違反になると言っているように見える。しかし *Lucá* 判決も他の判決も，証人の身元が被告人に知られていたので，恐怖によって証人が遠ざけられた事件に関するものではないとした（事実の区別）。

(b)　*Al-Khawaja* 小法廷判決

　Al-Khawaja 小法廷は，判決の中で前述のイギリス国内の判決 *R v. Sellick and Sellick* に応答している。まず，一般原理を以下のように述べる。人権条約6条3項(d)は，同6条1項によって保障されている公正な裁判を受ける権利の一側面であり，原則として，全ての証拠は，それに対して反駁できるように，公開審理において被告の面前で提出されることを要請する。そして，刑事犯罪で起訴された誰に対しても付与されなければならない最低限の権利である。最低限の権利として，6条3項は明示的保障であり，*Sellick* 判決がいったように，公正な裁判が行われたかどうかを検討する際に考慮に入れるべき問題の例示と解されるべきではないとする〔傍点は筆者による〕。同様に，こうした最低限の権利が尊重されていたとしても，6条1項によって保障されている公正な裁判に対する一般的権利は，手続が全体として公正かどうか得られていなければならない。したがって，*Unterpertinger* 判決で示したように，証人の供述を，証人を公開審理に登場させることのないまま読み上げることは，6条1項および3項(d)と適合しないとはみなしえないが，証拠としての使用が6条の目的である防御権と適合するものでなければならない。すなわち，原則として，被告人は，被告人に不利な証人が供述したその場で，あるいはその後で，当該証人

〈第2部〉ヨーロッパ人権保障制度の新展開

に挑戦・尋問する適切かつ適当な機会が与えられなければならない[76]。

そして，イギリス政府による，*Lucà* 判決等で示されたルールは絶対的ルールと解すべきではないという主張に次のように応答する。まず，*Sellick* 判決は，被告人によってもたらされた恐怖ゆえに証人が出廷して証言できないという点で本件の事実と異なる。本件においては，申立人の有罪の唯一または決定的根拠となる供述でしかも反駁を受けていないものを，証拠として採用することを正当化するのに十分な均衡をとる要素があるのか疑問だとする[77]。そして，*Doorson* 判決の第76パラグラフ「均衡をとる手続が，弁護側の負ったハンディキャップを十分に埋め合わせることが認定できても，有罪判決は匿名供述に唯一または決定的な程度にまで基づいてはならない。」を引用した。

そして，申立人 Al-Khawaja の場合，ST の供述がなければ，訴因が存在しなかったという審理判事の認定を根拠として，また，申立人 Tahery の場合，T の供述がなければ，有罪の見込みは低くなり，無罪の見込みは高まったという控訴院の認定に依拠して，いずれの供述も申立人の有罪にとって「唯一または，少なくとも決定的根拠」であったことを認めた[78]。

次に，均衡要素の存在について検討した。まず，申立人 Al-Khawaja の場合について，政府が均衡要素として依拠しているのは，ST の供述だけでは申立人に証拠の提供を強要することにならないこと，告発者間に共謀が見当たらないこと，ST の供述と他の証人の供述との間に矛盾があり，後者の証人に対する反対尋問によって検討できたこと，ST の信用性は弁護側によって挑戦しうること，陪審に ST の供述の取扱について警告がなされたことである[79]。

これに対して，人権裁判所は，ST の供述がなければ，申立人は第2訴因（UV に対する事件）についてだけ証言すればよかったはずであること，供述間の矛盾は些細なものであること，よって，ST の信用性に挑戦するのは困難であること（共謀がないという点でも），陪審に対する警告が均衡要素として働くと思えないとして政府の主張を認めず，6条3項(d)と共同した6条1項違反を認定した[80]。

---

[76] *Al-Khawaja and Tahery v. the United Kingdom*, Application nos. 2676/05 and 22228/06, judgment of 20 January 2009, para. 34.
[77] *Id.*, para. 37.
[78] *Id.*, para. 39-40.
[79] *Id.*, para. 41.

次に，申立人 Tahery の場合，政府が依拠する均衡要素は，審理判事によって代替手段が検討されたこと，申立人は自ら証言するか，他の証人を召喚することによって供述に反駁する立場にあったこと，審理判事が陪審に警告していること，申立人はTの恐怖について責任がないことを裁判所が陪審に告げていることである[81]。

これに対して，人権裁判所は，これらの要素は，手続の公正さを確保し，Tの供述を認めることから生じる申立人にとっての深刻なハンディキャップと均衡するとはいえないとした。代替手段の可能性を検討した結果，不適当であることがわかったという事実は，条約6条1項および3項(d)上の義務から裁判官を解放しない。申立人は反駁できるというが，Tを除くと証人がいないことから，Tの供述は効果的に反論しえたとは認められない。そして，Tの不在は申立人の責任ではないことから，警告が均衡要素となるとはいえない。よって，6条3項(d)と共同した6条1項違反が存在するとした[82]。

(c) *R v. Horncastle and others* 控訴院および最高裁判所判決：*Al-Khawaja* 小法廷判決に対する応答

Al-Khawaja 小法廷判決に対して，別の事件において，イギリスの裁判所からの応答が再び生じた。*R v. Horncastle and others* 控訴院判決[83]は，*Al-Khawaja* 小法廷判決を丁寧に吟味した上，結論として，これに従わないとした。そして，続く，最高裁判所判決[84]もこれを支持した。興味深いのは，Lord Phillips が人権法2条について示した解釈である[85]。人権法2条が規定する「ストラスブール判例法を「考慮する」要請は，通常，当裁判所がストラスブール裁判所[86]によって明確に確立された原則を適用するという結果になる。しかし，まれに，当裁判所は，ストラスブール裁判所はイギリスの国内手続を十分に正しく理解し，または，習熟したといえるのか懸念を覚えることがある。そのような場合には，当裁判所はストラスブールの決定に従わない自由があり，従わなかった理由を述べる。これは，ストラスブール裁判所に，問題となった決定

---

(80) *Id.,* para. 42-43.
(81) *Id.,* para. 45.
(82) *Id.,* para. 46-48.
(83) *R v. Horncastle and others* [2009] EWCA Crim 964.
(84) *R v. Horncastle and others* [2009] UKSC 14.
(85) 人権法2条自体をめぐる議論が再燃しており，これについては稿を改めて検討する。

〈第2部〉ヨーロッパ人権保障制度の新展開

のある特定の側面について再検討する機会を与えることになり，当裁判所とストラスブール裁判所との間の有用な対話となるであろうものが生じるであろう。本件はそうした事件なのである」[87]。そして，最後に，Lord Phillips は，「結論を出すにあたって，私はストラスブール判例を注意深く考慮した。私が望んでいるのは，ゆくゆくは，ストラスブール裁判所も，本件において『唯一または決定的ルール』を私が適用しなかった理由を考慮することである」[88]とまで述べて締めくくっている。

(3) *Al-Khawaja* 大法廷判決の応答

では，人権裁判所は大法廷において，このイギリス裁判所の問題提起にどのように応答したのであろうか。大法廷は，これまでの判例を確認整理しつつ，イギリス裁判所の意見も考慮しつつ，「唯一または決定的ルール」の硬直的適用は誤りで，総合的考察する必要性を示した。以下，具体的に検討する（以下の判決文の抜粋における強調は筆者による）。

(a) 一般原理・基準

人権条約6条3項(d)の保障は，6条1項に規定されている公正な審理を受ける権利（手続の公正さの評価において考慮に入れなければならない）の具体的側面である。さらに，6条1項において裁判所がもっとも重要と考えるのは，刑事手続の全体的公正さを評価することである。評価をする際に，裁判所は，弁護側の権利だけでなく，犯罪が適切に起訴されるという一般公衆および被害者の利益，そして，必要な場合には証人の権利をも考慮しながら，手続全体を検討する（*Doorson v. the Nether-lands* §70）。そして，この文脈において，以下のことも想起される。証拠の受理可能性は国内法および国内裁判所によって規制される事柄であって，人権裁判所の唯一の関心は，手続が校正に実施されたかどうかを検討することである。

6条3項(d)に規定される原理は以下の通りである。被告人が有罪宣告を受ける前に，被告人に対する全ての証拠は，反論を受けるべく，通常，公開審理において被告人の在廷するところで提出されなければならない。この原理に対す

---

[86] 人権裁判所のこと。
[87] *R v. Horncastle and others*, supra note (84), para. 11.
[88] *Id*, para. 108.

る例外は可能であるが，弁護側の権利を侵害してはならない。この権利は，原則として，以下のことを要請している。被告人は，被告人に不利な証人に対して，証人が供述をする際または手続の経過後，異議を唱え，尋問する機会が与えられてなければならない（*Lucà v. Italy* §39）。同様の，かつ伝統のある原理がイングランドおよびウェールズのコモン・ローにも存在する（§118[89]）。

人権裁判所の判例法を考慮に入れると，上記の一般原理から二つの要請が生じる。第一に，証人が欠席するには適切な理由が存在しなければならない。第二に，有罪が，被告人が吟味するまたは吟味してもらう機会がなかった人物によってなされた証言に，唯一または決定的な程度で基づいている場合，弁護側の権利の制約の程度は，6条によって規定される保障に反する（いわゆる「唯一または決定的ルール」("the sole or decisive rule")）。当裁判所は，以下で，後者のルールが，それに反すると自動的に当該手続が6条1項違反になるような絶対的ルールとみなされるべきかについて検討する（§119）。

(b) 派生原理①証人の欠席に適切な理由が存在するか

①は最初に検討すべき問題である。適切な理由が不存在の場合は6条1項および3項違反である。その理由は，一般ルールとして，証人は裁判中に証言しなければならず，出席を確保するためにあらゆる合理的な努力をしなければならないからである。よって，証人がそうしないときは，当該欠席が正当化できるのか検討する義務がある。裁判を欠席する理由はいろいろだが，本件で検討する必要があるのは，死亡および恐怖による場合だけである（§120）。

単純なのは証人が死亡した場合で，証人の証言を考慮に入れるためには，当人の証言供述書を引用する必要がある（§121）。

恐怖による欠席の場合はより綿密な検討が必要である。二種類の恐怖がある。一つは，被告人または被告人のために行動する者の脅迫その他の行為に由来するものである。もう一つは，証人が裁判において証言すると何が起きるのだろうかというより一般的な恐怖である（§122）。

証人の恐怖が被告人等に由来する場合には，欠席証言を認めることは適当である。被告人が証人に生じさせた恐怖から，被告人に利益を得させるのは被害者および証人の権利に反する。*Horncastle* 事件およびその他の事件でイギリス

---

[89] 判決文のパラグラフ番号である。以下，同じ。

〈第2部〉ヨーロッパ人権保障制度の新展開

の最高裁判所が認めているように，被告人が証人を脅迫したかどうか確証するのは非常に難しい。しかし本件 *Tahery* 事件では克服できた（§123）。

　当裁判所の判例法によると，証言することについての一般的恐怖の方がよくある。よって，証人の恐怖が被告人による脅迫に直接的に由来する必要はない。他の人の死や傷害，財産的損失も考慮事項に入る。だが，どんな主観的恐怖でもいいというわけではない。裁判所は，適切な調査を行って，第一に，当該恐怖に対する客観的理由があるかどうか，第二に，当該客観的理由が証拠によって裏付けられるかどうかを決定しなければならない（§124）。

　最後に，審理における証言の代わりに，証人の供述書を認めるのは最後の手段である。恐怖ゆえに証言を免除する前に，裁判所は，可能な代替手段が不適当または実行不可能であることを確信しなければならない（§125）。

　(c)　派生原理②「唯一または決定的ルール」
　(i)　一般的考察

　本件の問題は，証言供述書が審理において読み上げられた欠席証人である。伝聞証拠を禁止するコモン・ローの運用を抽象的に検討することや，イギリス刑法に存在するルールの例外が条約に適合するかを検討することは，当裁判所の任務ではない。6条は，証言の承認基準についていかなるルールも規定しておらず，それは国内法に基づく規制事項である（§126）。

　匿名証人と欠席証人。両者に原理的に共通するのは（最高裁判所も認めているように），被告人にとって不利益となりうることである。根底にある原理は，刑事裁判における被告人は，当人に不利な証言に対して効果的に異議を唱える実効的機会を有しなければならないということである（§127）。

　「唯一または決定的ルール」の起源は，*Unterpertinger v. Austria*（1996年11月24日判決）の第33パラグラフに見いだせる。これは，理論的根拠も示している。すなわち，被告人の有罪が，被告人が審理のいかなる段階においても尋問することができなかった証人による証言に唯一または決定的に基づいているならば，被告人の防御権は不当に制約されている。最高裁判所が指摘したように，欠席証人または匿名証人の事件におけるルールの輪郭がうかがえる当裁判所の初期の判例法では，6条3項(d)違反は，少なくとも，部分的に，問題となっている証人を召喚しなかったことまたはその身元を明らかにしなかったことについて正当化理由が存在しなかったという事実に基づいている。*Doorson* 判決で，

〔江島晶子〕　*4*　ヨーロッパ人権裁判所と国内裁判所の「対話」?

当裁判所は初めて，次のように判示した。証人を召喚しなかったことについて正当化理由があったとしても，当該証人の証言に唯一または決定的な程度に基づく有罪は不公正であると（§128）。

(ii) 「唯一または決定的ルール」に対する異議

イギリス政府は，Horncastle 事件最高裁判決に依拠しながら，「唯一または決定的ルール」または小法廷による同ルール適用に対して4点異議を唱える。

① コモン・ローは人権条約6条の発効前から，伝聞証拠の採用を違法にする証拠ルールを通じて，「唯一または決定的ルール」なしに，同6条3項(d)が保障しようとしている公正な裁判の側面を保障してきた。

② ルールの適用には実際上の困難がある。

③ ルールの基礎にある原理について適切な議論が行われておらず，全ての伝聞証拠は事件にとって重大で，信頼できない，または，証人に対する反対尋問が不在の場合には，適切な評価が不可能であるという，誤った仮定に基づいている。

④ 小法廷は，行き過ぎた厳格さでルールを適用し，イングランドおよびウェールズにおいて可能なセーフガードについて十分な分析をしなかった，または，コモン・ローの裁判手続と他の締約国の裁判手続との重要な違いを評価しなかった（§129）。

上記の異議に対する当裁判所の応答は以下のようになる。

① 本件で問題となっているのは，イングランドおよびウェールズの法制度が厳格なコモン・ローの伝聞証拠禁止ルールを放棄し，1998年法および2003年法（いずれも議会制定法）によって例外が導入されたこと，それによって，STおよびTの証言供述書が認められたことであることを指摘する。当裁判所は，法制度および手続に違いがあることは考慮するが，法制度の違いにかかわらず，6条1項および6条3項(d)の下で同一の審査基準を適用しなければならない（§130）。

②「唯一」とは，被告人に対する唯一の証拠という意味である。「決定的」とは，「有罪の可能性が低下し，無罪の可能性が高まる」という以上の意味である。「決定的」とは，事件の結果を決定しうる程度に重要な証拠を示唆している，と狭く理解されなければならない。補強証言が強ければ強いほど，欠席証人の証言が決定的と扱われる可能性は低くなる（§131）。同ルールの適用は

113

〈第2部〉ヨーロッパ人権保障制度の新展開

困難ではない（§131-138）。

③ 受け入れられない。むしろ，証人の証言の重要性が大きいほど，証人の匿名性や欠席を認めることにおける被告人に対する潜在的不公正さが大きくなる，かつ，当該証言が明らかに信頼できることを確保するセーフガードの必要性が大きくなるという原理に基づいている（§139-141）[90]。

④ Doorson 判決で設定された「唯一または決定的ルール」を支える二つの根拠はいまだ有効である。第一に，被告人に罪を負わせる証言は「わざと真実ではなかったり，ただ単に誤っている」ことがよくあるという Kostovski 判決での結論から離れる理由はない。第二に，被告人は，自分に対する主張に異議を唱えることができないことによって，自分自身を弁護する真の機会を効果的に剝奪されるような立場に置かれてはならない（§142）。

当裁判所は手続の公正さの全体的検討の文脈において人権条約6条3項を解釈してきた（§143）。

伝統的に，人権条約6条1項に基づく不服申立を検討する際に，たとえば，制定法上のセーフガードがどのように適用されたか，ハンディキャップを補うために弁護側にどの程度手続的機会が与えられたか，審理判事によってどのように手続全体が進められたかなどの事柄を考慮に入れて手続の全体的公正さの検討を行ってきた（§144）。

一定の証拠は弁護側にとって入手できないという事実自体が，ただちに条約6条1項違反となるわけではない（§145）。

公正さの問題を検討する際に，「唯一または決定的ルール」を硬直的に適用するのは誤りである。また，問題となっている特定の法制度の特殊性，とりわけ証拠ルールを，当裁判所がまったく無視するのも誤りである。これとはちがうことを言っている司法的意見／先例 judicial dicta があるとはいえ（Lucà §40）。そうすることは，ルールを鈍い無差別的道具にしてしまうことになり，当裁判所が手続の全体的公正さの問題についてアプローチしてきたやり方，すなわち弁護側，被害者，証人および実効的な司法の運営における公的利益という競合する利益のはかりにかけるというやりかたには反している（§146）。

(iii) 「唯一または決定的ルール」に関する一般的結論

---

[90] *Kostovski, supra* note (64), para. 42 および *Doorson, supra* note (59), paras. 72, 73, 75 and 76 を引用している。

〔江島晶子〕　　　　　　*4* ヨーロッパ人権裁判所と国内裁判所の「対話」?

　当裁判所の結論としては，伝聞供述書が被告人に不利な唯一または決定的証拠である場合，証拠としての承認が自動的に6条1項違反となるわけではない。同時に，有罪判決が欠席証人の証言に唯一または決定的に基づく場合には，裁判所は当該手続をもっとも厳格な審査に服させる。こうした証拠を認めることの危険性ゆえに，比較衡量においては重要な要素となり（*R v. Davis*のLord Manceの言葉を使うと），かつ，強力な手続的セーフガードの存在など，釣り合いをとる十分な要素を要求するものとなる（§147）。

　(iv)　1998年法および2003年法における手続的セーフガード

　1998年法および2003年法のセーフガードは，警察刑事証拠法78条およびコモン・ローによって補強され，原則として，公正さを確保する強力なセーフガードである（§148-151）。

　(d)　本　　件

　人権裁判所は，各事件に関して3つの問題を検討した。①STまたはTの証人供述を認めることが必要だったか。②これらの吟味されていない証拠は，申立人の有罪判決の唯一のまたは決定的基礎であったか。③強力な手続的セーフガードをはじめとして，釣り合いをとる十分な要素が存在し，各裁判を公正なものにすることを確保できたか（§152）。

　(i)　申立人Al-Khawajaの場合

　①STの死が，彼女の供述書の承認を必要とさせたことには争いはない（§153）。

　②さらに，当該供述書を認めた判事らは，供述書の重要性については認識している（「供述書がなければ，第一訴因は存在しない」）。STの供述書は従って決定的である（§154）。

　しかし，供述の承認が，裁判の公正さに関して最終的（結論的）とはみなされず，上記の手続的セーフガードや本件における釣り合いをとる要素とならんで，考量すべき重要な要素である（§155）。

　証言の信頼性は，STが2人の友人，BFおよびSHに事件直後に訴えたこと，STの供述と裁判で証言を行った2人の友人の話の間には些細な矛盾しかないという事実によって裏付けられている。より重要なのは，STの説明と別の告発者VUの説明との間の強力な類似性である。両者の間に共謀があった事実はない。実際，他人が同席しない診察中の医者による患者に対する強制わいせつ

の場合には，これ以上強力な証拠を考えることは困難であろう。とりわけ，他の証人はそれぞれ裁判において証言するように召喚され，これらの証人の信頼性は反対尋問によって試されている（§156）。

③ 最後に，陪審は ST を見ておらず，聞いておらず，ST は反対尋問もされていないので，ST の供述書の重要性は低いという陪審に対する指示から，ST の供述書は証拠の価値が低いことは明らかである。こうした判事の指示および ST の供述書を補強すべく検察によって提供された証拠を考慮に入れると，陪審は ST の申立人に対する主張の信頼性を公正かつ適切に評価することができる（§157）。

従って，人権裁判所は，供述書を証拠として認めることの危険性と，それが弁護側にもたらす困難さにもかかわらず，十分な埋め合わせをする要素が存在し，6条3項(d)とともに6条1項違反は存在しないと判示する（15対2）（§158）。

(ii) 申立人 Tahery の場合

Tの恐怖に対する客観的理由があるかどうかについて適切な調査がなされた（§159）。

Tは申立人が刺すところを見たと主張する唯一の人物で，他に裏付けのない目撃証人供述書は，唯一ではないとしても，すくなくとも申立人に対する決定的証拠である。これなしには有罪判決の可能性は薄い（§160）。

申立人自身がTの供述書に異議を唱えることができたという事実も，審理判事の説示における陪審に対する警告も，吟味されていない証拠を認めることによって弁護側に生じたハンディキャップとは十分に釣り合いがとれていない。申立人は，申立人を見たと自発的に言っている唯一の証人であるTに対して，Tの供述の詳細や供述をした動機について反対尋問ができなかった（§162-162）。被害者Sの証言は性質上状況的で，申立人によってほとんど争われていない（§163）。

判事の説示は十分なもので，入念に行われたものの，申立人に対する，唯一の直接証拠となる唯一の検察側証人の吟味されていない供述書を法廷で読み上げることを認めたことによって生じた不公正さとは十分に釣り合いがとれていない（§164）。

従って，当裁判所は，手続全体の公正さを検討し，Tの供述の承認によって弁護側に生じた困難さと十分に釣り合いのとれる要素が存在しなかったと結論

し，6条3項(d)とともに6条1項違反が存在したと判示する（全員一致）（§165）。
(iii) イギリス政府は，申立人 Tahery に対して，非金銭的損害として6,000ユーロの支払いを，費用について12,000ユーロの支払いをしなければならない（§174）。

3 検　討

　特徴的なのは，人権裁判所も，イギリスの裁判所も相手の判決を丁寧に検討していることである。中でも，人権裁判所大法廷は，豊富な比較法的検討（スコットランド，アイルランド，オーストラリア，カナダ，香港，ニュージーランド，南アフリカ，アメリカ合衆国）も交えつつ，長文の判決を出すに至った。

　では，その結果として，人権条約6条1項と6条3項(d)の意味の明確化がはかられたことになるだろうか。そもそも，ストラスブールとイギリスの「対話」（皮肉っぽくいえばピンポンゲーム）は，ストラスブール判例に不明確な点があることにも起因する。

　大法廷は，これまでの判例を整理した上，およそ次のような見解を示した。刑事裁判における証拠の採用基準は国内法で決定する。裁判所は，証拠が正しく採用されたかではなく，手続全体が公正かについて判断する。人権裁判所は絶対的基準／一律禁止を示しているわけではない。「唯一または決定的ルール」は絶対基準ではない。他の要素を総合考量する。では，ルールは明確になったのか。

　これに関連して，三点指摘しておく。第一に，「唯一または決定的ルール」は絶対基準ではない述べたことは，同ルールの廃止では全くない。「有罪判決が欠席証人の証言に唯一または決定的に基づく場合には，裁判所は当該手続をもっとも厳格な審査に服させる」（§147）と述べており，有罪判決が欠席証人の証言に唯一または決定的に基づく場合には，厳格な審査を行わなければならないとしている（日本流に言えば厳格な審査基準ということになる）。合わせて，「決定的」とは，事件の結果を決定しうる程度に重要な証拠を示唆している，と狭く理解されなければならない。補強証言が強ければ強いほど，欠席証人の証言が決定的と扱われる可能性は低くなる（§131）と述べている点も有用である。よって，イギリス最高裁判所の Lord Phillips の見解をそのまま受け止めたわけではないということである[91]。

〈第2部〉ヨーロッパ人権保障制度の新展開

　第二に,「唯一または決定的ルール」は維持されているとはいったものの,加えて総合考量をするということは,結果的にルールの中に恣意性をもちこんだことになる。換言すれば,各事件における,「伝聞証拠」の必要性によって,「決定的」という部分が相対化される可能性がある。このことを明示的に述べているのは,2人の反対意見である。SajóおよびKarakaş 裁判官は,人権裁判所の立場変更に批判と懸念を表明している。「これまで従ってきた唯一または決定的ルールは人権を「毒のある木の果実」から守ることであった（もしも証拠の源泉（「木」）が汚染させているならば,その木から得たものはなんでも（「果実」）も同様に汚染されている）。均衡アプローチ（the counterbalancing approach）の採用は,人権を保障しようとしていたルールを均衡という不確実なもので置き換えてしまうことである」。なかば絶対的ルールであることによって手続的に人身の自由がきちんと守れるはずなのに,被告人の権利と,他の利益とを比較考量して決めるというアプローチに変更されたという認識を2人の裁判官は共有しているといえるのではないだろうか。

　第三に,人権裁判所長Bratzaの補足意見（意見の変更）の意味である。Bratzaは,*Al-Khawaja* 小法廷判決および大法廷判決のいずれにも加わっている（人権条約27条[92]）。小法廷判決は全員一致で条約違反を認めているので,Bratzaは意見を変更したことになるが,補足意見において,それを明確に述べている。その際に,前述した,Lord Philippsの希望（ゆくゆくは,ストラスブール裁判所がイギリス最高裁の理由を考慮に入れる）という点にも応答していて,本件は対話の好例であると述べている。そして,本判決に対する批判を検討できるよう大法廷への上訴を認めたとまでいっている[93]。だが,前述の2人の裁判官による反対意見（原則に忠実な立場）を考慮に入れると,そして,現在,人権裁判所が直面して困難な状況を考慮に入れると,「対話」という,法的概念ではなく,条文上にもない言葉について,慎重な検討が必要である[94]。

---

[91]　Jane Elliott-Kelly, "Case Analysis *Al-Khawaja and Tahery v. United Kingdom*", [2012] *EHRLR* 85.
[92]　小法廷と大法廷で同一人物が裁判官として参加することの是非については以前から指摘がある。
[93]　締約国の上級審が異議を唱えたら（ヨーロッパ人権裁判所判例に従わないことを明示的に述べたら）,小法廷から大法廷への上訴の対象になるということだろうか。現在,大法廷への上訴は非常に限定されている。

118

IV 小　結

　人権裁判所およびイギリス裁判所ともに，双方の判決を丁寧に吟味しており，「対話」といいうる実情は存在するといっていいだろう。しかも，現時点では，まさに，対等な立場でのキャッチ・ボールともいうべき事態になっており，人権裁判所と国内裁判所との関係は新たな局面を迎えている[95]。そこに，イギリスが閣僚理事会の議長国となる事情が重なることによって，新たな政治的局面さえ切り開かれようとしている。「第四審」ではないといいつつも，事実上，人権裁判所判決が Last word のようになりつつあったところで（また，人権裁判所はヨーロッパの最高裁判所／憲法裁判所であるという評価さえあったところで），もう一度，現状をどのように法的にとらえるのかが問われることになったといってもよかろう。人権裁判所の判決は高い権威を備えて，強い影響力を及ぼすようになったがゆえに，そして，人権条約自体が事実上，国内法（とくに憲法）の一部ないしはそれに匹敵するような取扱いをされるところまできたことによって，伝統的蓄積を有する裁判制度のある国においては，人権裁判所の判例法をより精査する局面が増えている。それが，人権裁判所の判決と国内裁判所の判決との関係について，抽象理論としてだけではなく，具体的事件の中で問われる事態に至っているといってよかろう[96]。

　〔付記〕脱稿後，ブライトン会議（2012年4月19・20日）が開催され，ブライトン宣言が採択された。同宣言の内容は，本稿で予想した通り，トーンダウンし，「補完性」および「評価の余地」の明文化は，条約本文でなく，前文の中で行われる方針となった。また，人権裁判所長は，2012年11月1日から，Dean Spielmann に交代した（Bratza の定年による）。
　本稿は，平成23年度文部科学省科学研究費基盤研究(C)「多層的人権保障メカニズムの比較法的実証的研究」の成果である。

---

[94] この点については，稿を改めて検討する予定であるが，さしあたり，Lord Irvine, *supra* note (30) and Elliott-Kelly, *supra* note (91), at 86 参照のこと。

[95] これは，EU司法裁判所とは違う点であり，現在，EUが人権条約への加入を検討していることから，さらに複雑な関係性が生じる可能性がある。

[96] とすれば，補完性や評価の余地についても，厳密な再考が行われるのも当然である。

5 ヨーロッパ人権裁判所の受理可能性審査手続に関する改革について
―― 第14議定書[1]及びその後の発展を中心にして ――

大 塚 泰 寿

I　はじめに
II　ヨーロッパ人権条約第14議定書成立の原因
III　第14議定書による受理可能性
審査手続に関する諸改革
IV　改革に関する諸問題
V　将来の展望――むすびにかえて

I　はじめに

　ヨーロッパ人権条約（以下条約と略す）の実施措置は，世界でもっとも成功した人権保障システムといわれていたが，よく知られているように，その制度は現在破綻しつつある。90年代から個人申立の付託が急増し，条約機関の処理能力を越えてしまっているからである。それに対処するための制度改革は，ヨーロッパ人権委員会とヨーロッパ人権裁判所を合併して新しく単独のヨーロッパ人権裁判所（以下裁判所と略す）を設立した第11議定書など，すでに何度か行われてきたが，近年においては2010年6月1日に発効した第14議定書による改革が実施され，なお事態の対処には不十分なことから新たなる改革が模

---

[1] Protocol No. 14 to the Convention for the Protection of Human Rights and Fundamental Freedoms, Amending the Control System of the Convention, CTES 194, text in *Guaranteeing the effectiveness of the European Convention on Human Rights, Collected texts*, (Strasbourg, 2004), pp. 16-23. Explanatory Report to Protocol No. 14, *op. cit.*, pp. 24-51. ヨーロッパ人権条約の邦訳については，戸波江二＝北村泰三＝建石真公子＝小畑郁＝江島晶子編『ヨーロッパ人権裁判所の判例』（信山社，2008年）に所収されている小畑郁の翻訳によった。（同書490-511頁）。また説明報告書の邦訳については，小畑郁（訳）「第一四議定書によるヨーロッパ人権条約実施規定等の改正」名古屋大学法政論集205号（2004年）249-282頁，第14議定書とその後の展開（2007年まで）についての一般的研究としては，德川信治「欧州人権裁判所の機能強化の現段階」研究紀要（世界人権問題研究センター）12号（2007年）1-21頁がある。

〈第2部〉ヨーロッパ人権保障制度の新展開

索されている。

本稿においては、第14議定書において、手続の実効性を確保するためにとられた措置のうち、最大の改革であった個人申立の受理可能性審査手続に関するものを取り上げ、その事後の発展とあわせながら、いくつかの問題点を指摘することとしたい。

Ⅱ ヨーロッパ人権条約第14議定書成立の原因

第14議定書は、まさにその前文にあるとおり、「主要にはヨーロッパ人権裁判所及びヨーロッパ審議会閣僚委員会の作業がますます増加することに照らして、長期的にわたる監督機構の実効性を維持及び改善するため」に、採択されたものである。裁判所の仕事量の増加について、具体的に数字をあげると、例えば裁判所に新規に登録された申立数は、第11議定書発効翌年の1999年には約8,400件であったものが、第14議定書採択時の2004年においては約32,500件、2011年末には約61,300件に急増している。裁判所がこれらの事件を1年間ですべて処理できるわけはなく、相当数が積み残されているため、裁判所に係属中の申立数も増加しており、1999年には約12,600件、2004年においては約50,000件、2011年末には約151,600件となっている[2]。

このような仕事量の増大を招いた理由としては、ヨーロッパの制度の実効性の高さが広く知られるようになったことに加えて、第11議定書による手続の透明化・単純化によって裁判所へのアクセスが容易と考えられるようになったことがある[3]。これは受理可能性基準を満たさないような事例の増加にもつながった。

またこの他の理由として、冷戦終結後に、ヨーロッパ審議会への中東欧諸国からの新規加盟が相次いでいるが、条約への加入が事実上の加盟条件となっているということもあって、これらの諸国を中心に条約締約国が増加したことを挙げることができる[4]。近年では、被申立国の上位を中東欧諸国が占めるよう

---

(2) European Court of Human Rights, *Analysis of Statistics 2011*, (Strasbourg, 2012), p. 7. なお、各年度の統計は、裁判所のウェブサイト〔http://www.echr.coe.int/ECHR/EN/Header/Reports+and+Statistics/Reports/Annual+surveys+of+activity/〕からダウンロード可能である。

(3) Explanatory Report, *supra* note (1), para. 5.

(4) *Ibid.*, para. 6. 2011年3月31日現在、ヨーロッパ人権条約の締約国は47ヵ国である。

〔大塚泰寿〕 5 ヨーロッパ人権裁判所の受理可能性審査手続に関する改革について

になり，2011年には，係属中の申立のうち，ロシア，トルコ，イタリア，ルーマニアの4カ国からの申立で半分を超え，さらにウクライナ，セルビア，ポーランドが名前を連ねているのである[5]。

　これら中東欧諸国からの申立は数が多いだけではなく，従来の加盟国の中心であった西欧諸国からの申立よりも，複雑かつ構造的な問題が多いといわれ[6]，このことも裁判所の処理能力に負担をかけている。この問題の背景にあるのは，冷戦終結後に起こったソ連と旧社会主義諸国の崩壊及びその民主化の過程において，これらの諸国をヨーロッパ審議会にただちに受け入れてしまったことである。問題の各国は，民主主義及び人権についての法的あるいは社会的な制度の整備がまだ不十分な状態なまま条約に加入しており，条約制度がそのことを償わされているともいえるだろう[7]。

　以上のようなことから，裁判所には，明白に不受理になる申立が大量に寄せられるようになり，また受理される申立であっても，反復性事件（repetitive cases, クローンケースとも呼ばれる）といわれるものが大半となっている[8]。反復性事件とは，国内制度等の不整備あるいは改正の遅れなどによって，すでに同種の事件で条約違反の認定の判決が出されているにも関わらず，裁判所に申し立てられてくる事件のことである。これらの申立の割合は統計によって多少の異動があるが，例えば，Woolf報告書によれば，申立のうち95％が不受理となり，そのうち85％は不受理が明白である事例であるとされている[9]。

　そのうち25カ国は，冷戦がほぼ終結した1990年以降の加盟である。具体的な締約国についてはヨーロッパ審議会条約事務局のウェブサイト［http://www.conventions.coe.int/Treaty/Commun/ChercheSig.asp?NT=005&CM=7&DF=12/11/2012&CL=ENG］を参照のこと。

[5] *Analysis of Statistics 2011, supra* note (2), p. 8.
[6] Doc. EG Court (2001) 1, 'Report of the Evaluation Group to the Committee of Ministers on the European Court of Human Rights', 27 September 2001, para. 15, 22 *HRLJ* 308 ff. この文書では「構造的問題 structural problems」とされているが，後の決議などでは「内在的問題 systemic problems」と表現されていることが多い。ときに「structural and systemic problems」と並列して用いられる。
[7] L. Wildhaber, 'Consequences for the European Court of Protocol No.14 and the Resolution on Judgment Revealing an Underling Systemic Problem – Practical Steps of Implementation and Challenges', Council of Europe, *Reform of the European human rights system. Proceedings of the high-level seminar, Oslo, 18 October 2004*, p. 27.
[8] Explanatory Report, *supra* note (1), para. 7.

〈第2部〉ヨーロッパ人権保障制度の新展開

　第14議定書は，不履行確認訴訟の新設（第14議定書第16条によって改正された条約第46条第3項。以下第14議定書本体の条文は省略），あるいは欧州連合の加盟を認める（第59条第2項）などの重要な改革も含んでいるが，その中心となっているのは，反復性事件などある意味では重要とはいえない申立に対する処理能力を上げることで，条約システムの実効性を確保しようとしたものであって，その施策の多くは，受理可能性審査手続に関わるものである。

III　第14議定書による受理可能性審査手続に関する諸改革

1　受理可能性審査の手続的側面に関する改革：単独裁判官制度の導入

　受理可能性審査に関する手続的側面について，第14議定書導入によってもたらされた最大の改革は，単独裁判官制度の新設である。

　単独裁判官制度は，受理可能性審査のうち，特に不受理手続の簡素化を目的とするものである。単独裁判官は，自ら選出された締約国に対するものではない個人申立につき，それ以上審査することなく決定できる場合には，不受理としまたはそれを総件名簿から削除することができる（第26条第3項，第27条第1項）。説明報告書によれば，単独裁判官制度が果たす機能は，当初から申立の不受理が最初から明白である場合の，はっきりとした事件の処理のみに限定されている[10]。単独裁判官は，報告者（Rapporteur）の援助を受けるが，その決定は裁判官の責任として行われる[11]。なおこの報告者は，裁判所書記局の一部を構成するものである（第24条第2項）。決定は確定したものであり，決定がなされない場合には，さらなる審査のために，当該申立は3人の裁判官から構成される委員会（以下小委員会と略す）か小法廷に提出される（第27条第2項，第3項）。

　第14議定書導入前の条約においては，受理可能性の審査は小委員会あるいは小法廷で行うこととされており，小委員会は全員一致で，それ以上審理する

---

(9) Report by the Right Honourable Lord Woolf, 'Review of the Working Methods of the European Court of Human rights', December 2005. この文書は裁判所のウェブサイト〔http://www.echr.coe.int/NR/rdonlyres/40C335A9-F951-401F-9FC2-241CDB8A9D9A/0/LORDWOOLFREVIEWONWORKINGMETHODS.pof〕からダウンロード可能である。Woolf報告書は，ヨーロッパの組織・制度面において改善すべき点およびそれに対応する施策を検討している文書である。

(10) Explanatory Report, *supra* note (1), para. 67.

(11) *Ibid*.

〔大塚泰寿〕 **5 ヨーロッパ人権裁判所の受理可能性審査手続に関する改革について**

までもなく決定できる申立を不受理とすることができるが（旧条約第28条。現条約では第28条第1項(a)），単独裁判官制度はこの機能に相当する任務を果たすことになった。裁判所は，合議制を放棄して一人の裁判官に全責任を負わせる手続を，初めて導入したのである。

単独裁判官制度の創設に伴い，小委員会の権限も拡大され，受理可能性審査だけではなく，本案審査にも関与することができるようになった。事件を基礎づける問題が，すでに確立した判例法の主題である個人申立について，小委員会は全員一致によって受理し，同時に本案に関する判決を下す（第28条第1項(b)）。この手続は特に，裁判所の判決のうち甚だしい比率を占める反復性事件に対して適用される[12]。

2 受理可能性審査と本案審査の併合審理の明記及び友好的解決の手続上の地位の変更

かつての条約規定では，受理可能性と本案の決定について，小法廷は「別個に行うものとする」（shall be decided）とされていたが（第14議定書発効前の旧条約第29条第3項），個人申立については「別個に行うことができる」（may be decided）とする規定に変更された（第29条第1項）。かつてのヨーロッパ人権保障システムにおいては，裁判所は「申立の受理を宣言した場合には」，対審審理及び必要があれば調査を行い，また「友好的解決を確保するために」裁判所を「関係当事者の利用に委ねる」と規定されており（旧条約第38条第1項(b)），すなわち，申立が受理可能と決定された場合には，調停を行うことが求められ（いわゆる調停前置主義），並行して本案の審理が行われることが予定されていた。そのために，受理可能性と本案は，別個に判断されることを原則としていた。しかし裁判所の実務の上では，両者は併合して審理・決定されることが一般化しているため，実行にあわせて関連規定が改められたのである[13]。

またこの改正だけではなく，第28条第1項(b)に基づき小委員会の権限も拡大されたため，受理可能性と本案の決定が別個になされることは，より少なくなるであろうから，受理後に友好的解決を行うとする条約の規定を，より柔軟な手続に改正する必要が出てきた。第14議定書では，「友好的解決を確保する

---

[12] Ibid., para. 68.
[13] Ibid., para. 73.

〈第2部〉ヨーロッパ人権保障制度の新展開

ために，裁判所は，手続のいかなる段階においても」，「関係当事者の利用に委ねることができる may place itself at disposal of the parties concerned」と規定して（第39条第1項），友好的解決はいつの段階でも行うことができるが，義務ではなく任意的なものとされた[14]。

3 新しい受理可能性基準の導入[15]

第14議定書の改正によって，従来の受理可能性基準に加えて，第35条3項bとして，申立人が「相当な不利益（significant disadvantage）」を被っていないとみなすことができる場合には，不受理とできることが規定された。ただしそのような場合であっても，「条約及びその諸議定書に規定された人権の尊重のために本案の申立の審査が求められる」か，または「国内裁判所により正当に審理されなかった場合」には，却下されてはならないとする，2つのセーフガード条項が同条同項の後段に付されている。

この規定は，受理可能性についての基準がほぼ確立され，変更することが困難であることに鑑みて，受理可能性基準に新しく「相当な不利益」という概念を盛り込んで，一定の柔軟性を導入することで，事例の迅速な処理をはかることを目的とするものである[16]。

なお議定書によれば，この基準については，議定書が発効して2年間，すなわち2012年5月31日までは大法廷及び小法廷のみにおいて適用されることとされている（第14議定書第20条第2項）。単独裁判官制度及び小委員会においては，判例法が一定程度形成されてからのち，適用したほうがよいとの考えに基づくものである[17]。

---

[14] 小畑郁「ヨーロッパ人権裁判所の組織と手続」戸波ほか編・前掲注(1)『ヨーロッパ人権裁判所の判例』14頁。

[15] 新しい受理可能性基準に関する詳細な論考としては，前田直子「欧州人権条約における受理可能性新基準「相当な不利益」の創設と人権裁判所機能の発展」国際協力論集（神戸大学大学院国際協力研究科）17巻1号（2009年）117-130頁，小代久美子「欧州人権裁判所における受理可能性基準の一考察」早稲田大学大学院法経論集141号（2012年）25-51頁がある。

[16] Explanatory Report, *supra* note (1), para. 78.

[17] *Ibid.*, para. 105.

IV 改革に関する諸問題

1 単独裁判官制度と新フィルタリングシステムの導入を巡る議論
(1) 起草過程における議論

単独裁判官制度は，2004年の第14議定書採択後，ロシアが批准しようとしない状況が続き，第14議定書の発効が危ぶまれる中で，さしあたりの対策として第14議定書 bis が採択され[18]，単独裁判官制度の導入及び小委員会の機能変更が暫定的に行われるほどに，実施が早く望まれていたものであった。しかし，起草段階を振り返ると，単独裁判官制度は妥協的なものに過ぎず，より急進的な改革を採用すべきではないか，具体的には，重要ではない申立の審査に裁判官を関わらせないことを目的とした新しいフィルタリングシステムを創設すべきかどうかが議論の中核だったのである。

第14議定書起草の初期段階においては[19]，2001年に「人権に関する運営委員会（CDDH）」[20]によって設けられた「人権保護メカニズムの強化に関する検討部会（CDDH-GDR）」及び閣僚委員会によって設けられた「裁判所の実効性を確保する手段を検討するための評価部会」が具体的な研究を行っていた[21]。同年 CDDH-GDR が裁判官補佐人（assessors）から構成されるフィルタリングシステムの新設案を提示し[22]，それをさらに深く検討した評価部会は，裁判官

---

[18] 2009年5月7日に署名のために解放され，3カ国の批准をもって同年10月1日に発効した。

[19] 単独裁判官制度の起草過程については，以下の論文が詳しい。M. Eaton and J. Schokkenbroek, 'Reforming the Human Rights Protection System Established by the European Convention on Human Rights' 26 *HRLJ* 5-6 (2005). 第14議定書の起草全体の流れについては，Explanatory Report, *supra* note (1), paras. 20-33.

[20] CDDH (Steering Committee for Human Rights, Comité directeur pour les droits l'homme) は，ヨーロッパ審議会の人権事務局の一部局である。閣僚委員会からの要請などを受けて，人権文書の研究や起草，諸問題のフォローアップなどを担当する。*See*, A. Drzemczewski, 'The Work of the Council of Europe Directorate of Human Rights', 11 *HRLJ* 89-117 (1990).

[21] 検討部会 (Reflection Group on the Reinforcement of the Human Rights Protection Mechanism) は，CDDH を構成する15カ国の代表から構成されており，2004年の条約文の採択時まで CDDH と協力して研究・検討を続けた。評価部会 (EG, Evaluation Group to Consider Ways of Guaranteeing the Effectiveness of the Court) は，当時の Wildhaber 裁判所所長をはじめとした3賢人から構成されており，2001年末まで活動した。

はより重要な事件に時間を集中しなければならないから，新しいメカニズムが必要であり，適切に任命される裁判官補佐人が，受理可能性の審査（今後の検討次第では事実認定まで）を行うべきであるとする考えを示した(23)。

しかし，このような新部局の創設は，2002年の段階で，CDDHにおいて，その効果に対する疑問を呈されて却下された(24)。CDDHは，その主要な理由を2つ挙げている。第1の理由としては，新しい部局を設けるよりも，裁判官から報告裁判官の任務を免じることこそが，より重要であると判断していたことである(25)。報告裁判官の任務について，2002年当時の裁判所規則に基づく手続を紹介しておこう。登録されたすべての申立は，条約に規定はないが，裁判所規則で設けられている5つの部のいずれかに割り当てられる。そして，割り当てられた部の長により，報告裁判官が任命される。報告裁判官は，関係当事者から情報や資料を求め，個人申立の場合には，その申立を小委員会または小法廷いずれかに割り当てるかを決定するとともに，報告書を作成する(26)。この報告書は，特に不受理を決定する際に大きな役割を果たしていた。また報告裁判官は書記局の支援を受けるが，報告書作成作業の多くは書記局の手を通じて行われていた(27)。結局，受理可能性審査において，特に負担が大きいのは，報告裁判官と書記局なのであり，書記局の行う事務的な仕事から裁判官を解放することこそが優先されるべきであると考えていたのである。

第2の理由としては，条約規定に則って選出された裁判官を排除して，裁判官補佐人が重要な意思決定を行うことは，裁判所の決定の正統性に重大な疑いを生じさせるということである(28)。不受理の決定であっても条約の適用解釈に

---

(22) Doc. of 15 June 2001 - CDDH-GDR (2001) 10, 22 *HRLJ* 333 (2001).

(23) Doc. EG Court (2001) 1, *supra* note (6), para. 98.

(24) Doc. CM (2002) 146, Interim Report of the CDDH to the Committee of Ministers, 'Guaranteeing the Long-term Effectiveness of the European Court of Human Rights', 18 October 2002, paras. 23-33.

(25) *Ibid.*, para. 27.

(26) 2002年の裁判所規則第49条。なお報告裁判官は，必ずしも小委員会を構成する裁判官に選ばれなければならないということはないが，審議には参加する。裁判所規則第53条。

(27) European Court of Human Rights, Final Report of the Working Methods of the European Court of Human Rights, Three Years' work for the Future (January 2002), 24 *HRLJ* 240 (2003).

(28) Doc. CM (2002) 146, *supra* note (24), para. 28.

〔大塚泰寿〕 *5* ヨーロッパ人権裁判所の受理可能性審査手続に関する改革について

影響を与える重要なものもあるかもしれないし，裁判官によって検討される権利が否定されることは，個人の申立の権利を修正するというおそれがある。また裁判官補佐人が，仮に明白に不受理な申立だけを処理するにせよ，どの申立を裁判官あるいは裁判官補佐人に振り分けるべきかというメカニズムが別途必要であるから，時間の節約になるかどうか疑わしい。まして裁判官と裁判官補佐人，2つの司法制度が併存するということは，単独の裁判所にすべてを任せるという第11議定書以来の方針に反するものである。そして裁判官補佐人は書記局の経験豊かな法律専門家から選ばれるのであろうから，書記局を弱体化することにもつながる[29]。結局のところ，CDDHは，裁判所の決定の正統性を損ねかねない新部局を創設したとしても，申立の処理能力が向上するのかどうか疑わしいし，経費も高すぎると見ていた[30]。それよりも書記局の強化こそが最優先であると考えていたのである。

その後，2003年にCDDHは，裁判官のみが決定を行う権限を有するという考え方を背景にして，受理可能性審査の効率化の措置として，単独裁判官制度を採用する方針を決定した[31]。この際に裁判官を補佐する職務を，書記局とは別に新設する案も検討されたが[32]，最終的に第14議定書では，前述の通り，単独裁判官は書記局の補佐を受けることが条約に明文で規定されることになった（条約第24条第2項）[33]。かくして裁判官の勤務時間の15-20%を占めるといわれる[34]報告裁判官の任務は，すべて書記局に委ねられることとなったのであ

---

[29] *Ibid.*, para. 30.

[30] M. Eaton, 'The New Judicial Filtering Mechanism : Introductory Comments', *Future Development of the Court of Human Rights in the Light of the Wise Persons' Report : Colloquy Organised by the San Marino Chairmanship of the Committee of Ministers of the Council of Europe, San Marino, 22-23 March 2007,* (Strasbourg, 2007), p. 53.

[31] Doc. CDDH (2003) 026 Addendum I Final, 'Interim Activity Report', 26 November 2003, paras. 11-19.

[32] *Ibid.*, para. 12.

[33] 説明報告書によれば，「条約の文言において報告官について言及することは，法的な見地からはあまり必要ではないが，裁判官以外の人間によって新設の報告官の任務が実行されるということ」，そして単独裁判官制度の処理能力の向上のためには「報告官機能を創造することが不可欠である」ことから，条文に明記することとしたのである。Explanatory Report, *supra* note (1), para. 58.

[34] Doc. CDDH-GDR (2003) 037, 3 November 2003. *See*, M. Eeaton, and J. Schokkenbroek, *supra* note (19), 26 *HRLJ* 5 (2005).

129

〈第2部〉ヨーロッパ人権保障制度の新展開

る。

(2) 第 14 議定書採択後の展開 (2004 年 – 2012 年)

　第 14 議定書の採択後，将来の単独裁判官制度の導入をにらみつつ，2005 年 7 月に裁判所規則が改正された。改正後の裁判所規則によれば，不受理であることが明白な申立は，特別な理由のない限りは小委員会に付託され，小法廷で検討するに値すると思われる申立に対してのみ報告裁判官が任命される[35]。こうして裁判官は，規則の上では報告裁判官の任務から一定の範囲で免除されることになった。しかしそのことは，小委員会あるいは小法廷のいずれかに申立を割り当てる任務を，書記局の責任で行われなければならないことを意味する。

　書記局の強化は急務であった。そもそも裁判所は，第 14 議定書が採択される 2004 年の段階でもなお，新しいフィルタリングシステムを導入しないという決断に対して異議を唱えていたのであるが[36]，何らかの人員の増加と結びつくのであるならば，単独裁判官制度を認める用意があるとして妥協していたほどである[37]。ヨーロッパ審議会も一定程度の対処をしており，裁判所から要請のあった書記官増員のための予算を認めて，2003 – 2005 年の間にはそのための予算を 65 ％増加することとしていた[38]。また第 14 議定書の説明報告書においても，書記局の増員のためには，採用のために多彩な窓口を用意することが必要であることが明記されるなど[39]，書記局の強化のための方策が打ち出され

---

[35] 2005 年 7 月改正の裁判所規則第 49 条 1 及び 2。報告裁判官が任命された場合，彼／彼女は，当該申立を小委員会に付託するか，小法廷に付託するかを決定する。同条 3。

[36] European Court of Human Rights, CDDH-GDR (2004) 001, 'Response of the European Court of Human Rights to the CDDH Interim Activity Report prepared following the 46th Plenary Administrative Session on 2 February 2004', para. 5. 裁判所は，その仕事量を鑑みるに，受理可能性についての別個のシステムが必要であり，また，明白に不受理な事件と反復性の高い事件に限定しさえすれば，それを処理する職務に裁判官と同じ地位を与える必要はないだろうと主張した。

[37] *Ibid.*, para. 7.

[38] A. Mowbray, 'European Convention on Human Rights: Developments in Tackling the Workload Crisis and Recent Cases', *Human Rights Law Review*, Vol. 3, No. 1, pp. 135-156 (2003).

[39] Explanatory Report to Protocol No. 14, *supra* note (1), para. 59. このほか Woolf 報告書（前掲注(9)）で推奨されていた施策を書記局は取り入れていった。M. O'Boyle, 'On Reforming the Operation of the European Court of Human Rights', [2008] *E.H.R.L.R.*, Issue 1, p. 1. 例えば申立を登録順で処理することを止めて，重要と思われる事件などを

〔大塚泰寿〕 **5　ヨーロッパ人権裁判所の受理可能性審査手続に関する改革について**

ていった。

　しかしその後，一旦は否定された，新しいフィルタリングシステムをつくるべきであるとする考え方が，再び浮上することになる。2004年に第14議定書が採択されてから，2010年の発効までかなり時間があったこともあって，この改革だけでは裁判所の実効性を確保するのは不十分であるという前提のもと，中長期に向けた改革の議論が進展していたのであるが，その流れの中で再検討がはじまるのである。第14議定書採択後の発展に関しては，2006年12月に出された「賢人部会最終報告書」[40]，2010年にスイスのインターラーケンで開かれた締約国会合でまとめられた「インターラーケン宣言」[41]，2011年4月のトルコのイズミル会議における宣言[42]，2012年4月のイギリスのブライトン会議における宣言などが重要である[43]。これらの文書の中で，その流れを見ておきたい。

　「賢人部会最終報告書」を作成した賢人部会とは，2005年5月にワルシャワで開かれたヨーロッパ審議会の元首会議によって設けられた，条約メカニズムの長期的実効性の確保の問題を検討するための専門家委員会である[44]。賢人部会は，裁判所やNGOなどに諮問した上で，その研究を2006年5月に暫定報告書に，次いで11月には最終報告書としてまとめた。最終報告書の提案は多岐に渡っているが，特に「司法委員会（the Judicial Committee）」という部局を新設する案が出されたことが重要である[45]。

　　優先的に取り扱うことなどを勧告していたが，このことは2009年に実現した。P. Leach, 'On Reform of the European Court of Human Rights', [2009] *E.H.R.L.R.*, Issue 6, p. 728.

(40)　Group of Wiseman Persons, Doc. CM (2006) 203, 'Final Report of the Group of Wise Persons to the Committee of Ministers', 15 November 2006, 27 *HRLJ* 279-289 (2006).

(41)　'Interlaken Declaration' on the High Level Conference on the European Court of Human Rights, 19 February 2010. 30 *HRLJ* 450-452 (2010). なおインターラーケン会議，イズミル会議，ブライトン会議の関連文書については，裁判所のウェブサイト〔http://www.echr.coe.int/ECHR/EN/Header/The+Court/Reform+of+the+Court/Conferences/〕から入手可能である。

(42)　Declaration on the High Level Conference on the European Court of Human Rights, 27 April 2011, 31 *HRLJ* 259-261 (2011).

(43)　'Declaration' on the High Level Conference on the European Court of Human Rights, at 19 April 2012, *NQHR* vol. 30/3, pp. 349-362 (2012).

(44)　Warsaw Action Plan, 26 *HRLJ* 120-121 (2005).

〈第 2 部〉ヨーロッパ人権保障制度の新展開

　賢人部会によれば，司法委員会は，裁判所に付随するが別個の司法組織であり，本質的に重要でない申立の処理，すなわち単独裁判官及び小委員会に委ねられている機能を実施する機関である[46]。原則として，受理可能性についての問題が生じているすべての申立について，あるいは，裁判所の十分に確立された判例法に基づいて，明白に根拠が十分ないし不十分であると宣言することのできるすべての申立について審理を行う[47]。つまり受理可能性の決定と反復性事件の処理を行うのである。委員会は，締約国の数より少ない委員から構成され，議員総会によって選出される委員は，裁判官と同様の資質が要求される[48]。また委員会の決定に対する個人からの異議申立は認められない[49]。この案は，任命によるのではなく，裁判官と同じ方法で選出される者から委員会が構成されるという点で，第 14 議定書起草中に否定された案よりは穏健なものであった。

　単独裁判官制度に替わる新しいフィルタリングシステムを設置すべきであるとする案は，締約国に一定程度受け入れられ，2010 年のインターラーケン宣言や 2011 年のイズミル宣言において，新制度の導入についての検討に関する勧告がなされた。インターラーケン宣言の行動計画では，「短期的には，既存の裁判所内に，実効的なフィルター機能を確保することができるメカニズムを設置すること」「閣僚委員会は，単独裁判官制度を越えた裁判所のフィルターメカニズムの設置を検討すること」と勧告された[50]。単独裁判官制度を「越えた」メカニズムとは抽象的であるが，2009 年 10 月にドイツによってなされた提案，現行の裁判所の裁判官とは別の，受理可能性の問題のみを取り扱う追加的な裁判官の導入案と関連づける指摘もある[51]。続くイズミル宣言では，単独裁判官制度の成果を歓迎するとしながらも，すでに検討された手段以外に新しい規定が導入されるべきであるとして，裁判所に対して，単独裁判官制度の検

---

[45]　Doc. CM2006（203），*supra* note [40], paras. 51-65.
[46]　*Ibid.*, para. 52.
[47]　*Ibid.*, paras. 55-56.
[48]　*Ibid.*, paras. 53-54.
[49]　*Ibid.*, para. 67.
[50]　Interlaken Declaration, Action Plan, *supra* note [41], para. 6 (c).
[51]　H. Keller, A. Fischer, and D. Kühne, 'Debating the Future of the European Court of Human Rights after the Interlaken Conference: Two Innovative Proposals', 21 *EJIL* 1036 (2010).

〔大塚泰寿〕 5 ヨーロッパ人権裁判所の受理可能性審査手続に関する改革について

討・評価を行うとともに，条約の改正を伴わないシステムの追求及び，もしも必要ならば，条約の改正を伴う実効的なシステムについての研究を続けることを要請したのである[52]。

　しかし 2012 年のブライトン宣言では，新しいフィルタリングシステムの研究については言及されなかった。2010 年の第 14 議定書の発効による単独裁判官制度の正式の導入及びインターラーケン会議を受けて，裁判所は，申立数の多いロシア，トルコ，ルーマニア，ウクライナ，ポーランドの 5 カ国からの申立を対象として優先的に処理し，単独裁判官あるいは小委員会・小法廷に対して申立を適正に割り振るフィルター・セクションを，2011 年に書記局に新設した[53]。これが成功を収め，単独裁判官制度の処理能力は，2010 年の 22,260 件から 2011 年の 49,268 件へと大幅に増加したのである[54]。裁判所は，締約国からの暫定的な雇用を含む書記局の強化を条件として，フィルタリングシステムについては，新規の申立と処理能力のバランスがとれる可能性があることを指摘した[55]。こうした実行を受けてブライトン宣言では，単独裁判官制度の問題について特に言及することなく，小委員会及び小法廷の処理能力の向上に焦点をあてたのであった[56]。

(3) 小　　括

　人権の実効的保障という見地から，単独裁判官制度の導入について疑問視する声もないわけではなかった。個人が人権侵害について救済を求める裁判所に

---

[52] Izmir Declaration, *supra* note (42), paras. 2-4.

[53] Filtering Section Speeds Up Processing of Cases from Highest Case-count Countries. この文書は，裁判所のウェブサイト〔http://www.echr.coe.int/NR/rdonlyres/F484672E-0C6A-4815-9449-44157ED9C89C/0/Bilan_filtrage_EN.pdf〕から入手可能である。

[54] European Court of Human Rights, *Annual Report 2010* (Strasbourg, 2011), p. 67. *Annual Report 2011* (Strasbourg, 2012), p. 67. この文書は，裁判所のウェブサイト〔http://www.echr.coe.int/ECHR/EN/Header/Reports+and+Statistics/Reports/Annual+Reports/〕から入手可能である。

[55] European Court of Human Rights, Preliminary Opinion of the Court in Preparation for the Brighton Conference (Adopted by the Plenary Court on 20 February 2012), para. 9. この文書は，裁判所のウェブサイト〔http://www.echr.coe.int/NR/rdonlyres/BF069E9B-8EE5-4FA8-877E-2DFAA4C167BD/0/2012_Avis_Cour_Conférence_de_Brighton_1820_avril_2012_EN.pdf〕から入手可能である。

[56] Brighton Declaration, para. 20(e), *supra* note (43). 同宣言では，小法廷については，既存の裁判官とは地位の異なる追加の裁判官の任命が必要であるかもしないと述べている。

〈第2部〉ヨーロッパ人権保障制度の新展開

おいては，合議制は確保されなければならないとして，アムネスティ・インターナショナルなどをはじめとしたNGO74団体は，第14議定書が採択された2004年に強く反対を表明している[57]。しかし小委員会は3人の裁判官による合議制を取っているように見えるが，事実上，報告裁判官とその報告書がほとんどすべてを決定していたのである。小委員会に付託された場合，他の裁判官が報告書に反した判断をすることはほとんどありえず[58]，合議制による判断は形式的なものにすぎなかった。従って，ここに大きな問題が存在するとは考えられず，裁判所内に別個のフィルタリングシステムを新設するか否かが重要な論点であった。

新しいフィルタリングシステムを議論するときに最大の制約となるのは予算である。そして限られた財源や人的資源の中で，その決定の正統性を確保できるかどうかが問題であった。この正統性の要求は，ヨーロッパ人権条約システムの要である，裁判所に対する個人の申立の権利からも導かれる。その権利は，個人が直接裁判所に申立を行うことを確保していれば良いというものではなく，妥当な期間内に適正かつ実効的な手続のもとで審査され，正当な決定及び救済を得るところまで保障されなければ十分とはいえないであろう。そのためには、やはり決定に際して、その資格を十分に有する司法官の手を経る必要があるように思える。

その点で，現在の裁判官と同等の資質を持った司法官から構成されている部局の新設は，正統性の面では評価できるが，裁判所の財源や人的な面からみるに，それを現実化することは困難である。裁判所の予算は，ヨーロッパ審議会の通常予算の特別会計から賄われており[59]，その予算について特に上限は設定

---

[57] Amnesty International's Comments on the Interim Activity Report on the Interim Activity Report: 'Guaranteeing the Long-term Effectiveness of the European Convention on Human Rights (February 2004)', para. 44.

[58] Marie-A. Beernaert, 'Protocol 14 and New Strasbourg Procedures: Towards Greater Efficiency? And at What Price?', [2004] *E.H.R.L.R.* Issue 5, p. 549.

[59] Doc. 9200, Report of the Committee on Legal Affairs and Human Rights, 22 *HRLJ* 306 (2001). なお2012年における裁判所予算は，裁判所のウェブサイトによれば，約6,581万ユーロ（1998年には約2,300万ユーロ）である。Lesterによれば，予算は欧州司法裁判所と比較してまったく乏しい状況にあり，裁判官はじめスタッフに対する保障も充分ではないという。A. Lester, 'The European Court of Human Rights after 50 Years', [2009] *E.H.R.L.R.* Issue 4, pp. 468–469.

〔大塚泰寿〕 5 ヨーロッパ人権裁判所の受理可能性審査手続に関する改革について

されていないものの，無制限に増加していけるものではなく，仮に無制限の予算があるとしても，裁判官と同等の資質を持つ人材にとって，受理可能性や反復性事件しか扱わないような組織の任務に魅力を感じるかといえば，それも疑わしいところである[60]。

しかし，現在のような大量に申立が寄せられている状況下で，受理される可能性のない，つまらない申立にまで，裁判所が十分に時間をとって検討することは求められないであろう。受理される可能性のある申立が，短期間のうちに十分に審査されることが必要である[61]。そのためには，裁判官は，できる限り重要な事件のみに集中させることが望ましいが，だからといって，例えば不受理の決定を行うに際して，裁判官を完全に排除するような手続を採用することは，多くの人からの支持を得られることはない。結局のところ，単独裁判官制度は，現時点で考えられる最善のシステムであり，書記局の強化及びその手続の簡素化などを通じて，それを補強していく方向が適正であると考える。

2 受理可能性と本案の併合審理に伴う友好的解決の位置づけの変化について

(1) 起草過程時の議論：実行の法典化

受理可能性と本案の併合審理は，実務的な必要性から生まれたものであるが，友好的解決もその動きに伴って，いわゆる調停前置主義を放棄して，柔軟な任意的手続に変更されることになった。このことについては本稿のⅢ2においても簡単に触れておいたが，その流れをここで詳しく述べておきたい。

先にも述べたように，かつて条約は，小法廷においては，受理可能性審査と本案審査を別に行うことを原則としていた（旧条約第29条第3項）。しかし2002年10月の裁判所規則改正によって，個人申立についての受理可能性と本案の審査を併合することが可能となった（規則第54条A）。これは，裁判所の運営管理の効率化の点から導入されたものである[62]。別個に審査することは，決定も

---

[60] M. Eaton, *supra* note (30), pp. 54-56.
[61] Report by the Lord Woolf, *supra* note (8), p. 2.
[62] D. J. Harris, M. O'Boyle, E. P. Bates, *C. M. Buckley, Harris, O'Boyle and Warbrick : Law of the European Convention on Human Rights (2nd. ed)*, (Oxford, 2009), p. 826. R. CA White and C. Ovey, *Jacobs, White and Ovey : The European Convention on Human Rights (5th. ed)*, (Oxford, 2010), p. 28.

書類も二度手間となる。そして小法廷に付託されるような事案は，受理可能性についてはほとんど実質的な問題は生じず，逆に本案については検討しなければならないことが予期される申立ばかりであるから，両者を併合して手続を簡素化した方が効率も良く時間の節約になるからである。

この発展してきた実行を法典化するとして，2003年4月にCDDHは，将来の条約第38条となる条項の草案について合意に達し[63]，これがそのまま第14議定書に採用されたのである。同議定書が採択されてすぐの2004年10月には，裁判所は，将来の議定書発効をにらんで，併合審理を原則とすることを決定した。こうして現在では受理決定のほとんどが，受理可能性と本案の併合審理の結果として下された判決中でなされているのである[64]。

この変化は，友好的解決に影響を及ぼすことになった。かつての条約は，友好的解決については，受理の決定がなされた後に行われるとしていたが，ほとんどすべての事件が，受理可能性と本案を同時に決定される状況では，その手続を維持する意味がないからである。

裁判所規則第62条第1項は，受理された申立については，裁判所書記局が友好的解決を確保するために当事者に接触すると規定するが，受理可能性審査と本案審査の併合審理が一般化するにつれて，友好的解決手続も次第に前倒しされるようになっていった。同規則第59条によれば，小法廷に付託され直ちに不受理とされない申立については，責任国に連絡して見解を送るよう，そしてそれに対する申立人からの答申書を要請するが，この最初の連絡の時に，当事者に対して友好的解決についての情報が送られるようになっていった[65]。また書記局は，申立内容にあわせて，友好的解決に関する情報を変えるような態度を取っていた。通常は当事者に友好的解決の提案をするように要請するだけであるが，特に反復性事件を中心とする十分に確立された判例法のある事件に対しては，友好的解決のための具体的提案を含んだ書面を，当事者に送付するのが原則になっていったのである[66]。

---

[63] Doc. CM (2003) 55, 'Final Report Containing Proposals of the CDDH (adopted by the CDDH on 4 April 2003)', Proposal B. 2.
[64] 小畑・前掲注(14) 13頁。
[65] H. Keller, M. Forowicz and L. Engi, *Friendly Settlements before the European Court of Human Rights*, (Oxford, 2010), p. 34. この書籍は，友好的解決に関する近年の優れた研究書である。

5 ヨーロッパ人権裁判所の受理可能性審査手続に関する改革について

第14議定書の起草者は，このような実行を検討した上で条文を作成した。2002年，反復性事件への適用を考慮して，友好的解決の締結を促進するための「友好的解決に関する実行」に関する閣僚委員会決議[67]の草案を作成したCDDHは，引き続き，友好的解決を実行に合わせた手続に変更する条項案（将来の第39条）の起草に入り，先述の第38条の草案と同じく2003年4月に合意に達し，これもそのままの形で第14議定書に採択された。CDDHの議論によれば，改革が予定している手続の簡素化の結果，友好的解決を確保する裁判所の義務を開始する受理可能性の決定が，より個別にとられることは少なくなるであろうから，友好的解決の手続をそれに適応させ，より柔軟なものにする必要がある。裁判所はいかなる段階においても友好的解決を確保する権限を有するが，それを行うことは義務的なものとはしない。そして友好的解決は，特に反復性事件に有効であるから，その締結は促進されるべきものなのであるという[68]。

友好的解決そのものについては，起草者はこれを否定することなく，一貫して重視してきた。友好的解決が，裁判所手続の実効性を高めるものであるということは，さまざまに指摘されていた。当事者間の合意によって事件が解決されるならば，裁判所における詳細な審理は必要なくなり，その方が遙かに時間が節約できるからである。しかし起草者は，友好的解決を単に促進すべきであるという立場はとらず，反復性事件のように友好的解決が特に適している事例があることを重視した上で，裁判所の具体的な手続の変化を踏まえて，現在の柔軟な手続が採用されることとなったのである。

しかしこのような手続の変化は，友好的解決に本来期待されていることを変質させ[69]，かえって個人の救済に問題を生じさせている側面もあるように思える。以下にヨーロッパ人権委員会から裁判所に至るまでの実行を踏まえて，そのことを論じておきたい。

---

[66] *Ibid.*, pp. 34-35, 65, 77-79.
[67] Res (2002) 59, 'Practice in respect of Friendly Settlements', 12 December 2002, 26 *HRLJ* 111 (2005).
[68] Doc. CM (2003) 55, *supra* note [63], Proposal B. 3.
[69] 友好的解決の変質については，小畑・前掲注[14] 14頁に鋭い指摘がある。

〈第2部〉ヨーロッパ人権保障制度の新展開

(2)　友好的解決手続の変質

　第11議定書発効以前は，ヨーロッパの人権保障制度では，ヨーロッパ人権委員会，裁判所及びヨーロッパ審議会閣僚委員会の3機関が条約の実施機関としての任務を負わされていた[70]。これらのうち，ヨーロッパ人権委員会は申立が最初に付託される機関であり，その任務は，受理可能性審査及び事実認定，そして友好的解決の追求であった[71]。

　条約違反の認定を行わず，当事者の合意によって解決に至る友好的解決は，ヨーロッパ人権条約の最も重要な規定の1つと言われる。人権の保護は一義的には国家の責任であり，条約の目的は，個人の救済及び人権の保護とその助長を締約国に促すことにある。その見地からいえば，国家を裁く手続はあくまで付随的なものにすぎず，もしも人権条約の基準に達しない国家が，自ら留意してそのことを改善するならば，それで条約の目的は達成されるのである[72]。そして，個人にとっては，判決を待たずして迅速で実効的な救済が得られること，国家にとっては，人権侵害の認定がなされることを可能な限り避けられるという，当事者双方に大きなメリットがある。この点に関連して，ヨーロッパ人権委員会は，国家の意思でもって友好的解決を締結することを促進するために，「暫定意見」を提示するという重要な実行を確立していた[73]。同委員会は，受理の決定がなされて後すぐに，条約違反の存在の有無に関する暫定意見をまとめて，当事者双方に非公開の義務をもって通知していた。もしもそれが国家の条約違反を認定するものであるならば，国家にとって友好的解決のための交渉に入る強い契機となる。

---

[70]　第11議定書以前のヨーロッパ人権条約の実施機関の手続については，小畑・前掲注(14) 11頁。

[71]　なおこの当時においても，当事者間の合意に基づく解決そのものは，ヨーロッパ人権委員会において成立する友好的解決でなくとも，ヨーロッパの手続のいかなる段階でも達成されてもよいものと考えられており，例えば裁判手続が進行している間に，裁判外で当事者間の合意によって和解が成立した場合，裁判所は，その旨を記載して総件名簿から削除する判決を下していた。

[72]　A. H. Robertson and J. G. Merrills, *Human Rights in Europe: A Study of the European Convention on Human Rights, 4th ed.*, (Manchester, 2001), p. 279.

[73]　ヨーロッパ人権委員会における友好的解決の考察としては，拙稿「ヨーロッパ人権条約における友好的解決に関する考察」国際協力研究編 六甲台論集（神戸大学大学院国際協力研究科）2号（2001年）を参照されたい。

〔大塚泰寿〕　5　ヨーロッパ人権裁判所の受理可能性審査手続に関する改革について

　1998年，ヨーロッパ人権委員会が裁判所に合併されて以降は，友好的解決は裁判所の任務となったが，先にも触れたとおり当事者に接触を行うなど具体的にその任務に当たるのは，すでに多くの仕事を抱えている書記局であった[74]。このことに伴い，友好的解決の手続面でも変化が生じた。その最初の重大な変化は，暫定意見の提示が行われなくなったことである。事前に本案の結果を示すことは裁判所の司法的性質を損なうものである，という理由からであった[75]。こうして，国家に解決のための契機を提起する重要な手段が失われたのである。

　だからといって，友好的解決の成立数が減ったわけではない。統計を確認すると，友好的解決あるいは一方的宣言（一方的宣言については後述）が認められた結果，決定あるいは判決によって総件名簿から削除された申立の数は，1999年には44件であったものが，第14議定書が採択された2004年には302件，同議定書発効時の2010年には1,223件，2011年には1,518件にまで増加した。1999年から2011年までに新裁判所で成立した総数は6,122件である[76]。なお，同じ年に下された判決数はそれぞれ177件，718件，1,499件，1,157件であり，同じ期間の判決の総数は11,867件であるから[77]，友好的解決の成立数は，無視できない重みを持っていることがわかる。そして解決される事例の内容につ

---

[74]　書記局以外に友好的解決を担う機関について検討されていなかったわけではないが，結局見送られることになった。第11議定書の起草過程では，法務官（Adovocate General）なる職務の新設が議論されていたが，友好的解決において重要な役割を果たすものと思われた法務官は，交渉の最終段階で否定された。A. Drzemczewski, and J. Meyer-Ladewig, 'Principal Characteristics of the new ECHR Control Mechanism as Established by Protocol No. 11. Signed on 11 May 1994', 15 *HRLJ* 84（1994）.予算上の問題と手続の遅延をもたらすのではないかと思われたからである。Y. Klerk, 'Protocol No. 11 to the European Convention for Human Rights: A Drastic Revision of the Supervisory mechanism under the ECHR', *NQHR* vol. 14/1, p. 43（1996）.

[75]　小畑郁「ヨーロッパ新人権裁判所──その設立と2年半余の活動」国際人権12号（2001年）。Keller, Forowicz and L. Engi, *supra* note [65], pp. 31-32.

[76]　*Annual Report 2010, supra* note [54], p. 160. *Annual Report 2011, supra* note 54, pp. 65-66. この数字は，近年利用できるようになったものである。友好的解決は判決のほか，「決定」の形式で総件名簿から削除されてきたが，裁判所の統計では，友好的解決を理由として削除したのか，またそれ以外の理由で削除していたのかを分けていなかったからである。なお，Keller, Forowicz及びEngiは，丹念な調査の結果，友好的解決と見なされる判決及決定の数字を算出している。Keller, Forowicz and Engi, *ibid.*, p. 199 ff. この研究と裁判所の統計では，わずかに数字の違いが見られる。

[77]　*Annual Report 2010, ibid.*, p. 159. *Annual Report 2011, ibid.*, p. 159.

〈第2部〉ヨーロッパ人権保障制度の新展開

いては、90年代のヨーロッパ人権委員会の実行に端を発するものではあるが、特に単独の裁判所が成立してからは、申立の圧倒的多数を占める反復性事件を中心にして友好的解決を促進するよう積極的に努めているのである。

90年代以降からヨーロッパ人権委員会では、条約第6条の「合理的な期間」内に公正な裁判を受ける権利に関わる事件などについては、同じ日に合わせて解決する、あるいはいくつかの類似の事件を併合して審理を行って解決する実行を発展させていた[78]。例えばM. O. N. 対ポルトガル事件など、手続の長さに関連するポルトガルの10の事例については、すべてが同じ1991年5月31日付けで友好的解決が成立している[79]。書記局も、この実行を引き継ぎ、確立された判例法のある事件に対しては、積極的に解決策を提案する、あるいは事案を併合して手続を効率化した上で、友好的解決を成立させるようになった[80]。これらの事件は、十分に事例が蓄積されているため、その違法性や求められる賠償金額についても事前に予見できることから、友好的解決の成立が容易であり、時間に余裕のない書記局が力を入れるのは自然なことであった。

また友好的解決の性質からも、裁判所がこの実行を選択するのは予想し得ることであった。友好的解決は当事者間の合意による解決であり、違反の認定を行うことはない。そして友好的解決の具体的内容については、多くが国家の責任を認めることのない「恩恵的 ex gratia な支払い」によるものであるように、あたかも金で人権を買うような解決策が、人権の保障システムになじむかどうかという疑問は常に伴ってきた[81]。その疑問を解消するために、1950年におけるヨーロッパ人権条約の起草過程の中で、解決は「人権の尊重を基礎」としなければならない旨を挿入することが決定されたのである。この規定により、友好的解決を図ることを任務としていたヨーロッパ人権委員会には、解決が人権の尊重を基礎としているかどうか、検討しなければならない義務が課せられた。具体的に言うならば、ある事例が一般的法益に関する問題を生じているならば、それが国内法令の改正等の一般的措置によって解決されていなければならない[82]。もしも一般的措置が必要な事例であるにもかかわらず、そのような

---

[78] Keller, Forowicz and Engi, *supra* note (65), p. 25.

[79] App. No. 12745/87, *M. O. N. v. Portugal*, Report of 31 May 1991. *See*, Keller, Forowicz and Engi, *Ibid.*.

[80] Keller, Forowicz and Engi, *ibid.*, p. (65).

[81] 以下、拙稿・前掲注(73)を参照。

〔大塚泰寿〕 **5** ヨーロッパ人権裁判所の受理可能性審査手続に関する改革について

措置がとられていない場合には，ヨーロッパ人権委員会は，当事者間で合意に達した解決の成立を拒絶しなければならないと考えられていた。もっともヨーロッパ人権委員会がこのような権能を行使した事例はなく，それどころか，人権の尊重に基づかないままに友好的解決を成立させていると批判された事例が，Farrell 対イギリス事件をはじめいくつか存在する[83]。

1998 年以降友好的解決に関する任務を負わされた裁判所も，解決内容が人権の尊重に基づいているかどうかについての検討は，引き継がなければならない実行であった。裁判所は，しばしば先例を引用することで，人権の尊重に基づいている旨判示している。とはいえ，実際に人権の尊重に基づくかどうかの審査をすることは，友好的解決に関する交渉が非公開で行われ，重要な情報が開示されないこともあって，裁判所としては容易に判断することができない[84]。人権の尊重に基づかないと判断して，友好的解決を拒絶した事例は 2007 年の Çiçek and Öztemel and 6 others case 対トルコ事件判決など極めて稀である[85]。

---

[82] H. C. Krüger, and C. A. Nørgarrd, 'Reflections concerning Friendly Settlement under the European Convention on Human Rights', F. Matscher and H. Petzold (eds.), *Protecting Human Rights: The European Dimension. Studies in Honour of Gerard J. Wiarda*, (Cologne, 1988), pp. 331-332.

[83] App. no. 9013/80, *Farrell v. the United Kingdom*, Report of 2 October 1984, 38 *DR* 44-52. アイルランド人である申立人の夫が，テロを警戒した英軍兵士により射殺されたことが問題になった事例。恩恵的な支払いとして 35,000 ポンド及び必要経費の支払いと陳謝（「不幸な錯誤」と表現された）が行われたが，発砲に関する法令の明確化など，追加的な措置がとられないままに解決したため，問題となった。

[84] Keller, Forowicz and Engi, *supra* note (64), p. 38, 40.

[85] *Çiçek and Öztemel and 6 others cases v. Turkey*, (App. nos. 74069/01, 74703/01, 76380/01, 16809/02, 25710/02, 25714/02 and 30383/02), Judgement of 3 May 2007. 本件は 7 つの申立を併合したもので，総勢 17 人が申立人となっている事例である。彼／彼女たちは，それぞれ給与の未払い，解雇に対する賠償等について労働裁判所の判決を得たものの，この賠償の支払いについては強制執行手続を進めてもなお履行されることはなく，これらの判決債務の未履行につき，条約第 6 条第 1 項等の違反を裁判所に申し立てた。その後 17 人のうち 9 人の申立人につき友好的解決が成立した。裁判所は，友好的解決の内容の検討を行い，自ら申立を取り下げた 3 人を除く 6 人の申立人については，相当の期間内に労働裁判所の判決が執行されなかったことにつき，第 6 条第 1 項の違反がないかどうかを検討する必要があるとして，最終的に第 6 条第 1 項違反が認定された。なお友好的解決の交渉は非公開で行われているため，人権の尊重に基づかない解決が，交渉中など表面化しない段階で，裁判所によって否定されている可能性もあるが，この点は不明である。Keller, Forowicz and Engi, *ibid.*, p. 40.

〈第2部〉ヨーロッパ人権保障制度の新展開

そして、Singh and Others 対イギリス事件判決をはじめ、友好的解決の成立を認めるべきではなかったとされる事例も、何例か指摘されている[86]。

それに対して、確立された判例法が主題になっている事件は、当然のことではあるが、条約の適用解釈にとって重大な問題は生じていないと判断される。それゆえに、友好的解決の成立が人権の尊重をもとにしているかどうかについて、詳細に審査する必要はないため、裁判所が承認を与えるのに都合が良いのである。なお、パイロット判決が出された後の同種の事件についても、同様のことがいえ、友好的解決による削除が多数行われている。

このような状況は、裁判所にとって判断が容易であるからという理由だけではなく、申立の圧倒的多数が反復性事件であるということからも、ある程度はやむを得ないことではあろう。しかし裁判所が、友好的解決を、本来の目的から離れて、反復性事件のような重要性の低い申立の迅速な処理のための有効な道具として活用していくに伴って、調停制度の本質ともいうべき、当事者間の合意により双方に利益のある解決を追求することさえ重要視されなくなっていることには注意が必要である。

事件処理を優先している傾向は、友好的解決の変形とでもいうべき「一方的宣言」の実行を考えるとより鮮明になるように思われる。近年になって、申立人の異議により友好的解決が成立しなかった場合であっても、国家が一方的宣言によって、総件名簿からの削除を裁判所に要請する実行が出現している。この最初の事例が2001年の Akman 対トルコ事件判決である[87]。治安維持軍により不法に申立人の息子が射殺されたとして、申立人は条約第2条等の違反を主張した。トルコ政府は、弱い表現ながら第2条の違反を認めるとともに、恩恵的に総額85,000ポンドの支払いを行うことで本件の最終解決となると宣言した。申立人はそれを拒絶していたが、裁判所はトルコ政府の宣言を認め、第37条第1項 c に基づき、職権により本件を総件名簿から削除した[88]。

---

[86] Singh and Others v. the United Kingdom, (App. no. 60148/00), Judgement of 8 May 2006. イギリス在住のインド人夫妻（夫はイギリス市民権を有する）が、インド在住の子どもを養子に迎えようとした。養育困難を理由にして、イギリス当局は、家族の結合を目的として入国許可を拒んだことで、条約第8条等の違反に問われた事例。

[87] Akman v. Turkey, (App. no. 37453/97), Judgement of 26 June 2001 (Striking out), Report 2001-Ⅵ.

[88] Ibid., paras. 23-32. 裁判所は、治安維持軍による不法な殺人の性質及び範囲が、先例

〔大塚泰寿〕 **5 ヨーロッパ人権裁判所の受理可能性審査手続に関する改革について**

　第37条第1項但書に基づき，裁判所は，友好的解決同様に，一方的宣言が人権を尊重したものになっているのかどうかを検討する必要があるが，これについては曖昧で，緩やかな審査を行っているとの批判があった。Akman事件判決は，トルコにおける不法な殺害行為に関する先例を大量に引用するのみである。このような状況について，歯止めをかけたのが，2003年のAcar対トルコ事件判決である[89]。本判決は，削除を検討する際に考慮する要件を具体的に示して，審査を厳格化した。しかしなお，Akman事件で一方的宣言を認めた隠れた理由に，大量の個人申立へ対応するためであったという疑問は残る[90]。

　一方的宣言の実行は，2000年代の後半から大きく発展し，2007年に30件，2011年には692件成立した[91]。申立人による異議を無視して，一方的宣言を過度にかつ簡単な審査により認めた場合には，個人の利益を疎かにするものであって，申立の処理をあまりに優先しているとの批判は免れないであろう。

(3) 小　括

　裁判所は，大量に寄せられる個人申立の処理に苦しんでいる。それに対処するために手続の簡素化が進み，受理可能性審査と本案審査が併合されることになった。このことは，友好的解決手続の裁判所における地位を変質させる重要な契機となった。暫定意見の消滅もあって，国家に自らの意思で条約違反の状況を是正する機会を与えるという側面は後退し，事件処理の有効な手段としての側面が強調されるようになった。

　　で特定されていることを留意して，第37条第1項但書にいう，審理を進めるための条件である「人権の尊重のために必要な場合」ではないと判断した。
[89] *Tahsin Acar v. Turkey*, (App. no. 26307/95), Judgement of 6 May 2003, Report 2003-VI. この事件については，佐藤文夫「被告からの一方的宣言に基づく個人申立の総件名簿からの削除要請の却下──タフシン・アジャール事件」戸波ほか編・前掲注(1)『ヨーロッパ人権裁判所の判例』187-192頁。Akman事件についての批判など，特に190-191頁を参照のこと。
[90] Acar事件判決は，Akman事件と詳細な比較を行い，前者には，事実についての争いのあること，条約違反の承認・事後の措置が不十分であることなどを問題視して，削除を認めなかった。
[91] *See*, European Court of Human Rights, 'Unilateral Declarations: Policy and Practice', September 2012. この文書は裁判所のウェブサイト〔http://www.echr.coe.int/NR/rdonlyres/787232AE-EEB1-439C-AF44-0BD73B86EC0c/0/Déclarations_unilatérales_Note_information_ENG.pdf〕からダウンロード可能である。

〈第2部〉ヨーロッパ人権保障制度の新展開

　このように友好的解決を位置づける際に，反復性事件の解決に重点を置いた書記局の立場は理解できる。友好的解決は当事者間の合意による解決であり，当事者ひいては裁判所にとっても，迅速な解決が得られる点で極めて実効性の高いものであるが，その解決が「人権の尊重」を基礎としているのかどうかについては，疑問とされる事例があった。それがゆえに申立の初期段階から友好的解決を促進するためには，十分に判例法の確立している事件，特に反復性事件が望ましかったのである。2002年の「友好的解決の実行」に関する閣僚委員会決議を採択するときに，起草を担当したCDDHが，友好的解決は反復性事件などの解決には有益な手段であり，裁判所の仕事量を減らすものであるが，重要な事件で友好的解決を強く促すのは，根底になる問題を未解決のまま残し，将来の同様な事件を解決するときに遅延を来すものであると指摘したことも[92]，このことを裏打ちするものであろう。パイロット判決として有名なBroniowski事件は，内在的問題を同定して一般的措置をとるように指示する判決が出されるまで，友好的解決を忌避した事例でもある[93]。

　しかし事件処理に傾くあまり，友好的解決の失敗を前提とする一方的宣言に基づく削除の実行を発展させ，かつそれを多く成立させていることについては，疑問を感じざるを得ない。友好的解決は，当事者双方の合意に基づいて成立するものであって，国家及申立人双方に有益なものであるという視点を取り戻しておくことが必要である。裁判所が実効的に申立の処理を行うために，友好的解決は疑いなく有効な手段であるが，それをあまりに優先して，一方的宣言により，不合理に申立人の望まない解決が押しつけられ，個人の救済が軽視されることは，個人の申立権すなわち個人が救済を申し立てる権利を損ねることであり，決してあってはならないことである。

　この点で，裁判所が，2012年9月に裁判所規則を改正して一方的宣言に関する手続を明記するとともに（裁判所規則第62条A），「一方的宣言：政策および

---

[92]　Doc. CM (2002) 146, *supra* note (24), paras. 78-79.
[93]　*Broniowski v. Poland* (App. no. 31443/96), Judgement of 22 June 2004, Report 2004-V. パイロット判決及び友好的解決判決については，徳川信治「欧州人権裁判所によるいわゆるパイロット判決手続」立命館法学334-367頁。また同事件の判例評釈として小畑郁「パイロット判決多数の同種事案から選び出された一事件についての先行的判決における構造的違反是正措置の指示――ブロニオヴスキ判決」戸波ほか編・前掲注(1) 106-109頁。

実行」という文書を公にして，一方的宣言が行いうる場合の原則を明示したことは評価できるところである[94]。また同文書では，機敏かつ複雑な事件については，Acar 事件によって採択された基準を留意することとされており，裁判所は厳格な審査を行う態度を明らかにした。

3 新しい受理可能性基準に関わる問題
(1) 起草過程における議論

先述の通り，新しい受理可能性審査基準の導入の理由は，すでに確立し固定化した受理可能性基準に，一定の柔軟性を導入することで，事例の迅速な処理をはかろうとしたものである。しかし起草過程においては，裁判所にあまりにも大きすぎる裁量を与えないように，できるだけ客観的な文言を導入しようとした努力を見ることができる。この新基準導入の起草過程については，前田直子による詳細な論考があるため，以下に要点だけ記しておきたい[95]。

第14議定書起草時において，受理可能性の基準を変更する提案が具体的になされたのは，2001年に出された評価部会の報告書においてであった。同部会は，条約についての「実質的な問題 substantial issue」が生じない申立は受理しなくてもよい，とする規定を挿入すべきであると主張した[96]。この基準が必要とされた理由としては，もはや裁判所がすべての事例を審査することは不可能であり，明白に根拠不十分ではないにしても，比較的重要ではない申立は，詳細な審査をすることから除外すべきであるということからである。

しかし「比較的重要ではない申立」を裁判所が取り扱わないとするのはあまりに極端に過ぎ，個人の申立の権利を著しく損なうものと考えられる。2003年に CDDH は，「実質的な問題」という文言では，事件を選択する裁判所の裁量があまりに大きすぎると結論づけた[97]。その代替案として「実質的な問題」という文言を「相当な不利益」に替えた提案がなされ[98]，最終的に，第14議定書にいう「相当な不利益」を被ってはいなかった場合には不受理とするとともに，セーフガード条項を盛り込んだ規定が確定した。

---
[94] Unilareral Declaration', *supra* note (91), para. 15 (c)。
[95] 前田・前掲注(15) 120–123 頁。
[96] Doc. EG Court (2001) 1, *supra* note (6), paras. 92–93。
[97] Doc. CM (2003) 55, *supra* note (62), para. 14。
[98] CDDH-GDR (2002) 011.

〈第 2 部〉ヨーロッパ人権保障制度の新展開

　起草過程からも明らかであるが，新しい受理可能性基準の核となるのは，「相当な不利益」という概念である。これは，条約において初めて用いられた文言である。この文言自体はドイツ連邦憲法裁判所の経験に見えるものではあるが，実際にどのように運用されるかは，裁判所自体の解釈にかかっており，それは，議定書の説明報告書においても強調されていた[99]。

　しかし，まったく解釈指針がなかったわけではない。条約によって保障されている権利は，一般に公の緊急事態においては停止可能であるが，そのような緊急時においてもなお停止できないものがある（第 15 条第 2 項）。条約は，そのような停止不可能な権利を尊重するように，特別な留意を要求している。Reudin の研究によれば[100]，停止不可能な権利に関する申立については，すべて「相当な不利益」が生じていると判断して，新基準では不受理とされない。

　一方停止できる権利に関する申立については，新基準に照らして不受理とされる可能性がある。これについては，2003 年に書記局の研究部会が，ある程度具体的な基準を提案している[101]。研究部会によれば，条約第 5 条で問題になる，身体の自由の剥奪に関するすべての申立は，例え反復性事件であっても「相当な不利益」があるとみなされる。その他の条項に関する申立については，申立人にとって何が問題になっているのかが重要である。例えば，第 6 条（公正な裁判を受ける権利）で問題になる，手続期間の長さに関する申立の場合は，家庭，名声，家族，雇用，自由の剥奪といった法益が問題となっているかどうかが，「相当な不利益」であるかどうかを決定するのに役立つという。また刑事手続の場合には，刑罰の大きさが，民事手続の場合には，問題とされている損害額も重要であり，500 ユーロを「相当な不利益」の下限と考えるべきではないかと指摘する[102]。

　これら書記局の研究は，その受理可能性審査に占める役割の大きさを考慮す

---

[99] Explanatory Report, *supra* note (1), paras. 39 and 80.
[100] X-B. Ruedin, "*De minis non curat* the European Court of Human Rights: The Introduction of a New Admissibility Criterion (Article 12 of Protocol No. 14)", [2008] *E.H.R.L.R.*, Issue 1, pp. 101-103.
[101] Doc. CDDH-GDR (2003) 017 Annex (Proposal No. 2), 'Impact Assessment of Some of the Reform Proposal Under Consideration', 12 March 2003.
[102] 2001 年 11 月に閣僚委員会は，受理可能性基準の選別能力の向上につき，「些小事件」のための新しい基準の設置等についての示唆を行っていた。小代・前掲注(15) 28-29 頁。

〔大塚泰寿〕 5 ヨーロッパ人権裁判所の受理可能性審査手続に関する改革について

るならば，無視することはできない重みを持つものである。それでは，実際の実行ではどのように考えられているのであろうか。

(2) 裁判所の実行及びその後の展開

この新基準は，2010年6月1日に第14議定書が発効するやいなや，同日に不受理と決定されたIonescu対ルーマニア事件においてはじめて適用された[103]。ある程度の実行が集積されて後，裁判所は，2011年2月改正の「受理可能性基準に関する実行指針」において，「相当な不利益」のない場合をまとめた[104]。本基準は，裁判所の解釈により，日々発達していくものであるから，さしあたりこの「実行指針」及び事例を参照して，裁判所がどのように考えているのかを押さえておきたい。

「相当な不利益」を判断する要因の1つは，申立人に対する財政的影響である[105]。例えばIonescu対ルーマニア事件において裁判所は，「相当な不利益」については，紛争における財政的影響あるいは申立人にとっての事件の重要性にその基準があるとした[106]。そして，その損失は申立人の評価によれば90ユーロであること，申立人の個別の財政事情を考慮するに，その程度の損失ならば重大な影響のないことなどから，「相当な不利益」がないものと判断したのである[107]。裁判所は「相当な不利益」が，金銭の損害の問題だけで判断してはならないように留意はしているが[108]，2010年12月に不受理と決定されたHolub対チェコ事件，Bratři Zátkové, A. S.対チェコ事件[109]まで，損失額の少なさ以外の理由で不受理とした事件は現れなかったように，裁判所は「相当な不利益」の基準の多くをその損失額に求めている。

Holub対チェコ事件及びBratři Zátkové, A. S.対チェコ事件この2つの事例は，ともに憲法裁判所への上訴が却下された事件であるが，その際に，下級審

---

(103) App. no. 36659/04, *Adrian Mihai Ionescu v. Romania*, Decision of 1 June 2010.
(104) European Court of Human Rights, *Practical Guide on Admissibility Criteria* (Strasbourg, 2011), pp. 74-77.
(105) *Ibid*, p. 75, para. 383.
(106) *Ionescu v. Romania, supra* note (103), paras. 33-34.
(107) *Ibid.*, paras. 35-36.
(108) *Practical Guide on Admissibility Criteria, supra* note (109), para. 383.
(109) App. no. 24880/05, *Holub v. the Czech Republic*, Decision of 12 December 2010, App. no. 20862/06, *Bratr̆i Zátkové, A. S. the Czech Republic*, Decision of 12 December 2010.

147

〈第2部〉ヨーロッパ人権保障制度の新展開

または最高裁判所から憲法裁判所へと付託された見解を知らされていなかったことで、条約第6条第1項に基づく公正な裁判を受ける権利が侵害されたとの主張により申立が行われたものである。Holub 対チェコ事件においてヨーロッパ人権裁判所は、下級審からの見解に追加的な情報はなかったこと、また、憲法裁判所もそれに依拠しなかったことを指摘して、憲法裁判所は、問題の見解の存否に関わらず却下したであろうという。また申立人は、見解に対応することができなかったと主張するが、そのための新しい主張を特定しているわけでもない(110)。これらの状況から、申立人は、憲法裁判所の手続において適正に参加する権利を行使するに、「相当な不利益」を被ってはいないと判断した。

次に、セーフガード条項がどのように取り扱われているのか。第1セーフガード、つまり「人権の尊重が当該申立の本案の審査を求める」場合には新基準は適用されないという、この条件は、友好的解決などで求められてきたものである(111)。Ionescu 対ルーマニア事件で問題になったのは、破棄院における受理審査手続であったが、問題の民事訴訟法の当該規定が破棄されていること、国内裁判所による手続規則の適用の問題は、裁判所においてすでに多くの機会で検討し裁定していることから、当該セーフガード条項には該当しないとされた(112)。つまり、国内法が改正されて再びこのような問題は発生しない、そして条約に基づく国家の義務は明確化されているという判断から、第1セーフガードは適用されなかったのである。第2セーフガードについては、「指針」によれば、実効的国内救済が、国内レベルで利用できることが求められている(113)。

以上から指摘できることは、裁判所は「相当な不利益」の基準として、主に損失額の大きさを用いていることである。これはまさに書記局の研究によるところである。新基準導入の際に、その裁量が大きくなることについて激しい批判があったこともあってか、裁判所としては、客観的な基準として好むところなのであろう。事例の内容も6条関連のものが中心である。また第1セーフガード条項で用いられている「人権の尊重」に関する審査は、すでに本稿Ⅳ2

---

(110) *Holub v. the Czech Republic, Ibid.*, p. 11.
(111) See, *Practical Guide on Admissibility Criteria, supra* note (104), p. 76, para. 385.
(112) *Ionescu v. Romania, supra* note (100), paras. 37-39.
(113) *Practical Guide on Admissibility Criteria, supra* note (104), p. 77, para. 388.

(2)でも触れた友好的解決の場合とほぼ同一であって，事後に一般的問題を残さないことを意味していると考えてよい。それゆえに，同種の事件で裁判所による検討が行われており，問題となっている法令があればそれを改正するなどの一般的措置がとられている必要があるが，この先例を踏襲した審査を行っているのである。なお第2セーフガードについては，ブライトン宣言によって削除することが要請されている[114]。

(3) 小　括

　この新しい受理可能性基準の導入は，起草過程においてもっとも激しい批判を浴びたものの1つである。もっとも強く反対したのはヨーロッパのNGO諸団体であった。NGOは，個人の申立の権利は「人権の保護の死活的要素」であり，そして「この権利を弱めることは，基本的に誤りである」という。そして，新しい基準は「裁判所に対して本案審査するに値する事件を却下する広範すぎる裁量を与えている」と非難している[115]。

　また申立手続の処理能力を向上させるかどうかについても，多くの疑問が呈されてきた。例えば，新しい基準を設けたことによって，その基準の確定までにかかる時間を考慮すれば，受理可能性の判断に今まで以上に時間がかかることもありうるかもしれないというような批判である。そして，この基準の変更は，せいぜい既存の受理された申立のうち5％程度しか影響しないものといわれており，少なくとも申立の処理能力の向上については，ほとんど重要な意味を持たないとも言われている[116]。

　それでもなお裁判所にとっては，この規定が盛り込まれることが必要であった。裁判所は，裁量の幅を確保するという点で，「実質的問題」が「相当な不利益」に替えられたことは，大きな後退であるとして失望してはいたが，組織改革では対処しきれなくなるであろう近い将来に向けて，その基準の変更の余地を残そうとしたのである[117]。

---

[114] Brighton Declaration, *supra* note (43), para. 15 (c).
[115] Updated Joint Response to Proposals to Ensure the Future Effectiveness of the European Court of Human Rights, April 2004.
[116] M. Eaton and J. Schokkenbroek, *supra* note (19). pp. 1046-1047. また小代・前掲注(15)によれば，CDDHの試算である5％に対して，議院総会は1.6％にすぎないものと予測していた。同30頁。
[117] European Court of Human Rights, CDDH-GDR (2004) 001, *supra* note (36), para. 23.

たしかにこれほど多くの申立にあっては，5％の処理能力の向上であったとしても，受理可能性のハードルを上げることはやむを得ないのかも知れない。その際に，どこで受理と不受理の線引きをするのが適切かについての評価は今後の課題としたい。しかし少なくとも，裁判所は，基準をできる限り明確適用していく必要があることは指摘できる。このことは新しい基準のみにとどまるのではなく，受理可能性基準を規定した条約第35条全体についてもいえることである。第35条第1項aにいう「明白に根拠不十分」であることを根拠にして，数多くの申立が不受理とされているが，これについても，特定の理由なくして適用されるために，不透明であるという批判を招いている[118]。まさに2012年のブライトン宣言がいうように，裁判所が重要な事件に集中するために，受理可能性基準は有効なツールであるが，条約システムの信頼性を保つためには，裁判所が，受理可能性基準を厳密にかつ一貫した適用を続けることが重要なのである[119]。さもなければNGOによる非難が的中することになろう。

V　将来の展望——むすびにかえて

　第14議定書を巡る一連の組織改革は，この問題を政治的に最初に取り上げた2000年のローマ会議以来，個人の申立の権利確保を優先して検討されてきた。このために特に裁判所が求めてきた急進的な組織改革，重要な事件のみを取り扱うヨーロッパのいわば「憲法裁判所」へ向かおうとする動向は，できる限り最小限にとどめられてきた。より急進的なフィルタリングシステムの導入が見送られて，単独裁判官制度が採用されたこともその証左であるし，新しい受理可能性基準について，裁判所の望んでいた大きな裁量が与えられなかったのも，急激な改革によって個人の申立の権利が著しく損なわれることへのおそれのゆえである。

　しかしながら，大量の申立に対処するためには，その改革が不十分であることも確かであり，そのしわ寄せは，例えば友好的解決手続に現れてきているように思う。結果のわかっている申立を迅速に処理することは，裁判所の能力を向上させ，ひいては個人の申立の権利を確保するために必要なことであるが，そのことでかえって個人の利益を損ねている可能性がある。個人の申立の権利

---

(118)　H. Keller, A. Fischer, and D. Khne, *supra* note (51), pp. 1046-1047.

(119)　Brighton Declaration, *supra* note (43), para. 14.

〔大塚泰寿〕 *5* ヨーロッパ人権裁判所の受理可能性審査手続に関する改革について

については，個人が裁判所に直接申立を行う権利，妥当な期間内に適正かつ実効的に審理される権利など，さまざまな側面があるが，巧みにバランスをとりながら，今ある難問に立ち向かい，新たな改革を実行していくことが重要であると考える。

また現在ヨーロッパ審議会においては，いわゆる「補完性原則」にのっとった締約国の努力が強調されている。ここでいう「補完性原則」とは，法的な原則ではなく，政治的な指針である。この原則は「権利と自由を保護するのは，一義的に国家の責任なのであり，裁判所の役割は補完的なものである」として説明されているが，国家の条約実現の不足を裁判所が補うという消極的な意味よりも，条約システムの実効性を増すために，国家は進んで積極的な措置をとるべきである，ということを主張するために用いられるものである[120]。補完性原則は，その後インターラーケン宣言をはじめとした第14議定書のフォローアップ作業においても強調され，具体化してきている。条約機関の組織改革には一定の制約がある以上，補完性原則に則った締約国の努力がますます必要とされるであろう。

---

(120) Explanatory Report, *supra* note (1), para. 12.

6 欧州人権条約における個人申立権の濫用
――人権裁判所の判例の検討を中心に――

西 片 聡 哉

I はじめに
II 申立人の法廷での行為
III 条約システムと釣りあわない些細な不利益
IV おわりに

I はじめに

　欧州人権条約（以下，条約と表記）は，裁判所への個人の申立の受理可能性要件の1つとして，申立が濫用されたものでないことを定めている（35条3項(a)）[1][2]。条約の起草過程では，主として，政治的な目的による申立を防ぐため

---

(1) 個人申立の受理可能性要件における濫用の基準は，普遍的人権条約の個人通報制度でも定められている（自由権規約第一選択議定書3条，女性差別撤廃条約選択議定書4条2項(d)など）。

(2) この濫用の基準は，条文では個人申立に限定され，基本的に国家申立には適用されないと考えられる。旧欧州人権委員会は，国家間申立事件で旧27条2項（現35条3項(a)）が適用されないと確認してきた。*Danemark, Norvège, Suède, Pays-Bas c. Grèce*, n°s 3321-23/67, 3344/67, décision de la Commission, 24 janvier 1968, *Annuaire de la Convention Européenne des Droits de l'Homme《Annuaire》*1968, p. 727.
　もっとも，条約が直接適用されなくても，条約機関が「一般原則」に基づいて濫用と判断できるか否かという問題は残っていると思われる。キプロス対トルコ事件（1975年）の決定によれば，「一般原則に基づいてこのような判断ができる権能が与えられていると仮定したとしても」，委員会は「申立国政府が主張される条約違反に関する十分な特定された情報を委員会での手続きの段階で提供したと考える」として，申立が受理された。*Chypre c. Turquie*, n°s 6780/74, 6950/75, décision de la Commission, 25 mai 1975, *Annuaire* 1975, pp. 123, 125. また，キプロス対トルコ第3事件（1978年）では，旧27条が適用されなくても，国家申立が人権保護以外の目的でなされたり形式や性質上受け入れられない主張が申立に含まれていた場合に申立が受理されるか否かについて，委員会は一般的に答えることなくキプロスの申立を受理した。*Chypre c. Turquie*,

153

〈第2部〉ヨーロッパ人権保障制度の新展開

にこの要件が導入されることになった[3]。もっとも，旧欧州人権委員会（以下，旧委員会と表記）は，宣伝や政治的プロパガンダに動機づけられた申立を濫用と認定することには非常に慎重であり[4]，この文脈で「濫用の認定は，申立が証拠により明らかに擁護されないか条約の目的外であると思われる場合になされるかもしれないだろう」という言い回しが定式化する[5]。

他方で，旧委員会のその後の実行では，濫用の基準は，申立の形式や内容よりもむしろ条約機関での審査手続きにおける申立人の行為に関わって問題となってきたように思われる[6]。そして，旧委員会は，実行において，この基準

---

n° 8007/77, décision de la Commission, 10 juillet 1978, *Décisions et Rapports de la Commission Européenne des Droits de l'Homme*《D. R.》13, pp. 229-230. See also, *Cyprus v. Turkey*, no. 25781/94, decision of the Commission, 28 June 1996, *D. R.* 86-A, p. 135. 国家申立に対する濫用基準の適用に関しては，以下の文献を参照。Gérard Cohen-Jonathan, *La Convention européenne des droits de l'homme*, Economica, 1989, pp. 163-164 ; Peter van Dijk et al. eds., *Theory and Practice of the European Convention on Human Rights*, 4th ed., Intersentia, 2006, p. 197.

[3] Louis-Edmond Petitti et al. dir., *La Convention européenne des droits de l'homme: Commentaire article par article*, 2ᵉ éd., Economica, 1999, p. 637.

[4] 初期の事例である Lawless 事件（1958年）では，「申立が宣伝および政治的プロパガンダに動機づけられたという事実は，たとえそれが立証されたとしても，当該申立が請願権の濫用であるという帰結を必然的にもたらさないであろう」と指摘された。*Lawless c. Irlande*, n° 332/57, décision de la Commission, 30 août 1958, *Annuaire* 1958-1959, p. 339. 旧委員会は，この考えを後の事件でも踏襲し，被告国政府による政治的動機の主張を受け入れてこなかった。*B. Foti, F. Lentini et D. Cenerini c. Italie*, n°s 7604/76, 7719/76, 7781/77, décision de la Commission, 11 mai 1978, *D. R.* 14, p. 137 ; *McFeeley et autres c. Royaume-Uni*, n° 8317/78, décision de la Commission, 15 mai 1980, *D. R.* 20, pp. 126-127.

その他に，旧委員会の初期の時代には，条約規定を援用せず，国内裁判所の有罪判決の執行を免れることだけを目的とした申立が明白な濫用と認定された事例がある。*Koch c. République fédérale d'Allemagne*, n° 1270/61, décision de la Commission, 30 mars 1962, *Annuaire* 1962, pp. 135, 137.

[5] *McFeeley c. Royaume-Uni, supra* note (4), p. 127 ; *M. et autres c. Royaume-Uni*, n° 11208/84, décision de la Commission, 4 mars 1986, *D. R.* 46, p. 194. Foti ほか対イタリア事件では，「申立人が圧力を行使したり条約の目的および精神とは無縁な政治的プロパガンダを行うことを主な目的として個人の請願権および委員会での手続きを故意に利用したことが立証される場合にのみ，このような問題が生じうるであろう」と述べられている。*Foti et autres c. Italie, supra* note (4), p. 137.

[6] もっとも，申立人が過去に受理されなかった多くの申立に類似した申立を再度行った際に，旧委員会は，旧27条1項(b)（旧委員会がすでに審査していること）の適用では

〔西片聡哉〕　　　　　　　　***6*** 欧州人権条約における個人申立権の濫用

の適用には慎重であり，上述の言い回しと関連して「申立は，それが捏造された事実に故意に基づいていた場合にのみ濫用として斥けられる」という原則が1990年代に確立することになる(7)。では，欧州人権裁判所（以下，裁判所と表記）は，90年代後半以降この原則を基にしながら申立権の濫用という要件をどのように適用してきたのか。周知のように，条約では，90年代後半以降に個人申立数が急増し，事件処理の効率性の観点から第11議定書発効後も裁判手続きが若干変更された(8)。また，2010年の6月1日に第14議定書が発効し，「相当な不利益を被っていない」という受理可能性の新しい要件が追加されることになった。このような状況の変化を受けて，濫用基準と相当な不利益基準の機能の重複という新たな問題も提起され，裁判所による濫用基準の適用を分析す

なく，濫用として申立を却下したことがある。*X. c. République fédérale d'Allemagne*, nos 5070-71/71, 5186/71, décision de la Commission, 10 juillet 1972, *Annuaire* 1972, p. 483. この決定において，濫用としての却下の理由として委員会の任務と両立しないことが以下のように指摘された。「根拠不十分で濫用された連続した申立を扱うことは，委員会の任務とはなりえない。委員会は『この条約で締約国が行った約束の遵守を確保するために』条約により設置された機関である。このような申立は委員会の真の機能と両立しない無益な仕事を作りだし，委員会がその機能を遂行することを妨げる」。この言い回しは，その後の事例でも想起されることがあった。*M. c. Royaume-Uni*, no 13284/87, décision de la Commission, 15 octobre 1987, *D. R.* 54, pp. 222-223.

　　なお，旧委員会の実行に関しては，以下の文献を参照した。Cohen-Jonathan, *La Convention européenne des droits de l'homme*, supra note (2), pp. 159-164 ; Michel Hottelier, «La requête abusive au sens de l'article 27, 2° de la Convention européenne des droits de l'homme», *Revue trimestrielle des droits de l'homme*, no 7, 1991, pp. 301-318 ; Petitti, *Commentaire*, supra note (3), pp. 637-640 ; Van Dijk, *Theory and Practice*, supra note (2), pp. 193-197.

(7) See, for example, *Assenov and Others v. Bulgaria*, no. 24760/94, decision of the Commission, 27 June 1996, *D. R.* 86-A, p. 68 ; *G. J. v. Luxembourg*, no. 21156/93, decision of the Commission, 22 October 1996. もっとも，1990年代は，「被告国政府の主張は，申立が捏造された事実に基づくことが明らかである場合にのみ受け入れられうるであろう」という言い回しが用いられることも多かった。例えば以下の事例を参照。*Akdivar, Cicek, Aktas and Karabulut v. Turkey*, no. 21893/93, decision of the Commission, 19 October 1994. ; *Aslan v. Turkey*, no. 22497/93, decision of the Commission, 20 February 1995, *D. R.* 80-A, p. 145. なお，公刊物の出典が明記されていない旧委員会の決定，裁判所の判決，決定および条約に関する文書は，裁判所の公式ウェブサイト（http://www.echr.coe.int/echr/）から入手した。

(8) 小畑郁「ヨーロッパ人権裁判所の組織と手続」戸波江二ほか編『ヨーロッパ人権裁判所の判例』（信山社，2008年）13-14頁。個人申立数の変化については，同書520頁を参照。

155

〈第2部〉ヨーロッパ人権保障制度の新展開

る意義はあると考える。

　以上のような問題意識に基づき，本稿は，裁判所の判例の分析を中心にして，個人申立権の濫用の基準の機能および射程について考察することを目的とする。以下，Ⅱでは，旧委員会の時代から濫用にあたるとみなされてきた条約機関での申立人の行為について検討する。次に，Ⅲでは，個人申立の激増と裁判所の過剰負担により生じた新たな問題である条約システムと釣りあわない些細な不利益について検討し，結論を導き出したい。

Ⅱ　申立人の法廷での行為

1　侮辱的な表現の使用

　申立人が法廷で被告国政府（代理人などの個人を含む）や条約機関（判事，委員および書記を含む）に対して，侮辱的なまたは挑発的な言葉を用いた場合，申立権の濫用となりうることは旧委員会の時代から認められてきた[9]。今日では，このような言動が濫用と性格づけられるには，侮辱的な言葉をしつこく用いることが必要であり[10]，申立人の言葉が単に強烈であったり論戦的であったり人をあざけるようなものだけでは十分ではなく，正常で正当な批判の限度を超えていなければならない[11]。

　濫用となる侮辱的な表現の典型は，法廷侮辱となる言動である。Řehák 対チェコ事件（2004 年）では，第2小法廷は，申立人が書簡で一部の判事や書記の品性について根拠のない中傷を行い，判事や書記の公平性に対する計画的な非難を行ったことなどが正常な批判の限界を超え，法廷侮辱となっているとして，申立を受理しなかった[12]。また，Di Salvo 対イタリア事件（2007 年）では，

---

[9]　例えば，旧委員会が，被告国政府当局に対する侮辱的な言葉の使用を理由として申立が濫用にあたると決定した事例として，以下のものを参照。*Rafaël c. Autriche*, n° 2424/65, décision de la Commission, 24 mai 1966, *Annuaire* 1966, pp. 435, 437 ; *X. et Y. c. République fédérale d'Allemagne*, n° 2625/65, décision de la Commission, 30 septembre 1968.

[10]　*Manoussos v. the Czech Republic and Germany* (dec.), no. 46468/99, 9 July 2002, p. 21. Mirolubovs ほか対ラトビア事件判決（2009 年）は申立権の濫用に関する「一般原則」を比較的詳細に述べたものとして重要であるが，同判決は濫用となる侮辱的な言葉について「とりわけ過酷で，侮辱的で，威嚇的で，または挑発的な表現」と性格づけている。*Affaire Mirolubovs et autres c. Lettonie*, n° 798/05, 15 septembre 2009, para. 64.

[11]　*Ibid.*; *Di Salvo c. Italie* (déc.), n° 16098/05, 11 janvier 2007, p. 8.

156

〔西片聡哉〕　***6***　欧州人権条約における個人申立権の濫用

　第3小法廷は，弁護士である申立人が所見で用いた表現が被告国政府の共同代理人を侮辱するものとみなされ，法廷侮辱となりうるであろうと判示した。さらに，小法廷は，書記局がこのような表現を撤回するように申立人に促したにもかかわらず彼がそれに従わなかったことを重視し，これらのことが個人の申立権の目的に反するとして濫用として申立を受理しなかった[13]。

　これに対して，申立人が侮辱的な表現を稀にしか用いなかった場合には，濫用とはならない。Manoussos 対チェコおよびドイツ事件（2002年）では，第2小法廷は，申立人がチェコ人民や同国政府当局に対して所見で侮辱的な言葉を用いたことを認めたが，使用は稀であり書記局の助言を受けた後は用いなかったと判示して，濫用として申立を却下しなかった[14]。また，グルジア労働党対グルジア第2事件（2007年）では，同党の指導者の申述書の中には法廷侮辱に近いものもあったと認定されたが，第5小法廷は，全体としてみれば指導者の言葉は許容範囲を超えておらず，使用回数も稀であって，根拠不十分として被告国政府の濫用の主張を斥けた[15]。さらに，申立人が侮辱的な言葉などを後に撤回した場合には，濫用とはみなされない。2006年の Chernitsyn 対ロシア事件では，第1小法廷は，申立人が裁判所の警告を受けて攻撃的な言葉を撤回し，裁判所に謝罪したことで，濫用の事由が存在しなくなったと判示して，申立を受理した[16]。

---

[12]　*Řehák v. the Czech Republic*（dec.），no. 67208/01, 18 May 2004, pp. 4-5.

[13]　*Di Salvo c. Italie, supra* note [11], pp. 8-9. 申立人の裁判所での言動が法廷侮辱にあたると認定された他の事例として，以下のものを参照。*Apinis v. Latvia*（dec.），no. 46549/06, 20 September 2011, pp. 12-17. また，法廷侮辱と認定されたわけではないが，申立人が通信で裁判所の一部の判事や書記への非難を繰り返したことが濫用にあたると判示された事例として，以下のものを参照。*Duringer et autres c. France*（déc.），nos 61164/00, 18589/02, 4 février 2003, p. 5. これに対して，Varbanov 対ブルガリア事件判決（2000年）では，第4小法廷は，被告国政府の代理人に対する申立人の不快と主張される指摘が真実に基づくものであると判示して，同国の先決的抗弁を斥けた。*Case of Varbanov v. Bulgaria*, no. 31365/96, 5 October 2000, para. 36.

[14]　*Manoussos v. the Czech Republic and Germany, supra* note [10], p. 21.

[15]　*The Georgian Labour Party v. Georgia (No. 2)*（dec.），no. 9103/04, 22 May 2007, pp. 23-25. もっとも，決定では，申立受理の認定は，申立人が将来類似した行動を繰り返すならば，裁判所が訴訟手続きのいずれかの段階で別の結論に至ることを妨げるわけではないと述べられている。*Ibid.*, p. 25.

[16]　*Case of Chernitsyn v. Russia*, no. 5964/02, 6 April 2006, pp. 24-28.

〈第２部〉ヨーロッパ人権保障制度の新展開

このように、侮辱的な表現の使用が濫用となるには、申立人がこのような言葉を意図的に頻繁に用いることが重要な要素となる。濫用基準のこのような適用は、法廷の秩序や規律を乱す者に対する懲戒的な制裁としての性格を持つと指摘される[17]。

2 裁判所の判断を誤らせる行為
(1) 捏造された事実の提示

上述したように、申立人が捏造された事実を条約機関に示した場合、申立の濫用となりうることは旧委員会の時代から認められてきた[18]。現在では、裁判所宛の文書の偽造は、そのもっとも重大な例として認識されている[19]。また、裁判所の判断を誤らせようとする当事者の意図が十分に正確につねに示されなければならない[20]。

Jian 対ルーマニア事件（2004 年）では、申立人は刑務所で受けた虐待に関する 2 つの文書を裁判所へ送付したが、これらの文書の真偽が争点となった。第 2 小法廷は、国内での刑事告訴の写しは申立人による告訴の撤回を示す箇所が切り取られたものであり、また医師の診断書は患者名や日付が修正されていたと判示し、被告国政府の先決的抗弁を認め、申立を却下した[21]。また、Bagheri および Maliki 対オランダ事件（2007 年）では、オランダに庇護を求めた申立人夫妻はイランの国内裁判所の 2 つの判決に依拠したが、第 3 小法廷は被告国政府の調査によりこれらの判決が偽造であることが明らかであるとして、申立を受理しなかった[22]。さらに、Drijfhout 対オランダ事件（2011 年）では、申立人が裁判所に対して身元をいつわり、本当の身元を明らかにするのを拒み

---

[17] G. Cohen-Jonathan は、侮辱的な言葉の使用に対する旧委員会による濫用基準の適用を「懲戒的な」措置として性格づけている。Cohen-Jonathan, *La Convention européenne des droits de l'homme, supra* note (2), p. 160.

[18] 例えば、申立人が国内訴訟に関して偽りの陳述を旧委員会で行ったことが旧委員会の判断を故意に誤らせ濫用にあたると認定された事例として、以下のものを参照。X. c. *République fédérale d'Allemagne*, nos 2364/64, 2584/65, 2662/65, 2748/66, décision de la Commission, 4 avril 1967.

[19] *Affaire Mirolubovs, supra* note (10), para. 63.

[20] *Ibid*.

[21] *Jian c. Roumanie* (déc.), no 46640/99, 30 mars 2004, pp. 11-13.

[22] *Bagheri and Maliki v. the Netherlands* (dec.), no. 30164/06, 15 May 2007, p. 4.

続けたことが濫用にあたるとして，第3小法廷は申立を受理しなかった[23]。

また，申立人が審理に不可欠な情報を裁判所に伝えることを最初から怠る場合，このような行為が濫用とみなされることがある。この場合，不完全であることにより誤解を招くような情報は，とりわけ情報が事件の核心そのものに関わり，情報を公にしなかったことについて十分な説明が何らなされないことが必要となる[24]。Hüttner対ドイツ事件（2006年）では，申立人が申立前に被害者の資格を喪失したことを裁判所に伝えなかったことが濫用にあたると第5小法廷により判示された[25]。また，Kérétchachvili対グルジア事件（2006年）では，第2小法廷は，申立人が問題となる国内判決が執行されたことを裁判所に伝えなかったと認定し，濫用として申立を受理しなかった[26]。

これに対して，申立人があまり重要ではない情報を裁判所に伝えなかった場合には，濫用とはならない。Al-Nashif対ブルガリア事件判決（2002年）では，知らされなかったと主張される情報は本件で争われている退去強制が行われた後の展開にのみに関わり，申立人の代理人がそのことについて説明を行ったとして，第4小法廷は被告国政府の先決的抗弁を斥けた[27]。

(2) 情報の欠如

裁判所規則47条6項は，申立人が申立の審理ために関連するあらゆる情報を裁判所に知らせることを義務づけている。これに関連して，裁判所での審理の途中に新たな重要な展開が生じ，申立人がそれを裁判所に伝えず，不作為について説明をしない場合には，裁判所の適切な判断を妨げる濫用として却下されうる[28]。

---

[23] *Drijfhout v. the Netherlands* (dec), no. 51721/09, 22 February 2011, paras. 20-30. 裁判所規則47条3項によれば，申立人が身元を明らかにすることを望まない場合，申立人はその旨を明示し，裁判所の手続きの公開制という通常の規則から離れることを正当化する理由を説明しなければならない。

[24] *Hüttner v. Germany* (dec.), no. 23130/04, 19 June 2006, p. 5.

[25] *Ibid.*, pp. 4-5. See also, *Pirtskhalaishvili v. Georgia* (dec.), no. 44328/05, 29 April 2010, p. 3.

[26] *Kérétchachvili c. Géorgie* (déc.), n° 5667/02, 2 mai 2006, pp. 7-8. See also, *Milošvić v. Serbia* (dec.), no. 20037/07, 5 July 2011, paras. 39-43.

[27] *Case of Al-Nashif v. Bulgaria*, no. 50963/99, 20 June 2002, para. 89.

[28] *Affaire Mirolubovs*, *supra* note (10), para. 63. 旧委員会の実行では，F対スペイン事件（1991年）で，申立人が申立後に同国内で民事訴訟を起こしたことを旧委員会に伝えな

〈第2部〉ヨーロッパ人権保障制度の新展開

　Hadrabováほか対チェコ事件（2007年）では，第5小法廷は，申立人らが国内で補償を請求した事実を裁判所に知らせなかったことに関する説明を怠ったことが申立の濫用の1つの事由となるとして，申立を受理しなかった[29]。また，Bekauri対グルジア事件判決（2012年）では，申立人は彼に対する終身刑の執行方法が条約3条に違反すると主張し，2010年6月に申立が受理された。これに対して，被告国政府は，この終身刑が2007年に16年の拘禁刑に減刑されたことを受理決定後に裁判所に伝え，申立人がこのような重要な事実を裁判所に知らせなかったのは申立権の濫用であるとして，先決的抗弁を行った。第2小法廷の認定によれば，有期刑への減刑が申立の核心に関わる事実であるにもかかわらず，申立人やその代理人らがこのことを裁判所に伝えず，正当な説明さえもしなかった。判決は，このような行為が申立権の目的と両立せず，裁判所の適切な機能を妨げると判示して，申立を却下した[30]。

3　友好的解決の非公開原則の侵害

　条約39条2項および裁判所規則62条は友好的解決の非公開原則を定めており，「この非公開の規則は絶対的な性格をもち，公にされた情報の量について個別に評価することを認めない」[31]。このような友好的解決手続きにおける非公開原則の侵害が個人申立の濫用の事由となりうることが2000年代に確立した。Popov対モルドバ事件判決（2005年）で，第4小法廷は，「この原則が侵害されると，申立が申立権の濫用であるという理由で受理されないと結論づけることは一定の事情のもとで正当化されうるであろう」と述べ[32]，非公開原則の侵害により申立が濫用として受理されえないことを認めた。

　条約機関の手続きの非公開については，旧委員会での手続きはすべて非公開

　　　かったことについて，国内訴訟が申立に関する救済を与えることができないと申立人は考えていることから故意の隠蔽ではないとして，同国政府の抗弁が斥けられた。F. c. Espagne, n° 13524/88, décision de la Commission, 12 avril 1991, D. R. 69, p. 190.

[29]　Hadrabová and Others v. the Czech Republic (dec.), no. 42165/02, 25 September 2007, pp. 3-4.

[30]　Case of Bekauri v. Georgia, no. 14102/02, 10 April 2012, paras. 21-25. See also, Tatalović and Dekić (dec.), no. 15433/07, 29 May 2012, pp. 3-4 ; Červeňáková v. the Czech Republic (dec.), no. 26852/09, 23 October 2012, paras. 20-29.

[31]　Balenović v. Croatia (dec.), no. 28369/07, 30 September 2010, p. 19.

[32]　Case of Popov v. Moldova, no. 74153/01, 18 January 2005, para. 48.

とされ（条約旧33条および旧委員会の手続き規則17条），旧委員会は，Malige 対フランス事件（1996年）で非公開原則違反を理由として申立を濫用と認定したこともある[33]。もっとも，友好的解決における非公開原則違反が申立権の濫用になることは旧制度では基本的に想定されなかった。なぜなら，旧制度では，友好的解決は申立が旧委員会により受理された後になされたからである。第11議定書発効後も，条約規定では，受理可能性の審査と本案審査は別々になされ，基本的に申立が受理されてから友好的解決がなされることになっていたが（旧38条1項），申立数の急増による手続きの効率化の要請から2002年に裁判所規則が改正され，受理可能性と本案の併合審理が可能となった（規則54条A）[34]。このことにより，受理決定の前に友好的解決が図られることもなされるようになった。第14議定書15条1項は，このような新たな実行を受けて，友好的解決を確保するために裁判所が手続きのあらゆる段階で自らを当事者の利用に委ねることができると定め，同項が現在の条約39条1項となっている[35]。

友好的解決における非公開原則の侵害が申立権の濫用となることの理由として，Mirolubovs ほか対ラトビア事件判決（2009年）で，第3小法廷は，司法の適正な運営や法的安定性の尊重を指摘している。

> 「裁判所が幾度となく判示してきたところによれば，国内法で定められた手続き規則は司法の適正な運営と法的安定性の原則の尊重を確保し，利害関係者は同規則が適用されることを予測できなければならない。ところで，同じことは，条約および裁判所規則の手続き規定でもいっそう強く確認される。とりわけ，友好的

---

[33] Malige c. France, n° 26135/95, décision de la Commission, 5 mars 1996, D. R. 84-A, pp. 161-162. 本件では，申立人の代理人が旧委員会での事件の審議に関する記事を新聞や雑誌に数回にわたり掲載し，代理人がそのことについて十分な説明をしなかったとして，申立が濫用と認定された。旧委員会での非公開原則について，濫用と認定されなかった事例については，以下のものを参照。F. c. Espagne, supra note (28), p. 189 ; Buscarini, Balda et Manzaroli, c. République de Saint-Marin, n° 24645/94, décision de la Commission, 7 avril 1997, D. R. 89 = A, p. 42.

[34] 併合審査は第14議定書8条および9条1項でも明示的に定められ，現在の条約では，28条1項(b)で3人の裁判官からなる委員会が，29条1項で小法廷が併合審査を行うことが認められた。

[35] 第14議定書の説明報告書では，友好的解決手続きを併合審査の導入などに適合させ，いっそう柔軟なものにする必要があったと述べられている。Protocole n° 14 à la Convention de sauvegarde des Droits de l'Homme et des Libertés fondamentales, amendant le système de contrôle de la Convention, Rapport explicatif, para. 92.

〈第 2 部〉ヨーロッパ人権保障制度の新展開

解決の交渉の非公開規則は，政治的圧力その他のあらゆる試みから当事者および裁判所自体を保護するかぎりで，とくに重要である。したがって，この規則を故意に尊重しないことが手続きの濫用として分析されるのは当然である」[36]。

このような理由づけは，引用はなされていないが，旧委員会が Malige 対フランス事件で指摘したことを踏襲している。同事件では，非公開原則は「政治的圧力その他のあらゆる試みから一方では当事者とりわけ申立人の保護を確保し，他方で委員会を保護することを目的とする」ことが明らかにされた[37]。したがって，友好的解決の非公開原則の侵害は濫用の新たな事由であるが，このことは旧委員会の実行を受け継いでいると言うことができる。

次に，裁判所が非公開原則の侵害を濫用として申立を受理しなかった事例を見てみると，まず，当事者が国内訴訟で友好的解決の交渉内容に言及した場合に申立が却下されている。裁判所規則 62 条 2 項では，友好的解決の枠組みで行われた書面によるまたは口頭での通信および提案または譲歩のいずれも，争訟手続きで言及されまたは依拠されえないと定められている。Hadrabová ほか対チェコ事件では，申立人が友好的解決の交渉で提示された書記局の提案に補償を求める国内訴訟で依拠したことが非公開の原則を侵害するとの理由により，申立は申立権の濫用として受理されなかった[38]。また，当事者が交渉の内容をメディアに漏らした場合にも濫用として申立が受理されないことがある。Mandil 対フランス事件（2011 年）では，申立人および弁護士が友好的解決の交渉の詳細をマスメディアに故意に漏らしたことが明らかであるとして，第 5 小法廷は申立を受理しなかった[39]。

しかしながら，非公開原則の侵害が必然的に申立の濫用として不受理となるわけではない。Lesnina Veletrgovina Doo 対マケドニア事件（2010 年）では，

---

(36) *Affaire Mirolubovs, supra* note (10), para. 66.
(37) *Malige c. France, supra* note (33), p. 162.
(38) *Hadrabová Case, supra* note (29), p. 4.
(39) *Mandil c. France* (déc.), n° 67037/09, 13 décembre 2011, pp. 4-6. 本件と事案が類似している事件として，以下のものも参照。*Deceuninck c. France* (déc.), n° 47447/08, 13 décembre 2011 ; *Barreau et autres c. France* (déc.), n° 24697/09, 13 décembre 2011. 友好的解決の交渉の内容をメディアに漏らしたことが濫用にあたると認定された他の事例として，以下のものも参照。*Benjocki v. Serbia* (dec.), nos. 5958/07, 6561/07, 8093/07, 9162/07, 15 December 2009.

〔西片聡哉〕　**6**　欧州人権条約における個人申立権の濫用

第5小法廷は，申立人による非公開原則の侵害を認定しながらも，濫用とはみなさず申立を受理した。決定では，友好的解決の提案を受け取ったとの申立人の代表によるコメントが新聞に掲載されたことは非公開原則を侵害するが，交渉の詳細が漏れていないことなどに鑑みて，濫用として申立を受理しないことは釣りあいがとれないであろうと理由が述べられた[40]。また，Balenović対クロアチア事件（2010年）では，第1小法廷は，申立人による非公開原則の侵害を認定したが，申立を他の受理可能性基準（明白な根拠不十分）により却下できるとして濫用による不受理を回避した[41]。この事例からは，裁判所は非公開原則の侵害に関して濫用基準よりも他の基準を優先的に適用しようとする傾向が窺われる。

非公開原則の別の問題として，情報の漏洩に対する申立人の責任の立証がある。この問題について，第3小法廷は，Milolubovs事件で以下のように述べた。

> 「裁判所が……一貫した判例法に照らして考えるところによれば，公開されない情報の漏洩における関係者の直接の責任はつねに十分に正確に立証されなければならず，単なる疑いは条約35条3項3項の意味で申立の濫用と宣言するには十分ではない」[42]。

本件では，第三者の書簡が本件の友好的解決の可能性についての裁判所書記，申立人および政府代理人の通信に言及していたが，このことに対する申立人の関与が争点となった。判決によれば，申立人の過失を示す証拠をラトビア政府が提供しなかったとして，申立の濫用を主張する被告国政府の先決的抗弁が斥けられた[43]。

以上のように，裁判所は，旧委員会の実行を踏まえながら，裁判手続きでの申立人の行為が法廷秩序を掻き乱すような場合に申立が個人申立権の目的に反するとみなし，濫用として申立を受理してこなかった。もっとも，裁判所は，申立人の各行為について，濫用となりうる条件を明示し，条件が満たされる場合にのみ例外的に濫用と認定する慎重な姿勢をとっている。

---

[40] *Lesnina Veletrgovina Doo v. the former Yugoslav Republic of Macedonia* (dec.), no. 37619/04, 2 March 2010, pp. 3-4.
[41] *Balenović v. Croatia*, *supra* note (31), pp. 18-20.
[42] *Affaire Mirolubovs*, *supra* note (10), para. 66.
[43] *Ibid.*, paras. 67-71.

163

〈第 2 部〉ヨーロッパ人権保障制度の新展開

Ⅲ　条約システムと釣りあわない些細な不利益

　1990 年代後半以降個人の申立数が急増し，裁判所の過剰負担の問題が顕在化すると，申立人がわずかな不利益しか被っていないことが申立の濫用として認められる事例が生じてくる。

　Bock 対ドイツ事件（2010 年）では，申立人は，医師に処方された食事療法のサプリメントの賠償（7.99 ユーロ）を求めてフランクフルト行政裁判所に提訴した訴訟が 5 年 4 カ月の長期にわたり，それに対して救済がなされなかったことが公正な裁判を受ける権利などを侵害すると主張した。第 5 小法廷は，重大な人権問題を提起する非常に多くの申立が裁判所に係属していることで過重な負担を強いられており，7.99 ユーロという少額と本件手続きが薬物ではなくサプリメントに関わるものであることを考慮すると，本件事実の瑣末さと条約の保障システムの利用との間に不釣りあいな状態があると述べ，濫用として申立を受理しなかった[44]。

　これに対して，第 14 議定書が 2010 年 6 月 1 日に発効すると，裁判所が Bock 事件に言及しながら，受理可能性の新たな基準である「相当な不利益を被っていないこと」を適用して申立を却下する事例が出てくる。

　Ionescu 対ルーマニア事件（2010 年 6 月）では，第 3 小法廷は，商事会社の運送契約条項の不遵守による申立人の損害賠償額等が 90 ユーロであり，申立人は同額が彼の生活に重大な影響を与えるような経済状況にはなく，相当な不利益を被っていないと判示し，申立を却下した[45]。決定では，訴訟で争われている金額がわずかであることは裁判所が申立を受理しないと宣言するに至った決定的な要素であったことを想起しなければならないと述べられ，この文脈で Bock 事件が引用された[46]。適用された条文は異なるが，実質的には問題となる金額が少額であるという同じ理由で申立が却下されたと捉えることも可能で

---

[44]　*Bock v. Germany*（dec.）, no. 22051/07, 19 January 2010, pp. 4-5.

[45]　*Ionescu c. Roumanie*（déc.）, n° 36659/04, 1er juin 2010, paras. 30-41.

[46]　*Ibid.*, para. 34. Bock 事件を引用している相当な不利益基準に関する他の事例として，例えば以下のものを参照。*Sancho Cruz et 14 autres affaires《réforme agraire》c. Portugal*, nos 8851/07, 8854/07, 8856/07, 8865/07, 10142/07, 10144/07, 24622/07, 32733/07, 32744/07, 41645/07, 19150/08, 22885/08, 22887/08, 26612/08, 202/09, 18 janvier 2011, para. 30；*Juhas Đurić v. Serbia*, no. 48155/06, 7 June 2011, para. 57.

ある。

　Bock 事件は，第 14 議定書が発効するまでの過渡的な事例と考えることもできたかもしれないが，他方で，Dudek 対ドイツ事件（2010 年 11 月）は，第 14 議定書発効後も申立権の濫用として Bock 事件のアプローチが用いられることを示した。第 5 小法廷は，Bock 事件で選択されたアプローチが条約 35 条 3 項(b)での新たな受理可能性要件（相当な不利益）の設定後も引き続き適用されると明言し[47]，その理由として以下のことを指摘した。

　　「条約 35 条の文言は，新たな要件が条約 35 条 3 項(a)に含まれる他の要件に取って代わるものではなく，別の選択肢（alternative）であることを明確に確立している。新たな基準が第 14 議定書発効前の受理可能性要件に関する判例法の一部を無益にすると考えることは，同基準を導入した目的にも反することになるであろう」[48]。

　本件では，契約歯科医である申立人は所属する契約歯科医協会を相手取って請求した諸費用から差し引かれた金額の支払いを求める訴訟をドイツの社会裁判所に起こしたが，7 年を超える訴訟期間が合理的な期間内に審理を受ける権利（条約 6 条 1 項）や効果的な救済を受ける権利（13 条）を侵害しているとして申立を行った。小法廷は，問題となっている諸費用の不払いによって申立人の生活が危険にさらされるわけではないと認定し，金額が少額であることにより申立が相当な不利益基準に依拠して受理可能か否かを審査した。同基準に適用について，小法廷は，訴訟遅延に対してドイツ国内で効果的な救済が与えられていないと認定し，同基準の要件の 1 つである国内裁判所による十分な審理を受けていないという条件が満たされるため，同基準により申立を却下できなくなると判示した[49]。そこで次に，小法廷は濫用基準に基づいて受理可能性を審査し，Bock 事件に依拠しながら裁判所の過重負担と多くの重大な人権問題が係属中であることを考慮して，申立が濫用であると決定した[50]。

　裁判所のこのようなアプローチはその後も引き続き採用され，確立していくことになる。Popovici 対オーストリア事件（2011 年）では，申立人は所得税

---

[47] *Dudek (VIII) v. Germany* (dec.), nos. 12977/09, 15856/09, 15890/09, 15892/09, 16119/09, 23 November 2010, p. 8.
[48] *Ibid.*
[49] *Ibid.*, pp. 6-7.
[50] *Ibid.*, pp. 7-9.

〈第2部〉ヨーロッパ人権保障制度の新展開

の追徴としての137.91ユーロの支払い命令が不当であるとして同国の裁判で争ったが，5年6カ月半に及ぶ長期の訴訟が条約6条1項に違反すると主張した。第1小法廷は，申立人が国内訴訟で争ったのは追徴額ではなく，「第1回目の」追徴の当否であり，このような異議申立が国内裁判所の過剰な負担をもたらし，あまりにも長期にわたる訴訟の一因となると認定した。そのうえで，本件では，争われている些細な事実と長期の訴訟遅延の間の不均衡が特徴づけられるとして，申立は濫用として受理されなかった[51]。また，Vasylenko対ウクライナ事件（2011年）では，第5小法廷は，Bock事件やDudek事件に言及しながら新たな原則が確立したと述べ，相当な不利益基準ではなく，濫用として申立を受理しなかった。申立人は車のスピード違反により17ウクライナ・フリヴニャ（約3ユーロ）の罰金を科した裁判が申立人不在のまま行われ，このことが条約6条の公正な裁判を受ける権利を侵害していると主張した。決定は，明らかに少額な罰金と重大な人権問題を提起する多くの申立が裁判所に係属している事実の間の不均衡に鑑みて，申立を濫用として却下した[52]。

このように，申立人の被害額の瑣末さが争点となっている場合，濫用基準と相当な不利益基準の区別の問題が生じる。裁判所が指摘したように，これらは別個の基準としてそれぞれ独自の審査が可能であるが，優先的に適用されるのは相当な不利益基準であろう。Vasylenko対ウクライナ事件でも，第14議定書が発効する前の2009年3月24日に申立が一旦受理されたため，裁判所は相当な不利益基準により審理できなかった側面があった[53]。濫用基準は，相当な不利益基準によって申立を却下できない場合に適用されるという意味で，補完的な機能をはたしうるのかもしれない。

それぞれの基準により申立を受理しない場合の理由づけについては，相当な不利益基準の場合は，問題となる金額が客観的に見て少額であり，申立人に対する影響が少ないことが強調される傾向にある[54]。他方で，濫用基準の場合に

---

[51] *Popovici v. Austria* (dec.), no. 49598/07, 20 September 2011, pp. 4-5. 本件では，追徴命令は申立後に取り消された。

[52] *Vasylenko v. Ukraine* (dec.), no. 25129/03, 18 October 2011, pp. 4-5.

[53] 第14議定書20条2項によれば，相当な不利益基準は，議定書が発効する前に受理された申立には適用されない。

[54] Korolev対ロシア事件（2010年）によれば，「相当な不利益」を包括的に定義することはできないが，不利益の程度については，人権侵害が実際になされていても，侵害の

[西片聡哉]　　　　　　　　　**6**　欧州人権条約における個人申立権の濫用

は，金額が少額であることと条約システム（あるいは長期にわたる訴訟）の利用との不均衡が強調される。双方の不釣りあいの度合いがあまりにも行きすぎて，裁判所の迅速かつ効率的な事件処理を妨げる場合には申立権の濫用として判断されるのではないだろうか[55]。

　これまでの事例は，いずれも国内の訴訟遅延や訴訟手続きに関わるものであったが，訴訟遅延などに対する効果的な国内救済がなされないにもかかわらず，濫用基準により申立が却下されると，申立人の人権救済が最終的になされないのではないかと懸念される。この点について，いずれの当事国についても，裁判所がすでに訴訟遅延などの問題を扱ってきたことが決定で強調されている。ドイツにおける過度の訴訟遅延に対する効果的な国内救済の欠如に関しては，決定は，別の事件で同国の条約上の義務が特定されたことを指摘した[56]。このことから，裁判所は，効果的な国内救済の欠如に対する歯止めを確認したうえで慎重に濫用基準を適用していると思われる。

重大性が最低限のレベルでなければならない。侵害の重大性に関する最低限のレベルの評価は相対的であり，各案件の事情に依存している。権利侵害の重大性は，申立人の主観的知覚と事件で客観的に何が問題となっているかを考慮して判断されなければならない。*Korolev c. Russie*（déc.），n° 25551/05，1er juillet 2010, p. 4. 金銭的な影響について，総額がわずかであることは，裁判所が申立を受理できないと宣言する決定的な要素である。*Ionescu c. Roumanie, supra* note (45), para. 34. なお，相当な不利益基準に関する裁判所の判例の詳細な分析は，別稿で行いたい。

(55)　条約システムと釣りあわない些細な不利益の問題は新たな濫用の事由であるが，濫用基準の適用が司法機能の維持を目的とするのであれば，これは旧委員会が X 対西ドイツ事件（前掲注(6)）で強調した旧委員会の機能の維持と共通している。その意味では，裁判所は旧委員会の実行を踏襲していると考えられる。

(56)　Bock 事件も Dudek 事件も，ドイツの義務を明示した Sürmeli 対ドイツ事件判決（2006 年）や Herbst 対ドイツ事件判決（2007 年）に言及しながら，これらの事件で申立が濫用として却下されることが例外的であることを強調している。*Bock v. Germany, supra* note (44), p. 4 ; *Dudek v. Germany, supra* note (47), p. 9. オーストリアについては，裁判所は，Schutte 対オーストリア事件判決（2007 年）などで同国の訴訟遅延の問題を扱ってきたことに留意している。*Popovici v. Austria, supra* note (51), p. 5. また，ウクライナに関しては，裁判所は，審理の適切な通知の要請の問題を Strizhak 対ウクライナ事件判決（2005 年）などで扱ってきた。*Vasylenko v. Ukraine, supra* note (52), p. 5.

〈第2部〉ヨーロッパ人権保障制度の新展開

Ⅳ　おわりに

　受理可能性要件における申立権の濫用の基準については，適用された事例は比較的少数であり例外的な場合に限定されてきた。他方で，起草者が想定していなかったような解釈の発展が状況の変化とともに条約機関により着実になされ，裁判所は旧委員会の実行を受け継ぎながら濫用の基準を精緻化させてきた。裁判所が申立権の濫用を認めた場合に共通していたのは，法廷での申立人の行動や申立の度がすぎていたことであった。したがって，行きすぎた申立を例外的に受理しないという意味で，裁判所は申立権の濫用に対して最小限の統制を及ぼし，そのような統制の機能は司法の適正な運営の原理に基づく法廷秩序および司法機能の維持と性格づけることができる。また，相当な不利益基準との重複の問題については，裁判所は同基準を優先的に適用し，この基準により申立を却下できない場合に，裁判所は濫用基準に依拠する傾向があり，濫用基準は相当な不利益基準を補完する役割をはたしているのかもしれない。この点については，相当な不利益基準に関する判例の分析を行うことで，さらに考察を深めていきたい。

　〔付記〕筆者は，京都学園大学総合研究所の助成により，2009年9月から2010年8月までフランス・ストラスブール大学PRISME研究班で在外研究を行った。本稿はその研究成果の一部である。

7 EU基本権憲章上の庇護権
――解釈と庇護関連指令を含む国内適用――

佐 藤 以 久 子

Ⅰ はじめに　　　　　　　　　Ⅲ EU庇護権規定の国内適用
Ⅱ EU法上の庇護に関する枠組　Ⅳ おわりに
　規定

Ⅰ はじめに

　欧州連合（以下，EU）における庇護権は，EUという国際社会における新たな法体系の下で，また，EU法においてもアムステルダム条約[1]以降EUが取組む新領域としてEU域内における共通の庇護基準の制定及びそれら基準の共通適用を図るなかで，すなわち，基準と適用の両面を備えたEUの庇護法の形成に取組むなかで創設されつつある。また，EUの庇護法とは，欧州共同体法（以下，EU法）[2]の下に制定された庇護に関する共通基準及び同基準の適用のための手続規定，そして，これら庇護基準の内容と適用の統一を図るための仕組みの総称であり，単に各庇護規定を束ねたものではない。
　具体的に，庇護規定はEU基本権憲章及びEU法の指令（Council Directive）に定められており[3]，法源は，いずれも1951年難民の地位に関する条約[4]（以下，

---

[1] 1997 Treaty of Amsterdam Amending the Treaty of European Union, the Treaty Establishing the European Communities and Related Acts (entered into force 1 May 1999), OJ C 340 of 10. 11. 1997.
[2] 現行の欧州共同体法（EU法）はリスボン条約（正式名：EU条約およびEC運営条約に設立する条約を修正するリスボン条約，2009年12月3日発効）であり，EU条約（Treaty of European Union）とEU運営条約（Treaty on Functioning of the European Union）から成る（OJ C 83 of 30 Mar. 2010）。なお，EU運営条約は，EU機能条約とも訳されるが同じものであり，本稿ではEU運営条約と称する。
[3] 主な庇護指令は，国際的保護の資格基準，庇護手続基準，庇護申請者の受入基準である（資格基準：Council Directive 2011/95/EU (13 Dec. 2011) on Standards for the

〈第2部〉ヨーロッパ人権保障制度の新展開

1951年難民条約)を基礎とし，更に国際法上のノン・ルフールマン原則と人権および基本的自由の保護のための欧州条約[5]（以下，欧州人権条約）及び同条約の判例を含む人権諸条約である。なお，EU法の諸庇護基準指令は，EU法の他の分野と同様，条約のように固定されておらず，EUの政策計画に基づいて[6]段階的に修正されている。現段階は，第2段階の「国際的保護」付与の資格地位の統一及び適用の共通化にあり，第1段階の各国が最低限度遵守する必要のある「国際的保護の資格」及び「手続並びに庇護申請者の処遇」についての基準の最終修正を終え，基準は最低限度から次の標準レヴェルに移行されている。また，最も重要な国際的保護の資格基準については第2段階の基準が2011年12月13日に採択され国内法への編入に入っている[7]。更に，2012年には，国

　　Qualification of Third-Country Nationals or Stateless Persons as Beneficiaries of International Protection, for a Uniform Status for Refugees or for Persons Eligible for Subsidiary Protection, and for the Content of the Protection Granted (recast of Council Directive 2004/83/EC (29 Apr. 2004), OJ L 337, 20 Dec. 2011, hereinafter *Qualification Directive*; 庇護手続基準：Council Directive 2005/85/EC (1 Dec. 2005) on Minimum Standards on Procedures in Member States for Granting and Withdrawing Refugee Status, OJ L 326/13, 13 Dec. 2005, hereinafter *Procedural Directive*；庇護請求者の受入基準：Council Directive 2003/9/EC (27 Jan. 2003) on Laying down Minimum Standards for the Reception of Asylum Seekers, OJ L 31/18, 6 Feb. 2003, hereinafter *Reception Directive*)。他に，庇護申請の受付決定国に関する規則（ダブリン規則）がある（Council Regulation (EC) No 343/2003 (18 Feb. 2003) Establishing the Criteria and Mechanisms for Determining the Member State Responsible for Examining an Asylum Application Lodged in One of the Member States by a Third-Country National, OJ L50, 25 Feb. 2003, hereinafter *Dublin Regulation*)。

(4)　Convention Relating to the Status of Refugees, 28 Jul. 1951 (entered into force 22 Apr. 1954), UNTS No. 2545, Vol. 189; Protocol Relating to the Status of Refugees, 30 Jan. 1967 (entered into force 4 Oct. 1967), UNTS No. 8791, Vol. 606, hereinafter *Refugee Convention*. 本稿では1967年議定書を併せ1951年難民条約と称す。

(5)　Convention for the Protection of Human Rights and Fundamental Freedom (entered into force 3 Sep. 1953), CETS No. 005, hereinafter ECHR.

(6)　1999年〜2014年まで次の3つの政策計画が打ち出された。Tampere (1999-2004), Hague (2004-2009), and Stockholm (2010-2014) programmes.

(7)　修正案は以下の通り。Amended Proposal for a Directive of the European Parliament and of the Council on Common Procedures for Granting and Withdrawing International Protection Status (Recast: COM (2011) 319 final, 1 Jun. 2011); Amended Proposal for a Directive of the European Parliament and of the Council on Laying down Standards for the Reception of Asylum Seekers (Recast: COM (2011) 320 final, 1 Jun. 2011); *Dublin Regulation*, 2008/0243 (COD)/ COM (2008) 820 final: Proposal for a Regulation of the

際的保護を付与するための共通の庇護手続と統一の地位を図るための骨子となる「欧州共通の庇護制度（Common European Asylum System: CEAS）」が完成の見込みであり[8]，EU の庇護法は創設期から形成期を迎えている。

　今後，EU は，EU 共通の庇護基準の国内法化に留まらず，EU という単一領域内における庇護権の制定を目指し[9]，EU の庇護法は EU の進展とともに変化し続けると見られる。ゆえに EU の庇護権とはどのように捉えるのであろうか。また，EU においても国際社会においても新しい EU の庇護法は，国際法上の庇護権の解釈や 1951 年難民条約を基礎とする国際難民法において新潮流となるのであろうか。こうした疑問の紐解き始めとして，本稿では，EU 庇護基準の枠組規定である EU 基本権憲章上の庇護権に焦点をあて，規定の解釈によって国際法上の庇護権や 1951 年難民条約を要とする国際難民法に新たな一歩を投じたのかを考察したい。また，庇護権規定の適用について，EU 基本権憲章上の庇護権規定及び庇護指令の国内法への適用を参照し，EU の庇護基準の国内法化の意味も考察する。

II　EU 法上の庇護に関する枠組規定

　欧州の庇護基準は，その枠組みが EU 法上及び欧州連合基本権憲章（以下，EU 基本権憲章）[10]に定められ，また，具体的な規定は EU 法の下に置かれた「指令（Council Directive）」という形の EU 法の第 2 次法／派生法（secondary

---

European Parliament and of the Council Establishing the Criteria and Mechanisms for Determining the Member State Responsible for Examining an Application for International Protection Lodged in One of the Member States by a Third-Country National or a Stateless Person. 資格基準の国内編入規定は同基準指令 41 条参照（Article 41 of the *Qualification Directive*, 2011/95/EU, *supra* note (3)）。

(8)　European Union, 'Notices from European Union Institutions, Bodies, Offices, and Agencies, the Stockholm Programme – An Open and Secure Europe Serving and Protecting Citizens', OJ 2010/C115/01（4 May. 2010）, p. 5 and p. 32.

(9)　*Ibid.*, OJ 2010/C115/01, p. 32 and Green paper on the future Common European Asylum System（COM（2007）301 final, 6 Jun. 2007）, p. 2.

(10)　Charter of Fundamental Rights of the European Union, 2007/C303/01（adopted 7 Dec.2007, entered into force 1 Dec. 2009）and updated version, 2010/C83/02（OJ C83/389, 30 Mar. 2010）. Explanations relating to the Charter of Fundamental Rights（2007/C303/02, 4 Dec. 2007）and the Draft Charter of Fundamental Rights of the European Union, Convent 49, CHARTE 4473/00（Brussels, 11 Oct. 2000）. なお，18 条及び 19 条は修正されていない。

〈第2部〉ヨーロッパ人権保障制度の新展開

legislation)[11]に定められている。指令は，加盟国の国内法に優位し，EU 運営条約 288 条(3)により達成すべき結果に対し加盟国に義務を課しかつ法的に拘束するが[12]，条約や規則とは異なり，加盟国が達成するためにどのような最良の方法を採りまたどのように認識するのかについて，つまり，国内法への適用形式や方法については国内法制度に応じ締約国に委ねられている[13]。また，指令は，加盟国間の法を調整するために用いられる EU の主要な共通化の手法の1つであり，複雑な問題については加盟国間の妥協案でないとも限らず，国家には裁量の余地が残されている[14]。

庇護分野における裁量は，国際法上の庇護権，世界人権宣言 14 条（迫害からの庇護）があるが共通の解釈並びに適用がなく主権国家の裁量の幅が広い。他方，欧州においては，2004 年より EU 法の下に共通の庇護基準指令あるが[15]，実際には，今もなお庇護認定数は欧州諸国間でかなり異なり，庇護規定の解釈や適用が統一されてはいない[16]。なお，類似事例に対する庇護認定数の違いの問題は指令の内容の不明瞭さや適用にあり，こうした点を改善し共通の解釈・適用を実現することが現行の最大の課題であるが[17]，前述のように指令の国内適用

---

[11] 第2次立法としては，指令手続の他に「規則，決定，その他の行為」がある。

[12] Article 288 (3) (ex 249 of TEC) of TEFU (2010/C 83/01), *supra* note (1).

[13] D. Chambers, G. Davies and G. Monti, *European Union Law*, 2nd ed. (Cambridge University Press, 2010), pp. 285-288.

[14] P. Craig and G. Búrca, *EU Law Text, Cases, and Materials*, 5th ed. (Oxford University Press, 2011), p. 192.

[15] *Qualification Directive*, *Procedural Directive*, *Reception Directive*, and *Dublin Regulation supra* note (3) and (7).

[16] 一例として，イラク人庇護請求者の 2007 年上半期の第一次審査における難民／補完的保護の認定率は，ドイツ 16.3％／1.1％；スウェーデン 1.7％／73.2％；ギリシャとスロヴァキア共和国では0％であった (overviewed from Office of the United Nations High Commissioner for Refugees (hereinafter, UNHCR) and the European Council on Refugees and Exiles (hereinafter ECRE), 'Asylum in the European Union, A Study on the Implementation of the Qualification Directive' (Nov. 2007), p. 13 at <http://www.unhcr.org/refworld/docid/473050632.html>；ELENA/ECRE, 'The Impact of the EU Qualification Directive on International Protection' (Oct. 2008) at <http://www.ecre.org/ files/ECRE_QD_study_full.pdf>)。

[17] Communication from the Commission to the European Parliament, the Council, the European Economic and Social Committee and the Committee of Regions – Policy Plan on Asylum an Integrated Approach to Protection Across the EU {SEC (2008) 2029} and {SEC (2008) 2030}, COM (2008) 360 final, Brussels, 17 Jun. 2008, section. 3. 3; Report

の手法が各国に許容されており，また，庇護分野はEUの司法内務領域においても壁の高いかつ複雑な分野であるため[18]，主権の壁を超えての共通化は難題である。よって，EUの庇護規定は，裁量の幅を意図的に広く残した緩やかな規定である可能性がある。

1 EU運営条約78条

欧州の庇護基準となる法的基礎は，1997年のアムステルダム条約よりEC条約63条1項・2項[19]であったが，現行では，同63条が修正され，EU法を構成する2つの条約のうち欧州連合運営条約（以下，EU運営条約）78条1項・2項[20]とEU基本権憲章18条と19条である。これら規定はEU法上の庇護基準の枠組規定を成している。

【EU運営条約78条1項】
　欧州連合は，庇護，補完的保護，そして一時保護における共通政策について，国際的保護を必要とする第三国民に対して適正な地位を付与し，また，ノン・ルフールマン原則に従うことを確保する目的で発展させることとする。この政策は，1951年6月28日のジュネーブ条約と難民の地位に関する1967年1月31日の議定書，そしてその他関連条約と一致していなければならない。

---

from the Commission to the European Parliament and the Council on the Application of Directive 2004/83/EC of 29 Apr. 2004 on Minimum Standards for the Qualification and Status of Third Country Nationals or Stateless Persons as Refugee or as Persons who Otherwise Need International Protection and the Content of the Protection, COM (2010) 314 final Brussels, 16 Jun. 2010; UNHCR and ECRE, *ibid.*, 'Asylum in the European Union, A Study on the Implementation of the Qualification Directive'; K. Zwaan (ed.), *The Qualification Directive: Central Themes, Problem Issues, and Implementation in Selected Member States* (Wolf Legal Publishers, 2008).

[18] S. Peers, *EU Justice and Home Affairs Law*, 3rd ed. (Oxford University Press, 2011), p. 295.

[19] *Supra* note (1), OJ C 340.

[20] OJ C83, *supra* note (2). 和訳は筆者による。なお，EU運営条約78条は3項まであり，3項は「大量流入時には緊急事態として暫定的措置を採択することができる」と定めている。

〈第2部〉ヨーロッパ人権保障制度の新展開

【EU運営条約78条2項】
　1項の目的のために，欧州議会と欧州連合理事会は，通常の立法手続に従い，欧州共通の庇護制度を構成する(次の)基準を採択することとする。
　　(a)　第三国民の庇護地位の統一，地位はEU全域で有効であること
　　(b)　欧州の庇護は得られないが国際的保護を必要とする第三国民の補完的保護地位の統一
　　(c)　大量流入事態における避難民への一時保護の共通制度
　　(d)　統一した庇護または補完的保護の地位を付与し，また，撤回するための共通手続
　　(e)　庇護または補完的保護の申請を審査する責任のあるEU加盟国を決定するための枠組み及び制度
　　(f)　庇護または補完的保護の申請者の受入れについての処遇に関する基準
　　(g)　庇護または補完的保護または一時保護を申請する者の流入管理のための第三国とのパートナーシップおよび協力

　上述78条1項により，EUにおける難民への国際的保護は，1951年難民条約とノン・ルフールマン原則を基礎とし更にその他の関連条約と一致していること，また，国際的保護付与が認められた者に対し地位を付与することである。更に，同78条1項には前EC条約63条1項・2項には記されていなかった「ノン・ルフールマン原則」（追放送還の禁止）が付加えられ，「国際的保護」の法的根拠は，1951年難民条約33条上のノン・ルフールマン原則のみならず，その他の主な関連条約として人権条約を含むより広い意味での国際法上のノン・ルフールマン原則である。

　また，国際的保護は次の3つに分類されている。①条約難民への庇護，②条約難民外であるが事実上の難民に対し条約難民を補完するための補完的保護，③大量流入時の一時的措置として期限付きの保護である。②の補完的保護と③の大量避難民への保護については，EU共通の庇護指令が制定される前までは，多くの国が政策上若しくは人道的理由に基づく政府の裁量権の範疇で処理されていたが[21]，現行では，条約難民への庇護付与と区別され，国際法上の

---

[21] J. McAdam, *The Complementary Protection* (Oxford University Press, 2007), p. 55.

ノン・ルフールマン原則及び人権条約を根拠として国際的保護を与えることとした。こうして事実上の難民の受入について詳細な基準を制定するとした点は，EUにおいてまた国際難民法においても新しい。

更に，国際難民法における新たな点は，条約難民と補完的保護について基準の内容及び各地位を統一し解釈と適用を一律にすること，また，庇護申請の受付国の決定・庇護手続・庇護申請中の処遇についてそれぞれに共通基準を定め，1951年難民条約にはない庇護手続を定めるとしたことである。また，EUにおいては，従来のように難民に対する保護を与えるのみならず地位の撤回基準も定めるとしたこと（上述78条2項(d)）も新しい。

その他，上述78条2項(g)には庇護申請者の流入管理に言及され，国境管理はEU共通の国境に留まらず第三国との共同或いは協力して取組むこととし，難民に対する出入国管理をEU域外（第三国）へと拡大され，難民への保護が従来の欧州領域内庇護から難民流出地域を含む包括的体制を敷くことを示唆した。実際に，領域外への取組みは，試験段階であるが幾つかのプロジェクトが実施されている[22]。

2　EU基本権憲章18条

上述EU運営条約78条に加え，庇護に関する枠組規定は，EUの包括的な基本的人権を定めたEU基本権憲章の18条と19条があり，18条の規定は下記の通りである[23]。

18条【庇護権：*Right to asylum*】
　庇護を受ける権利は，難民の地位に関する1951年7月28日のジュネー

---

[22]　佐藤以久子「EUにおける難民の保護──現状と国際法上の課題」渡邊影悟＝大橋毅＝関聡介＝児玉晃一編『日本における難民訴訟の発展と現在──伊藤和夫弁護士在職50周年祝賀論文集』（現代人文社，2010年）289-290頁。第三国とのパートナーシップ及び協力は，領域外庇護として送還・現地統合・再定住支援を焦点とし，また，開発援助も兼ねた難民流出地域での難民保護として，タンザニア，ウクライナ，モルドバ，ベラルーシにおいて国連難民高等弁務官事務所の協力を得て試験的に実施されている（Communication from the Commission to the Council and the European Parliament on Regional Protection Programmes, COM（2005）388 final, 1 Sep. 2005）。

[23]　2010/C83/02, *supra* note (10). 和訳は山口和人「欧州連合基本権憲章」外国の立法211号（国立国会図書館調査及び立法考査局，2002年）16頁。

ブ条約，及び1967年1月31日の議定書の諸規定を尊重し，欧州共同体設立条約に従って保障される。

　上述18条は，1951年難民条約と欧州共同体設立条約（EU運営条約78条）を根拠として，条約難民に対し庇護を付与することとし[24]，難民条約に基づく難民の地位と世界人権宣言[25]14条の庇護を受ける権利を合致させた「庇護権」規定である。こうして難民条約と世界人権宣言を交錯させた点は，地域条約や宣言においては既に庇護権に相当する規定（アフリカにおける難民問題の特定の事項を規律する条約12条(3)，米州人権条約22条(7)，バンコック原則等）があるが[26]，これら地域条約や宣言には1951年難民条約を基礎とした個人の権利であるとは明確に定めてはおらず，従って，国際社会においては初めて条約難民への庇護付与を明記した画期的な規定である。EUが庇護権を定めた背景には，EU基本権憲章の内容は主に欧州人権条約を基礎としつつ，更に，EUが新たに取組むこととなった新領域を加え欧州における包括的な人権カタログを定めたものであり，庇護権はそうした新たな領域の1つであった。従って，EUにおいても初めての画期的な規定である。

　しかし，18条上の庇護権は，*right of asylum* ではなく *right to asylum* と定められ，条文には主語がなく人的範囲が不明であり，また，保護の範囲についても定められておらず意味の不明な点が多い。こうした18条の不明な点について，EU基本権憲章の逐条解説にも説明がなく[27]，個人が庇護を受ける権利

---

[24] OJ C 303/24, *supra* note [10], Explanation on Article 18; Protocol No.24 on Asylum for Nationals of Member States of the European Union, OJ C83/305.

[25] Universal Declaration of Human Rights (adopted 10 Dec. 1948), UNGA Resolution 217A (III).

[26] アフリカ：Art.1 of the Convention Governing the Specific Aspects of Refugee Problems in Africa adopted by the Assembly of Heads of State and Government at its Sixth Ordinary Sessions, Addis-Ababa, 10 Sep. 1969；米州：Art. 22(7) and (8) of the American Convention on Human Rights adopted at the Inter-American Specialized Conference on Human Rights, San José, Costa Rica, 22 Nov. 1969；Conclusions para. 3 of the Cartagena Declaration on Refugees adopted by the Colloquium on the International Protection of Refugees in Central America, Mexico and Panama on 22 Nov. 1984；アジア：Art. 1 (2) of the Bangkok Principles on Status and Treatment of Refugees adopted at the Asian-African Legal Consultative Organisation at 40th Session, New Delhi 24 Jun. 2001.

[27] 2007/C 303/02, *supra* note [10].

であるのか否かと言った重要な庇護権の定義が不明である。なお、EU 基本権憲章の採択時における欧州議会（市民の自由と権利・司法と内務問題委員会）の見解によれば、18条の庇護権は「庇護申請手続を受ける権利」に止まり、個人が庇護を受ける権利ではないと解されている[28]。また、その後、同委員会によるEU 基本権憲章に関する現状調査・再検討報告書を参照すると、18条・19条のみ除外されているか或いは極僅で表面的な記述に留まり、今のところ公式な見解に進展がみられない。

こうした「庇護申請手続を受ける権利」という解釈が EU の庇護権の唯一の解釈であるならば、国際法上の従来の争点：「個人が権利として主張し得る庇護権なのか」或いは「庇護付与が国家の義務となるのか」について進捗がないのであろうか。そこで、以下に、世界人権宣言14条を主とする国際法上の庇護権の解釈を概観し、続いて、同解釈に沿い EU の庇護権の解釈について、EU 基本権憲章の前文に従い同憲章の草案作成並びに同憲章内容の更新に対し責任を担う起草委員会にあたる「条約常任幹部会（*the Presidium of the Convention*）」による同憲章18条の議論と、更に、既存の庇護権に関連する国際条約を参照し考察したい。

まず、国際法上の解釈について、世界人権宣言14条とその後採択された領域内庇護宣言[29]を参照すると、それら草案作成時には相当議論されたが、国家の義務となることへの根強い反対によって国家の義務となるような用語は全て却下され、結果、「個人が庇護を受ける」もしくは「庇護を付与される権利」については合意されず[30]、今日に至るまで個人の庇護権は受入られていな

---

[28] European Parliament, Committee on Citizens' Freedoms and Rights, Justice and Home Affairs, 'Charter of Fundamental Rights of the European Union, Article 18 Right to Asylum' at <http://www.europarl.europa.eu/comparl/libe/elsj/charter/art18/default_en.htm#3>.

[29] The Declaration on Territorial Asylum, adopted 14 Dec. 1967, UNGA res. 2312 (XXⅡ).

[30] 当初の 'right to be granted asylum' から最終的に UK 案の 'right to seek and to enjoy' となった（UN Doc. A/C. 3/253, recapitulated in UN Doc. A/C. 3/285/Rev. 1, 30 Oct. 1948; UN Doc. A/C. 3/SR. 122, 122nd Meeting, 4 Nov. 1948）。以下概要：芹田健太郎『亡命・難民保護の諸問題Ⅰ』（北樹出版、2000 年）137-142 頁；F. Moregenstern, 'The Right of Asylum' (1949) 26 *Biritish Yearbook of International Law*, pp. 327-357; A. Grahl-Madsen, *Territorial Asylum* (Almqvist & Wiksell International in Collaboration with Oceana Publications, 1980); P. Macalister-Smith and A. Gudmundur (eds), *The

〈第2部〉ヨーロッパ人権保障制度の新展開

い[31]。他方,「庇護を求める個人の権利」と「庇護を享受する個人の権利」については合意され,うち「庇護を求める権利」については,その後,世界人権宣言14条の草案時の議論を踏まえ,国家には,国際法上,庇護を求める個人の権利を妨害してはならない義務があり,同国家の義務については,1967年の領域内庇護宣言3条と国連難民高等弁務官事務所（United Nations High Commissioner for Refugees, 以下, UNHCR）の執行委員会の結論,特に第82結論（1997年）より同原則は国境での拒否を含み[32],難民には庇護を与えられるために道義的な申請の機会を与えることと解されている[33]。更に,こうした「庇護申請に対する権利」について,これまでにUNHCRの執行委員会決議により繰り返し是認され[34],現行の「庇護を求める権利」とは,個人が庇護申請手続を受ける権利（the right to asylum procedure）であり,国家や国際社会に対し庇護申請の受付を遵守するに値する義務を課していると解されている[35]。

そして,EUにおいても庇護を求める権利については,前述の欧州議会（市民の自由と権利・司法と内務問題委員会）の解釈に先立ち,1967年の欧州理事会決議

　Land Beyond Collected Essays on Refugee Law and Policy by Atle Grahl-Madsen (Marinus Nijhoff, 2001), pp. 280-286; P. Weis, 'United Nations Declaration on Territorial Asylum' (1969) *Canadian Yearbook of International Law*, pp. 92-149; H. Lauterpach, *International Law and Human Rights* (Stevens & Sons Limited, 1950, reprinted 1968), pp. 394-428.

[31]　GS Good-win and J. McAdam, *Refugees in International Law*, 3rd ed. (Oxford University Press, 2007), pp. 355-365.

[32]　UNHCR Executive Committee Conclusion (hereinafter EXCOM Conclusion) No. 82 (XXXⅡ) on 'Safeguarding Asylum', 1997, para. (d)(iii). その他,UNHCRは国境での拒否についての繰返しの現状非難及び庇護希望者への保護を要請している (EXCOM Conclusions No. 22, Ⅱ (1981); No. 81 (h) (1997); No. 85 (q) (1998); No. 99 (l) (2004); No. 108 (2008).

[33]　Grahl-Madsen, *supra* note [30], *Territorial Asylum*, pp. 42-43.

[34]　EXCOM Conclusion no. 82, *supra* note [32]. 更に以下概要。EXCOM Conclusions, e.g. No. 52 (1988), No. 71(i)-(l) (1993), No. 75(l) (1994), No. 77 (1995), No. 82 (1997), No. 85 (n)-(t) (1998), No. 94 (c) (2002).

[35]　Good-win and McAdam, *supra* note [31], p. 368; T. Gammeltoft-Hansen and H. Gammeltoft-Hansen 'Right to Seek – Revisited. On the UN Human Rights Universal Declaration Article 14 an Access to Asylum Procedures in the EU', (2008) 10 *European Journal of Migration and Law*, pp. 439-447; A. Edwards, 'Human Rights, Refugees, and The Right 'To Enjoy' Asylum' (2005) 17 *International Journal of Refugee Law*, pp. 293-302.

67の14項上のノン・ルフールマン原則[36]及び1994年の欧州議会勧告1236[37]並びに現行のEU基本権憲章以前に発効された庇護申請手続指令及びダブリン規則において，庇護申請手続及び申請受付に対し責任のある国を決定する基準が既に定められている。従って，個人が庇護を求める権利は，実際にはノン・ルフールマン原則違反が多々見られるが，規定上は合意されており[38]，EU基本権憲章18条の庇護権は「庇護申請手続を受ける権利」を含むという解釈に異論はない。

次に，「国家による庇護付与」について，国際法上，従来より，2国間条約に基づき政治犯罪人や政治的迫害者を引渡さない義務があり，その結果，当該人を引渡請求された国の領域内に留まることが許可され，結果，庇護が付与されることとなり，政治的迫害者に対して係る条約上の庇護付与が国家の義務となっている。こうした政治犯の不引渡原則は，世界人権宣言14条の草案議論においても，庇護を享受する権利の解釈として「避難場所を与え全ての引渡要求を拒むことに対する各国家の権利」を挿入する修正案（英国案）が提示されていたが[39]，最終的に，同修正案は，庇護権を国家の特権か或いは国際社会の義務と見做すのかという意見の対立を背景に国家の義務範囲を制限するために却下された。よって，「国家による庇護付与」は，政治的迫害者の不引渡とする解釈の問題ではなく，国家が引渡さないことから生じる国家の義務への反対であり，結果，世界人権宣言14条の庇護権には，個人の権利を創設せずまたその権利の効果としての国家の義務も創設されなかった[40]。その後の国際社会における議論は，個人の庇護権として 'right of asylum' に関する国際法上の原

---

[36] Resolution (67) 14 of 29 Jun. 1967 on Asylum to Persons in Danger of Persecution, Preamble and para. 1.

[37] Parliamentary Assembly of the Council of Europe, Recommendation 1236 on the Right of Asylum (12 Apr. 1994), para. 6.

[38] Procedural Directive and Dublin Regulation, supra note (3). なお，実際には，庇護申請前段階において庇護希望者のEUへのアクセスを防止するEU領域外での出入国管理が益々制度化並びに強化され，結果，世界人権宣言14条の庇護申請権に対する違反が多々見られる（supra note (35), Gammeltoft-Hansen, pp. 448-459)。

[39] UN GAOR Part (3rd Session, 1948), 'Summary Records of Meetings', 121st Meeting (3 Nov. 1948), pp. 330-331 (Mrs Corber, UK). なお，UKは国家の義務とすることには断固として反対意見であった（UN doc. A/C. 3/SR. 121 (3 Nov. 1948), p. 4)。

[40] Lauterpach, supra note (30), pp. 421-422.

〈第2部〉ヨーロッパ人権保障制度の新展開

則及び規則の法典化への提言が国連総会で採択されたが[41]，国際法委員会での作業は1960年代で頓挫し，新たな解釈は見当たらない。

　他方，EUにおいては，EU基本権憲章の前文には，同憲章は「加盟国に共通の憲法上の伝統的及び国際的義務，特に，欧州連合条約・共同体諸条約と欧州裁判所の判例，欧州社会憲章，欧州人権条約・判例から生じる権利を再確認する」と謳っていることから，その他の庇護に関連する国際条約を組入れて庇護権を解釈することも否定できない。なお，国際条約とは主に欧州人権条約を指すが，ここでは庇護権に関する国際条約として，まず，前述の政治犯の不引渡原則に関する国際条約を参照すると，1957年の犯罪人引渡に関する欧州条約がある。同3条2項は，「同様の規則（1項の政治犯不引渡）は，通常犯罪人が，人種，宗教，国籍又は政治的意見或いはその人の立場がこれらの理由のいずれかのために害されたかもしれないために訴追しまたは処罰するために執行された通常犯罪に対する引渡の要請であると信じるに足る十分な理由がある場合には，適用される」と定めている[42]。なお，現行では1996年欧州連合加盟国間の犯罪人引渡に関する条約となり，政治犯罪人の不引渡の場合にはテロリズム行為を除くとし補足されている[43]。

---

[41]　エルサルバドル案として庇護権（right of asylum）に関する国際法上の原則及び規則の法典化への提言が1959年11月21日の第842回国連総会会合にて賛成56票，棄権11票で採択され第6委員会の決議案として出されていた（General Assembly Resolution 1400 (XIV) on the Codification of the Principles and Rules International Law Relating to the Right of Asylum－Note by the Secretariat, A/CN.4/128, 4 Mar. 1960, Extract from the Yearbook of the International Law Commission:- 1960, Vol. II, p. 118, at <http://www.un.org/law/ilc/index.htm>.

[42]　The European Convention on Extradition, ETS No. 24, opened for signature on 13 Dec. 1957, Article 3 (2). Art. 3 (2) : The same rule shall apply if the requested Party has substantial grounds for believing that a request for extradition for an ordinary criminal offence has been made for the purpose of prosecuting or punishing a person on account of his race, religion, nationality or political opinion, or that that person's position may be prejudiced for any of these reasons.

[43]　Council Act of 27 Sep. 1996 Drawing up the Convention Relating to Extradition between the Member States of the European Union (OJ C 313/11 of 23 Oct. 1996), Article 5 (1). なお，テロリストに関係する犯罪の場合を除く（同5条2項）。The 1996 Convention supplemented the other international agreements: the European Convention on Extradition, the 1977 European Convention on the Suppression of Terrorism, and the 1995 Convention on Simplified Extradition Procedures.

また,「加盟国に共通の憲法上の伝統的義務」に照らし,政治犯の不引渡原則に関する加盟国の憲法を参照すると,従来,憲法上に庇護権 (right of asylum) を定め,政治犯罪人や政治的迫害者への庇護を含むとする国が少なくない (ベルギー,チェコ,ドイツ,スペイン,フランス,イタリア,ハンガリー,オランダ,スロヴェニア,スロバキア)[44]。例えば,イタリアの憲法は「民主的な自由を効果的に行使することを妨害されている外国人にはイタリアでの庇護権があるとし[45],政治的迫害に限定せず1951年難民条約より広い。他方,ドイツは,従来,1951年難民条約上の保護とは別に憲法上に個人の庇護権規定を置き,同庇護権は政治的迫害者を対象とし条約難民以上のより広い意味と権利付与を有するとされ,欧州において最も手厚い保護を実質的に保障していたとされるが[46],現行では,憲法上の庇護権の範囲が縮小されまた付与される権利も条約難民と同様となり,結果,憲法上の庇護権はEUの庇護基準に沿い縮小されている[47]。よって,加盟国の憲法上の庇護権は,現状では庇護権の解釈が広くても適用が限定的である場合或いは個人の庇護権が存在しても適用範囲が従来より狭い。

　他に,庇護に関する国際条約として無国籍に関する条約があり,批准しているEU加盟国が多い。具体的に,「無国籍者の地位に関する条約」があり,同

---

[44] Constitution of the Kingdom of Belgium Article 191; Constitution of the Czech Republic Article 43; Basic Law of the Federal Republic of Germany Article 16 a ; Constitution of the Kingdom of Spain Article 13; Constitution of the French Republic- The Constitution of 27 October 1946 Preamble 4; Constitution of the Italian Republic; Article 10; Constitution of the Republic of Hungary Article 65; Constitution of the Kingdom of the Netherlands Article 2; Constitution of the Republic of Slovenia Article 48; Constitution of the Slovak Republic Article 53, see at <http://www.europarl.europa.eu/comparl/libe/elsj/charter/art18/default_en.htm#8>.

[45] Constituzione della Repubblica Italiana art. 10, para. 3. 条文英文訳及び解説以下参照。G. Bruelli, 'Article 18 – Right to Asylum', in W. B. T. Mock (ed.), *Human Rights in Europe : Commentary on the Charter of Fundamental Rights of the European Union* (Carolina Academic Press, 2010), p. 122.

[46] *Supra* note [44] and also see 'Persons persecuted for political reasons enjoy the right of asylum' in Article 16 of the Grundgestz für die Bundesrepublik Deutschland, adopted by the Bonn Parliament on 18 Jun. 1949, cited in Moregenstern, *supra* note (30), 'The Right of Asylum' p. 338.

[47] P. Tiedemann, 'Constitutional Asylum in Germany: from National Grandeur to Obsolete' in H. Lambert, F. Messineo, and P. Tiedemann, 'Comparative Perspective of Constitutional Asylum in France, Italy, and Germany: Requiescat in Pace? ' (2008) 27 *Refugee Survey Quarterly*, pp. 26-32.

〈第2部〉ヨーロッパ人権保障制度の新展開

条約は条約難民以外の無国籍者に対する基本的権利及び自由を保障するために地位規制及び改善を図る国際協定として制定され[48]、EU加盟国のうち23ヵ国が批准している。また、「無国籍の削減に関する条約」の7条(b)が難民の庇護に関連し[49]、EU加盟国のうち15カ国が批准し1カ国が署名している。更に、ヨーロッパ国籍条約があり[50]、欧州の締約国（EU批准国14、署名国7）に対し、6条(g)項において無国籍者及び認定された難民であってその領域内に合法的常居所を有する者への国籍取得を容易にするように定め、また、同6条(g)は条約難民以外のその他の類型の難民を含むとしている[51]。EU加盟国はこうした条約の批准国としての遵守義務、つまり、条約難民以外の事実上の難民へも国籍付与の義務があり、難民以外の補完的保護や一時保護を必要とする者へも条件に該当する場合には結果的に庇護付与の義務がある[52]。

しかし、庇護付与が条約難民以外にも適用可能か否かについて、18条の下段「……の共同体設立条約」に従いEU運営条約78条1項及び2項を参照すると、庇護と補完的保護を分け、78条2項(b)には欧州の庇護が得られない場合の補完的保護付与と定めていることからEU基本権憲章の18条の庇護付与は、条文の文言上1951年難民条約に限定される。よって、こうした狭義の解釈も規定の文言上否定できない。他方、EU運営条約78条2項を具体化した資格基準指令には、同指令13条【難民の地位付与】及び18条【補完的保護の地位付与】並びにこれら地位付与に対する24条【居住権許可】が定められ、補完的保護の場合には指令の条文には庇護付与という文言は使われていないが、これら規定により実質的には条約難民以外であっても1951年難民条約に準ずる者への庇護付与は確保されている[53]。

---

[48] Convention relating to the Status of Stateless Persons, adopted on 28 Sep.1954 (entered into force 6 Jun. 1960), UNTS Vol. 360, p. 117. See, for example, preamble of the Convention.

[49] Convention on the Reduction of Statelessness, 30 August 1961 (entered into force 13 Dec. 1975), UNTS Vol. 989, p. 175. See, for example, Article 7 (a) of the Convention.

[50] European Convention on Nationality, CETS No. 166 (entered into force 6 Nov. 1997).

[51] Explanation Report on the European Convention on Nationality, CETS No. 166, para. 56.

[52] 1954年の無国籍者に関する条約への言及は以下参照。Bruelli, *supra* note [45], *Human Rights in Europe*, p. 118.

[53] *Qualification Directive, supra* note (3).

ここで，難民に特化した庇護付与の義務について，庇護付与は，従来，欧州評議会の議員会議や閣僚委員会において頻繁に取り上げられてきたが，決議や勧告に留まり義務化されてはいなかった[54]。しかし，現行では，前述のアムステルダム条約（EC条約63条1項・2項）より，難民の地位（並びに補完的保護の地位）付与及び居住権許可を含む保護がEU加盟国の義務となり，また，リスボン条約よりEU基本権憲章の法的効力が認められ同憲章18条による条約難民への庇護付与と資格基準に該当する場合には庇護を付与する義務がある。実際に，EUレヴェルにおいて，加盟国に対し「庇護付与の遵守義務がある」と繰り返し言及されている[55]。

また，EU法上の義務から生じる「国家による庇護付与」について，Gil-Bazo（Newcastle）によれば，「国際難民法や国際人権法をECの立法措置に編入することによって，難民やその他国際的保護を必要とする者に保護を与える加盟国の義務とは，これら個人に対し庇護が付与され，また，共同体法の法秩序によって保護され，更に，国内裁判所や欧州裁判所において執行可能であるという主体的な権利を与えることではないか」という解釈がある[56]。

こうした積極的な解釈は，確かに，加盟国には，EU法に従い条約難民への庇護付与や人権条約に基づく補完的保護付与の義務を負うこと，また，EU基本権憲章18条の庇護権を含む基本権の尊重と履行が要求されていること，具体的に，資格基準指令の前文16項と欧州裁判所の解釈により加盟国の遵守義

---

[54] 1976年～2000年までの欧州議会等の庇護に関する主な勧告は次の通りである。Council of Europe Parliamentary Assembly（以下PA）Recommendation 817（1977）on Certain Aspects of the Rights to Asylum; PA Recommendation 1088（1988）on the Right to Territorial Asylum; Communication from the Commission to the Council and the European Parliament on the Right of Asylum SEC91 1857 final（11 Oct. 1991）; PA Recommendation 1236（1994）on the Right of Asylum; Council Resolution of 14 Oct. 1996 Laying down the Priorities for Cooperation in the Field of Justice and Home Affairs for the period from 1 Jul. 1996 to 30 Jun. 1998（96/C 319/01）.

[55] Supra note [17], Policy Plan on Asylum an Integrated Approach to Protection Across the EU {SEC（2008）2029} and {SEC（2008）2030}, COM（2008）360 final, section. 3. 3.

[56] MT Gil-Bazo, 'Refugee Status and Subsidiary Protection under EC Law: The Qualification Directive and the Right to Be Granted Asylum', in A Baldaccini, E. Guild and H. Toner（eds.）, *Whose Freedom, Security and Justice? EU Immigration and Asylum Law and Policy Essays in European law*（Hart publishing, 2007）, p. 231 and pp. 235-240.

〈第2部〉ヨーロッパ人権保障制度の新展開

務が示されており，遵守義務という点において妥当である。実際に，欧州裁判所は，2010 年の *Hasan and others* 判決において[57]，サダムフセイン政権没落の後に難民の地位をドイツで取消されたイラク人のハサン等の出身国への送還に対し，資格基準指令11条の「状況の変化」に関する解釈のなかで，EUの法令に関連する条文は基本権，とりわけ，EU基本権憲章18条に秘められた庇護権に照らし解釈されなければならないことを示した。

また，EU基本権憲章18条の庇護権が個人の庇護権であるか否かについて，Gil-Bazoは，国家の権利ではなく「個人の権利」であると解釈し，その根拠の1つとして文言に言及し，EU基本権憲章上の全ての規定は個人の基本的権利を謳い国家の権利に言及した規定が1つもないこと，同憲章の前文にあるように憲章の内容は国際人権文書及び憲法上の基本的自由への明示的な言及のみならず，同憲章は，確かに，加盟国の権利ではなく基本権の承認に関するものであることを示唆すると指摘している[58]。しかし，EU基本権憲章には主語のない条文が他にもあり，条文が明らかに欧州人権条約等国際人権条約と同様である場合にはすべての個人を対象としていると解することに異論はないが，EU基本権憲章18条の場合には，他の条約にはない新しい規定であり，用語は *right of asylum* ではなく *right to asylum* と定められていること，また，*right of asylum* の公式言語訳を参照すると[59]，概ね *right of asylum* であるが，英語・オランダ語版は *right to asylum*，仏語版は *droit d'asile*，ドイツ語版は *asylrecht*，ハンガリー語版は *menedékjog* であり一律ではない。更に，主語は，次のような議論の末に意図的に削除されており疑問である。

EU基本権憲章18条の起草時の条文の主語について，当初はEU国民を含む全ての個人としたが，スペインとベルギーの猛反対を受けて，また，同時にEU法に第29議定書が附則されたことに呼応し「欧州連合の国民ではない者」としたが合意を得られず，その後，第2草案として「第三国民」つまりEU以外の国民としていた。しかし，第2案は，無国籍者を暗黙に除いていると見ら

---

[57] CJEU Joined Cases C-175/08 (*Abdulla*), C-176/08 (*Hasan*), C-178/08 (*Rashi*) and C-179/08 (*Jamal*) v. Bundesrepublik, Deutschland, Judgment of the Grand Chamber 2 Mar. 2010, paras. 6, 7, and 54.

[58] Gil-Bazo, *supra* note (56), p. 41.

[59] *Ibid.*

れ,更に,国籍を根拠とした個人を除くとしたため,こうした点が明らかに国際人権条約(世界人権宣言3条,自由権規約3条,欧州人権条約14条)の違反であるとして係る人権条約締約国や人権機関を含む多くが反対し,結果,第2案は却下され,同第2案の修正として全ての人に対する庇護権を明確に承認する案及び更なる議論が提示された。しかし,英国の当該条文の全削除を始めとし断固意見が強かったことから,第2案の更なる修正は実現せず,最終的には,妥協案として権利主体への明確な言及を外した案が欧州委員会により出され,現行のような主語のない表現となった(60)。なお,資格基準指令の対象者は1条・2条(d)及び(f)によりEU市民以外の第三国民と定めており,よって,実際の対象者は原則としてEU以外の第三国民である。

　以上,主語並び人的範囲は,起草時の議論上,国籍に関する条件を外した場合に第三国民への庇護権付与が想定され,また,資格基準指令における人的範囲が,「第三国民又は無国籍者」に限定していることにより,上述のGil-Bazoの結論とは異なり,すべての個人に対する庇護権とすることには合意に至らなかったと解する(61)。更に,EU基本権憲章はEUの憲法という位置付けまでには合意されておらず,また,現行では,同18条の庇護権の請求はEUではなく各加盟国が受理しかつ庇護付与の判断は各加盟国に委ねられているため加盟国の庇護権を参照すると,ドイツ他加盟国の憲法上の政治的迫害に対する個人の庇護権 'right of asylum' と解するまでには至っていない(62)。従って,国際法上の庇護権の解釈に対して進捗は見られず,むしろ,伝統的な欧州諸国の庇護権においてはドイツの庇護権に見られたようにEU基準に歩調を合わせた結果従来の庇護権からは後退である。

---

(60)　MT Gil-Bazo, 'The Charter of Fundamental Rights of the European Union and the Right to be Granted Asylum in Union's Law' (2008) 27 *Refugee Survey Quarterly*, pp. 41-44.

(61)　EU基本権憲章の草案を考察したSchönlauも筆者と同様の見解である(J. Schönlau, *Drafting the EU Charter: Rights, Legitimacy and Process* (Palgrave Macmillan, 2005), p. 96.

(62)　'persons persecuted for political reasons enjoy the right of asylum' in the Article 16 of the Grundgesetz für die Bundesrepublik Deutschland, adopted by the Bonn Parliament on 18 Jun. 1949; ドイツ・イタリア・フランスの憲法上の庇護権について比較した(H. Lambert, F. Messineo and P. Tiedemann, *supra* note (47), pp. 16-32; 本間浩『個人の基本権としての庇護権』(勁草書房, 1985年)。

〈第 2 部〉ヨーロッパ人権保障制度の新展開

　今後の個人の庇護権への可能性は、EU の 1951 年難民条約の批准並びに庇護申請手続が現行の加盟国から EU による手続へと進み（構想中）[63]、単一の庇護領域が創設され実質的に庇護の負担分担が割当てとなるまで、或いは欧州裁判所により 18 条について明確な解釈が出されるまでは当面棚上げされると見る。ただし、現状での更なる考察として、18 条の「……欧州共同体設立条約に従って保障される」の規定に従い、具体的には、1）庇護に関する EU 法上の規定として資格基準指令が国内法となっているのか、また、2）個人が EU 基本権憲章 18 条を根拠に庇護申請ができるのかを明らかにする必要がある。これらの点は、後述の EU 基本権憲章の適用及び庇護関連指令の国内適用において考察する。

3　EU 基本権憲章 19 条

　次に、EU 基本権憲章の庇護に関する規定である 19 条の解釈について、19 条の条文は次の通りである。

19 条【国外追放及び身柄引き渡しにおける保護：
　　　Protection in the event of removal, expulsion or extraditions】
　1 項　集団的国外追放は禁止される。
　2 項　何人も、死刑、拷問またはその他の非人道的若しくは品位を傷つける刑罰若しくは取扱いを受ける重大な危険のある国へ退去を命ぜられ、追放され、または身柄を引き渡されない。

　上述 19 条は、欧州人権条約 3 条上のノン・ルフールマン原則を主としたノン・ルフールマン原則の規定であるが、まず 19 条 1 項は、欧州人権条約第 4

---

[63]　難民条約の批准については 2013 年にまた実施の可能性について 2014 年を目途に欧州委員会による検討報告及び伝達予定である（'Report of the Commission on the legal and practical consequences of the EU's accession to the Geneva Convention and its 1967 Protocol (timetable: 2013) and 'Communication on the appropriateness, the possibilities and the difficulties as well as the legal and practical implications of joint processing of asylum applications within the Union' (timetable: 2014) both in Communication from the Commission to the European Parliament, the Council, the European Economic and Social Committee and the Committee of the Regions – Delivering an Area of Freedom, Security and Justice for Europe's Citizens Action Plan Implementing the Stockholm Programme, COM (2010) 171 final (20 Apr. 2010), p. 55）。

議定書4条（外国人の集団的追放の禁止）[64]を基礎とし意味及び範囲も同じであるが，19条の逐条解説によれば，自由権規約13条も根拠としている[65]。更に，逐条解説には記載されていないが，19条1項には，欧州人権条約第7議定書1条（外国人の追放に関する手続保障）「すべての決定は，特別な審査に基づくことを保障することまた特別な国の国籍を有するすべての人を追放することができる措置を講じてはならない」の主旨を含むと解する。

こうした解釈は，欧州人権裁判所の *Hirsi Jamaa and Others v. Italy* 判決（2012年）[66]において，次のように示されたことにより妥当である。同事案は，リビアで乗船しイタリアに向け公海で航行中であった当該庇護申請希望者（原告11人のソマリア人と3人のエリトリア人を含む200人余）を乗せた3隻がイタリアの国境警備隊に停止させられ，その後，原告を含む全ての者がイタリア・リビア間の送還協定（リビアからイタリアへの密入国防止のための送還2国間協定，2009年2月4日発効）に基づいて，イタリア軍艦によって即座にトリポリへ送還され庇護申請ができなかった事例である。同判決では，欧州人権条約第4議定書4条違反に加えEU基本権憲章19条違反であること，更に，イタリアが庇護申請に関する情報を提供せず庇護申請の機会与えることを怠ったことが適正な手続に違反すると判示された[67]。

また，同判決の19条1項における手続の保障に関し，次のような重要な点が示された。第4議定書4条の「手続の保障に対する領域外適用」について，適用範囲は，国際難民法及び普遍的な人権法上の領域外への適用，すなわち，締約国の管轄権の及ぶ範囲である限り領域外へも適用可能であることと全く同一であること，具体的に，当該のような公海も含み領域制限がなくまた人的範囲も居住者や移民だけではなく庇護申請者も含むこと，更に，規定の目的は庇護申請を提出する権利を保障することであり，庇護申請者がどのように当該国

---

[64] Protocol No. 4 to the Convention for the Protection of Human Rights and Fundamental Freedoms, securing certain rights and freedoms other than those already included in the Convention and in the first Protocol thereto CETS No. 046 (entered into force 2 May 1968 as amended by Protocol No. 11 on 1 Nov. 1998).

[65] 2007/C303/24, *supra* note (10).

[66] ECHR Case, *Hirsi Jamaa Others v. Italy–Separate Opinion*, Application no. 27765/0, Judgment 23 Feb. 2012, p. 75.

[67] *Ibid.*, pp. 74–77.

〈第2部〉ヨーロッパ人権保障制度の新展開

に到着したのかを問わず,つまり,陸路・海路・航路かまた合法か違法入国かにかかわらず個々に審査する必要があることを示した[68]。なお,欧州人権条約6条上の適正手続（due process）は追放や庇護手続へは適用されないと解されているが,第4議定書4条は,第7議定書1条の合法的に居住する外国人の追放における手続の保障とは人的範囲が異なるものの実質的にいずれも適正手続の規定という同じ性質を有するとされ,当該判例においても適正手続の保障が要求されているとし,具体的な内容も簡潔に示された[69]。また,ノン・ルフールマン原則の領域外適用及び係る送還の2国間協定自体が違法であると解した点は,公海での追返及び送還が2000年以降の長い間危惧されていた大問題であったことから[70],今後,送還協定の見直し及び前述EU運営条約78条2項(g)に定められた庇護申請者の流入管理のための第三国とのパートナーシップおよび協力にも影響を及ぼすであろう。

次に,続く19条2項について,2項は,逐条解説により,欧州人権条約の3条及び3条の先例となった2つの判例：*Ahmed v. Austria* 及び *Soering v. UK*[71]を基礎としたノン・ルフールマン原則の適用を定め[72],更に,規定の文

---

[68] *Ibid.*, p. 77.

[69] *Ibid.*, p. 76.

[70] イタリア・リビア間の協定内容は未公開であるが次のような措置を図った。テロリズム,組織犯罪・麻薬取引,不法移民の撲滅に関する合意（2000年）及び運営上の合意（2003年）,収容所やキャンプの設置（Lampedusaには待機所設営,2004-2005年にはエジプト南西のKufra市及びスーダンへの設置）,資金拠出,リビアへ帰還用専用便利用（主にエジプト,ガーナ,ナイジェリアへ47便,5,788人を送還した（European Commission, Report on the Technical Mission to Libya on Illegal Immigration (2005), pp. 61-62)。引続き,両国間の不法移民問題への協力に関する2国間協定締結（2004年8月）（European Parliament, European Parliament Resolution on Lampedusa, 14th April 2005, P6_TA (2005) 0138) cited in Randrijasvic, 'How to Balance Rights and Responsibilities on Asylum at the EU's Southern Border of Italy and Libya', Central European University Centre for Policy Studies and Open Society Institute (2005-2006), pp. 8-9. 本判例に係る協定：Protocol and Additional Protocol on the cooperation in the fight against irregular immigration of 29 December 2007; Executive Protocol of 4 February 2009, supplementary to the one signed on 29 December 2007 (M. Giuffré, 'Watered-down Rights on the High Seas: Hirsi Jamaa and Others v. Italy' (2012) 61 *International and Comparative Law Quarterly*, no. 3, footnote no. 3 at 728).

[71] ECHR Case, *Soering v. UK*, application no. 14038/88, Judgment of 7 Jul. 1989 (英国から死刑判決を受け,また,死刑執行まで6年～8年間待つこととなる米国ヴァジニア州への追放が犯罪人引渡に関し3条違反であるとした事例であり,特に88項参照)。

188

言により欧州人権条約第13議定書（死刑廃止）の内容も含むと解する。19条2項の内容は，Soering v. UK の判例にあるように，1951年難民条約の保護の範疇ではないが，追放送還の行為が欧州人権条約の3条に加え「拷問及び他の残虐な，非人道的な又は品位を傷つける取扱い又は刑罰に関する条約（以下，国連拷問禁止条約）」3条[73]及び「市民的及び政治的権利に関する国際人権規約（以下，自由権規約）」13条[74]に該当する場合には，これら規定が如何なる場合も逸脱できない絶対条項であることに従い，要件に該当する場合には如何なる場合でも追放送還できない。また，Ahmed v. Austria の判決に示された次の解釈：「締約国よる庇護申請者の追放は3条上の問題となるであろう。従って，条約における国家責任は，当該人が帰ることになった国において，拷問または非人道的又は品位を傷つける扱い若しくは処罰を受けることとなる真の危険に直面することになると信じるに足る実質的な危険がある場合に請け負うことである」[75]が先例となり，以降，判例を積み重ねた結果，人権条約上のノン・ルフールマン原則が条約難民外となる場合であっても保護される根拠となっている。

このように，19条2項の人的範囲は，欧州人権条約3条の適用範囲が庇護申請者に限らないことから難民条約33条上のノン・ルフールマン原則のように迫害の恐れ及び条約難民となる5つの根拠に該当する場合に限定されな

ECHR Case, *Ahmed v. Austria,* application no. 25964/94, Judgment of 17 Dec. 1996（既にオーストリアにて難民認定された条約難民が，強盗罪により2年半の禁固刑を受け，また，強盗罪の場合禁固刑10年に延長される可能性もあることから1951年難民条約33条2項の「特別に重大犯罪」に該当するとして難民の地位を喪失された事例）.

(72) OJ C303/24, *supra* note (10), Explanation on Article 19, Paragraph 2.

(73) Art. 3 of the Convention against Torture and Other Cruel, Inhuman or Degrading Treatment or Punishment, GA resolution 39/46 of 10 Dec 1984 (entered into force 26 Jun. 1987), UNTS vol. 1465, 85.

(74) Art. 7 of the International Covenant on Civil and Political Rights, GA Resolution 2200A (XXI) of 16 Dec. 1966 (entered into force 23 Mar. 1979), UNTS Vol. 999, 171 and Vol. 1957, 407.

(75) ECHR Case, *Ahmed v. Austria, supra* note (71), para. 39 stating that 'the expulsion of an alien by a Contracting State may give rise to an issue under Article 3 (art. 3), and hence engage the responsibility of that State under the Convention, where substantial grounds have been shown for believing that the person in question, if expelled, would face a real risk of being subjected to treatment contrary to Article 3 (art. 3) in the receiving country. In these circumstances, Article 3 (art. 3) implies the obligation not to expel the person in question to that country'.

い。例えば，欧州人権条約3条の判例：D. v. UK のエイズ患者の送還において，本国では家族や社会保障を考慮し治療の見込みがないような深刻な病に適用されている[76]。なお，こうした深刻な病の例は，資格基準指令に定められた「国際的保護」の対象外であるが，EU 加盟国は人道的な理由として受入る場合があり[77]，今後，19 条 2 項を根拠とする受入も可能である。また，欧州人権条約 3 条及び国連拷問禁止条約 3 条上のノン・ルフールマン原則は，例外が許されない絶対条項であり，結果，庇護申請者の場合で難民条約 1 条 F 項と 33 条 2 項の除外条項が適用される場合であっても，同 19 条 2 項により欧州人権条約ほか国際条約の規定（前述の人権条約には全 EU 加盟国批准）への遵守義務が要求される。よって，実際に，難民及び補完的保護の地位認定の喪失及び停止又は撤回され，実質的な庇護或いは居住権許可が下りず滞在の法的根拠がない場合であっても，欧州人権条約上送還できない場合には，居住許可を含む諸権利が何も付与されないまま EU 加盟国内に留まることとなる。

　また，庇護申請の場合の 19 条の保護範囲は，逐条解説には説明がないが，欧州人権条約 3 条を主に根拠とする資格基準指令の補完的保護の地位基準においては，基準の適用範囲が欧州人権条約 3 条よりも広いと解されている。具体的に，欧州裁判所の *Elgafaji v. Netherland* 判決[78]において，資格基準指令の 15 条 C 項「武力紛争状態における無差別侵害，市民生活または人に対する重大かつ個々の脅威」の適用範囲について，より一般的危害の危険を含むとされ，欧州人権条約 3 条に含まれたそれらの危険性よりも厳しくないと解された[79]。

---

[76] ECHR Case, *D. v. the United Kingdom*, application no. 30240/96, Judgment of 2 May 1997.

[77] EU 加盟国のなかでこれまでに類似の事例を受入れた実績のある国として，例えば，スウェーデンでは，補完的保護の地位付与ではなく 'Distressful circumstances'（名称変更されているが，従来の人道的理由）として例外的に受入れている。なお，深刻な病であっても治療の資金不足や交通が不便なために母国での治療が受けられないことが主たる理由である場合には庇護は付与されない（Interviewed to the Swedish Migration Court, Rapporteur A Bengtsson in Stockholm on 18 May 2012）。

[78] CJEU Case, C-465/07, *Meki Elgafaji, Noor Elgafaji v. Staatssecretaris van Justitie*, Judgment of Grand Chamber on 17 Feb. 2009.

[79] 欧州裁判所及び欧州人権裁判所判例を比較した（*ibid.*, CJEU Case C-465/07, *Elgafaji v. Netherland*; ECHR Case, *Sufi and Elmi v. the United Kingdom*（application nos. 8319/07 and 11449/07, Judgment 28 Jun. 2011）。また，比較参照した英国国内の判例概要（UK Upper Tribunal（Immigration and Asylum Chamber）Case, *AMM and Others*

従って、19条2項の庇護申請事例への適用範囲は、欧州人権条約3条以上、つまり同様若しくは超えると解し得る。

以上、19条は、欧州人権条約第4議定書4条と3条を根拠としたノン・ルフールマン原則であり、規定内容は、既にEU加盟国内の主要な庇護国においては庇護審査基準として採用されておりまた欧州人権条約3条が条約難民として庇護が否定された後の救済手段の最後の砦となっているため、新しいものではない。他方、欧州裁判所でのEU基本権憲章の引用は、前述の欧州人権裁判所の *Hirsi Jamaa and Others v. Italy* の判決に見られたように、欧州人権条約4条及び第4議定書に加え19条1項違反を明確に示され、EU基本権憲章を根拠として積極的に言及されている[80]。よって、国際的保護の根拠が増えた分、規定上ではあるが難民への保護がより強化されていると言えよう。

Ⅲ　EU庇護権規定の国内適用

1　EU基本権憲章の適用

ここで、前述のEU基本権憲章のEU法上の位置付け及び欧州裁判所の判例より法的拘束力について、また、国内適用について考察する。まず、EU基本権憲章のEU法上の位置付けについて、同憲章は2000年に公布されたが、EU法上の位置付けについては、政治的宣言に留めるとする立場との対立が長らく続いたために2009年12月にリスボン条約が発効されるまでの10年足らずもの長い間保留されていた[81]。こうした難航の末に、EU基本権憲章は現行ではEU法から独立して制定されている。

具体的に、EU法におけるEU基本権憲章の位置づけは、EU運営条約6条1項に次のように定められている。

【EU運営条約6条1項】
　EUは、EU基本権憲章（以下、同文内は「憲章」と称す）に規定された権利、自由及び原則を承認し、同憲章は条約と同等の法的価値を有する。また、

　　（conflict; humanitarian crisis; returnees; FGM）*Somalia CG* [2011] UKUT 00445（IAC), 2-3)。

(80)　ECHR Case, *Hirsi Jamaa Others v. Italy, supra* note (66), p. 75.
(81)　制定の経緯について、山口・前掲注(23)和訳1-6頁及び伊藤洋一「EU基本権憲章の背景と意義」法律時報74巻4号（2002年）21-28頁参照。

〈第2部〉ヨーロッパ人権保障制度の新展開

　　憲章の規定はEU条約に規定されたEUのいかなる権限も超えるものではなく，憲章に規定された権利，自由及び原則は，その解釈及び適用について規定する憲章第7章の一般規定（これら規定や注釈はそれらの規定の法源を説いている）に従い，および憲章に参照された注釈に十分注意を払い解釈しなければならない。また，EU条約に規定された権限を超えるものではない[82]。

　更に，EU基本権憲章は，欧州人権条約のようにEU法の一般原則となるEU法を構成する条約[83]ではないが，条約と同等レヴェルの法的価値を有すると解され，EU法に課させられた履行義務のレヴェルにおいては，EU基本権憲章は条約と実質的に変わらない。

　実際に，欧州裁判所がEU基本権憲章に言及した判例を参照すると，2006年の家族の統合に関する *European Parliament v. Council of the European Union* が初めての判決であり[84]，以降，欧州裁判所は，EU基本権憲章がEU法の一般原則の補完的役割があることを他の機会においても幾度もかつ一貫して述べている[85]。また，欧州裁判所の *Kadi and Al Barakaat v. Council* 判決

---

[82]　Article 6 of the TEFU (ex Article 6 TEU), *supra* note (2). 和訳は岡村堯『新ヨーロッパ法——リスボン条約体制下の法構造』（三省堂，2010年）355頁参照。

[83]　*Ibid*. 欧州人権条約のEU法の位置づけについては，EU運営条約6条2項参照。

[84]　ECJ C-540/03, *European Parliament v. Council of the European Union*, Judgment of the Court (Grand Chamber) of 27 Jun. 2006 [2006] ECR 1-5769 (immigration policy - right to family reunification of minor children of third country nationals - Directive 2003/86/EC - Protection of fundamental rights - Right to respect for family life - Obligation to have regard to the interests of minor children) cited Robert Lane, 'The EU Charter of Fundamental Rights and the Subsisting Commitments of EU Member States under the European Convention on Human Rights: More Variable Geometry', (2007) 3 *Croatian Yearbook of European Law and Policy*, footnote no. 61 at 368.

[85]　S. Peers, 'Immigration, Asylum and the European Union Charter of Fundament Rights', in E Guild and P Minderhoud (eds), *The First Decade of EU Migration and Asylum* (Brill, 2011), p. 441 and footnote 14 at p. 441. 判例一例：C-432/05 *Unibet* [2007] ECR I-2271, para. 37; C-303/05 *Advocaten voor de Wereld VZW* [2007] ECR I-3633, para. 46; C-438/05 *Viking Line* [2007] ECR I-10779, para. 44; C-341/05 *Laval* [2007] ECR I-11767, para. 91; C-450/06 *Varec* [2008] ECR I-581, para. 48; C-402/05 P and C-415/05 P *Kadi and Al Barakaat International Foundation v. Council and Commission* [2008] ECR I-6351, para. 335; C-47/07 P *Masdar (UK) v. Commission* [2008] ECR I-9761, para 50; C-385/07 P *Der Grüne Punkt Duales System Deutschland GmbH v. Commission*

（2008年）においては，基本的権利に対する効果的な保護に対し，欧州裁判所がEUレヴェルの救済機関としての役割を担う義務へも言及され[86]，こうした判例はリスボン条約以降増加傾向にある[87]。

また，EU基本権憲章18条ではないが，庇護申請の受付に関連する欧州裁判所の判例として *N. S. v Secretary of State for the Home Department and M.E. and Others v Refugee Applications Commissioner, Minister for Justice, Equality and Law Reform* 判決（2012年）[88]があり，加盟国に対しEU基本権憲章の遵守義務が要求されている。同事案は，庇護申請手続国に関するダブリン規則3条2項（主権条項）[89]の解釈——庇護申請者の経由地であるギリシャへ移送せずに庇護申請を申出た英国及びアイルランドが庇護申請手続をする義務があるのか否かについて，英国及びアイルランド当局が欧州裁判所に解釈を求めたものであり，欧州裁判所はEU基本権憲章の遵守義務について次のように明確に述べている。「EU基本権憲章の規定及び欧州人権条約の規定によって庇護

[2009] ECR I-6155, para. 179; C-12/08 *Mono Car Styling* [2009] ECR I-6653, para. 47. なお，多くが47条を参照しているが，7条及び8条を参照しＥＵ基本権憲章をより重視し引用した判例は *Promusicae* である（C-275/06 *Promusicae* [2008] ECR I-271, para. 64）。

[86] *Ibid.*, ECJ Joined Cases C-402/05 and C-415/05, para. 335. For furthermore, see J. Schwarze, 'The Future of the European Public Law' in P. Brikinshaw and M. Varney (ed.), *The European Union Legal Order after Lisbon* (Wolters Kluwer, 2010), p. 25.

[87] Peers, *supra* note (85).

[88] CJEU Judgment in Joined Cases C-411/10, *N. S. v. Secretary of State for the Home Department* and C-493/10, *M. E. and Others v. Refugee Applications Commissioner, Minister for Justice, Equality and Law Reform*（OJ C 49/8, 18 Feb. 2012）.

[89] *Dublin Regulation, supra* note (3), Council Regulation (EC) No 343/2003 Article 3 (1) and (2), and other provisions of Chapter III of Council Regulation (EC) No 343/2003. Article 3 (1): 1. Member States shall examine the application of any third country national who applies at the border or in their territory to any one of them for asylum. The application shall be examined by a single Member State, which shall be the one which the criteria set out in Chapter III indicate is responsible. Article 3 (2): By way of derogation from paragraph 1, each Member State may examine an application for asylum lodged with it by a third-country national, even if such examination is not its responsibility under the criteria laid down in this Regulation. In such an event, that Member State shall become the Member State responsible within the meaning of this Regulation and shall assume the obligations associated with that responsibility. Where appropriate, it shall in form the Member State previously responsible, the Member State conducting a procedure for determining the Member State responsible or the Member State which has been requested to take charge of or take back the applicant.

〈第 2 部〉ヨーロッパ人権保障制度の新展開

請求者に付与された保護の本質と範囲に対する責任を負うこと，また，EU 基本権憲章 4 条上の加盟国の意味とは国内裁判所を含むと解釈しなければならず，庇護希望者のいる国が不当に長期間かけて庇護申請の手続の責任のある国を決定する手続をとるような手法によって当該申請者の基本的権利が侵害されてはならないこと，また，状況が更に悪化しないことを保証しなければならないとし，こうした解釈は EU 基本権憲章 1 条・18 条・47 条においても異なる回答にはならない」。よって，庇護申請者の基本的権利を侵害する場合には，別の加盟国（当該事例では英国とアイルランド）が庇護申請手続を行うことを許可するものと解された[90]。

次に，EU 基本権憲章の適用範囲について[91]，同逐条解説憲章 51 条によれば[92]，第一義的には補完的原則を遵守し，EU 条約及び第 2 次法によって制定された EU の諸機関や組織（政府・地域・地方を含む全ての公共機関及び団体）が EU 法を履行する場合に適用される。また，当初は，国内の行為には適用されないとされていたが[93]，国内法による私人の行為において不都合な解釈が見られたため，欧州裁判所は，*Wachauf* 判決（1989 年）において[94]，直接裁定を下さなかったものの加盟国の国内法が基本権を侵害したことを強く含み，また，当局には EU の基本権の規範に従った方法で利用し得る裁量を行使しなかったことに対し責任があることを示した。結果，EU 基本権法の範囲を広げ，また，単に EU 法的秩序との一貫性だけではなく立法行為の形式や履行においても同じ規範によって拘束されることをも見据えることと解された。ただし，EU 法を履行する措置と EU 法の範囲内に当たることが全く同じであるのか否かは，規定上不明であり，国内の措置が EU 基本権に従い合法であるか否かの判断は，

---

[90] CJEU Judgment in Joined Cases C-411/10 and C-493/10, *supra* note [88]. 同判例の一考察として次のレポート参照：S. Lieven, 'Case Report on C-411/10, *N. S.* and C-493/10, *M. E. and Others*, 21 Dec. 2011' (2012) 14 *European Journal of Migration and Law*, pp. 223-238.

[91] Overviewed D. Chambers, G. Davies and G. Monti, *supra* note [13], pp. 252-258.

[92] Explanation on Article 51, *supra* note [10].

[93] ECJ Joined Cases 60/84 and 61/84, *Cinéthèque v. Fédération nationale des Cinémas Français* [1985] ECR 2605; ECJ Case 12/86 *Demirel v. Stadt Schwäbisch Gmünd* [1987] ECR 3719.

[94] Case 5/88 *Wachauf* [1989] ECR 2609, 13 July 1989; *ERT* [1991] ECR 1-2925, Judgment of 18 Jun. 1991.

個人がEU法の範囲内の活動として持ち出すことを選択するか否かによるとも解されている[95]。

なお，上述の Wachauf の解釈は，その後，欧州裁判所の Kjell Karlsson and Others v. the Swedish Government 判決（2000年）[96]においても再確認され，同判決において「加盟国は，共同体の諸規定の実施に際しては，共同体法秩序における基本権保護の要請をも尊重しなければならない」とし，共同体の法体系における基本的権利を保護することからも生じると追加されている[97]。後者の点は，前述の N. S. v.UK 及び M. E. and Others v. Ireland 判決においても，欧州裁判所はEU基本権憲章上の権利侵害に直接言及されている。よって，EU法を履行中の行為に対し，一歩踏込んだ解釈がなされたと言えよう。

また，個人への適用について，EU基本権憲章が個人に対する基本権である以上は，個人へも適用し得ることが理に適い，加盟国の国民以外を含みだれでも共同体法やEU法の範疇で同憲章を根拠として訴えることができるであろうと解されている[98]。しかし，前述の通り，適用は第一義的には公共機関・団体であり，個人へは，原則として，従来通り，各EU加盟国の憲法上の基本的権利の規定が直接適用される。なお，個人は，欧州委員会に異議を申出でその際に問題に対応する適切な処理機関の情報を得ることができ，また，欧州議会に対し請願権があり，請願権はEU市民およびEU加盟国に居住または登録された事務所を有する自然人または法人に適用される〔EU基本権憲章44条：請願権〕[99]。従って，庇護請求者によるEU基本権憲章18条及び19条を根拠とした異議申出は，庇護申請をしたEU加盟国の権限機関による義務不履行の場合，或いは，庇護に係る規則や指令に基づく庇護審査において解釈が不明な場

---

[95] ECJ C-159/90 *Society for the Protection of the Unborn Child (SPUC) v. Grogan* [1991] ECR I-4685.

[96] ECJ Case, C-292/97, *Kjell Karlsson and Others v. the Swedish Government* [2000] ECRI-2737, Judgment of 13 Apr. 2000, paras 37-38（余剰牛乳に対する追加課税の判例：Reference for a preliminary ruling: Regeringsrätten - Sweden. Additional levy on milk - Milk quota scheme in Sweden - Initial allocation of milk quotas - National rules - Interpretation of Regulation（EEC）No. 3950/92 - Principle of equal treatment）．

[97] Chambers, Davies and Monti, *supra* note [13], p. 255.

[98] K. Lenaerts and P. Nuffed, *Constitutional Law of the European Union*, 2nd. (Sweet & Maxwell, 2005), p. 731.

[99] 佐藤・前掲注[22] 302頁．

合に可能であり，当局への異議申出の際に EU 基本権憲章 18 条及び 19 条を根拠とすることはできる。しかし，欧州裁判所は，欧州人権条約の場合のように個人に対し直接に裁定を下すのではなく，欧州裁判所の役割は，EU 法規定の解釈を示すという手法によって国内裁判所及び庇護審査機関において権威のある手引きを示すことであり，同手引きを遵守し裁定するのは国内裁判所である。

以上を踏まえ，前述の疑問点「個人が EU 基本権憲章 18 条を根拠に庇護申請ができるのか」については，締約国にいる個人は当局に対し異議申出の根拠とすることは可能であるが，EU 基本権憲章の位置付並びに国内法への適用により，欧州人権条約下の個人救済と同じように個人が直接に具体的な救済を求めることはできない。

2　庇護関連指令の国内法適用

EU 法上の具体的な庇護規定は，前述の EU 運営条約 78 条 1 項及び 2 項と EU の政策履行計画に基づいて，個々の庇護申請に対し次の 3 つの基準が各指令に定められている[100]。

(1) 難民・国際的保護地位の資格適用条件
(2) EU 加盟国における庇護申請者の受入れ（最低限）基準
(3) 国際的保護の地位付与及び撤回に関する手続

ここでは，上述 3 つの指令に対する適用を考察するが，上述の(3)の庇護申請手続については，更に，別途，庇護申請の受付国を決定するための手続としてダブリン規則に基づく手続があり，庇護指令が制定される前の 2003 年より EU 法の下に置かれ導入されている。また，上述の 3 つの基準の他に，一時的保護の指令があり，緊急時による大量避難民の流入の場合について，例えば，1990 年代初めの旧ユーゴスラビアのコソボォ自治州からの大量避難民の流入のような場合に対応するための基準が定められ，受入の決定及び受入割当人数については欧州評議会（Council of Europe）において決定され[101]，個々の庇護申請とは手続が異なる。

---

(100) *Supra* note (3) and (7).
(101) Council Directive 2011/55/EC of 21 Jul. 2001 on minimum standards for giving temporary protection in the event of a mass influx of displaced persons and on

(1) 直接適用・直接効果の原則

　上述3つの庇護基準指令の国内適用について，まず，EUの一般原則として，加盟国に対し指令が確実にEU共通の基準となるように，国内法秩序において指令の直接適用と同時に直接効果を生じるように要求されている。そうした要求は原則としてどの分野にも適用されるが，要求の度合いは指令の対象分野や指令内容により異なるとされ，ゆえに，庇護関連の指令はどの程度であろうか。庇護分野は，EUの一般原則の適用扱いへと段階的に進んではいるが，従来は例外扱い事項であり，例えば，近年まで，庇護と出入国管理の分野のみはEU法68条の例外として欧州裁判所への付託は上級裁判所に限定されていた[102]。また，実際には国内法に編入後の今もなお庇護認定数が欧州諸国間でかなり異なり，庇護規定の解釈や適用は統一されていないことから，EU加盟国の主権がどの程度制限され庇護指令の直接適用及び直接効果が要求されるのか疑問である。そこで，以下に，まず，EU法における指令一般の国内適用について概観し，次に庇護関連指令の場合を考察する。

　欧州共同体（EC）は，特定の分野や国家のみならず個人から成る国家の主体に対し，主権を制限された国家を代表とした国際法上の新たな法的秩序である。新たな法秩序は，条約と主権国家の間の国際法として承認され，また，国内の法体系においても効力を発し，EC条約25条より裁判所が保護しなければならない個人の権利を創作し，加盟国と加盟国の国民の関係に直接効果を生むとされている。このようなEC法の法秩序は，直接効果と国内法に優越する法として特徴づけられ，EC法の規定が直接に効果のある場合には，個人が国内

---

　measures promoting a balance of efforts between Member States in receiving such persons and bearing the consequences thereof（OJ L 212/12, 7 Aug. 2001）。なお，EUとしての難民の受入にはその他に2012年3月に決定された「UNHCRの第三国定住計画による分担難民の受入」があり，今後，加盟国による受入人数の申請に基づいて2013年より開始される見通しである（Decision No 281/2012/EU of the European parliament and of the Council of 29 Mar. 2012 Amending Decision No 573/2007/EC Establishing the European Refugee Fund for the period 2008 to 2013 as part of the general programme 'Solidarity and Management of Migration Flows'（OJ L 92, 30 Mar. 2012）。

[102] A. Adinolfi, 'New Modalities for the Preliminary References Procedure: The Amsterdam Treaty and the Conventions among Member States' in Academy of European Law, *Collected Courses of the Academy of European Law/1997 European Community Law*, Vol. Ⅷ, Book 1 (Kluwer Law International, 2001), pp. 73-76.

裁判にて行使し得る権利や義務を創作するとし，こうした解釈は欧州裁判所の *Van Gend en Loos* 判決（1963 年）[103]にて示され，以降先例となっている。

　Van Gend en Loos 判決の意義は，私人が国内裁判所において EEC 条約を直接援用できるか否かについての問題は，国際法における条約の国内適用に見られるいわゆる国内法における条約の効力という憲法問題ではなく，EC 裁判所が，EEC 条約の解釈の問題として EC 独自の法秩序を形成する上で統一した解釈を示したことである[104]。更に，具体的な適用の妥当性については，当該条約の精神や枠組み及び規定の文言を検討する必要があるとし，直接援用できる場合，つまり直接効果を創作するためには「規定が無条件かつ十分に明確であり，そして加盟国による更なる行動を要求しないこと」が条件であると解された。よって，当該規定が裁量の余地を残し若しくは一般的な目的または政策を定めるのみであって，目的や政策を達成すべき特段の手段を定めていない場合には適用されない[105]。

　こうした EU 法が国内法に勝る優越性と個人の権利に影響する EC 法の国内法への直接効果を要求すると言う解釈は，その後の判例 *Costa v. Enel* 判決（1964 年）で確固たるものとなり，また，続く *Simmenthal-II* 判決（1978 年）においては，更に，直接適用の意味には様態をも含むと解され，EC 法に属する法関係の当事者（加盟国，私人）に対し直ちに権利義務を生じること，国内裁判所は EC 法が私人に与えた権利を保護する義務を負うと解された[106]。そし

---

(103) ECJ Case, 26/62, *Van Gend en Loos v. Nederlandse Administratie der Belastingen* [1963] ECR 1. 課税処分に対し EEC 条約 12 条違反であることを私人がオランダの国内裁判所へ提訴した事例である。和文解説については，伊藤洋一「EC 条約規定の直接適用性」法学教室 263 号（2002 年）107 〜 112 頁；中村民雄・須網隆夫「ファン・ヘント・エン・ロース事件」中村民雄＝須網隆夫編著『EU 法基本判例集』（日本評論社，2007 年）3-14 頁参照。

(104) 伊藤・前掲注(103) 8-9 頁。

(105) 以下概要：伊藤・前掲注(103) 108-109 頁。P. Kent, *Nut Cases European Union Law*, 5th ed. (Sweet & Maxwell, 2009), pp. 3-4 and also see M. Cuthbert, *Nut Shells European Union Law*, 7th ed. (Sweet & Maxwell, 2012), pp. 39-44; Chalmers, Davies and Monti, *supra* note (13), pp. 267-284)。庄司克宏「欧州司法裁判所と EC 法の直接効果」法律時報 74 巻 4 号（2002 年）14-20 頁。

(106) ECJ Case 6/64, *Costa v. Enel* [1964] ECR 1; Case 106/77, *Amministrazione delle Finaze dello Stato v. Simmenthal* [1978] ECR 629（so called *Simmenthal-II* シーメンタール事件はイタリアの 1970 年法に基づいた輸入時の食肉衛生検査費用に対する賦課

て、今日ではリスボン条約に付則された宣言においても、EU法の下で採択された条約と法律は欧州裁判所による十分に定着した判例に従い加盟国の法に優位であることが想起された。実際に、欧州裁判所は、EU運営条約267条（前TEC234条）手続によってEC法を解釈し若しくは有効性を考慮することができるように定められており、欧州裁判所は同267条手続を利用して新しい法的秩序の概念を発展させ、また、全加盟国に共通に完全に適用されるような権威ある裁定を下してきた[107]。こうした欧州裁判所の解釈を通して、EU法の優位性と直接適用から直接効果へと進展させた国内法への適用要求がEU法の一般原則として確立し今日に至る。

他方、*Van Gend en Loos* 判例以降の解釈拡大説に対し、裁判所の裁定が個人の権利を保護するべく「手続か」「制裁か」強制執行機能のどの役割を担っているのかについて、行政及び企業並びに個人全てに対し個人の権利を十分に保護とするまでには至らず、国家以外に対する義務はかなり保留されているという説も有力である[108]。また、EU法の狭義の解釈では、国家に対し特定の権利、つまり、特定の利益を侵害しない義務（duty）を付与するのみであり、そうした権利は、権利保持者が他人にはできないことができること、例えば、課税しないというように国内法からの免除以上のものではなく、よって、国家に対し個人の権利を保護するために何かすることを控えるのであって、積極的な行動をとることを要求しないとも解されている[109]。よって、個人の権利に係る義務の範囲や本質には未だ揺らぎがある。

なお、指令を根拠とした個人の提訴について、指令は、条約や規則と異なり国家（政府）に対してのみ訴えることができるとされ、個人が国内裁判所において指令を提訴の根拠とすることは可能であるが、個人は全てのEU条約の規定に対し国内裁判所に提訴できるわけではなく、前述の要件（明確かつ無条件）が揃う場合の指令のみとされている。また、加盟国の国内裁判所は、EU法の優位性を一般的に承認されながら、憲法の保障する基本的人権がEU法の優位

返還を要求した事例である。）．伊藤洋一「EC法の国内法に対する優越(1)」法学教室264号（2002年）107-112頁，伊藤洋一「EC法の国内法に対する優越(2)——EC法と国内後法」法学教室265号（2002年）113-120頁，中村・前掲注(103) 15-32頁概要。

(107) Kent, *supra* note (105), p. 5.
(108) Chalmers, Davies and Monti, *supra* note (13), pp. 270-271.
(109) *Ibid.*

〈第2部〉ヨーロッパ人権保障制度の新展開

を制限し，EU法は憲法に優越できないとも解され，ゆえに，指令の国内措置も国内裁判所においてはまず憲法に照らし判断される。よって，先の明確かつ無条件の要件が揃う指令であっても国内裁判所が指令を受容し援用するか否か，つまり，EU法に従うべく協力するか否かの判断は各国に委ねられている[110]。

(2) 庇護関連指令の場合

次に，庇護関連指令の場合について，庇護関連指令は，前述のEU法の一般原則と同様にEU法の下に規定された法として国内法に優越する。また，庇護関連指令は，加盟国間において「国際的保護」の同一基準・統一適用となることを目的とし，1951年難民条約及び欧州人権条約3条等を根拠とした国際的保護の注釈となるように，各指令の前文には一般的な目的と政策が記され，続く条文にはそれを達成すべき手段が具体的に定められている。よって，規定は詳細かつ手続規定も定められていることから国内法において直接援用し得る内容である。しかし，資格基準指令の条文のなかには選択の余地のある用語（mayやcan）が多々見られ，また，規定内容には未だ矛盾や不明確なところがあり，加盟国には裁量の余地が残されている。結果，指令の国内への編入は国内法秩序において立法を必要とする場合には完全に指令の文言通りとはならず，直接適用には限度がある。

また，リスボン条約後には，指令の採択のプロセスや法的本質についての根本的な変更が暗示され，庇護に関する規定はEU運営条約288条(3)（前TEC249条）が直接適用されることとなり，よって，EU加盟国及び指令締約国に対して国内法への編入義務と直接効果が要求されてる[111]。具体的には，指定期日までに国内法へ未編入の場合には国内編入を終えるまで，つまり，外国人法を改正し発効するまでの空白期間または内容に齟齬がある場合であり，こうした場合には指令そのものが国内裁判所や行政機関において'直接適用'される[112]。

---

[110] 須網隆夫「EU法と国際法――多元的な法秩序観とEU法秩序の性質」福田耕治編『多元化するEUガバナンス』（早稲田大学出版部，2011年）14頁。

[111] *Ibid.*, and also see Kent, *supra* note (105), p. 4.

[112] K. Hailbronner (ed.), *EU Immigration and Asylum Law-Commentary* (C.H. Beck・Hart・Nomos, 2010), p. 3 and para. 54 at 32.

(3) 庇護関連指令の履行義務の実態

実際に,加盟国において,指令の直接適用及び直接効果の義務はどのような方法でまたどの程度履行されているのであろうか。庇護基準指令の国内適用は,異なる法制度等の国内事情を考慮し期日以内（通常発効後2年以内）に国内法に編入することを義務付けることに留まり,その履行方法は,EU条約や規則のように条文が自動的に係る事案に対し直接適用されるのではなく,各国が自由に決定できるとされている。実際に,加盟国における庇護付与の決定や裁定において,庇護関連指令は,国内法のように直接参照する法,言わば,六法を手元に置くテキストのようには義務づけられておらず,加盟国の義務は指令に従い国内法（外国人法）の追加や改訂による修正に留まる。こうした指令の国内適用は,国際法の条約の国内適用に近く国際法の国内法の位置づけのように国内への編入方法は問わないが,他方,実質的に国内法に同様の規定を制定することが義務付けられ,義務履行の監視制度も備わっている（本文後述）。

例えば,EUの庇護法の先導国であるドイツ,スウェーデン,オランダの場合は,筆者の2005年から2012年の現地調査では,指令の全文をそのまま引用しておらず指令毎に外国人法への追記または抵触する規定が随時改正されている[113]。具体的に,ドイツでは,資格基準指令が2007年8月19日に国内法に編入された際に（同年8月28日発効）庇護手続に関する法が改正され,庇護付与の資格は1951年に定義された法的地位のある者に限定された[114]。

---

(113) EUの庇護基準指令に従った国内法規定について,ドイツは,2004年の出入国管理法の注釈（Details of the Immigration Act (Berlin 18 Jun. 2004) と現行の条約難民の規定を比較した（the Federal Office for Migration and Refugees (updated 2 May 2012) at <http://www.bamf.de/EN/Migration/AsylFluechtlinge/Fluechtlingsschutz/fluechtlingsschutz-node.html>)。また,オランダは,外国人法（2004/83/EC資格指令基準の外国人法（Aliens Act 2000),法令（Decree of 9 December 2010) 及び規則への編入ついて外国人法の掲示板（Bulletin of Acts and Decrees 2008) を参照し,スウェーデンは,政府の政策案（Regeringens proposition 2009/10:31 Genomförande av skyddsgrundsdirektivet och asylprocedurdirektivet Stockholm den 8 oktober 2009) 及び外国人法（Aliens Act 2005:716) を参照した。

(114) Asylverfahrensgesetzの規定は次の通りである。Paragraph 2 of the AsylVfG provides that, in the Federal territory, persons entitled to asylum are to have the legal status defined by the 1951 Geneva Convention. なお,難民の地位は当初は外国人のドイツ連邦領土への入国・滞在に関する法令51段落に定められていた（2 Sep. 2008 (BGBl. 2008 I, cited in the CJEU Joined Case C- Joined Cases C-57/09, *B* and C-101/09, *D v. Bundesrepublik Deutschland*, Judgment of the Court, Grand Chamber, 9 Nov. 2010,

〈第 2 部〉ヨーロッパ人権保障制度の新展開

　また，スウェーデンでは，第一段階の資格基準指令と庇護手続指令の国内編入は，外国人法（2005：716）の改正を一度に行い，改正した外国人法の発効は2010年1月1日と大幅に遅れて施行されたが，資格基準指令において選択の余地のある場合若しくは基準を上回るが資格基準指令には抵触しない場合には，資格基準指令の規定上より好ましい内容を選択できるとされているため[115]独自の規定を残したものもある[116]。他方，改正の一例として，補完的保護における「危険性」について，資格基準指令では危害の客観的基準として「信じるに足りる十分な根拠と重大な危害を被る真の危険」の存在を用い，庇護申請者にとってはスウェーデンの外国人法（2005：716）上の「十分に根拠のある恐怖」の基準よりもより好ましいため係る指令の基準を含むように改正され[117]，現行では資格基準指令と同様の文言に変更されている[118]。

　次に，国内裁判所における資格基準指令の引用について，引用は増えているが[119]，筆者の調査したスウェーデン及びオランダでは，係る指令は庇護認定機関における参照法規ではあるが，最終決定が下される裁判所においては庇護関連基準指令の内容が周知されているか否かは不明であり，少なくとも手元に置き常時参照する義務にはなっていない[120]。この点は，EU の庇護法の第一

---

　　　 paras. 35-38).
(115)　Article 3 of the *Qualification Directive* (2011/95/EU), *supra* note (3). なお，補完的保護の地位に付与される受益の権利については，難民の地位よりも低い（資格基準指令（2011/95/EU）の次の条文：居住許可期間，渡航書類の発効参照）。
(116)　Aliens Act (2005:716) issued 29 Sep. 2005; Amendments up to and including Swedish Code of Statues 2009:16 (31 Mar. 2006), as to the latest version, see the Regeringens proposition 2009/10:31 (8 Oct. 2009).
(117)　Satens Offentliga Utredningar, *Skyddsgrundsdirektivet och svensk rätt En anpassning av svensk lagstiftning till EG-direktiv 2004/83/EG angående flyktingar och andra skyddsbehövande*, Summary (available in English), SOU 2006:6 (Stockholm, 2006), para. 34. The document cited the Government Office at <http://regeringen.se/content/1/c6/05/64/40/de3cf95b.pdf>.
(118)　Regeringskansliet, *Sweidsh Code of Status – Act amending the Aliens Act* (2005：716) issued on 17 Dec. 2009 (SFS 2009:1542), published on 30 Dec. 2009 by the Government Office at <http://www.sweden.gov.se/content/1/c6/06/61/22/94531dbc.pdf>.
(119)　欧州裁判所の庇護判例概要（EDAL European Database of Asylum Law at <http://www.asylumlawdatabase.eu/>。
(120)　オランダはオランダ難民支援協会法的支援会員及び欧州委員会の庇護法務官（Patrascu）の情報（2011年9月5日及び10月31日）とスウェーデンは移民裁判所の

人者であるHailbronner（University of Konstanz）の解釈にあるように「指令が国内裁判所及び行政機関において直接適用されるかもしれずまた明確性と無条件についての欧州裁判所の判例条件を満たすことを前提として国内裁判所に訴えられるかもしれない」[121]という可能性のレヴェルに留まる。

　こうして国内裁判所においては，国内法の規定のように指令を直接参照するようにはなっていないが，EUレヴェルにおいては直接適用・直接効果を確保すべく履行の仕組や手法が取り入れられている。具体的に，欧州委員会は，履行監視の役割を担い，指令の国内編入の遅れや内容の矛盾が判明した場合には庇護基準指令の直接効果を生むように当該加盟国に勧告し指令の遵守を促している。実際に，欧州委員会は，加盟国に対し指令の加盟国の国内法への編入期日の遅れや不備について当局への勧告或いは欧州裁判所を経由し遵守義務を通告してきた[122]。また，2008年より各加盟国内には欧州移民ネットワークの国内連絡所（National Contact Point of the European Migration Network: EMN）と称する調査拠点が設けられ，各国の履行状況の概要若しくは法政策に関する実態調査を行い報告書を公開しており[123]，加盟国間の共通化及び現状の矛盾を把握し修正箇所を認識する上での一役をかっている。更に，欧州委員会は，各加盟国の出入国と庇護に関する法政策の状況について詳細な年次報告を準備し，同報告書を欧州連合評議会に提出するという方法によって[124]庇護関連指令の国内法への直接的適用と直接効果を促している。

　また，欧州裁判所においても，前述のEU基本権憲章と同様にEU指令の解釈を通して，加盟国への共通の解釈及び直接適用を促している。これまでのところ庇護に関する欧州裁判所の判決は，2009年より判決が出され2012年上半期までには4件[125]と間接的に庇護関連の判例は3件[126]と少ないが，今後

裁判官（Hessén）及び報告担当官（Bengtsson）への面談（2012年5月18日）。
(121) Hailbronner, *supra* note (112), para. 6 at 3.
(122) The Commission's role at <http://ec.europa.eu/eu_law/introduction/commission_role_en.htm> (last updated on 17 Aug. 2011).
(123) Article 9 (1) of Council Decision 2008/381/EC establishing the EMN.
(124) 欧州委員会と23の加盟国の国内連絡地点（National Contact Points）との協賛により庇護に関する様々な履行調査報告書が出されている。例：EMN Synthesis Report: Non-EU Harmonised Protection Statuses -The different national practices concerning granting of non-EU harmonised protection statuses by the European Migration Network (Dec. 2010), p. 110.

〈第2部〉ヨーロッパ人権保障制度の新展開

は，事例が増える可能性が高い。実際に，先決裁定（preliminary ruling）が，以前は，国内法の下で控訴権がないという決定の場合のみに国内裁判所から事例が持ち込まれていたが，つまり，庇護及び出入国管理分野に限りは最高裁判所（相当機関）からの付託に限定されていたが，現在は加盟国のどの裁判所の訴訟手続からも行えるようになり，今後，欧州司法裁判所が庇護分野における判例の多い機関として発展するのではないかと見込まれている[127]。

Ⅳ　おわりに

EU共通の庇護基準の枠組規定であるEU運営条約78条及びEU基本憲章18条及び19条は，条約難民への庇護付与と一般国際法及び主に欧州人権条約3条上のノン・ルフールマン原則を根拠とする補完的保護付与を定め，具体的には同78条下の指令において地位付与及び居住権許可を含む地位に付随する諸権利付与と更に地位撤回の条件も定められている。こうした条約難民への庇護付与及び補完的保護に該当する場合の保護付与をEU加盟国の義務とした点は[128]，これまで国際法及びEU加盟国の国内法上，条約難民への庇護付与

---

[125] CJEU Case C-465/07, *supra* note [78], *Meki Elgafaji, Noor Elgafaji v. Staatssecretaris van Justitie*（重大かつ個人的な脅威）; Joined Cases C-175/08, C-176/08, C-178/08 & C-179/08, *Abdulla & Others v. Bundesrepublik Deutschland*, Judgment of 17 Sep. 2009（難民の地位終止）; Case C-31/09, *Bolbol v. Bevándorldsi ds Allampolgirsigi Hivatal*, Judgment of 17 Jun. 2010（UNHCR以外の国連機関による保護の場合の適用除外）; Joined Cases C-57/09 & C-101/09, *B & D v. Bundesrepublik Deutschland*, Judgment of 9 Nov. 2010（国連の原則に反する犯罪行為の場合の適用除外）at <http://eurlex.europa.eu/>.

[126] ECJ Case C-19/08, *Migrationsverket v. Edgar Petrosian, Migrationsverket v. Edgar Petrosian, Nelli Petrosian, Svetlana Petrosian, David Petrosian, Maxime Petrosian*, Judgment of 19 Jan. 2009（ダブリン事例，移送の時間制限）; Case C-69/10, *Diouf v. Ministre du Travail, de l'Emploi et de l'Immigration*, Judgment of 28 Jul. 2011（迅速な手続の下での効果的救済の権利）; Joined Cases Case C-411/10, *N.S. v UK* & C-493/10, *M.E. and Others v. Ireland*, Judgment of 21 Dec. 2011（ダブリン規則と安全な第三国，基本的人権）at <http://eurlex.europa.eu/>.

[127] European Parliament, the Europe 2020 Strategy on Asylum Policy at <http://www.europarl.europa.eu/ftu/pdf/en/FTU_4.12.2.pdf>（Mar. 2011), p. 2.

[128] 英国，ポーランド，チェコ共和国へのEU基本権憲章の適用は限定される（Protocol No.30 on the Application of the Charter of Fundamental Rights of the European Union to Poland and to the United Kingdom, OJ C83/313; Declaration by the Republic of Poland on the Charter of Fundamental Rights of the European Union,

及び条約難民以外の事実上の難民への法的保障が不明確であり事実上の難民に
ついてはその多くが居住権許可の枠内で人道的理由に基づき裁量の範囲で受入
られた状態から、より客観的な基準に基づいて庇護及び保護が付与されること
となり、一歩前進である。なお、条約難民以外の地位を設定したことによって、
多くの「難民」を救済することになるのか或いは保護の度合いに差をつけ保護
レヴェルの低下を招くことになるのか、この点は別稿となるが資格基準指令の
逐条分析にて考察したい。

次に、EU 基本憲章18条上の庇護権について、18条は、草案時の議論によ
り主語が意図的に外され、また、保護の範囲も未だに公式見解もないままであ
り、よって、裁量の幅が意図的に広く残されている。国際法上の庇護権に照ら
すと、18条の庇護権は、*right to asylum* であり個人の庇護権 *right of asylum*
と位置付けるには至らず、また、保護の範囲は不明確であるが、国際法上の庇
護権と同様庇護申請を受ける権利を含みかつ庇護申請権には国境での入国拒否
を含むとされ、進展が見られない。ましては、EU 加盟国の伝統的な憲法上の
庇護権に照らすと、EU 基準に沿い1951年難民条約以上の広範な意味を有し
ていた庇護権が縮小され、狭義の解釈では庇護付与は条約難民に限定され、結
果、難民への国際的保護を庇護権の視点からとらえることが難しくなった。今
後、EU 基本権憲章18条の解釈の行方は、欧州裁判所による同18条の解釈が
示された時点で明らかにされ、また、EU の欧州人権条約並びに1951年難民
条約の批准が実現した時点でこれら条約との整合性が精査されより高いレヴェ
ルの難民の保護へと進むことを期待したい。

また、EU 基本権憲章の遵守義務について、最近の欧州裁判所の判例より、
EU 基本権憲章の場合も EU 法と同等レヴェルの遵守義務が要求されると言う
指摘が増えており、こうした状況はリスボン条約以降、庇護規定も例外では

OJ C83/358 at 61; Declaration by the Chez Republic on the Charter of Fundamental Rights of the European Union, OJ C83/355-356 (all cited in the OJ Information and Notice, C83/12, 30 Mar. 2010)。なお、こうした加盟国による適用除外 (opt-outs) については、欧州裁判所の判例より「同憲章規定に従う加盟国の義務が免除され或いは当該加盟国の国内裁判所がそれら規定の遵守を確保することを避けるよう意図したものではない」と解されている (European Parliament Report on the Situation of Fundamental Rights in the European Union (2010-2011) (2011/2069 (INI)), Committee on Civil Liberties, Justice and Home Affairs, Rapporteur: M. F. Beňova, A7-0383/2012, 22 Nov. 2012, para. 44).

〈第2部〉ヨーロッパ人権保障制度の新展開

ない。実際に，2012年には，EU基本権憲章19条にも言及する欧州人権裁判所の判例（*Hirsi Jamaa Others v. Italy*）が出され，また，18条の解釈についても欧州裁判所より回答待ちの事例[129]や資格基準指令の解釈として同憲章が引用される場合もあり[130]，国内裁判所による引用も近年増えている[131]。よって，加盟国に対しEU基本権憲章が欧州人権条約に加え庇護付与及び保護付与の義務を課し，同憲章への遵守義務は条約レヴェルで強化されつつある。

そして，EU基本権憲章及びEU法下の庇護基準指令の国内適用について，EU法の一般原則である直接適用及び直接効果が適用されるが，国内法への編入方法は各国が選択できまた係る指令の条文には裁量の余地を残す表現が見られ，欧州人権条約のような条文そのままをテキストとするような直接適用の扱いではない。EU加盟国の多くは，一例として本稿で取上げたオランダ，スウェーデン，ドイツのように既存の国内法（外国人法又は出入国管理法）にEUの庇護基準を組入れて，一部改正された国内法が庇護申請事案に適用されている。また，国内裁判所においては，庇護基準指令との積極的な整合性を図っているのかは疑問であり，同指令は国内法（外国人法等）を差し置いた存在ではない。よって，EUの庇護法の位置付けについて，国際法と国内法との効力関係に照らすと，現行ではEU法履行のための遵守枠組みがある程度制度化されEU法優位の一元論に近いが，EU法（庇護法）の絶対的優位性は見られず両法（秩序）は併存し，EU基本権憲章や庇護基準指令に抵触する内容については改正や欧州裁判所への付託による先決裁定手続の利用によって調整され「調整理論説」（等位理論，新二元論）であると言えよう[132]。

---

(129) CJEU Case C-528/11, reference for a preliminary ruling from the Bulgarian administration, *Zuheyr Freyeh Halaf v. Darzhavna agentsia za bezhantsite pri Ministerski savet* (OJ C133/32 (5 May. 2012), question referred 2.

(130) CJEU Judgment of Joined Cases C-71 and C-99, Judgment of the Court (Grand Chamber) of 5 Sep. 2012, *Bundesrepublik Deutschland v. Y* (C-71/11), Z (C-99/11). 同事例では資格基準2条(c)「難民の定義」及び9条1項(a)「迫害の行為」の解釈として同規定にはEU基本権憲章10条1項の意味を含むとした。

(131) EU基本権憲章が欧州裁判所及び国内裁判所で引用される割合は2011年には2010年に比べ50％増えた（Report from the Commission to the European Parliament, the Council, The European Economic and Social Committee and the Committee of the Regions 2011 Report on the Application of the EU Charter of Fundamental Rights (COM (2012) 169, 16 Apr. 2012, p. 6)）.

(132) なお，英国は国際法に対しては二元論であるが，EU法が国際法とは異なる独自の

以上，EU 基本権憲章上の庇護権は，個人の庇護権と解釈するまでには進展していない。他方，加盟国が庇護を付与する義務を負う法的根拠並びに具体的な条件を EU 法上の資格基準指令に示したこと，更に，国内法への直接適用及び直接効果の原則に従い，こうした規定の遵守義務が規則には至らないものの制度上ある程度徹底されている。よって，庇護権付与の上で必要となる対象者及び具体的な手続の制定には進展が見られ，こうした点が国際法において新しい。

　〔謝辞〕本稿の研究は，学外研修（2011 年 9 月～2012 年 8 月内 6 か月間）を行った次の 3 つの大学：アムステルダム自由大学（Vrije Universiteit Amsterdam）法学部 Spijkerboer 教授（及び Battjes 教授, Walsum 教授），ストックホルム大学（Stockholms Universitet）法学部 Fisher 教授，コペンハーゲン大学（Københavns Universitet）法学部 Nielsen 研究科長，Broberg 教授，田中嘉文准教授により快適な研究環境を整えて頂き，ようやくまとめることができました。ここに心より感謝申し上げます。

　法秩序を形成しつつあることを踏まえた筆者の意見である。なお，EU 法と国際法の関係の考察として以下を参照した。須網・前掲注(110)「EU 法と国際法」7-37 頁；中西優美子「EU 法と構成国との関係」同『EU 法』（新世社，2012 年）第Ⅲ部。

◆第3部◆
人権保障を巡る憲法と条約の相克

8 障害者権利条約の国内実施をめぐって

棟 居 快 行

Ⅰ 問題の所在
Ⅱ 「障害(者)」の定義
Ⅲ 障害者差別の特殊性
Ⅳ 「障害者の憲法上の権利」
　──複合的権利として
Ⅴ 立法にあたり予想される困難
　とその克服──仮設事例を用い
　た検討
Ⅵ 「立法事実」の存在

Ⅰ 問題の所在

　わが国で批准が急がれる障害者権利条約第2条（定義）は，「……障害を理由とする差別には，あらゆる形態の差別（合理的配慮の否定を含む。）を含む。」，『合理的配慮』とは，障害者が他の者と平等にすべての人権及び基本的自由を享有し，又は行使することを確保するための必要かつ適当な変更及び調整であって，特定の場合において必要とされるものであり，かつ，均衡を失した又は過度の負担を課さないものをいう。……」，と規定する。

　また，第4条（一般的義務）は，「1　締約国は，障害を理由とするいかなる差別もなしに，すべての障害者のあらゆる人権及び基本的自由を完全に実現することを確保し，及び促進することを約束する。このため，締約国は，次のことを約束する。……(e)個人，団体又は民間企業による障害を理由とする差別を撤廃するためのすべての適当な措置をとること。」，と規定する。

　いわゆる先進諸国が，アメリカ合衆国を除いて（もっとも同国には立派なアメリカ障害者法＝ADA がある）軒並み締約国となっている障害者権利条約を，わが国も批准しその自由権的内容を含む条規を国内実施するためには，既存の国内法制を教育や雇用など各分野ごとに再考することに加えて，これら各分野を横断する新たな一般的法規範の確立が必要である。すなわち，国や自治体のみなら

〈第3部〉人権保障を巡る憲法と条約の相克

ず民間事業者等との関係においても、障害者がこれまで置かれてきた社会参加の機会の実質的不平等を是正するために、(イ)障害者差別の定義を明確にするとともに、(ロ)条約が明記するところである、相手方の「合理的配慮」(reasonable accommodation) に対する障害者側のいわば積極的権利を認め、(ハ)さらには障害者を取り巻く人的環境をなるべく壊さないで権利救済を実現しうるような簡易迅速な救済システムを構築することなどを中心とする、いわゆる「差別禁止法」の制定が求められる。

そこで国では、障がい者制度改革推進本部（平成21年12月8日閣議決定により設置。表記ママ）により開催された同推進会議、ならびにその廃止後に平成23年8月改正障害者基本法第32条に基づき内閣府に設けられた障害者政策委員会の下に、法学各分野の研究者や弁護士、障害当事者などからなる「差別禁止部会」（筆者も部会長として参加した）を置いた。同部会は、2010年秋から2012年夏にかけてのべ25回の議論を経て、2012年9月に「差別禁止法」（仮称。以下この名称を用いるが差別側を制裁するニュアンスのあるこの名称自体の妥当性には異論もありうる。）のあり方について「意見」をまとめ、当時の担当大臣に提出した（内閣府ＨＰ参照）。その後、各省庁所管の関連法令とのすりあわせと並行して法案作成、閣議決定、政府提出法案として2013年通常国会に上程、成立というシナリオが9月段階では想定されていたが、政権交代などもあり、2013年初めの時点で見る限り、立法化に向けた目立った動きが報道される段階にはなお至っていない模様である。また、いずれにせよすでに差別禁止部会は実質の審議を終えており、筆者が立法化の進展や内容について同部会長（執筆時点）として意見を挟む立場にはない。

そこで、本稿では、上記の差別禁止部会での議論や「意見」そのものを素材とするのではなく、むしろそれ以前の問題として、障害者権利条約を批准し「差別禁止法」などを伴って条約を国内実施する場合に、そもそも条約や差別禁止法制の基本的なコンセプトは日本国憲法と調和的に解釈できるものであるか、そのためには、どのような憲法解釈が必要とされるか、といった前提の問題を検討することにする。以下はもちろん、すべて私見にとどまる。

なお、特に強調したいのは、差別禁止法は福祉立法ではないことである。障害者が障害のない者と同じ条件に立ち、自由に自分で人生を営めるように、実質的平等を実現するための制度である（実質的平等法、自由の回復立法）。だから

こそ，私人間でも有効に機能すべきものと言いうるのである。

II 「障害(者)」の定義

1 出発的としての憲法14条1項後段

憲法14条1項は，「(前段)すべて国民は，法の下に平等であつて，(後段)人種，信条，性別，社会的身分又は門地により，政治的，経済的又は社会的関係において，差別されない。」と規定する。

2 憲法14条1項後段と障害者差別をつなげるための定義の必要

この人種差別や性差別などの禁止は，憲法の人権規定のなかでも強力なものと考えられている。そこで，人種差別や性差別と同列のものとして，障害者差別を憲法上位置付け，具体的には「社会的身分」として「障害者」を捉えるのが賢明であることになる。そのためには，どういう定義が望ましいか，という観点から，「障害(者)」の定義を考えることが必要である。なお，これはあくまで憲法だけで障害者の権利を確立しようとする場合の話であって，差別禁止法を制定する場合には，もっと広い定義も国会の決断次第で可能である。

3 「障害(者)」の定義としての「社会モデル」

最も素朴な定義としては，社会的に重要とされる身体的・精神的機能が，本人の意思や努力にかかわらず，社会が要求する機能水準以下に止まり，かつ，その状態がある程度固定化している個人や集団を指す(医学モデル)。これらの人々については，社会的な不利益取扱いが常態化し，また，さらにしばしば社会的な排除が行われていることから，「社会的な排除を受け続けてきた個人ないし集団」という定義を加味する必要がある(社会モデル)。こうした定義をしておけば，「障害者」が，憲法14条の「社会的身分」という言葉にうまく含まれることになる。またこのような意義のものとして理解された「障害者」は，有力説である「特別意味説」[1]により，後段列挙事由が歴史的に繰り返され，社会的偏見にさらされてきたところの，本人の努力ではいかんともしがたい事由として理解されていることとも，平仄が合うことになる。

---

(1) 佐藤幸治『日本国憲法論』(成文堂，2011年) 201頁参照。

〈第3部〉人権保障を巡る憲法と条約の相克

Ⅲ　障害者差別の特殊性

1　問題の所在

　上記のように定義をすれば，憲法上差別が禁止される「社会的身分」に障害者も含まれることになる。しかし，「障害」というものが人種や性別とは異なる特徴を有することから，障害者差別が直ちに憲法違反と言えるためには，もう少し理由付けが必要になる。

2　障害者差別の特殊性（その1）——中身の千差万別さ

　人種差別や性差別と比較して，障害者差別には顕著な特徴が2点ある。第一に，障害の中身は様々であるから，人種や性別のように単純に人々を範疇化する差別とは異なる。また，精神障害の一部がそうであると言われるように[2]，障害の程度が固定的でなく，症状が日によって変化するという，非固定的な場合があるとされ，そうであるならば，そのような障害は人種や性別のような固定した特徴とは相当に異なっている。

3　障害者差別の特殊性（その2）——目をつぶるだけでは解消しない点

　また第二に，人種差別や性差別が，皮膚の色や男女の違いに目をつぶりさえすれば基本的には解消する単純なものであるのに対して，障害者差別は，単に相手が差別的な不利益取扱いをやめれば解決する場合もあるが，それ以上に積極的に障害者のために何かアクションを起こさなければならない場合も多い。「合理的配慮」という障害者差別の場合に特有の考え方も，ここから出てくる。

4　以上の特殊性にもかかわらず，憲法14条1項後段「社会的身分」に相当すること

　以上の2点の特殊さにもかかわらず，人種差別や性差別と同様に，憲法14条1項後段が障害者差別を特に禁止していると解釈すべきである。なぜなら，身体障害や精神障害など，不可逆的な障害については，同様の障害を持つ者を範疇化し，差別の対象とし，社会から排除することが歴史的に繰り返されてき

---

[2]　最判平成18年7月13日判時1946号41頁はこのように言う。

〔棟居快行〕　　　　　　　　　*8*　障害者権利条約の国内実施をめぐって

たので，被差別集団が形成され，「障害者集団」という集団がまるごと差別の対象とされているとも言いうるからである。

Ⅳ　「障害者の憲法上の権利」——複合的権利として

1　平等取扱いを求める権利

　日本国憲法から「障害者の憲法上の権利」を読み取ろうとする場合，いくつかの規定を手がかりに，「複合的権利」として構想するのが有効であると思われる。

　第一は，障害を理由とする不利益取扱いの禁止である。機能としての障害を理由とする不利益取扱いは許されないのか，私人間（企業対就業希望者など）では相手側に契約自由（営業の自由）があるではないか，という素朴な疑問が企業などの側からなされうる。これに対しては，憲法14条1項後段列挙事由の「社会的身分」に読み込めるとして，14条1項後段列挙に該当すれば，差別すなわち排除自体が「憲法違反」であることが強く推定されるといえる。ただし，性差別と同様に，ここでも差別を違法として禁止することは，契約強制には直結しない。「契約自由」の壁は，まだ残りうる。

　なお，次の点にも特に気をつけなければならない。それは，障害者差別が，まず本人の「機能」に着目した差別からスタートすることから来る問題点である。「機能」が単なる個人の能力のことであれば，入学試験で点数が足りなくて不合格になるように，14条1項前段の「法の下の平等」の問題として処理され，憲法上も問題なし，とされてしまう。「法の下の平等」とは，「不合理な差別」でなければかまわない，しかも何が「合理的な差別」かは能力等で決まる，というふうに解釈されている。障害者が，単に能力や努力のたりない，障害のない者と同じに扱われると，こうしたおかしなことになる。

　そこで，14条1項前段ではなく，後段の「社会的身分」に障害者が該当する，という点を論証する必要がある。障害者は，単にある機能を十分に備えていない，というだけではなく，繰り返し述べているように，それが本人の努力とは無関係に固定的にそうなのだ，ということによって，社会から排除されてきた。そこに，ただ試験の成績の悪いだけの，障害のない者と，障害者との相違点がある。

　このように「社会的身分」として障害者を捉えた場合，私人間でも，契約強

215

制までは無理だとしても，障害者という点だけを理由に採用などを拒否された場合，そのやりとりが障害者を社会的に排除し，人格権を傷つけるものであれば，採用拒否が不法行為となり，慰謝料を請求することが可能になる。

2　給付請求権

　第二は，対国家的な給付請求権としての「障害者の憲法上の権利」である。
　直接には，対国家の請求権であり，「障害を持つ者」が，機能の不足を補うための人的物的経済的援助を国に請求しうる権利ということになる。生存権（25条1項）に読み込むとすれば，何が「最低限度」かが問題となる。困窮ゆえの金銭給付であれば，「障害者の権利」ではなく，障害に起因する「困窮者の権利」であり，もはや経済的困窮度のみが問題となるにすぎない（本来の「障害者の権利」の問題から離れる）。なぜ，相手が差別する私人でなく国かといえば，国は社会国家（福祉国家）の憲法の下で，障害者のような弱者に福祉その他のサービスを提供するように義務づけられているからである。

3　「合理的配慮」について

　障害者権利条約ならびに諸外国の差別禁止法制では，相手方からの別異の取扱いに加えて，相手方が障害者にサービス等を享受しうるための合理的配慮を尽くさなかった，という点を踏まえて，「差別」になる，という構造がとられている。そこで，「合理的配慮」という，これまでの国内法には見受けられない法的義務ないし法的請求権を，憲法解釈として定立するか，少なくとも憲法に親和的であることを，示す必要がでてくる。
　そもそも合理的配慮とは何かと言えば，同条約第2条は以下のように定義づけている。「『合理的配慮』とは，障害者が他の者と平等にすべての人権及び基本的自由を享有し，又は行使することを確保するための必要かつ適当な変更及び調整であって，特定の場合において必要とされるものであり，かつ，均衡を失した又は過度の負担を課さないものをいう。」
　要するに，相手方の「過度の負担」にならない範囲内ではあるが，障害者がその人権を行使するために，まさに相手方に「変更及び調整」というなんらかのアクション，積極的作為を要求しうるというのが，「合理的配慮」という概念の新味である。レストランに入ろうとする車いす障害者を例にとれば，レ

〔棟居快行〕　　　　**8**　障害者権利条約の国内実施をめぐって

ストラン側は「過度の負担」にならない範囲内であれば，入り口の階段の段差を仮設のスロープなりで解消するとか，車いすの背中を押すなどの補助をして，障害者がレストランに入店できるようにしなければならないし，座席の配列を必要があれば変更しなければならない。

　このように，相手方による合理的配慮の提供を国内法で義務づけることにより，結果として，障害者本人にとっては相手方（国や自治体はもとより私人も含まれる）が自分の障害特性に応じて適切な措置を講じることを求める権利（請求権）が保障され，また，このような国内法的な権利義務の仕組みを構築することが，条約の締約国としては国際法上要請されることになる。端的に言えば，私人間の市民生活上のさまざまの局面で，これまでは「マナー違反」や「不親切」のレベルで片付けられ，実際上は法的な権利義務の問題とは捉えられてこなかった私人間での障害者差別の事案が，場合によっては法的に違法と評価され損害賠償が認められるようになる。あるいは差別禁止法ないしその下で設けられる政令等によって場面ごとに設定される標準的な「合理的配慮」の有り様が，デフォルトの権利義務の内容として，その提供に対する障害者側の請求権が発生しうる。

　この「合理的配慮」は，国による福祉施策としての給付とは，全く異なる性格を有する。これは，相手方に一定の作為（レストランでの座席のレイアウトの一次的変更など）を要求するもので，対国家の請求権ではない。対私人であるから，福祉の給付を求めるものでもない（私人間では当然ながら，福祉の権利や義務はない）。「合理的配慮」は，むしろ，それがなされなければ差別になる，という意味で，「差別」を構成する要件の一つ（消極要件）と位置付けるべきである（私見）。「合理的配慮請求権」といった新しい請求権を私人間で認めようとすると，日本の法制度になじまない，などの抵抗が予想される。相手の妨害を排除するための不作為請求権は成立するが，相手方の作為を求める積極的作為請求権は，相手が借金を返さないなど具体的権利がある場合にしか成立しない，というわけである。

　しかしながら，公害企業による有害物質の排出の差止めが，妨害排除という不作為請求を本体としながら，表面的直接的には，相手方企業によるさまざまの作為を求めるものであることを想起すれば，そもそも不作為請求と作為請求の差は見かけほど大きなものではない。障害者が求める合理的配慮は，それが

なされない状態が障害者の社会的サービスなどへの平等のアクセスを妨げていることから，そのような妨害の除去を求めるものといえ，本質的には障害者にのみ向けられた妨害を除去することを求める不作為請求と見なしうるものである。

より文学的に言えば，障害者ははじめから「障害者」（「医学モデル」）なのではない。合理的配慮を提供しないことで，障害者に対して社会的障壁を構築することが，障害者を固定的に「障害者」（「社会モデル」）に仕立てるのである。

以上のように捉えれば，14条1項後段の差別禁止（「差別されない。」）は，障害者に合理的配慮を提供しないこと（によって障害者を固定的に「障害者」にすること）を禁じていると解することが可能となる。

換言すれば，「合理的配慮の提供義務」ないしその反面としての合理的配慮請求権は，14条1項後段に含まれると解釈することも可能だ，ということである。

4　生命・自由・幸福追求に対する権利

障害者の権利には，もっと分かりやすい防御権的面もある。生命健康にかかわる危険な社会環境として，歩行困難者にとっての駅の階段や，視覚障害者にとっての点字ブロックがはがれている（あるいはもともと存在しない）などの事実がある。こうした事実を取り除いてゆくことは，障害者にとっては，自分の安全のための防御にすぎない当たり前の話である。

他方で，国や自治体，あるいは私鉄や百貨店など，誰でも利用する民間の施設にとっては，新たな工事や，設備の設置を義務づけるものであるから，国などの積極的作為を求める作為請求権でもある。

積極的作為請求権は，国に対しても，福祉施策においては国の裁量が大きく，後回しにされがちである。また，なかなか私人の間では認められない。

そこで，こうした設備の設置は，障害者が，安全を確保したり自由権を行使するための条件整備であり，憲法13条にうたわれている「幸福追求権」の前提条件をなすものとして，憲法13条それ自身によって保障された権利と言うことが出来ると考えられる。

V 立法にあたり予想される困難とその克服
──仮設事例を用いた検討

1 シミュレーションの必要性

実際の立法作業に入ると，例えば以下のような典型的な事例を取り上げ，その場合，差別禁止法がどのように用いられるか，裁判になったときに，逆に差別禁止法が憲法違反だと裁判所によって判断されてしまう可能性はないのか，などがシビアに議論されるはずである。そこで以下では，日弁連がすでに公表している差別禁止法案を借用し，実際に差別禁止法がすでに制定された将来のある時点での事件を設例として取り上げ，どのような憲法論を障害者側，相手方がそれぞれ主張することになるかをシミュレーションしておくこととする。

2 想定事例

201X年，懸案であった「障害者の権利に関する条約」が批准され，それに伴い，「障害者差別禁止法」（本法。後掲3【資料】）も制定されているものとする。車椅子の障害者Xは，障害者団体の仲間数名（いずれも車椅子）と近所のファミレスで食事をしようとして，Xが運転する車で出かけた。駐車場で時間をかけて各自車椅子に乗り移り，Xらはそこから店に入ろうとした。ところが，駐車場と入り口の間には，3段ほどの階段があり，横にスロープは設置されていないため，Xらは入店できなかった。Xが店に電話で応援を要請したところ，ファミレスY店の店長Zは，「階段にかぶせて車椅子を押し上げるためのボードは用意していない。いま昼食時なので余分な人手もまったくない。」と言って取り合ってくれなかった。ところが，ちょうどそのとき，保冷車が駐車場に横付けになり，ドライバーがそこから冷凍食品を何箱か取り出してワゴンに乗せると，店の裏手に置いてあったボードを取り出して階段を覆い，さっさとワゴンを押し上げて店内に入っていった。それを見ていたXは，立会いのために出てきていた店長Zをつかまえて，「あのボードを自分たちにも貸して欲しい。そしてZ本人が車椅子を押すのを手伝ってくれれば，それで自分たちは入店できる。」と訴えた。これに対してZは，「あれは納入専用のボードだから貸せない。自分は忙しい。」と言い残して店内に戻った。結局，Xらはそのファミレスへの入店をあきらめざるを得なかった。そこでXは，Y側がXらの入店に協

〈第3部〉人権保障を巡る憲法と条約の相克

力しなかったのは，本条約を受けて制定された本法11条の「合理的配慮義務」に違反する不法行為に該当すると主張し，Yに対して慰謝料請求訴訟を提起するとすれば，どのようなやりとりが予想されるか。

3 【資料】 障害者差別禁止法（日弁連案をベースとし仮に作成）
・10条（サービスの提供を受ける権利）
　何人も，障害を理由として，いかなる差別を受けることなく，次の各号に掲げる者（法人その他の団体を含む。以下「サービス提供者」という。）から，商品，施設，便益その他のサービス（以下「サービス」という。）の提供を受ける権利を有し，その機会を保障されるものとする。
　(1) ホテル，旅館その他の宿泊施設を設置して旅館業を営む者
　(2) 銀行，保険会社その他の金融業を営む者
　(3) 娯楽又はレクリエーションのための施設を設置して営業を営む者
　(4) 食堂，レストラン，喫茶店その他の飲食施設を設置して飲食業を営む者
　(5) 公共職業安定所その他の職業安定機関又は職業紹介事業を営む者
　(6) 保健医療サービス又は福祉サービスを提供する者
　(7) 前各号に掲げるものの他，不特定かつ多数の者が利用する施設を設置して営業を営む者
　(8) 前各号に掲げるもののほか，公共的又は商業的なサービスを提供する国，地方公共団体，個人又は事業者

・11条（合理的配慮義務）
　サービス提供者は，次に掲げる行為を行う義務を負う。
　(1) サービスを提供するにあたり，障害のある人がサービスを利用することを容易にするため，適切な情報伝達方法を使用すること。
　(2) 障害のある人がサービスの内容を理解するために必要とする補助者の付添いを承諾すること。
　(3) サービスを提供するにあたり，障害のある人がサービスを利用することを容易にするための補助機器及び人的援助を提供すること。
　(4) サービスの提供に関する運用，方針又は手続が障害のある人に対して相当の不利益を及ぼしている場合において，その不利益を除去するための施

策を講じること。
(5) その他，障害のある人のサービスを受ける権利を実質的に保障するために必要な合理的配慮を行うこと。

・12条（差別の定義）
サービスに関する差別とは，次に掲げるものをいうものとする。
(1) サービス提供者が，障害を理由として，サービスの提供を拒否若しくは制限し，又はサービスの提供について不利益な取扱いを行うこと。
(2) サービス提供者が，前条の合理的配慮義務に違反すること。

・13条（適用除外）
(1) 前条は，次の各号のいずれかに該当する場合は，適用しない。
   ① 人の生命，身体，財産の保護のためやむを得ない必要がある場合
   ② 他の方法ではサービスを提供できない場合
   ③ サービスの基本的性質を著しく損なうこととなる場合
(2) 前条(2)は，サービス提供者において，著しい困難又は出費がある場合は，適用しない。

・14条（差別の推定）
サービス提供者が，サービスの提供に関し，障害のある人をそうでない人と比較して不利益に取り扱ったときは，当該行為は障害を理由として行われたものと推定するものとする。

4 Xの予想される主張

憲法14条1項は，形式的平等でなく実質的平等を保障しているものと解されるところ，この実質的平等は結果の平等そのものと同義というものではなく（結果の平等を直接に実現しようとする1手法であるアファーマティブアクションとも異なる），むしろ，機会の平等を実質的に保障するという意味で，「実質的機会の平等」と言いうるものであると解される。

XのY，Zへの「合理的配慮請求権」という積極的作為請求権を前提とした慰謝料請求も，この実質的機会の平等から，当該場面において，当該介助行為を求める積極的作為請求権（以下，「介助請求権」という）が導出されることを前

〈第3部〉人権保障を巡る憲法と条約の相克

提としている。実質的機会の平等→憲法上の合理的配慮請求権→条約と法律による具体化→具体的介助請求権→慰謝料，という流れである。

　14条1項がこのような積極的作為請求権を含むことについては，先に肯定論を展開したが，もとより自明とはいえない。さしあたり言いうるのは，以下の事柄である。すなわち，障害者差別を1項後段の「社会的身分」に含めることは可能であり，障害者であるというだけの理由で異なる取り扱いをすることは，国との関係では違憲性が推定されると解される。

　また，私人間においても，14条1項の私人間適用により，民法90条の公序良俗や709条以下の違法性要件に憲法の人権保障の価値を読み込むことを通じて，障害者差別は私人間でも法律行為が公序良俗違反ないしは不法行為に相当することが推定される。そして，障害者に実質的な機会の平等を一切保障することなく，社会生活上当然に享受しうるはずの契約関係やサービス等から意図的に排除するとすれば，それは，障害者という社会的身分に対して，歴史的に繰り返されてきた差別を繰り返す行為に他ならないから，不法行為法上の違法性が推定される。

　以上は憲法だけで考えた場合の話であるが，ここでは，障害者権利条約という条約が批准され国内法的効力を発揮しており，また，それにあわせて国内法を整備して本法が制定されている状態を想定している。それゆえ，合理的配慮請求権が，憲法14条だけからは導き出されない積極的作為請求権であるとしても，条約上の規定により，それは少なくとも抽象的権利としては国内法的効力を有するに至っているから，条約の具体化としての個別立法によって具体的権利として法定することは，もとより可能である。

5　Y側の予想される反論

　まず，憲法14条の私人間適用から，私人間での介助請求権が具体的に成立するとはいいがたい。間接適用説が前提とするところの，私的自治の尊重という理念は，契約拒否の自由や入店拒否の自由を含む，という主張が予想される。それゆえ，憲法14条を私人間に間接適用する立場をとるとしても，相手方に契約という法律行為や入店などの事実行為の強制を認めることまでは含意されえない，というわけである。

　私的自治原則ゆえの，「契約等の法律行為の強制の禁止」，「入店等の事実行

為の禁止」は，条約の批准にもかかわらず，最後まで憲法上の要請として残る。これは，憲法22条の職業選択の自由，さらには憲法13条に含まれる個人の自己決定権からの要請である。すなわち，条約やそれを受けた法律が，これらの禁則に反している場合には，そうした条約はそのかぎりで国内法的効力をもたず，法律は違憲無効となる。

6　Xの再反論

　それでは，Xの請求は無理か。憲法上の契約拒否の自由も，契約強制を受けないことの保障にすぎず，契約拒否の態様が障害者をことさらに排除し個人の尊厳を否定するような場合には，憲法14条1項後段の趣旨をしんしゃくした違法性の解釈により，不法行為法上も違法となる。雇用機会均等法5条が，「事業主は，労働者の募集及び採用について，その性別にかかわりなく均等な機会を与えなければならない。」と定め，これは単なる努力義務ではなく性別のみを理由とする採用の差別的拒否は違法となると解されているのも，契約自由が契約拒否を自動的に適法とするわけではないことを示している。

　それゆえ，Yのような一般公衆に開かれた店構え・営業形態のファミレスは，他の客や店の従業員の安全や財産等への具体的危険を防止するために必要があるなどの場合以外には，原則として予約ないし来店の順に客に入店を許し，飲食のサービスを提供しなければならない[3]。すなわち，車椅子の客であるというだけの理由で，Y，ZはXらの入店を拒否しえず，いたずらに拒否すれば，当該拒否行為自体が不法行為となる。たとえば，ボランティアが介助して店側にさしたる負担を課さずに障害者が入店する場合には，店側が入店を拒否すれば原則として違法となると解される。

　問題は，上記の設定では，Zの具体的介助行為がなされてはじめてXらがYによるサービスを客として受けうる状態になりえたということにある。この介助行為に対する積極的作為請求権は，本法11条(3)で具体化されている。にもかかわらず，Y側は，入店拒否の自由が店側にはあるのだというだけの理由で，入店拒否を適法になしうる以上，介助の拒否も適法である，というか。本設定の状況から明らかなように，物理的時間的にZのわずかの手間でXら

---

[3]　外国人の入店差別の事案であるが，静岡地浜松支判平成11年10月12日判時1718号92頁参照。

〈第3部〉人権保障を巡る憲法と条約の相克

は入店が可能になる。すなわち、Y側には、Xらの入店や契約を拒否しうる正当な事情はない（12条参照）。ところが、Yのような経営主体からみれば、さしたる費用や場所を要するわけでもないにもかかわらず、本条約の批准ならびに本法施行後も、もともと当該店舗には階段が出入り口に存在し、スロープが設けられていなかった。このような構造は、一見開放的な店がまえであるにもかかわらず、障害者などの入店をことさらに拒み、構造的に11条違反を犯していると言うことすら、不可能でないであろう。

　さらに、階段のような物理的にアクセスを困難にする設備の存在は、そもそもそれ自体が障害者を積極的に排除するY側の作為という捉え方も不可能ではない。店舗を設計・建築する際、店側はわざわざスロープでなく階段によるアクセスを採用したのである。こうした店の作為が、Xらを積極的に排除しているのであり、Xによる介助の請求は、店側の積極的作為を要求しているように見えるものの、実質的には、店側による階段設置という妨害の除去を求めるものに他ならず、本質的には不作為請求権ともいいうる。当該介助請求は、Yに契約締結強制につながる一定の作為義務を課すものなどではなく、そもそも店側が障害者のアクセスを不当に妨害する階段を設置したことの代替手段の提供を求めるものにすぎないのだから、憲法14条から積極的作為請求権が導かれるかを論じるまでもないとさえ、言いうるのである。

　そこまで言わないとしても、Y側が、チェーン方式によって、誰にでも一律の飲食のサービスを提供する開放的な店舗を展開しているという外観を呈しているのであれば、物理的に障害者のアクセスが困難な構造がとられている本店のような場合には、むしろ、Xらのような車椅子の障害者が来店する場合には、そのつどZら店員による介助行為がなされることが、Yにより提供されるサービスに含まれることに対して、Xらは具体的な期待利益を有していることが、本法11条(3)から導かれると解される。

　すなわち、当該介助行為のZによる拒否、およびそれを容認していたと思われるYの経営方針は、許された契約拒否の一環として正当化されるものではなく、条約を受けて制定された本法11条(3)の合理的配慮義務に反し、差別に該当するから（12条）、違法というべきである。よって裁判所は、慰謝料請求を認容すべきこととなろう。

Ⅵ 「立法事実」の存在

　以上のような法状況が実現されるために，しかるべき差別禁止法制の整備を踏まえ，早急に障害者権利条約の批准がなされるべきである。しかしながら，差別禁止部会の経験でいえば，各省庁の差別禁止法に対する姿勢は必ずしも積極的なものではなかった。これまで行われてきた，福祉的な観点からはそれなりの意義が認められるものの，障害者本人の選択の自由を否定している点で決定的に権利条約の精神とは相容れないであろう施策について，所管官庁はそれをもってまさに「合理的配慮」の完成形と捉えているらしい場面にも遭遇した。

　各省庁の冷ややかな反応に通底するのは，「立法事実の不存在」ということに尽きると思われる。たとえ指摘されるような障害者差別の事例があるとしても，それは障害者の乗車を拒否する駅員などによる当該事案に特有の個別の違法行為にすぎず，民法典の債務不履行や不法行為などで十分に対処しうるから，差別禁止法のような新たな立法は不要である，とする際の言い回しである。

　しかしながら，先にも述べたように，権利条約は合理的配慮など相当に新味を含んだ人権条約であり，そのスムースな国内実施のためには，裁判所に条約の具体化を丸投げというわけにはいかない。条約の批准のみでは，それによって国内法にもたらされる「合理的配慮義務」の具体的中身は一義的に明らかではないから，上記のような事例で裁判例は割れてしまい，著しい法的不安定が発生することになる。そこで，合理的配慮の中身ひとつをとっても，差別禁止法という名前の是非はともかく，権利義務に関して各分野を横断して法規範を提供する法律が必要というべきである。もとより具体的基準は，差別禁止法の下で政令等により整備される「ガイドライン」（差別禁止部会意見）に委ねられざるを得ないが，そのような法令の根拠としても，差別禁止法が必須なのである。

　さらに，逆説的な言い方になるが，障害者は権利を手にすべきであるが，同時に迅速かつ簡易な手続きで救済を受け，しかもこれまで構築してきた周囲との関係を壊さないことが一般的には好ましい。そのような観点からの，斡旋や調停に重きを置いた救済手続きの創設という点でも，新法を制定する十分な理由がある。以上から，立法事実に欠けるところはない。

　以上のような思いで差別禁止部会メンバーは，全員一致で「意見」をまとめ

〈第3部〉人権保障を巡る憲法と条約の相克

上げた。「平成25年常会」すなわち本年の通常国会における「差別禁止法」のすみやかな成立，ならびに近い将来の上記条約の批准への期待を，意見書をとりまとめた立場として切に願うものである。

9 日本国憲法における「法律に対する条約優位」と 「人権」条約の適用
——憲法制定過程及び大日本帝国憲法の解釈における条約の地位の検討から——

建 石 真 公 子

Ⅰ はじめに
Ⅱ 法規範としての人権条約の特質
Ⅲ 最高裁判所における人権条約の適用——法律等の条約適合性審査
Ⅳ 日本における「条約に対する法律優位」原則
Ⅴ おわりに

Ⅰ はじめに

　一国の国内法による人権保障において，人権に関する法規範の性質が明確でないという状況は，人権を実効的に保障することを難しくするであろう。また国内法として規範性を認められている法が，実際には裁判所で適用されないという事態は，法的安定性という観点からも問題であろう。人権条約は，日本の国内法制度において，このような地位におかれているのではないだろうか。
　というのは，国内裁判所で人権条約が適用されない状況については，多くの研究者が指摘するように[1]，国内裁判所において，人権の救済のために人権条約違反を主張した場合でも，裁判所が人権条約を法規範として適用し，法律以下の法規範を条約に反すると判断した例が非常に少ないからである。このような状況は，日本が1979年に初めて批准した人権条約である二つの国際人権規約に関しても，またその後に批准をした他の人権条約についても同様[2]である。

---
(1) 伊藤正己「国際人権法と裁判所」国際人権1号（1990年）7頁，岩沢雄司「日本における国際人権法」杉原高嶺編『紛争解決の国際法』小田滋先生古稀祝賀（三省堂，1997年）251頁以下，園部逸夫「日本の最高裁判所における国際人権法の最近の適用状況」国際人権11号（2001年）2頁，齊藤正彰「国際人権訴訟における国内裁判所の役割——憲法学の観点から」国際人権11号（2001年）34頁．
(2) 現在，日本が批准している人権条約は，「市民的及び政治的権利に関する国際規約」（日本は1979年批准），「経済的，社会的及び文化的権利に関する国際規約」（同1979年），

〈第3部〉人権保障を巡る憲法と条約の相克

それでは，裁判官は，どのような理由で，国際法である人権条約を，国内法制度に対する人権規範として適用することが求められるのであろうか。「法律等の人権規約違反の主張を憲法違反に準ずるものとして扱い，上告理由に該当するものとすること」は，憲法の論理としてどのように説明しうるのだろうか[3]。

こうした問いに答えるには，現在の国際社会における人権条約の存在意義に立ちかえって考察する必要があるであろう。憲法と国際法との解釈は，憲法の依って立つ原理をどのようにとらえるかによって，また国際社会との関係をどのように理解するかによって異なるからである。検討の出発点として，人権条約の適用の法的根拠について，一般的には，答えとしては次のように考えられる。

まず第1に，一般的な「条約」義務の履行があげられる。通常の条約の場合，条約が要求している義務を国内的にどのように履行するかは各国の自由裁量とされる。したがって，国内裁判官が「条約」を適用する義務は，まず一義的には国内法体系の遵守という憲法上の要請に基づいている。つまり，憲法上の手続きにより内閣が交渉に当たり，国会が批准の承認を行ったうえで条約は，国内においては国内法規範とみなされる。したがって，裁判官は，当該条約の性質に従い[4]，具体的な争訟において他の国内法と同様に条約を遵守し尊重しなければならない。この意味では，条約は国内法と変わることはない。

それに加え，第2に，「人権」条約の履行があげられる。人権条約は，直接

「女子に対するあらゆる形態の差別の撤廃に関する国際条約」（同1985年），「児童の権利に関する条約」（同1994年）とその二つの議定書：「武力紛争における児童の関与に関する児童の権利条約選択議定書」（同2004年），「児童の売買等に関する児童の権利条約選択議定書」（同2005年），「あらゆる形態の人種差別撤廃に関する国際条約」（1995年加入），「拷問及び他の残虐な，非人道的なまたは品位を傷つける取扱い又は刑罰に関する条約」（1999年加入），また署名している条約は，「強制失踪条約」（2007年署名），「障がい者権利条約」（2007年署名）等である。

(3) 樋口陽一『国法学：人権原論（補訂版）』（有斐閣，2007年）246頁。
(4) 条約には，国家間の義務のみを発生させるもの，私人に対して権利義務関係を及ぼすもの等，多様な内容を有している。実際，人権条約のほかにも，裁判所で条約が直接に私人間において適用される例として，国際航空運送についての「モントリオール条約」があげられている。その理由は，条約規定が私人間の権利義務関係について具体的，明確に定めていると判断されたことによる。谷内正太郎「日本に於ける国際条約の実施」国際法外交雑誌100巻1号（2001年）12頁以下。

〔建石真公子〕　*9*　日本国憲法における「法律に対する条約優位」と「人権」条約の適用

に個人の人権を保護するという目的を持ち，締約国に対して，条約上の権利を実効的に保障する義務を課している。その面では伝統的な条約と異なり，締約国の国内裁判所で適用されることが非常に重要となる。というのは，人権条約に代表される国際人権保障も，主権国家の並存する国際社会を前提とし，条約義務の履行，すなわち人権保障は，第一義的には国内的実施に委ねられるからである。この国内的実施には，人権条約締結時における立法整備や行政的実施とともに，国内裁判所における人権条約の適用も含まれる。そのことは，何よりも「人権」を保護するために，通常の違憲審査と同様，権利を侵害された個人または法人にとって最終的な救済が，裁判所で人権条約違反が認められる必要がある，という意味からも，また，立法権及び行政権が条約上の義務を履行しているかを審査する，という三権分立の意義という意味からも重要である。そのために司法上の救済措置は国内における権利保護として大きな位置をしめている[5]。さらに，固有の人権救済のための機関，例えばヨーロッパ人権条約におけるヨーロッパ人権裁判所や，二つの国際人権規約や女性差別撤廃条約等の人権委員会を備えている人権条約は，それらの機関に対する個人からの申立てや通報制度を行う要件として，「国内救済手段の終了」[6]を要請している場合がある。この「国内救済手段の終了」とは，通常は最終裁判所における判断であり，裁判所における人権条約の適用が前提となっている。

　第3に，憲法上の人権以外に，なぜ人権条約による国内の人権保障が必要なのかという点について，まずは第2次世界大戦後に国際人権保障制度が登場した歴史的背景を理解する必要がある[7]。確かに，日本国憲法は，大日本帝国憲法とは異なり，基本的人権として30カ条にわたり権利を規定し，古典的な自由権に加えて，現代的な社会・経済的権利をも保障している。また統治機構も国民主権原理に基づき，法に基づいた公権力の統制が定められている。しかしながら，実際には，国の行為に対する個人の権利の保障は，憲法だけでは十分ではない面がある。まず，社会的，経済的な少数者とみなされる人々は，国会

---

(5)　例えば，国際人権規約自由権規約2条3項(b)は「司法上の救済措置の可能性を発展させること」と規定する。

(6)　ヨーロッパ人権条約35条，「経済的，社会的及び文化的権利に関する国際規約選択議定書」3条，「市民的及び政治的権利に関する国際規約選択議定書」2条，「女性差別撤廃条約議定書」3条など。

(7)　後述，第Ⅱ節参照。

〈第3部〉人権保障を巡る憲法と条約の相克

の多数者が制定する法律や，社会通念による合理性，あるいは多数派民主主義の理論に基づく「立法裁量」という裁判所の判断によって，権利が保障されにくい場合がある。次に，人権条約の規定が，憲法を初めとする国内法規定で保護していない権利を保護する場合である。例えば，女性差別撤廃条約，子どもの権利条約，障がい者権利条約等は，特定の権利主体に即してより適切な権利保護を定めている(8)。あるいは，品位を傷つけ非人道的な取り扱いの禁止(9)

---

(8) 女性差別撤廃条約は，2条で「国の義務」として「女子に対する差別となるいかなる行為又は慣行も差し控え，かつ，公の当局及び機関がこの義務に従って行動することを確保すること」を定め，差別となる「慣行」を禁止し，4条で「男女の事実上の平等を促進することを目的とする暫定的な特別措置をとることは，この条約に定義する差別と解してはならない」として，差別是正優遇措置を平等原則に反しないとし，11条で労働に関して「同一価値の労働についての同一報酬（手当を含む。）及び同一待遇についての権利」を定める。また特に農村における女性について14条で，「農村の女子が直面する特別の問題及び家族の経済的生存のために果たしている重要な役割（貨幣化されていない経済の部門における労働を含む。）を考慮に入れるものとし，農村の女子に対するこの条約の適用を確保するためのすべての適当な措置をとる」として，個別の法的保護が必要である旨定めている。これらは，憲法上の権利としては解釈されていないが，法律に優位する法的地位を有する条約であるため，国内法が遵守すべき法規範となっている。子どもの権利条約は，権利保護の主体を「子ども」に特化し，「子どもの最善の利益」を考慮して子どもに対する措置をとることを原則とし，2条で「出生又は他の地位にかかわらず，いかなる差別もなしにこの条約に定める権利を尊重し，及び確保する」と，出生による差別を禁じている。この点は，日本における「非嫡出子相続分差別」に関する憲法14条の解釈との関係が問われるだろう。また外国籍の子どもあるいは親に対する保護として，「家族の再統合を目的とする児童又はその父母による締約国への入国又は締約国からの出国の申請については，締約国が積極的，人道的かつ迅速な方法で取り扱う」とし，「家族の再統合」を条約によって保護している。さらに，司法上，行政上の手続きとの関係での意見表明権として12条2項で「児童は，特に，自己に影響を及ぼすあらゆる司法上及び行政上の手続において，国内法の手続規則に合致する方法により直接に又は代理人若しくは適当な団体を通じて聴取される機会を与えられる」と定め，精神的自由として，「表現の自由」，「思想・良心及び宗教の自由」，「結社の自由」，「私生活の尊重」が保障されている。障がい者権利条約も，「障がい者」固有の権利を保護するものであり，障がい者に対する平等の保障を詳細に規定し憲法14条1項の「平等」規定を解釈する指針となるとともに，「個人的な移動を容易にすることの確保」（20条）を国の義務とするなど，固有の権利を保護している。

(9) 「市民的，政治的権利に関する国際人権規約」7条は「何人も，拷問又は残虐な，非人道的な若しくは品位を傷つける取扱い若しくは刑罰を受けない。特に，何人も，その自由な同意なしに医学的又は科学的の実験を受けない。」と定める。この規定と近い内容の憲法規定は18条「何人も，いかなる奴隷的拘束も受けない。又，犯罪に因る処罰の場合を除いては，その意に反する苦役に服させられない」だが，規約のほうがより広い

〔建石真公子〕　*9*　日本国憲法における「法律に対する条約優位」と「人権」条約の適用

など，日本の刑事手続きにおいてそれとして保護されていない権利も人権条約では保護されている。さらに，人権条約，憲法ともに保護している権利であっても，人権条約がより広い範囲の権利を保護しているような場合がある[10]。この場合には，裁判所が人権条約を適用し，条約機関の権利解釈を援用することにより，従来の国内裁判所の判決では保護されない権利も保護することが可能となる。すなわち，国内法によっては救済される可能性の少ない人々にとって，国際人権条約は救済の可能性を与えるといえる。

　第4に，日本国憲法98条2項の解釈において，「法律に対す条約優位」が承認されていることから，裁判所における人権条約の適用が要請されるという点があげられる。近代憲法において，条約（＝国際法）と国内法の関係については多々解釈が存在し[11]，国際社会のとらえ方や時代的背景などに従って変化し

　　内容の権利を保護しているといえる。
[10]　例えば平等に関して憲法14条が保護するが，「市民的，政治的国際人権規約」は，2条で「1　この規約の各締約国は，その領域内にあり，かつ，その管轄の下にあるすべての個人に対し，人種，皮膚の色，性，言語，宗教，政治的意見その他の意見，国民的若しくは社会的出身，財産，出生又は他の地位等によるいかなる差別もなしにこの規約において認められる権利を尊重し及び確保することを約束する。2　この規約の各締約国は，立法措置その他の措置がまだとられていない場合には，この規約において認められる権利を実現するために必要な立法措置その他の措置をとるため，自国の憲法上の手続及びこの規約の規定に従って必要な行動をとることを約束する。3　この規約の各締約国は，次のことを約束する。(a) この規約において認められる権利又は自由を侵害された者が，公的資格で行動する者によりその侵害が行われた場合にも，効果的な救済措置を受けることを確保すること。(b) 救済措置を求める者の権利が権限のある司法上，行政上若しくは立法上の機関又は国の法制で定める他の権限のある機関によって決定されることを確保すること及び司法上の救済措置の可能性を発展させること。(c) 救済措置が与えられる場合に権限のある機関によって執行されることを確保すること。」と定め，さらに26条「すべての者は，法律の前に平等であり，いかなる差別もなしに法律による平等の保護を受ける権利を有する。このため，法律は，あらゆる差別を禁止し及び人種，皮膚の色，性，言語，宗教，政治的意見その他の意見，国民的若しくは社会的出身，財産，出生又は他の地位等のいかなる理由による差別に対しても平等のかつ効果的な保護をすべての者に保障する。」としている。これらの条項には憲法にはない列挙事項である「出生」による差別禁止などがあり，たとえば非嫡出子の相続分を定める民法900条4号但し書きが，非嫡出子を嫡出子の2分1と定める規定は条約上，規約上は問題となろう。
[11]　N. Quoc Dinh, P. Dailler, A. Pellet, Le droit international public, 4e éd., p. 91-102., 藤田久一『国際法講義〔I〕国家・国際社会（第2版）』（東京大学出版会，2010年）101-132頁，酒井啓亘・寺谷広司・西村弓・濱本正太郎『国際法』（有斐閣，2011年）382-

〈第3部〉人権保障を巡る憲法と条約の相克

てきているが，第2次世界大戦後は，後述のように，国際社会もまた各国の憲法も，国際協調主義を基盤とする方向へと大きく変化している。日本国憲法もまた，新たに，憲法と国際法の関係についての国際法遵守規定（前文及び98条2項），条約の国内法化手続きの民主的統制（73条3項）を定め，結果として国内法体系における条約の地位に関して大日本帝国憲法とは異なる面がみられる。

日本国憲法における憲法と国際法の関係については，一般的に一元論，二元論が対置されるが，日本国憲法98条2項は一元論を採用したという説[12]が優勢である。そのうえで，憲法と国際法のどちらが優位するかについては，憲法優位を採用する説[13]が多くなっている。憲法優位の根拠としては，98条2項が置かれている場所が憲法の最高法規性を定める条項であること，および国民主権原理にかんがみて，憲法改正の手続きに比べ条約の締結における国会での条約の承認手続きが容易であるという法律に対する民主的統制の観点が主張されている[14]。

条約の国内法化の方式については，日本国憲法制定過程での貴族院帝国憲法改正案特別委員会（昭和21年9月26日）における金森徳次郎国務大臣の説明[15]以来，条約は批准後，公布によって国内法規範が認められるとされ，したがって特に法律の制定を必要としない一般的受容方式とみなされている。さらに憲法73条3号は，内閣に条約締結権を認めつつ，事前又は事後に国会の承認を必要とすると定め，明治憲法とは異なり条約の国内法化手続きに民主的統制を導入した。しかしこの手続きは憲法60条[16]の予算の成立手続きと同一とされ，法律の制定手続きよりも簡便になっていることから，条約の民主的統制として

411頁，小寺彰＝岩沢雄司＝森田章夫編『講義国際法（第2版）』（有斐閣，2010年）105-132頁。
(12) 清宮四郎『憲法Ⅰ（第3版）』（有斐閣，1979年）375頁。
(13) 清宮・前掲注(12)，特に注(2)，450-451頁，鵜飼信成『新版憲法』（弘文堂，1968年）220頁。
(14) 樋口陽一『憲法Ⅰ』（青林書院，1998年）409-410頁。
(15) 第90回帝国議会 貴族院帝国憲法改正案特別委員会（昭和21年9月26日）。
(16) 憲法第61条は，条約の締結に必要な国会の承認について憲法60条2項の規定に準じるとする。憲法60条は，第1項で衆議院の予算先議を定め，第2項で「予算について，参議院で衆議院と異なった議決をした場合に，法律の定めるところにより，両議院の協議会を開いても意見が一致しないとき，又は参議院が，衆議院の可決した予算を受け取ったのち，国会休会中の期間を除いて30日以内に，議決しないときは，衆議院の議決を国会の議決とする」と定める。

〔建石真公子〕　**9**　日本国憲法における「法律に対する条約優位」と「人権」条約の適用

は法律と同等ではないとして憲法と国際法の関係における憲法優位説の根拠の一つとなっていることは上述のとおりである。

このような国内法と国際法の関係及び条約の締結手続きを踏まえ，条約の国内法体系における地位は，政府解釈，判例，学説の多くは，条約を，憲法より下位，法律に優位，いわゆる「法律に対する条約優位」と判断している[17]。ここから，条約よりも下位とされる法律以下の法規範は条約に抵触することはできないことになる。

「法律に対する条約優位」が多くの国で憲法上に明文で規定されるようになるのは第2次世界大戦後のことであり，例えばフランスの1946年第四共和制憲法28条[18]にみられる。同憲法は，国際協調主義の傾向を持った憲法と評価され[19]，前文で国際法尊重及び平和の組織のための主権の制約を認め[20]，その前文に対応して28条で法律に対して条約優位としたものである[21]。法律との関係では，27条で一定の条約の批准は法律で行うという民主的統制を設けたが，これだけでは法律と同等を導くに過ぎない。法律に対する条約優位は，法令に対する司法審査の伝統のないフランスにおいて，条約よりも後に制定された法律によって条約が無効とされる，つまり外交をめぐる立法権と行政権の関係において議会の権限を制約するものであるが，同時に，同憲法の国際協調主義の傾向を反映したものとしても評価されている[22]。

---

[17]　この「法律に対する条約優位」の法的根拠については，憲法上明文がないために制定過程の政府の説明では「明治憲法下の慣行」と述べるにすぎず，憲法上の根拠については学説によって多様な状況である。

[18]　フランス第四共和制憲法第28条「適法に批准され，かつ公布された外交条約は，国内の法律に優位する権威を有し，外交手段による適法な廃棄通告の後でなければ，廃止され，改正され，停止されることはない。第27条に定められた条約については，通商条約を例外として，廃棄通告は国民議会によって承認される」。

[19]　Nguyen Quac Dinh, La jurisprudence française actuelle et le contrôle de la conformité des lois aux traités, AFDI, 1975, p. 860.

[20]　1946年憲法前文第14項「フランス共和国は，自らの伝統に忠実に，国際公法の諸規則を遵守する。フランス共和国は，征服を目的とするいかなる戦争も企図せず，かつ，いかなる人民の自由に対しても，決して武力を行使しない」，第15項「相互主義の留保のもとに，フランスは，平和の組織化と擁護のために必要な主権の制限に同意する」。

[21]　フランスにおける「法律に対する条約優位」に関しては，建石真公子「『法律に対する条約優位原則』の裁判的保障㈠──フランス1958年憲法第55条の提起する問題」名古屋大学法政論集151号（1993年）229頁以下。

[22]　J. P. Niboyet, "La Constitution nouvelle et certaines dispositions de Droit international",

〈第3部〉人権保障を巡る憲法と条約の相克

　これに対して日本国憲法は，法律に対する条約優位を定める明文の規定はおいていないが，憲法制定過程の政府の説明で，後述第3章でみるように「明治憲法下の慣行」[23]あるいは10章の最高法規におかれていること[24]などを理由として，法律に対して条約が優位すると解釈されたものである。また学説においても条約優位が定着しているようだが，その根拠としては，98条解釈において「日本国憲法の国際協調主義から引き出すことは可能」[25]という解釈，前文，9条，81条，98条1項に条約があげられていない点，など憲法全体の国際協調主義から引き出す傾向にある[26]。

　法律に対する条約優位は，人権条約に関しては，上述のように，国内的な人権保護の実効性確保という条約上の義務の履行として不可欠であり，また日本国憲法における法規範体系の観点からも，法律以下の法規範が条約に適合しているかの判断——条約適合性審査——は必要である。特に終審である最高裁判所において何らかの形で人権条約が適用されなければ，法令以下の法規範に対する条約適合性は確保しにくい[27]。

　本稿は，このように「法律に対する条約優位」が判例，学説において承認されているにもかかわらず，なぜ日本の裁判所で法令以下の審査において人権条約の適用が消極的であるのか，その理由を検討することを目的としている。検討は，まず伝統的な「条約」に比較しての「人権」条約の特殊性を明らかにしたうえで，実際の日本の最高裁判所における人権条約の適用について概観し，最後に日本における「法律に対する条約優位」原則について，日本国憲法制定

　　D. 1964, chronique, p. 89.
[23]　金森徳次郎国務大臣答弁第90回帝国議会　貴族院帝国憲法改正案特別委員会（昭和21年9月26日）。
[24]　西村熊雄外務省条約局長答弁，第10回国会　参議院外務委員会（昭和26年6月1日）。
[25]　樋口・前掲注(14) 411頁。
[26]　樋口陽一・佐藤幸治・中村睦男・浦部法穂『注解法律学全集4　憲法Ⅳ〔第76条～第103条〕』（青林書院，2004年）348頁。
[27]　最高裁判所が条約を適用しない場合，高等裁判所を条約適合性審査の最終審と位置付けることも可能である。しかしこの場合には，フランスの現行の第五共和制憲法のように，国内における権利の解釈が，違憲審査に基づく憲法上の権利解釈と，高裁以下で行われる条約適合性審査における条約上の権利解釈との間でかい離をもたらす危険性があり，権利解釈に関する法的安定性が保たれにくい状況をもたらす場合もある。建石真公子「フランスにおける人権概念の変容と国際人権法——法律に優位する『基本権』としての憲法と人権条約の併存？」法律時報995号（2008年）229頁。

〔建石真公子〕　**9**　日本国憲法における「法律に対する条約優位」と「人権」条約の適用

過程の解釈及び明治憲法下の議論からその法的な根拠について考察し，法律等の人権条約違反の主張を憲法違反に準ずるものとして扱いうるかを検討する一助となることを目的とするものである。

II　法規範としての人権条約の特質

1　人権条約の定義——伝統的な条約との違い

人権条約とは，「国家間で文書の形式により締結され，国際法によって規律される国際的な合意で，人権保障を内容」とする[28]と定義されるように，「条約」と「人権規範」の双方の性質を兼ね備えている。そのため通常の多国間条約とは異なり，国が「国家管轄下にあるすべての個人に対して，共通の福祉のために，種々の義務を引き受けるもの」[29]である。このような人権条約は，第2次世界大戦後，「大規模な，悲惨な人権侵害を契機として生まれ……つまり，人権の国際的保障は，人権の国内的，憲法的な保障だけでは十分ではなかったという第二世界大戦の経験に基づいて」[30]誕生したものである。

1969年に国連で二つの国際人権規約が採択されたのちに K. Vasak は，「人間が，法的な観念においても所与の社会的カテゴリーの構成員としても認められるように，世界人権宣言の定めている権利及び諸権利の保護および保障を，いかなる差別もなく速やかに確保する目的を有するすべての条約は，人権条約とみなされる」[31]と定義している。すなわち1970年代の時点では，人権条約は，なによりも世界人権宣言を基盤として定義されていた。

さらに，社会の進展に従って人権条約が多様化する状況を反映して，F. Sudre は，「個人に対して，自由と人間としての尊厳を確保し，制度的な保護を享受しうる権利及び権能を，いかなる差別もなく認める国際法準則の総体」[32]と定義している。この定義は，同氏が伝統的な国際法について「国家間の関係を規定する準則の総体」と定義しているのに対比されている。また，ヨーロッパ人権条約の解釈のなかで進展しつつある「人間としての尊厳」に言及しているよ

---

[28]　芹田健太郎『国際人権法 I』（信山社，2011年）27頁。
[29]　芹田・前掲注[28]。
[30]　芹田・前掲注[28]，及びその進展については序論第二章（33-69頁）。
[31]　K. Vasak, Le droit international des droits de l'homme, *RCADI*, 1974-IV, p. 349.
[32]　F. Sudre, *Droit international et européenne des droits de l'homme*, 10e édition, PUF, 2011, p. 14.

うに，社会における権利や自由をめぐる状況の変化を受けて，人権条約の内容も世界人権宣言にとどまらず拡大してきていることを示している。

　このように定義される人権条約は，国に対して，人権条約上の権利を個人及び法人に対して保護するという義務を課し，すなわち，条約の「締結」にあたった内閣，「承認」を与えた国会，法規範を適用する裁判所は，条約義務の履行として，条約の保護している権利及び自由を自国の管轄にある個人及び法人に保護しなければならない。条約が直接に個人の権利を保障し，国の条約履行を国際機関が監督するという人権条約の構造は，伝統的な条約が主として国家間の関係を定めるのとは異なっている。そのため，人権条約は，一般的な条約と比較して次のようないくつかの点で固有の特徴を有している。その特徴ゆえに，人権条約は締約国に対して，伝統的な条約とは異なる対応を要請しているのではないだろうか。

2　人権条約の特殊性

　人権条約が伝統的な国家間を規制する条約とは異なる点は多々指摘されている[33]が，国が条約を適用する際の違いという観点からは次の3点があげられる。第1に，普遍的な人権を国際社会共同で保護するというイデオロギーを内包すること，第2に，条約の課している人権保護という義務の「客観性」，第3に，条約の解釈に関する固有の条約機関の存在，である。

(1)　人権条約というイデオロギー

　人権条約は，人権を保障するという目的を有する条約である。そもそも「人権」という学問自体が特別なものである点を，R. Cassin は，人権という科学が「各個人の開花にとって必要である諸権利や法的能力を決定し，人間の尊厳を考慮して人間の関係を研究するという目的を持つ，社会科学の中でも特殊な分野」[34]と指摘している。同様に，M. Virally は「人権は，法実証主義の意味における『権利』ではなく，理想（idéal）である」[35]と述べている。しかし，このような指摘は，人権が理想に終わることを意味するものではなく，「人権」が

---

[33]　F. Sudre, *ibid.*, p. 57-129.

[34]　R. Cassin, Enseignement des droits de l'homme dans les universités, *RDH*, 1973, vol. VI-1, p. 46.

[35]　M. Virally, Le droit des droits de l'homme, *PUF*, 1983, p. 12.

〔建石真公子〕　*9*　日本国憲法における「法律に対する条約優位」と「人権」条約の適用

実定法以外のところに根拠を置くということ，すなわち，人権は，実定法を支える原則となる基本的なものであることの承認が必要となること示していると考えられる。

こうした，人権が法制度の基盤となるという考え方は，伝統的には自然法に根拠をおく[36]が，より現代的には，権利の中でも基本的な諸権利があるという主張，すなわち「すべての権利の基盤となる人間に関わるものであるから，基本的な」権利であり，だからこそ「それらの権利の承認は総ての法秩序に浸透し，あるいは浸透しなければならない」[37]と示されるように，人権がすべての社会において保護されることが必要であるという人権の普遍性[38]の概念と結びつく。

人権が，すべての社会において保護されることが必要であるという人権の普遍性は，国際法秩序と同様に，国内法秩序にも基盤を置くことを求めることになる[39]。国内法秩序の対応としては，第2次世界大戦後に制定された各国の憲法の中に，人権の保護が国際社会の平和の基礎として認める条項[40]，人権や人間の尊厳保護が国の基盤であると定める条項[41]等がみられる。

さらに，戦後の憲法は，このような国内憲法における人権保護に加え，国際法秩序による人権保護を，国内法秩序において受容するための，憲法上の構造を構築しているものがみられる。例えば，1949年ドイツ基本法25条は，「国際法の一般原則は，連邦法の構成部分である。それは，法律に優先し，連邦領域の住民に対して直接，権利および義務を生じさせる」と定め，はじめにでみたように，1946年フランス憲法前文15項は，平和の組織のための「主権の制

---

[36] P. Fraisser, Les droits fonfdamentaux, prolongument ou dénaturation des droits de l'homme?, *RDP*, 2001, p. 537.
[37] R. Badinter, B. Gunevois, Normes de valeur constitutionnelle et degré de protection des droits fondamentaux, 8ᵉ Conférence des Cours constitutionneles européennes, Ankara, 7-10 mai 1990, *RFDA*, 1990, p. 317.
[38] 国際人権保障の基盤となっている「人権の普遍性」は，樋口陽一の使用する用語である「個人を権利主体とする普遍主義の意味で droits de l'homme」と近いと思われる。樋口陽一『憲法という作為』（岩波書店，2009年）110-114頁。
[39] C. Grewe, H. Ruiz-Fabri, Droits constotutionnels européens, *PUF*, 1995, p. 176.
[40] 1949年ドイツ基本法（憲法）1条。
[41] 1988年ブラジル憲法1条，1993年ペルー憲法1条，1993年カンボジア憲法前文，1993年ロシア憲法2条など。

〈第3部〉人権保障を巡る憲法と条約の相克

限」を認めている。また憲法上，国際法を憲法の優位に位置させたオランダ[42]や，条約による憲法改正の可能性も認める1920年オーストリア連邦憲法では，特にヨーロッパ人権条約を憲法的地位の条約[43]として適用している。こうした国内憲法による人権条約の特別な法的地位を定める条項は，普遍性を持つ人権を各国が国内で保障するという人権条約のイデオロギーを憲法上，認めたものと考えられる。

(2) 人権条約の客観性

伝統的な条約が国際社会における国家の協力を基盤にするのとは違い，人権条約は，個人の権利及び自由を保護するという目的を持っている。そのため，多国間条約ではあるが「相互適用」の要件は一般的に適用されず[44]，締約国のすべてが単独で当該国の国内における人権保護の義務を，国際社会に対して負うことになる。この構造について，K. Vasakは，人権条約は「保護のための法である。というのは，その規定及び制度のすべてによって，国際共同体全体に共通とみなされるいくつかの価値について，個人にその享有および尊重を保障するためのものだからである」と説明する。すなわち人権条約は，国際社会において価値として認められている権利及び自由の保護を各締約国に課しており，その意味で，条約の履行を他の締約国及び締約国自身の状況によって条約履行の裁量の余地が多く認められる伝統的な条約とは大きく異なるといえる。この特徴は，例えば，条約に付される留保に対する監督の存在[45]，また国家承継における人権条約の扱い[46]，さらには条約の廃棄の制限[47]などに示されてい

---

[42] オランダ憲法（1983年改正）は，国際法との関係に関しては1953年に現行規定に改正した。現行憲法94条は，「オランダ王国内で効力を有する法令規則は，すべての者を拘束する条約の規定又は国際機関の決議に抵触する場合，適用されない」と定める。オランダ憲法（フランス語版 URL. http://www.rijksoverheid.nl/bestanden/documenten-en-publicaties/brochures/2008/10/20/la-constitution-du-royaume-des-pays-bas-2008/07br2008g108.pdf

[43] ヨーロッパ人権条約は，国会により，憲法的地位の条約と位置付けられている。

[44] F. Sudre, *op. cit.*, p. 61.

[45] G. Cohen-Jonathan, Les réserves dans les traités institutionnels relatifs aux droits de l'homme. Nouveau aspects européenne et internationaux, *RGDIP*, 1996, p. 915.

[46] J. -F. Flauss, La proptection des droits de l'homme et les sources du droit international, in, *La protection des droits de l'homme et l'évolution du droit international*, Colloque de la S.F.D.I, Pédone, 1998, p. 31.

(3) 条約の解釈

　条約の解釈についても，解釈権限がどこにあるかという点で人権条約は非常に特異な性格を持っている[48]。伝統的な条約の場合，条約の参加や条約によって課される義務について，締約国みずからが解釈することを条約が定めている場合が多い。これに対して，例えばヨーロッパ人権条約は，判決の中で，「規範を定める条約の場合，何が最も目的を達成し，条約の目ざすところを実現する解釈かを探求するべきであり，決して締約国に対してもっとも制限された内容の解釈を探すものではない」[49]と述べる。この解釈はヨーロッパ人権条約に関するものであるが，しかしここでは，この条約の「目的，目指すところ」を根拠としている点から，ほかの人権条約にも援用することは可能であろう。あるいは，ヨーロッパ人権裁判所のように拘束力を持った解釈権限を認めないとしても，人権条約の多くが固有の人権保護機関（国際人権規約における規約人権委員会等）を備えており，各国の条約履行に関する監視を任務としている。したがって，それらの機関の行う解釈は，各締約国に共通に適用される一種の「公権的解釈」であり，そのような固有の機関が条約解釈を示す点が一般的条約とは異なる点であり，上述の人権の普遍性や客観性という性質を反映したものと考えられる。

　以上のような人権条約の特徴は，主権平等を原則とする国際社会において，また国民主権原理に基づいている国内憲法において，国内法と国際法の関係についての理論との調整が必要となるだろう。というのは，ある国が一元主義を採用しても二元主義を採用していても，国内法への受容方式に違いはあるが，国際法と国内法は異なるものと認識されている点にかわりはない。これに対して，人権条約は，国内法制度において，国と個人および私人間において人権条約の保護する権利及び自由を保護することを目的としているからである。

　こうした人権条約の論理や機能に関して人権条約研究者は，「穴の開いた障

---

[47] J. -F. Flauss, *ibid*, p. 37.

[48] P. Wacksmann, Les méthodes d'interprétation des Conventions internationales relatives à la protection des droits de l'homme, in, *La protection des droits de l'homme et l'évolution du droit international*, Colloque de la S.F.D.I, Pédone, 1998, p. 158.

[49] CEDH, 27 juin 1968,Wemhoff contre Allemagne, §8.

239

〈第3部〉人権保障を巡る憲法と条約の相克

壁」[50]、あるいは「国際法と国内法の二重性の否定」[51]と表現しているが、実際は、どのような法的根拠で穴をあけるか、また二重性を否定するのかという点が問われることになる。ヨーロッパ人権条約に関しては、ヨーロッパ人権裁判所の判決において、同裁判所の解釈の「独自性」[52]として示されているが、各国の憲法においてその解釈をどのように位置づけるかは、やはり憲法解釈の問題となる。しかしそれは、人権条約の課している人権保護という義務の履行を、その国の憲法との関係でどのような方法が採用しうるかという問題であり、その履行義務を積極的に果たすことはしない、という選択はそもそも条約の目的に反することになろう。日本の裁判所、特に最高裁判所における適用は、その選択に関してどのように判断しているのだろうか。

III 最高裁判所における人権条約の適用
——法律等の条約適合性審査

1 最高裁判所における人権条約適用の意義

国内裁判所、特に最高裁判所における人権条約の直接適用は、1990年代以降、日本の法律家にとって重要な課題となってきている。というのも、徳島地裁判決での国際人権規約の直接適用の結果、法律を条約違反と判断した判決が出され[53]、以後下級裁判所における人権条約違反の訴える訴訟[54]がみられるようになり、それに伴い、法律に優位する条約の地位を担保する機関の問題、ま

---

[50] M. Virally, Cours général de droit international public, *RCADI*, 1983-V, p. 124.
[51] M. Virally, Droits de l'homme et théorie générale du droit international, in *Liber Amicorum Discipulorumque René Cassin, Méthodologie des droits de l'homme*, IV, Pédone, 1972, p. 327.
[52] ヨーロッパ人権裁判所の解釈の「独自性」に関しては、建石真公子「ヨーロッパ人権裁判所による「公正な裁判」保護の拡大——『ヨーロッパ規範』の形成および手続き的保障による実体的権利の保護へ」比較法研究74号（2013年）21-22頁。
[53] 徳島地判1996年3月15日判時1597号115頁。
[54] 例えば、1993年2月3日東京高裁判決東高時報44巻1-12号11頁は、外国人被告人の通訳費用の負担に関する事件に関して、国際人権規約自由権規約14条3項(f)「無料で通訳を受ける権利」を適用し、裁判の結果に関わらず後日の求償を予定していないと解した。また、1994年10月28日大坂高裁判決判タ868号59頁は、指紋押捺拒否により逮捕された原告が国家賠償を請求した事件で、指紋押捺制度は憲法13・14条、国際人権規約自由権規約7条・26条に違反する状態であったとの疑いは否定できないと判断している。

〔建石真公子〕 **9** 日本国憲法における「法律に対する条約優位」と「人権」条約の適用

た，後述のように，実際に最高裁判所が人権条約の解釈及び適用を行ったと理解される判決の出現，さらには国連人権規約委員会による日本政府の報告書に関する勧告において裁判所で同条約が適用されていないことに対する批判がなされる[55]など，日本において裁判所での人権保障の場面で人権条約の重要性が増してきているからである。

前述のように，人権条約に代表される国際人権保障も，主権国家の並存する国際社会を前提としており，保障システムは第一義的には国内的実施に委ねられている[56]。しかしながら，国内裁判所において人権条約を法規範として適用するためには，憲法原理に基づく条件を満たすことが必要となる。

第1に，裁判官が人権条約を直接適用するためには，国民主権の観点から，条約の国内法規範としての法的正当性が憲法上確保されていることが必要である。つまり，憲法制定権力と言う観点からは国内法体系における条約の法規範内容の正当性を，唯一の立法権という観点からは条約の国内法化手続きの正当性が確保されていることが求められる。

第2に，裁判官が人権条約を適用するためには，条約を解釈する必要があるが，当該人権条約が条約遵守の監督機関を備えている場合には，国内裁判官は，その機関の解釈を尊重することが求められる。そうでなければ，条約は，普遍性という特徴に基づく「国際基準，共通基準」という意義を失うことになる。尊重の程度は，条約遵守に関する各条約の規定内容，あるいは当該国の国際法に関する憲法上の地位によって異なる。たとえば，EU 運営条約の場合は，267 条において，条約の解釈に不明確な部分がある場合は，事前にヨーロッパ共同体司法裁判所に先決裁定として諮問しなければならない。この場合，共同体司法裁判所の条約解釈は，国内裁判所に対して法的拘束力── L'autorité de la choses interprétée ──を有すると解されている[57]。この拘束力は，条約に解

---

[55] CCPR/C/JPN/CO/5, 18 December 2008. (Consideration of Reports Submitted by States Parties under article 40 of The Covenant, Concluding observations of the Human Rights Committee-JAPAN （自由権規約委員会，第 94 回会期，ジュネーブ 2008 年 10 月 13 − 31 日「規約第 40 条に基づき締約国より提出された報告の審査──自由権規約委員会の最終見解──日本」, no. 7「7. 委員会は，規約の規定を直接適用した国内裁判所の裁判例に関する情報が，最高裁判所が規約違反ではないと判断したもの以外には乏しいことに留意する。（第 2 条）」（外務省仮訳）。

[56] 例えば，国際人権規約自由権規約 2 条 3 項(b)は「司法上の救済措置の可能性を発展させること」と規定する。

〈第3部〉人権保障を巡る憲法と条約の相克

釈に関する先決裁定が規定されていることに由来するので、そのような規定を設けていない条約の場合には、監督機関の解釈が各締約国に対して、法的拘束力を有すると結論を導くことはできないであろう。しかしながら、国が条約を締結した場合、当該条約の遵守は、監督機関の権限に従うことも含めて、国際法上、国家の義務である。監督機関の条約解釈を参照することは各締約国の基本的な義務とみなすことができる。

人権条約が実効性を持つためには、下級裁判所において適用されるだけでは、十分ではない。最高裁判所において人権条約が適用されないならば、高等裁判所を条約適合性審査の最終審と位置付けることもできる。しかしこの場合には、フランスの現行の第五共和制憲法の運用のように、国内における権利の解釈が、違憲審査に基づく憲法上の権利解釈と、高裁以下で行われる条約適合性審査における条約上の権利解釈との間でかい離をもたらす危険性がある。この場合、権利解釈に関する法的安定性が保たれにくいという状況をもたらす場合もある[58]。人権保障の観点からも、また国の法規範の統一性の観点からも、最高裁判所が人権条約と国内法制度との適合性を判断することが望ましい。

2　上告理由と人権条約適用の可能性

日本の最高裁判所は、憲法裁判所のような特別の裁判機関ではなく、憲法の解釈についての抽象的な判断は行わない。国家の行為に関する違憲審査について、憲法は81条で「最高裁判所は、一切の法律、命令、規則又は処分が憲法に適合するかしないかを決定する権限を有する終審裁判所である。」と定め、同審査が下級裁判所に始まり、最終的に最高裁判所に至ることができると解されている。違憲審査は、具体的な訴訟のなかで個人の権利救済の目的で主張され、全ての裁判所において行われる。しかしながら、最高裁判所に上告するためには、訴訟法において定められた上告理由に該当しなければ最高裁判所における審査の法規範として認められることはできない。

最高裁判所への上告理由は、刑事事件の場合は、憲法違反、判例違反に限定

---

[57] J. Boulois, A propos de la fonction normative de la jurisprudence, remarques sur l'œuvre jurisprudentielle de la Cour de justice des Communautés européennes, in Le juge et le droit public, Mélanges offerts à Marcel Waline, Paris, t. I, LGDJ, 1974, p. 149.

[58]　建石・前掲注[27]。

242

〔建石真公子〕　**9**　日本国憲法における「法律に対する条約優位」と「人権」条約の適用

されており（刑事訴訟法405条．433条），また跳躍上告も，法令が憲法違反であるとした判断を理由としている（刑事訴訟法406条，同規則254条．255条）。民事事件の上告は，判決に影響を及ぼすことが明らかな法令違反があること（民事訴訟法394条），裁判所の構成や訴訟代理人に代理権がなかったこと，重大な訴訟手続上の法令違反等の事由があること（民事訴訟法395条）という理由に限られている。高等裁判所が上告審としてなした終局判決に対しては，最高裁判所に特別上告ができるが，憲法問題に限定されている（民事訴訟法409条の2．419条の2）[59]。したがって，現在の訴訟法上，最高裁判所への上告は，憲法違反，判例違反という理由に限定されており，人権条約違反を上告理由とすることはできない。

　これに対して，人権条約を適用する論拠として以下のような三つの考え方が示されている。まず第一に，憲法の人権規定と人権条約とを同質の人権規範群として解釈することによって，人権条約を人権分野についての憲法判断の規範とすることも可能であるのではないかという説である[60]。これと同様の主張は，フランスにおいては，憲法院の審査規範群である「憲法ブロック」にヨーロッパ人権条約を含ませようというものがある。また，実際に，このような解釈によって人権条約を憲法裁判所における違憲審査の規範としている国もある[61]。この考え方によれば，現行の訴訟法を改正することなく，憲法判断のなかに人権条約との適合性の審査も含まれることになる。第二の考え方は，憲法と人権条約の区別は維持しつつ，法令審査において，憲法違反とは区別される人権条約違反の成立を認め，人権条約違反の法令については当該事件について無効にするという方法である[62]。憲法判断とは異なる，条約適合性審査を最高裁判所の権能と解釈することになるが，憲法も人権条約も，法律に優位する法規範であること，人権条約の遵守が国の義務であること等を考慮し，上告理由に明記

---

[59]　この問題に関して，伊藤正己は，「少なくとも国際人権規約のような世界的な効力をもつ条約は確立した国際法規であり，いっそう憲法に近似した効力が認められてしかるべきであるとの論理が成立しないだろうか」と提言している。法源にかかわらず「人権」という点に着目し，伊藤の提言のような解決方法を選択しているのがオーストリアである。ヨーロッパ人権条約を，憲法裁判所の裁判規範としている。伊藤・前掲注(1) 11頁。

[60]　伊藤・前掲注(1) 11頁。

[61]　オーストリアは，ヨーロッパ人権条約を憲法の人権規定と位置付けて，違憲審査の規範としている。

[62]　伊藤・前掲注(1) 11頁。

〈第3部〉人権保障を巡る憲法と条約の相克

されていない場合でも，人権条約を含ませる解釈も可能であると思われる。第三の考え方は，人権条約違反が違憲に該当するという主張の根拠として，憲法98条2項を援用するものである[63]。98条2項は，「日本国が締結した条約及び確立された国際法規は，これを誠実に遵守する」と定めており，ここから，人権条約違反の国の行為を「条約の遵守」に違反するとし，98条2項違反を問うものである。

　実際には，1990年代に入って，最高裁判所の判例の中で人権条約，特に国際人権規約を裁判の判旨の補足として適用した例が，非常に稀ではあるが，見られるようになっている。最高裁判所は，裁判規範としての人権条約の適用を認めていないわけではないのだろうか。とはいっても，そこから直ちに，人権条約が違憲審査の裁判規範となっているという結論を導くことはできない。なぜなら，法律は，国際法違反を理由として法律や行政行為を無効にする権限を最高裁判所に明確に付与しているわけではないからである。したがって，人権条約違反が，それだけで最高裁判所への上告，特別上告，特別抗告理由となることは，法的には不可能といわざるを得ない。

　しかしながら，最高裁判所の近年の判例は，同裁判所が人権条約に，違憲審査において何らかの特別な地位を付与していることを示している。このような最高裁判所の実践は，日本の最高裁判所が「憲法裁判所」ではなく，具体的な事件に即して憲法判断を行い，法律に優位する法規範としての条約の適用に関しても人権保障の役割を担うという目的からある程度の柔軟性は認められると考えられる。少なくとも上述の3つの解釈のいずれにしても，憲法上，解釈は成り立ちうるのではないだろうか。

3　人権条約の適用が問われた判例
(1)　人権条約の不適用

　現在まで，最高裁判所は，多くの事件において人権条約違反という主張に直接的に対応せず，判旨において条約違反についてまったく言及していない例が多い。高等裁判所が人権条約を適用し，条約違反を認めている場合にも，最高裁判所は判旨において人権条約について言及せずにその判決を覆している。そ

---

[63]　齊藤正彰『憲法と国際規律』（信山社，2012年）82頁以下。

〔建石真公子〕 **9** 日本国憲法における「法律に対する条約優位」と「人権」条約の適用

の例が, 婚外子相続差別に関する 1995 年 7 月 5 日判決[64]である。

東京高等裁判所は, 婚外子の相続分を婚内子の 2 分の 1 と規定している民法 900 条 4 号但書に関する違憲審査に於いて憲法 14 条違反と判断する決定[65]を下した。同判決において同高等裁判所は,「もとより, 適法な婚姻に基づく家族関係の保護が, 尊重されるべき理念であることはいうまでもないが, 他方で, 非嫡出子の個人の尊厳も等しく保護されなければならないのであって, 後者の犠牲の下で前者を保護するような立法は極力回避すべきであろう……。そして, この点に関する近時の諸外国における立法の動向を見ると, 非嫡出子について権利の平等化を強く志向する傾向にあることが窺われ, さらに, 国際連合による『市民的及び政治的権利に関する国際規約』24 条 1 項の規定の精神及び我が国において未だ批准していないものの, 近々批准することが予定されている『児童の権利に関する条約』2 条 2 項の精神等にかんがみれば, 適法な婚姻に基づく家族関係の保護という理念と非嫡出子の個人の尊厳という理念は, その双方が両立する形で問題の解決が図られなければならないと考える。」として, 憲法 14 条違反を補足する意味で市民的政治的権利に関する国際規約第 24 条の平等規定にも違反していると述べている。というのも, 憲法 14 条の平等条項の解釈において, 差別を合憲とする「合理性」の範囲が非常に広いからである。

このように東京高等裁判所は民法 900 条 4 号但書を違憲と判断したのであるが, 後に最高裁判所は, 同様の事件に関する上記の決定において同但書を合憲と判断した。判決において最高裁判所は, 相続制度は, ある国の歴史的, 社会的, 伝統的な条件と, 国民感情を考慮して決定される。さらに, 家族関係にも考慮を払わなければならず, したがって, 家族に関する制度の決定権限は立法権に属するとする。というのも, 民法が婚姻の保護を定めているのであるから, 婚外子の差別は合理性があり, 以上の理由から, 同但書は憲法 14 条に違反しない, としている。最高裁判所の判旨には, 市民的政治的権利に関する国際規約に関する言及はない。

また, 未決拘禁の期間の弁護士との接見を制限する可能性を認めている刑事訴訟法 39 条 1 項に関する違憲審査が問われた 1999 年 3 月 24 日判決[66]でも,

---

[64] 最大決 1995 年 7 月 5 日民集 49 巻 7 号 1789 頁, 判時 1540 号 3 頁。
[65] 東京高決 1993 年 6 月 23 日判タ 823 号 122 頁, 判時 1465 号 55 頁。
[66] 最大判 1999 年 3 月 24 日民集 53 巻 3 号 514 頁。

〈第3部〉人権保障を巡る憲法と条約の相克

最高裁判所は人権条約について同様の態度を示している。同裁判所は，刑事訴訟法の同規定を合憲と判断したが，上告人は，同条1項が市民的政治的権利に関する国際規約の保護している防御権を侵害すると厳しく非難している規約人権委員会の「View ——見解——」を援用していた。しかし，最高裁判所は，判旨において，同条1項は憲法に違反していないと述べたにとどまり，同規約に関する言及はなかった。

(2) **人権条約の適用：独自の解釈**

1990年代には，最高裁判所のいくつかの判決において人権条約に関する言及も見られる。しかしながら，これらの判決のなかには，単に「当該人権条約に違反しない」と述べる例がある。

まず，国家公務員に対してストを禁止している国家公務員法98条2項に関する1993年3月2日小法廷判決[67]がその例である。上告人は，同法98条2項は，経済的，社会的および文化的権利に関する国際規約8条1項(c)違反であり，結果として，「日本が締結した国際条約，確立した国際法の誠実な尊重」を規定している憲法98条2項に違反すると主張していた。

最高裁判所は，同法の合憲性を宣言し，同時に，上告人によって援用された条約は，国家公務員によるストの権利を保障したものとは解釈できず，したがって，同法同条項は国際人権規約に違反しているものとはいえない，とした。しかしながら，社会権規約8条1項(c)は，労働組合に対する制約が①法律によること，②国の安全若しくは公の秩序，③他の者の権利及び自由の保護，④民主的社会において必要なもの，という要件に該当する場合にのみ認めるものである。最高裁は，これらの要件に関して国家公務員法の規定が該当するかの判断を行ったうえで，条約違反の有無を判断することが求められているのではないだろうか。同規約同条項に関する日本政府報告に対する規約人権委員会の最終見解[68]（general comment）は，公務員に対してスト権を認めていない点を懸

---

[67] 最判1993年3月2日集民168号上21頁。
[68] 「規約第16条及び第17条に基づく締約国により提出された報告の審査：経済的，社会的及び文化的権利に関する委員会の最終見解」(2001年9月24日)（外務省訳），パラグラフ22「委員会は，全ての公務員について，教師を含め，不可欠な政府の業務に従事していない公務員についてまで，ストライキを全面的に禁止していることについて懸念を有する。これは，（締約国は留保しているが）規約の第8条2項に違反し，また，人事に関する委員会による代償措置があるにもかかわらず，結社の自由と団結権の保護

〔建石真公子〕　　*9*　日本国憲法における「法律に対する条約優位」と「人権」条約の適用

念事項にあげている。

1998年3月13日の公職選挙法における国籍条項の合憲性に関する判決[69]においても，最高裁判所は上の判決と同様の解釈を行っている。この事件では，選挙権，被選挙権について日本国籍を要件としている公職選挙法10条1項の合憲性が問われた。また同時に，上告人は，同号が市民的政治的権利に関する国際規約25条に違反していると主張していた。これに対して最高裁判所は，公職選挙法10条1項は同規約違反と認められないとした高等裁判所の判断は合理的であるとのべたにすぎない。

他に，1998年12月1日大法廷決定[70]は，裁判官が積極的に政治運動をすることを禁止する裁判所法52条1号[71]が，裁判官の独立及び中立・公正を確保することを目的とするものであり，市民的，政治的に関する国際人権規約19条に違反するとはいえないことが明らかであるとした。また，2000年6月13日小法廷判決[72]は，刑事事訴訟法39条3項[73]の規定は市民的，政治的権利に関する国際人権規約14条3(b)及び(d)に違反するものではないとした。さらに，2001年9月25日小法廷判決[74]は，不法残留者を保護の対象としていない生活保護法の規定が，本規約等の各規定に違反すると解することはできないとしている。

(3)　人権条約の適用：憲法と同一の解釈

第3の傾向として，最高裁判所が積極的に人権条約の解釈を行っているが，人権条約を憲法と同一の内容として解釈している例があげられる。

　　に関するILO87号条約に違反する。（外務省注：第8条について留保しているのは，第2項ではなく第1項(d)である。）」
[69]　最判1998年3月13日集民187号409頁。
[70]　最大決1998年12月1日民集52巻9号1761頁。
[71]　裁判所法第52条「裁判官は，在任中，左の行為をすることができない。一　国会若しくは地方公共団体の議会の議員となり，又は積極的に政治運動をすること」。
[72]　最判2000年6月13日民集54巻5号1635頁。
[73]　刑事訴訟法第39条3項「検察官，検察事務官又は司法警察職員（司法警察員及び司法巡査をいう。以下同じ。）は，捜査のため必要があるときは，公訴の提起前に限り，第1項の接見又は授受に関し，その日時，場所及び時間を指定することができる。但し，その指定は，被疑者が防禦の準備をする権利を不当に制限するようなものであつてはならない」。
[74]　最判2001年9月25日集民203号1頁。

〈第３部〉人権保障を巡る憲法と条約の相克

　1997年8月29日の第3次教科書訴訟判決[75]において，最高裁判所は，市民的政治的権利に関する国際規約を適用しているが，しかし同裁判所は，同規約19条を憲法21条と同様の内容として解釈している。まず，同裁判所は，文部省が行う教科書検定は，検定不合格になった教科書の一般的な販売までも禁止しているわけではないから，憲法21条の禁止する検閲にはあたらない。したがって，憲法21条に違反しないと述べる。次に，表現の自由といえどもまったく制限されないわけではなく，公共の福祉によって制限される。

　他方，市民的政治的権利に関する国際規約19条についての教科書検定の適合性については，最高裁判所は同条項を次のように解釈した。すなわち，同規約19条は意見の自由と表現の自由を保障するが，同時にこの自由についての制限も設けている。これらの制限理由は，憲法21条に関する制限――公共の福祉――と同旨である。したがって，憲法21条が教科書検定を公共の福祉として認めるのであるから，同様に，同規約19条にも違反しないとしている。

　このような最高裁判所の規約19条の解釈について，規約人権委員会の一般的勧告[76]は，19条は国が表現の自由に制限を課す場合には，19条3項の要件に従うべきと解釈しており，最高裁判所の解釈とは内容を異にすると考えられる。

---

[75]　最判1997年8月29日民集51巻7号2921頁。

[76]　規約人権委員会一般的意見10「19条・表現の自由」(1983年7月29日採択)「4　第3項は……締約国が表現の自由の行使に対し一定の制限を課する場合，その制限は，権利それ自身を否定するような状況に陥らすことはできない。第3項は，条件を定めており，そして制限が課されうるのはこの条件に服する場合のみである。つまり，制限は，「法律によって定められ」なければならないし，第3項(a)及び(b)で定める目的の一つのために課することができるのみであるし，そしてこの目的の一つのために当該締約国にとって「必要」とされるものとして正当化されなければならない」。同一般的意見は，2011年9月12日に，新たな「一般的意見34」として改編された。同意見34も，権利の制限に関しては，意見10を踏襲し，パラグラフ22は「第3項は一定の条件を定めており，この条件を満たす場合に限り制限を課すことができる：その制限は「法律によって定められ」るものでなければならならず；第3項(a)号及び(b)号規定のいずれかの根拠がある場合に限り課すことができ；必要性と比例性の厳格な基準に適合しなければならない42。制限は，たとえそれが規約で保護されている別の権利の制限根拠として正当化されるものであっても，第3項に規定されていないものを根拠としては認められない。制限は，所定の目的のためにのみ適用され，かつ，制限の前提となる具体的な必要性事由に直接関連するものでなければならない」と，制約が「法律」によるものであることを指摘している。

(4) **人権条約の適用：判決の補強としての「国内的，国際的社会環境の変化」**
　2008年6月の国籍法違憲判決[77]では，最高裁判所は，市民的政治的権利に関する国際人権規約及び子どもの権利条約を，社会環境の変化の要素としてあげ，憲法解釈の補強として位置づけていると思われる。同事件は，国籍法3条1項のうち，日本国民である父の非嫡出子について父母の婚姻により嫡出子たる身分を取得したことを国籍取得の要件とした部分は，日本国民である母の非嫡出子は，出生により母との間に法律上の親子関係が生じると解されること，また日本国民である父が胎児認知した子は，出生時に父との間に法律上の親子関係が生ずることとなり，それぞれ同法2条1号により生来的に日本国籍を取得することから，非嫡出子で，父から胎児認知をされていないものに限り適用されることになる。したがって，この部分が憲法14条1項に違反するものとして上告されたものである。
　判決は，「諸外国においては，非嫡出子に対する法的な差別的取扱いを解消する方向にあることがうかがわれ，我が国が批准した市民的及び政治的権利に関する国際規約及び児童の権利に関する条約にも，児童が出生によっていかなる差別も受けないとする趣旨の規定が存する。さらに，国籍法3条1項の規定が設けられた後，自国民である父の非嫡出子について準正を国籍取得の要件としていた多くの国において，今日までに，認知等により自国民との父子関係の成立が認められた場合にはそれだけで自国籍の取得を認める旨の法改正が行われている。以上のような我が国を取り巻く国内的，国際的な社会的環境等の変化に照らしてみると，準正を出生後における届出による日本国籍取得の要件としておくことについて，前記の立法目的との間に合理的関連性を見いだすことがもはや難しくなっているというべきである。」として，3条1項の立法目的については合理的な根拠があるとしたが，同条項の制定当時とは社会的な環境が変化したことを理由に，準正を出生後における届出による日本国籍取得の要件としておくことについては，現在では立法目的との間に合理的な関連性を見出すことが難しいとする。さらに，国籍が取得できないことがもたらす子どもに対する不利益は看過しがたいものであり，このような差別的取り扱いについて，立法目的との合理的関連性を見出しがたく，以上の理由から，立法府の

---
[77] 最大判2008年6月4日民集62巻6号1367頁。

〈第3部〉人権保障を巡る憲法と条約の相克

裁量権を考慮しても立法目的との間において合理的関連性を欠き，したがって，本件区別は合理的な理由のない差別となっていたといわざるを得ないとして，憲法14条1項違反と判示した。

この判決では，社会環境の変化を考慮する際に諸外国の法実践とともに，市民的政治的権利に関する国際規約及び児童の権利に関する条約に，「児童が出生によっていかなる差別も受けないとする趣旨の規定」をあげている。この言及は，同規約が，昭和59年度（1984年）当時，すでに日本が批准した条約として国内法規範であったことを考えると，諸外国の法の参考と同列に扱っている点は問題である。しかし，本上告において弁護側は国際規約違反を主張していない点から考えると，最高裁判所が自発的に国際規約を参照したという意味で，従来の判例からかんがみると重要な要素を含んでいるといえる。すなわち最高裁判所の違憲審査の法規範ではないが，比較法として，憲法以外のより権利を保護している人権規範として参照するという方式は，カナダの裁判所が行っているように[78]，「よりよく人権を保障する」ために，より充実した人権規範を参照することが容認され，そのひとつとして人権条約が存在する可能性があるのである。しかし，参照の可能性ということは，反面，参照には拘束力がなく，条約適合性審査と位置づけられているものではないということも意味している。

4 最高裁判所における人権条約の適用に関するいくつかの指摘

最高裁判所における人権条約の適用について，以上の判例から次の4つの特徴を指摘することができる。

第1に，多くの事件において，最高裁判所は人権条約を違憲審査の規範としては位置付けていないことがうかがわれる。したがって，申立理由の中に条約違反が援用されている場合でも，判旨では言及しない例が散見される。

第2に，1の傾向にもかかわらず，最高裁判所が人権条約を適用した判決が数例見られる。しかしながら，単に「当該人権条約には違反していない」と述べるにすぎず，解釈を展開しているわけではない。その場合，当該人権条約の設けている機関の公権的解釈にかかわらず，最高裁判所が独自に「人権条約に

[78] 中井伊都子「カナダの裁判所における人権条約の役割——憲法解釈の指針としてのヨーロッパ人権条約機関の見解の影響力」国際人権11号（2001年）32頁。

〔建石真公子〕　**9**　日本国憲法における「法律に対する条約優位」と「人権」条約の適用

違反しない」と判断を行っているように思われる。

　第3に，最高裁判所が人権条約を適用し，解釈を展開した判決も存在する。しかしながら，これらの判決において最高裁判所は，人権条約の規定を憲法の同様の規定と同一視し，憲法規定の解釈を当該人権条約規定の解釈としている。したがって，「憲法に違反していないならば，人権条約にも違反していない」という結論が導かれる。確かに，憲法と人権条約は人権保障という同一の目的を持った法規範であることから，類似の規定が多々見られる。しかし，人権条約の規定が，憲法より広い範囲の権利保障を行っている場合には，条約違反を認めることが必要である。つまり，人権条約を最高裁判所が直接適用するということは，後述するように法律に優位する法規範としての法的地位を人権条約に付与している限り，人権条約に違反する法令や行政行為を条約違反として無効にすることが要請されるからである。

　第4に，2008年の国籍法違憲判決が積極的に国際人権規約を例証し判例変更をしたことがあげられる。しかしこの判決の評価については，上告人の申立になく，また上告理由にも挙げられていない国際人権規約を援用したことをもって，最高裁判所が人権条約の適用の方向へと変化したと位置付けるのは尚早と思われる[79]。というのは，判決は，国際人権規約や児童の権利条約の存在に言及したのみで，特定の条項との適合性を判断せずに，「我が国を取り巻く国内的，国際的な社会的環境等の変化」を引き出しているからである。また，日本が国際人権規約を批准したのは1979年であるが，国籍法3条1項は1984年に改正されている。したがって，改正の時点で，同規約の規定との適合性は問題となっていたはずであり，法律の条約適合性審査という観点からは，両条約が禁止する「出生による差別」と国籍法3条1項の審査が行われてしかるべきという判断も可能である。あるいは，積極的に判決の意義をとらえるなら，最高裁判所が解釈の変更に際して，制定当時とは異なる新たな（人権）環境として二つの人権条約を援用したことは，暗黙的に，両条約における「出生によ

---

[79]　同判決に関する論評としては，原田央「最高裁平成20年6月4日大法廷判決をめぐって──国際私法の観点から」法学教室341号（2009年）6頁，近藤博徳「国籍法違憲判決・報告」国際人権20号（2009年）81頁。高橋和之・岩沢雄司・早川眞一郎｜〔鼎談〕国籍法違憲判決をめぐって」において「岩沢発言」は，「人権条約の規定を考慮にいれて，憲法14条違反という結論を導いたということができ」る点を指摘している。ジュリスト1366号（2008年）73頁。

〈第 3 部〉人権保障を巡る憲法と条約の相克

る差別禁止」を意味していたとも類推できるかもしれない。上告理由にない人権条約の適用により法律を無効とすることはできないが，憲法解釈の変更の理由となる，憲法を補完する人権規範として人権条約を位置付けたものとみることもできよう。

最高裁判所の判例に関する以上のような特徴は，前述のように，同裁判所が，人権条約に関して法律に優位する法規範として保障するという位置づけをしていないことを示している。このような最高裁判所の位置づけ──国内法規範としての条約の不適用──は，上告理由に含まれていないというだけでは説明が十分ではない。というのは，上でみたように，最高裁判所は人権条約を全く適用していないということではないからである。

しかし，前述の人権条約の定義，また人権条約という国際条約の特殊性から考えて，現状のような日本の裁判所における適用状況は，人権条約という国会が承認し，内閣が締結した法規範として，三権分立の観点から，また憲法上の「法律に対する条約優位原則」の観点から適切なものであるとは評価しにくい。日本の法制度において，「法律に対する条約優位原則」は，実際に憲法上の根拠あるものとして解釈されてきただろうか。

これについて，以下，日本国憲法制定過程における憲法と国際法の関係に関する議論，さらにはその過程で示唆されている大日本帝国憲法における「法律に対する条約優位」の運用に関して，どのような論拠で主張されていたのかを検討する。

Ⅳ 日本における「条約に対する法律優位」原則

1 日本国憲法における「法律に対する条約優位」──憲法 98 条 2 項

人権条約を国内適用するためには，条約の法規範としての憲法上の根拠に関する基本的な法的原則を踏まえたうえで，国内法秩序における条約の地位，特に憲法及び法律との関係が問題となる。日本国憲法は，国内法における条約の地位を明記していないが，国際法に関しては，前文の国際協調主義および 98 条 2 項において，次のように国際社会の尊重と国際法の条約及び国際法の遵守を定めている。しかし，「遵守」が，具体的に国内法とどのような関係として解釈されるのかについては，憲法の制定時より争点になっている。日本国憲法の制定時，条約の法的地位に関しては，どのような議論がなされたのだろうか。

〔建石真公子〕 **9 日本国憲法における「法律に対する条約優位」と「人権」条約の適用**

(1) 日本国憲法制定過程における条約の国内法秩序における地位

(a) 98条の制定過程における2項の追加

現行の98条は，政府から1946年3月に「憲法改正草案要綱第九三」として「此ノ憲法並ニ之ニ基キテ制定セラレタル法律及條約ハ國ノ最高法規トシ，其ノ條規ニ矛盾スル法律，命令，詔勅及ビ其ノ他ノ政府ノ行爲ノ全部又一部ハ其ノ効力ヲ失フコト」[80]という内容で提出されていた。この案は，法律および条約が，憲法と並んで「最高法規」と位置付けられており，また後段で，条約に反する法律，命令，詔勅及び一切の政府の行為は無効とされていた。これに対して，衆議院において芦田委員長は，法律までも最高法規とする必要はないとして，「これに基づいて制定された法律及條約」を削除したうえで，「諸外國との條約は，今後誠實にこれを履行して，日本國民が國際生活に於ける法則と約束とを遵守する精神は，憲法の何れかの箇所に表示する事が適當であるとの意向をもって，之を第九四條（現在の九八條）の二項に新しく挿入することにいたしました」[81]と，新たに国際法に関する2項を定めたことを説明している。この原案の九三は，アメリカ憲法6条2節[82]のように連邦の優越規定であり，単一国家の日本では意義を有しないという指摘がなされていた[83]。

衆議院におけるこの修正に関する説明として政府は，「衆議院において修正されました條約及び国際法規尊重の規定は，日本が在来執っておりました行動について世の批判もあり，又国内法における外国の疑義もありますが故に，之を設けますことは，是は，実質的に意義があると思っている次第であります。従来の考え方に於て日本の現行の秩序に於て，條約と法律はどう云う関係にあるか，或は條約というものは果して國内法として，或は國内の法律秩序に於て，如何なる程度に之を尊重すべきかという點に付ては，可なり不明な點があるものと取り扱われて居ったように存じているのでありますが，此の規定を置きま

---

[80] 横田喜三郎「新憲法における條約と国内法の研究」日本管理法令研究24号（1948年）8頁。
[81] 岡田亥乃三朗『日本国憲法審議要録』（聯合出版社，1947年）14頁。
[82] アメリカ合衆国憲法6条2節「この憲法及びそれに従って制定された合衆国の諸法律，合衆国の権限のもとで締結され，将来締結されるすべての条約は，国の最高法規である。そして各州の裁判官は，各州憲法または法律にそれに反する定めがあったとしても，それに拘束される」。
[83] 高木八束「憲法改正案に関する私見」国家学会雑誌60巻5号（1946年）13頁。

〈第3部〉人権保障を巡る憲法と条約の相克

すことに依って相當明白になって來るものと思う譯であります」[84]と,条約遵守の規定は,これまで日本がとってきた行動に対する批判[85]を踏まえていること,またこれまで不明だった条約の国内法秩序における地位を明らかにすることができる旨,述べている。

(b) 国内法と条約——明治憲法下における関係の不明確性と98条2項による明確化の意図

国内法と条約の関係については,憲法制定過程における政府の解釈は,衆議院においては,憲法との関係では条約によって異なるとしつつ「先ず,大體は憲法以下,普通の場合に於きましては,憲法以下と考えてよい。けれどもまれにそうでない場合が国際法的に起こりうる。こういう風に考えまして,そこで此の上諭二項に於きましては,その両方を含めまして」,「斯様な広い言葉を以て遵守することを必要とするということを書きまして,それから以下は解釈に依って判断に依ってさせるという方法に出でたのであります」と,一般的には「憲法以下」であるが,憲法との関係も含め条約の性質によって関係が異なる可能性もあるが,それは今後の解釈に委ねるとし,憲法と条約の関係を明言していないとする。

また,条約と法律の関係については,「政府は従来普通の意味の国内法的條約,国の法律という二つがありまする時に,どっち勝つとかいうことにつきまして相當疑わしい」,「紛らわしいということにまでなって居ったと思うのであり」,国内法の規定を変えるような条約の場合,「前法後法といいますか,後からできたものが勝ちを占めるか,それとも條約というものは一国だけで自由にならない国際的な関係があるとして」,「多分未解決実質的には解決しておりまするけれども,學問的には,ことによると未解決になったと存じております。そういうやうなことが,今回の規定の第二項に依って『これを誠実に遵守する』という含蓄の中に,條約が後から出来た法律にも勝って儼然として動かない,此の中からくみ取ることができると斯んな風に考えます」と,法律との関

---

[84] 岡田・前掲注(81) 516頁。

[85] 憲法制定過程は,「日本の戦後が,「不戦条約に違反して侵略戦争を謀議,遂行した『平和に対する罪』,戦争の法規慣例の違反たる『通例の戦争犯罪』および政治的・人種的迫害たる『人道に対する罪』を対象犯罪として,日本の戦争指導者を戦犯として処罰する極東軍事裁判によって開始された」と指摘される時期にあたっている。坂元茂樹『条約法の理論と実際』(東信堂,2004年) 19頁。

〔建石真公子〕 **9** 日本国憲法における「法律に対する条約優位」と「人権」条約の適用

係では，国内法的条約，すなわち法律の内容を変更するような条約の場合でも，「遵守する」という2項の意味は，前法後法の原則ではなく「条約優位」であるとしている。

さらに，条約の国内法化の方式に関しては，貴族院における金森德次郎国務大臣の答弁は，「……明治の憲法が出来まして以来，条約は直ちに法律としての効力があるものかどうかと云うことに付きましては，相当議論が闘わされて居ったようであります。併し日本が公に解釈として執って居りまする態度は，其の国内法としての内容を持って居りまする条約は，之を公布すれば直ちに国内法としての力を持って居る。でありますから特許権などを規定致しましたものは，直ちに此の条約の公布に依りまして，法律と同じ効力を持つ，斯う云う風に解釈をして居ります。今後と雖も其の解釈を変える所はないと信じて居る訳であります」[86]。したがって「此の憲法は，条約の方が法律よりも上に在ると解釈して居ります」と，法律の国内法化については，新たな法律の制定を必要とせず，公布によって効力を発する一般受容方式であり，また国内法律に対して条約が優位するとしている。

この金森国務大臣の解釈は，明治憲法下における条約の政府解釈，すなわち，条約は公布によってただちに国内法的効力を有し[87]，法律に優位するという解釈を踏襲することを明言したものである。しかし，天皇主権から国民主権へと転換した日本国憲法において，なぜ条約が法律に優位するという解釈を踏襲するのか，その憲法上の根拠については明らかにしていない。

(c) 裁判所における条約の適用

このように条約が法律に優位すると位置付けた場合，法律との抵触関係が問題となる場合には，裁判所において適用されることにも言及されている。すなわち，「条約並びに国際法規が遵守されているか若しくは条約違反であるかという判定をする機関がどこであろうか。この最高裁判所は憲法と法律の関係を最後に判定いたしまするが，この条約，国際法規というものは，最高裁判所が

---

[86] 第90回帝国議会 貴族院帝国憲法改正案特別委員会（昭和21年9月26日）。
[87] 条約が公布によってただちに国内法としての効力を有し，国民を拘束するという解釈が，裁判に於いて明らかにされた事例として，東京高等裁判所決定（1953年2月28日）は，サンフランシスコ平和条約11条の違憲無効を求めた事件に関して，条約は公布により「その国内法しての効力を生じ国民を拘束するものと解すべく，平和条約第11条もこの条約の公布によって国民を拘束する効力を有する」としている。

〈第3部〉人権保障を巡る憲法と条約の相克

最後の判定をするということは，条文の上では出て来ないように思われる。そうしますと，これを判定するものは結局国会にあるのではないか」という質問に対し，「ある種の條約は同時に国の法律と同じような効果を持っておりまして，国内立法を致しますと同様の意味で条約の一部が働くことがあるだろう」として，そのような場合，「條約もまた裁判所に於て用いられることは疑いがないと思って居ります。併し其の時に條約をどう言う風に裁判所が扱かふか，例へば憲法と抵触するとか云ふような場合があり得るものなのか，ないものか，ちょっと豫見はできませぬけれども，そんな時にどうするかと云ふことは，斯の憲法は別段直接の明文を置いておりませぬ」ゆえに，「先ず餘はっきりとした効力を憲法に出さないで，學問及び實際の運營に委す方が宜かろうと云ふ趣旨で此の規定を省いた譯であります」[88]と，法律と同じ効力を持つ条約については裁判所に於いて条約は法規範として適用されるとしつつ，憲法との関係での条約の法的地位については明言を避け，今後の解釈の進展に委ねた形となった。

以上のような制憲議会での政府の説明は，第1に，98条2項は，従来，日本が国際法を尊重してこなかったことを背景として規定されたこと，すなわち国際社会に対する日本のそれまでの在り方に色濃く影響を受けた規定であること，第2に，これまで国内法秩序に於いて不明確であった条約の地位を明らかにする，すなわち法律に優位する旨を明らかにするものである。憲法制定以降，これまでの日本の国際法に関する行動への反省，という文脈では，憲法と国際法の関係において国際法優位の学説が形成されている。また，明治憲法の運用において不明だった，国内法における条約の地位についても，98条の解釈として進展することになる。

(2) 国際法優位の学説の形成

憲法制定直後における98条に関する学説の解釈としては，まず政府説明と同様に，過去の日本の条約の履行に関する行動への批判に基づくものとして，美濃部は，1947年，「満州事変以来の日本は條約及び國際法を蹂躙したことに付き世界的非難の的となったのであるから，將來斯かる過を再びせざらんが為に，特に此の規定を設けて自ら誓うと共に之を世界に聲明して居る」[89]と

---

[88] 岡田亥乃三朗『日本国憲法審議要録』(東京聯合出版社，1952年) 521頁。

〔建石真公子〕 **9** 日本国憲法における「法律に対する条約優位」と「人権」条約の適用

し、満州事変以来の日本の行動が、国際法を遵守してこなかったことを98条の根拠としている。同様に、田中二郎も、国内法秩序に於ける条約の地位について、「新憲法全體の建前から言って」国法秩序における条約の最高性は認められるとし、98条は、前文の恒久平和主義、国際協調主義を受けているとする。そして、総合的に理解すれば、条約または確立した国際法規は、「わが國の統治権そのものを制約する憲法以上の効力を持つものであること、言いかえれば條約の最高性を憲法自らも承認する立場に立っている」と憲法に対する国際法優位の立場を表明している[90]。同じく横田喜三郎も、国際法の立場から、「條約や国際法と憲法が抵触する場合には、條約や国際法が優先し、これらを守らなくてはなら」ず、「條約や国際法と法律以下の規定に関しても、一層強い理由をもってあてはまる」[91]としている。同様に、条約が諸国家の同意に基づくことから各国の平等を導き、それを国内法に対する国際法優位を導く理由の一つとしている[92]。さらに、裁判所に於ける適用という点でも「新憲法の制定によって、明白に確定的に、裁判所が條約と国際法を適用し、それにしたがって裁判を行うべきこととなった」[93]と条約の法規範性を認めている。これらの議論を背景に、1950年刊行の『註解日本国憲法』（法学協會）も、98条を前文第3項の国際協調主義の具体化、また前文第3項の平和主義及び9条の戦争放棄の規定とその精神を共通にしている、と位置付けている[94]。

1950年の公法学会では、98条2項の解釈にかかわって「憲法と條約」のテーマで国際法及び国内法の観点からの検討として「憲法と條約」（一又正雄）、「憲法と條約　比較憲法的考察を中心として」（俵静夫）の報告が行われている。一又は、現在、国際協力や国際機関の発達を背景に「国際社会における現代的様相の一つとしての、国際約定による国家主権の大幅な制約に対抗して、国家主権の最後の牙城が、憲法と條約の論争を通じて、最も単純に示される」とし

---

(89) 美濃部達吉『新憲法逐條解説』（日本評論社、1947年）150頁。
(90) 田中二郎「新憲法における條約と酷な法の関係　国内法的考察」日本管理法令研究24号（1948年）27-28頁。
(91) 横田・前掲注(80) 16頁。
(92) 横田喜三郎「国際法と国内法の論理」神川彦松編『山田教授還暦祝賀記念論文集』（有斐閣、1930年）32-34頁。
(93) 横田・前掲注(80) 14頁。
(94) 『註解日本国憲法　下巻』（法学協會、1947年）172頁。

〈第 3 部〉人権保障を巡る憲法と条約の相克

て,その時期の国際社会における「国際約定による国家主権の大幅な制約」を指摘する。そのうえで,「しかし日本においては,アメリカでは国内法における條約の効力の問題が,戦後の國際律法,例えばジェノサイド条約,世界人権宣言などを対象としているが,日本におけるこの問題の提起とは違いがみられる」とする。そしてその理由として,第 1 に,従来,憲法と条約の関係は,「形式上とはいゝながら,条約の締結が天皇の大権事項に属していたために,外国に比してその議論が局限されていた」こと,第 2 に,「外国が國際律法を対象とするとき,我が国では,新憲法下,最初にぶつかったのが講和條約だということ」の 2 点を挙げ,憲法慣行が熟していないだけに「事柄が重大である」と指摘する。さらに,条約の合憲性の問題を取り上げ,ミルキヌ・ゲツェヴィッチの,憲法裁判が「憲法をまもるのみならず,國家の利益との調整を行いうるし,條約の優先も認める」という論を引きつつ[95],国内法が条約に抵触するかの判断として裁判所が行っている諸外国の実例を紹介している。すなわち,条約を国内法規範として,国内裁判所が両者の抵触関係を判断することを,一つの調整機能として位置づけているのである。

　国内法の観点から俵静夫は,第 1 次世界大戦後に制定されたヨーロッパ諸国の憲法のなかに,国際法と国内法の関係を憲法において規定するものが登場したことを紹介しつつ,さらに第 2 次世界大戦後において制定された憲法のほとんどにみとめられる顕著な傾向として,条約締結に関する規定のほか,戦争の放棄,国際紛争の解決手段,国際機構参加のための主権制限ないし移譲などの規定を上げている。すなわち「安定した国際平和の確立なくして一国の政治的秩序の安定も期しえられないというつよい反省が看取される」[96]のである。日本に関しては,まず明治憲法下においては,条約の国内法的効力については政府慣例と学説との間の乖離があったことを指摘する。すなわち,明治憲法には条約の国内法における効力に関する規定がないため,明治憲法の初期に,衆議院で,条約の締結に関して新たな法律が必要であり,条約によって法律に変更をもたらす場合には議会の協賛を経るべき,という議決がなされること,しかし政府は,公式令の規定によって条約を公布することでよく,新しい立法手

---

[95]　一又正雄「憲法と條約」公法研究 5 号(1951 年) 16 頁。
[96]　俵静夫「憲法における條約 比較憲法的高圧を中心として」公法研究 5 号(1951 年) 22 頁。

〔建石真公子〕 **9** 日本国憲法における「法律に対する条約優位」と「人権」条約の適用

続きを必要としない旨の解釈を行ったという[97]。これに対して，学説の通説は，条約は，「国家とは別の権利義務の主體である国民を直接拘束する効力を持たない」[98]とし，公布によって国民をも拘束する法的効力を持つという政府解釈を否定していたのである。日本国憲法に関しては，明治憲法と同様に，条約の国内法上の効力に関しては明確な規定をおいていないが，「憲法全体が国際主義を基調として成り立っており，そのなかで最高法規という章のもとに，條約を誠実に遵守すべき義務を定めていることを考え合わせると，この規定はやはり條約の国内的効力を認めた規定と解しなければなら」ず，また「條約に対する国会の承認の議決には，将来條約の実質が国法として実施されることに対する意思が推測される」[99]ことからも条約の国内法上の効力を説明している。そして，そのような条約に関する認識に基づいて，条約と国内法の関係については，第 2 次世界大戦後の平和を基調とする国際社会の変化を背景に，諸外国の憲法で条約を法律に優位させ，また国際機関のために主権を制限する規定がみられ，日本国憲法 98 条 2 項も「国際社会の規則に国内法を適応させなければならない」とする態度の表明であり，日本国憲法は，「條約を誠実に遵守することが，すなわち憲法を遵守するという建前をとっている」とする。そこから，「もし主権の対内的な発動と対外的な発動との間に矛盾があれば，対内的な主権の制限を承認して，条約に適応するというのが憲法のとる基本的な態度である」[100]と解釈し，「国際法の優位において，国内法を調整するというのが，日本国憲法の趣旨とするところでなければならない」[101]と結論づける。

これらの報告に対して学会で質疑が行われており，その争点は，国際主義と国民主権主義の関係をどう考えるかという点であり，反対する意見として国際主義であっても民主主義を無視することはできないという指摘もなされている。他方，宮沢俊義は，国際主義とは民主主義の国際的適用を意味し，民主主義を成立させるための国際主義，すなわち国際民主主義を意味する[102]，と，俵報告と同様の立場を示している。

---
(97) 俵・前掲注(96) 25 頁。
(98) 俵・前掲注(96) 25 頁。
(99) 俵・前掲注(96) 26 頁。
(100) 俵・前掲注(96) 34 頁。
(101) 俵・前掲注(96) 35 頁。
(102) 「討議報告，第 1 部会，憲法と條約」公法研究 5 号（1951 年）82-83 頁。

〈第3部〉人権保障を巡る憲法と条約の相克

この時期は戦争直後でもあり，憲法概説書においても国際法優位と解釈しているものもあった[103]。しかし，しだいに憲法優位と解釈する学説が増していき[104]，政府も1950年代にはいると，日米安全保障条約の締結をめぐる議論の中で，憲法と条約の関係の中で憲法優位の解釈を示すようになっている。

(3) 憲法と国際法の関係をめぐる1950年代の政府解釈

1950年代に入ると，1951年の講和条約締結とそれに続く国連への加盟，及び日米安全保障条約の締結と，国際法と憲法の関係が問題となる事態が続き，国会において国際法と国内法の関係について政府見解が明らかにされてきた。

まず，憲法と条約の関係，特に憲法違反の疑いのある条約の法的な扱いについて，第12回国会「平和条約及び日米安全保障条約特別委員会」(1951年10月23日) において，大橋武夫法務総裁答弁は，98条の解釈として，「憲法違反の条約が結ばれた場合にそれを遵守すべきであるという意味ではなく，政府といたしましては憲法違反の条約が結ばれることはありえないという前提のもとに斯様な趣旨が規定してある」としたうえで，憲法違反の条約が結ばれた場合に条約として無効であるかというと必ずしもそうではない，とも述べている。さらに同氏は同委員会11月9日の委員会では，憲法に違反する条約が締結され，国会によって承認された場合について，「憲法改正の手続きと条約締結の手続きとを対比いたしてみますというと，条約は国内法としての効力においては憲法の下位にあると考えなければならぬ」とし，しかしそのような憲法に違反する条約も国家を拘束するものなので，内閣としては，「条約の改定に努力するか，或いは又憲法を改正するための措置をとるか，いずれかの方法によってこの矛盾から放免されるような措置をと」る必要があるとする。すなわち，違憲の条約は，国際法的には有効であるが，国内法としては違憲の条約の改定，あるいは憲法改正により「違憲の条約」という「矛盾からの放免」が必要としている。さらに違憲の条約の国内法的な効力に関する質問者（岡本愛祐）の「誤って憲法に違反するような条約を政府が調印をした，そうしてそれを又誤って国会が承認した」ときに，「国内的には，その条約のその部分は憲法の規定から言って無効であって，国民を拘束することができない」という解

---

(103) 宮沢俊義『憲法』（有斐閣，1950年）。
(104) 浦田賢治「戦後理論史における憲法と条約」憲法問題2号（1991年）13頁。

〔建石真公子〕　**9**　日本国憲法における「法律に対する条約優位」と「人権」条約の適用

釈について，政府も同様に解釈している，と答えている[105]。すなわち，以前の憲法制定過程では，憲法と条約の関係について，一般的に条約は憲法より下であるが条約によっては異なると述べていたのに対し，憲法違反の条約が争点になったこの答弁では，憲法が条約に優位することを明言し，違憲の条約は国内法としては無効であるとしている。

　違憲の条約は国内法としては無効という意味では，条約の違憲判断をどこがするのか，が重要になる。1953年衆議院外務委員会においては，条約の合憲性の判断は，「通常の法律と同様，終局的には裁判所」（法制局第1部長，高辻正巳答弁）と答えており，さらに翌1954年参議院外務・内閣・大蔵連合委員会においては，最高裁判所が条約を憲法違反と判断した場合の判決の効力に関して，一般的効力を持つか（条約が無効となるか），あるいは個別的効力を持つか（当該事件に関して無効となる）という二つの考え方があるとしつつ，条約に関しては国家間の約束であり，国家間の効力は直ちに否定されず，政府が条約の廃棄，改定などの努力をするとする[106]。すなわち，条約は法律と同様に裁判所で違憲審査が行われ，また違憲判決が出た場合の効力についても検討されているのである[107]。

　この時期の憲法と条約に関する政府解釈の最終的なものと考えられるものに，1959年11月17日の第33回国会における参議院予算委員会での法制局長官林修三答弁がある。答弁では，憲法と条約の関係については一元的にとらえず，「国際自然法ともうしますか，要するに確立された国際法規，そういったものはやはり憲法がその法秩序として受け入れている」，「国際法秩序がそこは優先して働くものである」と考えるとする。他方，二国間の政治的・経済的な条約については「憲法を優先して考える，憲法違反のような，そういう二国間条約を結ぶべきでない」としたうえで，「降伏文書あるいは平和条約のような一国の安危にかかわるような問題に関する件」については，憲法との関係では「やはり条約が優先するという場合はあろう」と，条約を性質に従って3つに分類

---

(105) 山内一夫＝浅野一郎編集代表『国会の憲法論議』（ぎょうせい，1984年）4621-22頁。
(106) 第19回，参議院，外務・内閣・大蔵連合委員会，高辻正巳答弁，1954年4月22日，山内＝浅野編・前掲注(105) 4644頁。
(107) この時点では裁判所が条約の違憲判断を行いうると判断しており，1959年12月16日の砂川事件最高裁判決（刑集13巻13号3225頁）が，「条約の違憲なりやは司法判断になじまない」としているのと対照的である。

261

〈第 3 部〉人権保障を巡る憲法と条約の相克

して判断するとしている。

　他方，条約と法律の関係については，第 10 回国会参議院外務委員会（1951 年 6 月 1 日）西村熊雄外務省条約局長答弁は，国際条約が法律に優先するかについて，「憲法の第十章の最高法規，この章の中で憲法は明文を以て日本国は条約というものを遵守しなければならないということを明らかにしております。が，こういう規定がなかった明治憲法の下におきましても，条約が成立いたしますれば，それによって当然国内法としての効力を持ち，而もその効力は法律に優先するという解釈がなされておりました。この明治憲法下における有権的解釈のほかに新憲法の下におきましては，第十章の最高法規という規定において明文を以て明らかにされた，こういう関係がございまして，従来より以上に条約の効力は国内法規としての効力を持つと同時にその効力は法律に優先する，こういう結果になるというふうに考えております。」と，憲法第 10 章を根拠に条約が法律に優位すると解釈し，そのことは明治憲法下においても条約が成立によって当然国内法の効力を有し法律に優先していたという有権的解釈を踏まえ，新憲法では明文で規定されたためにより以上に条約の国内法的な効力を持つ，と説明している。また，第 12 回国会参議院平和条約及び日米安全保障条約特別委員会では，法律の後に締結された条約に関しては，これに抵触する法律は効力を失うことは当然とし，さらに条約より後に制定される法律が条約に抵触する場合について，98 条及び 99 条（憲法尊重有故義務）から，「このような法律は制定される道理がな」く，「仮にもしこのような法律が制定されるといたしましても，条約はこれを憲法上遵守しなければならないのでありますから，直ちにこの法律を改正するための法律が制定され，恐らくは過去にさかのぼってそれが施行されなければならなくなる」と述べている。これは，いわゆる同等の地位にある法規範に適用される「後法優位」，すなわち後に制定された法律が優位するという原則ではなく，条約は法律に優位するのであるから，条約より後に制定された法律であっても，条約に抵触することはできない，ということを述べていると考えられる。

(4) 1950年代半ば以降の学説における憲法優位の傾向と条約に対する法律優位

1951年の講和条約及び日米安全保障条約の締結以降、憲法、国際法の学説は、憲法と条約の関係について憲法優位と位置付けるものが多数みられるようになっている。鵜飼信成[108]、清宮四郎[109]、佐藤功[110]、大石義雄[111]、さらにのちに宮沢俊義[112]も条約優位説と並び憲法優位説についてもどちらが通説かという点は判断を留保している。

こうした憲法優位の傾向は、芦部信喜が条約締結手続との関連で条約の地位を検討し憲法優位を導いたことにより、より考察の憲法原理上の根拠が明確となった。この文脈において、国際法の高野雄一は、条約の国内法上の効力に関して諸外国の憲法、フランス1946年憲法、イタリア1947年憲法、1949年ボン基本法、オーストリア憲法などを参照しつつ、「国内立法にふれ、或いは財政負担を課するような条約と領土の変更その他政治的性格の条約について、だいち共通して国会の承認が要求されている」[113]として、「条約の締結を執行権の任務に属するものとしながら、一方で民主主義の原理に立ちつつ、国民代表からなる立法権の監督をそれに及ぼそうとするもの」[114]と解釈している。ただ、高野は、「条約の締結手続とその国内的効力をダイレクトに結びつけて考うべきだろうか」とも述べ、「条約の締結権を行政権に与え国会に参加させる法制度をとる多くの国国について見る場合、やはり立法とはなにほどか基本的に差異がある独特の制度」とし、「この問題は法的にはやはり個々の憲法の実定的な問題に属する」ため、個々の憲法の「実証的把握」がなさるべきとする[115]。ここでは、高野は、日本国憲法における条約締結手続が法律の制定手続きに比して簡便であることを踏まえるが[116]、それだけとダイレクトに条約の法的効力を結びつけるのではなく、各憲法に即して把握することを指摘している。そ

---

[108] 鵜飼信成『憲法』（弘文堂、1952年）188頁。
[109] 清宮四郎『憲法要論』（法文社、1952年）43頁。
[110] 佐藤功『日本国憲法講義案』（学陽書房、1953年）337頁。
[111] 大石義雄『憲法原論』（青林書院、1954年）113頁。
[112] 宮沢俊義『日本国憲法』（日本評論社、1955年）818頁。
[113] 高野雄一『憲法と条約』（東京大学出版会、1960年）42頁。
[114] 高野・前掲注(113) 40頁。
[115] 高野・前掲注(113)。
[116] 高野・前掲注(113) 203-204頁。

〈第3部〉人権保障を巡る憲法と条約の相克

して，高野は，98条2項の解釈として，民主的原理を基盤としつつ，条約締結に対して国会が参与していること，新憲法の国際主義が「必ずしも条約に最高位の国内的効力を認めることに依存するものではない」と，憲法或いは憲法以上のものとする，いわゆる条約優位説を否定した。他方，法律との関係では，「条約の『誠実な遵守』が一般的に問題になるのは法律との関係である」として，政府解釈と同様，後法に対しても「法律に対する条約優位原則」を意味するとする。その理由の一つとして高野は，「条約にすでに法律の国内法的効力を慣行上認めてきた旧憲法との対比においても妥当な結論といいうる」[117]と説明する。

他方，国際人権規約の批准後，第1回目の報告書審議における日本政府の答弁では，次のように，国内法に対して条約が優位する旨を明らかにしている。すなわち，「日本では，条約は通常の国内法に変形されるのではない。しかし，実務において，条約はずっと以前から，日本の法制の一部を構成すると解されてきており，それに相応する効力を与えられてきた。……条約は，国内法より高い地位を占めると解されている。このことは，裁判所により条約に合致しないと判断された国内法は，無効とされるか改正されなければならないことを意味する。……政府が条約を侵犯しているということで，政府に対して一個人が訴訟を起こした場合，裁判所は通常その個人の主張に関係のある一定の国内法を見つけ出し，この国内法に基づいて判決を下す。稀な場合，関係国内法が見いだせないことがある。このような場合は，裁判所は直接その条約を援用し，条約の規定に基づいて判断を下す。もし，裁判所が，国内法と条約の間の不一致を発見したときは，条約が優先する。」とする。

このように，1950年代以降の学説は，憲法優位の主張が主流となっているとともに，国内法との関係では，98条の解釈並びに明治憲法以来の慣行を踏まえ，条約を法律に優位すると位置付けている。「法律に対する条約優位」は，上述のように法律の制定手続きと比較した場合より簡便になっており，条約の民主的統制という観点から矛盾なく導かれる原則ではない。明治憲法下における慣行がその根拠に基づくとしているが，天皇主権のもとで，法律に対する条約優位はそのように説明されていたのだろうか。

---

(117) 高野・前掲注(113) 212頁。

2 大日本帝国憲法（明治憲法）における「法律に対する条約優位」
(1) 明治憲法における条約をめぐる構造

　大日本帝国憲法の規範構造や，そもそも憲法制定者の意図が何処にあったかについては解釈に対立がある[118]が，明治憲法は，プロイセン憲法に倣い，統治主体を天皇とし神聖なる天皇に統治権の総攬という権限を与え，議会は君主に協賛し，内閣は天皇を輔弼し，裁判は天皇の名に於いて行う，という制度を採用したものである。このような明治憲法は，民権運動の高揚に対抗し，政府首脳が「国民の立憲主義的憲法の要素に対抗して反動的に硬化した態度で立案した岩倉綱領を出発点とし，ドイツ流の君権主権をいっそう加味して作り上げたもの」であるが，「国民の政治参加を一定限度で許容し，立憲主義の外観を作用しながら，立憲主義を骨抜きにするメカニズムを用意し，かえって天皇制を強化するという新しい支配方式が案出されている」[119]という評価がなされている。1876年の「憲法制定の勅諭」における「建国ノ体ニ基キ広ク海外各国ノ成法ヲ斟酌シテ」というものだったが，実際に制定された憲法は，「海外各国」としてプロイセンに準拠して制定された。しかし，明治憲法の運用の中で立憲主義の外観が存在することが，条約の解釈に関しても影響を与えている。

　同憲法が制定された19世紀後半には，西欧諸国にはすでに選挙制度に基づいて議会を設け，議会多数派が内閣を構成する民主制国家（フランス第三共和政憲法，またイギリスの議院内閣制）が存在し，民意の代表である議会の重要性は示されていた。また，条約に対する民主的統制についても，すでにフランスでは革命期より制度化する憲法[120]が存在し，明治憲法の解釈の文脈で紹介もされ

---

(118) 橋本誠一「帝国憲法の再検討——比較憲法史的考察を手がかりに」静岡大学法経研究42巻2号（1994年）193頁。長谷川正安「憲法学史 中」鵜飼信成＝福島正夫＝川島武宜＝辻清明責任編集『講座日本近代法発達史7——資本主義と法の発展』（勁草書房，1959年）15頁以下，同「憲法学史 下」鵜飼信成＝福島正夫＝川島武宜＝辻清明責任編集『講座日本近代法発達史9——資本主義と法の発展』（勁草書房，1960年）197頁以下。
(119) 家永三郎『日本近代史憲法思想史研究』（岩波書店，1967年）86-87頁。
(120) たとえば，フランス革命後の最初の憲法である「フランス1791年9月3－4日憲法」は，立憲君主制で，「国民主権」を原則とし，第Ⅲ部「公権力」，第Ⅲ章「立法権の行使」，第1節「立法国民議会の権限と機能」第3条で，「平和，同盟および貿易条約の批准は，立法体に属している。いかなる条約も，批准がなければ効力を持たない」と定めている。憲法は，条約の締結は王の権限とするが，しかし条約が効力を有するには，国民議会の批准を要件としている。

〈第3部〉人権保障を巡る憲法と条約の相克

ている。したがって，明治憲法における条約の地位は，明治憲法固有の構造について，西欧諸国における条約の地位に関する理論との対比でどのように解釈されていたのかが問題となる。

(2) 条約の地位に関する憲法13条の解釈

明治憲法は，条約に関しては13条で「天皇ハ戦ヲ宣シ和ヲ講シ及諸般ノ條約ヲ締結ス」と定めている。これ以外に憲法には条約に関する規定はなく，すなわち国会の統制は予定されず，行政権である天皇の専権事項とされている。

この13条の解釈として，憲法制定期に伊藤博文は「条約を締結するの事は総て至尊の大権に属し，議会の参賛を假らず」[121]として，条約の締結権を天皇の大権とする。穂積八束も，「大権ニ留保スルノ宣言」[122]とし，議会の介入を許さず，公布の有無，秘密にするか否か，また締結手続に関しても憲法が関与するものではないとし[123]，同様に美濃部達吉も，13条は「天皇の外交大権を定むるもので，外交上の関係に於いては専ら天皇が國家を代表したまひ，それに付き議會の協贊を経ることを要せず，又天皇の授権に基づくの外は他の如何なる者も天皇から獨立に外國に對し國家を代表することは出来ないことを示すもの」[124]と解釈する。この点に関しては，学説に大きな違いはないが，条約の国内法的な効力については，特に美濃部の解釈が穂積をはじめとする他の

---

(121) 伊藤博文『憲法義解』（岩波書店，1947年第1刷，参照は第9刷（1997年）），40頁。伊藤の憲法理解は，「憲法に依て新設の義を表するに非ずして，固有の國体は憲法に由て益々鞏固なることを示すなり」（同書，22頁）として，国体に比べて憲法の意義は特に重要ではないとしている。また立憲的な制度については「憲法は即ち国家の各部機関に向て適当な定分を与へ，経路機能を有たしむ者にして，君主は憲法の條規に依りて其の天職を行ふ者なり」（同27頁）と，各国家機関の定分が決まるに過ぎないととらえられているが，しかしその限りにおいては君主の権限を自制させるものともしている。

(122) 穂積八束『憲法提要』（有斐閣，1914年）765頁。穂積は，大日本帝国憲法制定の年にドイツ留学から帰国し東京帝国大学法科大学教授となり1912年に退官するまでその地位にとどまった。長谷川正安は，その期間の穂積を「明治憲法の最も正統的な解釈学者として送り，日本憲法学の最初の体系的建設者」と評している。長谷川・前掲注(118) 167-168頁。

(123) 穂積・前掲注(122) 766-767頁。

(124) 美濃部達吉『逐条憲法正義 全』（有斐閣，1927年）263頁。美濃部は，1902年から1911年まで東京帝国大学法科大学教授として「比較法制史」を担当し，1920年から「憲法学講座」を担当している。この時期以降，美濃部は『日本憲法 第1巻』（有斐閣，1921年），『憲法撮要』（有斐閣，1923年（初版）），『逐条憲法精義』（有斐閣，1927年）などが出版されている。

〔建石真公子〕　**9**　日本国憲法における「法律に対する条約優位」と「人権」条約の適用

学説と対立する面がみられる。

　穂積は，条約の締結に関して，国民の負担を増す条約について国会の議を経る国もあることに言及しつつ，明治憲法は他の機関とかわりなく天皇が独自に決定しうる「天皇大権」と説明したうえで，条約は国内法上の効力を有しないとした[125]。また，条約の国内法における効力については，憲法は，天皇の定める命令によって法律を変更することはできない（9条）と定めることから，条約によって法律を変更することができないと考える。つまり，この点では，天皇大権とは言っても，行政命令と法律の関係を踏まえ，天皇と議会と共同して制定する法律という限界を持っているとみなしていると考えられる。さらに，穂積は，条約が公布を持って条約と法令とが同一の効力を生ずる，という解釈に対してはこれを批判し，それは，欧州憲法では専制時代の慣行として見られ，かつ当局の政策を弁護するものとする。専制政体の下では，国権の行動により人民の自由を束縛することを禁止するような原則がないが，外国との条約を締結し，その内容を直接に人民に遵守させることは，国家政府の欲するところで，法令と同様，人民に強行することになる。立憲制にもかかわらず，法令を尊重しないような条約の効力については，政府も学者も専制時代の慣行を抜け出していない[126]，とする。さらに，欧州立憲諸国では，人民の権利義務に関する内容の条約の場合は，国会の議定によって法律制定手続きと変わらない事例があると紹介している。すなわち，穂積は，条約の締結を天皇大権と位置付けるものの，条約の国内法における地位としては，公布によって国内法としての効力を持つものではなく，公布によるのみでは法令の内容を変更することはできないと解釈するのである。この解釈は，条約の締結権の所在と，条約の国内法としての効力が切り離されており，法律が議会で制定されるという点に重要性をおいていると思われる。

　条約の国内法における地位については，穂積は，条約は国家間を規定するものであり，国内法的な効力を持たないと理解することから，条約は法律および勅令とは異なり，したがって条約は法令を変更することはできない[127]とする。つまり穂積は条約の国内法化に関して変形方式を採用していると考えられる。

---

(125)　穂積・前掲注(122) 768頁。
(126)　穂積・前掲注(122) 778頁。
(127)　穂積・前掲注(122) 771頁。

〈第 3 部〉人権保障を巡る憲法と条約の相克

　これに対し美濃部達吉は，明治時代末期の「條約ノ国内ニオケル効力」[128]では，まず，条約の実際の慣例と学説とは「全く相背馳」[129]する点を指摘し，慣例は，条約は締結後，国内の執行のために「そのまま条約として公布」し，「臣民を拘束するの力を生ずるもの」[130]として，条約の内容が憲法上の立法事項に関する場合においても「これがために法律の制定を必要となさず」と指摘する[131]。これに対して一般的に学説は，条約は国家と国家の約束であるから，条約によって拘束されるのは国家であって臣民は直接の拘束を受けることはなく，「公布によっても，条約は条約であり，臣民を拘束するためには法律または命令の発布を要す」[132]とし，特に，その内容が憲法上の立法事項に関するときは法律の発布を必要とすると解釈する。さらに，日本は，条約は君主の専権によって締結し，議会は全く関わらないため，国内において条約が公布によって有効とするか，法律の発布を必要とするかは，結果において重大な差異がある，とし，現在の状況を違憲とするなら，これを矯正するのは学者の責任であるが，自分は，条約を条約として公布することで国民に対して効力を有するものと主張するとする[133]。その理由は，第 1 に，条約の国際法上の効力と，国法上の効力とは相撞着（矛盾）することは禁止されること，条約の国内履行に法律を必要とすると，議会が協賛を拒んだ時には，約束を履行することができないことをあげる。この議論に於いて美濃部は，グナイストとイエリネックを対比させ，すなわちグナイストは，条約の国際法上の効力と国内法上の効力とを区別し，国際法上，有効に成立するためには議会の協賛を必要とせずに君主の批准のみで成立し，国法上の関係においては，法律は法律によらなければ変更できないという義務は，国が条約によって負った国際法上の義務によっても消滅しないとする。したがって，条約の国内法上の履行のためには法律の手続きによる議会の協賛が必要である。これに対しイエリネックは，国家が条約を遵守する義務を負うことは，国際法上の法規「すべての国際法規は……同時

---

(128)　美濃部達吉「條約ノ国内ニ於ケル効力」（有斐閣書房，1908 年）173-201 頁（初出，国家学会雑誌第 19 巻第 7 号所載）『憲法及憲法史研究』所収，明治 41 年）。
(129)　美濃部・前掲注(128) 173 頁。
(130)　美濃部・前掲注(128) 173 頁。
(131)　美濃部・前掲注(128) 173 頁。
(132)　美濃部・前掲注(128) 174 頁。
(133)　美濃部・前掲注(128) 174 頁。

〔建石真公子〕 **9** 日本国憲法における「法律に対する条約優位」と「人権」条約の適用

に国家自身の法規にしてこの意義においてはまた国法にほかならず」に基づき，有効に成立した条約，すなわち憲法の問題であり，憲法によって正当な権限を有する機関がこれを締結する場合，憲法がその有効に成立したことを承認するため，条約の国際法上の効力と，国内法上の効力とを区別することはできないとする。

したがって，美濃部は，条約の締結と，条約の国内における執行については，①君主が無条件に条約の締結権を有するなら，君主は国法上も無条件に条約を執行する力を有しないということはない，②これに反し，条約の執行には議会の協賛を要するものとするなら，君主の条約締結権は無条件ではなくなる。締結に際してあらかじめ議会の協賛を経なければ締できないとするか，あるいは③議会の協賛を経ずに締結できるとするが，効力は条件付きで，議会の協賛を持ってその法定条件をなすとするかの3つの選択があるとする。そして，この3つのいずれを正当とするかは，各国憲法の問題とする。そして明治憲法に関しては，13条が，条約の締結権を無条件に君主に属すると定めるが，他方，憲法は，法律によらなければ，臣民の自由及び財産権を制限することはできない，という原則も定めており，臣民の権利を内容とする条約の場合は，この二つの原則は矛盾する。しかし，明治憲法は，君主の大権を広く認める憲法で，条約締結権は君主大権の一つであることを根拠として，条約はそのまま公布することで法律と同様の効力を有するのが適当と判断する。すなわち，君主による条約の批准は法規（条約法）の制定であり，憲法が幾多の法律事項を定めていることと矛盾するが，君主の大権としている以上，条約は憲法上の立法事項の例外となるとする。

また，条約と法律の関係については，美濃部は，条約の締結権が君主の無条件の大権を前提とした理論では，条約法が，法律より強い効力を持ち，条約法によって法律を廃止変更することができるが，その逆はないとする。その理由として，条約法は，他の国の意思もかかわるのに対し，法律は一方の意思であるから廃止変更できないとする。この点について後の著作においては，立法権が議会の協賛を要するという憲法上の規定から，条約の内容が国内法を定めるものの場合，事情が許す限り批准に先立って議会に提出しその協賛を求めることが穏当である[134]，とも指摘している。

このように美濃部の解釈は，条約の締結を立法行為[135]と位置付け，国家の

269

〈第3部〉人権保障を巡る憲法と条約の相克

条約上の義務という点に重要性を置き、国際法上の主体としての国も国内法上の主体としての国も同一の国にしてその意思は常に「単一不可分」とし、「條約ノ内容ニシテ国内法規ヲ定ムルモノナルトキハ、條約ガ有効ニ締結セラルルト共ニ、其條約ガ国内法規トシテモ有効ニ成立スルモノナラザルベカラズ」[136]とする。同様に「その内容が国内法に関するものであれば、条約の成立とともに国内法としてもすでに確立したものでなければならぬ」[137]条約が成立によって国内法の効力を有すると解釈し、国民に対する効力は公布によるとする。その理由として、美濃部は、明治憲法に於いて条約を締結するのは天皇の大権であることとし、命令大権と同様、議会の協賛を必要とする立法権の例外と位置付けている[138]。特に「明治四十年の公式令」[139]の発布後は、条約の公布の形式が定められ、官報に皇室令、法律、勅令と並び公布されるようになり、これによって「条約が法律命令以外に国内法の一の特別の淵源たるものであること」が形式的にも承認されたと解釈する[140]。

同様に、国内法の関係についても、条約の締結は憲法の下に行われる大権の作用であるから、①条約をもって憲法を変更できないことはもちろんであり、②皇室典範および皇室令も、皇室の自律権に基づくものであり、しかも皇室の自律権は直接憲法によって定まり、政府の左右しうべきところではないから、また条約をもって変更しえないが、③法律および勅令は、条約をもってこれを変更することができる、何故なら、条約をもって法律を変更することは法律が法律によらずして変更することをえないことの原則に対する一例外をなすもので、大権をもって議会の権限を侵すきらいを免れないものであるが、憲法13条に特に「諸般ノ条約」といい、いかなる条約でも大権によって締結しうべきものとする意を示しているのは、法律に抵触する条約でもなお大権によって締結しうるものとする趣意であると解さねばならず、④反対に法律または勅

---

(134) 美濃部達吉『憲法撮要』(有斐閣、1923年(再版)) 463頁。
(135) 美濃部・前掲注(134) 453頁。
(136) 美濃部・前掲注(134) 456頁。
(137) 美濃部達吉『逐条憲法精義〔再版第3刷〕』(有斐閣、1927年) 276頁。
(138) 美濃部・前掲注(134) 457頁。
(139) 「公式令第八条　國際條約ヲ発表スルトキハ上諭ヲ付シテ之ヲ公布ス　前項ノ上諭ニハ枢密顧問ノ諮問ヲ経タル旨ヲ記載シ親署ノ後御璽ヲ鈐シ内閣総理大臣年月日ヲ記入シ主任ノ国務大臣ト倶ニ副署ス」美濃部達吉『憲法講話　全』(有斐閣、1912年) 530頁。
(140) 美濃部達吉『憲法講話　全』(有斐閣、1912年) 529頁。

〔建石真公子〕　**9**　日本国憲法における「法律に対する条約優位」と「人権」条約の適用

令をもって条約を変更することはできないと解するのが当然である，何故なら条約は外国との約束であって，一国だけの意思をもってはこれを破毀することをえないからであるとする[141]。

　以上のように，憲法13条に基づき，条約の締結権を天皇の大権とする解釈については穂積も美濃部も同様であるが，穂積は，条約が公布によって国内法としての効力を持つことを，法律の制定が立法権に属するという理由で否定している[142]。これに対して美濃部は，人民の権利に関わる条約が，立法権に担保された法律事項であるとしつつ，天皇大権に基づく条約締結を一種の立法ととらえ（条約法），また条約が国際法であり他国との関係が生じることを理由に，条約は公布によって国内法としての効力を有し，国内法に優位すると解釈する。このような美濃部の天皇大権を既定のこととして認める解釈は，立憲主義に基づく議会の権限の拡大解釈による天皇大権の制約[143]のような比較法や歴史を加味した解釈とは異なるような印象がある。美濃部が，天皇大権に基づく条約を法と位置付けるような理解は，「天皇制への忠誠」すなわち「天皇制へのイデオロギーまで受け入れていた」として，美濃部の「民主主義の限界」[144]という指摘と重なるものがあろう。

　他方，政府の運用については，穂積も美濃部も，政府が条約を公布によって効力を有すると運用している点に関して批判しているように，条約は公布によってそのまま法律として効力を有し，また法律に優位すると認識されていた。したがって，このような政府の認識，また支配学説であった美濃部の条約の国内法としての効力に関する解釈も，天皇大権にもとづいて締結された条約の国

---

(141) 美濃部・前掲注(137) 278-279頁。
(142) 同様の解釈として，松本重敏『憲法原論』（巌松堂書店，1919年）939-946頁。また上杉慎吉は「条約として公布しても国内に対して命令の効力を生じるものではない。条約の履行のために国内に対して一定の行為を必要とするときには国内法に定める形式方法によってこれを定めなければならない。・法律を要する場合に議会が協賛を与えずして法律の制定にいたらざる時は条約上の義務を履行することを得ざる結果となります。」と解釈する。『憲法述義（第13版）』（有斐閣）744頁。
(143) 「國の一切の統治権は天皇の総攬したまふ所であるから，総ての政治は皆天皇の政治でないものはない。唯天皇は國民の翼賛に依って政治をおこなはせらるゝのであって，而して其の翼賛の機関として設けられて居るものが帝國議會であり，議會が國民に代わって翼賛の任に當るのである」。美濃部達吉『日本憲法の基本主義』（日本評論社，1934年）104頁。
(144) 家永三郎『美濃部達吉の思想史的研究』（岩波書店，1964年）98-118頁。

〈第 3 部〉人権保障を巡る憲法と条約の相克

内法における優位性を支えたとも考えられる。美濃部のこのような条約解釈は，国家が条約を遵守する義務を負うことは今日の国際法上の法規であり，「此の国際法規は国家にして国際団体の一員たる以上は又必ず之を遵守するの意志あるものとみなさざるべからず」として，イエリネックの「凡ての国際法規は……同時に国家自身の法規にして此の意義に於いては又国法に外ならず」を引用する。ここでは，国際法と国内法の関係は，どのような国際社会におけるどのような国際法か，またどのような憲法原理か，にしたがって，解釈することが必要であることを示している。人権条約の適用に関する解釈もまた，国際社会の現状と，日本国憲法の原理との関係において何を本質的な要素ととらえるかによって異なってくることが示唆されている。

Ⅴ おわりに

以上，日本の裁判所における人権条約の適用における「法律に対する条約優位」原則の状況について，人権条約の特殊性，最高裁判所における人権条約の適用の特徴，そして「法律に対する条約優位」原則が日本国憲法制定過程の議論，並びに大日本帝国憲法の解釈に関してどのようであったかを検討した。

まず，人権条約の特殊性は，伝統的な条約とは異なり，国際法と国内法の間に「穴の開いた障壁」あるいは「国際法と国内法の二重性の否定」を必要とするものであり，国内法はそれへの対応を求められていることになる。これに対して，日本の最高裁判所においては，まず上告理由によって人権条約の適用は不可能とされるが，しかし，日本国憲法の解釈において通説である「法律に対する条約優位」に基づき人権条約の法規範性を保証するためには，また国内の人権規範の統一性のためにも，人権条約と国内法の適合性を何らかの形で判断することが不可欠である。その観点から，人権条約に対する最高裁判所の対応を検討した結果，いくつかの異なる対応をしていることが明らかになったが，しかし，「法律に対する条約優位」という国内法上の人権条約の地位は判例からは明らかではない。

そうした現在の状況を，そもそも日本国憲法の解釈として「法律に対する条約優位」を定着させた日本国憲法の制定過程，そして制定過程の解釈の基盤となっている明治憲法下における解釈を検討した結果，条約締結権が天皇大権であることを理由として，それに国際法と国内法の連続性，いわば一元論による

〔建石真公子〕 **9** 日本国憲法における「法律に対する条約優位」と「人権」条約の適用

条約優位を勘案し，法律に対する条約優位が導かれていると考えられる。このことは，天皇の権限を機関と位置づけ，また議会の権限を重視するとともに国際社会を尊重する美濃部達吉の解釈に顕著であり，逆に，天皇の憲法上の地位を国体とする穂積は，条約と国内法を峻別する二元論に立ち，公布によって国内法上の効力を得るとするような政府の慣行を批判している。この２人の解釈の違いにおいて，国際社会に対する位置づけが，重要な役割を果たしていることが類推される。すなわち，天皇の憲法上の地位の解釈位と，そこから派生する条約の国内法上の効力とは，穂積と美濃部の場合はイコールではない。そこには，国際社会を重視する美濃部と国際社会の影響を排除しようとする穂積の立場が表れているといえる。しかし，だからこそ，通説の立場を保持していた美濃部の解釈に補佐され，明治憲法下の実際の運用は，天皇大権に基づき，条約は公布によって国内法上の効力を得，また条約は法律に優位するもの，と位置づけられていたと考えられる。

　こうした明治憲法下の条約に関する慣行や位置づけは，そのまま日本国憲法の制定過程でも繰り返されていたことは，すでにみたとおりである。天皇主権から国民主権へと転換し，新たに条約の締結手続に国会の承認という民主的統制のプロセスが設けられ，条約は施行権の専権事項ではなくなった。しかし，制定過程の条約の地位，特に「法律に対する条約優位」は，そのような原理の転換を反映したものとは言えない。また，その後，学説が条約優位から憲法優位へと変化していく状況下，条約締結手続が法律制定手続よりも容易であること，また国際協調主義を定める98条２項が抽象的でもあることもあり，法律の条約優位は広く支持されていたが，憲法上の根拠が確立されたとはいえない。これについて，戦後理論史における憲法と条約を検証した浦田賢治は，「1960年代までの憲法優位説が，人権諸条約の国内法的効力の問題について，必要且つ十分な対応をなしえたのか，なしえなかったのか」と疑問を呈し，憲法優位の観点から，「人権の種類や問題状況に応じた多様な解決を試みる思考方法が探求される必要があるのではなかろうか」と指摘する。このように，憲法原理との関係での明確な根拠を欠いているところに，裁判所において人権条約が法律に優位する法規範として適用されにくい理由の一つがあると考えられる。

　日本国憲法は，一定の条約に対して国会による承認という民主的統制を課し，さらに，第２次世界大戦後の多くの諸外国の憲法が採用したように，前文およ

〈第3部〉人権保障を巡る憲法と条約の相克

び98条2項で国際協調主義を採用している。ここから，伝統的な「条約」とは異なり国内法との間の「理論的な壁に穴をあける」ことを要請する「人権」条約の特殊性，また，一国の人権問題は，国際社会の関心事項であり，平和の基礎であるという国際人権保障制度の趣旨を踏まえると，解釈や直接適用など多くの課題を抱えつつも，人権条約が，裁判所において，憲法解釈を補充する人権規範として適用されることが，国際法上も国内法上も求められていると言いうるのではないだろうか。

10 緊急事態における人権の制限

初川　満

I　序として
II　国際人権法における人権の制限手法
III　英国における権利の停止
IV　緊急事態と日本
V　結びとして

I　序として

（i）2011年3月11日の東日本大震災は、未だ過去形で語ることのできない衝撃を我々に与えたが、このような自然あるいは人為的災害とか戦争やテロといった民主的社会を破壊しかねない緊急事態というものは、現実社会においては、過去において発生したようにこれからも発生するであろう。

こうした緊急事態においては、国民の生命や公の秩序とか国の安全といったものが危険に曝されるのみならず、しばしば通常の法システムでは効果的に対処し得ないような危機的状況が出現する。しかるにこのような民主的社会の崩壊の危機に際しては、民主的社会の至高の価値と言うべき人権の保護をも場合によっては停止して、一刻も早く危機的状況を脱し社会を正常化し、再び人権の保護を実現する社会を取り戻すことが望まれる。

言い換えれば、こうした緊急性の強い場合には、権力分立の原則を一時的とはいえ放棄したり、国民の基本的人権を停止や制限せざるを得ないといった場合が起き得る。

そこで、国際法上国家の自衛権の理論に起源をもつ、いわゆる「権利の停止」（Derogation）という、緊急事態において国家が一時的に個人の権利を停止し国家の人権保証義務を免除することにより、緊急事態を制圧し従前の民主的社会への速やかな復帰を図るという手法が、国際社会においては認められてい

〈第3部〉人権保障を巡る憲法と条約の相克

る。また，多くの国の憲法にも，こうした緊急事態において，元首又は政府に，議会の同意を得あるいは得ることなく基本的人権の停止を含む例外的規制措置を採る権限を与える，いわゆる非常事態条項というものが含まれている。

(ⅱ) 我が国においては，明治憲法には非常事態に関して詳細な規定が置かれていたが，現行憲法にはいわゆる非常事態条項といわれるものは一切見い出すことはできない。とはいえ，今日においても緊急事態における特別規制措置というものが全面的に否定されているわけではなく，現実に起こり得る緊急事態に対処するための法律は多く作られている。

しかるに，今回の大震災においては，居住や移動の自由とか財産権などといった人権に対し，非常な状況を克服するためという名目により，超法規的な措置による制限がしばしば行われたことは，我々の記憶に新しいところである。確かに，非常な事態への対処は，通常時の法解釈の枠を超えざるを得ないであろう。そして，こうした事態においては，事態への対処が優先されるが故に，緊急事態においての制限の緊急性や必要性などについては必然的に政治的判断を含むものと成らざるを得ないことは，否定し難いところではある。しかし，国家存亡の危機とも言うべき緊急事態においてでさえも，いわば国家のために個人の権利や自由を犠牲にする権利の停止というものを無制限かつ無秩序に認めることは，戦後国際社会が目指してきた人権の保護という大きな目的を無意味なものとしかねない。

(ⅲ) 緊急事態において国家の判断の余地を許しつつも，国際的関心事である人権が侵害されることを懸念する国際社会は，こうした緊急事態における人権の制限を，国際人権法における人権保障システムにより国際社会の監視の下に置くべく努力してきている。例えば，我が国が1979年締結した自由権規約は，その4条に締約国が権利の停止を行うための厳格な要件を規定し，国際社会の監視下での必要最小限の例外としてこれを許すこととしている。

つまり，たとえ緊急事態という例外的な状況下においてであれ，法の支配の原則に基づく国際的人権保障の枠組みに従って国家はこうした事態に対処することが，今や求められているのである。言い換えれば，21世紀の今日においては，国際的人権保障の枠組みを無視した国内人権保障システムは，もはやその正当性は無いと言ってよいであろう。

日本国憲法は98条2項に，「日本国が締結した条約及び確立された国際法規

は，これを誠実に遵守することを必要とする。」と規定すると同時に，7条1号において，条約の公布を憲法改正，法律，政令と同じく天皇の国事行為と規定している。よって，直接に国内実施が可能な国民の権利義務に関する内容を含む自由権規約は，条約のままの形で国内において適用されると解することが出来よう。さて，国際人権法特に自由権規約をわが国における人権保護に反映させるには，以下の2つの手法が考えられよう。第一には，我が国における人権の保護あるいは制限に関する国内法を規律するものとして，我が国が批准した自動執行的（self-executing）な人権条約を位置づけるものであり，国内法の条約要件との適合性を問う手法である。これは，条約の拘束力から導びかれるものといえよう。第二には，我が国の法律の解釈において，国際人権法を参考とするものであり，国内法の解釈・適用と条約の解釈との適合性が主に問題とされることになろう。

(iv) そこで本稿では，非常事態を一刻も早く克服し正常化を達成するためのいわば必要悪といえる人権の制限すなわち侵害について，緊急事態において人権を制限する措置を規定する我が国における緊急事態対処法の規定は，果して国際基準特に自由権規約の規定に適合しているかを考えてみたい。すなわち，緊急性の必要から認められ得る人権の制限について，国際人権法上国家に認められた人権の制限の手法としての，平常時の社会体制を堅持したまま緊急の事態に対処する措置としてのいわゆる「制限条項」による手法と，国家の存立そのものが脅かされるような非常の事態に対処する措置としてのいわゆる「権利の停止」による手法について，最も歴史がありかつ現代の国際社会において最も豊かで完成された法体系を有し世界中に大きな影響力を及ぼしているヨーロッパ人権条約の解釈を参考にしつつ，我が国が批准しているが故に遵守義務がある自由権規約の規定をまず分析し，しかる後に我が国の緊急事態対処法の同規約との適合性を考察することとしたい。

具体的には，我が国の緊急事態対処法が規定している事態及びそれに対処するために採られ得る措置は，自由権規約の関連規定と適合性を有しているのか。言い換えれば，ここでの事態は「制限条項」による人権の制限措置により対処し得るものなのか。すなわち，緊急事態に対処すべく制定されている我が国の法制が規定している事態及びそれへの対処措置は，国の安全とか公の秩序等といった平常時の採用を予定している措置による制限を正当化する正統な目的に

〈第3部〉人権保障を巡る憲法と条約の相克

より，その緊急事態における措置は包含され尽くすのか。それとも，権利の停止といった例外的措置を採らなくては対処できないような，すなわち権利を停止しなければ国際条約上の，特に自由権規約による人権保護義務の侵害となり得るような事態をまでも含んでいるのか。こうした点に留意しつつ，我が国の緊急事態対処法制の自由権規約適合性を，具体的に検証して行くこととしたい。もっとも，政府は，規約人権委員会への初めての国別報告書において，4条1項に言及されているような公の緊急事態において基本的人権を規制するような特別措置は，国内法には規定されていない，と述べているが（Initial Report, CCPR/c/10/Add. 1, p. 132参照）。

　法律の条約適合性を論ずるには，条約のみならず当該法律の立法趣旨，運用状況，判例等の複合的かつ総合的な検証が行われなくてはならないことは，言うまでもない。その点からいって，本稿Ⅳ2(3)の緊急事態対処法の分析は，主に条文の文言解釈に基づいて理論的に自由権規約の関係条項との適合性を分析するにすぎないから，検証手法としては不十分であることをお許し願いたい。ここでは，緊急事態対処法における人権の制限規定が果たして自由権規約の規定に適合しているかについて，あくまでも国際社会はどう判断するであろうかという視点から分析することにより，対処法による人権の制限を検証するという手法を試みるものである。

　なお，「権利の停止」を行うか否かは，国家の権利であって義務ではない。よって，停止することにより自由権規約の規定する権利や自由の締約国としての保護義務の一時的免除を許す「権利の停止」を我が国が行うべきか否かについては，本稿の考察するところではない。

　とはいえ，緊急事態においては，何らかの人権の制限を行わざるを得ないとしても，その制限措置は実は人権を侵害する措置でもあるから，あくまでも自由権規約の人権の制限についての規定に合致するものでなくてはならないことは言うまでもあるまい。言い換えれば，再度「締結した条約はこれを誠実に遵守することを必要とする」と定めた憲法98条の規定を挙げるまでもなく，我が国は国際社会の名誉ある一員として，国際社会の評価に耐え得る法整備を行うことがここでも求められているのである。

　その上，我が国が自由権規約第一議定書を批准し，個人による規約人権委員会への通報を認めるようになれば，同委員会には，いわば第四審としての機能

〔初川　満〕　　　　　　　　　　　　　*10*　緊急事態における人権の制限

はないから，国内裁判所における国内法の解釈とか適用あるいは事実認定を審査する権限はないとはいえ，国内法や判決などが規約の条項と適合しているか否か（whether in conformity with the Covenant）を審査する権限を有するから，我が国における人権を制限する国内法の自由権規約適合性の問題は，一層喫緊となるであろう。

II　国際人権法における人権の制限手法

1　概　　説

（i）いわゆる人権は，他者の出現により初めて論じる必要性が生じるのであり，社会における存在としての人間を前提とするものであるから，生来的に何らかの限界をそれ自体が含んだものであると言うことが出来る。しかるに我々は，今日多数の他者より成る複雑な社会の中で，その一員として否応なく生きていかざるを得ない。よって，本源的に衝突の可能性を秘めた他者の利益ひいては集団としての社会の利益と個人の利益の間には，何らかの調整すなわち個人の人権への制約が必要とならざるを得ない。

言い換えれば，構成員たる他者の人権の保護という全体の利益のために，国家は個人の人権への何らかの制約を行わざるを得ないのであり，個人は，その一員である全体のために何らかの人権への制限を甘受せざるを得ないこととなる。とはいえ，人権の制限は，同時に，国家による個人の人権への侵害であることは忘れてはならないが。

戦後人権問題は，国際的関心事と位置付けられ，人権の保護は国際社会全体の問題となったのであり，法治主義に則った法的レジームにより人権の保護を国際的に達成すべく，今や幾つもの人権条約が作られている。そして，こうした条約を中心とした国際社会による人権の保護についての法的レジームを扱う国際人権法は，個人と他者又は社会ひいては国家との間の利益の調整を行うために，個人の人権への制約を行うための幾つかの手法を認めてきている。

多数国間条約でかつ解放条約である人権条約への参加に当り，条約全体の趣旨や目的には同意するが自国に不利益となる特定の条項の適用は制限するという，締約国による「留保」という手法，人権の制限を行うために特に幾つかの公の理由（目的）のために締約国に条約上の人権保護義務への違反を許す，いわゆる「制限条項」を置く手法，そして，戦争を含む公の緊急事態において条

279

〈第3部〉人権保障を巡る憲法と条約の相克

約上の義務の幾つかの停止を締約国に許す，いわゆる「権利の停止」といった手法がそれである。しかし，こうした手法は，人権の保護を有名無実化しかねない危険性をそれ自体が有するものであるから，その適用については慎重かつ注意深い審査が行われなくてはならない。

では，以下において，「制限条項」による人権の制限と「権利の停止」といった人権の制限手法について，権利の停止の手法が前提とする公の緊急事態において登場する事態といえども，「国の安全」とか「公の秩序」といった権利の制限を許す概念が十分にカヴァーしているのではないか，という立法時における議論[1]に留意しつつ，詳しく見ていくこととしよう。

なお本稿は，国内における人権の制限が国際基準に適合しているか否か，言い換えれば，我が国が締結している自由権規約に，国内法レジームは果して適合しているかを検証することを目的とするものであるから，留保についてはまたの機会に譲ることとしたい。

(ⅱ) 今日人権として議論されている権利及び自由は，日本国憲法においては，いわゆる基本的人権として第三章に規定されているものと，例えばプライヴァシーの権利などのように判例により認められてきているものを加え約20ほどあり，国際人権法上は，人権として何らかの人権条約に認められているものが約50ほどある。もっともこうした人権は，時代や社会の要請により新しい権利や自由が生まれることにより，国内・国際を問わず今後も増えていくであろう。

さて，人権は，いわゆる第一世代の人権と呼ばれる自由権，第二世代の人権と呼ばれる社会権，そして戦後新しく登場した第三世代の人権と呼ばれる連帯の権利に分類される[2]。こうした人権は，その性質において各々共通点と独自点があるため，制限に関し議論するに際しては，個々の人権ごとの詳細な分析が必要なことは言うまでもない。とはいえ，本稿では，もっぱら自由権に焦点を当て，自由権への制限は一般国際人権文書においていかに行われているかを見ていくこととしたい。

そもそも一般国際人権文書においては，「制限」を規定する手法としては，世界人権宣言のように，全ての権利や自由の制限についての一般的規定を置

---

(1) 拙著『緊急事態と人権』（信山社，2007年）44-47頁以下。
(2) 拙著『国際人権法の展開』（信山社，2004年）177頁以下。

く[3]、いわゆる一般制限条項型、自由権規約やヨーロッパ人権条約のように各権利や自由ごとに制限を規定する、いわゆる個別的制限条項型、そして米州人権条約やアフリカ人権憲章[4]のように各権利や自由毎に制限規定を置きながら同時に一般的制限条項を置く[5]、いわゆる混在型の三タイプがある[6]。なお、個別的制限条項は、特定の制限条項により規定されかつそれが許容する範囲内においてのみ、人権が制限され得るものとなる[7]。

なお、我が国が締結している自由権規約の具体的な解釈に際しては、既に述べたように、戦後作られた人権条約としては最古であり、かつ、自由権の保護に関し人権先進地域であるヨーロッパの基準を呈示しているが故に世界的な保護基準の構築に強い影響を及ぼしている、ヨーロッパ人権条約の解釈を参考としていくこととしたい。

(iii) では、自由権規約において権利や自由はいかに規定されているかを、人権の制限という観点から見ていくこととしよう。

各権利や自由を大きく分けると、(ア)絶対的文言で表現されているもの。(イ)制限的に定義されているもの。(ウ)行使が規制されているもの。の3つに分類することができよう[8]。

(ア)としては、拷問等からの自由、奴隷及び強制労働からの自由、遡及処罰の禁止などといったものがある[9]。これらは、主に人間の尊厳を守ることを目的とするものであり、これらの権利は、いかなる理由によろうとも規制されない。なお、規約の文言中には何ら言及されていないとはいえ、国際慣習法上絶対的に禁止された例えば海賊行為により侵害されない権利などは、絶対的権利としていかなる規制もされ得ない。

---

(3) 同宣言29条。
(4) 正式には、「人及び人民の権利に関するアフリカ憲章」。バンジュール憲章ともよぶ。
(5) 米州人権条約では、30条及び32条。アフリカ人権憲章では27条参照。
(6) なお、権利や自由を、権利の停止ができないか否かに焦点を合わせ、6タイプに分類するものもある。A. Conte, "Human Rights in the Prevention and Punishment of Terroism" (2010), p. 310 参照。
(7) 自由権規約が世界人権宣言のような一般的制限を含んでいないのは、規約条文中に明文により言及している制限以上の規制は、いかなる場合とか事柄であろうとも許さないとする趣旨と考えられる（拙著・前掲注(1)31頁参照）。
(8) 拙著・前掲注(1)30, 31頁参照。
(9) 順に、7条、8条、15条。

〈第3部〉人権保障を巡る憲法と条約の相克

(イ)としては、生命に対する権利、逮捕又は抑留の手続、自国に戻る権利、私生活等の権利（プライヴァシーの権利）におけるように[10]、「恣意的に」(arbitrary) といった制限内容の文言を挿入することにより、立法によるよりもむしろ定義を通して内容を制限するものがある。

(ウ)としては、移動の自由、公正な裁判を受ける権利、宗教の自由、表現の自由、集会及び結社の自由といったものがある[11]。

さて、緊急事態において最も傷つけられやすい権利や自由、すなわち最も侵害される危険性の高い人権は、生命への権利、身体の自由、公正な裁判を受ける権利、表現の自由、集会及び結社の自由、移動の自由及び財産権などである[12]。

すなわち、東日本大震災のような緊急事態においては、移動の自由に代表される(ウ)のタイプの権利の行使が主に制限されることとなる。しかるに、こうした権利や自由への規制は、その権利や自由を規定する各項中に、いわゆる制限条項とよばれる明文で制限し得る条件を示して行われている[13]。

なお、緊急事態において最も侵害されやすい人権である移動の自由などといった(ウ)のタイプの人権については、いわゆる人権への制限条項を置くことにより制限がなされている。そこで以下において、こうした人権への制限の手法としての「人権の制限条項」について詳しく分析することとしよう。

2 人権の制限条項（Limitation clauses）による制限

(1) 序 論

ここで、個別の人権ごとに制限条項を置くことにより人権を制限する、いわゆる人権の制限条項（Limitation clauses）の手法について見ていくこととしよう。自由権規約においては、移動及び居住の自由[14]、公正な裁判を受ける権利[15]、

---

[10] 順に、6条1項、9条1項、12条4項、17条1項。
[11] 順に、12条、14条、18条、19条、21条及び22条。
[12] 拙著・前掲注(1)78頁参照。但し、財産権に関しては、世界人権宣言は17条に規定していたにもかかわらず、自由権規約には規定されていない。これは財産権の保障という美名の下に自国資源が収奪されてきたとの発展途上国の反発や、財産権の国内管轄権の問題などから、各国の意見がまとまらず、結局規約には何ら挿入されることがなかったことによる。詳しくは、拙著・前掲注(2)7頁より15頁参照。但し、ヨーロッパ人権条約は、第一議定書1条に財産権の規定を置いている。
[13] 人権の制限条項については、拙著『国際人権法概論』（信山社、1994年）38頁以下参照のこと。

宗教の自由[16]，表現の自由[17]，集会の権利[18]，結社の自由[19]といった人権について，各々まず権利や自由の内容を定め，しかる後に制限についての規定を置くというパターンにより，個別の人権への制限がなされている[20]。なおこれらについて，ヨーロッパ人権条約もまったく同様の手法を採っている[21]。

こうした規定においては，多少表現とか制限を許す正統な根拠は異なるとはいえ，一般的には以下のような共通した三要件が挙げられている。

(ア)制限は，法律により定めるものであること[22]。(イ)制限は，国の安全，公

---

(14) 12条。
(15) 14条。
(16) 18条。
(17) 19条。
(18) 21条。
(19) 22条。
(20) なお，プライヴァシーの自由については，自由権規約は，17条に「法律に基づく」「恣意的及び不法な干渉」からの保護を規定しているのであるが，これは不法でない干渉は許されることを前提としての規定といえる（G. C. 16/32, paras. 3, 4 参照）。それに対しヨーロッパ人権条約は，8条において，ここで扱っている制限条項と同じ規定の仕方をとっている。
(21) 各々，第四議定書2条，条約6条，9条，10条，11条（集会・結社について）に規定されている。
(22) 自由権規約12条（移動及び居住の自由）と19条（表現の自由）は，各々3項において "provided by law" と，また18条（思想，良心及び宗教の自由）と22条（結社の自由）は，各々3項及び2項において "prescribed by law" と規定されていることから，各々「法律で定められ」，「法律によって定められ」，「法律で定める」（18条と22条共に）という公定訳が用いられている。

しかるに13条（外国人の追放）は，"in accordance with law"＊，21条（集会の権利）は，"in conformity with the law" と規定されているが，前者では「法律に基づいて」，後者では「法律で定める」という公定訳が用いられている。しかし，"in conformity with the law" という表現は，"provided by law" とか "prescribed by law" といった表現よりも明らかにより広く行政行為に裁量権を認めるものといえる＊＊。よって，権利の性質による制限の違いなどについての個別の権利・自由の具体的考察はさておいても，日本語訳としては，例えば「法律に適合する」というような，「法律で定める」という表現よりも行政機関の裁量の余地をより含む表現が適切ではないかと思われる。

なお，ヨーロッパ人権条約は，集会の自由を結社の自由と共して11条に規定し，制限については2項で "prescribed by law" と規定している。

＊ "in accordance with law" という表現は，外国人の追放の根拠が，"provided by law" という表現ほどには明確に示されている必要はないということを示している，と解されている(M. Nowak, "UN C. C. P. R." (2nd revised edition, 2005), p. 294 参照)。

＊＊ M. Nowak・前掲490頁参照。なお，条約案作成過程においては，当初 "prescribed

283

〈第３部〉人権保障を巡る憲法と条約の相克

共の安全等といった正統な目的のために課せられたものであること。㈬制限は，そうした目的のために必要かつ比例したものであること。なお，これらに加え，解釈要件として，「差別してはならない。」を挙げておくべきであろう[23]。

こうした制限条項により規定された権利や自由に関しては，例えばヨーロッパ人権裁判所は，以下のような手順をとって判断を下している[24]。

まず，訴えられた行為が問題とされている権利に該当するか否か，そしてこの権利を侵害しているか否かを検討する。次いで，権利侵害を認定したならば，この侵害は「法律に基づいて」いるか否かを決定する。最後に，人権への当該侵害措置は，制限を正当化する理由のどれかに，つまり正統な目的のどれかに含まれるか否かそして必要なものであったか否かを検討する。こうした手順により，人権への制限が許されるものであるか否かは判定されることとなる。

なお，制限はあくまでも例外であり，規制によって権利の本質を損なうことは許されない。その上自由権規約及びヨーロッパ人権条約において保障されている自由や権利に対する制限は，各条項において明記されている以外の目的により行うことは出来ないのであって，各条項における制限根拠は，例示ではなくあくまでも列挙され尽されていると考えるべきである[25]。

(2) 要件一般編

(i) まず，権利への制限としての干渉は，「法律によるもの」[26]でなくてはならない[27]。

ここにいう「法律」とは，成文法のみならずコモン・ロー法体系にいう不文法も含んでいると解されている[28]。勅令や緊急命令とか，法律に根拠を置く内

---

by law" とされていたが（E/CN. 4/SR. 169, §26），その後 "in conformity with the law" が正統な行政行為を許すためにとして選ばれ（E/CN. 4/SR. 169, §37, 79），1950年人権委員会第六会期において10対0棄権3で採択され（E/CN. 4/SR. 169, §86），以後この表現が用いられることとなった。

[23] A. Conte & R. Burchill, "Defining Civil and Political Rights (2nd ed.) (2009), p. 55 参照。

[24] 拙著・前掲注(2) 392頁参照。

[25] 拙著・前掲注(13) 48頁参照。

[26] "Provided by law" (Arts. 12, 19); "Prescribed by law" (Arts. 18, 22); "In conformity with the law" (Art. 21) のように，表現は多少異なってはいるが。なお，これらの表現のもつ問題点については，前掲注(22)参照。

[27] 法による根拠については，M. Nowak・前掲注(22) 271-273頁参照。

部規定をも含む国家当局によりいわゆる法律として認められたものも，法律根拠として認められる[29]。また，ヨーロッパ人権裁判所は，国会を通った法律に帰因する干渉ならば，この要求を充たしていると述べている[30]。

なお，「法律による」という表現からは，法律は単に形式的なものではなく法律の性質を有するものであって，十分に利用しやすいものでなくてはならないという利用可能性（accessibility）と，その法律が自己の権利をいかに制限するかという点について適切な指標を得ることが出来るように，市民が自己の行為を規律し得るために十分な程度の正確さで表現されていなくてはならないという予測可能性（foreseeability）の，二つが求められていると解することができる[31]。よって，一般市民が知り得ない単なる行政命令のごときものでは不十分であるし[32]，またその状況下で合理的と思われる程度に，（場合によっては適当な助言により）自己の行為がもたらすであろう結果を予測することが可能でなくてはならない[33]。

(ii) 制限は，「正統な目的」のために課せられ得るにすぎない。では，この正統な目的（Legitimate aims）とは，いかなるものであろうか。

権利や自由への制約は，規約の条項が要求している「法律」の要件を充たし法的根拠を有するならば，次のステップとして規約の条項に述べられている特定の正統な目的——正当化事由は列挙され尽している——のためであるかどうかが検討されることとなる。

当該制約が人権侵害となると主張する個人は，通常政府が示す理由は人権の制限を行う真の理由ではないと主張する[34]が，同時にまたある目的に適切と思われる干渉も他の目的にとり必ずしも適切とはならないから，政府の目的を特定することは重要となる。つまり，自由権規約そしてその解釈にとり重要な参

---

(28) The SundayTimes v. U. K., Judgment of 26 April 1979, A/30, p. 30 参照。
(29) De wilde Ooms and Versyp v. Belgium, Judgment of 18 June 1971, A/12, para. 93 参照。
(30) Klass and Others v. Germany, Judgment of 6 Sep. 1978, 2 EHRR 214, para. 51 参照。
(31) A. Conte & R. Burchill・前掲注(23) 46 頁参照。
(32) Nowak・前掲注(22) 273 頁参照。
(33) Silver and Others v. U. K., Judgment of 25 march 1983, A/61, p. 33 参照。
(34) ヨーロッパ人権裁判所は，こうした訴えを簡単には認めていないが，認められた事例が存在はしている。例えば，Moscow Branch of the Salvation Army v. Russia (2006), 44 EHRR 912, para. 97 参照。

〈第3部〉人権保障を巡る憲法と条約の相克

考となるヨーロッパ人権条約の関連条項に限定列挙されている正統な目的はいかなる内容のものなのかを具体的に分析することは，人権の制限が不要な干渉となったり乱用されることを防ぐために不可欠であると言えよう。

とはいえ，例えば国の安全のためとか，公共の秩序の保護のため，あるいは他者の権利及び自由の保護といった，制限の正統な根拠理由とされるものの大部分の解釈の幅はあまりにも広いため，締約国は通常，権利への干渉についてもっともらしい解釈による立派な理由を示すことは難しくなかろう。その上，ヨーロッパ人権裁判所は，比較的簡単に政府による正統な目的に該当するとの主張を認め，当該制限事由の性質が正統な目的に該当するか否かの分析に多くの時間をかけることは滅多にない[35]。正統な目的を確保するために採られた措置については，必要性及び比例性の争点に関し厳格な手法を採用してはいるが。

(iii) では，「必要な」(neccssary) とは，いかなる意味であろうか。

そもそもいかなる制限といえども，（民主的社会において）合理的に必要と考えられるものでなくてはならない。しかるに，「合理性」の要件には，ある権利への干渉はいかなるものであれ，求められている目的に比例しかつ当該事件における状況下で必要なものでなくてはならない，ということを含んでいる。つまり，必要なという単語と比例しているという語句は共に結びついているのであって，必要性の要件はそれ自体比例性の要素を含んでいるということが出来る[36]。

ではまず，「必要な」という要件について見ていくこととしよう。

自由権規約の人権の制限条項を見ていくと，権利や自由への干渉としての制限は，14条1項（公正な裁判を受ける権利），21条（集会の権利）及び22条2項（結社の自由）のように，「民主的社会において必要な」(necessary in a democratic society) という法的条件に服するもののみを許す規定と，制限が「必要な」ものであることのみを要求している12条3項（移動及び居住の自由），18条3項（宗教の自由），19条3項（表現の自由）といった規定がある。

そもそも必要性の要求は，その解釈において国内立法に広い裁量権が与えら

---

[35] C. Ovey & R. C. A. White, "The European Convention on Human Rights" (3rd ed.) (2002), p. 204 参照。

[36] 規約人権委員も，このことを認めている。Faurisson v. France, Comm. No. 550/1993, UN Doc. CCPR/C/58/D/550/1993 (1996), para. 8 参照。

れているとはいえまったくの自由というわけではなく，客観的な最小限の基準に服することは国際的な人権保護の流れからも当然といえる。

では，この基準が遵守されているか否かを評価するための基準として，必要性のみで良いのか果たまた「民主的社会」における必要性までも考慮すべきかにより，いかなる相違があるのであろうか。

ヨーロッパ人権条約は，類似の権利や自由に関する規定は全て，「民主的社会において」という法的条件を加えている[37]。勿論ここにいう民主的社会とは，ヨーロッパ審議会加盟国における社会を考えているのであり，ヨーロッパ審議会の目的やヨーロッパ人権条約のシステムなどから導き出されるから，例えば，法の支配，公正な裁判を受ける権利，表現の自由，定期的な秘密投票といったものを備えた社会を意味しているといえよう[38]。

しかるに，ヨーロッパ審議会加盟国[39]とは異なり，地球上に存在する200余国の全ての国に共通した民主主義の統一的理解というものを認めることは，少なくとも現時点においては不可能と言わざるを得ない。とはいえ少なくとも必要性の共通的特徴として，制限措置の目的と自由で民主的な社会の概念の間には繋りがあるということを含んでいる，と解されている[40]。例えば，結社の自由について，規約人権委員会は，民主的社会への言及は，特定の権利の存在及び働きは民主的社会の基礎であることを示している[41]し，また複数の結社の存在と働きは民主的社会の基礎の一つである，と述べている[42]。

少なくとも今日においては，民主的社会の一般的基準として，例えば国連憲章，世界人権宣言，国際人権規約などといった国際人権文書から導び出される，多元主義，寛大さ，寛容さといったものを挙げることが出来るであろう[43]。そ

---

[37] ヨーロッパ人権条約6条1項，8条2項，10条2項，11条2項，第四議定書2条，但し，第七議定書1条2項（外国人の追放）については，「必要な」とのみ規定している。

[38] 拙著・前掲注[13] 56頁参照。

[39] 2010年末時点で，47カ国。

[40] Siracusa Principles on the Limitation and Derogation Provisions in the International Covenant on Civil and Political Rights（以下，Siracusa Principles），UN Doc. E/CN. 4/1984/4, Annex（1984）. 又は，7H. R, Q. 1-57, paras. 19-21 参照。

[41] Zvozskov et al. v. Belarus, Comm. No. 1039/2001, UN Doc. CCPR/C/88/D/1039/2001 (2006), para. 7. 2 参照。

[42] Lee v. Republic of Korea, Comm. No. 1119/2002, UN Doc. CCPR/C/84/D/1119/2002 (2005), para. 7. 2 参照。

〈第3部〉人権保障を巡る憲法と条約の相克

して「必要な」とは，当該権利との関係での多元的で寛大な民主的社会の必要性又は目的の重要性を示しているのであって，こうした必要性の概念や目的なくしては，こうした民主的社会を守るために必須の人権の制限というものを評価することはできない。

こうした意味では，「民主的社会において必要な」制限であることという要件は，制限条項の文言中に明示されているか否かにかかわらず，考慮されなくてはならない。もっとも，必要条件の要件が遵守されているか否かを評価するための決定的基準については，制限条項の文言中に「必要な」とのみ規定されている権利や自由については，民主主義の原則ではなくむしろ当該事件における比例性の原則によるから(44)，権利への干渉は，各々の権利とそれらへの干渉により守られるであろう利益の間に詳細な衡量を行うことが要求されることとなるが。

(iv) さて，「必要な」という文言には比例の原則が内在しているから，人権を制限する措置は「比例している」(proportional) ことを示さなくてはならない。言い換えれば，制限の目的を達成するために求められる以上の制約手段を用いるべきではない(45)。

つまり，課せられる制限，例えば条件，形式，規制，罰則など全て，それにより追求されている正統な目的に釣り合っていなくてはならない(46)のであり，ある権利や自由に課されたいかなる制約といえども，その範囲はその制約により守ろうとする価値に比例していなくてはならない(47)。比例性の原則は，干渉のタイプ及び程度が目的を達成するために絶対に必要な範囲内のものであることを求めているのであり，法律により規定される措置の妥当性のみならず，各々特定の事例に適用される仕方についても，比例性は問題とされる。例えば，軍事機密を有している者への移動の自由の制限といえども，単にそのものが国家機密の保持者であるという理由だけで出国を妨害することは，比例性のテス

---

(43) M. Nowak・前掲注(22) 491 頁参照。

(44) Art. 4(c) of the Strasbourg Declaration on the Rights to Leave and to Return of 2, Nov. 1986, 1987 HRLJ478, p. 480 参照。

(45) Siracusa Principles・前掲注 (40) para. 11 参照。

(46) De Becker v. Belgium, Judgment of 27 March 1962, A/4, p. 44 参照。

(47) De Morais v. Angola, Comm. No. 1128/2002, UN Doc. CCPR/C/83/D/1128/2002 (2005), Para. 6. 8 参照。

トに合致しないであろうと，規約人権委員会は述べている[48]。

　よって，比例性の評価においては，関連する争点全てについての十分な審理によってなされなくてはならない[49]。そして，制限措置が比例しているか否かの評価に際しては，こうした措置が権利の享有に及ぼす否定的な影響と，それにより引き起こされる改善的効果の二つを忘れてはならない[50]。

　なお，必要性の要件は，規約上の権利への制約は常に例外であり一般ルールではない，という原則を強調することとなる。よって，全ての制限条項は，厳格にそして争点となっている権利に有利なように，解釈されなくてはならない[51]。その結果として，制限は，疑いがある場合は狭く解釈されるべきこととなる。

(3) 正統な目的

(i) 既に何度も述べているように，民主的秩序を脅かすものから国家や社会を守る国家の義務が個人の人権を保護する国家の義務と衝突する時，すなわち公共の利益と個人の利益間の衝突に際し，個人の保護には「必要な」制限という要件のみでは不十分と考えた自由権規約は，そうした制限を正当化する正統な根拠についても限定して明記するという手法を採っている。

　しかるに，個人の人権への制限が許されるのはあくまでも例外的場合であるとの認識の下に非常に厳格な要件を課しているとはいえ，こうした制限事由について，その解釈に国家の裁量の余地を大幅に認めるならば，人権保護を有名無実化あるいは形骸化してしまいかねない。

　そこで，人権保護の見地からは，こうした制限の正統な目的とされるもの一つ一つについて，個々の権利及び自由の内容に則して，国家の主張をパターン化し，個々の事例において採られた措置が民主的社会の必要性に正しく比例しているかを，具体的に見ていくことが必要となるであろう[52]。

---

[48]　General Comment（以下，G. C.）27/67 of 12 Nov. 1999, §16 参照。
[49]　Burgess v. Australia, Comm. No. 1012/2001, UN Doc. CCPR/C/85/D/1012/2001 (2005), Para. 4. 13 参照。
[50]　A. Conte & R. Burchill・前掲注(23) 49 頁参照。
[51]　Siracusa Principles, para. 3 参照。
[52]　なお，自由権規約の制限事由と日本国憲法の公共の福祉との関連について示唆を与えるものとして，安藤仁介「人権の制限事由としての"公共の福祉"に関する一考察」法学論叢132巻45・6号（1993年）58, 59頁がある。また，表現の自由について，これを

〈第3部〉人権保障を巡る憲法と条約の相克

そこで以下において，自由権規約及びヨーロッパ人権条約における個々の権利や自由を規定する条項において，制限を許す正統な目的として列挙されている「国の安全」(national security)，「公の秩序」(public order/ordre public)，「公共の安全」(public safety)，「公衆の健康」(public health)，「公衆の道徳」(public morals)，「他の者の権利及び自由」(rights and freedoms of others)，「国の経済的福利」(economic well-being of the country)，「秘密に受けた情報の暴露を防止するため」(preventing the disclosure of information received in confidence)，「司法機関の権威及び公平さを組織するために」(maintaining the authority and impartiality of the judiciary) について，具体的事例に依拠しつついかに解釈されているかを分析していくこととしたい。

なお，ここでの主な目的は，これらの人権の制限事由の国際社会におけるいわば統一的解釈あるいは内容又は限界とでもいうべきものを追求することを，目的とするものである。

(ii) 「国の安全 (national security)」について

権利や自由を制限する正統な目的の一つとしての「国の安全」は，自由権規約では，移動及び居住の自由（12条），外国人の追放（13条）公正な裁判を受ける権利（14条），表現の自由（19条），集会の権利（21条）及び結社の自由（22条）について，ヨーロッパ人権条約では，同じように公正な裁判を受ける権利（6条），プライヴァシーの権利（8条），表現の自由（10条），集会及び結社の自由（11条），そして移動及び居住の自由（第四議定書2条），外国人の追放（第七議定書1条）について挙げられている[53]。

「国の安全のため」とは，自由で民主的な法秩序とか国家の存在あるいは安全を脅かす差し迫った危険などから，これらを保護する目的で課される制限をいう[54]。つまり，Siracusa Principles の表現を借りるならば，以下のように言えよう。「武力あるいは武力の脅威に対し，国の現存，領域保全[55]あるいは政治的独立を守るために採られた場合のみ，国の安全は幾つかの権利を制限する

考察するものとして，東澤靖「研究ノート：表現の自由をめぐる憲法と国際人権法の距離」明治学院大学法科大学院ローレビュー第16号（2012年）93-111頁がある。
[53] 思想，良心及び宗教の自由（自由権規約18条，ヨーロッパ人権条約9条）には「国の安全」が含まれていない理由については，拙著・前掲注(2)393頁参照。
[54] Klass and Others v. Germany, Judgment of 6 Sep. 1978, 2 EHRR 214, paras. 46, 48 参照。

措置を正当化するものとして主張され得る。」[56]

「国の安全」は、単に地域的なあるいは比較的孤立した法と秩序への脅威を防ぐために制限を課すための理由の一つとしては、主張され得ない[57]。つまり、国の安全は、公の秩序とは対象的に、国全体への政治的あるいは軍事的脅威となるような深刻で重大な場合においてのみ危くされるといえよう。

「国の安全」は、漠然としたあるいは恣意的な制限を課すための口実の一つとしては用いられ得ないし、また乱用に対する適切な安全策と効果的な救済策が存在する場合のみにしか主張され得ない[58]。民主的価値の尊重、法の支配あるいは個人の尊重などを無視した「国の安全」の理論に根拠を置く政府の政策は、国際人権法にはっきりと矛盾するものである[59]。

よって、「国の安全の保護」のための制限は、国家の民主的秩序に対する真の仮定ではない危険を回避するために、必要なものでなくてはならない[60]。言い換えれば、「国の」(national) という単語は、一政府、一体制あるいは一権力集団のためだけの利益を追求して行われる規制を除外するものであり、暴動とか騒動を回避するためなどといった目的は、それだけでは「国の安全」を根拠にする制限とは言えまい。こうした規制根拠は、時には「公の秩序」とか「公共の安全」の範囲内となることはあるが、「国の安全」に該当することは

---

[55] なお、ヨーロッパ人権条約は、表現の自由についての正統な目的の一つとして「領土保全」(territorial integrity) を挙げているが、これらは何らかの暴力又は無秩序の脅威の存在を要求しているといえよう＊。それ故に、「領土保全」と「国の安全」は密接に結びついた概念であり＊＊、自由権規約においても、「領土保全」の目的は規定には明日に述べられてはいないが、「国の安全」との間の関係については新ためて言うまでもなかろう＊＊＊。

　＊ C. Ovey & R. C. A. White. "The European Convention on Human Rights" (3rd ed.) (2002), p. 205 参照。
　＊＊ Park v Republic of Korea, Comm. No. 628/1995, UN Doc. CCPR/C/64/D/628/1995 (1998), para. 10. 3 参照。
　＊＊＊ A. Conte, "Human Rights in the Prevention and Punishment of Terrorism" (2010), p. 303 参照。

[56] Siracusa Principles, para. 29.
[57] Siracusa Principles, para. 30.
[58] Siracusa Principles, para. 31.
[59] 拙著・前掲注(1) 39 頁参照。
[60] Lee v. Republic of Korea, Comm. No. 1119/2002, UN Doc. CCPR/C/84/D/1119/2002 (2005), para. 7. 2 参照。

ない[61]。もっとも,民主的社会が高度に洗練されたスパイ行為とかテロ行為によって脅かされている場合は,「国の安全」が主張され得ようが[62]。

また,「国の安全」を守るために採られた行為は,国の存在に関連する事柄について,その緊急性あるいは危険性についての政治的判断を必然的に含むものである。その上,安全保障の概念が変質してきている今日において,「国の安全」を余すところなく定義することなど不可能であるから,「国の安全」については,具体的事例において各国家が特有の,安全の必要性についての評価についての裁量権を与えられることとなる。

とはいえ,締約国の決定に対する法的監視こそが,自由権規約やヨーロッパ人権条約などの人権条約が構築してきたものであるから,裁量権は無制限に認められるわけではない。具体的事例において特有の安全の必要性の評価につき各国家は裁量権を与えられているとはいえ,「国の安全」という語句はそれ自体客観的性質を有する自律的な概念を表わすのであるから,その意味はあくまでも国際人権法に照らし理解されなくてはならない[63]。

なお,この点についてヨーロッパ人権裁判所は,「国の安全の保護」が争点となっている場合には,締約国に非常に広い裁量権を与えている。こうした手法は,「国の安全」を理由とした権利の停止措置の文脈においては特に明らかである[64]。そして,制限条項の正統な目的の一つとしての「国の安全」についても,国家による人権の制限措置が比較的簡単に正当化される傾向がある[65]。

しかるに自由権規約人権委員会は,自由権規約を含む国際条約はそれ自体の生命を有しているから,国内当局よりもむしろ条約条項を委ねられた条約機関による公平かつ公正な方法により解釈されなくてはならない[66]とし,いかなる

---

[61] A. C. Kiss, "Permissible Limitations on Rights" (1981), p. 297 参照。

[62] Klass and Others・前掲注(54) para. 48 参照。例えば,テロ容疑者について非常に広範囲に及ぶ移動の自由への制限が,国の安全を根拠として正当化された事例が,規約人権委員会にはある。Celpli v. Sweden, No. 456/1991 HRC1994 Report, 165; Karker v. France, No. 833/1998 HRC 2001 Report, 144.

[63] ヨーロッパ人権条約における「国の安全」概念の具体的内容の分析については,拙著・前掲注(2) 381 頁以下を参照されたい。

[64] Zana v. Turkey, Judgment of 25 Nov. 1997, 27 EHRR 667, para. 49 参照。

[65] Hadjianastassiou v. Greece, Judgment of 16 Dec. 1992, 16 EHRR 219. なお,拙著・前掲注(2) 449 頁参照。

[66] JB and Others, Canada, Comm. No. 118/1982, CCPR/C/28/D/118/1982 (1986)

措置であれ実際に国の安全の保護のために必要であるか否かを決定するのは委員会であって締約国ではないとの見解をとり[67]、採られた措置が目的のために必要であるか否かは委員会が決定しなくてはならないとして[68]、ヨーロッパ人権裁判所が採用している自由裁量の理論を適用していない。

(iii) 「公の秩序 (public order/ordre public)」について

権利や自由を制限する正統な目的の一つとしての「公の秩序」は、自由権規約については、移動及び居住の自由（12条）、公正な裁判を受ける権利（14条）、思想、良心及び宗教の自由（18条）、表現の自由（19条）、集会の権利（21条）そして結社の自由（22条）に、ヨーロッパ人権条約では、公正な裁判を受ける権利（6条）、思想、良心及び宗教の自由（9条）、移動及び居住の自由（第四議定書2条）及び外国人の追放（第七議定書1条）について挙げられている。但し、ヨーロッパ人権条約は、8条（プライヴァシーの権利）、10条（表現の自由）及び11条（集会及び結社の自由）には、「無秩序若しくは犯罪の防止」(the prevention of disorder or crime) のためを、また第四議定書2条（移動及び居住の自由）では、「公の秩序の維持 (the maintenance of ordre public)」と共に「犯罪の防止」(the prevention of crime) を、これらの制限根拠として挙げているが、こうした目的は、後述のように「公の秩序」概念に包摂されると解されている。

「公の秩序」という概念は、漠然としていて十分には定義されていない。これは「国の安全」よりも争いのある概念であり、平和時における人権の享有を制限すると同時に、しばしば危機的状況において人権を停止することを正当化するためにも主張されてきた。

そもそも基本的人権に対する尊重は公の秩序の一部にすぎないから[69]、「公の秩序」は人権よりも広い分野の利益をカヴァーしていると言ってよかろう[70]。とはいえ「公の秩序」は、法の支配を重要視する民主的社会において、まさに人権を守るための諸条件を確保する一般的社会秩序の一つとして定義され得る[71]。言い換えれば、「公の秩序」は、平和的かつ効果的な社会機能を保証す

---

　　para. 6.2 参照。
(67)　Park v. Republic of Korea・前掲注(55)参照。
(68)　Park v. Republic of Korea・前掲注(55) para. 10.3 参照。
(69)　Siracusa Principles, para. 22 参照。
(70)　A. Svesson-McCarthy, "International Law of Human Rights and States of Exceptions" (1998), p. 165 参照。

〈第3部〉人権保障を巡る憲法と条約の相克

るルールの集まりとして定義されよう[72]。その結果として，一般的に「公の秩序」に対する真のかつ重大な脅威がある場合のみ，人権への制限を正当化し得るのである。

また，「公の秩序」は，これを根拠として制限される特定の権利や自由の目的の文脈において解釈されなくてはならない[73]。そして，これは通常の法と秩序の維持以上の何かであり[74]，公の平和，安全及び静穏，暴力あるいは公の無秩序（騒動）の不在，と同意語である[75]。

ある行為が公の秩序又は法と秩序に影響を与えるか否かを判断するためのテストは，それがコミュニティーの生活を乱すものとなるか否か，あるいは社会は乱されることなく静穏な状態に置かれているのであって単に個人にのみ影響を与えるにすぎないものであるのか否か，という点を問うこととなる。よって，例えば，地域住民の騒動，国内紛争や暴動，労働力に不安を引き起こすためといった目的のみで助長されたストライキなどは，明らかに「公の秩序」と衝突するものである[76]。

ところで，自由権規約の正文である英語表記においては，18条（宗教の自由）以外の権利や自由の制限根拠としての「公の秩序」の表現として，"public order（ordre public）"というように仏語表現が挿入されている。また仏語表記の正文においては逆に，"ordre public（public order）"と表記されている。これは，コモン・ローにおける"public order"とフランス法における（大陸法といってよかろうが）"ordre public"は完全には合致しない概念であるが故に，双方を併記したということを意味している。

では，"public order"と"ordre public"には，いかなる相違があるのだろうか。

フランス法概念としての"ordre public"は，コモン・ロー概念における"public order"よりも私法領域においてより適用される概念であり，公衆の道徳，平和や安全といった国の生存にとり必須のあらゆるものをカヴァーすると言われている[77]。つまり，"ordre public"の概念は，町の通りでの暴動を防止

---

(71) A. Svesson-McCarthy・前掲注(70) 189頁参照。
(72) Siracusa Principles, para. 5 参照。
(73) Siracusa Principles, para. 23 参照。
(74) N. Jayawickrama, "The Judicial Application of Human Right Law"（2002），p. 465 参照。
(75) N. Jayawickrama・前掲注(74) 195頁参照。
(76) N. Jayawickrama・前掲注(75) 466頁参照。

[初川　満]　　　　　　　　　　　　　　　　　*10*　緊急事態における人権の制限

することなどだけでなく、社会を統治している一般原則全般について言及しているのであり[78]、より高次の緊急性のある利益のために、私法上の契約を否定するためにも用いられ得るが、"public order" は、コモン・ローの管轄権においては同じように用いられることはない[79]。その意味では、このコモン・ローの概念は、無秩序（disorder）の不在を証明するのみならず、公共の安全や犯罪の防止に加え、民主的社会が基礎を置く一般的に受け入れられている基本的諸原則のすべてをカヴァーしていると言えよう。

なお、自由権規約草案作成過程においては、"public order" という表現は、コモン・ローの国々では無秩序（disorder）の不在を指すものとして通常理解されていると説明されたため[80]、"ordre public" という表現は、幾つかの大陸法の国で、警察権力を行使するためあるいは外国法の適用を無効とするために、私的合意を否定あるいは制限するための根拠の一つとして用いられる法概念を意味すると説明された[81]。

ところで、ヨーロッパ人権条約に挙げられている「無秩序若しくは犯罪の防止」という「公の秩序」概念に包摂される制限の正当化根拠は、ヨーロッパ人権裁判所への訴えにおいて最も繁ぱんに用いられ、かつ、最も多く認められているが、これは主に、刑事措置を含む訴えが多いこと、そして刑事措置の目的は無秩序若しくは犯罪の防止のためであることによる。例えば、ローマカソリックの宗教的感情を傷つけると考えられる映画の押収を許すオーストリア刑法典の条項は、正当な憤りを引き起こしかねない宗教的崇拝の対象に対し向けられた行動を抑圧する意図のものであり、公共の無秩序を防ぐために機能している、とした判決がある[82]。

(iv)　「公共の安全（public safety）」について

権利や自由を制限する正統な目的の一つとしての「公共の安全」は、自由

---

[77]　A. Svesson-Mc Carthy・前掲注[70] 151 頁参照。
[78]　人権委員会第八回会合（1952）でのフランスの主張。UN Doc. E/CN. 4/SR. 319, p. 12 参照。
[79]　B. Lockwood, J. Finn, G. Jubinsky, "Working Paper for the Committee of Experts on Limitations Provisions"（1985）7 HRQ 35, pp. 57-59 参照。
[80]　A/C. 3/SR. 956, § 25 (G. B.).
[81]　A/C. 3/SR. 956, § 29 (R. A.).
[82]　Otto-Preminger Institute v Germany, Judgment of 20 Sep. 1994, 19 EHRR 34 参照。

〈第3部〉人権保障を巡る憲法と条約の相克

権規約においては，思想，良心及び宗教の自由（18条），集会の権利（21条）及び結社の自由（22条）について，ヨーロッパ人権条約においては，プライヴァシーの権利（8条），思想，良心及び宗教の自由（9条），表現の自由（10条），集会及び結社の自由（11条），移動及び居住の自由（第四議定書2条）において挙げられている。

「公共の安全」は，人々の安全や生命又は身体の不可侵への危険に対し，あるいは彼等の財産への重大な損害からの保護に，言及していると理解されている[83]。つまり，「公共の安全」は，通常公衆の安全あるいは危険からの自由，すなわち外部あるいは内部の危険からの社会の安全を意味する[84]。よって，これは，国内における公の平和，社会の融和，法や公的機関の正統な決定とか命令に対する尊厳を確保する意図での一連の法律条項の存在，というものを含んでいる[85]。それ故に，「公共の安全」の保護は，自由権規約により保障される権利の享受に対し干渉となる刑事犯として有罪及び罰則を科すことを正当化するために，しばしば持ち出される[86]。また，この理由は，国家社会主義を再度導入する目的での行動を禁止する法律を正当化する根拠となり得る，とするヨーロッパ人権委員会の判断もある[87]。

しかるに，「公共の安全」が単独で制限根拠とされた事件は，規約人権委員会にもヨーロッパ人権裁判所にも未だ見い出すことは出来ない[88]。「公衆の健康」と場合によっては性質上連結されているとされ，「公衆の健康」と共にこれが制限根拠として扱われている事例はあるが[89]。とはいえ，「公共の安全」と「公衆の健康」の目的は，各々異なった幾つかの際立った特性を有している。

---

[83] Siracusa Principles, para. 33 参照。
[84] N. Jayawickrama・前掲注[74] 194 頁参照。
[85] E. A. Daes, Special Rapporteur of the Sub-Commission on Prevention of Discrimination and Protection of Minorities, "Freedom of the Individual under Law" (1990), p. 177 参照。
[86] A. Conte & R. Burchill, "Defining Civil and Political Rights" (2nd ed. 2009), p. 57 参照。
[87] X v. Austria, Eur. Comm., Application No. 1747/62, C. & D. 13, p. 42 参照。
[88] 未だ存在しないとするものとして，A. Conte, "Human Rights in the Prevention and Punishment of Terrorism" (2010), p. 305 参照。
[89] Malakhovsky and Pikul v. Belarus, Comm. No. 1207/2003, CCPR/C/84/D/1207/2003 (2005), para. 7. 4 ; Buckley v. U. K., Judgment of 25 Sep. 1996, 23 EHRR 101, paras. 62, 63 参照。

〔初川　満〕　　　　　　　　　　　　　　　　　　　　*10*　緊急事態における人権の制限

「公共の安全」は，人々の安全，生命又は尊厳性に対する危険からの保護に言及しているものと解されている[90]。それに対し「公衆の健康」は，ずっと範囲が狭く，病気や怪我を防ぎ，病人や怪我人へ保護を提供することを，特に目的とする措置でなくてはならないと解されている[91]。

なお，「公共の安全」の保護は，輸送，車による交通，消費者の保護，あるいは労働条件の規定といった領域における，個人の安全を守る意図での警察の規則や安全規則による制限を正当化し得る[92]。更には，薬，不法なドラッグ，毒などといった健康を脅かす物や安全な性行為に関する実践などについて，誤った方向へと導く出版を禁止したり，タバコ，酒あるいは他の類似物の宣伝を規制するために，表現の自由への干渉をも正当化し得ると考えられる[93]。

(v)　「公衆の健康 (public health)」について

権利や自由を制限する正統な目的の一つとしての「公衆の健康」は，自由権規約では，移動及び居住の自由 (12条)，思想，良心及び宗教の自由 (18条)，表現の自由 (19条)，集会の権利 (21条) 及び結社の自由 (22条) について挙げられ，ヨーロッパ人権条約では，単に「健康」が，プライヴァシーの権利 (8条)，思想，良心及び宗教の自由 (9条)，表現の自由 (10条)，集会及び結社の自由 (11条)，移動及び居住の自由 (第四議定書2条) において，挙げられている。

「健康」(health) という文言は，社会全体の健康の保護のみならず，個人の健康の保護をも含んでいると解されている。そして，自由権規約では，「公衆の」(public) という形容詞が「健康」の前に付け加えられていること[94]から，こうした権利や自由への制限の場合には，社会全体の健康の保護に特に重点が置かれていると解すべきであろう。

「公共の安全」の項で触れたように，「公衆の健康」は，公共の安全よりも範囲が狭く，住民あるいは住民個々の健康への重大な脅威に対処するために措

---

[90]　Siracusa Principles, para. 33 参照。
[91]　Siracusa Principles, para. 25 参照。
[92]　A.C. Kiss, "Permissible Limitations on Rights," L. Henkin ed. The International Bill of Rights (1981), p. 298 参照。
[93]　A. Conte・前掲注[88] 305頁参照。
[94]　米州人権条約も同じく「公衆の」と言う形容詞を，良心及び宗教の自由 (12条)，思想及び表現の自由 (13条)，集会の自由 (15条)，結社の自由 (16条)，移動及び居住の自由 (22条において，「健康」の前に付け加えている。

〈第3部〉人権保障を巡る憲法と条約の相克

置を採ることを国家に許すためにのみ、制限の根拠として主張され得るとされ、特に病気や怪我を防ぎ病人や怪我人をケアする目的でのものでなくてはならない、とされている[95]。言い換えれば、「公衆の健康の保護」という表現は、社会全体の一般的健康のみならず、社会の個別の構成員の健康の保護をもカヴァーしているし、また個人の精神的・肉体的福利をも必然的に含んでいる[96]。

具体的には、以下のような事例が指摘されている。ⓐ伝染病に罹った人などの強制隔離あるいは強制入院は、「公衆の健康」のために課された個人の移動の自由並びに個人の身体及び安全への権利に対する規制である[97]。ⓑ国家は、特に老人とか精神的に弱いといった傷つきやすいカテゴリーの市民の生命を守るために、「公衆の健康」を守るという理由を根拠として、安楽死協会の発信する情勢に対し適当な措置を採ることの、正統な利益というものを有している[98]。ⓒ子供に関しては、精神的安定性への自由とか深刻な肉体的侵害からの自由というものも、「公衆の健康の保護」は含んでいる[99]。

(vi) 「公衆の道徳（public morals）」について

権利や自由を制限する正統な目的の一つとしての「公衆の道徳」は、自由権規約では、移動及び居住の自由（12条）、思想、良心及び宗教の自由（18条）、表現の自由（19条）、集会の権利（21条）及び結社の自由（22条）について挙げられ、単に「道徳」のみが公正な裁判を受ける権利（14条）において挙げられている。それに対しヨーロッパ人権条約では、単に「道徳」のみが、公正な裁判を受ける権利（6条）、プライヴァシーの権利（18条）、思想、良心及び宗教の自由（9条）、表現の自由（10条）、集会及び結社の自由（11条）、移動及び居住の自由（第四議定書2条）において挙げられている。

「道徳」と「公衆の道徳」の相違いについてだが、「公衆の」（public）について前項「公衆の健康」において述べたと同じく、後者においては、社会全体の道徳の保護に重点が置かれていると解すべきであろう。とはいえ、「道徳の保護」と言う表現はそれ自体が、社会全体の道徳一般（モラル）の保護のみなら

---

[95] Siracusa Principles, para. 25 参照。
[96] N. Jayawickrama・前掲注[74] 199 頁参照。
[97] 前掲注[96] 199 頁参照。
[98] R v. U. K., Eur. Comm. Application No. 10083/82, 33 D. & R. 270.
[99] X v. U. K., Eur. Comm. Application No. 5608/72, C. & D. 44, para. 66 参照。

ず社会における個々の構成員の道徳の保護をも含んでいると解されている[100]。言い換えれば，この表現は社会全体の道徳の精神とか水準を守るということのみならず，社会の特定の人々，例えば子供の道徳的利益及び福祉の保護ということをもカヴァーしている[101]。

そもそも「道徳」という文言は，公の道徳を意味するのであって，個人の私的なあるいは個人的な道徳を意味しない。そして，公の道徳は，コミュニティーの基本的な道徳的価値に対する敬意の念を維持するために重要である[102]。ところが，公の道徳は，時代や文化などによって異なるものであるから，人権を規制するための根拠として「公の道徳」を主張する国家は，一定の裁量権を享受するといえよう[103]。もっとも，ここで国家に許された裁量権といえども，非差別のルールには適用されないが[104]。

言い換えれば，「公衆の道徳」は社会により大きく異なっているため，普遍的に適用される一般基準というものは存在しないから，何がしかの裁量の余地が国家当局に与えられなくてはならない[105]。

こうした，国家に自由な裁量権を認めた理論は，争点となっている特定の権利に関し締約国に共通の実行というものは見い出せない場合に，ヨーロッパ人権条約においてしばしば適用されている[106]。例えば，道徳について統一されたヨーロッパ概念というものは存在しないから，ある国家の検閲措置が道徳的基準を保護するために必要とされたか否かを評価するに際し国家は広い裁量権を有しているとして，性的描写を含む出版物の押収を道徳の保護のためと判示することにより，ヨーロッパ人権条約10条（表現の自由）で扱った事件がある[107]。

もっとも，自由権規約委員会が国家に裁量権を正面から認めた事例としては，「公衆の道徳」に関し，この概念は広く異なるために普遍的に適用され得る共

---

(100) X v. Sweden, Eur. Comm. Application No. 911/60 7 C. & D. 7 参照。
(101) Dudgeon v. U. K., Judgement of 20 Oct. 1981, 4 EHRR 149 参照。
(102) N. Jayawickrama・前掲注(74) 468 頁参照。
(103) Siracusa Principles, para. 27 参照。
(104) Siracusa Principles, para. 28 参照。
(105) Hetzberg et al. v. Finland, Comm. No. 61/79, UN Doc. CCPR/C/15/D/61/1979 (1982), para. 10. 3 参照。
(106) 自由裁量については，拙著・前掲注(13) 58-62 頁及び前掲注(1) 79-86 頁を参照されたい。
(107) Handyside v. U. K., Judgment of 7 Dec. 1976, 1 EHRR 737 参照。

通の基準は存在しないとして，前述のようにある程度の裁量権を責任ある国家当局に与えるべきとしたものが唯一ありはするが[108]，その後，規約委員会は，自由権規約を含む国際条約は各々が独自の存在理由を有しているのであり，国内当局よりむしろ各条項の監視権限を任ねられた条約機関によって，公正かつ正当に解釈されなくてはならないと述べている[109]。そして，「道徳」に関する争点についても，道徳問題は国内的関心事という主張は受け入れられないのであり道徳の保護のために必要か否かを判断するのは委員会であるとして[110]，裁量権を理由とすることは人権の保護を弱めることとなると判断し，締約国の裁量権に言及することによる処理は行っていない[111]。思うに，自由権規約のような普遍的な条約においては，様々な国が締約国となることから共通の実行などはまったく稀となるであろうから，裁量権の理論を適用することは賢明ではないと言えよう[112]。

(vii) 「他の者の権利及び自由（rights and freedoms of others）」について

権利や自由を制限する正統な目的の一つとしての「他の者の権利及び自由」は，自由権規約においては，移動及び居住の自由（12条），思想，良心及び宗教の自由（18条。但し，正確には，「他の者の基本的な権利及び自由（the fundamental rights and freedoms of others）」），表現の自由（19条。但し，正確には，「他の者の権利又は信用の尊重（respect of the rights or reputations of others）」），集会の権利（21条）及び結社の自由（22条）において挙げられている。ヨーロッパ人権条約においては，プライヴァシーの権利（8条），思想，良心及び宗教の自由（9条），表現の自由（10条。但し，正確には，「他の者の信用又は権利」），集会及び結社の自由（11条），移動及び居住の自由（第四条議定書2条）において挙げられている。

人の権利を他者の権利と衡量することは，非常に難しいことである。とはいえ，社会の一員であるということは，世界人権宣言29条1項が「すべての者

---

(108) Hertzberg et al v. Finland・前掲注(105)。
(109) JB and Others v. Canada, Comm. No. 118. 1982, UN Doc. CCPR/C/28/D/118/1982 (1986), para. 6. 2.
(110) Toonen v. Australia, Comm. No. 488/1992, UN Doc. CCPR/C/50/D/488/1992 (1994), para. 8. 6.
(111) これについては，本稿Ⅱ2(3)(ii)「国の安全」の項の末尾における裁量権の議論を参照されたい。
(112) 同旨として，L. Helfir & A. Miller, "Sexual Orientation and Human Rights: Toward a US and 'Transnational Jurisprudence'" (1966), 6 Har. H.R.L.J. 61, p. 74 参照。

は，その人格の自由かつ完全な発展がその中にあってのみ可能である社会に対して義務を負う。」と述べ，また自由権規約が前文5節において，個人は，他人及びその属する社会に対して義務や責任を負うと認めているように，単なる権利のみならず他者への特別の義務や責任をも負うことである。

規約に規定される権利に対する制限の一つとして作用するであろう「他者の権利及び自由」の範囲は，規約に承認された権利や自由に限られない[113]。そして，規約において保護されている権利と保護されていない権利の間に衝突が生じる場合には，規約は最も基本的な権利及び自由を守ろうとしているという事実を認め，考慮しなくてはならない[114]。

本項の制限根拠は，しばしば他の制限根拠と共に，条約において保護されている権利や自由に対する干渉を正当化するものとして，適用されているにすぎない。もっとも，ヨーロッパ人権裁判所の判例中には，この制限根拠を主な理由とする，表現の自由に関し名誉毀損となるような事例[115]，宗教的感情への尊重を受ける権利に対する侵害の事例[116]，子供のケアに関する事例[117]などが存在しているが。

とはいえ，世論又は公の批判に対して，国家や公務員を守る目的のために，他人の名声に根拠を置く人権への制限を用いてはならない[118]。また，他人の権利を侵害した者は誰であれ，他の個人又は国家に対して自分自身の個人的権利を主張し，この侵害違反行為を正当化することはできない[119]。

なお，ヨーロッパ人権裁判所においては，表現の自由の行使とメディアの

---

[113] Siracusa Principles, para. 35 参照。
[114] Siracusa Principles, para. 36 参照。
[115] 名誉毀損に関し，10条（表現の自由）への干渉として賠償及び差止命令を認めた事例。Tolstoy Miloslavsky v. U. K., Judgment of 13, July, 1995, 20 EHRR 442, para. 45 参照。
[116] ローマカソリックの宗教的感受性を傷つけると考えられる映画の押収は，他者の権利や自由の保護のためであるとして，9条（宗教の自由）への干渉を認めた。Ott-Preminger Institute v. Germany・前掲注(82) paras. 46-48 参照。
[117] 子供を公的機関の保護の下に置く法律の目的は他者の権利や自由を守るためのものであるとして，8条（家族の権利）を制限する正当な根拠の一つと見做し，子供の権利は社会によるケアに子供を置くことを正当化すると判示した。Johansen v. Norway, Judgment of 7 Aug. 1996, 23 EHRR 33, para. 78 参照。
[118] Siracusa Principles, para. 37 参照。なお，自由権規約5条，ヨーロッパ人権条約17条参照のこと。
[119] N. Jayawickrama・前掲注(74) 200 頁参照。

特別の義務と責任について考察されてきている[120]が，規約人権委員会は，個人通報は個人しか行えないことから[121]，こうした事例は通報の考察対象とはなっていない。

(ⅷ) その他の「正統な目的」

ヨーロッパ人権条約においては，その他「国の経済的福利 (economic well-being of the country)」が8条（プライヴァシーの権利）に，「秘密に受けた情報の暴露を防止するため (preventing the disclosure of information received in confidence)」及び「司法機関の権威及び公平さを維持するため (maintaining the authority and impartiality of the judiciary)」が10条（表現の自由）に，各々権利や自由を制限する「正統な目的」として挙げられている。

ではまず，「国の経済的福利」について見ていくこととしよう。

ヨーロッパ人権条約8条（プライヴァシーの権利）は，個人の私的及び家族生活に対する「国の経済的福利のため」の公権力による干渉を許している。例えば，税関当局による私人宅への捜査及び押収権限の行使に関する事例において，ヨーロッパ人権裁判所は，8条により保護されている権利への干渉は，「国の経済的福利のため」のものであると判断している[122]。また，フランス国内法に反する外国との金融取引に関しての調査に関連し行われた自宅捜査が8条違反か否かが争われた事例において，同裁判所は，この干渉は「国の経済的福利のため」という正当な目的を追求するものであるとした[123]。もっとも，これらの判決は，「国の経済的福利」とは何を意味するかについては説明せず，事件の特別の実体を扱う方を選んでいると言ってよいであろう[124]。

なお，世界人権宣言29条2項（社会に対する義務）及び経済的・社会的及び文化的権利に関する国際規約（いわゆる社会権規約）4条（権利の制限）は，権利の制限に関する一般制限条項型の規定といえるが，共に「民主的社会における一般的福祉 (general welfare in a democratic society)」を，権利を制限する正統事由として挙げている。ここに「一般的福祉 (general welfare)」とは，時代や社会の

---

(120) 拙著・前掲注(24) 422-424頁。
(121) 第一選択議定書1条。なお, A Publication and a Printing Company v. Trinidad Tobaco, Comm. No. 361/1989, CCPR/C/36/D/361/1989 (1989), para. 3.2 参照。
(122) Miailke v. France, Judgment of 25 Feb. 1993, 16 EHRR 332 参照。
(123) Funke v. France, Judgment of 25 Feb. 1993, 16 EHRR 297 参照。
(124) A. Conte・前掲注(88) 308頁参照。

状態及びその必要性により異なる意味をもつ漠然とした表現ではあるが，基本的には人々の経済的及び社会的福祉を意味するといえよう[125]。なお，特に社会権規約4条の規定により，社会権の享受に関する法律において定められた制限は，いかなるものも，「民主的社会における一般的福祉を増進する」目的に対してのみ向けられなくてはならない。

次に，「秘密に受けた情報の暴露を防止するため」という制限根拠について，見て行くこととしよう。これは，主に国家機密と知る権利との関係で問題となろう。例えば，Spycatcher 事件において，元英国秘密情報部員による秘密に入手した情報資料の出版に対して，英国政府は，当該目的のためとした出版差止めにより，表現の自由に対する制限に成功した[126]。

なお，自由権規約には，こうした正統事由は挙げられていないため，同様の事例においては，政府は，こうした制限は公の秩序，国の安全又は他の者の権利又は自由の保護のために必要である，ということを満足させる必要があろう[127]。

最後に，「司法機関の権威及び公平さを維持するため」という制限根拠について，見ることにしよう。ヨーロッパ人権条約は，10条2項（表現の自由）において，表現の自由を制限することを許す明確な目的の一つとしてこの根拠を挙げている。そして，ヨーロッパ人権裁判所の判例法体系は，この制限の正統な目的について，不当な司法への批判からの保護及び裁判手続の公正な行為の保護という，二要素を含むものとしている[128]。

よって，例えば，申立人により行われた裁判官に対する文書等による糾弾が，判決に対する批判というよりもむしろ個人的かつ破壊的な内容の故に不当なものと言える状況下においては，表現の自由への干渉は当該目的から正当性を認められよう[129]。しかし，批判が判決の内容に関連するとか司法の機能についての合理的な公的議論に関する場合には，そうした表現に対し干渉することは

---

(125) N. Jayawickrama・前掲注(74) 201 頁参照。
(126) The Observer and Guardian v. U. K., Judgment of 26 Nov. 1991, 14 EHRR 153; The Sunday Times v. U. K., Judgment of 26, Nov. 1991, 14 EHRR 299 参照。
(127) 同旨，A. Conte・前掲注(88) 308 頁参照。
(128) 例えば，D. J. Harris, M. O'Boyle, E. P. Bates, C. M. Buckley, "Law of the European Convention on Human Rights" (2nd ed.) (2009), pp. 487-493 参照。
(129) Barford v. Denmark, Judgment of 20 Feb. 1989. 13 EHRR 493 参照。

正当化され難いであろう[130]。

　なお，自由権規約は，表現の自由を規定する19条においては，制限を正当化する正統な目的として当該目的を列挙していない。よって，ある情報の出版に対する司法による制限というものは，19条3項の表現の自由への制限を許す規定によっては正当化され得ないこととなる。もっとも，規約人権委員会は，公正な審理への権利であるとか公の秩序を守るといった権利を含む「他者の利益を守るため」に必要であるならば，実質的には司法機関の権威及び公平さを維持するという目的のためになされる表現の自由に対する制限といえども認められる，と述べているが[131]。

(4) 例としての「移動及び居住」の自由

(i)　自由権規約12条3項（移動及び居住の自由への制限）の成立史

　では，まず自由権規約12条3項の制限条項の成立過程について，簡単に見て行くことにしよう。

　世界人権宣言においては，13条において移動及び居住の自由を規定し，権利の制限については一般条項の29条（社会に対する義務）によるものとされている。しかるに，そもそも宣言草案作成にあたり事務当局が作成した原案によると，「国の福祉とか安全のために採用されたあらゆる一般法に服することを条件として，各国の国境内における移動及び居住の自由は存在する。」[132]とされ，非常に早い時期から既に必要な制限という概念が入れられていた。この「国の福祉 (national welfare)」という文言は，草案作成業グループのメンバーたちの国家と人民を切り離して議論したいという意図を反映し[133]，「一般的利益 (the general interest)」[134]という表現が，現行宣言文の「一般的福祉 (the general welfare)」へと変えられていった。とはいえ，当該自由が何らかの制限に服するという認識にはまったく異論が出されることはなく，以後いかなる根拠による制限かがもっぱら議論の中心となった。

---

(130) De Haes and Gijsels v. Belgium, Judgment of 04 Feb. 1997, 25 EHRR 1, paras. 42-45 参照。

(131) Lovell v. Australia, Comm. No. 920/2000, CCPR/C/80/920/2000 (2004), para. 9. 4 参照。

(132) E/CN. 4/21 (1947), Annex A 参照。

(133) J. Morsink, "The Universal Declaration of Human Rights" (1999), p. 240 参照。

(134) E/600 (1947), Annex B 参照。

[初川　満]　　　　　　　　　　　*10*　緊急事態における人権の制限

　こうした経過を踏まえ，国際人権規約作成委員会においては，移動及び居住の自由について保障される権利とそこで許される制限というものは，分けて論じられるようになっていった。そして，経済社会理事会人権委員会に提案された制限根拠は提案国により非常に異なるものであって[135]，公の秩序，道徳，健康又は安全のための，合法的抑留を理由としての，刑の執行あるいは懲役のための，不法移民のコントロールのための等，非常に多岐に渡っていた[136]。

　人権委員会での議論において，これらの自由が幾つかの正統な目的による制限に服することについて異論はなかったが，許容される制限の範囲については意見が分かれ，正統なあるいは必要な制限根拠として，女性の保護又は福祉，あるいは先住民の保護や移民のためという理由の提案は否定され[137]，また経済的及び社会的福祉という制限根拠の挿入案も否定された[138]。

　その後，国の安全，公共の安全，健康，道徳又は他の者の権利や自由を守るためという制限根拠は認められ[139]，人権委員会においてもこれらは採択された[140]。しかし，こうした根拠に，更に一般的福祉，経済的・社会的福祉，無秩序又は犯罪の防止，公の秩序などを加えるとの提案は，あまりにも制限が広範囲に及びすぎると考えられたために採択されなかった[141]。

　しかるに総会第三委員会において，「公共の安全」に代わり「公の秩序」を挿入するという修正案が提出され[142]，現行条項とほぼ同じ条文が圧倒的な支持を得て採択された[143]。これについては，「公共の安全」という表現は，当該権利が人々の安全への危険を含む行為にのみ限定され得ることを明らかにするであろうが，「公の秩序」という表現は，それに対しあまりにも広範囲な

---

[135] E/CN. 4/SR. 106, p. 7 (Su)；E/CN. 4/SR. 315, p. 5 (G. B.).
[136] E/800 (1948). なお，これは，後に特別報告者が行った制限根拠の研究において移動及び居住の自由に関し考慮されたものと，かなり重なっている。E/CN. 4/Sub. 2/1987/10, p. 13 参照。
[137] E/CN. 4/SR. 151, §66.
[138] E/CN. 4/SR. 316, p. 4.
[139] E/CN. 4/SR. 106, p. 5 (France), p. 8 (India)；E/CN. 4/SR. 150, §45 (USA).
[140] 賛成15，反対0，棄権3　E/CN. 4/SR. 316, p. 4.
[141] E/CN. 4/SR. 315, p. 5 (G. B.), p. 6 (USA), p. 9 (France).
[142] アルゼンチン，ベルギー，イラン，イタリア，フィリピン提案，A/C. 3/L. 812/Rev. 2.
[143] A/C. 3/SR. 959, §15, 賛成67，反対1，棄権3.

〈第3部〉人権保障を巡る憲法と条約の相克

規制を正当化し得るであろうから，人権委員会により用意された文面を用いて「公共の安全」という表現を用いるべきだとの主張があった[144]。にもかかわらず，「公の秩序」という表現の使用は適用範囲が広いが故に「公共の安全」という考えをも包含するとして，大多数がこの表現に賛成したのであった[145]。

なおここでもまた，public order は ordre public と同義語とは考えられなかったことから[146]，ordre public を挿入することについてかなりの議論があった[147]。Public order と Ordre public については，前述 II 2(3)(iii)の項を参照されたい。

(ii) 要件について

(ｱ) 移動の自由は，広義では，国家領域内における居住の自由及び移動の自由，出国及び入国の自由，そして国外追放からの自由を含んでいると解されているが，狭義では，国家領域内の移動及び居住の自由を意味する。なお，広義の移動の自由は，現代では，個人の自由に対する権利の不可欠かつ重要な部分を占めるものの一つとして考えられている[148]。そして，こうしたいわゆる移動の自由は，自由権規約では12条に，ヨーロッパ人権条約では第四議定書2条に規定されている[149]。

とはいえ，そもそも国家は，確立した国際法及び締結した条約上の義務に従い，外国人の入国，居住及び追放をコントロールする権利を有していると考えられている[150]。よって，移動の自由を享受する者は「合法的に居住している必要がある」（各1項一文）とは，外国人の入国をコントロールする国家の主権的権能を考慮に入れて挿入されたものである。これより，不法入国者には当該

---

(144) A/C. 3/SR. 956, §25 (G. B.); A/C. 3/SR. 958, §11 (G. B.), §15 (Iraq) 等。

(145) M. J. Bosougt, 'Guide to the "Travaux Preparatoires" of the International Covenant on Civil and Political Rights' (1987), p. 258 参照。

(146) A/C. 3/SR. 957, §33 (G. B.)。

(147) A/4299, §15。

(148) Annotation on the Text of the Draft International Covenant on Human Rights, A/2929 (1955), p. 38 参照。なお，移動の自由は，人間の自由の発達にとり不可欠な条件であると，規約委員会は一般的意見で述べている (G. C. 27/67, para. 1)。

(149) なお，米州人権条約は，22条に，移動及び居住の自由と外国人の追放について規定している。しかるに外国人の追放について，自由権規約は23条に，ヨーロッパ人権条約は第七議定書1条に，別個に規定している。

(150) Sisojeva v. Latvia (2005), 43 EHRR 694, para. 99 参照。

自由は適用されないことは勿論だが，入国時に課せられた条件を充たしている限りは「合法的に居住」していると言えるが，滞在許可の切れた後の滞在などは不法となり，この自由への権利を有さないこととなる。例えば，効果的な追放命令が出されるや否や，合法的な滞在ではなくなる[151]。もっとも，入国時に課せられた条件といえども，例えば入国許可の条件とされた生計手段の確保が入国後怪しくなった場合などについては，この自由への権利の問題としてはならないが[152]。

また国家は，12条において保障される権利は，公権力による干渉に対してのみならず私人による干渉からも守られるということを，保障しなくてはならない。よって，例えば，女性の自由に移動する権利が肉親を含む他人の決定に従属させられるということは，12条1項に適合しないものである[153]。

(イ) さて，いかなる個別事例への規制措置の適用も12条3項に適合しなくてはならないから，既述のように，明白な法的根拠に依拠し，かつ必要性と比例性の要件を充たさなくてはならない。更に，ここにおける制限についても，移動の自由の原則を無効にしてはならないし，また自由権規約において保証される他の権利や自由，そして平等や非差別の原則とも両立しなくてはならない[154]。よって，移動の自由への権利に対し，差別が禁じられている人種，ヒフの色，性，言語，宗教など（2条1項及び26条）を根拠として何らかの差異を作るために規制が行われるならば，それは明らかに12条に違反することとなる[155]。

(ウ) 制限は，「法律で定められ（provided by law）」ていなくてはならない（12条3項第2文）。

ここで「法律で定められ」とは，13条（外国人の追放）が「法律に基づいて（in accordance with law）」と，また21条（集会の権利）が「法律に適合する（in conformity with the law）」と規定している（但し，公定訳では「法律で定める」となっていることについては，前掲注(22)参照のこと。）のとは対照的に，制限自体が立法機

---

(151) Piermont v. France, Judgment of 27, April, 1995, 20 EHRR 301, para. 99 参照。
(152) 拙著・前掲注(13) 235 頁参照。
(153) G. C. 27, para. 6 参照。
(154) G. C. 27/670612, Nov. 1999, para. 18 参照。
(155) G. C. 27, para. 18 及び N. Jayawickrama, "The Judicial Application of Human Rights Law" (2002), p. 464 参照。

〈第 3 部〉 人権保障を巡る憲法と条約の相克

関自身により規定されなくてはならないことを意味している[156]。

　よって，ここにおける「法律」という表現は，法律の対象となる者すべてが利用可能でなくてはならない一般的抽象的な議会立法又はコモン・ローにおけるそれと同等の不文法規範と解されるべきであるから，厳格な意味での法律と理解されなくてはならず，単なる行政規範などでは不十分である。すなわち，法律それ自体が制限根拠を規定する（provided）ことの必要性は，単に法律に基づいていることを求める 13 条及び 21 条に拠った行政当局による干渉と 12 条の場合とを区別する側面を有しているから，行政行為として移動の自由に対し行われる規制は，適切な確実性を伴い，かつ，そうした干渉に関し規定している法律の施行のために行われる場合に限り許される，と解すべきである[157]。

　また，「法律」は，それ自体権利が制限され得る条件を規定するものでなくてはならない[158]。とはいえ，規制はあくまでも例外といえるから，規制を規定する法律の適用に際しては，明確な基準を用い，かつ，執行者に自由な裁量を与えないように行われなくてはならない[159]。

　㈡　制限は，「必要な（necessary）」ものでなくてはならない。

　既述のように，14 条 1 項（公正な裁判を受ける権利），21 条（集会の権利），22 条 2 項（結社の自由）が，「民主的社会において必要な」とされているのに対し，本権利に関しては，18 条 3 項（宗教又は信念を表明する自由）や 19 条 3 項（表現の自由）と同じく，単に「必要な」という条件のみが課されている。

　ここに「必要な」とは，制限が，その厳格さと程度において正統な目的に比例していることを，当然に求めている。よって，例外としての制限は客観的に最小限でなくてはならないから，必要性の要件が守られているか否かを評価するための決定的基準は，民主主義の原則ではなくむしろ当該事例における比例性の原則といえよう[160]。すなわち，規制措置は，保護されるべき利益に比例していなくてはならないから，望ましい結果を達成するであろう措置の中で最

---

(156)　M. Nowak, "UNCCPR"（2nd Revised edition, 2005），p. 273 参照。なお，宗教の自由（18 条 3 項），表現の自由（19 条 3 項），結社の自由（22 条 2 項）の制限規定は，いずれも「法律で定められ」ていることを要件としている。
(157)　M. Nowak・前掲注(156) 272 頁及び 273 頁注(64)参照。
(158)　G. C. 27, para. 12 参照。
(159)　G. C. 27, para. 13 参照。
(160)　M. Nowak・前掲注(156) 275 頁参照。

も侵害的でないものでなくてはならない[161]。

　なお，比例性の原則は，規制を作っている法律のみならず，法律を適用する行政及び司法当局によっても尊重されなくてはならない[162]。

　では以下において，比例性の要件に関する具体的な例を幾つか挙げることとしよう。

　規約人権委員会は，規制措置が比例していることを理由に制限が施される場合として，例えば国の安全を根拠としての軍事地域へのアクセスの規制措置とか，原住民や少数民族のコミュニティの居住地域への居住制限を挙げている。また，比例性の要件を充たさないものとして，例えば単に国家機密の保有者であるとの根拠のみで出国を妨害することとか，特別許可状がなければ国内旅行を許さないとすることなどを挙げている[163]。

　ヨーロッパ人権条約第四議定書2条の解釈としては，軍役に就かなかったことを理由としてパスポートの発効を行わなかったことは，「国の安全のため」及び「公の秩序の維持」のために必要であり，こうした目的に比例しているとした事例[164]がある。また，関税法違反での罰金の支払を拒否したため税関吏により国境でパスポートを押収された事例では，関税法違反で起訴しなかったにもかかわらず長期間に渡りパスポートを返還しなかった事を，比例していないと認定している[165]。一言でいうと，パスポートを含む身分証明書の没収や押収は，本権利への干渉となり得ると考えられている[166]。

　では，次に，「正統な目的」について見て行くこととしよう。

(iii) 制限の「正統な目的」

(ア) 移動及び居住の自由において，これを規制することが許され得る正統な目的とは，具体的にはいかなるものであろうか。

　既述のように，自由権規約12条3項は，「国の安全」，「公の秩序」，「公衆の健康若しくは道徳」，「他の者の権利及び自由」を挙げている。またヨーロッパ人権条約第四議定書2条3項は，これに「公共の安全」，「犯罪の防止」を加え

---

[161] G. C. 27, para. 14 参照。
[162] G. C. 27, para. 15 参照。
[163] G. C. 27, para. 16 参照。
[164] Peltonen v. Finland, Appl. No. 19583/92, Decision of 20 Feb. 1995, 80-A DR 38.
[165] Napijalo v. Croatia, Judgment of 13 Nov. 2003, 40 EHRR 735.
[166] Baumann v. France, Judgment of 22 May 2001, 34 EHRR 1041.

〈第3部〉人権保障を巡る憲法と条約の相克

ている。こうした人権の制限条項における「正統な目的」については，既に本稿Ⅱ2(3)で論じているが，ここではいわゆる「移動の自由」という特定の人権に対する規制が正当化され得る場合について，詳しく見ていきたい。

一般的には，移動の自由への制限が許され得る正統な目的としては，交通の安全のための規制，自然保護区とか動物保護地へのアクセスに対する合理的規制，地震や雪崩地帯，検疫ゾーン，内乱状態の地域[167]，私有地への許可なしの立ち入りの禁止[168]，刑事犯として有罪となった者や軍役に就いている者への制限[169]，などが挙げられている。

なお，明治憲法下においても，刑罰のため，犯罪捜査のため，軍役に服するため，又は衛生警察・風俗警察等のために，法律に従って特に制限された場合以外の，移動及び居住の自由を保障していた[170]。

しかるにヨーロッパ人権条約においては，本自由は第四議定書[171] 2条に規定されている。この2条において列挙された制限根拠については，既にⅡ2(3)で述べたので，ここでは2条4項の，「特定の地域 (in particular areas)」においては，民主的社会において「公益 (public interest)」のために「正当化される (justified)」という更なる制限根拠について，見ていくこととしよう。

思うに，一般的基準と言うべき「必要な」は，制限は「正当化される」との文言に比べより厳格な文言のように見える。そして，「特定の地域」とは，限定された地理的あるいは行政的地域に限ることなく「充分に限定された地域」でよいから，特定の地域に限定されている限りではあるとはいえ，例えば経済的福祉を根拠とするような「公の秩序 (ordre public)」概念では常には行うことができ得ないような制限をも課すことを可能とするために，挿入されたと解されている[172]。つまり，第四議定書草案作成時，3項に経済的福祉を制限根拠

---

(167) 制限ではなく12条からの権利の停止が，公の緊急事態が存続している間は行われ得る。

(168) 立ち入りは，自由権規約17条2項（プライヴァシーの保護）により，土地所有者のプライヴァシーの権利により規制される。

(169) S. Joseph, J. Schultz, M. Castan, "The International Covenant on Civil and Political Rights" (2nd ed.) (2004), p. 364 参照。

(170) 美濃部達吉『憲法提要（改訂第5版）』（有斐閣，1935年）165頁参照。

(171) 1968年発効，2010年末時点で，43カ国批准。トルコ，英国は署名のみ。ギリシャ，スイスは，未署名。

(172) D. J. Harris, M. O'Boyle, E.P. Bates, C. M. Buckley, "Law of the European Convention

〔初川　満〕　　　　　　　　　　　　　*10*　緊急事態における人権の制限

として挿入することに対し反対が強かったため，「特定の地域」において「正当な目的のために」かつ「民主的社会において公益のために」のみ制限を課し得るとして，例えば経済的福祉を根拠とするような ordre public の概念中には稀にしか持ち込むことが出来ない制限を課す必要に答えるために，挿入されたのである[173]。

(ｲ)　では，以下において，移動及び居住の自由を制限し得る「正統な目的」に関して，Ⅱ2(3)で触れたように，「公共の安全」とか「公衆の健康」の保護の目的などによる，輸送とか交通の規制は認められるであろうことは言うまでもないが，ここでは特に新たに加えるべきものを見ていくとしよう。

例えば，個人が国家機密を漏らすことを恐れるが故に「国の安全」を理由として[174]，家族をある移動住宅用地から他の用地へ引っ越させることを正当化するために「公の秩序」を理由として[175]，保釈された被告人[176]やマフィア活動の疑いのある者に対する「犯罪の防止」を理由として[177]，本自由への権利に制限を課すことは許され得る。

また，前述したように，軍役義務を果たさなかった者へのパスポート発行拒否は，移動の自由への制限ではあるが，国の安全及び公の秩序の保護のために必要であるから許され得る[178]。但し，「公の秩序」は，本稿Ⅱ2(3)(ⅲ)で述べたように，かなり曖昧な概念であるから，必要性に関する比例の原則や他の権利との適合性に関し厳しい基準を設けなければ，移動の自由へのいかなる制限をも正当化しかねないことに，留意すべきである[179]。

「他の者の権利及び自由」の保護を理由とする移動の自由への規制も，多く見ることが出来る[180]。例えば，堕胎反対運動家が，堕胎を行っている特定のクリニックの250m以内に近づいてはならないとの禁止命令により移動の自由

---

on Human Rights" (2nd ed. 2009), p. 739 参照。
(173) Explanatory Report to Protocol 4, para. 15 (http://convention.coe.int/) 参照。
(174) Bartik v. Russia Appl. No. 55565/00, hudoc (2007), para. 43 参照。
(175) Van de Vin v. The Netherlands, Appl. No. 13628/88, hudoc (1992) DA 参照。
(176) Schmid v. Austria, Appl. No. 10670/83, 44 D. & R. 195 (1985) 参照。
(177) Raimondo v. Italy, Judgment of 22 Feb. 1994, 18EHRR 237 参照。
(178) Peltonen v. Finland・前掲注(164)参照。
(179) J. P. Humphrey, "Political and Related Rights", in T. Meron ed., Human Rights in International laws: Legal and Policy Issues , vol. 1 (1984), p. 171 参照。
(180) R. Higgins, "Themes & Theories" Vol. Ⅰ (2009), p. 533 参照。

〈第3部〉人権保障を巡る憲法と条約の相克

への制限を受けたことは,「他の者の権利」すなわちクリニック, その被雇用者そしてクリニックへの訪問者を守るために正当化される[181]。既に人口が過密化している地域に人口が集中することによるスラム化のおそれといった居住条件の悪化もまた,「公衆の健康」あるいは「他の者の権利」の保護を理由とする居住の自由への制限の正統化事由となる[182]。また, 伝染病が広がることを防ぐための隔離処置は言うに及ばず, 災害の結果による原子力発電所隣接放射能汚染危険地区への立ち入り制限も, 公衆の健康を理由として行い得る[183]。

なお, 国内における移動及び居住の自由に対する制限は, 現実には他の者の私有財産である土地に対する尊敬の結果といえる[184]。

(ウ) 移動及び居住の自由への制限は,「必要なもの」であることが条件であるから, 言うまでもなく達成すべき制限の正統な目的に比例していなくてはならない。

公衆への脅威となる者の移動の自由への規制は, 必要で, 比例していて, かつ差別的でない場合に,「他の者の権利」のために正当化され得る。例えば, 刑事犯のみならず伝染病に罹った人の場合や重度の精神病患者へも適用されるが, こうした規制は当該個人の移動の自由, プライヴァシーの権利そして他の基本的権利への重大な干渉を含んでいるから, 厳密なバランスに基づく絶対的に必要な範囲においてのみ許される[185]。

なお, 比例性については, 前述Ⅱ2(2)(ⅲ)及びⅡ2(4)(ⅰ)を参照されたい。

もっとも, 庇護を求める者の入国を認めるに際し, 政治的活動を行わないという条件を課すことは広く行われている。入国許可は主権に関するものであるから, 自由権規約における義務への本質的な侵害とならない条件, つまり公の緊急事態においてさえも停止できない権利[186]に反しないものは, その限りにおいて課し得る。言い換えれば, 停止できないとされる公正な裁判を受ける権利や信教の自由あるいは拷問からの自由などを剥奪させるような入国条件を課すなどということは, 考慮の余地なくできないであろう[187]。また, 道徳的理

---

(181) Van Den Dungen v The Netherlands, Appl. No. 22838/93, 80 D. & R. 147 参照。
(182) Romania, CCPR/C/SR. 140, p. 7 (30, April, 1979) 参照。
(183) M. Nowak・前掲注(156) 280 頁参照。
(184) M. Nowak・前掲注(156) 281 頁参照。
(185) M. Nowak・前掲注(156) 282 頁参照。
(186) いわゆる「権利の停止」ができない権利に関しては, 後述Ⅱ3(3)を参照されたい。

由により出国の自由へ制限を課すことも，無理があるといえよう[188]。

  (エ) 最後に，自由権規約9条及びヨーロッパ人権条約5条に規定されている「身体の自由」と本項の「移動の自由」との関係について，見ておくこととしたい。

  これらの自由への権利は，区別されなくてはならない。なぜならば，「身体の自由」は人の身体的自由について考えているのであり，誰も恣意的な方法によりこの自由を奪われてはならない，ということを保証することを目的としている。つまり，この自由についての自由権規約及びヨーロッパ人権条約の規定は，移動の自由への単なる規制には関心がないのであり，そうした規制には移動の自由の条項が適用される[189]。そもそも身体の自由は，自由の剥奪を正当化するであろう状況を網羅し尽しているのに対し，移動の自由への規制は，一般的な権利の制限条項に依拠している。言い換えれば，移動の自由は，身体の自由を含むより広い自由であり，身体の自由に対する規制は全て移動の自由への規制である。とはいえ，身体の自由と移動の自由の境界は流動的であるが[190]。よって，身体を動かす自由に対する規制としての移動の自由と，身体の自由の剥奪の区別は，規制のタイプ，期間，個人の自由を制限する措置の効果及び実施方法といった様々な基準を考慮しての具体的状況の検討によるとはいえ，その性質とか本質のちがいによるのではなく，単に程度とか強度によると言うべきである[191]。

  なお，「身体の自由」に関する規定は，そもそも予防的制限に関する事例には適用されないから，将来の犯罪を防ぐという目的だけでは抑留は許されない。例えば，マフィアの構成員ではないかと疑われた申立人が，特別の警察の監視下に置かれ予防的な外出制限を課された事例では，こうした措置は「身体の自由の剥奪」とはならないと認定はされたが，申立人の移動の自由の権利への干

---

(187) R. Higgins・前掲注(180) 531頁参照。なお，公正な裁判を受ける権利は，自由権規約4条2項の「停止できない権利」には含まれてはいないが，なおかつ停止できないと考えられている。これについては，後述Ⅱ3(3)(ⅲ)参照。

(188) M. Nowak・前掲注(156) 280頁参照。

(189) Guzzardi v. Italy, Judgment of 6, Nov. 1980, 3EHRR 333, para. 92 参照。

(190) Nowak・前掲注(156) 265頁参照。

(191) P. Leach, "Taking a Case to the European Court of Human Rights" (2nd ed.) (2005), p. 371 参照。なお，Guzzardi Case・前掲注(189) para. 93 参照。

〈第3部〉人権保障を巡る憲法と条約の相克

渉とされた上で，こうした規制は，「民主的社会」に対しマフィアがもたらす脅威という見地から，公共の安全の維持及び犯罪の防止という目的のために比例していると判示された(192)。

また，家を離れるとか，ある地域を立ち去ることあるいは地域に立ち入ることの禁止は，移動の自由への干渉の明らかな例であるが，ここでは個人が立ち去るあるいは立ち入ることについて許可を求める必要があるという事実が重要なのであって，常にそうした許可が与えられるか否かという事実は関係ないと判示された(193)。また，特定の公共地域から除外されるときも，移動の自由への干渉となり得ると判示された(194)。

3　権利の停止 (Derogation)
(1) 序　　論

（i）戦争とか内乱といった政治的危機，地震とか洪水あるいは伝染病といった自然又は人為的災害，あるいは経済的危機といった，民主的社会を破壊しようとする事態は，現実社会において常に発生し得るものである。そして，こうした例外的といえる異常事態がいかなる理由により引き起こされるものであれ，国家には，人々が人権を効果的に享受することが可能となるよう国内における安全を確保するための積極的義務がある。つまり，国家には，人権を至高の価値とする民主的国家の根幹を揺がし，ひいてはその存在そのものを脅かす緊急事態において，個人と社会ひいては国家との間に，あるいは個人の利益と他者又は公共の利益の間に均衡を採るべく，個人の人権に何らかの制限を課すことにより，民主的社会の崩壊を防ぐ義務がある(195)。

なお，経済的危機の場合については，自由権規約起草時においてもまたヨーロッパ人権条約起草時においても，何ら触れられていなかった(196)。そして，

---

(192)　Raimondo v. Italy, Judgment of 22, Feb. 1994, 18 EHRR 237, paras. 39, 40 参照。
(193)　Ivanov v. Ukraine, hudoc (2006), para. 85 参照。
(194)　Oliviera v. The Netherlands, Judgment of 04, June 2002, 37EHRR 32 参照。
(195)　但し，「実定憲法の規範的効力を一時的に停止してまで通常の統治機構の作用で人権保障を実現できない場合が本当にあるのか。」との疑問もあるが，井上典之「国家緊急権」『岩波講座憲法6 憲法と時間』（岩波書店，2007年）209頁参照。
(196)　自由権規約4条及びヨーロッパ人権条約15条の起草時の議論については，拙著・前掲注(1)44-50頁参照。

〔初川　満〕　　　　　　　　　　　　　　　*10*　緊急事態における人権の制限

　現在においても，経済的理由が緊急事態において権利の停止を正当化するか否かについての合意というものは，国際社会には未だ存在していないと言うことが出来る。もっとも，例えば西ヨーロッパの国々は，食料，水，燃料，交通手段及び電気などといった，生活に不可欠のサービスが途切れることなく提供されることを保障するために，ゼネストなどといった経済的危機において非常事態宣言を発する憲法的及び立法的権利というものを認めているが[197]。

　緊急時においては，差し迫ったあるいは現実の国民の生命や公の秩序とか国の安全などが危険に曝され，既存の国内法システムでは人権保護への効果的な対処が期待できないような状況となり得る。そこで，こうした事態においては，人権の保護義務に反するとはいえ，危機を克服するために人権への何らかの制限を行い，出来るだけ早く社会を正常化し，人権の保護を再び実現することが望まれる。

　すなわち，人権の第一の，そして最も強力な擁護者である国家の存亡の危機に際し，一時的とはいえ国家が，例えば，行政権に権限を集中させ個人の権利や自由を犠牲にする人権の保護義務の停止といった人権の制限を含むあらゆる手法により危機に立ち向かい，再び人権を尊重する民主的社会を取り戻すことは，まさに国際社会の許すところでありまた望むところでもあるということが出来よう。

　つまり，緊急事態において国家の人権保護義務を一時的とはいえ停止するという「権利の停止」は，そもそもが国家の固有かつ不可譲の権利の一つと言えるものであり，例えば「緊急の場合において人権条約の依拠する基本的価値を守るために許容される『必要悪』とでもいうものであ」るから[198]，その必要性は国際社会が許容しているのであって，民主主義を守るためのこの制限措置により民主主義の自滅自体を防ぐことが狙いであるといってよかろう。

　よって，権利の停止が行われなければ，緊急事態においてであろうとも人権規範の全てが，当該機関において完全に適用されることは言うまでもない。

　(ii)　しかるに，こうした緊急事態において採られた措置は，その緊急性あるいは必要性について必然的に政治的判断を含み得る。例外的状況が作り出す危

---

(197)　拙著・前掲注(196) 61, 62頁参照。
(198)　阿部浩己「緊急事態における人権保障——国際法の視座」国際人権14号（2003年）4頁参照。

315

〈第3部〉人権保障を巡る憲法と条約の相克

機的状態である緊急事態においては、統治者にとり秩序の維持こそが最大の関心事となるが故に、しばしばその判断は恣意的となり、人権の制限は容易に正当化されることとなろう。言い換えれば、古来国家は、しばしば非常事態を口実として国家の義務である基本的な人権の保護を否定し、いわゆる権利の停止の措置を採用してきていると言わざるを得ないのみならず、権利の停止が一時的ではなく常態化している場合がしばしば見られることも事実である[199]。

よって、たとえ民主主義を守るためとはいえ、人権を抑圧することには慎重にも慎重であるべきであるから、いかなる場合に、いかなる手法により、いかなる程度まで、人権は停止し得るかを、まさに問わなくてはなるまい。そこで国際社会は、こうした緊急事態における国家の判断の余地を許しつつも、国家に全くの自由な裁量権を委ねることによって国際的関心事である人権が侵害されることを懸念し、権利の停止という手段を何らかの国際的な法的監視システムの下に置くという手法を追求している。

長期に渡る議論と多くの国の参加により結ばれた、一般的人権保護基準を含む多数国間条約である自由権規約は、規範を形成する性格を有する原則を含む条項と見做すべき権利の停止条項（4条）を含んでいる。そして、他にも権利の停止に言及している国連人権条約が見られる[200]。また、主たる地域多数国間条約であるヨーロッパ人権条約と米州人権条約においても、各々15条と27条に、自由権規約とほぼ同じ内容の権利の停止に関する諸原則が規定されている。勿論、これ以外にも権利の停止に言及する地域人権条約は多く見い出すことが出来る[201]。また、多くの人権条約は権利の停止について沈黙を守っては

---

[199] 例えば、自由権規約4条3項により権利の停止の通知を行った国は中南米諸国が多いが、それ以外にも英国、ロシアなどがあり、これらを含め20カ国を超えているが、その中には例えばペルーのように常態化した国も見られる。CCPR/C/2/Rev. 3 参照。また、M. Nowak, "UNCCPR" (2nd revised ed. 2005), pp. 988-1041 に詳しい。なお、国際法律家委員会は、1983年に世界中の国々における緊急事態の調査を行い、緊急事態と重大な人権侵害状況の間には、しばしば関連があると述べている (I. C. J., "Status of Emergency: Their Impact on Human rights", 1983, Geneva, p. 1 参照。

[200] 他に国連人権条約として権利の停止に関し何らかの言及をするものとしては、難民条約と無国籍者の地位に関する条約が、各々9条にまったく同一の文言を置いている例を挙げることができる。もっともこれらは、国の安全（national security）の必要からの措置を許し、かつ自由権規約及び後述のヨーロッパ人権条約や米州人権条約と異なり、停止できない権利にもまた他国への通知システムにも、何らの言及も見られない。

いるが，国家実行においては，これを認めている場合が多い[202]のに対し，明確に禁止している条約は少ししか見い出せない[203]。よって，「権利を停止する」権利は，国際法上認められた国家実行の重要な側面の一つであり，人権法体系の不可欠の部分であると言えるであろう。

　そして，自由権規約委員会やヨーロッパ人権条約あるいは米州人権条約機関といった国際法廷の判例法においては，権利の停止条項の解釈を通して，国家を守るために締約国が人権を停止する必要性と個人の人権の享受との間に注意深くバランスを見い出す努力がなされている。

---

(201)　他の地域人権条約としては，アラブ人権憲章（改正，2004）4条，独立国家共同体人権条約（Convention on Human Rights and Fundamental Freedoms of the Commonwealth of Independent States 1995）35条，国内少数民族保護のためのヨーロッパ枠組条約（European Framework Convention for the Protection of National Minorities, 1995）19条，ヨーロッパ社会憲章（改正，1996）F条にも，権利の停止が規定されている。これらにおいては，規定の仕方は異なるものの，停止を行えない権利及び他国への何らかの通知についての言及が行われている。

(202)　アフリカ人権憲章は，権利の停止については何ら触れていない。しかし，この憲章の締約国は，緊急権限を行使するための固有の権利を保有していると解されている（U. O. Umozurike, "The African Charter on Human and Peoples' Rights", 77 AJIL (1983), pp. 909, 910）。もっとも，アフリカ人権憲章委員会は，緊急時においてであれ憲章は，条約上の義務を停止することは許さないとの見解を示している（Commission Nationale des Droits de l'home et des Libertes v. Chad, Comm. No. 74/92 (1995), para. 21）。

　また，ILO諸条約も，多くの人権条約のように，権利の停止に関し沈黙を保っているが，国家実行においてその行使を認めている。例えばILOの監視機関，特に条約及び勧告の適用に関する専門家委員会は，関係する利益の保護を最大化するために，厳格な要件に基づく法律により権利を停止する場合を認めていると言われている（A. Svensson-McCarthy, "The International Law of Human Rights and States of Exception" (1998), pp. 326-366参照）。また，人権差別撤廃条約は，公の緊急事態における権利の停止を明示的に規定してはいないが，人種差別撤廃委員会は，「人種差別の禁止は，いかなる権利の停止も許されない強行規範の一つである。」との見解を示している。"Report of the Committee on the Elimination of Racial Discrimination", UN Doc. A/57/18, p. 107, para. 4参照。

　なお，社会権規約委員会は，同規約に認められた権利より派生する核となる義務，例えば，重要な健康ケアに，基本的な住居，水，衛生，食料などについての義務は停止できない，との見解をとっている（G. C. 3）。これより他の核とならない義務の停止はできるのかといった疑問が生じるが，規約において保護される権利の性質や4条の権利の一般的制限規定の存在，締約国は利用可能な手段が最大限許すところ以上の義務は求められていないこと（2条1項）などから，緊急事態における社会権規約の権利の停止は必要なかろう（M. Ssenyonjo, "Economic, Socicl and Cultural Rights in International Law" (2009), p. 42参照）。

〈第3部〉人権保障を巡る憲法と条約の相克

(iii) とはいえ，権利の停止を正当化する事態の定義といった根本的要件に関してすら，国際社会において共通の認識が存在するとは言い難い。例えば，国内法において権利の停止を行い得るとされる緊急事態を分析した国連人権委員会の報告書(204)によると，戦争，内戦，国内紛争，反乱，暴動，テロ行為，騒乱行為，憲法体制への危険，自然又は人為的災害，経済生活への危機，社会生活において必須な物品の供給又はサービスの維持などが，こうした事態に関連するとされている。

こうしたことを考えると，これらのリストからいかなる出来事が権利の停止を行い得る緊急事態を構成するかを抽象的に想定しようとすることは，不可能であるのみならず望ましいことでもないと言うべきであり，権利の停止を行い得る緊急事態か否かの判断の決定的要因としては，事態の深刻度こそを挙げるべきであろう。言い換えれば，権利の停止で問題とする緊急事態と言えるか否かは，民主的社会の維持という圧倒的なまでの関心事を考慮に入れての，個々の事件毎の評価により判断されなくてはならない(205)。

そもそも国際社会が主権国家を主な構成単位とする以上，各主権国家が何らかの裁量権を有することは認めざるを得ない。さりながら，戦争などといった緊急事態においてこそ，各国家による主権の行使により酷い人権侵害が起きることもまた事実である。よって，国際人権法が目指す人権保護の目的をまったく無意味なものとしかねない無制限の権利の停止は，認めるわけにはいかないと言わざるを得ない。言い換えれば，緊急事態においては，国家の裁量権をいかに制限するかこそがまさに重要なのであり，国際人権法上権利の停止を行うためには，条約によって厳格な要件が課され(206)かつ国際社会の監視の下に置く(207)，という手法が採られているのはこのためである。

---

(203) 明文で禁止しているものとしては，例えば，拷問等禁止条約(1984) 2条2項，強制失踪条約(2006) 1条2項，自由権規約第二選択議定書6条2項，とか米州強制失踪条約(1994)10条などがある。

(204) UN Commission on Human Rights, "Study of the Right of Everyone to be free foom Arbitrary Arrest, Detention and Exile", E/CN. 4/826 (1962), p. 257 参照。

(205) Seminar on the Effective Realization of Civil and Political Rights at the National Level (Kingston, 1967), ST/TAO/HR/29, p. 38 参照。

(206) 例えば，自由権規約4条1項，ヨーロッパ人権条約15条1項の規定，米州人権条約27条1項。

(207) 自由権規約では自由権規約人権委員会が，ヨーロッパ人権条約ではヨーロッパ人

〔初川　満〕　　　　　　　　*10* 緊急事態における人権の制限

　緊急事態における人権状況は排他的に国内管轄権に属するとの主張は，国連の人権委員会，特別委員会あるいは特別報告者などにより，重大な人権侵害が存在するところでは一貫して否定されている[208]のであって，こうした人権侵害を引き起こし得る緊急事態においては，国際人権条約機関による国際社会の受け入れ得る人権侵害か否かの判断に従うことが，人権条約締結国の義務といえよう。

　さて，緊急事態を宣言し，その危険性を克服するために必要であると考える措置を採るか否かは，締約国次第であり，国家がある状況を緊急事態とは見做さないとの選択を行った場合，その状況の評価は最終とならなくてはならない[209]。とはいえ，この国家の権利といえども無制限ではない。もしも国家がある状況を緊急事態と判断したならば，権利の停止が行われるための条件は，もはや自由な裁量に任されるのではなく，次項で論じる法的要件に服さなくてはならない。つまり，権利の停止を行うに当たっては，その状況及び必要とさ

　　権裁判所，米州人権条約では米州人権裁判所が，監視の役割を担い，各要件の詳細な審査を行う。
(208)　例えば，UN Doc. E/CN. 4/1310（1979），Annex xxii 参照。
(209)　ヨーロッパ人権委員会は，ヨーロッパ人権条約15条の適用の可能性について自ら進んで提起することはないと述べ，この見解を採用した＊。しかるに規約人権委員会は，当初は，たとえ国家が主張しなくとも委員会自身が規約4条における緊急事態の存在を評価し得るとの見解を採っていたが＊＊，後に，公式に宣言された緊急事態のみが4条における権利の停止を正当化し得るとの立場を採るようになり＊＊＊，ヨーロッパ人権委員会と同じ見解を採るようになってきている。
　　なお，「権利の停止」が宣言されなければ停止できない権利について，公の緊急事態の存在の主張を政府が行っていないにもかかわらず停止を行った政府の行為を正当化するという文脈において，ヨーロッパ人権裁判所は公の緊急事態の存在を認めた＊＊＊＊。このため，権利の停止という法的かつ政治的コストをかけることなく，政府は実際上同じような効果を得ることすら可能となろう。
　　＊　Cyprus v. Turkey, Appls. 6780/74 and 6950/75, 2 D. R.（1975）125 及び McVeign v. U. K., Appl. 8022/75, 25 D. R.（1981）15 参照。
　　＊＊　Ramirez v Uruguay, Comm. 4/1977, UN Doc. A/35/40 at 121, para. 17 参照。
　　＊＊＊　例えば，規約人権委員会の国家報告に対する以下の見解において，このことが言えよう。Comments on the Report of the Russian Federation, UN Doc. CCPR/c/79/Add. 54（1995），para. 27; Review of the Periodic Report of Nigeria, UN Doc. CCPR/c/SR/1505（1996），paras. 66, 71 参照。
　　＊＊＊＊　Brogan and Others v. U. K, Judgment of 29 Nov. 1988, 11 EHRR 117, paras. 79, 80（Commission）参照。

〈第3部〉人権保障を巡る憲法と条約の相克

れる措置の評価について、締約国はある程度の自由な裁量権をもってはいるが、国家は決してこれらの評価の最終判定者という訳ではない。もしも緊急事態の宣言や権利の停止の措置が他の締約国あるいは個人によって争われるならば、自由権規約人権委員会やヨーロッパ人権条約機関が、各々4条と15条に規定されている条件全てが充たされているか否かを審理することとなる[210]。

では、以下に、我が国が締約国である自由権規約において権利の停止を規定している4条を基にしつつ、その先駆的役割から国際社会における人権の保護に多大な影響力を及ぼしているヨーロッパ人権条約における権利の停止に関する規定である15条についての判例を参考に、「権利の停止」に関する国際人権法上の諸原則の解釈及び適用について、見ていくこととしよう[211]。

(2) **要件一般論**

(i) 自由権規約、ヨーロッパ人権条約及び米州人権条約以外に、緊急時における権利の停止に関する規定を含んだ一般人権条約は、現時点では見られない[212]。よって、例えば人種差別撤廃条約や女性差別撤廃条約における権利[213]と同じく、社会権規約とか子供の権利条約における権利も、いかなる状況下においても停止することはできない。

とはいえ、例えば社会権規約に含まれている権利は、上記三条約が各2項に規定する「緊急事態といえども停止できない権利」と同じように考えるべきではあるまい[214]。そもそも社会的規約に規定されている権利や自由は、漸進的

---

[210] Ireland v. U. K., Judgment of 18, Jan. 1978, A/25, p. 78 参照。また、規約人権委員会も、緊急事態を宣言する締約国の主権的権利には疑問の余地はないが、単に例外的状況の存在を主張することのみによって、締約国が規約を批准することにより約束している義務を回避することは出来ない、と述べている。Silva v. Uruguay, (1981) Selected Decisions of Human rights Committee, 65.

[211] なお、「権利の停止」の法レジームについての具体的かつ詳細な分析については、拙著・前掲注(1)を参照されたい。

[212] 但し、ヨーロッパ社会憲章は30条に、アラブ人権憲章は4条に、各々権利の停止規定を置いている。その他として、前掲注(200)・(201)を参照のこと。

[213] そもそも「人種」や「性」を理由とする差別は、自由権規約4条1項但書に「してはならない」と明記されている。

[214] これについては、「緊急事態への言及がないということは、緊急事態を理由とする効力停止をそもそも認めていないことではないか。」と解するものがある。阿部・前掲注(198) 5頁。

320

に実現されるべきであるから（2条1項），もっと柔軟かつ妥協的な義務を生じさせるものである。また，経済的，社会的及び文化的権利というものは，自由権ほどは権利の停止の発動への強制的な根拠を与えるとは思えないことから，一般制限条項によることで十分に対処できると考えられる[215]。

もっとも，上記三条約においても，いかなる権利が停止の対象とならないかについては大きく異なっている。これについては後述するが，簡単に分けると，権利の停止の対象とならないものを最も基本的な権利に限るか，それとも緊急時における停止は不要であるような権利までも含むか，の違いによるといえよう。

さて，権利の停止は，正常な状態に社会を戻すためにのみ正当化し得るのであるから，権利の停止の措置は，特定の緊急状態の続く間に限定されるものでなくてはならない[216]。つまり，比較的短期間しか続かない真に異常な危機のみが停止を正当化する緊急状態となり得るし，また国家が採った緊急措置は，特定の脅威に対し程度及び期間共に比例していなくては正当性を有しないといえる。

よって，権利の停止を規定した三条約の条項には，以下のような原則が含まれている。

第一は，例外的な脅威である事とか比例している事といった，必要性の理論からの原則である。政府が採った権利の停止の措置は，程度及び期間共に特定の脅威に比例していなくてはならない。また，権利の停止の措置は，既述の制限条項により採り得る措置では緊急状態に対処するには不十分である場合以外には，用いられてはならない。なおこの措置は，例えば自然災害を理由として政治的権利の停止を導びくことはできないように，特定の脅威に対し何らかの関係を有するものでなくてはならないと主張されている[217]。

第二は，非差別の原則である。この原則は，自由権規約及び米州人権条約

---

[215] P. Alston & G.Quinn, "The Nature and Scope of the States Parties' Obligations under the ICCPR", 9HRQ（1987）, p. 217 参照。また，前掲注[202]の最終段落を参照されたい。

[216] R. Higgins, "Derogations under Human Rights Treaties" 48 B.Y.I.L（1977）, p. 286 参照。

[217] これは「性質上の比例性」の要件とされる。J. Oraà, "Human Rights in States of Emergeny in International Law"（1992）, pp. 146-147 参照。

〈第3部〉人権保障を巡る憲法と条約の相克

には，各々4条1項但書及び27条1項但書に明文により規定されている。また，ヨーロッパ人権条約15条にはこれらに相当する文言は置かれていないが，ヨーロッパ人権条約締約国は全てが自由権規約の締約国であるから，「締約国は……国際法に基づき負う他の義務に抵触してはならない」(4条1項2文)という要件を通して，規約4条1項2文における非差別条項が条約15条1項の要件の不可欠な部分を構成することとなるため，実際上はあまり問題とならない[218]。

第三は，通告の原則という手続的性格のものである。これは，権利の停止を条約締約国に知らしめ停止措置を国際的評価に委ねることで，国際社会による監視を実効的なものとする。三条約共に，各々第3項に規定している。

では以下に，自由権規約4条の規定する権利の停止の要件について，ヨーロッパ人権条約15条の解釈を参考に見ていくこととしよう。

(ⅱ) 「国民の生存を脅かす公の緊急事態 (in time of public emergency which threatens the life of the nation)」が存在していること。

これは必要性の原則からのものと言われている。ここに「緊急事態 (emergency)」とは，「十分な議論の時間もなく即時の行動を必要とする不規則の状況の組み合わせであり，突然の予期せぬ出来事をいう」[219]。そして，「国民の生存を脅かす」「公の緊急事態」とは，全人口に影響を与えかつ国家を構成している社会の組織だった生活への脅威となる，危機的あるいは緊急の例外的状況を意味する[220]。

具体的には，緊急事態が権利の停止の措置を採ることを可能とする「公の緊急事態」とされるには，以下の特性を有していなくてはならない[221]。(ア)現在かつ急迫したものであること。(イ)国民全体を巻き込むものであること。(ウ)いわゆる人権の制限条項による通常の措置や規制では不適切なものであること。

---

(218) 拙著・前掲注(1) 94-95頁参照。
(219) Black's Law Dictionary (6th ed. 1990) "emergency" の項。なお，「有斐閣法律用語辞典〔第2版〕」(2000年)によると，「治安維持その他秩序維持上，急迫した危険が存在する状態」(p. 309) と解され，狭い意味をもつものとなっている。
(220) Lawless v. Ireland (No. 3), Judgment of 1 July 1961, 1 EHRR 15, p. 15 参照。
(221) D. O'Donnell, "Commentary by the Rapporteur on Derogation", 7HRQ (1985), pp. 23, 24 参照。なお，The Greek Case (Denmark, Norway, Sweden and the Netherlands v. Greece, Report of 5 Nov. 1969, yearbook XII, p. 72 参照。

㈔社会の組織だった生活への脅威となる危険が存在していること。

なお,「国民の生存を脅かす緊急事態」といった事実は,その性質上多少漠然としているから,判断機関による積極的な性格付け行為というものを必要とする[222]。

では,各々について見ていくこととしよう。

㈠について。

国際法上予防的性質のいわゆる国家緊急事態というものは違法であるから,緊急事態は,現在のあるいは少くとも差し迫ったものでなくてはならない。なお,国民の生存を脅かす公の緊急事態が存在するかあるいは差し迫っているかという点については,通常政府の長により決定されるが,長は判断に際し,自由裁量（margin of appreciation）の理論に似たある程度自由な裁量を許されるであろう。

なお,自由裁量の理論は,もっぱらヨーロッパ人権条約15条の解釈において同条約機関により発達させられている[223]。例えば,Ireland v U. K. においてヨーロッパ人権裁判所は,以下のように述べている。「政府は,歴史的,経済的,社会的,戦略的面の全てにおいて,その状況と継続的かつ直接的に接触していることから,緊急事態がその宣言を正当化するレベルに到達しているか否かを評価するについて,他のいかなる機関よりも適した立場にある。」[224]

しかるに,Siracusa Principles は,公の緊急事態において一定の権利の停止を許す規約の条項は,限定的に解釈されるべきであるとする[225]。そして,米州人権裁判所も規約人権委員会も,表面上は自由裁量という手法を採用していない[226]。

---

[222] 事実を性格付けする機関の独自性,管轄及び権威は,非常に重要であろう。R. Provost, "International Human Rights and Humanitarian Law"（2002）, p. 243 参照。

[223] 拙著・前掲注(1) 79-86 頁参照。

[224] Ireland v. U. K., 前掲注(210) paras. 207-214. 同旨の判例として, Brannigan and McBride v. U. K., Judgment of 26 May 1993, 17 EHRR 539, para. 43. などがある。

[225] "Siracusa Principles,, Principle 63. 同旨として, "Final Report on Monitoring States of Emergency: Guidelines for Bodies Monitoring Respect for Human Rights During States of Emergency", in Report of I. L. A. (1991), p. 233 参照。

[226] 本稿Ⅱ2(3)(vi)「公衆の道徳」の項を参照のこと。また, A. Conte & R. Burchill, "Defining Civil and Potitical Rights"（2nd ed. 2009）, p. 45, 及び D. Harris, "Regional Protection of Human Rights: The Inter-American Achievement", in The Inter-American

〈第３部〉人権保障を巡る憲法と条約の相克

思うに，状況との継続的かつ直接的な接触の必要性というものは，緊急事態が存在しているか否かの査定よりも，むしろ緊急事態を処理するために必要とされる措置の評価の方に，より関連していると言うことが出来よう[227]。よって，緊急事態の存否の判断に関しては，裁量権は限定的に解すべきと言えよう。

(イ)について。

ここで強調されるべきは，脅威の重大さであり地理的範囲ではない。ある地域で主に起きているテロ行為とか重大な自然災害のような地理的には限定された緊急事態といえども，その影響が国の機関の機能を害するならばすなわち国全体に影響を与えるものであるならば，権利の停止を正当化するであろう[228]。

(ウ)について。

権利の停止のもつ例外的なものとしての性格から，国の安全，公共の安全，公の秩序などといった権利の制限の正統事由に基づいて，通常の権利の制限の措置を尽し当該脅威に対処してもその危険を抑えることが出来ないと思われる時のみ，権利の停止条項は適用される。すなわち，権利の停止措置を正当化する緊急事態とは，例外的かつ一時的な性質のものでなくてはならないのであり[229]，また権利の停止は最終手段でなくてはならないから，これを行うことがたとえ国内法上合法的であろうともすべての事態が自由権規約において正当な訳ではなく，緊急事態はあくまでも一定の重大さに達していなくてはならない[230]。

(エ)について。

これは，国の基礎をなす社会における組織だった生活というものへの脅威と解され，こうした脅威としては，人々の個人としての尊厳性，領土の保全ある

System of Human Rights, eds. By D. Harris & S. Livingstone（1998), p. 12 参照。
(227)　R. Provost・前掲注(222) 289 頁参照。
(228)　N.Questiaux, "Study of the Implications for Human Rights of Recent Developments concerning Situations known as State of Siege or Emergency", E/CN. 4/Sub. 2/1982/15（1982), p. 15 参照。なお，領域の一部における緊急事態で，そこの住民のみに影響を及ぼすものもまた，正統な緊急事態状況と受けとめる考えもある。Paris Minimum Standards ("Minimum Standards of Human Rights Norms in a State of Exception"drafted during the International Law Assoiation's Paris Conference in 1984）ILA（1985), p. 58 参照。
(229)　G. C. 5/13 of 28 July 1981, §3 参照。
(230)　拙著・前掲注(1) 67 頁参照。

いは法秩序というような国家諸機関の機能へのものがあり得る[231]。

(ⅲ) 「事態の緊急性が真に必要とする限度（to the extent stictly required by the exigencies of the situation）」の措置であること。

ここで「真に必要とする」とは，「絶対に必要なこと」を意味する表現のグループ中に見い出されるものであり[232]，人権の制限条項についてⅡ2(2)(ⅱ)で論じた「必要な」という要件より厳しい判断基準を充たすことを求めている。しかるに，国家は緊急事態といえども必要性及び厳格な比例性の原則に拘束されるのであるから，採られた措置が「事態が真に必要とする限度」のものであるか否かは，(ア)権利の停止は，国民の生存への脅威に対処するために必要であるのかという，必要性の要素。(イ)そこで採られる措置は，緊急事態に対処するために必要とされるところに比例しているかという，比例性の要素，(ウ)真に必要とされる期間に限られているかという，期間の要素。という三要素を考慮して決定されることとなる[233]。

では，次にこれら三要素について順に見ていくこととしよう。

まず(ア)の必要性（necessity）の要素について見ていくとしよう。

前述の人権の制限条項の項の2(2)(ⅱ)において見たように，人権の制限条項の解釈においては，「必要な」という要件に「民主的社会において」という表現が，明文化されていなくとも要件として加えて解されている。では，権利の停止条項においても，「真に必要な」という要件の解釈において，「民主的社会において」という要件を加えて解すべきであろうか。

確かに，自由権規約，ヨーロッパ人権条約そして米州人権条約全てにおいて，権利の停止条項には，文言上は「民主的社会」の原理は含まれていない。しかしこの原理は，多くの国際条約の制限条項や人権を保護するための宣言中に見い出すことが出来るのであり[234]，着実にその重要性を獲得してきている。そ

---

(231) "Siracusa Priniples, para. 39 参照。
(232) A.Svensson-McCarthy, "The International Law of Human Rights and States of Exception" (1998), p. 619 参照。
(233) 拙著・前掲注(1) 73-78 頁参照。
(234) 例えば，世界人権宣言29条2項；自由権規約14条1項，21条，22条，2項；社会的規約4条，8条1項；ヨーロッパ人権条約6条1項，8条2項，9条2項，10条2項，11条2項；ヨーロッパ人権条約第四議定書2条3項；ヨーロッパ社会憲章31条等。但し，アフリカ人権憲章，人権に関するアラブ憲章は，この原理について一言も言及していないが。

〈第3部〉人権保障を巡る憲法と条約の相克

の正確な意味については若干の相違が存在することは否めないが，例えば「民主主義を強化促進」する必要に関する1993年ウィーン世界人権会議で，「人々の自由に表明される意志に依拠する」との世界的な合意に達したように[235]，「民主的社会」という文言は，これが明示的に含まれていようと含まれていまいとにかかわらず，権利の停止条項の解釈及び適用に際し不可欠な役割を演ずる原則の一つとなっていると解すべきである。言い換えれば，この原理は，人権の行使に対する制約が合法的に課され得る法的枠組みに資格を与えているのである。

なお，ここにいう「民主的社会」の要素としては，いかなる民主主義におけようとも重要な要素と解されている，多元主義，寛容，寛大，平等，自由，自己達成の奨励といったものが考えられよう[236]。

次に(イ)の比例性（proportionality）の要素について見ていこう。

既に何度も述べたように，権利や自由は絶対的ではなく何らかの制限を甘受せざるを得ない。しかし，そこでの制限は，あくまでも制限により追求する正統な目的に比例していなくてはならない。言い換えれば，比例の原則は，達成されるべき特別の目的とその目的を達成するために用いられる手段との間に合理的な関係が存在することを必要条件とするのであり，個人の利益と社会の一般的利益との間に公正な均衡を採ることを求める。

国際法上比例の原則は，非差別の分野，制限条項の分野そして権利の停止の法システムの三分野において[237]，主に適用されてきている。もっとも，比例性の追求は，ヨーロッパ人権条約ではその全ての権利や自由に内在しているとしばしば言われているが[238]。

では，規約人権委員会の4条（権利の停止）に関する一般的意見[239]及びヨーロッパ人権条約15条（権利の停止）に関する主要判例[240]の分析などを基に，

---

[235] UN Doc. A/CONF. 157/23, p. 5, para. 8. "The Vienna Declaration and Programme of Action of 25 June, 1993" 参照。
[236] C. Ovey & R. C. A. White., "European Convention on Human Rights"（3rd, ed.）(2002), p. 210 参照。
[237] R. Clayton & H. Tomlinson, "The Laws of Human Rights"(Vol. I)(2000), p. 279 参照。
[238] 例えば，Gaskin v. U. K., Judgment of 7 July 1989, 12 EHRR 36, para. 42 参照。
[239] G.C. 29/72 of 24 July 2001, para.4 参照。
[240] Lawless v. Ireland (No.3), Judgment (merits) of 1 July 1961, 1EHRR 15; Ireland v. U. K., Judgment of 18 Jan. 1978,2 EHRR 25.

権利の停止への比例原則の適用を考えてみることとしよう[241]。

第一に，法律の通常の条項及び平和時において予想される正統な制限では緊急事態を処理するには十分でない場合のみ，権利の停止の措置が採られなくてはならない[242]。

第二に，権利の停止の措置は，脅威の重大さに比例していなくてはならない。つまり，国民の生存への脅威が非常に深刻な場合にはまさに劇的な措置が必要となろうが，それほどでもない場合にはそうではないであろう[243]。

第三に，権利の停止のために採られる措置は，緊急事態により引き起こされる脅威と何らかの関係（いわゆる「質的比例性」[244]）を有するものでなくてはならない。

第四に，権利の停止の必要性と比例性は，現在の緊急事態にのみ照らして判断されるべきである[245]。

第五に，比例の原則に合致しているか否かを評価するに際しては，権利の停止の措置を実施する必要性のみならず停止措置が実際に適用される仕方も，考慮しなくてはならない。

第六に，緊急事態における権利の乱用を防ぐために，国会による定期監督や司法又は独立の審査機関による調査といった，十分な人権保障策が実施されていなくてはならない。

第七に，権利の停止措置の比例性の問題や権利の乱用に対する保障策の妥当性は，緊急事態の異なる局面毎に判断されるべきである。

第八に，権利の停止措置は，緊急事態が続く限りにおいて正当化されるにすぎない。

では最後に，(ウ)期間の要素について見ることとしよう。

何度も述べているように，権利の停止は，人権の享受を保障する通常の法的

---

(241) R St. J.MacDonald, "Derogations under Art. 15 of the European Convention on Human Rights", 36 Columbia Journal of Transnational Law (1977), pp. 242-244; J. Oraà・前掲注(217) 144-149, 169, 170 頁参照。

(242) Lawless v. Ireland・前掲注(240) para. 36; Ireland v.U.K.・前掲注(240) para. 212 参照。

(243) Lawless v. Ireland, Report of the Commission of 19 Dec. 1959, B/1960-61, Opinion of Mr. Susterhenn, p. 143 参照。

(244) J.Oraà・前掲注(217) 146 頁参照。

(245) Lawless v. Ireland, 前掲注(243), opinion of Mr.Waldock, p. 125 参照。

〈第3部〉人権保障を巡る憲法と条約の相克

手続への例外であるから、その性質上一時的なものでなくてはならない。権利の停止が、どの権利や自由に関して、どのくらい続いたかは、「真に必要とする限度」の判断において重大となる。よって、当初は必要とされていた措置といえども、もはや効果がないとか、事態からは真に必要とはされなくなったことが証明され得るならば、そうした措置はもはや止めるべきであろう[246]。

さて、ここで締約国の裁量権について、少し触れておくことにしよう。

こうした「事態の緊急性が真に必要とする限度において」のみ権利の停止の措置を講ずることが出来るとする(ア)(イ)(ウ)の三要素に関しては、当該締約国政府に裁量権が認められている。これは、国家を主な構成単位とする今日の国際社会の現状からいって、主権国家が自衛のための何らかの裁量権を有することは不可欠と言わざるを得ないが故にであると言って良かろう。しかし、この裁量権も、国民の生存への脅威に対処するために権利の停止が必要であること、その脅威に対処するための措置は事態が引き起こしている危険に比例していること、必要最小限度の期間の停止であること、という三要件において[247]、国際社会のチェックを受けることとなる[248]。

(iv) 差別的であってはならない（非差別の原則）。

自由権規約は4条1項但書2文に、「人種、ヒフの色、性、言語、宗教または社会的出身のみを理由とする差別を含んではならない。」と規定している。つまり、権利の停止措置によってここに列挙された根拠に関して「のみ（soley）」差別が行われる訳ではないにもかかわらず、ここに列挙されている根拠は、規約の例えば2条1項（非差別）とか26条（法律の前の平等）といった条項の保証において禁じられる差別根拠よりも狭い。これは、権利の停止がまさに例外的な場合にのみ行われ得ることから、権利の停止を制限するがごとき非差別は、通常時の非差別よりも限定された根拠によってのみ可とするということからで

---

[246] F.G. Jacobs & R.C.A. White, "The European Convention on Human Rights"(2nd ed.) (1996), p. 320 参照。

[247] J. F. Hartman, "Working Paper for the Committes of Expert on the Art 4 Derogation Provision", 7HRQ (1985), p. 104 参照。

[248] Human Rights Committee, Landinelli Silvaretal. v. Uruguay, Comm. No. 34/78, HR (xtee Selected Decision I, §8.3 参照。なお、ヨーロッパ人権裁判所は、国内的裁量権というものは無制限という訳ではなく、ヨーロッパの監督というものが伴うとしている。Ireland v. U. K.・前掲注(240) 79 頁参照。

あろう⁽²⁴⁹⁾。勿論，本項以外の根拠による差別といえども，厳格な要件を充たすことが求められることは言うまでもないが。

権利や自由の行使を制限する措置は，事実上も非差別的でなくてはならない⁽²⁵⁰⁾のであり，特に自由権規約からの離脱を行う措置に訴える場合において，人々の間に何らかの差異が作り出されるような場合には，4条1項但書の非差別条項が充たされなくてはならない⁽²⁵¹⁾。とはいえ，一般的にいって，差異が正当な目的を追求するためになされ，客観的な正当化事由を有し，採用された手段を実現しようとする目的との間に合理的な比例性が存在するところでは，異なった取り扱いは許容されるが⁽²⁵²⁾，言い換えれば，異なる扱いが非差別条項に適合するか否かの判断には，異なる扱いの手段と効果及びそれにより実現されると考えられる目的の間に，合理的比例関係が存在していなくてはならない⁽²⁵³⁾。

さて，ヨーロッパ人権条約において権利の停止を規定した15条は，自由権規約4条と異なり差別に関する文言を含んでいない。その上，15条2項の権利の停止が許されないものの中に，差別の禁止を規定した14条が含まれていない。そのため，14条の非差別条項は権利の停止の対象となるのではないか，という問題が出てくる。とはいえこれは，既に述べたようにヨーロッパ人権条約締約国はすべてが自由権規約締約国であるから，当該締約国が「国際法に基づき負う他の義務に抵触してはならない」（規約4条1項但書1文）という要件を通し，規約4条1項但書2文における非差別条項が条約15条1項の要件の不可欠な部分を構成することとなるため，実際にはあまり問題とはならないと言

---

(249) 「のみ」（soley）という単語の使用は，偶然によるよりもむしろ意図的な差別のみを禁じていると解するものがある（R. Higgins・前掲注(216) p. 287参照）。また，この例として，地理的に限定された緊急措置は，特定の人種グループにより悪い影響を及ぼし得るが，こうした間接的な差別は，4条1項違反とはならないであろうとの指摘がある（T. Buergenthal, "To Respect and to Ensure : State Obligations and Permissible Derogations", in L. Henkin (ed.), The International Bill of Rights : The ／ CCPR"（1981），p. 83参照）。

(250) Siracusa Principles, para. 9参照。
(251) G. C. 28/68 of 29, march, 2000, para. 8参照。
(252) J. Fitzpatrick, "Speaking Law to Power: The war against Terrorism and Human Rights" 14 EJIL（2003），p. 256参照。
(253) Lithgow and Others v. UK, Judgment of 08 July 1986, 6EHRR 329参照。

〈第3部〉人権保障を巡る憲法と条約の相克

える。

　なお，ヨーロッパ人権条約14条は，「この条約に定める権利及び事由の享受」にもっぱら関連していなくてはならないため，この差別禁止条項は，独立したものではなくあくまでも当条約が規定する他の権利や自由との関係において論じられ得るにすぎなかった[254]。但し，2005年4月1日発効の第十二議定書は，差別の一般的禁止を「この条約に定める権利及び自由」に限定することを止め，1条1項に「法により定めるいかなる権利の享受も，……（省略）……いかなる差別もなしに，保障される。」と規定した。これにより，非差別の条項は，独立した条項として解釈されることとなろう。

　(ⅴ)　通知しなくてはならない（通告の原則）。

　自由権規約は，4条1項1文において「緊急事態の存在が公式に宣言されている」ことを求めている[255]。次いで，権利の停止に当っては，停止の措置及びその理由を「国連事務総長を通じてこの規約の他の締約国に直ちに通知する。」こと，そして権利の停止の終了に際しても同じく「事務総長を通じ通知する」ことを求めると，同4条3項に明記している[256]。

　要するに，4条1項は，国内法における手続上の通知要件を課し，同条3項は，国際レベルでの通知要件を課しているのである。

　国内における宣言を要件とした目的は，国内法上の義務を充たすことを締約国に義務付けることにより，事実上の緊急事態というものを減らすことにあった。もっとも，緊急事態の宣言というものは，基本的には国家の国内行為である。しかるに，性質上司法府はこの宣言を行うには適していないと言わざるを得ず，国家に対する真の危険及び緊急事態の宣言に訴える必要性といった事実

---

(254)　A. Svesson-McCarthy・前掲注(232) 658頁参照。
(255)　国内における宣言については，ヨーロッパ人権条約でも米州人権条約でも求められていないが。
　　なお，特定の条項につき権利の停止を宣言する場合，それ以外の規約条項の権利の停止は認められない，とする国際司法裁判所の勧告的意見がある。Legal Consequences of the Construction of a Wall in the Occupied Palestinian Territory（Advisory Opinion）, I. C. J. Reports 2004, para. 127 参照。
(256)　ヨーロッパ人権条約15条3項では，停止の措置及びその理由，そして終了について，条約受託者である欧州審議会事務総長に通知しなくてはならない，と規定している。又，米州人権条約27条3項では，「停止の終了予定日」を，米州機構事務総長に通知することを求めている。

を評価するには、政治的機関の方がより適した立場にあるといえよう。よって、突発的かつ例外的状況においては、行政府が宣言を行わざるを得ない。立法府は、可能な限りにおいて迅速に、宣言を確認するため召集されなくてはなるまいが。

なお、緊急事態の存在を公式に宣言しないとする国家の決定は、最終的なものである。公式の宣言がある場合のみ権利の停止は許されるのであるから、宣言しない場合は当然に、締約国は通常の条約上の人権保障義務を負うこととなる。

それに対し国際的な通知の要件は、締約国が公の緊急事態における条約上の義務を履行しているか否かを、他締約国及び国際機関が監視することを助けるものである。そして、通知の要件として規約4条3項は、(ア)「違反した規定及び違反するに至った理由」を、(イ)「直ちに」通知すること、としている。

(ア)の「違反の理由」については、通知は関連法に関する十分な書類を付けて、採用した措置及びその理由についての明確な説明に関する十分な情報を含んでいなくてはならない[257]、と解されている。なお、具体的には、Siracusa Principles は、以下のように詳述している[258]。

「通知の要件
・当該締約国が停止している規約の条項。
・他締約国が権利の停止の範囲を正しく認識するのを助けるために、緊急事態に適用されている憲法条項、法律又は命令と一緒に、緊急事態の宣言のコピー。
・緊急事態を課す実際の日時及び宣言される期間。
・緊急事態宣言に導びいた実際の状況についての簡単な記述を含む、権利の停止を政府が決定した理由の説明。
・宣言に先だって発せられたこれらの権利を停止する命令のコピーを含む、規約により認められた権利に関する停止措置の予期される効果の簡単な記述。」

なお、ヨーロッパ人権裁判所は、権利の停止の性質と理由を欧州審議会事務総長が理解できるに十分である限りは、権利の停止が付加的な技術的要件を充たしていないというだけでは無効とされないとし、Siracusa Principles よりも

---

[257] G. C. 29, paras. 5, 16, 17; de Montejo v. Colombia, Comm. No. 64/179, CCPR/C/64/179 (1982), para. 10.3 参照。

[258] Siracusa Principles, para. 45 参照。

〈第3部〉人権保障を巡る憲法と条約の相克

緩やかな義務を求めるという手法を採っている[259]。

(イ)の「直ちに (immediately)」とは、情報は適切な時間内に送られなくてはならない、ということである[260]。この時間の要素は、権利の停止の通知が停止に先だち行われなくてはならないと言う訳ではなく、単に合理的な時間内に通知しなくてはならない、ということを意味しているにすぎない。なお、ヨーロッパ人権条約15条3項の文言中には「直ちに」という要件は見られないが、判例法体系においては、この時間の要素は必要な要素と考えられてきている[261]。

では、「合理的な時間」とは、いかなるものであろうか。

ヨーロッパ人権条約の解釈としては、遅延なく行われることと解されている。具体的には、例えば権利の停止の発効後8日後及び11日後[262]あるいは12日後[263]などに通知が行われた事例に関しては、15条3項の「通知」の要件を充たすとされた。

それに対して、緊急事態宣言の1カ月後に緊急事態についての不十分な情報と共に権利の停止の通知は行われたが、権利の停止の理由に関する通知が四ヶ月以上遅れた事例において、通知は「合理的な時間内に送られてきた」けれども、理由を通知するに際し「不当な遅れ」があったとし、15条3項の時間の要件を充たすことに失敗したと認定したものがある[264]。

なお、停止措置の変更や権利の停止の終了も直ちに通知することが求められるが、これらの義務は、残念ながら必ずしも常に守られている訳ではない[265]。

では、通知の欠如は、停止措置自体を無効とするのであろうか。

これについてのヨーロッパ人権条約15条の解釈において、ヨーロッパ人権委員会は、通知の欠如の争点については避けているように見える[266]が、不完

---

[259] Lawless v. Ireland・前掲注(220) para. 47 参照。
[260] こうした通知は、特に締約国が採用した措置が事態の緊急性の真に必要とするものであったか否かを評価する規約人権委員会がその機能を果すために重要というだけではなく、他の締約国に規約の条項の遵守状況をモニターすることを許すためにも重要である。G. C. 29, para. 17 参照。
[261] Lawless v. Ireland, Report・前掲注(243) 80頁参照。なお、米州人権条約は、27条3項に「直ちに」という要件をおいている。
[262] Ireland v. U. K., Judgment of 18 Jan. 1978, 2EHRR 25, paras. 80, 88 参照。
[263] Lawless v. Ireland・前掲注(220) para. 47 参照。
[264] The Greek Case・前掲注(221) 72頁参照。
[265] G. C. 29, para. 17 参照。

全な通知は，その欠陥が重大であるとか通知自体が行われなかったような場合には，停止を行うことは出来ないと解すべきであろう[267]。とはいえ，権利の停止の通知が意味あるものとなるか否かは，まさに通知に含めることが必要とされる内容次第である。

また，この国際的通知の条件は，実体的な性質のものなのか，それとも単なる手続的性質のものにすぎないのかについては，未だ明確ではない。もしも単なる手続的要件にすぎないならば，自由権規約もヨーロッパ人権条約も（そして米州人権条約27条3項も同じく），通知に失敗した場合について何ら触れていないから，法的効果というものはあまり無いと言わざるを得ない[268]。もっとも，規約人権委員会は，単なる緊急事態の宣言では更なる詳細な情報なしには通知を正当化するには不十分であるとの原則は少なくとも樹立しているのであり，個人通報事件の見解においてではあるが，「かかる義務を怠った国は，効力停止の措置を正当化できない。」と述べている[269]。

(vi) 「国際法に基づき負う他の義務に抵触してはならない。」

自由権規約4条1項但書はその前段に，権利の停止の措置をとる締約国の権利は，国際法に基づき負う他の義務により制限されると規定し，またヨーロッパ人権条約15条1項但書も，まったく同一の文言を置いている。では，ここでいう「国際法に基づく義務」とは，いかなるものであろうか。

まず，国際慣習法上強行法規とされるもの，例えば大量虐殺の禁止とか奴隷取引の禁止などは，停止が許されない。

次に，「他の国際法に基づく義務に抵触しない」という条件の文脈において考慮されるべき人権関連の条約の例としては，国連憲章，1949年ジュネーブ諸条約，その追加議定書，強制労働，結社の自由，労働者の権利についてのILO諸条約，差別撤廃条約，拷問等禁止条約などが挙げられる。

そして，例えばノン・ルフォールマンの原則といったような国際慣習法上の規則も，「国際法に基づく義務」の中に含まれよう。

---

(266) 例えば，The Greek Case・前掲注(221) 40-41頁, Cyprus v. Turkey, Report of the Commission of 10 July 1976, 4 EHRR 482, p. 527 参照
(267) A Svesson-McCarthy・前掲注(232) 713頁参照。
(268) 拙著・前掲注(1) 109-110頁参照。
(269) Landinelli Silva et al v. Uruguay・前掲注(248) para. 8. 3 参照。

〈第3部〉人権保障を巡る憲法と条約の相克

　また，国際慣習法において停止できないとされる権利として，以下のようなものが挙げられている[270]。ⓐ自由を奪われた全ての者の，人道的かつ人間の固有の尊厳を尊重して取り扱われる権利[271]。ⓑ人質にとること，誘拐すること，あるいは恣意的な抑留の禁止[272]。ⓒ少数民族に属する人々の権利の国際的保護[273]。ⓓ国際法上許された根拠によらず行われる住民の国外追放又は強制的移送の禁止[274]。ⓔ戦争宣伝及び差別唱道の禁止[275]。

　但し，この条件については，権利の停止条項が規定する他の条件（既に(i)〜(v)において論じた条件，及び次項において論じる「措置は停止することが許されない権利に影響を与えないこと。」という条件）の全てが充たされた後に，初めて問題となる。言い換えれば，締約国の「国際法に基づき負う他の義務」違反の訴えのみを根拠としては事件は考慮されないのであって，条約上の実体法上の権利の主張がなされて初めて，こうした義務は関連性を有することとなる[276]。

(3) 停止できない権利 (Non-derogable rights)[277]

　(i) 自由権規約，ヨーロッパ人権条約，米州人権条約といった一般人権条約が保護する個々の権利や自由は，制限に対する保護の強さに従い，以下のカテゴリーのように分類し得る（なお，Ⅱ1(ⅲ)も参照されたい）。

　第一のカテゴリーの権利は，いわゆる停止を許されない権利であって，平時のみならず公の緊急事態においてさえも，権利を停止され得ない。この意味では，最も強い保護を受けるものと言えよう[278]。例えば，生命への権利とか拷

---

(270) G. C. 29, para. 13 参照。
(271) 自由権規約10条1項を反映。
(272) 自由権規約9条において禁止されている。これについては，次項「停止できない権利」を参照のこと。
(273) 自由権規約27条に対応。
(274) 自由権規約12条（移動の自由）の停止は，国際法上許された根拠によらない住民の強制移送を含む措置を正当化しない (G. C. 29, para. 13(d))。
(275) つまり，戦争宣伝を行うことの正当化のために，締約国は4条における緊急事態の宣言を行うことはできない (G, C. 29, para. 13(e))。
(276) R. St. J. MacDonald・前掲注(241) 246頁参照。
(277) これについての理論的考察としては，寺谷広司『国際人権の逸脱不可能性』（有斐閣，2003年）を参照のこと。
(278) いわば「緊急事態に対し耐久性を持つもの」と言える。E. Daes, "The Individual's Duties to the Community and the Limitations on Human Rights and Freedoms under Art. 29 of U.D.H.R.", E/CN. 4/Sub. 2/432/Rev. (1983), pp. 197-202 参照。

問等からの自由への権利，奴隷の禁止などがある[279]。もっとも，いかなる権利がこれに当るかについては，条約により異なっているが[280]。

　第二のカテゴリーの権利は，規定に内在する制限によってしか制限されないように見えるものである。例えば，身体の自由についての自由権規約9条が「恣意的に」という文言を，また政治に参与する権利についての同25条が「不合理な」という文言を置いているように，予め定めた制限の範囲により権利自体の限界を定めるものである[281]。

　第三のカテゴリーの権利は，緊急事態において権利を停止され得るのみならず，規定上の規制を超えて外部の制限手段によっても制限され得るものである。例えば，表現の自由とか集会や結社の自由といった権利がこれに該当する。

　要するに，第二及び第三のカテゴリーの権利は，公の緊急事態において権利の停止が行われ得ることとなる。すなわち，これらの人権においては，国の安全，公の秩序あるいは他の者の権利及び自由の保護などといった国家利益との間に均衡をとって権利を制限するという手法により，権利や自由が人権条約においては制限され得る。よって，こうした人権に対しては，通常の制限では治安や秩序を維持し得ない言わば例外的場合のみではあるが，人権条約の停止条項に規定する幾つかの厳格な条件の下で，特別の規制も可能とされることとなる[282]。

　言い換えれば，国の安全とか公の秩序などといった権利の制限を行うための正統な目的（根拠）では公の緊急事態における政府の行為を規制するには十分でない場合が在るが故に，例外的に権利の停止を許しはするが，国家によるこの手法の乱用を避けるために厳格な条件を課し，国際社会の監視下に置くこととしたのである[283]。それ故に，権利の停止措置を許す要件は厳格であり，かつ，権利の停止措置の対象となる権利も，あくまでも条件付きで制限され得るにすぎない。よって，停止され得る権利とされ得ない権利といえども，その差

---

(279) 拷問等の禁止及び奴隷の禁止は，Jus cogens でもある。G. C. 29, para. 11。
(280) 自由権規約は7，ヨーロッパ人権条約は4，米州人権条約は11の権利や自由を，規定中に明示している。とはいえ，ヨーロッパ人権条約の4権利は，全てに含まれているいわば核心的権利である。
(281) 拙著・前掲注(1) 30, 31頁参照。
(282) J. Oraà・前掲注(217) 11頁参照。
(283) R. Higgins・前掲注(216) 286頁参照。

〈第3部〉人権保障を巡る憲法と条約の相克

異たるや実際には非常に狭いものであると言えよう[284]。

とはいえ，幾つかの権利について停止は認められないという原則は，権利の停止条項における最も重要な原則の一つであり，緊急事態に直面した際権利を停止し得る締約国の権利への，強力なる制限となるものである。

(ii) 既述のように，一般人権条約中権利の停止条項を置くものは，自由権規約，ヨーロッパ人権条約及び米州人権条約のみであるが，これら三条約は共に，その第2項に停止を認めない権利を列挙している。しかし，三条約において停止を認めない権利として明示されているものは様々であり，その数も，11の権利及び自由を列挙する米州人権条約から，7の自由権規約そして4（ただし，後に2つ追加された[285]）のヨーロッパ人権条約と異なっている。しかるに，いずれの条約の立法準備作業文書を見ても[286]，停止を許されない権利に何を含めるかについて慎重な検討がなされたとは言い難い上に，含めるか否かについての明確なる基準があったかどうかも明らかではない[287]。

ではまず，最も長いリストを持つ米州人権条約における「停止を許されない権利や自由」を見ることとしよう。同条約は27条2項において，法的人格への権利（3条），生命に対する権利（4条），人としての待遇を受ける権利及び拷問等の禁止（5条），奴隷からの自由（6条），事後法からの自由（9条），良心及び宗教の自由（12条），家族の権利（17条），姓名を持つ権利（18条），児童の権利（19条），国籍を持つ権利（20条），統治に参加する権利（23条）及び，これらの諸権利の保護に不可欠な司法上の保障，のいかなる停止も認めないと規定している。

これに対し，自由権規約は4条2項において，生命に対する権利（6条），拷問等の禁止（7条），奴隷の禁止（8条1項及び2項），契約不履行による拘禁の禁止（11条），事後法の禁止（15条），人として認められる権利（16条），及び思想，

---

[284] I. D. Seiderman, "Hierarchy in International law" (2001), pp. 76, 77 参照。
[285] ヨーロッパ人権条約第六議定書3条及び第十三議定書2条（死刑の廃止）と第七議定書4条3項（一事不再理）。
[286] 寺谷・前掲注(277) 35-73頁に詳しい。なお，自由権規約草案作成過程における議論については，M. J. Bossuyt, 'Guide to the "Travaux Preparetoires" of the /CCPR' (1987), pp. 91-96 が参考になる。
[287] 拙著・前掲注(1) 121頁から125頁参照。なお，権利の停止ができない権利についての判定基準を考察したものとして，寺谷・前掲注(277) 89-108頁も参照のこと。

336

良心及び宗教の自由（18条）[288]の停止は認めないと，規定している。

　しかるに最も短いリストを持つヨーロッパ人権条約は，15条2項においては，生命に対する権利（2条），拷問等の禁止（3条），奴隷の禁止（4条1項）及び事後法の禁止（7条）のみの停止の禁止を規定しているにすぎない。もっとも，その後第六議定書及び第十三議定書により死刑の廃止（各々，3条と2条）が，また第七議定書により一事不再理（4条3項）が，権利の停止を許されないものとして追加されたが。

　これらの表を見ると，一応は，人権の保護にとり絶対的に重要かつ不可欠な権利を含むグループと，緊急事態とは何らの関係がないため権利の停止が正当化され得ない権利を含むグループに大きく分けることが出来るから，停止できない権利について二つの異なった基準が用いられていると考えられる[289]。そして，後者に属する権利が自由権規約や米州人権条約に含まれたのは，緊急時における人間の保護のための最も基本的な権利に含まれるからというよりも，むしろ緊急事態を乗り切るためにはそれらを停止する必要がないことによろう[290]。

　なお，三条約共に，生命への権利，拷問等からの自由への権利，奴隷からの自由への権利及び事後法による処罰からの自由への権利といった四権利については，共通して権利の停止が許されないと規定している。よって，これら四権利は非常に基本的なものであり，国際慣習法のみならず強行法規としても，いかなるこれらの権利の停止も緊急事態において許され得ないと言える[291]。

　(iii)　しかるにこれら三条約を詳細に見て行くと，各々の権利の停止条項第2項に明示的に含まれている権利に加え，その他の権利や自由にも緊急事態において停止され得ない場合があるように思われる。では，以下において，これら

---

(288)　なお，この自由は，4条2項に明記されているため4条の手続により権利の停止を行うことはできない。とはいえ，18条3項（制限条項）自体により表明された権利に対する許された制限は除外しないのであって，そうした制限や規制は正当化され得る。G. C. 29, paras. 7, 11 参照。

(289)　J. F. Hartman, "Working Paper for the Committee of Experts on the Art. 4 of Derogation Provision," 7HRQ（1985), pp. 113-114 参照。

(290)　J. Oraà・前掲注(217) 97頁参照。

(291)　J. Oraà, "The Protection of Human Rights in Emergency Situations under Customary International Law," in G. S. Goodwin-Gill & S. Talmon eds., The Reality of International law（1999), pp. 433-434 参照。

〈第3部〉人権保障を巡る憲法と条約の相克

について考えて見ることとしよう。

　まず第一に，停止できない権利の行使に関係する条項であり，差別の禁止とか効果的な救済手段への権利などがこれに含まれよう。

　非差別については，自由権規約4条1項但書後段及び米州人権条約27条1項但書後段において，権利の停止措置には「差別を含んではならない（do not involve discrimination）」と明文で規定されている。そしてこれは，既述のように，ヨーロッパ人権条約の解釈からも肯定される。よって，権利の停止によろうとも，差別は決して許されない。

　また，締約国に対し，規約上の条項違反に対し救済措置を提供することを要求している自由権規約2条3項（ヨーロッパ人権条約13条，米州人権条約25条も同趣旨）は，4条2項の権利の停止を許さない条項には含まれてはいないが，全体として規約に内在する条約上の義務を構成しているのであり，たとえ4条1項に基づいて何らかの調整を行ったとしても，2条3項により効果的な救済措置は提供しなくてはならない[292]。

　第二に，一般的制限を含む条項の問題がある。例えば，いわゆる権利の乱用[293]や既存の人権の保障[294]に関する条項は，権利の破壊とか規約において定められる制限の範囲を超えての制限を目的とするいかなる行為も禁じている。しかし権利の停止条項は，締約国に，まさにここで問題とする一般的制限条項を含む条約の義務からの離脱を許している。よって，これらの制限条項の権利の停止を行う場合には，権利の停止条項の条件から厳格に必要とされる以上に権利や自由を破壊したり制限しようとするいかなる行為を行うことも，禁ずるものと解すべきである[295]。

　第三に，人間の保護にとり最も基本的な権利というべき，恣意的な逮捕や抑留からの自由（いわゆる身体の自由への権利）[296]と適正な法手続への権利[297]を挙げることができる。これらの権利は，どの条約においても停止され得ない権利とはされていない。しかし，生命への権利とか拷問からの自由といった最も基

---

(292)　G. C. 29, para. 14 参照。
(293)　自由権規約5条1項；ヨーロッパ人権条約17条；米州人権条約29条(a)。
(294)　自由権規約5条2項；ヨーロッパ人権条約53条；米州人権条約29条(b)。
(295)　Lawless v. Ireland, Judgment of 1, July, 1961 (merits), I EHRR 15, para. 38 参照。
(296)　自由権規約9条；ヨーロッパ人権条約5条；米州人権条約7条。
(297)　自由権規約14条；ヨーロッパ人権条約6条；米州人権条約8条。

本的な権利に対して，停止が許されないと明記されているにもかかわらず重大な侵害がしばしば行われてきたのは，恣意的な逮捕や抑留からの自由そして適正な法手続の保証といったものが欠けるが故であった。

　よって，身体の自由への権利は，常に人間の保護にとり最も基本的な権利であるから，権利の停止による身体の自由の保証からの離脱は，緊急事態により絶対的に必要であるということの高次の証明が条件となろう[298]。

　また，適正な法手続（due process of law）については，公正な裁判を受ける権利が中心となる。しかるに公正な裁判を受ける権利に対する何らかの一般的な権利の停止は，民主主義の存在そのものを，法の支配を，そして権力分立の原則を侵害するであろう。言い換えれば，裁判の公正さ，特に司法の独立と公平性の原則は，民主的社会における合法性を保持するために必要である[299]。よって，公正な裁判を受ける権利を停止することは，「事態の緊急性が真に必要とする」ものとは看做されまい[300]。

　なお，規約人権委員会は，例えば，自由を奪われた者の取扱い（10条1項）とか戦争宣伝等の禁止（20条）を国際慣習法の規範を反映しているとして停止できない権利の実質的拡大を示唆するのみならず[301]，公の緊急事態に対処するために採用された措置はそこでの危険というものに真に比例していなくてはならないのであって，真の比例性というものが脇に押しやられてしまうような場合には無効とされなくてはならない，ということを確認している[302]。

4　小むすび

（i）これまで見てきたように，権利の停止は，平常時に課せられる通常の制限に対し，特別な制限として見ることができる。とはいえ，これらはまったく異なったカテゴリーの人権への制限ではなく，密接に関連した概念と言えよう。自由権規約作成時の議論によると[303]，一般制限条項[304]とか特定の条文にお

---

(298)　J. Oraà・前掲注(217) 107頁参照。
(299)　G. C. 29, para. 16 参照。
(300)　なお，「適正な法手続」と権利の停止については，拙著・前掲注(2) 147-149頁参照。
(301)　G. C. 29, paras. 11-14 参照。
(302)　G. C. 29, paras. 4, 5 参照。
(303)　拙著・前掲注(1) 44-46頁参照。
(304)　E/CN. 4/AC. 1/SR.22 参照。

ける制限条項で十分[305]だとの意見があったが、通常の制限条項において考えられる以上の、例えば戦争とか大災害のような特別の危機状態において、国家の存続や国民の安全を確保し、また国家による乱用を防ぎつつこうした一時的危機に対処するために、厳格かつ詳細な条件を定めた権利の停止条項の必要性を主張する意見が通り、権利の停止条項が設けられたのであった[306]。

よって、権利の停止は、人権に対する通常の制限では社会の平和と秩序を維持するには明らかに不十分であると証明された時のみ、幾つかの厳格な条件の下に、特別な制限として適用されることとなる。言い換えれば、権利の制限と停止は、異質なものというよりもむしろ程度の違いと言うことができるであろう。

そもそも人権の制限は、「民主的社会において」「必要な」ものであることを条件とするのであって、通常の状態における国家の体制内における制限である。それ故に、制限条項は、単に人権の享受とか行使の限界を一般的に画するものであり、期間を定めず作動するといえる。

これに対し権利の停止は、国民の生存に対する何らかの差し迫ったあるいは現実の脅威に際し、国民の生命や社会機関を救い国家を正常に戻すには劇的な措置が必要とされることから為される制限である。それ故に、権利の停止は、人権の享受とか行使を一定期間に渡り停止し続け限定された期間のみ作動する、合法的な制限といえよう。

そもそも権利の停止は、公の緊急状態において、既存の国内法システムでは効果的に対処し得ない状況下で、一時的に人権の保護の停止を行うことにより一刻も早く正常な社会を取り戻し、人権の保護を再び実現することを目的とする。権利の停止条項は、緊急事態における政府による権限の乱用を回避することを意図するものであるから[307]、権利の停止を許すための要件は非常に厳格であり、かつ、権利の停止のための措置の対象となる人権は、あくまでも条件付きで制限されるにすぎない。そのため、停止し得る権利と停止できない権利の間の実際上の相違というものは、それほど大きくない場合がしばしばある[308]。

---

(305)　A/2929, para. 36 参照。
(306)　E/CN. 4/350 参照。
(307)　R.Higgins, "Derogations under Human Rights Treaties," 48. B.Y.I.L.（1977), p. 286 参照。

(ⅱ) では，具体的に制限条項による人権の制限手法と権利の停止による人権の制限手法を比べてみることとしよう(309)。

㋐ 両手法は共に，事前に立法によって，取り得る措置について詳細に規定する必要がある。とはいえ，前者の手法は権利の制限を意図することから，個別の権利や自由について具体的に規制の手続を規定する必要がある。それに対し，後者の手法は緊急事態に対処することを意図することから，一般的に権利の停止を定める権利の停止自体の立法は必要であるが，停止される個々の権利や自由についての具体的な規制規定は必要とされない。すなわち，保証された権利に対する制限は，法律によって規定をされなければならないが，一般的な権利の停止に対してはそのような必要条件というものは存在しない(310)。

㋑ 前者は，通常の事態において，国の安全，公の秩序，公の道徳といった幾つかの理由により人権を規制することを認める。しかるに後者の手法は，国民の生存を脅かす公の緊急事態という例外的状況下においてのみ機能する。

㋒ 前者の手法は，特定の権利にのみ影響を与えるが，後者の手法は，停止を許されないとされた権利を除き，国民の生存を守るという目的で，条約中に規定されたすべての権利に影響を与え得る。

㋓ 前者の手法は，継続的な規制を可能にするが，後者の手法は，あくまでも暫定的なものでなくてはならない。

㋔ 前者の手法は，国家による特別の宣言といったものは何ら必要としない。しかるに後者の手法は，緊急時における例外的な権力の行使に際し国家による乱用を防ぐために，停止を行う国家に対し，他の締約国に対し停止する条約条項とかその理由などを通知することを求めている。

通常の制限を課し得る理由と同じような，例えば「国の安全」とか「公の秩序」といった根拠が，特別な制限である権利の停止を正当化するためにしばしば政府により主張されてきたことは事実である。しかし，通常の制限条項におけるこれらの根拠概念は，民主的社会における安全を，そして最終的にはそこでの生活自体を維持する助けとなる一般的利益を，より永続的かつ予防的方法

---

(308) I. D. Seidermen, "Hierarchy in International Law" (2001), pp. 76, 77 参照。
(309) 拙著・前掲注(1)30-33頁，160頁参照。
(310) A. kiss, "Permissible Limitations on Rights; in L. Henkin ed., The International Bill of Rights: The ICCPR (1981), p. 293 参照。

〈第3部〉人権保障を巡る憲法と条約の相克

で保護するために，平和時に重要な役割を果すものとして受け取められている[311]。権利の制限という通常の手法におけるこれらの概念は，自由権規約4条あるいはヨーロッパ人権条約15条により権利の停止を正当化し得るような例外的危機においてまでも適用されることは，本来想定してはいないと言うべきであろう。

III 英国における権利の停止

1 概　説

(i) ヨーロッパ人権条約締約国中権利の停止を行った事のある国は，ギリシャ，アイルランド，トルコ及び英国などの限られた国のみである。例えば，アイルランド及び英国は，北アイルランドの英国よりの分離を目指して行われたIRAなどによるテロ行為に関し，そしてトルコは，クルド分離独立主義者（特にクルド労働者党）によるテロ行為に関しての，権利の停止の宣言を行っている。特に英国は，自由権規約に基づく権利の停止の通知を10回以上行っていて，先進国では数少ない権利の停止を行ってきた国である。なお，2001年9月11日のテロ以降では，トルコと英国の二カ国しか権利の停止を行っていない。テロの危険性に対する認識という点では，例えば英国と仏国や独国などに大きな違いは見られないにもかかわらず，他の締約国は，テロの危険性に対処するためには，いわゆる権利の制限の手法に頼っているのである。

では，以下に，権利の停止の具体的例として，英国における権利の停止を見て行くこととしよう。

そもそも英国では，緊急事態におけるいわゆる緊急権は，その法源を君主大権，コモン・ロー，戒厳令の理論，立法などに拠っていたが，今日においてはその主な法源は，制定法といってよかろう[312]。

既に第一次大戦直後から，北アイルランドに公の緊急事態が存在していたため，英国においては，逮捕又は抑留に関する規定を含む緊急事態権限法が幾つか制定されていた[313]。

---

[311] A. Svesson-McCarthy, "International law of Human Rights and States of Exception" (1998), p. 186 参照。
[312] 拙著・前掲注(1) 165-167 頁参照。
[313] 拙著・前掲注(1) 171-176 頁参照。

〔初川　満〕　　　　　　　　　　　　　　　　　　　　　10　緊急事態における人権の制限

　ところが，1951年ヨーロッパ人権条約を批准したことにより，同条約が発効した1953年以降同条約15条の義務を負うこととなった英国は[314]，こうした条約による人権保護義務との関係で権利の停止を行う必要が出てきた。たとえばこれらの緊急事態権限法は，陪審裁判制度の廃棄，弁護人接見交通権の制限，証拠基準の変更，広範囲に渡る捜査及び押収の規定，国内特定地域への追放，検閲や特定の組織の法益剥奪，ヨーロッパ人権裁判所基準に違反する起訴なしの七日間の抑留などといった，広範囲に渡る例外的措置を容易にするものであった。

　そこで，1957年に同条約15条に基づき権利の停止を行ったのを手始めに[315]，以後何度も15条に基づく（場合によっては，1976年に批准した自由権規約4条に基づく）権利の停止を行った[316]。これらは，繰り返し行われる北アイルランド関連の組織的テロ行為が長く続いたため，ヨーロッパ人権条約15条1項の「公の緊急事態」が英国に存在していると判断したことによる。こうして，北アイルランドは，英国政府によりなされたほとんど中断することのない権利の停止の通告の対象となっていたため，北アイルランドにおける緊急事態は，「例外」ではなく「常態」であったと言うことが出来よう[317]。

　もっとも，北アイルランドにおけるIrish Republican ArmyとかUlster Defence Associationといった準軍事組織の活動の結果として緊急事態が存在するか否かに関し，アイルランドと英国は対立していた。そのため，この地域において権利の停止を可能とするような「緊急事態」が存在するか否か，すなわち北アイルランドの事態をどう位置付けるかは非常に難しい判断であると認識していたヨーロッパ人権裁判所は，北アイルランドを統治している英国の認定に大きく依存していた。例えば，1971年から1978年にかけての北アイルランドの緊急事態と容疑者の取扱いに関するIreland v. U. K.事件において，ヨー

---

(314)　更に，1976年に自由権規約を批准したことにより，同規約4条の義務も負うこととなった。

(315)　1957年6月27日欧州審議会事務総長への通知。European Commission of Human Rights, Documents & Decisions（1959）参照。

(316)　具体的な通知の日附については，拙著・前掲注(1) 189-190頁注(4)参照。

(317)　O. Gross & F. N. Aolàin, "To know where we are going, we need to know where we are: Revisiting States of Emergency," in A. Hegarty & S. Leonard eds., Human Rights-An agenda for the 21st Century（1999），pp. 97-98参照。

〈第3部〉人権保障を巡る憲法と条約の相克

ロッパ人権裁判所は，取調方法についてはヨーロッパ人権条約違反の認定をしたが，権利の停止に関しては違反しないとの判断を下している[318]。

(ii) その後，1984年に制定したテロ行為防止（暫定規定）法により，起訴することなく行う48時間及び更なる5日間の抑留といった緊急事態に対処するための緊急権限及び対テロリスト権限が，ヨーロッパ人権条約の条項と不適合を生じさせることはなくなったと判断した[319]政府は，それまで行っていた権利の停止を撤回した[320]。

ところが1988年にBrogan事件において，ヨーロッパ人権裁判所は，権利の停止をすることなく裁判官に会わさずに行った4日余りの尋問のための抑留は，被抑留者は速やかに裁判官の面前に連れて行かれるものと規定するヨーロッパ人権条約5条3項に適合しないと判示した[321]。

ここに至り英国は，この判決に従って国内法を改正するという手段を採るよりも，ヨーロッパ人権条約15条1項による権利の停止の通知を行い，同条約5条3項の権利の停止を行い[322]，後に最大7日間の抑留を可能とする1989年テロ行為防止法を制定したのであった[323]。

その後，権利の停止による最大7日間のテロ行為容疑者の抑留を警察が行うことを可能にした1989年法の条項が，ヨーロッパ人権条約5条3項との関係において合法的であるとBrannigan判決において認められた[324]ことにより，1998年人権法においても大臣命令による更新を条件[325]とした5年間の限時法

---

[318] 例えば，Lawless v. Ireland (Merits), Judgment of 1 July 1961, 1 EHRR 1, paras. 28-30. なお，Brannigan and McBride v. U. K., Judgment of 26, May, 1993, 17 EHRR 539, paras. 43-47.

[319] C. Campbell, "War on Terror and vicarious Hegemons: The UK, International Law and the Northern Ireland Conflict," 541. C. L. Q. (2005), p. 337 参照。

[320] 1984年8月12日付けで，国連事務総長に行った権利の停止撤回の通知。CCPR/C/2/Add. 8, Anex. II, p. 2

[321] Brogan and Others v. U. K, Judgment of 29, Nov. 1988, 11 EHRR117, para. 62, 及び拙著・前掲注(1) 197-200頁参照。

[322] 1988年12月23日。The British Yearbook of International Law (1989), pp. 469-471 参照。

[323] D. Schiff, "Managing terrorism the Britishway," in R. Higgins & M. Flory eds. Terrorism and International Law, (1997), p. 132 参照。

[324] Brannigan and McBride v. U. K., Judgment of 26, May, 1993, 17EHRR539, 及び拙著・前掲注(1) 203-207頁参照。

〔初川　満〕　　　　　　　　　　　　　　　*10*　緊急事態における人権の制限

とはされた(326)が，同条約5条3項の権利の停止は維持されていった(327)。

　ところが，2000年テロ行為法において抑留の延長に対する司法による承認制度が付則8に導入されたため，ヨーロッパ人権条約5条3項の権利の停止は不要となり，同条項に対する権利の停止は2001年2月19日撤回された(328)。

　(iii)　だが2001年9月11日の米国へのテロ攻撃に伴い，英国は同年12月11日再度権利の停止を宣言し(329)，同月18日にヨーロッパ審議会事務総長に通知した。これにより，国際テロ容疑者で，かつ国外追放が例えば追放された国で拷問を受ける恐れがあるため国際義務違反となるとか，又は適切な旅券書類が入手出来ないといった他の実施上の障害のために困難とされる者の，2001年対テロ行為，犯罪及び治安法23条に基づく期間を定めない抑留が，ヨーロッパ人権条約5条1項にもかかわらず可能となった(330)。

　ところが2004年英国貴族院は，2001年法における英国国民でない者の抑留についての規定は外国人に対する差別となるからヨーロッパ人権条約15条1項に違反し，権利の停止は許されないと判示した(331)。この決定により，2001年法により行われた2001年9月11日のテロ攻撃後に為された裁判を行うことなく抑留を行うための権利の停止は，撤回されることとなった(332)。そこで政府は，急拠テロ行為防止法を2005年3月11日に成立させ，「管理命令」を出す権限を内務大臣に与えることにより，2001年法の規定中2004年判決により違法とされた外国人テロ容疑者に関する部分を改定したのである(333)。

---

(325)　1988年人権法（The Human Rights Act 1998），16条2項。
(326)　同法，16条1項(a)。
(327)　同法，14条1項(a)。
(328)　The Human Rights Act（Amendment）Order 2001（SI 2001 No. 1216）は，権利の停止の撤回を反映し，1998年人権法（The Human Rights Act 1998）を修正した。
(329)　The Human Rights Act（Designated Derogation）Order 2001（SI 2001 No. 3644）に基づき，ヨーロッパ人権条約5条1項(f)の「恣意的な抑留の禁止」の停止を求めるものであった。
(330)　The Anti-Terrorism, Crime and Security Act 2001（2001年12月14日発効）23条。23条の日本語訳については，拙著「英国テロ規制法の分析」拙編著『テロリズムの法的規制』（信山社，2009年）177頁参照のこと。
(331)　A v. Secretary of State for the Home Department〔2004〕UKHL 56. なお，拙著・前掲注(303) 289-298頁参照。
(332)　Human Rights Act（Amendment）Order 2005, SI 2005/1071.
(333)　Prevention of Terrorism Act 2005. 拙編著・前掲注(330) 132-133頁参照。

〈第3部〉人権保障を巡る憲法と条約の相克

なお，英国においては，緊急事態における権利の停止の決定は，排他的に政府の外交権限の行使と解されているから[334]，ヨーロッパ人権条約の権利の停止に関する意思決定には議会による何らの関与も不要であって，コモン・ローにおける国王大権の権威の下で行政権により恣意的に決定され得る[335]。

2　1998年人権法（The Human Rights Act 1998）と権利の停止

（i）1998年人権法は，ヨーロッパ人権条約に規定されている権利を，「条約上の権利」[336]として　間接的に英国法に組み込むことを規定している。そして，これにより同法は，ヨーロッパ人権条約及び同議定書が規定するほとんど全ての権利を[337]，「条約上の権利」として国内法に組み込んでいる。なお，人権法には，ヨーロッパ人権条約により保護されていない社会権は当然含まれていない[338]。

では，権利の停止は，人権法ではいかに規定されているのであろうか。

人権法は，英国法に受容された（組み込まれた）ヨーロッパ人権条約の権利及び自由に関する実体的条項について，「いかなる指定された権利の停止にも服することを条件として，本法の目的のために効力を有する。」[339]と規定することにより，本法における「条約上の権利」を限定している[340]。すなわち，国際法上権利の停止を届け出ることにより，政府は，ヨーロッパ人権条約15条（権利の停止）の下で権利の停止が合法的な範囲において，特定の状況下での特定の義務の回避を行うことが出来る[341]。

---

[334]　C. Warbrick, "Emergency Powers and Human Rights: the UK Experience," in C. Jijnaut, J. Wouters, N. Naert eds., Legal Instruments in the Fight against International Terrorism, (2004), p. 378 参照。

[335]　R. Blackburn, "The U. K.," in R. Blackburn & J. Polakieurize (2001) eds., Fundamental Rights in Europe, p. 983 参照。

[336]　1998年人権法第1条1項は，"Convention rights" と規定している。

[337]　但し，効果的救済についての権利（ヨーロッパ人権条約13条）及び英国が未批准である議定書が規定する権利については，除外している（人権法1条1項）。

[338]　なお社会権については，ヨーロッパ社会憲章により規定されているが，この憲章及び社会権規約を英国は批准はしているものの，未だ国内法に組み込んではいない。

[339]　人権法1条2項。

[340]　A Conte, "Human Rights in the Prevention and Punishnent of Terrorism" (2001), p. 524 参照。

[341]　J. Wadham, H. Mountfield, A. Edmundson, "Blackstone's Guide to The Human

では以下に，同法における権利の停止の規定を見ることとしよう[342]。

「14条（権利の停止）[343]
(1) 本法において『指定された権利の停止』とは，大法官が行った命令において，本法の目的のために指定されたヨーロッパ人権条約あるいはある議定書の条項からの，英国によるあらゆる権利の停止を意味する。
(2) ……（削除）……
(3) もし指定された権利の停止が，修正又は置き代えられるならば，指定された権利の停止であることを止める。
(4) しかし3項は，大法官が当該条項に関し新たな指定命令を出す1項の権限を行使することを妨げない。
(5) 大法官は，以下を反映させるために適当と考えるならば，命令により付則3に修正を行わなくてはならない。
   (a)あらゆる指定命令 又は，(b)3項の効力
(6) 指定命令は，提案された権利の停止を英国が行うことを見越して行われ得る。」

Rights Act 1998" (3rd. ed. 2003). p. 188 参照．
(342) The Human Rights Act (Amendment) Order 2001, SI2001/1216, Art. 2 及び The Transfer of Functions (Miscellaneous) Order 2001, SI2001/3500, Art. 8, sch. 2, Pt. 1, para. 7 (b) の二つの命令により，幾つかの点が1998年法では修正されている．主な修正点は，権利の停止の指定命令を行う者を，「大臣（the Secretary of State）」から「大法官（The Lord Chancellor）」に変えた点，及び「ヨーロッパ人権条約5条3項からの停止」との条項を削除し，より一般的な権利の停止の条項のみを残した点である．
(343) 14. Derogations
(1) In this Act 'designated derogation' means any derogation by the United Kingdom from an Article of the Convention, or of any protocol to the Convention, which is designated for the purposes of this Act in an order made by the Lord Chancellor.
(2) ...
(3) If a designated derogation is amended or replaced it ceases to be a designated derogation.
(4) But subsection (3) does not prevent the Lord Chancellor from exercising his power under subsection (1) to make a fresh designation order in respect of the Article concerned.
(5) The Lord Chancellor must by order make such amendments to Schedule 3 as he considers appropriate to reflect –
   (a) any designation order; or
   (b) the effect of subsection (3).
(6) A designation order may be made in anticipation of the making by the United Kingdom of a proposed derogation.

〈第3部〉人権保障を巡る憲法と条約の相克

「16条（指定された権利の停止の有効期間）[344]
　(1)　もし英国により未だ撤回されていないならば，指定された権利の停止は，指定命令が出された日から5年の期間の終りに，本法の目的のためには効力を失う。
　(2)　(a)1項により定められた，あるいは(b)本項により命令で延長された，期間以前ならいつでも，大法官は命令により更に5年間延長することが出来る。
　(3)　14条1項における命令は，各議院において承認決議が通過しない限り，考慮期間の終了によりその効力を失う。
　(4)　3項は，以下に影響を与えない。
　　　(a)その命令を信頼して行われたあらゆるもの，又は，(b)14条1項により新たな命令を行う権限。
　(5)　3項の「考慮期間」とは，命令が為された日から40日間の期間を意味する。
　(6)　考慮期間を算定するに当り，以下の期間は計算に入れない。
　　　(a)議会の解散又は停会。又は，(b)両議院の4日以上の休会。
　(7)　指定された権利の停止が英国により撤回された場合において，大法官は，撤回を反映することが必要であると考えるならば，命令により本法にそうし

---

[344]　16. Period for which designated derogations have effect.
(1) If it has not already been withdrawn by the United kingdom, a designated derogation ceases to have effect for the purposes of this Act at the end of the period of five years beginning with the date on which the order designating it was made.
(2) At any time before the period —
　(a)　fixed by subsection (1), or
　(b)　extended by an order under this subsection, comes to an end, the Lord Chancellor may by order extend it by a further period of five years.
(3) An order under section 14 (1) ceases to have effect at the end of the period for consideration, unless a resolution has been passed by each House approving the order.
(4) Subsection (3) does not affect —
　(a)　anything done in reliance on the order; or
　(b)　the power to make a fresh order under section 14 (1).
(5) In subsection (3) 'period for consideration' means the period of forty days beginning with the day on which the order was made.
(6) In calculating the period for consideration, no account is to be taken of any time during which —
　(a)　Parliament is dissolved or prorogued; or
　(b)　both Houses are adjourned for more than four days.
(7) If a designated derogation is withdrawn by the United Kingdom, the Lord Chancellor must by order make such amendments to this Act as he considers are required to reflect that withdrawal.

348

た修正を行わなくてはならない。」

(ⅱ) このように，人権法 14 条は，ヨーロッパ人権条約上の権利の一つについて，英国が権利の停止を行う命令を出すことを大法官に許している。特に同条 5 項は，現行の権利の停止の継続を可能にするために，あるいはいかなる停止であれ新たに追加するために，本法の付則 3 (権利の停止と留保についての付則) を修正することを許している。そして，「指定された権利の停止」を行うことによる効果は，その権利の停止に明示された目的のために問題となっている条項をヨーロッパ人権条約上の権利から除外するものであるから，もしも「指定された権利の停止」が欧州審議会事務総長に通知された実際の権利の停止を反映していないならば，国内法の目的のためとして「指定された権利の停止」を行うことは許されない[345]。

また，いかなる権利の停止であろうとも，対象は限定されかつ特定の法律に言及しているであろうが，それのみならず，最初の段階から例えば最大 1 年間というように明確な有効期間を定めていなくてはならない。また，緊急事態に対処するための行動は，特にスピードが求められるし，現実にも議員が集まることは不可能な場合が多かろうから，緊急事態において適時に議会を招集することは実際問題としては難しいであろう。よって，権利の停止命令は即時に実施され得るとはいえ，議会が招集され投票に附すことが可能となるや否や議会の承認が為されなければ失効する，ということとなろう[346]。

なお，更なる制禦システムとして，たとえ招集が不可能な場合であれ，一定期間の経過よってもまた失効するものと，16 条 3 項は規定している。

(ⅲ) では，権利の停止の欧州審議会事務総長への通知の例として，以下に 1998 年人権法 (Human Rights Act) 附則 3 の「1988 年通知 (The 1988 Notification)」[347] を見ることとしよう。

「㋐ ヨーロッパ人権条約 15 条 3 項に基づく義務を果すため，以下の情報をお知らせする。

---

[345] J. Wadham, H. Mountfield, A. Edmundson・前掲注(341) 188 頁参照。
[346] 16 条 3 項及び R. Blackburn, "Towards a Constitutional Bill of Rights for the U. K." (1999), p. 73 参照。
[347] Dated 23 December 1988. なお，この付則は，Human Rights Act (Amendment) Order 2001, SI 2001/1216 より修正された。

〈第3部〉 人権保障を巡る憲法と条約の相克

(イ)　北アイルランドでの事態との関連で，殺人，脅迫，暴動，爆発，放火などといった組織的テロリズム運動が，英国には存在する。よって，15条1項にいう公の緊急事態が存在する。

(ウ)　北アイルランドでの事態に関係したテロ行為についてあるいは法律により規定された幾つかの犯罪について合理的な疑いが存在する者たちに関する場合において，それまで48時間抑留されていた者たちを更に大臣権限により最大5日間起訴することなく抑留する権限の行使が必要であると1974年に判断し，以後これを行ってきた。こうした権限は，1984年テロ行為防止（暫定規定）法[348]12条及び同法付則3の13条，14条により規定された，1984年テロ行為防止（補足暫定規定）（北アイルランド）命令10条[349]及び1984年テロ行為防止（補足暫定規定）命令9条[350]に見い出すことが出来る。

(エ)　1988年11月25日のBrogan事件[351]において，ヨーロッパ人権裁判所は，1984年テロ行為防止（暫定規定）法12条により抑留された被疑者全員について，たとえ4日間と6時間という短い期間であれヨーロッパ人権条約5条3項前半部分に許された時間の制約——「速やかに（promptly）」——の外にあるとして，5条3項違反と判示した。

(オ)　テロリストキャンペーンの背景及びテロリストを裁判にかけることの圧倒的な必要性から，政府としては抑留期間は短縮されるべきであるとは考えない。政府としては，北アイルランドでの事態に関連したテロ行為に関して，刑事手続を起こすべきか否かを決めるために必要な尋問や捜査を可能とするためのその事態の緊急性が真に必要とする限度において，最大5日間の間起訴することなく抑留する上述の大臣権限を行使し続けることが必要であると判断している。

(カ)　これらの権限の行使がヨーロッパ人権条約により課された締約国の義務と合致しないであろう範囲において，政府としては，15条1項により付与された「権利の停止」の権利を利用しているし，また更なる通知を行うまではそうし続けるであろう。

1988年12月23日

---

[348]　The Prevention of Terrorism (Temporary Provisions) Act 1984.

[349]　Art. 10 of the Prevention of Terrorism (Supplemental Temporary provisions) (Northern Ireland) Order 1984 (SI 1984/417).

[350]　Art. 9 of the Prevention of Terrorism (Supplemental Temporary Provisions) Order 1984 (SI 1984/418).

[351]　Brogan and Others V U. K., Judgment of 29 Nov. 1988, 11 EHRR 117, 拙著・前掲注(1) 197-199頁参照。

3 2001年対テロ行為，犯罪及び治安法[352]とそれ以後

(i) そもそも刑事法における重大な犯罪を犯した者は，国民あるいは外国人を問わず，起訴され有罪となれば収監される。しかるに，母国に送還されたならば拷問や非人道的取扱いなどを受ける公算が高く，かつ第三国への追放が不可能であり，その上いかなる犯罪によっても起訴されない外国人は，自由及び安全についての権利に関するヨーロッパ人権条約5条1項(f)及び1971年出入国法付則2により，たとえ国の安全への脅威と判定されても抑留され得ない[353]。言い換えれば，国外追放命令は出されたが起訴されていない外国人は，国外追放の手続が実行に移されることが可能な場合で，かつ，そのために合理的に必要な期間のみ，抑留し得るのみとなる。

また，一般的に国の安全への脅威を与える非英国市民は，「国民のためにならない」[354]といった政治的性質の理由によって国外追放することが出来る[355]。にもかかわらず，以下のような国際テロリスト容疑者については，国外追放ができないこととなる[356]。

(ア)証拠の微妙さ及び証明の要求度の高さなどのため，裁判にかけられない場合（公判で証拠の呈示すら控える場合がある。）[357]。(イ)拷問や非人道的あるいは品位を傷つける取扱いの対象となりそうな，あるいは死刑の真の危険がある[358]母国とか他国へ送還することは，ヨーロッパ人権条約3条（拷問等の禁止）に違反するため国外追放できない場合。(ウ)適切な旅券などの書類が入手できないといった実際的考慮のために，国外追放できない場合。

以上のような理由のために政府は，英国にとって重大な不利益となる活動（例えば，テロ行為）に関与しているとの疑いが濃い外国人を，英国内で起訴出来ず，他国へ強制的に追放も出来ず，かといって刑事事件の容疑者あるいは国外追放を待っている者として抑留することも出来ない，というジレンマに陥った。

---

[352] The Anti-terrorism, Crime and Security Act 2001. 2001年12月14日発効。
[353] 拙稿・前掲注(330) 170-179頁参照。
[354] "Not conducive to the public good".
[355] Immigration Act 1971, Art 3(5)(a), The Immigration, Asylum and National Security Act 2006 及び The Nationality, Immigration and Asylum Act 2002 参照。
[356] 拙著・前掲注(1) 277頁及び拙著・前掲注(330) 174-179頁参照。
[357] 拙著・前掲注(1) 285頁参照。
[358] 1999年に英国が，「死刑の廃止」に関する第六議定書を批准したことにより。

〈第3部〉人権保障を巡る憲法と条約の相克

そこで政府が採った解決策は，国外追放が出来ない場合でさえも国際テロリストの外国人容疑者を抑留し得るであろう裁判を経ずしての抑留制度を，9.11のテロ攻撃に対する立法的対応の一環として2001年法第4部（出入国及び庇護）に導入する，という手法によるものであった。しかし，このいわゆる予防的抑留は，自由権規約9条（身体の自由及び逮捕又は抑留の手続）及びヨーロッパ人権条約5条（身体の自由及び安全に対する権利），特に1998年人権法により国内法に受容された後者の保障と衝突することとなった。なんとならば，同条約5条1項(f)は，追放又は犯罪人引渡しのために何らかの手段が採られている場合には抑留することを許しているが，追放手続が採られていない間における長期の抑留までもはカヴァーしていないからである[359]。

そこで，こうした2001年法第4部の新制度を導入するためには5条1項からの権利の停止が必要であると政府は判断し，停止を行ったのである。

(ⅱ) では，2001年法についての権利の停止宣言を見ることとしよう。

政府は，以下の理由により，ヨーロッパ人権条約15条1項にいうところの「公の緊急事態」が英国に存在しているとして，同条約5条1項からの権利の停止を，15条3項により欧州審議会事務総長に通知した[360]。(ア)9.11のテロ攻撃について，国連安全保障理事会決議1368（2001）及び1373（2001）[361]は，この攻撃は国際の平和と安全への脅威であると認めた。(イ)決議1373（2001）において，安全保障理事会は，憲章7章に基づいて行動し，全加盟国に対して，テロリストの活動に財政的援助を行わないとか，安全地帯を作らないといった，テロ行為を防ぐための措置を採ることを要請した。(ウ)国際テロ行為への関与の疑いがある者による，英国へのテロの脅威が存在する。特に，国際テロ行為に関与している疑いがあるという理由で「国の安全」への脅威である外国人が，英国には存在している。

そして，この権利の停止は，以下のような手続によって行われた。

まず，政府は，1998年人権法14条（権利の停止）によって権利の停止を行う

---

(359) Chahal v. U. K., Judgment of 15 Nov. 1996, 23 EHRR413, para. 113参照。なお，拙訳著『ヨーロッパ人権裁判所の判例』（信山社，2002年）111-141頁参照。
(360) 2001年法30条（法的手続：権利の停止）に従って。なお，1998年人権法付則3 (Human Rights Act 1998, Schedule 3), "Derogation", Strasbourg, 18 December 2001.
(361) 拙稿「国際社会とテロ規制措置」・前掲注(330) 18-19頁参照。

命令[362]により，同条約5条1項からの権利の停止を行った。そして，即時に効力を持つものとして権利の停止を定めたこの命令は，2001年11月12日に議会に提出され翌日発効したが，その後，同月18日付で欧州審議会事務総長に通知されたのである。

なお，2001年法第4部（出入国及び庇護）による抑留は，実際には裁判に代わる内務大臣の認定証次第であった。つまり，同法21条1項（国際テロリスト容疑者：認定証）[363]により内務大臣は，その者の英国における存在が「国の安全へのリスク」であるとの合理的な信念を持ち，かつその者がテロリストであるとの合理的な疑いを持てば，認定証を発行し得るとされる。そして，内務大臣は，国の安全への危険の発生時期の決定について，広い裁量権を許されていた[364]。

この権利の停止自体は，撤回されるまでは存続するとされてはいたが，両議院における積極的解決手続により延長が承認されない限りは，人権法の人権の保護という目的のために5年後に効力を失うものであった[365]。更に付け加えておくならば，英国政府は，同法第4部の新措置を保護するための更なる手段の一つとして，自由権規約9条（身体の自由及び安全）からの権利の停止も，同年12月18日に同規約4条1項（権利の停止）により行っている[366]。

(ⅲ) しかるに，2004年に英国貴族院上訴委員会は，2001年法23条（英国国民でない者の抑留）は外国人に対する差別となるから，差別を禁止した自由権規約2条（締約国の義務）及び26条（法律の前の平等）に違反することとなり，ヨーロッパ人権条約15条1項の「当該締約国が国際法に基づき負う他の義務に抵触してはならない」に違反するため，権利の停止は許されないと判示した[367]。すなわち，国際テロリスト容疑者の国籍に基づく異なる扱いについて，人権法4条（不適合の宣言）に基づきヨーロッパ人権条約14条（差別の禁止）及

---

(362) The Human Rights Act (Designated Derogation) Order 2001, SI 2001/3644.
(363) 同条項の訳は，拙著・前掲注(330) 175頁参照。
(364) Rehman v. Secretary of State for the Home Department〔2001〕3 WLR 877.
(365) 1998年人権法16条（指定された権利の停止が効力を有する期間）。
(366) C. Michaelsen, "Derogating from International Human Righs Obligations in the 'War Against Terrorism'? - A British-Australian Perspective",〔2005〕17 (1-2) Terrorism and Political Violence, pp. 131-155参照。
(367) A and Others v. Secretary of State for the Home Department, 16 Dec. 2004,〔2004〕UK HL56. なお，この事件の詳細については，拙著・前掲注(1) 289-298頁参照。

〈第3部〉人権保障を巡る憲法と条約の相克

び5条（身体の自由及び安全への権利）に適合しないと宣言したのである[368]。

この判決により，1998年人権法に関する2001年の権利の停止命令は破棄され[369]，2001年法の外国人テロリスト容疑者の処遇に関する規定は，ヨーロッパ人権条約と合致しないと宣言された。そのため政府は，法律がヨーロッパ人権条約と不適合と宣言された場合の救済的行為についての規定である人権法10条（救済的行為を取る権限）に基づき，適切な対応を採ることを迫られることとなった。

そこで政府は，急拠2001年法第4部の枠組みを放棄し，テロ行為加担の疑いがあるにもかかわらず起訴できない者とか外国に追放できない者に対処するために，これに代わるものとしての「管理命令（control order）」のスキームを導入することとし，2005年に新しくテロ行為防止法を成立させた[370]。

この法律は，管理命令を，内務大臣の申立てに基づき裁判所が行う「権利を停止する命令」と裁判所の許可に基づき同大臣が行う「権利を停止しない命令」に，基本的に区別することを目的とするものである[371]。なお，ここでいう管理命令は，英国人又は非英国人といった容疑者の国籍を問わず，あるいは個人とかテロリストの活動の性質などにも関係なく適用されるものであり，テロリスト関連の活動の妨害や制限を目的として個人に義務を課すといった，予防的なものである[372]。

権利の停止を要する命令とは，例えば自宅監禁とか収監といった[373]，ヨーロッパ人権条約5条（自由及び安全についての権利）と適合はしないが人権法14条1項（権利の停止）により条約からの権利の停止を指定する命令の範囲で個人に負わせる義務であるから，権利の停止を必要としよう。

それに対し権利の停止を要しない命令とは，例えば夜間外出禁止とか準自宅軟禁あるいは装置の付着といった[374]抑留には至らない義務を課すものであり，

---

(368) 前掲注(367)判決，para. 73 参照。
(369) なお，この判決における貴族院の決定に従って，2001年9月11日の米国でのテロ行為後に発せられた権利の停止は撤回された。Human Rights Act (Amendment) Order 2005, SI 2005/1071.
(370) Prevention of Terrorism Act 2005. 2005年3月11日成立し，即日女王の裁可が与えられた。
(371) H. Fenwick, "Civil Liberties and Human Rights" (4th ed.), (2007), p. 1442 参照。
(372) H. Fenwick・前掲注(371) 1441 頁参照。
(373) 2005年テロ行為防止法2条3項。

354

ヨーロッパ人権条約5条の容疑者の権利の侵害にはならないから権利の停止は不要だと大臣が判断したものである。

なお、こうした命令により課される義務の性質から、ヨーロッパ人権条約5条以外の他の条約条項、特に8条（プライヴァシーの権利）、10条（表現の自由、特に通信）あるいは11条（結社の自由）もまた影響を受けるであろう。そしてまた、これらの条項の各第2項（権利の制限の要件）による制限も主張され得ようが、ここでの管理命令は、あくまでもこうした各権利の制限の必要性と比例性の要請を満たして初めて正当化され得るにすぎないと言えよう[375]。

とはいえこのスキームは、英国の対テロリスト対応措置の典型的タイプの一つと言うことは出来はするが、人権の側面から見るとあまりにも適用範囲が広いものであり、また安全保障という面では意図するところとは逆の結果を招くと言わざるを得ない。こうした危惧からか、実際にはこの管理命令のスキーム自体はあまり適用されてはいない。例えば2007年6月時点では、外国人9人と英国市民6人の計15人に対し、大臣が行う管理命令のスキームが適用されているにすぎないとの報告がある[376]。

IV 緊急事態と日本

1 憲法上の問題

(1) 緊急権と憲法

(i) 殆んどの国の憲法は、戦争とか大災害といった国家的危機において、政府すなわち行政権に基本的人権の規制もしくは停止を含む例外的措置を採用する権限を与える国家緊急権を認め、憲法中に非常事態条項を規定している[377]。言い換えれば、このような緊急事態においては、「立憲主義体制を一時停止し、法治主義・権力分立原則の例外が広く認められ、人権保障を停止したり、人権制約をきわめて広汎に認めることが許される。」[378]のである。なお、こうした

---

[374] 2005年テロ行為防止法1条4項。
[375] H. Fenwick・前掲注(371) 1441頁参照。
[376] H. Fenwick・前掲注(371) 1441頁参照。
[377] State of siege, situations of exception, suspension of guarantees, emergency powers, état d'urgence, national emergencies 等と表現されている。International Commission of Jurist, "State of Emergency : Their Impact on Human Rights"(1993), p. 73参照。
[378] 松井茂記『日本国憲法（第3版）』（有斐閣、2007年）200頁。

〈第3部〉人権保障を巡る憲法と条約の相克

平常時の手段では対処し得ない緊急事態が発生した場合に，国家の側から立ち向かうための例外的手段がまさにこの国家緊急権であり，国民の側より立ち向かおうとする手段が抵抗権である[379]。

この国家緊急権は，「戦争，内乱，恐慌，大規模な自然災害等，平常時の統治機構をもってしては対処しえない緊急事態において，国家の存立を保全し，憲法の基本秩序を維持防衛或いは回復するために，平常の立憲主義的統治機構を一部変更して一定の国家機関に権力の集中を認め，人権保障規定の一時的停止などの緊急措置をとりうる権能」[380]だと我が国では理解されている。

既にⅡ3(1)(ⅲ)において述べたように，国連人権委員会による国内法における権利の停止を行い得る状況を分析した報告書[381]が，緊急事態の宣言及び権利の停止を行い得る状況に関連するものとして，(ｱ)戦争，侵略，国の防衛 (ｲ)内戦，暴動，反革命的転覆又は有害行為 (ｳ)平和，公の秩序又は安全の騒乱 (ｴ)憲法体制への危険 (ｵ)自然又は人為的災難又は災害 (ｶ)国全体又はその一部の経済生活への危険 (ｷ)社会生活に必須の物品又はサービスの維持を挙げているのと，これは内容的にはほぼ一致する。もっとも，いかなるタイプの出来事が緊急事態を構成するかを抽象的に想定することはあまり意味がないのであり，ここで問題とする緊急事態か否かは，事態の深刻さこそが重要な基準であることは，新ためて強調するまでもあるまい。

では，国家緊急権の文脈においては，国家の任務はいかなるものであろうか。言うまでもなく国家には，何よりもまず自国の安全と平和を守り，国民が不当な干渉を受けることなく権利や自由を享受できるように，社会を組織し運営する義務がある[382]。よって，国家権力を予測可能性と責任政治を要求する法治主義の原則[383]の下におき，国民の権利や自由の保障を権力分立の制度により確保することを第一の目的とする憲法は，平時の事態においてのみならず非常

---

(379) 新正幸『憲法訴訟論』（信山社，2008年）235頁。
(380) 新正幸「緊急権と抵抗権」樋口陽一編『講座憲法学第1巻 憲法と憲法学』（日本評論社，1995年）216-217頁。
(381) UN Commission on Human Rights, Study of the Right of Everyone to be free from Arbitrary Arrest, Detention and Exile, E/CN. 4/826（1962），p. 257参照。
(382) 新・前掲注(380) 214頁，及び井上典之「国家緊急権」『岩波講座 憲法6 憲法と時間』（岩波書店，2007年）194頁参照。
(383) 大西芳雄「憲法の基本原理」有倉遼吉＝吉田善明編『文献選集日本国憲法1 憲法の基本原理』（三省堂，1997年）195頁参照。

〔初川　満〕　　　　　　　　　　　*10*　緊急事態における人権の制限

時すなわち緊急事態においてさえも，保持されなくてはならない。

　しかるに，平常時の憲法保障制度すなわち平常時の状況を前提として規定された法による組織や手続などが，これらが前提とするところを遙かに超えた緊急事態において適正に機能するであろうと期待することは難しい。

　では，平常時の憲法上の諸機能が有効に機能し得ない緊急事態を，我が国はいかにして乗り越えてきたのであろうか。言い換えれば，憲法の基本的秩序自体が脅かされる緊急事態において，この異常な事態を克服し，一刻も早く基本的人権を保障する民主的国家を回復するために[384]，我が国ではいかなる方策が採られてきたのかを，国際社会における対応措置を念頭に考察していくこととしたい。

　(ⅱ)　そもそも緊急権の特質は，新教授によると次の点にあるとされる[385]。

　(ア)　平常の統治機構でもってしては対処しえない緊急事態の存在が前提となっていること。

　(イ)　このような緊急事態において，国家の存立を保全し，憲法の基本秩序を維持・防衛あるいは回復するという目的をもつこと。

　(ウ)　そのために，平常の立憲主義的統治機構（権力分立制）を一部変更して権利の集中を認め，一時的に国民の基本権を停止する等，非立憲的な手段を用いること。

　そして，ここから以下のような緊急権制度のいわば絶対的諸要件が主張されている。まず(ア)に関して，「緊急権の前提となる緊急事態は，平常の統治機構をもってしては対処しえない事態（『真正の例外状態』）でなければならない。」[386]とされる。この事態は，具体的には，本稿Ⅱ3(2)「権利の停止の要件」において「公の緊急事態」の条件として論じている状況が，参考になるであろう[387]。(イ)については，平常の憲法秩序の回復という明確な目的から，緊急事態により危機に瀕した平常時の憲法秩序とそれへの回復が可能となるための諸前提を明確に実定化すること，及び緊急権行使の始期と終期が明示される必要があると

---

(384)　明確に，国家緊急権は，基本的人権の保障を目的とした人権保障型のみが許されるとするものとして，井上・前掲注(382) 208頁。
(385)　新・前掲注(380) 218頁。
(386)　新・前掲注(380) 218頁。
(387)　また，拙著・前掲注(1) 63-67頁参照。

357

〈第3部〉人権保障を巡る憲法と条約の相克

され，そしてまた期間中採られた緊急措置により平常時の憲法秩序が修正・廃棄されてはならないともされる[388]。そして(ウ)については，手段と憲法秩序の回復という目的の間に，比例原則が求められるとされる[389]。これらについては，本稿Ⅱ3(2)において，「真に必要な」という要件が，必要性，比例性そして期間性を当然のごとく包含していることを指摘しておいたところと重なると言えよう[390]。

なお，国家緊急権制度は，国際人権法上の権利の停止制度と同じく，あくまでも非常事態に対処するための暫定的措置であるから，この緊急権が行使された期間中にとられた措置は非常事態の存続中のみ有効であり，平常時の憲法秩序がこれにより修正や廃棄されてはならないことは言うまでもない。

(ⅲ) では，非常事態に対処するために，国家は実際にいかなる方法を採ってきたのであろうか。

そもそも国内法システムにおいて，いわゆる権利の停止を正当化し得る事態とされる場合は，前掲（注[381]）の国連人権委員会の緊急事態の宣言及び権利の停止を行い得る状況に関連するものの分析の報告と比べより抽象的に，以下のように分類し得る[391]。(ア) 政治的危機（これには，国際戦争，内戦あるいは民族解放の戦い及び内憂，公の秩序又は国家転覆の重大な脅威などが含まれる），(イ)人為的又は自然の災害，(ウ)経済的危機。

こうした分類表から言えることは，既に何度も述べたようにいかなるタイプの事態が権利の停止の文脈で公の緊急事態を構成するかを抽象的に想定することは，不可能であるのみならず望ましいことでもないということである。ここで問題とされる緊急事態か否かは，個々の事態毎に，民主的社会の維持・回復のためという至上目的から評価されるべきであるから[392]，何度も述べているようにあくまでも事態の深刻度こそが判断基準として重要となる。

---

[388] 新・前掲注[380] 218-219頁参照。
[389] 新・前掲注[380] 219頁参照。
[390] また，拙著・前掲注(1) 73-78頁参照。
[391] N. Questiaux, "Study of the Implications for Human Rights of Recent Developments concerning Situations known as State of Siege or Emergency", E/CN. 4/Sub. 2/1982/15 (1982).
[392] Seminar on the Effectives Realization of civiil and Political Rights at the National Level (kingston, 1967), ST/TAO/HR/29, p. 38 参照。

〔初川　満〕　　　　　　　　　　　　　　　　*10*　緊急事態における人権の制限

　そして，こうした非常事態に対処する国内法システムによる方法としては，㋐緊急事態に備え予め設置された憲法又は法律の規定により，政府に例外的権限を付与する方法，㋑議会が臨時に憲法上の手続に基づき政府に全権を委任する方法，㋒明文の憲法上の授権規定を欠く場合に，政府が超憲法的緊急権を行使し，事後に議会による免責を受ける方法，といった三形態があるとされる(393)。

　なお，緊急権の憲法的類型化による分類としては，㋐厳格規定型というべきもの，㋑一般授権型というべきもの，㋒憲法沈黙型というべきもの，の三つに分類することができよう(394)。㋐は，予め想定し得る緊急事態を出来るだけ類型的に限定し，緊急権発動の要件，手続等について詳細に憲法あるいは法律に規定することにより，緊急権を法の厳格な規律の下に置こうとするものである。典型的な例としては，1968年に改正されたドイツ連邦共和国基本法におけるいわゆる緊急事態条項(395)を挙げることができよう。㋑は，緊急事態やそれに対処する権限についての詳細な規定は置かず，一般的な授権規定いわゆる非常事態条項を規定するにとどめ，現実の緊急事態への対応に巾をもたせるものである。典型的な例としては，ワイマール憲法のドイツ国大統領の非常権限の規定(396)やフランス第五共和国憲法の大統領の非常事態措置権(397)を挙げることができよう。㋒は，憲法に何ら緊急権に関する規定を置いていないものである。典型的な例としては，日本国憲法を挙げることが出来る。

(2)　**大日本帝国憲法と緊急権**

（ⅰ）　旧憲法においては，極めて周到に緊急権に関する規定が置かれていた。
　まず，緊急事態に際し，緊急勅令の制度が設けられていた。ここに緊急勅令とは，勅令の形式をもってのみ定め得ることからこう呼ぶが，緊急命令のことであり，議会の閉会中あるいは召集不可能である場合に臨時緊急の必要から議会の協賛を経ることなく天皇が発布した命令である。旧憲法は，8条(1)に法律

---

(393)　たとえば，影山日出弥「緊急事態における措置」ジュリスト289号（1964年）234頁。なお，ここでは，「㋑と㋒の区別の基準は，憲法に予定された制度か否かという形式的，相対的なもので，実質的基準ではない。」とされる。
(394)　新・前掲注(380) 222-223頁参照。
(395)　87(a)条（軍隊の任務）；第10(a)章（防衛事態115(a)条からｉ条）。
(396)　48条2項。
(397)　16条。

〈第3部〉人権保障を巡る憲法と条約の相克

に代わる命令いわゆる立法的緊急命令を規定し、70条に財政上の必要処分を行う命令いわゆる財政的緊急命令を規定していた。なお両勅令共に、戦時又は国家事変の場合に限られるわけではない。

　法律に代わる立法的緊急勅令の要件としては、8条1項[398]には以下のように規定されていた。㋐議会閉会中であること[399]。㋑公共の安全を保持し又はその災厄を避けるために必要な場合であること。㋒新たな立法が必要な場合であること。㋓その必要性は緊急であること。なお、㋑の要件は、「国家又は社会に不慮の災害が既に発生し又はまさに発生せんとする場合において之に備え、もって国家又は社会の安全を保たんとするために必要である。」[400]ことを言うのであって、将来の不慮の出来事に対処するためではなく例えば公共の福祉の推進のためといった理由で勅令を発することはできないと解されていた[401]。

　次に財政的緊急勅令の要件として、70条1項[402]には以下のように規定されていた。㋐内外の情勢により議会を召集することができない場合であること。㋑公共の安全を保持するため緊急の需要がある場合であること。なお、ここでの緊急の需要とは、政府の財政上の必要を意味すると解されていた[403]。㋐における、召集の不能とは、例えば衆議院を解散し未だ総選挙が終了していないといった法律上の不能な場合や、例えば交通が遮断されているため召集できないといった事実上の不能のみならず、臨時議会を召集する時間的余裕がない場合も含むと解されていた[404]。また、㋑から、財政に関するものといえども、例えば非常災害に人民の租税を減免するといったことは、70条ではなく8条による勅令によって定められると解されていた[405]。

---

[398]　第8条①天皇ハ公共ノ安全ヲ保持シ又ハ其ノ災厄ヲ避クル為緊急ノ必要ニ由リ帝国議会閉会ノ場合ニ於テ法律ニ代ヘキ勅令ヲ発ス。

[399]　44条1項から、帝国議会の開会・閉会・会期の延長・停会は、両院同時に行わなくてはならない。

[400]　美濃部・前掲注(170) 512頁。

[401]　美濃部・前掲注(170) 513頁参照。

[402]　第70条①公共ノ安全ヲ保持スル為緊急需要アル場合ニ於テ内外ノ情形ニ因リ政府ハ帝国議会ヲ召集スルコト能ハサルトキハ勅令ニ依リ財政上必要ノ処分ヲ為スコトヲ得

[403]　美濃部・前掲注(170) 522頁参照。

[404]　美濃部・前掲注(170) 522頁参照。

[405]　美濃部・前掲注(170) 523頁参照。

(ⅱ) また，天皇による戒厳の宣告が14条[406]に定められていた。ここに戒厳とは，「戦時事変に際し兵力を以て全国若くは一地方を警備するを要する場合において，人民の権利を保障する法律の効力を停止し，国家統治作用の一部を軍隊の権力に移す」[407]ことをいい，軍事上の必要に基づき宣告され，行政権や司法権が軍司令官に移る制度であった。そして，戒厳は，通常は一定地域に限り宣告されるが，必要に応じ全国的に効力を及ぼすこともできるとされた。

天皇が戒厳を宣告する権限を持つと14条1項は規定するが，戦時における戒厳地域においては軍司令官が宣告することが出来ると解された。これは，止むを得ない急迫の必要のため国務上の大権が軍司令官に委任されるからであり，軍司令官は戒厳を宣告した場合は，直ちに主務大臣に具申しかつ当該地方の行政庁及び裁判所に通知しなくてはならなかった[408]。

そして，戒厳地域においては，「集会結社の自由，出版の自由，居住移転の自由，住所の不可侵，所有権の不可侵，信者の秘密等に関する通常法律の効力は停止せられ，司令官は法律に依らずしてこれらの自由を拘束すべき命令を発し及びこれを強制する」[409]権限を有していた。

しかるに，2項には，戒厳の要件及び効力は法律で定めると規定されていたが，「戒厳を宣告できる場合は，戦争又は戦争に準ずる内乱に際し，兵力をもって警備することが必要な場合に限る」とする明治15年に制定された戒厳令[410]が，実際には法律としての効力を保持していた。なお，実際に，日清戦争の際に，広島，宇品に，日露戦争の際に，長崎，函館，台湾などに戒厳が宣告された。

(ⅲ) これに対し，戒厳の宣告と同じように軍隊の権力により国民を統治することが認められるものとして，行政戒厳という制度が存在していた。これは，8条に基づく緊急勅令により戒厳令の一部が施行される場合をいい，戒厳の宣告が軍事上の必要のために行われたのに対し，行政上の秩序を回復し維持するために行われたもので，戒厳の宣告の場合に準じ，軍隊により特定の地域を警

---

(406) 第14条①天皇ハ戒厳ヲ宣告ス ②戒厳ノ要件及効力ハ法律ヲ以テ之ヲ定ム
(407) 美濃部・前掲注(170) 340頁。なおここでは，「事変」とは，後述の憲法31条「国家事変」と同意語として用いられている。
(408) 美濃部・前掲注(170) 341頁参照。
(409) 美濃部・前掲注(170) 341頁参照。
(410) 明治15年太政官布告36号。

〈第3部〉人権保障を巡る憲法と条約の相克

備することを言うものであった[411]。

すなわち，行政戒厳は，例えば1905年の日露講和条約締結の際東京市で反対市民が騒動を引き起こした時とか，1923年の関東大震災に際し東京及び近隣地域の秩序が乱れた時，あるいは2・26事件の時に，治安の維持を目的として行われたように，軍事上の目的のためではなくあくまでも行政の目的のために行われるものであった。

よって軍司令官は，法律によることなく，言い換えれば法律による留保の問題ですらなく，「集会結社，出版，居住移転等に関する臣民の自由を制限する」[412]ことの出来る権力を有していたのである。

(iv) 最後に，天皇の非常大権が31条[413]に定められていた。31条は，「戦時又は国家事変の場合において」と規定し，この場合に限り行われる権力を定めている。そしてここにいう「国家事変」とは，戦争に準ずべき内乱により国家自身の存立が脅かされる場合をいうと解されたことから，戦時及び国家事変共に，兵力を動かして国家の存立を維持する必要がある場合について言及していたのである[414]。よって，14条は，戒厳の宣告による軍隊の専制政治を行う原因を定め，31条は，その結果としての軍隊の権能を認めていたと言えよう。

但し，31条は14条の戒厳の宣告の場合のみに適用があるわけではなく，戦時又は国家事変の際において軍事活動のための特別の必要がある場合には，戒厳宣告の場合以外にも，法律によらず軍隊の権力によって臣民の自由を拘束し得るような場合があり得ると解されていた[415]。

(3) **日本国憲法と緊急権**

(i) 日本国憲法には，唯一例外として，衆議院解散中において国会を活動させるために参議院の緊急集会の規定を置いているだけであり，前述の大日本帝国憲法とは大きく異なり，緊急時における国家緊急権を想定した何らの規定も見い出すことはできない。

---

[411]　美濃部・前掲注(170) 342頁参照。
[412]　美濃部・前掲注(170) 342頁参照。
[413]　第31条　本章ニ掲ケタル条規ハ戦時又ハ国家事変ノ場合ニ於テ天皇大権ノ施行ヲ妨クルコトナシ
[414]　美濃部・前掲注(170) 185頁参照。
[415]　美濃部・前掲注(170) 185-186頁参照。

〔初川　満〕　　　　　　　　　　　　　　*10*　緊急事態における人権の制限

　これについて，以下に主な理由とされるものを，幾つか列挙しておくこととしよう。
　第一に，敗戦により連合軍総司令部（G. H. Q.）の統治下に置かれた我が国は，それまでの大日本帝国憲法に代わる民主的な憲法の制定を迫られた。そこで，1946年2月に総司令部が提示したいわゆるマッカーサー草案をもとに，帝国憲法を改正し新憲法を作成した[416]。ところが，そもそもこのマッカーサー草案には，緊急権に関する規定というものはどこにも存在していなかった。そのため日本側は緊急命令の制度の必要性を主張し何らかの規定の挿入を試みたが，総司令部は内閣の緊急権限によって処理すれば良いとして，終始一貫して明治憲法下での悪夢を甦らせるがごとき制度の導入を受け付けなかった[417]。
　第二に，前文に平和主義及び国際協調主義を，また9条に戦争の放棄を明記したこともあり，戦争が典型的な場合と考えられた緊急事態に関して，敢えて憲法レベルにおいての法整備を行うまでには至らなかったと言える。
　第三に，こうしたことに加え，そもそも占領下においては，戦争とか内乱などといった緊急事態に対処する権限というものは，そのすべてが占領軍の管轄下にあることから，被占領国であった当時の日本が関知し得るところではなかった，ということも出来よう[418]。
　こうした理由により，日本国憲法には，国家緊急権については一切言及がなされていないのである。では次に，唯一例外ともいえる参議院の緊急集会を見ることとしよう。
　(ii)　日本国憲法は，平常時体制を維持したまま緊急事態に対し臨時的，応急的に対処するために，54条2項及び3項[419]に「参議院の緊急集会の規定」を

---

[416]　マッカーサー草案を廻る日本国憲法作成史については，高柳賢三・大友一郎・田中英夫『日本国憲法制定の過程Ⅰ，Ⅱ』（有斐閣，1972年），及び田中英夫『憲法制定過程覚え書き』（有斐閣，1979年）参照のこと。
[417]　佐藤達夫「日本国憲法成立史」ジュリスト86号5頁；97号52頁；99号39頁；101号41頁，及び「憲法制定の経過に関する小委員会第128回議事録」（憲法調査会），7頁以下参照。
[418]　同旨，新・前掲注(380) 224頁。
[419]　憲法54条2項：衆議院が解散されたときは，参議院は，同時に閉会となる。但し，内閣は，国に緊急の必要があるときは，参議院の緊急集会を求めることができる。3項：前項但書の緊急集会において採られた措置は，臨時のものであつて，次の国会開会の後十日以内に，衆議院の同意がない場合には，その効力を失ふ。

〈第３部〉人権保障を巡る憲法と条約の相克

置いている。しかしこれは，衆議院の解散という特殊な状況下において，本来二院により構成される国会の権能を参議院という一院のみで行うことを定めるものであり，衆議院の解散中に限り暫定的に参議院の決議をもって国会の決議と見做すことにより，参議院に国会の機能を代行させようとするものである。

よって，緊急集会は衆議院が解散中である場合に限られるのであり，天災その他不可抗力な事情により事実上国会を召集できない場合に対処するための方策については，何ら言及されていない。その意味では，本来の意味の緊急事態における国家権限についての規定とは，その性質が若干異なるものであると言うべきではないかと思われる。勿論明治憲法においても，議会は両院をもって開会されなくてはならなかったのであり，衆議院が解散された時は停会となると憲法上規定されていたから[420]，明治憲法における緊急勅令と現行憲法の緊急集会は重なるところがあるし，また参議院の緊急集会は，「緊急時があり得ることを憲法が予定している証拠である」[421]と言うこともできるが。

緊急集会中の参議院の権能は，内閣が召集権を有する[422]ことから議案の発議権も原則として内閣にのみ属する[423]ことを条件に，国会の権能の全部に及ぶ[424]。例えば，自衛隊法によると，内閣総理大臣が防衛出動[425]を命ずるときは国会の事前又は事後の承認を得る必要があるが，衆議院解散の場合は，緊急集会により参議院の承認を得ることをもって国会の承認とするとされる[426]。

なお，参議院の緊急集会に関する規定は，一定の限度において一種の立法緊急権を認めるものであるが，平常時の体制を維持したままで行われるので，国民の権利の制限又は停止に関する憲法的授権は存在しない[427]。

---

(420) 明治憲法44条。
(421) 石川健治「緊急事態」法学教室372号（2001年）7頁。なお，例えば災害対策基本法が109条に，参議院の緊急集会の措置を待つ暇がない場合の「緊急措置」を規定していることも，このことを肯定していると言えよう。
(422) 54条2項但書。
(423) 国会法101条。
(424) 宮沢俊義・芦部信喜『全訂日本国憲法（第2版）』（日本評論社，1978年）407-408頁参照。
(425) 防衛出動とは，「我が国に対する外部からの武力攻撃が発生した状態又は武力攻撃が発生する明白な危険が切迫していると認められるに至った事態に際して，我が国を防衛するため必要があると認める場合」の自衛隊の出動をいう。自衛隊法76条1項。
(426) 自衛隊法76条1項において武力攻撃事態法9条を引用し，同9条は4項に緊急集会についての憲法54条を引用している。

〔初川　満〕　　　　　　　　　　　　　　**10**　緊急事態における人権の制限

(iii)　日本国憲法はいわゆる国家緊急権についてはまったく触れていないのみならず，国家緊急権が認められるか否かといった争点に関する判例も未だないことから，裁判所の立場も定かではない。その上，「戦後の日本において，国家緊急権という言葉は公法学者の間ですらタブー的存在であった。」[428]

とはいえ，現実問題として，緊急事態の発生を全面的に否定しあたかも存在しないがごとくに扱うことは，合理的な態度とはいえまい。そこで必要性からの結果として，発生し得るであろう戦争，内乱，地震あるいは津波などといった大規模災害等に対処するためのいわゆる緊急事態法制が，我が国では法律レベルにおいて実態として整備されてきているのである。

では以下において，日本国憲法の国家緊急権に対する完全なる沈黙について，代表的な三つの見解を考えてみることとしよう。

(ア)　立憲主義は，権力を法により縛ることにより国民の人権を保障することが主な狙いであるから，その例外といえる緊急権が憲法上認められるには特別の憲法上の根拠が必要だと解するならば，国家緊急権への何らの言及もないことは緊急権を否定したものと解さざるを得ない，という見解が強く主張されている[429]。

そしてこの見解をとるとしても，憲法の沈黙は，日本国憲法の根本的原則である平和主義そしてその具体的表われとしての戦争の放棄及び基本的人権の尊重にまさに合致するものであるとし，積極的に評価する立場[430]と，日本国憲法に非常事態に関する規定を置いていないことは憲法の最大の欠陥であるとして消極的に評価し，憲法を改正して緊急権に関する規定を設けるべきだとする立場がある[431]。

なお，前者の積極説については，では現実に発生する緊急事態に対しいかに対処すべきなのかという問題が出現し，超法規的措置を許すことにもなりかねずかえって酷い人権侵害を招来することとなるのではないかとの危惧がある。

(イ)　日本国憲法の沈黙は，戦前の国家緊急権の乱用や憲法上の原則である平

---

[427]　清水望「緊急事態と国会」清宮四郎＝佐藤功編『憲法講座』（有斐閣，1964年）収録，158頁参照。
[428]　畑博行「国家緊急権」法律時報41巻5号（1969年）42頁。
[429]　新・前掲注(380) 224-225頁参照。なお同旨として，井上・前掲注(382) 208-209頁。
[430]　学説上多数説，例えば，小林直樹『国家緊急権』（学陽書店，1979年）180頁以下。
[431]　例えば，大西芳雄『憲法の基礎理論』（有斐閣，1975年）205頁以下。

〈第3部〉人権保障を巡る憲法と条約の相克

和主義などから意識的に除外したのであり，必ずしも緊急事態に対し必要な措置を取り得ることを否定しているわけではないとし，「放置すれば憲法典の実効性ないしその生命そのものが失われる緊急事態に不幸にして陥った場合，その救済をはかるため非常措置を講ずることは不文の法理である」として，認め得るとする見解も有力に主張されている[432]。

もっとも，この見解については，その内容が不確定のため乱用の危険が多い，との批判がある[433]。

(ウ) 我が国の国土と国民を守ることは最大の公共の福祉である[434]が，緊急事態においてはその要請が一層強まる。よって，公共の福祉や委任命令に関する規定を緊急事態の場合に拡張解釈し，それにより対処し得る，とする見解を主張する者もいる[435]。

もっとも，ここでは，果して公共の福祉による人権の制限規定は緊急事態にも適用することが可能か，という問題がある。言い換えれば，平常時を前提として設計された憲法を，公共の福祉や委任命令に関する条項を拡張解釈し，本来予定されていない緊急事態に適用しようとする点が批判されている[436]。また，緊急事態が発生した場合に，「公共の福祉」を根拠として絶対的な人権を制限することは，既述のように日本の国際人権規約上負っている国際法上の義務に違反する可能性が強いと言わざるを得ない[437]。

なお，前述の国際人権法における人権の制限手法としての「制限条項」による制限，すなわち平常時の個別の権利・自由に対する制限手法にきわめて類似する公共の福祉による制限手法が，緊急事態の権利の停止までをもカヴァーし得るか否かは検証の必要があろうが，特別な制度である権利の停止の措置を，平常時の手法でもっぱらカヴァーすることには無理があると言わざるを得ない[438]。

---

(432) 佐藤幸治『憲法（第3版）』（青林書院，1995年）50頁。なお，井上・前掲注(382) 201-202頁参照。
(433) 新・前掲注(380) 225頁参照。
(434) 佐藤達夫『憲法講話（改訂1版）』（立花書房，1959年）19-20頁参照。
(435) 新・前掲注(380) 225頁参照。
(436) 新・同上 230頁参照。
(437) 同旨，安藤仁介「人権の制限事由としての"公共の福祉"に関する一考察」法学論叢132巻456号（1993年）63-64頁参照。
(438) 拙著・前掲注(1) 29-30頁参照。

(4) 小　　結

(i)　日本国憲法は，国家緊急権の，戦前の旧憲法下での乱用の反省などから，9条において明文により緊急事態の典型的な場合である戦争を全面的に否定しかつ緊急権発動の主たる手段である軍隊の保持を禁止し，いわゆる非常事態条項といわれる規定は一切置かないという手法を採用している。よって，憲法上の条文を見る限りにおいては，憲法は国家緊急権を否定あるいは無視していると解さざるを得ない。とはいえ，現実として緊急事態が発生する可能性は，日本のように自然災害の多い国においては非常に高いことから[439]，国家緊急権というものを完全に否定することは難しい。そこで，この現実への対処策として，日本では後述のように，法律のレベルで武力攻撃や内乱とか地震，津波，洪水等といった大規模災害に対処するための法レジーム，いわゆる緊急事態対処法制がかなり整備されてきているのである。

では，これらの緊急事態対処法は，憲法との関係ではいかに解すべきであろうか。既に述べたように，もし憲法における事実としての沈黙をもって国家緊急権の否定と考えるとしても，現実として非常事態は起き得る以上何らかの対処が必要であることは否定できない。そこで近年，憲法を改正し非常事態条項を挿入すべきであるとの見解が，強く主張されている[440]。確かに，立憲主義の理念は法により公権力を拘束し，国民の権利・自由を保障することを主な目的とするものであるから，憲法に新条項を挿入することにより憲法上明文により非常事態を認知することは，非常事態における人権の保護のためにも望ましいと思われる。

とはいえ，憲法改正論までも見据えた議論は，立憲主義と国家についての考察なくしては不十分であり，こうした憲法改正の是非の議論は，浅学菲才の著者の能力を超えるものである。よって，本項では，憲法上の議論はさておいて，現実に存在する緊急事態対処法の分析に特化していくことを，お断わりしておきたい。

---

[439]　国際社会において，最も緊急事態に対する備えがある国として，日本はイスラエルと並び世界のトップ国との評価が与えられている。これは逆に，自然又は人為的災害の発生がいかに日本には多いかということを示している。

[440]　例えば，新・前掲注(380) 223-231頁参照。また，読売新聞2011年5月3日「憲法記念日座談会」参照。

〈第3部〉人権保障を巡る憲法と条約の相克

(ⅱ) では、権利や自由への制限あるいは規制は、あくまでも法治主義の原則に基づき行われるべきであると考える立場より、緊急事態に対処する我が国の法レジームについて、若干の考察を行ってみたい。

憲法が、基本的人権の保障をその主たる目的とし個人の価値を絶対的なものとするならば、個人と社会ひいては国家との間に、あるいは個人の利益と他者の利益との間に、均衡をとる目的をもって個人の人権に何らかの制限又は規制を課すこと、ひいては一時的とはいえ人権の保障を停止することは、立憲主義そのものの否定とまでは言えないとしても、あくまでも慎重でなくてはならない。

言うまでもなく、緊急事態が発生したとしても、平常時の体制を維持したままこれに対応する措置をとれば足るであろう場合には、ことさらに個人の権利や自由を停止する必要など無いのであって、例えば公共の福祉という通常の概念による権利や自由の制限手法によれば十分であろう。そして、この手法は、既述の国際人権法上の人権の制限条項の法理とほぼ重なると言えよう。

本章で扱う緊急権についての核心的部分は、戦争とか自然あるいは人為的大災害といった緊急度の高い場合、すなわち国家の存立が脅かされ、国民生活ひいては民主的社会そのものが重大な危機を迎えるような非常事態における例外的措置についてである。言い換えれば、国家に対し、個人の基本的人権を尊重しつつ緊急事態を制圧し秩序を回復させるという非常に難しいバランスを求めるものなのである。

しかるに、こうした例外的といえる緊急事態に対処するに際し法治主義の原則に基づくためには、平常時の法体制から非常時の法体制への移行を可能とする法秩序が前もって樹立されていなくてはならない。すなわち、憲法ないし法律によって、非常事態を予測した立法を備えることにより、立憲主義の一時的停止を明示する何らかの方法がとられる必要があろう。

(ⅲ) とはいえ、あまりに緊急事態という例外的事態を強調することは、権力に対し人権抑圧の正当化事由を与えるのではないかとの懸念は、旧憲法下における記憶の生々しい我が国においては無視できないしまた無視すべきでもなかろう。言い換えれば、「緊急権制度は、事実上つねに乱用や悪用の危険に曝され、現に非常に多くの国で、支配者たちの統治の具として用いられている。」[441]との指摘には、今日においても未だ強い説得力がある。

〔初川　満〕　　　　　　　　　　　　　　　*10*　緊急事態における人権の制限

しかしまた，緊急権の法整備を怠った結果として，現実に発生する緊急事態に対処するためとはいえ超法規的措置を乱発することは，法治主義のひいては民主主義自体の自殺行為と言わざるを得ない。超法規的措置による緊急事態への対処が引き起こすであろう人権侵害の危険性は，緊急権制度の乱用がもたらす人権侵害の危険性に勝るとも劣らないことは，歴史が我々に教えてくれるところである。

人権の第一のそして最も強力な擁護者である国家のいわば存亡の危機に際し，人権の最大の侵害者でもある国家による自衛行為は，民主主義に立脚した社会の真の必要性に答えるものである限りは認めざるを得ない。そしてまた，民主主義を守るためには，民主主義の根幹ともいうべき法治主義の原則を，たとえ民主主義にとり異常と言わざるを得ない緊急事態においてさえも，できる限り遵守することが望ましい[442]。

よって，緊急事態はそれ自体一つの歴史的・社会的事実であって，それに関する必要最小限の法制化は不可欠であると考える[443]としても，その立法化に当っては，人権の保護のための慎重な上にも慎重な配慮が求められる。すなわち，もし憲法を改正し非常事態条項を挿入することにより緊急権を実定法化しようとする場合，緊急事態においてこそ個人の権利や自由が最も制限され得るであろうから，緊急権の目的，発動条件，行使形態，期間，司法による責任追求のシステム等について，可能な限り厳格に規定することが必要であろう[444]。

既述のように，緊急事態において国の安全や公の秩序等を守るために取られる措置は，その緊急性や必要性について必然的に国家による政治的判断を含み得る。とはいえ，国家は，緊急事態といえども全く自由にその権限を行使できるわけではない。国内のコントロール手続に従う[445]ことは勿論，国際的関心事となった人権の保護を追求する国際社会により，日本という国の判断は規制され監視されるのである。

例えば，我が国が1979年批准した自由権規約の機関である規約人権委員会

---

(441)　小林直樹「現代日本の緊急制度考」ジュリスト701号（1979年）16頁。
(442)　拙著・前掲注(1) 5頁参照。
(443)　同旨．新・前掲注(380) 231頁及び井上・前掲注(382) 200頁。
(444)　同旨．清水・前掲注(427) 160頁参照。
(445)　拙著・前掲注(1) 161-162頁参照。

〈第3部〉人権保障を巡る憲法と条約の相克

は，緊急事態において，国家自体の存立への脅威に対処するための人権の制限と個人の人権の保護の必要性についての締約国の国内的判断について，いかなる衡量を行っているか，それは国際社会の受け入れ得るものか，等を審理することをその責務としている[446]。そして，自由権規約の締約国である我が国における緊急事態に対処するための法律が，同規約の緊急事態における権利の停止について規定している4条が定めている要件を充たすべきことを，締約国の義務として国際社会から求められていることは，新ためて言うまでもあるまい。

2 緊急事態の対処法制
(1) 序　論
（i）日本国憲法は，基本的人権を「侵すことのできない永久の権利」[447]と規定し，憲法改正によっても奪うことことのできない権利として絶対的に保障している。しかしこれは，人権が無制限・無制約であるということを意味しない。人間は社会的存在であり，個人の利益と個人の集団としての社会の利益が衝突する場合には，個人は自身もその一員である全体のために，調整的機能を果す何らかの制限を甘受せざるを得ない。一言でいって，人権は「他人の人権との関係で制約されることがあるのは当然である。」[448]といえよう。

他方，国家には，国民が人権を効果的に享受することが可能となるよう，国内の安全を確保するための積極的な義務がある。そして，こうした国家の義務は，国民の生命や公の秩序ひいては国の安全などが危険に曝される緊急事態においては，一層強まることとなる。

こうした緊急事態に対しては，平常事態を前提とした既存の国内法システムでは効果的に対処し得ないことから，いわゆる国家緊急権が議論されることとなるのであるが，既述のように日本国憲法はこれに関して何らの言及も行っていない。しかるに，憲法はあえて国家緊急権の規定を置かなかったとの見解をとる立場からですら，戦争のような事態はさておき大規模災害のような自然又は人為的緊急事態であろうとも，あくまでも立憲主義的な制度により対処すべ

---

[446] 自由権規約41条1項（委員会の検討権限）。なお，契約人権委員会の性質については，Y. Tyagi, "The UN Human Rights Committee" (2011), pp. 35-56を参照のこと。
[447] 日本国憲法11条，97条。
[448] 芦部信喜『憲法（第5版）』（岩波書店，2011年）98頁。

きであると主張され得るであろう。

　そもそも，今回の東日本大震災のような大規模自然災害の発生は避けることの出来ない事実であるとはいえ，緊急事態に対処するため緊急の必要性の要請からの超法規的措置を採ることを許すことは，立憲主義に反することになりかねない[449]。そこに，憲法を改正しいわゆる非常事態条項を挿入すべきだとの主張が，今日説得力を持つ理由がある。

　もっとも，現実には我が国においては，後述のように相当の数の法律において緊急事態に対処するための詳細な規定が置かれている。これについては，「日本国憲法のどこにもそのような緊急権についての規定はなく，むしろその全体の構造からみる限り，憲法は，緊急時の対処については国会が法律であらかじめ定めておくことを想定しているものと思われる。」[450]とも言われるように，憲法改正の是非はさておき，この法制はまさに必要性が生み出した法レジームということが出来よう。

　(ⅱ)　それまでは国内的関心事として専ら国内管轄権の問題とされていた人権問題は，第二次大戦後国際的関心事として国際社会の監視の下に置かれることとなった。そして，今日のような国際化の時代においては，国際人権法を無視した国内人権法はもはやその正統性すら危くなってきている。

　条約と国内法の関係，例えば条約の国内的効力についてとか条約の国内実現手続などについては，国内管轄事項であるから締約国の自由な主権行為である。しかるに我が国では，自動執行的（self-executing）で他に別段の国内法的な立法措置を要しない条約は，「公布されると原則としてただちに国内法としての効力をもつが，その効力は通説によれば，憲法と法律の中間にあるものと解されている。」[451]よって，今や主な国際人権条約を既に批准している我が国は，こうした条約上の義務というものを負うこととなるのは言うまでもなかろう。

　特に本稿との関係では，我が国は，自由権に関する国際保障を規定した「市民的及び政治的権利に関する国際規約」いわゆる自由権規約を1979年に批准したことにより，この規約が規定する権利や自由を尊重し確保する，絶対的かつ即時的な義務を負っている[452]。ところが，この規約は既述のように緊急時

---

(449)　同旨。松井・前掲注(378) 201頁参照。
(450)　松井・前掲注(378) 201頁。
(451)　芦部・前掲注(448) 13頁。

〈第3部〉人権保障を巡る憲法と条約の相克

における人権の制限を認めてはいるが，人権の最大の擁護者でありながら同時に最大の侵害者である国家から個人の人権を守るために，国家からの人権への侵害である人権の制限に対し国際社会の監視を及ぼす目的で，各権利や自由毎に，そして緊急事態における権利の停止については特に4条に，詳細かつ具体的な要件を規定するという手法をとっている。その上，締約国が条約上の義務を充たしているか否かを監視する機関として，自由権規約委員会を置いている[453]。

よって，緊急事態において何らかの権利や自由への制限を課すことを規定する我が国の緊急事態対処法は，自由権規約が締約国に保証義務を約束させた人権の保護について，まさに規約との適合性を問われることとなる[454]。

(iii) では，緊急事態対処法による人権の制限は，憲法上いかに解すべきであろうか。

我が国においては，本稿Ⅳ1(3)で述べたように「自由権規約4条1項（権利の停止）に言及されているような緊急事態の場合に，基本的人権を制約するであろう特別の措置は，国内法に何ら規定されていない。」[455]とはいえ，「そうした緊急事態が発生したならば，必要に応じ本規約及び憲法に従って必要な措置がとられるであろう。」[456]と，政府は，規約人権委員会への報告で述べている。つまり，我が国において，基本的人権が緊急事態において制約される可能性は否定されていない。

既に見てきたように，我が国では，こうした「緊急事態が発生した場合の必要な措置」をとるために，いわゆる緊急事態法制というべき緊急事態に対処する法レジームが存在している。そしてまた，憲法は，各人権に個別的に制限の

---

(452) 自由権規約2条1項。なお，自由権規約の権利や自由に関する規定は，直接に適用される（つまり，自動執行的）と解されている。
　　Y. IWASAWA, "The Relationship Between International Law and Municipal Law: Japanese Experience", 64 B.Y.I.L. (1993) 333, p. 350 参照。
(453) 自由権規約41条。
(454) 例えば，「有事法制関連法案の成立により，今度は自由権規約4条に照らした精査の網が緊急事態を想定した法令に及んでくることは避けられまい。」（阿部・前掲注(198) 3頁。）
(455) 規約人権委員会への第一回定期報告書，CCPR/C/10/Add. 1, p. 132 (24, Out. 1980)。
(456) 規約人権委員会への第三回定期報告書，CCPR/C/70/Add. 1, p. 20 (30, March, 1992)。

〔初川　満〕　　　　　　　　　　　*10*　緊急事態における人権の制限

根拠や程度を規定することなく，一般的に「公共の福祉」による制約が存する旨を定めている(457)。よって，個々の人権は，「公共の福祉」という一般的理由の制約に服することとなるから，ここに緊急事態対処法による権利や自由への制約は，「公共の福祉」による制約と言えるかが問われることとなる。

「平常事態」をもっぱら想定している「公共の福祉」を，いわゆる権利の停止が想定しているような非常事態においても適用し得るかという本源的疑問はさておき，では緊急事態における人権の制約手段としての「公共の福祉」は，具体的にはいかなるものと解すべきであろうか。

そもそも「公共の福祉」は，内容や性質について憲法上何ら規定されていないのであって，「人権制約の『一般的根拠』ではあるが，具体的事件においてそれにより直ちに人権の制限が正当化されるのではなく，そこで問題となっている人権の性質に応じた『基準』によって判定されるべき」(458)と解されるから，緊急事態においてもまた，制約の正当化事由として問題となる個々の基本的人権の性質に応じ具体的に論じられなくてはならない。

とはいえ，憲法典に非常事態条項が置かれていない以上現状では法律により緊急事態に対処せざるを得ないが，こうした法律による措置は，権利の停止に至らない程度の制限であるならば自由権規約の権利や自由に関する制限規定の要件に従ったものでなくてはなるまい。

なお，少なくとも自由権規約における各人権毎の制限規定は，憲法上の公共の福祉の具体的内容の解釈の参考となる(459)ことは言うまでもないが，再度ここでも，我が国は，こうした規約の規定した要件に適合するべく行動すべき締約国としての義務があることを，強調しておきたい。もっとも，既に触れたように，公共の福祉による基本的人権の制約は，国民の生存をも脅かすような例外的に程度や規模が大きい緊急事態に対しても可能であるかという問題があるが。

---

(457)　芦部・前掲書(448) 98頁参照。
(458)　新・前掲注(378) 513頁。同旨，芦部信喜『憲法学Ⅱ』（有斐閣，1994年）198頁参照。
(459)　憲法12条の「公共の福祉」に対応するものとして，世界人権宣言29条2項の人権の制限条項を対比させ，より具体的かつ明確に公共の福祉を論じたものとして，新・前掲注(378) 491-493頁参照のこと。

373

〈第３部〉人権保障を巡る憲法と条約の相克

(2) 緊急事態対処法について

(i) 以上述べたように，我が国では憲法典に国家緊急権への言及は何らなく，学説上も意見が分かれている。にもかかわらず，事実としての緊急事態に対処するために実際には幾つもの法律が定められているため，今や国家緊急権は法律により制度化された，と言うことすらできるであろう。

では以下において，こうしたいわゆる緊急事態対処法を見ていくこととしよう。

そもそも国内法システムにおいて，権利の停止をも正当化し得るような緊急事態は，既述のように大きく分けて次の三つに分類することができよう[460]。(ア)戦争，内乱あるいは暴動や騒乱といった政治的危機。(イ)地震，津波，洪水あるいは放射能の漏出といった自然あるいは人為的災害。(ウ)社会生活に必須の物品の供給やサービスの維持を脅かす経済的危機（ゼネストとか恐慌等）。

では，我が国の法律は，いかなる内容の事態を扱っているのであろうか。以下において，ざっと見ていくこととしよう。

まず，外敵により引き起こされた緊急事態に対処する措置としては，自衛隊法に基づく自衛隊の防衛出動[461]，安全保障会議設置法に基づく国防上の重大緊急事態への対処措置[462]，日米安保条約に基づく日米共同防衛行動[463]がある。更にまた，外部からの武力攻撃に対する基本法ともいうべき武力攻撃事態法などもある。

また，内乱や公の秩序を脅かす国内における緊急事態に対する治安維持のための対処法としては，警察法第６章による警察緊急事態対処措置や自衛隊法に基づく治安出動[464]がある。なお，内乱に関しては，事後に刑法によって内乱罪に問うことが出来る[465]。

そして，大規模な自然災害に対しては，例えば災害対策基本法に基づく災害緊急措置[466]のみならず，自衛隊法は地震災害に対する自衛隊の派遣[467]など

---

(460) 拙著・前掲注(1)60-62頁参照。なお，前掲注(381)の「国連人権委員会の報告書」も参照のこと。
(461) 自衛隊法76条。
(462) 安全保障会議設置法２条。
(463) 日米安保条約５条。
(464) 自衛隊法78条，81条。
(465) 刑法77条。

も定めている。また，例えば今回の福島原発事故により引き起こされた原子力災害のような大規模な人為的災害に対しても，原子力災害対策特別措置法[468]及び自衛隊法[469]が，対処措置を定めている。

このように，我が国においては，特に自然災害に対する緊急事態対処法はかなり詳細に規定されている。

なお，経済的危機に関しては，恐慌やゼネストなども災害対策基本法の対象となる「災害」[470]と解することが出来るか否かについて[471]は異論があるが，例えば本稿Ⅱ3(1)(i)に述べたように，西ヨーロッパ諸国政府は，食料や燃料といった生活必需品及び交通手段や電気といった社会サービスの提供を保証するために，経済的危機において非常事態宣言を行う憲法的立法的権限を有している[472]。

(ii) 我が国の緊急事態対処法の分類としては，例えば影山教授が，対外的緊急事態に関しては自衛隊法の防衛出動措置を，国内的緊急事態に関しては(ア)警察法第6章の緊急事態の特別措置，(イ)災害事態に関する災害対策基本法第8章，(ウ)災害救助法・水防法等による災害事態緊急措置，(エ)自衛隊における命令及び要請による措置に分類している[473]。

また，新教授は，Ⅰ対外的緊急事態 Ⅱ対内的緊急事態(A)狭義の体内的緊急事態(B)災害事態，に分類している[474]。

そこで，こうした分類を参考に，現在の我が国における緊急事態対処法を，〈1〉国外の敵により引き起こされる緊急事態，いわゆる対外的緊急事態への対

---

(466) 災害対策基本法第8章。
(467) 自衛隊法83条の2。
(468) 原子力災害対策特別措置法15, 26条。例えば，今回の大震災において，内閣総理大臣は，同法15条2項に基づいて原子力緊急事態宣言を発し，同3項に基づいて知事等に住民の避難等に関する指示を行った。
(469) 自衛隊法83条の3。
(470) 災害対策基本法2条1号（「災害」）。後掲本項(3)(ii)を参照のこと。
(471) 対象となり得るとするものとしては，影山・前掲注(393) 239頁参照。
(472) 例えば，英国は，生活必需品の略奪の差し迫った危機が存在する時には，政府には緊急事態宣言を行う権限が与えられている。The Emergency Act 1976参照。なお，D. Bonner, "Emergency Powers in Peacetime" (1985), pp. 211-260参照。
(473) 影山・前掲注(393) 239頁。
(474) 新正幸「緊急権と抵抗権」樋口陽一編『講座憲法学第1巻 憲法と憲法学』（日本評論社，1995年）収録，226-227頁参照。

375

〈第3部〉人権保障を巡る憲法と条約の相克

処法制と, (2)国内的に引き起こされる緊急事態, いわゆる対内的緊急事態への対処法制に分類し, 後者もまた(1)内乱や騒乱といった緊急事態に対処し治安の維持を目的とする, いわゆる治安維持法制と, (2)大規模な人為的又は自然災害により引き起こされる緊急事態への対処を目的とする, いわゆる災害事態法制に, 便宜上理解のために分類することとしよう。

では以下に, こうした手法による対処法の分類例を記しておこう。

《緊急事態対処法の分類例》
〈1〉対外的緊急事態に関する措置
　　①自衛隊による防衛出動措置　　　（自衛隊法76, 77条：第7章）
　　②重大緊急事態への防衛的対処措置（安全保障会議設置法2条）
　　③日米共同防衛行動　　　　　　　（日米安保条約5条）
　　④領空侵犯に対する措置　　　　　（自衛隊法84条）
　　⑤武力攻撃への対処措置　　　　　（武力攻撃事態法3, 9条, 第4章, なお18条
　　　　　　　　　　　　　　　　　　；国民保護法5条, 第4章, なお174条）

〈2〉対内的緊急事態に関する措置
　(1)　治安維持を目的とする措置
　　①緊急事態の特別措置　　　　　　（警察法第6章）
　　②治安出動　　　　　　　　　　　（命令による→自衛隊法78条：要請による
　　　　　　　　　　　　　　　　　　→自衛隊法81条）
　(2)　災害事態に関する措置
　　①災害緊急措置　　　　　　　　　（災害対策基本法第8章）
　　②災害派遣　　　　　　　　　　　（一般→自衛隊法83条：地震→同法83条の
　　　　　　　　　　　　　　　　　　2：原子力→同法83条の3）
　　③救助に必要な強制措置　　　　　（災害救助法第2章）
　　④洪水や高潮への防災措置　　　　（水防法第3章）
　　⑤感染症への強制措置　　　　　　（感染症法第4章）
　　⑥非常災害時土地使用措置　　　　（土地収用法第8条3節）
　　⑦非常事態における防禦措置　　　（消防組織法24条の2, 24条の3）
　　⑧大規模地震対策措置　　　　　　（大規模地震対策特別措置法19, 21, 24条；
　　　　　　　　　　　　　　　　　　自衛隊法83条の2）

[初川　満]　　　　　　　　　　　　　　　*10*　緊急事態における人権の制限

⑨原子力災害対策措置　　　　（原子力災害対策特別措置法15，26条；自衛隊法83条の3）

〈参考〉明治憲法と緊急権
　緊急勅令　　　　　　　　　（8条，70条）
　戒厳の宣告　　　　　　　　（14条）
　非常大権　　　　　　　　　（31条）

　なお，例えば物価統制令とか国民生活安定緊急措置法，石油需給適正化法などといった経済緊急事態に関する法レジームをこれらに付加する場合もあるが(475)，経済的危機そのものについては緊急事態に含むかどうかについて国際社会に未だ合意は存在しないと言えるから，ここでは除くことにする(476)。

　(iii)　では，前述の「緊急事態対処法の分類例」に従って，その特徴をざっと見て行くこととしましょう。
　まず〈1〉の「対外的緊急事態に関する措置」は，その対象は外部からの武力攻撃であり，もっぱら防衛行為を想定している。判断者は主に総理大臣であるが，国民保護法のように政府や都道府県知事の場合もある。ここでは主に自衛隊による行動が予定されているが，自衛隊の防衛出動については，国会の承認(但し，特に緊急の場合は不要)又は安全保障会議の承認が必要とされる。
　なお，日米安保条約や武力攻撃事態法は，国連安全保障理事会への報告を求めている。また，こうした緊急事態対処措置と人権の保護の関係については，武力攻撃事態法及び国民保護法が，基本的人権の尊重（各々3条4項と5条及び174条）を規定しているが，これは他の法律における自衛隊による防衛行動との関係でも遵守されるべき性格のものというべきである。
　次いで〈2〉「対内的緊急事態に関する措置」の(1)「治安維持を目的とする措置」は，その対象は大規模な災害，騒乱あるいは間接侵略といった緊急事態であり，総理大臣の判断によるもっぱら治安維持のための警察あるいは自衛隊の出動を想定している。なお，警察による出動の前提となる緊急事態の布告や自衛隊の出動命令は，布告後あるいは命令後の国会の承認が必要とされている。
　最後に〈2〉の(2)「災害事態に関する措置」を見ることとしよう。ここでの対

---

(475)　新・前掲注(474) 228頁注(24)参照のこと。
(476)　拙著・前掲注(460) 61-62頁参照。

377

〈第3部〉人権保障を巡る憲法と条約の相克

象は，地震，津波，洪水などといった大規模自然災害あるいは原子力災害のような人為的災害のみならず，恐慌やゼネストといった事態をも含む（これらは含まないとするものもあるが）本項(2)(i)で述べた緊急事態基本形態として分類した事態中，政治的危機を除くすべての事態をカヴァーするものと言えよう。

こうした措置としては，対象の必要に応じ，救護，救助，災害防禦などといった緊急措置が規定されている。そして，こうした災害事態における緊急措置の必要性の判断は，総理大臣や都道府県知事などにより行われる。特に災害対策基本法は，こうした緊急災害事態における一般法ともいうべき法律であり，「非常災害が発生し……特別の必要があると認めるとき」[477]は，総理大臣に，災害緊急事態の布告を発する権限を付与している。とはいえ，緊急事態という特殊な状況下であろうとも，権利や自由の制限には慎重でなくてはならないことは言うまでもない。

なお，例えば災害対策基本法が移動の自由[478]や財産権[479]への制限を規定しているように，災害事態では移動の自由[480]や財産権[481]への制限がしばしば行われ得ることは，ここで改めて強調するまでもなかろう。

(3) 例としての災害対策基本法と武力攻撃事態法──その問題点

(i) 我が国においては，緊急事態に対処するためのいわゆる緊急事態法制は，憲法典中には何ら国家緊急権についての明示の規定が存在しないにもかかわらず，前述のように主要な事態について類型化され立法化されてきている。

ではこうしたいわゆる緊急事態対処法は，国家緊急権の最も重要な要素といえる権力分立制からの一時的離脱と言うべき緊急時における行政権の一時的優位，そのチェック機能，及び憲法第三章が規定している基本的人権の保障の一時的停止について，いかに規定しているのであろうか。

人権の制限について最高裁判所は，憲法の保障する基本的人権は絶対無制約なものではなく，公共の福祉のための制約に服するという立場を明確にしてい

---

[477] 105条1項。
[478] 63条1項，76条1項。
[479] 109条1項。
[480] 災害対策基本法の他に，例えば感染症法19条，20条；大規模地震対策特別措法24条。
[481] 災害対策基本法の他に，例えば，土地収用法122条，123条；原子力災害対策特別措置法26条。

る(482)。しかるに，公共の福祉による個人の基本的人権への制約が憲法に適合しているか否かを判断する際には，いかなる制約利益が正統な制限事由とされているのか，どのような制約利益があれば制約は正当化されるのか，利益を達成するために当該制約は必要不可欠であるのか，制約は必要最小限度のものであるか，などについて検証されなくてはならない(483)。つまり，ここでの公共の福祉による制約について，その重要性，正当性，必要性などにつき司法によるチェックを受けることとなる。

　いわゆる国家緊急権を発動させなくてはならないような緊急事態において，「公共の福祉」により人権の制限を行うことの是非についての詳しい議論はまたの機会にとっておくとしても，我が国における緊急事態対処法については，緊急事態において個人の基本的人権を公益（憲法にいうところの公共の福祉）を理由として制約する規定を置いているからには，こうした制約については最低限，上記のような公共の福祉による個人の人権への制約に対し行われるのと同じ検証が行われなくてはなるまい。しかし，こうした法律には，緊急事態についての定義が無いか有ったとしても不明確なこと，及び基本的人権への制約の可能性について曖昧な規定しかされていないこと，といったような問題がある(484)。

　さて憲法上の問題点はさておき，我が国には，自由権規約を批准している以上は条約締約国としての国際的な条約遵守義務がある。よって，我が国の緊急事態対処法は，明らかに人権への制約をその主な内容の一つとするものであるから，自由権規約における関連人権保護条項が規定する各人権の制限についての要件を充たすことが求められよう。例えば，移動の自由に対する制限というべき交通制限を含む規定は，まさに移動の自由について規定する自由権規約12条に適合していなくてはなるまい(485)。

　さらには，特に緊急事態に際し基本的人権の停止を一時的とはいえ行うがごとき規定を含む場合においては，同規約4条の権利の停止条項の要件に，少なくとも適合していなくてはならないこととなるであろう。言い換えれば，緊急事態対処法がいわゆる「権利の停止」に該当するような権利に対する制約を規

---

(482) 松井・前掲注(378) 343頁参照。
(483) 松井・前掲注(378) 352頁参照。
(484) 同旨，宮崎繁樹編著『解説国際人権規約』（日本評論社，1996年）123頁参照。
(485) これについては，本稿II2を参照のこと。

〈第3部〉人権保障を巡る憲法と条約の相克

定する場合は，本稿Ⅱ3において論じたように，「公の緊急事態」が存在するか，その緊急性が「真に必要」とする限度での停止か（すなわち，「必要性」，「比例性」，「期間」についての条件を充たしているか）[486]，差別なく適用されているか，国際法に基づき負う他の義務に抵触していないか，宣言及び通知はされているか，停止が許されない権利を明示しているか，という点が問われることとなる[487]。

なお，非常事態において最も侵害され得る人権としては財政権をまず挙げるべきであるが，自由権規約には規定が置かれていないため（本稿前掲注(12)），本項では扱わないことをお断りしておきたい。

では，以下において，「災害対策基本法」[488]と「武力攻撃事態等における我が国の平和と独立並びに国及び国民の安全の確保に関する法律」（いわゆる武力攻撃事態法[489]）を例に，緊急事態対処法の自由権規約適合性について若干の考察を行って見たい。

(ⅱ) 災害対策基本法は，「国土並びに国民の生命，身体及び財産を災害から保護するため，防災に関し，…(略)…必要な体制を確立し，…(略)…社会の秩序の維持と公共の福祉の確保に資することを目的」[490]とする，文字通り災害対策の基本法である。

では本法が対象とする「災害」とは，いかなるものを言うのであろうか。同法における「災害」の定義によると，「暴風，豪雨，豪雪，洪水，高潮，地震，津波，噴火その他の異常な自然現象又は大規模な火事若しくは爆発その他その及ぼす被害の程度においてこれらに類する政令で定める原因による生ずる被害をいう」[491]とされ，災害発生原因は網羅的かつ例示的に示されている。とはいえ，「及ぼす被害の程度において」こうした事態に「類する政令で定める原因により生ずる被害」といった，抽象的な表現をも含んでいることから，「被害」という抽象的基準により「災害」を定義するというきわめて不明確なものとなっていると言わざるを得ない[492]。

では，「及ぼす被害の程度」の問題はさておき，災害の程度についてはいか

---

(486) 拙著・前掲注(1) 73頁参照。
(487) これらは，自由権規約4条の要件である。
(488) 昭和36年11月15日法223号，施行昭和37年7月10日。
(489) 平成15年6月13日法79号，施行平成15年6月13日。
(490) 災害対策基本法1条（目的）。
(491) 同上法2条1号。

380

〔初川　満〕　　　　　　　　　　*10*　緊急事態における人権の制限

なる定義が行われているのであろうか。本法においては，災害はその程度に応じ「非常災害」[493]，「緊急災害」[494]，「激甚災害」[495]，及び「災害緊急事態」[496]という区別が行われている。これらについては，広辞苑によると，「非常」とは，「尋常でないこと。」を，「激甚」とは，「きわめてはげしいこと。」を，「緊急」とは，「事がさし迫って，対策などを急がなければならないこと。」を，そして「緊急事態」とは，「緊急の対策を講じなければならない事態」を意味するとされる[497]。しかるに本法は各々条文中において，「激甚災害」とは，「著しく激甚である災害」，緊急災害とは，「著しく異常かつ激甚な非常災害」，そして「災害緊急事態」とは，「非常災害が発生し，かつ当該災害が国の経済及び公共の福祉に重大な影響を及ぼすべき異常かつ激甚なものである場合」と定義している。

　これらを勘案すると，災害の深刻度にはかならずしも明確な線を引くことはできないが，著しく異常かつ激甚な非常災害が発生した場合で災害緊急事態に該当する事態には，後述するように自由権規約における「公の緊急事態」といえる事態をも含んでいると言うことが出来ると思われる。

　もっとも，災害の程度についての定義は，上記のように漠然としていて明確とは言い難い上に，こうした事態の判断も，非常災害については内閣総理大臣の単独の決定で[498]，緊急災害及び災害緊急事態については内閣総理大臣の発議により閣議での決定で[499]，そして激甚災害については政府が措置するもの[500]と規定されている。これらを考えると，こうした緊急の事態については，少なくとも予測可能な明確なる基準に基づく区別が法文上呈示されているとは言い難いであろう。

　では，以下において，本法の自由権規約適合性について，若干の考察を行っ

---

(492) なお，本法は，恐慌，ゼネスト，内乱，戦争などの広汎な災害事態を含むとするものとしては，影山・前掲注(378) 239 頁参照。
(493) 災害対策基本法 24 条 1 項。
(494) 同上法 28 条の 2，1 項。
(495) 同上法 97 条。
(496) 同上法 105 条 1 項。
(497) 新村出編『広辞苑（第 6 版）』（岩波書店，2008 年）。
(498) 災害対策基本法 24 条。
(499) 同上法 28 条の 2，1 項及び同法 105 条。
(500) 同上法 97 条。

〈第3部〉人権保障を巡る憲法と条約の相克

てみたい。

　既述のように，自由権規約4条1項（権利の停止）における「国民の生存を脅かす」とは，地理的範囲が必ずしも重要という訳ではなく，脅威の重大さこそが問われるところである。よって，国のある地域において発生した極端に重大な自然災害のようなものも，国全体に影響を与え得ることから，公の緊急事態となり得る[501]。しかるに本法は，第八章の「災害緊急事態」には「非常災害が発生し，かつ，国の経済及び公共の福祉に重大な影響を及ぼす異常かつ激甚な災害である」ことを要件として，応急対策を推進するための特別の必要がある場合に，内閣総理大臣は災害緊急事態の布告を発することとしている[502]。よって，災害緊急事態とは，まさに「国民の生存を脅かす」ような事態を想定していると言ってよかろう。

　つまり，本法の少なくとも災害緊急事態は，自由権規約4条に規定する権利の停止に該当するような事態をも含むことを想定している，と言うことが出来よう。ところが，もし権利の停止を行うことなくして，そこで採られる措置が自由権規約の保障する権利や自由の保障を侵害する場合には，緊急事態における特例という言い訳は許されないから，厳格な制限条項規定の適用を受けることとなろう。それに対し，もし権利の停止を行うならば，国家の裁量の余地は広がりはするが，4条に規定された条件を明文で規定すると同時に，国際社会への通知が不可欠となる。しかるに，本法にはこうした点について考慮がなされたと思わせる条項は，一切見あたらない。

　また，そもそも憲法解釈上も，「公共の福祉」は，「人権制約の一般的根拠ではあるが，具体的事件において，そこで問題となっている人権の性質に応じた基準によって判断されるべき[503]」とされているように，この概念は抽象的なものであり，具体的かつ明確な基準を呈示するものとは言い難いものである。しかるにこのような抽象的な概念を，例えば本法109条1項（緊急措置）は緊急災害事態に際し「公共の福祉を確保するための緊急の必要がある場合」と規

---

[501]　拙著・前掲注(460) 65頁参照。
[502]　災害対策基本法105条1項。なお，国会閉会中又は衆議院解散中において，臨時会の召集又は緊急集会の措置を待つ余裕がない時は，国の経済秩序の維持及び公共の福祉の確保のために緊急の必要がある場合は，いわゆる緊急政令を出すことができる（同法109条）。
[503]　新・前掲注(458) 513頁参照。なお，同旨，芦部・前掲注(458) 198頁。

〔初川　満〕　　　　　　　　　　　　　*10*　緊急事態における人権の制限

定し，緊急措置により人権を制約できる理由としている[504]。ところが，自由権規約における人権制約のための要件としての「法律に基づく」は，法律は明確なものでなくてはならない（予測可能性）と解されているから（本稿，前述 II 2 (2)(i)），ここでの緊急災害事態がいわゆる権利の停止が可能な程度には至っていない場合であったとしても，あるいは権利の停止を国は行わないとしても，すなわち人権の制限条項による通常の制限による規制が行われる場合であっても，自由権規約が求めている「法律に基づく」という制限の要件適合性が問われ得ることとなるであろう[505]。

このようにして，本法は，権利の停止が可能とされるような緊急事態をも予定しながら，権利の停止を念頭においた基本的人権の制約の可能性については，何らかの考慮がなされたと考えられる規定は何ら置かれていないのみならず，たとえ権利の停止を可能とする程の非常事態には至らない事態であっても，法治主義の要請である法の予測可能性について疑問が残ることから，自由権規約の関連の権利や自由との適合性が問われ得ることとなろう。

1962 年の本法施行時には，自由権規約は未だ国連において審議中であったし，1966 年に採択された規約の我が国による批准は 1979 年まで待たなければならなかった。とはいえ，規約批准後も本法は何度も改正されたにもかかわらず，自由権規約の人権の制限の規定，特に権利の停止の規定を意識したと思われる形跡は何ら見られない。

ではここで，例として移動の自由について見ていくこととしよう。

移動の自由は，経済的自由の一つとしてのみならず，今や人身の自由とも密接に関連することから[506]，「移動規制は人間のもっとも基礎的な自由の規制であるから，その合憲性はより厳しい審査に耐えなければならない[507]。」しかるに本法は，例えば「災害が発生し，又はまさに発生しようとしている場合に」おいて，「人の生命又は身体に対する危険を防止するため」「特に必要があると認めるとき」は，市町村長は当該警戒区域への立入り制限，禁止若しくは

---

[504]　なお，本法の「公共の福祉」とは，本稿 II 2 (3)で述べた正統な制限根拠とされるもの，すなわち国の安全，公の秩序，公衆の健康などを具体的内容とすると考えられる。
[505]　拙著・前掲注(13) 52-53 頁参照。
[506]　芦部・前掲注(448) 222 頁参照。
[507]　赤坂正浩『憲法講義（人権）』（信山社，2011 年）166 頁。

〈第3部〉人権保障を巡る憲法と条約の相克

退去を命ずることができるとし[508]，また「災害応急対策が的確かつ円滑に行われるようにする」ために「緊急の必要があると認めるとき」は，都道府県公安委員会は車両通行の禁止又は制限を行うことができる[509]，と規定している。

これらの条項は，明らかに移動の自由への制約を規定しているものであるが，こうした規制を必要とする災害には，通常の制限条項による制限で処理し得る災害の場合のみならず，権利の停止が想定しているような災害をも含み得るであろう。しかし，どの場合にしても，いかなる状況において，いかなる権利や自由を，いかなる手続により，いかなる程度制限するか，その期間は，などについて明確に定めておくことが望ましい。特に，権利の停止を行うことが出来るような緊急事態での規制については，もしも権利の停止を行うならば自由権規約4条の要件を充たす必要があることは当然として，行わないとすれば，規約12条3項の移動の自由への制限に関する条項の要件に厳格に適合した措置が求められよう。

(iii) いわゆる武力攻撃事態法は，「有事立法」といわれる一群の法律の中核をなすものである。有事とは，「広くは大地震などの自然災害をも含めて，緊急な対応を要請される事態をいうが，通常は，外国からの武力侵攻や国内の武力蜂起のような場合を指し」[510]，いわゆる「戦争や事変など，非常の事態が起こる」[511]場合のことをいう。

そのため，「もともと軍隊というものの存在を予定していなかった日本国憲法においては，有事に関する規定が置かれていない。」[512]ところが9・11のテロ事件をきっかけに，国際情勢の激変を受けて，それまではもっぱら憲法9条との関係から有事立法に反対していた世論が変化してきた。そしてその結果として，武力攻撃事態及び武力攻撃予測事態への対処に関する基本法としての性質をもつ本法が，2003年に制定されたのである。

本法は，第一章に総則として対処基本理念，国や地方公共団体等の責務，国

---

(508) 災害対策基本法63条1項。
(509) 同上法，76条1項。
(510) 芦部・前掲注(448) 70頁。
(511) 『広辞苑（第6版）』，「有事」の項。なお，広辞苑によると，「事変」には，① 天災その他の変事。人力で避けられない出来事。② 警察力では鎮圧し得ない程度の擾乱。の二つの意味がある。
(512) 芦部・前掲注(448) 70頁。

民の協力を，第二章に武力攻撃事態等への対処のための手続等を，第三章に武力攻撃事態等への対処に関する法制の整備を，そして第四章に緊急対処事態その他の緊急事態への対処のための措置を規定している。一言でいうと，本法は，外国からの武力攻撃を受けた場合又はその切迫した危険がある場合あるいはその危険が高度に予測される場合に，内閣が対処方針を決め国会の承認を求めるための手続及び組織を規定している。

なお，本法に呼応して，武力攻撃事態に際し国民を保護するための，いわゆる国民保護法が翌 2004 年には作られている[513]。

いわゆる「有事立法」については，そもそも憲法 9 条が戦争を全面否定しているのであるから，こうした戦争などといった事態を前提とするがごとき法律の制定自体が憲法上問題となろう，といった意見が強かった[514]。例えば，有事立法についての是非の議論の早い段階において既に，「非常事態の認定・宣告の権限は内閣総理大臣に置かれ，また手段の上で議会尊重の形が一応とられている。しかし，根本の構造において，『国家』の優越と人権の軽視，『危機』に対する武力中心の対応，平時法制の一括適用除外，国民生活の統制の志向等の点で，旧体制の国民総動員法の発想と殆ど異なるところがない。」[515]といった意見があった。

勿論，ここで指摘されている諸点については，真摯に検証されなくてはならない。とはいえ，本稿では，憲法的議論はさておき，もっぱら我が国にとって遵守すべき国際義務がある自由権規約，特に 4 条（権利の停止）との本法の適合性について考察することとしたい。

なお，本法第四章「緊急対処事態その他の緊急事態への対処のための措置」は，武力攻撃事態への対処に関する規定を準用し，例えば「我が国を防衛し」[516]という表現は，「公共の安全と秩序を維持し」と読み替えるものとされる[517]ように，あくまでも「公共の安全と秩序の維持」のための規定であるから，権利の停止措置の対象となるような事態とはその程度において異なる事態を想定

---

[513]　正式には，「武力攻撃事態等における国民の保護のための措置に関する法律」，平成 16 年，6 月 18 日，法 112 号。
[514]　『広辞苑（第 6 版）』「有事立法」の項は，「合憲性について議論がある。」とする。
[515]　小林・前掲注(441) 15 頁。
[516]　武力攻撃事態法 4 条。
[517]　同上法 27 条。

〈第3部〉人権保障を巡る憲法と条約の相克

しているといえよう。

　既にⅡ3「権利の停止」の章で述べたように，公の緊急事態において自由権規約締約国は，権利の停止を行うならば同規約4条の要件を充たすことが条約上の義務である。とはいえ「権利を停止」することは，締約国にとり権利であって義務ではないから，この権利の行使は各国のまったくの自由である(518)。そして，権利の停止を行わなければ，通常の法レジームによりチェックされるから，緊急事態において締約国が行った「権利への制限」は，条約上の人権の保護義務を果したかという通常の条約履行義務の問題となる。なおこの場合，ここでの対象となる緊急事態は，通常の事態より深刻な人権侵害を引き起こし得る事態であるから，平常時における制限の場合と比べ，特に必要性の判断については，より一層の厳格さが求められるべきであろう。

　では以下において，本法の規約4条適合性を詳しく見ていくこととしよう。

　自由権規約締約国は，公の緊急事態において権利の停止を行うに際しては，同4条の要件を充たすことが条約上の義務であるから，もしも武力攻撃事態法が，「国民の生存を脅かす公の緊急事態」を想定している場合には，同法が規約4条の規定する要件を充たすならば，我が国の締約国としての条約上の義務としての規約による権利や自由の保護義務を免除される，いわゆる権利の停止を行うことができよう。

　しかるに，同法2条（定義）に規定する「武力攻撃事態」はまさに，規約4条1項の規定している「国民の生存を脅かす公の緊急事態」すなわち「国民全体を巻き込む，人権の制限条項による通常の措置や規制では不適切なほどの，社会の組織だった生活への脅威となる危険が存在する事態」(519)を想定していると考えられるから，本法はいわゆる権利の停止を必要とするような緊急事態をも想定していると言えよう。

　では以下において，本法が権利の停止を行うことが出来るような緊急事態をも想定していることを前提に，権利の停止を行う場合において遵守すべき規約4条との適合性についてⅡ3(2)を参考に，検証していくこととしよう。なお，権利の停止を行うかどうかは締約国の判断とはいえ，もしこれらの要件を充た

---

(518) 拙著・前掲注(1) 162頁参照。
(519) D. O'Donnell, "Commentary by the Rapporteur on Derogation" 7 H. R. Q. (1985), pp. 23, 24 参照。

〔初川　満〕

せば権利の停止が行えるということにすぎず，もし停止を行わないならば通常の規定の人権保護義務を充たすことが求められるのであるから，緊急事態において採られた措置が条約違反，すなわち締約国としての条約上の人権保護義務を果していないとされ得ることを認識すべきであることを，再度強調しておきたい。

㈠　「国民の生存を脅かす公の緊急事態」の存在については，まず「公式に宣言」されていなくてはならないが(520)，本法は，政府が認定し(521)，国会の承認を求め(522)，総理大臣は公示しなくてはならない(523)，と規定されていることから，この要件は充たしていると言える。

㈡　「事態の緊急性が真に必要とする限度」の要件については(524)，国家の裁量権がある程度認められはするが，措置の必要性に比例していなくてはならないから，その期間は限定されていることが望ましい。しかるに本法は，対処措置が不要となれば廃止すべきことを明示している(525)のみならず，武力の行使を「事態に応じ合理的に必要と判断される限度において」(526)と規定していることから，期間のみならず必要性の要件をも充たしていると言えよう。

㈢　対処措置は国際法に基づき負う他の義務に抵触してはならないとの要件についても，言及されている(527)。

㈣　規約4条2項は，緊急事態といえども条約上の保護義務を逸脱することが出来ない，いわゆる停止できない権利を，限定的に列挙している。よって，武力攻撃を含むいかなる事態においても，これらの権利を締約国は侵害することは出来ない(528)。しかるに本法は，「日本国憲法14条（法の下の平等），18条（奴隷等からの自由），19条（思想・良心の自由），21条（集会，結社，表現の自由）その他の基本的人権に関する規定は，最大限に尊重されなければならない。」(529)

---

(520)　規約4条1項第1文。
(521)　武力攻撃事態法9条，25条。
(522)　同法9条7項。
(523)　同法9条8項，9項。
(524)　詳しくは，拙著・前掲注(1)73頁から78頁参照。
(525)　武力攻撃事態法9条14項，15項。
(526)　同法3条3項。
(527)　同法3条6項，21条2項。
(528)　2項に明記されている権利や自由以外にも，身体の自由とか適正な法手続など権利の停止ができないとされるものがある。詳しくは，拙著・前掲注(460) 141-153頁参照。

〈第3部〉人権保障を巡る憲法と条約の相克

と規定し、たとえ武力攻撃事態といった非常事態においても、基本的人権に関する憲法の規定は尊重されることを明示している。

　しかし、既に述べたように、たとえ国家の存立自体を危うくするような例外的事態にのみ行い得るとはいえ、権利の停止はそれ自体が人権の侵害と言わざるを得ないものである。言い換えると、人権の保護をその使命とする民主的国家にとり権利の停止を行うことは、民主的国家を守るための必要悪としての苦渋の選択と言わざるを得ない。そして、権利の停止が多大な権利の侵害を引き起こしてきたという歴史的事実から、人権侵害を最小限に抑えるための知恵として、国際社会は厳格な要件を課すと同時に国際社会の監視の下に置くこととしたのであるから、少なくとも規定4条2項に停止できない権利として明示されているものについては、権利の停止を行わないことの絶対的な保障を与えることが必要だと規約は明言しているのである。

　しかるに本法は、基本的人権の最大限の尊重義務を明記し[530]、それに加えて、事態対処措置として実施し得る措置を制限列挙することにより[531]、武力攻撃事態において制限し得る権利や自由を限定してはいるが、未だ緊急事態においてすら絶対的に保障されるべき基本的人権への何らかの制限が行われる可能性を残していると言わざるを得ない。よって、本法は、幾つかの権利や自由についてはいかなる場合においても絶対的な保障を与えることを明言する自由権規約とは、この点においては適合しないと言わざるを得ない[532]。

　(オ)　規約4条3項は、権利の停止を行った締約国に対し国連事務総長を通じ他締約国に停止を通知することを求め、締約国の事務総長への報告義務を明記している。しかるに本法は、国連安全保障理事会への報告義務を規定しているのみであり[533]、事務総長への何らの言及も見られない。これは、武力の使用に関しては国連憲章51条（自衛権）が加盟国に対し安全保障理事会への報告義務を課していることから、日米安全保障条約5条2項（共同防衛）の規定と同様の報告義務を課したものと思われる。

---

(529)　武力攻撃事態法3条4項第2文。
(530)　同法3条4項末尾。
(531)　同法22条。
(532)　同旨。芹田健太郎「テロリズムの法的規制と日本」拙編・前掲注(330) 170-171頁。
(533)　武力攻撃事態法18条は、国連憲章51条及び日米安保条約5条2項の規定に従って、我が国が採った措置を直ちに安全保障理事会に報告すること、と規定している。

〔初川　満〕　　　　　　　　　　　　　　　　*10*　緊急事態における人権の制限

　しかし，事務総長への報告義務は，締約国への通知により国際社会の監視の下に置くことにより権利の停止の乱用による人権侵害を防止する，といった意図を有している。よって，安全保障理事会への報告と事務総長への報告は，その意図はまったく異なるものであり，前者への通知でもって本規約4条3項の要件を充たしたという訳にはいかないであろう[534]。

　このように，本法は，平和時を前提とした法レジームでは対処できないような特別の事態，つまり権利の停止を行う事が出来得る緊急事態をも想定している特別法であるにもかかわらず，本項で指摘しているような点において自由権規約4条と適合しない規定を含んでいる。言い換えれば，本法は武力の行使への対処にもっぱら焦点を合わせ国際人道法に対する配慮は随所に見られるとはいえ，人権の保護に焦点を合わせる国際人権法について十分な配慮がなされているとは言い難い。

　最も深刻度の高い緊急事態の発生を予定している本法において，事態の対処に際し人権への更なる配慮が望まれるのみならず，武力攻撃という究極の異常事態において民主的社会を守るためには，権利の停止という手法をも視野に入れての本法の改正が論じられてしかるべきであろう。

V　結びとして

　(i)　民主的社会を破壊しようとする事態というものは，現実社会においては常に発生し得る。しかるに，こうした例外的異常事態が，今回のような大地震といった自然災害により引き起こされようと，果たまたテロ行為のような人為的行為により引き起こされようと，人権の最も強力な擁護者である国家には，人権が効果的に享受され得るよう国民の安全を確保する積極的な義務がある。そして，この国家の義務を果たすためには，個人の人権に何らかの制限を行わざるを得ない場合すらあることは，認めざるを得ない。とはいえ，人権の最大の侵害者でもある国家による人権への制限は，たとえ民主的社会を守るためであろうとも慎重な上にも慎重でなくてはならない。

　現代において人は皆，多数の人々よりなる複雑な社会において集団生活を送らざるを得ない以上，自ずから個人の権利や自由に対して，他者又は社会あ

---

[534]　4条3項の報告義務を定めていないとの指摘について，芹田・前掲注[532] 170頁参照。

〈第3部〉人権保障を巡る憲法と条約の相克

るいは国家との利益の調整から派生する制限というものを甘受せざるを得ない。とはいえ，個人の人権の制限のための手法として国際人権法上認められている，幾つかの公益に基づく理由により国家が人権の制限を行うことを許す「人権の制限条項」による手法や，自然災害とか戦争といった公の緊急事態において国家に人権保障義務からの逸脱を許す「権利の停止」といった手法は，本質的に人権保護を有名無実化しかねない危険性を常に孕んでいる。

　よって，こうした手法による人権の制限は，個人の権利を国家や社会あるいは他者の権利と均衡させるための手段としてのもの，民主主義を促進させるための手段としてのもの，社会のモラルを維持するための手段としてのもの，あるいは国民の生存を守るために必要な手段としてのもの，といったもののみが正当化され得るのであって[535]，国際人権文書が保護しようとする人権に対する不合理な制限を正当化する手段として用いられてはならない。

　(ⅱ)　緊急事態という例外的状況を強調することは，権力による人権の抑制を正当化する言い訳として用いられるのではないかという危惧は，戦前の明治憲法下における国家緊急権の乱用を挙げるまでもなく十分考慮に値するだけの理由がある。とはいえ，緊急事態のすべてを，武力紛争や有事を例に挙げつつ在ってはならない事態として放置するならば，言い換えれば，「例外的な異常状況」としてその処理のみを論ずるならば，超法規的措置という場当り的な対処策により乗り切らざるを得ないことにもなりかねない。しかし，法の支配という民主主義の大原則から逸脱した超法規的措置の乱用といった手法は，人権を侵害する可能性をそれ自体含んでいることは改めて強調するまでもなかろう。

　そこで，国際人権法は，たとえ緊急事態という非常事態においてであれ法の支配の原則に基づく民主的社会を守るために，国民の生存を脅かす公の緊急事態に際し，主権国家に裁量権を認めつつも，人権の制限を無制限には認めることなく厳しい条件を課すと同時に国際社会の監視の下に置くというシステムを，作り出してきている。例えば，Ⅱ3で分析したように，我が国が締約国である自由権規約は，その4条において，公の緊急事態において国家が権利の停止を行うことが出来る条件について詳細に規定している。今回の大震災においては，緊急事態における法的規制の不備が露呈したと言わざるを得ない状況が随

---

(535)　C. Parker, "Human Rights Law"（2002），p. 169 参照。

所に見られたことは、否定することの出来ない事実である。そして、これを切っ掛けとして、既存の緊急事態対処法の見直しに留まらず、緊急事態対処基本法のような包括法の必要性から、更には憲法を改正し非常事態条項を新設すべきという意見までも、強く主張されている。

こうした主張の是非については本稿では触れなかったが、少くとも緊急事態に対処するための国内法は、我が国の締結した条約を誠実に遵守する義務[536]からも、あくまでも自由権規約の関連条項に合致するものでなくてはなるまい。

(iii) 「大地震やエネルギー危機等から生ずる事態に対し、国民にある範囲での臨時の権利制限をしたり、一定の協力義務を課する場合に関しても、国民の同意を広く得たうえで、平時から法律を整えておくことは、合目的的である。それについては同時に、権力の乱用を禁じ、乱用者に対しては事後的にサンクションを加える、等の工夫が必要なことは言を俟たない。」[537]とはいえ、「緊急権制度は、事実上つねに濫用や悪用の危機に曝され、現に非常に多くの国々で、支配者たちの統治の具として用いられている。」[538]ことも事実である。

であるからこそ、再三再四述べているように、自由権規約は、権利の停止の手法について厳格なる要件と国際社会による監視システムを規定しているのである[539]。

ところで、緊急事態への対処措置は、法治主義の原則から常に国内の法的手段に基づかなくてはならない。よって、まずは、緊急時における行政機関の権限は、平常時において採択された法律により規定されていなくてはならない。

そして、緊急時においては、立法機関は、行政機関の採った措置を監視し必要と思われる措置の取消権を有していなくてはならない。また、停止の許されない権利の効果的な享受のみならず、権利の停止により一時的とはいえ享受を停止する措置についての合法性もまた、独立かつ公平な裁判所により常に監視されなくてはならない。

なお、権利を停止するかどうかは国家の裁量権に委ねられているから、自由

---

(536) 日本国憲法98条2項。
(537) 小林・前掲注(441) 21頁。
(538) 小林・前掲注(441) 16頁。
(539) 同旨、大谷美紀子「緊急事態における人権保障(実務)」国際人権14号(2003年) 10頁参照。

〈第3部〉人権保障を巡る憲法と条約の相克

権規約の締約国である我が国もまた，権利を停止するという選択を行わないことは出来る。しかし，もし権利を停止するという道を選んだならば，4条の要件を厳守するという条件の下でのみ，締約国としての自由権規約上の人権保証義務を免除されることとなる。

それに対し，もし権利の停止を行わないならば，規約が規定する人権保証義務は当然に全て遵守しなくてはならない。つまり，もし4条に基づく権利の停止を行わない場合には，我が国の緊急事態対処法が規定する事態対処措置において人権への何らかの制限に関するものは，例外なく自由権規約の人権の制限に関する条項との適合性が問われることとなる。であるから，移動の自由などといった緊急事態において最も制限されやすい権利や自由への規制は，Ⅱ2に分析したような自由権規約における関連条項に適合しなくてはならない。

(iv) 社会の平穏を乱す事態に対処するための法的枠組みとしては，平常時における通常の人権への制限によるレジームと例外的状況下での特別の権利の停止によるレジームが存在しているとはいえ，これらは，まったく別種のレジームであるというわけではない。人権に対する通常の制限では社会の平和と秩序を維持するには明らかに不十分であるという場合にのみ，幾つかの厳格な条件の下に権利の停止という特別な制限が適用されるにすぎない。つまり，権利の制限と権利の停止は，異質なものというよりもむしろ程度のちがいと言うべきである[540]。但し，権利の停止を行う事が出来るような緊急度の高い事態において，通常の手法を利用するならば，そこでの制限の要件の解釈には，少なくとも平常時の制限の場合と同じレベルの厳格さが求められる。

なお，権利の停止の手法によらない通常の人権の制限の手法では，限定された事態において限定された規制手段に訴えることを可能とするにすぎないから，例えば人権の制限条項における権利や自由の制限の正当化事由としての「国の安全」とか「公の秩序」といった理由では，我が国における緊急事態対処法が想定している危機的状況への対処措置の全てはカヴァーされ得ないのではないかと思われる。つまり，このままでは，国際人権条約上の保護義務に違反するのではなかろうか。

であるならば，我が国においても，権利の停止といった手法による緊急事態

---

[540] 拙著・前掲注(1) 29 頁参照。

〔初川　満〕　　　　　　　　　　　*10*　緊急事態における人権の制限

への対処手法についても検討することは必要ではなかろうか。特に，今回の大震災のような非常事態において場当り的な超法規的措置に頼ることは，第二次大戦後人権問題を国際社会全体の関心事と位置付け，国際社会の監視の下で国民を人間として扱うことにより個人の人権の保護を実現してきた国際社会の評価には耐え得ない，と言わざるを得ないであろう。

　(v)　勿論，権利の停止の手法を採用したからといって，いかなる事態において，いかなる態様により権利を停止するか，いやそもそも権利の停止を実行するかどうかさえも，国家に自由な裁量が許されることは，既に述べたところである。

　しかし，あまりにも緊急事態が重大かつ深刻なため既存の法体制では適切に対処し得ない事態が発生し得ること，そして，そうした事態においてさえも法的枠組みに基づいて対処することが人権の保護を至上の価値とする民主的国家においては望ましいことなどから，国際社会は権利の停止という言わば掟て破りに近い手法を創り出して来ているのである。

　そこで本稿においては，まず平常時における人権の制限の手法と非常時の人権の制限の手法について，自由権規約及びヨーロッパ人権条約の解釈を参考に，各要件の具体的な分析を行った。次いで，実際に権利の停止を行っている英国を例にとり，これがいかなる手続により具体的に行われてきたかを分析した。そして最後に，我が国における緊急事態法制が，国際社会の評価に耐え得るものであるかを検証したのである。

　こうした研究が，今回の大震災のような緊急事態に対処するためのいわゆる緊急事態対処法による人権の制限が，果して充分に人権に配慮したものであるかどうか，言い換えれば，「必要やむを得ない」制限の域を超えていないか，正統な目的のために行われているか，その結果として人権の侵害を引き起こしてはいないか，などを問い直す切っかけとなれば幸いである。

393

第4部
国内人権訴訟の諸相

11 受刑者の選挙権と比例性の原則

武 村 二 三 夫

I はじめに　　　　　　　　Ⅲ 国際的な裁判例とその審査手法
Ⅱ 受刑者の選挙権制限　　　Ⅳ 考　察

I はじめに

　日本の最高裁判例では，アメリカで確立された審査基準論を意識して目的審査と手段審査の枠組みに従った判断をしたものとして，尊属殺重罰規定判決，薬局開設距離制限違憲判決などがある。しかし猿払判決，戸別訪問禁止判決，広島市暴走族追放条例判決は利益衡量論を採用しているとの指摘がある[1]。利益衡量論は最終判断は裁判官の主観に委ねるところ，審査基準論は規制される人権が憲法体系に占める位置に応じて厳格度の異なる審査基準を割り振り，その審査基準に従って目的審査・手段審査を行い，そのいずれかにパスしなければ「得られる利益」よりも「失われる利益」が優位すると考えるとする。審査基準論は，いわば利益衡量の仕方を指図し方向付ける基準を設定することにより，裁判官の主観的判断を可能な限り限定しようとしている，というのである。法の支配の求める法的安定性と予測可能性の観点から後者が望ましいとされる[2]。

　それでは国際人権法の分野では，この審査の客観化についてはどのような努力がなされているのであろうか。

　最高裁は 2005 年 9 月 14 日在外邦人選挙権制限判決についていわゆる厳格な基準論を採用したといわれる。本稿ではこれを念頭におきながら，受刑者の選挙権制限に関する諸外国や欧州人権裁判所の判決を検討し，審査の客観化とい

---
(1) 高橋和之「審査基準論の理論的基礎（上）」ジュリスト 1363 号（2008 年）64 頁。
(2) 高橋和之「審査基準論の理論的基礎（下）」ジュリスト 1364 号（2008 年）122 頁。

〈第4部〉国内人権訴訟の諸相

う観点からその審査の手法を考察する。

Ⅱ 受刑者の選挙権制限

1 公職選挙法等による選挙権制限

　選挙権について，公職選挙法は9条で，日本国民，年齢満20年以上の者という積極要件を定める。さらに同法11条では，選挙権および被選挙権の消極要件を以下のように定める。

　① 成年被後見人（同条1項1号）
　② 禁錮以上の刑に処せられその執行を終わるまでの者（死刑判決を受けた者，現に懲役あるいは禁錮刑で服役中の者）（同条1項2号）
　③ 禁錮以上の刑に処せられ仮放免中の者（同条1項3号）
　④ 公務員である間に犯した収賄罪（刑法197条から197条の4）又は公職にある者等のあっせん行為による利得等の処罰に関する法律第1条の罪による刑（懲役刑）の終了した者あるいはその執行の免除を受けた者でその執行終了または免除から5年を経過しない者，又はその刑の執行猶予中の者（同条1項4号）
　⑤ 法律で定めるところにより行われる選挙，投票及び国民審査に関する犯罪により禁錮以上の刑に処せられその刑の執行猶予中の者（同条1項5号）

と，階層的な選挙権停止を定める。さらに公職選挙法自体の定める選挙犯罪については，同法11条2項で同法252条によるとし，

　⑥ 公職選挙法の特定の選挙犯罪について罰金刑の確定から5年（罰金刑の執行猶予の場合刑の執行を受ける事がなくなるまでの間）
　⑦ 公職選挙法の選挙犯罪について禁錮刑以上の刑に処せられた者は，執行終了又は免除まで及び執行終了または免除の後の5年間（再犯の場合は10年，刑の宣告と同時に短縮が可能），（刑の時効・執行猶予の場合）刑の執行を受けることがなくなるまで

とされている。

　上記①を除き，受刑関係の選挙権制限について整理すると，
　　②③ 執行猶予中を除いた死刑懲役禁錮刑の終了するまで
　　⑤ 選挙投票国民審査関係犯罪による禁錮懲役刑の執行猶予中
　　④ 収賄罪等については懲役刑の執行猶予中及びその執行終了・免除から

　　　　5年間
　　⑥⑦ 公職選挙法選挙犯罪について罰金刑確定から5年，禁錮刑以上終了
　　　　免除までとそののち原則5年
と区分することが出来る。以下，②③を一般犯罪受刑者と略称する。
　本稿では，この一般犯罪受刑者の選挙権停止の問題点を中心に検討しようとするものである。

2　選挙権に関する憲法と自由権規約の規定

　憲法15条1項は，公務員選定権を国民の固有の権利とし，同条3項で公務員の選挙について成年者による普通選挙を保障する。憲法43条は，両議院は，全国民を代表する選挙された議員でこれを組織する，とし，44条但し書きは，両議院の議員の選挙人の資格は，人種，信条，性別，社会的身分，門地，教育，財産又は収入によって差別してはならない，とする。
　また日本が批准し憲法98条によって国内法としての効力をもつ自由権規約（市民的及び政治的権利に関する国際規約）第25条は以下のとおり規定する。
　　すべての市民は，第2条に規定するいかなる差別（人種，皮膚の色，性，言語，
　　宗教，政治的意見その他の意見，国民的若しくは社会的出身，財産，出生又は他の地位等
　　によるいかなる差別）もなく，かつ，不合理な制限なしに，次のことを行う権
　　利及び機会を有する。
　　(a) 略
　　(b) 普通かつ平等の選挙権に基づき秘密投票により行われ，選挙人の意思
　　　　の自由な表明を保障する真正な定期的選挙において，投票し及び選挙さ
　　　　れること。
　　(c) 略
　憲法と自由権規約のこれらの規定はいわゆる普通選挙を規定したものと思われるが，差別禁止条項があること，「全国民」「すべての市民」という用語にあるように全ての者の選挙権を求めている点が共通している。選挙制度が当初は財産や性別などによって制限されていたものが普通選挙（universal suffrage）となっていったという経過からすれば，これらは多くの国の立法例で取り入れられているのかもしれない。

〈第4部〉国内人権訴訟の諸相

3　受刑者の選挙権をめぐる日本の判例

最大判 1955 年 2 月 9 日刑集 9 巻 2 号 217 頁は，当時の公職選挙法 252 条に基づき罰金刑と選挙権・被選挙権の 2 年停止とを言渡した事案について「国民主権を宣言する憲法の下において，公職の選挙権が国民の最も重要な基本的権利の一であることは所論のとおりである」としながら「選挙の公正はあくまで厳粛に保持されなければならないのであって，一旦この公正を阻害し，選挙に関与せしめることが不適当とみとめられるものは，しばらく被選挙権，選挙権の行使から遠ざけて選挙の公正を確保すると共に，本人の反省を促すことは相当である」とした。また一般犯罪受刑者の停止事由との関連では「他の一般犯罪の処刑者が選挙権被選挙権を停止されるとは，おのずから別個の事由にもとずくものである」とした。

最大判 2005 年 9 月 14 日民集 59 巻 7 号 2087 頁は，在外邦人の選挙権制限の事案に関して「国民の代表者である議員を選挙によって選定する国民の権利は，国民の国政への参加の機会を保障する基本的権利として，議会制民主主義の根幹を成すものであり，民主国家においては，一定の年齢に達した国民のすべてに平等に与えられるべきものである。」とした上で，「自ら選挙の公正を害する行為をした者等の選挙権について一定の制限をすることは別として，国民の選挙権又はその行使を制限することは原則として許されず，国民の選挙権又はその行使を制限するためには，そのような制限をすることがやむを得ないと認められる事由がなければならないというべきである。そしてそのような制限をすることなしには選挙の公正を確保しつつ選挙権の行使を認めることが事実上不能ないし著しく困難であると認められる場合でない限り，上記のやむを得ない事由があるとはいえず，このような事由なしに国民の選挙権の行使を制限することは，憲法 15 条 1 項及び 3 項，43 条 1 項並びに 44 条ただし書に違反するといわざるを得ない。」とした。最高裁は選挙権又はその行使の制限立法の審査についていわゆる厳格な審査基準を採用したと指摘されている[3]。

---

(3)　米沢広一「在外選挙権と立法不作為」平成 17 年度重要判例解説（2006 年）8 頁。赤坂正浩「在外国民選挙権訴訟上告審判決」判例評論 572 号（判例時報 1937 号）（2006 年）171-178 頁他。

4　国の主張する一般犯罪受刑者の選挙権の制限の審査基準と制限理由

　1999年（平成11年）1月16日の第146回国会参議院法務委員会において橘康太郎政務次官は公職選挙法第11条1項2号の規定について「禁錮以上の刑に処せられている者は，一般社会とは隔離されているような重大な犯罪行為を行った者でありますので，選挙に関係させることは適当でないことから，選挙権及び被選挙権を停止していることとしているものと承知しています」と答弁した。「選挙に関係させることは適当でない」説明は十分にはなされていないように思われる。現在大阪地裁で係争中の訴訟（平成23年（行ウ）第230号選挙権剥奪違法等確認等請求事件）では，国の主張は以下のとおりである。

　　（2005年最高裁大法廷判決の）厳格な審査基準は，在外国民の選挙権行使の制限に適用されるものであって，公選法11条1項各号による選挙権の制限については，適用されるものではない。
　　選挙権の制限に合理性が認められるのは，選挙の公正さが阻害される相当の蓋然性が認められる場合であると解される（公選法1条）ところ，選挙犯罪（公選法11条2項，同252条）に限らず，およそ犯罪を犯して禁錮以上の刑に処せられた者は違法性の極めて高い反社会的行為を行った者であり，著しく遵法精神に欠け，公正な選挙権の行使を期待できないと認められるのであるから，刑の執行が終わり，あるいは執行を受けることがなくなり，健全な法規遵守の精神を回復したと認められるまで，その選挙権の行使の制限することには合理的理由が認められるというべきである。このように「禁錮以上の刑に処せられその執行が終わるまでの者」は，民主的意思形成に参加する能動的市民としての資格・適性が疑われる者であるから，その者の選挙権の行使を制限することには合理的理由があるというべきである。」

　国は，公選法11条1項2号による制限について，上記2005年最高裁大法廷判決の厳格な審査基準は適用されず，「合理的理由」があればよいとする。
　また国のあげる上記合理的理由の内容は，
　① 選挙権の制限に合理性が認められるのは，選挙の公正さが阻害される相当の蓋然性が認められる場合であると解される

を大原則として掲げ，ついで
　② 犯罪を犯して……，著しく遵法精神に欠け，公正な選挙権の行使を期待できないと認められる。
　③ 民主的意思形成に参加する能動的市民としての資格・適性を疑われる者

〈第4部〉国内人権訴訟の諸相

である

の3点をあげる。このうち②は，表現からして①を具体化したものといえるかもしれないが，③は①とはまったく異なった理由である。

5　厳格な審査基準の適用範囲

上記最高裁大法廷判決の示す厳格な審査基準の適用範囲については，同判決は特に限定をしていない。従ってこの厳格な審査基準は，在外国民の選挙権行使の制限に（のみ）適用され，一般犯罪受刑者の選挙権又はその行使の制限には適用されないという国の主張は根拠がないものと思われる。

上記2005年最高裁大法廷判決は，「自ら選挙の公正を害する行為をした者等の選挙権について一定の制限をすることは別として」とあることからすれば，「自ら選挙の公正を害する行為をした者等」の制限の場合には厳格な審査基準が適用されないとしているのかも知れない。しかし，この判決は，なぜこの場合には厳格な審査基準が適用されないとするのか，その理由を明らかにしていない。この判決の論理からすると，「自ら選挙の公正を害する行為をした者」の選挙権またはその行使の制限は，「そのような制限をすることなしには選挙の公正を確保しつつ選挙権の行使を認めることが事実上不能ないし著しく困難であると認められる場合」でなくても許されるということになる。選挙の公正さが確保できるのに一定の者の選挙権またはその行使の制限ができる根拠は，選挙の公正さの確保以外にあるといわなければならない。この「自ら選挙の公正を害する行為をした者」とは公選法11条1項5号の一部，同条2項・同法252条に規定する者をさすものと思われる。これらはいずれも選挙に関する犯罪で有罪判決が確定した者を指すことからすれば，同判決はこれらの有罪判決が確定した者については，その判決による懲役刑や罰金刑の他さらにその者の選挙権の制限を想定していることになる。刑の目的ないし効果を，制裁，予防，更生の三つに区分するとすれば，「自ら選挙の公正を害する行為をした者」の選挙権を制限することは，その三つの区分のいずれについても妥当しうるという考え方もありえよう。上記1955年2月9日最高裁大法廷判決が，「しばらく被選挙権，選挙権の行使から遠ざけて……本人の反省を促すことは相当である」としていることも想起される。とすれば，「自ら選挙の公正を害する行為をした者等」の「等」については，これに類する者，すなわち，自ら投票

あるいは国民審査の公正を害する行為をして有罪判決を受けた者（公選法11条1項4号）と解する余地がある。

これらに対して，一般犯罪受刑者は上記の「自ら選挙の公正を害する行為をした者等」には含まれない，すなわちその選挙権の制限については厳格な審査基準によるべきということになる。上記1955年2月9日最高裁大法廷判決が公職選挙法受刑者と一般犯罪受刑者とでは，その選挙権等の停止の事由は別個のものであると考えていることは前述した。

6　厳格な審査基準の内容

それでは，厳格な審査基準が適用される場合，具体的にはどのようなものになるのであろうか。審査基準は，一般的に目的審査と手段審査に区分されているので，これに従って検討する[4]。

(1)　目　的　審　査

目的審査とは，当該法律による人権制限の目的が合憲か否かの審査である。これは，当該法律による人権制限が内在的制約（他人の生命健康を脅かさない，他人の人間として尊厳を傷つけてはならない，人権と人権の衝突の場合の相互調整）による目的のものとみることができるか，の審査であるとされる。この場合，法律が表面上あるいはたてまえとして掲げる（もしくは予定する）目的が右のものであればよいとするのであれば，審査したことにはならない，とされる。当該法律が規制対象とする行為が，何ら規制もなく放置されたならば，上記内在的制約に反する（他人の生命・健康を脅かす，他人の人間としての尊厳を傷付ける，他人の人権と矛盾衝突する。以上浦部教授の表現によれば「『害悪』の発生」）ということが検証されてはじめて当該制限は右の目的のものとして合憲といいうる，とされる。目的審査において審査されなければならないのは，規制対象とされている行為と「害悪」発生との間の関連性（因果関係）の有無である，という。そして法律が規制対象としている行為は，……一定の類型化ないし範ちゅう化された行為であるということ（からすれば），法律の合憲性審査の場で問われるべき関連性は，当該行為が規制対象とする一定の類型ないし範ちゅうに属する行為と「害悪」

---

(4)　以下，浦部法穂『違憲審査の基準』（勁草書房，1985年）31頁以下に従ってすすめる。ただしあくまで筆者が理解できた範囲であることをお断りする。

403

〈第4部〉国内人権訴訟の諸相

発生との間の一般的関連性（因果関係）である。
　経済的自由について適用される「合理性の基準」の場合は，合理的関連性（規制対象たる行為が「害悪」を生ぜしめる可能性が大きいこと）を意味する。精神的自由に関して適用される『明白かつ現在の危険』の場合は，当該法律が規制対象とする類型に属する行為が，必ず，もしくはほとんど不可避的に「害悪」を生ぜしめる（明白性）だけではなく，類型的に必ずもしくはほとんど不可避的に「害悪」を生ぜしめるとはいえない行為でも現実に「害悪」を発生させたものがある行為のような類型に属する行為を規制対象にする場合は，規制対象を現実に「害悪」を生ぜしめた行為に限定して規定しなければならない（現在性），とされる。
　上記2005年最高裁大法廷判決の「そのような制限をすることなしには選挙の公正を確保しつつ選挙権の行使を認めることが事実上不能ないし著しく困難であると認められる場合でない限り，上記のやむを得ない事由があるとはいえず」との文言からすれば，選挙権について認められる規制の目的は「選挙の公正の確保」ということになる。この「選挙の公正の確保」という語句は浦部教授の言われる内在的制約の中には見当たらないが，他人の人権（選挙権・被選挙権）との矛盾衝突を避けることと理解すれば，内在的制約に含むことができよう。この「そのような制限をすることなしには選挙の公正を確保しつつ選挙権の行使を認めることが事実上不能ないし著しく困難である」とは，法律が規制対象とする行為を放置したとすれば選挙の公正（他人の選挙権・被選挙権との矛盾衝突を避けること）を確保することが事実上不能ないし著しく困難である，というに等しく，これは右の浦部教授の言われる明白性の要件を求めたものといってよい，というのが筆者の理解である。
　以上のように解するとすれば，2005年最高裁大法廷判決の「国民の選挙権又はその行使を制限することは原則として許されず，国民の選挙権又はその行使を制限するためには，そのような制限をすることがやむを得ないと認められる事由がなければならないというべきである。」の「やむを得ない事由」は目的審査で審査するということになる。上記の国の主張する三つの事由はいずれも，この「やむを得ない事由」には該当しないように思われる。

404

(2) 手段審査

手段審査の基準としては、「必要最小限度の基準」があげられる。これは憲法13条から導かれるものであり、政策目的による経済的自由の制限の場合以外のすべての人権にあてはまる基準であるとされる。そしてこの「必要最小限度の基準」はアメリカの判例上にいう「LRA」(Less Retrictive Alternative) の基準と軌を一にするものとみることができる、とされる。

Ⅲ 国際的な裁判例とその審査手法

1 国際的な動向

日本のように服役中の受刑者に一律に選挙権を停止ないし剥奪する立法例は世界的に見ても必ずしも少数ではないようである。倉田玲教授によれば以下の通りである[5]。

① 日本より厳しく、拘置中の者について例外なく選挙権を剥奪する国
　　アルゼンチン、アルメニアなど13カ国以上
② 日本と同様に何らかの限定を設けて選挙権を剥奪している国
　　オーストラリア、オーストリアなど12カ国以上
③ 普通選挙の原則が拘置中の受刑者にも全面的に及んでいる国
　　ボスニア、カナダなど少なくとも22カ国

これらのうち、カナダ及び南アフリカについては、服役中の受刑者の選挙権一律剥奪が違法であるとの国内裁判所の違憲判決がなされ、これに従い選挙の消極要件が撤廃されたものである。さらにイギリス及びオーストリアについては欧州人権裁判所の判決、ロシアについては自由権規約委員会の見解によって違法と判断され、それぞれ変革を迫られている。世界的にみれば、服役中の受刑者の選挙権一律剥奪は廃止の方向に向かっていると言える。しかも注目すべきは、これらの国内裁判所や国際機関の判決などが、それぞれ孤立してなされたものではなく、相互に影響しあい、先行する判決を受けてこれを引用しながら、発展させていることである。すなわち、

---

[5] 倉田玲「禁錮以上の刑に処せられた者の選挙権」立命館法学300・301号（2005年）189頁。なおこの論文は、後述のソーヴ事件判決、南アフリカの2判決、欧州人権裁判所小法廷第二次ハースト事件判決について詳細な分析をされており、多くの貴重な示唆を得た。

〈第 4 部〉国内人権訴訟の諸相

 1999 年 4 月 1 日　南アフリカ憲法裁判所オーガスト対選挙委員会委員会事件判決[6]
 2002 年 10 月 31 日　カナダ最高裁判所ソーヴ事件判決
 2004 年 3 月 3 日　南アフリカ憲法裁判所 NICRO 事件判決
 2004 年 3 月 30 日　欧州人権裁判所小法廷第二次ハースト事件判決（英国）
 2005 年 10 月 6 日　欧州人権裁判所大法廷第二次ハースト事件判決（英国）
 2010 年 3 月 21 日　自由権規約委員会見解（ロシア）
 2010 年 4 月 8 日　欧州人権裁判所小法廷フロドル事件判決（オーストリア）
と判決，見解などが出されている。以下これらを検討する。

2　2002 年 10 月 31 日カナダ最高裁判所ソーヴ事件判決（Sauvé v. Canada (Chief Electoral Officer), 2002 SCC 68, [2002] 3 S.C.R. 519）[7]

(1)　法廷意見の結論

　矯正施設で 2 年以上の刑で服役している者の連邦選挙権を剥奪しているカナダ選挙法 51 条(e)項（Canada Election Act, R.S.C. 1985, c. E-2）は権利及び自由に関するカナダ憲章（Canadian Charter of Rights and Freedom，以下単に「憲章」という）3 条で保障された下院議員を選挙する権利を侵害する。

　上記侵害は，憲章 1 条に従って，合理的制限であり，法によって規定され，自由かつ民主的社会の中で実証的に証明できるものとはいえない。

(2)　違憲性審査の枠組み

　本件では，憲章上の権利が侵害されたことについて当事者間で争いはなかった。多数意見は，憲章第 1 条の下で憲章の権利の侵害を正当化するためには，政府はその侵害が憲法上正当な目的を達成すること，および，その選択された手段が合理的かつ実証的に正当化されなければならない，とする。その上でこの正当化について以下のように二段階の審査の枠組みを設定する (para. 7)。これはわが国が日本国憲法によって違憲立法審査を行う場合の審査基準に関しても参考となろう。

---

[6]　http://www.saflii.org/za/cases/ZACC/1999/3.html
[7]　http://scc.lexum.org/en/2002/2002scc68/2002scc68.html

① 目的正当性（the legitimacy of the objective）
　ア 受刑者の投票権停止の目的を明らかにする
　イ その目的が，憲章上の権利の制限を正当化するか（para. 20）
② 手段の比例性（the proportionality of the means）
　ア 合理的関連性テスト（the rational connection test）
　イ 最小被害テスト（the minimal impairment test）
　ウ 効果比例テスト（the proportionality effect test）

なお，ゴンテイエール裁判官の少数意見は，問題は，「哲学的，政治的，社会的検討」であるなどの理由で，侵害と正当化について謙抑的アプローチをとるべきだとする（para. 8）。しかし法廷意見は，投票権はわが国の民主主義と法の支配にとっての基本的権利であり，軽々しく無視できないので，注意深い審査（careful examination）が必要であるとしている（para. 9）。

(3) 目的正当性

(a) 受刑者の投票権停止の目的

「受刑者の投票権停止の目的」について，カナダ政府は
　① 法の支配に対する市民の責任と遵守の強化
　② 付加刑を科すこと，すなわち刑事罰の一般的目的の強化
をあげる。法廷意見はこれらの目的がどの程度立法府を真に動機付けたかは疑わしいとしながら，第一審判事にならい，あえてこの線に従うとした（para. 21）。

(b) その目的が憲章上の権利の制限を正当化するか

法遵守の強化と適切な刑罰の賦課という目的が憲法の観点から正当かどうか，権利侵害を正当化するのに十分な重要性を持っているかどうかの検討にあたり，法廷意見は，このような曖昧かつ象徴的な目的は，この問題をほとんど肯定しかねない，と指摘する。政府が手当てしようとする害悪とは何かが目的によって明確にされなければならない，目的は「その規模を評価するための明確な枠組みを提供し，かつ，その目的実現のための手段選択がどの程度の明確性をもってなされかを評価すべく，正確かつ明確にしなくてはならない」とする（para. 22, 23）。この権利の制限の正当化を要するとの考え方は，上記の浦部教授の，目的審査の対象は，当該行為が規制対象とする一定の類型ないし範ちゅうに属する行為と「害悪」との間の一般的関連性（因果関係）の有無である，

〈第4部〉国内人権訴訟の諸相

と指摘された点が想起されるところである。

①の目的,すなわち法の支配に対する市民責任と遵守の強化なるものは,ほとんどあらゆる刑事法および数多くの非刑事的措置について援用することができるが,問題となっている侵害が正当化されるかどうかを判断するのに必要な文脈が明らかになるわけではない,とした。(権利制約の)正当化を証明するためには,政府がいかなる問題に取り組み,憲章の権利の制限を正当化しなければならないほどの緊急かつ重大な問題は何なのかが示されなければ,その権利侵害が正当かあるいは比例するかを判断することは,不可能ではないとしても困難である,と批判する (para. 24)。

②の目的,受刑者に付加的制裁を科すという目的については,なぜこの種の受刑者に対して特に付加的制裁を科さねばならないと立法者が考えたのか不明であり,既に科されている刑罰では達成されていないどのような付加的目的を議会が達成しようとしているのかも不明である。よって,その目的が付加的な侵害を正当化するほどの重要であるか否かを判断することは困難である,とする (para. 25)。

以上から法廷意見は,政府は,投票権剥奪を必要とするような特定の問題は何なのかを明らかにすることに成功していないとしながら,慎重には慎重を期して,目的の主張を却下するのではなく,比例性の審査に進むとした。比例性の審査は,政府の主張する目的が投票権の否定の正当化ができるかどうかの判断を可能にしてくれる,としている。

(4) 手段の比例性

(a) 合理的関連性テスト (rational connection test)

この合理性関連性テストは,受刑者の投票権の否定が主張される目的を推進することを政府が立証しなければならないことを示す (para. 27)。

(i) 法遵守の強化

受刑者の投票権剥奪と法遵守強化との間の合理的関連性を示すためカナダ政府は,①受刑者から投票権を剥奪することによって,受刑者および市民全体に,法遵守の重要性について「教育的メッセージ」を送ること,②受刑者に投票を認めると政治制度を「貶める」こと,③投票権の剥奪は,個々の犯罪の特質や犯行状況にかかわりない合法的な形式の制裁である,との理論を提示する

(para. 29)。

　法廷意見は，①について，受刑者の投票権剥奪は，悪教育であり，法の下における権利義務は何かについて誤った観念を抱かせ，権利義務を害することになる，民主主義の価値と社会的責任感を養うための重要な手段を放棄することに他ならない，重大犯罪を犯した者はもはや社会のメンバーとはみなされず，法遵守と民主主義尊重の価値観を害するメッセージを送る，として政府の主張を否定する。さらに，民主主義において政府の権力が市民に由来するのに，この権力を利用して，自らの権力の源泉である市民からの投票権を奪うということがいかに不正か明白である，選ばれた一部の市民にしか投票権を認めないような政府は排除された市民の正当な代表として行動する能力が無いので代表制民主主義の主張に矛盾する，と批判する（以上 para. 30～34）。

　法廷意見は②について，重大犯罪を犯した犯人は社会から「離れる」事を選んだという成り立ち得ない前提であり，選挙や立法過程への参加に道徳的に適さない，もしくは道徳的に値しない人間がいるという考え方は，古い時代遅れの考え方である（para. 42, 43）とし，さらに南ア憲法裁判所オーガスト事件判決と対比して道徳的に価値がないとされたことを根拠に選挙権を拒否することはカナダの民主主義と憲章の核心にあるすべての人間の尊厳の尊重と矛盾する，とする（para. 44）。

　法廷意見は③について，議会は制裁措置という武器庫に憲章の権利の否定という新たな武器を加えることが許されるということだが，この概念自体が問題である，とする。一定の範囲の人の憲章上の権利を刑罰とも異なる新たな制裁として奪うということ自体が問われているのであろう。

(ⅱ) 正当な刑罰の促進

　カナダ政府の，選挙法第51条(e)は正当な刑罰を促進しているとの主張に対しては法廷意見は2点にわたって判断する。

　第1は，刑罰は恣意的であってはならず，そのためには刑罰が犯人の行為と状況に対応したものでなくてはならない，という点である。選挙法第51条(e)は，2年刑期の者と20年の刑期の者とを区別しようとしていないことを指摘する（para. 48）。

　第2は，刑罰とは正当な刑事目的を達成するものでなければならない，という点である。刑罰の目的には，犯罪抑止，更生，応報，非難があるとし，投票

権剝奪が，犯罪を抑止するとか犯罪者を更生させるなどとの主張は支持されない，とする (para. 49)。応報，非難は，犯罪者の道徳的非難可能性と個々の事情を反映し，個別事件ごとに対応したものでなくてはならない，とした上で，選挙法第51条(e)は，被拘禁者すべてに包括的な刑罰を科しており，個々の犯罪者の行為に個別に対応していないので，非難，応報という処罰の要件を満たしていないとする (para. 51)。

(iii) 小　　結

以上から投票権剝奪と法に対する遵守の強化や正当な刑罰を科すという目的との合理的関連性についてカナダ政府は立証できなかった，とした (para. 52)。

(b) 最小被害テスト

法廷意見は，投票権剝奪の集団，つまり2年以上の刑を受けたすべての者というのはあまりに広範であり，犯罪が比較的軽微で，社会との結合を切断したとは言えない多くの人々を含み，たとえ投票権剝奪が正当な刑事目的の実現に何らかの形で役立つものであることが証明されたとしても，本来対象とすべきでない数多くの人々を含むことになることは明らかである，としている (para. 54)。

(c) 効果比例テスト（the proportionality effect test）

法廷意見は，受刑者の投票権剝奪は，市民の政治的表現の権利および自国の政治活動への権利を害する，それは，法の支配の尊重を増大するよりも減少させ，犯罪抑止と更生という目的の実現を促進するより害してしまう恐れがあるとし，受刑者すべてから投票権を一般的に奪うことは，最低2年の刑という要件を追加しても，我々の自由で民主的な社会において正当化できるものではない，とした。選挙権剝奪の措置は，マイナス効果の方が，プラス効果をはるかに上回っている，として効果の比例性を否定した (para. 57)。

3 2004年3月3日南アフリカ憲法裁判所内務大臣対犯罪防止犯罪者更生全国協会事件（ニクロ事件）判決[8]（Minister of Home Affairs v.National Institute For Crime Prevention and The Re-Integration of Offenders（NICRO）and Others（CCT 03/04）[2004] ZACC 10; 2005 (3) SA 280 (CC); 2004 (5) BCLR 445 (CC)（3 March 2004）

(1) **事案の概要と結論**

罰金刑との選択権のない拘禁刑の受刑者からこの拘禁刑の間選挙権を奪う修正選挙法が違憲と判断された（para. 2, 67）。

(2) **内務大臣のあげる正当化事由**

判決は、憲法上の権利の制約の正当性の立証責任について「正当化事由が事実資料である場合、正当化を主張する当事者が正当化事由を立証しなければならない。しかしながら、正当化事由が事実資料ではなく正当な政府の関心に向けられた政策である場合、その促進する政策、その政策の理由及び憲法上の権利を制約してその政策を遂行する合理性に関して十分な情報を法廷に提出しなければならない」とした（para. 36）。

内務大臣は正当化の主張として、投票用紙の運搬の問題や経費をめぐる問題を述べたようである。それらは支持されえないものである、として切り捨てられた。判決がとりあげたのは以下の2点である（para. 66）。
① 受刑者に刑事施設で投票させる措置を講じながら、投票できない法を遵守する市民にそのような措置をとらないことは不公平である（para. 45）。
② 受刑者に刑事施設で投票させる措置を講ずることは、政府は犯罪に甘いという誤ったメッセージを社会に発することになる（para. 46）。

判決は、①を内務大臣があげる主な正当化事由ととらえている。これは上記に区分からすれば事実資料ということになろう。②は政策と位置づけている。

判決は、①については、選挙法の規定と国家の規定によって投票を妨げられている受刑者の地位は、法律上投票の自由を奪われているわけではなく特別の措置を求めている人々と同列に論じることはできない、として正しくないとする（para. 52, 53）。

---

(8) http://www.saflii.org/za/cases/ZACC/2004/10.html

判決は、②について、「政府が、犯罪や犯罪者に対する政府の姿勢について一般社会の誤解を解くために、などという目的で受刑者から重要な権利を奪う資格があるなどいう議論もおよそ合理的とは考えられない」(para. 56)、としながら、これを、政策のレベルで、政府にとって、犯罪を非難するとともに、一般の人々に対して、市民の有する権利が市民としての義務や責任と関連していることは重要であり、そのような目的であれば正当であり、憲法3条の規定にも適合する、と善解している。

(3) ソーヴ事件の参照

判決は、上記のように善解した②に、カナダ最高裁ソーヴ事件で国が目的としてあげた「法に対する市民責任と遵守の強化」との類似性を見出したのであろう。判決はこの善解した②の検討にあたり、ソーヴ事件(第2次)を紹介し、目的審査を中心に法廷意見や少数意見を紹介している(para. 58-64)。審査の手法についてみると、判決は、ソーヴ事件の法廷意見が、仮に(当該立法が)合理性を有するとして、そのあと、

最小被害テスト (minimum impairment test)

比例性原則 (the requirements of proportionality)

について検討したとしている (para. 62)。南アフリカ最高裁判所法廷意見は、ソーヴ事件(第2次)の審査基準をほぼ踏襲したようにもみられる。

(4) 結　論

判決は、「結論」の項目で、「(権利の侵害が)正当なものと論証されるためには、立法目的から、政府はどのような害悪を改善しようと望んでいるか浮き彫りになっていなければならない」「立法目的は、正確にかつ厳密に定義づけされなければならない。」とする第2次ソーヴ事件の法廷意見に賛同するとしている。そして本件と第2次ソーヴ事件とを比較している。

正当化事由(目的)に関しては、前述したように、主眼点は、投票用紙の運搬の問題や経費をめぐる問題に直結しており、それらは支持されえないとした。政策の問題(法の支配の遵守の強化)は中心的な問題として主張されず、わずかに代理人が行った陳述があるのみであるところ、第2次ソーヴ事件では、政策決定やその目標に関連する問題に焦点を当てた証拠が含まれていた、とする(para. 66)。

また最小被害テスト（minimum impairment test）とも思われるが，本件の対象者は罰金刑の選択権のない拘禁刑に処せられたすべての受刑者であり，包括的な権利排除規定が問題にあるところ，より短い刑期が課されることの多い犯罪の種類や，これによる受刑者の種類，あるいは比較的軽微な犯罪のみによって選挙権を喪うことになる人々の数などの情報を全く持ち合わせていない。要するに求められた法的審査を行うために必要な情報が全体的に不足している，としている。

また刑期12カ月未満の刑に服している受刑者は立候補する資格があるのに，その選挙権が認められないのか，その説明は何らされていない，とも指摘している。

以上から，判決は，内務大臣は，本件の権利制約が正当なものであることを論証できていない，従って当該立法は選挙権を侵害するものであるから，立法の合憲性を争う本件訴えは認容されなければならない，とした（para. 67）。

4 欧州人権裁判所第二次ハースト事件小法廷判決及び大法廷判決（Case of Hirst v. The United Kingdom（No. 2）（Application no. 74025/01））

(1) 事案の概要と結論

英国の1983年人民代表法第3条は，「有罪が確定した者は，その宣告に従って刑事施設に拘置されている間，国会または地方自治の選挙において，投票の資格を法的に有しない。」として受刑者の選挙権を剥奪しているがこれが，欧州人権条約第1議定書第3条の，「締約国は，立法機関の選択において，人民の意見の自由な表明を確保する諸条件の下で，合理的な間隔をおき，秘密投票による自由選挙を実施することを約束する」に違反するとして争われた事案である。

2004年3月30日欧州人権裁判所小法廷判決[9]及び2005年10月6日欧州人権裁判所大法廷判決[10]のいずれもこの欧州人権条約第1議定書3条の違反を認

---

[9] http://www.unlock.org.uk/userfiles/file/Votes/Hirst%20v%20UK%20%28No_%202%29%20-%2074025-01%20%5B2004%5D%20ECHR%20122%2030%20March%202004.pdf#search=%2774025/01%27

[10] http://www.unlock.org.uk/userfiles/file/Votes/Hirst%20v%20UK%20Grand%20Chamber%20Judgement%206%20Oct%202005.pdf#search=%2774025/01%20grand%20chamber%27

めた。

(2) ソーヴ事件判決及びニクロ事件判決の参照

第二次ハースト事件大法廷判決は,「関連する他国の判例法」という項目を設け, 前述のカナダ最高裁判所第二次ソーヴ事件判決, 南アフリカ憲法裁判所ニクロ事件判決を詳細に紹介している (para. 35-39)。

(3) 目的の正当性

英国政府はこの選挙権剥奪の目的として以下の2点を主張する。

① 選挙権の剥奪という付加刑を科すことによって犯罪を防止し, 犯罪者を処罰する
② 法の支配に対する市民の責任と遵守の強化

小法廷判決は, ①については, 英国の刑事事件有罪判決言渡しで選挙権の喪失は何も明白な役割を果たしていない, ②については, 拘禁刑には該当しないが等しく反社会的または反市民的な罪で有罪判決を受けたものは禁止されないところ, この拘禁刑の賦課と選挙権喪失との間には何ら論理的関連が明らかではなく, 選挙権の剥奪は実際犯罪者の法遵守をする社会構成員としての更生に反し, 社会が全体として選挙によって権力を与える議会から生ずる法の権威を損なうとのソーヴ事件法廷意見に賛成するとして, 英国政府のあげる選挙権剥奪の正当性を認定しなかった (para. 46, 47)。

しかし大法廷判決は, ①は英国政府が受刑者の目的は付加刑を課すことになると宣言したことは手段は市民らしい行動にインセンティブを与えることを意図しているという説明に含まれるとした。また②は英国政府によって特定された目的を追求するものとみなしうるとし, その目的達成の有効性についていかなる疑問があろうともその目的が支持できないなどとして排除する理由は見出せない, とした。

大法廷と小法廷とで結論がわかれた原因は, その目的達成の有効性の評価の相違のようにみえる。選挙権制限の正当化事由として法の支配に対する市民の責任と尊重の強化を検討する場合, 小法廷は, 選挙権制限は法の支配に対する市民の責任と尊重の強化に論理的につながらないばかりか逆行するとして正当な目的として認めないとした。大法廷は, 選挙権制限によって法の支配に対する市民の責任と尊重の強化が達成できるかどうか疑問だが, 目的そのものは有

(4) 比 例 性

　大法廷判決は，小法廷判決が，この手段がすべての受刑者に自動的かつ包括的に課される禁止であり，その効果において恣意的であり，拘禁刑のうちタリフ（制裁と予防に対応した期間）が消滅してしまえば，原告を処罰する目的に奉仕するとはもはやいえないことから，その手段は比例性を欠くとしたことをまず確認している（大法廷判決 para. 76）。

　さらに，英国政府の適用範囲が限定されているから比例性があるとの主張に対して，大法廷判決は，多数の者に適用され，しかも1日の刑から終身刑まで，また比較的軽微な罪から最も重大な犯罪まで含むとして包括性を指摘する。また犯罪が十分に重大で直ちに拘禁刑が相当であっても，その犯罪者が実際に選挙権を剝奪されるかどうかは，拘禁刑を言渡すかあるいは社会奉仕判決など他の形態の判決を選ぶかにかかっていること，イングランドなどの刑事判決では選挙権剝奪に言及しないこと，裁判所が拘禁刑を課す際に個別事案と選挙権剝奪との間に直接のつながりがあるかは明らかではないことも指摘している（para. 77）。

　大法廷判決は，政府の評価の余地を考慮しつつも，「問題の条項は，すべての受刑者に包括的な制約を課している。これは刑期の長さや犯罪の性質あるいは重大さとはかかわりなく，自動的にそのような受刑者に適用される。極めて重要な条約の権利のそのような一般的，自動的かつ無差別の制約は，いかに評価の余地が広くても容認しうる余地を逸脱し，第1議定書第3条に適合しないとみなされるべきである」とした（para. 82）。

5　2010年3月21日自由権規約委員会見解（No. 1410/2005）[11]

(1)　事案の概要と判断

　ロシア連邦憲法32節3項は，刑事判決によって自由を奪われた者の選挙権を制限しているが，これは自由権規約25条，2条3項に違反する。

---

[11] http://sentencingproject.org/doc/G1142701.pdf#search=%27communication%201410/2005%27

〈第4部〉国内人権訴訟の諸相

(2) 一般的意見25

自由権規約委員会の作成した一般的意見25の14項は「（投票権の）剥奪の根拠は合理的かつ客観的なものでなければならない。犯罪に対する有罪判決が，投票権の根拠になっている場合，当該停止期間は犯罪及び量刑に比例しなければならない」としている。この記載からは，自由権規約委員会は有罪判決が選挙権剥奪の根拠となりうると考えていること，及びその場合，「選挙権停止期間は犯罪及び量刑に比例しなければならない」との点で比例性原則の適用があるとしていることになる。

(3) 目　　　的

自由権規約25条は「すべての市民は，第二条に規定するいかなる差別もなく，かつ，不合理な制限なしに」投票などができるとしている。この規定文言からすれば，「合理的な制限」はできることになる。

委員会はまず，「通報者は，憲法に規定された選挙権剥奪は必要ではなく，合法的な目的を追求するものではないと主張する。」と通報者の主張を記載し，「選挙権剥奪は，自由剥奪のような処罰の当然の不可分な部分である移動その他の自由の制限と同じ水準に置くことはできない」と委員会自身の意見も添えている（para. 7.2）。そして締約国の主張としては，「委員会は締約国が，個人及び市民の権利と自由は，憲法秩序，道徳，健康，他人の権利及び法的利益及び国家の安全の保護に必要な範囲で連邦法によって制限されうるとの主張にも留意する」等とも記載する（para. 7.3）。そして締約国の以上の主張では，「規約が求める合理性の基準に合致するかの説明は一切していない」としているのである（para. 7.5）。

(4) 比　例　原　則

見解は「この一般的意見(25)は，さらに犯罪に対する判決が投票権の停止の根拠であるならば，そのような停止の期間は，犯罪や処罰に比例しなければならないとしている。委員会は，本件では，投票権の剥奪が，いかなる拘禁刑とも同じ期間であること，を指摘し，規約10条3項によれば，行刑の制度は被拘禁者の矯正及び社会復帰を基本的な目的とする処遇を含むものでなければならない，としていることを想起する」とし（para. 7.4），さらに「委員会は，比例原則が制裁，行為及び当該個人の環境の十分な関連を求めることを同裁判所

（欧州人権裁判所）が肯定した第二次ハースト事件判決にも注目している」(para. 7.5) とし，この第二次ハースト事件判決に付した注には，同事件欧州人権裁判所大法廷判決の para. 71 と記載している。この para. 71 には，「この許容の基準は，民主社会が人権と基本的自由の保護のための条約に規定された権利や自由を破壊することを意図してなされた活動から自身を守るために措置をとることを禁ずるものではない。立法機関の構成に影響を与える個人の資格を規定する第 1 議定書第 3 条は，その故に，例えば公的立場を重大に乱用したり，法の支配や民主的な基礎を破壊する虞がある行為を行った者の選挙権を制限することは，除外しない（引用略）。しかしながら，選挙権剥奪という重大な措置は軽々になされてはならず，比例性の原則は，制裁と行為及び当該個人の環境の間に認識しうる十分な関連を必要とする。この点に関し，当裁判所は政治的権利の取り消しは明確な司法の判断によってのみなされるべきであるとするベニス委員会の決定に留意する」との記載がある。

(5) ま と め

以上のように，見解は，本件では，「規約が求める合理性の基準に合致する説明」がないことから規約 25 条の「不合理な制限なしに」に該当するかどうかの判断ができなかったこと，選挙権「停止の期間は，犯罪や処罰に比例しなければならない」ところ，「本件では，投票権の剥奪が，いかなる拘禁刑とも同じ期間であること」であり，比例原則を満たさないとした。その上で委員会は，規約 25 条単独の違反があり，また 2 条 3 項と連結した 25 条の違反があるとした。

6 2010 年 4 月 8 日欧州人権裁判所小法廷フロドル対オーストリア事件判決
   (Case of Frodl v. Austria (Application no. 20201/04))[12]

(1) 事案と結論

オーストリア国会選挙法 22 条は，故意犯につき 1 年を超える拘禁刑が確定した者の選挙権を停止しているところ，これが欧州人権条約第 1 議定書 3 条に違反しているとされた。

---

[12] http://www.bailii.org/eu/cases/ECHR/2010/508.html

(2) 目　的

オーストリア政府が第二次ハースト事件判決を援用することから，オーストリア法による選挙権剥奪は受刑者の行為を処罰することによって犯罪を防止し，法の支配に対する市民の責任と遵守を強化するという正当な目的を追求するものと考えられ，これが受け入れがたいとか第1議定書3項で保障された権利と合致しないとみなす理由は見出せない，とした。

(3) 比例性 (the proportionality of the measures)

判決は，第二次ハースト事件判決によって定められた基準では，自動的かつ包括的な制限に加えて個別の状況を考慮して選挙権剥奪の判断が裁判官によってなされること，犯された犯罪と選挙及び民主的制度に関連する論点との間の関連性の存在が不可欠な要素であると指摘した。国会選挙法22条は，これら全ての基準を満たさない。これらの基準の本質的な目的は，上記の要素を考慮にいれ個別の事案の環境において選挙権剥奪が必要であることを説明する特別の理由付けが付されることを確保することによって，受刑者の事案においても選挙権剥奪が例外的になされることを示すことである。比例性の原則は，制裁と犯罪及びその環境との間に認識しうる十分な関連性を必要とする本件においては，選挙権剥奪をもたらす法の規定の下で上記の関連性が存在しないとした (para. 34, 35)。

Ⅳ　考　察

1　受刑者の選挙権剥奪

以上の各判決及び見解からすると，受刑者全般についてあるいは刑期2年以上の受刑者の，一律選挙権剥奪は違法ということになる。一般犯罪受刑者に対して，付加刑を課す，あるいは法の支配に対する責任と遵守の強化という立法目的の正当性については判断が分かれるが，手段あるいは比例性の判断でいずれも適合しないとしている。その手段審査あるいは比例性の判断についてみると，ソーヴ事件は合理的関連性テストその他，ニクロ事件は被害最小テストをあげるが，選挙権剥奪の包括的であること，受刑者の行った行為や行為環境と選挙権剥奪という制裁との比例性を欠くことなどが指摘されている。そして，選挙権の剥奪が例外であり，個別の環境において受刑者の選挙権が何故必要か

〔武村二三夫〕

を個別の理由を付して説明する決定が必要とする，欧州人権裁判所フロドル事件判決が一つの到達点のように思われる。

日本の公選法の一般犯罪受刑者の選挙権剥奪については，日本では，上記の付加刑あるいは法の支配に対する遵守の強化という目的自体が主張されていない。これらが主張されたとしてあてはめてみた場合，上記の各判決見解の判断がほぼそのまま妥当するように思われる。これに対して公職選挙法受刑者については，判決で個々の受刑者の行為，環境などを考慮して選挙権停止期間を決定できること，「犯された犯罪と選挙及び民主的制度に関連する論点との間の結びつきの存在」（フロドル事件判決）がありうるとの考え方もあることからすれば，一般犯罪受刑者とは別の結論になることも考えられる。

2 審査の方法

以上受刑者の選挙権停止について，カナダ，南アフリカ，欧州人権裁判所，自由権規約委員会の判決ないし見解を検討した。これらは，先に出た判決を後の判決などが引用するなど相互に影響を与え合っていることはすでに指摘した。しかし各国国内裁判所あるいは国際司法機関等は，それぞれの審査の方法をもっているはずであり，これらが同一のものと見ることはあまりに粗雑過ぎる。ここでは，これを承知の上で素描をこころみたい。

(1) 比例性の原則

これらの判決等は，大きくいえば，目的，手段（あるいは比例性）という2段階の構成をとっているようにみえる。その意味ではアメリカあるいはこれにならう日本の審査基準論に類似しているようにみえる。審査は，最終的には保護される利益（得られる利益）と制約される憲法ないし条約上の権利（失われる利益）」の比較によって判断されるが，この判断は，ほとんど2段階目の手段（あるいは比例性）のところでなされる。そして，その判断の基準として「比例性の原則」が持ち出されている。比例性の原則という概念は一義的ではなく，上記の保護される利益と制約される権利との対比そのもの（ソーヴ事件判決の「効果比例テスト」）から，最小限度の基準（ソーヴ事件判決の最小被害テスト），さらには合理的関連性テストまで含んだ概念として使われることもあるようである。カナダ最高裁のソーヴ事件，欧州人権裁判所の第二次ハースト事件およびフロドル

419

事件では,第2段階の審査を手段の比例性 (the proportionality of measures) と表現している。

(2) 目的の審査の内容

いずれの判決や見解でもまず,第一段階で目的を特定し,その正当性の評価を行っている。その正当性の評価は一義的ではない。まずそれが憲法ないし条約上その権利の制約が認められるのか。自由権規約の権利の制約は当該条文に記載された事項に限定されるとすれば,その目的は制約原理として条文上探せるかどうかということになろう。第二次ハースト事件で小法廷と大法廷が見解が分かれたのは,その目的達成の有効性ないし可能性の問題であった。すなわち受刑者の選挙権制限によって,法の支配に対する市民の責任と尊重の強化をもたらすことができるかどうか,である。小法廷判決はこれは論理的につながらないばかりか逆行する,として英国政府があげる選挙権剥奪の正当性を認定しなかった。大法廷判決は,これが達成できるかどうか疑問としながら,目的そのものは有効とした。目的の正当性といっても,その内容はかなり異なるのである。

(3) 目的の審査の機能

カナダ最高裁のソーヴ事件判決,南アフリカのニクロ事件判決,欧州人権裁判所第二次ハースト事件小法廷判決,自由権規約委員会のロシア選挙権判決および欧州人権裁判所のフロドル事件判決は,目的(の正当性)の審査において,国は十分な主張ないし立証をしていないとしながら,第2段階の審査に進んでいる。審査基準論では,目的審査,手段審査と分けており,それぞれが審査の基準となっている。従って目的審査で政府側が必要な主張立証ができていなければ,それで違憲ということになり,審査は終了するはずである。

これらの国や司法機関等の審査は,2段階にわけているという点で審査基準論に類似はしているものの,目的審査にパスしなければそれだけで審査は終了し違憲となる,とする,とするものではない。目的の審査は論理的にまず必要とされるが,場合によってはその段階で違憲違法とされることはありうるにしても,基本的には最終的には比例性原則によって判断をすることを予定しているのである。その意味では,アメリカの審査基準論とは異なった審査手法をとっている。

(4) 審査基準の客観化と比例性原則

　審査基準論は，裁判官の主観的判断を可能な限り限定し，利益衡量の基準の設定を意図したものとされる。比例性の原則もまた，同様の役割が期待されているのであろう。比例という言葉から，さまざまな対立する価値の優劣が直ちに一義的に導き出されるものではないことは明らかである。上記に考察した受刑者の選挙権については，フロドル事件のあとさらに欧州人権裁判所で判決がなされ，結論が微妙に変動しているようである。上記のように，少なくない数の国内裁判所や国際司法機関等で，詳細な内容は別にして「比例性の原則」が採用される方向にあるようである。これらの判決は，審査の方法や結論において，互いに影響しあっている。このような背景を踏まえて，比例性の原則がどのように機能していくのか，その客観性はどのように担保されているのか，見守る必要があろう。

3　まとめに替えて

　受刑者の選挙権制限に関する一連の判決・見解をみて，憲法など国内法の枠を超え，国境の枠を越え，相互に作用し，影響を受け，発展していく過程に感動を覚えた。そしてこれらの判例・見解には，憲法や国際人権法の基本権の制限については，制限の合憲性合法性を主張する側に主張立証責任がある，という姿勢が一貫しているように窺えた。そしてニクロ事件や自由権規約見解 No. 1410/2005 では，現に政府側の主張立証がなされていないとして違法との判断がなされている。ひるがえって日本の法廷における違憲訴訟では，国側代理人は極めて簡単な主張立証しか行わず，法の適用は裁判所の責任としているかのような事件が少なくない。裁判所も，合憲解釈に慣れきってしまっているかのようにも見える。

　国際人権法に接する機会を得た実務家の一人として，日本の裁判所に，世界の動向を紹介するとともに，願わくば，国際的批判に耐え，国際的な判例の発展に寄与するような判決を書かせたい，と思う。

12 難民訴訟事件における迫害の解釈と退去強制の執行停止

安 藤 由 香 里

I はじめに
II 日本の裁判例における迫害の解釈
III 日本の裁判例における退去強制の執行停止
IV おわりに

I はじめに

「難民」の地位認定申請者（以下，申請者）は，一般的に「難民」と言われることがあるが，1951年難民の地位に関する条約（以下，難民条約）の意味での難民ではない[1]。同条約は，「難民」の地位を付与された者の権利保障が条文のほとんどをしめ，31条から33条のごく少数の権利のみが申請者にも保障されると解されている。

これは，芹田教授が，現在も関心を寄せ，フランス留学後に重点的に取り組んだ課題であり[2]，申請者の権利，すなわち「庇護権」について，いかに保障するかが問題となる。芹田教授は，「庇護権」を3つに分類した[3]。①庇護を求める権利，

---

[1] 難民の地位に関する条約は，1951年7月2日に難民及び無国籍者の地位に関する国際連合全権会議で採択された。1982年1月1日から日本では効力が発生した。1条A(2)で，難民とは「人種，宗教，国籍若しくは特定の社会的集団の構成員であること又は政治的意見を理由に迫害を受けるおそれがあるという十分に理由のある恐怖を有するために，国籍国の外にいる者であって，その国籍国の保護を受けることができないもの又はそのような恐怖を有するためにその国籍国の保護を受けることを望まないもの（中略）及び常居所を有していた国の外にいる無国籍者であって，当該常居所を有していた国に帰ることができないもの又はそのような恐怖を有するために当該常居所を有していた国に帰ることを望まないもの」と定義している。
[2] 芹田健太郎『亡命・難民保護の諸問題I——庇護法の展開』（北樹出版，2000年）283頁。
[3] 芹田・前掲注(2)142頁。

〈第 4 部〉国内人権訴訟の諸相

②庇護を付与される権利，③庇護を享有する権利である。①③の権利については問題を残しながらも，ほぼ保障されていると言えよう。しかし，②の権利は国家が付与する義務と対をなすため，1948 年世界人権宣言から 60 年以上経過した現在も「庇護権」に②は含まれないと解されている。

　芹田教授がフランス留学直後に「庇護権」に取り組んだ理由は，庇護の起源が 1793 年フランス憲法 120 条[4]であることと無関係ではないであろう[5]。また，庇護権との関連で芹田教授が注目したノン・ルフルマン原則は，その発生および経過は異なるものの密接な関係を有するのが犯罪人引渡であり，フランス革命に触発された，1833 年ベルギー犯罪人引渡法 6 条[6]の政治犯不引渡原則が実定法の起源である[7]。さらに，政治犯不引渡の問題を日本で提起した，1969 年 1 月 25 日東京地裁，いわゆる「尹秀吉事件」判決のインパクトは大きかったと考えられる[8]。それを裏付けるように，芹田教授は，外国人の出入国に関し，犯罪人引渡は「強制出国の一つの場合であり，退去強制と変わらない」，「本国を送還先とする退去強制が事実上の犯罪人引渡となる」と繰り返し述べている[9]。

　上をはじめとする数々の芹田教授の難民研究に刺激を受け，日本では難民認定手続を含めた制度が独特であり，日本が批准している国際人権条約の基準と合致するかを明確にする必要を強く感じるようになった。なぜならば，日本の難民訴訟事件における裁判例と国際人権条約における申請者の保護の基準に齟齬があるように見えるからである。本稿では，どのように齟齬があるかを国際人権法の視点から検討し，芹田教授の古稀記念に敬意を表したい。

　本稿は，第一に，難民条約 1 条 A (2)の難民の定義の要件である「迫害」に注目する。そして，日本の裁判例における迫害の解釈から，特に問題であると考えられる申請者の「具体的行為」と「生命又は自由以外」の解釈について検討する。

---

(4) "Il donne asile aux étrangers bannis de leur patrie pour la cause de la liberté. Il le refuse aux tyrans."
(5) 芹田・前掲注(2) 26 頁。
(6) "Il sera expressenment stipule dans ces traits que l'étranger ne pourra être poursuivi ou puni pour aucun delit politique anterieur a l'extradition, ni pour aucun fait connexe a un semblable delit, ni pour aucun des crimes ou delits non prevus par la présente loi, sinon toute extradition, toute arrestation provisoire sont interdites." 1833 年 10 月 1 日採択。起草過程は Le Moniteur belge, Juillet 26-28, 1833 参照。
(7) 芹田・前掲注(2) 34 頁。
(8) 芹田・前掲注(2) 244-250 頁。
(9) 芹田・前掲注(2) 11, 16, 87 頁。

〔安藤由香里〕　　　　*12*　難民訴訟事件における迫害の解釈と退去強制の執行停止

　第二に、迫害が認められず、在留資格のない者は、退去強制の手続きにのることになるが、退去強制の執行停止に係る問題に注目する。「回復の困難な損害」を避けるための「緊急の必要性」を根拠に、国際人権条約機関が仮保全措置をどのように捉えているかを踏まえ、日本の行政事件訴訟法における退去強制の執行停止について検討する。

II　日本の裁判例における迫害の解釈

1　日本の裁判所による解釈

　日本の裁判所において「迫害」とは、「通常人において受忍し得ない苦痛をもたらす攻撃ないし圧迫であって、生命又は身体の自由の侵害又は抑圧」と定義した上で、迫害のおそれは当該人が迫害を受けるおそれがあるという恐怖を抱いている「主観的事情」のみならず、通常人が当該人の立場に置かれた場合にも迫害の恐怖を抱く「客観的事情」が必要と解されている[10]。

　日本の難民訴訟事件で最大件数を占めるビルマ事例の中でも[11]、判決の中で裁判所の判断が分かれた①平成22年3月23日福岡地裁判決[12]および②平成22年10月29日東京地裁判決[13]を以下に見ていく。

---

[10]　例えば、大阪地裁平成24年2月23日民事7部判決平成21年(行ウ)第154号退去強制令書発付処分無効確認等請求事件24頁、東京高裁平成24年4月26日民事24部判決平成22年(行コ)第228号難民の認定をしない処分取消等請求控訴事件が踏襲した原審平成22年6月8日判決平成21年(行ウ)第144号難民の認定をしない処分取消等請求事件28頁を参照。

[11]　本稿ではミャンマーではなく、敢えて申請者の申請に基づきビルマを使用する。なお、平成23年に下された判決で確認し得た12件中9件(東京地裁2月4日敗訴、東京高裁2月23日敗訴、東京高裁2月24日敗訴、福岡高裁3月24日勝訴、東京高裁4月21日敗訴、福岡高裁4月28日勝訴1名・敗訴1名、大阪地裁6月3日敗訴、東京高裁11月28日敗訴、東京地裁11月30日敗訴)、平成22年に下された判決で確認し得た17件中13件(東京地裁1月29日勝訴、東京地裁2月5日勝訴、福岡地裁3月8日勝訴、福岡地裁3月23日勝訴1名・敗訴1名、福岡地裁4月22日勝訴、東京地裁4月28日敗訴、東京高裁4月28日敗訴、東京地裁6月8日勝訴、東京地裁6月24日勝訴、東京地裁7月30日敗訴、東京高裁9月29日敗訴、東京地裁10月29日勝訴2名・敗訴18名、11東京地裁月12日勝訴)がビルマ事例であった。

[12]　福岡地裁平成22年3月23日民事2部判決平成19年(行ウ)第45号「難民の認定をしない処分取消等請求事件」。

[13]　東京地裁平成22年10月29日民事38部判決平成19年(行ウ)第472号、第493号から第498号まで、第715号、第785号、同20年(行ウ)第55号、第132号及び第133号、

〈第4部〉国内人権訴訟の諸相

　まず，①平成22年3月23日福岡地裁判決では，1名が難民該当性を肯定され，1名が難民該当性を否定された。2人ともロヒンギャ族であり，ビルマ国籍のイスラム教徒である。1名はビルマの民主化を訴えるデモに参加し，逮捕状が発付され身柄を拘束されそうになった。裁判所は，反政府活動を行った者として，「主観的事情」のみならず「客観的事情」もビルマ政府から迫害を受けるおそれが認められると判断した。これとは対照的に，もう1名はモスクの放火事件および郵便局の爆破事件について逮捕状が発付されているとしても政治的な意見とは関係ないし，ロヒンギャ族ないしイスラム教徒であるから逮捕状が発付されたと認めるに足る証拠はないと裁判所は判断し，同人の難民該当性を退けた。

　後者につき，国連難民高等弁務官事務所（UNHCR）難民認定基準ハンドブック[14]等の一般的に受け入れられた国際的基準ないしは国際人権条約実施機関の見解に基づいて迫害の概念を再考する必要性があるように思われる。というのは，日本は難民条約および拷問等禁止条約[15]の締約国であり，締約国としての義務を果たす必要がある。日本の裁判所は，日本が批准した国際条約の名宛人および適用者として，憲法98条2項を遂行する義務が課されている。憲法81条は，最高裁判所に一切の法律，命令，規則が憲法に適合するか否か決定する権限を与えているものの，国際条約が憲法に適合するか最高裁判所が判断し得るかは今なお明らかでない[16]。今後，日本が自由権規約等の個人通報制度に加

　　第404号から第408号まで，第686号，第756号，同21年(行ウ)第367号「難民の認定をしない処分取消等請求事件」，平成18年(行ウ)第472号「在留特別許可をしない処分取消請求事件」。

[14]　Office of the United Nations High Commissioner for Refugees, Handbook on Procedures and Criteria for Determining Refugee Status Reedited, Geneva, 1992（国際連合難民高等弁務官事務所・財団法人法律扶助協会編『難民認定基準ハンドブック——難民の地位の認定の基準及び手続に関する手引き（改訂版）』〔法律扶助協会・国際連合難民高等弁務官事務所，2000年〕）。なお，2011年12月に英語版が改訂され，2001年から2002年の国際保護の課題ガイドラインが加わった。Handbook and Guidelines on Procedures and Criteria for Determining Refugee Status under the 1951 Convention and the 1967 Protocol Relating to the Status of Refugees, reissued, Geneva, December 2011 (UN Doc. HCR/1P/4/ENG/REV. 3).〈http://www.unhcr.org/refworld/pdfid/4f33c8d92.pdf〉last visited 15 July 2012.

[15]　拷問及び他の残虐な，非人道的な又は品位を傷つける取り扱い又は，刑罰に関する条約，1984年第39回国連総会採択。

入し，個人通報手続が日本で可能となる場合，国際人権条約実施機関の見解によって，最高裁判所が，上の判断を迫られる状況が起こり得るかもしれない。

2 具体的行為による迫害

2009年7月に出入国管理及び難民認定法（以下，入管法）が，難民条約及び拷問等禁止条約をより強く意識した条文に改正されたことからも，迫害概念の国際的基準の動向を注視する必要がある。難民条約は，他の国際人権条約のように条約実施・監督機関となる委員会を有さないため，一概に国際的基準を示すことは容易ではない。そこで，難民に関する研究者の学説，国連難民高等弁務官事務所（以下，UNHCR）の声明，UNHCR執行委員会で採択される結論，申請者に関する国際人権条約機関の見解等を参考にすることは意味があると考えられる。例えば，UNHCRの法務官かつノン・ルフルマン原則の研究者のウータースは「難民条約に迫害の定義がないのは，起草者が意図的に定義しないことで迫害を柔軟な概念にするためであった。ただし，迫害に明確な定義はないものの，一定程度の重大さ又は深刻さが要求されており，その程度とは人権侵害の種類，性質及び規模である」と述べている[17]。

先述の①事例では，申請者が，放火事件についてビルマ軍の関与を疑ったために逮捕状が発付されたとしても「具体的行為によって」迫害のおそれが生じたにすぎず，政治的意見，民族および宗教によって迫害を受けるおそれが生じたということはできないと裁判所は判断した。もし申請者の「具体的行為によって生じた迫害」を排除するならば，当該人が反政府活動をはじめとする政治的意見を具現化する行為をも迫害から排除することとなり，この点，国際的基準に照らし再考する必要がある。なお，難民条約1条F(b)に基づき，例えば，一般犯罪の放火犯として難民の定義から除外される「重大な犯罪」を行ったと認定されたわけではなかった[18]。その後，本件は，平成23年4月28日福岡高

---

[16] 最高裁昭和34年12月16日昭和34年(あ)第710号，同年12月16日大法廷判決破棄差戻「日本国とアメリカ合衆国との間の安全保障条約第三条に基く行政協定に伴う刑事特別法違反被告事件」刑集第13巻第13号3225-3228，3231-3237頁。いわゆる砂川事件では，条約が一見明白に違憲無効でない限り裁判所の違憲審査権の範囲外であるとした。

[17] Kees Wouters, *International Legal Standards for the Protection from Refoulement*, (2009) Intersentia, p. 58.

〈第 4 部〉国内人権訴訟の諸相

裁が原審を踏襲し，申請者 1 名は難民不認定処分取消，もう 1 名は難民不認定処分が相当と判示された[19]。

3 「生命又は自由以外」の法益

次に，②事例，平成 22 年 10 月 29 日東京地裁判決では，20 名について判決が下り，2 名が勝訴，18 名が敗訴であった。本件では，「迫害」について，「生命又は自由以外」の法益を含むか，すなわち「生命又は自由以外」のその他の人権の重大な侵害が迫害に含まれるか否かが争点となった。UNHCR 難民認定基準ハンドブックのパラグラフ 51 によれば，生命又は自由以外に，その他の人権の重大な侵害も迫害を構成するとされている。UNHCR ハンドブックは法的拘束力を有するものではない。しかし，難民条約 35 条の締約国が UNHCR へ協力する義務，特に難民条約適用の監督機関として便宜を与える規定に基づき，カナダ，オーストラリア，ニュージーランドの裁判例では UNHCR 指針がおおむね受け入れられている。他方で，日本の裁判所は UNHCR ハンドブックの規定に拘束される義務はないという立場を採っている。

②事例では，裁判所は，「迫害」に「生命又は自由以外」の法益侵害を含む場合，受入国はその者を難民としながら「生命又は自由」を侵害された難民と異なり，不法に入国し又は不法にいることを理由として処罰し得ることになり，その法益を侵害するおそれのある領域の国境へ追放し得る不合理な結果になると判断した。さらに「自由」とは精神的自由や経済的自由等を含む概念と一般的には言い得るが，難民条約では「自由」と「生命」が並置されており，生命活動に関する自由と解するのが合理的で，経済活動の自由等は含まれないとし，「迫害」から「生命又は自由以外」の法益侵害を一切排除した。

この「生命又は自由以外」を含まない迫害の基準は国際基準と一致しているかを以下に見ていくこととする。難民条約 1 条 A (2) の難民の定義は「人種，宗教，国籍，特定の社会的集団の構成員，政治的意見『を理由に』迫害を受け

---

[18] 例えば，Gilbert, Geoff, Current Issues in the Application of the Exclusion Clauses; Feller, Erika; Turk, Volker and Nicholson, Frances eds (2003) *Refugee Protection in International Law: UNHCR's Global Consultations on International Protection.* Cambridge: Cambridge University Press.

[19] 福岡高裁平成 23 年 4 月 28 日民事 3 部判決平成 22 年 (行コ) 第 13 号「難民の認定をしない処分取消等請求控訴事件」。

るおそれ」と規定している。それに対し，同条約 33 条 1 項のノン・ルフルマン原則は「人種，宗教，国籍，特定の社会的集団の構成員，政治的意見『のために』生命又は自由が脅威にさらされるおそれ」と規定している。この「を理由に」と「のために」の差異は「生命又は自由」を広く解釈し，あらゆる種類の迫害のおそれは生命又は自由の脅威と考えようとした，難民条約起草者の意図であるとグラルマッソンやウータースは述べる[20]。また，ハサウェイは「生命又は自由が脅威にさらされるおそれ」は，「迫害を受けるおそれ」におよぶ例として「難民条約 33 条のノン・ルフルマン原則は同条約 1 条の難民の定義に該当するすべての者に適用するのが条約起草者の意図であった」ことを支持する英国の判例を紹介すると同時に，オーストラリア，ニュージーランドの判例でもこの考え方が繰返し踏襲されているとし，こうした考え方は難民条約起草者の意図のみならず，同条約の内部構造自体に起因するとも述べる[21]。

　確かに，「生命又は自由以外」の法益侵害が「迫害」よりも狭義である場合，「生命又は自由」を侵害された者と「生命又は自由以外」の法益を侵害された者とは異なる処遇を取り得ることとなり，不合理な結果が生じる可能性があるかもしれない。しかし，「生命又は自由以外」の法益侵害がいったん「迫害」として認定されれば，同時にその者は難民条約の難民定義に該当することを意味し，「生命又は自由」を侵害された難民と同様に，不法に入国し又は不法に在留していることを理由として処罰し得ないこととなる。また，冒頭に述べたように難民条約 31 条から 33 条は申請者にも保証されている権利であるので，31 条 1 項に基づき，不法に入国したことを理由に処罰されない。さらに，33 条 1 項のノン・ルフルマン原則の趣旨・目的に照らせば，そうした者を「迫害」のおそれのある領域の国境へ追放し得ないのであり，両者に不合理な結果は生じないと考えられる。また，申請者が送還された後，「拷問のおそれ」が認められる場合，日本が批准している，自由権規約 7 条および拷問等禁止条約 3 条上の締約国としての義務がある。それらのノン・ルフルマン原則は，対象

---

[20] Atle Grahal-Madsen (1966) *The Status of Refugees in International Law Volume 1, Refugee Character*, Sijthoff, p. 196; Kees Wouters (2009) *International Legal Standards for the Protection from Refoulement*, Intersentia, p. 57.

[21] James C. Hathaway (2005) *The Rights of Refugees Under International Law*, Cambridge University Press, pp. 306–307.

を難民に限定しておらず,「拷問のおそれ」が認められるあらゆる者に適用される[22]。したがって,国際的基準に照らせば,「生命又は自由以外」を迫害としても不合理な結果は生じないし,「生命又は自由以外」の法益を考慮するにあたり,少なくとも日本が批准している自由権規約をはじめとする主要な国際人権条約における「人権の重大な侵害」とは何かに言及する必要があったと考えられる。

Ⅲ 日本の裁判例における退去強制の執行停止

1 仮保全措置との関係

　国際人権条約の実施機関は,仮保全措置[23]を人権保護のために必要な措置と捉えており,仮保全措置による送還からの保護の実行を集積している。本節では,拷問等禁止条約の実施機関である,拷問禁止委員会の個人通報事例の大半が,3条に関する退去強制に関する通報であることから,拷問禁止委員会の事例を見ていくこととする。拷問禁止委員会の仮保全措置を考える上で,自由権規約委員会をはじめとする他の国際紛争処理機関が,仮保全措置をどのように位置付けているかが参考になると思われる。

　国際紛争処理機関の中でも,まず,念頭に置くべきは,法的拘束力を有さない国際人権条約機関の委員会の要請（request）が,どのような効果を生むかということである。その前提として,法的拘束力を有する国際司法裁判所でさえ,ラグラン事件で一応の解決を見たものの[24],審議中に回復不能な損害を回避す

---

[22] 日本では難民の地位付与は否定されたものの,法務大臣の「裁量」で在留特別許可により在留を許された場合を「補完的保護」と呼ぶ場合があるが,国際法における「補完的保護」とは裁量でなく,難民条約以外の国際人権条約で「権利」として保護されることである。

　例えば,オーストラリアの移民・市民省によれば,補完的保護は難民条約上の難民ではないが,自由権規約および拷問等禁止条約上のノン・ルフルマン原則に違反するため,出身国に送還できない者をさす。〈http://www.immi.gov.au/media/fact-sheets/61a-complementary.htm〉last visited 7 July 2012. 補完的保護については,例えば,Jane McAdam (2007) "*Complementary Protection in International Refugee Law*" Oxford University Press .

[23] 拷問禁止委員会は,仮保全措置を見解の中で使用している。仮保全措置（interim measures）と暫定措置（provisional measures）では,酒井が述べるように,仮保全措置は「時間的要素」と「権利の保全」の双方を兼ね備えている。酒井啓亘「国際司法裁判所仮保全命令の機能(一)」法学論叢163巻3号（2008年）2-3頁。

る措置,すなわち,裁判所の仮保全措置命令の拘束力をめぐって対立があったことは記憶に新しい[24]。国際司法裁判所は,同裁判所規程41条で仮保全措置の「権限」を明確に定めている。その上で,裁判所自身が定める規則[26]で詳細を規定する[27]。根拠条文が明らかな裁判所と異なり,自由権規約委員会および拷問禁止委員会の仮保全措置は根拠条文が条約又は議定書本体に明記されていない弱さがある[28]。

自由権規約委員会の仮保全措置は「自由権規約39条2項に基づき採択された自由権規約委員会手続規則86条（現92条)[29]に基づいて回復不能な損害の回避を行」い,「当事者の権利が侵害されるのを防止し,本案の見解が実効性をもちうるように確保する制度」とし,「自由権規約委員会は,締約国が第一選択議定書を批准することにより,個人通報制度という手続の下で委員会と協力することを約束している。にもかかわらず,仮保全措置に従わないことは議定書,ひいては規約の義務違反を構成するという論理を採っている。拷問禁止委員会は,自由権規約委員会の論理構成と軌を一にする内容となっている。」と坂元は述べる[30]。

拷問禁止委員会は,拷問等禁止条約22条により締約国が宣言した委員会の権限として,拷問禁止委員会手続規則114条1項に,仮保全措置の根拠を置いている。拷問禁止委員会の手続規則は,数度の改正を経て2011年2月に採択された[31]。拷問等禁止条約18条2項は,委員会が特に定める手続規則を例示しているが,仮保全措置はその中に含まれていない。

拷問禁止委員会の立場は,拷問のおそれがある非締約国への送還は,委員会

---

[24] LaGrand (Germany v. United States of America) Judgment, ICJ Reports 2001, p. 506, para. 109.

[25] 例えば,山形英郎「国際司法裁判所における仮保全措置の法的効力」法の科学23号（1995年）182-191頁。

[26] 国際司法裁判所規程30条1項。

[27] 国際司法裁判所規則73-78条。

[28] 女子差別撤廃条約の選択議定書5条は暫定措置を明文化した。

[29] Rules of procedure of the Human Rights Committee, UN Doc. CCPR/C/3/Rev. 8, 22 September 2005.

[30] 坂元茂樹「個人通報制度における仮保全措置：自由権規約委員会の実行をめぐって」神戸法学雑誌53巻4号（2004年）脚注5, 32頁。

[31] Rules of procedure of the Committee against Torture, UN Doc. CAT/C/3/Rev. 5, 21 February 2011.

〈第 4 部〉国内人権訴訟の諸相

の権限が及ばない地域へ送ることになり，委員会への救済を求める手段をも奪うことになる，あるいは締約国であったとしても拷問等禁止条約 22 条に基づく個人通報の受諾宣言をしておらず，個人通報手続が機能しない国については同等であるという見解を採っている。しかし，後者については，個人通報の受諾宣言をしているかどうかにかかわらず，条約下の締約国の義務は同等であり，委員会の権限の及ばない場所への送還が 3 条の違反を構成するという論理は実効性の観点からは有効かもしれないが，事実上不都合があるようにも見える。例えば，論理上，日本のように個人通報の受諾宣言を行っていない国への送還は 3 条違反になり得るからである。こうした，自由権規約委員会と拷問禁止委員会の仮保全措置の位置付けを確認したうえで，法的拘束力の問題について考えてみたい。

坂元教授は，「『見解』が法的拘束力をもたないという問題と，本案の審理を確保するための仮保全措置の法的拘束力の問題は，常に論理必然的に結びつく問題ではない」とし[32]，①実効性原則や信義誠実の原則の一般国際法上の原則に依拠，②議定書や規約の義務違反の 2 つの選択があり，自由権規約委員会は②を選択したと説明する[33]。そして「手続規則中に仮保全措置に関する委員会の裁量権を定めるのは越権行為ではないかとの議論の余地もないではない」と指摘する一方で，委員会は「一般的意見 24(52)に従い，委員会の権能を奪うものだとして，規約または議定書の趣旨および目的に反し無効」とする可能性が高いと述べる[34]。また，国際司法裁判所の文脈ではあるものの，一連の紛争処理過程では「法的拘束力」があってもなくても「紛争当事者や関係者が裁判所の立場をどのよう受け止めるか」がおそらくは最も重要との酒井教授の記述は[35]，「当事者の交渉の一過程に裁判を位置づけてみる視点が重要である」という芹田教授の指摘から来ていることを勘案すると[36]，「裁判所」を「委員会」に読み替えても該当するのではないだろうか。

しかし，少なくとも理論的には，締約国が仮保全措置の正当性について異議

---

[32] 坂元・前掲注(30) 25 頁。
[33] 坂元・前掲注(30) 26 頁。
[34] 坂元・前掲注(30) 26 頁。
[35] 酒井啓亘「国際司法裁判所仮保全命令の機能(二)」法学論叢 165 巻 1 号（2009 年）34 頁。
[36] 酒井・前掲注(35)（2009 年）脚注 207, 36 頁。

を申し立てることは十分考えられることであるし，委員会の見解を不服として個人通報手続から脱退することもあり得る[37]。自由権規約委員会もその脆弱性を認識しているからこそ，法的拘束力がないことを自らが認め，委員会への協力義務の形式をとるのであろう。そうではあっても，フォローアップとの関係もあり，「生命又は自由」，すなわち，難民条約上の難民の定義である迫害と同一視し得る非常にコアな人権保護を不遵守する締約国に対し，他の締約国から厳しい批判が向けられるのは必至である。

そして，人権に関する仮保全措置は本案決定の実効性を確保するのみならず，第三国による人権侵害を未然に防ぐ目的が色濃い[38]。このアプローチは，まさにノン・ルフルマン原則の理念と他ならないからこそ，キンドラー事件を修正したジャッジ事件の見解では，「追放および引渡しの停止」が「生命の権利」，「公正な裁判を受ける権利」と不可分で議論されたのであり，ヨーロッパ人権裁判所の 2012 年アブー・カタダ判決にもその方針が色濃く見られる[39]。

自由権規約委員会の仮保全措置の要請は度々無視されてきたが，拷問禁止委員会への個人通報事例の中でも，フランス，カナダ等によって仮保全措置の要請は無視され，通報者が自国へ送還された事例がある。仮保全措置を無視し，通報者を送還した理由とそれに対する締約国の主張は何であったかを以下に見ていく。

2005 年 5 月のブラダ事例[40]で，フランスは，22 条は委員会に通報を審査する権能のみを与えており，締約国に義務を強制させることはできないと主張した。フランスは，「再犯の恐れが社会の危険になる。」ことを理由にし[41]，「通報者がフランスに引続き在留することは，公共の秩序と第三者の安全との比較衡量から許されない。凶器で脅しながらの凶悪なレイプと受刑期間中に 2 度逃亡を試みたことは，公共の安全にとって危険であるので，送還を遅らせること

---

[37] 自由権規約第一議定書を脱退した，ジャマイカ（1998 年），トリニダード・ドバゴ（2000 年）の事例がある。坂元茂樹「判例研究・国際司法裁判所 ラグラン事件――仮保全措置の申請」国際法外交雑誌 101 巻 1 号（2002 年）脚注 14，107 頁。

[38] 坂元・前掲注[30] 28 頁。

[39] Othman (Abu Qatada) v. the United Kingdom, Application No. 8139/09, Judgement, Fourth Section, 17 January 2012.

[40] Brada v. France, Communication No. 195/2002（CAT/C/34/D/195/2002）24 May 2005.

[41] Brada Case, para. 8. 5.

〈第4部〉国内人権訴訟の諸相

はできなかった。」として[42]、送還の緊急性について強調した。そして、「条約22条は、委員会に通報の審査や仮保全措置について締約国を法的に拘束する権能を与えていない。」[43]と仮保全措置の拘束力について否定した。

2000年9月のT. P. S. 事例[44]は、インド国籍の通報者がハイジャックをしたことが明らかになりカナダから退去強制された事例である。カナダは受理可能性について「テロリズムに関わったと信ずる合理的な理由があり、カナダ移民法で国内法化された難民条約1条Fにより、難民申請認定手続から除外される」[45]とし「公共の危険を構成する大臣の意見により受理不可能である」と述べた[46]。そして、「仮保全措置の要請は、勧告で命令ではない。この立場は、手続規則108条9項(現114条1項)の文言の「要請」のみならず、ヨーロッパ人権裁判所のクルーズ・バラス判決[47]にも見られる」と反論した[48]。さらに、「通報者は公共の危険であると認められ、通報者がカナダに引続き在留することは、公共の利益に相反する」と仮保全措置を履行しなかった理由を述べた[49]。カナダは委員会の仮保全措置の拘束力を「要請」という文言に基づき否定し、また、公共の安全との比較衡量の結果、インドへ送還したという立場を採った。こうしたカナダの主張に対し、拷問禁止委員会は、「通報者のカナダの滞在を数カ月延長することが、公共の利益に反することを締約国は説得できていない」[50]とカナダの主張を認めなかった。カマラ委員は、公共の秩序を事由に既に送還した点に対し、締約国の22条違反、さらに「委員会が考慮するのは、結果的に拷問を受けたか否かではなく、拷問の危険があるか否かであり、委員会の権限は、拷問の回避にも及ぶべきである」との個別意見を付した[51]。

以上の事例から、締約国は、委員会の仮保全措置に関する権限を疑問視する

---

[42] Brada Case, para. 8. 10.
[43] Brada Case, para. 8. 2.
[44] T. P. S. v. Canada, Communication No. 99/1997 (CAT/C/24/D/99/1997) 4 September 2000.
[45] TPS Case, para. 6. 1.
[46] TPS Case, para. 6. 2.
[47] Cruz Varas v. Sweden (1991) (E.H.R.R. Vol. 14).
[48] Cruz Varas Case, para. 8. 2.
[49] Cruz Varas Case, para. 8. 3.
[50] Cruz Varas Case, para. 15. 3.
[51] Cruz Varas Case, para. 16. 3・16.4.

と同時に,公共の安全との比較衡量を主張していることがわかる。国内司法機関の「法的拘束力のある決定」と委員会の「勧告的な要請」の整合性を測りながら,仮保全措置の履行について,委員会が締約国に指導的見解を述べると同時に,公共の安全との調和をどのように担保するかが課題となると言えるだろう。また,権利法全の確保は,「行政的性格」が強いため[52],次に日本の国内法体系で,仮保全措置に準じる手続きをいかに担保するかを検討していく。

2 行政事件訴訟法との関係

国際人権条約機関の個人通報手続が存在しない現在の日本において,回復不能な損害を「回避」する措置として,重要となるのが行政事件訴訟法であろう。張振海事件でも「回復の困難な損害を避けるための緊急の必要」は問題となったし[53],現在の日本における行政訴訟の中でも,特に,退去強制令書発付取消請求事件で,繰り返し争点となっている。

行政事件訴訟法25条1項は「処分の取消の訴えの提起は,処分の効力,処分の執行又は手続の続行を妨げない」と規定し,執行不停止の原則を定めている。そして,退去強制令書発付取消請求事件の訴訟継続中に,退去強制が執行されても,憲法32条の保障する「裁判を受ける権利」に違反しないと解されている。それは「申立てによる裁判所の執行停止決定があるまでは,執行は妨げられないというべきであり,裁判所の執行停止決定がされる前に執行が終了し,執行停止の申立てが『訴えの利益なし』で却下されても裁判を受ける権利を奪われたということはない」とする判例からである[54]。しかし,行政事件訴訟法同条2項は,「重大な損害を避けるために緊急の必要があるとき」は,裁判所が執行を停止させることを要請する規定である。同条3項は,「裁判所は,前項に規定する重大な損害を生ずるか否かを判断するに当たっては,損害の回復の困難の程度を考慮するものとし,損害の性質及び程度並びに処分の内容及び性質をも勘案する」ことを要請している。2004年6月に,同条2項の

---

(52) 酒井・前掲注(23)脚注12,7頁。
(53) 芹田・前掲注(2) 260頁。
(54) 最高裁判所事務総局行政局「第一章 訴訟法上の問題・第九 執行停止 (8) 外事関係 ア 退去強制関係」『主要行政事件裁判例概観8』(法曹会,1996年) 128頁。東京高裁昭和46年3月30日判決行集22巻3号361頁,最高裁昭52年3月10日決定集民120号217頁。

〈第4部〉国内人権訴訟の諸相

要件は,「回復の困難な損害」から「重大な損害」へ緩和され,3項がつけ加えられた経緯がある。執行停止要件の緩和は,損害の性質のみならず,損害の程度や処分の内容および性質が適切に考慮されるためである。この改正は個人の「緊急の必要性」を担保する国際紛争処理機関の仮保全措置を国内法体系に受容していると言えないこともない。行政事件訴訟法は改正後数年を得たが,まだ裁判例の集積が十分でないため,本稿では,退去強制の執行停止に対する影響を考察するにあたり,改正前の「回復の困難な損害」を肯定して,送還部分の執行を停止した事例について検討することとする。

送還部分の執行を停止した事例には2つの類型が見られる[55]。第一に,事実上本案訴訟を維持することが困難となるのみならず,たとえ本案訴訟で勝訴の確定判決を得ても,再入国その他送還執行前の原状を回復し得る制度的保障が確立していないとして「回復の困難な損害を避けるため」の「緊急の必要」を認める場合である。昭和61年6月26日大阪高裁決定[56]では,「本国に送還された場合,同人らが訴えの利益を全く失い,仮に勝訴しても本邦在留の状態への復帰が可能となるというものではない。……本案訴訟を維持するにつき事実上相当な困難を伴うことは否定し難く……勝訴の判決を得たとしても,……状態を回復するについて,法制度上の保障はなく,事実上多くの困難に逢着するであろう……送還の執行によって回復困難な損害を受けるものというべく,……送還部分の執行を停止すべき緊急の必要性がある」[57]としました。また,平成2年12月25日大阪地裁決定[58]では,「本案訴訟における訴えの利益が消滅し,本案訴訟による救済が受けられなくなるおそれがあるうえ,……再入国その他送還の執行前に申立人らが置かれていた原状を回復し得る制度的な保障もない。」として「原状回復が不可能又は困難な損害であって,しかも,金銭賠償という形での損害の回復を受忍させることが相当でないもの」と判示した[59]。

---

[55] 最高裁判所事務総局行政局・前掲注[54] 194-195 頁。
[56] 大阪高裁昭和61年6月26日決定,昭和61年(行ス)1号「執行停止決定に対する即時抗告事件」判例タイムズ626号(1987年)103頁。
[57] 大阪高裁昭和61年6月26日決定,昭和61年(行ス)1号「執行停止決定に対する即時抗告事件」判例タイムズ626号(1987年)106頁。
[58] 大阪地裁平成2年12月25日決定,平成2年(行ク)33号「行政処分執行停止申立事件」判例時報1382号(1991年)21頁。

〔安藤由香里〕　　*12*　難民訴訟事件における迫害の解釈と退去強制の執行停止

　第二に，本案訴訟の訴えの利益が消滅し，本案訴訟による救済を受けられないおそれがあるため，「回復の困難な損害を避けるため」の「緊急の必要」を認める場合である。昭和51年2月23日大阪高裁決定[60]では，「相手方の身上に重大な変更を受けることは容易に認められる」ため，「送還の部分についてはこれを停止する必要がある」と判示した。「憲法32条の趣旨により，退令書にもとづく執行のうち送還部分は本案の理由の有無にかかわらず停止すべきものである。」とする見解については採用しない立場を明確にした。そうすると，憲法32条が保障する裁判を受ける権利の侵害を判例から導くことは困難である。しかし，退去強制の執行は，国際人権条約に抵触すると考えられる。難民申請が不認定とされた者の「回復の困難な損害を避けるための緊急の必要性」の判断が国際人権条約の実施機関の見解と異なると考えられるからである。上述のように難民認定を申請していない外国人に「緊急の必要性」を認定した要件は，第一に，原状回復のための法制度の保障が欠けていること，第二に，本案訴訟の訴えの利益の消滅によって救済が受けられなくなることの2点であった。難民認定申請者は「送還されれば，迫害を受けると主張する者」です。そのため，難民認定申請者でない者よりも，「回復の困難な損害」の危険性が高いと考えられ，より慎重な決定が必要である。難民でないことが司法手続きによって最終的に確定する前に，迫害のおそれがあると主張する国へ送還することと「回復の困難な損害を避けるための緊急の必要性」の関係について，上記2つの要件に照らすと，第一に，迫害のおそれを主張している者が送還された場合，送還先で重大な法益侵害が起こっても原状を回復するための法制度は保障されていないこと。第二に，送還された場合，本案訴訟の訴えの利益は消滅し，完全に救済は受けられなくなることとなる。例えば，林桂珍事件[61]平成8年7月12日最高裁判決は，退去強制の執行によって，本邦におらず難民認定

---

(59) 大阪地裁平成2年12月25日決定，平成2年(行ク)33号「行政処分執行停止申立事件」判例時報1382号（1991年）23頁。

(60) 大阪高裁昭和51年2月23日決定，昭和49年(行ス)21号「執行停止即時抗告事件」訟務月報22巻3号（1976年）731頁。

(61) 東京地裁平成4年4月14日判決，平成2年(行ウ)224号「難民不認定処分取消請求事件」判例タイムズ794号（1992年）81頁。
　　東京高裁平成5年4月27日判決，平成4年(行コ)55号「難民不認定処分取消請求控訴事件」判例タイムズ849号（1994年）195頁。

〈第 4 部〉国内人権訴訟の諸相

をすることができなくなったため，本案訴訟の訴えの利益は消滅したとしている。退去強制により本人がいなくなれば，本案の係属は困難となる。執行不停止の原則があるとしても，申請者については，通常の外国人の退去強制よりも慎重を期し，「回復の困難な損害を避けるための緊急の必要性」の可否について裁判所の決定を待つ必要の理由はここにある。執行不停止の原則は，「緊急の必要性」の判断を待つ前に執行がなされるという状況が起こり得る。

近年，特に執行不停止の原則が問題となったのは，2005 年 1 月 18 日に，UNHCR がマンデート難民[62]と認定していた，クルド系トルコ人 X（49 歳）とその長男 C（21 歳）に対するトルコへの退去強制が執行された時であった。上 2 名は，1 月 17 日に品川の東京入国管理センターに収容され，翌日に退去強制が執行された[63]。X は東京高裁の判決を不服として最高裁に難民不認定処分取消訴訟の上告中であり，退去強制令書発付の執行停止が申し立てられていた。そのような背景の中，退去強制が執行された本件は，ノン・ルフルマン原則に違反すると考えられる[64]。

　最高裁平成 8 年 7 月 12 日判決，平成 5 年（行ツ）159 号「難民不認定処分取消請求事件」判例時報 1584 号（1997 年）100 頁，判例タイムズ 924 号（1997 年）150 頁，訟務月報 43 巻 9 号（1997 年）2339 頁。

　福岡地裁平成 4 年 3 月 26 日民事 1 部判決，平成 2 年（行ウ）9 号「国外退去強制令書発付処分取消請求事件」判例時報 1436 号（1993 年）22 頁，判例タイムズ 787 号（1992 年）137 頁，訟務月報 43 巻 9 号（1997 年）2385 頁。

　福岡高裁平成 7 年 3 月 29 日判決，平成 4 年（行コ）12 号「国外退去強制令書発付処分取消請求控訴事件」判例タイムズ 895 号（1996 年）99 頁，訟務月報 43 巻 9 号（1997 年）2409 頁。

　最高裁平成 8 年 7 月 12 日判決，平成 5 年（行ツ）111 号「国外退去強制令書発付処分取消請求上告事件」判例時報 1584 号（1997 年）100 頁，判例タイムズ 924 号（1997 年）150 頁，訟務月報 43 巻 9 号（1997 年）2339 頁。

[62]　UNHCR 規定 6 項 A(i)に基づき，人種，宗教，国籍，政治的意見，特定の社会集団の構成員を理由とする迫害の要件を基準として UNHCR が審査した結果，保護を必要と考える者を指す。難民条約 1 条 A 項 2 に基づく難民の定義と全く同一ではない。マンデート難民の送還は難民条約 35 条に基づく締約国の UNHCR に対する「協力義務を放棄したものと看做し得る」とする主張がある。「日本：クルド人父子の送還に抗議する」(AI INDEX: --- --/---/2005) アムネスティ日本発表ニュース（2005 年 1 月 18 日）。

[63]　毎日新聞「＜難民クルド人親子＞トルコへ強制送還される」（2005 年 1 月 18 日），共同通信「クルド人親子を送還「不当」と支援者ら抗議」（2005 年 1 月 18 日），特定非営利活動法人難民支援協会「国連マンデート難民：クルド難民（トルコ出身）の本国への強制送還に対する難民支援協会声明」（2005 年 1 月 18 日）。

〔安藤由香里〕　　*12*　難民訴訟事件における迫害の解釈と退去強制の執行停止

事件の概要は以下である。

トルコ国籍を有するクルド人Xは，1956年1月7日にトルコにて出生した。Xは，1990年11月30日に成田空港から在留期間90日間の上陸許可を受けた（第1回来日）。1991年2月26日に東京入国管理局（以下，東京入管）で在留期間更新申請を行ったが不許可となったが，在留期間の1991年2月28日までに出国せず，不法残留となった。1993年7月13日東京入管に出頭して不法残留の申告をし，同月20日退去強制令書の発布を受け，同月27日成田空港から出国した。1996年9月20日に福岡空港から在留期間90日間の上陸許可を受けた（第2回来日）。同年11月8日に，東京入管において難民認定申請を行ったが，1998年8月19日に難民の認定をしない処分が出され，同年9月4日に異議の申出を行った。2000年1月24日に異議の申出に理由がない旨の決定が出された。同年12月23日に長男Cが関西空港に上陸しようとしたが，虚偽申請を理由に上陸不許可になった後，難民認定の申請を行った。2002年3月8日に東京地裁でXに難民の認定をしない処分を取り消す判決が下った。同年5月21に次男Dが父に会うため成田空港から在留期間60日間の上陸許可を受けた。同年11月5日に妻Eと長女Fが成田空港に上陸し，難民認定申請を行っている。2003年5月22日に高裁で難民不認定処分取消の原判決が取消された。Xは，高裁判決を不服として最高裁に上告した。退去強制執行停止も申し立てていた。

東京地裁[65]と東京高裁[66]の判決を比較すると，両裁判所で判断の差異を左右したと目される，2点の決定的な事実が認められる。

第一に，Xが第1回来日から退去強制された後，英国で難民認定申請を行い，

---

[64]　UNHCRは「法務大臣に送付した口上書の中で，日本政府に対して難民を送り返さないよう要請するとともに，このような措置は国際難民法上で禁止されている「ルフルマン」の行為にあたると指摘していた。」しかし退去強制が執行されたため，「UNHCRは，送還は国際法上，日本政府に課された義務に反するものであると見なしている。」という見解を表明した。「UNHCR，前例のない難民の強制送還に懸念」UNHCRプレスリリース（2005年1月18日）。
〈http://www.unhcr.or.jp/news/press/pr050118.html〉last visited 14 July 2012.
[65]　東京地裁平成14年3月8日判決，平成12年(行ウ)第125号「難民の認定をしない処分取消請求事件」判例マスターⅡ。
[66]　東京高裁平成15年5月22日判決，平成14年(行コ)第98号「難民の認定をしない処分取消請求控訴事件」判例時報1830号（2003年）33-37頁。

〈第4部〉国内人権訴訟の諸相

◇ クルド人退去強制執行の時系列表

H2 (1990). 11. 30		成田空港上陸（第1回来日）
H5 (1993). 7. 13		東京入管に出頭
	7. 27	不法残留で退去強制
H6 (1994). 8. 8		英国で難民認定申請
H7 (1995)		難民認定申請却下（H8. 6. 18 不服申立却下）
H8 (1996). 1月頃		トルコへ帰国
	9. 20	福岡空港上陸（第2回来日）
	11. 8	難民認定申請
H10 (1998). 8. 19		難民の認定をしない処分
	9. 4	異議の申し出
H12 (2000). 1. 24		異議の申し出に理由がない旨の決定
	12. 23	長男C関西空港上陸
		虚偽申請を理由に上陸不許可後難民認定申請
H14 (2002). 3. 8		東京地裁勝訴判決
	5. 21	次男D成田空港上陸　父に会うため60日間上陸許可
	11. 5	妻Eと長女F成田空港上陸，難民認定申請
H15 (2003). 5. 22		東京高裁敗訴判決
		最高裁上告
		退去強制執行停止申立
H17 (2005). 1. 17 11am		東京入国管理局収容
	1. 18 2:25pm	トルコ航空にて退去強制執行

それが却下されていた事実が，高裁で明らかになった点である。地裁においては，他国で難民認定申請を行った事実について一切触れられていなかった。そして，地裁は第1回来日時並びにマレーシア，シンガポールおよび台湾において難民認定申請をしていないことでは「知識，語学能力の不足」等を考慮して難民該当性を直ちに否定することはできないと判断した[67]。これに対し，高裁は申請者の供述を信用できないと判断した。第1回来日の動機は，クルド労働者党（PKK）の支援活動が発覚し逮捕される危険を感じた点につき「供述には虚偽の部分も多く，その供述を直ちに信用することはできない」と判断した[68]。そして，それを補足する根拠として「いかなる非合法組織との接触の記録もな

---

[67] 東京地裁平成14年3月8日判決，第三判断　一　争点1について(5)イ。
[68] 東京高裁平成15年5月22日判決，第三判断　一　争点1について(5)ア。

440

く」「警察や司法当局の手を煩わせたことは一度もない」という大使館からの回答を採用した[69]。本書証は申請者の名前を明らかにした上で，迫害を受けていると主張する政府に対し照会したことを意味する。そうした資料を裁判所が証拠として採用することは，申請者の生命および自由の侵害に裁判所が加担することにもなり得るため大変危険である。

第二に，Xが第2回来日前に受けた拘束と拷問の事実は虚偽の供述であったことが高裁で明らかになった点である。地裁では，①1995年12月の6日間の拘束と拷問，②1996年9月の30時間の拘束と暴行は原告の主観的なおそれの基礎をなす事実と認定した。しかし，高裁では，①および②の供述が「虚偽であったというのであるから，もはや上記主張を検討する必要はない」と判断した[70]。第1回目の来日は本人が東京入管に出頭し，不法残留の理由でトルコへ退去強制された。その後，トルコで迫害を受けた事実がなければ，第2回目の来日後に難民認定申請を行ったことに対する迫害の存在の信憑性は低くなる。したがって，高裁が申請者の主観的な迫害のおそれの存在を否定し，さらに客観的な迫害のおそれの存在を否定した理由は，虚偽の供述に因る点が大きい。しかし，これとは対照的な判断がある。平成16年5月27日東京地裁では，偽造について特筆すべき判断を行っている[71]。原告が偽造書類を提出したことに「真に難民性を有する者であっても，迫害のおそれのある本国への送還を恐れるあまりに，自らの難民認定申請をより円滑に進めるために，難民性を基礎付ける資料を偽造して提出したり，供述の中に誇張や虚偽の事実を一部含めることが多々あることは経験則上明らかであり」[72]と，難民が誇張や虚偽の事実を含めることを認識した上で「一部の証拠の偽造等から直ちにその供述全体の信用性を否定するのは相当ではなく，その他の証拠による裏付けがあるか否かや，供述全体の自然性，合理性や一貫性等という点を総合的に評価した上で慎重な検討がされなければならない」[73]として，一部の証拠の真偽が全ての証拠の真偽

---

[69] 前掲注[68]。
[70] 前掲注[68]，第三判断 一 争点1(5)イ。
[71] 東京地裁平成16年5月27日決定，平成14年(行ウ)75号，80号「退去強制令書発布処分取消請求事件，難民の認定をしない処分取消請求事件」。
[72] 東京地裁平成16年5月27日決定，平成14年(行ウ)75号，80号「退去強制令書発布処分取消請求事件，難民の認定をしない処分取消請求事件」判例時報1875号（2005年）46頁。

〈第4部〉国内人権訴訟の諸相

に影響しないことを明らかにした。ここでは，誇張や虚偽が明らかになっていない部分の信憑性の判断について4要件を設けている。1.他の証拠との整合性，2.供述の自然性，3.供述の合理性，4.供述の一貫性である。これらの4要件を総合的に評価して供述の信憑性を判断することが重要であるという点で，国際的基準を満たしていると言えよう。本件の高裁判決では，「その他の主張事実を検討しても」と述べるのみで，この4要件が考慮されたかについては一切触れられていない。

以上，地裁判決と高裁判決から，確かにXの難民該当性について明確でない点があることは事実である。しかし，その点について最高裁で争われるか，あるいは終結判決を保証しないことは，自由権規約14条の「公正な裁判を受ける権利」の侵害であり，執行不停止の原則が障壁となっているのである。

Ⅳ　おわりに

2005年のクルド人の退去強制執行以降，実際の執行はされていないようであるが，執行不停止の原則は，「回復の困難な損害を避けるための緊急の必要性」を審議する間もなく，申請者に適用されるため，「生命又は自由をおびやかすおそれが待つ国への送還禁止」を規定する難民条約33条1項，ノン・ルフルマン原則の違反となる。日本は，難民条約の締約国であり，難民条約で規定される保護を遵守する義務を負っていることは前述した[74]。ノン・ルフルマン原則は，難民の地位を付与されていない人にも適用されることも既述のとおりである[75]。繰り返しとなるが，これは難民条約の主な規定が，難民の地位を

---

(73)　前掲注(72)。

(74)　Lauterpacht, Sir Elihu; Bethlehem, Daniel *The Scope and Content of the Principle of Non-Refoulement: Opinion 'UNHCR Global Consultations Cambridge* Feller, Erika; Turk, Volker and Nicholson, Frances (eds.) (2003) *Refugee Protection in International Law: UNHCR's Global Consultations on International Protection* Cambridge University Press, para. 59, p. 108.

(75)　名古屋地裁は，エリトリア系エチオピア人の退去強制の執行停止に関する決定で，「〔入管法53条〕3項は，送還先の国に難民条約33条1項に規定する領域の属する国を含まないものとする旨定めており，……同項は，難民と認定された者のみを念頭に置いたものではなく，難民を含むすべての外国人に対して適用される規定である」と解している。そして，「先行する手続において難民性が否定されているからといって，常に法53条3項及び2項の適用を否定してよいということにはならない。」として，難民該当性が否定される判断がなされていたとしても，常にノン・ルフルマン原則の適

〔安藤由香里〕　*12*　難民訴訟事件における迫害の解釈と退去強制の執行停止

付与された者のみに適用されることからすると他規定と異なるものの，本規程が置かれた趣旨は，難民と主張する者を「迫害」のおそれが待つ国へ送還することは難民の地位が付与される機会をも奪うことになるからである。この理由が，芹田教授が問題としている点であり「迫害の解釈」が重要となる点である。申請者が「送還されれば，迫害のおそれがある」と主張している限りにおいて，仮保全措置の実行が集積しているように退去強制は執行することはできない。但し，すべての法的手続きを尽くし，個人通報の要件である国内救済が完了した状態であれば，ノン・ルフルマン原則はもはや適用されない。つまり，高裁判決を不服として最高裁に上告中であれば，すべての法的手続きが尽くされたとは言えない。しかし，執行停止の決定の可否が出される前に退去強制が執行されることを執行不停止の原則は許容しており，これが申請者に適用されることはノン・ルフルマン原則の違反となるのである。日本では2004年の改正行政事件訴訟法でも執行不停止の原則は留まった[76]。しかし，韓国では2011年12月29日に国会が「難民の地位と処遇に関する法律」を可決し，新難民法が2013年7月1日から施行されることとなった。韓国難民法で，申請者の地位が定義されたことは特筆すべきである[77]。終結判決が下されるまで申請者の法

　用を否定してよいことにはならないとしている。名古屋地裁平成12年5月16日民事9部決定，平成12年(行ク)第7号，執行停止申立事件，第二　当裁判所の判断　四　6㈠㈡。前掲注(74) para. 99, p. 118; また，ローターパクトの報告書に基づき，政府，非政府組織，研究者，法曹からなる15カ国の35人の専門家が参加して円卓会議が開催された。そこで出された結論においても採択されている。'Summary Conclusions: the principle of non-refoulement, Global Consultations on International Protection, Expert roundtable organized by the United Nations High Commissioner for Refugees an the Lauterpacht Research Centre for International Law, University of Cambridge, UK, 9-10 July 2001', Feller, Erika; Turk, Volker and Nicholson, Frances (eds.) (2003) "Refugee Protection in International Law: UNHCR's Global Consultations on International Protection" Cambridge University Press, p. 178.

[76]　ただし，仮滞在制度の要件に該当する者は除く。
[77]　2条4項「難民認定を申請した者（以下，申請者）とは，大韓民国に難民認定を申請した外国人として，以下の項目のいずれか1つに該当する者をいう。イ難民認定申請に対する審査が進行中の者。ロ難民不認定の決定または難民不認定に対する異議棄却の決定を受けて，異議申立の提起期間又は行政裁判若しくは行政訴訟の提起期間が過ぎていない者，ハ難民不認定決定に対する行政審判又は行政訴訟が進行中の者」。世界難民の日・関西集会実行委員会『韓国・難民法　日本・出入国管理及び難民認定法　主要条項対比』（2012年6月30日講演パネルディスカッション資料別冊）1頁。

〈第4部〉国内人権訴訟の諸相

的地位により,「法的に」在留が許可され,それにともない退去強制の執行停止が保証されることとなるからである[78]。

　今後,芹田教授の問題関心という意味でも,日本における行政事件訴訟法の運用に関する裁判例が集積されていく中で,退去強制の執行停止の回復不能な損害を「回避」する措置を国際人権条約の視点から引き続き検討することが重要であろう。

---

[78] 5条6項「申請者は,難民認定可否に関する決定が確定するときまで(難民不認定決定に対する行政審判や行政訴訟が進行中の場合にはその手続が終結するまで),大韓民国に在留することができる。」2012年6月30日講演・前掲注[77]3頁。

13 障害者の権利に関する条約とサリドマイド被害者

更 田 義 彦

I サリドマイド被害者と権利回復への闘い
II 障害者権利条約(2006年)の日本に対するインパクト

2006年12月13日,第61回国連総会において「障害者の権利に関する条約」(「障害者権利条約」という)が,全会一致で採択された。サリドマイド被害者の足どりを振り返りつつ,障害者の権利状況に及ぼす,条約の「影響」について検討したい。

I サリドマイド被害者と権利回復への闘い

1 サリドマイド被害者

1957年,西ドイツで開発された鎮静・睡眠剤サリドマイドは,世界各国で使用され,とりわけ妊婦がつわり止めとして服用したことなどから,サリドマイド胎芽病といわれる先天性の異常をもった人が,世界全体で8,000人から12,000人,出生した。日本でも,1958年から,サリドマイドは,睡眠薬,胃腸薬などとして製造販売され,1959年から1969年にかけて,サリドマイド被害者が生まれた(認定を受けた被害者は,309人)。日本の被害者は,教育,就職,健康,その他生活上の問題と闘いながら,それぞれの人生を歩んでおり,2012年現在では,40代後半から50代前半となって,高齢期を控えている。

ここでサリドマイド被害者を取り上げるのは,被害者が世界各国に存在すること,少数であること,その障害がきわめて多様かつ複合的であること,訴訟,和解交渉,福祉センター「いしずえ」を通じた権利実現の闘いの系譜があり,筆者は被害者の代理人として訴訟に関わり,いしずえの活動を逐ってきたことにかんがみ,サリドマイド被害者の眼差しで,障害者権利条約が日本の「障害

〈第4部〉国内人権訴訟の諸相

者」の人権に与えるインパクトを検討することに些か意味があるのではないかと考えたことによる。

2　サリドマイド症候群（サリドマイド胎芽病）[1]

　サリドマイド被害者の主たる症状としては，上肢奇形と重度の聴覚障害がよく知られているが，その異常はサリドマイドが胎盤を透過して，胎児の器官の発生を阻害することによって生じるため，その症状は，妊婦がサリドマイドを服用した時期に対応して，心臓，消化器など内臓の諸器官を含み，身体各部位に及んでいる。

　上肢の発育形成を阻害されると，軽いものでは，拇指球筋（親指のつけねのふくらみ）の欠損，及び拇指三指節症となるが，症状が重くなるにつれて，拇指の発達が悪く，第Ⅱ・Ⅲ指が屈曲したままよく伸びない。また，前腕の拇指側の橈骨から侵され，ついで尺骨が欠損し，あるいは短縮するなどの影響を受け，橈骨と尺骨が癒着すると回内，回外運動ができなくなる。上腕が短縮し，さらには欠損し，無肢症といって上肢が全くないもの，海豹肢症などといわれる形態ともなる。これらの症状が左右両側性に現れることが特徴的である。世界的には，上肢と下肢に障害を受けた事例の報告もある。

　また，頭部領域の器官の発育形成を阻害されると，重度の聴覚障害を生じるが，同時に耳介の変形ないし欠損及び眼筋の麻痺などの症状が合併する。

3　障害による損害

　障害には，生まれつきの，先天性のものと，出生後に発症するもの，出生後の事故によるものなどがあり，その形態，あらわれ方は極めて多様である。障害の発生が第三者の加害行為による例もある。

　労働者が，雇用の過程で業務上負傷し，治った場合において，その身体に障害が存するときは，使用者は，その障害の程度に応じて，一定率で算定される金額の補償をなすべきこととされており（労働基準法第77条。なお，同条の別表第2は，障害等級を1級〜14級に分けて，補償を定めている），労災補償制度は，労災保

---

[1] 木田盈四郎「サリドマイドと奇形」増山元三郎編『サリドマイド――科学者の証言』（東京大学出版会，1971年）所収。木田盈四郎『先天異常の医学』（中央公論社，1982年）。

〔更田義彦〕　　　*13*　障害者の権利に関する条約とサリドマイド被害者

険制度によって裏付けられ，社会保障制度の一環となるような発展を遂げている(2)。

　また，故意過失によって生命身体に危害を加えられた被害者は，加害者に対し，損害賠償請求権をもつ。損害賠償は，一般的には一時払いの金銭請求であり，定期金の損害賠償による例はまれであった。公害事件などにおいては，あらゆる損害を包括的に請求する例もあるが，交通事故，医療事故などによる損害賠償請求事件では，治療費，入院費，介護費用，補装具等の積極損害と，労働能力の喪失による将来の得べかりし利益など消極損害，それに精神的な損害（慰謝料）などの項目を積算して請求する例が一般である。1965 年前後からモータリゼーションが急激に進むと，交通事故による損害賠償請求事件が増大した。交通事故などによる人身事故に対する損害賠償額の算定は，労災補償に関する上記別表を借用して展開した(3)。

　サリドマイド被害者の場合，その両親が，医薬品を製造販売した製薬会社とその製造販売を承認した国の責任を追及して，損害賠償請求訴訟を提起した。サリドマイドによる障害の特殊性として，先天性の，重篤な奇形の複合を伴っている点がある。さらに，国の薬事行政上の落ち度によって生じた損害については，障害者に対する福祉サービス（所得補償を含む。）の立ち遅れを考慮すべきであると考えた(4)。

　そこで，交通事故等の，とくに後遺症による損害額の算定方法を安易に適用することなく，損害の実態を反映した損害金を請求した。立証として，医療，介護，住宅，教育，職業，社会保障等の福祉施策の貧困，四肢及び聴覚障害者

---

(2) 菅野和夫『労働法（第 9 版）』（弘文堂，2010 年）377 頁以下。「昭和 35 年の改正によって，長期傷病者補償制度が創設されるとともに，障害補償費の一部が年金化された。ついで，昭和 40 年の改正によって年金化の範囲が拡大された（等級 7 級までに）。その後も，年金額の充実，……，リハビリテーション等サービス給付の拡大，介護補償給付の創設，などが行われた」とされている。
(3) もっとも，交通事故民事を担当する裁判官会同においては，労働能力の喪失が労働基準法の別表第 1 号のどの程度にあたるかという意見は，あくまでも医学的な鑑定であって，社会的適応能力あるいは収益能力，生業能力というものとはただちに一致しないとして，労働能力喪失表による認定は避けるべきであるという考え方も披瀝されていた（最高裁判所事務総局編「交通事故による損害賠償請求事件の処理に関する民事裁判官会同要録──昭和 40 年 7 月 12 - 13 日開催〔法曹会，1967 年〕93 頁）。
(4) 座談会「損害賠償額の算定基準」交通法研究 4 号（有斐閣，1975 年）所収。

447

のリハビリテーションの困難さ，先天性障害の特殊性等について，社会福祉学，リハビリテーション・療育にかかる整形外科学，被害児と身近に接している教育の専門家に証言を求めた。

一番ケ瀬康子証人（社会福祉学）はサリドマイド児の福祉問題について，①日常生活の中に人間として生きるにはどういう問題があるか，②現在行われている種々の施策との間の矛盾，③具体的にどのように今後改善，あるいは計画化していけばいいか，医療，教育，心理などとの学際的な協力を得て検討をする必要性，家庭生活の中で日常生活が営めるように環境を整備するといった観点から調査を実施し，その結果に基づいて証言した[5]。

証言は，サリドマイド被害者に対する偏見が根強く，親族から白眼視されること，個々の命の尊厳より，家の体面，体裁が大きなウエートを持っていること，因果応報という考えが取り違えた形で持ち込まれていること，興味本位の覗き込みがあり，生活上，痛手があること，人間が人間らしく生きぬく権利と具体的な施策の展開とはきわめて密接な関係があることなどに及んだ[6]。児童福祉法が，身体に障害又は形態上の異常がある児童を公衆の観覧に供する行為を刑事罰によって禁止している（第60条2項，第34条1項1号）ことが想起される。

身体の形態的な異常が，生活上，どのような障害を生ずるかについて，一般の理解を得ることは，容易ではない。肢体不自由というと，下肢の障害に関心が集中し，上肢の障害，とりわけ拇指の障害がどのような生活上の障壁となるかについて知られていなかった。そこで訴訟では，例えば次のような論証を行った。

整形外科学の土屋弘吉教授は，「人間の大脳皮質の働きの局在を絵図化した図面（ペンジンズ，ラスムッセン「ノイロロジー」718頁の図面）によると，体中の全体の占める運動領域の中で，手の占める領域の広さを見ると，……顔は別として，手以外の体中のすべてのところと同じぐらいの領域をもっている。いかに手というものが，複雑な動作をしているか，重要な働きをしているかということをよく示していると思います。」と証言した[7]。

---

[5] 全国サリドマイド訴訟統一原告団・サリドマイド訴訟弁護団編『サリドマイド裁判 第4編』（サリドマイド裁判記録刊行委員会，1976年）414頁。

[6] 前掲注(5) 428-430頁。

4　原告（被害者）による和解交渉

　サリドマイド訴訟は，国と製薬会社の申し入れにより，訴訟の終盤で，和解の交渉に入った。被害者の父母は和解交渉において，金銭賠償の外にいわゆる福祉項目について，医師，社会福祉等の専門家の助言を得ながら，要求を取りまとめ，交渉を行った。

　その結果，1974年10月13日，国は，和解確認書において，「心身障害者の福祉向上に尽力する基本的使命と任務を自覚し，……悲惨な薬害が再び生じないよう最善の努力をすることを確約」し，「損害賠償並びに被害児の将来の生活保障，健康の管理，介護，教育，職業確保等の施策を十分に行うことを確認し，財団法人サリドマイド福祉センターいしずえ（「いしずえ」という）の設立運営などについて，具体的に確認した[8]。

　国と被害者との間の福祉項目に関する合意は，「国としての一種の損害賠償の現物支給みたいな考えなのか，それとも本来，国がそこまで社会政策あるいは福祉政策として怠っていた，それをこの際姿勢を正してやっていくという意味なのか」という指摘がある[9]。また国が合意に違反した場合には，いかなる効力を持つのかという議論もあった。

　さらに，福祉項目に関する合意の中で，実質的には，更生医療，補装具以外の点は，全部「努める」，「配慮する」といったいわば努力義務にすぎないのではないかという批判がある。

　和解に基づき，いしずえが設立されたが，運動体としての被害者集団の力量あるいは他団体との連携が必要である，国民の偏見が払しょくされない荒地の中での努力目標だから大変であろう，結局，全般的な社会保障や社会福祉が高まらなければこういう約束条項も実現できないし，被害者が率先して勝ちとり，突破口を開くという意気込みがなければならないと指摘されていた[10]。

　和解交渉の中で，原告団が強く主張し，実現を見た点として，①長期継続年

---

(7)　前掲注(5) 502頁。
(8)　「「資料Ⅰ確認書」特集・サリドマイド事件の和解」ジュリスト577号（1974年）60頁。財団法人いしずえは，原告団と国，製薬会社の和解に基づいて，「被害者の健康管理，医療，介護，教育，職業その他将来の生活の安定のため必要な事業を行うこと」を目的として設立された。
(9)　前掲注(8)座談会「サリドマイド訴訟をめぐって（加藤一郎発言）」31頁。
(10)　前掲注(8)座談会《一番ケ瀬康子発言》30頁以下。

金（その細目は，実施要綱で定める），②原告以外の被害者（裁判未提訴者）に対する原告に準じた救済，③厚生大臣がサリドマイド被害児に対し，サリドマイド被害者である旨の「証明書」を交付することであった。また「厚生大臣は，身体障害者福祉法施行規則に定める障害等級を改正するに際しては，サリドマイド胎芽症が先天性の複合症であるという特殊性が十分に反映されるよう努める。また現行の障害者等級表の適用にあたっても，サリドマイド被害児の特殊性を反映し，認定が適正に行われるよう配慮する」とした[11]。

　③の要求は，逆説的であるが，障害者から見る限り，日本の障害者福祉行政においては，法令上，「障害者」であるとされることが必須であり，被害者家族は，障害があっても，証明書なしには，障害者としての福祉給付を得られないこと，障害者認定が個々の障害の実情を十分に反映していないことによって辛酸をなめていたことを裏書きしている。

　また，障害等級表は，その後，上肢奇形について見直されたが，障害の程度の判断を医学的な立場のみによることには，なお問題がある。

　しかし，これらの点は，なにもサリドマイド被害者のみに限ったことではない。

5　和解成立後の権利擁護活動

　和解によって設立されたいしずえは，①四肢障害者ナショナルセンターとして，潜在被害者の発掘，サリドマイド以外の四肢障害者との相互交流，支援，資料文献の収集，補助具・補装具の研究開発，1981年の「国際障害者年」に海外との交流を行うほか，②調査・広報活動，③健康管理体制の確立，④将来の自立に向けての福祉活動，⑤被害者の相互交流を行った[12]。

　いしずえは，1975年9月，被害児（調査対象者253人）を対象に，生活実態調査を行い，その結果は，「実態調査中間報告書」としてまとめられている[13]。

　これによると，社会福祉制度の利用率は大変低い状況にある。その理由は，

---

[11]　前掲注(8)和解確認書㈢福祉施策に関する事項1，3。
[12]　『いしずえの活動状況──いしずえ10年のあゆみ』（いしずえ10周年記念誌刊行委員会編，1984年）46頁以下。
[13]　『サリドマイド被害児の福祉・健康管理に関する研究』（社会福祉法人東京都社会福祉協議会発行，1977年）118頁以下。

①資格条件がきびしい。②内容が貧弱であり，あまり利用価値がない。③知られていない制度が多い。④窓口での手続きが煩雑。制度を利用しようとして訪れた窓口でのトラブルもいくつか家庭訪問調査で話されており，福祉事務所でうまく話がかみ合わず，腹を立てて帰ってきてから一切制度の利用をしていないという人もいた。

いしずえは，2000年5月の評議員会で，理事・監事の全員を父・母に代わって被害者本人から選任し，世代交代を遂げた。①健康管理に関する事業，②年金に関する事業，③相互交流・地域活動，④補助具・補装具に関する事業，⑤相談ならびに実態調査に関する事業，⑥広報に関する事業，⑦薬害防止に関する事業，⑧社会福祉に関する事業等を行っている[14]。

被害者の相談と診療にあたっている栢森良二医師は，いしずえの機関誌に寄稿し，米国における重度障害者が起した「自立生活運動」(independent living: IL movement)とその影響を紹介し，1973年，1978年のリハビリテーションに関する法律，1990年の障害を持つアメリカ人法（公共施設におけるバリアフリーなど）を通して，従来，「日常生活動作」(ADL)を自立させることをリハビリテーションの課題としていたのに対し，IL運動によって，むしろ，「生活の質」(QOL)あるいは，生命や人生の質を高めることであることが認識されるにいたったとしている[15]。

和解確認書において，補助具，補装具について，「厚生大臣は，心身障害児(者)に対する補装具給付事業及び日常生活用具給付事業につき，給付対象品目の拡大等，その内容改善に努める，補助具，補装具の研究開発を促進し，その研究成果を提供し，被害者の必要に応じ，国又は民間の資金による交付事業により交付するように努める」ことなどを確認し，製薬会社は，一定の補助具，補装具の設置交付，高性能義肢の試作発注費用の負担，研究開発に対する協力を確認した[16]。

この点と関連し，脳梗塞の父を介護するサリドマイド被害者は，(行政庁に)

---

[14] 『いしずえの活動状況——いしずえ30年の軌跡』（財団法人いしずえ，2004年）124頁以下。

[15] 栢森良二「ポリオ後症候群とサリドマイド後症候群」いしずえニュース372号（2010年），373号（2011年）。

[16] 前掲注(8)和解確認書㈢福祉施策に関する事項5。

〈第4部〉国内人権訴訟の諸相

自助具の問い合わせをしたところ，下肢障害の補助金しかないと言われ，厚労省で認めているカタログには，自助具は全く使えるものはなく，改良した物を申請しても上肢障害には助成金はないと言われた。しかし，後日，いしずえに相談をしたところ，担当者の誤りであることが分かった，と報告している[17]。上肢に障害のある被害者が病親を介助するためには，自分の身体に合った特製品の車いすが不可欠であり，かつそれさえあれば，当面の障害を克服できるというのに，福祉を担当する行政官は，その事実をなかなか理解できなかったと批判している[18]。

いしずえでは，従来，一般的健康診断にサリドマイド後遺症にかかる整形外科，耳鼻科，口腔外科的検査などを加えた健診事業を行ってきたが，高齢期を控え，健康管理面で新たな問題が浮上している。パイロットスタディの段階ですでに，頸動脈硬化ないし欠損の事例や血管自体も細く，血流が悪い事例，両側顔面神経麻痺の事例など深刻な報告がある。この健康診断と調査によって，未知の医薬源病の被害者の健康問題と生活上の困難に対する対応策を進めることが緊急の課題となっている[19]。

さらに，サリドマイド被害者の健康相談のほか，生活上の相談にも応じており，被害者が連携し合ってそれぞれの課題に対応してきた。そのほか，年金の給付主体として，「長期継続年金実施要綱」に基づき，損害賠償金の一部を出資した受給者に対し，関係各方面の協力を得て，安定的に年金の給付を行っている。

いしずえは，薬害被害者として薬害の再発防止を訴える[20]一方で，多方面の

---

(17) 千田ちづる「第12回薬害根絶フォーラム――薬害被害者からの報告」いしずえニュース371号（2010年）。

(18) 千田ちづる「障害者の私が介助できる車イスを求めて」いしずえニュース378, 379号（2011年）。

(19) 佐藤嗣道「希望の年に――医療費の無料化を」いしずえニュース376号（2012年）。

(20) サリドマイドは，現在でも海外で製造され，日本においても医師を通じ個人輸入して使用しているだけではなく，2008年，骨髄腫の治療目的で厳格な使用管理を条件として再び製造承認がなされた。いしずえは，薬害，とりわけサリドマイドによる副作用の再発を防止するため全力を尽くしている。ブラジルでは，使用管理体制が不十分なまま，ハンセン病の治療薬としてサリドマイドが使用され，今なおサリドマイド胎芽病の子供が誕生している（Fernanda Sales Luiz Vianna et al. "Epidemiological Surveillance of Birth Defects Compatible with Thalidomide Embryopathy in Brazil" PLoS ONE www.plosone.org July 2011 Volume6 Issue7 e21375）。

〔更田義彦〕　　　　　　　　*13*　障害者の権利に関する条約とサリドマイド被害者

協力を得ながら障害者の権利擁護活動に多角的に取り組んできたのである。

II　障害者権利条約（2006年）の日本に対するインパクト

1　「障害者」に関する国際的な認識──国内法の整備の必要性
(1)　障害者権利条約の締結まで

　国際社会では，世界人権宣言は「すべての人間は，生れながら自由で，尊厳と権利とについて平等である」と宣明し（第1条），国際人権B規約は，締約国はその領域内にあるすべての個人に対し，いかなる差別もなしにこの規約において認められる権利を尊重し及び確保することを約束し（《1966年採択》第2条1項。同A規約（同年採択）第2条2項も同旨），弱者，少数者の人権を保障することが喫緊の課題であることを認識しつつ，現実にはなおきわめて不十分であることから，難民（1951年採択），人種差別（1965年採択），女性差別（1979年採択），子どもの権利（1989年採択）と，次々にいわばテーマ別に人権に関する条約を締結して，人権状況の改善を期してきた。

　1971年12月10日，第26回国連総会は「知的障害者の権利宣言」を採択し，ついで1975年12月9日，第30回国連総会は「障害者の権利宣言」を採択したものの，人権をめぐる関心の高まりの中で，障害者の権利については，動きがやや遅れたと言わざるを得ない。

　その後，国連は，1981年を「国際障害者年」と定めてその固有の課題を認識し，翌1982年，障害者に関する世界行動計画（同年12月3日の国連総会決議37/52）を採択し，「国連障害者の10年」を経て，1993年には，障害者の機会均等化に関する基準規則（同年12月20日の国連総会決議48/96）を採択するなど，障害者の人権に関する国際的規範化の動きに，大きな進展があった。

(2)　障害者権利条約の特色

　条約は，確かに障害者に関する定義を置いてはいない。しかしながら，前文及び第1条の目的等は，この条約が対象としている「障害者」の範囲を明らかにしている[21]。

　前文では，「人類社会のすべての構成員の固有の尊厳及び価値並びに平等の

---

[21]　「障害者の権利に関する条約（仮訳文）」平成23年版障害者白書（内閣府，2011年）248頁以下。

453

〈第4部〉国内人権訴訟の諸相

かつ奪い得ない権利が世界における自由，正義及び平和の基礎を成すものであると認めていることを想起」（前文(a)）し，「すべての人権及び基本的自由が普遍的であり，不可分のものであり，相互に依存し，かつ，相互に関連を有すること並びに障害者がすべての人権及び基本的自由を差別なしに完全に享有することを保障することが必要であることを再確認」して（同(c)），いかなる者に対する障害を理由とする差別も，人間の固有の尊厳及び価値を侵害するものである（同(h)）としている。以上は，要するに，すべての人が，障害のあるなしにかかわらず，すべての人権及び基本的自由を差別なく完全に享有することを保障すべきであることを確認したものである。

そして，障害は，発展する概念であり，並びに障害者と障害者に対する態度及び環境による障壁との間の相互作用であって，障害者が他の者と平等に社会に完全かつ効果的に参加することを妨げるものによって生ずるとしている（前文(e)）。

次に，第1条では，条約の目的を，「すべての障害者によるあらゆる人権及び基本的自由の完全かつ平等な享有を促進し，保護し，及び確保すること並びに障害者の固有の尊厳の尊重を促進することにある」とし，障害者には，長期的な身体的，精神的，知的又は感覚的な障害を有する者であって，様々な障壁との相互作用により他の者と平等に社会に完全かつ効果的に参加することを妨げられることのあるものを含むとしている。

障害者の権利宣言[22]では，「障害者」という言葉は，先天的か否かにかかわらず，身体的又は精神的能力の不全の結果として，通常の個人的及び（又は）社会的生活の必要を自分自身で確保することが完全に又は部分的にできない人のことを意味する（第1項）としていたから，国際社会の障害ないし障害者に対する認識は，30年間に，大きな進歩を示した。

その他，条約で注目すべき点としては，①障害者の多様性を認めていること（同(i)），②障害のある女子（同(q)，第6条）及び③障害のある児童（同(r)，第7条）について，留意していること，④「言語」の定義として，音声言語及び手話その他の非音声言語をいうと定義し（第2条），意思疎通，表現及び意見の自由並びに情報の利用（第21条），教育（第24条），文化的な生活（第30条）な

---

[22] 障害者の権利宣言（1975年12月9日採択）国連第30回総会（芹田健太郎編『国際人権条約資料集（第2版）』〔有信堂高文社，1979年〕）308頁。

どにおいて，適切な取り扱いを受けること，⑤障害者に対する「合理的な配慮」——障害者が他の者と平等にすべての人権及び基本的自由を享有し，又は行使することを確保するための必要かつ適当な変更及び調整であって，特定の場合において必要とされるものであり，かつ，均衡を失した又は過度の負担を課さないものをいう（第2条3項）。——を否定することは，それ自体，障害を理由とする差別であるとされていること（第2条2項），⑥自立した生活，地域社会に受け入れられ，参加を容易にするための効果的かつ適当な措置をとること（第19条）などがある[23]。

2 批准に先立つ「国内実施」の動き

日本は，2007年9月に障害者権利条約に署名したが，条約の締結が遅れている。

批准すると，条約機関である国連の障害者の権利に関する委員会に包括的な報告書を提出し，その審査を受けることとなる（第34条，第35条）。障害者権利条約に先行する幾多の人権条約においても，報告制度がとられており，締約国は条約上の人権実現の義務とその履行状況を自ら報告する義務を負っている。

政府は，批准後の報告書の作成[24]を視野に入れて，2009年12月，同条約の締結に必要な国内法の整備などを検討するため，「障がい者制度改革推進本部」を設置し，改革本部は「障がい者制度改革推進会議」を置いて，障害者に係る制度の集中的な改革を検討してきた。

このように，障害者権利条約は，批准以前から，日本に実質的な影響を与えている。

(1) 障害者基本法

障害者基本法の一部を改正する法律（改正法）が2011年7月29日までに衆参両院で可決され，同年8月5日，法律の一部を除き同日施行された。内閣府政策統括官の説明によると，この法律は，すべての国民が障害の有無にかかわらず，等しく基本的人権を享有するかけがえのない個人として尊重されるものであるとの理念に則り制定されたという。

---

(23) 松井亮輔＝川嶋聡編『概説障害者権利条約』（法律文化社，2010年）。
(24) 斎藤惠彦『世界人権宣言と現代』（有信堂，1984年）255頁。

〈第4部〉国内人権訴訟の諸相

　旧法では，この法律において「障害者」とは，身体障害，知的障害又は精神障害があるため，継続的に日常生活又は社会生活に相当な制限を受ける者をいうとされていた。
　これに対し，改正法は，障害者を「身体障害，知的障害，精神障害（発達障害を含む）がある者であって，障害及び社会的障壁により継続的に日常生活または社会生活に相当な制限を受ける状態にある者」と定義し，また，社会的障壁を，「障害がある者にとって日常生活または社会的生活を営む上で，障壁となるような社会における事物，制度，慣行，観念その他一切のもの」と定義した。
　改正法が，新たに発達障害を対象として認知したことは評価できるが，相変わらず，関連法令で定義された障害者にあたらないかぎりは，障害者として取り扱わない姿勢を維持しており，条約のいう「障害が発展する概念であること」を未だ十分に織り込んでいないように思われる。
　改正法は，障害の有無によって分け隔てられることなく，相互に人格と個性を尊重し合いながら共生する社会を実現するため，障害者の自立及び社会参加の支援等のための施策に関し，基本原則を示し，差別の禁止を確認した上，社会的障壁の除去の実施について，必要かつ合理的な配慮を要することを明らかにした。しかし，障害者基本法は，基本法であるため，障害者に対し具体的な権利を保障する内容とはなっていない。

(2)　障害者虐待防止法等

　2011年6月17日，障害者虐待防止法が成立し，2012年10月1日施行の予定とされている。
　条約によると，「締約国は，家庭の内外におけるあらゆる形態の搾取，暴力及び虐待（性別を理由とするものを含む）から障害者を保護するためのすべての立法上，行政上，社会上，教育上その他の措置をとるとしている（第16条1項）。
　障害者虐待防止法は，虐待の禁止，予防，早期発見その他の障害者虐待の防止等に関する国等の責務などを定め，障害者虐待の防止，養護者に対する支援等に関する施策を促進し，障害者の権利利益の擁護に資することを目的とし（第1条），何人も障害者に対し虐待をしてはならないと定めている（第3条）が，虐待行為自体に対する制裁規定はない。

〔更田義彦〕　***13***　障害者の権利に関する条約とサリドマイド被害者

　本法の主眼は，障害者とかかわりのない者に比し，身近に関わり，接触の多い者に，障害者の人格を傷つける機会があることから，養護者（第7条以下），障害者福祉施設の従業者等（第15条以下），及び障害者を雇用する事業主等の使用者等（第21条以下）による虐待について，その発見，通報，事実確認，対応，防止，研修等を定め，また，学校（第29条），保育所（第30条），医療機関（第31条）における虐待の発見，防止等について一定の規定を定めたものとなっている。障害者の生活拠点における障害者の生活と密接にかかわる者による虐待を防止するためには，第三者によるチェックシステムの導入など権利擁護の方策にさらに改善が加えられるべきである。

　本法は，児童虐待の防止等に関する法律第2条，児童福祉法第33条の10，高齢者虐待防止等に関する法律第2条等に倣って，「障害者虐待」の定義を定めた。「虐待」は，犯罪よりも広い概念であり，直ちに刑事罰をもって禁圧するには馴染まない場合も含まれている。しかし，障害者虐待として掲げられている行為の中には，暴行，強制わいせつ，強要などとして当然，刑事罰の対象となる行為が含まれている。たとい，障害者の身体に外傷が生じ，若しくは生じるおそれがない場合であっても，およそ暴行が見過ごされてよいわけがない。

　障害者虐待の定義は，養護・介護等の現場の人々にガイドラインを示す上で一定の意義を有するとしても，本来，「何人も障害者に対し虐待をしてはならない」のであるから，条約に適合的にこれを解釈すれば，「ガイドライン」から外れる問題行為の通報を受けた場合であっても，形式的に「障害者虐待」にあたらないとして無視されてはならない。

　さらに，障害を理由とする差別を禁止する障害者差別禁止法の立法が予定されているが，社会的障壁の除去作業は，壁のブロックを注意深く取り除くようなものであって，容易なものではあり得ない。

　これらの法律の制定は，条約のいう一つの立法上の措置に過ぎず，条約は，行政上，社会上，教育上その他の措置も求めている（第16条1項）。虐待の禁止も，差別の禁止も，お題目で終わってはならず，実効的な予防措置と救済手続を整備しなければならない。

(3) 障害者自立支援法の見直し

(a) 障害者自立支援法

障害者に対する福祉制度は、いわゆる措置制度によって給付が行われてきたが、2003年4月に支援費制度が開始されるとともに、2005年には、当時の障害者基本法の「①個人の尊厳を尊重し、ふさわしい生活を保障する。②社会を構成する一員として、あらゆる分野に参加する機会を保障する。③障害を理由として差別をしてはならず、その他の権利利益を侵害しない。」との理念に基づいて、障害者自立支援法が制定された。

しかし、同法は、障害種別ごとの縦割りであり、福祉サービスが医学的なものから社会的なもの（自立と社会参加を促す支援、環境の整備）へと変化してきたのによく対応していないこと、精神障害者は支援費制度の対象外とされていたこと、地方自治体によるばらつきがあること、就労の場の確保が不十分であること、支給決定のプロセスが不透明であることなどの問題点が指摘され、2010年に再改正が行われた。

(b) 抜本的見直しを公約した「つなぎ法」

障害者自立支援法の違憲性を主張する訴訟において、原告らは、2010年1月7日、国（厚生労働省）との間で、訴訟取り下げの条件として、応益負担（定率負担）を廃止し、新たな総合福祉法制を実施するなどとした「基本合意文書」を取り交わした[25]。

障害者自立支援法は、2010年12月に改正され、①サービス利用者の負担能力に応じた負担を原則とし、②発達障害を新たに支援の対象とするなど障害者の範囲及び障害程度区分の見直し、③相談支援の充実、④児童福祉法を基本とした障害児支援の強化、⑤グループホーム、ケアホームなど地域における自立した生活のための支援などを規定した。

(c) 抜本的な制度改正に向けて

(i) 論点の検討作業

政府の「障がい者制度改革推進会議」の下に設置された「総合福祉部会」（「総合福祉部会」という）は、自治体首長、学識経験者等とともに障害者、障害者の家族によって構成され、「障害者抜きに障害者のことを決めない」という

---

[25] 障害者自立支援法違憲訴訟に係る基本合意について http://www.mhlw.go.jp/seisakunitsuite/bunya/hukushi_kaigo/shougaishahukushi/goui/index.html

障害者権利条約の基本精神と「基本合意文書」を踏まえた検討を行い，2011年8月30日，新法の制定を目指して，その骨格に関する提言を行った[26]。

この提言は，新法のめざすべき6点の目標を掲げ，法律の骨格提言，制定と実施への道程，関連する他の法律や分野との関係などを示している。目標としては，①障害のない市民との平等と公平──障害者と障害のない人との生活水準や暮らしぶりに大きな隔たりがあることを認め，その是正をはかる。②谷間や空白の解消──これまでの障害者の定義づけから外れた障害者にウイングを広げるとともに，児童福祉法の対象から外れた障害者，医療の対象から外れた障害者などに対する福祉制度，③格差の是正，④地域支援体制の確立による，精神障害者の社会的入院，知的・重複障害者の長期施設入所，家族に依存する介助などの諸問題の解決，⑤本人のニーズ，希望，意思（機能訓練より，グループホームや相談員制度など）に対応した支援サービスの給付，⑥障害者の福祉サービスに関する国際水準の財政確保などを示している。

厚生労働省はこの提言を受け，2012年2月8日，総合福祉部会に「厚生労働省案」を示した。今後，立法作業が進められることになるが，従来の障害者福祉行政の在り方を抜本的に見直し，障害者権利条約の明示した権利を保障する制度の実現に向けて努力が続けられている。

(ⅱ) 障害者概念の見直し

従来の障害者福祉制度は，前記のとおり，障害者の範囲を法令で指定し，障害種別ごとの縦割りで，障害者の柔軟な概念に対応しておらず，共生社会における新しいニーズに十分に対応するものではなかった。しかし，これまでの立法作業の中では，相変わらず，「制度の谷間」を個別に，法令で埋めていくという発想しか見られない。また，共生社会に向けた具体的な道筋も，条約の指摘した障害の多様性，障害を持つ子ども，女性の障害者に対する権利保障などについての配慮も，これまでのところ，十分ではない。

条約の示す新たな障害者概念と前後して，近時，憲法学上，障害は，個人の心身の「損傷」の問題ではなく，社会的バリアの問題であるとする斬新な障害観が提示された[27]。

---

[26] 「障害者総合福祉法の骨格に関する総合福祉部会の提言──新法の制定を目指して」（障がい者制度改革推進会議総合福祉部会，2011年8月30日）。
http://www.mhlw.go.jp/bunya/shougaihoken/sougoufukusi/dl/0916-1a.pdf

〈第4部〉国内人権訴訟の諸相

たしかに，障害者を心身の損傷を理由として社会的障壁に直面している人ととらえることによって，実は，障害は個人の側ではなく，社会の側にあることが明らかになる。しかし，現実には，社会的障壁以前に，心身に損傷をもつという側面も否定できない。その両面から人権の実現の方策を検討していくことが，課題である。

(iii) 権利擁護制度

知的障害者の権利宣言では，「知的障害者は資格を有する後見人を与えられる権利を有する」（第5項）としており，障害者権利宣言では，「障害者は，その人格及び財産の保護のために適格なる法的援助が必要な場合には，それらを受け得るようにされなければならない」（第11項）としていた。

これに対し，条約は，固有の尊厳，個人の自律（自ら選択する自由を含む），及び個人の自立を尊重するとする一般原則（第3条(a)），及び平等及び差別されない原則（第4条）を踏まえ，締約国は，障害者がどこにおいても，法律の前に人として認められる権利を有することを確認し（第12条1項），生活のあらゆる側面において他の者と平等に法的能力を享有することを認め（同2項），その法的能力の行使にあたって必要とする支援を利用することができるようにするための適当な措置をとる（同3項）としている。

障害者自立支援法は，市町村は，地域生活支援事業として，障害者等の権利の擁護のために必要な援助を行う（同法第77条1項1号）こととし，都道府県も，とくに専門性の高い相談支援事業を行うものとしている（第78条1項）。

この点，総合福祉部会は，サービスを希望する者及び利用する者の苦情，申請，相談支援，不服申し立て等に対応する体制及び第三者の訪問による権利擁護（オンブズパーソン）制度の整備を求めている。

社会の基本法といわれる民法は，個人の尊厳と両性の本質的平等を旨として解釈しなければならないとしており（民法第2条），「すべての人間は事実上も自由・平等になるべきものとされている」[28]。

───────────

(27) 植木淳『障害ある人の権利と法』（日本評論社，2011年）163頁。
(28) 星野英一『民法のすすめ』（岩波書店，1998年）169頁。民法で規律の対象とされている人間とは，「その理念は自由，平等，人身と所有の保護である。……ところで，人はすべて心身を備えているが，その能力は必ずしも平等ではなく……」，（古典的な近代民法の背後にある人間像という見地からもう一歩進んで分説すると，）「理性的・意思的で強く賢い人間」であった（161頁以下）。

〔更田義彦〕　　***13***　障害者の権利に関する条約とサリドマイド被害者

　しかしながら，障害者が，生活のあらゆる側面において他の者と平等に法的能力を享有し，その法的能力を行使するために支援が必要である。このような支援の総体を広く権利擁護ということもできる。
　権利の擁護を第1に，本人の自己決定の過程を支援するものと自己決定主張（代弁）を支援するもの，第2に，自己決定の主張に基づく権利実現のための支援とに分けて整理しようとするものがある[29]。
　まず，自己決定権を保障するためには，適格な情報に基づき適切な判断がなされるための支援を要する。しかし，本人の意思の決定といってもさまざまなレベルのものがあり，それに必要な支援も一様ではない。
　例えば，利用者と介護サービスの提供事業者との間の法律関係は措置制度に代わって介護契約によることとされた。そこで本人が契約を締結するについて支障がある場合に，適切な支援が必要となる。契約を締結する能力があっても，助言者，代理人など第三者の介在を要する場合がある。本人の判断能力が不十分な場合には，成年後見制度の活用を要する場合もある。
　次に，権利の行使を妨げている障碍を取り除き，権利行使を支援する必要である。多くの場合には，経済的障碍がある。更には，自らの健康上の事由，あるいは救済手続が不十分であるために，権利の行使を断念することもあるだろう。
　民法は，条文上は，弱者と強者との平等を図る規定が少ない。精神上の障害により判断能力がないか，あるいは不十分である場合に成年後見制度を設けているほかは，口のきけない者が公正証書による遺言をする場合について口授に代わる方法を定めている程度の規定があるだけである。
　成年後見制度は，①成年後見人は，被後見人のために事務を行うにあたっては，被後見人の意思を尊重しなければならないこと（民法第856条），②子の親権者が子と，成年後見人が被後見人と，利益が相反する場合には，子及び被後見人のために特別代理人を選任しなければならない，言い換えれば本人と利益が相反する行為を行ってはならない（たとえば，弁護士の職務に関する弁護士法第25条参照）とされていること（同法第826条1項，第860条）を原則として明示し，

---

[29] 平田厚『権利擁護と福祉実践活動』（明石書店，2012年）57頁，175頁。同書は，障害者の権利擁護の実践活動にかかわり，社会福祉の専門家に学びながら，困難な法領域に意欲的に問題提起をするものである。

〈第 4 部〉国内人権訴訟の諸相

③この原則に従って事務が履行されているかを監督する制度を整備している。

　養護者，福祉施設の従事者等は，本人に養護ないし福祉サービスを給付する立場にあり，その中には，本人の権利を擁護する事務も含まれる。このような事務を行うについても，①本人の意思の尊重，②「利益相反」について厳しい自己規律が求められるが，①，②の原則に違背した場合に本人から解除ないし苦情の申し出が出にくく，問題が発見しにくい構造になっている。

　条約では，締約国は，成年後見制度を含む法的能力の行使に関連する措置において，濫用を防止するための適当かつ効果的な保護を定めるべきこととされ，本人の意思の尊重，監督機関の監督を求められている（条約12条4項）。成年後見制度によらない「擁護者」などの支援者が，本人の利益を正当に擁護しているかを監視する機関が必要である。

　本人が自己決定できない場合に，本人に代わる決定はできるか。本人の明示の意思が本人の利益に反し，明らかに不合理である場合には，本人の意思に反する決定は許されるか。代行決定ないしは代諾者の承諾が，全く許されないとすると，逆に客観的な統制の及ばない「本人の黙示の承諾」の領域が広がる虞もある。資格のある「擁護者」は誰か，何が，正当な権利の擁護か。

　医療とくに精神保健医療において，本人の意思にかかわらず，医師が入院等の医療の必要があると判断する場合に，患者の権利擁護のためにどのようなスキームを設けるべきであろうか。

　精神保健福祉法による保護者の責務に係る制度を見直すについても，本人の意思の尊重＝自己決定と，本人の正当な利益（児童にあっては最善の利益《条約第7条第2項》，生命に対する固有の権利《同第10条》，障害者の保護及び安全《同第11条》，健康を享受する権利《同第25条》）の擁護とのバランスを図る必要がある。この点については，人間の尊厳[30]に関する理解を深めつつ，関連する専門領域の学際的な議論が進められるべきである。

---

(30)　芹田健太郎『国際人権法Ⅰ』（信山社，2011年）8頁以下。

3 選択議定書による個人通報制度
(1) 個人通報制度による人権侵害の救済
(a) 個人通報のあて先

障害者の権利に関する条約には、国際人権両規約、女性差別撤廃条約等と同様に、選択議定書（「議定書」という）が存在する。その趣旨は、国連に障害者の権利に関する委員会を設置し、この議定書の当事者となる締約国（「締約国」という）は、その管轄に服する者で、その締約国による条約の規定違反の被害者であると主張する個人又は複数の個人による集団からの「通知」を受理し、かつ審理する「委員会」の権限を認める（議定書第1条第1項）点において、ほぼ同一である。委員会は、その通知が、本議定書の締約国でない条約の締約国に関する場合には、受理してはならないとされている。

(b) 受理の要件

通知の受理の要件（同第2条）は、(a)通知が匿名でないこと、(b)通知提出権の乱用、又は条約の諸規定と相いれない場合でないこと、(c)同じ問題がすでに、委員会で検討されているか、または他の国際的調査若しくは解決手続きで審理されている場合でないこと、(d)すべての利用可能な国内的救済を尽くしていること。ただし、救済の適用が、不当に長期化している場合若しくは効果的な救済をもたらさないと思われる場合は除く。(e)明らかに確かな根拠がないか、又は十分に具体的でない場合ではないこと、(f)通知の対象とされた事実が、関連する当事国に対するこの議定書の発効前に発生した場合。ただし、その事実がその日以降も継続している場合を除く、とされている。

委員会は通知を受理すると、委員会は、当該国に注意を喚起し、6カ月以内に問題状況及び救済措置がとられた場合にはその措置を明らかにする説明又は陳述書が提出されるのを待つ（同第3条）。

(c) 委員会の措置と締約国の対応

委員会は、通知の受理後、いつでも、関係締約国に対し、被害者の回復しがたい損害を回復するために暫定的な措置をとるように伝達できる。ただしこの伝達は、通知の受理許容性または本案の最終判断を意味するものではない（同第4条）。委員会の審理は、非公開で行われ、委員会は、通知の審理の後、締約国及び通知の申立人に対し、見解及び勧告を送付するものとする（同第5条）。

委員会は、その調査に当たっては、締約国に情報の提供、意見の提出を求め、

〈第4部〉国内人権訴訟の諸相

1若しくは複数の委員を任命し，必要に応じ締約国に赴くなどして調査に当たらせる。委員会は，締約国の協力を得て調査を実施した場合には，何らかのコメント及び勧告を付して事実認定の結果（見解）を送付することとし，締約国は，勧告受領の後6カ月以内に委員会に意見を提出するものとされている（同第6条）。締約国は，障害者の権利に関する条約の締約国による報告（条約第35条）において，通知事案に関する委員会の調査に対応してとった措置の詳細を報告すべきものとされている（議定書第7条）。

(2) 議定書の批准の必要性

この議定書は，署名国による調印のために2007年3月30日から開放されているが，日本政府は調印していない。

日本は，個人が国際機関に通報する「個人通報制度」を設けた国際人権両規約，女性差別撤廃条約等の選択議定書をいずれも批准していない。その理由として，司法権の独立を含め，司法制度との関連で問題が生じる虞があるとしている。

しかしながら，委員会が通報を受理する権限は，被害者が，すべての国内の司法手続等によって救済されない場合に限っており，しかもその権限は当事国の主権を尊重した穏当な手続となっており，かつ，事実認定に基づくコメントないし勧告（見解 Views）に対しては，締約国は意見書を提出できるのであるから，例えば，ヨーロッパ人権裁判所の締約国に対する判決の効力とは比較にならない。個人通報制度を受け入れる国が世界的な広がりを見せている[31]。

委員会の見解がいかなる法的効力を有するのかについては議論があるが，少なくとも国際機関の法的判断としての価値を有し，通報者である被害者の権利救済のみならず同様の事案についても事実上の影響を与えることは疑いない[32]。

また，委員会の回復しがたい損害に対し，暫定的な措置を講ずべき旨の意見の伝達は，問題が障害者の人権にかかる事態であれば，人権の尊重を標榜する国家としては，受け入れるのが当然であろう。

障害者の権利に関する条約は，「障害者の権利」について，国際的な共通の

---

(31) 阿部浩己・今井直・藤本俊明『テキストブック国際人権法（第3版）』（日本評論社，2009年）141-142頁。
(32) 阿部ほか・前掲注(31) 152頁参照。

認識を示し，締約国が相互に条約上の義務として受け入れた点で画期的である。
　しかしその国内法的な実施，すなわち国内の障害者の権利の実現状況を絶えず見直すためには，被害者が国際機関に通報し，その調査によって人権救済を図るという道筋をつけることが，日本の立法，行政のみならず，司法の実情からみると，不可欠であるように思われる。その上，日本が通報制度に参加することは，世界の障害者の権利の水準を高めるのに貢献することは疑いない。
　日本においても，障害のあるなしにかかわらず，すべての人が社会の構成員として固有の尊厳及び価値並びに平等のかつ奪い得ない権利を有することが，実質的に保障されるためには，条約の精神，基本原則に対する理解を深める必要がある。日本社会は，依然として，ともすれば，人生の価値を能率と生産性，経済性を基準として評価しがちであって，障害のある人々を排除する傾向にある[33]。
　条約の水準を目指すには，条約の根底にある人間像について理解を深めなければならない。

　〔付記〕脱稿後，2012年6月，成立した法律（同月27日公布）によって，障害者自立支援法は，目的を改正し，基本理念を創設して「障害者総合支援法」となった。しかし，課題は積み残された。

---

[33] エンマヌエル共同体編・訳「世界の若者からのQ＆A」カトリック生活990号（2011年）所収。

◆第5部◆
移行期正義の課題と対応

14 国際刑事裁判所における手続上の問題
——いわゆる「証人テスト」を例として——

尾﨑 久仁子

I は じ め に
II ICC における刑事手続
III 各国国内法における証人テスト
IV 国際刑事裁判法廷における証人テスト
V ICC における証人テスト禁止の問題点
VI お わ り に

I は じ め に

　国際刑事裁判所（以下「ICC」という）に関するローマ規程（以下「規程」という）は 2002 年 7 月に発効した。2007 年 1 月、予審裁判部は、ICC 発足以降初めて、元コンゴ解放愛国軍総司令官であるトマス・ルバンガ・ディロについて、戦争犯罪である児童兵の使用の犯罪事実を確認し、第 1 審裁判部に送致した（以下「ルバンガ事件」といい、他の事件についても、被告人名を冠して同様に略称する）。ルバンガ事件の公判は 2009 年 1 月に開始され、2012 年 3 月 14 日、ICC 発足以降初めての第 1 審判決が言い渡された。今後、量刑及び賠償についての手続が行われる予定である(1)。

　2012 年 3 月 15 日現在、7 つの事態（うち、2 事態が安全保障理事会による付託、1 事態が検察官の職権による捜査）における 15 の事件が ICC に係属中である(2)。このうち、第 1 審係属中の事件は、上述のルバンガ事件のほか、カタンガ及びチュイ事件（コンゴ民主共和国における事態。犯罪事実は人道に対する罪及び戦争犯罪である殺人、強姦、性的奴隷など。既に証拠調べを了し、2012 年 5 月に最終弁論を予定。以下

---

(1) 刑の言渡しは同年 7 月 10 日に行われ、また、8 月 7 日「賠償に関する原則及び手続を確立する決定」が行われた。本稿は、特に言及のない限り、2012 年 3 月 15 日現在のICC の状況に基づくものである。
(2) ICC 係属事態、事件の詳細、各事件における判決、決定などについては、ICC ウェブページ http://www.icc-cpi.int/Menus/ICC/Situations+and+Cases/ を参照願いたい。

〈第5部〉移行期正義の課題と対応

「カタンガ事件」という），ベンバ事件（中央アフリカにおける事態。犯罪事実は，人道に対する罪及び戦争犯罪である殺人，強姦など。2012年3月に検察官請求証拠の取調べを了した）並びにバンダ及びジェルボ事件（スーダンにおける事態。犯罪事実は，戦争犯罪である平和維持活動に係る要員への攻撃，略奪など。公判前整理手続中）である。このほか，ケニアにおける事態について，2012年1月，予審裁判部は，2つの事件について犯罪事実を確認し，第1審裁判部に送致したが，3月15日現在，これらの事件を担当する第1審裁判部は構成されていない[3]。

　この間のICCの歩みは遅々たるものであった。初期の数年間は，組織の立上げおよび裁判所規則，書記局規則などの作成に追われ，最初に付託されたウガンダにおける事態については，2005年7月に5名の被疑者（うち，1名は2007年7月に死亡確認）に対する逮捕状が発布されたものの，2012年3月15日現在そのいずれの被疑者も逮捕されていない。ルバンガ事件では，2006年2月に発布された逮捕状に基づき同年3月に被疑者の身柄がICCに引き渡されたが，第1審判決までに6年を要した。また，安全保障理事会付託事態であるスーダン（ダルフール）については，犯罪地国を始めとする関係各国の非協力という困難に直面している。

　ICCの課題は，普遍性の確保（安全保障理事会常任理事国である米，中，ロシアの不参加，主要なアジア及びアラブ諸国の参加が少ないこと），安全保障理事会やPKOを含む国連との関係強化，国際協力の強化（一部締約国による捜査協力拒否などへの対応），裁判手続及び実体法の解釈・運用をめぐる諸問題，ICC内部のガバナンスの向上など多岐にわたる[4]。

　本稿においては，これらの諸課題のうち，ICCの刑事手続上の問題，特に，ICCがコモンローにも大陸法にも属さないいわゆる「ハイブリッド」な刑事手続を採用したこと，及び，ICCに係属する事件が国内裁判所の扱う通常の事件とは異なる性格を有することの双方に由来する，証人尋問に関する課題につき，証人テストをめぐるルバンガ事件の諸決定を例として分析することとしたい。

　なお，本稿中の意見にわたる部分は筆者の個人的見解である。

---

[3]　3月29日，第1審裁判部Vが構成され，これらの事件を担当することとなった。
[4]　ICCの直面する諸課題の概要について，拙稿「国際刑事裁判所の現状と課題」現代刑事法27巻（2011年）44頁以下。

II ICCにおける刑事手続

1 ICCにおける刑事手続の特色

　規程21条は，ICCが適用する法として，(a)規程，犯罪の構成要件に関する文書及び手続及び証拠に関する規則，(b)適当な場合には，適用される条約並びに国際法の原則及び規則，(c)このほか，裁判所が世界の法体系の中の国内法から見いだした法の一般原則の3つを挙げている。なお，上記(a)の「手続及び証拠に関する規則」（「Rules of Procedure and Evidence」以下「RPE」という）は，規程51条に基づいて締約国会合が採択した規則であり，ICCが適用する手続法の法源としては規程に次ぐ重要性を有している。

　旧ユーゴ国際刑事裁判所（以下「ICTY」という）は，当初，コモンローの影響の強い当事者主義的手続を採用していたが，複雑な事件をより迅速に審理するために，次第に職権主義の色彩を強めたと言われる。これは，累次にわたるICTYの手続及び証拠に関する規則（以下「ICTYのRPE」という）の改正からも明らかである（なお，ICTY規程15条は，裁判官がRPEを採択する旨規定しているので，ICTYのRPEは，ICCのRPEに比して改正が容易である）[5]。これに対して，ICCの規程及びRPEは当初から「ハイブリッド」であることを前提としている。これは，規程やRPEの交渉時に，多くの手続法上の問題点について大陸法系の国とコモンロー諸国の対立があったためである[6]。この結果，手続法の重要な要素について合意が得られることなくRPEの交渉に委ねられた。更には，RPEの交渉においても合意に達しなかった多くの論点が，明確に規定されることなく，裁判所の運用に委ねられた。ルバンガ事件が第1審判決にいたるまでに多くの時間を費やした要因のひとつとして，証拠の採用や証人尋問手続をめぐる多くの論点について，裁判所が規程やRPEのあいまいな規定を一つ一つ事案に即して解釈し，あるいは，上述の規程21条(b)及び(c)を最大限に活用してその不備を補いながら，手探りで審理を進めざるを得なかったことが挙げられよ

---

(5) http://www.icty.org/sections/LegalLibrary/RulesofProcedureandEvidence
(6) RPE起草過程における異なる法体系の問題について，Silvia Fernandez de Gurmendi, 'Elaboration of the Rules of Procedure and Evidence' in Roy S. Lee (ed.), *The International Criminal Court*, (Transnational Publishers, USA, 2001) pp. 250-255. 証拠法一般について，Donald K. Piragoff, 'Evidence' in Roy S. Lee (ed) *ibid*. 参照。

う。これに対し，ルバンガ事件の先例を参照しながら審理が行われたカタンガ事件の第1審裁判は，現在のところより迅速に進行している。

2　規程における証人尋問

規程69条2項は，「公判における証人の証言は，前条又は手続及び証拠に関する規則に定める措置によって提供される場合を除くほか，証人自らが行う。」と規定している。この規定は口頭主義を定めたものと解されている[7]。口頭主義の例外としての供述録取書の証拠採用については，RPE68条は，「(a)事前に供述を録取された証人が公判に出席していない場合には，検察官及び弁護人の双方が録取の過程で証人を尋問する機会があったこと，(b)事前に供述を録取された証人が公判に出席している場合には，当該証人が，供述録取書の提出に反対せず，かつ，検察官，弁護人及び裁判官が証人を尋問する機会があること」のいずれかを条件として，供述録取書を証拠として採用することができると定めている。このため，ICCの口頭主義はICTYに比して厳格であると評されている[8]。

第1審裁判における証人尋問手続について，規程64条8項(b)は，「公判において，裁判長は，公判手続の実施（公正かつ公平な態様によって実施されることを確保することを含む。）について指示を与えることができる。当事者は，裁判長の指示に従うことを条件として，この規程に従って証拠を提出することができる。」と規定している。RPE140条2項は，この規定を受けて，(a)証人尋問を請求した当事者は証人を尋問することができること，(b)反対当事者は，当該証人の証言に関係する関連性のある事項，証言の信用性，証人の信頼性及びその他の関連する事項について証人を尋問することができること，(c)裁判官は(a)又は(b)に基づく尋問の前あるいは後に証人を尋問することができること，(d)弁護人は最後に尋問することができることを規定している。裁判長は，この140条に基づいて，事前に，証人尋問の具体的態様を定める決定を行うが，これまで

---

(7) 最近の上訴部判決として，Judgment on the appeals of Mr. Jean-Pierre Bemba Gombo and the Prosecutor against the decision of Trial Chamber III entitled "Decision on the admission into evidence of materials contained in the prosecution's list of evidence" ICC-01/05-01/08 OA5OA6, May 2011 para. 76.

(8) Otto Triffterer, *Commentary on the Rome Statute of the International Criminal Court* (2nd ed.) (C. H. Beck, Hart, Nomos, 2008) pp. 1317-1318.

の第1審裁判は，いずれもいわゆる交互尋問方式を採用している[9]。

III 各国国内法における証人テスト

1 各国法の概要

証人テストとは，証人の尋問を請求した検察官又は弁護人が，証人尋問の前に，法廷外で証人に接触（通常は，面接による）し，証人尋問の準備を行うことである。テストを行うのは実際に証人尋問を行う検察官又は弁護人本人である場合もあるし，別の検察官又は弁護人が行う場合もある。ただし，本稿においては，論点の拡散を避けるため，特に断らない限り，検察官による証人テストについて論じることとする。

証人テストは，一般に，コモンロー的な当事者主義を前提としており[10]，大陸法の体系には存在しないといわれている。当事者主義においては証拠の提出は検察官又は弁護人が行うことが前提であるのに対し，大陸法の刑事手続では，証拠の提出と証人尋問を含む証拠調べは裁判官が主体となって行い，この意味で，証人を含む証拠は裁判所に属する（do not belong to one party but are witnesses of the Court）からである[11]。また，供述録取書を含む一件書類（dossier）は当初から証拠能力を認められている。このようなシステムの下では，一方当事者による証人との事前接触は，意味がないばかりか，証拠調べに対する不当な介入あるいは司法妨害とみなされかねない[12]。

これに対し，証人テストの慣行が確立している米国においては，一般に，「法律家は，証人に証言の準備をさせる目的で，証人と面談（interview）することができる」とされている[13]。証言の準備には，証人の役割と法廷における効果的な振舞い方について話し合うこと，証人の記憶と証言について話し合うこ

---

[9] もっとも厳密な交互尋問方式を詳細に定めた例として，カタンガ事件における第1審裁判部決定（ICC-01/04-01/07-1665-Corr, 1 Dec 2009）がある。

[10] R. Karemaker, B. D. Taylor, T. W. Pittman, "Witness Proofing in International Criminal Tribunals: A Critical Analysis of Widening Procedural Divergence", Leiden Journal of International Law, 21 (2008), p. 684.

[11] K. Ambos, "Witness Proofing` before the ICC: Neither Legally Admissible nor Necessary", in C. Stahn and G. Sluiter (ed.), *The Emerging Practice of the International Criminal Court* (Leiden/Boston: Martinus Nijhoff/Brill, 2009), pp. 605-606.

[12] S. Vasiliev, "Proofing The Ban On `Witness Proofing`: Did The ICC Get It Right?", Criminal Law Forum 20 (2009), p. 205.

〈第5部〉移行期正義の課題と対応

と，提出されるであろう他の証言や証拠を証人に示して証人の記憶や説明について再考を求めること，法の適用について話し合うこと，証人の観察や意見に対応する事実関係についてレビューすること，提出される可能性のある文書又はその他の物的証拠についてレビューすること，証人が準備すべき敵性の反対尋問のラインについて話し合うこと，及び，証言のリハーサルが含まれる。法律家は，証人の証言を明確にするための適切な言葉の選択を示唆することができるが，重要な事実について虚偽の証言をすることを助けてはならない[14]。

わが国においては，刑事訴訟規則191条の3（証人尋問の準備）が，「証人の尋問を請求した検察官又は弁護人は，証人その他の関係者に事実を確かめる等の方法によって，適切な尋問をすることができるように準備しなければならない。」と定めており，これが証人テストの根拠規定となっている。一般的には，「かつては，事前に証人に面接するのは公正でないとする考え方もあったが，実際の証人尋問がほとんど交互尋問の方法により行われている実情の下においては，この事前面接による調査を欠いては，実際上適切な証人尋問は期待できない。もちろん，証人の供述をゆがめるおそれのある誘導等不公正なあるいは公正さを疑われるような働きかけをすることは許されない。」[15]とされ，判例もこれを肯定している[16]。

これに対し，同じく交互尋問方式を用いるEngland and Wales（以下「英国」という）においては，証人テストに対し，より慎重な対応が行われてきた。英国においては，伝統的に，法廷弁護士と事務弁護士の役割が明確に区別され，証人と直接接触し証言の準備を行うことは事務弁護士の役割であり，刑事事件の訴追側においては警察官又は警察に依頼された事務弁護士がその役割を担い，法廷弁護士が事前に証人と接触することは不適切と考えられてきたからである[17]。また，証人テストが証拠に影響を与えることに対する強い警戒感があり，

---

[13] The American Law institute, "Restatement (Third) of The Law Governing Lawyers §116. Interviewing And Preparing A Prospective Witness (1)", 2000-2010.
[14] Ibid., Comment b.
[15] 法曹会編『刑事訴訟規則逐条説明（第2編第3章公判）』（法曹会，1989年）65頁。
[16] 「検察官においてみずから申請した証人に公判前あらかじめ面接して事実を確かめ，またはある程度記憶を喚起し，整理させておくことは，それが偽証教唆にわたらないかぎり，公判廷において適切有効な尋問を行う事前準備として，刑事訴訟規則に即した，むしろ望ましい措置と言うべきである」（福岡高判昭和40年3月22日高検速報944号9頁）。

証人との事前の接触には厳格な条件が課せられてきた。代表的判例としてしばしば引用されるのが，2005年2月2日のMomodou事件の控訴院判決である[18]。この判決において，控訴院は，証人は，可能な限り，他のいかなる人の発言にも影響されることなく，証人自身の証言を行うべきであり，証人の訓練又は証人をコーチすることは，常に，証拠の正確性に悪影響を与える恐れがあるとして，証人の訓練又は証人をコーチすることを禁じた[19]。

したがって，英国において検察官による証人テストが正式に導入されたのは，1985年に設立された検察庁に所属する検察官の役割が定着する一方，検察官が警察情報のみに基づいて公判を遂行することの弊害が明らかになってきた2008年である[20]。2010年2月の英国検察官規範4.8は，「証言の信頼性を評価するため又は複雑な証拠のよりよい理解のために有用であると考えられる場合には，適切に訓練され許可された検察官は，関連する行動規範に従って，証人との公判前面談を実施すべきである。」と定めている[21]。このような面談は，2008年2月の"Pre-Trial Witness Interviews; Code of Conduct"[22]及びPre-Trial Witness Interviews - Guidance for Prosecutors[23]に従って行われる。これらの規範によれば，証人テストは，証人の証言や対応を改善する目的で行われてはならない（Code of Conduce 2.2）が，証人に供述録取書の内容又は信頼性に関するその他の事項について質問することができ，供述録取書に沿って（take through）これを検討すること（なお，証人は，事前に又はテスト中にその供述録取書を読む機会を与えられる（同6.4）），証言を明確にし展開（expand）させるために質問すること，性格に関する質問をすること，新たな証拠を探る（explore）

---

[17] Michael Zander "The English Prosecution System (A paper prepared for the Conference on the Prosecution System; Rome, 29 and 30 Sep. 2008), http://www.radicali.it/download/pdf/zender.pdf, p. 14, Attorney General, "Pre-Trial Witness Interviews by Prosecutors Report", (December 2004) pp. 5-7, Richard C. Wydick, "The Ethics of Witness Coaching", 17:1 Cardozo law Review, pp. 6-8 and note 39.

[18] R. v. Momodou, EWCA Crim 177 (2005).

[19] *Ibid.*, para. 61.

[20] Attorney General, *supra* note [17], pp. 8-9, Zandar, *supra* note [17], p. 14.

[21] The Code for Crown Prosecutors (February 2010)
http://www.cps.gov.uk/publications/docs/code2010english.pdf

[22] http://www.cps.gov.uk/legal/assets/uploads/files/PTWI%20Code%20of%20Practice.pdf

[23] http://www.cps.gov.uk/legal/p_to_r/pre_-trial_witness_interviews/

〈第5部〉移行期正義の課題と対応

こと，又は証人の説明を追及する（probe）ことができる（同2.3）。ただし，検察官は，いかなる場合においても，証人を訓練し，練習させ，又はコーチしてはならず，証言を「汚す」可能性のある質問をしてはならない。また，誘導尋問は避けるべきである（同7.1）。テストはすべて録音され（同8.1），テストの過程で証人が新たな重要な証拠を提示した場合には警察官によって新たな供述録取書が作成され，弁護人に開示される（同8.2）。なお，法廷弁護士一般については，法廷弁護士職務規範705条(24)が，「法廷弁護士は，証人をその証言に関し練習させ又はコーチしてはならない」と定めているほか，同第3セクション（職務遂行上の文書規定）6項に証人との接触についての規定（例えば，6.3.1は，刑事裁判所における争いのある事件における法廷弁護士による証人テストを原則として不適切であるとしつつ，6.3.2において，検察側代理人は，指示のある場合には，Code for Pre-Trial Witness Interviewsにしたがって証人をインタビューすることができると規定している）がある(25)。

カナダ，オーストラリア，ニュージーランドでは，証人テストはより早くから実施されてきた。カナダにおいては，例えば，2005年3月21日付オンタリオ州法務府マニュアルは，証人編において，重要な又は注意を要する事件の効果的な訴追にあたっては，検察官が証人をインタビューすることが必要であるが，証人のインタビューに当たっては，検察官は，証言に干渉せず，証言に不適切な影響を与えるような示唆的な手法を用いないようにする必要があると述べている 。

また，オーストラリアについては，例えば，2011年8月8日付のニュー・サウス・ウェールズ州法廷弁護士規則は，規則68において，法廷弁護士が，証人に対し，誤った又は誤解を与える証言を行うよう助言・示唆すること，及び，質問に対する回答を助言することにより証人をコーチすることを禁じるとともに，「規則68は，法廷弁護士が，真実を証言しなければならないとの一般的な警告を行うこと，証言の矛盾その他の問題点に注意を喚起することを含め，

---

(24) http://www.barstandardsboard.rroom.net/standardsandguidance/codeofconduct/section1codeofconduct/partvii_conductofworkbypractisingbarristers/

(25) http://www.barstandardsboard.rroom.net/standardsandguidance/codeofconduct/writtenstandardsfortheconductofprofessionalwork/

(26) Province of Ontario Ministry of Attorney General, Crown Policy Manual, Witnesses http://www.attorneygeneral.jus.gov.on.ca/english/crim/cpm/2005/Witnesses.pdf

証人と面接して証言につき質問し，及び，テストすることを妨げないが，証人が真実であると信じるものと異なる証言を行うよう慫慂することはできない。」（規則69）と定めている[27]。

2 問題点

このように，証人テストに関する慣行は各国によって大きく異なっており，これが許容あるいは推奨されているコモンロー諸国においても，その具体的態様はさまざまである。特に，証人テストがもっとも広範囲に許容されている米国と，厳格な条件の下に行われる英国との間には，大きな差異がある。英国においては，まず，証人尋問前の証人との接触が，法廷の構造や証人尋問の具体的手続・進行，当事者の役割，尋問に対する一般的心構え（質問には明確かつ簡潔に答えることなど）を説明して証人の不安を取り除くための準備（familiarisation）[28]と，証言の実質的な内容の確認を行う厳密な意味での証人テストに明確に分けられており[29]，後者については上述のような厳格な条件が付されるほか，検察庁外の法廷弁護士はいまだに一般的に証人テストに否定的であるといわれる[30]。また，証人テストの目的についても，米国においては主として証人尋問を効率的かつ迅速に行うために証人自身に準備を行わせることであるのに対し，英国においては，検察官による適切な証拠の評価に重点が置かれている[31]。

日本における証人テストの特色としては，(a)当事者に証人尋問の準備を命じる刑事訴訟規則191条の3が証人テストをその1例として明示していること，(b)証人テストの要件あるいは証人テストが不当な影響を及ぼさないようにするためのセーフガードが明定されていないこと，(c)他方で，誘導尋問，特に供述

---

[27] http://www.nswbar.asn.au/docs/professional/rules/rules080811.pdf
　なお，ニュージーランドにつき，Rules of Conduct and Client Care for Lawyers, 13. 10 http://www.legislation.govt.nz/regulation/public/2008/0214/latest/DLM1437811.html
[28] これを専門に行うコンサルティング会社も存在する。
　http://www.bondsolon.com/witness-familiarisation-brochure.pdf 参照。
[29] Momodou 判決, para. 62。
[30] Brad Rudin, Betsy Hutchings, "England and the US ; Contrasts In Witness Preparation Rules", NYPRR（2006）.
[31] 英国検察官規範（前掲注[21]）4.8。

〈第5部〉移行期正義の課題と対応

録取書の使用について，英国に比しても更に慎重な見解が一般的であること等が挙げられる。

なお，証人テストが証拠に対して与える影響については，近年の可視化をめぐる議論の中で，国会等において問題が提起されたこともあったが[32]，政府の見解は，おおむね，「仮に不当な証人テストが実施されることにより証言の信用性に問題があると疑われる場合には，証人尋問において，その経緯等が吟味される」というものである[33]。他方で，誘導尋問及び供述録取書の朗読については，山室恵編著『刑事尋問技術』が，検察官による証人テストに関し，「証人に検察官調書を読み聞かせ，又は閲覧させることは，証人尋問において誘導尋問が許される場合でも調書の朗読を避けるように注意しなければならない旨規定されていること（刑訴規199条の3第4項），注意喚起のために示す書類には供述を録取した書面が除かれていること（刑訴規199条の11第1項）などに照らして，なるべく避けるべきである。」と述べるなど[34]，明確に否定的な考え方がとられている[35]。

Ⅳ 国際刑事裁判法廷における証人テスト

1 ICTY及びICTRにおける証人テスト

(1) 判 例

ICTY及びルワンダ国際刑事裁判所（以下「ICTR」という）においては，早期から，証人テストが一般的に行われてきた[36]。これらの裁判所における証人テストは，いずれも，`Witness Proofing`と呼ばれる。規程やRPE上の証人テ

---

[32] 平成19年12月6日峰崎直樹参議院議員提出質問第76号「検察官の行う「証人テスト」に関する質問趣意書」。

[33] 平成19年12月14日福田康夫内閣総理大臣答弁書（内閣参質168第76号）。

[34] 山室恵編『改訂版　刑事尋問技術』（ぎょうせい，2006年）72頁。

[35] 同様に，大阪刑事実務研究会編著『刑事公判の諸問題』（判例タイムズ社，1989年）393-395頁は，誘導尋問が証人テストの方法として許されるか否かについて論じ，証人尋問の方法として許されるか否かについての基準に準じて考えられ，これが，主尋問における誘導尋問（刑事訴訟規則199条の3第3項本文），書面の朗読その他証人の供述に不当な影響を及ぼすおそれのある方法による誘導尋問（同第4項），相当でない誘導尋問（同199条の3第5項，199条の4第3項）及び供述録取書を示す尋問（同199条の11第1項）に該当する場合には，事前テストの方法としても許されないと述べる。

[36] シエラレオネ特別法廷における証人テストの取り扱いもICTY，ICTRとの共通点が多いが，本稿では割愛する。

ストの定義はないが、一般に、「当事者と証人の面談であって、証人に法廷における手続について準備させ、慣れさせ、また、証人の証拠をレビューする目的で、通常は証言の直前に行われるもの」であるとされる。ICTYの検察局の累次にわたる説明によれば、証人テストには、証人に、裁判の目的と裁判手続、主尋問、反対尋問及び再主尋問の方法と目的、これらの尋問で想定される質問の範囲、質問方式と答え方、証人としての適切な振舞い方などについて説明すること、供述録取書を示して記憶を喚起し矛盾点を確認すること、証言の際に用いられるであろう展示物を示すこと、供述録取書とテスト中の発言との矛盾について質問することを含めて証言に関連する事項について質問すること、証人が知る事実であって犯罪事実に関連するものを確認すること、などを含む[37]。

ICTYにおいて最初に証人テストの適法性が問われたのはLimaj事件においてである。この事件においては、弁護人が検察官による検察請求証人のテストの中止を求めたのに対し、第1審裁判部は、捜査官による供述録取に対比しての、起訴後に行われる検察官によるインタビューの利点を挙げつつ、捜査の過程で得られた情報は、正確な起訴事実及び検察官の訴訟遂行の観点から見直される必要があるとし、また、「人間の記憶のプロセスは（中略）証人テストによる証人の記憶の詳細な確認によって助けられる可能性が高い。証人テストは、証人の供述録取書と比較しての記憶の食い違いや不備の詳細なチェックを含む。特に、このようなテストは、公判におけるより正確、完全、秩序あるかつ効果的な証言を可能にする可能性が高い。」[38]と述べて証人テストの慣行を肯定した。さらに、2006年12月、Milutinovic事件において、弁護人は、その直前に出された後述のICCルバンガ事件予審部決定に基づき、検察官による証人テストの禁止を要求したのに対し、ICTY第1審裁判部は、全面的に上述のLimaj決定を肯定し、「証言に関する当事者と証人の面談は、その面談が証言を明確化する純粋な試みである限りにおいて、公正かつ迅速な裁判に資すると考える。これが当法廷の考える証人テストの本質であり、このような慣行は証人を「リハーサルし、練習させ、コーチすること」には当たらないと考える。」[39]、「し

---

(37) R. Karemaker, B. D. Taylor, T. W. Pittman, *supra* note (10), pp. 685-686.
(38) Prosecutor v. Limaj, Decision on Defence Motion on Prosecution Practice of 'Proofing' Witnesses, Case No. IT-03-66-T, 10 December 2004, para. 2.
(39) Prosecutor v. Milutinovic, Sainovic, Ojdanic, Pavkovic, Lazarevic and Lukic, Decision

〈第 5 部〉移行期正義の課題と対応

たがって，証言に先立って証人の証拠をレビューすることは当裁判所の法のもとで許容され，それ自体被告人の権利に反するものではない。」[40]と述べ，弁護人の要求を退けた。

ICTR は，Karemera 事件において，上訴部[41]が，証人テストを容認した第 1 審裁判部決定[42]を維持した[43]。同上訴部決定は，裁判所規程及び規則は直接証人テストに言及していないが，RPE89(B) 条は，裁判官に，規程の精神及び法の一般原則に従い事案の公正な決定に資するよう証拠に関する規則を適用する権限を与えており，判例上，証人テストの慣行が発展し，さまざまな事件で受け入れられてきたことは明らかであると指摘し，また，2006 年の Gacumbitsi 上訴審判決を引用しつつ，「当事者が当事者側の証人と，証言及び供述録取書の内容について話し合うことは，真実をゆがめ又は隠すような方法でその内容に影響を与えようとしない限り，それ自体，不適切ではない。」と述べた[44]。

(2) 問 題 点

ICTY 及び ICTR における証人テストの実施に対してはさまざまな批判がある。

第 1 に，証人テストの厳密な定義が存在せず，許容される証人テストの範囲が必ずしも明確ではないことである。既に述べたように，裁判所のいかなる規則や行動規範にも証人テストへの明示的な言及はない。また，判例は，証言のリハーサルや練習を行うこと，証人をコーチすること，その他証言に実質的な影響を与えるような証人テストを否定してはいるものの，許容される行為と許容されない行為の区別について具体的な基準やガイダンスを与えていない。上述のとおり，ICTY の検察局は累次にわたり検察官による証人テストの方法について説明しているが，個々具体的な方法の是非やその限界について裁判所に

---

on Ojdannic Motion to Prohibit Witness Proofing, Case No. IT-05-87-T, 12 December 2006, para. 16.

(40) *Ibid.*, para. 22.

(41) ICTR の上訴部は ICTY 上訴部がこれを兼ねている。

(42) Prosecutor v. Karemera, Ngirumpatse and Nzirorera, Decision on Defence Motions to Prohibit Witness Proofing, Case No. ICTR-98-44-T, 15 December 2006.

(43) Prosecutor v. Karemera, Ngirumpatse and Nzirorera, Decision on Interlocutory Appeal Regarding Witness Proofing, Case No. ICTR-98-44-AR73.8, 11 May 2007.

(44) *Ibid.*, para. 8-9.

よる明確な統一的判断があるとは言いがたい[45]。

第2に、より本質的な問題として、ICTY及びICTRにおいて実施されている証人テストが、米国型のきわめて広範囲にわたるものであり、証拠に対して実質的な影響を及ぼす可能性が高いのではないかとの問題がある。検察局の示した上述の証人テストの方法には、態様によっては判例の禁止するリハーサルに当たりかねないものが含まれている[46]。このような行為が行われないようにするためには、許容される範囲を具体的に明確化することに加え、何らかのセーフガードが必要であろう。Karemera上訴審判決はこのようなセーフガードとして、注意深い反対尋問、法廷侮辱罪の適用、証拠排除を例示している[47]が、これらが、あるいはこれに加えて、検察官の行動規範が、十分なセーフガードたり得るかについては疑問であるとの指摘がある[48]。

第3の問題として、証拠開示への影響がある。通常、証人テストは事前に開示された供述が録取された時点から相当の時日を経て、かつ、証人尋問の直前に行われる。したがって、証人テストが丁寧に行われれば行われるほど、その過程で新たな事実が判明する可能性があり、このような新たな事実は、それが犯罪事実の認定に積極・消極のいずれに働くかを問わず、証言の直前に反対当事者に開示されることになる。ICTY及びICTRにおいては、このような新事実の直前開示が被告人の権利を侵害するものである[49]との指摘、さらには、検察官による証人テストが、事実上の新たな捜査の機会となっており、証拠開示システムを形骸化させているのではないかとの指摘がなされている[50]。

2 ICC ルバンガ事件予審部及び第1審裁判部決定

ICTY及びICTRにおいて、Limaj事件に至るまで、特に異議が提起されることなく証人テストが行われたのに対し、ICCにおいては、最初から証人テス

---

[45] W. Jordash, "The Practice of 'Witness Proofing' in International Criminal Tribunals: Why the International Criminal Court Should Prohibit the Practice", Leiden Journal of International Law, 22 (2009), pp. 504-507.

[46] *Ibid.*, pp. 506-507.

[47] Karemera 上訴審判決, para. 13。

[48] Jordash, *supra* note [45], pp. 512-515.

[49] 例えば、上述の Milutinovic 決定では、この点が争点となり、裁判所は検察官に対し、証人テストはできる限り早期に行うよう要請した（同決定パラ 21）。

[50] Jordash, *supra* note [45] pp. 516-519.

〈第 5 部〉移行期正義の課題と対応

トの適法性が問題となった。

　ICC の最初の事件であるルバンガ事件において，予審部は検察官による証人テストを禁止する決定を行った[51]。同決定は，まず，検察官が証人テストの内容として要請した行為のうち，証人に，裁判手続及び当事者について説明すること，証人の役割について説明すること，真実を証言する義務について説明すること，証人尋問のプロセスについて説明すること，証人の保護について説明すること，及び，尋問を行う当事者を紹介することなどを証人を裁判に慣れさせるためのプロセス（familiarisation，以下，「証人説明プロセス」という）としてその実施を容認したが，このようなプロセスは規程上裁判所事務局被害者証人ユニットの職務であるとして，同ユニットにこれを委ねた。これに対し，証人に供述録取書を示して記憶を喚起すること，供述録取書に基づき，検察官が法廷で予定している質問をあらかじめ行うこと，追加的な情報について質問することなどについては，規程21条のいかなる根拠に照らしても容認されないとして，これを禁じた。この決定の中で，予審部は，ICTY 及び ICTR において確立した証人テストの慣行があること自体を否定した[52]のみならず，各国においても，例えば，ブラジル，スペイン，フランス，ベルギー，ドイツ，スコットランド，ガーナ，イングランド及びウェールズ，オーストラリアにおいて，このような慣行は非倫理的又は非合法的であるとみなされていると述べている[53]。

　検察官は，同じルバンガ事件の第 1 審裁判において，証人説明プロセスは被害者証人ユニットによって行われることを前提として，再度，証人テストの許可を求めた。この中で，検察官は，証人テストの内容として，テストの数日前に供述録取書を渡して証人の記憶を喚起すること，証言の数日前に面接して証人の役割及び真実を告げる義務について再確認すること，証人保護に関連する事項について話し合うこと，供述録取書の中で法廷で取り上げられる可能性のある分野について話し合うこと，展示物をあらかじめ示してコメントを求めること，その他の関連情報を求めること（新たな情報が得られた際には弁護人その他の訴訟参加者に通報する）などを挙げ，テスト中に行われる質問は証言のリハー

---

[51]　Decision on the Practices of Witness Familiarisation and Witness Proofing, ICC-01/04-01/06-674, 8 November 2006.
[52]　*Ibid.*, para. 31-34.
[53]　*Ibid.*, para. 37.

サルに当たらないような方式で行われると述べた。これに対し，2007年11月，第1審裁判部は，証人説明プロセスは証人尋問を請求した当事者との協力の下に被害者証人ユニットによって行われること，証人説明プロセスには，予審部によって決定された事項に加え，証人の記憶の喚起のために供述録取書を証人に示すことが含まれること，検察官と証人が事前に証拠の内容について面談することは許容されないことなどを内容とする決定を行った[54]。この決定の中で，第1審裁判部は，証人テストの根拠として21条の各項を検討し，各国国内法については，コモンロー諸国にその慣行が見られるが，その内容については不明確かつばらつきがあり，かつ，検察官は，大陸法諸国におけるこのような慣行の存在を示していないとして，「証言前に証人の実質的な準備を行うことを許容する法の一般原則が世界の法体系の中の国内法から見いだされるとは考えない」と述べた[55]。また，ICTY等他の国際刑事法廷において証人テストが一般的に行われていることは認めつつ，ICCにおいては，検察官が犯罪事実の認定に消極に働く事情についても捜査する義務があること，裁判官が果たす役割がより積極的であること，被害者参加が認められていることなど，ICTY等とは異なる手続が採用されており，ICTYの慣行をそのまま取り入れることは適切ではないと述べている[56]。さらに，より実質的な問題として，決定は，検察官の要請した事項のうち，実質的な証人テストに当たる，供述録取書の中で法廷で取り上げられる可能性のある分野について話し合うこと及び展示物をあらかじめ示してコメントを求めることについて，真実をゆがめる恐れがあり，証言のリハーサルに極めて（dangerously）近く，自然な証言を妨げるものであり，証人テストにおいてリハーサルがおこなわれることを避けるための手段をとるとの検察官の主張は事実上実現不可能である旨を述べて，証人テストの問題点を指摘している[57]。なお，この決定に関し検察官は上訴しておらず，したがって，現在のところ，証人テストに関するICC上訴部決定は存在しない[58]。

---

[54] Decision Regarding the Practice Used to Prepare and Familiarise Witnesses for Giving Testimony at Trial, ICC-01/04-01/06-1049, 30 November 2007.
[55] *Ibid.*, para. 41.
[56] *Ibid.*, para. 43-45.
[57] *Ibid.*, para. 51-52.
[58] カタンガ及びベンバ事件の第一審裁判においては，検察官は，証人テストの問題を提起せず，2012年8月，ケニアの2事件の第一審裁判において再度提起した

〈第5部〉移行期正義の課題と対応

　これらの決定の特色は，まず，証人テストのうち，証人説明プロセスと証言に関する実質的な面談を峻別したことであり，これは，上述の，Momodou 判決に代表される英国の考え方に基づくものである。さらに，前者のプロセスを，証人尋問を請求した当事者ではなく，中立的機関である事務局の被害者証人ユニットに委ねたことは，ICC が，規程上，被害者及び証人の保護に関して他の国際裁判所に見られない詳細な規定及びこれを支える裁判所内システムを有していることを反映していると同時に，証人の帰属先は当事者ではなく裁判所であるとの大陸法的な考え方に基づいている[59]。

　第2の特色は，ICTY 及び ICTR が証人テストの根拠を裁判官の訴訟遂行上の権限に求めているのに対し，ICC の決定においては，規程21条が参照されていることである。この過程で，他の国際刑事法廷の判例及び各国国内法が検討され，特に後者について，証人テストが特定のコモンロー諸国で許容されているが，大陸法諸国の事例が見られないことを理由に，その一般性を否定している[60]。

　第3に，ICC の法体系の特殊性，特に，ICC のハイブリッドな性格を強調し，随所に大陸法への配慮が見られることである。上述の，証人の帰属の問題，大陸法諸国の事例の不存在への言及はその例であるが，ICTY 及び ICTR の判例が ICC に適用されないことの理由として，後者のハイブリッドな性格（及び前者のコモンロー的な性格）が強調されていることは興味深い[61]。

　第4に，第1審裁判部決定は，証人テストが否定されるべき根拠として，証拠が歪曲される恐れを明示的に挙げており，証人テスト自体に関する強い警戒感を示している。

　このように，証人テストに関し，ICC は，ICTY 及び ICTR とは明確に異なる方向性を打ち出した。これに対し，後者も従来の立場を変えていないため，

　　（ICC-01/09-01/11-446 ほか）。なお，証人テストに関する異なる見解として，ベンバ事件第1審裁判部 Partly Dissenting Opinion of Judge Kuniko Ozaki on the Decision on the Unified Protocol on the practices used to prepare and familiarize witnesses for giving testimony at trial（ICC-01/05-01/08-1039），24 November 2010.
[59]　予審部決定，para. 26。
[60]　ただし，他の国際刑事法廷における前例や各国国内裁判所における慣行についての予審部決定の認定は，事実誤認が多い。
[61]　ただし，後述のとおり，第1審裁判部決定，para. 43-45 が挙げる上述の特色は，証人テストを否定する根拠としては説得力に欠ける。

現在のところ，国際刑事裁判法廷において統一的な実務慣行は存在しないことになる。

V　ICCにおける証人テスト禁止の問題点

1　根拠法

既に述べたとおり，ICTY，ICTR，ICCのいずれの裁判所においても，規程及びRPEは証人テストに言及していない。これを前提として，ICTY及びICTRにおいては，証人テストの根拠をRPE89条(B)(「この節に規定がない場合，裁判所は，問題の公正な解決に最も資し，かつ，規程の精神及び法の一般原則に一致する証拠法則を適用する。」)に求めている[62]のに対し，ICCにおいては，ルバンガ事件の予審部決定及び第1審裁判部決定の双方とも，規程21条1項(b)ないし(c)に着目し，証人テストを許す法の一般原則の存否を問い，これがないことを理由にして証人テストを禁止している。これは，ICTYのRPE89条(B)に対応するICCのRPE63条のなかに，前者のような広範な裁量を裁判所に与える規定が存在しないのみならず，同条5項が，「裁判所は，規程21条によるほか，証拠に関する国内法を適用してはならない。」と規定しているからであるとの主張がある[63]。

他方で，ICCの性格，特に，ローマ規程及びRPE交渉の過程で多くの手続法上の論点について合意がなされず裁判所の運用に委ねられたとの経緯にかんがみれば，ICC規程上も，裁判所に相当程度の手続上の裁量が与えられたとの見方も可能である。例えば，規程64条2項は，「第1審裁判部は，公判が，公正かつ迅速なものであること並びに被告人の権利を十分に尊重して，かつ，被害者及び証人の保護に十分な考慮を払って行われることを確保する。」，また，同条3項は，「この規程に従って事件の公判を割り当てられたときは，当該事件を取り扱う第1審裁判部は，次のことを行う。(a)当事者と協議し，公判手続の公正かつ迅速な実施を促進するために必要な手続を採用すること，(以下略)」と規定している。この規定上，第1審裁判部は，裁判の公正かつ迅速な進行に必要であり，かつ規程及びRPEの精神に違反しない限り，証人尋問に関する

---

[62]　Karemera上訴審判決, para. 8。

[63]　Vasiliev, *supra* note (11), pp. 233-234. しかし，私見によれば，論点は，証人テストに関する国内法を直接適用することではない。

〈第5部〉移行期正義の課題と対応

手続を含め広範囲の裁量権を有すると解することも可能である。このような解釈をとる場合，規程上証人テストが容認されるか否かは，これが，規程の精神に違反せず，かつ，公正かつ迅速な裁判に資するか否かという実質的な判断によることとなろう。

2 ICC法のハイブリッドな性格

2つの決定が証人テストを否定したもう1つの根拠は，ICCの適用する法の特殊性，特に，これが，コモンローにも大陸法にも属さないハイブリッドな法であることである。このことは，コモンローに特有な慣行の適用を否認する根拠であると同時に，（ルバンガ第1審裁判部決定によれば，証人テストは本質的にコモンロー的である）ICTY及びICTRの法の適用を否認する根拠でもある。いいかえれば，特殊コモンロー的な慣行を採用することは，規程の精神に反することになる。

他方で，ICCの法体系が混合的であることは，その法のすべての分野において，コモンローと大陸法の中間点を探してこれを適用しなければならないことを意味するものではないし，コモンローと大陸法が一致しない場合に，適用される法が不在であることを意味するものであってもならない。ICC規程が意図した，「法がハイブリッドである」こととは，ICCの対象犯罪の公正で迅速な裁判の実現を目的として，それぞれの法体系の利点を活用しつつ，普遍的な法体系を構築することであるべきであり，例えば，被害者参加については大陸法が優れているので，これを取り入れ，証拠開示についてはコモンローの優れている部分を参考にするというように，各法体系を参照しつつ最良かつ普遍的な刑事法体系を構築することが，ハイブリッドであることのゆえんであるべきである。

証拠法は，大陸法とコモンローが大きく異なる分野である。したがって，規程及びRPE起草時の議論も熾烈を極めた[64]。戦争犯罪や人道に対する罪についてのニュルンベルグ裁判以来の知見を踏まえて，厳格なコモンロー的な考え方を採らず，伝聞法則の不採用など，より柔軟なアプローチを採るべきことについては一般的な合意があったものの，具体的な証拠採用の方法や供述録取書

---

[64] Triffterer, *supra* note (8).

の証拠能力などについては多くの点で合意が得られず，結果として判例による解決に委ねられることとなった[65]。しかし，少なくとも，証人テストに関連する証人調べの方法については，供述録取書を含む一件書類（dossier）が当初から証拠能力を有し，証人尋問も主として裁判官が行う大陸法方式と大きく異なることは明らかである。ICCにおける証人尋問手続は，ルバンガ第1審裁判部決定が指摘したように裁判所のより積極的な役割は見られるものの，基本的には，厳格な口頭主義の採用，証拠は当事者によって提出され，裁判所は証拠の提出を要求できるのみであること（規程69条3項），交互尋問方式の採用など，大陸法よりは，ICTYにおける証人尋問手続との間により多くの共通点が見られるといわざるを得ない[66]。したがって，ICCの適用する法がハイブリッドであること，まして，ICCにおいてはコモンローとは異なり「証人が裁判所に帰属すること」[67]を理由として証人テストを否定することは必ずしも適切ではなく，その非はあくまでも，ICCにおける証人尋問の趣旨目的に照らして検討すべきであろう。

3　証人テストのメリットとデメリット

規程21条及びICCのハイブリッドな性格のいずれも積極的に証人テストを排除する根拠とならず，裁判所が，その裁量権に基づき，公正かつ迅速な裁判と規定の精神にのっとってその是非を判断することができると解する場合には，証人テストが，実質的に，公正かつ迅速な裁判に資するか，被告人の権利を不当に侵害するものではないか，被害者及び証人の保護との関係で問題はないかを検討することとなる。

(1)　証人テストのメリット

一般に，証人テストの利点は，事前に証言の整理が行われることによる証言の明確化，及び，これに伴う裁判の迅速化，効率化である。

[65] 例えば，供述録取書の証拠能力につき，Decision on the admission into evidence of materials contained in the Prosecution's list of evidence (ICC-01/05-01/08), 19 November 2010 及び同決定に対する尾﨑反対意見 (ICC-01/05-01/08-1028) 並びに上訴部判決 (icc-01/05-01/08 OA5OA6), 3 May 2011.
[66] Washington College of Law War Crimes Research Office, "Witness Proofing at the International Criminal Court", July 2009, pp. 12-13.
[67] ルバンガ予審部決定, para. 26。

〈第5部〉移行期正義の課題と対応

　ICCにおいて現在第1審係属中の裁判は，いずれも，5ないし10年前に，武力紛争下で行われた人道に対する罪及び戦争犯罪について，実行犯ではなく，軍の指揮官等，責任者の罪を問うものである。これらの犯罪は，そもそも，その規模，組織性，複雑さゆえに，捜査，立証に多大な困難を伴う。また，ICCは各国領域内における司法警察権限を有さず，関係国との協力に基づいて捜査を行わざるを得ない。他方で，犯罪地の多くは紛争の影響の残る途上国で，現在も政治的に不安定であるか，被告人（又は被告人に敵対する政治勢力）の政治的影響力が残っているため，ICC（検察官，弁護人の双方）の捜査や調査に対する十分な協力が得られなかったり，重要な証拠物が散逸，破壊，隠匿，改変され，あるいは，核心に触れるような関係者の証言を得られない場合が少なくない。また，現地当局の協力が得られる場合であっても，犯罪地国は，司法警察制度が破綻し，あるいはその機能が不十分である（破綻していなければそもそもICCに付託されない）国であることが多い。したがって，証拠の収集，特に，質のよい物的証拠の収集は極めて困難である。

　必然的に，立証は，伝聞を含む証言の積上げに大きく依存し，証人尋問が主体となる[68]。証人は，いわゆるクライム・ベースの証人（殺人，性犯罪，略奪などの犯罪の実行に関する証人）と責任に関する証人（計画，指示，上官責任など，犯罪行為に対する被告人の関与に関する証人）に大別される。前者には被害者又はその家族が含まれ，精神的肉体的に脆弱な（vulnerable）証人が多い。また，多くの証人は，これまで居住地外に出たことがなく，ICCの公用語である英・仏語のいずれも解さない。法律や裁判制度に関する知識が皆無である証人もまれではない。後者の責任に関する証人には，組織の内部者や対立組織の関係者が含まれるが，これらの証人は，政治的その他の偏見を有している場合があり，また，敵対勢力からの報復の恐れがあるなど証人保護の対象者も多い。

　したがって，多くの証人，特にクライム・ベースの証人は，経済的社会的に全く異なる国を生まれて初めて訪問し，全くなじみのない制度の下で，5ない

---

[68]　ルバンガ事件では，検察官請求36名，被害者代理人請求3名，弁護人請求24名，裁判所職権採用4名の証人尋問が行われた。カタンガ事件では，それぞれ，25名，2名，27名，1名である。なお，本年3月に検察官請求証拠の取調べを領したベンバ事件では検察官請求証人は40名であった。証人尋問は1日4時間から4時間半，ほぼ連日行われ，1人の証人の尋問に10日間以上要することもある。

し10年前の犯罪について，強い心理的圧迫に耐えながら，通訳を介して証言することになる。

　なお，ICC検察局においては，まず，捜査中に，捜査官が証人の証言を録取する。この証言録取は，証人の居住地で行われることがほとんどである。また，通常，この時点で起訴は行われておらず，起訴事実が確定されていない。証人の側も，法廷での証言について確固たるイメージを持っていることはまれである。この録取はQ＆A形式で文書化され，証言録取書として十分な余裕（通常，証言まで数か月以上）をもって，弁護人に開示される。法廷での証言（特に，第1審裁判における証言）は供述から数年後に行われる場合がほとんどである。

　以上の状況にかんがみれば，ICCにおいて証人が効率的かつ効果的な証言を行うことは国内裁判所に比べて格段に困難であり，証人自身の安全と福祉，迅速な裁判，適切な立証の観点から，すべての当事者が，通常の国内刑事裁判以上に周到な準備と極度に慎重で丁寧な尋問を行うことが必要である。ICCにおける証人テストのメリットは，このようなICC独自の状況に照らして考えられるべきである。

　まず，検察官の側からは，仮に証人テストが行われない場合，数年前に，起訴事実が明らかでない段階で捜査官が行った供述録取書のみを手がかりに尋問を行うこととなる。供述録取書には起訴事実と直接関係しない事項が含まれている一方，関連する事項についてはあいまいであったり不十分である可能性があり，検察官は，証人が関連する事項についてどのような証言を行うかをあらかじめ熟知しないままに，いわば手探りで尋問を行うこととなり，核心を突いた，効果的かつ効率的な質問は行いにくい。また，供述録取後の時間の経過を考えれば，その間に証人の記憶が失われ，あるいは，変化した可能性も高いが，この点についても，検察官はあらかじめ確認することなく質問を行うため，記憶の喚起と確認のために法廷において多くの時間をとられることになる。さらに，証人の信頼性についても検察官が事前に確信を得ることができないため，主尋問及び再主尋問において必要以上に多くの時間をその確認に費やすこととなる。

　証人の側においては，証人が自身の証言内容について整理せず，記憶も混乱したままで証言に臨むため，質問の意味が理解できず，証人自身の意図に反する答えを行う，あるいは，適切な答えを行うのに必要以上に時間がかかると

いった可能性がある。特に，脆弱な証人については，質問を理解し，適切な答えを行うまで繰り返し長時間にわたり質問を受けること自体が大きな心理的肉体的負担となり，証人尋問の目的が達せられなくなる可能性が高い。

　弁護人にとっては，証人テストが行われていれば，関連のある事項に絞った，明確，的確かつ秩序ある主尋問が行われるため，反対尋問も的確かつ簡潔に行い得，迅速な裁判が期待できるなどのメリットがある。また，証人テストによって新たな事実を含む供述が得られた場合には，これが事前に開示されることによって，弁護人にとっての不意打ちが少なくなるとの利点がある。

　裁判所にとっては，証人テストが行われれば，論点を絞った，明確，簡潔かつ整理された証人尋問が行われることにより，効率的かつ迅速な裁判を行うことができるとのメリットがある。

　なお，ルバンガ第1審裁判部決定は，証人テストが証人の自然な証言 (spontaneity) を妨げるとしている[69]が，証人は既に捜査官によって詳細な供述を録取されていることにかんがみれば，そもそも証人の完全に自然な証言を期待することは困難であり，捜査官との面談に比して，検察官との面談が証言の自然性により強い影響を与えるとの主張は説得力に欠ける[70]。

(2)　**証人テストのデメリット**

　証人テストの最大のデメリットは，証人テストによって，証人に対して不当な影響力が行使され，証言が歪曲される危険性であり，この危険性は，国内裁判であると国際裁判であるとを問わず，米国を含め，証人テストの慣行を有するすべての法制度において明確に認識されている。影響力は意図されたものであるか，無意識のものであるかを問わない。また，証言の歪曲は，現実のものであるか，あるいは，外形的にそのような可能性があるようにみえるのみであるかを問わない。このような危険性の存在自体が，公正な裁判に対する信頼性を失わせる可能性があるからである。特に，証人テストが，第三者の介在なしに，いわば密室で行われる場合に，この危険性は大きくなる。

　このデメリットへの対応は，国により，あるいは国際刑事法廷により大きく異なっている。言葉を変えれば，証人テストの問題は，この危険性に対してい

---

[69]　ルバンガ第1審裁判部決定, para. 52。

[70]　Attorney General, *supra* note [17], p. 18.

かなる対応を行うかの問題であるといっても過言ではない。ICTY 及び ICTR と ICC のアプローチの違いは，簡単に言えば，前者は，証人のリハーサル，訓練，練習及びコーチングを許容される証人テストから除くことによってこの危険性を最小限にしたうえで，証人テストのメリットがデメリットを上回ると判断したのに対し，後者は，この危険性を排除することは事実上不可能であると判断して証人テスト自体を禁じたことにある。

　もう一つのデメリットとしては，上述の新たに得られた供述の証拠開示の遅れがある。このデメリットは，証人尋問における弁護人への不意打ちを避けるというメリットと密接に関連している。証人テストで新事実が判明した場合，これが真実究明に貢献し，かつ，被告人の権利を侵害しないように開示するためには，証人テストのタイミングを慎重に考慮する必要がある。また，証人テストが，事実上の新たな捜査の機会となる危険性については既に述べたとおりである。

4　想定し得るセーフガード

　次に論じられるべき問題は，上述のような証人テストのデメリットを軽減する方策（セーフガード）としてどのようなものが考えられるかである。証人テストのデメリットは，被告人の権利に直接関係するため，セーフガードは，あらゆる場合を想定した明確かつ強固なものである必要がある。このようなセーフガードが講じられて，はじめて，証人テストのメリットとのバランスを論じることが可能となる。

　通常挙げられるセーフガードは，反対尋問，証拠排除，司法妨害罪などの罰則，倫理規定，証人テストのガイドラインの策定などである。

(1) 反対尋問

　不適切な証人テストが行われた場合に，これを追及し，裁判所に証言の証拠能力と証明力について適切な評価を行わせることは，反対尋問の重要な役割である。証人テスト自体，交互尋問方式，すなわち反対尋問が行われることを前提としており，この意味で，証人テストと反対尋問は不可分の関係にある。むろん，証人自身が証言の歪曲を極めて巧妙に糊塗する場合や，証人自身が意図せずに証言を変化させた場合には，反対尋問が必ずしも効果を挙げない場合も

〈第5部〉移行期正義の課題と対応

あるが，いずれにしても，最大のセーフガードであることに変わりはない。大陸法系の弁護人が反対尋問に習熟していないことを理由として，国際刑事法廷においては適切なセーフガードたりえないとする論もある[71]が，ICC における証人尋問の重要性にかんがみれば，弁護人は，当然，反対尋問に習熟しているべきであり，これを大陸法系の弁護人に対する不利益と捉えるのは本末転倒の見解である。

(2) 証 拠 排 除

証人テストによって証言が歪曲された場合には，当然，その証言の証拠能力が否定され，あるいは，証明力が減殺される。これに関し，大阪刑事実務研究会編著『刑事公判の諸問題』(判例タイムズ社，1989) 394-395 頁は，(誘導尋問など)「このような不当な働きかけのなされたことが証人尋問の実施前や実施中に判明した場合については，関係者においてそのような事実の存在することを認識したうえで爾後の証人尋問に臨むことができるのであり，相手方としても尋問中にこの点に触れて証言の証明力を減殺する機会があるし，裁判官においてもこれらの点を踏まえて証言の証明力に対して慎重な判断をなしうるのであるから，一般的には証言の証明力の問題として扱えばこと足り，証言の任意性や証拠能力をまで問題としなければならない場合は少ないと考えてよいと思われる。」「(証人尋問の終了後に事前テストの場で証人に対して不当な働きかけの行われていた事実がはじめて判明するに至った) 場合においても，法廷での証明力減殺のための尋問が欠けていることなどを考慮に容れて証言の証明力を慎重に判断することができるし，また必要があれば再尋問も可能なのであるから，一般的には証言の証明力の問題として扱えば足りるといえるであろう。」と述べ，ただし，不当性の程度が極端に著しい場合には証言の証拠能力が否定されることもあり得る旨を述べており，参考となる。

(3) 罰 則

証人テストの場を利用して意図的に証言の歪曲が行われた場合，これが司法妨害に当たることは明白である。規程 70 条は，(a)虚偽の証言を行うこと，(b)

---

[71] K. Ambos, "'Witness Proofing' before the International Criminal Court: A Reply to Karemaker, Taylor, and Pittman", Leiden Journal of International Law, 21 (2008), p. 915.

当事者が虚偽の又は偽造された証拠と知りながらこれを提出すること，(c)証人を買収し，証人の出席若しくは証言について妨害し若しくは干渉し，証言を行ったことに対して証人に報復を行い，証拠を破壊し若しくは改ざんし，又は証拠の収集を妨げることなどを裁判所の運営に対する犯罪として規定し，ICCがこれらの犯罪について管轄権を有すると規定する。ただし，歪曲が意図的でない場合はこれにあたらない。

(4) 倫理規定

上述のように，多くのコモンロー諸国において，法律家の，特に法廷弁護士の倫理規定に証人との接触についての規定があり，ICCにおいても，検察官や弁護人の倫理規定にこれを盛り込み，司法妨害に至らない不適切な行為がある場合，倫理規定違反として適切な措置をとり得るようにしておくことは有意義である。

(5) ガイドライン

証人テストのデメリットを避けるためには，これまでに述べたすべての措置に加え，許容される行為と許容されない行為を具体的に示すガイドラインが必要である。証人テストを行う検察官を特定し，ガイドラインの実施のための研修を行うことも可能であろう。この点で，英国検察庁の上述のガイドラインは参考になるものである。

なお，これらのセーフガードを実効的なものにするために，何らかの形での証人テストの可視化が有効な手段となろう[72]。

これらのセーフガードは，それぞれ単独では不十分であろうが，証人テストの実情に応じて各手段を適切に組み合わせれば，懸念される不当な影響を最小限にとどめることができるであろう。ICCにおける証人テストの是非は，このようなセーフガードを講じること（検察官が提案すること）を前提として，証人テストのメリットとの具体的なバランスを検討して論じられるべきであろう。

---

[72] なお，日本においても，山室・前掲注(34) 91頁は，弁護人による証人テストについて，「証人テストに際して注意すべきことは，偽証を教唆してはならないことは言うまでもないが，その疑いをいささかも抱かれてはならないということである。そのためには，複数の弁護人で面接するとか，証人の了解を得て証人テストの全経過をテープに記録しておくなどの方法をとるべきである。」と述べている。

〈第5部〉移行期正義の課題と対応

VI おわりに

　普遍的な国際刑事裁判所において理想的かつハイブリッドな刑事手続を構築しようとの試みは、野心的ではあるが、いまだ達成されたとは言いがたい。

　第1に、異なる法体系を有する諸国、特に、コモンロー諸国と大陸法諸国の間にある根強い対立がある。既に述べたように、ICCが目指すべきハイブリッドな法体系とは、ICCの扱う事案の性格に即し、かつ、世界中のあらゆる法体系の優れた点を採用した普遍的な刑事法体系であるべきである。他方で、現実に、規程及びRPEの起草過程で見られたのは、すべての論点に関して自国の法体系を反映させようとの政治的な対立であり、これが、現在の規程及びRPEに反映されて、裁判所実務を混乱させている[73]。

　第2に、そもそも、真にハイブリッドな刑事手続の構築はきわめて困難である。刑事手続とは、それぞれの社会において、その社会の歴史と特質に応じて、犯罪の効果的な抑止と被疑者・被告人の権利の保障、さらに、これに加えて被害者保護の微妙なバランスの上に、全体として適正かつ効果的・効率的な刑事裁判の実現を確保するために発展してきたものであり、その一部を全体から切り離して、他国の法と簡単に「つぎはぎ」できるものではない。まして、足して2で割ったり、特定の目的に都合のよい部分を選択的に利用するといったアプローチは、国際刑事法廷の適正な運営という観点からは、かえって、害となろう。

　既に述べたとおり、これらの傾向は、刑事手続法の核心部分ともいうべき証拠法において顕著であるが、被害者参加や予審部の役割といった分野でも同じ傾向が見られる。証人テストをめぐる問題は、ごく部分的な問題ではあるが、現在ICCが直面しているこのような困難の典型例であるといえよう。

　最終的には、ICCの扱う事案の特殊性に応じた判例の蓄積を待たざるを得ないにしても[74]、ICCの手続上の諸問題は、特に迅速な裁判の実現という観点から、締約国の強い関心をも招いており、裁判所内外で、手続見直しの議論が始まっている。ICC発足後10年目の節目の年を迎え、ルバンガ事件第1審判決

---

[73]　また、ICC自体も、異なる法体系をバックグラウンドとする判事によって構成されていることは忘れてはならない。

[74]　このためには、質のよい判事の確保がきわめて重要であることは論を待たない。

及び2012年秋にも予想されるカタンガ事件第1審判決並びにこれらの裁判の過程で得られた知見を踏まえた実効性のある見直しが行われることを期待するものである。

15 強制失踪条約における非国家主体の人権侵害行為と締約国の責任

薬 師 寺 公 夫

I はじめに
II ジェノサイド条約における非国家主体による人権侵害行為と締約国の責任——ジェノサイド条約適用事件ICJ判決を手がかりに
III 一般的人権条約における非国家主体による人権侵害行為と締約国の責任——失踪の典型事例を手がかりに
IV 拷問禁止条約及び強制失踪条約における非国家主体による人権侵害行為と締約国の責任
V むすびにかえて

I はじめに

「強制失踪からのすべての者の保護に関する国際条約」(以下「強制失踪条約」という)の第2条は,「強制失踪」を次のように定義する。

> 「『強制失踪』(enforced disappearance)」とは,国の機関又は国の許可,支援若しくは黙認を得て行動する個人若しくは集団が,逮捕,拘禁,拉(ら)致その他のあらゆる形態の自由のはく奪を行う行為であって,その自由のはく奪を認めず,又はそれによる失踪(そう)者の消息若しくは所在を隠蔽(いんぺい)することを伴い,かつ,当該失踪者を法律の保護の外に置くものをいう。」[1](傍点筆者)

同様に「拷問及び他の残虐な,非人道的な又は品位を傷つける取扱い又は刑罰に関する条約」(以下「拷問等禁止条約」という)第1条1項は,この条約の適用上「拷問」を次のように定義する。

---

* 本稿で示された見解は,筆者個人の意見及び見解であって,強制失踪委員会の意見や見解を示すものではない。
(1) English text is available at<http://www2.ohchr.org/english/law/disappearance-convention.htm>.

〈第5部〉移行期正義の課題と対応

「『拷問（torture）』とは、身体的なものであるか精神的なものであるかを問わず人に重い苦痛を故意に与える行為であって、本人若しくは第三者から情報若しくは自白を得ること、本人若しくは第三者が行ったか若しくはその疑いがある行為について本人を罰すること、本人若しくは第三者を脅迫し若しくは強要することその他これらに類することを目的として又は何らかの差別に基づく理由によって、かつ、公務員その他の公的資格で行動する者により又はその扇動により若しくはその同意若しくは黙認の下に行われるものをいう。」(2)（傍点筆者）

　これらの条約においては、条約の規律対象となる「強制失踪」又は「拷問」の定義自体が基本的には国家機関（領域的単位の機関を含む）の地位にある者によって行われる失踪行為又は拷問行為に限定されている。したがって、強制失踪条約に基づき締約国が負う義務の大半は「強制失踪」の定義にあてはまる国家機関の失踪の行為に対してのみ適用される。例えば同条約に定める、強制失踪が自国の刑事法上の犯罪を構成することを確保するために必要な措置をとる国の義務（第4条）や、強制失踪の被害者が被害回復を受ける権利及び迅速、公正かつ適正な賠償を受ける権利を有することを自国の法制において確保する国の義務（第24条4項）は、締約国の国家機関が行った「強制失踪」行為を主要対象としたもので、それを自動的に国家以外の第三者が行った失踪行為に広げて適用できるものではない。拷問等禁止条約もこれと基本的には同じである。例えば、自国の管轄の下にある領域内において拷問に当たる行為（acts of torture）が行われることを防止するため、立法上、行政上、司法上その他の効果的な措置をとる国の義務（第2条1項）も、拷問に当たるすべての行為を自国の刑法上の犯罪にすることを確保する国の義務（第4条1項）も、基本的には締約国の公務員等が行った「拷問」行為に対して負うものである。重大な人権侵害行為であり国際犯罪である「強制失踪」及び「拷問」がさまざまの理由により未だに国家の権力的行為によって実行されていることこそ重点的に対処するべき重大な人権侵害問題であることを考慮すれば、人権条約である強制失踪条約及び拷問等禁止条約が、国家機関による失踪及び拷問の行為にまず焦点を当てることは当然のことである。

　しかしこれらの条約は、「強制失踪」又は「拷問」を国家機関の地位にある者の行為にのみ限定したわけではない。現実の失踪行為及び拷問行為が形式上

---

(2) English text is available at <http://www2.ohchr.org/english/law/cat.htm>.

の国家機関だけでなくさまざまの行為主体によって実行されていることを考慮に入れて、国家機関以外の行為主体による失踪行為及び拷問行為について、これらの条約は、行為者が次の条件を満たす場合には、締約国が条約上の義務を負うように「強制失踪」又は「拷問」の概念を広く定義している。強制失踪条約第2条は、失踪行為が「国の許可、支援若しくは黙認を得て行動する」個人又は集団によって行われる場合には、それが非国家主体の行為であっても「強制失踪」に該当すると定める。拷問等禁止条約第1条も、拷問行為が公務員その他公的資格で行動する者の「扇動により若しくは同意若しくは黙認の下に行われる」場合には、それが個人又は集団の行為であっても「拷問」に該当すると定める。しかし、これらの規定によっても、非国家主体が実行する失踪又は拷問に物理的に該当する行為のすべてが、「強制失踪」又は「拷問」の定義に含まれるわけではない。「拷問」や「強制失踪」の定義に含まれない非国家主体の失踪行為又は拷問行為は、それが重大な人権侵害行為であっても、これらの条約の多くの条文の適用対象外ということになる。このような条約の規定構造から、これらの条約の実施をめぐっては、次のような二つの問題が生じると思われる。

　第1に、非国家主体の行為が、条約に定める「強制失踪」又は「拷問」の範疇に入るというためには、どのような条件を満たしていなければならないかをめぐる解釈問題である。一概に非国家主体といっても、その範囲は、国際組織犯罪を行っているような純粋に私的な犯罪組織（例えば麻薬シンジケートなど）から、反政府武装団体、さらに国家機関そのものではないが国家権能の一部を遂行しているような実体まで多様である。締約国の領域内で犯罪行為を実行する外国の国家機関も条約の適用上締約国の国家機関や公務員には該当せず、当該締約国から見れば非国家主体とみなさざるをえないであろう。一見したところ、誰のどのような行為が国家機関による「強制失踪」又は「拷問」の行為（act of State）とみなされるのかという問題は、一種の「行為の帰属」に基づく締約国の責任に属する問題のように思われる。しかし、国家機関又は公務員の扇動、同意、許可、支援又は黙認によって行動するという用語の使用から見れば、締約国の責任は、国による援助、指示又は強制等を根拠とする一種の派生的責任（derivative responsibility）に該当するといえるかもしれない。もちろん、国家機関以外の行為主体の行為が国家機関の行為と同一視される根拠を一般国際法

〈第5部〉移行期正義の課題と対応

上どのように説明できるかということとは別に、これらの条約において、国家機関以外の行為主体の人権侵害行為に対して締約国がどの程度の範囲で義務及び責任を引き受けるのかについて、条約締約国は自由に決定することができたであろう。つまりこれらの条約の下で、非国家主体の人権侵害行為に対して締約国が負う責任の根拠と範囲は、第1次規則であるこれらの条約自体の規定によって決定されるといえる。しかし、前述のように、国家機関又は公務員による扇動、同意、許可、支援又は黙認という概念は、その内容が必ずしも一義的に明確だというわけではない。そこで、これらの概念を解釈するために、行為の帰属又は責任の帰属に関する一般国際法上の規則が参照される可能性がある。

　第2に、第1の範疇に入らない非国家主体の失踪行為又は拷問行為に対して、締約国は条約上の義務を一切負わないといえるのか、それとも一定の範囲で条約上の義務を負うことになるのかも問題になりうる。周知のように国際人権条約の枠組みの下では、締約国は、条約に定める人権を自ら侵害しない義務を負うだけでなく、それらを確保（ensure）又は保障（secure）する義務を負うことがある。そうした場合には、締約国は、非国家主体の人権侵害行為から被害者を保護する積極的義務を負うことを義務づけられる場合がある。ところが強制失踪条約の場合、一定の範囲の非国家主体の行為は「強制失踪」とみなされ国は基本的に条約上のすべての義務を負うのに対して、「強制失踪」に入らない非国家主体による失踪行為に対しては、原則として第3条に定める失踪行為の調査及び責任者の訴追義務のみを負うという構造をとる。個人及び集団の失踪行為に対する締約国の保護義務を明示したという点では画期的な条約規定であるが、一般人権条約の下で条約実施機関が認めてきた積極的保護義務との関連では保護義務の範囲が問題となりうる。

　以下では、この二つの問題に焦点を当てて、強制失踪条約を中心に検討してみたい。そのために以下では、まず、Ⅱで、強制失踪条約及び拷問等禁止条約と同じく国際犯罪の抑圧処罰条約の要素をもったジェノサイド条約の解釈・適用に関して生じた紛争事例を素材として、非国家主体の人権侵害行為に対してどのような義務を締約国が負いどのような場合に責任を負うと考えられたのかを、その方法論を含めて検討する。次いで、Ⅲでは、非国家主体による又は行為者が不明の人権侵害行為に対して、自由権規約をはじめとする一般的人権条約の実施機関が、どのようにして締約国の義務を確認しその責任を認定してき

たのかをいくつかの典型的事例に則して検討する。Ⅳでは，拷問等禁止条約が同条約の「拷問」の定義を踏まえて，非国家主体の行為についてどのように対処してきたのかをまず検討する。それらを踏まえて最後にⅣの後半で，強制失踪条約における「強制失踪」の定義について検討し，非国家主体による又は実行者不明の失踪行為に対して同条約がどのような義務と責任を課しているとみられるかについて考察してみたい。

Ⅱ ジェノサイド条約における非国家主体による人権侵害行為と締約国の責任
——ジェノサイド条約適用事件 ICJ 判決を手がかりに

　国際司法裁判所（ICJ）は，ジェノサイド条約適用事件判決[3]において，セルビア系共和国（スルプスカ共和国）の軍隊（VRS）等がボスニア・ヘルツェゴビナ（BH）のスレブレニツァで犯した集団殺害罪について，セルビア・モンテネグロ（以下セルビアという）の同条約違反による国家責任を認定した。本事件のICJ判決は，非国家主体の行為に対する国の義務と責任を検討する上で，とるべきアプローチの方法及び関連する国際法規則についていくつかの示唆を与えているように思われる。というのは，同事件は，ジェノサイド条約の解釈・適用をめぐる事件であり，集団殺害の防止・処罰を目的とする同条約は，犯罪となる行為を定義し，処罰すべき行為の範囲を指定し，それらを犯罪として処罰する義務及び犯罪人を引き渡す義務などを定める点で，強制失踪条約及び拷問等禁止条約と類似した条文構造をもつ人権条約であるため，その解釈・適用は強制失踪条約及び拷問等禁止条約の解釈・適用にとっても参考になるからである。

　この事件の解決に当たって，ICJ がまず処理しなければならなかったのは，ジェノサイド条約が，集団殺害を防止・処罰する一般的義務（第1条），並びに，

---

(3) ICJ, *case concerning the Application of the Convention on the Prevention and Punishment of the Crime of Genocide (Bosnia and Herzegovina v. Serbia and Montenegro)*, Judgment, 26 Feb. 2007, *ICJ Reports 2007(I)* (hereinafter referred to as *Judgment in the Application of Genocide Convention* case) p. 42 なお，本判決については，湯山智之「判例研究：国際司法裁判所・ジェノサイド条約適用事件（ボスニア・ヘルツェゴビナ対セルビア・モンテネグロ）（判決　2007年2月26日）(1), (2), (3・完)」立命館法学2011年1号，4号及び2012年2号所収参照。

〈第5部〉移行期正義の課題と対応

それを具体化するために第2条で定義した「集団殺害」について，これを犯罪化し，処罰し，引き渡す義務（第3条〜第7条）に加えて，締約国になんらかの義務を課しているかという問題であった。ICJ判決は，同条約が，人又は人の集団だけでなく国家自身（その行為が国に帰属する人又は人の集団）による集団殺害並びに第3条に列挙する行為をも禁止すること，すなわち「集団殺害を犯さない国の義務」を締約国に課しているという解釈を採った。同条約の第1条が集団殺害を国際法上の犯罪と類型化したことから締約諸国は論理的に当該行為を実行しないことを約束しているに違いないし，集団殺害を防止する国の義務は必然的に集団殺害を行わない国の義務を導くというのが，その理由である[4]。この解釈には批判もあるが[5]，ICJがジェノサイド条約につき採用した解釈は，強制失踪条約や拷問等禁止条約における締約国の義務の解釈にあたっても，一定の影響を与える可能性がある。

さて，ジェノサイド条約が集団殺害及び関連行為を国自身が行わない義務並びにそれらの行為を防止・処罰する義務を締約国に課しているという同条約に固有の枠組みを前提として，ICJは，スレブレニツァにおいてVRS等の非国家主体が行った集団殺害に対するセルビアの国家責任の有無を検討するために，裁判所がとるべき3つのアプローチの方法とその検討順序に関して以下のような注目すべき判断を行った。

1 非国家主体の行為に対する締約国の責任を確認するための3つのアプローチ

ICJ判決によれば，スレブレニツァにおける集団殺害に対するセルビアの国家責任の検討にあたっては，①集団殺害の行為が国家責任に関する慣習国際法の規則に基づきセルビアに帰属できるかどうかを優先して検討し，それが否定される場合には，②ジェノサイド条約第3条に定める集団殺害以外の行為（共謀（conspiracy），扇動（incitement），未遂，共犯（complicity））がセルビアに帰属で

---

[4] *Judgment in the Application of Genocide Convention case, supra* note (3), paras. 166-167.
[5] 多数意見のこの解釈に対しては，少なからず批判があるが，本稿の焦点ではないので次のものを参照されたい。湯山・前掲注(3)立命館法学2011年1号493-500頁，薬師寺公夫「ジェノサイド条約適用時権ICJ本案判決——行為の帰属と国の防止義務再論」坂元茂樹編『藤田久一先生古稀記念　国際立法の最前線』（有信堂，2009年）346-348頁。

502

きるかどうかを同じ国家責任法の規則に基づき検討し，この帰属可能性も否定された後にはじめて，③セルビアが条約第1条に定める防止及び処罰義務に違反したかどうかを検討することになる[6]。

　このアプローチの方法が採られるのは次の理由による。もし集団殺害の行為がセルビアに帰属するという結論になれば，それらの行為が第3条(b)～(e)に基づき責任を生じさせるか否かを決定する必要はなくなる。集団殺害の行為により生ずる責任は，集団殺害の共謀又は扇動の行為により生ずる責任を吸収してしまうから，集団殺害の行為が国に帰属するための要件が満たされてしまえば共謀及び扇動の行為の帰属の要件が満たされるか否かを決定することには殆ど意味がない。他方，同一行為について，集団殺害の行為と，その未遂及び共犯の行為とを同時に国に帰属させることは論理的にも法的にも無理がある[7]。これに対し集団殺害の行為をセルビアに帰属させることができない場合には，第3条(b)～(e)に掲げるいずれかの行為が同国に帰属することによって同国に責任が生じるか否かを検討する必要がある。国家責任の規則によって集団殺害の行為を帰属させることができない国に対しても，集団殺害の共犯の行為を帰属させることはできる[8]。これら2つの問題に否定的に答えた場合にのみ，集団殺害を構成する事実の全体的集積に関連してセルビアが防止の義務を履行したか否かを検討しなければならない。集団殺害の行為又は第3条(b)～(e)に定める行為のいずれかについて国に責任が生じる場合には，国は集団殺害に積極的に関与しており，その国が集団殺害を防止する義務を果たすということは不可能だからである。反対に同国がこれらの行為について直接責任を負わない場合であっても，これらの行為を防止する義務の違反について責任を問われないということにはならない。防止の義務と異なり処罰の義務の場合には，国が，集団殺害の行為及び第3条(b)～(e)に定める行為に対して責任を負うと同時に実行者の処罰を怠ったことにも責任を負うことは十分ありうることである[9]。

　非国家主体の行為に関連して国の責任が問われるときに，上記①から③までの順序に従って国の責任の有無が検討されなければならないという定式化は，

---

[6] *Judgment in the Application of Genocide Convention case, supra* note (3), para. 379.
[7] *Ibid.,* para. 380.
[8] *Ibid.,* para. 381.
[9] *Ibid.,* paras. 382-383.

〈第5部〉移行期正義の課題と対応

おそらくICJにおいて本判決が初めてのものであろう。もっとも，外国の法益を侵害する非国家主体の行為に関連して国の責任を問う場合に，当該侵害行為が国に直接帰属するか否かをまず検討し，それが認められない場合にもなお当該侵害行為を防止する義務を国が履行したか否かを検討することは，ICJが，在テヘラン米国大使館人質事件判決においてもニカラグア事件判決においても一貫して採用してきた方法であり[10]，今回が初めてというわけではない。人権条約違反の有無の認定に当たっても，問題となる非国家主体の人権侵害行為について，実行者の行為の国への帰属という国の関与がより直接的な問題をまず検討し，次いで他の責任帰属事由の有無を検討し，これらが認められない場合に，最後に人権侵害を防止し又は人権を確保する国の義務の履行のいかんを審査するという方法は，特に本件のように締約国が援助を与えている非国家主体によって大規模な人権侵害が発生したという事例の場合には，合理的な方法だと思われる。

そこで次には，①から③のそれぞれの検討に当たって，ICJが実際にどのような規則又は基準を採用し，その結果どのような認定がなされたのかについて簡単に見ておきたい。その際に，ICJが採用した規則又は基準が，一般慣習国際法の規則又は基準として検討されていたのか，それとも，ジェノサイド条約に定める規則又は基準の解釈として検討されていたのかについても留意しておきたい。

2 締約国の責任を導く国際法の規則及び基準とその適用の結果

ICJは，判決主文で次のように結論した。セルビアは，その作為が慣習国際法上セルビアに責任を発生させるようなセルビアの機関又は人を通じて，ジェノサイド条約上の義務に違反する集団殺害を行っていなかった（主文2）。また，セルビアは，同条約の義務に違反する集団殺害について，共謀も扇動もしておらず（主文3），集団殺害の共犯でもない（主文4）。しかし，セルビアは，スレブレニツァにおける集団殺害につき，集団殺害を防止する条約上の義務に違反し（主文5），ムラジッチを旧ユーゴスラビア刑事裁判所（ICTY）による裁判のために引き渡すことなど同裁判所と協力することを怠ったことにより条約上の

---

[10] 薬師寺・前掲注(5) 332-346頁参照。

義務に違反した（主文6）[11]。非国家主体が実行した集団殺害に関連して，ICJ は 3 つのアプローチのそれぞれにおいてどのような国際法の規則又は基準を適用した結果このような結論に落ち着いたのか。以下では，この点を簡単に振り返っておきたい。

(1) 行為の帰属アプローチ

ICJ はまず，スレブレニツァでの集団殺害に FRY の国内法上の国家機関が直接関与していたか否かを国家責任条文第 4 条に定める規則に従って検討し，これを否定したが[12]，この点はここでは省略する。またスレブレニツァでの集団殺害に関与したとされる非国家主体にはスルプスカ共和国政府（RS）と VRS のほかスコーピオン等の特殊部隊が挙げられたが，以下では事実を単純化して RS/VRS による集団殺害の行為に絞って，同行為のセルビアへの帰属のいかんについて ICJ のアプローチの仕方の特徴を指摘しておきたい。

結論から先にいえば，集団殺害を構成する RS/VRS の行為はセルビアには帰属しないというのが ICJ の結論であるが，ICJ は，本件事情の下で，RS/VRS の行為が，国家責任の行為の帰属に関する慣習国際法の規則に従ってセルビアに帰属しうる 2 つの可能性を検討している。1 つは，国家責任条文第 4 条に定める国家機関の行為は国に帰属するという規則の RS/VRS への適用可能性であり，この前提として ICJ 判決は，国内法上国家機関の地位をもつ機関[13]ではなくても「事実上の国家機関（State organs *de facto*）」とみなしうる非国家主体の行為には，この規則が適用又は準用できるという立場を採る。RS/VRS が「事実上の国家機関」とみなされない場合に，ICJ が検討した第 2

---

[11] See *Judgment in the Application of Genocide Convention case, supra* note (3), para. 471.

[12] *Ibid.*, para. 389.

[13] 国家責任条文第 4 条は，国家機関としての地位を決定する上で必ずしも国内法の規定を決定的とはみておらず，専ら国内法に依拠することは誤解を招くとしているが，その場合も国の実行，実体が有する権限，他の機関との国内法上の関係を参照することを述べているにとどまり，完全な支配従属関係にある国とは別個の実体まで第 4 条の国家機関になりうるとみなしていたかは疑わしい。See *I.L.C. Report*, Fiftythird session, GAOR Fifty-sixth session, Supplement No. 10, (A/56/10), p. 90 (*Yb. ILC*, 2001-II-2, p. 42), para. (11) of the Commentary on article 4 of the draft articles on Responsibilities of States for internationally wrongful acts (hereinafter referred to as *ILC's commentary on draft articles on State Responsibility*).

の可能性は，国家機関の指示に基づき又は指揮若しくは支配の下に行動している人又は人の集団の行為は国に帰属するという国家責任条文第8条に定める規則の適用である[14]。なお判決は，本件の事情の下では，統治権能の要素を行使する権限を与えられた実体の行為に関する国家責任条文第5条，他の国の利用に供された国の機関の行為に関する同第6条，公の当局の不存在又は機能停止の場合に行われた行為に関する同第9条，並びに，国が国自身のものとして承認し及び採用する行為に関する同第11条のいずれも適用可能性がないと判断し，したがってこれらの条文が定める規則の慣習国際法性については判断しないと述べている[15]。したがって事件の事情によっては，非国家主体の行為が国家責任条文の他の条文に定める国際法の規則に従って国に帰属することを否定していない。

　非国家主体が「事実上の国家機関」とみなされる場合にはそのすべての行為が国に帰属することになる[16]。非国家主体が「事実上の国家機関」とみなされる可能性につきICJは，ニカラグア事件の判例法理に従えば，「人，人の集団又は実体が，事実上，その国の『完全な従属状態』の下で行動し，究極的にはその国の単なる道具となるときは，たとえ国内法上国家機関の地位がなくても，それらの人，人の集団又は実体は，国家責任上，国の機関と同視できる」[17]とみなす。行為の帰属に関して網羅主義を採用したことを示唆するILC註解の立場に合わせて，「事実上の国家機関」を国内法上の国家機関と一緒にして国家責任条文第4条の下で説明することの可否については異論もある[18]。しかし，ICJは，ニカラグア事件判決が反政府軍事組織（コントラ）と米国の関係にふれて示唆した「完全な支配（従属）」関係とそうでない場合の区別[19]をより鮮明に

---

[14] *Judgment in the Application of Genocide Convention case, supra* note (3), para. 384.
[15] *Ibid.*, para. 414.
[16] *Ibid.*, paras. 384 & 397.
[17] *Ibid.*, para. 392.
[18] ILCは，註釈で行為の帰属につき網羅主義を採用したことを示唆する。*ILC's commentary on draft articles on State Responsibility, supra* note (13), p. 83（*Yb. ILC*, 2001-Ⅱ-2, p. 39), para.（9）of the introductory comment on attribution of conduct to a State.「事実上の国家機関」をめぐる議論状況については，湯山・前掲注(3)2011年4号424-432頁，浅田正彦「非国家主体の行為の国家への帰属──包括的帰属関係と個別的帰属関係をめぐって」国際法外交雑誌111巻2号（2012年）11-12頁及び注24参照。
[19] 薬師寺・前掲注(5)335-340頁参照。

し，前者の場合には非国家主体は「事実上の国家機関」とみなされすべての行為が国に帰属するのに対して，後者の場合には非国家主体の行為は国の指示及び支配など特定の要件が満たされる場合にその行為に限って国に帰属するという二分論を採用したと考えられる。その是非はさておき，ICJ の判断枠組みが後続の判決及び国際法規則の発展に与える影響は無視し得ないであろう。もっとも，ニカラグア事件判決と同様に，本件判決も，「完全な従属状態」の認定については，人又は実体に対する特別に大きな程度の国の支配を必要とするから，国内法上の国家機関の地位をもっていない人又は実体を国家機関と同視することは例外的でなければならないと述べて[20]，「事実上の国家機関」の認定には極めて慎重な姿勢を示した。実際に，ICJ は，1995 年のスレブレニツァ事件当時 RS/VRS と FRY 政府及び同陸軍との間には政治的，軍事的及び兵站上の強く緊密な関係が存在していたが，前者をいかなる実際の自律性もない後者の単なる道具だとみなすことはできず，両者間の戦略的選択の相違も考慮すれば，たとえ FRY による重大な支援がなければ RS が決定的又は意味のある軍事的・準軍事的活動を遂行できなかったとしても，RS の FRY に対する全面的従属を意味するものではないと判断したのである[21]。

「事実上の国家機関」に該当しない RS/VRS の行為をセルビアに帰属させる他の可能性として指摘された国家責任条文第 8 条の慣習国際法規則[22]について，ICJ は，この規則は，国の側の指示又は指揮若しくは支配の行使が国際違法行為の原因になったことを責任の根拠とするから，国際違法行為を実行した人又は集団が国の指示に従って又はその「実効的支配 (effective control)」の下で行動したことを証明しなければならず，この「実効的支配」は，「違反の実行者がとった行動全般に関して一般的にではなく，主張される違反が生じたそれぞれの作戦行動に関して行使され」，又は，国の指示がそのように与えられたことを示さなければならないと判示した[23]。これは，非国家主体の行為は国に帰属しないという基本原則に沿うものではあるが，第 8 条に基づく行為の帰属

---

[20] *Judgment in the Application of Genocide Convention case, supra* note (3), para. 393.
[21] *Ibid.,* para. 394. なお判決は，スコーピオンが FRY に完全従属していたという証拠もないと判示した。*Ibid.,* para. 395.
[22] *Ibid.,* para. 398.
[23] *Ibid.,* paras. 379 & 400.

〈第5部〉移行期正義の課題と対応

について,相当高い敷居を設けるものである。この立場から,ICJは,国際違法行為の性質によって行為の帰属の要件が変わるものではなく,集団殺害においても一連の殺戮行為全般に対する実効的支配が問題なのではなく,それを構成する各物理的行為が国の指示に基づき又は国の実効的支配の下に行われる場合にのみ,その限度において国に帰属するという厳格な基準を採用した(24)。同様に,タジッチ事件旧ユーゴスラビア刑事裁判所(ICTY)の上級裁判部判決が採用した「全般的支配(overall control)」の基準(タジッチ基準)(25)を排して,ニカラグア事件ICJ判決が採用したより厳格な「実効的支配(effective control)」の基準(ニカラグア基準)(26)を再確認した。ICTY上訴裁判部の「全般的支配」基準は,私人又は軍事的に組織されていない人の集団と「組織された階層性のある集団」とを区別して,後者の場合には当該集団に対する財政支援,訓練,装備又は作戦上の支援の供与に加えて,国が当該集団の軍事行動を組織し,調整し又は計画する役割を果たす場合には,各個別行為に対する国の指示がなくても当該集団及びその構成員の行為は当該支配国に帰属する(27)とするもので,実効的支配の証明の困難さを緩和し,武装集団の国際違法行為に支援を与える国の国家責任を問いやすくしたものである(28)。しかし,「事実上の国家機関」に該当する非国家主体とそうでない非国家主体とを区別し,後者の行為については国の指示に基づき又は支配の下に実行されるなど特定の条件が満たされる場合のみ国に帰属するというICJの判断基準からすれば,タジッチ基準は国家責任

(24) *Ibid.*, para. 401.
(25) タジッチ事件上訴裁判部は,「ボスニアのセルビア人の軍隊が『軍事的組織』を構成するからには,武力紛争を国際武力紛争と考えるために国際法が要求するこれらの軍隊に対するFRY当局の支配は,これらの軍隊に対する単なる資金及び装備の供与を超えた提供と軍事作戦行動の計画及び監督に対する参加をも含むところの全般的支配(overall control)である」と判示する。ICTY Appeals Chamber, the *Tadic case*, IT-94-1-A, Judgment, 15 July 1999, para. 141.
(26) ニカラグア事件ICJ判決は,「原則として,その過程で主張される違反が行われたところの軍事的又は準軍事的作戦行動に対して国が実効的支配を有していたことが証明されなければならない」と判示した。ICJ, *case concerning Military and Paramilitary Activites in and against Nicaragua (Nicaragua v. United States of America)*, Merits, Judgment (hereinafter referred to as *Judgment in Nicaragua case*), *ICJ Reports 1986*, para. 115.
(27) ICTY Appeals Chamber, the *Tadic case*, Judgment, *supra* note (25), para. 137.
(28) 薬師寺・前掲注(5)340-342頁,354-356頁参照。

の範囲を，国家責任法を規律する基本原則の範囲をはるかに超えて拡張してしまうものとみなされた[29]。もっともニカラグア基準は，実効的支配の有無を国際違法行為が行われた作戦行動に係らせており，それが認められる場合には作戦行動中に犯された非国家主体による国際違法行為は作戦行動に実効的支配を及ぼす国に帰属することを認めており，個々の国際違法行為に対する実効的支配の存在まで要求するものではない。この点，実効的支配は主張される違反が生じたそれぞれの作戦行動に関して行使されたことを示さなければならないとしつつも，集団殺害を構成する物理的諸行為が国の指示に基づき又は国の実効的支配の下に行われることを要するとも述べた本判決は，ニカラグア基準を限りなく厳格に解釈したようにも見える。この解釈に従って，ICJ は，提出された証拠に照らせば，スレブレニツァでの殺戮行為が被告国の機関の指示に基づき若しくは指揮の下で実行されたこと，又は，その過程で集団殺害を構成する殺戮行為が実行された（スレブレニツァ陥落後の）作戦行動に対して被告国が実効的支配を行使していたことは証明されなかったし，BH は，集団殺害罪を特徴づける特別の意図（*dolus specialis*）をともなった指示が FRY 当局その他の機関によって発せられたことを証明しなかったと結論づけた[30]。以上により ICJ は，スレブレニツァでの集団殺害を犯した者の行為は，国家責任に関する国際法の規則の下では，セルビアには帰属されず，セルビアの国際責任が帰属という基礎に基づいて生じることはないと判断した。

以上より，行為の帰属アプローチに関する ICJ の考え方を要約すれば次のようになろう。ジェノサイド条約は行為の帰属に関する特別規則を定めておらず，非国家主体による集団殺害行為の締約国への帰属は国家責任に関する慣習国際法の規則により決定される。スレブレニツァ事件の特徴に鑑みれば，関連する行為帰属の規則は，国家責任条文第4条と第8条に定める規則であり，これらは慣習国際法上確立した規則である。非国家主体の行為の国への帰属は，大別して非国家主体が「事実上の国家機関」となる場合（第4条が適用又は準用される場合）とそうでない場合（本件では第8条が適用される場合）に区別され，前者の場

---

[29] *Judgment in the Application of Genocide Convention case, supra* note (3), para. 406. タジッチ基準に対するもう一つの批判は，同基準が国家責任ではなく武力紛争の国際性を検討する文脈で提示された点にあった。*Ibid.*, paras. 403-405.

[30] *Ibid.*, para. 413.

合には行為のすべてが国に帰属することになるが，非国家主体が「事実上の国家機関」とみなされるのは，いかなる自律性もなく国の単なる道具といえるほどに，非国家主体が国の「完全な従属状態」にある例外的な場合のみである。他方「事実上の国家機関」でない非国家主体の場合，その行為が国に帰属するのは，それが特別の要件を満たす場合にその限度においてのみである。国家責任条文第8条の国による指示，指揮及び支配を根拠とする行為の帰属に即していえば，非国家主体による国際違法行為が国又はその機関の指示に基づいて実行されたか，又は，国の実効的支配の下にある個々の作戦行動（例えばスレブレニツァ陥落から集団殺害に至る作戦行動全般ではなく陥落後の被拘禁者の取扱いに関する作戦行動）の過程で実行された場合にのみ，当該違法行為は国に帰属する。非国家主体が「組織された階層性のある集団」の場合であっても国の「完全な従属状態」にない場合には，当該集団に対する国の「全般的支配」（単なる財政，装備等の支援を超えた集団の行動計画への関与及び監督）を理由に当該集団が実行した国際違法行為を国に帰属させることはできない。以上のようなICJの認定が，行為帰属に関する先例及び国家実行並びに国家責任条文及びそれに関するILCの註解と十分に適合的なものといえるかについては議論がないわけではない[31]。しかし，強制失踪条約及び拷問等禁止条約における非国家主体の行為に関する締約国の義務と責任の範囲を検討する上で，国への行為の帰属に関する一般国際法上の規則に関するICJの認定は重要な座標軸を提供している。

(2) 派生的責任（共犯）アプローチ

　VRSの集団殺害行為のセルビアへの帰属を否定したICJは，ジェノサイド条約第3条に定める集団殺害の共謀，直接かつ公然の扇動，未遂又は共犯を行わない国の義務のセルビアによる違反があるか否かを検討した。強制失踪条約は，「強制失踪」の実行者だけでなく「強制失踪」への教唆，勧誘，未遂，加担，参加をした者の刑事責任を問うことを規定していることから，仮に「強制失踪」を行わない国自身の義務が同条約の解釈によって導かれうるのであれば，「強制失踪」の共謀，教唆，加担，参加を行わない国自身の義務も同条約の解釈によって導き出される可能性がないわけではない。そこでVRSの集団殺害に対するセルビアの共謀，共犯等を根拠とする国家責任の可能性についても見

---

(31) 浅田・前掲注(18) 13-26頁，湯山・前掲注(3) 2011年4号423-440頁参照。

〔薬師寺公夫〕　*15*　強制失踪条約における非国家主体の人権侵害行為と締約国の責任

ておく必要がある。もっともICJ判決は，セルビアの集団殺害の未遂に基づく責任はBHが最終陳述で主張していないという理由により，また集団殺害の共謀に基づく責任は，VRSによる殺戮行為が被告国の指示に基づき又は実効的支配の下で実行されたのではないという裁判所の認定によって排除されるという理由により，さらに扇動に基づく責任については，被告国の機関も被告国の指示に基づき又はその実効的支配の下で行動する者もスレブレニツァ又はBHの他の地域での殺戮行為を直接かつ公然と扇動したことを示す証拠がないという理由で[32]，未遂，共謀又は扇動を各理由とする国家責任の性格と内容については検討していない。そこでここでも集団殺害の共犯を理由とする責任のみを取り上げる。これも結論から先にいえば，ICJは，FRYからRS/VRSに対して極めて重要な政治的，軍事的，財政的支援が継続的に行われ，VRSが少なくともその一部の資源を用いてスレブレニツァでの殺戮を実行したことは疑いないが，FRYは集団殺害の実行者に対して提供した援助が集団殺害を実行するために使用されるであろうことを十分了知して当該援助を提供したということが決定的な形で証明されなかったとして，集団殺害の共犯行為を理由とするセルビアの国際責任を否定した[33]。

　国家責任条文には，共犯の行為を理由として国に責任を帰属させる規則は存在しない。個人の刑事責任に用いられる共犯概念を国の責任を問う根拠として援用できたのは，ICJが，ジェノサイド条約第3条(e)は集団殺害の共犯となる行為を国自身が行うことを禁止しているという解釈を採用したからである。もっともICJは，共犯を根拠とする国の責任を同条約第3条(e)に基づく実体的義務（共犯行為を実行しない義務）の違反と位置づけたわけでは必ずしもない。ニカラグア事件ICJ判決が，コントラの人道法違反の行為を了知しながら人道法の一般原則に反する行為の実行を奨励したマニュアルを発行し配布した米国の行為を，米国による人道法違反行為（第1次規則の基づく義務の違反）の奨励にあたるとみなしたこと[34]とは異なる。むしろICJは，前述のように共犯を理由とする国の責任を国家責任に関する一般規則に基づくものと説明し，当該責任を

---

[32]　*Judgment in the Application of Genocide Convention case, supra* note (3), paras. 416-417.
[33]　*Ibid.*, paras. 422-424.
[34]　*Judgment in Nicaragua case, supra* note (26), para. 256 & para. 292 (p. 148 (9)).

〈第5部〉移行期正義の課題と対応

国内刑事法上の共犯概念とも区別して、国家責任条文第16条に定める国際違法行為の支援又は援助を理由とする国の責任に類するものとみなした。というのは、ICJ判決によれば、いくつかの国の刑事法制度の下では、犯罪行為の実行者に対する指示及び命令は共犯を構成すると考えられるところ、国家責任法の下では、集団殺害行為が国の指示に基づき又はその指揮の下に実行されれば、行為の帰属規則によって国は集団殺害に直接責任を負うことになり、共犯の問題にはならないからである(35)。ただしICJは、ジェノサイド条約第3条(e)に定める「共犯」も、犯罪の実行を可能又は容易にする手段の提供を含むものであるとして、共犯それ自体は国際責任法上の現行の概念ではないが、国家責任法を構成する慣習規則の中に存在する概念すなわち他国の違法行為の実行のために国が提供する「支援又は援助」の概念と同様のものだと性格づけた(36)。ILCの註解によれば、他国の国際違法行為に対する支援・援助、指示・指揮、強制を理由とする国の責任は、国内法の共謀、共犯、契約違反の勧誘などに該当する一種の派生的責任であり、行為の帰属と類似の責任の一般規則に属するものと説明されている(37)。要するにICJによれば、二国間の関係に適用される国家責任条文第16条は本件に直接関係するものではないが、ジェノサイド条約第3条(e)に定める「集団殺害の共犯」と国家責任条文第16条に定める他国の違法行為の実行に対する国の「支援又は援助」を実質的に区別する理由はなく、被告国が「集団殺害の共犯」について責任を負うか否かを確認するためには、国際責任の一般法に存在する概念とあまりかけ離れていない意味で、被告国が集団殺害の実行に「支援又は援助」を提供したか否かを検討しなければならないのである(38)。この点国家責任条文第16条に関するILCの註解によれば、「援助又は支援」を根拠とする責任の発生には、①援助又は支援対象となる行為が違法であるという事情を了知して支援又は援助を行うこと、②その援助又は支援が国際違法行為の実行を容易にすることを意図しかつ実際に容易にしたこと、③完了した行為を支援国が自ら行っていれば国際違法行為となることの3要件

---

(35) *Judgment in the Application of Genocide Convention case, supra* note (3), para. 419.
(36) *Ibid.*
(37) *ILC's commentary on draft articles on State Responsibility, supra* note (13), p. 153 (*Yb. ILC,* 2001-Ⅱ-2, p. 65), para. (7) of the introductory commentary on responsibility of a State in connection with the act of another State.
(38) *Judgment in the Application of Genocide Convention case, supra* note (3), para. 420.

が満たされなければならない[39]。ICJ は，この①及び②を適用しつつ，特に①の要件を本件に応用し，少なくとも集団殺害の実行者に対する援助又は支援の提供者が主たる実行者の特別の意図について了知して支援又は援助したのでなければ，その行為は集団殺害の共犯には該当しないと解釈した[40]。この基準のスレブレニツァ事件への適用の結果は前述したとおりである。なお ICJ は，共犯というためには共犯者が主犯者の（集団の破壊に関する）特別の意図を了知するだけでなく，それを共有していることが要件となるかという問題があることを指摘したが，これには直接回答を下さなかった[41]。

以上のように，ICJ は，VRS という非国家主体の集団殺害に関連してセルビアに帰責されうる責任の根拠を，ジェノサイド条約の条文を基礎に置きつつ，国家責任条文に定める国家責任法の一般原則に従って，行為の帰属に続いて国の派生的責任（支援又は援助）に求めた。国による国際違法行為の支援又は援助の場合には行為の帰属のように非国家主体の違法行為それ自体が国に帰属するわけではない。国は，集団殺害という違法行為に直接責任を負うわけではなく，それを支援又は援助した違法行為に対して責任を負うことになる。行為の帰属についてタジッチ基準を排した際の厳格な ICJ のアプローチに照らせば，二国間の関係において適用されるいわゆる派生的責任の規則を，非国家主体と国の関係に準用又は類推できるかということ自体が，重大な論争点である[42]。しかし本稿では，ICJ の責任の認定方法を確認することにとどめ，先に進もう。

(3) 防止義務違反アプローチ

VRS の集団殺害に対する行為の帰属及び共犯を理由とするセルビアの国家責任を否定した ICJ は，ジェノサイド条約第 1 条に定める集団殺害の防止の義務と処罰の義務とは密接に関連してはいるが独立した義務であると指摘した上で，それぞれについて別個に検討し，FRY による双方の義務違反を認めてセルビアの国家責任を確認した。ここでは防止の義務に焦点を合わせるが，結論を先に述べれば，ICJ 判決は要旨次のように判示した。①スレブレニツァ事

---

[39] *ILC's commentary on draft articles on State Responsibility, supra* note (13), p. 156（*Yb. ILC*, 2001-Ⅱ-2, p. 66）, para.（3）of commentary on article 16.
[40] *Judgment in the Application of Genocide Convention case, supra* note (3), para. 421.
[41] *Ibid.*
[42] 湯山・前掲注(3) 2012 年 2 号 495-506 頁参照。

〈第5部〉移行期正義の課題と対応

件当時FRYは、以前より弱くなったとはいえ、SR/VRSとなお緊密な関係を持っており、「影響力」を行使できる立場にあった。②ICJの仮保全措置ならびに各種情報及び状況（セルビア系社会とムスリム系社会の深い憎悪を含む）に鑑みれば、VRSによるスレブレニツァ占領の決定が少なくとも集団殺害の重大な危険を生じさせうることをFRYは十分推測できたはずである。③FRYにはその「影響力」により集団殺害を防止する手段があり、集団殺害の防止の最大限の努力をすべきだったにも拘わらず、FRYは何らの措置もとらなかったことにより、防止義務の違反があった[43]。

この結論を導く上で、ICJは、非国家主体の国際違法行為を防止する国の義務の基本的性格と特徴について4点を指摘した。第1に、防止の義務の内容は、条約規定の文言及び防止すべき行為の性質により条約ごとに異なるから、本判決が防止の義務を定める条約のあらゆる場合に適用できるような一般的な判例法理を確立するものではない[44]。したがって本判決において述べられたことは、基本的にはジェノサイド条約の防止の義務に関するものである。第2に、防止の義務は行為の義務であって結果の義務ではないから、期待された結果が達成できなかったという理由だけで責任を負うことはないが、国の権限内にあり集団殺害の防止に貢献する可能性のあるあらゆる措置をとることを明らかに怠れば責任が生じる。ICJは、この分野では、具体的な評価を要求する「相当の注意」という概念が決定的に重要であり、国が適正に相当の注意義務を果たしたかを評価する上で、とりわけ集団殺害の潜在的実行者の行為に実効的に影響を及ぼす能力を重視した[45]。第3に、集団殺害が実行される重大な危険があると国が了知し又は了知すべきだったときから防止の義務が生じ、国は、集団殺害を抑止する効果をもつ手段を利用できる場合には、事情が許す手段を利用する義務を負うが、防止の義務違反により国の責任が問われるのは、集団殺害が実際に実行された場合だけである[46]。最後に、共犯は集団殺害の実行者を支援又は援助するために何らかの積極的措置が採られることによって生じるのに対し

---

[43] *Judgment in the Application of Genocide Convention case, supra* note (3), paras. 434-438..
[44] *Ibid.,* para. 429.
[45] *Ibid.,* para. 430.
[46] *Ibid.,* para. 431.

て，防止の義務の違反は集団殺害の実行を防止する適当な措置を採用し実施することを単に怠ったことから生じる。また，共犯は事実に対する十分な知識を伴って集団殺害の実行に支援が与えられていなければならないが，防止の義務を怠ったことによる責任の発生は集団殺害が実行される重大な危険を了知していたか通常であれば了知すべきであったというだけで十分である[47]。

以上要するに，非国家主体による国際違法行為を防止する義務の違反を根拠とする国の責任は，個々の条約に定める防止の義務の内容と違反行為の性質によって可変的なものである。ただし，防止の義務は行為の義務であり個々の状況を具体的に評価した相当の注意を尽くすことを要求するもので，集団殺害という重大な人権侵害を防止するという文脈では注意の相当性はとりわけ非国家主体の国際違法行為を実効的に制止する影響力に注意が払われた。また防止の義務は，国際違法行為に対する支援又は援助を根拠とする国の責任とは異なり，国際違法行為の事実に対する十分な知識をもって意識的かつ積極的に行為することまでは要求されず，国際違法行為の重大な危険を了知又は了知すべきであった状況の下で国が自ら利用できるあらゆる手段を尽くすことを怠ったという不作為さえあれば責任が発生することになる。これがICJ判決の示す防止の義務違反のとらえ方だと思われる。なお本判決は，国の防止の義務は，国の影響力が及んでいる場合には，当該国の領域内にある非国家主体の行為に限られないことを前提としている。

3 小　　括

以上から見れば，非国家主体の行為に対する国の責任についてジェノサイド条約適用事件ICJ判決が示した，国家責任に関する一般国際法上の規則及び基準は，それが行為の帰属や共犯に係る場合には，敷居が相当高いことが看取される。行為の帰属規則については非国家主体が「事実上の国家機関」と見なされるごく例外的な「完全な従属状態」にある場合を除き，当該違法行為に対する国の指示又は当該行為が生じた具体的作戦行動に対する実効的支配，あるいは国家責任条文第11条が定める国自身の行為としての承認及び採用がなければ，国は非国家主体の条約違反行為に責任を負わない。国の国際違法行為に対

---

[47] *Ibid.*, para. 432.

〈第5部〉移行期正義の課題と対応

する支援又は援助を理由とする派生的責任についても，当該援助が非国家主体の行為が国際違法行為であり，かつ，国の援助がそれを助長することを了知した上で支援又は援助を行うのでなければ国に責任は生じない。他方国の防止義務を根拠とする責任は，国際法の一般原則というよりも各条約の定める防止義務の内容と防止すべき国際違法行為の性質により国が尽くすべき相当の注意義務の基準は異なるが，非国家主体により国際違法行為が実行される重大な危険を了知し又は了知すべきであったとみなされる場合には，当該非国家主体に対して影響力を行使しうる限り，合理的に利用できると考えられるあらゆる措置をとっていなければ国に防止義務の違反があったと認定される。もちろん，これは集団殺害という違法行為を前提としており，他の重大な人権侵害の場合にも同様の相当の注意基準が要求されるか否かは，各人権条約の防止義務の内容を条約に則して解釈する必要がある。

　ジェノサイド条約適用事件のICJ判決が認定した以上のような責任帰属に関する一般国際法上の規則及び基準に立脚すれば，拷問等禁止条約及び強制失踪条約の定義に見られるように，公務員の「扇動」「同意」又は「黙認」あるいは国家機関の「許可」「支援」又は「黙認」を得て行われる非国家主体の物理的な拷問行為又は失踪行為を公務員又は国家機関が自ら実行する「拷問」又は「強制失踪」と同視することは，難しいように思われる。なぜなら，仮に国家機関の「同意」及び「許可」を，国家責任条文第11条に定める国自身による「承認及び採用」又は同第8条に定める国の「指示」と同義とみなすことができたとしても，国家機関の「扇動」及び「支援」は，当該扇動又は支援行為による国の派生的責任を生じさせるに過ぎず非国家主体の行為を国に帰属させるわけではないからである。国家機関の「黙認」に至っては，一見する限りでは，せいぜい国の防止義務の違反を問いうるにとどまるように思われる。もちろん国家責任条文第55条に定めるように，国家責任条文に定める国際違法行為の発生要件は，国際法の特別規則がある場合には当該特別規則が優先される。したがって，拷問等禁止条約及び強制失踪条約が，国家機関の黙認の下で実行される行為を国家機関が実行する行為と同視して国に責任を帰属させることを特別規則として決定すれば，それが優先することになろう。しかし，「許可」「支援」「黙認」という国家機関の関与の仕方の違いにも拘わらず，これらの関与があれば非国家主体の行為を一律に国家機関の行為と同視する両条約の規定は，

非国家主体による人権侵害行為に対する国の義務とその不履行に伴う責任の範囲を，一般国際法上国が負う責任の範囲よりも相当広げるものだといえる。確かに国際犯罪抑圧条約としての要素をもつ国際人権条約では，人権侵害行為の実行者が国家機関であるか非国家主体であるかに関係なく，定義された行為を犯罪化しその実行者を処罰し及び引き渡す義務を締約国に課す。しかし国際犯罪抑圧条約としての側面をもつ人権条約が，行為者の処罰・引渡し義務を超えて，非国家主体が実行した人権侵害行為についてまで国に救済義務や賠償責任を課しているかといえば，必ずしもそうではない。そこで，Ⅲでは，「強制失踪」又は失踪行為を素材にして，一般的人権条約の下で締約国が非国家主体の行為に対してどのような義務と責任を負っているとみなされてきたのかを，若干の事例に基づいて検討しておきたい。

Ⅲ 一般的人権条約における非国家主体による人権侵害行為と締約国の責任——失踪の典型事例を手がかりに

失踪及びそれに関連した拷問又は殺害事件を扱った一般的人権条約実施機関の事例を見れば，その殆どの場合において，被害者の失踪前に締約国の警察・軍隊等の国家機関が，失踪者を逮捕・拘禁・誘拐するなど何らかの形で事件に強く関与していることが見て取れる[48]。しかもこれらの事例では，軍事政権等が反政府活動に関与した者あるいはテロリストとみなす者を計画的・組織的に失踪させていると見られるケースが少なくない。そこで条約実施機関は，最終的に誰が失踪に関与し，被害者の最終的運命について誰が責任を負っていたのかについて確実に証明するものがなくても，失踪に至る過程のいずれかの段階において国家機関の関与が明確に認められる場合には，国が失踪に関与していないことを反証しない限り国の関与は否定できないとして，行為の帰属規則に

---

[48] 例えば，一般的人権条約実施機関が強制失踪又は強制失踪類似行為を扱った事例を細かく検討した研究として次のものを参照。ここで一般的人権条約とは，自由権規約及び人権を総合的に保護対象とした地域的人権条約をさす。Tullio Scovazzi & Gabriella Citroni, *The Struggle against Enforced Disappearance and the 2007 United Nations Convention*, 2007, Chapter Ⅱ (Overview of International Case Law on Enforced Disappearance), pp. 101-244; Marthe Lot Vermeulen, *Enforced Disappearance: Determining State Responsibility under the International Convention for the Protection of All Persons from Enforced Disappearance*, 2012, Part Ⅱ (Comparative Case-Law Analysis), pp. 157-431.

〈第5部〉移行期正義の課題と対応

従って国に，恣意的拘禁，拷問若しくは非人道的取扱い，生命の恣意的剥奪などに対する責任があると認定してきた。しかし，失踪の経緯又は殺害等の実行者が不明である場合又は実行者の証明が困難な場合には，挙証責任の転換等による行為の帰属アプローチでは対処に限界がある。

人権条約は，国際人道法条約のように国家以外の武力紛争当事者に条約規定を直接適用することも，国際刑事裁判所規程のように条約規定を適用して個人を直接訴追・処罰することも想定せず，人権保護の伝統的枠組みに従って，人権を保障する専ら国の義務のみを定めている。もっとも人権条約は，人権を侵害しない国の消極的義務のみを定めているのではない。周知のように条約実施機関は，人権を確保する義務など個々の条約の規定に照らして，一定の場合には，非国家主体による人権侵害から人権を保護する国の積極的義務を認定してきた[49]。非国家主体による又は実行者不明の失踪行為についても，人権条約実施機関は，一定の場合には，非国家主体による人権侵害行為を相当の注意をもって防止し，又は，これらの人権侵害から個人を救済する国の積極的義務を認めてきた。そこで以下では，失踪を素材として，非国家主体による人権侵害から個人を保護する国の義務及びその不履行に対する国の責任について，条約実施機関がどのように対処してきたかを，若干の事例を検討することによって確認しておきたい。なおこの節では，非国家主体による失踪行為には，正体不明の実行者による失踪行為を含める。

1 自由権規約における非国家主体による失踪行為と締約国の責任

フェアミューレンによれば，自由権規約委員会は，締約国には第三者による人権侵害から個人を保護する義務があることを一般的には認めるが，最近（2012年2月）まで失踪事案にこの義務を適用した明確な事例はなかったとされる[50]。委員会の一般的意見31に示された委員会の解釈によれば，規約に基づく義務は直接私人間に水平適用されることはないが，規約上の権利を確保する義務は，国家機関による侵害だけでなく私人又は私的団体による侵害に対して国の保護が及ぶときにのみ十分に履行されるのであり，「私人又は私的団体の

---

[49] 申惠丰『人権条約上の国家の義務』（日本評論社，1999年）及び『人権条約の現代的展開』（信山社，2009年）第三編5参照。

[50] Marthe Lot Vermeulen, *supra* note [48], p. 400.

518

〔薬師寺公夫〕　*15*　強制失踪条約における非国家主体の人権侵害行為と締約国の責任

規約違反の行為によって生じる侵害を国が許容すること，又は，それを防止し，処罰し，調査し若しくは救済するために適当な措置をとり若しくは相当の注意を行使することを怠る」ときには，第2条が要求するように規約上の権利を確保したことにはならないことになる[51]。

　しかし，スコバッチ及びシトロニによる委員会の失踪に関する事例研究を一瞥すれば，その事案の殆どは，失踪以前のいずれかの段階で国家機関の関与が認められるものである。すなわち，失踪者に対する警察官（*Mónaco v. Argentina, Bousroual v. Algeria* 等），警察軍（*Arévalo v. Colombia*），治安警察（*El-Megreisi v. Libya*），軍隊構成員又は将校（*Mojica v. Dominican Republic, Quinteros v. Uruguay, Bautista v. Colombia* 等），国家情報局の諜報員（*Yurich v. Chile* 等）による逮捕，拘禁，誘拐，監視，捜索，拷問，殺害の脅迫などの事実が失踪と密接に関係しており，あるいは，失踪者の失踪前の最終確認場所が軍の部隊（*Bleir v. Uruguay*）や情報機関（*Tshishinbi v. Zaire, Menanteau Aceituno and Carrasco Vásquez v. Chile*）の拘禁施設であったことが，家族や目撃者などの証言から明らかにされていたり，又は，訴えられた国（被通報国）自身によっても上記事実の一部が認められている。このように，失踪に対する国家機関の関与を疑うに足る重大な通報内容にも拘わらず，また適切な情報若しくは説明を求める委員会の要請があるにも拘わらず，多くの場合，被通報国政府は，委員会の要請に対して全く回答しないか非協力的態度をとり，あるいは，失踪に関する調査又は実行者の訴追・処罰を怠っている。こうした事情の下で，委員会は，逮捕・拘禁下にある個人の情報については国のみがアクセスできることを根拠に挙証責任の転換を認めて，反証のない限りは国に失踪あるいはその後の拷問，殺害等について責任があるとするか（*Bleir v. Uruguay, Quinteros v. Uruguay, Arévalo v. Colombia, Mojica v. Dominican Republic* など），又は，国家機関の逮捕・拘禁等への関与にも拘わらず，被請求国が，被拘禁者の身体及び生命に対する権利を確保し又は救済するために規約第2条1項及び3項に基づく義務を履行していないとする（*Bautista v. Colombia, Celis Laureano v. Peru, Bousroual v. Algeria* など）見解を採択してきた[52]。強制失踪

---

[51] HR Committee, General Comment No. 31[80] on the nature of the general legal obligation imposed on States Parties to the Covenant, para. 8. UN Doc., CCPR/C/21/Rev. 1/Add. 13.

[52] See Tullio Scovazzi & Gabriella Citroni, *supra* note [48], pp. 101-131.

〈第5部〉移行期正義の課題と対応

を直接規律する条項が存在しない中で，委員会は，挙証責任の転換，外部との接触を断つ秘密拘禁はそれ自体を拷問，残虐，非人道的取扱いとみなすという解釈(53)，あるいは，規約第2条1項及び3項の人権の確保義務又は効果的な救済義務を援用することによって，失踪及びその後の失踪者の運命について第6条（生命に対する権利），第7条（拷問等の禁止），第9条（恣意的拘禁の禁止），第10条1項（被拘禁者に対する人道的取扱い），第14条（公正な裁判を受ける権利），第16条（人として認められる権利），さらに子どもに関係する事例では第17条（私生活の尊重），第23条（家族に対する保護），第24条（子どもの権利）の違反を認定し，あるいは，第6条，第7条，第10条等との関連で第2条1項及び3項の違反を認定する途を開いてきたといえる。

　この委員会のアプローチの仕方は，最近の事例においても踏襲されている。例えば，通報者の息子が失踪後焼かれた車の中で射殺体で発見された事件に地方警察が関与しているとして国の責任が問われた *González v. Argentina* 事件において，委員会は，母親の主張にアルゼンチン政府が反論しなかったことに留意してそれに適正な重みを与え，規約第2条3項は，締約国に対して個人が規約上の権利を守るために利用できる効果的で執行可能な救済手段を確保しなければならない義務を課しており，権利侵害の請求に対して調査を怠ることは固有の人権侵害を生じさせると述べて，本件の状況では息子に関してアルゼンチンには第6条1項違反があるとともに息子及び母親に関して第6条と関連して（in conjunction with）第2条3項の違反があると認定した(54)。委員会は他の事件で，規約違反の主張について誠実に調査し及び入手した情報を委員会に提供する義務を選択議定書第4条2項にも根拠づけているが，第4条2項は，むしろ専ら国のみが有する情報を国が提供しない場合には，信頼できる証拠を伴った通報者の主張は証明されたとみなすという挙証責任の転換の根拠として用い

---

(53) 委員会は，長期間にわたる秘密の場所での拘禁に服させることによってEl-Megreisiは，規約第7条，第10条1項に違反する拷問，残虐な及び非人道的な取扱いの被害者といえるという意見を表明し，外部との接触を断つ秘密拘禁はそれ自体拷問，残虐な及び非人道的取扱いにあたるという見解を採用した。*Youssef El-Megreisi v. the Libyan Arab Jamahiriya* (No. 440/1990), HR Committee, views adopted on 23 March 1994, UN Doc., A/49/40, p. 130, para. 5.4.

(54) *González v. Argentina* (No. 1458/2006), HR Committee, views adopted on 17 March 2011, UN Doc. A/66/40 (Vol. II, Part One), p. 117, para. 9.4. See also HR Committee, General Comment No. 31, *supra* note (51), paras. 15 & 18.

られている[55]。

さらに，最近では，失踪事件において国の積極的義務を認めたと考えられる見解も採択されている。*Krasovskaya v. Belarus* 事件は，他の失踪事件と同様に，大統領の反対派を支援していた実業家が1999年に正体不明の個人に誘拐・殺害されたと思われる事件で，後の同国警察庁長官の内務大臣宛書簡においても誘拐当時の内務大臣の助けを借りて高級軍人が実行したものとして告発された案件である。しかし委員会は，失踪者の失踪及び殺害（推定）の原因及び実行者を特定するほどに十分な情報が提供されていないため，Krasovskyの失踪が国家機関によって実行されたと結論づけることはできないとした後，要旨次のように述べた。

>「締約国は，国家機関だけでなく，私人又は私的団体によって実行される規約上の権利の侵害に対しても個人の保護を確保する積極的義務を有している」。一般的意見31によれば犯罪捜査と訴追は第6条及び第7条により保護されている人権の侵害に対する必要な救済措置であるところ，通報者の度重なる訴えにも拘わらず1人の逮捕者も訴追も行われておらず，失踪から10年以上経つにも拘わらず国は適正な調査を怠り，調査がどの段階にあるかも説明していない。したがって，締約国は，適正な調査と適切な救済措置を採らなかったことにより第6条及び第7条との関連で第2条3項に違反した[56]。

以上の例が示唆するように，失踪に関する殆どの個人通報事例は，政府による意図的・組織的な強制失踪を含めて，国家機関の関与が明らかな又は強く疑われる事例である。そこで委員会は，失踪前に警察や軍隊の構成員による失踪者の逮捕・拘禁が証拠により証明できる場合であって被請求国が真相解明に非協力的であるか十分な反証をしないような場合には，挙証責任を転換させることを通じて，行為の帰属に基づく締約国の責任を認定してきた。さらにそうした国家機関の関与が認められる場合であっても，失踪後の拷問や殺害に関しては，規約第2条3項の効果的救済を与える義務に着目して，国の不作為による第6条又は第7条との関連における第2条3項違反を独自に認定する実行を積

---

[55] *Ali Bashasha and Hussein Bashasha v. Libyan Arab Jamahiriya* (No. 1776/2008), HR Committee, views adopted on 20 Oct. 2010, UN Doc. A/66/40 (Vol. II, Part One), p. 509, para. 7.2.

[56] *Krasovskaya v. Belarus* (No. 1820/2008), HR Committee, views adopted on 26 March 2012, UN Doc. A/67/40 (Vol. II), p. 190, para. 8.3.

み重ねてきた。委員会は，第2条3項に基づく個人の権利を効果的な救済を受ける権利として整理してきている。さらに最近では，特に失踪の実行者を確認することが証拠に基づき困難な場合には，私人の人権侵害行為から個人を保護する国の積極的義務を失踪事件にも適用し，生命及び身体を危険にさらす失踪について十分な調査とそれに基づく実行者の訴追・処罰が行われない場合には第2条3項の義務違反が生じるという解釈を確立したことがうかがえる。要するに，国家機関による行為の国への帰属アプローチを基本に据えつつも，失踪の実行者を国家機関とみなす証拠が不十分な場合には，第2条3項の効果的な救済義務を援用することで，失踪それ自体に対する国の責任ではなく失踪に対する国の不十分な調査・訴追の責任を問うことが図られているのである。国の積極的な人権保護義務は，上記事件のように国家機関の関与が濃厚な場合だけでなく，非国家主体の失踪行為一般に適用される可能性を有している。地域的人権条約実施機関は，この防止・処罰義務違反を問うアプローチを，自由権規約委員会の見解に先駆けて採用し，より詳細な議論を展開しているので，次には米州人権裁判所と欧州人権裁判所の典型的判決に簡単にふれておこう。

2 米州人権条約における非国家主体による失踪行為と締約国の責任

失踪行為に関連して国の積極的義務の違反を米州人権裁判所が認定した典型的事例のひとつは，学生活動家が私服の治安警察と見られる人々に連行され失踪した1988年のヴェラスケス・ロドリゲス事件判決[57]であろう。本判決の主文は米州人権条約第1条1項（条約上の権利及び自由の自由かつ完全な行使を確保する義務）との関連で，ホンジュラスに第7条（身体の自由），第5条（人道的取扱い）及び第4条（生命に対する権利）の違反があったと認定する[58]。もっとも裁判所は，本件の事実認定に関して，1981年から83年にかけてホンジュラス当局が実行し又は宥恕した失踪の実行があり，ヴェラスケスもこの実行の枠内で公務員の手により又はその黙認の下に失踪し，ホンジュラス政府はこの実行から人権を保証する（guarantee）ことを怠ったと結論づけている[59]。つまり本件も，国家

---

[57] *Velásquez Rodríguez case*, Inter-American Court of Human Rights, judgment of 29 July 1988, *Inter-American Yearbook on Human Rights*, 1988 (hereinafter referred to as *IACHR judgment on Velásquez Rodríguez case*), pp. 914-1004.

[58] *Ibid.*, p. 996, para. 194. 判決のこの部分は7人の裁判官の全員一致である。

〔薬師寺公夫〕　**15**　強制失踪条約における非国家主体の人権侵害行為と締約国の責任

機関の関与が強く推定できる事案であった。そこで判決も，裁判所はヴェラスケスの失踪が公的当局の掩護の下に行動する機関の構成員（agent）によって実行されたと確信しそのように認定したと述べた上で，しかしこの事実が証明されなかったとしても，明白に証明された国の機関の側の不作為が，ヴェラスケスの人権行使を確保することを義務づけた米州人権条約第1条1項に従ってホンジュラスが負う義務の不履行に該当するという言い方をしている[60]。要するに裁判所は，本件における被害者の失踪と殺害（推定）が国家機関として行動する者によって実行されたことを確信しつつも，人権を尊重し及び確保する義務の不履行を主な根拠として同国の条約義務違反を認定したといえよう。同判決は，尊重及び確保の義務の内容と性質について，要旨次のように述べている。

　人権の侵害が締約国に帰責できるか否かを決定するには第1条1項が不可欠である。同条項が定める義務には人権を保護する義務と条約が認める権利の自由かつ十分な行使を確保する義務とがあるが，後者の義務に基づけば，締約国は，条約上の権利の侵害を防止，調査及び処罰し，さらに可能であれば，侵害された権利を回復し，違反から生じた損害に対する補償を提供するよう試みなければならない。公の当局の行為により又は当局の地位を利用する人により実行された条約上の権利の侵害は国に帰属するが，これによって国が人権侵害を防止，調査及び処罰する義務を負う事情のすべて，又は，権利侵害について国が責任を負う場合のすべてが定義されたわけではない。「人権を侵害する違法な行為であって，例えば，私人行為のため又は責任のある者が特定できないために当初は国に直接帰属できない行為も，行為それ自体によってではなく，条約が求めるように違反を防止しなかった又は違反に対処するための相当の注意を欠いたことによって，国の国際責任を導くことができる」。規約上の権利を侵害した機関の構成員の意図若しくは動機あるいは誰がその行為を行ったかは関係がなく，規約上の権利の侵害が政府の支持若しくは黙認を伴って生じたか否か，又は，国が侵害行為を防止し又は責任者を処罰するための措置をとることなく侵害行為が生じるのを許したか否かが決定的である。したがって，裁判所の任務は，侵害が第1条1項に定める条約上の権利を尊重し及び確保する国の義務を履行しなかった結果であるのか否かを決定することである。国には，人権侵害を防止するために合理的な措置をとり，管轄権内で行われた侵害の真面目な調査を実施するために利用できる手段を使用し，責任者を特定し，適切な罰を科し，被害者に十分な補償を確保する法的義務

---

[59]　*Ibid.*, p. 974, para. 148.
[60]　*Ibid.*, p. 988, para. 182.

〈第5部〉移行期正義の課題と対応

がある[61]。

このように米州人権条約においては，締約国の責任を決定する上で最も重要なことは，当該締約国が第1条1項に基づき人権を尊重し及び確保する義務を履行したか否か，判決の言葉を借りれば，権利の侵害に対して政府の側の支持若しくは黙認又は防止・処罰措置を怠る不作為があったか否かを確認することだとされる。しかも生命や身体の自由に対する重大な侵害の場合には，たとえその実行者が私人又は特定できない人であったとしても，第1条1項の確保の義務が，人権侵害を防止し，侵害行為を調査し，責任者を特定して処罰し，被害者に補償を提供するために利用できる手段を尽くすことを締約国に要求しているというのが，裁判所のとった解釈である。以上の解釈に基づき裁判所は，本件の証拠から判断すれば，ホンジュラスの諸手続はヴェラスケスの失踪に関する調査の実施には全く役にたたなかったし，補償を支払い及び責任者を処罰する義務の履行も全くできなかったとして，条約第1条1項との関連で同国の第5条，第7条及び第4条違反を認定した[62]。

本件においては，失踪の実行者を公的当局の掩護の下に行動する機関の構成員と認定していることから，実行者の人権侵害行為を直接国に帰属させることも不可能だったわけではない。しかし米州人権裁判所は，証拠によってより明白な，人権を尊重し及び確保する義務のホンジュラス政府による不履行の方に責任の主要な根拠を求めた。裁判所が，特に確保の義務について，一般的には上記のような内容をもつことを明確にしつつも，人権を尊重し及び確保する義務が国に要求する措置の具体的な内容は，各締約国の国内法上の制度だけでなく各事件の個別的事情の下でどのような措置が求められ，実際にとられたかを状況に即して判断しなければならないと判示したことは，重要な意義をもつ。もっとも，条約第1条1項の人権尊重・確保義務の違反を基準とした責任認定のアプローチは，ジェノサイド条約適用事件ICJ判決に見られた国家責任法に基づく3つの責任認定のアプローチ（違法行為の国への帰属，共犯＝援助による派生的責任及び防止・処罰義務の違反）とは若干手法を異にする。すなわち判決によれば，国による尊重義務の違反には，公務員の人権侵害行為が国に帰属する場合

---

[61] *Ibid.*, pp. 982-986, paras. 164-174.
[62] See *ibid.*, pp. 988-992, paras. 178-188.

〔薬師寺公夫〕　*15*　強制失踪条約における非国家主体の人権侵害行為と締約国の責任

とともに，人権侵害行為に対する政府の「支持」及び「黙認」がある場合又は国が人権侵害行為を「防止」し又はそれに対処（「調査」，「訴追」「補償の確保」等）することを怠る場合が含められている。人権侵害行為に対して政府の「支持」又は「黙認」がある場合と国が防止及び訴追の義務を怠る場合との関係が別のものなのか同じものなのか定かではないが，仮に米州人権条約においては，人権侵害行為に対する積極的支持行為だけでなく「黙認」についても国に派生的責任を負わせるのだとすれば，一般国際法上の支援を理由とした責任以上のものを国に負わせることを意味し，また防止及び処罰義務の中に被害者への補償まで含ませるのであれば，この点でも米州人権条約の下では通常防止の義務で観念されている義務以上の義務を締約国に求めるものだといえるだろう。

　非国家主体が関与した失踪に関する米州人権裁判所のもうひとつの重要な判決は，プエブロ・ベロ虐殺（*Pueblo Bello Massacre*）事件判決である[63]。この事件は，裁判所の事実認定によれば，Tangueros という名称で知られる準軍事組織に属する約 60 名の武装集団が 1990 年にプエブロ・ベロ村を襲撃し，43 名の村人を誘拐し，拷問した後殺害し，2006 年の判決の日までに遺体が確認されたのは 6 名だけで，残る 37 名は依然行方不明となっているという事件である[64]。コロンビア政府は，1970 年代から 80 年代に反体制ゲリラ集団と戦うために各地に準軍事組織を創設し武器等を支援したが，これらの武装集団が設立目的を外れて次第に地主等の支援を得て小作人を襲撃・殺害するなどの犯罪行為を行う集団になったため，政府も 80 年代末からこれらの準軍事組織の活動を禁止・処罰する立法を制定するなど一定の取締りを行っていた[65]。もっとも，米州人権委員会は，これらの武装集団と国との結びつきはその後もさまざまのレベルで維持され，調査・訴追を行わないという了解の下に一定の違法行為の実行を国の機関が要請し又は許容したこともあったとみなしている[66]。本件の判決主文は，誘拐されその後拷問・殺害され遺体が発見された 6 名と行方不明

---

[63] *Case of the Pueblo Bello Massacre v. Colombia*, Inter-American Court of Human Rights, judgment of January 31, 2006 (Merits, Reparations and Costs), available at <http://www.corteidh.or.cr/casos.cfm> (hereinafter referred to as *IACHR judgment on Pueblo Bello Massacre case*)

[64] *Ibid.*, p. 90, para. 109.

[65] *Ibid.*, p. 96, para. 125.

[66] *Ibid.*, p. 83, para. 96(a).

〈第5部〉移行期正義の課題と対応

37名のそれぞれにつき、コロンビアには条約第1条1項との関連で条約第4条1項、第5条1項及び2項、第7条1項及び2項に具現された生命に対する権利、人間的取扱い及び身体の自由に関する違反があると認め、さらに、同国には、これらの被害者の近親者について第1条1項に関連して第5条1項の違反とともに第8条1項及び第25条に具現された公正な裁判及び司法の保護を受ける権利に対する違反があると認定した[67]。以下ではこれらの認定の内、43名の誘拐及び拷問後の殺害に関する最初のものに着目して、コロンビアの責任を導いた裁判所のアプローチの方法を検討する。

裁判所判決のアプローチの方法は、ヴェラスケス事件判決と基本的には同じであるが、より直接的には、同裁判所の2005年マピリパン (*Mapiripan Massacre*) 虐殺事件判決[68]に依拠している。しかし1997年に起きたマピリパン虐殺事件では、虐殺行為を実行した準軍事組織のマピリパン地域への空輸をはじめとして、若干の高級将校を含むコロンビア軍が準軍事組織による虐殺事件に協力し、それを黙認及び宥恕したことを国自身も認めており、米州人権裁判所判決も、国家機関及び準軍事組織の構成員の重大な人権侵害行為が国に帰属しうることを認めていた[69]。このため非国家主体の人権侵害行為を検討対象とする本稿では、プエブロ・ベロ虐殺事件の方をより適切な例として取り上げたが、同事件判決は、マピリパン虐殺事件判決の次のような判示部分をそのまま踏襲したものである。

第1は、米州人権条約の第1条1項及び第2条が、国家責任に関する一般国際法に対して米州人権条約における締約国の責任を規律する特別国際法を構成するという指摘である[70]。第2は、これらの条項の下では、条約に定める人権侵害行為の実行者が誰かを特定できなくともそれに対する公の当局の支持、宥恕又はそれを可能にした不作為を証明すれば責任を国に帰するには十分であり、また同条約は人権の効果的保護を確保する積極的義務を国に課すから国が

---

[67] *Ibid.*, p. 143, para. 296 の主文1から5。この判決部分は8名の裁判官の全員一致である。
[68] *Case of the Mapiripán Massacre v. Colombia*, Inter-American Court of Human Rights, judgment of September 15, 2005 (Merits, Reparations and Costs), available at <http://www.corteidh.or.cr/docs/casos/articulos/seriec_134_ing.pdf> (hereinafter referred to as *IACHR judgment on Mapiripan Massacre case*)
[69] *Ibid.*, p. 95, para. 120, see also pp. 91-94, paras. 116-119..
[70] *Ibid.*, p. 88, para. 107.

〔薬師寺公夫〕　*15*　強制失踪条約における非国家主体の人権侵害行為と締約国の責任

その機関の作為・不作為により条約第1条1項及び第2条に定める対世的義務を履行しないときには、私人行為に対して責任を負うということの再確認である[71]。さらに第3は、米州人権条約の下では、国は自らの手段により人権侵害を救済する機会を与えられた後にはじめて責任を課されるという前提と、国の上記義務違反は各事件の特殊性及び事情に照らして個々の事件ごとに認定しなければならないという前提の確認である[72]。プエブロ・ベロ事件判決は、これらの基本的前提を確認した上で、この事件に特有の事情に照らし、準軍事組織Tanguerosによる村民誘拐とその後の拷問・虐殺について検討し、コロンビアの責任を認定した。その責任認定の方法は要旨以下のようなものであった。

　判決はまず、防止の義務が国に生じていたことについて次のように指摘する。すなわち、国の責任は無制限ではなく、第三者による人権侵害に対して防止及び保護措置をとる義務は、特定の個人又は個人の集団に対して真正かつ急迫した危険がある状況を了知していること、ならびにこの危険を防止又は回避する可能性によって条件づけられるところ、本件においては、コロンビアが準軍事組織の違法な活動を禁止・処罰する法を制定し、特にプエブロ・ベロ村が存在する地域では軍を増強して警戒に当たる等の活動を展開していたことから、国には上記の状況に対する認識があったにも拘わらず、この危険を除去するための特別の効果的な措置がとられなかったとみなしたのである[73]。その主たる理由は、プエブロ・ベロ村を含む地域を軍事作戦行動下に置く緊急事態地域の宣言を行い、プエブロ・ベロ村に通じる主要道路に軍事障害物を設け軍事基地を設置していたにも拘わらず、どのルートを使用したにせよ車両制限がされているこの地域で白昼約60名もの準軍事組織が同村に侵入し43名もの住民を誘拐して立ち去ったという行動は、この規模の作戦行動を回避するために必要なあらゆる措置が相当の注意をもって国により採られていなかったことを示す、というものである[74]。要するに、本件では、国が直接虐殺に関与した又は国軍と準軍事組織の構成員間に連絡若しくは公的機能の委任があったという証拠はないが、陸軍構成員により合理的に予見できた危険な状況下において、文民の効

---

[71]　*Ibid.*, pp. 89-90, paras. 110-111.
[72]　*Ibid.*, p. 90, para. 113..
[73]　*Ibid.*, pp. 95-96, paras. 123-126.
[74]　*Ibid.*, p. 101, paras. 138-139.

〈第5部〉移行期正義の課題と対応

果的な保護がなされていれば，準軍事組織により計画され実行されたこの虐殺は実行されていなかったであろうというのが裁判所の判断であった[75]。

　人権確保の義務違反によるコロンビアの責任はこれにとどまらない。裁判所によれば，即決処刑，強制的失踪その他の重大な人権侵害の場合には，国は自らの職権で，即時の，真正で，公正かつ効果的な調査を開始する手続的義務を負い，調査は，真実を決定するためあらゆる法的手段を用いて行われ，その首謀者と実行者を追及，逮捕，訴追及び処罰するものでなければならず，真正な調査の欠如は公の当局による実行者への援助となって国の責任を生じさせるのである[76]。この点判決は，プエブロ・ベロ事件に対して普通及び軍事司法制度並びに懲戒及び行政司法制度を通じてコロンビア政府が行った調査は重大な欠陥を有しており，国が重大な人権侵害に該当する犯罪行為に対して十分な対応を怠ることによって不処罰をもたらし，これが準軍事組織が法を無視してこの犯罪行為を継続して実行する強固な理由を与えたとみなした[77]。

　以上要するに，本件の準軍事組織が実行した重大な人権侵害行為は私人による行為ではあるが，人権を私人間で効果的に保証する条約上の対世的義務を国が不作為により怠ることによって，その人権侵害行為に対する責任が国に帰属しうるところ，その存在に自らが寄与した準軍事組織が引き起こした危険な状況を除去し効果的に解決することを怠ったばかりか，不処罰によってそうした行為を慫慂し続けたことによって，実際に責任を帰属させかつ重大化させた[78]，というのが裁判所の見解であった。確保の義務から解釈によって重大な人権侵害を防止する義務とそれが生じた場合に調査し責任者を処罰する義務を導き出すことによって，米州人権裁判所は，非国家主体の重大な人権侵害行為に対して国の機関が直接支持することがなくても，国が危険な状況を了知しながらその危険を除去するためにあらゆる必要な措置をとらなかった不作為，並びに，国が真正な調査を怠り不処罰状況を創出した不作為を根拠として，国に責任を帰属させる方法を確立させている。いずれの場合も，裁判所は，国の人権侵害行為に対する支援・助長を責任の根拠とみなしているようである。

---

[75] *Ibid.*, p. 101, para. 140.
[76] *Ibid.*, p. 102-103, para. 143 & 145.
[77] *Ibid.*, p. 104, paras. 148-149.
[78] *Ibid.*, p. 104, para. 151.

3 欧州人権条約における非国家主体による失踪行為と締約国の責任

欧州人権裁判所も，国家機関の地位にある人が失踪に責任を負っていることが立証できない場合になお，欧州人権条約の各条（例えば生命に対する権利に関する第2条）に基づき国に積極的な防止義務に基づく責任が生じることを認めてきた。裁判所は，そのアプローチを表現するために特に失踪事件ではある決まった定式を用いている。紙数の関係上，ここでは2005年のコク（Koku）事件欧州人権裁判所判決[79]のみを取り上げる。同事件は，1994年トルコのクルド人を支持する政党（HADEP）の地方支部議長が何者かにより誘拐され6カ月後に死体で見つかった事件で，当時トルコ南東部は軍の治安部隊とクルディスタン労働者党（PKK）の戦闘員との間に武力紛争が発生し，PKK及びHADEPの政治家に対する一連の誘拐，拷問，殺害事件が続いていたことから，トルコ治安当局の関与が疑われた事件である。本件で裁判所は，「合理的な疑いを超える」証明という基準に基づいて本件の事実を検討したが，誰がコクの誘拐及び殺害の実行者であるかを認定することができなかった。そこで裁判所は，第三者による失踪と殺害から個人の生命権を保障する（secure）締約国の義務を視野において要旨次のように判示した。

　欧州人権条約第2条1項は，生命の意図的で違法な剥奪を慎むだけでなく，管轄権内にある人々の生命を擁護するために適切な措置をとることを国に要求する。これには，人に向けられた犯罪の実行を抑止するために効果的な刑法規定を制定し，かつ，この規定の違反を防止，抑圧及び処罰する法執行制度を用いて法規定を支えることによって，生命に対する権利を保障するという国の第一次的義務が含まれている。適当な場合には，この義務は，他の個人の犯罪行為から生命が危険にさらされている個人を保護するために「防止のための実践的な措置（preventive operational measures）」をとる当局の積極的義務にまで及ぶ。この点について，現代社会における警備の困難さ，人間の行動の予測不可能性及び優先順位と資源に従った実践上の選択に照らして見れば，積極的義務の範囲は当局に不可能な又は均衡を失した負担を課すように解釈してはならない。したがって生命に対するあらゆる請求が，危険の現実への転化を防止するための実践的な措置をとる条約上の要請を当局にもたらすというわけではない。積極的義務が生じるためには，当

---

[79] *Case of Koku v. Turkey*（Application no. 27305/95), European Court of Human Rights（ECHR), Second section, Judgment, 31 May 2005（available at HUDOC database: <http://www.echr.coe.int/ECHR/EN/Header/Case-Law/Decisions+and+judgments/HUDOC+database/>)

529

局が，第三者の犯罪行為によって特定の人又は人々の生命に対する真正で急迫した危険があるときに，それを了知しており又は了知すべきであったことが証明されなければならず，並びに，それらの当局が，その権限の範囲内で，合理的に判断すれば，危険を回避するために期待されたと思われる諸措置をとることを怠ったことが証明されなければならない[80]。

欧州人権裁判所判決においても，非国家主体又は正体不明の者による失踪及び生命の剥奪の真正な危険がある場合には，締約国にこれを「防止するための実践的な義務」という積極的義務が生じることが認められている。ただし，この義務が締約国に認められるのは，国家当局が第三者の犯罪行為等によって個人の生命に真正かつ急迫した危険があることを了知しているか又は了知すべきであったと認められる場合に限定されている。結論だけ言えば，本件においては，クルディスタン労働者党及びHADEPの政治家が連続して誘拐，殺害される事件が発生している状況の下でコクの失踪事件が発生しているから，彼の生命を保護するために当局の失踪直後の迅速な「防止のための実践的な措置」が期待されたところ，トルコ当局（知事及び公訴当局）は，失踪者の家族等からの要請によって失踪の事実と生命に対する急迫した危険を認識できていたにも拘わらず，また事件当時当該地域については犯罪抑圧のためのトルコ刑事法の整備及び治安部隊と検察機構等による法執行体制があったにも拘わらず，コクの生命を保護するためになんらの迅速で合理的な措置（誘拐に関する調査，拘禁施設への調査など）をもとらなかったことにより第2条1項に違反した，というのが裁判所の判断である[81]。さらに裁判所は，条約第2条の権利を保護する義務を，条約に定める人権を保障する第1条の一般的義務と関連させて読めば，人が武器の使用により殺害された事件では効果的で公式な調査がされなければならないことが黙示されており，この調査義務は国家機関の構成員による殺害が明白な場合に限られないと指摘した[82]。判決は，調査義務の性格を，責任者の特定と処罰を可能とするという意味で効果的なものでなければならないが，結果の義務ではなく方法の義務であるので，当局は，事件の証拠を確保するために利用できる合理的な措置をとり，かつ，法の支配に対する公衆の信頼にとっ

---

[80] *Ibid.*, paras. 125-128.

[81] *Ibid.*, paras. 129-146.

[82] *Ibid.*, para. 149.

て不可欠の迅速さと合理性を備えた調査をすべきところ，本件における調査は，誘拐の実行に関与したと疑われる人物の取調べが殆ど行われておらず，しかも遺体発見後近親者の調査手続への参加も，彼らへの調査記録の通知も全くなされていない上，調査結果の提供を拒否することによって調査の有効性に関する裁判所の判断を妨げた点で，第2条違反が認められると認定した[83]。

　裁判所は，コクが治安維持部隊によって拷問された及びコクの拘禁は第5条に違反するという原告の主張については，誘拐の実行者が特定できないことを理由に，これを立証する事実的基礎がないとしてしりぞけた[84]。他方，コクの家族が適正かつ徹底した調査を求めたにも拘わらず効果的な救済がなされなかった点で第13条の違反があるという原告の主張に対して，裁判所は，生命に対する権利の根本的重要性に鑑みれば，第13条は，適当な場合における補償の支払いに加えて，殺害の責任者の特定と処罰を可能とする徹底的かつ効果的な調査（調査手続への請求者の効果的なアクセスを含む）を要求しており，第13条の要求は第2条が課す調査の義務より広い義務であるから，第2条の調査義務違反を認定した以上，第13条に従った効果的な刑事調査も行われなかったと結論づけた[85]。

　ところで，コク事件判決は，第2条に定める国の積極的義務の違反の認定に関して，実体的義務（生命に対する権利に対する侵害を防止する義務）の違反と手続的義務（生命を侵害した責任者を調査し処罰する義務）の違反を区別した。この前者の義務の範囲については，非国家主体による失踪行為に対する国の関与の程度により国の積極的義務の程度が異なるという見解が，オスマノギュル（Osmanoğlu）事件の少数意見に示されている。この事件では，外見上警察官とみられる2名の者に誘拐されて11年以上行方不明になっている息子の親がトルコの第2条違反を主張したが，失踪者はコク事件のように反政府政党の活動家ではなかった。多数意見は，失踪者は死亡したと推定した上で，誘拐事件が発生した地域で多数の人が殺害されているときに，検察官も他の当局も失踪者の生命に対する権利を保護するために誘拐後直ちに権限内にあるあらゆる措置をとることを怠ったとして手続面と実体面の双方において第2条違反があると認定

---

[83] Ibid., paras. 150-161.
[84] Ibid., paras. 167 & 175.
[85] Ibid., paras. 180-182.

した[86]。しかし3人の共同反対意見は、被害者が当局の管理下にあるときに失踪が起こったのではないことが証明されかつ国が失踪に関与していない場合に、国はなお生命が脅かされている状況に対して責任を負うといえるのかを問題にし、裁判所の判例法によれば明らかに国には責任がないとする見解を採った。反対意見によれば、管轄下にある者の生命を保護する国の積極的義務と失踪の場合に効果的な調査を実施する国の義務とは別個のものであり、前者の積極的義務は性格上防止的で事件が起きる前の段階に関係するものであるから、生命に対する真正で急迫した危険があることを国が了知し又は了知すべきであった場合にのみ第2条の違反があるという具合に、裁判所もこの義務を狭く解釈してきたとされる[87]。つまり事前に生命に対する危険があるという情報がなく、国の当局によって拘禁されているのでもなく、国の当局が失踪に関与しているのでもない場合には、国は、失踪を調査する手続的義務は負うが生命権の侵害を防止する積極的義務までは負っていないというのである。

メドヴァ (Medova) 事件では、チェチェンにおいて武装した4人の男が、原告の夫メドヴァともう1人を拘束して車で連れ去る途中、軍の検問所で身分証明書の提示を拒否したために、全員ロシア内務省地方局 (ROVD) の事務所へ連行された。誘拐者は連邦治安局 (FSB) の身分証明書と拘禁状を提示し (ロシアはこの証明書が偽造であり4名は公務員ではないと主張)、内務省職員が地方検察庁に電話で照会し同庁からこの文書の有効性を確認したので、内務省地方局が全員を釈放したところ、メドヴァらが行方不明になった。この事件の判決にはオスマノギュル事件で反対意見を述べた判事の内2名が加わっていたが、判決は全員一致で第2条の実体的側面に関する違反を認定した[88]。判決は、メドヴァ及びその誘拐者が未だ当局の管理下にあって当局には犯罪の実行を防止しえたにも拘わらず、メドヴァの失踪の原因となった釈放の決定は、生命の危険から

---

[86]　*Case of Osmanoğlu v. Turkey*（Application no. 48804/99），European Court of Human Rights（ECHR），First section, Judgment, 28 January 2008（available at HUDOC database: *supra* note (79)），paras. 59 & 78-84.

[87]　Joint Partly Dissenting Opinion of Judges Türmen, Vajić and Steiner, provisional pp. 27-30.

[88]　*Case of Medova v. Russia*（Application no. 25385/04），European Court of Human Rights（ECHR），First section, Judgment, 15 January 2009（available at HUDOC database: *supra* note (79)），paras. 97-100.

個人を保護するための防止措置をとる積極的義務に違反したと判示している[89]。ところが、ツェホイェフ（Tsechoyev）事件[90]では、誘拐の容疑で警察に逮捕・拘禁されたツェホイェフが拘禁所から警察官の服装をした４人の男に引き渡された後失踪し殺害されたが、メドヴァ事件判決とは反対の判断が下された。すなわち本件では、国の当局の管理下にある個人が誘拐者に引き渡されたにも拘わらず、果たして引渡しの時にロシア当局が彼の生命の真正かつ差し迫った危険を予見できたといえるかを問題にした[91]。メドヴァ事件判決ではこの判断にあたり、身分証明書の提示を拒否した誘拐者たちの不審な挙動、４名の身分確認を内務省職員が専ら電話だけで行ったこと、治安活動の遂行を確認する書面をFSBから確保しなかったこと、誘拐者の身分証明書の写し及び拘禁の記録をとらなかったことに特に考慮が払われたが、他方、本件ではこれらと対比して、最初の留置場からの身柄引き取りが擬装され警察官の服装をした者が身分証明書と関連文書を提示したこと、第２の留置場の職員は通常の手続に従っておりツェホイェフ自身も引き取りの警察官と認識して問題なく従ったこと、後の調査で書類はすべて偽造であることが判明したが引渡し時点ではいかなる疑点もなかったことが強調された[92]。以上から本件判決は、引渡しの時点では被害者の生命が真正かつ差し迫った危険にさらされていることを示す兆候があったとはいえず、第２留置場の職員が殺害に至る一連の出来事を予見できたとは思われないので、生命の危険を防止するために実践的な措置をとる義務が生じていたとはいえないと結論し、生命に対する権利の実体的側面についての保証の義務の違反は認定しなかった[93]。

　以上のように、欧州人権裁判所判例は、「合理的疑いを超える」証明の基準の下で失踪の実行者を特定することができない場合に、主に生命に対する権利及び拷問等を受けない権利についての締約国の積極的な保障義務を援用してきた。もっともこれらの欧州人権裁判所判例には、他の人権条約実施機関の事例

---

[89] *Ibid.*, paras. 99-100.
[90] *Case of Tsechoyev v. Russia*（Application no. 39358/05), European Court of Human Rights（ECHR), Former first section, Judgment, 15 June 2011 (available at HUDOC database: *supra* note [79]).
[91] *Ibid.*, paras. 137.
[92] *Ibid.*, paras. 138-139.
[93] *Ibid.*, para. 141.

〈第5部〉移行期正義の課題と対応

と比べて，いくつかの特徴がある。第1に，失踪に関する事例を見る限り，欧州人権裁判所は積極的義務の根拠を条約第2条又は第3条から直接導き出しており，第1条の一般的保障義務は実体的権利が侵害された場合にその調査及び責任者の処罰義務を導くために補助的に援用されている。もっともイリー・イラスク (Ilie Ilaşcu) 事件判決が，管轄権の存在こそ締約国が国に帰属する行為に対して責任を負うための必要要件であるが，条約第1条が人権の尊重を保障する積極的義務を国に課すから，たとえ領域的管轄権の行使が制限されるような場合であってもなお締約国は行使可能なあらゆる適当な措置をとる積極的義務を負い，この義務に照らして国の責任の内容が決定されると判示したように[94]，第1条の保障義務が国の積極的義務を導き出す一般条項として極めて重要な役割を果たしていることには変わりない。第2の特徴は，国の責任の認定に当たっては，多くの事例で失踪それ自体を事前に防止する義務もさることながら，失踪後に生命又は身体に対する危害を防止する義務の方に重点が置かれており，欧州人権裁判所では積極的義務の実体的側面（例えば生命権の侵害を防止する義務）と手続的側面（例えば生命権の侵害を調査し責任者を処罰する義務）を区別してその各側面につき違反の有無を審査する傾向が強い。第3に，積極的義務は締約国に不可能な義務を負わすものではなく，真正かつ急迫した危険が存在し，その危険を国家機関が事前に了知していた又は了知すべきであったにも拘わらず，危険の現実化を防止するために利用可能な手段を用いて必要な措置をとらなかった場合に責任が生じるというのが判例の立場である。しかし，北キプロスのようにトルコの全般的支配下にあってトルコが承認する地方的統治体において大規模な失踪が生じているような場合のトルコの黙認 (acquiescence and connivance) を理由とした責任の認定[95]，あるいは，国家機関による逮捕，訊問あるいは秘密拘禁等の過程での失踪に対する国家機関の行為の推定に基づく責任の認定などと異なり，国家機関の直接的関与又は失踪場所に対する国の特別の管轄権行使が認められない状況の下での非国家主体による失踪については，国が負うべき積極的義務の基準又は内容（特に防止の義務の実体的側面）につ

---

[94] *Case of Ilie Ilaşcu et al v. Moldova and Russia* (Application no. 48787/99), European Court of Human Rights (ECHR), Grand Chamber, Judgment, 8 July 2004 (available at HUDOC database: *supra* note [79]), paras. 311-313 & 331-333.

[95] 少なくともイラスク事件判決は，キプロス事件に係るトルコの責任を黙認に根拠づけていた。*Ibid.*, paras. 324-316 & 318.

〔薬師寺公夫〕　*15*　強制失踪条約における非国家主体の人権侵害行為と締約国の責任

いて，裁判官の間には意見の相違が見て取れる。

4　小　　括

　正体不明の者又は非国家主体による失踪事件に対して，一般的人権条約実施機関は，基本的には第三者の人権侵害行為から個人を保護する締約国の積極的義務を条約規定から導き出すことによって対処してきた。もっとも，自由権規約委員会では積極的義務の失踪事件への適用は未だ始まったばかりであり，しかも自由権規約においては，積極的義務は現在のところ，生命や身体に対する権利と関連させて，第２条３項に定める効果的救済を与える固有の義務の違反を認定することに重点が置かれている。他方，米州人権裁判所は，失踪行為を国家機関に帰属させることが可能だが不確実性が残されている場合又はその立証が困難な準軍事組織による集団的虐殺事件の場合に，米州人権条約第１条１項に定める確保の義務を根拠として，この条項との関連で生命，身体その他に対する権利の侵害を認定してきた。フェアミューレンによれば，これらの実施機関では状況証拠を認める「蓋然性のバランス」という証拠基準が用いられているために失踪に対する国の関与が比較的に認定されやすいのに対して，欧州人権裁判所では，状況証拠を原則として認めない「合理的な疑いを超える」という立証基準が採用されたために失踪行為を国に帰属させることが相当困難である[96]。そこで同裁判所は，国に帰属できない失踪行為について，生命又は身体に対する権利について定めた欧州人権条約の条文自体の中に国の積極的な「防止のための実践的な措置」をとる義務，あるいは失踪事件が生じたときに国の調査及び責任者の処罰義務を導く根拠として第１条の中に国の「保障する」義務を読み取ることで，失踪及びその後の人権侵害行為を生命，身体に対する権利の積極的保護義務の違反と認定してきた。米州人権裁判所がしばしば大規模な失踪を制度的実行として認めるのに対して，欧州人権裁判所はキプロス，トルコ南東部（クルド民族との武力紛争），ロシアのチェチェンの例であっても，原則としてそのような状況を個別事件を評価する際の関連要素として考慮するにとどめる傾向がある[97]。この違いはあるが，米州及び欧州人権裁判所の判例は，積極的義務の発生要件が人権侵害に対する真正で急迫した危険の存

---

[96]　Marthe Lot Vermeulen, *supra* note (48), p. 262.
[97]　*Ibid*., pp. 262-263.

535

〈第5部〉移行期正義の課題と対応

在と国によるその了知であることを明らかにし，そうした場合には，国には手段・方法の義務として，利用できるすべての適当な措置又は「防止のための実践的な措置」をとる義務が生じることを明らかにしている。さらに両裁判所の判例は，2種類の積極的義務，すなわち，上記のような実体的人権に対する侵害を防止する義務とともに，失踪事件が生じた場合に合理的手段を用いた公正，迅速かつ効果的な調査義務が生じることをも示している。

ところで，米州人権裁判所ヴェラスケス事件判決は，国による尊重義務には非国家主体の人権侵害行為を国が支持又は黙認しない義務が含まれ，国の確保義務には非国家主体による人権侵害を防止し又は調査，訴追する義務等の積極的義務が含まれると示唆する。つまり同じく非国家主体の行為に対する国の関与を責任の根拠としつつも，人権侵害を防止し並びに違反行為を調査及び処罰する国の積極的義務の場合はその義務の不作為を責任の根拠とするのに対して，非国家主体の人権侵害行為を支持又は黙認しない義務の場合は，それに違反する国の作為を責任の根拠とする。ジェノサイド条約適用事件ICJ判決との類推でいえば，行為の帰属アプローチが国家機関による人権侵害に対応し，共犯又は支援を理由とする派生的責任のアプローチが国による支持又は黙認に対応し，防止の義務アプローチが積極的義務のアプローチに対応する関係といえるのかもしれない。フェアミューレンも，国による支持又は黙認を根拠とする国の責任は，人権を「尊重する義務」違反に基づく責任の内，国家機関による直接的違反（作為）と対置されるところの国による間接的違反（作為）に属するが，国の単なる不作為は積極的義務としての防止の義務の違反に過ぎず，これらと区別される意味での国の支持又は黙認による義務違反については，これまでの実行からは必ずしも内容が明らかではないという[98]。そこで，拷問禁止条約の定義にも強制失踪条約の定義にも使用された「黙認」概念が，一般人権条約の実施機関が使用してきた黙認概念からすれば，どのような意味をもつものとして捉えられるのかがまず問題となろう。さらに，これらの条約の場合，まさにこの定義のために1つの不都合が生じる。マコルクォデイル（McCorquodale）は，一般的人権条約の実施機関が採用してきた締約国の義務に関する理解の発展（特に積極的義務）が条約の規定と容易に調和しない例として拷問等禁止条約

---

[98] *Ibid.*, p. 263.

を挙げ，同条約第1条が拷問には公務員又はその他の公的資格で行動する者の関与を要求しているために，非国家主体による拷問と同等の行為にこれらの者の関与がない場合，第1条の定義の下にあっては形式論理としていえば国際人権法の違反は起こりえないと指摘する[99]。そうなれば，一般的人権条約の下では国の積極的義務の対象となる非国家主体の人権侵害行為も，これらの条約の下ではその定義条項のために国の積極的義務の対象から排除され又はその適用が制限されるということになりかねない。しかし，マコルクォデイルによれば拷問禁止委員会は，条約解釈を通じて，公務員又は公的資格で行動する者が関与していない非国家主体の拷問類似の行為についても締約国の義務を適用する解釈を採用してきているとされる。そこで本稿の最後に，非国家主体による人権侵害行為に対する国の責任について拷問禁止委員会がどのように対応してきているかを検討し，それらを踏まえて強制失踪条約における非国家主体の人権侵害とそれに関する締約国の義務と責任の問題について若干の検討を行ってみたい。ただし，強制失踪委員会の活動はまだ始まったばかりであり，未だ国家報告も個人通報も検討されていない段階では，1つのあり得る可能性を示すに過ぎないことを予め断っておきたい。

IV 拷問禁止条約及び強制失踪条約における非国家主体による人権侵害行為と締約国の責任

1 拷問等禁止条約における非国家主体による拷問相当行為と締約国の責任

冒頭で示したように，拷問等禁止条約第1条の定義により，条約に定める「拷問」は「公務員その他の公的資格で行動する者により又はその扇動により若しくはその同意若しくは黙認の下に行われるもの」でなければならず，非国家主体が「拷問」と同等の行為（以下では「拷問相当行為」という）を実行しても，それは「拷問」にはならず，締約国の条約上の義務は基本的には「拷問」の定義に当てはまる行為に対してのみ適用される（残虐，非人道的，品位を傷つける行為は本稿では直接の検討対象とはしない）。以下では，「公務員その他の公的資格で行動する者」（以下「公務員等」という）の扇動，同意又は黙認があるかないかを問わず，非国家主体の拷問相当行為に対して拷問禁止委員会がどう対処してき

---

[99] Robert McCorquodale, Non-state actors and international human rights law, Andrea Bianchi ed. *Non-State Actores and International Law*, 2009, p. 108.

〈第5部〉移行期正義の課題と対応

たかを示す若干の典型事例を検討する。

(1) 非国家主体の拷問相当行為を扱った初期の個人通報事例

　拷問禁止委員会が扱った個人通報事件の大多数は，拷問等禁止条約第3条に係る事件であり，しかもそこで問題になるのは国家機関が関与する「拷問」である。同委員会はその初期のG.R.B.事件[100]において，送還先の国で非国家主体により国の同意又は黙認もなしに行われた行為は，拷問等禁止条約第3条に定める「拷問」の範囲外の問題であるという見解を採用している。すなわち同事件において，ペルーへの退去強制によりセンドロ・ルミノソ又は政府による拷問が行われるおそれがあるという通報者の主張に対して，委員会は，第1条の定義によれば「拷問」とは「公務員その他の公的資格で行動する者により又はその扇動により若しくはその同意若しくは黙認の下に行われるもの」であるから，「政府の同意又は黙認のない非政府主体によって加えられる苦痛を受けるかもしれない人の追放を慎む義務を締約国が負っているか否かの問題は，条約第3条の範囲外の問題である」という見解を採用した[101]。もっともマコルクォデイルによれば，非国家主体の拷問相当行為を例外的に条約第1条に該当すると認めたケースがあり，その典型が，通報者のソマリアへの退去強制を拷問等禁止条約第3条違反にあたるとしたエルミ事件の委員会見解[102]である。本件では，拷問を行うおそれは政府にではなく，通報者の属すシカル（Shikal）部族と対立するハウィエ（Hawiye）部族（モンガディシュ付近を制圧していた）にあったため，条約第1条に定義する政府の関与する「拷問」の現実的，予見可能かつ個人的な危険があるか否かが問題となった[103]。結論的にいえば，委員会は，重大で数多くの人権侵害が常態化し無政府状態となっているソマリアでは，弱体な部族は特に危険に曝されているとして通報者個人に関して「拷問」のおそれを認め，通報者の追放を条約第3条違反と認定したが，その理由付けの中で要旨次のように述べた。

---

(100)　*G. B. R. v. Sweden*, CAT, views adopted on 4 May 1999, Report of the Committee against Torture (1997), UN Document A/53/44, p. 92 *et seq.*

(101)　*Ibid.*, paras. 3. 1 & 6. 5.

(102)　*Sadiq Shek Elmi v. Australia* (120/1998), CAT, views adopted on 14 May 1999, UN Document A/54/44, p. 109 *et seq.*

(103)　*Ibid.*, pp. 110-111, paras. 2. 1-3. 3 & paras. 4. 17-4. 19.

〔薬師寺公夫〕　**15　強制失踪条約における非国家主体の人権侵害行為と締約国の責任**

　通報者がソマリアで受けると恐れている拷問行為は，第1条に定める拷問の定義に当てはまらないから，条約の適用はないという締約国の見解には与しない。ソマリアでは長年にわたり中央政府が存在せず，国際社会は相互に戦っている諸派閥と交渉しており，モンガディシュではいくつかの派閥が準政府組織を樹立して共同の統治の確立を交渉している。事実上これらの諸派閥が，正統政府が通常行使する権能に対応する一定の権能を行使しており，これらの派閥の構成員は，条約の適用上，第1条にいう「公務員その他の公的資格で行動する者」に該当する[104]。

　ソマリアでは公式の中央政府が存在しないが，モンガディシュに樹立された複数の派閥による準政府組織を例外的に事実上の政府とみなして，その構成員の行為を，第1条の解釈上，「公務員その他の公的資格で行動する者」の行為とみなすというものである。委員会は国家責任条文第9条（公の当局が存在しないか又は機能停止の場合に行われた統治権能を事実上行使している行為）に定める行為の帰属に関する一般規則を援用しているわけではない。むしろ，拷問等禁止条約第1条の解釈問題として，中央政府が長年解体状態になっており首都に政府樹立をめざして実効的支配を及ぼしている諸派閥を例外的に準政府とみなしたと考えられる。この扱いが極めて例外的だったことは，同種のE. M. H. I.事件に対する委員会の見解[105]を見れば明らかである。本件において通報者は，モンガディシュでアイディド将軍派ハウィエ部族によって行われる拷問相当行為，又は，他の場所でダバレ（Dabarre）亜部族（通報者が所属）と対立する諸部族又は亜部族によって行われうる拷問相当行為のおそれを，第3条に該当する事由に掲げた。他方被通報国であったオーストラリアは，条約の適用上「拷問」は国に帰属する拷問行為でなければならないところ，ソマリアでは2000年に樹立された暫定国民政府（TNG）が国際社会により承認されており，TNG以外の集団は「公務員その他の公的資格で行動する者」とはみなせないし，本件においては，これらの集団にTNGが同意を与え又は黙認したという事実もなかったと主張し，さらに，私的集団の行為が国に帰属するためには，国際法上国の認知及び黙認又は国家政策の遂行を含む国との間の密接な関係がなければな

---

(104)　*Ibid.*, p. 119, para. 6.5.
(105)　*H. M. H. I v. Australia* (177/2001), CAT, views adopted on 1 May 2001, UN Document A/57/44, p. 166 *et seq.*

〈第5部〉移行期正義の課題と対応

らないと主張して，第3条の本件への適用に反対した[106]。委員会は，国の主張を認めて，エルミ事件の決定から3年を経過してソマリアには国の当局が存在しそれが国際社会と関係を持っている以上は，その権限が及ぶ領域的範囲及び権限の永続性について疑問があるにしても，エルミ事件見解が認めた例外的状況には当たらず，TNG以外の集団による拷問行為は条約第3条の適用範囲外であると結論した[107]。つまり非国家主体を国の統治権能を事実上行使する実体として認定するのはごく例外的な事態においてだけであり，まがりなりにも暫定的中央政府が存在しておれば，その同意若しくは黙認の下に行われる拷問行為を除き，当該暫定政府以外の非国家主体による拷問相当行為は，第1条の「拷問」の定義に当たらず第3条の適用範囲外にあるという厳格な解釈が維持されている。この解釈を敷衍すれば，「公務員その他の公的資格で行動する者により又はその扇動により若しくはその同意若しくは黙認の下に行われるもの」でない一切の非国家主体による拷問相当行為は，条約第1条の「拷問」には該当しないことになり，したがって，これらの行為については，第3条だけでなく拷問等禁止条約の第4条から第14条に至る諸規定も適用されないということになるだろう。

しかし，拷問禁止委員会のその後の条約解釈は，必ずしもすべてが，このような初期の先例の線に沿ってなされているわけではない。とりわけ，2007年に採択された委員会の一般的意見2において，並びに，それ以降の個人通報事件に対する委員会見解において，委員会は上記の解釈原則を維持しつつも，非国家主体の拷問相当行為に対する国の注意義務を多少とも強調する傾向が見られる。

(2) 委員会の一般的意見2及びその後の個人通報事例

拷問等禁止条約第2条1項は，締約国に「拷問に当たる行為が行われることを防止するため……効果的な措置をとる」ことを義務づける。「締約国による第2条の実施」と題する委員会の一般的意見2には，非国家主体の拷問相当行為に関して以下のような注目すべき見解が示されている。この意見において委

---

(106) *Ibid.*, pp. 168-169, paras. 4.3-4.6.
(107) *Ibid.*, pp. 171-172, para. 6.4. なお本件でオーストラリアが送還先としていたのはケニアで，そこからUNHCRを通じてソマリアの安全な地域に送還することが予定されていた。

員会は，条約が個人に対してではなく国家に対してのみ義務を課すことをまずは強調しつつも，国はその職員だけでなく，その代理人，私的契約者を含む他の者，国の指揮若しくは支配の下又は他の法的口実の下に公的資格で又は国のために又は国と共同して行動する他の者の作為又は不作為に対して責任を負うと述べて，各締約国が，監護又は支配のあらゆる文脈の下で拷問及び虐待を禁止し，防止し及びそれに対して救済を与えるよう求めている[108]。その上で非国家主体の拷問相当行為について，次のようにいう。

「委員会は，国の当局又は公的な資格若しくは法の口実の下に行動する者が，拷問にあたる行為若しくは虐待が非国家職員若しくは私的主体により実行されていることを了知し又はそう信ずる合理的な理由があるときに，このような非国家職員若しくは私的主体を条約に従って防止し，調査し，訴追し及び処罰するために相当の注意の行使を怠った場合には，国は責任を負い，その職員はこのような許されない行為に同意し又は黙認したことにより条約に基づいて実行者として，共犯者として又はその他により責任を負うものと考えられるべきである。制止のために介入し，制裁を課し及び拷問の被害者に対して救済を与えるために相当の注意を行使することを国が怠ることは，非国家主体が条約上許されない行為を処罰されることなく実行することを容易にし及び可能にすることであるから，国の無関心又は不作為は，一種の奨励及び（又は）事実上の許可を与えることになる。委員会は，この原則を，強姦，家庭内暴力，女性の性器切断及び人身取引といった性差に基づく暴力の防止及びそれからの被害者の保護に関する締約国の不作為に適用してきた。」[109]

この一般的意見には，一方で，国は非国家主体による拷問相当行為が行われていることを了知している場合又は了知していると信ずべき理由があるときに，その行為を相当の注意をもって防止し，調査し，訴追し及び処罰する義務を負っており，それを怠った場合は責任を負うということが述べられている。この義務は，Ⅲで見たように，一般的人権条約においては第三者の人権侵害から個人を保護する国の積極的義務を意味しており，この作為義務は，条約上締約国が負う人権を「確保」又は「保障」する義務を根拠とするものであった。他方，拷問等禁止条約においても，一般条項である第2条1項（及び第16条1項）

---

(108) Paragraph 2, General Comment No. 2 of the CAT, UN Document A/63/44, p. 179.
(109) Paragraph 18, Geneural Comment No. 2 of the CAT, *ibid.*, p. 180.

〈第 5 部〉移行期正義の課題と対応

の「防止する」義務を根拠として，上記のような非国家主体による拷問相当行為を防止，調査，訴追及び処罰する義務が導き出されたように思われるが，Ⅳ 1(1)で見たように，この条約では第 1 条の定義により，国家の同意又は黙認を伴わない非国家主体の拷問相当行為は「拷問」には該当せず，前述のごく例外的場合を除いて，この条約の適用対象外とみなされてきた。この観点から見れば，第 2 条 1 項の「防止する」義務は，本来「拷問に当たる行為」についてのみ妥当する義務である。しかし，一般的意見 2 では，国の相当の注意義務の対象は，一見したところ，国の同意又は黙認の下に行動する非国家主体の「拷問に当たる行為」に限定されてはいないように見受けられる。ところが他方で，一般的意見 2 は，国の無関心又は不作為を国の奨励又は事実上の許可とみなし，相当の注意を怠った国の職員は拷問に同意し又は黙認したものとみなされているようである。米州人権裁判所の事例では，同意又は黙認は国の人権尊重（不作為）義務の違反とされ，防止（作為）義務とは区別されていたが，これと対比すれば，一般的意見 2 では両者は同一のものと扱われている。これは，第 1 条の定義と第 2 条の防止の義務を整合的に説明する 1 つの方法ではあるが，国による「同意」又は「黙認」の意味を，一般的人権条約実施機関がこれらの文言に与えてきた意味よりも相当広いものにする可能性がある。訴追又は引渡し義務事件 ICJ 判決が，「拷問」禁止規則を強行規範であると性格づけた[110]ことに鑑みれば，実行主体が国か非国家主体かに拘わらず，国が了知する限り，非国家主体による拷問相当行為であっても条約第 1 条に定める「拷問」と同視して，拷問等禁止条約の諸条文の適用を認めるべきだという考え方は，理解できないわけではない。実際，委員会は，一般的意見 3 においても，国家当局が，非国家職員又は私的主体によって拷問に当たる行為又は虐待が行われたことを了知し又はそう信ずる合理的理由があるときに，それらの者を条約に基づいて防止，調査，訴追及び処罰するために相当の注意を行使しない場合には，被害者に対して救済を与える責任を負うと述べて[111]，国が相当の注意義務を怠る場合には非国家主体の拷問相当行為に対しても，第 14 条（賠償を受ける権利）の

---

(110) Case concerning questions relating to the obligation to prosecute or extradite (Belgium v. Senegal), ICJ, Judgment, 20 July 2012, para. 99, available at <http://www.icj-cijorg/docket/index.php?p1=3&p2=3>.

(111) Paragraph 7, General Comment No. 3 of the CAT, UN Document CAT/C/GC/3.

規定を適用することを認めるのである。しかし，このような解釈は，一見したところ，委員会の初期の先例とは抵触するし，締約国の義務を相当拡大することになろう。そこで，一般的意見2に示された，拷問禁止委員会による第2条解釈が，どのように実際の個人通報事件で適用されているのかを若干の事例に即して検討しておきたい。

ただしその前に，第1条の定義に当てはまらない非国家主体による拷問相当行為は第3条の適用対象外であるという委員会の従来の解釈が，一般的意見2の採択後も基本的には維持されていることに，まずふれておく必要があろう。例えば，ギュクリュ（Güclü）事件の通報者の主張には，トルコに送還されれば，許可なくPKKを去ったことでPKKにより殺害されるおそれがあるという主張が含まれていたが，2010年の委員会見解は，「国の同意又は黙認を伴わずに非国家主体によって引き起こされる苦痛を被る危険のある人に対して，国は退去強制を慎む義務を負うのか否かという問題は，条約第3条の範囲外にある」から受理できないと判断した[112]。このように一般的意見2の採択以降も，「拷問」の定義を重視する委員会の基本的態度は，何も変わりはない。しかし，この解釈原則を必ずしも厳格には適用しなかった事例も若干出始めている。前述のように，拷問禁止委員会における事例の大半が，条約第3条違反の有無を問う事件であることから，一般的意見2を適用したと思われる事例も第3条に関する事件に集中している。

第1の事例は，ヌジャンバ及びバリコサ（Njamba and Balikosa）事件である。同事件で通報者は，通報者（ヌジャンバ）の夫（軍人）の反政府活動に反対するヌジャンバの親族が，彼とそれを支援していると疑われているヌジャンバ自身及び娘を殺害しようとしており，もしコンゴ民主共和国へ退去強制されたら秘密警察又はこれら親族により，拷問・殺害される危険があると主張した[113]。この親族による拷問の主張部分に対してスウェーデンは，上記の先例を引用して，私人による殺害の危険は第3条の範囲外だと反論した[114]。これに対して

---

[112] *Güclü v. Sweden* (No. 349/2008), CAT, views adopted on 11 November 2010, UN Document A/66/44, p. 384, para. 5. 2.

[113] *Njamba and Balikosa v. Sweden* (No. 322/2007), CAT, views adopted on 14 May 2010, UN Document A/65/44, pp. 294-295, paras. 2. 1-3. 1.

[114] *Ibid.*, p. 298, para. 6. 3.

〈第5部〉移行期正義の課題と対応

2010年の委員会見解は，親族による拷問・殺害の危険には直接ふれることなく，エカトゥール地方を含むコンゴ民主共和国で一般化している性暴力に着目した。委員会はまず，入手した各種の報告及び情報に鑑みれば，同国では銃を手にしたギャング及び文民によるものを含めて強姦等女性に対する性暴力が大規模に行われていることを指摘し，次に一般的意見2が「制止のために介入し，制裁を課し及び拷問の被害者に対して救済を与えるために相当の注意を行使することを国が怠ることは，非国家主体が条約上許されない行為を処罰されることなく実行することを容易にし及び可能にする」と述べていることを想起し，さらに，同国における現在の紛争状況の下では委員会として通報者にとって安全と考え得る送還地域を特定できないことを述べた後に，この特定の事件のすべての要素のバランスに基づき及びこれらの諸要素に沿って法的結果を評価すれば，通報者は同国に送還されれば「拷問」を受ける危険があると信ずるに足る相当の理由があると認定した[115]。もっとも委員会は，コンゴ民主共和国において性暴力が一般化していることについて，非国家主体による性暴力に対して同国政府の側の同意又は黙認があったと直接述べているわけではない。しかし，性暴力を防止・処罰し及び救済を与えるために国が相当の注意義務を果たすことができない同国の状況によって非国家主体による性暴力の実行が可能・容易となっていると指摘することで，少なくとも黙示的に国の「黙認」があることを示唆しているように思われる。

S.M. ほか事件では，アルメニア系混血の通報者が，アゼルバイジャンでは国家当局及び一般住民によるアルメニア系住民に対する民族的迫害が横行しており，過去に民族的出身を理由に近隣の住民から暴行された経験，並びに，避難先のスウェーデンからの最初の退去強制の際にアゼルバイジャンの空港で家族が受けた暴行等の迫害の経験からすれば，スウェーデンによる通報者らのアゼルバイジャンへの再度の追放決定は，第3条に違反すると主張した[116]。この主張部分に対してスウェーデン政府は，アゼルバイジャンでは一般住民の中にアルメニア人に対する差別意識があり，一部政府にこれを容認していると見られる情報及び報告があるが，当局による迫害というまでの状況にはなく，本

---

(115) *Ibid.*, p. 303-304, paras. 9.5-9.6.
(116) *S.M.H.M. and A.M. v. Sweden* (No. 374/2009), UN Document A/67/44, pp. 395-398, paras. 2.1-3.2.

〔薬師寺公夫〕　*15*　強制失踪条約における非国家主体の人権侵害行為と締約国の責任

件に関する諸証拠によれば，第3条が要求する予見可能な，現実の，かつ当該個人に対する拷問の危険という要件は満たしていないと反論した[117]。委員会は，通報者が過去に受けた上記経験に照らし，並びに，委員会が入手した一般的情報によれば，アゼルバイジャンに居住するアルメニア系民族に対する一般公衆の敵対的態度が未だ広範に存在し，日常生活において差別される危険やパスポート申請時に下級官吏から嫌がらせや賄賂を要求されることがあること，このため，アルメニア系住民はしばしばパスポートの民族的記載を変更して身元を隠していることに留意して，通報者のアゼルバイジャンへの送還は，通報者らを第3条の意味における拷問の予見可能な，現実のかつ個人的な危険にさらすことになり，第3条違反となると認定した[118]。この事件では，被請求国政府が，第1条の拷問の定義に固執しなかったため，委員会も，アゼルバイジャンにおける一般公衆のアルメニア系住民及び通報者らに対する敵対的態度とこれに対する同国当局の対応の仕方を防止の義務に照らして詳細に検討したわけではない。またアゼルバイジャン当局に相当の注意義務の欠如又は同意若しくは黙認にあたる要素があったか否かを厳密に判断したわけでもない。しかしその厳密な法的性格付けはともかくとして，アルメニア系住民であることを理由とした通報者に対する一般公衆の敵対的態度であっても，それを国が放置する場合には，第3条にいう「拷問が行われるおそれ」に該当するとみなされることを本件は示唆している。

　A.A.M.事件では，通報者がブルンジへ送還されればフツ軍事組織による危害を受ける危険があると主張したが，委員会は，それを証明する証拠を通報者が何も示していないとして請求内容をしりぞけた。しかし委員会は，一般論として，「締約国は，非国家主体により行われる拷問又は虐待のおそれがある者を追放することを慎む義務を負うか否かの問題は，当該の行為に対する送還先の国の同意又は黙認がある場合には第3条の範囲に入る」と定式化し，その注において，一般的意見2に示されたように，国は，拷問に当たる行為が行われているのを了知し又はそう信ずる合理的理由があるときに，実行者を防止，調査，訴追，処罰することを怠れば当該拷問に同意し又は黙認したことによって，私人が実行した拷問に当たる行為に対して責任を負うという先例法理を想起す

---

(117) See *ibid.*, pp. 398-403. paras. 4.1-4.22.
(118) *Ibid.*, p. 406, para. 9.7.

545

ると記載した[119]。この委員会見解は，送還先において行われる危険のある非国家主体の拷問相当行為について，追放を行う国が送還禁止義務を負うのは，送還先の国が当該の拷問相当行為に対して「同意」を与えるか又は「黙認」する場合に限られるという従来の原則的解釈をまず確認している。しかし同時にこの見解は，非国家主体の拷問相当行為を了知しながら，送還先の国が相当の注意をもって実行者を防止，調査，訴追及び処罰する措置をとらない場合は，当該国による「同意」又は「黙認」とみなすことを委員会の先例法理として確認したといえる。

　「拷問」概念及び国の義務に関する以上のような委員会の解釈は，今のところ個人通報に関する限り，第3条の適用問題に限られている。しかし，一般的意見2は，第2条に定める「拷問」防止義務の適用対象について解釈したものだから，第3条以外の他の条項の適用にあたっても，これと同じ解釈がとられることは，前述の第14条に関する一般的意見3が示すとおりである。ただし，非国家主体による拷問相当行為を国が防止しない場合に，送還先の国を「拷問」の行われるおそれのある国とみなしてノン・ルフールマン原則を適用することと，そのような場合に国の不作為を理由として，拷問相当行為の被害者に対して公正かつ適正な賠償受ける執行可能な権利（enforceable right）を確保することを，同じように導き出せるかについては，今後の事例の積み重ねを待つしかないであろう。

　なお「拷問」に関連する事例ではないが，国による「同意」又は「黙認」の解釈にふれた見解としてベシム・オスマニ（Besim Osmani）事件見解に一言ふれておきたい。この事件は，コソボ避難民であるロマの家族に居住地区からの強制立ち退きを命じたニュー・ベオグラード自治体が制服及び私服の警察官を動員して立ち退きを強行した際に，特定できない誰かが，通報者に暴行と暴言を浴びせたことについて，通報者が第12条から第14条との関連で第16条（残虐な，非人道的な又は品位を傷つける取扱いの禁止）の違反を申立てた事件である[120]。第16条1項は，残虐な，非人道的な又は品位を傷つける取扱いを防止するこ

---

(119) *A.A.M. v. Sweden* (No. 413/2010), CAT, views adopted on 23 May 2012, UN Document A/67/44, pp. 465-466, para. 9. 2. and note p at p. 465.

(120) *Besim Osmani v. Servia* (No. 261/2005), CAT, views adopted on 8 May 2009, UN Document A/64/44, pp. 273-279, paras. 2. 1-3. 6.

とを締約国に義務づけるが、それは「公務員その他の公的資格で行動する者により又はその扇動により若しくはその同意若しくは黙認に下に行われるもの」に限られている。委員会は、通報者に対する暴行と暴言が、第16条1項違反の行為に該当すると認定したが、その理由の1つとして、通報者に対して傷害を加え及び暴言を浴びせた者が公務員であったか否かに関係なく、事件を目撃しながら人権侵害を防止するために介入することを怠った締約国の当局は、少なくとも第16条の意味で当該人権侵害に「同意を与え又はそれを黙認した」と判定した[121]。つまり、本件の場合は、人権侵害の現場に公務員がいながらそれを防止する措置をとらなかったという不作為をもって国の同意又は黙認を認定している。了知しながらこれを防止するために相当の注意を行使しなかったという一般的意見2にいう基準が、本件のような人権侵害の現場における具体的防止行為を指すのであれば、その欠如をもって「同意又は黙認」を認定することには問題はないといえる。フェアミューレンによれば、既に2002年のゼマイル（Dzemajl）事件見解で、委員会は、群衆に襲われる差し迫った危険を通報され、その現場にいながら被害者を保護するためになんらの適切な措置もとらなかった警察の行為を第16条にいう「黙認」にあたると認定した事例があるが、委員会の年次報告等に公表されていないために確認はできなかった[122]。

　以上要するに、拷問等禁止条約においては、「拷問」の概念が、人に重い苦痛を与える行為の内「公務員その他の公的資格で行動する者により又はその扇動により若しくはその同意若しくは黙認の下に行われるもの」と定義され、この定義に当てはまる行為についてのみ、第2条以下の義務が適用されることになっている。拷問禁止委員会も、この定義に沿って、非国家主体の拷問相当行為については、それが公務員等の「扇動」「同意」若しくは「黙認」の下に行われるのでない限り、第2条以下の義務は適用されないという基本的な解釈を維持してきている。しかし同時に、一般的意見2を契機として、国による「同意」及び「黙認」の意味を広く解釈し、非国家主体の拷問相当行為を国が了知し又は了知していると信ずべき合理的理由のあるときに、国がこれを防止、調査、訴追及び処罰のために相当の注意を行使して措置をとらなかった場合には、

---

[121]　*Ibid.*, p. 285, para. 10. 5.

[122]　Marthe Lot Vermeulen, *supra* note (48), p. 426.

〈第5部〉移行期正義の課題と対応

国による当該行為への「同意」又は「黙認」があったとみなすという解釈を確立しつつある。この解釈によって非国家主体による拷問相当行為ではあるが条約に定義する「拷問」概念に包摂されるものの範囲が一定広がる可能性があるが，条約の適用対象内に入るものと適用対象外にあるものとの区別のラインは，まだ必ずしも明確になっているとはいえない。それは，今後の事例の積み重ねを待つしかない。

2　強制失踪条約における非国家主体による強制失踪相当行為と締約国の責任

　拷問等禁止条約と同様に，強制失踪条約第2条も，条約に定める「強制失踪」を「国の機関又は国の許可，支援若しくは黙認を得て行動する個人若しくは集団が」行う自由の剥奪行為に限定している。このため，単なる非国家主体が行う「逮捕，拘禁，拉(ら)致その他のあらゆる形態の自由の剥奪を行う行為であって，その自由の剥奪を認めず，又はそれによる失踪(そう)者の消息若しくは所在を隠蔽（いんぺい）することを伴い，かつ当該失踪者を法律の保護の外に置くもの」（以下「強制失踪相当行為」という）は，この条約でいう「強制失踪」には該当しない。ところが，強制失踪条約は，第3条で非国家主体による強制失踪相当行為に適用される次のような独特の規定を有している。

> 「締約国は，国の許可，支援又は黙認を得ることなく行動する個人又は集団が行った前条に規定する行為を調査し，かつ，それらについて責任を有する者を裁判に付するために適当な措置をとる。」

　つまり強制失踪条約においては，「強制失踪」の定義に当てはまらない非国家主体の強制失踪相当行為についても，締約国はなお，それを調査し，責任者を訴追する義務を負うことになっている。この点は拷問等禁止条約とは異なる。もっとも，条約の構造を見る限りでは，第2条により「強制失踪」と定義される行為については，条約第1部の実体的規定の内第3条以外のすべての条項が適用されるのに対して，非国家主体による強制失踪相当行為については第3条に定める義務のみが適用されるような規定の仕方になっているから，締約国が負う義務の内容は，両者において大きな差違がある。このため，強制失踪条約においても，非国家主体が「国の許可，支援若しくは黙認を得て行動」してい

548

たのか否かは，締約国の義務の内容を決定する上で極めて重要な役割を果たすことになる。ただし，自由の剥奪を認めず，又はそれによる失踪者の消息若しくは所在を隠蔽するという失踪行為の特殊な性質のために，「国の許可，支援若しくは黙認」の存否を確認すること自体が決して容易ではないことは，Ⅲの一般的人権条約の検討で見たとおりである。このため，一般的人権条約実施機関は，国の積極的義務に訴えることで，この困難に対処してきたが，米州又は欧州人権裁判所の判例法によれば，非国家主体の強制失踪相当行為に対する国の積極的義務の認定は，事件の調査及び訴追義務にとどまらず被害者への救済をも含む広範な義務を締約国にもたらすことになっている。そうすると，非国家主体による強制失踪相当行為に対するこうした一般的人権条約実施機関のこれまでのアプローチの仕方と強制失踪条約第3条のアプローチの仕方との間に若干のズレが生じることもありうるが，これらをどう調整していくかということは今後の課題となろう。

そこで，以下では，まず強制失踪条約の起草過程において，非国家主体による強制失踪相当行為がどのように扱われてきたのかを概観する。強制失踪委員会では国家報告の検討も個人通報の検討もまだこれから始まる段階であるので事例の検討はできない。そこで起草過程の検討を通じて提起された問題については，他の実施機関での経験に照らし，どのような理論的課題があるのかについて，簡単にふれておきたい。

(1) **強制失踪条約の起草過程における非国家主体による強制失踪相当行為の扱い**

国際刑事裁判所規程第7条2項(i)は，人道に対する犯罪との関連で定義した「人の強制失踪」の中に「政治的組織又はこれらによる許可，支援若しくは黙認を得た者」が行う自由の剥奪行為をも含めていた。これを踏まえて2002年にノヴァックが国連人権委員会に提出した報告書は，次のように述べていた。

> 「コロンビア等の多くの国の経験から見れば，強制失踪は政府職員，暗殺団若しくはいわゆる自衛団の構成員などの間接的国家主体，ゲリラ活動，政府と戦う準軍事的集団並びにしばしば麻薬と関連した組織犯罪集団によって実行されている。この犯罪を取り巻くすべての事実の隠蔽がその定義の一部となっていることから，実行者が『国の許可，支援若しくは黙認』の下に行動していたか否かを知ること

〈第 5 部〉移行期正義の課題と対応

はしばしば非常に困難である。……したがって，強制失踪からの『十分な保護』を確保するためには，将来の拘束力ある文書は，少なくとも国内刑法との関連では，国及び組織された非国家主体に等しく適用すべきである。」[123]

しかし，この考え方は強制失踪条約では完全には採用されなかった。非国家主体による強制失踪相当行為の条約での扱い方については，起草過程においていくつか異なるアプローチが存在した。この問題について実質的な議論がされたと思われる 2005 年以降の会期間開放作業部会 (Intersessional Open-ended Working Group) の報告書からは次の事情が窺われる[124]。

2005 年の作業部会（第 3－4 会期）に提案された議長（Bernard Kessedjian）案は，第 1 条（定義）で強制失踪を「国の機関又は国の許可，支援若しくは黙認を得て行動する個人若しくは集団」の行為に限定し，第 2 条 1 項で強制失踪を国内法上の犯罪とする義務を締約国に課した後，第 2 条 2 項で第 1 条に定義する強制失踪行為が国の許可，支援若しくは黙認を得ないで行動する個人若しくは集団により実行される場合には「同等の措置をとる (take comparable measures)」ことを締約国に義務づけていた[125]。つまり非国家主体の強制失踪相当行為については，ノヴァックが示唆したように国内刑法上の犯罪とする点においては「強制失踪」と同等に扱うことが提案されていた。この第 2 条 2 項に関する議論の中で注目される点は，第 1 に，1 代表が非国家主体の行為を条約に含めるよう第 1 条の再定義を求め，第 1 条の定義から行為主体についての言及を外す案と，現在の定義はそのままにして，第 2 文として「国は強制失踪を防止し及びそれと闘う責任を有する」という規定を追加する案とが提案されたことであ

---

[123] Report submitted by Mr. Manfred Nowak, independent expert charged with examining the existing international criminal and human rights framework for the protection of persons from enforced or involuntary disappearences, pursuant to paragraph 11 of Commission resolution 2001/46, UN Document E/CN.4/2002/71, p. 31, para. 73.

[124] 起草過程及び私的集団の行為をめぐる議論状況については，北村泰三「国連強制失踪条約の意義及び問題点の検討」法学新報 116 巻 3・4 号（2009 年）168-177 頁及び 186-189 頁参照。

[125] Report of the Intersessional Open-ended Working Group to elaborate a draft legally binding normative instrument for the protection of all persons from enforced disappearance, Chairperson-Rapporteur: Mr. Bernard Kessedjian (France), UN Document E/CN. 4/2005/66, p. 6, para. 17 & p. 8, para. 27.

る[126]。第1条の定義を維持したまま国の一般的防止義務を定めることで，非国家主体の強制失踪相当行為に対する国の注意義務を創設できるかについては法文解釈上疑問なしとはしない。もっとも拷問禁止委員会の一般的意見2の解釈例に則れば，一般的防止義務を定める規定が存在することによって，国による許可，援助若しくは黙認の解釈を，非国家主体の行為に対する国の相当の注意義務の欠如を含むように拡大することは可能になったかもしれない。この点に関連して，非国家主体による強制失踪相当行為の場合には，締約国は，そのような失踪が行われるのを防止し，実行者を刑法に基づき処罰し及び被害者に賠償を提供するために合理的に期待される措置をとることを約束するという規定を設ける考え方も示された[127]。しかしこれらの提案は，非国家主体の強制失踪相当行為を単に国内刑法上の犯罪とするだけでなく，締約国の義務の範囲を根本的に変更するものであった。しかし，作業部会の多数の代表は，非国家主体を含むような強制失踪の定義をすれば，将来の文書から力を奪いその性格を変えてしまうと考えて，このような提案を支持しなかった[128]。もうひとつ注目される考え方は，非国家主体による強制失踪相当行為に関して国が条約中のどの条文の義務を負うかを，条文番号を明示して定めるという考え方で，具体的には当時の案で第1条〜第15条及び第23条〜第25条に定める義務は，非国家主体による強制失踪相当行為にも適用されるべきだという提案が出された[129]。秘密拘禁の禁止など拘禁施設における自由の剥奪，自由の剥奪に関連した情報へのアクセス，解放時の措置，法執行職員の訓練，被害者の賠償を受ける権利に関する諸条項を除いた多くの条項，例えば犯罪人の引渡し，ノン・ルフールマン，児童の保護などに関する諸条項は，非国家主体による強制失踪にも適用されるという考え方が示されたのである。この提案に対する作業部会の反応については記録がないが，多数の支持を得ることはなかった。ただし非国家主体による強制失踪相当行為に対する各条項の適用可能性がある程度議論されていたことは，他の条項に関する議論の記録からも断片的に窺い知ることができる。例えば，被害者の権利に関する当時の第22条案の議論においては，

---

(126) *Ibid.*, p. 8, para. 29.
(127) *Ibid.*, p. 9, para. 34.
(128) *Ibid.*, p. 9, para. 31.
(129) *Ibid.*, p. 9, para. 33.

〈第5部〉移行期正義の課題と対応

非国家主体による強制失踪相当行為については，国は補償基金を設けて被害者を支援することはできるが，十分な賠償をすることを要求されるべきではないといった意見が出されていた[130]。したがって，非国家主体による強制失踪相当行為については専ら調査の義務と責任者の訴追の義務のみが適用されると狭く考えられていたわけでは必ずしもない。しかし，この問題について，この会期ではコンセンサスを得ることはできなかった。

第5会期において作業部会議長は，定義（第1条）の後に続く独立の第2条案として「締約国は，国の許可，支援又は黙認を得ることなく行動する個人又は集団が行った強制失踪を調査し，かつ，それらについて責任を有する者を裁判に付するために必要な措置（necessary measures）をとる」という規定を提案した[131]。この規定は，現在の第3条とほぼ同じものであるが，非国家主体が実行した失踪行為にも「強制失踪」という言葉を用いていた。したがって，「強制失踪」に言及する条約中の諸条項が，非国家主体の実行した「強制失踪」にも準用される可能性をなお残していた。多くの代表が，非国家主体により実行された失踪は「強制失踪」の範囲外にあると指摘し，「強制失踪」という文言は，非国家主体によって行われる「前条に規定する行為」という文言に置き換えられた[132]。他方，作業部会議長による上記の第2条提案は，非国家主体による強制失踪相当行為については，これを調査し，責任者を裁判に付する義務のみを国に課すものであった。そのため若干の代表は，この義務の限定を遺憾として，実行者を引き渡す義務及び被害者を保護する義務などを追加するよう提案したが[133]，支持を得られなかった。また議長提案にあった「必要な措置」という文言は，この文脈では国に極端に重い義務を課すという意見があったために「適当な措置（appropriate measures）」に置き換えられたが，「措置は国内法に従ってとられる」という文言を追加する提案は採用されなかった[134]。

---

(130) Ibid., p. 27, para. 110.
(131) Report of the Intersessional Open-ended Working Group to elaborate a draft legally binding normative instrument for the protection of all persons from enforced disappearance, Chairperson-Rapporteur: Mr. Bernard Kessedjian (France), UN Document E/CN. 4/2006/57, p. 5, para. 12.
(132) Ibid., p. 6, para. 13.
(133) Ibid., p. 6, para. 14.
(134) Ibid.

〔薬師寺公夫〕　*15*　強制失踪条約における非国家主体の人権侵害行為と締約国の責任

この結果，強制失踪条約は，非国家主体による強制失踪相当行為については，第3条以外の諸条項が適用される余地を基本的に排除している。もっとも条約案の最終レビューの際に，メキシコ代表は，第3条に「事件を調査し及び裁判に付すために被害者の保護を確保するための適当な措置をとらなければならない」という規定を追加するよう提案して受入れられなかったが，同国は締約国が第3条の下で強制失踪の防止措置をとり，被害者を保護し及び責任者を訴追する義務を負っているという解釈をとると述べた[135]。また，個々の条項の審議の際に，非国家主体による強制失踪相当行為に対する同条項の適用可能性にふれた発言は，条約起草の最終段階でもなおいくつか見受けられる。例えば，第24条3項の失踪者を捜索し，発見し，解放し，死亡した場合には遺体を発見し，尊重し，返還する義務について，この義務は非国家主体の行った強制失踪相当行為には適用できないから「もし可能な場合には」という文言を追加すべきだという提案があり，この提案は支持を得られなかったが，第3条の場合と同様に「必要な措置をとる」義務は，「適当な措置をとる」義務に置き換えられた[136]。

以上要するに，第3条は，非国家主体の強制失踪相当行為については，締約国の義務を，事件を調査する義務と責任者を裁判に付する義務とに意識的に限定するというのが起草者の意図であったと思われる。これは，非国家主体の強制失踪相当行為に適用される条約の諸条項を列挙する提案や，当該の行為を相当の注意をもって防止する義務にふれた一般条項を求める提案が，採用されなかったという事実からも明らかであろう。しかし，ノン・ルフールマンの原則など第3条以外の諸条項に定められた取扱いの内一定のものについては，非国家主体による強制失踪相当行為にも適用すべきだという意見が，条約起草過程を通じて完全に払拭されていたかといえば必ずしもそうではなかったように見受けられる。ところで，強制失踪条約では，「国の許可，支援又は黙認」を得て行動する個人又は集団が行う逮捕，拘禁，拉致その他の自由剥奪行為は，条約の諸条項が適用される「強制失踪」となり，そうでない個人又は集団による同等の行為は第3条の規定に従うという区別がなされているが，起草過程の記録を見る限り，この両者を区別する「国の許可，支援又は黙認」（国際刑事裁判

---

(135)　*Ibid.*, p. 20, para. 98.
(136)　*Ibid.*, p. 25, para. 141.

所規程第7条1項(i)と同じ）という重要な概念については，殆ど議論がされた形跡がない。そこで以下では，まず強制失踪条約第1条及び第3条で使用されている「国の許可，支援又は黙認」という概念についてどのような課題が残されているかを検討し，次いで第3条が対象とする「国の許可，支援又は黙認を得ることなく行動する個人又は集団」が行う強制失踪相当行為に対する国の責任をめぐる課題について若干ふれることによって本稿の締めくくりとしたい。まだ強制失踪委員会の国家報告及び個人通報の検討が始まっていない段階では，あくまで課題の指摘にとどまることを予めお断りしておきたい。

(2) 「国による許可，支援又は黙認」概念と非国家主体の行為に対する国の責任

強制失踪条約は，国家機関による「強制失踪」（第2条に定義する）を防止し，処罰し，その被害者を救済することを主要目的とするが，現代の非自発的失踪の諸形態から個人を保護するために非国家主体による失踪についても一定の範囲で条約を適用することとした。上記条約起草作業の結果，強制失踪条約は，「国の許可，支援若しくは黙認」を得て行動している個人又は集団によって行われる「強制失踪」については，国家機関による「強制失踪」と同様に条約第4条から第25条に定める国の義務を適用し，そうでない失踪については原則として条約第3条に定める国の義務のみを適用する仕組みを採用した。「国の許可，支援若しくは黙認」を得て行動する者の範囲が広く解釈されれば，条約の諸条項が適用される「強制失踪」の範囲が拡大し，反対に「国の許可，支援若しくは黙認」という概念を狭く解釈すれば「強制失踪」の範囲は狭められ，第3条が適用されることになる。「国の許可，支援又は黙認」という概念は，非国家主体が実行する非自発的失踪の中から国家機関が実行する「強制失踪」と同視できる程度の失踪を選別する基準となるから，条約の安定的適用のためには予めその内容がある程度明確になっていることが望ましいし，この基準を，私人の違法行為について国に責任を帰属させるための基準と一致させる必要は必ずしもないと思われる。実際，「国の許可，支援又は黙認」という概念は，国が私人行為に対して責任を負うことを定める一般国際法の諸規則の諸概念とは，一部類似はするが，異なる概念である。例えば，国の許可又は支援は，行為の帰属に関する国の指揮若しくは支配あるいは国による承認及び採用

〔薬師寺公夫〕 **15** 強制失踪条約における非国家主体の人権侵害行為と締約国の責任

とも，派生的責任に関する国の共犯又は国の支援とも必ずしも一致しないし，国の黙認に対応する概念はILCの国家責任条文にもICJのジェノサイド適用事件判決にも出てこない。黙認という文言から推測できるのは，私人行為に対して国がとるべき措置をとらない不作為であり，防止の義務違反であるが，防止の義務違反が認定された後に後追い的に国の黙認と「強制失踪」該当性が認定されるのでは，条約中の適用条文に対する予見可能性という点から不都合が生じる。したがって，国の黙認（国の許可及び援助についても）の意味内容に関するある程度の類型化と基準の明確化が求められることになるが，人権条約上人の失踪に関連して国の黙認が問題になった事例の殆どは，国による黙認が国家責任を問うための根拠として援用された事例である。以下では，その典型的事例にふれることで，何が国による黙認と観念されていたかを簡単に例示しておきたい。

　拷問禁止委員会を例にとれば，トルコのPKK又はブルンジにおけるフツ族軍事組織のように国の同意又は黙認の下に行動していないことが明白な場合には，委員会は，これらの私的集団による拷問相当行為には拷問等禁止条約の適用はないとする，原則を貫いている。

　拷問等禁止条約第16条の残虐な取扱い等を防止する義務の違反に関連して国の黙認が認定された事例では，群衆や特定できない人物による暴行・傷害の現場に警察官がいながらそれに適切に対処しなかったことが黙認と認定されている。また同委員会の一般的意見2ではより一般的に，拷問又は非人道的行為が私的主体により実行されていることを了知しながら，国がそれを防止，調査，訴追及び処罰するため相当の注意を行使しなかった場合には国は責任を負うとともに，国の職員は許されない行為に同意又は黙認したものとみなされている。したがって拷問禁止委員会では，私人によって拷問相当行為又は他の残虐な行為が行われている現場にいながらそれに適切に対処しない不作為，又は，より一般的には，これらの行為を了知しながら防止し，若しくは，事後に調査，処罰等を行わないことを黙認概念に含ませていた。ただし，拷問等禁止条約の場合，公務員等による黙認の対象は拷問行為（第1条1項）又は他の残虐な行為（第16条1項）そのものであり（when such pain ...is inflicted ...with the consent or acquiescence），強制失踪条約のように国の黙認の対象が行動する個人又は集団ではない（persons or groups of persons acting with the authorization, support

〈第 5 部〉移行期正義の課題と対応

or acquiescence)。

　米州人権裁判所及び欧州人権裁判所の先例についてはフェアミューレンによる詳細な検討があるので，それを参照するが，彼女が典型例としているものに当たれば，国の黙認には次のような例が含まれている。まず米州人権裁判所は，ブレイク (blake) 事件判決で，「民間巡視部隊によるこの活動に対するグアテマラの黙認が，これらの部隊が国の機関とみなされたことを示し，それが実行した行為〔米国人ジャーナリスト及び写真家の失踪と殺害〕が国に帰属することを示す」と判示したが，裁判所は，事件発生時に民間巡視部隊が陸軍と組織的関係 (institutional relationship) を有し，軍隊の任務を支援する活動を遂行し，グアテマラ陸軍から資源，武器，訓練及び直接的命令を受け，その監督下で実践行動を行い，数々の人権侵害，裁判に基づかない死刑執行，強制失踪がこの部隊の仕業であったことに言及した[137]。国の黙認とは，米国人の失踪行為そのものに対する黙認ではなく，直接的には民間巡視部隊を軍の任務を支援する主体として認め，武器や訓練を施し，その行動を監督していたことを指しており，その活動がしばしば人権侵害や失踪を生じさせていたことの了知も含まれていたように思われる。ここに見られるグアテマラの関与は，民間巡視部隊のグアテマラ陸軍への全面的な従属と性格づけられるほどの関与であり，国家責任の観点から見れば民間巡視部隊の行為は事実上の国の機関の行為としてグアテマラに帰属するものであったと考えられる。本件では国による黙認は，非国家主体の行為が国家の行為とみなされるほどの組織的関係又は指揮命令関係が両者の間に存在したことを意味する。同じく典型例に挙げられたマピリパン虐殺事件判決では，同裁判所は，「〔虐殺〕行為は準軍事集団の構成員によって行われたが，この虐殺は高級将校を含む国軍のいくつかの作為又は不作為を通じて表明された，協力，黙認又は宥恕なしには準備し及び実行することはできなかった」と判示し，マピリパン襲撃が数ヵ月前から準備され，軍隊により兵站上の準備及び協力があったこと，準軍事集団が軍の支配下にある諸区域を通過したこと，虐殺が行われた期間軍隊を正当な理由なく他の地域に移動させて文民たる住民を無防備にしたことなどを指摘した[138]。本件では，準軍事集団の一般

---

(137) *Case of the Blake v. Guatemala*, Inter-American Court of Human Rights, judgment of January 24, 1998 (Merits), available at <http://www.corteidh.or.cr/casos.cfm>, p. 26, paras. 76 & 78.

〔薬師寺公夫〕　*15*　強制失踪条約における非国家主体の人権侵害行為と締約国の責任

的活動に対する国の黙認というよりも，マピリパン虐殺事件そのものに対する国の黙認が問題とされている。ブレイク事件の場合ほどコロンビア軍と準軍事組織との関係は深くなく，また準軍事集団によるマピリパン虐殺行動に軍が直接指揮又は支配を及ぼしたわけでもない。しかし，軍が単に虐殺行為を防止しなかったというだけでなく，軍の一部が兵站上の協力をし，事件の期間中マピリパン地域から軍隊を移動させて準軍事組織の行動を容易にしたなどの国の積極的関与が認められる。このような関与も国家責任法上は，違法行為に対する支援として国の「共犯」又は支援による責任が問われうる。しかし，ここでは国による違法な虐殺・失踪行為に対する国の協力・支援が黙認の内容とされていることが重要である。

他方フェアミューレンは，欧州人権裁判所の裁判例では，強制失踪事件で黙認に基づいて国に原初的責任を帰属させた例はないと指摘する。ただし彼女によれば，国家機関が強制失踪の実行者であることを認定した後に，国が事件の調査を怠ったことによって事態を重大化させたことを指摘するため，黙認に言及した事例は多いとされる[139]。その代表例とされるベイセイエワ（Baysayeva）事件で，裁判所に提出された証拠からベイセイエフの身柄拘束がチェチェンに展開するロシア軍の治安作戦行動によるものと認定した裁判所は，彼の拘禁直後の決定的な期間において，検察庁等の機関がいかなる必要な行動もとらなかったためにありうる失踪に対する重大な寄与をしたが，この行動は本件状況において少なくとも黙認の強い推定をもたらし，彼の推定される死亡の責任がロシアに帰せられると述べた[140]。この事件では，ロシア軍兵士により身柄拘束されており，被害者が最後に消息を確認されたのはロシア軍管轄下の収容所であるから，その後の失踪と死亡推定は，各証拠から合理的な推定を超えてロシアに帰責されるものであった。本判決において国の黙認と性格づけられたベイセイエフ拘禁直後のロシア検察当局等による迅速な調査の欠如は，国家責任成立の観点から見れば，ロシアに生命権侵害の責任を帰属させる原初的根拠とはいえないかもしれない。しかし，国家当局による拘禁が行われた際に

---

[138] *IACHR judgment on Mapiripan Massacre case*, p. 95, para. 120.
[139] Marthe Lot Vermeulen, *supra* note (48), p. 258.
[140] *Case of Baysayeva v. Russia*（Application no. 74237/01），ECHR, First section, Judgment, 5 April 2007（available at HUDOC database: *supra* note 79），paras. 116-120.

は，家族からの要請にも拘わらず拘禁直後の重要な時期に迅速な調査の実施を怠ることがあれば国による黙認とみなされうることを示したことは，重要である。フェアミューレンが注目したもう1つの典型例は，トルコのPKK支持者と見られる医者が何者かに誘拐・殺害されたカヤ（Kaya）事件である。裁判所は，カヤには国の治安部隊の構成員の「黙認」又は支援を得て国の利益に反するとみなした個人を標的にする反ゲリラ集団により違法に攻撃される現実的で差し迫った危険があったし，当局はこれを了知し又は了知すべきであったにも拘わらず，これを防止するため利用できる合理的な措置をとらなかったとして，条約第2条の違反を認定した[141]。この判決も，カヤの失踪及び殺害を実行したのは私的な反ゲリラ集団であり，その行動に対するトルコの黙認によって国に責任が帰属すると単純に判断したわけではない。裁判所は，実行者を特定するには至らなかったために，PKKの要人や支持者が違法に失踪・殺害される事件が頻発している状況があるにも拘わらず，国がカヤにつき適切な防止措置をとらなかったことを捉えて条約違反を認定している。しかしこの判決も黙認の意味を理解する上では一定の示唆を与える。判決は，PKK支持者などを襲撃・殺害するような反ゲリラ諸集団であることを了知しながら，この集団の訓練施設を治安部隊の構成員が援助すること，又は，これらの集団が国益に反するとみなした個人を治安部隊構成員の支援又は黙認の下に標的とすることを指して黙認という言葉を使用しており[142]，国がカヤの差し迫った危険に対して防止措置をとらなかったことをもって，国の黙認があるとはみなさなかった。

フェアミューレンは，私的集団が実行する失踪行為に対して国がどのような関係にある場合に，それが国による黙認を構成し，国に責任をもたらすかという観点から，次の4つの場合を検討している。すなわち国の黙認といいうる状況として，①犯罪実行者である非国家主体と国との間に階層的又は機構的結びつきのある場合，②非国家主体が犯罪を実行した時に国の当局が犯罪の実行を容易にするために積極的に関与する場合，③特定の人が失踪及び殺害の被害者となる現実的で差し迫った危険を了知しながら行動を怠り犯罪の実行を許し

---

[141] *Case of Mahmut Kaya v. Turkey*（Application no. 22535/93），ECHR, First section, Judgment, 28 March 2000, Reports of Judgments and Decisions, 2000-Ⅲ, pp. 178-181, paras. 90-91 & 95-101.

[142] *Ibid.*, pp. 178-179, para. 91.

た場合，④苦情があるにも拘わらず，又は失踪が実行されて被害者が殺害される現実的危険に直面していることを了知すべきだった時に調査を怠り犯罪の継続を許した場合，を掲げ，最初の2つは明らかに黙認という基準に該当するが，後の2つについては論争があり，判例もこれを明確に支持しているとはいえないと指摘する[143]。しかし彼女は，強制失踪への国の関与を証明することが困難な場合に国がそれから利益を得ることは望ましくなく，また調査を通じた事態の悪化を防ぐ国の中心的役割を考慮すれば，「特定された危険」を了知しながら実践的防止措置をとることを怠った③及び④の場合にも国による黙認を認めるべきだと主張する[144]。ただし，国による関与も重大化する事情もない非国家主体による孤立した失踪について国が単に調査を怠った場合は，国の黙認から除外されている。

欧州人権裁判所及び米州人権裁判所は，私人が実行する失踪その他の行為によって引き起こされる人権侵害行為（秘密拘禁，拷問，生命の剥奪等）について締約国の条約義務違反を認定するに当たり，ILCの国家責任条文が使用してきた用語とは異なる概念を使用してきた。国による黙認を根拠とした責任の認定もその1つである。しかし国による黙認という概念は，多義的に用いられている。この言葉の消極的ニュアンスとは異なり，国と非国家主体との間に全面的支配従属関係をもたらすような組織的・階層的関係がある場合，及び，国の機関が人権侵害行為を側面から支援する場合は，国は人権侵害行為又はその実行者に対して圧倒的に又は積極的に関与している。ただし人権侵害行為それ自体は非国家主体によって実行されるから，国の側には黙認があったとされるだけである。他方，私人の人権侵害の現実的で差し迫った危険を了知した又は了知すべきであったにも拘わらず，その危険を防止しなかったために危険が現実化した場合，又は，侵害が生じた後に，調査を怠り事態の悪化を招いたか，若しくは，訴追及び処罰を怠り人権侵害行為を助長した場合にも，黙認という概念が使われるときがあるが，防止の義務という国の積極的作為義務の違反までを国の黙認に含ませることには米州人権裁判所及び欧州人権裁判所もなお慎重な姿勢をとってきている。非国家主体による人権侵害行為に関連して国の責任を認定するという文脈では，フェアミューレンの提示した①及び②の場合は，一般国際

---

(143) See Marthe Lot Vermeulen, *supra* note (48), p. 430.
(144) *Ibid*.

〈第5部〉移行期正義の課題と対応

法上の行為の国への帰属に関する規則又は国の支援等を理由とした派生的責任の規則で説明ができ，③及び④の場合は，各条約における防止の義務の内容に即して処理できると思われる。いずれの場合も，要件を満たせば国家責任は発生することになり，敢えて国の黙認という概念に訴える必要はないであろう。しかし，各条約実施機関が人権条約の尊重義務と確保（保障）義務との関連も踏まえて，非国家主体による人権侵害行為については国に責任を帰属させるために国による黙認という概念が引き続き必要とみなせば，条約に即して黙認の内容を整理・決定していくのはこれらの条約実施機関の役割である。他方，強制失踪条約の場合，非国家主体が関与する強制失踪相当行為も当該行為の実行者が国の黙認の下で行動する者であれば，条約に定義する「強制失踪」となって，国家機関が実行するそれと同じ扱いになるから，黙認が何を意味するかを明確化する作業は避けて通れない課題である。この場合，フェアミューレンが提示した①及び②の場合は，強制失踪条約であればむしろ国家機関そのものの行為又は国の許可又は援助の下で行動する者に該当すると考えることも可能であろう。他方，③及び④の場合を黙認の下で行動する者といえるかについては，個々の事例の検討を踏まえて整理する作業が必要になるように思われる。この点，同じく黙認概念に依拠する拷問等禁止条約では，同条約第2条の防止の義務との関連で拷問禁止委員会の一般的意見2が，拷問行為が私的主体により実行されていることを了知しながら，国がそれを防止，調査，訴追及び処罰するため相当の注意を行使しなかった場合には当該拷問行為に対する公務員等による同意又は黙認があったものとみなすという考え方を採用していることは参考にすべき事項であろう。同時に，拷問等禁止条約第1条は個々の拷問行為に対する黙認を問題にしているのに対して，強制失踪条約第2条では国の黙認を得て行動する個人又は集団を問題にしていること，強制失踪条約は，拷問等禁止条約第2条1項のような「拷問に当たる行為」の一般的な防止義務に関する規定を設けていないこと，また，拷問禁止委員会は一方において非国家主体による拷問行為については条約の適用がないという原則的解釈を厳然と維持し，これまでの具体的事例で黙認を認定したのは，暴行の現場に警察官がいながらその行為を防止する適切な措置をとらなかったというような，不作為が極めて明白な場合に限定されていることも考慮すべき事項となろう。いずれにせよ，強制失踪委員会の国家報告，個人通報及び国家通報の検討作業はこれから始ま

ところである。「国の許可，支援若しくは黙認」の解釈についても，一定の事例の集積をまって，具体的状況を踏まえた解釈が求められることになろう。いずれにせよ，強制失踪の実行者が特定できないという状況のあるときに，条約の諸規定が適用されるのか又はされないのかをめぐる入り口の所での不必要な議論を回避するためには，非国家主体によって実行される強制失踪相当行為をふるい分けることが必要であり，そのためには「国の許可，支援若しくは黙認」の下で行動する者という基準を明確化していくことが必要である。

V　むすびにかえて

　非国家主体の人権侵害行為について，強制失踪条約が拷問等禁止条約と大きく異なるところは，後者の場合，公務員その他の公的資格で行動する者の扇動により又はその同意若しくは黙認の下に行われるのでない拷問相当行為には条約の適用がないのに対して，前者の場合，たとえ国の許可，支援若しくは黙認の下に行動しているのではない個人又は集団によって実行された強制失踪相当行為であっても，締約国は，なお第3条に基づき，当該失踪行為を調査し，かつ，それらについて責任を有する者を裁判に付するために適当な措置をとる義務を負っている点である。条約起草過程では，行為の調査及び訴追のための適当な措置だけでなく，条約の他の条項に掲げられた締約国の義務についても適用すべきだという意見が出されたことはあるが，この提案は多数の支持を得られなかった。同じく，「強制失踪」の定義に該当しない強制失踪相当行為について，一般的な防止，処罰及び被害者救済の義務を設けることによって，国の義務の範囲をある程度柔軟に広げる示唆もあったが，この提案も受入れられるところとはならなかった。「強制失踪」の定義に入らない非国家主体による失踪については，条約義務としては行為の調査と訴追に限定するというのが起草者の多数の意図であったといえるだろう。

　さらに，第3条の調査と訴追のための措置についても，当初の「必要な措置」という表現が，締約国の負担の程度を緩和する意図で提案された「適当な措置」という文言に置き換えられている。第4条（処罰義務）及び第6条（刑事責任の人的範囲）をはじめ「強制失踪」に適用される多くの条項が，「必要な措置」という表現をとっているが，この「必要な措置」に対比される「適当な措置」が何を意味するかは，条約起草過程からは明らかとはならない。ただ，こ

〈第5部〉移行期正義の課題と対応

の措置は国内法に従ってとられるという提案も採用されなかったことからみれば，締約国に措置の選択について自由裁量があるということにはならないであろう。もっともこの義務は，私人が関与した失踪について各締約国の国内法の規定に従った誠実な調査及び起訴がなされれば履行されたことになると考えられる。責任者を裁判に付すためには，その前提として当該行為を国内法上の犯罪とすることや当該犯罪に係る刑事責任の範囲（教唆，勧誘，未遂，加担等の扱い）などを定めておく必要があるが，これらは基本的に国内法の扱いに委ねられていると考えられる。

　以上のように，「強制失踪」の定義に該当しない非国家主体による強制失踪相当行為については第3条が適用されるだけであり，そうした個人通報事例において仮に，第3条以外の条項の違反が主張されたとしても，その請求部分は受理できないであろう。もっとも条約第16条に定めるノン・ルフールマン原則の適用については，「強制失踪」だけでなく非国家主体による強制失踪相当行為の対象とされるおそれがあると信ずるに足りる実質的な理由がある場合に，送還してはならないといえるかどうかが問題になりうる。拷問等禁止委員会の拷問等禁止条約第3条に関する実行に従う限り，予測される失踪行為の実行主体が政府とは関係のない又はそれと敵対している集団である場合には，第16条の適用はないとされる可能性が高い。しかし，Ⅳ1(1)で検討したヌジャンバ及びバリコサ事件及びS.M.ほか事件の拷問禁止委員会の見解が示すように，送還先で非国家主体による拷問又は虐待を受ける可能性が十分にあり，送還先の国が適切な措置をとらずにこれを放置することによって，そうした行為の実行を容易にしている状況のある場合には，拷問等禁止条約第3条の違反を認定した例があるので，関連する事例も踏まえながら個々の事案の実情に応じた検討が必要となるだろう。この場合も，送還先の国の黙認という枠組みで考えるのか，第16条に固有の問題として考えるのかを含めた検討がいるであろう。

　「強制失踪」又は強制失踪相当行為の困難は，実行者の特定がしばしば非常に困難な中で条約を適用しなければならないという点にある。この場合は，実行者が特定できないということで直ちに第3条が適用されることにはならないと思われる。Ⅳ2(2)でみたように，入手しうる証拠に照らして，「強制失踪」の定義に該当する失踪であるのか，そうでないのかがまず慎重に検討される必要がある。残念ながら，重大な強制失踪又は非自発的失踪の事件がまだ多く生

〔薬師寺公夫〕　*15*　強制失踪条約における非国家主体の人権侵害行為と締約国の責任

起している。強制失踪条約が失踪事件のもつ真実の発見の困難さを克服して国家機関及び非国家主体によるあらゆる失踪行為に関して不処罰を放置せず，被害者を救済できる有効な文書として機能していくことが期待される。

〔付記〕この研究は平成24年度学術研究助成基金助成金（基礎研究(c)「人権規範の一般国際法規範への影響とアジア諸国の対応」の研究成果の一部である。

16 国連人道問題調整事務所の機能と組織化
──統合・調整機能とその正当性──

川 村 真 理

Ⅰ は じ め に
Ⅱ 権限と組織構造
Ⅲ 機　　能
Ⅳ 統合・調整の正当性とアカウンタビリティー
Ⅴ お わ り に

Ⅰ は じ め に

　国連の人道上の任務は，自然災害[1]およびその他の緊急事態の被災者を援助することである[2]。人道危機の要因は，武力紛争，自然災害および世界的な難題，例えば，気候変動，都市化による環境悪化などが挙げられ[3]，それらは複合的に影響を及ぼしあっており，一国家内で発生する問題であっても当事国の

---

(1) 国連国際法委員会（ILC）は「災害時の人の保護」の条文草案の作業において，「災害」を次のように定義している。
　・第3条　災害の定義
　　「災害」とは，広範な生命の損失，甚大な人的被害及び苦痛，又は大規模な物的または環境的損害を引き起こし，それによって社会機能を深刻に崩壊させる痛ましい出来事または一連の出来事をいう。
　　また，武力紛争との区別に関連して次の条文が採択されている。
　・第4条　国際人道法との関係
　　本条文草案は，国際人道法の諸原則が適用可能な状況に対しては適用されない。
　　第3条で定義する「災害」は，自然災害および人為的災害の両方を適用範囲に含み，特に武力紛争状態の地域に災害が発生する「複合緊急事態」の状況において，武力紛争の無条件の排除は逆効果として，武力紛争を適用範囲から排除するアプローチを採用していない。See, A/CN.4/L.758（2009）; A/65/10, paras. 298-299, pp. 325-327；堀見祐樹「国際法における「災害」の概念に関する序論的考察──国連国際法委員会の作業を中心に」植木俊哉編『グローバル化時代の国際法』（信山社，2012年）159-200頁参照。
(2) See, A/51/950, para. 76.
(3) See, A/65-82-E/2010/88, A/66/8-E/2011/117.

〈第5部〉移行期正義の課題と対応

みでは対応できない国際的人道問題が蔓延している。とりわけ，武力紛争に比して国際法の射程とされてこなかった自然災害の世界的急増が顕著だが，緊急対応の必要な問題から長期化している問題まで，問題の時間軸の長さ，問題の多様性・複雑性から対応策も多岐にわたり，その制度化が課題となっている[4]。我が国においても，2011年3月11日，東日本大震災発生と福島第一原子力発電所の事故により，われわれは未曾有の危機に直面している。この危機は，これまでの社会の在り方を問い直し，新たな社会システムの構築の必要性を突き付けている[5]。また，武力紛争に対応する人道法規範は発展を遂げてきたが，十分な規制や救済措置がとられているとはいえない。被災者のニーズも広範であり，国連，他の国際機関，援助国，NGO，その他の市民社会など，多様な主体が人道援助にかかわっている。国際的な支援や連帯の表明が一過性のもので終わることなく，被災者の生命・尊厳を重視し，緊急救援から復興・開発に至るまでシームレスにサポートしうる，効果的かつ一貫した包括的な国際人道システムが必要とされている[6]。現在，一元的にその権限を有する国際機関はなく，各権限を尊重しつつ，統合・調整しながら対応しているのが，現状であり，その一翼を担うのが国連人道問題調整事務所（OCHA）である。現代の人道問題に対応しうる国際機構と国際法の在り様について動的な理解を深め，今後の展望を導き得る必要性がますます強まっている。人道問題に関連する国際法分野は人権法・人道法のみならず他分野との相互関連性も問題となってくるが，国連の議論においては，人権の主流化・普遍化が謳われ，他領域においても，横断的に個人の人権実現のための法規範を援用する傾向もみられる[7]。ま

(4) 奥脇直也「自然災害と国際協力――兵庫宣言と日本の貢献」ジュリスト1321号（2006年）66-72頁参照。

(5) 国際法上の問題点に関して，植木俊哉「東日本大震災と福島原発事故をめぐる国際法上の問題点」ジュリスト1427号（2011年）107-117頁参照；東日本大震災においては，2011年3月13日から14日にかけ，OCHAにより10名（内国連災害評価調整チーム（UNDAC）7名）が日本に派遣され，UNDACチームは，同年3月23日撤収，残り3名は4月2日撤収までの間，被災状況や日本政府，各国チームの対応等にかかる状況把握や評価，英語での国連としての情報発信，状況報告書作成の任務にあたった。

(6) 国際法と人道援助に関する最近の著書として，See, Hans-Joachim Heintze, Andrej Zwitter eds., *International Law and Humanitarian Assistance*, Springer, 2011.

(7) 寺谷広司「断片化問題の応答としての個人基底的立憲主義――国際人権法と国際人道法の関係を中心に」世界法年報28号（2009年）42-76頁参照；薬師寺公夫「国際人権法の現代的意義――「世界法」としての人権法の可能性？」世界法年報29号（2010年）

た，国際社会においては国家のみならず，国際機構やNGOなどの組織の活動が顕著であり，人道問題に対応するための諸活動を統合・調整する国際機構のあり方が求められており，新国際人道秩序と題する総会決議[8]や緊急人道援助の調整強化に関する総会決議が多数採択されている。

国連は，多様な主体とのネットワークを広めるとともに，本来，国内の一機関が担う権限を他の主体に委譲した形で事業展開を推進している。このような分権化の一方で，権限，設立目的の異なる主体とのパートナーシップによる活動を，国連の目的達成のため統合していくシステム構築も推進している。このような国連の分権化と統合化の潮流の中で，加盟国の管理からより自律的な活動が顕著となってきている人道分野の活動の正当性確保のため重視されているアカウンタビリティーを分析の視座として[9]，本稿では，OCHAに焦点をあて，その機構的特徴と機能を明らかにするとともに関連法規範の特徴を明らかにし，OCHA特有の機能が，現代国際的人道危機にどのように対応しているのか，その組織化の課題と今後の展望を探ることを目的とする。

II 権限と組織構造

1 歴史的展開

1971年，総会決議2816（XXVI）「自然災害および他の災害に対する援助」において，国連諸機関，各国政府，国際赤十字等が災害時における被災国への援助に携わってきたことを踏まえ，すべての機関の援助活動の調整，救援やニーズ評価支援，自然災害の研究，準備，管理，予知等の支援を行うことを目的と

1-49頁参照；薬師寺公夫「国連憲章第103条の憲章義務の優先と人権条約上の義務の遵守に関する覚え書き」芹田健太郎＝戸波江二＝棟居快行＝薬師寺公夫＝坂元茂樹編『講座国際人権法4 国際人権法の国際的実施』（信山社，2011年）5-42頁参照．

(8) GA Resolutions, 36/136, 37/201, 38/125, 40/126, 42/120, 43/129, 43/130, 45/101, 47/106, 49/170, 51/74, 53/124, 55/73, 57/184, 59/171, 63/147.

(9) 植木俊哉「国際機構のアカウンタビリティーと国際法──国際機構をめぐる紛争に関する一考察」島田征夫＝杉山晋輔＝林司宣編『国際紛争の多様化と法的処理』栗山尚一先生・山田中正先生古稀記念論集（信山社，2006年）189-206頁参照，佐藤哲夫「国際組織およびその決定の正当性──二一世紀における国際組織の課題」思想993号（2007年）184-201頁参照；国際法秩序の断片化と統合に関して，小森光夫「国際法秩序の断片化問題と統合への理論課題」世界法年報28号（2009年）3-41頁参照, Teruo Komori and Karel Wellens eds., *Public Interest Rules of International Law Towards Effective Implementation,* Asugate 2009.

〈第5部〉移行期正義の課題と対応

して，国連災害救援調整官事務所（UNDRO）が設立された。これが国連における初の災害援助活動の調整機関である。災害救援調整官は，5年の任期で，事務総長に指名され，事務局次長と同等の地位に置かれた。

その後，1991年の「人道援助に関する国連システムにおける能力，経験および調整制度の再検討に関する事務総長報告」で，事務総長は，自然災害や人災への国際共同体の対応は，主要な国際的関心事となっており，国際的な活動が最も建設的な結果をもたらすためには，十分かつ適切な手段と，国連システムと国家，政府間および非政府間組織との調整の改革が，決定的に重要であるとし，早期警戒，防災，調整強化を含む緊急援助のすべての措置を扱う包括的な勧告を行った[10]。これを受けて，同年，総会決議46/182「国際連合人道緊急援助の調整の強化」が採択された。当該決議において，緊急援助の調整強化の具体的方針として，迅速かつ一貫した対応を確保するために事務総長の指導的役割を強化し，緊急援助調整官（ERC）・機関間常設委員会（IASC）・統合的アピールプロセス（CAP）・中央緊急回転基金（CERF）の4つのメカニズムが新たに設置された。そして，これらを運用するにあたり，1992年，UNDROを統合した人道問題局（DHA）が設立され，人道問題担当事務局次長がその長となり，ERCを兼務することとなった。こうした人道緊急援助の調整強化の背景には，冷戦終結後の内戦の多発とその影響で苦境にあえぐ国内避難民の増加に対し，国際社会が援助を行う正当性の確保および実効的援助システムの確立が急務となったことが挙げられる。特に，1991年，イラクにおけるクルド系住民への人道援助に関する安保理決議688により，イラク国内に安全地帯を設定し難民キャンプを設置した事例が契機となり，その後のボスニア・ヘルツェゴビナ，ソマリアおよびルワンダの事例においても上述の点が大きな問題となったことが，当該機関の強化につながっている[11]。

1997年，当時の事務総長コフィ・アナンは，「国連を刷新する―改革の計画」を発表し，様々な国連改革を示した。当該改革の目標は，国連への期待と現実とのギャップを狭めることにあり，目的の統一性，活動の一貫性および国際社会の緊急ニーズへの対応力の改善につながる，新しい指導原理と管理構造を国

---

[10] See, A/46/568.
[11] 松井芳郎「国際連合と人道的援助および人道的干渉（上）・（下）」法律時報68巻4号46-54頁；7号66-74頁（1996年）参照。

連に確立することによって達成しようとするものであった。国連の重要性の源泉は，加盟国の普遍性と任務の包括性であり，これが最も発揮されるのが規範的な領域であり，普遍的規範は，諸国家の共同体における慣行を評価・指導する原則的基盤となるものであり，法の支配によって可能となる相互の行動予見性，ベスト・プラクティスの特定，日常的な国際業務の実行に不可欠な数限りない基準等，国際社会における日常生活の制度的基盤を提供する。そして，国連の規範的能力は，各国政策に対する援助に直接結びついているほか，国連自身の活動によってもさらに支持されている[12]。これらのことを踏まえたうえで，制度的枠組みの改革を行うとし，その中の柱の一つとして，国連事務局（以下，事務局）の指導能力強化を掲げ，副事務総長と上級管理グループの設立，事務局内の規範的，政策的，知識関連機能，並びに国連政府間機関に奉仕する能力の向上，DHA に代わり，緊急援助調整室を新たに設置し，複雑な緊急事態により効果的に人道的ニーズに対応する能力の強化が盛り込まれた。また，主要な課題として，平和と安全保障，経済・社会問題，開発協力，人道問題，人権を掲げ，人権は，すべての分野に関わるとした[13]。この方針に従って，DHA は，OCHA に改組された[14]。

2005 年，事務総長報告「国連の緊急人道支援調整の強化[15]」の中で，事務総長は，アフガニスタン，イラク，ダルフール，コンゴ民主共和国，インド洋地震などの大規模な紛争および地震といった危機が，極限に対する人道対応能力を試し，そのような対応が実行的かつ適切に適用されることを確保する人道システムの能力を試しているとし，より甚大かつ顕著な危機に対する人道対応のより大きな能力，質およびアカウンタビリティーを必要としているという予想が，国連の現行システム，手法，権限の審査（および強化）を要請しているとした[16]。それを受けて，総会決議60/124 で，資金調達の改善，すべてのレベルでの人道対応能力強化，フィールドレベルでの人道援助調整強化，透明性，業績およびアカウンタビリティーの向上による，自然災害，人為災害および複合

---

[12] See, A/51/950, paras. 6, 8, 10.
[13] See, A/51/950, paras. 34–38, 62–79.
[14] See, Y. U. N. 1998, p. 842.
[15] A/60/87-E/2005/78.
[16] See, *Ibid.*, p. 2.

〈第5部〉移行期正義の課題と対応

緊急事態への人道対応の改善を，国連システムの関連機関に要請した。また，総会決議60/125で，OCHAが，国連人道機関および他の人道パートナー間の災害対応の促進と調整のための国連システム全体のフォーカルポイントとしての役割を担うことを歓迎するとして，OCHAの対応強化が図られることとなった。

2 権　　限

OCHAは，事務局の一部局である。事務局の権限については，国連憲章第15章に規定されており，第100条で職員が国連に対してのみ責任を負う国際性・中立性を規定していることが最大の特徴といえる[17]。

総会決議46/182は，OCHAの前身であるDHAの設立根拠であるが，DHAからOCHAに改組されてから後も，ひき続きOCHAの権限の根拠となっている。また，OCHAの諸活動は，総会，安全保障理事会，経済社会理事会の関連決議にもその基礎を置く。これは，OCHAが事務局の一部局であり，その長である事務総長が，国連憲章第98条にあるように，これらの機関から委託される任務を遂行することに準ずるものである。総会決議46/182では，人道援助は，人道性・中立性・公平性の原則に従い供与されなければならないとしている。次に，国家主権の尊重の観点から，被害国の同意により，原則として被災国の要請に基づき供与されなければならず，被災国がその領域における人道的援助の開始，組織，調整及び実施において一義的役割を担うことが確認されている。これに関連して，被災国の対応能力強化のための国際協力は，国際法及び国内法に従い，公平に，かつ純粋に人道的な動機に基づいて活動する政府間組織およびNGOが，国の取り組みを補完することで重要な貢献を行い続けるべきであるとしている。また，緊急事態，復興及び開発の間には，明確な関係があり，これらの円滑な移行を確保するために，復興及び長期的発展を助長する方法で供与されるべきである[18]としている。また，総会決議58/114では，上述の人道性・中立性・公平性の原則に加え，独立性を掲げている。独立性とは，人道活動が実施されるにあたって関連する政治的，経済的，軍事的または他の目的からの人道目的の自律性を意味し，人道援助の重要な指導原則に位置づけている[19]。

---

[17]　黒神直純「国連事務局の機能変化」世界法年報30号（2011年）52-80頁 参照。

[18]　松井・前掲注[11]参照。

570

OCHA の主要な任務は，第一に，災害および緊急事態の人的被害を軽減するため，国内および国際的主体とのパートナーシップの下，効果的かつ原則に基づいた人道活動の動員および調整を行うこと，第二に，困窮する人々の権利を弁護すること，第三に，準備と予防を促進すること，第四に，持続可能な解決を助長することの4つである。これらを遂行するために，戦略枠組の3つの柱として，①多国間人道活動の一体化を広めるパートナーシップ，②よりよいシステム構築を行う行政機関，③緊急時のよりよい人員の配置と専門家による解決を生み出す信頼性と専門性を掲げている。

　このように，OCHA は，国連の目的達成と個人の権利実現という普遍的価値実現に向けた制度構築のため，人道問題に係る様々な機関間の活動の統合と調整を行う行政機関の役割を担っている。

3　組織構造

　OCHA 内部の組織構造は，2011 年現在，図1のとおり多様な構成となっている。OCHA の長は，事務局次長で ERC を兼務している。ERC は，国連の人道援助を必要とするすべての緊急事態の管理の責任を負う。また，政府・政府間機関・NGO の援助活動の中核活動を行う。ERC は，IASC の長でもあり，被災国においては，ERC が人道調整官（HC）を指名する。

　ニューヨークとジュネーブの各事務所および各国現地事務所を統括する調整対応局の3つにわかれ，その下に多くの部局が存在する。事務局次長が組織の長と ERC を兼務して指導の一元化をはかり，ニューヨークには，統合計画の根幹となる，規範，政策立案，評価，財政，情報公開等の機能を配置し，ジュネーブには，緊急援助に携わる諸機関の調整機能を配置して，各地域・各国において諸活動の調整や対応にあたる構造をとっている。

　OCHA は，多様な主体による人道活動の全体のプログラムサイクル，すなわち，ニーズ評価および分析，共通の計画と戦略，資源の確保，監視および評価の統合を企図しており，IASC で策定する規範をこうした共通の人道活動および人道調整に据える構想をもって組織化を図っている。

　本部と被災国とは HC を軸に連携を図るよう組織化され，事務局機能を現地

---

(19)　See, A/RES/58/114.

〈第 5 部〉移行期正義の課題と対応

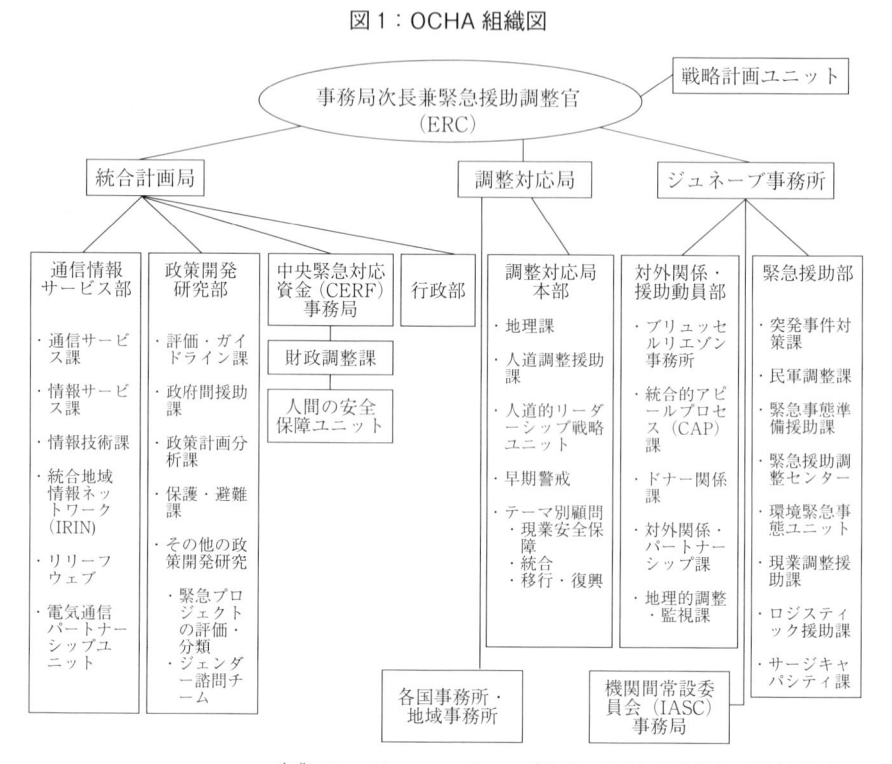

図 1：OCHA 組織図

```
                    事務局次長兼緊急援助調整官    戦略計画ユニット
                           (ERC)
        ┌──────────────────┼──────────────────┐
     統合計画局              調整対応局           ジュネーブ事務所
```

通信情報サービス部	政策開発研究部	中央緊急対応資金（CERF）事務局	行政部	調整対応局本部	対外関係・援助動員部	緊急援助部
・通信サービス課 ・情報サービス課 ・情報技術課 ・統合地域情報ネットワーク（IRIN） ・リリーフウェブ ・電気通信パートナーシップユニット	・評価・ガイドライン課 ・政府間援助課 ・政策計画分析課 ・保護・避難課 ・その他の政策開発研究 ・緊急プロジェクトの評価・分類 ・ジェンダー諸問題チーム	財政調整課 人間の安全保障ユニット		・地理課 ・人道調整援助課 ・人道的リーダーシップ戦略ユニット ・早期警戒 ・テーマ別顧問 ・現業安全保障 ・統合 ・移行・復興	・ブリュッセルリエゾン事務所 ・統合的アピールプロセス課（CAP） ・ドナー関係課 ・対外関係・パートナーシップ課 ・地理的調整・監視課	・突発事件対策課 ・民軍調整課 ・緊急事態準備援助課 ・緊急援助調整センター ・環境緊急事態ユニット ・現業調整援助課 ・ロジスティック援助課 ・サージキャパシティ課

各国事務所・地域事務所　　　機関間常設委員会（IASC）事務局

出典：http://www.unocha.org (21 Oct 2011) を参照して川村が作成

に設置していることは，OCHA の大きな特徴である。また，被災地におけるオペレーションの統合・調整は，分野別に国連機関，他の国際機関，二国間援助機関，NGO 等多様な主体をリードエージェンシーのもとにとりまとめる，クラスターアプローチと呼ばれる仕方で統合・調整を図っている。

OCHA は，事務総長の指揮の下，事務局という国連に対してのみ責任を負う国際的・中立的な性格の組織の下，国連の中核活動の１つである人道問題に対応するために，多様な部局を分野横断的に活動しうるような水平構造と，グローバル・ナショナル・ローカルレベルでの活動を連動させることを企図した垂直構造を有することが特徴である。

なお，国連の統合アプローチにおける OHCA の組織的位置づけについても触れておきたい。「統合的な国連のプレゼンス」は，国連が，国連カントリーチー

572

ムに加え多次元的な平和維持活動または政治的ミッションを派遣する文脈において言及され，通常，事務総長特別代表（SRSG）により統率される[20]。SRSGは，派遣国における国連上級代表で，国連活動のすべての権限を有し，副事務総長特別代表（DSRSG）である駐在調整官（RC）とHCが補佐する。RCは，国連カントリーチームの調整および国連開発オペレーションの計画・調整，復興および開発分野の援助調整の権限を有し，国連開発計画（UNDP）傘下の報告ラインに属する。一方，前述のHCは，人道活動の計画・調整の権限を有し，人道活動に従事する多様な主体の連携を図り，ERC傘下の報告ラインに属する。HCが，OCHA事務所に支援を受ける場合，人道調整室として従事し，適当な場合に，OCHA事務所は，広範な人道コミュニティによるアクセスを助長するために，統合ミッションから離脱して配置することができる[21]。これは，OCHAと統合ミッションの連携が強固である場合，中立性の観点から人道支援の調整が難しくなるためである。

Ⅲ 機　　能

OCHAの任務を機能別に分類すると，①情報管理機能，②資金調達機能，③フォーラム機能，④規範生成機能，⑤規範遵守機能，⑥オペレーション統合・調整機能の6つに分けることができる[22]。

1　情報管理

OCHAは，人道的な状況で被害を受けた人々の代弁者として発言する権限を有している。国際的な人道対応の調整機関の最終目標は，より多くの生命を救い，紛争や自然災害の影響を軽減することである。そのため，OCHAは，瞬時に，人道機関，NGO，政府，メディア，企業，ドナーなどに正しい情報を伝えることが求められる。その目的は，情報を得た人々が，緊急資金調達の増加，政策の実施に携わるようにすることである。その手法は，プレスリ

---

[20] See, OCHA, Policy Instruction: OCHA's Structural Relationships within An Integrated UN Presence, 2011, p. 3.

[21] See, *Ibid*.; Note from the Secretary-General, Guidance on Integrated Missions, 2006, pp. 2-4.; OCHA, Policy Instruction: The Relationship Between Humanitarian Coordinators and Heads of OCHA Field Offices, 2011.

[22] 機能の区分に関して，佐藤哲夫『国際組織法』（有斐閣，2005年）365頁参照。

〈第 5 部〉移行期正義の課題と対応

リース,出版,メディア,ウェブなど多岐にわたるが,OCHA の特徴的なものとして,リリーフウェブが挙げられよう。リリーフウェブは,ニューヨーク,ジュネーブ,バンコクの 3 カ所から 24 時間体制で,紛争や自然災害による人道状況,支援にあたる国連,NGO などの活動情報,被災国などの援助要請,各国政府の支援情報,研究機関などによる研究文献,援助マニュアルなどを発信している[23]。

CAP は,調整された対応を必要とする緊急事態のために,事務総長が,被害国との協議のもとに作成する,国連システムのすべての関連機関を対象として発信される情報である。

現在,CAP は,人道援助において,多様な主体の活動のギャップや重複を避け,有効な対応のための共通の戦略アプローチをとるための手法となっており,援助機関が共同で,自然災害および複合災害対応の計画,調整,実施および監視を行い,結束した資金調達をよびかけることにより,援助を必要とする人々を適切に支援し,多様な主体の密接な協力を導くことを企図している[24]。

2　資 金 調 達

中央緊急回転資金 (Central Emergency Revolving Fund) は,設立後の活動の経緯を踏まえ,さらに実効的なシステム構築のため,総会決議 60/124 において,貸与だけでなく各国政府や企業・個人・NGO などのプライベートセクターによる自発的拠出に基づく贈与をも含む中央緊急対応資金 (Central Emergency Response Fund) へと組織改正を行った。CERF の目的は,①生命損失の軽減のための迅速な活動および対応の促進,②緊急要請への対応強化,③財源不足危機の中での人道対応の中心的要素の強化であり,これらの目的に沿ったプロジェクトに資金が供与される。これまで最も資金供与を受けた機関は,UNICEF,UNHCR,WFP,WHO である。贈与と貸与では,以下のようなシステムの違いがある。

贈与は,4 億 5,000 万ドルの資金枠があり,他の資金確保がみこめない場合に生命維持プログラムへの適用を確保するため ERC が許可したプログラムに供与される。贈与は,現場で HC のリーダーシップの下で設定された優先順位

---

[23]　See, http://www.releifweb.int
[24]　See, http://www.unocha.org (22 Oct 2012).

に基づいた重大な人道危機に取り組む国連の現業機関に供与される。各応募機関は，他の資源を考慮して基金の必要性を正当化しなければならず，資金調達の見込みがある場合，貸与基金を利用しなければならない。

一方，貸与は，3,000万ドルの資金枠があり，ドナーからの資金調達が見込めるが緊急プログラムのため貸与が必要な国連機関に供与される。貸与は1年以内に償還されなければならない。

資金調達は，CERFのほかに，共通人道基金（CHFs），緊急対応基金（ERFs）がある。CHFsは，重大な人道ニーズに対応するため，NGOおよび国連機関に対し，初期かつ基本的な基金を提供する国別基金である。一方，ERFsは，予見できなかった突発的な人道危機に対応する迅速かつ柔軟な基金をNGOおよび国連機関に提供する国別基金で，CERFやCHFsを補完する[25]。また，人間安全保障ユニットが，人間安全保障に資するプロジェクトに対して，人間安全保障信託基金を運用している[26]。

3 フォーラム機能

IASCは，国連機関と国連以外の人道機関からなる調整，政策開発および意思決定のための機関間フォーラムである。総会決議46/182で設立され，総会決議48/57において，IASCがERCの下で，機関間調整の一義的メカニズムとして任を果たすべきであると，その役割の重要性が確認されている。危機的状況のオペレーションの調整においても主要な役割を担っており，状況とニーズの評価，共通の優先順位の合意形成，共通戦略の開発，資金および他の資源の調達，一貫した情報公開，経過監視，クラスターの管理の任務を含んでいる。

IASCの目的は，①システム全体の人道政策の開発と合意，②人道プログラムにおける機関間の責任配分，③すべての人道活動に関する共通の倫理枠組みの開発と合意，④IASC外の関係者に対する共通の人道原則のアドボカシー，⑤権限内のギャップまたはオペレーション能力の欠如の特定，⑥システム全体の人道問題に関する人道機関間の紛争または不一致の解決である。これらの目的にかなう活動の主要原則として，被災者へのよりよい人道援助提供するための全般的な目的の提示，権限の尊重，オーナーシップ，補完性，公平性が掲げ

---

[25] See, http://www.unocha.org (16 Oct 2012).
[26] See, http://ochaonline.un.org/humansecurity/tabid/2212/defalt.aspx (16 Oct 2012).

〈第5部〉移行期正義の課題と対応

られている。これらの原則を踏まえ諸目的達成のため，IASC は，国際社会全体の人道政策に関わる新たなシステム構築への意思決定および政策に関する様々なガイドライン，行動綱領，マニュアル等の合意文書を採択している。

　IASC の構成員に関して，総会決議 46/182 では，すべての実務機関の参加および国際赤十字委員会，赤十字及び赤新月社連盟，並びに国際移住機関には恒常的招請がなされること並びに関連非政府組織はアドホックに参加を招請されるとしている。構成員の資格については，その事業が，特に人道援助（政策的な保護または物的支援）の提供，緊急事態の被災者支援のための職員配備を行うものと定められている。機能性と中核を確保するため，限定的な構成員を維持する一方，IASC の全般的な目的は，包括的な調整である。構成員は毎年審査が行われ，新たな構成員はケースバイケースで承認される。2012 年 10 月現在，IASC は，表1 のとおり，9 つの国連機関からなる構成員と，9 つの国際機関および NGO からなる常任招請員で構成されている[27]。

　上述の IASC におけるグローバルレベルでのフォーラムとナショナル・ローカルレベルのオペレーションを連動させるフォーラム機能を担うのは，クラスターである。

表1：IASC 構成員および常任招請員

構成員	常任招請員
国連人道問題調整事務所（OCHA）	国連人権高等弁務官事務所（OHCHR）
国連食糧農業機関（FAO）	世界銀行（WB）
国連開発計画（UNDP）	国内避難民の権利に関する特別報告者事務所（SR on HR of IDPs）
国連人口基金（UNFPA）	
国連人間居住計画（UNHABITAT）	国際移住機関（IOM）
国連難民高等弁務官事務所（UNHCR）	国際赤十字委員会（ICRC）
国連児童基金（UNICEF）	国際赤十字・赤新月社連盟（IFRC）
世界食糧計画（WFP）	ボランティア団体国際評議会（ICVA）
世界保健機関（WHO）	人道対応評議委員会（SCHR）
	インターアクション（Inter Action）

---

[27] See, http://www.humanitarianinfo.org/iasc/pageloader.aspx?page=content-about-defalt（22 Oct 2012）.

4 規範生成

　IASC は，すべての決定をコンセンサス方式で執り行う。コンセンサスがなされない場合で，IASC 構成員の大多数の間で見解の収斂がみられる場合は，次の3つの方法がとられる。①合意された調整取極の履行に関する事項については ERC が大多数の意見の収斂をもとに決定する，②他の重要事項については，ERC が決定について事務総長に委任する，③すべての決定は各 IASC 構成員の権限を十分に尊重してなされる[28]。

　政策開発は，実効的かつ原則に基づく人道活動，人命救助および被害の軽減を支援することが目的である。OCHA は，形成途上の潮流の同定，援助機関間の共通あるいは調和のとれた政策およびアドボカシーの開発のため，人道政策アジェンダを示しており，これは，国際法，特に，人権法，人道原則に基づいている。また，OCHA は，ガイドライン等の人道活動のための規範的基準を加盟国や関連国連諸機関や総会，安全保障理事会，経済社会理事会にも促進している[29]。先にみたように，ガイドライン等の基準や政策決定は，IASC が行っている。OCHA が政策開発のテーマとして掲げているものとして，①人道援助へのアクセス，②国内避難民，③人道対応の評価，④食糧安全保障，⑤ジェンダー，⑥人道問題と開発の関係，⑦人道的取組の統合化，⑧ニーズ評価，⑨政府と OCHA の活動，⑩保護，⑪救助から開発への移行があり，それぞれのテーマの関連決議やガイドライン等をもとにプロジェクトの計画，実施等を行うことを目指している[30]。

　ガイドラインは，次頁の表2に示しているとおり政策調整やオペレーション指針から職員の管理に至るまで，多様な分野について採択されている。ここでは，2011年の「自然災害時の人の保護に関する IASC 運用ガイドライン[31]」をとりあげ，IASC の規範の特徴を明らかにしたい。当該ガイドラインでは，人権アプローチは，人道援助活動に枠組みと必要な基準を導入し，普遍的

---

[28] See, IASC and IASC-WG, Concise Terms of Reference and Action Procedures, 1998.
[29] See, OCHA, Compilation of United Nations Resolutions on Humanitarian Assistance Selected Resolutions of the General Assembly, Economic and Social Council and Security Coumcil Resolutions and Decisions, 2009.
[30] See, http://www.unocha.org（22 Oct 2012）.
[31] 2006年に IASC が採択した「人権および自然災害に関する運用ガイドライン」の改訂版にあたる。

〈第 5 部〉移行期正義の課題と対応

表 2：IASC ガイドラインの例

- Operational Guidelines on the Protection of Persons in Situations of Natural Disasters
- Plan of Action and Core Principles of Codes of Conduct on Protection from Sexual Abuse and Exploitation in Humanitarian Crisis
- Civil-Military Guidelines and References for Complex Emergencies
- Guidelines on The Use of Foreign Military and Civil Defense Assets in Disaster Relief - Oslo Guidelines, OCHA-Nov2006, Revision November 2007
- Guidelines on the Use of Military and Civil Defense Assets to Support United Nations Humanitarian Activities in Complex Emergencies
- Disaster Preparedness for Effective Response - Guidance and Indicator Package for Implementing Priority Five of the Hyogo Framework
- IASC Guidelines on Mental Health and Psychosocial Support in Emergency Settings
- IASC Guidelines for Addressing HIV in Humanitarian Settings
- CAP 2012 Guidelines

に受容されている一連の人権と同様，人間の尊厳，非差別といった普遍的原則の中に，人道活動の基礎を置くとしている。被災者が，単なる受益者としてではなく，特定の責務を負っている者から権利を主張し得る個人の権利保持者となるとして，人権が，自然災害時の人道活動を支える規範として重要であるとしている[32]。IASC によれば，保護は，関連法（すなわち，人権法，国際人道法，難民法）の文言および精神に従って，個人の権利を十分尊重させることを目的としたすべての活動をさす。運用ガイドラインは，災害救援および復旧活動が，被災者の人権保護および促進の枠組みの中で行われることを確保するため，国際的および非政府人道機関ならびに IASC 構成員を援助することを主たる目的としている。運用ガイドラインは，関連する国際人権法，現存の人道活動に関わる基準および政策，ならびに自然災害下での人道基準に関する人権ガイドラインにより作成されている。一連の普遍的人権条約，適当な場合において，関連する地域人権条約および国内避難民に関する指針原則，スフィアハンドブック，IFRC 行動綱領などの基準がそれにあたる。しかし，運用ガイドラインは，

---

[32] See, IASC Operational Guidelines of The Protection of Persons in Situations of Natural Disasters, 2011, pp. 2-3.

国際法に規定された人権を列挙するのではなく，むしろ，自然災害における人道活動に対し人権アプローチを履行するために人道活動従事者が従うべき運用基準は何かを示すことに焦点を当てており[33]，現存の法規範およびその解釈基準が，特定の状況あるいは活動に遵守されることを促進する効果がある。ガイドラインの構成は，(A)生命の保護，安全および身体の保全，避難における家族関係の保護に関する権利保護，(B)食糧，医療，保護施設および教育の提供に関連する権利の保護，(C)住居，土地および財産ならびに生活に関連する権利保護，(D)文書，国内避難民の恒久的解決の文脈での移動の自由，家族再統合，表現および意見ならびに選挙に関連する権利保護の4章に分かれている。

　OCHAは，条約やこれまでの様々な機関が策定した文書をもとに，実際に直面する状況に対応するよう，各分野に即して再構成を行って政策の根拠としている。こうした傾向は人道問題全般にわたってみられるが，緊急時の現場で実務者が十分に理解し，実施できるのかは疑問が残る。一方，現在直面する人道問題で従来の条約等で対応できない問題，あるいは，条文からは解釈に幅がでるため，調整のため細部にわたっての基準設定をして，活動の正当性・透明性・アカウンタビリティー・統合性を図る方策を権限内でとろうとする意図は理解できる。

　現在，自然災害時の援助に関する一般的な条約はなく，1988年の災害軽減及び救援活動への情報通信資源の準備に関するタンペレ条約といった限定的な分野に関する条約しか存在しない。ILCは，「災害時における人の保護」について草案作業を行っている状況であるが，起草過程において，OCHAも，当該分野の国際法の漸進的発達作業に間接的ではあるが関わりを有している[34]。

　例えば，ILCは，第60会期において，国連システムに対する以下の質問を提起することを決定した。1) 国連システムは，災害時（災害対応時のみならず災害前後も含む）の出来事において被災者および被災国への援助に関し，グローバルレベルおよび国レベルで，いかなる役割および責任を制度化しているか，2) 国，政府間機関，赤十字，NGO，専門的な国内対応チーム，国内の災

---

(33) See, *Ibid.*, pp. 5-9.
(34) ILCの意義について，酒井啓亘「国連国際法委員会による法典化作業の成果」村瀬信也＝鶴岡公二編『変革期の国際法委員会』（信山社，2011年）山田中正大使傘寿記念 17-50頁参照。

〈第5部〉移行期正義の課題と対応

害管理当局および他の関連主体といった主体が災害時の各段階でどのように関係しているか。これに対して，IFRC および OCHA が回答を行い，それらは，ILC の内部文書として回覧された[35]。また，ILC の第60会期中およびその後に，特別報告者は，OCHA，国際防災戦略事務局（ISDR），IFRC，保護クラスター作業部会と個別に会議を開催し，2008年12月には，国内避難民の人権に関する事務総長代理およびその職員，OHCHR，IFRC，OCHA，UNHCR，UNICEF および保護クラスター作業部会との円卓会議を開催している[36]。

また，当該条文草案のコメンタリーにおいても，人権法，人道法，国際司法裁判所の判決，IFRC のガイドライン等とともに，IASC のガイドラインが参照されている。例えば，第2条（目的）のコメンタリーでは，2006年の人権および自然災害に関する運用ガイドラインを註釈の中で参照文献として挙げており[37]，第6条（災害対応事の人道原則），第7条（人間の尊厳）および第10条（援助を求める被災国の責務）のコメンタリーでは，IASC のオスロガイドラインを参照している[38]。

5 規範遵守の確保

IASC 事務局は，定期的に決定の履行を監視し，年1回，前年度の活動を IASC 作業部会（IASC-WG）に報告する。構成員は，合意された決定を履行し，発生している問題の顕著な進捗状況を定期的に IASC 事務局に報告する責任を有する。IASC-WG は，IASC に年次審査を提出する。IASC は6カ月ごとに会合を開く。IASC-WG は，2カ月ごとに会合を開き，年1回，1年間の作業計画合意のための会合を開く。IASC-WG は，IASC の要請に基づき救援介入および復興と開発過程の連結に関する政策や運用ガイドラインの開発を支援するタスクフォースを設立する。これらのタスクフォースは，特定の政策問題に関して焦点をあてているか特に緊急性の高いものを扱う。

IASC は，戦略的政策決定および主要なオペレーションの決定の責任を有し，上述のとおり決定の履行確保を行っているが，IASC の決定は，構成員の権限

---

[35] See, A/CN. 4/615, paras. 10, 11.
[36] See, *Ibid.*, paras. 12-13.
[37] See, A/65/10, p. 325.
[38] See, A/66/10, pp. 255-267.

を尊重し，それを陵駕するものではなく，あくまで最低限の補完的なものである[39]。また，ガイドライン等の規範は政策の基盤であり，その遵守は，政策決定の履行確保に内在されるもので，法的な履行確保の機能ではない。このように，規範遵守の確保の機能は，きわめて脆弱である。

6 オペレーション統合・調整
(1) クラスター

2012年10月現在，グローバルレベルにおけるクラスターと各クラスターに関連する諸活動に従事する多様な主体を取りまとめ調整するリードエージェンシーは，表3のとおりである。各リードエージェンシーが，各分野のニーズの把握，多様な主体の活動状況等を把握し，調整を行う。ただし，ナショナル・ローカルレベルでは，HCのリーダーシップのもとで各国でリードエージェンシーが決定されるため，必ずしもグローバルクラスターリードエージェンシーが活動しているとは限らず，他の主体が代行する場合や，リードエー

表3：クラスター（グローバルレベル）

活動分野	リードエージェンシー
食糧安全保障	FAO・WFP
キャンプの調整管理（CCCM）	UNHCR・IOM
早期復旧	UNDP
教育	UNICEF・Save the Children
緊急シェルター	UNHCR・IFRC
緊急時の通信	WFP
保健	WHO
ロジスティック	WFP
栄養	UNICEF
保護	UNHCR
水・下水・衛生（WASH）	UNICEF

---

[39] See, IASC and IASC-WG, Concise Terms of Reference and Action Procedures, 1998.

〈第 5 部〉移行期正義の課題と対応

ジェンシー不在のままオペレーションを展開する事態もないとは限らない。その場合、クラスターの管理が行えず、ニーズ評価、オペレーションの計画、実施、監視、評価といった一連のサイクルの調整が十分に行えないという課題が生じる。また、リードエージェンシーを NGO または PKO で派遣されている軍が代行する場合もあり、国連の統合システムとしての正当性を確保できるかという問題も生じうる。

　クラスター制度における OCHA の任務は、グローバルレベルにおいては、クラスターリードエージェンシーや NGO とともに、政策の開発、クラスター間の問題の調整、オペレーショナルガイダンスの普及、現地支援の組織化を行うことである。ナショナル・ローカルレベルにおいては、OCHA は、HC および HCT にガイダンスと支援を提供し、クラスター間の調整を促進する。また、ニーズ評価、共同計画、監視および評価を含む対応のすべてのフェーズにおいて、クラスター間の調整の確保するよう支援する[40]。

(2)　緊急援助調整活動

　緊急援助調整に関して、OCHA は、ニーズ評価[41]、民軍調整[42]、ロジスティック援助[43]、サージキャパシティ[44]、現業調整援助等の役割を担っている。現業調整手法として国連災害評価調整チーム（UNDAC）、国際捜索救助諮問グループ（INSARAG）、オンサイトオペレーション調整センター（OSOCC）がある。

　UNDAC は、突発的な緊急事態発生の初期段階に、国連および被災国を支

---

[40]　See, http://www.unocha.org（02 Oct 2012）.
[41]　OCHA と WFP が、IASC の権限下にあるニーズ評価タスクフォース（NATF）の共同議長である。NATF は、期限付きの組織であるが、分野横断のニーズ評価イニシアティブの調和と促進を目的とした手法を開発している。See, http://www.unocha.org（22 Oct 2012）.
[42]　See, IASC, Civil-Military Guidelines & Reference for Complex Emergencies, 2008.
[43]　ロジスティック援助とは、加盟国、WFP、UNICEF、UNHCR、UNDP、NGO、および関連プライベートセクターとのパートナーシップにより、ドナー国政府の協力のもと、救助活動のため食糧以外の資材供給の確保を行い、国際的な援助の助長および協力に貢献することが目的である。See, http://www.unocha.org（22 Oct 2012）.
[44]　サージキャパシティとは、未曾有の緊急事態や災害時等に経験豊富な調整専門家や他の専門家を動員するシステムで、ジュネーブの緊急援助部のサージキャパシティ課が管理している。これには、緊急対応登録制、提携専門家要員、スタンバイパートナーシッププログラムがある。See, http://www.unocha.org（22 Oct 2012）.

〔川村真理〕

援するため1993年に設立された。UNDACは，あらかじめ登録されている専門性の高い要員で構成され，緊急事態の現地に入ってくる国際救援の調整の支援も行う。UNDACは，RC/HCおよび被災国政府の要請により，12時間から48時間で派遣される。UNDACの主要な役割は，評価，調整および情報管理である[45]。

INSARAGは，災害を受けやすい国および災害に対応している国ならびに都市捜索援助（USAR）および現業活動の調整にあたる機関のネットワークであり，総会決議57/150および2010年神戸で開催された第1回INSARAG世界会議で採択されたINSARAG兵庫宣言に基礎を置く。INSARAGの権限は，1）緊急事態への準備と対応活動の強化による，より多くの人命救助，被害の軽減および被災の最小化，2）国際的な都市捜索救助作業間の調整における効率化，3）災害を受けやすい国（途上国を優先）の捜索救援準備改善のための活動促進，4）国際的な場面で展開される国内の都市捜索救助チーム間の持続可能な協力のための国際的に認められた手続とシステムの開発，5）都市捜索救助手続，ガイドラインおよびベストプラクティスの開発および緊急事態救援時の関連機関間の協力強化の5つである。2011年INSARGガイドラインおよびINSARAG外部評価（IEC）ガイドラインは，災害時の救助活動および同活動の評価の包括的な基準を詳細に策定している[46]。

OSOCCは，甚大な災害時に，国際救援を調整するため被災国の現地当局を支援する。活動目的は，国際組織と被災国間の連携，被災地での国際救援活動を調整・助長するシステムの準備，国際人道機関間の協力，調整および情報管理のためのプラットフォームの準備である[47]。

(3) 課　題

各国の状況により課題も異なるが，以下，国別，テーマ別の既存の評価報告書をとりまとめ，2011年に発行された「OCHA評価総合報告書2010年度版[48]」

---

[45] See, UNDAC Generic Terms of Reference; UNDAC Handbook 2006.
[46] See, INSARAG Guidelines and Methodology, 2011; INSARAG External Classification/Reclassification Guidelines 2011.
[47] OSOCCの活動基準については，See, OSOCC Guidelines 2009；上述のOCHAの諸活動全般に関して，特に註釈をつけて説明を加えている部分以外については，http://www.unochr.org（30 Mar 2011）を参照した。
[48] See, OCHA, OCHA Evaluations Synthesis Report, 2010.

〈第5部〉移行期正義の課題と対応

をよりどころとして，OCHA の抱える課題を明らかにしたい。

　第一に，リーダーシップとアカウンタビリティーの欠如があげられる。派遣国によって異なるが，OCHA の職員は，主に被災国の首都に少数の人数が配置されるだけで，全般に現場でのプレゼンスが低く，実際の被災地に長期に滞在し現場の状況を把握するのが困難である場合がある。また，本部と HC および現地の間の連携がうまくいっていないこともリーダーシップの欠如の要因である。また，ナショナル・ローカルレベルで，IASC で生成されたガイドラインが認知されておらず，ガイドライン遵守措置がとられていないという問題がある。また，規範遵守のための討論・トレーニング等のフォーラムの場がないことや，職員の規範に基づく政策調整能力や職員倫理も問題として指摘されている[49]。

　第二に，分析・ニーズ評価の欠如があげられる。たとえば，ハイチの場合，ローカルキャパシティやハイチの市民団体の情報が不足し，状況評価ができなかったために対応の遅れとギャップが生じたことが指摘されている。また，グローバルな戦略分析・リスク評価・分野横断の分析強化の必要性も指摘されている。パキスタンの事例では，まず安全に関する分析が限定的であることが，多大なオペレーションコストとプログラムの質に悪影響を与えているとの指摘がなされている。紛争地域における安全上の問題は OCHA の活動に大きな制限を課すものとなっている[50]。

　第三に，人道活動にかかわる多様な主体の統合と戦略計画の欠如が対応能力に悪影響を及ぼすことがあげられている[51]。ここでは，ハイチの例を取り上げてみたい。

　UNDAC は，ハイチ地震発生から 24 時間以内に第一陣が現地へ向かい，ポルトープランスの国連ハイチ安定化ミッション（MINUSTAH）のロジスティクス基地内に OSOCC を立ち上げたが，OCHA 本部による明確なリーダーシップを欠いたことが，現地の対応にも影響した[52]。一方，PKO 局（DPKO）は，地

---

[49] See, *Ibid.*, pp. 13-15.
[50] See, *Ibid.*, pp. 5-7.
[51] See, *Ibid.*, pp. 7-10.
[52] See, Abhijit Bhattacharjee & Roberta Lossio, *Evaluation of OCHA Response to the Haiti Earthquake Final Report*, 2011 p. 22.

震発生後直ちにニューヨークに危機対応室（CRC）を設置した。MINUSTAHおよび他の軍当局は，人道的な優先順位に関する指導を求めていたが，それがOCHA（またはHC／人道カントリーチーム（HCT））から発せられなかったため，DPKOが人道問題を指揮する役割をすぐに引き受けた。MINUSTAHは，統合ミッションであり，このことがOCHAの地位と役割を難しくさせた。HCはRCおよびDSRSGとしても行動することとなり，MINUSTAH内の文民問題部，人道開発調整部（HDCS）および複数の専門部局（ジェンダー，HIV/AIDS，子供の保護等）の管理も担当し，OCHAとの任務の重複がみられた[53]。HC，HCTおよびOCHAは，文民調整問題を取り扱う十分な戦略がなく，結果的に，アメリカ軍およびカナダ軍からの評価情報に頼ることとなった。また，軍もクラスターミーティングに参加したが，OCHAよりもMINUSTAHおよびDPKOからの戦略的指揮に従った。ハイチは，一義的に人道支援ミッションとして軍司令官に理解され，非紛争国として扱われていたので，軍は，人道コミュニティとともに展開したが，救援物資の配布のためのエスコートの要請への対応以外，最初の2－3週間要請がなく，これに業を煮やした米軍は，独自に救援物資の配布を開始した。ハイチの経験から得られる重要な課題は，人道コミュニティが，武力紛争が起こっていない国における自然災害で，軍といかに連携するかということである[54]。OCHAの中立性や独立性といった人道原則遵守からも軍との関係は今後も複合災害を抱える国における活動の課題となろう。

　第四に，被災当事者のクラスターへの限定的参加が，実効的な対応および持続的復興活動を阻害し，被災国のオーナーシップを弱める一因となっている点が挙げられる[55]。ハイチにおいては，地震対応において，ほとんどのクラスターが活動計画および実施においてハイチ政府，地方当局および被災者をふくめなかったことが悪影響を及ぼした[56]。国際人道活動は補完が原則であり，主権国家併存の国際社会の組織化において，こうした活動の正当性が問われる問題であると思われる。

---

(53) See, *Ibid.*, pp. 28-29.
(54) See, *Ibid.*, pp. 29-30.
(55) See, OCHA Evaluations Synthesis Report, *op. cit.*, pp. 15-18.
(56) See, Abhijit Bhattacharjee & Roberta Lossio, *op. cit.*, pp. 31-33.

国連の形式的成果達成や効率追求のみのトップダウン型あるいは形式的機関間調整に終始するのではなく，被災者の視点に立った，ボトムアップ型のサポートシステムを融合し，当局のオーナーシップの促進，参加型フォーラム機能の強化，規範に基づく実質的政策調整が求められているといえよう。

こうした課題を克服するため，2011年12月，IASCは，トランスフォーマティブアジェンダを採択した。ここでは，リーダーシップの強化，調整の改善（特にクラスター），アカウンタビリティーの改善の3点を重点課題としている。アカウンタビリティーに関しては，集団的成果達成に向け，ニーズ評価から監視，評価，報告にいたるまで共通の人道プログラムサイクルで各フェーズを管理するための共通の手法の採用を掲げている。また，IASC各機関の長は，被災者へのアカウンタビリティーの根本的な重要性を確認し，被災者へのアカウンタビリティーに関する下部作業部会により開発された，被災者からのフィードバックおよび申立を扱い，参加，情報提供改善にむけたガイダンスとなるオペレーショナルフレームワークを支持した[57]。

IV　統合・調整の正当性とアカウンタビリティー

OCHAのシステム，ガイドライン等の膨大な規範および政策立案から評価までのプロセスの実効性に懐疑的な意見もあり，これからの人道分野における国連の諸活動の実効性および正当性の検討が求められている[58]。以下，OCHAの諸活動の正当性確保ためのアカウンタビリティーについて考察していく。

1　アカウンタビリティーの概念[59]

国際機構の機能に関する加盟国による管理は，より包括的でなくなってきており，国際機構は，相応してより独立的になってきている。結果的に，この独

---

[57] See, http://www.humanitarianinfo.org/iasc/ Power Point on Tranformative Agenda (09 Aug 2012).

[58] See, External Review of the Inter-Agency Standing Committee, Center on International Cooperation New York University 2003; See, Tadanori Inomata "Managerial Accountability and the UN System," Sumihiro Kuyama and Michael Ross Fowler eds., *Envisioning Reform : Enhancing UN Accountability in the Twenty – First Century*, United Nations University, 2009, pp. 135-159.

[59] See, Sumihiro Kuyama and Michael Ross Fowler eds., *Ibid.*; 蓮生郁代『国連行政とアカウンタビリティーの概念　国連再生への道標』（東信堂，2012年）参照。

立を管理するためのアカウンタビリティーメカニズムを有する必要がある。こ
れらのメカニズムなしには、国際機構は、その機能の実施を要請する正当性の
欠如の批判にますます直面するであろう。均衡性を有し適切であり、必要な
チェックアンドバランスを導入し、「加盟国」の機構に関する加盟国による管理
の欠如を導かないようなアカウンタビリティーシステムの発展が求められる[60]。

　国際機構のアカウンタビリティーは、多義的であり、その形態は、法的、政
治的、行政的または財政的なものを含み、これらの組み合わせがアカウンタビ
リティーを満たす最善の方法を提供する。国連のパートナーシップ事業におい
ては、このすべての要素が複雑になっている。「誰が」についてだけでも多岐
にわたる。第一に加盟国が国連に権限を委譲しているので、この両者間でアカ
ウンタビリティーが問われる。次に国連内部においては、上位機関と下部機関
の関係が考慮される。各機関においては、本部、地域事務所、現地駐在事務所
の関係において、また、各事務所、部局、課などの単位においてもアカウンタ
ビリティーが問われる。国連がオペレーションを展開する場合には、国連と外
部との関係が問題となる。オペレーションを受け入れる領域国、自治体との関
係、パートナーと協働する場合は、パートナーとなる他の国際機関、NGO、企
業、市民社会との関係においてアカウンタビリティーが問われることになる[61]。

　国連が、政策結果を問う政策的アカウンタビリティーを実現するには、直接
受益者への説明責任を果たす正式な手続が必要となろうが、これについては、
国連の機構上、限界がある。受益者の利益の確保は、国連の究極の目的達成の
ために目指すべきところではあろうが、国連は政府間機構であり、政府を補完
する活動を行うのが基本となっている。アカウンタビリティーを論ずる場合、
権限委譲と責任の問責者がだれなのか、その2者間の関係はどのような基準と
手続で管理されているかが重要となる。国連の現場での活動も、基本的に領域
国の要請により了解覚書の内容に即して活動がなされる。国連は、その権限を、
機関間、NGO、企業、市民社会に委譲して現場活動を展開している。通常こ
の関係性と規律の基準と手続の中でのみ管理が働くのであって、受益者の利益

---

(60) Henry G. Schermers & Niels M. Blokker, *International Institutional Law* Fifth Revised Edition, Martinus Nijhoff publishers, 2011, p. 1220.

(61) See, ILA Berlin Conference (2004) Accountability of International Organisations Final Report, (2004), pp. 168-170.

〈第 5 部〉移行期正義の課題と対応

の考慮は各国政府のめざすところでもあり，国連の目的達成の一環ともなるが，直接契約がない場合は，アカウンタビリティーメカニズムの一環としての手続上反映されない。このことは，国際社会が主権国家を基本とする構造であることの反映ともいえよう。

国際法協会（ILA）の国際機関のアカウンタビリティー委員会は，すべての国際機関の共通の目的・原則・概念として，①グッドガバナンス（透明性・参加型意思決定過程・情報アクセス・十分機能する国際行政事務・健全な財政管理・報告と評価），②信義誠実，③合憲性と機構間のバランス，④監督および統制，⑤決定または活動根拠の表明，⑥手続的定式化，⑦客観性と公平性，⑧相当の注意義務を掲げている[62]。加えて，ますます，国家共通の憲法上の慣例の表明となってきている人権義務は，設立文書上の規定を通して，慣習国際法として，または法の一般原則としてもしくは国際機構が人権条約の当事者となることが許可されている場合というような異なる方法で，国際機構に課されうる。武力行使，領域の暫定行政，強制措置，平和維持または平和執行活動の着手に関する決定およびその履行にあたり，国際機構は，基本的人権義務および適用可能な国際人道法の原則および規則を遵守すべきであるとしている[63]。

総会決議 64/259「国連事務局のアカウンタビリティーシステムに向けて」では，アカウンタビリティーを以下のように定義している。

> アカウンタビリティーは，時宜を得た費用対効果のある様式で，目的および高品質の結果を達成することである。このことは，すべての決議，細則（regulation），規則および倫理基準を遵守して，国連政府間機関およびそれらが設立した下部機関によって許可された事務局のすべての権限に関する十分な履行および実施においてなされる。つまり，誠実で，客観的，正確かつ時宜を得た実施結果の報告，基金及び財源の責務，報酬および制裁の明確に定義されたシステムを含むすべての実施措置，監視機関の重要な役割に対する相当の承認，および受諾した勧告の十分な遵守を含む[64]。

---

[62] See, *Ibid.*, pp. 172-183.
[63] See, *Ibid.*, pp. 193.
[64] A/RES/64/259, para. 8.

2 事務局のアカウンタビリティーシステム
(1) アカウンタビリティー構造

2010年の事務総長報告「国連事務局のアカウンタビリティーシステムに向けて[65]」の中で, 国連のアカウンタビリティーシステムの基本的要素は, ①国連憲章に由来するアカウンタビリティー, ②加盟国との規約：戦略枠組み, 事業予算および平和維持予算, ③成果および業績, ④内部システムおよび管理, ⑤監視任務および機能, ⑥倫理基準[66]および統合であるとし, 図2のような構造をとっているとしている。

図2：国連事務局のアカウンタビリティー構造

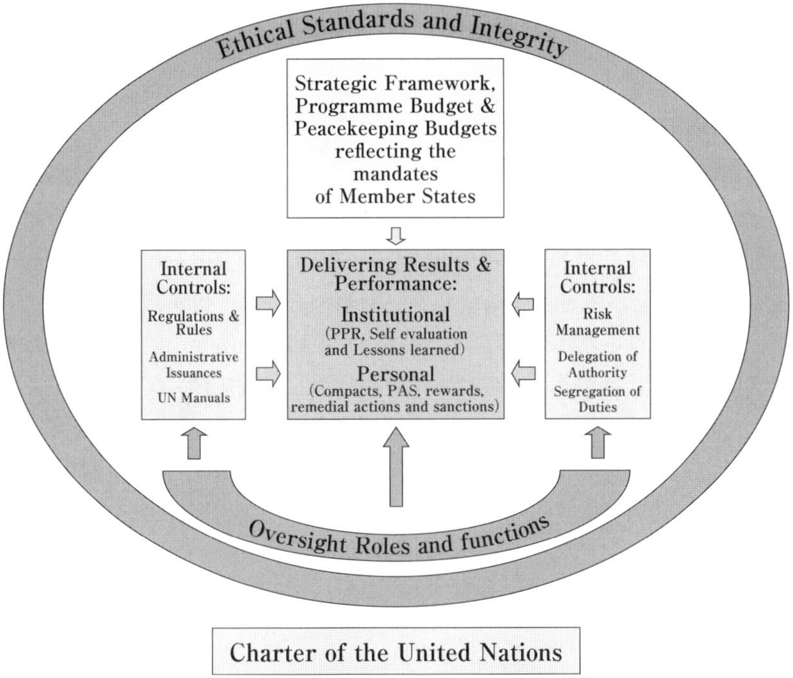

出典：A/64/640, p. 7より抜粋
PPR: Programme Performance Report, PAS: Performance Appraisal System

---

[65] A/64/640.
[66] 倫理と国際法に関して, See, Rosalyn Higgins, "Ethics and International Law," *Leiden Journal of International Law*, Vol. 23 (2010), pp. 277-289.

〈第5部〉移行期正義の課題と対応

　国連憲章は，機構のアカウンタビリティーシステムの基礎である。それは，主要機関が発する決議及び決定を通して事務局に権限を与えるための責任を担わせるように，機構の中心に加盟国を据えている。国連憲章第97条および第98条に基づき，機構的構造は，次の役割と責務の分配とともに明らかになる。つまり，加盟国は，指令，優先順位，目標として表明される権限の付与に責任を負い，事務総長は，これらの権限の履行および結果と使用した財産に関する報告の責任を負う。これらの責任を果たすため，事務総長は，機構の事業計画文書においてこれらの権限を反映する義務を負い，事業管理者および職員は，それに設定された成果達成目的のための作業計画を提出する義務を負う。このプロセスの間，事務局は，継続的な業績の監視，必要な場合には履行の調整，進行中の評価の実施，改善および習得のための評価結果の使用を行わなければならない[67]。

(2) 加盟国との規約：戦略枠組みおよび予算

　事務局のアカウンタビリティーシステムの中核的な構成要素は，戦略枠組み，事業予算及び平和維持予算である。事務局のこれらの文書は，事務局の同意による加盟国との規約であり，利用可能な財源および加盟国から委任された一定の成果の達成を示すものである。現在，戦略枠組みは，機構の事業計画，予算，監視，評価の基礎となっている。第一部は，中核部であり，機構の将来の課題，国際共同体から活動要請のある世界情勢の見通し，機構および加盟国により集団的に対応されるべき長期目標，および優先事項に関する事務総長提案を表明している。第二部は，目的，期待される業績，達成の指標，戦略および各下部事業への委託を詳述している[68]。

(3) 成果および業績

　アカウンタビリティーシステムの第三の要素は，財政的な制限および機構の管理外にある危機要素による制約を想定しつつ，計画文書に掲げられた結果を確実に達成する義務に由来する。それゆえ，事務局は，制定された細則，規則，政策および手続に従い，同意された目的および成果を達成する義務を負う。
　制度上の業績には，事業業績報告および自己評価およびレッスンラーンドが

[67] See, A/64/640 Annex I, pp. 27-28.
[68] See, A/64/640 Annex I, pp. 28-29.

含まれる。事務局は，事業業績報告の形態で，2年毎の期末に総会に対して制定された事業予算の目的に関連してその業績報告を行う。事業業績報告の内容および頻度は，事業計画に関する細則および規則，予算計画，履行監視および評価方法により定められる[69]。事業管理者は，目的，結果の達成に責任を負う。また，これらの事項に関して公正かつ正確な報告の責任を負う。事務局は，事業調整委員会を通して，達成された結果に関する加盟国へのこれらの業績と報告を監視する[70]。報告・評価方法については脆弱で今後とも改善が必要な分野となっている[71]。

(4) 内部システムおよび管理

国連憲章第1条に規定されている目的達成に向けて，職員は，細則，規則および政策を尊重し，過程および手続，つまり，機構の正当な機能を保証する一連の内部システムと管理に従う義務を負う。国連の規範の法的枠組みまたは階層性は，国連憲章，職員細則および規則ならびに行政発布からなる[72]。

国連の機能確保のための機構システムとして，職員の選抜と契約，責務の分散，権限の委任分野に構築されたシステムが挙げられる。また，事務局の内部システムおよび管理機能における公平性の確保のためのシステムとして，オンブズマンおよび司法運営が挙げられる。司法運営に関しては，非司法的な紛争解決を行う非公式システムと国連紛争裁判所および国連控訴裁判所からなる公式システムがある。また関連部署として，職員法的支援事務所，司法運営事務所，運営局内にある運営評価団がある[73]。内部システムに関する規範は法的拘束力もあり，組織も確立しており，比較的組織化が進んでいるといえる。

(5) 監視任務および機能

監視機関は，遵守と統合の文化を促進し，不正な管理および腐敗を防ぐ重要な役割を有している[74]。

アカウンタビリティーに関連する国連事務局における監視の役割と機能を担

---

(69) ST/SGB/2000/8.
(70) See, A/64/640 Annex I, pp. 31-32.
(71) See, A/RES/64/259.
(72) See, A/64/640, Annex I, p. 35.
(73) See, A/64/640, Annex I, pp. 37-44.
(74) See, A/64/640, Annex I, p. 46.

〈第 5 部〉移行期正義の課題と対応

う組織として，会計監査院，合同監査団，内部監視事務所，独立会計諮問委員会がある[75]。システムの問題の同定および勧告の履行についての機能は，運営委員会が担っている[76]。また，運営委員会は，監視機関の勧告の即時履行を確保するための機能を担っている[77]。

(6) 倫理基準および統合

アカウンタビリティーシステムの枢要な要素は，倫理構成要素——特に，国連職員の行動および態度の基準を設定するメカニズム，政策，原則および価値である。職員の行動および態度を管理する核となる価値および原則は，国連憲章，国際公務員の行動基準および職員細則および規則に掲げられているが，新たなシステム全般にわたる国連職員倫理綱領が開発され，総会第 64 会期に付託された[78]。倫理綱領は，公式な国連の責務および責任の履行のための基本的価値と適用可能な原則を明確に詳述する簡潔な声明である。加えて，国際公務員の地位に一致する職員に関する指針原則を列挙する，行動綱領，国際公務員の行動基準がある。また，2006 年に設立された，倫理事務所は，基準，訓練および教育プログラムを開発し，利害対立といった倫理問題に関して，職員に対し極秘に助言および指導を行っている[79]。また，2007 年に設立された国連倫理委員会[80]は，事務局および他の行政機関やプログラムの倫理基準および政策の統合を行っている。同委員会は，倫理事務所または倫理委員会議長によって提起された国連全体にかかわる重要な事例および問題を扱う[81]。

(7) OHCA の機能と位置づけ

事務局の一部である OCHA は，上述のようなアカウンタビリティーシステムの中で活動を行っている。主として，オペレーションの成果と業績に関する統合・調整がその任務となるが，他の要素との関係は不可分のものであり，すべての活動は，このシステム内で機能することで正当性を確保することが求め

---

[75] See, A/64/640, Annex I, p. 47.
[76] See, ST/SGB/2005/6, ST/SGB/2006/14.
[77] See, A/64/640, Annex I, p. 48.
[78] A/64/316, annex.
[79] See, A/64/640, Annex I, pp. 44-45.
[80] See, ST/SGB/2005/21.
[81] See, A/64/640, Annex I, p. 46.

られる。

3　多様な主体間関係の規律

OCHA の主要な特徴として，多様な主体間の統合・調整があり，OCHA の内部組織の正当性確保のみならず対外関係の規律は，OCHA の活動の正当性確保に不可欠である。そこで，以下関係する主体別にその規律について概観する。

(1) 国際機関間関係の規律

ILC の国際機構の責任第二読条文草案の第 2 条(b)項で国際機構[82]の規則 (rule of the organization) について次のように規定している。

> 「機構の規則」とは，特に，設立文書，設立文書に従って採択された決定，決議及びその他の行為並びに機構の確立した慣行をいう。

この文言の大部分は，1986 年の国家と国際機構の間又は国際機構相互間の条約法に関するウィーン条約の文言に基づいているが，「その他の行為」が追加されている。これは，国際機構が採択する多様な行為をより包括的に包含することを企図している。機構の規則は，第三者と国際機構が締結した合意および機構を拘束する司法または仲裁の決定をも含むため，「特に」の文言が用いられている。行為の帰属の目的のために，決定，決議および機構の他の行為は，法的拘束力の有無にかかわらず，機構の設立文書に従い，内部組織 (organ)[83] または機関 (agent)[84] に機能を与える限り関連する。(b)項の「機構の規則」の定義の重要な特徴は，慣行に重点が置かれていることである。定義は，一方で，設立文書に掲げられ形式的に機構の構成員に受容された規則と，他方で，制度として発展するための機構の必要性の間のバランスをとろうとしている。また，ある国際機構に関連するすべての規則が，同一レベルにおかれていることを黙示するものではない。関係している機構の規則には，明示的にまたは黙示的に，異なる種類の規則の間のヒエラルキーが存在する。例えば，国際機構によって

---

[82] "international organization" の定義について，See, A/66/10, pp. 73-78.
[83] "organ" の定義について，See, *Ibid.*, pp. 73, 79.
[84] "agent" の定義について，See, *Ibid.*, pp. 79-80.

〈第5部〉移行期正義の課題と対応

採択された行為は，一般的に設立文書から逸脱することはできない[85]。

このように，今日の国際機構の傾向を踏まえたILCの条文草案の定義とOCHAの機構的特徴を踏まえれば，事務局としてのOCHAはその設立文書たる国連憲章，およびOCHAの設立文書である総会決議46/182ならびに総会，安全保障理事会，経済社会理事会の決議，OCHA内の諸規則，機関間の協定および合意文書さらにOCHAの慣行を確立するガイドライン等の諸文書等もOCHAの活動に関係する国際機関間の関係を規律する規則として含まれると解される[86]。しかし，各国際機関の設立文書との関連で規則は階層性をもって適用される。

(2) 国との関係の規律

国際機構と加盟国については，一義的に設立文書，加えて機構の規則，一般国際法規則および機構と当事国を拘束する協定が適用される。国際機構と他の国際機構及び非加盟国との関係については，一般国際法および当事者間を拘束する協定が適用される[87]。

OCHAが関連する緊急人道援助に関連して，ILCの「災害時の人の保護」に関する条文草案第一読第5条の「協力の責務」は，「本草案規定に従って，国家は，適切に，国家間及び国際連合並びに他の権限を有する国際機関，国際赤十字赤新月社連盟及び国際赤十字委員会並びに関連する非政府組織と協力しなければならない」と規定する。これは，国連憲章第1条3項，第55条および第56条，社会権規約の第11条，第15条，第22条および第23条，総会決議46/182を踏まえた規定ぶりとなっている[88]。また，同条文草案第9条「被災国の役割」，第10条「援助を求める被災国の責務」，第11条「外部からの援

---

[85] See, Ibid., pp. 73, 78-80.；植木俊哉「国際組織の責任」村瀬＝鶴岡編・前掲注(34) 224-228頁参照。

[86] これまでの国際機構の規則に関する議論に関して，藤田久一『国連法』（東京大学出版会，1998年）216-220頁参照；横田洋三「国際機構が国際法に及ぼす影響」大沼保昭編『国際法，国際連合と日本』（弘文堂，1987年）77-121頁参照；山本草二「国際行政法」雄川一郎＝塩野宏＝園部逸夫編『現代行政法体系1 現代行政法の課題』（有斐閣，1983年）329-364頁参照；中村道『国際機構法の研究』（東信堂，2009年）146-147頁参照；See, ILA Report, op. cit., pp. 187-188.

[87] See, Ibid., pp. 188-189.

[88] See, A/65/10, pp. 327-330.

助に対する被災国の同意」の規定およびコメンタリーからもわかるとおり，被災国は救援および援助の一義的役割を担っており，当事国の合意があることをもってして，外部の援助はなされ，国際機構からの要請に対する当事国の恣意的拒否は認められないこととの基準は，国際社会によって広く認められているところである[89]。

　一例として，我が国のハイチ地震に対する国際緊急援助隊（JDR）医療チームの例を挙げてみたい。2010年1月13日午前6時53分（現地時間12日午後4時53分）に発生したハイチ地震を受け，翌14日に調査チームが出発，15日，サント・ドミンゴから陸路でポルトープランスに入り，到着後，OSOCCを訪問，保健クラスターミーティングに参加した。市内で多くの医療支援団体が展開し始めているものの，地方展開がされていないことがわかったため，PKO司令部にて，スリランカ軍の連絡要員に接触し，レオガンのスリランカPKO部隊司令官に連絡をとり，護衛の便宜依頼をし，16日には，現地政府およびPKOとの調整を行い，活動拠点を決定している。医療チームは，16日に日本からマイアミに向かい，17日，たまたま自衛隊のC130が米国内で合同訓練を行っており，それを活用することとなったため，米軍のホームステッド空軍基地よりポルトープランスに向け出発した。この段階で米軍が空港のフライト管制を行っており，米軍と自衛隊の関係からこれが実現した。同日，活動拠点であるレオガンに入り，翌18日より診療を開始した。活動中，MINUSTAHのスリランカ軍およびハイチ地震に際し派遣されたカナダ軍が24時間体制で安全確保を行った。医療活動においては，米国のNGO合同チームおよび国境なき医師団（MSF）が活動展開しており，互いに補完・協力して診療にあたった。その後23日にJDR自衛隊部隊が到着し，医療チームは25日まで自衛隊と共同で診察を行い，26日に，サント・ドミンゴに向かい，27日，サント・ドミンゴからニューヨーク経由で帰国した[90]。

　日本は，災害に特化した二国間および多国間条約を締結していない。この一連の活動に関しては，在京大使館から要請を受けて外務大臣の派遣命令を受け，第一陣が出発している。スリランカ軍の支援に関しては，MINUSTAHの

---

[89] See, A/66/10, pp. 261-270.
[90] 国際協力機構国際緊急援助隊事務局『ハイチ共和国における地震に対する国際緊急援助隊医療チーム活動報告書』（2011年）参照。

PKO司令部から口頭で了解を取り付けた。この際，文書による依頼や了承は取り交わしていない。緊急対応は，現場において，ケースバイケースで迅速かつ柔軟な対応が求められ，専門性を有する人員派遣が必須であるが，活動の正当性確保のための法制度が必要とされていることがわかる[91]。

協定等を新たに個別に交わす時間的猶予がない場合は，文書による合意の確認なく当事国での活動を開始するため，なおのこと人道分野におけるアカウンタビリティーが重要であり，モデル協定のような条約のみならず，ガイドラインの策定および周知徹底等が求められているところである。

(3) NGOとの関係の規律

ILAの国際機構のアカウンタビリティーに関する最終報告書では，NGOは，国際機構が実効的に機能することにおいて，および活動または不作為に関する説明責任を果たす過程において，頻繁に，活気づける役割を担っており，国際機構の主要機関の協議資格，国際機構の広報部の連携資格，国際機構の国際会議出席の許可といった，様々な公式化されたメカニズムが存在していることを指摘し，国際機構は，NGOの認可に関する基準および手続を確立すべきであり，市民社会の主体の従事は，よりいっそうの統一性，一貫性，予測可能性を反映した手続および政策に基づくべきであるとしている。また，配分された，または共同のアカウンタビリティーの問題は，NGOが開発または人道援助の分野で国際機構の各機関の実施パートナーとして活動する場合に生じるとしている[92]。

国連は，NGOのような非国家主体をどのように法的に位置づけているのかを確認しておこう。国連憲章第71条では，「経済社会理事会は，その権限内にある事項に関係のある民間団体と協議するために，適当な取極を行うことができる。この取極は，国際団体との間に，また，適当な場合には，関係ある国際連合加盟国と協議した後に国内団体との間に行うことができる」と規定して

---

[91] 2012年2月28日，国際協力機構国際緊急援助隊事務局大友仁氏に，ハイチ国際緊急援助隊に関する情報提供をいただいた。記して感謝申し上げる。酒井啓亘「ハイチにおける国連平和維持活動と日本――国連ハイチ安定化ミッション（MINUSTAH）への参加問題」法学論叢170巻4・5・6号〔初宿・位田教授退職記念号〕（2012年）297-333頁参照。

[92] See, ILA Report, *op. cit.*, pp. 184-185.

いる。この規定の履行は，経社理決議1996/31に沿って行われており，当該決議の履行およびNGOと国連の発展的関係の監視全般の責任は，NGOに関する国連委員会が担っている[93]。NGOの協議への参加権として，声明書の提出，会議内での発言，国連の国際会議の出席などがあり，報告の義務がある[94]。経社理決議1996/31では，NGOの協議関係を有する機関について，「委員会および他の補助機関」との言及があり，総会の要請に基づき設立された経済社会理事会の各種委員会等全般をさしている[95]。同決議では，協議関係にあるすべての機関は，相互の利益または関心事について，事務局の適当な部局職員と協議できるようにするとし，この協議はNGOまたは事務総長の要請のもとになされる[96]としている。また，NGOとの協議取極の発効要件として，①経済社会理事会およびその補助機関の権限内の問題に携わっていること，②国連憲章の精神，目的および原則に合致する目的を有していること，③国連の活動を支援し，その原則および活動の知識を促進すること，④権限内の特定分野において顕著な功績があり，代表的性格を有していること，⑤本部と執行役員を有していること，⑥民主的に採択された設立文書を有していること，⑦授権された代表を通して構成員を代表する権限を有していること，⑧代議構造と構成員に対するアカウンタビリティーの適切なメカニズムを有していること，⑨主要な基本資産は，国家会員または他の構成員の寄付または個人会員から導き出されることなどを要請している[97]。

しかし，国連すべての機関が，共通の取極の基準や手続を有しているわけではない。国連機関とNGOとの関係は，各国連機関における契約が基本であり，契約時に各国連機関の作成したガイドライン等の遵守を確認することになっている。

例えば，UNHCRの場合，インプリメンティングパートナー[98]NGOの適格

---

[93] See, ECOSOC resolution 1996/31 Part IX.
[94] See, ECOSOC resolution 1996/31 Part IV, V, VII, IX.; A/54/329.
[95] See, ECOSOC resolution 1996/31 Part V.
[96] See, *Ibid.*, Part X, XI.
[97] See, *Ibid.*, Part I, II.
[98] オペレーショナルパートナーは，UNHCRと活動をともにする政府，政府間機関およびNGOならびに国連機関を指し，インプリメンティングパートナーは，インプリメンティング協定に署名し，UNHCRから資金を受領しているオペレーショナルパートナーを指す。See, UNHCR, Partnership: An Operations Management Handbook for

要件として次の4点を挙げている。①本部所在地および（または）オペレーション先の国において，法律に従い登録がなされていること，②インプリメンテーション先の国に銀行口座を開設する権限を有し，UNHCRに関する支出のための別口座および（または）会計記録を保持する能力を有すること，③公式年次会計財務諸表を通じて財政的信頼性を証明できること，④事業実施に関するUNHCRの規則および手続を厳守し，UNHCRの政策に従い，活動を行う国の法および政策の遵守に同意すること[99]。NGOがUNHCRのオペレーショナルパートナーとして活動する場合，オペレーショナルパートナーシップ枠組み協定[100]に従い契約を行う。加えて，UNHCRの行動綱領[101]に掲げられている中核的価値および指針原則を支持すること，および「難民および他の援助対象者へのすべての搾取および虐待を防止し，それらに対し反対し，闘う」ことが求められる。IASCによって策定されたこれらの原則は，他の機関の行動綱領や事務総長告示（Bulletin）[102]にも反映されている基本的なものである[103]。

　OCHAのオペレーション統合・調整の場合，OCHAがNGOとの関係の規律に直接関与するのではなく，各国連機関の管理下にゆだねられる間接的な形態となる。IASCについては，前述のとおり，NGOに対し，IASCの政策決定や規範の策定に参加する権利や責務が与えられている。

　NGOと国際法については，近年多くの研究がなされているが，デュプイは，NGOについて，法的に存在しないか，または，仮に存在しても大変狭義に限定されたものであるが，事実上，NGOは，特に，国際制度の機能化およびNGO内で創設された法の履行において，多くを成している。しかし，法律家としてみた場合，NGOは，少なくとも，規範の制定およびそれらの履行および適用の管理についての専門家に留まる[104]と述べている。国連の人道分野は，

UNHCR's Partners, 2003, p. 30.
[99]　See, *Ibid.*, p. 31.
[100]　See, *Ibid.*, Appendix A1.
[101]　See, *Ibid.*, Appendix A2.
[102]　例えば，性的搾取および虐待に関して，See, S/SGB/2003/13.
[103]　See, UNHCR, *op. cit.*, Appendix A.
[104]　See, Pierre-Marie Dupuy, "Conclusion: return on the legal status of NGO and on the methodological problems which arise for legal scholarship," Pierre-Marie Dupuy, Luisa Vierucci eds., *NGO in International Law: Efficiency in Flexibility?* (Edward Elgar 2008) pp. 214-215.；柴田明穂「国際法制度におけるNGOの機能と現実」ジュリ

NGOとの連携なしには成り立たないといっていいほどの影響力をNGOは有しており，NGOとの関係の規律の明確化が今後も課題となるであろう。

⑷ 被災者との関係の規律

　一義的に被災者の保護および援助あたるのは，国家である。OCHAの活動は，当事国の補完的機能しか有していない。また，諸活動が個人の権利実現のための人道問題解決に向け行われているものの，被災者と直接に法的文書を交わし権利義務関係にあるわけではない。OCHAの権限は，人道問題に対処する諸活動の強化と調整の行政事務であるので，OCHAのアカウンタビリティーに関する適用法規範は，関連する国際機関・国家およびNGOなどを対象としている。

　しかしながら，最終目的は，個人の人権の実現，とりわけ，OCHAが対象とするのは生命維持の根幹にかかわる生命権の確保であり，様々な適用法規範はそのために策定される。そして，OCHAの活動評価も，どれだけ生命権の確保を実現できたかが重要な点となる。また，政策立案も"needs-based approach"が重視され，どれだけ被災者のニーズを把握し，計画に反映できるかが重要となる。政策実施過程においても，先にみたガイドライン，行動綱領，マニュアル等に被災者のニーズにこたえるべく様々な項目が織り込まれている。それら1つ1つの根拠として，現場で把握できた被災者のニーズのみならずすでに条約化され，あるいは慣習法化されている人権法・人道法・難民法の規定やその解釈基準等が援用されている。

　ガイドライン等の規範的文書の数が膨大で現場でいかされておらず，また評価の実効性も乏しいことから批判的見方もあるが，ボトムアップ型の"needs based approach"を強化し，共通の基本的現業および行政計画文書を開発すべきという意見もある[105]。しかし，人道問題をかかえる国家の状況と現業活動は1つとして同じではなく，援助の定式化は困難さを伴うため，ゆるやかな形式で取り組まれているというのが現状であろう。

　ただ，OCHAがトランスフォーマティブアジェンダの中で，人道活動の共通の手法および被災者からの申立システム導入を検討しているように，より被

スト1299号（2005年）9-15頁参照。
(105)　See, Tadanori Inomata, *op. cit.*, pp. 135-159.

災者の人権保護に資する制度改革に向けた国連内での議論も進められており，今後の動向に注目したい。

V　おわりに

上述の OCHA の機能と組織化から，「グローバル行政法」や「立憲主義」を想起しうるかもしれない。

「グローバル行政法」の概念は，グローバルガバナンスの拡大に伴い，多くの行政および規範的機能が，今日，グローバルになされており，国際機構の拘束力のある決定から機関ネットワークにおける拘束力のない合意およびグローバルレジームの文脈における国内行政活動の範囲でなされる多くの異なる形態をとおして行われる現象を射程としたものである[106]。

「立憲主義」は，多様な概念で，多くの点につき様々な議論がなされている。その特徴として，国際社会の制度的分断化への懸念から，世界共同体としての普遍的価値に基づく制度的階層性を示す国際法秩序および国際機構の改正を射程としている概念とも解される。強行規範，人権規範，EU 法などがその例として取り上げられ，国家のみならず非国家主体も対象とする見解がある[107]。

デュプイは，グローバル行政法の危険性について，様々な方法論的困難さなど[108]を指摘している。また，コスケニエミは，「ガバナンス」や「管理主義（Managerialism）」といった政治的言説を国際法に持ち込むことにも批判的見解を示している[109]。さらに，コスケニエミは，国際社会では，国内における立

---

[106]　See, Nico Krisch and Benedict Kingsbury, "Introduction: Global Governance and Global Administrative Law in the International Legal Order," *EJIL*, Vol. 17, no. 1 (2006) pp. 1-15.; Benedict Kingsbury, Nico Krisch, Richard B. Stewart& Jonathan B. Wiener, "Foreword; Global Governance as Adominstration- National and Transnational Approaches to Global Administrative Law," *Law and Contemporary Problems*, Vol. 68, no. 3 & 4 (2005) pp. 1-13.

[107]　See, Ronald St. John Macdonald and Douglas M. Johnston eds., *Towards world Constitutionalism*, (Martinus Nijhoff Publishers 2005); Erika de wet, "The Emergence of International and Regional Value Systems as a Manifestation of the Emerging International Constitutional Order," *Leiden Journal of International Law*, Vol. 19, no. 3, (2006) pp. 611-632.

[108]　See, Dupuy, *op. cit.*, pp. 358-361.

[109]　See, Martti Koskenniiemi, *The Politics of International Law*, (Hart 2011) pp. 358-361.

憲主義とは同じではないとみており(110)，国際法の伝統は，特定の利益または熱望から独立した，普遍的共同体の規制的理念としておそらく最高の論述体として作用している(111)とも述べている。

OCHA の例は，国連憲章の目的と個人の権利実現を掲げ，人道問題に関連する諸活動の統合化を目指し，行政機関としてアカウンタビリティーを確保する制度構築が試みられているものの，世界政府を志向する行政管理システムが確立したといえるような制度でもない。むしろ，普遍的に受け入れられている国連憲章や人権法などの国際法と国際機構の枠組み基づき，今日の人道問題に対処しうる国連活動調整の新たな実行と規範生成および履行過程の模索の途上にあるととらえることができる。藤田久一教授は，21 世紀に国連の目指すものは，主権国家制度を廃止して，世界国家を樹立するのではなく，国家の主権平等を認めつつ，非国家アクターにある程度立法や司法の権力を行使しあるいはそれに参加しうるような国際機構となることである(112)と述べている。

OCHA は，事務局の権限強化に伴い，現代国際社会の人道問題に対応すべく権限を強化してきた。権限分散化による活動の実効性，規範的文書の過剰な採択，政策立案・実施・監視・評価の一連のプロジェクト運営，規範遵守監督システムの欠如等に対する批判も多く，また事務局自体がどこまで権限の強化が行えるかについても検討の余地がある。しかしながら，これらの動向の中に，現代国際社会の人道問題に対応しうる国際機構の可能性の余地が見いだされる。

OCHA の特徴として，第一に，国連の人道任務遂行にあたり NGO を含む多様な主体との協働をグローバル・ナショナル・ローカルレベルで図っている点があげられる。第二に，国連憲章の目的および個人の権利の実現のための統合化の現象が顕著である点があげられる。もはや一国家のみでは対応できない人道問題に対する諸活動において，その補完としての OCHA の統合・調整が必要とされている。第三に，国際法を基盤とする法規範群により，統合・調整機能の正当性確保を図っている点があげられる。それぞれの設立文書上の権限を尊重しつつ，国家以外の当事者にも条約や慣習法といった法的拘束力のある規

---

(110) See, Ibid., pp. 345-350.
(111) See, Ibid., p. 361.
(112) 藤田久一「国際連合と民主主義── 21 世紀の世界機構の条件」安藤仁介＝中村道＝位田隆一編『21 世紀の国際機構：課題と展望』（東信堂，2004 年）33 頁参照。

〈第 5 部〉移行期正義の課題と対応

範が形態をかえて相互に浸透させる作用のあるゆるやかな規範に基づく協働がみられる。特定地域機関や特定分野に限定した事例ではなく，事務局の活動がこうした新しい動きを積み上げてきていることは着目すべき現象である。藤田教授は，国連改革について，主要機関の中で事務局の構造改革から最大の成果が得られると述べ，その理由として，憲章改正を経ず，多くの変更は事務総長権限内にあること，改革が必要な多くの重要分野で，国連活動に直接のインパクトを与えるものは事務局内にあることを挙げている。こうした改革は，国連システムの根本的変更を要求しているのではなく，現実の国連法の実現を一層求めているものだとする[113]。OCHA の例にみられるような機構上の発展は，現代国際社会の組織化[114]の一側面を示しているもののいまだ脆弱である。紛争や複合災害時に PKO，平和構築支援とともに行われる人道活動の統合が，いかに客観性・人道性・中立性・公平性・独立性を実効的に確保するかについても課題が残っており，今後の展開に注目していく必要があろう。

しかし，OCHA の機能は，既存の国際法および国連システムに立脚しつつ，多様な主体による諸活動の「質」の向上追求の一形態ともいえる[115]。OCHA の取り組みが，人道分野の組織化の発展につながり，ひいては，被災者の人権保護の促進につながっていくのか，今後の動向に注目していきたい。

〔付記〕本稿は，世界法学会 2012 年度研究大会で行った報告をもとに，大幅に加筆修正を行ったものである。

---

(113) 藤田・前掲注(86) 411-415 頁参照。
(114) 中村・前掲注(86) 139-147 頁参照。
(115) 国際法の統合論と「質」の問題について，藤田久一「国際法から「世界法」への架橋？──フラグメンテーションと統合の問題性」世界法年報 28 号（2009 年）129-151 頁参照。

17 クラスター弾条約及び対人地雷禁止条約における除去・廃棄義務とその支援義務
―非常設・非公式・非政府間組織を利用した履行確保の効果―

林　美　香

I　はじめに――多国間条約の履行確保
II　クラスター弾条約及び対人地雷禁止条約における除去・廃棄義務とその支援義務
III　非常設の履行確保手段――「締約国会合」および「検討会議」
IV　非公式の履行確保手段――「会合間作業プログラム」及び「会合間会合」
V　非政府間組織を利用した履行確保――「実施支援部門」
VI　結　　論

I　はじめに――多国間条約の履行確保

　対人地雷禁止条約およびクラスター弾条約には，3つの重要な実体的義務がある。使用の禁止の義務，生産・貯蔵等の禁止にともなう貯蔵兵器の廃棄義務，敷設された地雷やクラスター弾残存物[1]の除去・廃棄義務，の3つである。各条約で定義された特定の兵器の廃絶という条約の目的にとって，特に貯蔵兵器の廃棄の義務や，敷設された地雷やクラスター弾残存物の除去・廃棄の義務は，中核的な義務といえる。したがって，廃棄・除去の義務を負う締約国の義務履行を確保する制度を有することが，重要となる。また，廃棄・除去の義務の履行確保のためには，まずもって国際的な協力・支援が不可欠であるという共通認識が，いずれの条約にもある。したがって，廃棄・除去の義務の履行確保とともに，そのための援助の確保も，これらの条約の重要な課題である。実際にいずれの条約でも，国際的な協力・支援を義務とする規定がおかれている。
　廃棄・除去の義務の場合も，そのための援助の義務の場合も，ルール違反

---
(1) クラスター弾残存物の定義はクラスター弾条約2条7項を参照せよ。

〈第5部〉移行期正義の課題と対応

に対する制裁によってルールを執行・強制するという履行確保は考えにくい[2]。よく知られた事例である，対人地雷に関するカンボジアの事例や，クラスター弾残存物に関するレバノンの事例を想起すると，このことは容易に理解できる。これらの事例に典型的にみられるように，廃棄・除去を迅速に進められないこれらの締約国には，義務履行の意思とはいわば無関係の事情がある。そのため，制裁によって履行を確保することは，できない。また，これらの国家に対する支援・協力が不足しているという現状があり，支援を要請する条文が条約上存在しても，支援増加を導く措置は，潜在的支援国に対する制裁ではやはりない。要するに，制裁・執行によるこれらの義務の履行確保は，問題の性質上，ありえない。これらは，制裁・執行のアプローチと対比される，managerial approach を必要とする典型的な場面なのである。Chayes & Chayes が示した managerial approach という視座[3]は，同著書以降に採択され発効した多国間条約を検討する際にも，きわめて有用である。なぜなら，人権・環境・軍縮等の多岐にわたる分野の多国間条約が，実際に，managerial approach と表現することのできる履行確保制度や手段を，採用してきたからである[4]。

本稿の目的は，対人地雷禁止条約およびクラスター弾条約における managerial approach が具体的にはどのような手段を採用しているか，検討することにある。一見したところ，これらの条約における廃棄・除去の義務およびこれらを支援する義務に関して，履行確保の手段には以下の特色がみられる。第一に，条約規定上，これらの条約では，締約国会合・検討会議といった常設ではない条約上の集合体による条約の履行確保制度が採用されている。常設的な国際機構との連携や事務局の設立は行われていない。第二に，いずれの条約でも，条約に明文の根拠を有する公式の会合・会議とは別に，非公式会合を頻

---

[2] 制裁・執行モデルが機能する余地——たとえば意図的な使用義務の違反等——と対人地雷禁止条約の現行制度の課題については，以下で若干の検討を行った。M. Hayashi, "The Ottawa Convention on Landmines in Two Perspectives: International Humanitarian Law and Disarmament", in S. F. Krishna-Hensel (ed.), *Global Cooperation: Challenges and Opportunities in the Twenty-First Century* 75-108 (Ashgate, 2006), at 93-97.

[3] A. Chayes and A. H. Chayes, *The New Sovereignty: Compliance with International Regulatory Agreements* (Harvard University Press, 1995).

[4] 人権分野については芹田健太郎ほか『ブリッジブック国際人権法』(信山社，2008年) 第3部「国際人権法の国際実施」を参照せよ。

繁に開催し，履行確保に対する実質的な貢献をさせている。第三に，両者は，国際機構や条約事務局に担わせてもおかしくない履行確保に関わる業務の一翼を，「実施支援部門」という名称で，NGO に担わせている。これらの特色は，非・常設，非・公式，非・政府間組織と表現することができ，多くの条約が常設・公式の政府間組織（国際機構）を履行確保制度に採用していること[5]とは，対照的である。本稿では，対象となる２つの条約の履行確保制度が示すこれらの特色の，利点・弱点を確認する。さらにこれらの履行確保の手段が，managerial approach を実現する上で有する効果・作用を検討する。

II クラスター弾条約及び対人地雷禁止条約における除去・廃棄義務とその支援義務

ここでは，本稿で主な検討対象となる，生産・貯蔵等の禁止にともなう貯蔵兵器の廃棄義務（以下，「廃棄義務」），敷設された地雷やクラスター弾残存物の除去の義務（以下，「除去義務」）及びこれらに対する国際協力と支援の義務（以下，「支援義務」）を中心に，条約の概要を述べる。

1 条約の概要

1999 年に発効した対人地雷禁止条約[6]の中核をなす義務は，２条に定義される対人地雷の使用の禁止，及び開発・生産・取得・貯蔵・保有・移譲の禁止（１条１項）である。地雷除去の技術開発・訓練のための保有・移譲という，唯一認められている例外（３条）を除いて，これらの禁止ルールは「いかなる場合にも」適用される。対人地雷禁止条約の中核的な第二の義務は，対人地雷の廃棄義務（１条２項）である。廃棄義務には，貯蔵・保有されている対人地雷

---

[5] K. Schmalenbach, 'International Organizations or Institutions, Supervision and Sanctions', in R. Wolfrum (ed.), *The Max Planck Encyclopedia of Public International Law*, Oxford University Press, 2008, online edition, [www.mpepil.com]（最終閲覧日 2011 年 12 月 20 日）.

[6] 対人地雷禁止条約全体の概要は，浅田正彦「対人地雷の国際的規制——地雷議定書からオタワ条約へ」国際問題 461 号（1998 年）45 頁を参照せよ。起草過程に重点を置いた条文ごとの解説は，S. Maslen, *Commentaries on Arms Control Treaties: The Convention on the Prohibition of the Use, Stockpiling, Production, and Transfer of Anti-Personnel Mines and on their Destruction*（Oxford University Press, 2004）を参照せよ。

〈第5部〉移行期正義の課題と対応

の廃棄（4条）のほか，すでに敷設されている対人地雷の廃棄（5条）の義務があり，それぞれに4年・10年の期限が課されている。後者についてのみ，期限内の廃棄ができない場合に，期限延長を要請することができる（5条3項）[7]。なお，対人地雷禁止条約では，上述のように貯蔵兵器の廃棄及び地雷敷設地域の地雷の廃棄の両方を「廃棄」と表現しているが，両者の簡便な区別のため，本稿では地雷敷設地域の地雷の廃棄義務（5条）を，「除去義務」と称する。

廃棄義務・除去義務の対象国はそのための支援を求める権利を有しており（6条1項），対応する支援提供の義務は，支援を「提供できる立場にある締約国」が負う仕組みとなっている（6条3-5項）。

これらの中核的な義務の履行確保のために，対人地雷禁止条約はいくつかの手続を定めている。締約国による実施状況の報告（7条），遵守に関して他国に説明を要請する手続（8条2-6項），事実調査団の手続（8条8-17項），定期的な締約国会合による条約の運用状況の検討（11条），検討会議における条約の運用状況の検討（12条）などである。

2010年に発効したクラスター弾条約[8]は，対人地雷禁止条約を「手本」とした条約である[9]。その中核をなす義務は，2条に定義されるクラスター弾の使用の禁止，及び開発・生産・取得・貯蔵・保有・移譲の禁止である。貯蔵・保有に関して認められている例外（3条6項）を除いて，この禁止ルールは「いかなる場合にも」適用される。この条約においても，中核的な第二の義務は，貯蔵されているクラスター弾の廃棄義務と，クラスター弾残存物の除去義務である。貯蔵・保有されているクラスター弾については8年以内に「クラス

---

(7) 貯蔵する対人地雷の廃棄に関する期限延長の規定はない。敷設された対人地雷の除去・廃棄の2009年以降の期限延長については，Ⅲ2を参照せよ。
(8) クラスター弾条約全体の概要は，以下を参照せよ。E. David, "La convention de 2008 sur les armes à sous-munitions", *Revue générale de droit international public* Vol. 113, 785-806（2009）．起草過程に重点を置いた条文ごとの解説は，G. Nystuen and S. Casey-Maslen, *The Convention on Cluster Munitions: A Commentary*（Oxford, 2010）を参照せよ。クラスター弾使用に関する，クラスター弾条約以外の国際法上の評価については，多くの論文が存在するが，さしあたり A. Breitegger, *Cluster Munitions and International Law: Disarmament with A Human Face?*（Routledge, 2011）を参照せよ。
(9) 二つの条約は構造・義務内容ともに似通っているが，2010年に発効したクラスター弾条約には，被害者支援に関する独立した条文（5条）や，非締約国との関係に関する独立した条文（21条）等，対人地雷禁止条約にない，同条約で課題とされる事柄に対処する新規の部分も散見される。*Supra* note (8) の諸文献を参照せよ。

ター弾」でない状態にする義務（3条3項），クラスター弾残存物については10年以内の除去義務（4条1項）が定められている。締約国が期間内に義務を履行できないと考える場合，期限延長の申請が可能である（各3条3項，4条5項）。この条約においても，除去・廃棄等の義務の対象国はそのための支援を求める権利を有しており（6条1項），対応する支援提供の義務は，支援を「提供できる立場にある締約国」が負う仕組みとなっている（6条2～9項）[10]。

これらの義務の履行確保の手続として，締約国による実施状況の報告（7条），履行の促進・説明要請の手続（8条），定期的な締約国会合による条約の運用状況の検討（11条），検討会議における条約の運用状況の検討（12条）が，クラスター弾条約においても規定されている。

2 廃棄・除去義務及び支援義務の特徴

本稿の検討対象である，2つの条約の廃棄義務と除去義務の特徴は，以下のとおりである。第一の特徴は，これらの義務はある期限までに成果を求めるという意味での，厳格な義務でありながら，その大部分は期限延長の可能性を持たされた柔軟な義務である点である。1で概観したとおり，これらの義務の大部分は，締約国会合または検討会議による了承が得られれば，義務履行の期限の延長が可能である。このような規定は，技術的あるいは財政的な困難のために，当初の期限までに義務を履行できない現実的な可能性を反映した規定である。第二の特徴は，いずれの条約においても，これらの義務の履行にあたって支援を求める権利が明記されており，これに対応する支援の義務も規定されている点である。これは，廃棄義務・除去義務の履行は，国際的な協力と支援に依存しているという実態を反映した規定である。

その一方で，対人地雷・クラスター弾等の廃棄・除去に対する支援義務の方は，廃棄・除去の義務とは対照的に，何をいつまでに，という結果を求める厳格な義務として構成されていない。支援義務の対象国も，「支援を提供できる立場にある締約国」とだけ規定されており，具体的にいずれの締約国に対して

---

[10] 4条4項の規定により一部の「使用国」が負う支援義務については，別途検討を行った。M. Hayashi, "Clearance of Remnants of War and Its Assistance as Collective Responsibility", in A. Byrnes, M. Hayashi & C. Michaelsen (eds.), *International Law in the New Age of Globalization* (Brill, forthcoming).

〈第 5 部〉移行期正義の課題と対応

どれだけを求めるかを規定する条文とはなっていない。これらの条約における支援義務は，最善を尽くすことを求める努力規定といえる。

廃棄義務・除去義務の場合も，その支援義務の場合も，以上のような問題の実態，条約規定の文言及び義務の趣旨から明らかなように，履行確保の実効的な手段は，執行や制裁ではありえない。

III 非常設の履行確保手段——「締約国会合」および「検討会議」

二つの条約の第一の特徴は，非常設の手段を履行確保制度の中心に据えている点である。この特徴は，たとえば同様に特定兵器の使用・生産・貯蔵等を禁止する化学兵器禁止条約と比較すると，非常にはっきりする。化学兵器禁止条約は，常設の化学兵器禁止機関（OPCW，在オランダ）を設立している。条約締約国は自動的に OPCW の構成国となり（8条2項），OPCW の中には理事会・締約国会議[11]といった意思決定及び履行確保の役割を担う機関が組み込まれている（8条4項）。これに対して，対人地雷禁止条約及びクラスター弾条約では，締約国会合は存在するが，これに常設的な形を付与する OPCW にあたる国際機構はない。

このような非常設の履行確保制度の利点及び弱点は何か。

1 「締約国会合」および「検討会議」の制度及び機能

対人地雷禁止条約の締約国会合は，原則として1年に1度（11条2項）開催される。同会合は，条約の実施に関する幅広い問題を検討する権能を有する（11条1項）。本稿の検討対象である廃棄義務・除去義務および支援義務についていえば，特に条約の運用状況の検討，提出される報告[12]から生じる問題の検討，国際協力及び支援に関する検討，除去義務の延長申請の検討（各11条1項 (a), (b), (c), (f)）等が，重要な検討事項となりうる。次に，検討会議は，原則として5年に1度の開催を予定されており，条約の運用状況の検討，除去義務の延

---

[11] 化学兵器禁止条約では Conference of the States Parties という，対人地雷禁止条約・クラスター弾条約とは異なる名称が用いられているので，「締約国会議」を訳語として利用する。

[12] 対人地雷禁止条約は，締約国がとった措置に関する冒頭報告（7条1項）やその後の年次報告（7条2項）を，締約国に義務づけている。

長申請の検討のほか，条約の実施に関する最終報告を採択することも目的としている（各12条2項(a), (c), (d)）。以下に見るように，これらの事項について定期的な監督を行うことで，締約国会合および検討会議は，除去義務・廃棄義務及び支援義務の履行確保の効果を発揮するからである。

　クラスター弾条約においても，締約国会合は，貯蔵された兵器の廃棄義務およびクラスター弾残存物の除去義務の履行確保の効果を発揮する，幅広い問題を検討する権能を有する（11条1項）。特に条約の運用状況の一般的な検討，各国が義務の履行に関連して提出する報告の検討[13]，3条及び4条の義務に関する期限延長の申請の検討等が，これらの義務の監督という観点からは重要な検討事項である（11条1項(a), (b), (f)）。また，国際協力及び支援の検討も，条約の運用状況の一般的な検討とは別に検討事項に列挙されており（11条1項(c)），クラスター弾条約においても，締約国会合は支援義務に関しても，監督の役割を期待されていることがわかる。

　対人地雷禁止条約でもクラスター弾条約でも，締約国会合及び検討会議は常設の機関ではない。したがって，これらは，外部機関等と合意文書を取り交わせる機関とは考えられておらず，これらの条約では，外部機関等との合意文書は，締約国の集合体が取り交わすしかないことになる。実際に，対人地雷禁止条約において，後述する「ジュネーブ国際人道地雷除去センター（以下，GICHDまたはセンター）」との条約の実施支援部門の設置に関する合意文書は，対人地雷禁止条約の「締約国（複数）」とセンターとの間で交わされている[14]。

2　「締約国会合」および「検討会議」による履行確保の効果

　対人地雷禁止条約，クラスター弾条約のいずれの場合も，締約国会合および検討会議が，条約運用の全般的な監督により履行確保の機能を果たすことが期

---

[13]　クラスター弾条約は，締約国がとった措置に関する冒頭報告（7条1項）やその後の年次報告（7条2項）を求めている他，例外的に認められる委譲に関する報告（3条8項）等を，締約国に義務づけている。

[14]　Agreement between the States Parties to the Convention on the Prohibition of the Use, Stockpiling, Production and Transfer of Anti-Personnel Mines and on their Destruction and the Geneva International Centre for Humanitarian Demining (GICHD) on Implementation Support for the Convention（2001年11月7日署名，2011年9月6日改正）。「締約国」側を代表して物理的に署名をしたのは，それぞれ第3回締約国会合の議長，第10回締約国会合の議長である。

待されている。廃棄・除去義務及び支援義務に関して，締約国会合および検討会議は，(a)締約国全般に関わる一般的な履行促進，(b)個別国家に関する具体的事例の検討，の二種類によって，履行確保の効果を発揮する。

(1) 一般的な履行促進

履行確保の観点からすると，締約国会合および検討会議が有する第一の効果は，締約国全般に関わる事柄の一般的な履行促進，と表現できる。この効果は，二つの条約においてこれらの会合や会議が採択する「宣言」，条約の目的達成に向けた「行動計画」，それに向けた「進捗状況報告」等を通じて発揮される。宣言，行動計画，進捗状況報告等の文書は通常，会合や会議の「最終文書」に収録される。これらの文書が条約の義務の履行促進に資するといっても，これらは締約国を拘束する文書ではない。この点は，条約上その趣旨の規定がないことからも，また個々の文書の文言・趣旨からも，明らかである。つまり，これらの採択文書は，法的に拘束するという手段以外の手段で，締約国に働きかける点を特徴とする。

たとえば，クラスター弾条約の第1回締約国会合が採択した「ビエンチャン行動計画」は，各種の義務を負う締約国に対して，義務履行のための各種行動を提示し，その実行を促す内容となっているが，ここに示された各種行動は「法的な義務ではない」と明記されている[15]。「行動計画」は，締約国に対して「行動」を追加的義務として要請するものではなく，「締約国……による条約の実際の実施を補助し，それによって締約国による義務履行を支援する」ものである[16]。その手段として，当該行動計画は，「定められた期間内に達成されるべき段階別の措置，行動，目標」を「具体的かつ（達成度が）測定可能な」形で示している。したがって，当該行動計画は，主要な義務を定める規定の履行確保に向けた，実用的な解説書と位置づけることもできよう。

さらに，行動計画等の文書には，条文の具体化と実用的な解説以外の機能も期待できる。その一つは，文書が公開であることから生じる効果である。たとえば，締約国会合あるいは検討会議において採択され公になる文書で，具体的な国名をとりあげ議論することには，法的拘束力とはまったく無関係に，プラ

---

[15] CCM/MSP/2010/5, Annex II, "Vientiane Action Plan", para. 2 (12 Nov. 2010).
[16] *Ibid.*

スまたはマイナスの圧力を生じさせる効果があろう。たとえばクラスター弾条約の第2回締約国会合において採択された「ベイルート進捗状況報告」には，6条の国際協力及び支援の義務を果たしたドナー国のリストが含まれる[17]。もちろんこの情報自体は，ドナー国が非公開にする種類の情報でもなく，実際に数日に渡って行われる会合での各国自身の発言を確認することで入手できる情報ではある。その意味では情報の公開自体は「ベイルート進捗状況報告」に固有の意義ではない。他方で，情報の形式・性質という点では，進捗状況報告が介在することにより，情報は一瞥できる形式に変換され，かつ各国の一方的な宣言であった断片的な情報は，締約国全体が認めた公式の情報に変換されたことになる。さらに，締約国会合によるこの情報の確認は，6条の国際協力及び支援の義務の「提供できる立場にある締約国」による実施を，締約国総体が極めて重視していることを示すものでもある。同様の効果は，対人地雷禁止条約の2004年及び2009年の検討会議が採択した文書にもみられる[18]。

　締約国会合や検討会議で採択される文書のこのような効果は，公開性によりもたらされる。そうであれば，これらの履行確保の場が非常設の場であることには，なんらデメリットはない。また採択文書についても，法的拘束力の有無よりも，公開・非公開や入手の簡便性・困難さといった側面が重要であるということになる。

(2) 個別事例の検討を通じた履行促進

　このように，締約国会合および検討会議の一つの効果は，廃棄や除去の義務を負う締約国に，義務の不履行を放置しにくい状況を作り出す点にある。また，国際協力及び援助の義務の潜在的な名宛国についても，協力・援助をしない態度を，説明なしに維持しにくい状況を作り出す効果を有する。履行確保として作用するこれらの効果は，締約国会合および検討会議における個別の事例検討においてさらに強力に発揮される。

　対人地雷禁止条約では，2008年の第9回締約国会合において，15カ国による除去義務の延長申請が検討された[19]。除去義務の履行確保という観点から重

---

[17] CCM/MSP/2011/5, Annex I, "Beirut Progress Report: Monitoring Progress in Implementing the Vientiane Action Plan from the First up to the Second Meeting of States Parties", footnote 61 (16 Sept. 2011).

[18] APLC/CONF/2009/WP. 2/Add. 1, Annex Ⅷ (18 Dec. 2009).

要なのは，この過程を経ることによって「これまでのどの時点で準備された実施状況に関する情報よりも，包括的な情報」が明らかになったこと，また除去義務を負う締約国自体の地雷除去計画への関心や国際的な関心を高めるよう作用したことである[20]。除去義務の履行確保という観点から，さらに注目される点は，締約国会合の決定にいたる作業の中で，申請を行った締約国による追加的な望ましい措置が明らかにされて，かつ締約国会合によって，それらの措置の示唆がなされる点である[21]。申請ごとの個別の検討において，義務履行の遅延の状況の検討とともに，延長申請にいたったやむをえない事情の有無，申請されている延長年数の適切さ，国際協力を得るために必要な行動等が検討される。たとえばモザンビークの申請の検討の結果，2014年3月までの延長を全会一致で認める一方で，締約国会議は，以下の表現で延長期間中の計画の改善を示唆している。「モザンビークの地雷除去計画の改訂によって延長期間の全体を計画に取り入れ，かつジンバブエとの国境に沿って存在する地雷敷設地域に対処する計画の情報を含めれば，さらなる［除去計画の］明瞭性が得られることにも，留意した[22]。」また，認められた新たな期限までにモザンビークが除去義務を履行することは，「モザンビークに対するドナーの支援の低下傾向を上向きにできるか否かに依存している」点も示されている[23]。

　形式上，前者はモザンビークに対して行動を要請するものではない。また締約国会合の二つの留意点は独立のものであって前者が支援を得るための要件とされているわけでもない。しかしモザンビークにすれば，指摘されている点にまったく対応しないまま支援だけを求めることは，実際には難しい。事実，モザンビークは次の第10回締約国会合において，2009年末までにジンバブエとの国境地帯の調査を完了し，当該国境地帯の地雷敷設地域22カ所を特定したと，報告している[24]。

---

(19) 条約発効時からの締約国にとっては，2009年が除去義務の期限であったため，この年の締約国会合に申請が集中したものである。第9回締約国会合による検討の結果，15件すべてにおいて延長が認められている（内14件は全会一致で了承）。
(20) 第2回検討会議による評価を参照せよ。APLC/CONF/2009/9, Final Report, Part II, para. 77 (17 June 2010).
(21) 審査・検討の手続は APLC/CONF/2009/7 (29 Nov. 2009) を参照せよ。
(22) APLC/MSP. 9/2008/4, Final Report, para. 26 (28 Nov. 2008).
(23) APLC/MSP. 9/2008/WP. 10 (17 Oct. 2008).
(24) APLC/MSP. 10/2010/WP. 8, Annex II (16 Dec. 2010).

〔林　美香〕*17* クラスター弾条約及び対人地雷禁止条約における除去・廃棄義務とその支援義務

　除去の支援義務の履行確保という観点からは，第二の留意点の表明も重要である。第二の留意点も，それ自体は，支援の低下傾向という事実と，その傾向が継続すれば新たな期限までにモザンビークは義務を履行できないという予測を述べたものに過ぎない。その一文はモザンビーク以外の締約国に対してなんらかの行動を要請するものでもない。それでも，モザンビークによる除去義務の履行とこれに対する支援の，明確な関係が，締約国会合によって了承されることの実際上の意味は，他の締約国にとって大きいものである。たとえば新しく設定された2014年3月の期限までに，モザンビークによる廃棄義務の履行ができなかったと仮定しよう[25]。その場合，2011年の時点での上記予測にもかかわらず何の支援も提供してこなかった締約国は，モザンビークの不履行を非難しにくいと思われる。

(3) 「非常設」の履行確保手段の評価

　除去義務及びその支援義務の履行確保に，締約国会合が発揮する効果は大きい。これらの例では，履行確保手段が常設・非常設であるか，国際機構という体裁をとるかどうかと，このような効果の有無は，まったく無関係といえる。また，履行確保に関連して締約国会合に果たせない機能は，別の主体によって円滑に果たされている。Ⅲ 1で言及した，外部機関との合意文書締結はその好例であり，締約国会合という非常設の集合体による履行確保手段に起因するデメリットはまったく見られない。

　非常設の履行確保手段に弱点があるとすれば，効果的な履行確保にとって重要となりえる恒常的・継続的な監視という体制を提供できない点である。物理的な強制力や法的な拘束力を用いない履行確保手段とは，結局のところ「議論と説得の継続的な諸過程」で成り立っており[26]，それが，最終的に自発的な履行を国家にとらせる効果を有する。この効果のためには，締約国が利用しやすい，恒常的で継続的な議論と説得の場が提供されていることが，重要でありうる。年に数日間だけの会期しか持たない会合という非常設の履行確保手段は，この点において，弱い。これを補う措置として，対人地雷禁止条約及びクラス

---

[25] 再度の延長申請については5条6項を参照せよ。
[26] J. Brunnée, "Compliance Control", in G. Ulfstein et al. (eds.), *Making Treaties Work: Human Rights, Environment and Arms Control* 373-390 (2007), at 373. 斜体による強調は本稿筆者による。

〈第5部〉移行期正義の課題と対応

ター弾条約が採用するのが，Ⅳの検討対象となる非公式会合である。

Ⅳ 非公式の履行確保手段
──「会合間作業プログラム」及び「会合間会合」

　対人地雷禁止条約およびクラスター弾条約において，締約国会合および検討会議の次に特徴的な履行確保の手段として，非公式の「会合間作業プログラム」あるいは「会合間会合」がある。この特徴は，たとえばこれらの条約と同様に，地雷や戦争爆発性残存物の規制に関わる議定書を有する特定通常兵器使用禁止制限条約（以下，CCW）と比較すると，非常にはっきりする。CCW も，締約国会合・検討会議を開催してその運用状況を確認する。この点では，対人地雷禁止条約やクラスター弾条約と同じである。つまり，非常設の履行確保制度を有する条約である。しかし CCW では，これらの会合の合間を縫って開催される「政府間専門家会合」も，公式・非公式という区別では，公式色のきわめて強い会合（ただし原則として非公開）である。たとえば CCW の政府間専門家会合の記録には CCW の正規の文書番号が付され，会合の議事録が作成される。検討会議の準備のための政府間専門家会合には，公式にもその検討会議の「準備会合」という名称が付される[27]。これに対して，対人地雷禁止条約及びクラスター弾条約で締約国会合・検討会議の合間を縫って開催される会合では，ほとんどの場合会合議事録の作成や文書番号を付された文書の採択は行われない。これらは公開の会合ではあるが，明示的に非公式の会合として位置づけられており，かつ非公式であることが締約国によって重視されている点を特徴とする。
　このような非公式の履行確保手段の利点及び弱点は何か。

1 「会合間作業プログラム」及び「会合間会合」の概要及び機能
　対人地雷禁止条約の「会合間作業プログラム」は条約上に根拠を有するものではなく，非公式のものと位置づけられている。この点，条約上の公式の文書を採択したり決定を行ったりする締約国会合とは，形式上の位置づけが大きく異なる。また毎回異なる開催国で実施される締約国会合には，地雷被害国での開催等[28]の，政治的・広報的な意味合いもあるのに対して，「会合間作業プロ

---

[27] 例えば第1回検討会議に向けた「CCW 検討会議の準備のための政府専門家会合」設置について，CCW/CONF.I/8/Rev. 1, para. 3; CCW/CONF. I/16 (Part I) を参照せよ。

グラム」にはそのような役割はなく，毎回ジュネーブで開催される[29]。同じ傾向は，2010年に発効したクラスター弾条約においても，現在まで明確である[30]。

対人地雷禁止条約においては，1999年の第一回締約国会合において，「会合間作業プログラム」として，5つの常設委員会が設置された[31]。第二回締約国会合で，これらの委員会間の調整を目的とする，調整委員会も設立されており，調整委員会ではその年の締約国会合議長が議長役を務める[32]。その後，議論すべきテーマの変遷や重要性に応じた再編・調整を経て，現在は，条約の一般的な地位・運用に関する常設委員会，貯蔵地雷廃棄に関する常設委員会，地雷除去に関する常設委員会，犠牲者支援及び社会的経済的社会復帰に関する常設委員会，そして2011年に新設された資源・協力・支援に関する常設委員会が活動している。同様に，クラスター弾条約でも第1回締約国会合において，「実質的な諸問題のテーマ別議論を行うため」の「会合間会合」の開催が決定され，2011年6月に第1回「会合間会合」が開催された[33]。その成果に鑑みて，第2回締約国会合で，第2回「会合間会合」開催とその継続が決定されている[34]。

対人地雷禁止条約の「会合間作業プログラム」も，また第1回「会合間会合」を開催したクラスター弾条約においても，これらの非公式会合は，直後の締約国会合や検討会議の重点検討事項，方針，各種決定を醸成する場として機能している。この点で「会合間作業プログラム」や「会合間会合」は，他の条約であれば準備会合と呼ばれることの多い公式会合と似通った役割も担っている。

2 「会合間作業プログラム」及び「会合間会合」による履行確保の効果
(1) 締約国会合・検討会議の補完

履行確保の観点から「会合間作業プログラム」及び「会合間会合」が有する第一の効果は，締約国会合及び検討会議が提供する非常設の履行確保手段を，

---

[28] モザンビーク（第1回締約国会合），カンボジア（第11回締約国会合）等。
[29] 条約事務局をもたない対人地雷禁止条約において，「会合間作業プログラム」を実際に組織する役割を担っているのは，ジュネーブにあるNGO「ジュネーブ国際人道地雷除去センター（GICHD）」である。同センターについてはVを参照せよ。
[30] ベトナム（第1回締約国会合），レバノン（第2回締約国会合）等。
[31] APLC/MSP. 1/1999/1, Final Report, para. 25 (20 May 1999).
[32] APLC/MSP. 2/2000/1, Final Report, para. 29 (19 Sept. 2000).
[33] CCM/MSP/2010/5, para. 22 (30 Jan. 2010).
[34] CCM/MSP/2011/5, para. 27 (16 Sept. 2011).

〈第5部〉移行期正義の課題と対応

実態において常設に近づけ、それによって、これらの公式会合で採択される決定や指針の実施に貢献する点にある。たとえばⅢ2(1)で検討した、締約国全般に関わる事柄の一般的な履行促進に関して、検討会議で（クラスター弾条約では締約国会合で）採択されてきた「行動計画」は、同計画の実施を監督する体制をそれ自体としては創設していない。原則として5年に一度の検討会議や1年に一度の締約国会合は、それぞれの数日間の会期以外には存在しない。したがって、公式の会合や会議の会期以外の長期間、「行動計画」で推奨される行動の実施は完全に締約国の自発的実施に任されている。条約の義務と比較すると、「行動計画」は法的拘束力がない文書であるだけに、この課題はなおのこと重要性を帯びる。「会合間作業プログラム」及び「会合間会合」がこれらの条約の履行確保の過程で発揮する重要な効果の一つは、履行確保のために採択される決定や指針に関する監督の不在期間を実態において短くし、監督を恒常的・継続的なものに近づける点である。

非常設の履行確保手段の補完という効果は、締約国会合や検討会議の機能として、Ⅲ2(2)で検討した、個別事例の検討の場合も、同じである。非公式の意見交換の場である「会合間作業プログラム」が、公式の意見交換を頻度の上で補完する形で設置され、実態上の継続性を創出している[35]。その結果、Ⅲ2で検討したモザンビークをはじめとする、対人地雷禁止条約の除去義務延長を認められたすべての事例について、実態上、常に監督し再検討できる状態を作り出している[36]。

(2) 廃棄・除去義務と支援義務の履行の、実際上の一致の確保

履行確保の観点から、「会合間作業プログラム」及び「会合間会合」が有する実際的な効果は、これらの会合が「地雷所在地国とその他の国家が、経験を共有し知見を得、そして条約実施に向けた努力をさらに向上させる場 (forum)[37]」であることと関係する。除去義務及び廃棄義務を負う締約国が義務

---

[35] 締約国によるこの点の評価として、たとえば第2回検討会議による APLC/CONF/2009/WP.2, para. 220 (18 Dec. 2009) を参照せよ。

[36] Ⅲ2で検討したモザンビークの除去義務の期限延長後の最初の「会合間作業プログラム」で、モザンビークは延長時に指摘された諸課題へのその後の対応について報告している。Statement by Mozambique during the discussions in the Standing Committee on Mine Clearance in the Intersessional Work Program (22-23 June 2010).

[37] 対人地雷禁止条約の第4回締約国会合による、「会合間作業プログラム」に関する評価

履行のために必要とする技術・手法の性質や財源の規模は，これらの兵器の貯蔵状況や敷設等状況によって大きく異なる。したがって，効果的な義務履行のためには，提供される支援と除去・廃棄を行う締約国のニーズの合致が，非常に重要な課題となる。実際に，この点が合致しないと，締約国会合や検討会議が呼びかける支援継続や支援強化の呼びかけに呼応する支援が提供されていても，提供を受ける締約国の偏り等の事情で，一定の締約国については「支援が不十分」という状況が発生しうる[38]。また，ニーズを合致させるための情報交換が滞ることでドナー国の支援が現場で生かされず，支援を受ける締約国の協力姿勢が疑問視されることにもなりかねない[39]。「会合間作業プログラム」及び「会合間会合」は，このような支援とニーズの合致を確保するという実際上の課題に応えることに，大きく貢献している。

　クラスター弾条約において，廃棄・除去義務と支援義務の履行の，実際上の一致の確保は，重要な課題である。第1回締約国会合が採択した「ビエンチャン行動計画」は，国際協力と支援に関する「行動」の筆頭に，そのための，廃棄・除去義務を負う締約国による行動を掲げている。すなわち，廃棄・除去義務を負う締約国に対して，これらの義務履行のための包括的な計画の提示，そのためにすでに確保してある財源等の資源の特定，及び，義務履行に必要な協力・支援のニーズの特定を促している[40]。行動計画を意味あるものとするためには，この情報提供が実際にあり，かつそれを受けて，支援を提供する立場にある締約国が，支援の規模や内容を検討し決定するための機会と過程が必要である。これを提供したのが，2011年の第1回会合間会合であり[41]，第2回会合

　を引用した。APLC/MSP. 4/2002/1, Final Report, Part Ⅱ, para. 13 (16-20 Sept. 2002).

[38]　対人地雷禁止条約の第2回検討会議ではこの点が明示的に指摘されている。APLC/CONF/2009/9, Final Report, para. 170 (17 June 2010). Statement by Zambia in the Special Session on International Cooperation and Assistance during the Intersessional Work Program (25 June 2010) 等も参照せよ。

[39]　N. van Woudenberg and W. Wormgoor, "The Cluster Munitions Convention: Around the World in One Year", *Yearbook of International Humanitarian Law* Vol. 11, 391-404 (2008), at 400.

[40]　CCM/MSP/2010/5, Annex Ⅱ, "Vientiane Action Plan", Action #33 (12 Nov. 2010).

[41]　同会合でのドナー国や NGO による発言を参照せよ。Statement by Australia in the Intersessional Meeting (29 June 2011); Statement by the ICRC in the Intersessional Meeting (29 June 2011).

〈第5部〉移行期正義の課題と対応

間会合以降も，同会合が同じように利用されることが期待されている[42]。

対人地雷禁止条約における「会合間作業プログラム」では，プログラム設置当初から，廃棄・除去義務の履行に関する議論が継続的に行われている。さらに，2010年の「会合間作業プログラム」では，国際協力及び支援に関する特別会合が開催された[43]。この特別会合で，たとえばカンボジアは，自国の地雷除去計画の進捗状況を詳細に説明し，計画の未達成部分の達成にとって必要な支援の規模と種類を特定し，また年間計画達成のために必要な予算も算定して示した[44]。このように個別事例に関する情報提供の機会，及び支援を提供できる立場にある締約国による情報への反応の機会を十分に設けることで，会合間作業プログラムは，廃棄・除去義務と支援義務の履行の，実際上の一致の確保に大きく貢献している。

(3) 「非公式」の履行確保手段の評価

以上のような非公式の履行確保手段を評価するにあたって，対人地雷禁止条約において見逃してはならない点は，「会合間作業プログラム」の非公式性を締約国自身が重要な利点と認識している点である。「会合間作業プログラム」が非公式に運用されていることは，プログラムを立ち上げた当初から評価されていた[45]。2010年の第10回締約国会合に提出された「会合間作業プログラム」に関する評価・検討においても，その成功に中核的な役割を果たした8つの原則の中に，「非公式性」があげられており[46]，今後もこれらの原則を維持する

---

[42] CCM/MSP/2010/5, Annex Ⅱ, "Vientiane Action Plan", Action #19 (12 Nov. 2010).

[43] 対人地雷禁止条約では，2010年のこの特別会合の成功もあって，「会合間作業プログラム」が特に支援義務のあり方に対して発揮する効果が，明確に認識されるに至った。その結果，第2回検討会議の決定に従って行われた「会合間作業プログラム」自体に関する評価・検討では，「条約義務の実施国およびその他の締約国……による，条約実施のための適切なレベルの人的，技術的，財政的な支援を確保すること」「各種資源の有効かつ効率的な利用」について，意見交換の場として，協力・支援に関する常設委員会を新設することが勧告され，(APLC/MSP. 10/2010/5, Review of the Intersessional Work Programme presented by the President of the Second Review Conference on behalf of the Coordinating Committee, Recommendation #2 (24 Nov. 2010))，同委員会は2011年6月の「会合間作業プログラム」から活動を開始した。

[44] Statement by Cambodia in the Special Session on International Cooperation and Assistance during the Intersessional Work Program (25 June 2010).

[45] たとえばAPLC/MSP. 4/2002/1, Final Report, Part I, para. 30 (16-20 Sept. 2002).

ことが勧告されている。また非公式であることは，対人地雷禁止条約の「会合間作業プログラム」において同様に重要な原則とされている「パートナーシップ」「包摂性（参加型）」等の原則とも，相乗効果を発揮していると思われる。

　非公式であることの実務的な効果は，テーマ別検討における柔軟な発言方式や柔軟な時間配分である。これによって，除去・廃棄義務や支援義務に関する情報を有する締約国が，情報提供の十分な時間を与えられる。非公式ゆえの柔軟性による，実質の議論の確保は，対人地雷禁止条約やクラスター弾条約における廃棄・除去の義務の履行確保にとって，不可欠といってもよい。これらの条約では，廃棄・除去の義務の期限内の履行の確保が，条約上の優先的な課題であるという共通認識は既に存在している。また廃棄・除去の義務を負う締約国及びこれを支援する締約国に，総じてこの目標に向けた政治的意思があることも，確認できる。したがって，政治的意思を鼓舞しあるいは広報するための公式会合等で，国家元首や閣僚級の政治家による政治的・儀式的な発言が発言時間のすべてを占める会合——たとえばニューヨークで毎年開催される国連総会——を増やすことは，これらの履行確保のために資するとはいえない。必要なのは，実務レベルの議論を含む履行確保の議論である。Ⅳ 2(2)で検討した，「会合間作業プログラム」や「会合間会合」の効果は，まさに非公式会合においてより容易に実現できる，実質の議論の時間の確保によって生み出される効果である。特に 2011 年 6 月までに 17 回の「会合間作業プログラム」を開催した対人地雷禁止条約においては，非公式ではあっても，「会合間作業プログラム」の頻繁な会合こそが履行確保制度の実質的な中核にあると，評価されている[47]。

---

[46]　APLC/MSP.10/2010/WP. 8, "Achieving the Aims of the Cartagena Action Plan: The Geneva Progress Report 2009-2010", paras. 134-135（24 Nov. 2010）.

[47]　K. Lawand, "The Convention on the Prohibition of the Use, Stockpiling, Production and Transfer of Anti-Personnel Mines and on their Destruction（Ottawa Convention）", in G. Ulfstein et al.（eds.）, *Making Treaties Work* 324-47（2007）, *supra* note (26), at 333; S. Goose et al., "Banning Landmines and Beyond", in J. Williams et al.（eds.）, *Banning Landmines: Disarmament, Citizen Diplomacy and Human Security* 1-14（Rowman & Littlefield, 2008）, at 6-8.

〈第 5 部〉移行期正義の課題と対応

V　非政府間組織を利用した履行確保──「実施支援部門」

　もう一つ履行確保に関連して，対人地雷禁止条約およびクラスター弾条約が採用した特徴的な手段として，NGO の提供する「実施支援部門」がある。この特徴は，たとえば条約の実施支援を国際機構にゆだねる条約と比較すると，非常にはっきりする。たとえば環境分野の条約には，条約の実施支援の業務のために，事務局という名称の国際機構を設置する例が見られる（南極条約，気候変動条約など）。また前出の特定通常兵器使用禁止制限条約は，国連軍縮部・ジュネーブ支部を実施支援部門として利用している。これに対して，対人地雷禁止条約では，ジュネーブにある NGO との合意により，この NGO に「実施支援部門」を委ねている。クラスター弾条約においても，同じ NGO に「実施支援部門」を提供させるという方針が 2011 年に採択されたところである。

1　「実施支援部門」の概要及び機能

　対人地雷禁止条約では，第 3 回締約国会合において，条約の実施を補助する「実施支援部門」（以下，ISU）の設置を決定した[48]。国際機構との対比でのこの実施支援部門の特徴は，NGO である「ジュネーブ国際人道地雷除去センター（以下，センターまたは GICHD）」に，実施支援部門の提供を要請する形で，具体化された点にある。条約実施のための国際機構や条約事務局という選択肢がとられなかった主要な理由は，財政的なものであったとされる[49]。対人地雷禁止条約では，実施支援部門は「会合間作業プログラム」の常設委員会及び調整委員会に対する補佐・助言を行うとともに，「締約国・ICBL・ICRC・国連及びその他の国際機構との連携・相互関係」を支援すること等を任務としていた[50]。

---

[48]　APLC/MSP. 3/2001/1, Final Report, para. 33（10 Jan. 2002）. 同最終文書 Annex II に収録された "President's Paper on the Establishment of an Implementation Support Unit" も参照せよ。

[49]　K. Brinkert, "An Emphasis on Action: The Mine Ban Treaty's Implementation Mechanisms", in J. Williams et al. (eds.), *Banning Landmines* 87-104（2008）, *supra* note [47], at 98.

[50]　APLC/MSP. 3/2001/1, Final Report, Annex II, p. 17（10 Jan. 2002）. 2010 年には，ISU の締約国に対する責任をさらに明確にするため，Directive by the States Parties to the Implementation Support Unit が採択されている（APLC/MSP. 10/2010/3（24 Nov. 2010））。

さらに実施支援部門は，5条の除去義務を負う締約国の求めに応じた具体的な助言や，7条の報告作成の義務履行の際の締約国の求めに応じた助言等，履行確保に関する重要な任務に幅広くあたっている[51]。また，対人地雷禁止条約に関する資料センターの設立と維持等，広報にあたる活動も担当している。対人地雷禁止条約の実施支援部門の活動資金については，2001年より「実施支援部門任意信託基金」が設置されており，第1回検討会議までに20カ国が基金に対する自発的な拠出を行っている[52]。ただし第2回検討会議では，任意拠出が「予想を下回った」ことが報告され，2008年以降，実施支援部門が赤字であることが確認されている[53]。

センター自体は，以下の組織を有するスイスのNGOである。所長はスイス外務省の出身者である。組織は，「プログラム」という名称の5つの部門から構成されるが，対人地雷禁止条約の実施支援部門としての任務を遂行する部署が，これらの部門とは独立に，設置されている。センターの活動全体を監督する内部機関は，理事会（Council）である。センターの設立文書によれば，理事会の理事は少なくとも10名であり，スイス政府は2名を上限として理事を任命できる。その他の理事は各国政府の推薦を得た上で，地理的配分にも考慮しながら，理事会で選挙する。現在の理事会には24名の理事と1名の国連オブザーバーがいる。

クラスター弾条約の締約国会合においても，同センターに実施支援部門を依頼する方針が採択されたところである[54]。実施支援部門の設置は，この条約においても，「特に除去，廃棄……における時間的な要素を含む，条約上の義務の実施およびビエンチャン行動計画の約束の履行」を推進するものと期待されている[55]。

2　GICHD（NGO）を利用した履行確保の評価

本稿の関心からは，このように国際機構ではなくNGOに条約の実施支援を

---

[51] 詳細については，ISU自身が締約国会合に提出する報告も参照せよ。一番最近のものとして，APLC/MSP.10/2010/4.
[52] APLC/CONF/2004/5, Final Report, para. 135（9 Feb. 2005）.
[53] APLC/CONF/2009/9, Final Report, Part V（17 June 2010）.
[54] CCM/MSP/2011/5, Final Document, para. 29（16 Sept. 2011）.
[55] CCM/MSP/2011/5, Annex I, "2011 Beirut Declaration", para. 9（16 Sept. 2011）.

〈第5部〉移行期正義の課題と対応

委託することには，財政的な節約[56]以外にも履行確保の観点から意義が見出されるか，あるいはデメリットがあるかが，問題となる。

対人地雷禁止条約のように，条約の外にある NGO に条約の実施支援部門を運営させる場合，理論的には当該NGO の中立性，独立性の問題が指摘できなくはない[57]。すなわち，センターとその所在地国との関係の強さや，センターと条約の非締約国との関係の強さによっては，実施支援部門の活動に対して，一定の締約国あるいは非締約国が，特殊な影響力を行使できるという問題である。

しかし，センターとスイス政府の関係については，理事会の構成一つをとっても，所在国スイスとの特殊な関係が前提とされており，この点がセンターの設立文書上も明文化されている[58]。したがって，対人地雷禁止条約の締約国は，センターとスイスとの特殊な関係を十分に承知した上で，同センターに実施支援部門の提供を要請したと考えるのが自然である。また，条約の実施支援を国際機構に任せる場合と比較すると，NGO の個々の職員が NGO 所在国の不当な介入や圧力を受けずに任務を遂行できるという意味での，職員の独立性も問題となりうる。しかし，この点についても，センターとスイス政府との協定[59]によって，GICHD の職員に対して，国際機構の職員と類似の免除が付与されていて，国際機構の職員の場合と比較して問題はないと考えられる。すなわち，GICHD の職員は，職務の遂行にあたって行った，「口頭および書面での表現を含む行為についての訴訟からの免除」を有しており，この免除は職務の終了後も継続する（協定7条1項a）。さらに，センターの書類および文書にも保管場所を問わず不可侵が約束されている（協定5条）。したがって，所在国からの職員の独立性の点でも，国際機構の場合と比較して問題はないと思われる。実際にもそのような問題は，GICHD の外部評価[60]や対人地雷禁止条約における 2010

---

[56] V 1 で述べたように対人地雷禁止条約の ISU は各国の自発的拠出によって運営されているが，センターの既存の各種インフラを利用していることもあって，多国間条約の他の事務局と比較すると節約となっている。Lawand, *supra* note 47, at 334.

[57] Brinkert, *supra* note (49), at 99.

[58] V 1 を参照せよ。

[59] Accord entre le Centre International de Déminage Humanitaire-Genève et le Conseil fédéral suisse relatif au statut du Centre en Suisse（25 février 2003）.

[60] 一番最近の外部評価として A General Evaluation of the Geneva International Centre for Humanitarian Demining（GICHD）2010（Conducted by David Hewitson and

622

年のISU評価作業[61]では、まったく提起されていない。

次に、センターの活動全体を監督する理事会の構成員に、対人地雷禁止条約の非締約国政府の被推薦者が含まれることが、理論的には問題となりうる。つまり、同条約の実施支援部門としての活動に対して、非締約国が影響力を行使できるのではないかという問題である[62]。この指摘も、確かに条約独自の事務局や国際機構を設置する場合には発生しない問題点の指摘といえる。センターの現在の24名の理事はジュネーブ駐在の各国の大使であり、その中には、確かにアメリカ等の対人地雷禁止条約の非締約国の大使も含まれている。しかし、前出のGICHDの外部評価や対人地雷禁止条約におけるISU評価作業では、この種の問題提起はされておらず[63]、実際に問題になった形跡は、現在のところない。

以上より、NGOによる実施支援部門の提供には、条約事務局や国際機構による条約実施支援と比べて、何ら機能的なデメリットは見いだされない。実際にも、対人地雷禁止条約の締約国は、実施支援部門の提供してきた機能に全体として満足している[64]。上述のISU評価作業でも、条約の実施支援部門をセンターから切り離す選択肢も含む5つの選択肢を検討したが、同評価作業は結論として、センターによるISU提供という現行の形式の継続を勧告している[65]。現在、締約国によって、実施支援部門の課題とされている点は、機能面ではなく、その財政面である[66]。予算が100％任意拠出でまかなわれていること

  Arianna Calza Bini, 22 June 2010).
(61) ISU評価作業は、対人地雷禁止条約の第2回検討会議の決定にしたがって行われ、第10回締約国会合にその結果が提出された。APLC/MSP.10/2010/3（24 Nov. 2010）。
(62) Brinkert, *supra* note (49), at 99.
(63) See *supra* notes (60) and (61).
(64) 実施支援部門を設置して以降の締約国会合、すなわち第4回締約国会合以降、締約国会合及び検討会議において、センターから提出される活動報告が検討されており、その機能に対して満足の意が表されてきた。実施支援部門の設立後の時期の評価として、APLC/MSP. 4/2002/1, Annex Ⅶ（27 Sept. 2002）を参照せよ。最近の評価としては第2回検討会議及び第10回締約国会合の各最終文書（APLC/CONF/2009/9; APLC/MSP. 10/2010/WP. 8）における評価を参照せよ。
(65) APLC/MSP. 10/2010/3, "ISU Task Force: Final Report and Recommendations", para. 6（24 Nov. 2010）.
(66) APLC/MSP. 10/2010/3, "ISU Task Force: Final Report and Recommendations", paras. 7-9（24 Nov. 2010）.

に起因する,Ⅴ1で言及した収入面の不確実性の問題である。多くの条約事務局や国際機構との比較においても,唯一弱点と思われるのは,実施支援部門のこの財政構造である。ただし,100％任意拠出を財源とするという財政構造は,NGOによる実施支援部門に不可欠かつ変更不可能な構造ではない。NGOによる実施支援部門という形を維持しつつ財政構造に変更を加えることは,関係当事者の合意があれば十分に可能であり[67],克服可能な現状の課題と評価される。

Ⅵ 結　論

対人地雷禁止条約及びクラスター弾条約において,managerial approach を必要とする義務の履行確保手段について検討した。これらの条約が,廃棄・除去義務やこれに対する支援義務の履行確保のために有する手段の特徴は,非常設・非公式・非政府間組織(NGO)といった点にあった。

第一に,検討対象となった義務の履行確保の観点からは,これらの形式は,そうでない場合と比べて,機能的に致命的なデメリットを伴うものではなかった(Ⅲ2,Ⅴ2)。第二に,検討対象となった義務の履行確保をmanagerial approach として理解する視座からは,その効果をもたらす説得や圧力を継続的に生み出すことのできる恒常的な議論の場の存在が,重要でありえる。この点では,非常設の履行確保手段には限界があり,非常設の制度を実態において常設に近づける工夫が必要であり,2つの条約においては,非公式会合の実施がこの役割を担っている。そして,公式の締約国会合や検討会議と,非公式の各種会合との双方が,条約内で採択される指針や決定を,無視しにくい状態を作り出す効果を創出している(Ⅲ2,Ⅳ2)。第三に,managerial approach が必要である理由の一つとして頻繁にあげられる,意図的な違反でない「財政的・技術的原因」による違反[68]への対処においては,特に非公式の履行確保手段が力を発揮している。貯蔵する兵器の廃棄義務やクラスター弾残存物・埋設された地雷の除去義務と,その支援義務の効果的な履行確保のためには,援助を受ける締約国側のニーズを勘案した実務レベルでの検討を含む議論が必要で

---

[67] ISU評価作業でも,その作業を受けた第10回締約国会合でも,実際にそのように考えられている(APLC/MSP. 10/2010/3, "ISU Task Force: Final Report and Recommendations"; APLC/MSP. 10/2010/WP. 8)。

[68] Chayes and Chayes, *The New Sovereignty, supra* note (3), at 13-15.

〔林　美香〕 *17* クラスター弾条約及び対人地雷禁止条約における除去・廃棄義務とその支援義務

ある。そのため，いろいろな意味で硬直的な公式会合では確保しにくい，技術的で実質的な議論を可能にする場を提供できる，非公式の会合の設置は，いずれの条約のおいても，重要な役割を果たしている（Ⅳ 2）。

〔付記〕2011 年 12 月 26 日脱稿。2011 年 11 月 – 12 月にかけて行われた，対人地雷禁止条約第 11 回締約国会合については，採択文書等を入手できる状態になかったため，分析対象には含まれていない。

第6部
課題に挑む国際機構

18 国際機構の免除と国際公務員の身分保障
――欧州人権裁判所 Waite & Kennedy 判決が及ぼした影響――

黒 神 直 純

I はじめに
II Waite & Kennedy 事件――国際機構の裁判権免除と「公正な裁判を受ける権利」
III Waite & Kennedy 判決後の展開
IV おわりに

I はじめに

今日，国際協力を担う国際機構は，19世紀後半に萌芽を見せ，20世紀に飛躍を遂げた[1]。国際機構は国際社会において法的行為を営む。1949年の損害賠償事件[2]において国際連合（以下，国連）が損害賠償請求権を認められたことを契機として，国際機構は一般に国際法人格を認められてきた[3]。国際法人格を有する国際機構は，しばしば特定の国家の領域において活動を行う。そこで国際機構が与えられた任務を遂行するためには，従来から特権免除が認められてきた[4]。

---

(1) 金東勲・芹田健太郎・藤田久一『ホーンブック国際法〔再改訂版〕』（北樹出版，1998年）113-114頁。
(2) ICJ Reports (1949), pp. 174-189.
(3) 小寺彰「『国際組織の誕生』――諸国家体系との相剋」柳原正治編『国際社会の組織化と法』内田久司先生古稀記念論文集（信山社，1996年）15-18頁。
(4) 国際機構の免除に関する研究は多数あるが，さしあたり一般的なものとして以下参照。J.-F. Lalive, "L'immunité de jurisdiction et d'éxecution des États et organisations internationales," *R.C.A.D.I.*, Tome 84 (1953-III), pp. 205-396; C. W. Jenks, *International Immunities* (Stevens & Sons, 1961); D. B. Michaels, *International Privileges and Immunities* (Nijhoff, 1971); F. Schröer, "De l'application de l'immunité juridictionnelle des États étrangers aux organisations internationales," *R.G.D.I.P.*, Tome 75 (1971), pp. 712-741; C. Dominicé, "L'immunité de jurisdiction et d'éxécution des organisations internationales," *R.C.A.D.I.*, Tome 187 (1984-IV), pp. 145-238; J. Duffar, *Contribution*

〈第6部〉課題に挑む国際機構

　国際機構の特権免除の法的根拠としては，一般に，設立文書，多数国間条約および本部協定[5]が挙げられる。国連の例でいうと，国連憲章105条1項は，「この機構は，その目的の達成に必要な特権及び免除を各加盟国の領域において享有する」として，国連自体の特権免除を認めるとともに，同2項で，「これと同様に，国際連合加盟国の代表者及びこの機構の職員は，この機構に関連する自己の任務を独立に遂行するために必要な特権及び免除を享有する」と定め，加盟国の代表や国連職員にもそれを認めている。これを受けて締結された「国連の特権及び免除に関する条約」（1946年9月17日発効。ただし，国連自体は条約の当事者ではない）では，具体的に，国連自体に対して，国連財産および資産の訴訟手続からの免除（2条2項），国連構内の不可侵（同3項），文書の不可侵（同4項），国連財産に対する課税免除（同7項）および通信に関する便益（3条）が規定され，また，加盟国の代表者（4条），国連職員（5条）および国連の任務を行う専門家（6条）に対して特権免除の付与が認められている。さらに，国連がアメリカと締結したいわゆる本部協定である1947年の「アメリカとの間の国連本部に関する国連と米国との間の協定」（1947年11月21日発効）（その他，たとえば，「日本との国連大学本部に関する国連と日本国との間の協定」（1976年6月22日発効）のように，各機関本部の設置についても，国連と本部所在地国との間の協定がある）にも特権免除に関する規定が設けられている。国際機構の特権免除は，条約によって認められたものであり[6]，条約で規定されるのみならず慣習法化し

　　à l'étude des privilèges et immunités des organisations internationales（R. Pichon et R. Durand-auzias, 1982）; K. Cully, "Jurisdictional Immunities of Intergovernmental Organizations," *Yale L. J.*, Vol. 91（1982）, pp. 1167-1195; C. Dominicé, "La Nature et l'étendue de l'immunité de juridiction des organisations internationales," in K-H. Böckstiegel et al.（eds.）, *Law of Nations, Law of International Organizations, World's Economic Law, Liber amicorum honouring Ignaz Seidl-Hohenveldern*（Carl Heymanns Verlag, 1988）, pp. 77-93; C. Dominicé, "L'arbitrage et les immunité des organisations internationales," in Dominicé et al.（eds.）, *Études de droit international en l'honneur de Pierre Lalive*（Helbing & Lichtenhahn, 1993）, pp. 483-497; P. H. F. Bekker, *The Legal Position of Intergovernmental Organizations: A Functional Necessity Analysis of Their Legal Status and Immunities*（1994）.

(5)　本部協定に関する詳細な研究として，以下参照。A. S. Muller, *International Organizations and their Host States: Aspects of their Legal Relationship*（Kluwer, 1995）.

(6)　C. F. Amerasinghe, *Principles of the Institutional Law of International Organizations*, 2nd Revised ed.（Cambridge U. P., 2005）, p. 315.

ている国家間の外交特権および免除とは異なる。また，国際機構の特権免除は，国家や外交官のそれとは違って相互に付与されるものではなく，もっぱらそれが所在する国家に負担を課すことにその特徴がある[7]。

　以上のように，国際機構には，その与えられた任務の遂行上，特権免除が付与されている。たとえば，ある国際機構が国内法令に違反したという理由で，一国の裁判所に国際機構を相手取って訴訟が提起されたとしても，国際機構側が自己の享有する免除を放棄する場合を除き，それがその国際機構の任務遂行中の行為に基づくものであれば，裁判権免除により裁判に付されることはない。逆にいえば，国際機構の任務遂行に関わりのない行為が争われる場合は，訴訟は受理されうる。この点については，国家の主権免除が絶対免除主義から制限免除主義へと移行しつつある動向との関係で，国際機構の裁判権免除が考察されてきた[8]。

　国際機構の国内訴訟の相手方も，国，法人，私人など多様な主体が想定される。ここでは，まずこれらの主体が国際機構の国際法人または国内法人として行った行為（たとえば，国際機構と国家との本部協定上の問題や，国際機構と民間企業との物品売買契約上の問題など）に関して訴を提起し，救済を求めようとすることが考えられる[9]。では，国際機構を構成する者が，国際機構内部の問題を一国の裁判所へ申立て，救済を図ることはできるのか。たとえば，国際機構の任務に従事する職員，すなわち国際公務員が自身の所属する国際機構を相手取って一国の裁判所に訴訟を提起した場合はどうか。ある国際公務員が自らの所属する国際機構から解任される場合，勤務地に所在する裁判所に訴え出て救済を得ることができるのであろうか。この場合，やはり一般には，国際機構には任務遂行上必要な裁判権免除が付与されているため，たとえその職員が一国の裁判所に提訴したとしても，裁判所が機構の裁判権免除を認め，審理には及ばないと理解されてきた[10]。国際公務員の勤務上の問題は，一般には所属する国際機構

---

(7) 太寿堂鼎「民事裁判権の免除」鈴木忠一・三ケ月章監修『国際民事訴訟・会社訴訟　新・実務民事訴訟法講座7』（日本評論社，1982年）67頁。

(8) 中村道『国際機構法の研究』（東信堂，2009年）20頁。

(9) A. Reinisch, *International Organizations before National Courts* (Cambridge U.P., 2000); A. Reinisch (ed.), *Challenging Acts of International Organizations before National Courts* (Oxford U.P., 2010).

(10) C. F. Amerasinghe, *The Law of the International Civil Service; As Applied by Inter-*

〈第 6 部〉課題に挑む国際機構

の任務遂行に関わると考えることができるのであり,その意味では,国際公務員は,自らの権利救済のために一国の裁判所に訴え出ても,機構の裁判権免除によりそれを阻まれることは自明である。このように,国際公務員は特別な法的地位にあるといえる。

このような国際公務員の特別な法的地位に鑑み,いくつかの国際機構では,職員の勤務上の問題を法的に解決するため特別な裁判所――総称して,国際行政裁判所 (international administrative tribunal) と呼ばれる[11]――が設置されてきた。主なものとしては,普遍的な国際機構に設けられたものとして,国際連盟時代の 1927 年に設立された国際連盟行政裁判所を引継ぎ,1946 年に新規程を採択して再構成された国際労働機関(以下,ILO)行政裁判所[12],国連行政裁判所(1950 年設立。2009 年より 2 審制が導入され,「国連行政裁判所」の名称が廃止され,第 1 審の「国連紛争裁判所」と上訴機関である「国連上訴裁判所」にそれぞれ変更された[13]),世界銀行(以下,世銀)行政裁判所(1980 年設立)[14],国際通貨基金(以下,IMF)行政裁判所(1994 年設立)[15]があり,また,地域的な国際機構に設けられたものとしてアジア開発銀行(以下,ADB)行政裁判所(1991 年設立)[16]が挙げられる。

---

national Administrative Tribunals, Vol. I, 2nd ed. (Oxford U. P., 1994), pp. 42-44. また,この点に関する日本の実行として,国連大学事件がある。もっとも,本件判決では,国際機構自体の免除ではなく,国際機構を構成する 1 補助機関の免除を認めたことに対して批判がある。さしあたり,以下参照。位田隆一「28 国連大学事件」松井芳郎他編『判例国際法〔第 2 版〕』(東信堂,2006 年) 113-115 頁。

[11] この用語は日本ではあまり馴染みがないが,欧米ではしばしば用いられ,たとえば以下のような文献に見出される。A. H. Schechter, Interpretation of Ambiguous Documents by International Administrative Tribunals (Frederick A. Praeger, 1964); C. F. Amerasinghe, *The Law of the International Civil Service: As Applied by International Administrative Tribunals*, Vol. I and II (Oxford U. P., 1988); C. F. Amerasinghe, *Documents on International Administrative Tribunals* (Oxford U. P., 1989).

[12] ILO 行政裁判所ウェブサイト参照。http://www.ilo.org/public/english/tribunal/, as of September 30, 2012.

[13] 拙稿「国連行政裁判所の改革について――国連紛争裁判所と国連上訴裁判所の設立」岡山大学法学会編『法学と政治学の新たなる展開(岡山大学創立 60 周年記念論文集)』(有斐閣,2010 年) 225-245 頁。また,国連司法運営部ウェブサイトも参照のこと。http://www.un.org/en/oaj/, as of September 30, 2012.

[14] 世銀行政裁判所ウェブサイト参照。http://wcb.worldbank.org/external/default/main?pagePK=7333373&contentMDK=22956391, as of September 30, 2012.

[15] IMF 行政裁判所ウェブサイト参照。http://www.imf.org/external/imfat/index.htm, as of September 30, 2012.

欧州連合（以下，EU）においても，EU 司法裁判所に設けられた公務員裁判所（2004 年設立）[17]が第 1 審の法廷として職員の問題を処理している。さらに，いくつかの国際行政裁判所は，それが設けられている国際機構の職員のみならず，他の国際機構の職員の問題についても管轄権を認めている。たとえば，国連上訴裁判所は，国連のみならず国際民間航空機関（ICAO），国際海事機関（IMO），国際海底機構および国際海洋法裁判所の職員に管轄権を有し[18]，ILO 行政裁判所は，ILO 以外の 58 の国際機構の職員に管轄権を認めている[19]。世銀行政裁判所も世銀のみならず，世銀グループを構成する他の国際機構に管轄権を認めている[20]。20 世紀以来の国際公務員の身分保障制度に関する国際行政裁判所の顕著な展開は，まさに国際公務員法の発展に大きく寄与したといえる[21]。

　以上のように考えるならば，国際公務員法発展の原動力となった国際行政裁判所制度は，国際機構に認められる裁判権免除が契機となったと見ることもできよう。国際公務員は，自身の所属する国際機構を相手取り，一国の裁判所に訴え出ても一般には機構の有する裁判権免除により，権利救済を十分には図れない。そのため国際公務員の勤務上の問題を処理する特別な裁判所が必要とされたのであり，この点にこそ，国際行政裁判所の存在意義を見出すことができる。つまり，国際公務員の置かれた特別な法的地位に鑑み，機構を相手取って訴を提起できる国際行政裁判所が必要とされてきたのである。

　ところで，この一般論は常に真たりうるか。たとえば，国際機構の備える訴訟制度が十分でない場合，当該機構の職員が国内裁判所など他の裁判所を利用できないとなると権利を救済されることがない。それならば，その職員はそのまま泣き寝入りすることになるのであろうか。そもそも国際公務員には，一国の私人のように，利用可能な裁判所にアクセスしかつ公正な裁判を受ける権利が完全に保障されていないのであろうか。もっとも，逆に，国際公務員が機構

---

(16) ADB 行政裁判所ウェブサイト参照。http://www.adb.org/about/administrative-tribunal, as of September 30, 2012.

(17) EU 公務員裁判所ウェブサイト参照。http://curia.europa.eu/jcms/jcms/T5_5230/, as of September 30, 2012.

(18) *Supra* note (13).

(19) *Supra* note (12).

(20) *Supra* note (14).

(21) 拙著『国際公務員法の研究』（信山社，2006 年）。

〈第6部〉課題に挑む国際機構

に設けられた特別な国際行政裁判所以外に，他の裁判所においても権利救済を図れることになるということは，国際機構法や国際公務員法にとっていかなる意味を持つことになるのか。

以上の問題関心から，本稿では，近年，欧州人権裁判所において，国際機構の職員が国家による機構への裁判権免除の付与を争った Waite & Kennedy 事件を検討した後，当該事件が国際公務員の身分保障にその後いかなる影響を与えたかをあとづけることにしたい[22]。

II　Waite & Kennedy 事件
──国際機構の裁判権免除と「公正な裁判を受ける権利」

すでに見たように，一般に，国際機構の職員は，国際機構が一国の裁判権からの免除を享有するがゆえに，国内において国際機構を相手取り訴訟を提起しても救済を得ることが困難である。そのため，職員には，国際機構内に設けられた不服申立てや訴訟制度を用いて自己の権利救済を図ることが求められる。しかし，その機構内での制度が十分でなかった場合はどうなるのか。この点に関し，国際機構の有する裁判権免除とそこに勤務する者の「公正な裁判を受

---

[22] 国際機構の免除と，欧州人権条約6条1項の公正な裁判を受ける権利との関係に関しては，以下に挙げるものに代表されるように，近年多くの関心が集まっている。A. Reinisch and U. A. Weber, "In the Shadow of Waite and Kennedy: The Jurisdictional Immunity of International Organizations, The Individual's Right of Access to the Courts and Administrative Tribunals as Alternative Means of Dispute Settlement," *International Organizations Law Review*, Vol. 1 (2004), pp. 59-110; N. Angelet et A. Weerts, "Les immunités des organisations internationales face à l'article 6 de la Convention européenne des droits de l'homme," *Journal du Droit International (Clunet)*, Tome 134 (2007), pp. 3-26; A. Reinisch, "The Immunity of International Organizations and the Jurisdiction of their Administrative Tribunals," *Chinese Journal of International Law* (2008), Vol. 7, pp. 285-306; C. Ryngaert, The immunity of International Organizations before Domestic Courts: Recent Trends, *International Organizations Law Review*, Vol. 7 (2010), pp. 121-148; J. Wouters, C. Ryngaert and P. Schmitt, "Western European Union v. Siedler; General Secretariat of the ACP Group v. Lutchmaya; General Secretariat of the ACP Group v. B. D.," *A. J. I. L.*, Vol. 105 (2011), pp. 560-567; S. O. Laborde, "The. Relation between Due Process in International and National Human Rights Instruments and International Adjudication Mechanisms," in O. Elias (ed.), The Development and Effectiveness of International Administrative Law: On the Occasion of the Thirtieth Anniversary of the World Bank Administrative Tribunal (Nijhoff, 2012), pp. 375-385.

る権利」との関係について判断を下した欧州人権裁判所における1999年2月18日のWait & Kennedy事件[23]が注目される[24]。以下に見ておくことにしたい[25]。

【事実】 原告である英国籍のRichard WaiteとTerry Kennedyは，それぞれドイツのグリースハイムとダルムシュタットに居住していた。両名は，英国SPM社から欧州宇宙機関（European Space Agency; ESA, 以下，ESA）（ESA条約（1975年5月30日採択）により設立。本部パリ）に派遣され，そのダルムシュタットにある欧州宇宙活動センター（European Space Operations Centre; ESOC, 以下，ESOC）でシステムプログラマーとして勤務していた。ESOCは，ESAの活動を独立して行う機関である。

1979年，原告らの契約は，SPM社からCDP社に引き継がれた。原告らは新会社Storepace社を設立し，原告らがESAの業務を行うよう同社とCDP社とが契約を締結した。その後，原告らのStorepace社は清算されNetwork Consultants社に取って代わった。ただし，これら原告らの所属会社に関わる種々の変更は，原告らのESOCでの業務に関して何らの契約上の変更ももたらすものではなかった[26]。

1990年10月，CDP社は，原告らに対し，原告らとの契約が終了する1990年12月に，Network Consultants社との協力が終了することを告げた。そこで原告らは，ESAを相手取ってダルムシュタット労働裁判所に提訴し，ドイツ労働法の規定（臨時職員）に従って，彼らがESAの被雇用[27]者としての地位

---

[23] Waite and Kennedy v. Germany, Application No. 28934/95, European Court of Human Rights, 18 February 1999（1999）. 本件と併せて，同じく英国籍の原告らがドイツを相手取ってドイツの裁判免除を争ったBeer & Regan事件も同趣旨である。Beer and Regan v. Germany, Application No. 28934/95, European Court of Human Rights, 18 February 1999（1999）. 本稿では先に争われたWaite & Kennedy事件に沿って分析を行う。なお，この判決を分析したものとして以下参照。佐藤智恵「国際組織の裁判権免除と国際組織職員の権利保護」一橋研究28巻2号（2003年）49-67頁。

[24] 別の文脈において，欧州人権裁判所においては，むしろ国家免除と公正な裁判を受ける権利との関係が問題とされてきた。水島朋則「外国国家免除と国際法上の『裁判を受ける権利』との関係(1)(2)」法学論叢153巻6号（2003年）82-100頁，154巻2号（2004年）97-117頁。

[25] 本件については，以下も参照されたい。水島朋則「ウェイト事件」松井他編・前掲注(10)116-118頁。

[26] Waite and Kennedy Case, *supra* note [23], paras. 10-13.

〈第6部〉課題に挑む国際機構

をすでに有しており，CDP社との契約の終了は，ESAとの労働関係に何ら関係がないと主張した。これに対し，ESAは，機構の特権免除について規定するESA条約15条2項およびその付属書Iの下での裁判権免除を主張した。1991年4月に，ダルムシュタット労働裁判所は，ESAの裁判権免除を認め，原告らの訴えを受理不可能とした。翌年5月には，フランクフルト／メイン労働上訴裁判所でもESAの裁判権免除が認められ，原告らの控訴は却下された[28]。なお，1992年12月に，ESA理事会は裁判権免除を放棄しないとの決定を行った。その後，原告らは，連邦労働裁判所に上告した[29]。

　1993年11月，連邦労働裁判所は訴えを却下した。本件被告であるESAは裁判権免除を享有しかつそれを放棄しておらず，本件訴えは受理不可能とされた。ドイツ裁判所法20項(2)によれば，国際合意に従って免除を享有する国際機構にはドイツの管轄権は及ばないとされる。免除放棄の問題に関しては，ESAの前身であった欧州宇宙研究機関（以下，ESRO）がドイツと締結した「ESOCに関する協定」6条2項（「機構（ESRO）と，ドイツ連邦共和国内の機構の職員で機構の訴願委員会の管轄権内にない者との間の紛争は，ドイツ裁判権に服する」）は，原告らの状況には適用はない。というのも，原告らはESAに任用されてきたわけではなく，第3者との雇用契約に基づきESAのために勤務するからであるとされた。連邦労働裁判所はまた，次のように述べた。国際機構が職員問題を規律するかなり広範な権限を有していることは異例なことではない。ESAの免除に関する規則はドイツ憲法の基本原則に抵触しない。ESAの被任用者は機構の訴願委員会に訴えるか，またはその労働契約はESA条約付属書Iの25条に従って仲裁を規定しなければならなかった。上記免除に関する規定の対象とはならない契約で，それがドイツ労働法の規定（臨時職員）に抵触する

---

(27) 筆者は国際機構と職員との関係を公法上の「任用」と考えるが，本件原告らの場合，民間企業との契約を通じてESAの仕事をしていたため，ここでは「雇用」を用いる。

(28) 他の争点として，ESAとその前身機関の1つであった欧州宇宙研究機関（以下，ESRO）との連続性の問題があった。ESROにおいては，機構内部の不服申立てのための訴願委員会（Appeals Board）を利用できない雇用者との紛争については，ドイツの裁判管轄権に服するとの合意があったが，ESAは1975年に新たに設置された独立の国際機構であるため，その前身であるESROが行った合意には拘束されないとの判断が第1審および第2審においてなされた。Waite and Kennedy Case, *supra* note (23), para. 17 and 19.

(29) *Ibid.*, paras. 14-20.

場合には，被任用者はいかなる法的保護も受けられないわけではなく，その任用者を相手取って訴訟を提起することができる。ドイツ政府が本件において原告らの影響力を用いて免除の放棄を成し遂げるよう積極的な行動をとるか，または国際仲裁に本件を提出することをドイツ公法の下で請求できるか否かという問題は，労働裁判所手続において解決できない。

　この点について，1994年5月，連邦憲法裁判所は，原告らの訴えを却下した。同裁判所によれば，原告らの訴えは一般的重要性を有する問題を生じない。主張される権利の不存在は，国際機構によって直接任用されるのではなく第3者としての秩序に基づいて勤務する原告らが結んだ特別の契約に由来する。さらに，原告らが主張したような憲法上の権利の違反は，特別な重要性を有するものではないとされた[30]。

　以上のように，WaiteおよびKennedyは，国内において救済を得られなかったことを受けて，1994年11月に欧州人権委員会に対して申立てを行った。欧州人権条約6条1項に基づいて，ドイツ労働法上の問題に関連して，ESAとの紛争解決のための公正な裁判を受ける権利が拒否されたとの主張であった。1997年12月，委員会は，申立てを受理可能とした（もっとも，申立てられたような6条1項の違反はない（17対15）との意見を発表）。これを受けて原告らは，欧州人権裁判所に欧州人権条約6条1項に基づく権利侵害と同50条（現41条）に基づく満足を求めたのである[31]。

　【判旨】　欧州人権条約6条1項は次のように規定する。

　「すべての者は，その民事上の権利及び義務の決定又は刑事上の罪の決定のため，法律で設置された，独立の，かつ，公平な裁判所による妥当な期間内の公正な公開審理を受ける権利を有する。判決は，公開で言い渡される。ただし，報道機関及び公衆に対しては，民主的社会における道徳，公の秩序若しくは国の安全のため，また，少年の利益若しくは当事者の私生活の保護のため必要な場合において又はその公開が司法の利益を害することとなる特別な状況において裁判所が真に必要があると認める限度で，裁判の全部又は一部を公開しないことができる。」

　6条1項は，すべての者がその民事上の権利および義務に関するいかなる請

---

[30] *Ibid.*, paras. 21-28.
[31] *Ibid.*, paras. 43-46.

〈第6部〉課題に挑む国際機構

求も裁判所に提出する権利を保障する。従って，本条が規定するのは，「公正な裁判を受ける権利」のうちの，裁判所へのアクセス権，すなわち，民事上の問題においてもっぱら裁判所で手続を開始する権利を指す。原告らは，ダルムシュタット労働裁判所，フランクフルト／メイン労働上訴裁判所，連邦労働裁判所にアクセスし，提訴が法律の運用によって妨げられたのである。連邦憲法裁判所が事件を受理しなかったのは，本件が一般的な重要性を有しておらず，主張されたような憲法上の権利の違反は特別な重要性を有していないからであった。ドイツ労働裁判所での手続は，ESAが裁判管轄権からの免除に有効に依拠しえたかどうかという点に終始した[32]。

ドイツ労働裁判所は，被告たるESAがESA条約に従って裁判権免除を主張したため，ドイツ労働法の規定（臨時職員）の下での原告らの訴訟を受理不可能であると見なした。ドイツ裁判所法20項(2)は，何人も，一般国際法規則または国際合意その他の法規則に従って裁判権免除を享有すると規定する。ドイツ労働裁判所は，原告らの訴えが受理不可能であると認定することで，同裁判所法20項(2)の下での条件が満たされたと判断したのである[33]。

確かに原告らは，ドイツ裁判管轄の3つの段階において免除の問題を議論することができた。しかし，本裁判所は次に，裁判権免除という問題において，民主社会における法の支配を考慮して，この程度の裁判所へのアクセス権が，原告らの「公正な裁判を受ける権利」を保障するに足るものかどうかを検討しなければならない。裁判所によれば，欧州人権条約6条1項が保障する裁判所へのアクセス権は，絶対的ではなく制約を受けうる。その制約は，アクセス権がまさにその本質上，国家による規制を要するものであるがゆえに黙認される。この点に関し，欧州人権条約上の要件の遵守に関する最終的な決定が本裁判所に委ねられているものの，締約国はある程度の評価の余地を有する。適用される制約が個人のアクセス権を，まさにその権利の本質が損なわれるようなやり方でまたはそのような程度まで制限または減じないことを満たさなければならない。さらに，制約が正当な目的を追求せず，用いられる手段と達成されようとする目的との間の比例性につき合理的な関係がない場合，当該制約は欧州人権条約6条1項と両立しないであろう[34]。

---

(32) *Ibid.*, paras. 50–51.
(33) *Ibid.*, para. 55.

比例性の問題に関して，本裁判所は本件の特別の事情に照らし，争われている6条に規定された制約を評価しなければならない。国家はある分野の活動において協力を求めたり強化するために国際機構を設立し，かつ，その機構に若干の権限を帰属させ免除を付与する場合，基本権の保護に関する含意が存在しうる。しかし，欧州人権条約の締約国が，その国際機構の権限の及ぶ活動分野との関係において条約の下での責任から免れるならば，それは条約の趣旨および目的と合致しないであろう。欧州人権条約は，理論的または実体のない権利ではなく，現実的かつ実効的な権利を保障しようとするものであることが想起されるべきである。このことは，民主社会において裁判所が公正な裁判を受ける権利によって開かれた明確な場という点に鑑みれば，裁判所へのアクセス権にとって特に当てはまることである[35]。

裁判所にとってみれば，ドイツ裁判権からの免除をESAに付与することが欧州人権条約の下で許容されうるかどうかを決定する重要な要因は，原告らが自らの条約上の権利を実効的に保護する合理的な代替手段を利用可能であったかどうかということである。ESA条約は，その付属書Ⅰとともに，他の訴訟同様職員問題において種々の私法上の紛争解決方法を明示に規定する。原告らは，ESAとの任用関係を論じているため，彼らはESA訴願委員会に訴えることができたしそうすべきであった。ESA職員規則33条1項によれば，「ESAとは独立した」ESA訴願委員会が，ESAが行った明示または黙示の決定に関しかつESAと職員との間で生じている紛争を審理する管轄権を有している。「職員」の概念に関しては，ESA職員規則33条6項の下でESA訴願委員会がその管轄権内の問題を解決し，その関連で原告らが実質上「職員」の概念に該当するか否かを決定する[36]。

本件の重要な特徴は，原告らが，外国企業との契約に基づいて相当な期間ダルムシュタットのESOC内で勤務したのちに，ドイツ労働市場を規律するための特別な上記ドイツ立法に基づいてESAによる恒久任用を確認してもらおうとしたことである。裁判所は人権委員会の結論と同様，国際機構の免除の正当な目的に留意して，比例性の審査は，国内労働法上の雇用条件に関連した国

---

[34] *Ibid.*, paras. 58-59.
[35] *Ibid.*, paras. 64-67.
[36] *Ibid.*, paras. 68-69.

〈第6部〉課題に挑む国際機構

内訴訟に国際機構を強制して服させるようなやり方で用いられえない。欧州人権条約6条1項および裁判所へのアクセス権の保障を認めることは，国際機構の適正な機能を阻み，国際協力を拡大強化する近年の傾向に反することとなるであろう[37]。

これらすべての事情に鑑みて，本裁判所は，ドイツ裁判所法20項(2)に基づきESAの管轄権からの免除を実施することにおいて，ドイツ裁判所はその評価の余地を越えなかった。特に原告らにとって利用可能である，国内手続に代替可能な法手続を考慮すれば，ESAに関するドイツ裁判所へのアクセス権の制約は，原告らの「公正な裁判を受ける権利」の本質を損なうか，または欧州人権条約6条1項の目的に合致しないとはいえない。従って，当該規定の違反は存在しない。

以上の理由により，裁判所は，全会一致により欧州人権条約6条1項の違反はなかったと判断する[38]。

以上に見たように，欧州人権裁判所のWaite & Kennedy事件は，国内企業との契約を通じて国際機構であるESAで勤務していた原告らがドイツを相手取り，欧州人権条約6条1項の公正な裁判を受ける権利に基づいて，ドイツ国内裁判所で認定されたESAの裁判権免除の適否を争った事件である。ESAとの直接の任用契約を有していない原告らの地位は，直接任用契約を有するESA職員の立場とは異なる。この点において，原告らにとって，ESA職員に与えられていると同程度の紛争解決手段が利用可能であったか否かは検討の余地がある。

この判決の論点はむしろ別にある。まずもって，国際機構で勤務する者が，ドイツを相手取り，欧州人権条約6条1項に規定された公正な裁判を受ける権利を根拠にして，欧州人権裁判所でESAの裁判権免除認定の適否を争ったことである。原告らは，訴えの論理構成を変え，本来の紛争の当事者ではないドイツを相手取り救済の機会を拡大したという点をいかに評価するべきかという問題点は残るにせよ，ともあれこれにより，原告らは，ESA内の手続や国内裁判所ではなく，欧州人権裁判所において，自身で救済の道を開いたのである。

---

[37] *Ibid.*, paras. 71-72.
[38] *Ibid.*, paras. 73-74.

さらに注目すべきことに，欧州人権裁判所は，国際機構への裁判権免除の付与により欧州人権条約6条1項上の権利に対してなされる制約が正当な目的を追求せず，用いられる手段と達成されようとする目的との間の比例性につき合理的な関係がない場合，その制約は規定と両立しないとし，いわゆる比例原則を打ち出した。またその評価に際して，国際機構への裁判権免除が許容されるか否かは，原告らが自らの条約上の権利を実効的に保護する合理的な代替手段を利用可能であったか否かであるという基準を打ち出した。もっとも，本件で裁判所は，原告らにとって機構内での不服申立て制度が利用可能であったことから，ドイツ国内裁判所がESAの裁判権免除を認めたことは適当であり，6条1項の違反はないと結論づけたのである。

　本件において，欧州人権裁判所は，国際機構内に国内裁判所に代わる利用可能な合理的不服申立て制度があれば，国内裁判所での出訴権が制約を受けてもよい，その限りで，公正な裁判を受ける権利は依然保障されるとの見解をとった。裏を返すと，国際機構内にそのような利用可能な制度がなければ，国内裁判所での出訴権は制約を受けてはいけないことになる。本件は，その機構内に設けられた制度が国内裁判所に代わる制度であったかどうかについて詳細な検討をしていない点でやや不満が残るものの，職員の勤務上の問題につき，国際機構の有する裁判権免除が制限されうることを認めたことは非常に意義深いことであった。

Ⅲ　Waite & Kennedy 判決後の展開

　以上に見たように，欧州人権裁判所の Waite & Kennedy 判決は，結果としては，国内裁判所が国際機構の裁判権免除を認めたことを適当としたものの，国内裁判所において，国際機構の裁判権免除が個人の公正な裁判を受ける権利により一定の制約を受けうることが明らかにされた。この判決はその後国内裁判所においても影響を与えた。本節では，特に注目すべき影響が見られたベルギーにおける2つの判例を以下に取り上げて考察する。最初に見る Siedler 事件では，Waite & Kennedy 事件同様，国際機構の裁判権免除と個人の公正な裁判を受ける権利の対立が，また，次の Lutchmaya 事件では，国際機構の執行免除と個人の公正な裁判を受ける権利の対立がそれぞれ浮き彫りとなった。

〈第6部〉課題に挑む国際機構

1 Siedler 事件——国際機構の裁判権免除と「公正な裁判を受ける権利」

〔控訴審：ブリュッセル労働上訴裁判所，2003年9月17日判決[39]〕

【事実】 原告 Siedler は，1991年7月から西欧同盟（以下，WEU）の秘書兼資料事務官として2年の任期でロンドン事務所にて勤務を開始した。その後，数回の契約更新と昇任を経て，2000年1月からはブリュッセルの事務局の財務局副局長として3年の任期で勤務していた。ところが，2000年6月5日付の書簡で，原告は6月末日で解任されるとの通告を受けた。そこで原告は，WEUの内部紛争解決手段である訴願委員会に訴え，解任の補償金として6カ月分の給与支払いなどをWEUに命ずる勝訴判決を得た。しかし，これを不十分とした原告は，2001年5月に，ブリュッセルの労働裁判所（Tribunal du Travail）においてWEUを相手取り補償金の不足を訴えた。同裁判所は，原告の解任通告後12カ月分の給与支払いなどを裁定した。これをさらに不服とした原告は，労働上訴裁判所（Cour du Travail）に控訴したのであった。WEUも付帯控訴（appel-incident）した。

労働上訴裁判所では，原告は補償金裁定に関して下級審で考慮されなかった要素を考慮に入れることを主張し，他方で，WEUは，その職員規則50条において，職員関係の紛争は内部手続で解決するという権限委任規定がありベルギーの裁判所には管轄権がないこと，また，ベルギーとの間のWEU地位協定4条において裁判権免除が規定され，ベルギーの裁判所には管轄権がないこと，当事者間の勤務関係を規律するのは職員規則であって，ベルギー国内法ではないことを主張した。

これに対して，原告は，国内裁判所に管轄権がなく機構に裁判権免除が付与されるならば，欧州人権条約6条1項に基づく欧州人権裁判所判例から導かれるような裁判所へのアクセス権の原則に直面することになると主張した。さらに，この裁判所へのアクセス権を実効的にするには，以下の諸要素が必要とされる。すなわち，①審理および判決の公開，②手続の合理的な期間，③裁判所の独立，④裁判所の不偏性，⑤裁判所が法によって設置されているという事実，⑥民事的性質を有する紛争または刑事に関する起訴が問題となっているという事実である。この裁判所へのアクセス権の原則に対する例外があるとして

---

[39] S. M. c. Union de l'Europe occidentale [U. E. O.], Cour du Travail, Bruxelles, 17 sept. 2003, *Journal des tribunaux* (2004), pp. 617-622.

〔黒神直純〕　　*18* 国際機構の免除と国際公務員の身分保障

も，その制約が，個人に開かれたアクセス権をまさにその権利の本質が損なわれるようなやり方でまたはそのような程度まで制限しまたは減じないことを満たさなければならない。さらに，アクセス権への制約が正当な目的を追求せず，用いられる手段と達成されようとする目的との間の比例性につき合理的な関係がない場合，当該制約は欧州人権条約6条1項と両立しない。本件においては，これらの要件は満たされていないと原告は主張した。WEUの内部手続である訴願委員会においては，審理および判決の公開が予定されておらず，裁判所が法によって設置されてもいないからである。よって，本件裁判権免除は排除されるべきと原告は主張した。

【判旨】　設立文書に基づいて制定された職員規則は，職員との契約上の違反から生じる紛争の解決権限を付与された訴願委員会の設置を予定している。この委員会での手続により，原告が欧州人権条約6条1項上の権利を実効的に保護することができるかどうかを検証する必要がある。同規定は，裁判所が民事上の性質を有する権利および義務に関するすべての紛争を扱う場合に，各自に権利を保障するものである。欧州人権裁判所は，民事上の紛争が従わなければならないこの原則は，普遍的に認められた権利の多くの基本原則を含み，裁判拒否を禁じる国際法原則にも等しいことを強調してきた。

しかし，欧州人権裁判所はまた，欧州人権条約6条1項で認められた裁判所へのアクセス権が絶対的ではないことも繰り返し述べてきた。すなわち，この権利は，それ自体の性質上，国家による規制に服するがゆえ黙示に認められた制約に応じるものである。この点において，国家は一定の評価の余地を享有する。ただし，実施される制約が個人に開かれたアクセス権を，まさにその権利の本質が損なわれるようなやり方でまたはそのような程度まで制限しえない。さらに，制約が正当な目的を追求せず，用いられる手段と達成されようとする目的との間の比例性につき合理的な関係がない場合，当該制約は欧州人権条約6条1項と両立しない。

欧州人権裁判所は，Waite & Kennedy 事件（と類似の Beer & Reagan 事件）において，国際機構の特権免除は，国家の機構の良好な機能遂行にとって不可欠な手段であることを確認した。また，同裁判所は，これらの事件において国際機構の免除と人権保護との比例性の問題を検討した。国際機構の裁判権免除は，利害関係者が自らの条約上の権利を実効的に保護する合理的な代替手段を利用

可能である場合に許容されるとした。

　Waite & Kennedy 事件（および Beer & Regan 事件）では，欧州人権裁判所は，ESA 条約とその付属書が職員関係の紛争解決のための多様な手続を明示に規定していることから，機構の裁判権免除を認めたドイツ国内裁判所の判断は，欧州人権条約6条1項に違反しないと判断した。しかし，その事件において，欧州人権裁判所は，当該機構内部の紛争解決手続が，欧州人権条約6条1項に規定された公正な手続の概念に固有の保障を完全に与えているかどうかを検討はしなかった。

　欧州人権条約6条1項にいう裁判所とは，条約固有の内容を持ち，必ずしも一国の通常の司法構造に組み込まれた一般的な形態の裁判所と同一のものを指すわけではない。それは，組織的および形式的に見れば，行政および当事者，同様に，議会および圧力団体のような事実上の権力から独立していなければならない。実体的には，それは，訴訟に基づき，法規範に基づき，かつ，組織化された手続に従って，拘束力ある判決を下す権限を有していなければならない。それは，形式的な意味でいえば，細部の様式を定めるためには少なくとも基本原則を設定し，かつ，管理運営の権限を付与するために，法によって設立されなければならない。公開性の要件に関しては，審理の公開性について多少の例外は認められるものの，判決の公開性に関しては何らの例外も認められない。

　WEU の訴願委員会は，司法的機能を付与され，紛争を解決し，場合によっては争われた決定の無効を宣告し，かつ，争われた決定によって生じた損害の賠償と諸経費の支払いを機構に命じる権限を有している。また，対審手続も確保されている。しかし，判決の執行に関して何らの手続も予定されていない。訴願委員会の審問は非公開でなされ，判決も公開されていない。訴願委員会の委員の任命は，政府間委員会が行い，任期は2年である。委員の任命の方式と任期の短さは，委員が機構ときわめて密接に結びつく危険性がある。委員の固定化は，委員会の独立概念からの必然的な帰結である。公平性を担保する委員の忌避の可能性も予定されていない。

　従って，WEU 職員規則によって組織された手続は，公正な手続概念に固有の保障を完全に与えるものではなく，それに最も不可欠ないくつかの要件も欠いている。それゆえ，WEU の裁判権免除を理由に国内裁判所へのアクセスを

制限することは，欧州人権条約6条1項の意味における実効的な訴訟手段を伴わない。

原告は，訴願委員会の決定の無効を求めておらず，国内法である1978年7月3日の労働契約に関する法律に基づく補償支払いを求めている。本件において，同法の適用が認められ，機構に対し，原告に対する解任の事前通告16カ月分の補償支払いを裁定する。

〔上告審：破棄院，2009年12月21日判決[40]〕

【事実】　さらに，上の控訴審判決を不服としたWEUは，本件を破棄院に上告した。WEUは，上告理由の第1として，欧州人権条約6条1項の適用によってもWEUが享受する裁判権免除は排除されえないこと，第2に，WEU設立文書やそれに基づく機構内部の職員規則などの国際法に基づく規則が国内法規則に対して優位することを主張し，控訴審判決の破棄を求めた。

【判旨】　まず第1の点において，欧州人権条約6条1項上の裁判所へのアクセス権は絶対的ではない。この権利は，それ自体の性質上，国家による規制に服するがゆえ黙示に認められた制約に応じるものである。この点において，国家は一定の評価の余地を享有する。ただし，実施される制約が個人に開かれたアクセス権を，まさにその権利の本質が損なわれるようなやり方でまたはそのような程度まで制限しえない。さらに，制約が正当な目的を追求せず，用いられる手段と達成されようとする目的との間の比例性につき合理的な関係がない場合，当該制約は欧州人権条約6条1項と両立しない。

欧州人権条約6条1項が対象とする権利を含む何らの基本権も，条約によって国際機構に付与された裁判権免除を妨げないとする上告人（WEU）の主張には法的根拠がない。

さらに，WEU内部の訴願委員会について，機構内部に設けられた訴願委員会は司法的役割を付与されかつ判決を下す権限があるが，訴願委員会の委員の任命は，政府間委員会が行い，任期は2年である。委員の任命の方式と任期の短さは，委員が機構ときわめて密接に結びつく危険性があり，かつ，委員の固

---

[40] Union de l'Europe occidentale [U. E. O.] c. S. M., Cour de cassation de Belgique, 21 déc. 2009, available at Jure juridat, http://jure.juridat.just.fgov.be/?lang=fr, as of September 30, 2012.

定化は，委員会の独立概念からの必然的な帰結と考える。このことから，訴願委員会は独立しておらず，欧州人権条約6条1項が保障する人権の範囲を侵害するという控訴審判決を法的に正当と認める。

　第2の点においては，上告人が，職員の解任に際して補償を算定する上で，国内の労働契約に関する法規則をWEU内部の規則より優先させた控訴審判決の解釈を争った。この点については，上告人の主張を認め，この該当部分を破棄する。

　以上に見たSiedler事件では，国際機構の裁判権免除と，個人が有する欧州人権裁判所6条1項上の公正な裁判を受ける権利の関係が争点となった。判決の中で，Waite & Kennedy判決が引照され，欧州人権条約6条1項により，国際機構の裁判権免除が制約を受けることがまず確認された。WEUにはその職員が自己の権利救済を図るための内部手続が設置されていたものの，それが欧州人権条約6条1項にいう公正な裁判を受ける権利の保障を実現するためには十分でないためWEUに裁判権免除が認められず，結果としてSiedlerは勝訴した。

　本件控訴審判決において，裁判所は，公正な裁判を受ける権利を実効的にするための要件を具体化し，司法機関の独立，同機関が基本原則を設定しかつ管理運営の権限を付与するため法によって設立されていること，ならびに審理および判決の公開性を挙げた。上訴裁判所では，WEU内の訴願委員会が司法的な紛争解決機能や対審手続を備えてはいるものの，第1の司法機関の独立という点に関しては，特に委員の任命が政府間委員会によってなされるという委員会の政治性とその委員の短い任期，および委員の忌避について規定がないことが指摘された。第2に，基本原則の設定のため法によって設立されているという点に関しては，判決の執行に関して何らの手続も予定されていないことが挙げられた。最後の審理および判決の公開性という点では，訴願委員会の審問が非公開でなされ，判決も公開されていないことが指摘された。これらのことから，WEU内部の職員救済手続である訴願委員会は，公正な手続概念に固有の保障を完全に与えるものではない。従って，裁判権免除を理由に職員に対し国内裁判所へのアクセスを制限することは，欧州人権条約6条1項の意味における実効的な救済手段を伴うものではないとし，WEUの裁判権免除は認められ

ないことを結論づけたのである。本件では，Waite & Kennedy 判決で確認された基準に深く立ち入って，公正な裁判を受ける権利を実効的にするための要件を具体化した点において大いに評価されよう。

このように，国際公務員が自己の権利を救済するために，欧州人権裁判所や国内裁判所において，国際機構の裁判権免除付与の適否を争うという訴訟形態が確認された。さらに，裁判権免除ではなく，執行免除を争うことにより，自己の権利を救済することも考えられる。これを実現したのが次に見るLutchmaya 事件である[41]。

2 Lutchmaya 事件——国際機構の執行免除と「公正な裁判を受ける権利」
〔控訴審：ブリュッセル上訴裁判所，2003 年 3 月 4 日判決[42]〕

【事実】 原告 Lutchmaya は，1983 年 3 月から 1985 年 6 月までアフリカ・カリブ・太平洋諸国グループ（African, Caribbean and Pacific Group of States; ACP，以下，ACP）の職員であった。ACP は，1975 年 6 月 6 日のジョージタウン国際協定により，アフリカ，カリブおよび太平洋諸国の間で相互の持続可能な発展や活動の調整などを目指し設立された国際機構で，本部はブリュッセルにある。原告は，その任用契約の終了に際して，未払い調整手当，解任補償金などを受け取ることができなかったため，その支払いを求め，ベルギー国内での 1993 年 10 月 27 日の労働裁判所（tribunal du travail）判決，および 1996 年 11 月 27 日の労働上訴裁判所（cour de travail）判決によりその支払いが認められた[43]。ところが，ACP 事務局が支払いを怠ったため，原告は，ACP 事務局

---

[41] ここでは Lutchmaya 事件を取り上げるが，その後の類似の事件として B. D. 事件もある。B. D. c. Secrétariat général du Groupe des États d'Afrique, des Caraïbes et du Pacifique, Cour d'Appel [CA] Bruxelles, 27 févr. 2007; Secrétariat général du Groupe des États d'Afrique, des Caraïbes et du Pacifique c. B.D., Cour de cassation de Belgique, 21 déc. 2009, available at Jure juridat, http://jure.juridat.just.fgov.be/?lang=fr, as of September 30, 2012.

[42] Lutchmaya c. Secrétariat général du Groupe des États d'Afrique, des Caraïbes et du Pacifique, Cour d'Appel [CA] Bruxelles, 4 mars 2003, *Journal des tribunaux* (2003), pp. 684-687.

[43] Groupe A.C.P. c. Lutchmaya M.-A., Cour du Tvavail, Bruxelles, 27, nov. 1996, *Journal des tribunaux* (1997), p. 435. 本件原告の行為は，私法上の業務管理行為（actes de gestion）であるが故に，裁判権免除は認められないとされた。

〈第6部〉課題に挑む国際機構

のベルギーにおける銀行（Banque Bruxelles Lambert; BBL）口座の差押えを求めて，1998年9月にブリュッセル第1審裁判所にそれを請求したが，同裁判所は，ACP事務局の執行免除を認め，その請求を却下した。原告は，これを不服として控訴した。

【判旨】 ベルギーとACPの間には，1993年4月26日に締結した本部協定がある。そこでは，車両の事故または違反の場合のみを除き，ACP事務局にはほぼ絶対的な執行免除が付与されている。原告は，第1審でも本訴でも，決してこの本部協定の法的効果を争ってきたわけではない。原告によれば，ACP事務局は，それが享有する執行免除を次の理由で援用できないとするのである。すなわち，ACPの事務局長が黙示的にその免除を放棄したこと，および，係争中の差押請求はACPの良好な機能遂行に影響を与えるものの，この免除を認めれば，ACP事務局は，1952年の欧州人権条約第1議定書1条，ならびに同条約6条および13条に違反することになるという理由である。

ベルギーとACPとの間の本部協定2条には，特にACP事務局の裁判権免除が規定されており，特別な場合にACPの閣僚理事会議長がそれを明示的に放棄し，さらに明確に特定の放棄が必ず執行措置のためであると述べた場合にのみ当該免除は逸脱されることが規定されている。その結果，執行免除は，裁判権免除と同等に扱われえないということになる。本件の場合，そのような放棄は表明されていない。本部協定に規定された執行免除は，車両に関する事項を除けばまったく一般的なものである。

欧州人権条約第1議定書1条（「すべての自然人又は法人は，その財産を平和的に享有する権利を有する。何人も，公益のために，かつ，法律及び国際法の一般原則で定める条件に従う場合を除くほか，その財産を奪われない。……」）はこの場合適用がない。というのも，当該規定は，本件の場合のように，公益のために，かつ，法律および国際法の一般原則で定める条件において，財産の収容を明示的に許可しているからである。

原告は，ACP事務局が以前に出された判決に由来する義務を免れるために援用する執行免除に反対して，ACP事務局は欧州人権条約6条および13条（効果的救済についての権利）に違反したとする。本裁判所は，締約国の国内法秩序において決定的かつ義務的な司法判決が一方の当事者にとって不利益となり効果のないことが認められる場合，公正な裁判を受ける権利は実体のないもの

648

と繰り返し判断してきた。

　本裁判所が国際機構の特権免除がその良好な機能遂行に不可欠な手段であると認める場合，それでもなお，欧州人権条約との関係で免除が許容されるかどうかを判断するために，原告が自らの条約上の権利を実効的に保護する合理的な代替手段を利用可能であったかどうかを検討することが重要である（Waite & Kennedy 事件）。

　ACP 事務局は，その内部にある様式の紛争解決手段が存在し，ACP 事務局の理事会がこの種の紛争解決の権限を有していると主張する。同様に，本件も当該理事会の決定の対象となったと主張するが，この点に関し何らの証拠書類も提出されていない。本部協定にも ACP 事務局との間で生じる紛争解決の可能性と手段について何らの規定もない。ACP 事務局が自らに対してなされた決定を履行しない場合，それを訴えることのできる手段を付与するような，ACP 事務局の享有する執行免除と比肩する規則の存在が何ら示されていない。従って，欧州人権条約 6 条 1 項によって認められるような公正な手続に関する法規則は，本部協定によって付与される免除の規則に優位しなければならない。よって，ACP 事務局が要求する執行免除を排除することが適当である。それゆえ，1998 年 9 月に提起された差押請求への ACP 事務局による異議は，根拠がないものと宣言する。

〔上告審：破棄院，2009 年 12 月 21 日判決[44]〕

　【事実】　上の控訴審判決を不服とした ACP 事務局は，本件を破棄院に上告した。ACP 事務局は，上告理由の第 1 として，ACP が当事国ではない欧州人権条約が，ベルギーと ACP との間の本部協定に優位することはないこと，第 2 に，控訴審判決が，根拠の提示なく，執行免除が正当な目的と比例しているか否かも検討されることはなく，欧州人権裁判所の先例に基づいて下されたことは，先例への依拠を認めていないベルギー裁判所法に違反したことを主張した。

　【判旨】　第 1 の点について，控訴審において，1998 年 9 月 11 日に被上告人

---

[44] Secrétariat général du Groupe des États d'Afrique, des Caraïbes du Pacifique c. Lutchmaya, Cour de cassation de Belgique, 21 December 2009, available at Jure juridat, http://jure.juridat.just.fgov.be/?lang=fr, as of September 30, 2012.

〈第6部〉課題に挑む国際機構

(Lutchmaya) が上告人 (ACP 事務局) に対して差押えを実行することが認容された。ベルギーと ACP との間の本部協定は 1993 年 4 月 26 日に締結されたが、それが国内において 1998 年 1 月 15 日に承認された法により効力を発生したのは 2000 年 7 月 2 日である。この本部協定は、以前に効力を発生した差押えの適法性に対して影響を与えない。欧州人権条約 6 条 1 項が本部協定に対して優位するとした控訴審に対する上告人の主張は、訴えの利益がなく受理可能ではない。

第 2 の点について、上告理由によれば、上訴裁判所が一般および規則上の効力を欧州人権裁判所判例に付与するどころか、この判例が正当化したことに従って紛争解決するよう同意したことを示したというが、これは受け入れられない。

上告理由において強調されたのは、上告人の銀行口座への差押えの実施可能性が、執行免除が求める正当な目的と比例するか否かを検討することなしに、その免除を合法に排除することはできないということである。国際機構の免除に関して一般に承認された国際法上の原則を反映する措置が、一般に欧州人権条約 6 条 1 項の認める裁判所へのアクセス権と比例しない制約と見なされることが真実であるならば、その比例性の問題は、事件の特殊な事情に照らしそれぞれの場合に応じて評価されなければならないことになる。基本権への侵害が 6 条 1 項に関して許容されるか否かを決定するためには、執行免除の援用される相手が、欧州人権条約の保障する権利を有効に保護するのに合理的な他の手段を有しているか否かを、欧州人権裁判所の判例に従って検討することが重要である。被上告人は、その権利を行使するために、訴訟による差押え以外のあらゆる実効的な法的手段を奪われていたと認められるので、比例性に関わる他の何らかの調整を行うことなく、上告人によって援用される免除を排除する決定が合法に正当化される。

これらの理由により、破棄院は、上告を棄却する。

本件では、ACP 事務局職員の Lutchmaya が、ACP 事務局を相手取り、任用契約終了後の補償手当などの支払い命令の執行を求めて、ACP 事務局の銀行口座への差押えを請求した。ACP 事務局は、執行免除を主張してこれに対抗した。Lutchmaya の主張のうち、争点とされたのは、欧州人権条約 6 条 1

項の公正な裁判を受ける権利が侵害されたか否かという点であった。ここにおいて，国際機構の執行免除と公正な裁判を受ける権利との対立という構図が浮かび上がっている。

　判決の中で，裁判所は，欧州人権裁判所の Waite & Kennedy 判決を引いて，国際機構の免除が認められるためには，欧州人権条約 6 条 1 項に保障された公正な裁判を受ける権利に基づき，原告が自らの条約上の権利を実効的に保護する合理的な代替手段を利用可能であったかどうかを基準とした。ACP 事務局は，機構内部にそのような救済手続が存在することを主張したもののそれが立証されることはなく，結局，裁判所では，Lutchmaya の請求通り，その 6 条 1 項に基づく公正な裁判を受ける権利の保障が優先して考慮され，ACP 事務局の執行免除は認められなかったのである。裁判権免除と執行免除の違いを詳細に検討することなく，前者を扱った Waite & Kennedy 判決を引いて，そこで明示された同じ基準を後者の執行免除を扱った本件に援用したことには，必ずしも十分な判断がなされたとはいえない。とはいえ，この事件は，結果として，国内裁判所において，国際公務員が自身の救済を実現したという点で極めて興味深い。

　もっとも，本件では，Waite & Kennedy 判決に触れてはいるものの，欧州人権条約 6 条 1 項の公正な裁判を受ける権利に基づき，原告が自らの条約上の権利を実効的に保護する合理的な代替手段を利用可能であったかどうかという基準について言及したに過ぎない。これに基づき，Lutchmaya 判決で裁判所は，単に，ACP 事務局内に職員が権利救済を図れる合理的な代替手段があるか否かを検討し，結局それがないということで，Lutchmaya の請求を認めた。確かに ACP 事務局側が，内部手続につきその存在をはじめとした詳細を立証していたならば，より踏み込んだ判断がなされたのかもしれないが，本件においては，この Waite & Kennedy 判決での基準に基づく詳細な検討はなされていない。

IV　おわりに

　本稿の冒頭において，国際公務員の身分保障に関して，従来から国際機構の享有する免除が国際公務員の国内での権利救済の可能性を妨げることが契機となり，国際公務員法が発達してきたことを確認した。ところが，欧州における

651

〈第6部〉課題に挑む国際機構

最近の国際または国内判例においては，欧州人権条約6条1項にいう公正な裁判を受ける権利の保障を理由として，国際機構の裁判権免除が，あるいは執行免除が一定の制約を受けることが明らかにされてきていることを考察した。具体的には，1999年の欧州人権裁判所における Waite & Kennedy 事件において，国際機構の裁判権免除と，欧州人権条約6条1項に保障された公正な裁判を受ける権利との関係が問題とされて以来，ベルギー国内裁判所においてその影響が見受けられた Siedler 事件と Lutchmaya 事件の2件を考察した。前者は，国際機構内に不服申立てのための司法機関があってもそれが不十分であることが問題となった点で注目される事件であった。これ以外にも，同種の争点で，単に機構内に職員が利用できる不服申立てのための司法機関がないという理由で国際機構の免除が否定されたという点では，ベルギー以外の欧州諸国においても判例が散見される[45]。また，後者の Lutchmaya 事件においては，国際公務員が公正な裁判を受ける権利を主張し，国際機構の裁判権免除ではなく，執行免除を制限することにより，自身の救済を実現した。こうした実行に見られる傾向をいかにとらえるべきか。この点については，恐らく次の意義と問題点が考えられる。

　まず，意義に関して，第1に，国際公務員の身分保障という観点からは，国際公務員が自ら権利救済を図る手段の選択肢が広がったという点で有意義である。国際機構内部の紛争解決機関で満足な解決が得られなかった場合には，国内裁判所や欧州人権裁判所のような国際裁判所で権利の救済を図る機会が得られるのである。本稿の冒頭にも見たように，国際機構にいわゆる国際行政裁判所が設置され，その実行の中で国際公務員法なる体系が発展してきてはいるものの，未だすべての国際機構の職員がそのような国際行政裁判所を利用できることにはなっていない。機構内部に設けられた手続が職員の権利を救済するには不十分である場合，他の紛争解決機関を利用できることは国際公務員の身分保障にとって有意義であることは間違いないことである。

　第2に，国際公務員法の発展という点において見れば，国際機構に設けられた独自の国際行政裁判所制度がそれぞれ発展していくことが望ましい。本稿で

---

[45] A. Reinisch, *supra* note (22), pp. 294-303; M. Kloth, *Immunities and the Right of Access to Court under Article 6 of the European Convention on Human Rights*（Nijhoff, 2010), pp. 132-154.

見たSiedler事件のような判断が，公正な裁判を受ける権利の観点から国際機構内部に設けられた国際行政裁判所の不備を指摘することにより，国際機構に対してその不備を改善し，より十全な紛争解決手続を備えるよう働きかけることになることが考えられる。このように考えるならば，とりわけ2005年以降国連行政裁判所の改革が具体化され，2009年より新制度が実施されたことが想起される。国連では新制度の下，従来の国連行政裁判所が廃止され，2審制を導入して第1審の国連紛争裁判所と上訴機関の国連上訴裁判所が設けられた。公正な裁判を受ける権利との関連でいえば，たとえば，裁判官の資格要件がそれまでよりも厳格に定められ，その任期についてはそれまで3年任期で再選が認められていたが，新制度の下では，いずれの裁判所の裁判官もその任期は7年で再選はないとの規定になった。また，それまでなかった裁判官の忌避についても規定が設けられることとなった。裁判官の選任についても，職員側と管理者側から成る内部司法理事会という新規の委員会を設置し，その勧告に基づいて総会が任命することとなった[46]。このような点は，Siedler事件で指摘されたような司法機関の独立を確保する上で重要な点であり，本稿で見た最近の実行の動向に沿った改革であったといえる[47]。

　さらにいうと，国際機構の任務に従事する者は種々の契約に基づく。その契約に関わる紛争解決について見れば，たとえば正規の職員は国際行政裁判所を用いることができるが，臨時に特別な目的を持って任用される者は，それを用いることが出来ず，特別な仲裁手続が設けられていたりする[48]。つまり，国際機構側が用意する手続は必ずしも一様ではないのである。この点に関し，本稿で見たような国際機構以外の場における判例が外圧となって，国際機構に対して，被用者の契約にかかわらずその手続的保障をできるだけ均一にするように

---

[46]　A/RES/63/253. 裁判官の資格要件（紛争裁判所規程4条3項，上訴裁判所規程3条3項），任期（紛争裁判所規程4条4項，上訴裁判所規程3条4項），忌避（紛争裁判所規程4条9項，上訴裁判所規程3条9項）および内部司法理事会による勧告（紛争裁判所規程4条2項，上訴裁判所規程3条2項）。

[47]　この国連の改革に批判を加えつつも，これを1つのモデルとして他の国際機構の内部紛争解決手続も改革が望まれるとの指摘は以下にも見受けられる。R. Pavoni, "Human Rights and the Immunities of Foreign States and International Organizations," in E. De Wet and J. Vidmar (eds.), *Hierarchy in International Law: The Place of Human Rights* (Oxford U. P., 2012), pp. 108-109.

[48]　たとえば，国連について以下参照。拙稿・前掲注[13] 239-242頁。

〈第6部〉課題に挑む国際機構

働きかける効果も期待できよう[49]。

　他方で，問題点も指摘されうる。上述した意義とは逆の側面として，国際公務員の身分保障のために，国際機構独自の紛争解決制度があるにもかかわらず，国際機構外の他の紛争解決手段を用いること——いわゆるフォーラム・ショッピング——は果たして適切であるか。さらにいえば，Waite & Kennedy 事件のように，欧州人権裁判所に紛争を付託するとなると，訴訟を提起する相手を国際機構ではなく国家にし，紛争の主題も自身の勤務上の問題ではなく，免除の付与の適否を争うことになる。本来の紛争解決手段を迂回して国際公務員の問題が他の紛争解決機関に流出し，種々の場で種々の判断が下されていくこと——いわば，国際公務員法の断片化とも見える現象——は，国際公務員法の発展上，必ずしも望ましいとはいえないのではなかろうか。さらにいえば，国際機構独自の紛争解決制度が，他の紛争解決機関によってその実効性や合理性を判断されることになる。それらの機関間には国内の司法制度のような上下の階層関係はない。それにもかかわらず，ある司法機関の判決の適否や実効性を他の司法機関が判断するということになるのである。この意味においても，問題がないわけではない。

　本稿で見た判例の動向は，たしかに，欧州人権条約6条1項の公正な裁判を受ける権利に関わる実行であり，当然のことながら欧州で発現している現象である。もっとも，この規定に類似した規定は，国際人権規約（自由権規約14条1項）のような他の人権条約にも存在するのであるから，本稿で見たような動向は今後普遍的に拡大していくとも考えられる。また，公正な裁判を受ける権利を国際慣習法に根拠づける考えもあり[50]，こうした考えに立てば，その拡大傾向はより強まることになろう[51]。

---

[49]　ユネスコの職員規則の適用のない会計部職員の事件でも，フランス破棄院は，手続の独立性，対審制，弁護人による補佐の可能性および判決の公開性といった基準を用いて，内部仲裁手続が公平かつ公正な手続であることを導いている。Cass. Soc. 11 février 2009, de Beaugrenier, n° 07-44. 240, *R.G.D.I.P.*, Tome 113 (2009), pp. 732-737.

[50]　F. Francioni, "The Rights of Access to Justice Under Customary International Law," in F. Francioni (ed.), *Access to Justice as a Human Right* (Oxford U. P., 2007), pp. 1-55.

[51]　フランスで争われた Degboe 事件では，アフリカ開発銀行の職員（フランス国籍）が機構を相手取って公正な裁判を受ける権利を根拠に，解任の補償金や手当ての支給を争った。職員側が控訴院で勝訴し，それを不服とした機構側が裁判権免除を主張して上告したが，機構内に職員の不服を申立てる裁判所が設けられていなかったことからそ

654

〔黒神直純〕　*18*　国際機構の免除と国際公務員の身分保障

　さらにより広い視野に立てば，本稿で見たような国際機構の免除と公正な裁判を受ける権利という対立の構図，すなわち，国際機構の免除規則と人権規則の抵触をいかに処理するのかという国際機構法一般に関わりうる問題もある。

　以上のような問題点は指摘されるものの，今日，依然，国際公務員法は発展のプロセスにあることを忘れてはならない。本稿で見た現象も，肯定的に捉えれば，国際公務員法の発展過程の中での1現象と見ることができる。20世紀に入り，まだ行政裁判所などなかった時代や，国際連盟が設立された当初も行政裁判所がなく理事会が職員の紛争を扱った時代から考えると，この1世紀余りの間に，国連，ILO，世銀，IMFおよびADBの行政裁判所や，EUの公務員裁判所などが発展し実行を積み重ね，その結果，国際公務員法が法源性をもって独自の発展を遂げてきた[52]ことは疑いえない。国際公務員法は，これまでもさまざまな形で議論が繰り広げられ，制度の修正が繰り返される中で発展を遂げてきたのであり，これからも同様の形で発展を遂げていくのであろう。

の主張は認められず，職員の勝訴が確定した。本件では，アフリカ地域の国際機構が当事者であることから，破棄院は，公正な裁判を受ける権利について，欧州人権条約に依拠せず，フランス管轄権の根拠となる裁判拒否を構成する「国際公序（ordre public international）」に基づく権利に依拠して判断を下した。Cass. Soc. 25 janvier 2005, de Deghoe, n° 04 - 41012, *Journal du Droit International (Clunet)*, Tome 132（2005），pp. 1142-1165. 本件も，欧州人権条約を離れて判断が下され，職員が救済された例と考えられよう。

(52) 芹田健太郎『国際人権法Ⅰ』（信山社，2011年）103頁。

19 国際再生可能エネルギー機関（IRENA）について

酒 井 啓 亘

I は じ め に
II IRENA の設立
III IRENA の活動とその性格
IV お わ り に

I は じ め に

　2009年1月26日にボンで開催された会合で国際再生可能エネルギー機関（IRENA）が設立された。この機関の組織と制度を定め，その活動を規律する設立文書が国際再生可能エネルギー機関憲章（IRENA 憲章）であり[1]，同憲章は25番目の批准書が寄託されて30日後の2010年7月8日に発効した。IRENA は，1994年に設立された世界貿易機関（WTO）や1992年に設立された化学兵器禁止機構（OPCW）以来久しぶりの，そして21世紀に入って初めて設立された本格的な普遍的政府間国際機構である。また，国際機構への参加にこれまで消極的であった米国がこの IRENA に正式に加入したことでも特筆されるであろう[2]。日本も2010年7月1日に同憲章を批准しており[3]，2012年11月21日現在で，103カ国と欧州連合（EU）が IRENA の加盟国となっている[4]。

---

(1) Statute of the International Renewable Energy Agency (IRENA). IRENA/FC/Statute, http://www.irena.org/documents/uploadDocuments/Statute/IRENA_FC_Statute_signed_in_Bonn_26_01_2009_incl_declaration_on_further_authentic_versions.pdf なお，IRENA に関する関連文書の多くは IRENA のサイトで入手できる。http://irena.org/home/index.aspx?PriMenuID=12&mnu=Pri
(2) 米国は，2009年6月29日に署名した後，2011年3月4日に受諾書を寄託して63番目の加盟国となった。http://www.state.gov/r/pa/prs/ps/2011/03/157728.htm
(3) 2010年7月31日に IRENA 憲章が日本について発効した。同憲章の日本語の公定訳については，http://www.mofa.go.jp/mofaj/gaiko/treaty/pdfs/treaty174_13.pdf
(4) IRENA: List of Members, Signatories and Applicants for Membership.

〈第6部〉課題に挑む国際機構

　IRENAは，再生可能エネルギーの普及とその持続可能な方法による利用の促進を目的として設立された国際機構である。IRENAがここで対象とする再生可能エネルギーはバイオマス，地熱，水力，海洋，太陽光，風力などであり，後に述べるように原子力は含まれていない。このことは，IRENA憲章発効後，2011年3月の福島第一原子力発電所の事故を契機とした各国の脱原発政策と再生可能エネルギーの利用の観点から，あらためてIRENAの活動に注目を集める要因となった[5]。

　本稿は，このIRENAの制度と活動を国際法及び国際機構法の観点から検討することを目的とする。IRENAは，再生可能エネルギーの普及・利用という特定の分野において活動することが予定されているが，今後の活動もまたこうした分野に限定されるのか，それともエネルギー一般やエネルギー問題が影響を与える隣接領域との関係のようなより広範な問題，すなわちエネルギーと経済的社会的開発の関係，自然保全や環境保護，さらには平和の促進といった分野にもIRENAが足を踏み入れていくのかは多分に未知数である。そして，そうした可能性を有するIRENAの性格から，同様の活動を行う他の国際機構との協力関係も増進することが考えられる[6]。もちろん，こうした今後の活動の方向性次第でIRENAの性格も変化することは容易に想像できよう。しかし設立からまだ数年しか経っていないIRENAの活動からその将来を予測することは，不可能ではないにしても相当程度困難であることは認めなければならない。そこで，ここではまずIRENAの設立経緯を確認することで本来のその目的を特定したのち，その明示の法的枠組みであるIRENA憲章を概観して考察する。そしてその特徴を抽出して，今後の活動にあたっての問題点を導き出すことにより，近い将来におけるIRENAの姿について考えてみることにしたい。

---

　　http://irena.org/DocumentDownloads/Signatory/IRENA_List_of_Members.pdf　そのほかに55カ国が署名国または加盟申請国となっているが，ロシアと中国はそのいずれにもなっていない。

[5]　2011年1月1日にはIRENAのメンバーは49カ国とEUであったのに対し，福島での原発事故後に加盟国数がほぼ倍増したのは，化石燃料エネルギーや原子力エネルギーに代わる再生可能エネルギーの利用が模索され，この分野におけるIRENAの存在があらためて注目されたことを表しているのかもしれない。*Earth Negotiations Bulletins*, Vol. 30, No. 4 (2011), p. 9.

[6]　D. Comba et A. L. Provence, "Création de l'Agence internationale pour les energies renouvelables", *Sentinelle du 1er février 2009.*

〔酒井啓亘〕　　　*19*　国際再生可能エネルギー機関（IRENA）について

II　IRENA の設立

1　IRENA 設立に至る経緯
(1)　再生可能エネルギーに関する国際機構の設立構想

　再生可能エネルギーに関する国際機構の創設という考えが打ち出されたのは，ほぼ30年前の1981年に開催された再生可能エネルギーに関するナイロビでの国連会議にさかのぼるといわれている[7]。その後この考えは，当時欧州太陽エネルギー協会（EUROSOLAR）の会長を務めていたヘルマン・シールに引き継がれ，1990年に「国際太陽エネルギー機関（ISEA）の設立に関するメモランダム」が発表された。ここでの太陽エネルギーとは太陽光に限るのではなく，広く再生可能エネルギー一般を対象としていたとされる。実際，EUROSOLAR は，2001年1月には欧州再生エネルギー連合との連名というかたちで「国際再生可能エネルギー機関（IRENA）の設立に関するメモランダム」を公表し，再生可能エネルギー一般について国連システム外での政府間機関を創設すべきと提案したのである[8]。同じく2001年6月に EUROSOLAR は，IRENA 設置に向けた国際会議をベルリンで開催しており，この会議では世界再生可能エネルギー評議会（WCRE）が設立され，EUROSOLAR 会長のシールが WCRE 議長に就任した。そして同月13日にはこの WCRE と共催のかたちで，EUROSOLAR がベルリンで第1回世界再生可能エネルギーフォーラムを開催し，「再生可能エネルギーの世界的な普及のための行動計画」を採択して，そのための国際機構である IRENA の必要性を強調するとともに，原子力技術の国際的な拡大を促進する国際原子力機関（IAEA）に匹敵するような再生可能エネルギーのための国際機構の設立を求めたのである[9]。

---

[7]　*Report of the United Nations Conference on New and Renewable Sources of Energy. Nairobi, 10-21 August 1981*（United Nations Publications）. *See also*, U.N.Doc. A/RES/36/193.

[8]　EUROSOLA, the European Association for Renewable Energy, "Memorandum for the Establishment of an International Renewable Energy Agency (IRENA)". (hereinafter "Memorandum") http://www.wcre.de/en/images/stories/pdf/IRENA_Memo_English.pdf

[9]　*See*, EUROSOLAR, "The Long Road to IRENA – A Chronology, 19 Years After the Initial Idea and Numerous Attempts, the Establishment of the International Renewable Energy Agency Is Close At Hand". http://www.wcre.de/en/images/stories/pdf/irena_

659

〈第6部〉課題に挑む国際機構

　このように，再生可能エネルギーのための国際機構設立の動きは関係するエネルギー関係の非政府組織（NGO）のイニシアティヴで始まり，その後も世界風力会議（WWEC）といったNGOなどの支持を受けて継続・強化されることになる[10]。各国の政府主導ではなく，関係分野のNGO主導による政府間国際機構の設立へとつながったという点では従来の国際機構の設立経緯と大きく異なるものであった。それは，エネルギー問題は各国の主権事項とはいっても，地球温暖化問題を前にして，化石燃料以外のエネルギー源を求める環境保護の立場からのNGOによる主張が強まっていたこと，そしてそうした主張を通じて各国のエネルギー政策に影響を与えようとするNGO側の意図が存在していたことを意味する。いいかえれば，IRENAの設立要求には環境保護の問題がすでに内在化されていたのである。

　その後，2004年6月にボンで開催された再生可能エネルギーに関する国際議会フォーラムがIRENA設立運動にとって大きな転機となる。この会議は，ドイツ連邦議会の招請で，同時期に行われた再生エネルギーに関する国際会議「再生可能2004」という会合と並行して，EUROSOLAR会長兼WCRE議長であったシールを議長として開催されたもので，およそ70カ国から300名以上の議員が参加したという。ドイツ連邦議会はすでに2003年4月に，ドイツ連邦政府がIRENA設立のイニシアティヴをとることについて歓迎の意を表明するとともに，IRENA設立に向けた具体的な計画を作成するよう要求する決議を採択していた[11]。こうしてこの会議を通じて，IRENA設立に向けたNGOによる活動がドイツを含めた各国政府の行動と結び付くことにつながったのである。

---

chronologie.pdf（hereinafter EUROSOLAR, "The Long Road to IRENA"）.
[10]　たとえばWWECは2003年11月のケープタウン会合で採択した決議で，再生可能エネルギーに関する世界的規模の情報を保存する役割を担い，同エネルギーにかかわる国内機関や他の国際機構と協力してこれらの活動を調整するための国際再生可能エネルギー機関の設置を強く求めている。WWEC, "Conference Resolution", Cape Town, 26 November 2003, http://www.wwindea.org/home/images/stories/wwecs/resolutions/wwec2003_resolution_final.pdf
[11]　German Bundestag, "Initiative for the Founding of an International Renewable Energy Agency", 10 April 2003, http://www.wcre.de/en/images/stories/pdf/IRENA-BT-Beschluss.pdf

(2) IRENA 設置計画へのドイツの関与と IRENA 設立の準備

EUROSOLAR はドイツの NGO であり，特にドイツ連邦政府のエネルギー政策に関する決定に対して強い関心を示していた。ドイツでは 2002 年当時，ゲアハルト・シュレーダー率いるドイツ社会民主党（SPD）政権下であり，シール自身，SPD 執行委員会委員として，連邦選挙用の SPD プログラムの中に IRENA 設立の要求を入れたのである。そしてこうした要求では緑の党と連携することも可能であった。シュレーダー首相はこのような EUROSOLAR からの働きかけを受け，対外的には 2002 年 8 月の環境と開発に関するリオデジャネイロ会議に出席して，IRENA 設立に関する国際会議に参加するよう各国代表を招請する一方で，国内的には同年 10 月に SPD が緑の党と連携協定を締結して IRENA 設立のイニシアティヴへの支持を打ち出した[12]。

2004 年 6 月の国際会議後，翌 2005 年 9 月に行われた総選挙によりアンゲラ・メルケル率いるキリスト教民主同盟（CDU）／キリスト教社会同盟（CSU）連合が勝利して政権が交替したが，これも IRENA 設立の動きに関しては大きな変化を与えるところとはならなかった。CDU/CSU 連合の議席数では SPD と連立を組むしか議会の過半数をおさえることができなかったため，第 1 次メルケル政権では同年 10 月に CDU/CSU 連合と SPD との間で連立協定が結ばれたが，その中でも IRENA 設立の意図が明記されていたからである[13]。

メルケル首相のドイツ連邦政府は IRENA 設立に向けて準備を進め，2008 年 4 月 10 日及び 11 日には初めての IRENA 設立準備会議をベルリンで開催した。これにはおよそ 60 カ国の代表が参加して，政府間国際機構としての IRENA 創設に対する支持を表明するとともに，あわせてこの機構の目的，活動，枠組み，財政問題などが話し合われたのである。こうした組織上の問題等を具体的に解決し IRENA の設立の基礎固めを行う目的で，さらに同年 6 月 30 日及び 7 月 1 日に同じくベルリンで 44 カ国から約 100 名が集まりワークショップが開催され，IRENA の設立文書案の内容が検討された[14]。そし

---

[12] EUROSOLAR, "The Long Road to IRENA", p. 3.
[13] Gemeinsam für Deutschland. Mit Mut und Menschlichkeit. Koalitionsvertrag von CDU, CSU und SPD. 5. 2 Erneuerbare Energien. http://www.cdu.de/doc/pdf/05_11_11_Koalitionsvertrag_Langfassung_navigierbar.pdf
[14] ワークショップは 2 つの部会で構成された。第 1 部会では IRENA の当初作業計画と，機構の目的や活動に関連する設立文書条の規定が討議され，第 2 部会では，IRENA の

〈第6部〉課題に挑む国際機構

て，同年10月23日24日両日にわたりマドリッドで最終準備会合が行われ，IRENA設立文書の最終的な案が合意されたほか，IRENAの暫定事務局長や暫定本部所在地の選出手続などもここで合意がみられるに至った[15]。このように，ドイツを本拠地とするNGOであるEUROSOLARとドイツ連邦政府が推進力となってIRENA立ち上げの準備が行われ[16]，最終的には2009年1月26日にボンでIRENAを正式に設立する会合が開催されることとなったのである。

2 IRENA設立会合の開催とIRENA始動に向けた準備

(1) IRENA設立会合におけるIRENA憲章への署名

ボンで開催されたIRENA設立会合には124カ国と欧州共同体（EC）が参加したほか，オブザーバーとして国際エネルギー機関（IEA）や国際環境計画（UNEP）など6つの国際機構と，再生可能エネルギー関連のおよそ40ものNGOが出席した[17]。その目的はIRENAの設立であり，IRENAを設立する文書であるIRENA憲章への各国の署名である。会合参加者によるIRENA憲章への署名という行為ということだけを取り上げれば，同憲章も条約の一種であることから，他の多数国間条約と同様，外交会議としてのこの会合により同憲章が正式に採択され，署名のために開放されるということを意味しよう。しかし，IRENA憲章は単なる多数国間条約ではなくIRENAの設立文書でもあり，この会合の目的はまさに政府間国際機構としてのIRENAの設立であった。こうした国際機構を設立する文書の場合，当該文書の発効前であっても，問題となる国際機構が当該文書発効後に速やかに任務遂行ができるよう，後述するように，当該国際機構の活動開始を準備する準備委員会が設置され，設立文書署

再生メカニズムや組織構成について議論された。http://www.irena.org/menu/index.aspx?mnu=Subcat&PriMenuID=13&CatID=30&SubcatID=56

[15] EUROSOLAR, "IRENA Can Start in Bonn", *Press Release, 25 October 2008*. http://www.wcre.de/en/images/stories/pdf/pm_irena_nach%20madrid.pdf

[16] そのほか，ドイツを支援するかたちでスペインとデンマークがIRENA設立に積極的に関与したと伝えられている。IRENA設立会合では，ドイツの経済協力・開発相が議長に，スペインの貿易・産業・観光相とデンマークの気候・エネルギー相がそれぞれ副議長に就任した。*Report of the Conference on the Establishment of the International Renewable Energy Agency*, IRENA/FC/CR, para 7.

[17] *Report of the Conference on the Establishment of the International Renewable Energy Agency, Annex 1*, IRENA/FC/proc. 1; Annex 2, IRENA/FC/proc. 2.

662

〔酒井啓亘〕　*19*　国際再生可能エネルギー機関（IRENA）について

名国がこの委員会の活動を担うことが多くなっている。

　IRENA憲章の発効手続については同憲章第19条が関連する。同条Aは，設立会合で署名資格のある2種類の実体を規定する。それによれば，一つは「国際連合の加盟国であるすべての国」であり，いま一つは「第6条Aに規定する地域的な経済統合のための政府間機関」である。前者が主権国家を対象としているのは明らかであろう[18]。後者も権限ある国際機構，具体的にはEUのような経済統合のための地域的国際機構を指していることは明白である。ちなみに第6条は加盟国の地位について定めたもので，同条Aは「国際連合の加盟国である国」と「この憲章に定める目的及び活動に従って行動する意思及び能力を有する」「地域的な経済統合のための政府間機関」が加盟国となることができる旨を規定している。しかも，「政府間機関」がIRENAの加盟国となる資格を有するには，「少なくとも機関［IRENA］の加盟国の一を含む主権国家によって構成され，かつ，その構成国から機関が対象とする事項の少なくとも一に関する権限の移譲を受けていなければならない」。こうした条件に当てはまる「政府間機関」にEUが入ることは明らかであり，第6条も第19条もEUを念頭においての規定であることがうかがわれる[19]。なお，IRENA憲章は，こうした「地域的な経済統合のための政府間機関」とその構成国の関係についても一定程度の法的規律を及ぼす規定内容を定めている[20]。

　IRENA憲章への署名は，設立会合で上記のような国及び国際機構に開放された後，同憲章の効力発生の日まで可能とされた（第19条A）。IRENA憲章の

---

[18]　ただし，IRENAが国連の専門機関となることが予定されていないにもかかわらず，国連加盟国がIRENA加盟の資格条件とされていることには注意を要する。

[19]　他方で，IRENA憲章第7条Aによると，IRENAの総会はそのオブザーバーとしての地位を，「再生可能エネルギー分野において活動する政府間機関及び非政府間機関」にも付与することができるとされている。この分野で活躍する政府間国際機構だけでなくNGOに対しても一定の地位を認めることが設立文書で規定されているという点は，非国家的実体も関係する対象領域の特質のほか，NGO主導というIRENA設立の来歴にも由来するものであろう。

[20]　たとえば第6条Cでは，そうした「政府間機関」とその構成国は，IRENA憲章上の義務の履行に関するそれぞれの責任範囲を明確にすることが要請されるほか，同憲章上の権利を同時に行使できないものとされている。EUについては，IRENA加盟前の理事会決定でEUとEU構成国間の権限配分が明記された。*Council Decision of 24 June 2010 on the Conclusion of the Statute of the International Renewable Energy Agency (IRENA) by the European Union (2010/385/EU)*, OJ L178 of 13 July 2010, p. 17.

〈第6部〉課題に挑む国際機構

発効日は,「25番目の批准書が寄託された日の後30日目の日」(同条D)であることから,実際にはイスラエルが25番目の批准書を寄託した2010年6月8日の30日後の同年7月8日にIRENA憲章は発効した。従って,署名に開放された日も2009年1月26日から2010年7月8日までであり,それ以降になると,署名は行われず,加入の手続が行われることになる(同条B)[21]。2009年1月26日の設立会合の際に署名した国は75カ国であったが,最終的には149カ国とEUが署名を行った。

(2) IRENA準備委員会の設置とその特徴

もっとも,先に述べたように,実際にはIRENA憲章の発効は2010年7月8日であり,それまではIRENAが正式に同憲章に基づいて活動することはできなかったことは確かである。このため,IRENAとは別に,IRENA憲章署名国で構成されるIRENA準備委員会がIRENA設立会合で設置され,IRENA憲章が発効してIRENAが実際に活動を開始するその第1回総会までこの準備委員会が暫定的に運営について責任を負うことになった。すなわち,①暫定的な作業機関を用いてIRENA第1回総会とIRENA憲章の早期かつ実効的な発効・実施に向けた必要な準備を行うこと,②再生可能エネルギー分野におけるIRENAの早期のプレゼンス等を確保するため必要な措置をとること,③できるだけ速やかに憲章目的の実効的実施を確保するために必要な活動を行うこと,がIRENA準備委員会の設置目的とされたのである[22]。

このように,活動予定の国際機構に関する準備委員会が設置され,設立文書発効後の当該国際機構による活動開始までの間,暫定的に事務的組織的な運営を行う例はこれまでにも存在しなかったわけではない。もとより,これら準備委員会はその活動内容や法的根拠の形式などで一様ではなく,その特徴も様々である[23]。IRENA準備委員会の場合は以下の点をその特徴として挙げること

---

[21] なお,IRENA加盟手続について詳しくは,*see*, IRENA Secretariat, *Information Note. IRENA Membership – How to become a Member.* http://www.irena.org/DocumentDownloads/Note_IRENA_Membership_accession_process.pdf

[22] *Conference on the Establishment of the IRENA, Resolution on Establishing a Preparatory Commission for the International Renewable Energy Agency*, IRENA/FC/res.1. (hereinafter *Resolution on IRENAPC*).

[23] こうした問題については,浅田正彦「国際機構の法的権能と設立文書の法的性格──条約に基礎を置かない国際機構の条約締結能力を中心に」安藤仁介=中村道=位田隆一編

ができよう。

　まず，準備委員会は，条約によってではなく，設立会合が採択した決議によって設置されたということである。この種の準備委員会が条約により設置される場合もあるが，最近では OPCW 準備委員会や包括的核実験禁止条約機関（CTBTO）準備委員会などのように(24)，設立文書への署名を行う会合で採択された決議に付属する文書で設置されるものもあり，それ自体は異例なことではない。

　むしろ注目されるのは，この文書では，「準備委員会が国際法人格（international legal personality）を有する」とされていることである。これについては2点注意しなければならない。第1に，国際法人格をここでは国際法主体性と互換的なものと考えれば(25)，準備委員会というような組織が明示的に国際法主体性をその設置文書で付与されているという点である。この点は，後述するように，IRENA 自身が IRENA 憲章で国際法主体性を明示に付与されているという事実と関連する。第2に，こうした準備委員会に国際法主体性を付与する文書が，条約ではなく，IRENA 設立会合の決議文書であったという点である。つまり，非法的な性格を有する文書，少なくとも条約のような法的拘束力を持たない文書に法的な効力をもつと考えられる規定が含まれたことである(26)。

　こうした組織が国際法主体性を有するということそれ自体は，理論上の関心を呼ぶものではあるが，他方でその実践的意義としては，この種の準備委員会が対外的にいかなる能力を有して活動しうるか，とりわけ他の国際法主体と条約を締結する能力を有するかどうかというところにあると考えられる。この観点からすると，条約の締結に関する IRENA 準備委員会の実行もまた確認しておく必要があろう。国際機構は自らの領域を有しないことからいずれかの国家領域において活動を行うことになるため，その活動のためには機構が所在する

『21世紀の国際機構：課題と展望』（東信堂，2004年）110-113頁参照。
(24) *Resolution on IRENAPC*, para. 5.
(25) 「国際法人格」と「国際法主体性」をどのように区別して用いるかは論者により多様であるという。植木俊哉「国際組織の概念と「国際法人格」」柳原正治編『国際社会の組織化と法』内田久司先生古稀記念（信山社，1996年）44-46頁参照。
(26) 非法的な性格を有する文書に含まれる規定の一部が法的な効力を有するということ自体はあり得ないことではなく，このことは準備委員会を設置する決議についても当てはまるであろう。浅田・前掲注(23) 123-124頁参照。

〈第 6 部〉課題に挑む国際機構

場所の国家との間で一定の取極めを行うことが要求される。その典型例が本部協定である。IRENA 準備委員会もまた，IRENA が実際に活動を開始するまで自らがそれに代わって活動するため，機構の本部や各種センターが置かれるアラブ首長国連邦（UAE），オーストリア，ドイツとの間で本部協定または受入国協定を締結する必要があった。実際にも，IRENA 準備委員会は，IRENA 本部が置かれることになる UAE を議長とする本部協定作業部会を設置し，本部協定（Host Country Agreement between the Government of the United Arab Emirates and the Preparatory Commission for the International Renewable Energy Agency）を作成してこれを UAE との間で締結するとともに[27]，IRENA 憲章発効後にあらためて締結される予定の IRENA と UAE 間の本部協定の内容を検討させたのである[28]。同様に，ボンに設置される IRENA イノヴェーション・テクノロジー・センター（IITC）とウィーンに置かれる IRENA リエゾン・オフィスとの関係で，ドイツやオーストリアとの間でも締結される所在地協定が作業部会や IRENA 準備委員会で議論されている[29]。このように，IRENA 準備委員会は，設置決議で国際法主体性の保有を認められただけでなく，実行上も国際法上の法律能力に依拠して条約を締結するなど，国際法主体として国際平面での活動を行っていたのである。

(3) IRENA 準備委員会の活動

IRENA 準備委員会は，ボンで開催された IRENA 設立会合で設置され，直ちに同地で第 1 回会合が行われた後，2011 年 4 月に UAE のアブダビで IRENA 第 1 回総会が開催されるまで 5 回の会合を重ねた[30]。従って準備委員

---

[27] 準備委員会は，当初，暫定事務局長に暫定本部協定に署名する権限を与えたが（Decision PC. 3/dc. 1 on Headquarters Agreement, IRENA/PC. 3/dc/1, para. 5），その後，準備委員会議長に署名の権限を付与し（Decision on the Interim Headquarters Agreement, PC. 4/DC. 8, Annex 1），2010 年 10 月 25 日に UAE との間で暫定本部協定（Report of the Chair of the Headquarters Agreement Working Group, PC. 4/DC. 8, Attached）が調印された。Report of the Fourth Session of the Preparatory Commission for the International Renewable Energy Agency, PC. 4/SR. 6, para. 99.

[28] その後，2012 年 6 月 3 日に IRENA と UAE の間で本部協定が締結されている。"IRENA Headquarters Agreement signed with the United Arab Emirates", IRENA News, 3 June 2012.

[29] Report of the Fourth Session of the Preparatory Commission for the International Renewable Energy Agency, PC. 4/SR. 6, para. 97.

〔酒井 啓亘〕　　*19*　国際再生可能エネルギー機関（IRENA）について

会は2年間にほぼ半年に1回の割合で会合を行ったことになる。

　この2年間においてIRENA準備委員会に課せられた任務には，IRENAの将来の活動を見据えた準備委員会の作業計画の策定や予算の決定のほか，細かいことでいえば，準備委員会の暫定財政規則や職員規則の作成も含まれるが，おそらくその後のIRENAの活動に最も影響を与えると思われたのはIRENAの暫定本部所在地（事務局所在地）の決定と暫定事務局長の選任であった。いずれも暫定的なものとはされたが，IRENA発足後は引き続きそれぞれ本部所在地および事務局長となることが予定されていたからである。

　このうち，IRENAの本部所在地国に関しては，準備委員会がボンでの第1回会合で本部委員会を設置するとともに事務局暫定所在地の選定手続を決定し[31]，これに基づいて選定が進められた。候補地としては，IRENA設立に準備段階から積極的に関与してきたドイツやデンマーク（その後立候補辞退）のほか，国際機構の本部誘致に意欲を示すオーストリア，さらにアラブ地域で初めて普遍的な国際機構の本部を置くことに執念をみせたUAEが手を挙げた[32]。ドイツはIRENAへの拠出金について可能な限り政府開発援助（ODA）を拡充して貢献するとしたのに対し，UAEは豊富な資金量を背景として，義務的分担金とは別に相当な額の任意拠出金を提供するとともに，本部用の施設をアブダビに建設して誘致をアピールしたのである[33]。結局，2009年6月にエジプトのシャルム・エル・シェイクで開かれた第2回会合で，準備委員会議長と，デンマークを除くこれら3カ国が協議した結果，ドイツとオーストリアが立候補を取り下げ，UAEの支持にまわることになった[34]。ドイツとオーストリアには，

---

[30]　準備委員会は，第1回会合（2009年1月27日）がドイツのボン，第2回会合（2009年6月29-30日）がエジプトのシャルム・エル・シェイクで行われた後，第3回（2010年1月17日），第4回（2010年10月24-25日），第5回会合（2011年4月4日）はいずれもIRENAの暫定本部が置かれることになったUAEのアブダビで開催された。

[31]　*Decision PC. 1/dc. 2 on a Selection Procedure for IRENA's Interim Seat of the Secretariat*, IRENA/PC. 1/dc. 2.

[32]　*Report of the Headquarters Committee at the Second Session of the Preparatory Commission*, IRENA/PC. 2/proc. 5.

[33]　*Report of the First Session of the Preparatory Commission for the International Renewable Energy Agency*, IRENA/PC. 1/SR, paras. 35-36.

[34]　*Report of the Second Session of the Preparatory Commission for the International Renewable Energy Agency*, IRENA/PC. 2/SR, para. 34.

〈第6部〉課題に挑む国際機構

　その代わりに IITC とリエゾン・オフィスがそれぞれ設置されることになる[35]。これにより IRENA の暫定本部所在地には UAE のアブダビが選出されることになったのである[36]。

　もう一つの暫定事務局長については，やはり準備委員会の第1回会合でその下部機関として事務局長委員会が設置されるとともに，暫定事務局長の選出手続も定められた[37]。これに従い，フランス，スペイン，ギリシャ，デンマーク，ナイジェリアおよびノルウェーからそれぞれ候補者が立てられたが，最終的に第2回会合でフランスのエレン・ペロスが暫定事務局長に選出された[38]。ペロスは，事務局の整備や国際機構・NGO などとのネットワーク構築に力を注ぐとともに，IRENA のヴィジョンや任務について方向性を打ち出す努力を行い，事務局長就任も視野に入れる意欲を示していたが，アブダビでの準備委員会第4回会合を間近に控えた 2010 年 10 月に突如辞意を表明した。このため，準備委員会は同年 10 月 26 日付でペロスの暫定事務局長辞職を受け入れて[39]，選挙によることなく後任の暫定事務局長を指名することを申し合わせ，同年 11 月1 日付で暫定事務局次長に就任予定となっていた国連システム調整主要執行理事会（CEB）前事務局長のアドナン・アミン（ケニア）を IRENA 第1回総会ま

---

[35] この取引の間をとりもったのは米国だという。"U. S. Brokers IRENA Headquarters Agreement", Passed to the Telegraph by WikiLeaks, 15 Feb.2011. http://www.telegraph.co.uk/news/wikileaks-files/egypt-wikileaks-cables/8327240/U.S.-BROKERS-IRENA-HEADQUARTERS-AGREEMENT.html

[36] なお，IRENA 発足後，IRENA 第1回総会でアブダビは正式に IRENA 本部所在地に指名された。*Report of the First Session of the Assembly of the International Renewable Energy Agency*, A/1/SR, paras. 11-13.

[37] *Report of the First Session of the Preparatory Commission for the International Renewable Energy Agency*, IRENA/PC. 1/SR, paras. 19-22; *Decision PC. 1/dc. 3 on a Selection Procedure for IRENA's Interim Director-General*, IRENA/PC. 1/dc. 3.

[38] *Report of the Second Session of the Preparatory Commission for the International Renewable Energy Agency*, IRENA/PC. 2/SR, para. 36; *Report of the Director-General Committee at the Second Session of the Preparatory Commission*, IRENA/PC. 2/proc. 6. 原子力産業が強く，また IEA の本部もあるフランスから暫定事務局長が選出されたことに対しては，同国の産業構造から原子力を含めた低炭素化の促進に IRENA を移行させていくフランスの布石ではないかとの懐疑的な見方もあったという。T. Macalister, "Nuclear Industries Accused of Hijacking Clean Energy Forum", *The Guardian*, 28 June 2009. http://www.guardian.co.uk/business/2009/jun/28/nuclear-industry-global-body-plans

[39] *Decision on the Resignation of the Interim Director-General*, PC. 4/DC. 2.

で暫定事務局長代行とすることとした[40]。アミンは，IRENA 発足後，準備委員会第 3 回会合で採択された手続に従い[41]，IRENA 第 1 回総会による任命により，正式に事務局長に就任している[42]。

なお，IRENA 準備委員会の業務上の活動で特筆されることを一つあげるとすると，IRENA 専門家の助力を得て準備委員会第 3 回会合で合意されて 2010-20 年のエネルギー行程表が策定されたトンガの例がある。これは化石燃料に依存しない電力需要への対応と離島での電力のアクセスを内容としたもので，IRENA が保有する再生可能エネルギー関連の専門知識が利用された最初の例であり，IRENA の今後の活動の方向性として加盟国のエネルギー政策に対する助言提供を強く示唆するものと受けとめられた[43]。

先に述べたように，2010 年 7 月 8 日に IRENA 憲章が発効したことから，準備委員会は同年 10 月の第 4 回会合で，次の 2011 年 4 月の第 5 回会合を最終会合とすることで合意し，IRENA への移行作業に入った[44]。そして準備委員会は第 5 回会合において準備委員会から IRENA への資産や契約上その他の権利義務等の移転に関する規定を定め[45]，IRENA もまた第 1 回総会で準備

---

[40] *Report of the Fourth Session of the Preparatory Commission for the International Renewable Energy Agency*, PC. 4/SR. 6, paras. 34-38. ペロス辞任の背景には，彼女自身へのインタビューによると，暫定事務局所在地国 UAE との確執があったという。"'Fearful' Frenchwoman Replaced as Renewable Agency Chief", *Energy Daily*, 25 Oct.2010. http://www.energy-daily.com/reports/Fearful_Frenchwoman_replaced_as_renewables_agency_chief_999.html これに対して後任のアミンは，暫定事務局長代行就任後の数カ月間にわたり，提供された資金が有効に使われていることを示すため，活動の透明性の向上など運営上の機能強化を行ったことを表明しており（Preparatory Commission for IRENA, *Newsletter, No. 4, Jan. 2011*, p. 1），前任者の組織運営に不都合な点があったことを示唆している。*See also, Earth Negotiations Bulletin*, Vol. 30, No. 4 (2011), p. 9.

[41] *Procedure to Identify Candidates for the Position of Director-General*, PC. 4/DC. 5.

[42] *Report of the First Session of the Assembly of the International Renewable Energy Agency*, A/1/SR, paras. 14-17.

[43] Preparatory Commission for IRENA, *Newsletter, No. 3, June 2010*, p. 5.

[44] *Report on the Activities of the Preparatory Commission*, PC. 5/3, paras. 54-55.

[45] *Report of the Fifth Session of the Preparatory Commission for the International Renewable Energy Agency*, PC. 5/SR, paras. 28-29; *Draft Decision on the Transfer of Assets and Liabilities from the Preparatory Commission for the International Renewable Energy Agency to the International Renewable Energy Agency and Recommendations on other Transitional Arrangements*, PC. 5/DC. 6.

〈第6部〉課題に挑む国際機構

委員会の資産及び責務を受け入れる決定を行ったのである[46]。このようにして，IRENA 憲章発効後，2011年4月の IRENA 第1回総会より IRENA は正式に活動を行っていくことになる。

Ⅲ　IRENA の活動とその性格

1　IRENA 憲章の内容

(1)　IRENA の設立目的と活動対象

ここであらためて IRENA 憲章の内容を概観しておこう。同憲章は前文と本文20カ条，それにこの憲章と不可分の一部をなす「設立会合による宣言」からなる。憲章の起草過程については必ずしもつまびらかではないが，IRENA の設立に尽力した EUROSOLAR と WCRE により作成された IRENA 憲章草案（以下，憲章草案）が公表されているため[47]，適宜この憲章草案と比較した上で，IRENA 憲章規定の特徴を確認していきたい。

(a)　憲章前文における IRENA の位置づけ

前文（なお憲章草案には前文はない）では，再生可能エネルギーの利用促進の希望がうたわれ，その背景として，温室効果ガスの削減の必要性と，それによる気候系の安定化と低炭素経済への持続可能で確実かつ緩やかな移行が強調されるとともに，世界的なエネルギー需要の増加への漸進的対応も視野に入れている。この前文で注目される点は2つある。第1に，IRENA の性格について，「再生可能エネルギーの分野において」「加盟国間の協力を促進する」ために設立され，また「再生可能エネルギーの利用を促進する既存の組織との緊密な協力」を確立することも考えられていることである。IRENA が加盟国間においても既存の組織との間においても協力という側面を重視していることが明確とされており，こうした点が IRENA の任務や機能に反映されていることは疑

---

[46]　*Report of the First Session of the Assembly of the International Renewable Energy Agency*, A/1/SR, para. 23; *Decision on the Acceptance of Assets and Liabilities of the Preparatory Commission for the International Renewable Energy Agency by the International Renewable Energy Agency and other Transitional Arrangements*, A/1/DC/2.

[47]　*Draft-Statute of the International Renewable Energy Agency (IRENA)*（hereinafter *Draft-Statute*）http://www.eurosolar.de/en/images/stories/pdf/IRENA_draft_statute_en_jul01.pdf

〔酒井啓亘〕　*19* 国際再生可能エネルギー機関（IRENA）について

う余地がない。第2に、「特に開発途上国においてエネルギーへの分散的なアクセスを提供し、並びに孤立した及び遠隔の地域及び島に対してエネルギーへのアクセスを提供するため」、再生可能エネルギーの利用に係る国際機構の設立が求められたということを明らかにしている点である。あえて途上国のエネルギー問題に言及することにより、再生可能エネルギーと途上国の経済発展・開発問題とが結び付けられる可能性が開かれたとみることもでき、このことは、後に見るように、IRENAがいかなる目的を志向する国際機構であるかという問題を潜在的に含意する内容でもあった。

(b)　IRENAの考慮事項

憲章本文冒頭の第1条は「機関の設立」という表題の下、A項とB項という2つの項が置かれている。A項はIRENAの設立を宣言したもので、憲章草案第1条とほぼ同じだが、B項に当たるものは憲章草案では機関の任務遂行に際して定められており[48]、従ってB項は政府間における憲章作成の交渉過程でこれが目的に格上げされたと考えられる。それによると、IRENAは「全て加盟国間の平等の原則に基礎を置く」ものとし、活動の実施に際しては「加盟国の主権的権利及び能力（the sovereign rights and competencies）に対して十分な考慮を払う」とされていることから、国家の主権平等という基本原則が確認されていることがわかる。

ただし、やや注意を要するのは、加盟国の「主権」ではなく、「主権的権利」と「能力」に「十分な考慮を払う」ものとされていることである。これが、国家が有する主権と同じことを意味するのか[49]、それとも「主権」とは別に「主権的権利」という用語が選ばれたのかが問題となろう。後者だとすれば、あえて「主権的権利」という用語が選択された理由とその意義が検討されなければならないであろう。その場合、本来、エネルギー政策は各国の主権管轄事項ではあるが、ここで「主権」よりも相対的に弱いと考えられる「主権的権利」が

---

[48]　憲章草案第3条Dによると、機関は、この憲章および機関と国との間で憲章に従って締結された協定に服することを条件に、「その任務を遂行するに際して国の主権的権利に十分な考慮を払う」とされている。*Draft-Statute*, Article Ⅲ D.

[49]　この意味での「主権的権利」という用語は、たとえば友好関係原則宣言でも確認される。この点については、*see*, S. Besson, "Sovereignty", in R. Wolfrum (ed.), *The Max Planck Encyclopedia of Public International Law, Volume IX* (Oxford U. P., 2012), pp. 382-383.

〈第6部〉課題に挑む国際機構

選択されたのは，そうした一国の政策に対して他者からの関与が正当化される余地を認めたものと解することもできないわけではないからである。しかしその用語上の区別は実行上それほど明確なわけではなく，この「主権的権利」に「主権」とどれだけ違う意味を含めるかについては今後のIRENAの活動内容に依存するところが大きいように思われる[50]。

(c) IRENAの目的

第2条はIRENAの目的を定めており，同条柱書では，あらゆる形態の再生可能エネルギーの広範な採用とその増大，そして持続可能な利用を促進することがIRENAの目的とされている。ただ，この目的達成のために同条はIRENAに対して，以下の2点を考慮するよう求めている。第1点は，再生可能エネルギーとエネルギー効率のための措置を組み合わせたアプローチに由来する国内の優先事項と利益への考慮であり（第2条(a)），ここでは加盟国の主権（的権利）への配慮が打ち出されているといえよう。この点は憲章草案に言及はなく，政府間の憲章作成過程において国家主権の強調が参加国から主張された結果と推測しうる。第2点は，天然資源に対する圧力の限定と森林減少や砂漠化・生物多様性の喪失の減少を通じた環境保全，気候の保護，経済成長及び社会的結束（貧困の軽減及び持続可能な開発を含む），エネルギーの供給へのアク

---

[50] たとえば1958年大陸棚条約第2条において大陸棚に及ぶ沿岸国の権利の性質に関し「主権的権利」という概念が採用されたのは，大陸棚の性格が主権行使の対象となる領土や内水に近い性格を有するのか，それとも沿岸国の管轄権が行使される場にすぎないのかという意見の対立を解決するためであった。こうした大陸棚での「主権的権利」が「主権」に匹敵するかどうかは，大陸棚の「探査」と「開発」のためのそうした権利の行使が主権の完全な内容の行使に匹敵するかどうかに依存するものともいえる。しかも実際には沿岸国の主権が行使される領海においてでさえ，海洋法上の要請により沿岸国の権利には一定の制約が課せられるのであるから，大陸棚に行使される権利の性質を「主権」というにせよ「主権的権利」と呼ぶにせよ，それは言葉の問題ではなく，沿岸国が現実に何をなしうるかということにかかるものであった。小田滋『海の国際法 下巻［増補版］』（有斐閣，1969年）220頁参照。See also, D. P. O'Connell, *International Law, Second ed.* (Stevens & Sons, 1970), p. 507; D. J. Attard, *The Exclusive Economic Zone in International Law* (Clarendon Press, 1987), p. 47. であるとすれば，IRENA憲章上の「主権的権利」もまた加盟国が現実に何を行うことができるかということの方が重要であり，それは加盟国とIRENAとの間の権限関係の進展にかかることになる。なお，エネルギー憲章に関する条約では，海洋法における「主権」と「主権的権利」の区別に対応した規定を置くとともに（エネルギー憲章条約第1条(10)参照），これら2つの概念をエネルギー資源に対する権利としてひとしく認めている（同条約第18条(1)参照）。

〔酒井啓亘〕　***19***　国際再生可能エネルギー機関（IRENA）について

セスおよびその供給の安定，地域の開発，世代を超える責任（inter-generational responsibility）といった再生可能エネルギーによる貢献の考慮である（同条(b)）。憲章草案でも再生可能エネルギーが行いうる貢献に関して資源保護や地球の気候の安定化，経済発展，各国へのエネルギー供給などを挙げていたが[51]，憲章ではさらにエネルギー供給へのアクセスや地域の開発，世代間責任にも言及しているところが特徴であろう。第1点が各国の主権に配慮した考慮事項であるのに対して，第2点はむしろ地球環境など国際社会の共通利益が中心となっている。

(d)　再生可能エネルギーの定義

続く第3条は再生可能エネルギーの定義を行っており，これを「再生することが可能な資源から持続可能な態様で生産されるあらゆる形態のエネルギー」と定めている。これには，バイオ，地熱，水力電気，海洋（潮汐，波，海洋温度差など），太陽，風といった各エネルギーが含まれるという。再生可能エネルギーを一般的に定義したというよりも，上記エネルギーを含めこの憲章上の定義ということであって，IRENAが対象とするエネルギーを限定した意義を有する[52]。なお，原子力発電で使用されるウラン燃料は「再利用」可能ではあるものの，化石燃料と同様に有限な資源であり，上記定義に当てはまらないことから原子力は再生可能エネルギーに含まれないと考えられる[53]。

このように第1条から第3条の内容をみてくると，IRENAの設立及びその目的については，憲章作成過程において特に国家利益への考慮を明記したことで，国際協力や国際社会の共通利益とのバランスをとる結果となったように思われる。また，IRENAが扱う対象やその際の考慮要因の多様さからは，再生可能エネルギーに特有の問題だけでなく，広くエネルギー問題一般や地球環境問題，さらには経済発展や開発問題までIRENAが考慮することが求められて

---

[51]　憲章草案には，再生可能エネルギーが貢献し得る対象としては，資源保護，地球官許の安定化，自然の保全，経済開発，エネルギー供給，健康と並んで，平和という広い概念が含まれていた。*Draft-Statute*, Article Ⅱ.

[52]　憲章草案には再生可能エネルギーの定義に関する規定は設けられていない。

[53]　石飛節「国際再生可能エネルギー機関（IRENA）の設立」時の法令1875号（2011年）22頁。福山哲郎外務副大臣答弁『第174回国会参議院外交防衛委員会会議録』第10号（平成22年4月15日）11頁も参照。なお，化石燃料や原子力と相対的に区別される再生可能エネルギーに共通する特徴については，大島堅一『再生可能エネルギーの政治経済学』（東洋経済新報社，2010年）101-102頁参照。

〈第6部〉課題に挑む国際機構

おり、いずれの点を重視するかによってIRENAの活動の方向性に影響を与えることを意味しよう。

(2) IRENAの活動態様

第4条はIRENAの活動に関連する規定である。同条で注意すべきは、IRENAが特に加盟国の利益のために行う活動（第4条A）、活動の実施に当たり行われること（同条B）、そしてIRENAの具体的な行為（同条C）という3つの項に分かれていることである。

A項では、IRENAを「再生可能エネルギーに関する技術の卓越した拠点」と位置付けたうえで、同エネルギー促進の触媒として作用することを期待して、実際の利用に関する経験及び政策上の経験の提供や、同エネルギーに関連するすべての事項に関する支援の提供を行うとともに、効率的な発展と知識・技術の移転から利益を得られるよう各国を支援することを目的としたIRENAの活動が列挙されている。

B項は、まず国連の目的や原則、政策に従って行動することを確認し、その際、特に平和、国際協力のほか、持続可能な開発概念を考慮することを求めて国際社会の共通利益を強調する。他方で、IRENAの資源の配分につき効果的な利用を確保する際には、途上国等の特別の必要を考慮した上で加盟国に最大限の利益をもたらす活動を行うことも要求しており、加盟国の利益、とりわけ途上国の利益への配慮が明示されている。そして、既存の国際機構との緊密かつ有益な関係を維持する一方で、再生可能エネルギーを促進する政府その他の資源を有効に活用することもあわせてIRENAには求められている。このように、国際社会の共通利益と加盟国、特に途上国の利益をそれぞれバランスよく追及し、他の類似の組織との協力関係の構築等を通じた様々な関係アクターの資源の効率的利用を図ることが意図されているのである。

C項によるとIRENAはその活動に関する年次報告を加盟国に提出するほか、自らが行った政策上の助言を加盟国に通報し、また再生可能エネルギー関連の他の国際機構との協議等その関係について加盟国に通報することとなっている。したがって、IRENAは加盟国への政策上の助言提供をその主たる任務とするとともに、そうした助言に関する情報をできるだけ加盟国との間で共有することが予定されていることがわかる。

〔酒井啓亘〕　　***19*** 国際再生可能エネルギー機関（IRENA）について

こうしたIRENAの活動は，次の第5条で次の2つの方法によって実施されるという。第1に，事務局が作成し，理事会が検討し，総会が採択した年間の作業計画に基づいてIRENAが活動を実施する場合であり，これが通常の方法である（第5条A）。しかし，そうした作業計画に基づかない場合でも一定の条件でIRENAが活動を実施できる場合がある。すなわち第2に，加盟国がイニシアティヴをとり事業を開始しそれに対して資金を提供する場合であり，その場合にはIRENAの財源以外の資源の利用が可能であることが条件となっている（同条B）。

(3) IRENAの組織

前述のとおり，IRENAは政府間国際機構であり，メンバーは国家と地域的な経済統合のための政府間機関に限定される（第6条）。ただし，再生可能エネルギー分野で活動する政府間国際機構やNGO，未批准の署名国や加盟申請国に対して総会がオブザーバーの地位を付与することができ，これらは総会とその補助組織の公開の会合に投票権なしで参加できる資格を有することになっている（第7条）。特に関係NGOの参加は，IRENAが再生可能エネルギーに関連するNGO主導で設立されたことを背景として，そうしたNGOが当該分野で活発に活躍していることを例証しているが，これによって国際社会に対するIRENAの活動の透明性・公開性が一定程度増進し，そうした活動の正統性が調達されることが期待されることになる。

IRENAの主要な組織は，総会（第9条），理事会（第10条），事務局（第11条）で，通常の国際機構の組織構成に従ったかたちとなっている（第8条）[54]。

総会に関する規定で注目されるのは，すべての加盟国により構成される総会がIRENAの権限事項全般にわたり討議する権限を有するほか，IRENAの他の機関に対する勧告や理事会への検討事項の提案権，理事会と事務局に対する報告の要請権を有するなど，IRENAの「最高機関」として位置づけられていることである（第9条A及びB）。また，総会で加盟国が有する票はいずれも1票であり，実質事項か否かの決定も含め実質事項はすべてコンセンサス方式で

---

[54] ただし，興味深いのは補助組織の設置に係る権限事項である。総会は自ら補助機関を設置できるが，理事会が補助組織を設置するには総会による承認が条件とされている。第8条B参照。このことは，補助組織の設置に関する限り，総会が理事会の監督権限を有していることを意味する。

675

〈第6部〉課題に挑む国際機構

決定されるが、反対が2を超えない場合には「コンセンサスに達したものとみなす」とされているため、実際にはいずれの加盟国も拒否権をもつことにはならない規定となっている（同条F）。総会は理事会が提出する予算や作業計画を採択しあるいは修正を決定できるほか、憲章の改正の承認、総会及び理事会の手続規則の承認、年次報告書などの採択もその権限の中に含まれている（同条G及びH）。

これに対して理事会は11～21カ国までの加盟国（任期2年）で構成される機関であり、総会でのその選出に際しては、途上国と先進国の効果的な参加のほか、公正かつ衡平な地理的配分及び理事会の作業の実効性が考慮される（第10条A）[55]。表決については総会と異なり機動性を重視してコンセンサス方式は採用されず、手続問題は単純多数決で、実質事項か否かの決定も含め実質事項については構成員の3分の2の多数決で決定されると定められた（同条D）。また理事会は総会に対して責任を負い、憲章上の任務や総会から委任された任務を遂行するが、具体的には、加盟国間の協議促進、IRENAの作業計画及び予算案の検討と総会への提出、総会の議題案の作成等の準備、総会の事前承認を条件にIRENAを代表して国や国際機構、国際団体との条約締結などがその主な活動内容となっている（同条E及びF）。

IRENA事務局は、他の国際機構の事務局と同様に、IRENA機関の補佐を行うとともに、憲章上及び総会・理事会が委任する任務を遂行するものとされている（第11条A）。具体的にはIRENAの作業計画案と予算案の作成、作業計画の実施、年次報告案等の作成などである（同条E）。こうした事務局を統括するのが事務局長で、理事会の勧告により総会で任命され、任期は4年で再選は

---

[55] IRENA活動開始当初の理事会構成国は、アンティグア・バーブーダ、オーストラリア、デンマーク、エクアドル、エリトリア、フランス、ドイツ、インド、日本、ルクセンブルク（スウェーデンと1年後に交替）、マリ、メキシコ、ナイジェリア、ポーランド、韓国、セネガル、南アフリカ、スペイン、トンガ、UAE、米国の21カ国である。なお憲章草案では、総務会（The Board of Governors）という名称の下で、そのメンバーには、IRENA加盟国たる国連安保理常任理事国のほか、インドが選ばれるとされ、それ以外では、北部アフリカ、南部アフリカ、ラテンアメリカ、EU、太平洋、中東の各地域からそれぞれ少なくとも1カ国選出されるという規定内容になっていた。国連安保理との関係を重視するとともに、インドが別格とされ、さらに途上国を中心とした地理的配分に配慮がみえるものの、総務会のメンバー国の数自体は明示されていない。*See, Draft-Statute*, Article Ⅵ A.

1回までとなっている（同条B）。

(4) その他の規定

IRENAの予算の財源は，国連の分担率に応じた加盟国の義務的分担金，任意の拠出金及びその他からなり，なかでも中核的な活動及び運営費用は義務的分担金で賄われることになっている（第12条A）。IRENA憲章ではまた，後述のように法人格や他の組織との関係に関する規定（第13条及び第14条）が置かれているほか，憲章の改正や憲章からの脱退（第15条）[56]，紛争解決条項（第16条）に加え[57]，第17条で加盟国の権利停止について規定している。加盟国の権利が停止される事情は2つあり，1つは分担金の2年間の滞納による投票権の喪失であるが（第17条A），もう1つはIRENA憲章等の違反の場合で，これは理事会の勧告に基づき，総会が加盟国としての特権・権利の行使を停止することになっている（同条B）。さらに，すでに述べたように，第19条にはIRENA憲章の発効要件等が規定されている。

2 IRENAの特徴と問題点

(1) 国際的なネットワークとの差別化

IRENA憲章の特徴の一つは，「機関は，国際法上の法人格を有する」として，IRENAの国際法人格に関する規定が明示的に置かれており，いわゆる国際法主体性が設立文書自体で確認されているという点である（憲章第13条A第一文参照）。国際機構の設立文書に当該機構の国際法人格が明文で規定される例は，最近でこそいくつかみられるものの[58]，とりわけ普遍的政府間国際機構に

---

[56] IRENA憲章の改正案は理事会だけでなく加盟国も提案可能である（第15条A）。改正がすべての加盟国に対して効力を有するのは，総会が改正案を承認し，かつ，すべての加盟国が自国憲法手続に従って当該改正に拘束されることについて同意したあとであり（同条B），その意味では改正の発効にはきわめて厳格な要件が課されているといえる。なお，加盟国はIRENA憲章が発効して5年後からいつでも脱退することができ，その効力は脱退表明が行われた年の終了時に生じる（同条C及びD）。

[57] IRENA憲章の解釈・適用に関する加盟国間の紛争については，加盟国は国連憲章第33条1項に規定する手段で解決することを求めるとされているのみで，必ずしも国際司法裁判所（ICJ）の管轄権を設定するような裁判条項がとりいれられているわけではない。そのためICJへの紛争付託には別途関係当事国間での合意が必要となる。

[58] たとえば，国際裁判所ではあるが，国際刑事裁判所（ICC）規程第4条1項参照。なお，EUや東南アジア諸国連合（ASEAN）など地域的機構の中には，「国際法人格」で

〈第6部〉課題に挑む国際機構

ついてはきわめて稀であるといってよい。このため，国際機構の国際法主体性は，これまで，その活動に伴う国際法上の権利能力の必要性により還元されて存在証明が行われてきた[59]。いいかえると，国際機構の任務や活動から条約の締結など国際法上の法律行為を行うことが予定され，その実施に必要な国際法上の権利能力が推定されるような規定内容が当該機構の設立文書に見出されるのであれば，その機構の国際法主体性が存在するものとみなされたため，明示的に国際法主体性の存在を設立文書に規定する必要はないと考えられたのである[60]。

IRENAの場合においても，その憲章草案では国際法人格や国際法主体性に関係する規定はみられなかった。にもかかわらず，なぜその憲章中に国際法主体性の存在を確認する規定が明示的に設けられたのであろうか。

これに対する説明の一つは，IRENAに先行する準備委員会が，前述のように，その設立決議の中で国際法人格を認められていたということであろう。実際，IRENA設置決議の関連規定とIRENA憲章第13条Aはほぼ同じである[61]。IRENA憲章発効前にIRENAの活動を実質的に担うべく設置された準備委員会が国際法主体性を明示的に認められているのであれば，その後継機関たるIRENAもまた国際法主体性の保持を明示的に確認されたとしても奇妙な

はなく，単に「法人格」を有するとしているものもある（EU条約第47条，ASEAN憲章第3条参照）。

[59] 国際機構が国際法主体性を有するかどうかが学説上争われていた時代において，その帰趨に決定的な影響を与えたのは，言うまでもなく，国連損害賠償事件ICJ勧告的意見であった。この意見では主として国連の活動に必要な権利能力が存在することから翻って国連の国際法主体性が存在するという論法が採用されている。*Réparation des dommages subis au service des Nations Unies, Avis consultative, C. I. J. Recueil 1949*, pp. 177-180.

[60] H. G. Schermers & N. M. Blokker, *International Institutional Law, Fith Rivised Edition* (Martinus Nijhoff Publishers, 2011), pp. 1568-1569. IRENA憲章でも，第14条で理事会に国連や再生可能エネルギーに関連する他の国際機構と適当な連携関係を設定する協定を締結する権限が認められており，IRENAに条約締結権限があることが明示されていることから，IRENAが国際法主体性を有することがこの規定からだけでも確認できる。

[61] いずれもそれぞれ第一文で，IRENA（準備委員会）が「国際法人格を有する」ということを明示し，第二文では「任務の遂行及び目的の達成のために必要な国内における法律上の能力を享有する」として国内法上の法人格を確認している。IRENA設置決議第5項及びIRENA憲章第13条A参照。

〔酒井啓亘〕　　*19*　国際再生可能エネルギー機関（IRENA）について

ことではなく，むしろ両者にとって整合的なことでさえあろう。

　しかし，準備委員会が国際法人格を有するから IRENA についてもその設立文書で国際法人格の保持を明示することにするという論理は，準備委員会が IRENA の存在を前提とするという両者の関係を考慮すればいささか主客転倒の観を免れ得ない。問題はなぜ IRENA 自身が明示的に国際法人格を有すると規定されなければならなかったかということのはずだからである。

　この質問に対する確たる解答は不明である。しかし，再生可能エネルギー分野での国際協力の確立を目指していた NGO は当初より，IRENA を，エネルギーと気候に関する主要国フォーラム（MEF）のような諸国間の協力のためのフォーラムや[62]，21世紀のための再生可能エネルギーネットワーク（REN21）や再生可能エネルギーおよびエネルギー効率パートナーシップ（REEEP）のようなネットワークとしての存在ではなく[63]，政府間の国際機構として活動させようと意図していたことを考えると[64]，そうした国際フォーラム・ネットワークとの差異化を図る一つの指標として IRENA の国際法人格の規定が求められたと推測することもできないわけではない。また，国連を含む他の国際機構との関係も考慮にいれられたことは確かである[65]。とりわけ再生可能エネルギー

---

[62] MEF は，主要経済国（米英独仏日 EU などを含む17のメンバー）が国連における気候関係会合での交渉で政治的なリーダーシップを発揮することを目的に2008年に創設されたもので，自然エネルギーの利用や温室効果ガスの削減のための具体的なイニシアティヴをとることが期待されている。http://www.majoreconomiesforum.org/

[63] REN21 は2005年にボンで開催された再生可能エネルギー国際会議をきっかけに設置されたネットワークで，再生可能エネルギーの利用促進のための政策を討議するフォーラムを提供しており，各国政府や地方政府，国際的な機関，NGO，さらには私人も参加している。http://www.ren21.net/　また REEEP も，政府間関係に限定されない多辺的なステイクホルダーの間で，再生可能エネルギー普及活動を促進する調整役として英国主導で2003年に組織されたネットワークの一種である。http://www.reeep.org/

[64] EUROSOLAR が IRENA 設立の際に参考とした機関の一つは国際原子力機関（IAEA）であった。原子力分野において原子力エネルギーの導入に関する技術的な障害を除去するのが IAEA の設立目的の一つであり，それが再生可能エネルギー分野における IRENA の役割になぞらえられたと思われる。EUROSOLAR, "Memorandum", pp. 10-11, para. 6.

[65] なお IRENA は，2011年12月に国連総会のオブザーバー資格を認められている。U. N. Doc. A/RES/66/110. *See also, Letter dated 11 July 2011 from the Permanent Representative of the United Arab Emirates to the United Nations addressed to the Secretary-General*, U. N. Doc. A/66/145, Annex I.

679

〈第6部〉課題に挑む国際機構

分野も守備範囲として国際的なエネルギー問題を扱う国際機構である IEA との関係を考えたうえで、これとの区別と独自性を法的に表現するためにも、IRENA についても国際機構としての形式を設立文書上も確認しておく必要があったのであろう[66]。

もっとも、以下で述べるように、IRENA の権限をさらに注意深く考察すると、加盟国を法的に拘束するような権限を IRENA はもたないようにしたいうこともある程度影響したように思われる。多くの国際機構ではその設立目的の達成のため加盟国に一定の法的義務を課すことが広くみられるところであるのに対し、IRENA 憲章の場合には、再生可能エネルギー利用をめぐる任意の国家間協力が中心で、再生可能エネルギーの利用等をめぐって実体的義務が加盟国に課されるような制度設計とはなっていない。このことは、IRENA の性格づけについて、国際協力を中心とする従来の国際的なネットワーク活動との違いを見出しがたくすることにつながる恐れがあったのではないかと推測される。国際法人格を有しないネットワークとの違いを明確にするとともにその法的な自律性を強調するため、IRENA に国際法人格を憲章上付与し、その国際法主体性を確立しようとしたのが憲章起草者の意図ではなかったかと考えられるのである[67]。

(2) IRENA の「微温的な」権限

では IRENA と加盟国の関係がどのようなものであったのかということをあらためてここで確認しておこう。IRENA は加盟国に再生可能エネルギーに関連する事項についての支援を提供する活動を行うものとされており、具体的に

---

[66] たとえばドイツ政府は、エネルギー効率の協力に関する国際パートナーシップ (IPEEC) のように IRENA を IEA の下で設置する構想には反対していた。The Federal Government of Germany, *The Case for an International Renewable Energy Agency (IRENA), Preparatory Conference for the Foundation of IRENA. Berlin, April 10-11, 2008*, p. 9. http://www.wcre.de/en/images/stories/The_case_for_IRENA.pdf

[67] このような存在の独立性・自律性の考慮から国際法人格が明示的に付与された例としては ICC が挙げられる。ICC については、国連国際法委員会が作成した1994年草案では国際法人格への言及がなかったのに対し、その後、国連との関係を検討する過程において ICC が国連とは独立して存在することを表す表現として「国際法人格 (international legal personality)」が ICC 規程にとりいれられたという。W. A. Schabas, *The International Criminal Court: A Commentary on the Rome Statute* (Oxford U. P., 2010), pp. 94-95.

〔酒井啓亘〕　　　*19*　国際再生可能エネルギー機関（IRENA）について

はたとえば最新の再生可能エネルギーに関する実例の分析・体系化などが求められているが、その際には「加盟国の政策に義務を負わせることなしに」ということが明示されている。そのほか、「加盟国の要請に応じ」、関連する政策上の助言や援助を提供したり、能力開発のための援助を加盟国に提供することがIRENAの主な活動とされていることはすでにみたとおりである。すなわち、再生可能エネルギーの利用をめぐる知識や技術の共有、政策上の助言提供といったIRENAの活動は加盟国に対する法的義務を課すような内容は予定されておらず、少なくとも憲章上はIRENAが加盟国に法的義務を課すような交渉のフォーラムとして利用されることは想定されていないといえる[68]。

さらに言えば、これもすでに確認したように、IRENA憲章が加盟国の主権または主権的権利に極力配慮した規定内容になっていることも、IRENAの対加盟国の権限が相対的に弱いことを表している。それは、IRENAが扱うエネルギー問題や政策が加盟国の主権事項であることから、IRENAには専ら加盟国の再生可能エネルギー関連政策の調整や支援を行う機関としての活動が期待されていたからである。そして実際にも、加盟国の中には再生可能エネルギーに関する政策をIRENAの活動に先行して明らかにしているものもあり[69]、以下でみるような主として途上国に対する支援プログラムを除けば、IRENAの活動がその調整や情報伝達に限定されざるを得ない状況にあるともいえよう。

このように加盟国に対して法的義務を課さない形式がIRENAで採用された理由の一つとして、主権国家、とりわけ化石燃料に依存する国家をIRENAに取り込むための方策が必要であったことが挙げられる。多くの環境保護条約が

---

[68]　たとえば日本がIRENA憲章を批准するための国会審議の段階における政府の説明によると、同憲章実施のための国内措置としては「新たな立法措置を必要としない」とされており、分担金の支払い義務のほかは、新規の国際法上の義務を負うことは想定していなかったと考えられる。外務省『国際再生可能エネルギー機関憲章の説明書』7頁参照。http://www.mofa.go.jp/mofaj/gaiko/treaty/pdfs/treaty174_13c.pdf

[69]　日本ではいわゆる再生可能エネルギー特別措置法が2012年7月に施行されたが、欧州ではすでにEUが再生可能電力指令（2001年）や再生可能エネルギー指令（2009年）を採択しており、これに基づき、たとえばドイツは再生可能エネルギーに関する法律を数次にわたり改正している。大塚直「再生可能エネルギーに関する二大アプローチと国内法」法律時報84巻10号（2012年）43-45頁参照。同様にフランスでも2001年EU指令に基づき、2005年に再生可能エネルギー振興等に関する法律が制定されている。福井千衣「フランスにおける再生可能エネルギー振興等に関する法律の成立」外国の立法226号（2005年）83-93頁参照。

681

〈第6部〉課題に挑む国際機構

そうであるように[70]、IRENA においても、再生可能エネルギーの利用による取引コストの削減を通じて加盟国の持続可能な経済成長と環境の保護をはかるには、利害関係国のほかできるだけ多くの国際社会の構成員が参加することが望ましい。そして IRENA が主権国家、とりわけ再生可能エネルギーの利用促進によって提供を受けるとみられる産油国による参加の誘因として提供したのが、このような法的義務を課さないという制度設計であったと考えられるのである。IRENA は、再生可能エネルギーへの投資を呼び込み、その発展と普及を通じて取引コストの削減を目指すことにより持続可能な経済発展を求める活動を志向しているのであり、そこでは各国間の協力と政策の協調及び市場経済の重視が前提とされている。IRENA は加盟国に命令を下すトップダウン方式ではなく、加盟国間の協力によるボトムアップ型の制度となっているともいえよう[71]。こうした特徴が、少なくとも国際機構設立の初期段階において国家の参加を促す動機付けの一つとなることは否定できない。

また、他の関連国際機構との関係もおそらく考慮されて IRENA の権限を比較的に弱いものにとどめることが意図されたということも考えられる。とりわけ、活動内容の競合が心配されたのが IEA との関係であり、一部の国からはエネルギー分野での国際機構の乱立に対して懸念が表明されていた[72]。おそらくこうした憂慮に対処するため、IRENA 憲章は、エネルギー分野における既存の国際機構と「作業の不必要な重複をさせるため」に緊密な協議や協力を行い、相互に有益な関係を確立するよう努力することを確認し（第4条B(3)および

---

[70] ドイツ政府も IRENA 設立提案で、「IRENA は国際的な規則や条約を作成することを目的としたものではない。IRENA は、加盟国又は加盟国グループが要請した場合にそのサービスを提供することになる。IRENA は自発的に諸国のエネルギー政策に関与するものではなくまた政策を強制するものではない。IRENA の活動はすべて加盟国によって決定される」ということを強調していた。The Federal Government of Germany, *The Case for an International Renewable Energy Agency (IRENA)*, p. 6. http://www.wcre.de/en/images/stories/The_case_for_IRENA.pdf

[71] T. Meyer, "Global Public Goods, Governance Risk, and International Energy", *Duke J. Comp. & Intl L.*, vol. 22（2012）, pp. 336-338, 343.

[72] たとえば、日本政府は IRENA に関する問題点として、IEA など既存の国際機構との間で役割分担が明確ではないということを挙げていた。伊藤信太郎外務副大臣答弁『第171 回国会衆議院外務委員会議録』11 号（平成21年5月22日）4頁参照。その後、既存の国際機構との重複を回避するという点も確認されたとして、IRENA 加盟に踏み切ったのである。福山・前掲注(53)2頁参照。

同条C(3))，場合によっては同様の活動を行う国際機構と適当な連携関係を設定する協定を締結できる旨の規定を置いている（第14条）。こうした協力関係の構築のほか，IRENA に法的拘束力ある決定を含む規制権限を認めないことで，IEA などエネルギー分野における他の既存の国際機構の権限への浸食を慎重に回避することもこうした制度設計に反映していると言えるのではなかろうか[73]。

さらに，IRENA が法規則を作成する権限を有するとすれば，はたして国家の同意だけでその正統性を調達し得るかということも，IRENA の権限内容に関わる事項であったように思われる。再生可能エネルギー分野で IRENA が法的拘束力ある決定を行うとすれば，当該分野の特徴上，その名宛人は加盟国にとどまらず，私人，私企業を含む非国家的実体に及ぶことになったであろう。IRENA の設立構想自体が再生可能エネルギー分野の NGO 主導で行われたことを考慮すれば，IRENA による法規則作成過程に，国家だけでなく，NGO などの非国家的実体が関与する必要が求められる可能性があったことは否定できない。もちろん，現代においては NGO が，オブザーバーという限定された地位にせよ，国際法形成過程に実質的に関与する状況もみられるため[74]，これが IRENA の権限問題に対して決定的な影響を与えた要因ではないであろうが，国際環境法分野で明らかなとおり，非国家的実体の規範形成過程への参加問題はその成果の正統性をめぐるきわめて重要な論点であり[75]，再生可能エネルギー分野で同様の問題が生じることを回避したとみることができないわけではない。

以上のように，再生可能エネルギーの利用をグローバルに促進するのが IRENA の目的であり，加盟国への政策上の助言やキャパシティー・ビルディングの支援が主たる役割であって，IRENA が加盟国の活動を制約する法規

---

[73] Meyer, *op. cit., supra* note [71], p. 336.
[74] 主に国連主催の国際会議への NGO の参加状況の包括的な検討について，*see*, A.-K. Lindblom, *Non-Governmental Organisations in International Law* (Cambridge U. P., 2005), pp. 446-486. もっとも，こうした国際法形成過程に参加する国際法上の権利が NGO に与えられているとは言い難い。柴田明穂「国際法制度における NGO の機能と現実」ジュリスト1299号（2005年）11頁参照。
[75] D. Bogdansky, "The Legitimacy of International Governance: A Coming Challenge for International Environmental Law?" *A.J.I.L.*, vol. 93 (1999), pp. 617-619.

〈第6部〉課題に挑む国際機構

則を作成することは少なくとも憲章上予定されてはいないことは明らかである。しかし，IRENA の今後の活動次第では，加盟国の政策の実施とともにそれを踏まえた IRENA での議論が再生可能エネルギーの利用に関する事実上の国際的な基準作りに影響を与える可能性は否定できない。市場原理に支えられた再生可能エネルギーの利用とその普及は関連情報や技術の積極的な移転の強化を事実上伴うことになるであろうし，その際に市場の安定から一定のルール化が求められることになれば，そこで参照されるのは加盟国の実行とともに IRENA での議論ということになりえよう。実際，日本が IRENA 加盟を決断した理由の一つは，そうした国際標準化やルール化の過程で再生可能エネルギー関連技術を有する日本のプレゼンスを維持し，日本の関連企業が活動しやすい国際基準やルールの策定に寄与することにあったのである[76]。IRENA が再生可能エネルギー分野における事実上の国際基準設定権限を有することになるかどうか，その場合に実際にはいかなる国が主導権を握り，その先鞭をつけていくかは不明確なままであるが，その可能性は決して否定できるものではない。

(3) 途上国の待遇と IRENA の目的

IRENA が政府間国際機構として設立された以上，加盟国との間で何らかの緊張関係が生じるのは当然である[77]。しかし，IRENA への参加を表明したその加盟国も決して一様ではなく，特に再生可能エネルギーに関する技術の移転を期待する途上国と，新しい関連技術の移転は権利の問題であると主張する先進国の間には見解の違いがないわけではなかった。これらの諸国の間では，IRENA の活動の位置づけについて認識の違いがあったからである。すなわち，IRENA の活動を広くとらえ，再生可能エネルギーに固有の問題だけでなく，平和の促進，経済的社会的発展，自然保全，環境保護などの問題についても国際機構として貢献すべきという立場と，IRENA の活動を再生可能エネルギーの分野に特化するとともに，その具体的な任務を実例の分析と検証及び

---

[76] 福山・前掲注(53) 3-4 頁，武正公一外務副大臣答弁『第 174 回国会衆議院外務委員会議録』第 17 号（平成 22 年 6 月 16 日）4 頁参照。

[77] 国際機構と加盟国との間の緊張関係一般については，位田隆一「国際連合と国家主権──国際機構の実効性と国家主権によるコントロールの対峙」国際法外交雑誌 90 巻 4 号（1991 年）1-47 頁参照。

〔酒井啓亘〕　　*19* 国際再生可能エネルギー機関（IRENA）について

その体系化，政策上の助言，技術移転の強化，能力開発の促進などに厳格に限定する立場の対立である。

　こうした対立はすでに 2009 年 1 月の IRENA 設立会合の際に顕在化していた[78]。南アフリカやマリ，アルジェリア，ウガンダなどアフリカ諸国は再生可能エネルギーに関する技術移転の促進とそれによるエネルギー不足の解消が各国の経済開発に寄与することを念頭に IRENA の活動の展開を期待する発言を行い，アフリカ連合（AU）もアフリカにおけるインフラ問題の 1 つがエネルギー問題であることを認めている。またサモア，キリバス，フィジーなどの南太平洋諸国やグレナダなどのカリブ海諸国は，島嶼国にとって気候変動問題を扱うことは海面上昇にさらされた自国の生き残りをかけた重大な事項であり，そのためにも再生可能エネルギーへのアクセスはきわめて重要であることを強調して IRENA の活動の展開を促した。こうした再生可能エネルギーへのアクセスによる経済開発，ならびに化石燃料の代替手段としての再生可能エネルギーの利用による地球温暖化防止と環境保護についてはそのほかにも多くの途上国からの賛同を得たのである。ここには，再生可能エネルギーの利用が単なるエネルギー問題にとどまらず，広く開発問題や環境保護問題と結び付いているという認識が存在し，IRENA に対してもそうした問題に積極的に関与することが期待されていたのである。

　これに対して，先進国も再生可能エネルギーの利用について途上国を支援すべきであるという点では一致していたものの，その手段については IRENA を開発のための実業機関とすることには消極的であった。たとえば日本は，IRENA はイノベーションの卓越した中心拠点となるべきであり，開発援助団体となるべきではないとして IRENA の活動の展開に対して強く釘を刺した[79]。そのほか，最善の実行の共有（オーストラリア），エネルギーへのアクセスのモデルの構築（フランス），開発のための技術移転（スペイン），活動方針の「非トップ・ダウンアプローチ」（米国）などが IRENA には期待されたのである。

---

[78] 以下の IRENA 設立会合における各国代表の発言の要約については，*see, Earth Negotiations Bulletin*, Vol. 30, No. 3 (2011), pp. 4-6.

[79] 日本がこうした主張を行う背景には，IRENA がプロジェクト型の活動を行う国際機構に発展することにより財政規模が肥大化し，結果的に経済的な負担が拡大することを危惧したためである。馬越正之「国際再生可能エネルギー機関（IRENA）の役割と我が国の取組み」風力エネルギー 35 巻 1 号（2011 年）63 頁参照。

〈第6部〉課題に挑む国際機構

　こうした中，注目されるのは産油国の動向である。化石燃料エネルギーの供給国であるこれらの諸国が再生可能エネルギーの利用促進を謳うIRENAでの立場は微妙であるが，IRENAの活動に歯止めをかけようとするよりはむしろ有限資源である原油の枯渇という将来の状況をにらんで再生可能エネルギー分野への進出を計ったという方が正確であろう。IRENA本部を招聘し，その活動のための基金に多額の拠出を行ったUAEがその例であり，また産油国からは，クウェートのように，IRENAが途上国・島嶼国と先進国の間のつなぎ役となるべきと発言する加盟国もあったのである[80]。

　もちろんIRENA憲章上は，一定程度途上国や島嶼国に対する配慮を認める規定内容が盛り込まれている[81]。しかし，IRENAは，これまでの途上国の経済発展のために設立された開発のための国際機構とは異なり，たとえば表決手続でも1国1票制を採用しており，必ずしも途上国の発言を比較的優位に取り上げ実質的に先進国と平等な立場に置こうとするようなスキームとはなっていない。加盟国すべてが参加する総会はもちろん，限定された加盟国しか参加しない理事会においても[82]，少なくとも憲章上は形式的な主権平等が貫かれている。「具体的な状況をもつ国家（Etat situé）」を念頭に置くことで国際機構の任務等に応じてその表決制度が設定されるのであるとすれば[83]，IRENAにおいてはそうした具体的国家は先進国，途上国，島嶼国，そして産油国などエネルギー供給国に分かれてはいるものの，それが憲章上の具体的義務や表決制度に影響を及ぼしているわけではない。その意味でIRENAの組織制度は各国のエネルギー主権を基本的に尊重し，主権国家平等を基調とする伝統的な国際社会

---

[80]　*Earth Negotiations Bulletin*, Vol. 30, No. 4, p. 4.
[81]　IRENA憲章第4条B(2)は，「開発途上国並びに遠隔の及び孤立した地域及び島における特別の必要を考慮した上で」IRENAの資源が効果的な利用を確保するかたちで配分されることを規定する。また事務局の職員の雇用についても途上国が十分に代表されることが考慮されることとされている（第11条C）。
[82]　理事会の構成については，「開発途上国及び先進国の効果的な参加を確保するため」とあり（第10条A），途上国と先進国の双方がバランスよく配置されることが考慮されているだけで，必ずしも途上国に有利なかたちでの構成が予定されているわけではない。
[83]　位田隆一「国際機構における表決制度の展開——国際社会の組織化の指標として」林久茂＝山手治之＝香西茂編集代表『国際法の新展開』（東信堂，1989年）130-131頁参照。「具体的国家」観の登場については，芦田健太郎「国際法における人間」芦部信喜ほか編『岩波講座 基本法学5 責任』（岩波書店，1984年）429頁参照。

〔酒井啓亘〕　　*19*　国際再生可能エネルギー機関（IRENA）について

の構造を反映した国際機構の姿となっているのである。このため，IRENAの意思に途上国や島嶼国の意向が直接伝達されてそのようにIRENAが機能するというような制度とはなっていないことは確認しておくべきである。

　もっとも，現実には，IRENAが対途上国や対島嶼国に対していかなる具体的なサービスを提供していこうとするのか，また途上国や島嶼国がそれに関連してIRENAにどのような役割を期待することになるのかによって，今後のIRENAの活動の方向性とその法的性格もより明らかになっていくことであろう。たとえば自国の経済発展とエネルギーの関係を強調するアフリカ諸国にしても，エネルギーへのアクセスが最重要課題であり，そのためにはエネルギーの分布をまずは確認しなければならない問題を抱えており[84]，この点は島嶼国にとってのエネルギーに関する喫緊の課題についても同様である[85]。その意味で，さしあたり近い将来においてIRENAに革新的な役割が求められているわけではなく，その任務は再生可能エネルギーをめぐる問題状況の事実確認と研究，情報と知見の提供，技術移転のための環境整備などに当面とどまることが予想されるということができよう。

---

[84]　2011年7月にはアブダビで「再生可能エネルギーに関するIRENA高級レベルアフリカ諮問フォーラム」が181カ国の政府代表を集めて開催されたが，その席で多くのアフリカ諸国及びアフリカに関係する国際機構の代表が，資源計画，キャパシティー・ビルディング並びに訓練の必要性を強調していた。*Earth Negotiations Bulletin*, Vol. 30, No. 5, p. 6.

[85]　南太平洋の島嶼国の指導者は2012年1月にIRENA主催で会合を開催し，南太平洋の島嶼国における再生可能エネルギーの利用促進を確認するアブダビ・コミュニケ（http://irena.org/DocumentDownloads/PacificLeadersMeeting/Pacific_communiqué.pdf）を採択した。さらに2012年9月にはマルタにおいてIRENA加盟国と関係国際機構が参加した「再生可能と島に関するグローバル・サミット」が開催され，島嶼国へのIRENAによる支援として，知識の蓄積と共有のためのネットワークの構築，再生可能エネルギー関連のビジネスモデル構築への支援，再生可能エネルギー関連技術の適合可能性評価と選択助言，キャパシティー・ビルディングの促進等を掲げたマルタ・コミュニケ（http://irena.org/DocumentDownloads/events/MaltaSeptember2012/Malta_communiqué.pdf）を採択している。この会合については，*see*, "IRENA Renewables and Islands Global Summit Bulletin", http://www.iisd.ca/download/pdf/sd/ymbvol187num12e.pdf

〈第6部〉課題に挑む国際機構

Ⅳ　おわりに

　IRENA は，当初 NGO の主導により政府間国際機構として設立されたという点で画期的な機関である。化石燃料エネルギーの代替手段として地球温暖化防止に資するという再生可能エネルギーの特質から，主として環境保護関係の NGO が再生可能エネルギー専門の国際機構の設立を提唱したことで，自然環境保全など国際社会全体に関わる利益の保護が IRENA の中心的な役割となってもおかしくはなかった。しかし，エネルギー政策という国家の主権にかかわる事項を管轄すること，そして何よりも主権国家に対して政府間国際機構としての IRENA への加盟を促す必要性から，IRENA が加盟国に対して法的義務を設定してこれを課すような形式は回避され，IRENA の任務は再生可能エネルギーに関する情報提供や技術支援などに限定され，その権限も微温的なものにとどまることになったのである。

　このようにして再生可能エネルギー分野に特有の政府間国際機構として初めて設立された IRENA は，その構造上，いくつかの対抗軸を内包している。それは，第1に，いかなる政府間国際機構でも確認できるような国際機構たる IRENA と加盟国の間の緊張関係であり，ここでは可能な限り加盟国の主権が尊重されるような規定内容となっている。それは国家主権の平等原則を再生可能エネルギー分野にも適用するかたちで IRENA の活動を制約し，その任務を限定的なものとすることにつながる。第2には，再生可能エネルギーについての技術や能力を有する先進国と，そうした技術をもたず，また従来のエネルギーへのアクセスもままならない途上国・島嶼国との間の対立である。この対立は，潜在的には将来の IRENA 像をいかなる性格の下に組み立てるか——情報提供，能力支援など再生可能エネルギー分野の技術的な部門に限定した権限と任務の緩やかな組織か，それとも経済開発や環境保護を視野に入れて積極的に周辺領域での再生可能エネルギー問題の効用をはかる権限と任務が与えられる組織か——という視点の違いをもたらすものではあるが，今のところは IRENA の初期段階ということもあり，その任務も再生可能エネルギーの利用状況の把握や技術支援などに限られていて，この対立は顕在化するに至っていない。

　第3は同様のエネルギー分野における既存の国際機構との緊張関係で，と

りわけ IEA との関係が問題となる。実際にも IRENA の設立が確実視された 2008 年に IEA はその機構内部における再生可能エネルギー部門を強化し，再生可能エネルギー関連の技術の普及に力を入れる様相を呈していたのである[86]。しかし，IRENA は当初より他の機関との協力を志向していたことから，結局 2012 年 1 月に，IRENA と IEA の間でパートナーシップ協定が締結され，その成果としてまず再生可能エネルギーに関する政策のデータベースが両機関の合同作業により構築されている[87]。また今後，再生可能エネルギー利用のプロジェクト開発への支援なども活動内容に含めることになれば，世界銀行やその他開発系の国際機構との提携も常態化することになろう。環境保護の視野からは UNEP との協力も不可欠となることは間違いない。しかしその場合でも，IRENA 自身が事業の開発主体になるということは，現在の憲章上の規則や先進国の意見からすると，困難であろう。やはり当面は，再生可能エネルギー問題に関する研究，関連情報の収集とその提供・周知，知識・技術の効率的な移転とそのための環境整備等を中心とした任務にとどまるものと考えられる。

　IRENA の今後の活動は，こうした 3 つの緊張関係を軸としながら，再生可能エネルギーが関わる状況に基づく加盟国の判断に応じて推移するものとなろう。それゆえ，IRENA が設立後数年を経てその活動が軌道に乗り始めたところで，日本を含む IRENA の加盟国にとって，この機構にいかなる役割を与え，これをどのように動かしていくのかというその主体的な政策判断が今まで以上により重要となるのである。

---

[86]　IRENA と IEA との関係について，*see*, T. Van de Graaf, "How IRENA is Reshaping the Global Energy Architecture", *European Energy Review, 29 March 2012; idem*, "Fragmentation in Global Energy Governance: Explaining the Creation of IRENA", pp. 21-28. http://ssrn.com/abstract=1974898

[87]　IEA, Policies and Measures Databases. http://www.iea.org/textbase/pm/?mode=re *See also*, Meyer, *op.cit., supra* note [71], p. 340.

20 リスボン条約体制下の構成国議会の役割
――構成国議会による審査制度の促進の観点から――

荒 島 千 鶴

I はじめに――ニース条約からリスボン条約へ
II EU法
III EUにおける代表制民主主義の制度と実態のダイナミズム
IV おわりに

I はじめに――ニース条約からリスボン条約へ

　EUにおいては，統合が深化するにつれて，構成国[1]議会が有していた立法権限がEUに移譲されてきた。つまり，EU司法裁判所が判例法で確立してきたEU法の直接適用性および構成国事後立法に対する優位性により，EUの規則，決定，一部の条約規定および一部の指令は，構成国議会による立法を経ずに直接に市民を拘束する。また，指令は達成すべき成果について規定しているので，構成国議会はそれにしたがって国内法を制定しなければならず，間接に構成国市民を拘束する。その一方で，EU立法過程において主に権限を行使してきた理事会は構成国の政府代表から構成されており，その理事会の民主的正統性は，各構成国政府が自国議会に民主的説明責任を負っている，ということに求められてきた。この民主的説明責任の確保をよりよいものにしようとして，1980年代ごろから各構成国議会は自発的に内部手続を改正し，EU機関において行動する自国政府代表の立場に民主的説明責任を負わせる審査制度（scrutiny system）を発展させてきた[2]。
　この動きに触発されて，EUにおいても1990年代のはじめから構成国議会

---
(1) 本稿では，EUの加盟国のことを構成国とよぶ。山根裕子『新版・EU/EC法』（有信堂，1995年）を参照されたい。
(2) 荒島千鶴「構成国国会の審査制度によるEC立法過程の民主的統制」日本EU学会年報21号（2001年）222-238頁を参照されたい。

〈第 6 部〉課題に挑む国際機構

の役割について議論がなされるようになった。その結果，マーストリヒト条約には構成国議会の役割に関して 2 つの宣言が付され，アムステルダム条約には「構成国議会の役割に関する議定書」が付された。

　その後，ニース条約が 2001 年 2 月に 15 の構成国によって調印され，アイルランドの国民投票によって一度は否決されたものの，再度の国民投票によって賛成を得たために全構成国の批准が得られ，2003 年 2 月から発効した。同条約は，構成国 27 カ国への拡大に対応するために EU の機構改革を盛り込んだ条約であった。アムステルダム条約からの主な変更点は，欧州委員会の選出方式が理事会における全会一致から特定多数決に変更された点，理事会決定に関して特定多数決で決定できる分野が拡大された点，EU の民主的正統性を強化するために共同決定手続の適用分野が拡大されて欧州議会の関与が強化された点，さらに，多段階統合を容認する「より緊密な協力」の発動条件を一部緩和した点である[3]。ニース条約付属の「構成国議会の役割に関する議定書」の内容はアムステルダム条約からの変更はなかった。ただし，ニース条約付属の第 23 宣言である「EU の将来に関する宣言」によると，次の政府間会議で話し合われるべき 4 つの重要問題のひとつが EU における構成国議会の役割であったので，構成国議会のさらなる役割の強化は，この時点で確認されていたといえよう。

　ニース条約調印後の 2001 年 12 月に開催したラーケン欧州理事会会合において，「EU の将来に関するラーケン宣言 (LAEKEN DECLARATION ON THE FUTURE OF THE EUROPEAN UNION)」が採択された。そこでは，構成国議会の役割についてより詳細な問題設定がなされた[4]。同宣言の「Ⅰ．岐路にたつ欧州」によると，市民は，EU における多くの政治的取引が自分たちの視界には入ってこないと感じ，より良い民主的審査 (democratic scrutiny) を欲しているので，EU 機関が市民により近くならなければならない。また，「Ⅱ．新たな EU における挑戦と改革」においては，EU の正統性は，民主的で透明性がありかつ効率的な EU 機関から生じると述べられ，構成国議会もまた EU の正

---

(3) 辰巳浅嗣編『EU ——欧州統合の現在（第 3 版）』（創元社，2012 年）31-32 頁。
(4) Raunio, Tapio, "The Gatekeepers of European Integration? The Functions of National Parliaments in the EU Political System", *Journal of European Integraion*, vol. 33, no. 3, 2011, p. 309.

統性に貢献するとされた[5]。

　また，このラーケン欧州理事会では，ジスカール・デスタン元フランス大統領を議長とする「欧州の将来に関するコンベンション (the Convention on the Future of Europe)」の設置が決定された。コンベンションは 2002 年 2 月末に開会され，新たな欧州統合の枠組みを設定するための憲法条約草案の起草が開始された。コンベンションの特徴は，構成員が構成国政府代表のみではなく，構成国議会の代表，加盟予定国の政府および議会の代表，欧州議会や欧州委員会の代表，地域代表および社会的・経済的団体の代表であったことにある。また，一般の意見を聞くフォーラムも設置され，欧州の将来像に関して非常に広範囲にわたって意見が集約された[6]。

　コンベンションにおいては，構成国議会の役割に関するワーキンググループ (WG IV) が設立された。同グループは 2002 年 6 月 26 日に会合をもち，2002 年 10 月 22 日に最終報告書 (CONV 353/02) を提出した。同報告書においては，第一に，構成国政府を審査する構成国議会の役割，すなわち構成国の審査制度 (national scrutiny system) について述べられ，第二に，補完性の原則の適用を監視する構成国議会の役割について述べられ，第三に，構成国議会を EU レベルに関与させる多国間のネットワークの役割と機能が述べられた[7]。

　その後 2004 年 10 月 29 日に署名された憲法条約は批准されなかったため，その内容を基本的には継承し，憲法的要素を取り除いたリスボン条約 (Treaty of Lisbon amending the Treaty on European Union and the Treaty establishing the European Community) が，ニース条約の改正条約として 2007 年 12 月 13 日に署名された。

　2009 年 12 月 1 日に発効したリスボン条約では，EU 条約 (Treaty on European Union, 以下 TEU) 10 条に，はじめて EU が代表制民主主義に基づくことが規定された。さらに同 12 条において，構成国議会の役割が条約本文にはじめて明記された。また，それまでの議論を受けて，条約付属の「構成国議会の役割に関する議定書」は改正され，EU における構成国議会の役割は強化された。

---

(5) LAEKEN DECLARATION ON THE FUTURE OF THE EUROPEAN UNION at http://european-convention.eu.int/pdf./lknen.pdf (2012 年 5 月 29 日アクセス)
(6) 辰巳・前掲注 (3) 33 頁。
(7) Raunio, *supra* note (4), pp. 309-310.

〈第6部〉課題に挑む国際機構

　以上のように，EUにおいては，国際機構における民主主義という問題が，国家間の平等を確保するという従来の意味ではなく，国際機構の加盟国市民の意見を国際機構の意思決定に反映させるという意味でとらえられている。こうした中で，従来は国際機構設立条約の批准と履行のみにおいて役割をはたしてきた加盟国議会は，EUにおいては，EUの代表制民主主義の実現という観点から，EU立法過程に制度的に組み込まれて条約上の権利義務が与えられた。つまり，構成国議会はEU条約に規定された範囲内で，国際法主体として行動していると考えられる。

　本稿では，構成国議会がEU条約によって権利義務を与えられるに至った背景を述べたうえで，リスボン条約体制下で構成国議会がEUの代表制民主主義の実現に果たす役割について考察する。まず，構成国議会が伝統的に行使していた立法権限がEUにどの程度移譲されているかを「Ⅱ　EU法」において概観する。次に，「Ⅲ　EUにおける代表制民主主義の制度と実態のダイナミズム」の「1　EUの民主的正統性と構成国議会の役割」において，構成国議会がEU機関を構成する自国政府代表に民主的説明責任を負わせることによって，EUの民主的正統性が確保されることを指摘する。「2　EUにおける代表制民主主義の制度」においては，構成国議会がリスボン条約規定によってどのような権利義務を与えられているかを概観する。なお，構成国議会の審査制度が各構成国で発展することによって，EUの民主的正統性の確保に果たす構成国議会の役割がEU内で議論されるようになったため，ここでは構成国議会の審査制度の促進に関連する規定のみをとりあげる。そのため，「補完性原則および比例性原則の適用に関する議定書」および「構成国議会の役割に関する議定書」に規定されている，補完性の原則の適用を監視する構成国議会の役割については，今後の研究課題としたい。「3　EUにおける代表制民主主義の実態のダイナミズム」においては，リスボン条約体制下で，構成国議会の審査制度はより促進されるようになったかどうかについて評価したうえで，今後の課題を指摘し，「Ⅳ　おわりに」で結論を述べる。

　なお，EUにおける民主的正統性を高めるために，リスボン条約ではEU機関からEU市民への情報公開および対話に加え，EU市民の発議権という「参加民主主義」の要素もとりいれられた（TEU11条）[8]が，これについても本稿では取り扱わない。また，EUの民主的正統性を強化する欧州議会の役割は重要

であるが，本稿では，欧州議会の権限拡大のみではEUの民主的正統性は確保できないとの認識に基づき，構成国議会の役割に焦点をあてる。

II EU法

1 EU条約およびEU機能条約の特徴

リスボン条約により，EUはEC[9]に置き換わり，かつECを継承した[10]。同条約により，EC設立条約はEU機能条約（Treaty on the Functioning of the European Union，以下TFEU）と改称された。ECとEUの区別は廃止されたが，実際にはEU機能条約により規定されるかつてのECおよび警察・刑事司法協力と，TEU第V編「EUの対外的行動に関する一般規定および共通外交・安全保障政策に関する特別規定」により規定される共通外交・安全保障政策（Common Foreign and Security Policy，以下CFSP）は，質的に異なっている[11]。前者では，TEU17条2項によると，EUの立法行為は，条約が別途規定している場合をのぞいて，委員会の発議に基づいてのみ採択されうる。また，原則的に欧州議会が理事会と対等の立場で決定を行う。この分野において，構成国議会がEU立法過程における新たなアクターとして登場した。一方，後者では，

---

(8) 庄司克宏「リスボン条約(EU)の概要と評価――「一層緊密化する連合」への回帰と課題」慶應法学10号（2008年）237頁。

(9) EUの基礎である欧州諸共同体は，1951年のECSC設立条約（パリ条約），1957年のEAEC設立条約およびEEC設立条約（共にローマ条約）によって設立された。以後，条約改正を重ねながらECは統合の深化と発展を遂げ，1992年のEU条約（いわゆるマーストリヒト条約）によって超国家的な性格を有するEC（EU条約第II－IV編）を基礎に，政府間主義的な共通外交・安全保障政策（EU条約第V編）ならびに司法・内務分野における協力（EU条約第VI編）により補足されるEUが設立された。（山根・前掲注(1)3-5頁。金丸輝男『ECからEUへ――欧州統合の現在』（創元社，1995年）52頁。）EU条約は1997年のアムステルダム条約（Treaty of Amsterdam）によって改正され，旧第VI編の司法・内務分野における協力が2分された。すなわち，移民・難民事項が新EC条約第IV編に移され，EU条約新第VI編は「警察・刑事司法協力に関する規定」となった。その他の改正点としては，EU条約新第VII編「より緊密な協力に関する規定」が挿入された（中村民雄「アムステルダム条約の第2・第3の柱の法的断面図――深化？進化？するEU」日本EU学会年報18号（1998年）24-25頁）。さらにEU条約は2000年のニース条約によって改正され，その後2007年のリスボン条約によって改正された。

(10) TEU1条。

(11) TEU4条2項によると，国家の安全保障は，各々の構成国が依然として第一義的責任を負う。また，TEU24条1項によると，CFSPは特別の規則と手続に従う。

〈第 6 部〉課題に挑む国際機構

EU が立法を行うことは排除されているため，構成国が圧倒的な影響力をもつ。構成国は，欧州理事会や外務理事会で利害を調整して，原則的に全会一致で意思決定を行う[12]。

このように，ニース条約までの EU の三本柱構造（EC，警察・刑事司法協力，および CFSP）は変更されて全体的な再編成が行われ，EU の全体的一体性の下に欧州統合を進めていくという新たな体制が築かれた。ただし，例外規定が多数存在している[13]ために政府間主義が維持されている CFSP と，超国家的な性質を帯びているその他の EU 分野との，事実上の二本柱構造であるといわれている[14]。

2　EU 立法過程
(1)　第 二 次 法

EU 機関が条約に基づいて定立する法を第二次法という。規則（regulation），指令（directive）および決定（decision）がある。TEU288 条[15]によると，規則は，一般的な効力を有する。規則は，そのすべての要素について義務的であり，すべての構成国において直接適用される。直接適用されるとは，国内の裁判所において個人が EU の規則を援用できることを意味する。決定は，名宛人に対して，そのすべての要素について義務的である。指令は，当該指令に規定された達成すべき結果について，その名宛人である構成国を拘束するが，方式および手段の選択は構成国政府に委ねられる。そのため，構成国議会は，指令を履行するために国内法等を整備しなければならない場合も少なくない。リスボン条約では，新たに追加された TFEU291 条において，構成国は法的に拘束力をもつ EU の行為を実施するために，必要なあらゆる国内法の措置を採択する，と規定されている。

---

[12]　庄司・前掲注(8) 251-252 頁。
[13]　鷲江義勝「リスボン条約の構成と特徴」ワールドワイドビジネスレビュー 10 巻 97 頁。
[14]　庄司・前掲注(8) 201 頁。
[15]　本稿でのリスボン条約規定の訳は，鷲江義勝監訳「欧州同盟条約および欧州共同体設立条約を改定するリスボン条約（翻訳）(一)」(同志社法学 60 巻 2 号（2008 年）369-401 頁)，「欧州同盟条約および欧州共同体設立条約を改定するリスボン条約（翻訳）(二)」(同志社法学 60 巻 4 号（2008 年）305-412 頁) および「欧州同盟条約および欧州共同体設立条約を改定するリスボン条約（翻訳）(三)」(同志社法学 60 巻 2 号（2008 年）531-600 頁) を参照している。

統合の深化に伴って，第二次法が経済・社会を中心にあらゆる分野において詳細な内容を規定するようになったので，各構成国政府は，膨大な国内法化作業に追われている。2006年現在では，フランスで制定される法律の過半数がEU由来の法律であるといわれている。さらに，環境関係などの分野では，80％近くがEU由来の法律であるとされている[16]。

(2) EU立法方式

TEU14条1項により，欧州議会は理事会と共同で，立法機能および予算機能を行使する。立法機能に関しては，TEFU第289条1項により，ニース条約下の，欧州議会と理事会とが対等な立場で規則，指令あるいは決定を採択する共同決定手続にあたる「通常立法手続」が原則化され，欧州議会の影響力が強まった。1979年より直接普通選挙で選ばれた議員で構成されている欧州議会の権限は，EUの民主的正統性を強化するために徐々に拡大されてきており，リスボン条約によってさらに権限は拡大されたのである。

通常立法手続が従来の共同決定手続と異なる点は以下のとおりである。第1に，通常立法手続では，欧州委員会の提案に基づいて開始されるだけではなく，一定数の構成国の発議，欧州中央銀行の勧告（TFEU129条3項など）あるいはEU司法裁判所の要請（TFEU257条）に基づいて開始される。そのための特別規定がTFEU294条15項にある。第2に，より明確かつ対等な欧州議会と理事会による三読会制を規定している。たとえば，第二読会において合意が成立しなかった場合の調停委員会においては，共同草案の基盤として，共同決定手続では欧州議会の第二読会における修正案が規定されていたが，通常立法手続では，欧州議会と理事会の第二読会での立場が，ともに考慮されると規定されている（TEU298条10項）。第3に，第三読会での共同草案の承認のための必要要件が，欧州議会議員の絶対多数決から総投票数の過半数へと緩和された（TEU298条13項）。このことにより，共同草案の形での立法行為案（draft legislative acts）の成立の可能性がより大きくなった。

さらに，通常立法手続が適用される事項は新たに40件追加され（TFEU294条），既存のものとあわせて合計73件になる。通常立法手続によって影響力が強化された主な分野は，警察・刑事司法協力（TFEU82条1，2項，83条1，2項，

---

[16] 大山礼子『フランスの政治制度』（東信堂，2006年）102頁。

〈第6部〉課題に挑む国際機構

84条,85条1項,87条2項,88条2項),農漁業(TFEU43条2項),運輸(TFEU100条2項),構造基金(TFEU177条),通商政策(TFEU207条2項)などである[17]。

なお,通常立法手続以外は,特別立法手続と呼ばれ(TFEU289条2項),これは主として,従来の諮問手続,同意手続あるいは予算手続である[18]。諮問手続では,委員会の提案に基づき,欧州議会に諮問した後に理事会が全会一致で決定を行う場合や,同意手続では,欧州議会が同意権を付与される場合などがある。

(3) 司法権のおよぶ範囲

TEU19条によって,「EU司法裁判所は,条約の解釈と適用について,法が遵守されることを確保する」と規定されている。EU司法裁判所はこれまで,先決判決手続を活用して判例法を発展させ,EU法の直接適用性および構成国事後立法に対する優位性を確立してきた。先決判決手続では,構成国裁判所でEU法の解釈に関する訴訟が提起された場合に,EU司法裁判所に先決判決を求めることができる。かつ,同裁判所の決定に対して国内法上,司法的救済が存在していない場合には,当該裁判所は当該事項をEU司法裁判所に付託する義務がある(TEU267条)ため,構成国国内におけるEU法の適用が統一されることになる。

リスボン条約発効後のTEUおよびTFEUにおいては,EU法が国内法に優位するという明文規定はない。ただし,条約付属の第17宣言「優位性に関する宣言」において,EU司法裁判所の判例法により,条約および第二次法が構成国法に優位することが確認された。また,同宣言に付された理事会法務部の2007年6月22日の意見によれば,EU法の優位性はEU法の根本的な原則であり,優位性の原則が条約に規定されていないことは,同原則の存在およびEU司法裁判所の既存の判例法に変更をもたらさないとされている。

さて,ニース条約まで,「人の自由移動」政策および警察・刑事司法協力において先決判決手続は限定的であったが,リスボン条約以後は通常の先決判決手続が一般的に適用される(TFEU267条)。つまり,「人の自由移動」政策にお

---

[17] 庄司・前掲注(8) 229, 232 頁。
[18] 鷲江義勝編著『リスボン条約による欧州統合の新展開』(ミネルヴァ書房,2009年) 48-51 頁。

698

いてEU司法裁判所の管轄権を制限する規定，および警察・刑事司法協力規定における限定的な取り消し訴訟等も廃止された。

また，「人の自由移動」政策および警察・刑事司法協力においては，リスボン条約発効以前はTEU34条2項(c)によって直接効果が排除されていたが，リスボン条約では，この規定は削除されている。直接効果が認められれば，個人は自国の裁判所においてEU法を援用して訴訟を提起することができる。前述したように，これらの分野において先決判決手続が一般的に適用されるので，「人の自由移動」政策および警察・刑事司法協力分野においてもEU法の国内法における統一的適用が確保されることになる。

一方，EU司法裁判所は，警察・刑事司法協力の分野において，構成国の警察あるいは他の法執行部局が行う業務の効力あるいは比例性，または公の秩序あるいは国内治安維持に関して，構成国に課される責任の行使を審査する管轄権を有さない（TFEU276条），という制限が規定されている[19]。

CFSPに関しては，TEU24条第1項およびTFEU318条によると，EU司法裁判所は，管轄権を有しない。そのため，この分野において，EUの判例法は発展していない。

以上のことから，ニース条約体制に比べて，超国家的とされる分野が増大した。さらに，その分野において先決判決制度が一般的に適用されることによってEU法の国内法における適用の統一化がより促進され，また，EU法の構成国事後立法に対する優位性が確認されたことによって，構成国の立法権限はますますEUに移譲されていくことになる。

III EUにおける代表制民主主義の制度と実態のダイナミズム

1 EUの民主的正統性と構成国議会の役割

国際機構の設立条約は，当該機構の内部機関が有する権限を規律しており[20]，TEUおよびTFEUも例外ではない。他の国際機構と同じくEUは，その構成国の合意によって条約上与えられた権限の範囲内でのみ行動する。また，国際機構の設立条約は，各国による批准という民主的手続を経て発効するので，発

---

[19] 庄司・前掲注(8) 242-244頁。
[20] 横田洋三『国際社会と法——国際法・国際人権法・国際経済法』（有斐閣，2010年）166頁。

〈第6部〉課題に挑む国際機構

効した時点で,当該国際機構には民主的正統性が付与されているとみなすことができる。しかしながら,なぜEUにおいてはその民主的正統性が問題にされるのであろうか。

それは,EUの統合が進み,EUが立法を行う分野が拡大すると,伝統的に国民を代表して立法権を行使してきた構成国議会の直接的な関与なしにEU機関によって行われる立法が増大し,そのために構成国の国内法の多くがEU由来の法になってきたにもかかわらず,EU立法過程においては十分に民主主義が担保されていない,とEU市民が感じているからである。市民は,EUの規則および決定に関しては直接的に,指令に関しては間接的に拘束される。つまり,EUの規則および決定は直接適用するので,構成国議会が直接関与していないEUの立法行為が国内において法として適用される。また,指令はその目的を達成することが構成国に求められ,しばしば構成国議会は,指令を履行するための国内法を制定しなくてはならない。

そのため,EU機関を構成する構成国の政府およびそのエリートの権限が強くなった一方で,構成国議会の権限が犠牲になり,議会は自国政府に対して政治的責任を十分に負わせることが非常に困難になったことを認識した。加えて,EUの理事会における意思決定は共同で行われる。特定多数決の場合には,少数派の構成国の意見は反映されず,全会一致の場合でも,1国が反対すれば,その他構成国の意見は反映されないことになる。その場合,EU機関を構成する構成国政府が民主的手続を経て成立したというだけでは,EU立法過程において十分に民主主義が担保されているとは言い難い,とEU市民および構成国議会は考えたのである。以上から,EUにおいては代表制民主主義それ自体に困難な状況がもたらされたといわれている[21]。

民主主義国家から構成されるEUは,それ自身も民主的でなければならない。TEU2条では,「EUは,……民主主義……という価値に基礎をおく」と規定されている。そのため,条約にもとづいて,構成国では適切に行使されない立法権限がEUに移譲されるならば,同様に民主主義もEUに移植される必要がある。特に,立法権限が移譲された度合いが大きく,立法権限の移譲によって市民の日常生活に与える影響が増大している場合には,民主的説明責任の適

---

[21] Chryssochoou, Dimitris N., "Democracy and Symbiosis in the European Union: Towards a Confederal Consociation?", *West European Politics*, Vol. 17, No. 4, 1994, p. 3.

切な仕組みが必要である。有権者は，顔の見えない官僚によって決定が行われ，その決定に対して誰も影響力を行使できないと自国の政治家に聞かされたならば，ますます失望し，無力さを感じるようになる[22]。こうした失望は，統合過程において，条約批准時の国民投票による No にあらわれ，「民主主義の赤字 (democratic deficit)」問題が議論されるようになってきて，EU の民主的正統性が問われるようになってきた。

さて，欧州諸国において，議会制民主主義は規範である。議会制民主主義においては，政府の正統性は議会選挙に基づき，この正統性は，次の選挙までの議会の活動によって強化される。議会は，政府の措置や行動を市民にかわって審議し，審査して，市民の関心を政府に伝える。このような活動を議会がどの程度行ったと市民が考えるかが，有権者の目には，自国の政治制度の正統性の非常に重要な土台を構成するといえるであろう[23]。そのため，政府の正統性は，議会活動の内容という相対的な変数によって評価される。

このような議会制民主主義国家により構成されている EU の民主的正統性の源は，EU における政府の行動に関して，各構成国政府が自国議会に民主的説明責任を負っていることにある[24]。そのため，各構成国議会は，自国政府の民主的説明責任を EU 立法過程において確保しようと，内部手続を改正して審査制度を発展させてきた。

以下，「2 EU における代表制民主主義の制度」において，各構成国による審査制度を促進させるための条約規定を概観し，「3 EU における代表制民主主義の実態のダイナミズム」において，その制度がどのように実施されているかについてみていきたい。

---

[22] Meny, Yves, "Can Europe be democratic? Is it Feasible? It is Necessary? Is the Present Situation Sustainable?", *Fordham International Law Journal*, Vol. 34, Issue 5, 2011, pp. 1297-1298.

[23] Norton, Philip, 'Introduction: The Institution of Parliaments', in Norton ed. "Parliaments and Government in Western Europe", Frank Cass, 1998, p. 1.

[24] Moravcsik, Andrew, "In Defence of the 'Democratic Deficit': Reassessing Legitimacy in the European Union", *Journal of Common Market Studies*, Vol. 40, No. 4, 2002, p. 619.

〈第6部〉課題に挑む国際機構

2 EUにおける代表制民主主義の制度

(1) 条約規定

リスボン条約においては，新規に第2章「民主主義原則に関する規定」が設けられた。同章が設けられたことによって，EUにおける議会制民主主義が大幅に強化された[25]。

まず，TEU10条1項において，EUの機能は代表制民主主義に基づくと明記された。次に同条2項において，EU市民は，欧州議会においてEUレベルで直接代表される[26]一方で，構成国は欧州理事会において各国首脳により，また理事会において各国の閣僚級の政府代表により代表され，構成国議会あるいは国民に民主主義に基づく責任をもつと規定されている。なお，TEU9条によると，各構成国国民は，EU市民である。つまり，EU市民は第一に，直接普通選挙によって5年任期で選ばれた議員で構成される欧州議会（TEU14条3項）を通じて直接に代表される。欧州議会議員は国を越えた政党を形成し，所属政党の利益を反映して行動する。EU市民は第二に，構成国議会を通じて，欧州理事会および理事会において間接的に代表される。構成国議会は自国国民を代表し，自国政府の民主的説明責任を確保することによって，自国議会の利益を守るべく行動する。構成国議会がEU立法過程において自身の利益を反映させるには，EU機関を構成する自国政府代表を通じて行うしかない。

このようにリスボン条約では，EUの民主的正統性は2つのレベルにおいて強化されるということが明示的に示されている。欧州議会の権限拡大のみが，EUの民主的正統性を強化するのではない。

第一にEUレベルにおいては，理事会と欧州議会が共同で決定する立法手続通を通常手続としたこと，同手続の適用を新たな分野にも拡大したこと，欧州委員会委員長を欧州議会が多数決によって選ぶ（TEU17条7項）ことが，議会制度を強化している。最後の点に関して，リスボン条約で新たに規定されて注目すべき点は，欧州理事会は，特定多数決によって欧州議会に対して欧州委員会委員長の候補を提案するが，その際に欧州議会の選挙結果を考慮し，欧州議

---

[25] Crepso, Enrique Barón, "Parliamentary Democracy and the Treaty of Lisbon", OPAL Online Paper, No. 1/2012, at www.opal-europe.org （accessed on 30/6/2012.), p. 3.

[26] 欧州議会に関する詳細な研究については，児玉昌己『欧州議会と欧州統合―― EUにおける議会制民主主義の形成と展開』（成文堂，2004年）を参照されたい。

会と協議することになっていることである[27]。これまで欧州議会選挙の結果は，EUの行政府である欧州委員会の構成に反映されてこなかった。これが，欧州議会の投票率がふるわない決定的理由であると考えられていた。欧州委員会委員長選出の際に欧州議会の選挙結果を考慮することによって，EUの行政府といわれる欧州委員会の構成に欧州議会内の政党政治を反映させ，ひいては欧州委員会に対する欧州議会の民主的コントロールを強化させようとする試みであるといえよう。なお，この規定では，欧州理事会が欧州委員会委員長候補の提案において主導権をもっているようであるが，第11宣言「TEU17条6項及び7項に関する宣言」によると，欧州議会と欧州理事会が欧州委員会委員長の選出過程を円滑にすすめる共同責任をもつとされている。また，第6宣言「TEU15条5項および6項，17条6項および7項ならびに18条に関する宣言」によると，欧州委員会委員長の選任に際しては，EUおよび構成国の地理的および人口的多様性を尊重する必要が適切に考慮される。また，欧州議会選挙を考慮しつつも，欧州委員会委員長候補の経歴に焦点をあてることになっている。このように，欧州議会の選挙結果以外の要素も欧州委員会委員長候補の選任の際には考慮される。

　第二に理事会を構成する構成国レベルでは，TEU12条において，「構成国議会の役割に関する議定書」に従い，構成国議会はEU諸機関から情報を提供され，また，EU立法行為案の提出をうける（同条(a)項）ことによって，また「構成国議会に関する議定書」に従って，構成国議会および欧州議会との議会間協力に参加する（同条(f)項）ことによって，構成国議会がEUの良好な機能に対して積極的に貢献する。このように「構成国議会の役割に関する議定書」によって，EUおよび構成国のあいだの民主的連携において顕著な前進がみられた[28]。TEU12条の規定は憲法条約にはなかったものであり，リスボン条約によってはじめて，構成国議会はEUにおいて行動する義務があることを明白に示されたと言えよう。以下に，同議定書の内容についてみていきたい。

---

[27] 辰巳・前掲注(3)65頁。

[28] Crepso, Enrique Barón, "Parliamentary Democracy and the Treaty of Lisbon", OPAL Online Paper, No. 1/2012, at www.opal-europe.org （accessed on 30/6/2012.), p. 3.

〈第6部〉課題に挑む国際機構

(2) 構成国議会の役割に関する議定書

第Ⅰ章では，構成国議会に対する情報提供について規定されている。1条では，欧州委員会諮問文書の公表後すぐに，同文書は欧州委員会によって直接構成国議会に送付されることが規定されている。2条では，立法行為案が構成国議会に送付されることが規定され，送付すべきEU機関が明記されている。旧議定書では，EUのどの機関が構成国議会に情報を送付するかが明記されていなかったが，構成国議会は，どのEU機関に対してどの文書を要求したらよいかが明確になり，各EU機関の義務も明確になった点が評価される。

4条では，立法行為案が構成国議会に利用可能になってから理事会の暫定議題に載せられる日付までに8週間をおかなければならないこと，またその期間内には合意は形成されないことが規定された。旧議定書ではこの期間が6週間であったので，のちに述べる審査保留のための時間確保が改善された。さらに，今回新たに規定されたのは，暫定議題に載せられてから理事会の立場が採択されるまでに10日以上空けなければならない，という点である。

新たに追加された5条では，理事会における議題および議事録を含む会合の成果は直接に構成国議会に送付されなければならないとされている。

9条も新しく導入された条文であるが，構成国議会および欧州議会間の効果的で定期的な協力の組織および促進について共に定めることが規定されている。

10条には，従来からあるEU問題連絡協議会（以下，COSAC。英語名はConference of Parliamentary Committees for Union Affairs of Parliaments of the European Union）の枠組みを利用することが規定された。COSACは，構成国議会の各議長が，EC問題に関して構成国議会の役割を強化するために，EC問題を担当する自国議会内の委員会を一堂に会させることに合意して，1989年5月に設立された。欧州議会代表6名および各構成国議会内でEU問題を担当する委員会の代表が各国につき6名で構成されており，年2回会合をもつ。アムステルダム条約付属の「構成国議会の役割に関する議定書」で公式化され，リスボン条約ではEUの機構の一部として位置づけられ，欧州議会と構成国議会から構成される新たな協力関係の法制化につながった[29]。

同条によると，COSACは，欧州議会，理事会および欧州委員会の注意をひ

[29] 福田耕治編『EU・欧州統合研究――リスボン条約以後の欧州ガバナンス』（成文堂，2009年）115頁。

くことが適当であると思われる貢献を提出することができる。加えて、構成国議会間、ならびに構成国議会および欧州議会間において情報およびベストプラクティスの交換を促進しなければならない。

3 EUにおける代表制民主主義の実態のダイナミズム
(1) 情報の確保

かつて、理事会の審議が公開されないことが、構成国議会による審査制度を効果的に行えない原因のひとつであることが指摘されていた。理事会の審議が公開されないと、構成国議会は自国政府が議会の意見に沿った行動を理事会内でとったかがチェックできず、また、審議開始以降に引き続き政府に対して意見を述べることができないからである。

これを改善するために、2002年から、共同決定手続による立法草案のうち、最も重要な立法行為案に関しては、理事会の審議は、理事会手続規則に基づき公開されるようになった[30]。その後、2006年から、共同決定手続に従って採択される立法に関する理事会の審議は投票およびその結果の説明を含め、すべて公開されるようになった。また、他の立法手続により採択される立法については、重要な立法草案に関する理事会の最初の審議が公開される。加えて、18か月プログラムに関する総務・対外関係理事会の審議、欧州委員会による5カ年プログラムおよび年次作業プログラム、ならびに年次政策戦略の提出に続く理事会における審議が公開されている[31]。

リスボン条約では、EU機関による情報の透明性がさらに確保される規定が設けられた。新たに設けられたTEU11条1項によると、EU機関は適切な手段によって、市民および代表者組織に対して、EUのすべての分野においてEUの見解を知らしめ、公に意見交換する機会を提供する。同条2項によると、

---

[30] 理事会手続規則第8条によれば、共同決定手続（EC条約第251条）による立法草案に関する理事会審議について、(イ)最も重要な立法草案の委員会による提示、およびそれに続く理事会審議、および(ロ)投票にいたる最後の理事会審議、投票および投票に関する説明、ならびに(ハ)総務・対外関係理事会における年次政策討議が、視聴覚的手段で一般公開される。(Article8, COUNCIL DECISION of 22 July 2002 adopting the Council's Rules of Procedure（2002/682/EC, Euratom）).

[31] Article8, COUNCIL DECISION of 15 September 2006 adopting the Council's Rules of Procedure（2006/683/EC, Euratom）.

EUは代表者組織および市民社会との，公開され透明性をもった定期的対話を維持する。同条3項によると，欧州委員会は，EUの活動が一貫性をもちかつ透明性を保つことを確保するために関係当事者との広範な協議を実施する。

「構成国議会の役割に関する議定書」においては，2条において立法行為案の範囲が広く規定された。同項によると，立法行為案とは，立法行為採択のための，欧州委員会草案，一定数の構成国からの発議（initiatives），欧州議会からの発議，EU司法裁判所からの要請，欧州中央銀行からの勧告，欧州投資銀行からの要請である。5条において当該立法行為案を審議する理事会の議題や議事録が構成国議会に直接送付されると規定されている。

なお，各構成国議会には，効果的に処理できないほどの圧倒的な量の文書がEUから送られてくる。そのため，どの情報を取り扱うかの選定の仕組みが，議会の審査能力を決定する（Hegeland and Neuhold 2002）[32]。

生きた情報の確保という点では，イギリス議会およびアイルランド議会の欧州審査委員会は，委員会からプログラムを受け取った後に構成国議会内において委員の定期的ヒアリングを行うことを提案した[33]。

(2) 審査保留の確保

構成国議会が及ぼす影響力は，政府の政治的選択を部分的にではあれ，決定することができる議会の能力として定義される。以下の場合に，議会は政府に影響力を及ぼせたと考えられる。第一に，あるEU立法行為案に関する議会の本質的な修正が政府により受け入れられた場合であり，第二に，審査の対象になっているEU文書を議会も政府も支持しているが，その支持理由が異なる場合等において，当該文書の評価において政府が議論の論理を変更した場合である[34]。

以上のような影響力を構成国議会が政府に及ぼすために，構成国議会が政府

---

[32] K. H. Goetz and J-H. Meyer-Sahling, 'The Europeanisation of national political systems: Parliaments and Executives', *Living Reviews in European Governance*, vol. 3, No. 2, 2008, p. 9.

[33] Mauer, Andreas, "The Convention and the national parliamentary dimention", ARENA Working Papers WP 05/01.

[34] Strelkov, Alexander, "Searching for the right tool in a brand new toolbox: Comparing factors of effective parliamentary scrutiny of EU affairs after the Treaty of Lisbon", OPAL Online Paper, No. 3/2012, p. 7.

代表のEUの立場に対して意見を表明するまで，政府代表はEU内で交渉を開始しない，というのが審査保留（scrutiny reserve）である。これに対し「構成国議会の役割に関する議定書」4条において，立法行為案が構成国議会に利用可能になってから理事会の暫定議題に載せられる日付までの期間を8週間と長めに確保することによって，議会が意見を表明しやすくなり，審査保留のための時間が確保されやすくなったのは評価できる。また，理事会の立場採択までに10日間をおくことによって，議会は理事会内で交渉が進行しているときでも自国政府代表に意見を表明し続ける機会が与えられ，EU内での交渉の進展に伴い，自国政府代表が当初の立場を変更した場合でも，構成国議会は自国政府代表に説明を求めることができるようになった点で評価できる。

審査保留をEUの全分野において導入しているのはデンマーク，オーストア，フランスおよびイギリスである。しかしながら，デンマークを除くと審査保留は委任（mandate）として定式化されているのではなく，要請（demand）として定式化されているので，法的に拘束力をもたない。そうした場合に構成国は，審査保留を理事会における拒否権行使のスケープゴートとして用いたり[35]，EU内の取引の道具として用いることもできる（Dimitrakopoulos 2001）[36]。また，議会によって政府が厳しくコントロールされていると，EUレベルでの政府の取引力を害するおそれがあるので，迅速な立法成立という観点からは機能的でないかもしれない（Benz 2004）[37]。

(3) ベストプラクティスに関する情報の交換

第10条に規定されているCOSACに関しては，アムステルダム条約付属の議定書においても規定されていたが，今回注目すべきなのは，COSACにおいて議会間でベストプラクティスに関する情報を交換すると規定されたことである。これは，各構成国議会における審査制度がまちまちであり，また，前文において述べられているように，審査制度は各国憲法下における問題であるのでEUレベルで審査制度を統一することは適当でないため，議会間でベストプラクティスについて情報を交換してそれを自国議会の審査制度に反映させること

---

[35] Mauer, *supra* note (33), p. 17.
[36] Goetz and Meyer-Sahling, *supra* note (32), p. 25.
[37] Goetz and Meyer-Sahling, *supra* note (32), p. 9.

によって，審査制度の改善をはかることが適当であるからである。

　たとえば，スウェーデン議会では，欧州問題委員会のみがEU問題を審議して政府代表に委任を与えるのではなく，常任委員会を活用することによって，EU問題の審査制度の分権化をすすめている。このことによって，EUに関する専門的知識を議会全体にひろげているので，手続だけをみると，スウェーデン議会は最も効果的な審査制度のひとつであるといわれている。一方で，チェコ議会は文書のみに基づいた審査制度を行っており，政府代表に委任を与えるという新規則はあるが，非常に限定された範囲のものである[38]。

　分野別の常任委員会をEU問題の審査に関与させることによって，EU問題の評価に差異が生じる。これは，国会議員にEU政治問題と国内政治問題とを関連づけさせる方法である。しかし，ここでは委員会のインプットは政党間の力学に非常に依存する。スウェーデン議会においては，政党間に生じうる論争をできる限り低レベルで解決するために，常任委員会は利用されている。一方でチェコ下院のEU問題委員会は，EU問題の審査を行った後にEU問題委員会の意見およびEU文書を「情報」のために常任委員会に送付できることになっている[39]。

　各構成国議会の審査制度がまちまちである中で，議定書においてあまり審査制度の手続の詳細に踏み込んだ規定をすると，各構成国が自国憲法を改正しなければならない[40]。そのため，議定書前文において，審査制度は各国憲法下の問題であることについて触れたのであろう。

(4) 議会および政府間の緊張関係

　EUという多層統治における政府および議会間の相互作用は以下のように行われる。第一に，政府および構成国議会における多数政党はもはやEU政策分野における議題をコントロールしない。多くのEU政策分野において，議題をコントロールする権限はEUの欧州委員会に移譲された。第二に，議題設定者によって提案された政策に対する直接の拒否権は，EU統治に参加する政府代表にあり，構成国議会にはない。第三に，構成国議会は，自国政府のEUにお

---

[38] Strelkov, *supra* note (34), p. 35.
[39] Strelkov, *supra* note (34), p. 36.
[40] Mauer, *supra* note (33), p. 23.

ける交渉の立場を否定することによって，間接的に欧州政策に拒否権を行使できる。この場合，構成国議会による拒否権行使の結果は，理事会における決定規則によって異なってくる。全会一致による決定の場合は，現状の変化を防ぐことができるが，多数決による決定の場合はそうではない。いずれの場合においても，構成国議会はその拒否権限によってなんらかの政策を形成することはできない[41]。

　以上の変化によって，構成国議会制度における集合的選択の状況が大きな影響を受けた。第一に，与党は自国政府に対して自分たちが代表する市民の利益に適合する立場を採択するよう促さなければならない。もし与党が政府を厳格にコントロールするならば，政府がEUにおける交渉において他国政府と妥協点を見出すのを妨げる。しかし，もし多数派が政府に対してEUにおける交渉で裁量を与えすぎるならば，選挙民から自分たちの関心事を促進していないとの非難を受けるリスクがある。第二に，野党側は，もし政府を激しく批判するならば，EU内の他国政府の利益を支持していると非難されるかもしれない。反対に，与党や政府に協力するならば，野党は選挙民に対して代案を供与できない。第三に，政府はEUレベルにおける交渉において解決を見出さなければならず，そのためには他国政府に対して協力的な態度が要求される。しかし，政府がEUの利益を目的としてEUにおける他国との共同での政策決定に従事すればするほど，また自国にとっての損益への譲歩を行えば行うほど，政府は自国議会の支持を失うリスクがある[42]。

　以上のように，構成国議会によるEU立法過程への民主的コントロールは，政府と議会との間の権限のかけひきという緊張関係に影響を受ける。ベストなバランスを見出していくのが今後の課題であろう。

　さらに，EUレベルにおいては，構成国議会に与えられた新たな役割によって，立法手続にはさらなる負担がかかる (burdensome) 可能性がある。しかしながら，構成国議会が新たな役割を果たすことによって，法の支配および立法行為の民主的説明責任の重要性が促進される[43]。このように，EUレベルでは

---

[41] Benz, Arthur, "Path-dependent Institutions and Strategic Veto Players: National Parliaments in the European Union", vol. 27, no. 5, 2004, pp. 879-880.

[42] Benz, *supra* note [44], pp. 880-881.

[43] 福田耕治編『EUとグローバル・ガバナンス』（早稲田大学出版部，2009年）170頁。

〈第6部〉課題に挑む国際機構

迅速で効率的な決定と，議会による民主的コントロールという緊張関係に影響を受ける。ここでも，ベストなバランスを見出していくのが今後の課題であろう。

なお，構成国議会が各国の憲法に従って，EU 立法過程において自国政府の民主的説明責任を確保することに成功したとしても，理事会における意思決定は共同で行われるので，必ずしも構成国議会の利益が反映されるとは限らない。しかしながら，「民主主義」とは，「権力は人民に由来し，権力を人民が行使するという考えとその政治形態」であり，「多数決原理（中略）などがその主たる属性で」ある[44]。構成国議会によって自国政府代表の民主的説明責任が確保されることによって，EU「人民」が EU 機関において行動する自国政府代表を通じて，EU において多数決原理の下に権力を行使すると考えるならば，それが EU における民主主義であると考えられる。

IV　お わ り に

EU において代表制民主主義を確保する制度がどの程度成功しているかを評価する際に，国家における制度と比較して，同制度にどのくらい近づいているかに基づいて評価することは困難である。なぜならば，そもそもの政体のなりたちが異なるからである[45]。

EU は，リスボン条約において EU の機能は代表制民主主義に基づくことを明記し，第一に，EU 市民を代表するのは欧州議会であり，第二に，構成国国民もしくは構成国議会に民主主義に基づく責任をもつ構成国を代表するのは，欧州理事会および理事会であるとした。これは，EU 市民を直接あるいは間接に拘束する EU 法の立法機関は，理事会および欧州議会であると定めたことに起因する。欧州理事会は，最高意思決定機関として EU の一般的な政治的指針および優先順位を決定する。このように，EU の民主的正統性の確保のために，第一に欧州議会の権限を拡大し，第二に，各構成国議会が EU 問題に関して自国政府代表の民主的説明責任を確保することによって，構成国議会による欧州理事会および理事会への民主的コントロールを強化するという方向性を，リス

---

[44] 新村出編『広辞苑（第六版）』（岩波書店，2008 年）2724 頁。
[45] 「国家に限定される民主主義の概念に，世界はいまだに閉じ込められている」（前掲注[23]，p. 1290.）。

ボン条約は明示的に示した。そのために，構成国議会には一定の権利義務が与えられ，その結果，EUにおける構成国議会は，限定的ではあるが国際法主体であるといえよう。

ただし，ここで留意しておきたいのは，EUに民主的正統性を付与するために構成国議会に権利義務を与えることが，EC設立当初から予定されていたわけではないということである。行政府のエリート主導のEU統合に反対する市民という，統合の深化の過程において生じた実際的な困難を乗り越えるために，構成国議会の役割が条約に規定されたのである。つまり，EUにおいて代表制民主主義が実現されていないと，EU市民にとってEUには吸引力がなく，EUは分裂してしまう危険があったからである。そのため，EU市民でもある構成国国民を代表する構成国議会に何らかの役割を与えると吸引力があると考えられたのである。このような政治的背景がまずあり，それを法の中に表現したのが，今回のリスボン条約により明記された代表制民主主義であり，構成国議会の権利義務であろう。つまり，今後も統合が深化し，政治的背景が変化するにつれて，制度が変わっていく可能性は否めない。しかしながら，国際機構に代表制民主主義という概念がもちこまれ，構成国議会に一定の国際法主体性が付与されたことは，EUという「*sui generis*（独自の）」な国際機構において生じたこととはいえ，国際社会において「人民」を中心におく考え方が生じてきていることを示すものであろう。

第7部
伝統的国際法概念の変容と発展

21 投資条約仲裁における国際法と国内法の適用と機能

森 川 俊 孝

Ⅰ はじめに
Ⅱ 投資条約と適用法の決定
Ⅲ 国際法と国内法の適用と機能
Ⅳ おわりに

Ⅰ はじめに

　外国投資から生じる紛争には国際法のみならず国内法のさまざまな法規則，原則が関連している。外国投資に関しては，それが行われる領域国の国内法に基づいて形成された法律関係にさまざまな国内法規定が適用されるのみならず，外国投資の待遇や保護に関する国際法原則も適用されるからである[1]。かかる外国投資に関連して生ずる紛争に対して適用される法および紛争解決方法については，これまでも長い間にわたって国々の間特に先進国と途上国との間において激しく争われてきた問題である[2]。外国投資に関する紛争については，従来からも投資家と国家との間の仲裁によって解決されることはあったが，そ

---
[1] 受入国の国内法は，投資の受入，一定の事業活動・職業の許可，労働関係，租税，外国為替や不動産等さまざまな問題を規律する一方，国際法は外国人の待遇に関する国際標準（ミニマム・スタンダード），違法な収用に対する外国人財産の保護，条約特に二国間投資条約（BIT）の解釈，国家責任といった問題について関連している。Schreuer, Christoph, "International and Domestic Law in Investment Disputes. The Case of ICSID", *Austrian Review of International and European Law*, Vol. 1, No. 1 (1996), p. 89.
[2] そのような例として，国連総会の 1962 年の「天然資源に対する永久的主権」決議や 1974 年「諸国家の経済的権利義務に関する憲章」決議における外国人財産の国有化における補償の問題に関して，国内法の適用によるのかそれとも国際法もまた適用されるのかについての論争並びにその問題の紛争解決は国内裁判所によるのか国際的な解決によるのかについての論争があった。Jiménez de Aréchaga, E., "International Law in the Past Third of a Century", *Recueil des Cours de l'Académie de droit international de La Haye*, Tom. 159 (1978- I), pp. 300-305. 参照。

れらは紛争当事者である投資家と国家との間で締結されたコンセッション契約などの紛争解決条項に基づいて仲裁に付託されたものであった[3]。このように，契約あるいは国内法の規定に基づいて紛争が付託された仲裁は「契約仲裁 (contract arbitration)」とよばれる。ところが，近年締結された二国間投資保護促進条約 (Bilateral Investment Treaty; BIT) や自由貿易協定／経済連携協定の投資章を含む国際投資協定 (International Investment Agreement; IIA) の投資家と国家との間の紛争解決条項[4]においては，投資家がそのような投資紛争を仲裁に付託することについて締約国が一般的な同意を与えることによって，投資家は当該投資紛争を一方的に仲裁に付託することができることが一般に認められるようになってきている[5]。国際投資協定に基づくこのような仲裁は「条約仲裁 (treaty arbitration)」とよばれる。その結果，国際投資協定の紛争解決条項に直接基づいて，投資家が投資紛争を仲裁に付託する事例が激増している[6]。投資家・国家の紛争解決条項においては，投資紛争を ICSID 条約や国連国際商取引法委員会 (UNCITRAL) の仲裁規則に基づく仲裁などに付託することができることが規定されるとともに，当該紛争の実体問題に適用される法 (applicable law, governing law) として当該条約それ自体や国際法あるいは投資受入国の国内法などが指定されていることも少なくない。実際の仲裁においても，投資条約それ自体のみならず一般国際法の原則・規則や国内法が適用されてきている。このことは，国内法は法的効力をもつ「法」として適用されるのではなく，国家の意思や活動を表す単なる「事実」として取り扱われるとされている国家間の国際裁判における国内法の地位とは大きく異なるものである[7]。ここでは，

---

[3] もっぱらコンセッションなどのいわゆる投資契約の仲裁条項に基づいて ICSID 仲裁に付託されたケースの仲裁判断を分析して，国際法と国内法の関係を論じたものとして，拙稿「ICSID 仲裁裁判所における投資紛争解決と国際法」村瀬信也＝奥脇直也編集代表『国家管轄権――国際法と国内法』山本草二先生古稀記念（勁草書房，1998 年）235-263 頁参照。

[4] このような条項は，しばしば ISDS (Investor-State Dispute Settlement) 条項とよばれる。

[5] 拙稿「投資条約における国家と投資家との間の国際仲裁の法的メカニズムと機能」国際法外交雑誌 100 巻第 1 号（2001 年）22-49 頁参照。

[6] パラによれば，2010 年の会計年度までに ICSID に付託された事件総数は 319 件であるが，設立以来 1990 年度までは 26 件にすぎなかったが，1991 年から 2000 年度までの 10 年間だけで 55 件にのぼり，2000 年代の 10 年間だけで 238 件と急増している。Parra, Antonio R., *The History of ICSID*, 2012, pp. 321-322.

〔森川俊孝〕　*21*　投資条約仲裁における国際法と国内法の適用と機能

投資条約仲裁において国際法と国内法がそれぞれどのように適用されどのような役割をはたしているのか，それを通して条約仲裁における国際法と国内法の関係の特徴を明らかにすることが本稿の目的である[8]。

II　投資条約と適用法の決定

1　仲裁規則と適用法の決定

IIA の投資家・国家の紛争解決条項では，一般に，当該投資紛争は ICSID 条約や UNCITRAL の仲裁規則などに基づく仲裁に付託されることが規定されている。それらの規定に基づいて設立される仲裁廷（arbitral tribunal）は，それらの（条約や）仲裁規則の適用法規条項ならびに IIA の法選択条項に従って投資紛争の実体に適用される法を決定する。ICSID 条約は第42条1項において，適用法を次のように規定している。「裁判所は，両当事者が合意する法規（rules of law）に従って紛争について決定を行う。この合意がない場合には，裁判所は紛争当事者である締約国の法（法の抵触に関するその締約国の規則を含む。）及び該当する国際法の規則を適用する」。また，2010年に改正された UNCITRAL の仲裁規則は適用法について第35条1項で次のように規定する[9]。「仲裁廷は，両当事者が指定する紛争の実体に適用される法規（rules of law）を適用する。両当事者によるそのような合意がない場合には，仲裁廷は適当であると決定す

---

(7)　常設国際司法裁判所は上部シレジアにおけるドイツ人の利益に関する事件（1926年）において次のようにのべている。「国際法および国際法の機関である（本）裁判所の立場からすると，国内法は，裁判判決や行政措置と同様，単に国の意思を表明し，またその活動を構成する事実にすぎない。」Case concerning certain German interests in Polish Upper Silesia, *PCIJ*, Series A, No. 7, p. 17; Jennings, R. and Watts, A. (eds.), *Oppenheim's International Law*, 9th ed., 1992, p. 83.

(8)　筆者は既に，条約仲裁の適用法規に関する ICSID 仲裁の最近の動向については拙稿「ICSID 仲裁における国際法と国内法の関係」日本国際経済法学会年報17号（2008年）85-100頁の中で論じてきた。その中で示した基本的な理解，考え方については本稿においてもそのまま維持されている。本稿ではそこで論ずることのできなかった仲裁判例や学説を踏まえてその後の展開を提示し補充するとともに，より詳細な理論的な検討を行おうとするものである。この問題を検討する最近の研究として，米谷三以「適用法規──国際法の直接適用とその含意」小寺彰編著『国際投資協定』（三省堂，2010年）39-54頁がある。

(9)　2010 UNCITRAL Revised Arbitration Rules, *International Legal Materials (ILM)*, Vol. 49, No. 6 (2010), p. 1644.

る法（law）を適用する[10]。」

　これらの仲裁規則によれば，仲裁廷は紛争の実体問題の適用法または準拠法として，紛争当事者の合意または指定するする法規則にしたがって決定することが定められている。当事者自治の原則である。そのような合意のない場合，ICSID 条約では，仲裁廷は紛争当事者である国の国内法と国際法の規則を適用すること，UNCITRAL 仲裁規則では，仲裁廷が適当である（appropriate）と決定する法を適用することとしており，これらの規定の解釈が問題となる。

2　投資条約の法選択規定
(1)　国際法と国内法の適用

　仲裁に付託される投資紛争の実体に適用される法については，紛争当事者の合意によって自由に決定することができる。以前の契約仲裁においては，コンセッション契約などの文書の中に，当該契約の解釈適用に関する紛争に適用される法が規定されるのが一般的であった。投資条約仲裁を規定している BIT には，当該仲裁に付託される紛争に適用される法を明示的に定めているものもあれば，規定していないものも少なくない。明示的に規定している場合であってもその規定内容はさまざまであるが，一般に，BIT を含む国際法と国内法とを組み合わせたものとなっている。それらの組み合わせのパターンも多様であるが，典型的な例を挙げるならば，一つは，投資条約それ自体と一般国際法だけを適用法として定めており，国内法を含んでいないものである。NAFTA 第1131条およびエネルギー憲章条約第26条(6)がその例であるが，前者は，「B節に基づいて設置される裁判所は，この協定および国際法の適用可能な規則に従って，紛争の争点について決定する[11]」と規定している。国際法と国内法の組み合わせの他の一つの例は関連のある法源をすべて含むものであり，BIT

---

[10]　1976年の UNCITRAL 仲裁規則については，2010年6月に改正仲裁規則が採択され，同年8月15日に発効した。適用法に関する規定の主要な改正点は，1976年仲裁規則第33条1項第1文の両当事者が指定する法（the law）を法規（the rules of law）に変更していること，それによって両当事者は旧規則の場合のように法制度（legal system）に合意せざるを得ないことはなくなったこと，第2文の「法の抵触規則によって決定される法」を削除して仲裁廷が「適当であると決定する法」に変更していることである。*Ibid.*, p. 1642.

[11]　North American Free Trade Agreement, *ILM*, Vol. 32, No. 3（1993）, p. 645.

それ自体，締約国の国内法，投資に関係する紛争当事者間の契約（特別の合意）および一般国際法が適用法として選択されているものである[12]。

(2) 仲裁付託合意と適用法の関係

BITが適用法を規定している場合，BITの当事国とそれに基づいて仲裁に付託された紛争の当事者は同一ではないため，BITの適用法規定はBIT締約国の間の合意であっても，当然に，紛争当事者である一方の締約国と他方の締約国の投資家との間の合意となるわけではない。BITの規定する適用法が投資家と国家を当事者とする紛争の適用法となるとすれば，そのことの法的根拠または法的理由を明らかにしなければならない。この問題について，判例および学説の支配的な見解によれば，条約に基づく紛争当事者の仲裁付託合意の中に，紛争の実体に関する適用法についての合意が含まれるとしている。すなわち，投資家は適用法規定を含む条約に基づいて仲裁に請求を提出することによって，仲裁に対する同意のみならず，適用法の選択についても同意を与えているとするのである（適用法の黙示的受諾）。たとえば，Goetz事件において，仲裁廷はブルンジとベルギー間のBITの第8条5項が投資受入国の法，BITの規定，特定の合意の規定，国際法の一般に認められた規則や原則に基づいて決定することを定めていることから[13]，このケースはICSID条約第42条1項前段の枠組みに含まれるとして次のようにのべている。

「確かに，適用法の決定は，厳密にいえば，この紛争の当事者（ブルンジと原告投資家）によってではなく，投資条約の当事国（ブルンジとベルギー）によって行われている。しかしながら，紛争当事者の同意についてそうであったように，裁判所は，ブルンジ共和国はベルギー・ブルンジ投資条約の当事国となる際にこの条約の上記の規定に定められている適用法を受諾したのであり，また，原告投資家は上記条約に基づいて仲裁の請求を提出する際に，同じ選択を行ったと考える[14]。」また，ドルツァーおよびシュロイエルも同様に，「投資家は，仲

---

[12] 後述のVivendi事件において問題となった仏・アルゼンチンBIT第8条4項は「仲裁機関の裁定は，この協定の諸規定，抵触法規を含む紛争当事者である締約国の法規，投資問題に関して締結された私法協定の条項および国際法の関連する諸原則に基づくものとする」と規定する。

[13] *Goetz and Others v. Republic of Burundi*, ICSID Case No. ARB/95/3, Award, 10 February 1999, para. 94, *ICSID Reports*, Vol. 6, p. 32.

〈第7部〉伝統的国際法概念の変容と発展

裁の申込みを取り上げることによってまた，条約の紛争解決規定に含まれている法の選択条項をも受諾するのである。そして，適用法に関する条約規定は仲裁合意の一部となる。換言すれば，条約の適用法条項は仲裁当事者によって合意された法の選択となる[15]。」とのべているが，かかる見解は仲裁判例[16]および学説[17]でほとんど一致して支持されている。このように，条約仲裁の場合，当該条約に規定されている適用法が紛争両当事者の選択し合意した適用法となり，そしてかかる合意は ICSID 条約第 42 条 1 項前段の定める両当事者の合意となるのである。

(3) BIT と国際法だけを選択している場合における国内法の適用

BIT の適用法規定が投資紛争の当事者の選択した適用法となるとしても，当該条約と国際法だけを適用法として定めている NAFTA 第 1131 条のような規定は，締約国の国内法を適用することができないことを意味するものではないとされる。上述の Goetz 仲裁廷はこのことを次のようにのべている。「この点で，投資保護条約に規定されている『法の選択』条項において，しばしば，条約それ自体の規定——並びにより広く国際法の原則および規則——を指定していることは，慣行と判例における一定の後退の後に，国と外国投資家との間の法的関係の分野への国際法の完全な復活を生じさせたということを

---

[14] *Ibid.*

[15] Dolzer, Rudolf and Schreuer, Christoph, *Principles of International Investment Law*, 2008, p. 266.

[16] Siemens 事件では，アルゼンチン・ドイツ BIT 第 10 条(5)によれば，仲裁廷は BIT，締約国間のその他の協定，締約国の国内法および国際法の一般原則に基づいて決定することを規定していた。仲裁廷は「投資に関する紛争を仲裁によって解決する旨のアルゼンチンの申込を受諾することによって，シーメンスはこれが仲裁廷によって適用されるべき法であるべきであることに合意した。これは条約第 42 条 1 項に基づいて適用されるべき法についての合意を構成する。」とのべて，BIT の法選択条項は当事者による適用法の選択を意味するとして，42 条 1 項前段の紛争当事者の合意に位置付けている。*Siemens A.G. v. The Argentine Republic*, ICSID Case No. ARB/02/8, Award, 6 February 2007, para. 76. 仲裁判断の出典を明示していない場合，Investment Treaty Arbitration<http://italaw.com/>を参照。

[17] たとえば，Spiermann, Ole, "Applicable Law", in Muchlinski, Peter, Orinto, Federico and Schreuer, Christoph (eds.), in *The Oxford Handbook of International Investment Law*, 2008, p. 107; Banifatemi, Yas, "The Law Applicable in Investment Treaty Arbitration", in Yannaca-Small, Katia (ed.), *Arbitration under International Investment Agreements: A Guide to the Key Issues*, 2010, pp. 194-195.

指摘することは興味深い。投資関係のこの国際化は——投資関係が契約的であるかその他であるかにかかわりなく——，確かに，国際法がはたす排他的な役割のために受入国の国内法は全く関連がないあるいは適用されないという点まで，国際投資から生じる法的関係の完全な『脱国家化（denationalization）』に至っているわけではない。それは単に，これらの関係は，同時に——並行的にということもできる——，国内法における受入国の主権の優位および受入国が行った国際義務に関係していることを意味しているにすぎない[18]。」また，Waste Management 事件において，NAFTA 仲裁廷はその管轄権が条約請求に限定されていることは，「裁判所には契約に留意し解釈する管轄権がないことを意味するものではない。しかし，そのような管轄権は性質において付随的 (incidental) である。そして，原告の訴訟原因は第 1116 条および第 1117 条に規定されている NAFTA の実体規定の一つに基礎を置いているとして，原告が主張することが常に必要である[19]」とのべている。

これらの事例は，BIT において BIT および国際法の原則だけが適用法として選択されている場合であっても，締約国の国内法はなんらかの関連性があること，あるいはたとえ付随的にではあるにせよ適用されることがあることを指摘していると解することができる[20]。BIT に基づく仲裁においては法選択条項に国内法が含まれていない場合であってもそれが適用されるとするならば，その理由と根拠が問われることになるであろう。この点については後に詳しく論ずる予定である[21]。

3 BIT に法選択条項がない場合における適用法の決定

BIT に法選択条項が存在しない場合，適用法の決定は紛争が付託された仲裁機関の仲裁規則に基づいて行われることになる。ICSID 仲裁の場合には，裁

---

[18] *Goetz v. Brundi, supra* note [13], para. 69.
[19] *Waste Management INC. v. United Mexican States*, ICSID Case No. ARB(AF)/00/3, Award, 30 April 2004, para. 73.
[20] 学説においてもこれを支持するものは多い。たとえば，Newcombe, Andrew and Paradell, Lluis, *Law and Practice of investment Treaties: Standards of Treatment*, 2009, p. 88 参照
[21] 投資条約仲裁において特に条約請求における国内法の適用と機能については後述のⅢ 5 において詳しく検討する。

〈第7部〉伝統的国際法概念の変容と発展

判所は紛争当事者である締約国の法および該当する国際法の規則を適用すると定める ICSID 条約第 42 条 1 項後段の規定の解釈が問題となる。この規定の解釈に関しては，適用される国内法と国際法の関係やそれぞれの法がはたす役割などについて何も規定していないため，締約国の法すなわち投資受入国の国内法と国際法の関係およびその機能の問題が，以前から仲裁裁定や学説において最も重要な問題の一つとしてとして議論されてきた。この規定の解釈についての従来の支配的見解は，国内法が先ず第一に適用され，国内法に欠缺がある場合および国内法が国際法に反する場合に国際法が適用されるというものであった[22]。しかしながら，この従来の支配的見解はコンセッション契約などの仲裁条項に基づいて仲裁に付託された「契約仲裁」の判例に基づくものであった。現在問題となっている BIT の投資家と国家との間の紛争解決条項に基づいて仲裁に付託された「条約仲裁」には，契約仲裁の場合とは異なるさまざまな問題あるいは特有の論点が存在する。BIT に法選択条項が含まれていない場合における適用法の決定あるいは第 42 条 1 項の解釈に関する ICSID 仲裁廷の仲裁判断は一致しているわけではなく，さまざまな見解が示されている。ここでは先ず最初に，この問題における二つの代表的なケースである AAPL 事件と Wena 事件をとりあげて検討することにする。

(1) **黙示的合意説**

黙示的合意説は，BIT に法選択規定が含まれていないにもかかわらず，仲裁手続における行動から適用法に関する両当事者の同意を導き出して，黙示的合意が存在するというものである。BIT の紛争解決条項に基づいて ICSID 仲裁に付託された最初のケースである AAPL 事件の仲裁判断[23]では，そのような黙示的合意が存在するとして，本件は第 42 条 1 項前段に含まれるとしたのである。そこでは，スリランカと英国との間の BIT には適用法規定が存在していないこと，また紛争当事者の間で直接に交渉して適用法を選択する機会が仲裁付託前にはなかったという事情のもとで[24]，仲裁廷は適用法を決定しなければならなかった。そして，適用法の決定のプロセスを次のようにのべている。

---

[22] 拙稿・前掲注(3) 240-245 頁参照。

[23] *Asian Agricultural Products Ltd. v. Republic of Sri Lanka*, ICSID Case No. ARB/87/3, Award, 2 June 1990, *ILM*, Vol. 30 (1991).

[24] この事情を仲裁廷は以下のように説明している。「紛争の当事者には，紛争のさまざ

722

すなわち,「法選択のプロセスは,通常,仲裁手続の間における当事者の行動を観察し解釈することによって,紛争の発生後に現れてくるであろう[25]」という基本的な方法を示すとともに,それに基づいて,「両当事者はスリランカ・英国のBITの諸規定を,適用される法規則の第一次的法源（primary source）であるとみなす彼らの相互的な合意を証明するような方法で行動した[26]」ことを指摘する。原告によって主張されたこの基本的な前提については,被告も主要な論拠をBITの規定に依拠しているのみならず,BITはスリランカ法の一部であるとするスリランカ憲法の規定を援用することによってこの前提を完全に認めていたとする。仲裁廷はさらに,「BITは,直接適用可能な実体的実質的規則を定めることに限定された自己完結の閉鎖的な法制度（self-contained closed legal system）ではなく,他の法源の規則が黙示的な編入の方法によって,または,一定の補充規則――国際法的性質の規則であるか国内法的性質の規則であるかを問わず――への直接の照会（direct reference）によって,組み込まれているより広い法的文脈の中で考察されなければならないことに留意すべきである[27]」とのべる。このように,BITの性質に言及した後に,「両当事者は各々の訴答書面の間に,特別法（lex specialis）としてのBITそれ自体を第一次的に（primalily）援用すること,そして,必要な範囲において,条約それ自体の第3条及び第4条によって補充的法源として規定されている関連する国際的または国内的法規則を適用することに合意した[28]」としている[29]。

このように,仲裁廷は,BITに明示的な適用法規定が存在していない場合に第42条1項後段が適用されるとするのではなく,仲裁手続における訴答書

まな側面を規律する規則を決定する適用法を前もって選択する彼らの権利を行使する機会がなかった。より具体的にいえば,他方の締約国の領域内で投資を行うそれぞれの国民のために,二国の間において引き受けた国際義務を履行して直接に提起された仲裁事件の文脈においては,ICSID条約第42条前段に規定されている事前の法の選択を想定することはほとんどできないであろう。」*Ibid.*, para. 19.

(25) *Ibid.*, para. 20.
(26) *Ibid.*
(27) *Ibid.*, para. 21.
(28) *Ibid.*, para. 24
(29) 第一次的な法源と第二次的な法源の意味に関連して,第一次的な法源であるBITは第一次的に（primalily）適用されるとしていることから,ここでは「第一次的な」法源とは適用順位を含意しているものと考えることができる。

〈第7部〉伝統的国際法概念の変容と発展

面や弁論といった両当事者の行動から BIT を適用法規とする相互的な合意の存在を認めて，適用法に関する「黙示的な合意」が存在するとして第42条1項が適用されるとしたのである。そして，国際法および国内法の適用については BIT の性質それ自体から引き出しているのである。しかしながら，当事者が訴答書面や弁論において BIT を援用して適用解釈しているといった当事者の行動から，BIT を適用法とする当事者の黙示的合意を引き出すことについては強い批判がある。仲裁判断に反対意見を表明した Asante によれば，BIT が本件の争点の解決に関連する法であることを認めているけれども，原告が BIT の規定を適用法として援用するためには，両当事者がそれを適用法とみなすことに明示的に合意したことを立証しなければならないと主張する。両当事者がそれぞれの申立の中で BIT の規定に基づく主張を行ったということだけでは BIT を適用法とするには十分ではないとして，本件では ICSID 条約第42条1項後段が適用されるべきであるとした[30]。

　その後のケースである LG&E 仲裁廷も反対意見と同様の立場に立つ。同事件では，原告はその請求は BIT に基づいていることから，紛争に適用される法は BIT と一般国際法であると主張したのに対し，被告は BIT の適用を否定しているわけではないけれども，当事者間の関係には適用法に関する合意のない場合の規定である第42条1項後段が適用されるべきである主張した。そして，後段はアルゼンチン法が最初に適用されることを確認していると主張する。それに対して仲裁廷は，次のように述べる。「アルゼンチン共和国は BIT の署名国であり，外国投資に関する紛争の場合にはその規定に黙示的に服しているとみなされことに留意されるべきである。同様に，LG&E はその請求の根拠を BIT の規定においており，従って，この紛争の適用法として BIT および一般国際法を選択していると推定される。しかしながら，これらの要素は，適用法に関して当事者による黙示の合意があるというには十分ではない。そのような決定のためにはより明確な行動を必要とする[31]」として，紛争は第42条1項後段にしたがって解決されなければならないとした。このように黙示的合意の存在については，仲裁手続における当事者による BIT の援用で充分である

---

[30]　Dissenting Opinion of Samuel K.B. Asante, *supra* note [23], pp. 629-632.
[31]　*LG&E Energy Corp., LG&E Capital Corp.and LG&E International Inc. v. Argentine Republic*, ARB/02/1, Decision on Liability, 3 October 2006, para. 85.

〔森川俊孝〕　*21*　投資条約仲裁における国際法と国内法の適用と機能

のか，より明確な決定的な行動が必要であるかによって見解は分かれているけれども，いずれの場合においても当事者によっても仲裁廷によっても BIT の適用それ自体については争われてはいないことに注意することが重要である。

(2) 国際法と国内法の自立的・同時的適用説

　国際法と国内法の自立的・同時的適用説[32]は，Wena 仲裁廷の仲裁判断の取消しを求められた特別委員会が第 42 条 1 項後段の解釈について示した見解である。それは後段の解釈を再構成することによって，従来の支配的見解である国際法の補充的・是正的機能（supplemental and corrective function）説に代えて新たに提示された見解である。

　この事件で関連する BIT は 1976 年の英国とエジプトとの間の投資促進保護協定（Agreement for the Promotion and Protection of Investments: IPPA）であるが，法選択条項は含まれていなかった。仲裁廷は，紛争の両当事者がエジプトによる IPPA の侵害が争点となっていることを一致して認めていることから，IPPA が仲裁の適用法の「第一次的な法源[33]」であるとした。そして，適用法に関しては「IPPA の規定のほかには両当事者の間に特別の合意は存在しない[34]」としていることから，BIT を第一次的な法源とする当事者間の合意があるとする点では AAPL 事件と同様であるように見える。他方で，両当事者の訴答書面によれば仲裁廷は第 42 条 1 項後段に規定されている締約国の法であるエジプト法と該当する国際法の規則を適用すべきであるとしていることから，仲裁廷は，「IPPA の規定は，両当事者の合意に基づいて並びにエジプト法および国際法によって指示されているので，いずれにしても裁判所によって適用されるべき第一の法規則」であるとのべている[35]。この解釈は，BIT の適用について前段の黙示的合意があるとする一方で，後段の国内法と国際法の適用も認めているのか必ずしも明らかではない。

---

[32] シュロイエルによれば，Wena 事件において示された国際法と受入国の国内法との間の関係についての見解を，国内法と国際法の自立的および同時的適用（autonomous and simultaneous application）とよんでいる。Schreuer, C., Malintoppi, L., Reinisch, A. and Sinclair, A., *The ICSID Convention: A Commentary*, 2nd ed., 2009, pp. 627-630.

[33] *Wena Hotels Limited v. Arab Republic of Egypt*, ICSID Case No. ARB/98/4, Award, Dec. 8, 2000, *ILM*, Vol. 41, No. 4 (2002), pp. 910-911, para., 78.

[34] *Ibid.*, para. 79.

[35] *Ibid.*

〈第7部〉伝統的国際法概念の変容と発展

そこで，エジプトは，当事者間の紛争の基礎にある賃貸借契約に適用されるエジプト法があらゆる場合に第一次的な法源であり，紛争当事者の選択した法であると主張して，仲裁廷がそのようなエジプト法を適用しなかったことは明らかにその権限を越えているとして，仲裁判断の取消を申請したのである[36]。この主張に対して，特別委員会は先ず，当事者が第42条1項前段に照らして仲裁廷によって適用されるべき法規則について合意していたか否かを検討する。この問題を検討するに際して，ICSID仲裁廷に提出された紛争の「主題」または「事項」(subject) と「当事者」を確定することが重要であるとする[37]。そして，仲裁廷に付託された紛争であるWenaとエジプトとの間のBITに基づく紛争は，Wenaとエジプト国営会社（EHC）との間の賃貸借契約から生じる紛争とはその主題および当事者に関してまったく異なる紛争であるとし，両当事者は第42条1項前段のもとでの法の選択を行ったとすることはできないとする。すなわち，当事者については，EHCは独立の法人格を有し，その業務も商業的性質のものであって，国家に帰属することはできない行為であることから，エジプト国家とはまったく異なる実体であるとしている[38]。次に，賃貸借契約は商業的性質（commercial nature）の問題に関わっているのに対し，IPPAは本質的に統治的性質（governmental nature）の問題すなわち国家により外国人投資家に与えられる待遇に関わっており，それらの紛争解決取極めや法選択規定はそれぞれ異なっている。このことから，（WenaとEHCの間の）賃貸借契約のもとで生じる紛争の事項と（Wenaとエジプトとの間の）IPPAに基づいて仲裁に付託される紛争の事項とは異なるものであったと結論しているのである[39]。適用法の決定の問題に関する特別委員会の考察において注目すべきことは，適用法の決定の問題において紛争の事項または主題の要素を考慮に入れて検討していることであり，適用法の決定と紛争の性質との間には密接な関係があることを示していることである[40]。

そして次に，特別委員会は当事者間に法の選択はなかったとして，第42条

---

[36] *Wena Hotels Limited v. Arab Republic of Egypt*, ICSID Case No. ARB/98/4, Decision on Application for Annulment, Feb. 5, 2002, *ILM*, Vol. 41, No. 4 (2002), pp. 939-941, paras. 21-25.
[37] *Ibid.*, para. 27.
[38] *Ibid.*, para. 30.
[39] *Ibid.*, paras. 31-36.

1項後段の意味および国際法と国内法の関係を検討する。国際法と国内法の関係について，国内法の役割を強調して国際法の役割を制限するか，反対に，国際法の広範な適用を認めて国内法の適用を制限するかは，個々のケースの事情によるとするとともに，後段に「できる（may）」という用語を使用していることは，「条約は国際法と国内法のそれぞれの範囲の識別のための明確な線を引いていないこと，それに応じて，このことはその解釈について裁判所に一定の裁量と権限を与える効果をもつことを示している[41]」として次のように述べる。「明らかなことは，第42条1項後段に至る交渉の意味と意義は，両法秩序が役割を有していることを考慮していることである。受入国の法は，実際，正当と認められるのであれば国際法と結びついて適用することができる。また同様に，適当な規則がこの他の分野において認められるのであれば，国際法を単独で適用することもできるのである[42]。」

第42条1項後段における国際法と国内法の関係についてのこの解釈は，適用法としての国内法と国際法それぞれに対等な役割を与えるとともに，個別の事情によっては国際法だけを適用することもありうることを認めるものである。国際法と国内法が自立的にあるいは同時的に適用されることを認めるかかる見解は，国内法に欠缺がある場合にそれを補充するため，あるいは，国内法が国際法と矛盾している場合に国内法を是正するために国際法が適用されるという伝統的見解とは，国際法に国内法と対等な地位を認めている点で全く異なるものである[43]。伝統的見解においては，国内法に主要な役割が与えられ，国際法

---

[40] かかる適用法の前提としての紛争の性質の分析は，後述のVivendi事件において示された契約請求と条約請求の峻別の議論と基本的に同様の観点に依拠するものであり重要である。この点については後述のⅢ2(1)参照。

[41] *Wena Hotels v. Egypt, supra* note [36], para. 39.

[42] *Ibid.*, para. 40.

[43] ガイヤールによれば，「第42条1項後段の下で，ICSID裁判所は，紛争または特定の争点を解決するために，実体規則団としての国際法を適用することができる。受入国の法の規則に対立するものとしてそれらの規則が適用されるであろうということは，後者（受入国の法の規則――筆者）が前者と単に異なっているにすぎないときに無視されるということを意味するのではなく，国際法の規則は仲裁人の決定において問題となっている争点に対する適用法を構成することを意味するのである」Gaillard, E. and Banifatemi, Y., "The Meaning of 'and' in Article 42(1), Second Sentence of the Washington Convention: The Role of International Law in the ICSID Choice of Law Process", *ICSID Review-Foreign Investment Law Journal*, Vol. 18, No. 2 (2003), p. 399.

は国内法の欠缺補充および抵触是正のために適用されるという2次的な役割が与えられているにすぎなかった[44]。それに対して，特別委員会の見解は，国内法の欠缺や国際法との矛盾の場合とはかかわりなく，国際法を国内法と全く平等に適用することができるとする点において，伝統的な解釈とは異なる新たな視点を提示したということができるのである[45]。しかし，国際法と国内法が対等にあるいは同時的に適用される場合におけるそれらの関係については，国際法に矛盾する国内法に対して国際法が優位することを承認している点を除けば[46]，それ以上詳細に論じているわけではない。この点については，特別委員会は，同条の解釈として国際法と国内法のそれぞれの範囲については，ケースの事情に応じて柔軟な解釈を行う権限を裁判所に与えていることを指摘していることからすれば，特別委員会はその後の仲裁判例の発展に委ねていたと解することもできるであろう。

このアプローチは，その後の，CMS Gas 事件[47]，Azurix 事件[48]，LE&E 事件[49]，Sempra 事件[50]などの仲裁廷においても支持され，BIT を含む国際法と

---

[44] この点については，拙稿・前掲注(3) 237-245 頁参照。

[45] ICSID 条約第 42 条 1 項後段の「及び」の意味並びにそこにおける国際法の役割については，Emmanuel Gaillard and Yas Banifatemi, *supra* note 43, pp. 403-411.

[46] *Wena Hotels v. Egypt, supra* note (36), para. 41.

[47] *CMS Gas Transmission Company v. The Argentine Republic*, ICSID Case No. ARB/01/8, Award, 12 May 2005, paras. 116-117.

[48] *Azurix Corp. v. The Argentine Republic*, ICSID Case No. ARB/01/12, Award, 14 July 2006, para. 66.

[49] *LG&E v. Argentina, supra* note (31), para. 99.

[50] Sempra 仲裁廷も次のように述べている。「条約第 42 条 1 項に関する当事者の議論は，本条は同時的な役割をはたす多様な法源を定めていることから，ある程度まで理論的であるように思われる。実際，被告が国内法は適用範囲において事実問題の決定に限定されるものではないと主張するのは正当である。実際，本件の当事者の訴答書面および弁論から明らかなように，それは（国内法——筆者）より広い役割をもつ。ライセンスはそれ自身アルゼンチン共和国の法秩序によって規律されており，それに照らして解釈されなければならない。

同様にまた，原告が国際法の重要な役割を主張するのも正当である。条約（BIT——筆者），国際協定および慣習法は両当事者によって多数の事項に関して援用されてきた。学者や仲裁裁定はしばしば，国内法と国際法の適用にさいして相互に矛盾するものとみなす傾向があったが，このことは現実には事実ではない。両法秩序は，認められてきたように，紛争の解決にはたすべき役割を有している。」*Sempra Energy International v. Argentine Republic*, ICSID Case No. ARB/02/16, Award, 28 September 2007, paras.

国内法がともに適用され，それぞれにはたすべき役割があるとされた。たとえば，CMS Gas 仲裁廷によれば，「より最近になって，紛争の特定の事実が正当と認めるのであれば，国内法と国際法の双方の適用を認める，よりプラグマチックなそれほど原理的でないアプローチが現れた。一方が他方に優位し，完全に排除するのはもはや事実ではない。むしろ両法源がはたすべき役割をもっている[51]」とのべて，Wena 特別委員会の決定の一節[52]を引用している。そして，続けて次のようにのべている。「ケースの事実および当事者の議論を勘案するとき，これが本裁判所が正当と考えるアプローチである。実際，ここには，ガスの民営化を規律する法令，ライセンス並びに条約および慣習国際法に具体化されている国際法との間に密接な相互作用がある。これらの規則のすべてが不可分であり，正当と認められる程度まで裁判所によって適用されるであろう。また，当事者自身が，原理的な相違にもかかわらず，両法秩序の役割を事実援用していることに留意することが必要である[53]」。

III 国際法と国内法の適用と機能

1 紛争の主題と適用法の決定

上述のように，Wena 特別委員会は，適用法を決定する際に紛争の主題・事項を考慮に入れて適用法の問題を検討している。すなわち，Wena とエジプト国営会社 EHC との間の賃貸借契約上の義務に関する紛争と Wena とエジプト国家との間の BIT に関する紛争とは紛争の当事者および主題・事項において異なる紛争であるとして，エジプト法は前者の紛争には適用されるとしても，そのことは後者の紛争には認められないとしたのである。実際，投資紛争においては，投資条約の保護の対象となる投資財産には一般に契約に基づく権利や国内法令によって与えられた権利が含まれていることから，それらの権利が国家の措置によって侵害されることによって紛争が発生することは珍しくない。この国家の同一の行為から，紛争が国内法令または契約違反の紛争として生ずることも，あるいは，投資条約違反の紛争として生ずることもありうるのであ

235-236.
[51] *CMS Gas v. Argentina*, supra note [47], para. 116.
[52] *Wena Hotels v. Egypt*, supra note [36], paras. 39-40.（前掲注[42]参照）。
[53] *CMS Gas v. Argentina*, supra note [47], paras. 117-118.

〈第7部〉伝統的国際法概念の変容と発展

る。BITによって仲裁廷がそれらの紛争双方に対して管轄権を与えられているのであれば，投資家は彼自身の選択によって，それを国内法令または契約違反から生じる請求としてあるいはBIT違反から生じる請求として仲裁に付託することができるのである。このような場合に，投資家によりBIT違反として提起された請求はBITによって決定されるのであって，その決定には国内法は関連がない。国際司法裁判所はELSI事件においてこの原則を確認している。すなわち，パレルモ県知事（Prefect）の徴用措置が米国・イタリア通商条約に違反するかどうかが問題となった際に，裁判部は当該行為が国内法上合法または違法であるかということと国際法上合法または違法であるかということとは全く異なる問題であるとして次のようにのべている。「国内法の遵守と条約規定の遵守は異なる問題である。条約違反であることが，国内法において合法的であることがあるし，国内法において違法であることが，条約規定にまったく違反していないことがある。たとえ県知事が徴用をイタリア法において完全に正当であると認めたとしても，このことはそれが友好通商航海（FCN）条約に違反する可能性を排除するものではないであろう。ある行為が……条約上の権利の侵害を構成するかどうかというこの問題は，FCN条約の意味および目的を考慮して各ケースにおいて評価されなければならない問題である[54]。」

　この原則はさらに，国際法委員会の「国際違法行為に対する国家責任条文」第3条「国の行為の国際的違法性の性質決定（characterization）」においてより一般的に確認されている。それは「国の行為が国際的に違法であるとの性質決定は，国際法によって規律される。この性質決定は，同一の行為が国内法により合法であるとの性質決定によって影響されない」と規定する[55]。この原則には二つの要素が含まれているとされる。第1に，国家の行為は，たとえ国家自身の法の規定を侵犯するとしても，国際義務違反を構成しているのでなければ，それを国際的に違法なものと決定することはできない。第2に，国家はその行為が自国の国内法規定に合致していると主張することによって，それが国際法により違法であるとの決定を免れることはできない[56]。このように，国の行為が国内法上合法であるか否かの問題と国際法上合法であるか否かの問題は全く

---

[54]　Elettronica Sicula S. p. A.（ELSI），*ICJ Reports 1989*, p. 51, paras. 73-74.
[55]　Draft Articles on Responsibility of States for Internationally Wrongful Acts, *Yearbook of International Law Commission*, 2001, Vol. II, Part Two, p. 36.

異なる問題であって，国際法上違法であるか否かの決定は国際法により規律されることは確立した国際法の原則であるとされる[57]。

2　条約請求と契約請求の峻別と適用法の決定
(1)　Vivendi 事件

国の行為の性質決定に関する問題は，条約仲裁において，契約違反に基づく請求（契約請求）と条約違反に基づく請求（条約請求）とを峻別する理論によって展開されてきた。条約請求と契約請求の議論を詳細に論じたケースである Vivendi 事件の特別委員会ではそれを次のようにのべている[58]。

「本件における契約違反と条約違反との間の関係に関して，BIT の第3条お

---

[56] 後者の要素に関して，「当事国は，条約の不履行を正当化する根拠として自国の国内法を援用することができない」（1969年の条約法に関するウィーン条約第27条）や「条約の締約国である国々の間の関係において，国内法の規定は条約の規定に優位することができないことは国際法の一般に認められた原則である」などの原則が例として挙げられている。これらは，国の行為が国内法の規定に合致しているとしても，それが国際的に違法であるとの決定を妨げるものではないという確立した原則に由来するものである。*Ibid.*, pp. 36-38.

[57] Dupuy, Pierre-Marie, "Relations Between the International Law of Responsibility and Responsibility in Municipal Law", in Crawford, James, Pellet, Alain & Olleson, Simon (eds.), *The Law of International Responsibility*, 2010, pp. 173-183. 参照。

[58] この事件は，原告とアルゼンチンのトゥクマン（Tucumán）州（以下，トゥクマン）との間の上下水道事業に関するコンセッション契約（1995年）の履行に関して生じた紛争が，アルゼンチンとフランスのBIT（1991年）に基づいて仲裁に付託された事件である。2001年に下された仲裁判断は，アルゼンチン共和国による作為・不作為から生じる請求（連邦請求）については，提出された証拠はアルゼンチン共和国によるBITに基づく法的義務の違反を認定するための根拠を確認していないと判示した。また，トゥクマン州当局の行為に基づく請求（トゥクマン請求）については，請求の背景にある事実の性質から，まず最初に，コンセッション契約の規定を解釈し適用することなくコンセッション契約違反とBIT違反とを区別し切り離すことはできないとして，またコンセッション契約の法廷選択規定（16条4）はその解釈適用に関する任務を排他的にトゥクマン行政裁判所に与えていることから，原告はトゥクマンに対する請求についてはこれをトゥクマン行政裁判所において救済を求めるべきであったとして，原告の請求を却下した。このように，本件の最大の争点は，BITおよびICSID条約の救済手続規定との関係におけるコンセッション契約の法廷選択規定の法的意味に関するものであった。*Compañia de Aguas del Aconquija, S.A. and Compagnie Générale des Eaux v. Argentine Republic*, ICSID Case No. ARB/97/3, Award, 21 November 2001, *ILM*, Vol. 40, No. 2 (2001), p. 426. それに対して，アルゼンチンによる仲裁判断の部分的取消しの請求に基づいて設立された特別委員会は，連邦請求については仲裁廷の決定を認めたが，

〈第7部〉伝統的国際法概念の変容と発展

よび第5条は国内法上の契約違反とは直接かかわりがないことが強調されなければならない。それらはむしろ独立の規準を定めている。国家は契約に違反することなく条約に違反することがあるし，逆もまた可なりであり (vice versa)，このことは確かに BIT のこれらの規定についてはあてはまる。この論点は国際法委員会の国家責任条文の『国の行為の国際的違法性の性質決定』と題する第3条において明確にされている。……（疑問の余地なく一般国際法を宣言している）この一般原則に従って，BIT の違反があったか否かと契約の違反があったか否かは異なる問題である。これらの請求の各々はそれ自身の適切な法(proper law) または適用法を参照することによって決定されるであろう——BIT の場合には国際法によって，コンセッション契約の場合には契約の適切な法すなわちトゥクマン (Tucumán) 法によってである。たとえば，条約に基づく請求の場合，国際法の帰属の規則が適用され，その結果，アルゼンチン国家がその州当局の行為について国際的に責任を負う。対照的に，アルゼンチン国家はトゥクマンが締結した契約の履行について責任を負うわけではない。トゥクマンはそれ自身の法に基づき異なる法人格を有し，それ自身の契約の履行について責任を負っているからである[59]。」このようにのべて，条約請求の場合，国家の行為が条約に違反したかどうかを決定するのは国際法であって，それがプロパー・ローまたは適用法であるとした。条約請求に関しては，そしてさらに，「ICSID 裁判所が行うことを要求されている審理は，ICSID 条約，BIT および該当する国際法によって規律されている審理である。かかる審理は，原則として，当事者の国内法上の協定を含む国内法のいかなる問題によって決定されるものではないし，妨げられるものでもない[60]。」と指摘している。

かかる条約請求と契約請求の区別は紛争当事者の提起する請求の基礎に基づく区別であるが，かかるアプローチの特徴として以下の点を指摘しておく必要

トゥクマン請求については，それを BIT に基づいて審査しなかったことにより，仲裁廷はその権限を逸脱したと決定した。かかる仲裁廷と特別委員会の決定の相違は，仲裁廷が契約違反と条約違反を切り離すことができないとしたのに対して，特別委員会の決定は契約違反に基づく請求と条約違反に基づく請求との峻別に基づいている。*Compañia de Aguas del Aconquija S.A. & Vivendi Universal v. Argentine Republic*, ICSID Case No. ARB/97/3, Decision on Annulment, 3 July 2002, *ILM*, Vol. 41, No. 5 (2002), p. 1135.

[59] *Vivendi v. Argentina*, Decision on Annulment, *supra* note [58] paras. 95-96.
[60] *Ibid.*, para. 102.

がある。第1に，それは上述のWena特別委員会の紛争の主題または事項による区別と重なり合うものであるが[61]，紛争の争点を，条約違反から生じる請求と契約違反から生じる請求とに峻別して類型化することによって，より明確にしているということができる。第2に，条約請求の「プロパー・ローまたは適用法」は国際法であり，契約請求のそれは契約を含む国内法であるとしているように，投資紛争における適用法の決定は請求の性質によって相違することを明らかにしている。紛争の争点を区別して適用法を決定するという点で，国際法と国内法の適用を仲裁廷の広い裁量に委ねているWena特別委員会の見解とは，裁判所の裁量をより限定しているということができる。紛争または請求の性質を確定すること，すなわち条約請求であるか契約請求であるかを確定することが適用法の決定において重要な意味と役割をもつことを示すものである。

(2) 米国のモデルBIT

条約請求と契約請求とに分けて適用法を決定するという方法については，条約仲裁の経験を踏まえて作成されたと考えられる2004年の米国のモデルBITが取り入れた方法でもある[62]。それは第24条において，原告が仲裁に付託することのできる請求を，(A)BITの定める義務に違反した旨の請求，(B)投資許可（authorization）に違反した旨の請求，(C)投資協定に違反した旨の請求の三つに分類している。そして，適用法に関する規定である第30条によれば，1項において，仲裁廷は(A)のBIT違反に基づく請求の場合にはBITと国際法規則を適用するとする一方，2項において，(B)の投資許可違反の請求または(C)の投資協定違反の請求の場合には，投資許可もしくは投資協定に指定された法規則ないし紛争当事者が別段に合意する法の規則を，そのような指定または合意された法の規則のない場合には，法の抵触に関する規則を含む被告国の法および該当する国際法の規則を適用するとしている[63]。

---

[61] 前述のⅡ3(2)参照。

[62] 2004 U.S. Model Bilateral Investment Treaty.《http://www.state.gov/e/eeb/rls/othr/38602.htm》なお，米国モデルBITは2012年版《http://www.state.gov/r/pa/prs/ps/2012/04/188199.htm》が公にされているが，内容としては2004年版と同一である。

[63] 30条は以下のように規定している。

〈第7部〉伝統的国際法概念の変容と発展

「BIT の定める義務に違反した旨の請求」すなわち，条約請求の場合には，BIT と国際法が適用されるのに対して，投資許可または投資協定に違反する旨の請求すなわち契約請求の場合には，当事者の指定または合意する法の規則が，そのような指定又は合意のない場合には締約国の法である国内法と該当する国際法が適用されるとしている。条約請求の場合と契約請求の場合では適用法は異なるとしているのである。そして，前者の条約請求の場合には NAFTA やエネルギー憲章条約と同様の規定になっているのに対して，契約請求の場合には ICSID 条約第42条1項と類似の規定になっている。

3　BIT の適用の根拠

BIT に法選択条項が含まれていない上述の AAPL 事件および Wena 事件において，仲裁廷は紛争当事者の申立やその主要な論拠が BIT の諸規定に基づいていたことから，BIT それ自体を第一次的な法源であるとするとともに，紛争当事者の間に BIT が適用法であるとの合意があるとした[64]。また，Azurix 仲裁廷も，「BIT が Azurix の請求の本案を判断するための判断基準 (point of reference) である[65]」旨の当事者の合意に留意している。これらは BIT を適用法とすることの根拠を，仲裁手続の過程における当事者の行動から導きだすことのできる当事者の意思に求めているということができる（当事者による BIT の黙示的選択）。他方，Vivendi 事件特別委員会の決定および米国モデル BIT では，BIT の適用の根拠を仲裁に付託される紛争の性質から導き出している。そこでは，締約国の一定の行為又は措置が投資条約の義務に違反するとして，あるいは投資家の権利を侵害したとして投資家が締約国に対して請求を

「1.　……紛争が第24条(1)(a)(i)(A) または第24条(1)(b)(i)(A) に基づいて付託されるとき，裁判所はこの条約および該当する国際法の規則を紛争の争点に適用する」

「2.　……紛争が第24条(1)(a)(i)(B) もしくは(C) または第24条(1)(b)(i)(B) もしくは(C) に基づいて付託されるとき，裁判所は次のものを適用する。
(a) 関連する投資の許可もしくは投資契約に指定されている法の規則または紛争当事者が別段に合意する法の規則，または
(b) 法の規則が指定されていない，または別段に合意されていない場合には，
　(i) 法の抵触規則を含む被告国の法，および
　(ii) 該当する国際法の規則。」

[64] 前掲注(26)および(33)参照。
[65] *Azurix v. Argentina, supra* note (48), para. 65.

提起する紛争であることに着目している。すなわち，それらの BIT においては，投資家の投資の保護のための実体規定を定めているのみならず，投資家が条約上の権利の侵害に対して賠償を請求することができるように仲裁に付託する権利を投資家に与えている。そして，投資家の請求が BIT に基づく権利の侵害または締約国の義務の違反に基づいている場合には，そのような請求に対しては当然のことながら仲裁廷は BIT の実体規定に従って判断しなければならないことになるであろう。こうして，当事者による BIT の黙示的な選択の観点からも，また条約請求の性質の観点からもいずれの場合においても BIT が先ず適用される法であることになる[66]。そのことから，シュロイエルは，「明示的な法の選択規定のない場合でさえも，これらの条約の実体規定が紛争に適用される法規則を構成することは一般に認められている[67]」とのべる。またさらに，MTD 仲裁廷は，「これは BIT に基づいて設置された裁判所であるので，それは BIT の諸規定を適用しなければならない[68]」として，BIT に基づく仲裁の場合における BIT の適用を強調している[69]。最近の学説では，特に紛争の性質の観点から，BIT は適用法の第一次的な法源であることが，当然のこととしてあるいは必然的なこととして主張されている[70]。BIT に基づいて仲裁

---

[66] パラによれば，紛争の実体に適用される法規則は，「大部分，条約それ自体の実体規定の中の規則であった。このことは，ほとんどの場合に，投資家が請求を提起する場合にそれらの規則を援用していることから生じているにすぎないし，そのように規則に依拠することは条約の投資家と国家の紛争解決規定によって明示的または黙示的に認められている」とする。Parra, A. R., "Applicable Substantive Law in ICSID Arbitrations Initiated Under Investment Treaties", *ICSID Review-Foreign Investment Law Journal*, Vol. 16, No. 1 (2001), p. 21.

[67] Schreuer, Malintoppi, Reinisch and Sinclair, *supra* note [32], p. 578.

[68] *MTD Equity Sdn. Bhd. and MTD Chile S.A. v. Chile*, ICSID Case No. ARB/01/7, Award, 25 May 2004, para. 112. このケースの依拠したマレーシア・チリ BIT には法選択条項は含まれていなかった。後掲注[92]参照。

[69] サセルドティも「BIT に基づく仲裁の場合，国際法，第一に (*in primis*) BIT の諸規定そのものおよびそれらが規定している待遇と保護の基準は，BIT が適用法に関するいかなる指示も含んでいないときも含めて，適用されなければならない」として，BIT に基づく仲裁の場合における BIT の適用を強調している。Sacerdoti, Giorgio, "Investment Arbitration Under ICSID and UNCITRAL Rules: Prerequisites, Applicable Law, Review of Awards", *ICSID Review-Foreign Investment Law Journal*, Vol. 19, No. 1 (2004), p. 24.

[70] 「IIA 紛争は IIA の保護……に係わるものであるので，条約それ自体が必然的に適用される」Newcombe and Paradell, *supra* note [20], p. 86;「受入国が紛争に関連する条約

〈第 7 部〉伝統的国際法概念の変容と発展

に付託された紛争あるいはその請求の性質から，当然に，BIT が適用されることになるのであれば，法選択条項に BIT が選択されているか否かに関係なく，BIT が適用法となることになる。そのことから，「法の選択条項の文言にかかわりなく，投資条約は，当然に，紛争は条約それ自体の用語にしたがって解決されることを要求している[71]」ということになるのである。

ICSID 仲裁においては，当事者間に適用法に関する合意がなければ第 42 条 1 項後段が適用されることになるけれども，条約請求の場合には，仲裁手続における当事者の行動からあるいは紛争の性質から，BIT の適用について黙示的な合意が存在するとしてまたは当然のこととされてきた。そのような黙示的合意説に対しては有力な反対説があるけれども[72]，その場合であっても BIT の実体規定が適用法の第一次的な法源であることについては認められてきている[73]。また，BIT に基づく仲裁付託の同意は当該 BIT を適用法とすることの同意を含むとする見解も主張されるようになってきており[74]，一層第 42 条 1 項前段に基づく解決に依拠する傾向が強まっているように思われる[75]。

4 国際法の適用の根拠と機能
(1) BIT を補充する必要性

BIT は投資の待遇や保護に関する国家の基本的な義務を定めているけれども，投資紛争のあらゆる側面を規律しているわけではない。そのため，BIT の規定を国際法や国内法によって補充する必要性が指摘されてきた。AAPL 仲裁廷は，補充規則として国際法や国内法に言及するとともに[76]，両当事者が「条

　　義務を負っている限りにおいて，……外国人の保護のための重なり合っている国際法に加えて，それらが（条約義務——筆者）仲裁廷によって直接に適用されるであろうことは当然のことと考えることができる。仲裁廷はまた，関連のある範囲までその他の国際法を適用することができる。」Spiermann, *supra* note (17), p. 108.
[71]　Dugan, Christopher F., Wallace, Jr., Don, Rubins, Noah. & Sabani, Borzu, *Investor-State Arbitration*, 2008, p. 204.
[72]　前掲注(30), (31)参照。
[73]　黙示的合意の存在を認めなかった LG&E 仲裁廷も BIT を第一に適用される法規則として挙げている。*LG&E v. Argentina, supra* note (31), para. 99.
[74]　*ADC & ADMC Management Limited v. The Republic of Hungary*, ICSID Case No. ARB/03/16, Award, 2 October 2006, para. 290.（後掲注(92)参照）
[75]　後述のⅢ 4(3)参照。
[76]　*AAPL v. Egypt, supra* note (23), para. 21.

約それ自身の第3条および第4条によって補充的法源（supplementary source）として規定されている国際法または国内法の関連規則を要求されている範囲において適用することに合意していた[77]」としている。また，Wena 仲裁廷も，IPPA はわずか 13 カ条からなる極めて簡潔な合意にすぎないので紛争に適用されるすべての規則を含んでいるわけではないとして，エジプト法と国際法双方が適用されるべきであることを示唆している[78]。このように，投資紛争の実体に適用される第一次的法源としての BIT を補充するために，一般国際法の適用の必要性を支持する仲裁裁定[79]や学説[80]は少なくない[81]。

---

[77] *Ibid.*, para. 24.

[78] *Wena v. Egypt, supra* note [33], para. 79.

[79] Middle East Cement 仲裁廷は，「BIT を参照すること及びその適用は，裁判所が BIT の規則を補充するために一般国際法の規則を援用することができることを含意している」とのべている。*Middle East Cement Shipping and Handling Co. S.A. v. Arab Republic of Arab Republic of Egypt*, ICSID Case No. ARB/99/6, Award, 12 April 2002, para. 87.

[80] パラによれば，「条約は国際法の文書であるので，仲裁人は条約規則を補充するために一般国際法規則を援用すべきであるということが，そのような（投資条約に基づいて ICSID に付託された――筆者）諸ケースにおいては暗黙のうちに認められていると私は考える」のべている。Parra, *supra* note [66], p. 21. ヴェーユによれば，これらのケースは，「BIT は明示的または黙示的に紛争は条約それ自身の規定に基づいてのみならず，より一般的に，国際法の原則及び規則に基づいて解決されなければならないことを規定しているという事実によって，ICSID 仲裁は国際法によって規律されるという傾向の注目すべき例である」としている。P. Weil, "The State, the Foreign Investor, and International Law: The No Longer Stormy Relationship of a Ménage a Troi", *ICSID Review-Foreign Investment Law Journal*, Vol. 15, No. 2 (2000), p. 412.

[81] 仲裁判例において，条約を含む国際法の国内法への編入を理由にして国際法が適用されるとする考えが示されることがある。たとえば，批准され公布された条約はエジプト憲法の下で法的効力を有するとし，このことは「受入国の法そのものによる国際法へのある種の送致（renvoi）となる」とした決定（*Wena v. Egypt, supra* note [36], para. 42），国際法のアルゼンチン法への編入および国内法に対する条約の優位を指摘している仲裁廷の意見（*LG&E, supra* note [31], para. 90）などである。しかしながら，国内法における国際法の編入方式を国際法の適用の根拠または理由とすることは適当でない。国際法の編入または受容方式によって国際法に国内的効力を与えるか否かは各国の国内法規定や法政策によるのであって，すべての国が編入方式を採用しているわけではない。また，国内的効力が認められているとしても，国際法の国内法における地位，直接適用可能性または自動執行力が認められているか否かも国によって異なることが国際法の見地からは認められているからである。

〈第7部〉伝統的国際法概念の変容と発展

(2) 紛争の性質

　条約仲裁に付託される紛争は基本的に BIT に基づく紛争または BIT 違反による請求であることから，そのような紛争または請求に対しては BIT のみならず国際法が適用されることを指摘する仲裁判断や決定がある。既にのべたように，Vivendi 特別委員会は条約請求のプロパー・ローは国際法であるとして，ICSID 裁判所の審理は「ICSID 条約，BIT および該当する国際法によって規律されている審理である[82]」とのべる。この見解はその後の仲裁判例においてもしばしば引用され支持されている[83]。同様に，紛争の性質の観点から，BIT のプロパー・ローとしての国際法の適用を認めているものとして，MTD 事件がある[84]。マレーシアとチリとの間の BIT に基づいて設立された MTD 仲裁廷によれば，「これは BIT に基づく紛争であるので，両当事者は紛争の本案が国際法にしたがって決定されることに合意していた[85]」とのべ，当事者の間には BIT に基づく紛争は国際法の適用によって決定されるとの合意が存在していたことを指摘している。両当事者の間で意見が対立したのは，原告がチリでの投資を実施していくために必要な許可を与える旨の外国投資契約に基づく被告の義務の不履行の問題についての適用法の問題であった。この争点について，原告は国際法にしたがって検討されるべきであると主張したのに対して，被告はこれを否定して，ICSID 条約第 42 条 1 項に基づいてチリの国内法が適用されると主張した。仲裁廷は，両当事者は BIT に基づく仲裁に合意したのであり，「この文書は条約であるので，BIT に基づく仲裁合意は裁判所に国際法を適用することを要求[86]」しているとし，そしてさらに，「国際義務違反は，当然に，国際法によって裁定される必要があるであろう[87]」とのべた。

---

[82]　*Vivendi v. Argentina*（Decision），*supra* note (58). para. 102.

[83]　たとえば，Azurix 仲裁廷によれば，「Azurix の請求は BIT に基づいて提出されており，*Vivendi II* の取消し委員会によって述べられているように，裁判所の審理は ICSID 条約，BIT および該当する国際法によって規律されている」とのべる。*Azurix v. Argentina, supra* note (48), para. 67. 同様に，Siemens v. Argentina, *supra* note (16), para. 78. 参照。

[84]　この事件は，土地造成プロジェクトに関連して原告とチリ政府機関である FIC との間の外国投資契約が結ばれた後に，当該プロジェクトが政府によって拒否されたために，原告がマレーシア・チリ BIT の公正衡平待遇義務に違反したとして仲裁に付託したものである。*MTD v. Chile, supra* note (68).

[85]　*Ibid.*, para. 86.

[86]　*Ibid.*, para. 87.

738

〔森川俊孝〕　　*21*　投資条約仲裁における国際法と国内法の適用と機能

　それに対して，被告チリは，仲裁廷の明白な権限踰越を根拠に仲裁判断の取消しを請求し，仲裁廷は国際法とチリ法それぞれが適用される問題にそれらを適用していないと主張した。この問題を審理した特別委員会は仲裁廷の結論を支持し確認した。すなわち，「MTDの請求は，『投資家による投資に関して本協定によって附与または設定された権利の侵害についての申立』……の請求であり，したがって，BITのプロパー・ローとしての国際法がその請求およびそれに対する抗弁に対して適用されるのである。被告は，裁判所は請求に対してBITの諸規定を隔離して適用するのではなく，国際法全体を適用しなければならないと主張している──そして原告も反対していない[88]──。」そしてさらに「上述のように，BIT違反に基づく本件における準拠法 (lex causae) は国際法である[89]」とのべているのである。

　このケースにおいてはいずれも，BITに基づく紛争またはBIT違反から生ずる請求であるという紛争または請求の性質の観点から，国際法の適用を根拠づけているということができる。BITに基づく紛争は，条約に規定されている締約国の投資家の投資の待遇や保護に関する他方の締約国の義務の違反から生じる紛争である。条約違反から生じる請求は，締約国の行為によるBITに基づく投資家の権利の侵害またはその義務違反に基づくものであり，仲裁廷は当該締約国の行為がBITに違反しているかどうかをBITの定める原則，規則に従って決定しなければならないし，また，その違反によって国際責任を生じさせているかどうかを決定しなければならない。締約国の行為がBITに違反しているか否か，およびBIT違反によって国際責任を生じさせるか否かを決定するために適用されるのはBITを含む国際法である。かかる請求においては，締約国による条約義務違反によって国家責任を負うかどうかが問題となっている。仲裁廷はそのような請求に対して，BITの適用・解釈，義務違反の存在およびそれに対する責任の決定の過程において，関連する国際法を適用することができることを認められるのでなければ，その任務をはたすことはできないであろう。実際，仲裁廷は関連のある国家責任法の原則や条約の解釈原則

---

[87]　*Ibid.*, para. 204.
[88]　*MTD Equity Sdn. Bhd. and MTD Chile S.A. v. Chile*, ICSID Case No. ARB/01/7, Decision on Annulment, 16 February 2007, para. 61.
[89]　*Ibid.*, para. 72.

〈第7部〉伝統的国際法概念の変容と発展

を当然のこととして適用してきたし[90]，BIT に定められている収用と補償に関する原則や公正かつ衡平な待遇の原則の解釈に関連してそれらの慣習法原則が参照されることもまた一般的なことである。こうして，BIT に基づく紛争または請求の性質から，BIT の適用は当然に国際法の適用を必要とする，あるいは BIT の義務違反ないしは投資家の権利侵害に対しては当然に国際法が適用されることになる[91]。

(3) **仲裁付託合意と国際法の適用**

ADC 仲裁廷によれば，関係するハンガリーとキプロスとの間の BIT に適用法規定が存在していない場合であっても紛争当事者による BIT に基づく仲裁への同意は当該 BIT のみならず一般国際法を適用法とすることの同意を含むとしている。すなわち，「仲裁廷の意見では，両当事者はまた，『投資財産の収用に関する締約国と他方の締約国の投資家との間のいかなる紛争……』に関する BIT 第7条に基づく仲裁に同意することによって，条約の規定特に第4条（収用と補償に関する規定——筆者）に定められている規定の適用にも同意した……。それらの規定は国際法に属する条約の規定である。その同意は ICSID 条約第42条1項前段……に含まれる。同意はまた，慣習国際法を含む一般国際法が条約の規定を解釈し適用することに関わるのであれば，かつその範囲において，その選択を含むものと考えられなければならない[92]。」とのべる[93]。

ここでは，紛争当事者による BIT に基づく仲裁付託同意は BIT の規定のみならず一般国際法の適用に対する同意を含むとし，しかも，BIT に適用法規が

---

[90] ICSID 仲裁事例を素材として国家責任における違法性阻却事由としての緊急避難を論じたものとして，山田卓平「最近の ICSID 仲裁事例における緊急避難」国際法外交雑誌106巻3号（2007年）344-364頁参照。また，例えば上述の Vivendi 事件においては，責任の帰属の原則や国家の行為の国際的違法性の性質決定の原則などの国家責任法に関する原則あるいは「当事国は条約の不履行を正当化する根拠として自国の国内法を援用することはできない」（条約法に関するウィーン条約第27条）が適用されていることについては，Ⅲ 2 (1)参照。

[91] Spiermann, *supra* note (17), p. 108.（前掲注(70)参照）

[92] *ADC v. Hungary, supra* note (74), para. 290.

[93] 補償の額は収用国の法令に従って判断されると規定する BIT 第4条(3)に関して，「国内法への照会はただ一つの事項に対してのみ用いられているので，他のすべての事項は条約それ自身の規定によって規律されており，そして，その条約は今度は国際法によって規律されている」とのべる。*Ibid.*, para. 292.

含まれていない場合であっても，かかる合意は ICSID 条約第 42 条 1 項前段の合意であるとしている。このように，国際法を適用法とすることの根拠が BIT に基づく仲裁付託同意にあるとするならば，条約請求の場合にはすべての場合に BIT を含む国際法が適用法となることになる。

5 国内法の適用と機能
(1) 条約請求における国内法の適用

これまで，条約仲裁における BIT および国際法の適用と機能の問題を明らかにしてきたが，条約仲裁における適用法としての国内法の地位はいかなるものであろうか。この問題を検討する場合には，BIT に基づいて設置された仲裁廷は条約違反から生じる紛争に対してのみならず国内法または契約違反から生ずる紛争に対しても管轄権が認められていることがあることから，契約請求の場合と条約請求の場合とを区別して論ずることが適当である[94]。前者の契約請求の場合には国内法が適用されることについては，既に Vivendi 事件の特別委員会の決定や米国モデル BIT を論じた際に明らかにしてきた[95]。他方，条約請求の場合における国内法の地位の問題は複雑である。

既に，BIT 違反の請求の場合における仲裁廷の審理は BIT それ自体と国際法によって規律されることをのべてきた[96]。しかしながら，このことは国内法がまったく適用されない，または適用されるべきではないことを意味するものではなく，国内法が適用されることは仲裁判断や学説において繰り返し指摘されてきている[97]。しかもそれは BIT の法選択条項に国内法が指定されているか否かに関係なく適用されることを意味している[98]。BIT や国際法とともに

---

[94] サセルドティによれば，条約仲裁において国内法が適用されるのは国内法違反あるいは契約義務違反から生じる請求の場合，および条約違反を生じさせる国内法違反行為を正確に示すために国内法を解釈適用しなければならない場合とを挙げている。Sacerdoti, *supra* note (69), p. 22.

[95] 米国のモデル BIT は，契約請求の場合に紛争当事者の選択する法，およびそのような合意のない場合には国内法と該当する国際法を適用するとしている点では，ICSID 条約第 42 条 1 項の規定と類似していることについては，前述のⅢ 2 (2)参照。

[96] 前掲注(60)および(83)参照。

[97] *Azurix v. Argentina, supra* note (48), para. 67; *LG&E v. Argentina, supra* note (31), para. 99; 前掲注(47)および(50)参照。

[98] Sacerdoti によれば，条約違反の国家の行為を示すために国内法を解釈適用しなけ

〈第7部〉伝統的国際法概念の変容と発展

国内法が指定されている場合のみならず[99]、BIT の実体規定の違反に関する紛争に仲裁廷の管轄権を限定し、適用法として BIT および国際法だけを指定しているにすぎない NAFTA 仲裁の場合においても、国内法が適用されることが指摘されている[100]。たとえば、Waste Management 仲裁廷によれば、原告はその訴訟原因として NAFTA の定める実体規定に基づいて請求を提起することが常に必要であり、契約違反に関する管轄権は仲裁廷に与えられていない。しかし、このことは「契約に留意し解釈する管轄権が仲裁廷にないことを意味するものではない。しかし、そのような管轄権は性質において付随的である（incidental）[101]」とのべている。また、カナダとエクアドルの BIT に基づいて UNCITRAL 仲裁に付託された EnCana 事件においても、BIT は条約と国際法規にしたがって紛争を決定することを規定しており[102]、受入国の国内法は適用法にはまったく含まれていなかった。この場合においても、仲裁廷は投資家の権利である付加価値税（VAT）の払戻の権利の存在を確定するために国内法の適用が必要であることを指摘している。すなわち、「投資財産または収益の収用が存在するためには（……）、影響を受ける権利がそれを創設する法の下で、本件ではエクアドル法の下で存在していなければならない。第 12 条 4 項[103]の冒頭の文言の効果によって、本仲裁廷は第 8 条に基づく請求を処理するために、エクアドルの税法を確定し適用することが必要である限りにおい

ればならないときがあるとして、「この措置は、関連する BIT の規定が国内法を考慮されるべき法として指定していないとしても必要とされることがある」とのべる。Sacerdoti, *supra* note [69], p. 22

[99]　Goetz 事件では、関係する BIT は国際法のみならず国内法の適用を規定していたが、仲裁廷は NAFTA 第 1131 条のように法選択条項において条約と国際法だけを規定しているにすぎない場合であっても、このことは国内法の適用を完全に排除する効果をもつことはできないとした。*Goetz v. Burundi, supra* note [13], p. 25.

(100)　Newcomb によれば、「条約それ自体と国際法だけを指定している条項においてさえも、国内法および契約条項は、国際投資協定および国際法によって保護されている投資財産を形成している商事法上の権利利益及び財産権・利益に関する問題の決定のために、国際法からそれらの法源への照会（renvoi）の効果によって適用できると考えられるべきである。」Newcombe and Paradell, *supra* note [20], pp. 86-87.

(101)　*Waste v. Mexico, supra* note [18], para. 73.
(102)　カナダ・エクアドル BIT 第 13 条(7).
(103)　第 12 条 4 項によれば、締約国の税務機関が問題となっている課税措置は収用ではないことを共同決定する場合を除いて、収用規定である「第 8 条は課税措置に適用される」と定めている。

て，そうすることができるのである[104]。」また，MTD 仲裁廷の次のような意見も同様の立場を示すものと考えることができる。すなわち，「BIT 違反は国際法によって規律される。しかしながら，違反の事実を確認するために，被告と原告の約束した契約上の義務およびその範囲はチリ法上いかなるものであるかを審理することが必要であろう[105]。」そしてさらに，「国際義務違反は，当然に，国際法によって判断される必要があるであろう。違反の事実を確認するために，国内法を考慮することが必要となる。本件においては，裁判所は，最初に，原告のために被告が PMRS（Plano Regulador Metropolitano de Santiago）を変更しないことはそれ自身の法に従っているかどうかを確認する必要があるであろう[106]。」とのべている[107]。これらのケースはいずれも，BIT に保護されている権利が有効に成立しているかどうか，あるいは契約上の義務違反が存在するのかどうかといった問題に対して国内法が適用されることを認めている。

(2) 先決的問題

このように，BIT の法選択条項に国内法が指定されていると否とを問わず，条約請求において国内法が適用されることが仲裁判例のみならず学説においても認められてきた。最近の学説では，このように国内法が適用される問題をより具体的に特定して，類型化する傾向がある。そのような例として，「先決的問題（preliminary questions）」または「付随的問題（incidental questions）」とよばれている問題がある[108]。

---

(104) *EnCana Corporation v. Republic of Ecuador*, UNCITRAL, Award, 3 February 2006, para. 184.
(105) *MTD v. Chile*, *supra* note (69), para. 187.
(106) *Ibid.*, para. 204.
(107) 同事件の特別委員会は，BIT 違反に基づく本件の準拠法（*lex causae*）は国際法であるとしながら，国内法の適用について次のようにのべていることは仲裁廷と同様の見解を示しているということができよう。「BIT 裁判所が受入国の法を適用することはしばしば必要であろうし，そして，この必要性は ICSID 裁判所にとっては ICSID 条約第 42 条 1 項によって強化される。適用法がこの場合第 42 条 1 項前段から生じるか後段から生じるかは重要なことではない：裁判所は，その決定のために必要な問題であって，チリ法が準拠法である問題に対してはチリ法を適用すべきであった。同時に，BIT に基づく請求に対するチリ法の諸問題の含意は，国際法が決定することである。要するに，両法が関連していた。」*MTD v. Chile*, *supra* note (87), para. 72.
(108) Spiermann によれば，「国内法は，もし援用されるとすれば，一定の付随的かつ先決的問題に限定されるであろう。（その問題は，たとえ管轄権が条約請求に限定されて

〈第7部〉伝統的国際法概念の変容と発展

　先決的問題とは，投資条約の保護の対象となっている投資財産[109]に含まれる財産，権利，利益が存在しているか否か，それが有効に成立しているか否かといった投資財産の存在にかかわる問題をいう[110]。投資財産が存在することが条約の保護を受けるための先決的問題であるとの意味である。BITやICSID条約などの保護の対象となる投資財産が当該条約によって保護されるためには，そのような投資財産が存在していること，すなわち，投資財産に含まれる財産および権利が投資受入国の国内法に基づいて有効に成立していることが必要となる。ある財産および権利が関係条約によって保護されている投資財産に含まれているか否かは，関係条約が決定する問題であって，国内法が決定する問題ではない。しかし，ある権利が条約の保護の対象となっている投資財産に含まるるためには，先ず，そのような投資財産が存在していること，すなわち投資財産に含まれる財産および権利が有効に成立していなければならない[111]。投資条約の保護の対象となっている投資財産が存在しているか否かの問題は，受入国の国内法が決定する問題であって，国際法の決定する問題ではない。こうして，投資財産の存在を確定するために，当該財産に含まれる権利が国内法に従って有効に成立したことが立証されなければならない。これを先決的問題とよび，国内法を適用することによって決定されるのである[112]。

　このような投資財産すなわち財産権や権利の存在または範囲の問題に対して国内法が適用されることの必要性は，条約仲裁の仕組みあるいは構造から派生

　　　いるとしても，ちょうど事実問題のように取り扱われなければならない。）結果として，国際法と国内法がそれ自身のかつ排他的な適用分野をもつことになる。」Spiermann, *supra* note (17), p. 108; Newcombe and Paradell, *supra* note (20), p. 92.

(109)　BITは投資財産の定義を定めて，当該条約の保護を受ける財産，権利，利益を定めている。日本の締結しているBITやEPAにおいては，投資財産（investments）とは投資家により直接または間接に所有または支配されている「あらゆる種類の資産（every kind of asset）」をいうと定義され，企業，株式，債券，知的財産権等のみならず「契約に基づく権利」，「法令又は契約により与えられる権利」，「他のすべての資産……及びその他関連する財産権（any other property and any related property rights）」などを含むとしている。

(110)　Newcombe and Paradell, *supra* note (20), pp. 92-93.

(111)　Douglas, Zachary, *The International Law of Investment Claims*, 2009, pp. 52-74.

(112)　このような先決的問題に含まれる問題の例として，投資の有効性，契約の成立と終了，国家代表の権限，国家機関の権限の範囲，さらには環境影響評価，土地区画の変更，課税などの問題が挙げられる。Spiermann, *supra* note (17), pp. 111-112.

するものであると考えることができる。投資条約の投資家・国家の紛争解決手続においては，一般に，伝統的な制度である外交的保護と異なり，投資条約に基づいて提起される請求は国内的救済手段が尽くされることなく仲裁廷に受理されることが可能である——投資条約は国内的救済完了原則を条約請求提起の要件とすることはできるけれども。ICSID条約も，仲裁付託同意に基づく仲裁による解決の排他性を定める第26条の規定および仲裁付託による外交的保護権の制限を定める第27条の規定によって，それに対応した制度を設けている[113]。伝統的な投資紛争の解決手続においては，財産権の存在や範囲の問題の決定は国内法を適用して国内裁判所がはたしていた任務であるのに対して，投資家・国家の紛争解決手続においては仲裁廷自身がそのような任務をはたさなければ財産権や権利の存在を確定することができなくなるであろう。したがって，先決的問題への国内法の適用は，国内的救済を尽くすことなく直接に条約に基づく仲裁に付託することができることが認められている投資家・国家の紛争解決制度それ自体に由来するものであると考えることができる。

(3) **国内法の地位**

締約国は国内法の規定に違反すると同時に条約に違反することにより国際法上の責任を負うことがある。このような場合，上述のように，仲裁廷は国家の行為を正確に示すために，先決的問題として国内法を解釈し適用しなければならないことがある。このような場合にSacerdotiによれば「国家の行為の合法性または違法性を国際法に基づいて評価するために国際法が適用されなければならない時，国内法は……国際法の見地からは事実とみなされる[114]」とのべて，国家間の国際裁判における伝統的見解である事実としての国内法に言及している。同様の見解を示しているようにみえる仲裁判断もある。例えば，Azurix仲裁廷は，条約請求の場合における仲裁廷の審理はICSID条約，BITおよび該当する国際法によって規律されているが，このことはアルゼンチン法

---

(113) 拙稿「NAFTA第11章仲裁における国内的救済の規則の放棄の意味と範囲」横浜国際経済法学13巻3号（2005年）1-36頁参照。

(114) Sacerdoti, *supra* note (69), p. 22; Sacerdoti, Giorgio, "Arbitration of Investment Disputes under UNCITRAL Rules and the Choice of Applicable Law", in Charnovitz, S., Steger, D. P. and van den Bossche, P. (eds.), *Law in the Service of Human Dignity Essays in Honour of Florentino Feliciano*, 2005, p. 294.

〈第7部〉伝統的国際法概念の変容と発展

が無視されるべきであることを意味するものではないとして，次のように述べる。「反対に，アルゼンチン法が適用されるコンセッション協定の違反の申立に対する裁判所の審理の遂行において，アルゼンチン法は助けになるはずであるが，審理の対象となっている請求の条約的性質のゆえに，審理の一要素に過ぎない[115]」とのべる。同様に，仲裁廷の審理は ICSID 条約，BIT，および該当する国際法によって規律されているとした Siemens 仲裁廷は，「アルゼンチンの国内法は，条約上の約束に関連してアルゼンチンによってとられた措置および行為の証拠を構成する[116]」とのべる。

　国内法は国家の行為を構成する事実にすぎないものとしてとらえているように見えるこれらの例は，条約請求において法としての効力を認められている国内法の地位とは対極の立場にある。この二つの相反する国内法の地位は，国内法と国際法の適用範囲の問題に関連していると考えることができるように思われる。すなわち，投資財産の存在のような先決・付随的問題には「法」としての国内法が適用されるのに対して，BIT の義務違反およびそれによる国家責任の問題つまり紛争の実体あるいは本案の問題に関しては BIT を含む国際法の適用によって決定されることから，その範囲において国内法は「事実」とみなされるということである。しかしながら，この国内法と国際法の適用範囲の区別，特に国内法の適用範囲の問題であるとされる先決・付随的問題の範囲の確定については，今後に残された課題は少なくない。

(4) 　国際法の優位

　ICSID 仲裁における国内法と国際法の関係は，ICSID 条約第42条1項後段の解釈問題として議論されてきた。特定の問題に適用される国際法規則と国内法規則が抵触する場合に，国際法優位の原則が適用されることは，伝統的な契約仲裁においても一貫して認められてきた[117]。条約仲裁においても，この原則は繰り返し確認されてきている。例えば，Wena 事件において，特別委員会は「国家の同意に直接または間接に関係している国際法の規則はそれに矛盾する国内規則に優位する[118]」とのべるとともに，利子に関する国内法令と国際

---

(115)　*Azurix v. Arzentina, supra* note (48), para. 67.
(116)　*Siemens v. Argentina, supra* note (16), para. 78.
(117)　拙稿・前掲注(3)参照。
(118)　*Wena v. Egypt, supra* note (36), para. 41.

法が異なる内容の場合には国際法を適用している[119]。また，LG&E 仲裁廷も，一般的に，「国家は国内法規定を援用することによって国際義務の不遵守を正当化することはできないことから，矛盾があるときは国際法が国内法に優位する[120]」とのべて，国際法優位の原則を確認している[121]。

IV おわりに

投資条約に基づく仲裁における適用法については，投資条約における法選択条項に規定されている法源が紛争当事者の選択した法源であるとされ，そのような法選択条項がない場合には，紛争が付託された仲裁の基づく ICSID 条約や UNCITRAL の仲裁規則の規定に従って決定されるというのが従来の支配的な方法であった。ICSID 仲裁ではその方法に立脚しながら，当事者の合意のない場合における第 42 条 1 項後段の従来の支配的な解釈，すなわち国内法が先ず適用され国内法を補充または是正するために国際法を適用するという解釈を再構成して，国内法と国際法が同時にかつ自立的に適用されるという新しい解釈方法が提示された。しかし，それだけでは国内法と国際法の適用について仲裁廷に大幅な裁量を与えることになるという問題があることから，本稿では，投資条約に基づく投資紛争の性質の観点からより客観的な基準を示そうとしてきた。自立的・同時的な方法に従えば，仲裁廷は紛争のある側面または争点に国際法を，他の側面または争点に国内法を適用することになるであろう[122]。そのことは仲裁廷は国際法が適用される問題と国内法が適用される問題とを確定することが必要になることを意味し，またそうすることによって適用法の決

---

[119] *Ibid.*, paras. 50-53.
[120] *LG&E v. Argentina, supra* note (31), para. 94.
[121] Santa Elena 事件では，収用された財産の補償の評価と価格に関して，国際法と国内法の「二つの法の間に不一致がある限りにおいて，国際公法の規則が優位しなければならない」とする。*Compañía del Desarrollo de Santa Elena, S.A. v. Republic of Costa Rica*, ICSID Case No. ARB/96/1, Final Award, 17 Feb. 2000, para. 64. Kardassopoulos 事件において，投資の契約的基礎が，国家機関には契約を締結する権限がなかったということを根拠に，国内法上無効であるかどうかということは重要ではないとされた。「受入国は，それ自身の国内法の不遵守を援用することによって，BIT に基づく管轄権を回避することはできない。」*Ioannis Kardassopoulos v. Georgia*, ICSID Case No. ARB/05/18, Decision on Jurisdiction, 6 July 2007, para 182.
[122] Schreuer, *supra* note (32), pp. 627-630.

〈第7部〉伝統的国際法概念の変容と発展

定に関する仲裁廷のもつ裁量を制約することが可能になるであろう。

このような観点から紛争の主題・事項を分析してきたが，BIT に基づく紛争は，締約国による BIT の義務違反の申立てに関する紛争または BIT によって附与または設定された権利の侵害の申立てに関する紛争である。BIT に基づく請求，BIT に基づいて存在すると認められる請求に対して，BIT によって規律されているすべての事項について BIT の実体規定が適用されなければならない。また，BIT を補充するために一般国際法の原則や規則が適用されること，また BIT の保護の対象となっている投資財産の存在の決定といった先決的・付随的問題については投資受入国の国内法が適用されることの必要性を指摘してきた。その結果，BIT に基づく紛争または請求の性質から，BIT のみならず国際法および国内法は，BIT の法選択条項にそれらが適用法として規定されているか否かにかかわりなく適用されることになる[123]。このことから，最近の学説ではしばしば，BIT に基づく仲裁における適用法は国際法と国内法のハイブリッドであることが指摘されている[124]。投資家と国家との間の仲裁においては，契約仲裁においてのみならず条約仲裁においても国内法が適用法として認められていることが，国家間の国際裁判とは異なる特徴であるということができる[125]。しかしながら，国内法の法としての適用は先決・付随的問題の範囲に限定されており，紛争の本案に関する問題の決定は BIT

[123] パラはこの種の紛争に関して次のように述べている。「不可避的に，請求は BIT の規定および BIT の準拠法としての国際法の規定に従って決定されることになるであろうと思われる。同時に，BIT は通常はまた，一定の問題に対して，たとえば，受入国の法に従って作られた投資財産のような多くの BIT の中に規定されている保護の対象となる投資財産に対して，裁判所に受入国の法を指示するであろう。」Parra, A. R., "Applicable Law in Investor-State Arbitration", in Rovine, A. W, (ed.), *Contemporary Issues in International Arbitration and Mediation: The Fordham Papers 2007*, 2008, p. 8.
[124] このことから，投資紛争における適用法はしばしば，「国際法と国内法の混成 (hybrid)」であるといわれることがある。Douglas, Zachary, "The Hybrid Foundations of Investment Treaty Arbitration", *British Yearbook of International Law*, Vol. (2003), p. 195; Newcombe and Paradell, *supra* note (20), p. 86；Alvik, Ivar, "The Hybrid Nature of Investment Treaty Arbitration - Straddling the National/International Devide", Eriksen, Christoffer C., and Emberland, Marius (eds.), *The New International Law - An Anthology*, 2010, pp. 91 97.
[125] Newcombe and Paradell は，投資条約仲裁において国内法が適用されることを次のようにのべている。「国際投資協定紛争において争点となる投資財産さらに，財産に関する権利や国家の行為は，国内法によって規律される法的関係の文脈において生じる。

を含む国際法の適用によって行われることから，当該問題の範囲においては，国内法は事実とみなされているように思われる。これらのことを前提として，最後に，国際法と国内法の適用に関する若干の論点について指摘しておきたい。

第1に，ICSID仲裁においてはこれまでも，契約請求に関して国際法優位の原則が適用されてきたが，条約請求 についても一貫して適用されてきている。条約違反の請求に対して，国内法の規定を援用することによって国際義務の不履行を正当化することはできないという国際法の基本原則に基づく国際法優位の原則が適用されるのは当然のことと言えよう。この点では契約請求 と条約請求 の場合とで相違はない。

第2に，条約請求の場合，締約国の行為がBITに違反しているか否かの問題については，仲裁廷はそれをBITの規定を適用解釈して判断するとともに，義務違反の結果生ずる締約国の責任を決定する。この過程において，条約の解釈や国家責任に関する国際法原則が適用されるのみならず，争点に関連するその他の国際法もまた適用されるのである。そして，BITによって保護されている投資財産に含まれる財産権や契約に基づく権利が有効に成立したか否かといった当該権利の存在及びその範囲の問題は，先決的または付随的問題として締約国の国内法が適用される。そのことから，条約請求 の場合には，先ず第1にBITが適用され，国際法および国内法は2次的にまたは補充的に適用される(126)。それに対して，契約請求の場合には，国内法が先ず適用され，国内法を補充または是正するために国際法が適用される。この点において，条約請

したがって，国際投資協定および国際法は原則として，これらの問題が受入国の法によって決定されることに任せている。このことは，一見したところ，国際裁判所では受入国の国内法は事実問題に関して関連しているにすぎないという国際法の十分に確立した原則とほとんど異ならないかもしれない。しかしながら，重要な相違は，(国内法は準拠法の一部であるので）条約裁判所は国内法を当事者によって立証されなければならない事実として取り扱うことはできないということである。『裁判所は法を知る (*iura novit curia*)』の原則は，裁判所に対して，国内法規則を含む，事件に関連する法規則を確認，解釈そして適用することを要求する。」Newcombe and Paradell, *supra* note (20), p. 95.

(126)「この論争を解決するために，本裁判所は次のものを適用するものとする。第一に，二国間条約，第二に，二国間条約に明示の規定のない場合に一般国際法，そして第三に，アルゼンチンの国内法特に天然ガス部門を規律しているガス法である。アルゼンチン共和国の責任liabilityおよび原告による申立に対してアルゼンチン共和国が訴える抗弁を決定するための関連性を考慮して，後者（国内法――筆者）は適用可能である。」*LG&E v. Argentina, supra* note (31), para. 99.

〈第 7 部〉伝統的国際法概念の変容と発展

求 と契約請求 は相違する。

　第 3 に，BIT に基づく請求 の場合には，BIT における法選択条項の有無および内容に関わりなく，BIT を含む国際法のみならず国内法が適用されるならば，ICSID 仲裁におけるそれらの法源の適用の根拠規定が問題となる。この問題に関連して，BIT に基づく仲裁付託合意の中に当該 BIT および国際法の適用についての当事者の同意が含まれているとする仲裁判断が示されている[127]。その場合には，MTD 特別委員会がのべたように，「適用法が第 42 条 1 項前段から生じるのか，後段から生じるかは重要ではない[128]」ことになるであろう。しかし，仲裁付託合意の中に国内法の適用までをも含むものと解することができるかどうか，また国内法適用についての第 42 条 1 項の解釈上の根拠の問題は残されている。

　〔付記〕本稿は成城大学特別研究助成による研究成果の一部である。

---

[127]　*ADC v. Hungary, supra* note (74), para. 290.
[128]　*MTD v. Chile, supra* note (87), para. 72.

22 韓国における未承認国家の法的地位
——韓国の国内裁判における北朝鮮の著作権保護を中心に——

呉　美英

　I　はじめに
　II　国際法上未承認国家の法律適用
　III　韓国と北朝鮮の法的地位
　IV　韓国の国内裁判における北朝鮮の著作物の保護
　V　おわりに

I　はじめに

　近年，韓国において北朝鮮の著作権に関連する訴訟[1]が増えつつある。韓国の裁判所は，憲法第3条の領土条項を根拠に，北朝鮮も韓国の領土であるため，北朝鮮で創作された著作物も韓国の著作物として保護されるという立場を堅持している。しかし，北朝鮮が今でも国家としての実体を維持し，韓国の憲法第4条が示している「自由民主主義的基本秩序に立脚した平和的統一」の対象であって，北朝鮮地域を実効的に支配し，存続している現実と，韓国と北朝鮮が文学的及び美術的著作物の保護に関するベルヌ条約（以下「ベルヌ条約」という）にいずれも加入していることを考えると，北朝鮮の著作物の保護を考える前に，まず，韓国と北朝鮮の特殊的な関係論に基づき検討する必要がある。

---

[1] 北朝鮮の著作物に関連する紛争事例には，「豆満江」事件，「甲午農民戦争」事件，「李朝実録」事件，「シン・サンオクフィルム」事件，「オンダル」事件などがある。この事例については後述する。チェ・ウンソク「北韓の著作権法と南韓においての北韓の著作物の利用及び争点」西江法学研究11巻2号（2009年）231-266頁，イ・ジョンソク「北韓の著作物の法的保護」『裁判と判例』11集（2002年）323-386頁，ユン・デギュ「北韓の著作物に対する保護および問題点」北韓法研究3号（2000年）115-130頁，大法院1990.9.28.宣告，89ヌ6396判決，ソウル高等法院2006.3.29.宣告，2004ナ14033判決，ジョン・インソプほか『国際法判例100選（第3版）』（博英社，2012年）685-687頁，㈱南北経済問題協力財団は，北朝鮮を代理して韓国の国内裁判所で，9件の関連訴訟を進行中であるという（中央日報（2010年6月2日）22頁参照）。

〈第7部〉伝統的国際法概念の変容と発展

　1945年8月15日，朝鮮は日本の植民地から解放されたが，朝鮮半島に成立した独立国家は，同地域の全朝鮮民族からなる単一の民族国家ではなく，民族の分断された民族分断国家であった。すなわち，朝鮮半島の北緯38度線を分界線として，1948年8月15日には以南に大韓民国（以下「韓国」という）が，1948年9月9日に以北には朝鮮民主主義共和国（以下「北朝鮮」という）がそれぞれ成立した[2]。

　1950年6月25日，韓国と北朝鮮の間には朝鮮戦争が勃発し，この戦争は1953年7月27日の休戦協定の成立まで続けられた。朝鮮戦争後，韓国と北朝鮮の間では，一方において，スパイ，謀略，テロ，局地的軍事衝突などの紛争が継続的に発生していた。その時期，両国家はいずれも南北関係について自国の意思・政策を相手国に強制的に受け入れさせようとしていた。両国は，1954年に朝鮮の統一問題などについて，朝鮮戦争参加国によって開かれたジュネーブ国際会議に出席した。この会議において両国は，朝鮮統一国家建設についての志向そのものでは共通していたが，その方法・内容などで自国の見解・政策に固執して対立し，何ら一致点に達することはなかった[3]。ジュネーブ国際会議の決裂後，南北韓両国間では，1950年代と1960年代を通じて，相手の存在を承認し，それをふまえて両国家間の問題を直接の対話，交渉によって解決しようとするという動きは，全く行われなかった[4]。

　ところが，1970年代に入ると，韓国と北朝鮮は両国家間の他の諸関係に加えて，相互承認についても直接の話し合い，交渉によって解決しようとする政策や提案を発表するようになった[5]。南北両国政府は交渉を続けて，1972年7月4日には南北共同声明が締結，発表されたのである[6]。その後，南北共同声

---

(2)　小野田求「大韓民国・朝鮮民主主義人民共和国両国関係の歴史──国家承認問題の展開を中心に」大阪外国語大学論集28号（2003年）100頁。
(3)　統一朝鮮新聞社編『統一朝鮮年鑑 1965-1966年版』（統一朝鮮新聞社，1966年）207-208頁，243-264頁。神谷不二編『朝鮮問題戦後資料 第二巻 1954-1960』（日本国際問題研究所，1978年）701-755頁。
(4)　李桓熙・朴龍夏・李慶熙『民族統一論──南北韓の統一政策と南北対話』（螢雪出版社，1997年）176-181頁，統一朝鮮新聞社・前掲注(3)243-255頁，神谷編・前掲注(3)583-692頁，同『朝鮮問題戦後資料 第三巻 1961-1965』（日本国際問題研究所，1980年）545-629頁。
(5)　李桓熙・朴龍夏・李慶熙・前掲注(4)182-187頁。
(6)　小野田・前掲注(2)102-109頁。

明は，実践に移されていって，同年11月30日には南北調節委員会の本会議が開かれた。しかし，本会議は，議題をめぐって対立状態になった[7]。その後，この状態の打開策として，南北調節委員会の副委員長会議が1973年12月5日から開かれたが，これも1975年3月14日に決裂してしまったのである[8]。

1988年4月ごろから，両国の間に再び南北直接対話再開の動きが生じ始め，両国政府は1990年9月4日から両国総理（首相）級による南北高位級会談の本会議を開会させていた[9]。南北高位会談は，1991年12月13日に「南北間の和解と不可侵および交流・協力に関する合意書」（通称　南北基本合意書）[10]を採択，署名し，1992年9月17日には，南北基本合意書第3章南北交流・協力の履行遵守のための付属合意書に署名した。付属合意書第9条5項には，「南北双方が合意により相手の各種著作物に対する権利保護のための措置をする」ことが規定され，南北の間の著作権保護に関する細部事項（範囲，保護期間，利用手続きなど）が協議され（付属合意書第14条），南北の著作権協力の可能性を開いたと思われた。

ところで，韓国と北朝鮮の著作権保護問題は，1980年代から議論され，北朝鮮を国家と承認するかどうかの問題から，韓国にいる北側作家の遺族の相続問題に至るまで複合的に発生している。しかし，韓国では北朝鮮を「韓国の領土を不法占拠している反国家団体」とみなしていて，国家として承認していない。このような状況で，韓国では北朝鮮の著作物，特に図書が事実的に無断複製されて流通してきた。1988年の拉北・越北作家の解禁措置」をきっかけに，今まで非公式的にまたは不法的に流通してきた拉北・越北作家の作品に関する著作権問題が公になったのである。

---

(7) 韓国側は，経済・社会・文化の協力・交流など非政治的軍事問題の優先的解決を主張したのに対して，北朝鮮側は，軍備縮小・駐韓米軍撤収・武力増強と軍備競争の中止・武器と軍需物資の撤入禁止・平和協定締結など政治軍事問題の優先的解決を主張した。このような対立はその後も続き，南北調節委員会の本会議は1973年8月23日に決定的に決裂した。

(8) 南北調節委員会の諸会議の経過については，環太平洋問題研究所編『韓国・北朝鮮総覧　1984　Volume I』（原書房，1983年）466-480頁，韓国史辞典編集会編・李離和監修『韓国近代史辞典 1960–1990年』（カラム企画，1990年）424-425頁。

(9) 李柾熙ほか・前掲(4)248-252頁，韓国史事典編集会・金容権共編『朝鮮韓国近現代史事典 1980–2001』（日本評論社，2002年）572-573頁。

(10) 李柾熙ほか・同上 250-252頁。

〈第 7 部〉伝統的国際法概念の変容と発展

　本稿では，まず，国際法上，未承認国家の法律適用について検討し，韓国と北朝鮮の法的地位を国内法上，及び，国際法上の観点から考察する。最後に，韓国の国内裁判所における北朝鮮の著作物に関する事例を検討しながら，その北朝鮮の著作物の保護について考えてみようと思う。

Ⅱ　国際法上未承認国家の法律適用

　現在の国際法秩序の下では，国は，国家として承認されることにより，承認した国家との関係において，国際法上の主体であって，国際法上の権利義務が直接帰属する国家と認められる。

　国家承認について，学説は，創設的効果説と宣言的効果説に分かれている。創設的効果説によれば，国家は事実として成立するだけでなく，既存の国家に承認されて初めて国際法上の国家になるのであり，この意味で承認は国際法主体としての国家を「創設」する効果を有する。これに対して，宣言的効果説は，国家は国家性の要件をそなえて事実として成立すれば，ただちに国際法主体となるのであり，この事実を確認し，「宣言」するにすぎず，法的意味をもたない政治的行為とみなされる。前者に対する批判として，この説は国際社会の現状と適合せず，国家の実際の承認慣行はこの説にそって行われていない。未承認国家の地位についてそれは国際法上存在しないから，いかなる権利義務の行使も許されないことになる点で困難をもたらす，などである。後者に対する批判としては，新国家の場合，その国家は，国家として成立しているか否かに対して評価を必要とする場合がある。しかし，国家の一部が本国との闘争を経て分離・独立し，新国家を形成するような場合，本国が新国家の存在を容易に認めないのが普通であるため，新国家の成立を明確に確認するための措置がなされる必要がある，などである[11]。すなわち，国家の一部が本国との闘争を経て分離・独立する場合，国家として承認をうけないかぎり，分離した部分は，形式的には本国の一部とみなされることになり，まだ国家としての国際法主体性は認められないということである。

　国家の承認は国家が国際法の主体になるための法律用件である。国家は当然に国際法の主体ではなく，承認を必要とし，承認によって初めて主体となる。

---

(11)　香西茂・竹本正幸・坂元茂樹『プラクティス国際法』（東信堂，1998 年）37 頁。

逆に，国家として承認されていない国は，国際法上一定の権利を有することは否定されないものの，承認をしない国家との間においては，国際法上の主体である国家間の権利義務関係は認められないものと解される。しかし，ここで注意する点としては，承認の効果は創設的であるが，それは承認によって初めて国家としての国際法主体性が認められるという意味であって，承認前の国家が何らの国際法主体性をも認められないという意味ではない。いわゆる未承認国家[12]であっても，限られた範囲内においては，国際法主体性をもつとみるべきであって，単なる事実上の存在というふうにのみ見ることは適当でないということである[13]。

新国家は，国家承認によって承認国との間で一般国際法上の権利義務を完全に取得した主体とみなされ，主権国家の関係を規律する一般国際法の規則が新国家と承認国の間で適用される。承認の効果は相対的であって，承認国と被承認国の間でのみ生じ，第三国と被承認国との関係には及ばない。また，国家承認によって，承認国の国内裁判所において，被承認国の国内行為の有効性をその活動開始時期まで遡及させるのは通例である。承認によって，承認国の国内裁判所における被承認国の出訴権および旧国家の在外資産に対する請求権が認められ，また，国際法上の主権免除が適用される。

ところで，未承認国の場合，他国，すなわち，国家承認を与えてくれなかった国家といくつかの問題が生ずるのである。まず第一は，未承認国と国内裁判の問題である。未承認国と国内裁判の問題は，未承認国の行為，法令が他国の国内裁判所でどのように扱われるかにある。例えば，イギリスやアメリカなどでは，国内裁判所が渉外事件を扱う際に，承認は一定の重要な効果を有し，外国の出訴権，主権免除，法令の適用などに関して，当該外国が自国によって承

---

[12] 実際に，未承認国家に対して，限定された範囲内においてではあるが，国際法主体性が認められた例もある。たとえば，1949年1月に，イスラエルの飛行士がエジプト上空でイギリスの飛行機を撃墜した際，イギリス政府は，当時イスラエルを国家として承認していなかったにもかかわらず，イスラエル政府に抗議し，賠償を要求することを通告したことがある。したがって国家として事実上存在するとみられるようになった場合には，承認がなくても，国家相互の関係をまったくの無法状態とみるべきではなく，少なくとも，戦闘の遂行や外国人の生命・財産の保護に関する国際責任の帰属など，国家間の事実上の接触にともなう必要な限度内において，一般国際法の適用をうけ，そのかぎり国際主体たる地位を有することは認めるべきであろう。

[13] 田畑茂二郎『国際法新講 上』（東信堂，1990年）87-88頁。

〈第 7 部〉伝統的国際法概念の変容と発展

認されない限り，その外国を存在しないものとして扱われた。このような扱いは，承認の国際法上の効果ではなく，その国の法政策にもとづく国内法上の効果であるということができる。しかし，イギリスでは未承認国でも国家としての実体のある場合，法令の適用に関して，国家として認める判決[14]もでており，また，アメリカでも未承認国の法令の適用についてアメリカ政府が有害でないという見解を示したときは，それが適用されるのに比べて，国内裁判における未承認国の扱いは，私人の法律関係をいかに合理的に整理するかという観点から行われる。このような観点から見て，承認のない場合でも，新国家が事実上成立し，またその国の法令がその領域において有効に実施されている場合には，国内裁判において，法令の目的の実現のために妥当な場合，その国家が存在するものとして扱うことは必ずしも否定されないであろう。もっとも出訴権については，承認が前提とされるのが普通である[15]。

次は，多数国間条約における未承認国の加入の問題である。多数国間条約に

---

[14] イギリスでは，1978年の「国家免除法」によって外国はイギリス裁判所で一定の免除を享有する。この際，国家承認に関する外務省長官の確認書は特定の実体が国家であるか否かに対する判断の決定的理由になる。また，未承認国家または未承認政府は，イギリス裁判所での出訴権が認められないし，これらの法律や法律行為の効力も認められないのが原則である。しかし，1980年以後，イギリス政府は政府承認の意思表示をしないことにしたので，それからは裁判所は独自的に外国政府の存在を判断するようになった。ただ，未承認政府が領土を実効的に支配している場合，個人の私権と関連する事項に対して未承認政府の行為の法的効果を認めた事例もある。イギリスの特許法の適用で北朝鮮を「外国」として認めたアル・フィン事件判決　The AL-FIN case, 1969, 2 W. L. R. 1405, Carl Zeiss Stiftung v. Rayner & Keeler, [1967] 1 AG 853, House of Lords Wilberforce 判事の傍論, Hesperides v. Aegean Holidays Ltd. [1978] Queen's Bench 205, 218 の Denning 判事の見解。

[15] アメリカの裁判所でも，未承認国家または未承認政府は出訴権が認められないのが原則である。Republic of Vietnam v. Pfizer, Inc., 556 F. 2nd 892 (8th Cir. 1977)。しかし，政府が未承認政府の出訴権の認定を要求する場合，これを認めた事例もある。たとえば，イラン政府が100％の持分をもつ会社がアメリカ裁判所で出訴権があるか否かに対して問題となった National Petrochemical Co. of Iran v. M/T Stolt Sheaf (860 F. 2d 551 (2d Cir. 1988)) 事件で，アメリカ政府は全般的な外交関係を考慮して，出訴権を認めることを希望とする意見書を裁判所に提出した。これに対して裁判所は "the absence of formal recognition does not necessarily result in a foreign government being barred from access to United States courts" と述べて，これを受諾した。ジョン・インソプ『新国際法講義――理論と事例（第3版）』（博英社，2012年）171頁，杉原高嶺ほか『現代国際法講義（第3版）』（有斐閣，2003年）48-50頁，田畑・前掲注[13] 89頁参照。

おける未承認国の加入の問題に及ぼすならば，未承認国は，国家間の権利義務を定める多数国間条約に加入したとしても，同国を国家として承認していない国家との関係では，国際法上の主体である国家間の権利義務関係が認められていない以上，原則として，当該条約に基づく権利義務を有しないと解すべきことになる。未承認国家が多数国間条約に加入したというだけで，承認しない国家との間でそれまで存在しないとされていた権利義務関係が，国家承認のないまま突然発生すると解するのは困難である。

さらに，問題になるのは，国連などの国際機構は加盟国の資格が国家に限られていること[16]，加盟国間の関係が一般国際法によって規律されることになっていることから，新国家が国連などに加盟した場合にまだ承認を与えていない国は，その新国家に黙示の承認を与えたものとみなされるかということである。国連の実行では，第5回総会の決議は，総会の代表権承認は，加盟国の個別的政府承認に影響を及ぼすものではないとした。また，リー国連事務総長は，1950年3月8日の覚書において，国家または政府承認は各国の個別行為であり，一方，加盟国の地位または代表権の容認は集団的行為であり，このような容認行為は，加盟国による当該国家の承認を意味するものではない，という趣旨の見解を示した[17]。このように，国連では，国連加盟と国家承認または政府承認を別個のものとし，両者を当然のものとして結びつけてはいない[18]。

Ⅲ 韓国と北朝鮮の法的地位

1 国内法上の地位

韓国は自国の国内法によると国家であるが，北朝鮮の国内法によると国家ではないのである。北朝鮮も同じく自国の国内法では国家であるが，韓国の国内法によると国家ではないのである[19]。また，韓国の憲法第3条は「大韓民国の

---

[16] 国連憲章第4条。
[17] 当時の国連事務総長であるTrygve Lieは，この問題について次のように述べている。
 "The U.N. does not possess any authority to recognize either a new State or a new government of an existing State. To establish the rule of collective recognition by the U.N. would require either an amendment of the Charter or a treaty to which all members would adhere."
[18] 杉原ほか・前掲注[15] 47-48頁，金大淳『国際法論』（三英社，2011年）372頁参照。
[19] 韓国の憲法第1条には，「大韓民国は民主主義共和国である」と規定されている。なお，1948年の北朝鮮の憲法第1条には，「わが国は朝鮮民主主義共和国である」，第7条には，

〈第7部〉伝統的国際法概念の変容と発展

領土は韓半島とその付属島嶼とする」と規定し，韓国の領土は韓半島の以南領域だけでなく，以北領域も韓国の領土であることを明確に宣言しているのである。したがって，韓国の国内法上，北朝鮮は韓国の領域内に存在する実体であるため，北朝鮮を国家として認められないし，北朝鮮は不法団体にすぎない[20]。もし，北朝鮮を国家として認めたら，北朝鮮が支配している以北領域は北朝鮮の領域になってしまうし，それは韓国の憲法第3条に抵触することになる[21]。北朝鮮は，韓国の国内法によると，韓国の領土内に存在する反国家団体であり，その反国家団体が統治する領土は韓国の領土であって，その統治に服する住民は韓国の国民である[22]。

一方，現在の北朝鮮の憲法では，韓国の憲法第3条のような領土条項は見当らないのであるが，第172条で「朝鮮民主主義人民共和国の首都はピョンヤンである」と規定しており，憲法の第1条及び第2条の条文の中でも北朝鮮が国家であることを明確に宣言している。

韓国と北朝鮮は，一方において，それぞれ国家としての類型を異にし，他方において，いずれも自国を朝鮮半島における唯一の正当な国家であり，国家としての支配領域は全朝鮮半島に及ぶべきであることを国家理念・目標として成

「いまだ土地改革が実施されていない朝鮮内の地域においては，最高人民会議が規定する時日にこれを実施する」，そして，第103条には，「朝鮮民主主義人民共和国の首府はソウルである」と規定されていた。2012年4月13日改正された北朝鮮の憲法第1条にも，「朝鮮民主主義共和国は全体朝鮮人民の利益を代表する自主的社会主義国家である」，第2条にも「朝鮮民主主義人民共和国は帝国主義侵略者に反対し，祖国の光復と人民の自由と幸福を実現するために栄えある革命闘争から建てられた輝かしい伝統を継承した革命的な国家である」と規定されている。こうして，両国は，いずれも，国家としての実効支配領域と類型を異にして成立している。

[20] 韓国の国内裁判所では，大法院 1955.9.27. 宣告，4288 ヒョンサン 246 決定，大法院 1961.9.28. 宣告，4292 ヘンサン 48 決定，大法院 1971.1.26. 宣告，70 ド 2357 決定，大法院 1971.2.23. 宣告，70 ド 2629 決定，ソウル高等法院　第2刑事部 1972.12.7. 宣告，71 ソ 998 決定．大法院 1983.3.22. 宣告，82 ド 3036 決定，大法院 2008.4.17. 宣告，2003 ド 758 判決，憲法裁判所 1997.1.16. 宣告，92 ホンバ 6・26，93 ホンバ 34・35・36（併合）全員裁判部決定，憲法裁判所 2005.6.30. 宣告，2003 ホンバ 114 決定などで「領土条項」を上記のように解釈した。金明基「北韓住民を大韓民国国民としてみた大法院の判決の法理論」Justice 30巻2号（1997年）186頁．

[21] 金明基「北朝鮮の国際法上の地位：北朝鮮は国家であるのか」国際問題通巻 278 号（1993年）16頁．

[22] 金・前掲注[20] 193頁．

立している。このような両国家の成立とともに，その中心になるものは相手国の存在に対する国家承認の問題である[23]。

2 国際法上の地位
(1) 一般国際法上の地位

国家承認の効果は相対的なものであって，韓国の国際法上の地位はアメリカ，ロシアなど韓国を承認した国家との関係では国家としてみなされるが，キューバなど韓国を国家として承認していない国家との関係では国家としてみなされないのである。韓国を国家として承認した国家のなかでも，アメリカのように韓国のみ国家として承認した国家との関係では，韓国は韓半島の全領域を領土とする国家であるが，ロシアのように韓国と北朝鮮を各々国家として承認した国家との関係では韓国は韓半島の南韓領域だけを領土とする国家である。

北朝鮮の国際法上の地位は，キューバ，ロシアなど北朝鮮を承認した国家との関係では国家としてみなされるが，アメリカや日本など北朝鮮を国家として承認してない国家との関係では国家としてみなされないのである。北朝鮮を国家として承認した国家のなかでも，キューバのように北朝鮮のみ国家として承認した国家との関係では，北朝鮮は韓半島の全領域を領土とする国家であるが，ロシアのように韓国と北朝鮮を各々国家として承認した国家との関係では北朝鮮は韓半島の北韓領域だけを領土とする国家である[24]。

(2) 韓国と北朝鮮の国連加入と法的地位

1948年12月12日，国連総会は韓国政府が韓半島で有一の合法政府であることを承認する決議を採択した。当時，国連は韓国のみ韓半島の全領域を領土とする国家とみなしており，北朝鮮は国家として認めていなかった。

1991年9月17日，韓国[25]と北朝鮮は同時に国連に加入した。その後，韓国

---

[23] 小野田・前掲注(2)101頁。
[24] 韓国の外交通商部の資料によると，韓国は世界の総191カ国（台湾，韓国，北朝鮮は除く）の中で188カ国と国交を結んでいる。未だに国交を結んでいない国はキューバ，シリア，マケドニアである。北朝鮮は160カ国と国交を結んでおり，その中で両国同時に国交を結んでいる国は157カ国である（2007年9月現在）。金明基・前掲注(20)194頁。
[25] 国連総会は，すでに1948年決議第195(III)によって，国連監視下で行った総選挙を通じて構成された大韓民国政府を合法政府として宣言したことがある。この決議が採択されると，1949年はじめから，アメリカ，イギリス，中国（台湾），フィリピンなどが大

〈第7部〉伝統的国際法概念の変容と発展

と北朝鮮は両方とも国連との関係では国家としてみなされているのである。しかし，韓国と北朝鮮が各々国連に加入したとしても，それは「韓国と国連との関係」では，韓国が国家であり，「北朝鮮と国連との関係」では，北朝鮮が国家である意味である。すなわち，両国が各々国連との関係で国家承認の効果が発生したからと言って，韓国と北朝鮮相互間の関係でも当然国家承認の効果が発生すると言うわけではないのである(26)。前述したように，未承認国は，多数国間条約に加入したとしても，承認を与えていない国は，その国家に黙示の承認を与えたものではない。すなわち，多数国間条約の加入と承認問題は別のことである。

要するに，韓国と北朝鮮は国連に同時加入はしたが，それは韓国と北朝鮮が各々国連との関係で国家として承認される効果が生ずるということで，韓国と北朝鮮相互間の関係では国家承認の効果が生ずるものではないということである。したがって，韓国と北朝鮮は，国連に加入したにもかかわらず，相互の相

韓民国政府に対して正式な承認を与えた。後日，この決議が大韓民国の政府を韓半島全体を代表する有一の合法政府として承認したか，それとも38線以南のみ承認したかには，解釈が分かれた。朝鮮日報1948.8.14，1948.8.15，1948.8.20，1949.1.4，1949.1.20の報道参照，ジョン・インソプ『新国際法講義――理論と事例（第3版）』（博英社，2012年）156-162頁参照。

　国連総会決議　195（Ⅲ）The Problem of the independence of Korea（1948.12.12）
　The General Assembly,
　Having regard to its resolution 112（Ⅱ）of 14 November 1947 concerning the problem of the independence of Korea,
　[…]

2. *Declares* that there has been established a lawful government（the Government of the Republic of Korea）having effective control and jurisdiction over that part of Korea where the Temporary Commission was able to observe and consult and in which the great majority of the people of all Korea reside; that this Government is based on election which were a valid expression of the free will of the electorate of that part of Korea and which were observed by the Temporary Commission; and that this is the only such Government in Korea; […]

8. *Calls upon* the Member States to refrain from any acts derogatory to the results achieved and to be achieved by the United Nations in bringing about the complete independence and unity of Korea

9. *Recommends* that Member States and other nations, in establishing their relations with the Government of the Republic of Korea, take into consideration the facts set out in paragraph2 of the present resolution.

(26)　金明基『分断国の平和保障論』（法志社，1988年）96-97頁。

手国を国家として認めたわけではないのである。

(3) 南北基本合意書上の地位

「南北基本合意書」はその序文で，韓国と北朝鮮の双方の関係は「国と国との間の関係ではない」と規定している。これは，韓国と北朝鮮との関係では，韓国も国ではないし，北朝鮮も国ではないという意味ではない。その意味は，韓国と北朝鮮のいずれ一方は国家であるが，他方は国家ではないという意味である。すなわち，韓国の立場からみると，南は国家であって，北は国家ではないという意味で，北朝鮮の立場から見ると，北は国家であって，南は国家ではないという意味である[27]。

「大韓民国憲法」上，韓国は，自国が国家ではないことを認める「南北基本合意書」を締結することはできないし，もし，そのような「南北基本合意書」を韓国が締結すると，これは憲法に抵触する条約であって国内法上無効になる。一方，北朝鮮も「朝鮮民主主義共和国憲法」上，北朝鮮が自国を国家ではないことをみとめる「南北基本合意書」を北朝鮮が締結することはできないし，もし，そのような「南北基本合意書」を北朝鮮が締結すると，これは「朝鮮民主主義共和国憲法」上，当然無効になる。したがって，「南北基本合意書」の序文で「国と国との間の関係ではない」というのは，南と北は各々自国の国家性は認めるが，相手国の国家性は認めないという意味である[28]。

しかし，この南北基本合意書の法的効力に関しては実は韓国国内でも激しい議論があった。南北が相互国家承認をしたのと同等であるという見解から，国家承認とまではいえなくても，少なくとも国際法上の主体[29]間の文書による明示的合意であるので，国際法上条約に該当するという見解[30]もあった。しかし，韓国統一院[31]は，南北は国家間の関係ではなく「暫定的特殊関係」に過ぎないので，南北基本合意書は国際法上の条約ではないという公式見解を明らかにし

---

[27] 金・前掲注[26] 120-121 頁。
[28] 金・前掲注[26] 121-122 頁。
[29] 国際法上の条約締結の主体としては，国家以外にも，国際組織・交戦団体・分断国を構成する政治実体など国家類似団体も含まれる。
[30] 金明基『南北基本合意書解説』（国際問題研究所，1992 年）108 頁。
[31] 1969 年国土統一院として開院し，1990 年には統一院，1998 年には統一部（Ministry of Unification）に改称した。南北統一におよび南北交流協力に関する政策を樹立・総括する中央官庁である。

〈第7部〉伝統的国際法概念の変容と発展

ている(32)。同じく、韓国の裁判所や憲法裁判所とも「南北基本合意書は国際法上の拘束力を有する条約ではなく、両側の政治的宣言または紳士協定に過ぎない」としながら、領土条項によって北朝鮮にも韓国法がそのまま適用されるという既存の立場を固執している(33)。

Ⅳ 韓国の国内裁判における北朝鮮の著作物の保護

1 『豆満江』事件(34)

1946年越北した作家Aは、小説『豆満江』を書いて、1984年8月9日に死亡した。1988年、出版社Yは、その小説を日本の国会図書館などから入手して韓国国内で出版していた。それについて、Aの韓国の相続人Xが、出版社Yに対して、差止め請求をした事件である。出版社側は「昨今の南北関係は国連同時加入や多角的な経済交流などで発展しているので、北朝鮮を反国家団体ということはできず、事実上の政府または国家として扱うべきである。それ故に北朝鮮住民の法律関係は国際私法の観点からみるべきであり、渉外私法第2条や第26条により、相続は非相続人の本国法である北朝鮮法にしたがうべきである。北朝鮮は社会主義体制であり、著作権などの権利は個人に帰属せず、死亡により遺族に相続されるものでもないので、本件著作物をAが著作したとしても、その著作権は北朝鮮当局に帰属したとみるべきであり、例外的にAに著作権があるとしたとしても、その死亡で韓国の遺族に相続されたとは言えず、Xには韓国著作権法に基づく差止め請求権はない」と主張した(35)。

---

(32) 統一院「南北基本合意書解説」(1992年)28頁。
(33) 憲法裁判所1996年10月4日宣告、95ホンガ2決定によると、「わが裁判所の1990.4.2.宣告、92ホンガ113決定及び同年6.25宣告、90ホンガ11決定後に、南北が同時に国連に加入し、また韓国と北朝鮮の政府当局者が同年12.13.いわゆる、南北合意書に署名し発行したが、このような事実が上記の決定内容にどのような影響を及ぼすのかを考えると、南北韓の国連同時加入が直ちに、南北韓相互間に国家承認の効力を発生させたとは認められず、また、南北合意書の署名とその発効で北朝鮮が赤化革命路線を明確に放棄したとは思えない。そして、今でもこのような路線による各種挑発が続けている。したがって、このような事情変更だけではわが裁判所が上記のような限定合憲決定をした後に、その決定の論理的ないし現実的根拠になった事実に根本的な変化があったと認められない。すなわち、今になって、上記と異なる決定をする他の事情変更があったとも認められない」。
(34) ソウル民事地方法院1989.7.26.宣告、89カ13962判決。
(35) 張睿暎「北朝鮮の著作権制度──韓国における北朝鮮著作物の保護問題を中心に」早

これに対して韓国の裁判所は,「南北韓が相互主権を認め,国家として承認,または,1つの国家内で相互異なる法律体系を,相互認めるような憲法的効力を有する契約が締結されてない[36]以上,わが国の憲法第3条によると,大韓民国の領土は韓半島とその付属島嶼とすると規定しているので,北朝鮮地域も韓国の領土としてわが国の主権の範囲内であり,大韓民国の主権と抵触する如何なる主権の政治も法理上認められない[37]ので,韓国の著作権や民法などすべての法令の効力は当然北朝鮮地域にも及ぶ。それ故に,わが憲法によって制定・施行された著作権法などすべての法令の効力は北朝鮮にも及ぶので越北作家や在北作家の著作物もわが国で当然保護される」と判断した。「したがって,北朝鮮では個人の著作権が認められないので,韓国でもこれを認めることはできないという理由にならない」としながら,Xの請求適格を認めYの著作権侵害を認めた。

(2) 「甲午農民戦争」事件[38]

「甲午農民戦争」事件も,同じく越北作家の著作権の問題で,Xは9.28ソウル修復の際,越北した後,「甲午農民戦争」1,2,3部を執筆したが,3部は北朝鮮で再婚した妻Yと共著で出版した。Xの元妻Zと子供は韓国に住んでいて,Zは1980年死亡した。Xは1983年に死亡したことになっている。出版社Aは,1988年8月,Xの次男と,Xの「甲午農民戦争」1,2,3部全集の出版契約をし,出版準備をしたが,1988年12月25日,出版社Bが,『甲午農民戦争1部』を発刊した。出版社AとXの次男は,出版社Bに対して出版及び販売中止を求めたにもかかわらず,出版社Bは発行人の名義を変えて,『甲午農民戦争2,3部』を続けて出版した。検察は,出版社Bの発行人らを著作権法違反として各々略式起訴をした。それで,裁判所が罰金を課すと,出版社Bの発行人らは正式裁判を申し立てた。

裁判所は,「憲法第3条によると,大韓民国の領土は韓半島とその付属島嶼

稲田大学大学院法研論集131号(2009年)193頁。
[36] すなわち,憲法第3条が改正される場合,南北がお互い国家承認する場合,1つの国家で2つの法律体系を相互認定する憲法的効力を有する条約が締結される場合など,裁判所は北朝鮮の著作物に韓国著作権法が適用されない例を挙げている。
[37] 大法院1961.9.28.宣告4292ヘンサン48判決。
[38] ソウル刑事地方法院1989.12.29.宣告,89ゴダン4609判決。

〈第7部〉伝統的国際法概念の変容と発展

とすると規定しているので，憲法によって制定された民法，著作権法の効力は当然北朝鮮にも及ぶ。したがって，死亡したＸの著作権も韓国にいる遺族に相続される」と判決し，出版社Ｂによる著作権侵害をみとめた。

しかし，このように北朝鮮の著作者の相続人が韓国内にいる場合には著作権侵害が認められるとしても，著作権侵害が親告罪であることを考えると，韓国に相続人がいない場合には事実上無断複製されても何の保護もされないことになっていた。さらに，実質的に南北の民間交流が全くない状況で，憲法の領土条項を挙げて一方的に北朝鮮の知的財産権を保護するのは非現実的であるという強い批判も出てきた。

(3) 『李朝実録』事件[39]

南北基本合意書発行以降の『李朝実録』事件では，北朝鮮社会科学院民族古典研究所が1954年から国訳事業に着手し，400巻に翻訳した李氏朝鮮の歴史書である『李朝実録』が問題になった。韓国の出版社Ａが政府から北朝鮮住民接触許可を得て，1992年1月中国で北朝鮮社会科学院民族古典研究所の代表と会って，韓国国内で10年間独占的に複製・頒布する権利の設定を受けたが，出版社Ｂが無断で『李朝実録』を複製して出版したので，出版社Ａが出版社Ｂの『李朝実録』の製作頒布の差止を求めたのである。

裁判所は，「大韓民国の主権は憲法上北朝鮮地域まで及ぶもので，北朝鮮が世界著作権条約（UCC）に加入しなかったとしても，相互主義に関係なく北朝鮮は韓国著作権法の保護を受ける。北朝鮮の団体が権利の主体になるか否かは，ただ，団体としての実体があるか否かによって判断することでわが国の法律による設立手続きなどを必要とするものではない。出版権設定契約は上記の法律の所定の物品交易としてみなされず，もしもこれに該当して，統一院長官などの承認を得なければならないとしても，それを理由に契約の効力まで否定されるわけではない」としながら，出版社Ａの権利を認めている。

しかし，この事件に対する関係機関の見解は異なる。統一部は，「北朝鮮が韓国の出版社に複製および頒布に関する独占的権利を付与したとしても，あくまでも当事者の間の私的な契約にすぎず，その排他的権利が韓国国内で保障されるとはいえない」という立場であるが，文化体育部は，傘下の著作権審議調

[39] ソウル地方法院 1996. 9. 12. 宣告，96ノ3819判決。

停委員会の著作権相談調停事例集で,「南北当事者の間で結んだ著作権契約が南北交流協力に関する法律に抵触しない場合,出版権設定行為や著作財産権の譲渡行為は絶対的な権利の付与であり,韓国の第三者は,出版権の設定を受けた韓国出版社の権利を侵害してはならない」と述べている[40]。

(4) 「シン・サンオクフィルム」事件[41]

1978年7月に拉北されたシン・サンオク(申立人)は,北朝鮮当局によって,1983年10月,文化省傘下の「シンフィルム映画撮影所」の総長に任命された。一方,申立人は1984年12月上記撮影所とは別に北朝鮮当局から資金を支援され,オーストリアの首都ウイーンに映画配給社「シンフィルム(SHIN FILMS)」を設立した。以後,申立人は北朝鮮当局から一切の人的・物的設備を提供され,この事件と関連する映画2編(『サラン・サラン・ネサラン』,『ブルガサリ』)を始め,数編の映画製作に参加することになり,特に,映画内容の構想,企画過程で中心的な役割をしてきた。しかし,申立人は1986年3月,北朝鮮を脱出した。その後,1987年12月27日申立人が代表としているPacific Artists Corp. に,この事件と関連する映画のすべての権利を譲渡した。上記の会社は,1996年9月4日,申立人が代表であるSheen Productions. Inc. に上記の映画の配布権を譲渡した。上記の会社は更に1998年9月8日,申立人の株式会社シンコミュニケーションコリアに上記映画の空中波放送権を譲渡した。SN21(被申立人の補助参加人)は,1998年8月および9月に北朝鮮文化省傘下の朝鮮映画に輸出入社を通じて,この事件の映画に関しての東北アジア地域の独占的版権を譲渡された日本の有限会社である西海貿易から上記映画に関する映画館上映権,テレビ上映権およびビデオ販売権を譲受し,同年10月1日,株式会社文化放送も補助参加者から上記映画に関するテレビ独占放映権を承諾され,放映する計画であった。これに対して,申立人は自分がこの事件の映画の映像製作者でもあり,映像著作者でもあって,申立人会社は国内放送に関する版権を譲受されたものであると主張しながら,放送などの禁止可処分を申し立てた。

裁判所は,「この事件の映画が完成した当時,申立人は大韓民国の国籍であ

---

[40] キム・キファン「北朝鮮著作物,著作権保護対象であるか」(平和問題研究所)統一韓国124号(1994年)80頁。
[41] ソウル地方法院1999. 4. 6. ゴジ98カハプ6479決定,ソウル高等法院1999. 19. 12 ゴジ99ラ130決定。

〈第7部〉伝統的国際法概念の変容と発展

ることは，明確であるし，憲法第3条の解釈上著作権を始めすべての国内法令の効力が当然，北朝鮮地域にも及ぶのであるが，この事件の映画の著作権に関する判断はわが国の著作権法を準拠としなければならない。この事件の映画の製作経緯，北朝鮮当局の資金支援，映画製作に対する著作権などの法理に照らしてみると，申立人はこの事件の映画の製作者と認められず，また，映像著作者の中の1人であるが，この事件の映画の完成と同時に映像著作者としての著作財産権を行使しておらず，これを北朝鮮及びシンフィルム撮影所に譲渡したものとしてみなすべきである」また，「以上のような解釈は，たとえ北朝鮮が韓国の憲法上正当性が認められる政治的実体でもないし，不法団体にすぎなくても「南北基本合意書」第23条に基づいた付属合意書第9条5項の規定の基本精神と符合するものである」と述べた。

V　おわりに

　以上のように，韓国の裁判所は，憲法第3条の「領土条項」を根拠に，北朝鮮に対して大韓民国の主権行使と背馳するいずれの主権も認めていない。かつて，南北韓関係で相互主権国家としての承認または南北韓地域に有効とする法律の存在を認める「条約」も存在していない。それによって，韓国の裁判所は，憲法に基づいた著作権法，民法が北朝鮮にも適用すると判示した。北朝鮮の著作物に関する判決に示される韓国の裁判所の態度は，現在の憲法と法律上妥当であると思われる。裁判所の一貫した態度に対しては，実情とかけ離れた解釈で，北朝鮮の実体を認めず，北朝鮮の特殊な著作権制度も考慮しないで，相互主義に関係なく北朝鮮の著作物を一方的に保護するというのは，事実上北朝鮮に韓国の主権を行使できない状況で，法律関係をさらに複雑にするだけであるからという批判もある。しかし，憲法と法律に基づいて法的判断をするしかない司法的限界を考慮すると，この批判は妥当ではない。

　このように韓国の憲法第3条を広く解釈し，北朝鮮の著作物を保護しても，その保護は韓国が事実上支配している地域に限られる。すなわち，北朝鮮は韓国の領土であるとして一方的に保護を与える韓国裁判所の立場は，南北関係の特殊性を考慮したとしても，無理のあることだと思われる。また，韓国で一方的に北朝鮮の著作物を保護するとしても，韓国の著作物が北朝鮮で韓国同様に保護されるという保障もない[42]。2003年，北朝鮮がベルヌ条約に加入した[43]こ

とについて，文化体育観光部は「北朝鮮のベルヌ条約加入により，韓国の著作物が北でも公式的に保護されることになる」という見解を示しているが，これは北朝鮮地域にも当然韓国著作権法が適用されるという裁判所の立場とは矛盾するように思われる。

同じく，北朝鮮を国家として承認していない日本の裁判所も，北朝鮮の映画作品が事前の許諾なく一部上演されたことで，作品の著作権をもつ当事者から提起された訴訟で，「国交のない北朝鮮の著作権を保護する義務はない」，「未承認国家がベルヌ条約に加入しただけでは，相互著作権を保護する義務が生じない」と判断し，多数国間条約の加入で加盟国になることと国家承認とは別個であるという立場をみせている[44]。上記で検討したように，多数国間条約の加入と国家承認とは別個であるので，北朝鮮がベルヌ条約に加入したからといって，韓国の著作物が北でも保護されることになるということは考えにくいことであろう。

したがって，領土条項の無理な解釈で，北朝鮮の著作物を一方的に保護するよりも（北朝鮮がベルヌ条約に加入したから韓国の著作物が北でも保護されるとの期待をするよりも），先に締結された（今でも著作権保護のための実質的な動きがないままである）南北基本合意書の付属合意書による南北間の著作権保護に関する協議[45]を再開して，実質的な措置を取るのがよりよい方法であろう[46]。

---

[42] 北朝鮮著作権法第5条では，北朝鮮が加入した条約の締結国の国民の著作物は保護するとしているが，実際に保護されるかは不明である。

[43] 北朝鮮は，2003年1月28日，世界知的所有権機関事務局長に対し，ベルヌ条約の加入書を寄託した。同事務局長は，同日，当該事実をベルヌ条約加盟国に対し通告し，これにより，ベルヌ条約は，第28条(2)(c)及び(3)に基づき，同通告の3カ月後である同年4月28日から，北朝鮮について効力を生じた。

[44] ちなみに，知財高裁は同様な結論をだす一方，民法の不法行為に基づく損害賠償を認めた。平成20年(ネ)第10011号 著作権侵害差止等請求事件（原審・東京地裁平成18年(ワ)第6062号ならびに，平成20年(ネ)第10012号 著作権侵害差止等請求控訴事件（原審・東京地裁平成18年(ワ)第5640号，知財高裁平成20年12月24日判決，浅田正彦編著『国際法』（東信堂，2012年）90頁。

[45] 南北基本合意書の締結を契機として，南北韓は交流・協力に向けて一歩踏み出したが，当時の期待通りにはならず，対立関係を続けてきた。1998年，金大中大統領政府になってから，南北韓の関係は少しずつ前向きに進み，6・15南北共同宣言で再び関係を新しく成立し，今日に至るまで維持している。しかし，いまだに南北韓は，南北基本合意書に立脚した措置を取っていないため，交流・協力の拡大に加えて，生ずる法的紛争に対する用意が全くできていない。現在は既存の国内法と解釈論によって解決するような状況である。

[46] 張・前掲注[35] 196-197頁，イ・ジョンソク・前掲注(1) 379-381頁。

23 グローバル・ガバナンス・ギャップと国際秩序形成に関する一考察
――国連「(人権の)保護,尊重,救済の政策フレームワーク」と国家管轄権の域外適用に対する視座を中心に――

大 窪 敦 子

Ⅰ　はじめに
Ⅱ　人権,企業と国際法
Ⅲ　国家管轄権の域外適用と国際秩序形成
Ⅳ　おわりに

Ⅰ　はじめに

　近代主権国家の成立以降の伝統的な国際システムでは,そこにおける権威は参加する国家の権威から導き出され,よって国家が国際システムの秩序の形成の中核を担っていたといえる。法という観点からいえば,そこでは,国家の権威を超えて国際社会全体に妥当する法規を制定する集権的な決定権限を持つ立法機関が存在せず,排他的性格を強めた国家主権概念の定着とともに,国家の合意が国際関係を規律する国際法の法源の基礎として重要な位置を占めてきた。他方,国家法の制定を含む自国の国家社会内部の関係の規律に関しては,基本的には各国がその国家主権に基づき排他的に独自の意思により行うものと見做されてきた。しかし近年,グローバル化の進展と共にこのような伝統的な枠組みの輪郭が変貌しつつある。それは,国際法における非国家行為体の地位と役割に関する議論や国家管轄権の域外適用の問題に具現されている。又,その一方では,従来の国家権力を通じての一元的・強制的な統治構造から踏み出して,非強制的なソフト・ローや非国家行為体を組み入れた新たな形でのグローバル・ガバナンスの構築が模索されている。同時に,国際法及び国家法上での多元的相互作用を通して,法のグローバル化が様々な形態をとりながら進行している。

〈第7部〉伝統的国際法概念の変容と発展

　これらの一連の潮流は，2008年5月に国連事務総長特別代表として任命されたジョン・ラギー教授によって国連人権理事会に提出された国連「(人権の)保護，尊重，救済 の政策フレームワーク (United Nations "Protect, Respect and Remedy" Framework)（ラギー・フレームワーク）」[1]，及び2011年3月に提出されたフレームワークの実践にむけての「ビジネスと人権に関する指導原則 (Guiding Principles on Business and Human Rights: Implementing the United Nations "Protect, Respect and Remedy" Framework)（指導原則）」[2]に顕著に反映されている。そこでは，企業と人権に関する既存の制度・基準や実際の慣行を整理することによって，今日の「ビジネスと人権」の軋轢が伝統的な国際的な枠組みとグローバリゼーションの狭間の中から生み出されたガバナンス・ギャップに帰するものであるということを検証している[3]。本稿では，以下，特にラギー・フレームワークと国家管轄権の域外適用に対する視座を中心に，伝統的な法定立方式での国際法による規律を補完する新たな形での国際秩序形成への貢献について考察する。

II 人権，企業と国際法

1 伝統的な法定立方式の限界

　現在，世界には国境を越えた活動や問題を地球的に規律する普遍的な枠組みが不在している。それはある意味では世界政府や世界法といった国際社会固有の中央集権的権力の不在を意味するが，より平たく言えばそれは部分的法秩序と断片化した国際法によって調整されている社会を意味する。国家中心の国際法体系の下，その形成が国家の合意に基づく限り，そこには本質的に諸国家の利害関係が反映され，それ故に国家がその主権の下において判断権を留保し続

---

(1) A/HRC/8/5, 7 April 2008, "Promotion and Protection of All Human Rights, Civil Political, Economic, Social and Cultural Rights, including the Right to Development, Protect, Respect and Remedy: a Framework for Business and Human Rights, Report of the Special Representative of the Secretary-General on the issue of human rights and transnational corporations and other business enterprises, John Ruggie."

(2) A/HRC/17/31, 21 March 2011, "Report of the Special Representative of the Secretary-General on the issue of human rights and transnational corporations and other business enterprises, John Ruggie, Guiding Principles on Business and Human Rights: Implementing the United Nations "Protect, Respect and Remedy"Framework."

(3) Supra n. (1), A/HRC/8/5, para. 3.

けることが可能となる。そしてここに普遍的な枠組みの構築の難しさがあり，それは乱立，分散化する国際条約や国際機関，そして多くの場合においての法的強制力の欠如からも明らかである。

そのような普遍的な枠組み不在の中，国家は国境を越えた問題に対応するための手段として，主に次のような手法をとることができよう。まず一つ目は，個別の条約や国際機関に一定の権限を委譲・委任し，拘束力を伴った国際的な対応に取り組む場合，二つ目は，国家法を通じて問題を規制し，必要に応じて外国法に対応・対抗，又は標準化をもって国家間の問題を調整する場合，そして三つ目には，国家の権限の下での強制的な措置はとらず，市場や市民社会ネットワークなどの民間における調整メカニズムを利用する場合，である。しかしながら，これらの手法はそれぞれ独自で万能な処方箋とは言えず，よってそれらは択一の選択というよりはむしろ相互補完的な関係として捉えるべきである。まず，条約の締結や慣習法の形成などの伝統的な法定立方式による規律は，一方では安定性や予見性を供給するものの，他方，ますます加速する時代の変容と，それと共に複雑化する国境を越えた問題に対してより有効に対応するための柔軟性に欠ける，ということが指摘されている。国家の主権の委譲に対する警戒心の問題がその根底にあるが，それに加えて，多国間で合意形成を行う場合，各国の利害関係の調整の難しさから最大公約数的なルールしか生み出さない，といった問題は，近年の気候変動条約等におけるに国際的交渉からみても伺える。

ラギー・フレームワークは，このような伝統的な法定立方式の限界に対する認識の上に立っているといえる。つまり，一方では人権侵害という重大な問題が日々刻々と発生しており，その救済のために一刻も早く行動を起こす必要性があるものの，他方では，その問題の複雑さから，伝統的な法定立方式による多国間合意を取り付けるには多くの期間を要することが予想される。それらを踏まえた上で，国家に対する既存の国際法上の義務を整理し，又，既存の制度や組織の役割と可能性をより明確に理解し，その上でそれらを有効活用することによって，伝統的な国際的な枠組み（もしくはその中での慣行）とグローバリゼーションの狭間の中から生み出されたガバナンス・ギャップを埋めようと試みている。そこでまずここでは，国際法上で直接的に企業と人権の問題を規律する難しさを，過去の取り組みを振り返りながら以下に考察していく。

〈第 7 部〉伝統的国際法概念の変容と発展

2　多国籍企業の社会的責任

　企業の人権侵害に対して，その責任の追及と救済手段の供与のため，法的拘束力をもって国際法上直接的に規律する普遍的メカニズムはいまだ存在しない。しかし，国際社会における多国籍企業の社会的責任ということに関してみれば，それ程新しい概念ではない。もっとも，その実行に関しては，非強制的なソフト・ローもしくは自主規制といった形をとっている。まずは1960年代及び1970年代，特に発展途上国における多国籍企業の活動について激しい議論を呼び起こし，多国籍企業と受入国との関係を明確にする国際的な文書を作成する努力が行われた。国連では，1974年に多国籍企業委員会 (Commission on Transnational Corporations) 及び多国籍企業センター (Centre on Transnational Corporations) を経済社会理事会のもとで設立[4]，1990年には多国籍企業行動指針を作成するものの，結局不採択に終わる。但し，これらの取り組みは，人権問題というよりはむしろ新国際経済秩序というより広域な問題を背景にしての動きであった[5]。他方，1977年には国際労働機関 (ILO) 理事会において「多国籍企業及び社会政策に関する原則の三者宣言」(ILO三者宣言) が採択され，1976年には経済協力開発機構 (OECD) によって「OECD国際投資と多国籍企業に関するOECD宣言」の下で「多国籍企業行動指針」が採択され，国家によるソフトローを用いての取り組みが支持を得ていくことになる。更に，2000年には当時国連事務総長であったコフィー・アナンの提唱によって「国連グローバル・コンパクト」が立ち上げられ[6]，企業や市民団体組織の自発的な直接参加を通して規範の普及と情報・認識の共有を促進している。

　これらの非強制的な取り組みに対しては一定の成果が評価されているものの，度重なって報告される企業による人権侵害の実情から，その実効性の限界又は不十分さも同時に議論されるようになる。特に，人権擁護支持者は企業に対してより強制的で拘束力のある手段を要求する。しかし，そのような強制的なアプローチは現段階では未だ挑戦的な試みであることが，2003年に国連人権小

---

[4]　*United Nations Economic and Social Council Resolution 1913 (LVII)*, 5 December 1974.

[5]　Branislav Gosovic & John Gerard Ruggie, "On the Creation of a New International Economic Order," *International Organization* vol. 30, 1976, p. 309.

[6]　グローバル・コンパクトは1999年のコフィー・アナンの提唱に基づき，翌年2000年に国連で立ち上げられた。

委員会によって採択された「人権に関する多国籍企業及び他の企業の責任に関する規範（Norms on the responsibilities of transnational corporations and other business enterprises with respect to human rights）」案[7]が直面した一連の過程において露呈された。規範案は，既存のメカニズムの限界を補塡すべく，現存する条約や慣習国際法から，企業の人権に関する国際法上の義務を国際的な法原則として導き出そうした試みであり，国家が人権に関して第一義的な義務を負うものの，企業も「影響力の及ぶ範囲内において」国家と同様の射程の義務を負うという方程式が導き出されている。しかし結局，国連人権委員会はこの規範案を採択せずに終わる。そこには，企業は国際法の下で直接的に法的義務を負う，という点を含め，規範案に描かれた構図が現存の国際法から集約したものである，という認識に対する異議の存在が挙げられる。又，それと同時に，規範案に示された企業の義務の範囲が不明確であったことも大きく起因していると考えられる[8]。つまり，公益を目的として民主的に選ばれ，公共に対して広範な義務と責任を負う政府とは異なり，企業は社会においてはある特殊な機能を果たすにすぎず，それ故に政府が一般的に遂行するとされる機能を企業に期待することはできない，というわけである[9]。規範案に示された企業の義務の範囲の不明確さは，翻って企業の社会で担う機能との不整合性の懸念を引き出した。

3　企業と国際法主体性

企業による人権侵害の国際法上での直接的規律に対しての問題のひとつとして，企業に国際法主体性を認めることへの留保が挙げられる。海賊に関する法や戦争法は個人を名宛てしており，そういった意味では必ずしも国際法主体が常に国家に限定されていたとはいえないものの，伝統的な見解では，国際法は国家間法とされ，国家はその主体として他の国家との関係において義務を負う

---

[7] U. N. Doc. E/CN. 4/Sub. 2/2003/12/Rev. 2 (2003).

[8] International Chamber of Commerce and International Organisation of Employers, *Joint Views of the IOE and ICC on the Draft "Norms on the Responsibilities of Transnational Corporations and Other Business Enterprises with Regard to Human Rights,"* March 2004.

[9] John Gerard Ruggie, "Current Development: Business and Human Rights: The Evolving International Agenda," *American Journal of International Law*, vol. 101, October 2007, p. 819.

とされてきた。もちろん，だからといって国際法が私人にとって無関係なものであるのかというと，そうではない。国際法は，国家法の定めるところによって国内的効力を与えられ，その場合，国家と国民もしくは国民間の関係においても適用される。しかしこうした国家中心の体制において問題となるのは，国家の利害が必ずしも私人の利害と一致していない場合である。そのような齟齬がなぜ発生するかというと，まず国家が私人とは異なり社会全体のより広範な利害関係を考慮に入れていることが挙げられる。しかし，より深刻なのは，国家の利害が統治する者の偏狭な利害のみを反映し，統治される者のそれが考慮に入れられていない場合である。そして特に後者の場合に，従来の国家中心の国際システムの構造的限界が浮き彫りにされる[10]。

　もっとも，戦後，人権という概念の普遍化とそれを後押しするグローバリゼーションの進展とともに，国際人権法や国際人道法，更には国際刑事法が発達し，個人，ひいては企業等の非国家行為者に法主体性を与えるという議論がより活発に行われるようになった[11]。実際，例えば，1998 年には国際刑事裁判所（ICC）ローマ規定が採択され，個人がその管轄権において国際法上裁かれることを可能としている。しかしながら，企業に対しての管轄権については，ICC 規定に明示的記載がなく，その管轄可能性は不明確である。これは，企業の明示が ICC の設立準備段階で提言されたものの，国内制度において企業の刑事責任を認識しない国々が，ICC 規定に記載されることによって，国内制度に影響が出ることを懸念したこと等の理由により反対し，最終的には排除されたことによる[12]。このように，企業の国際法主体性に対してはまだ異論もあるものの，グローバル・ガバナンスという観点から見た場合，企業の国際秩序又は国際法の形成に対する影響力も留意しておく必要がある。例えば後述するよ

---

[10] 国家及び国家主権という概念に対する批判の反対側には，非国家行為者へのより積極的な役割及び権限の付与に対する支持があるが，それには非国家行為者の正当性の根拠をどこにどのように見出し，どのようにアカウンタビリティを保障するのかといった，根本的で重大な問題が存在することに留意する必要がある。

[11] 1948 年世界人権宣言と 1966 年社会権規約・自由権規約を中核として，多数の人権宣言・条約が採択された。そして多くの国際人権条約が個人の通達制度を有するに至った。1990 年代以降には旧ユーゴスラビア国際刑事裁判所（ICTY），ルワンダ国際刑事裁判所（ICTR），国際刑事裁判所（ICC）などが設置され，個人を国際法の下で裁く組織が設立される。

[12] UN doc A/Conf 183/C.1/WGGP/L.5/RE/2. 3 July 1998.

うに，企業は実際には投資協定等，国家間の交渉及び国際法の形成においても多大な影響力を行使し，そのような国際的枠組みの中で制限を課されると共に多くの恩恵及び権利を享受している。よって，ロザリン・ヒギンズ前ICJ所長が述べるように，それらの行為者は少なくともある意味では，国際システムにおける「国際法参加者」であるとはいえよう[13]。

4 企業の役割とグローバル・ガバナンス・ギャップ

伝統的な国際的枠組みとグローバリゼーションの狭間の中から生み出されたガバナンス・ギャップが人権と企業の問題の根底にある，という認識にラギー・フレームワークは基づいていることは前述した。世界における経済の自由化の潮流の中で，多国籍企業の権利は通商条約や投資協定等を通して保護され，またその活動・企業形態におけるイノベーションは企業の活動範囲や可能性を増大させた。その一方で，多国籍企業の活動に対する規制は，企業を直接強制的に規律する国際的な枠組みの不在の中，依然として企業活動の行われる受入国の規制に依拠している。もっとも，そういった状態自体がそれ程問題というわけではなく，問題はむしろそこに介在する力関係の不均衡である。実際には，投資の受入国側に人権問題を取り扱う意思や能力が欠けている場合もあるが，更に問題となるのは，そういった傾向が多国籍企業の活動によって助長される場合である。例えば，投資協定や投資契約に盛り込まれた仲裁条項や安定化条項は，海外投資家に対して，適応される法令・規則の変更等，法的環境の変化の悪影響からの保護を供与する一方で，同時に受入国の正当な理由での法令・規制改正に対しても制限・委縮を課す結果にもなりうる。また受入国が経済的動機から海外直接投資の誘致を他の政策課題よりも優先する場合，外国投資家に適用する法令・規制の制定や執行が緩慢になる可能性が挙げられる。他方，投資母国も，属地主義を基本的な国家管轄権の根拠とする伝統的な見地の下では，自国の国家法を海外で行われる企業活動に適用することに対しては消極的になりがちである。よって，多国籍企業の権利の保護が国境を越えて追及されているのに対して，多国籍企業によって権利の侵害を受けた人々に対する救済の場は限定的なものとなっている。それは，受入国が脆弱国家等，国家

---

[13] Rosalyn Higgins, *Problems and Process : International Law and How We Use It*, 1995, p. 50.

〈第7部〉伝統的国際法概念の変容と発展

の統治能力が極端に弱く，又は統治者が偏狭な利害のみを政策に反映している場合に，より顕著に現れる。

　ラギー・フレームワークは，「ビジネスと人権」の問題を考える時，国家であろうと企業であろうと，そこに関わる各行為主体の行動はこういった競争力学を背景として起こっており，このガバナンスの不整合が多国籍企業による人権侵害問題の根底にあると捉えている[14]。それは言い換えれば，経済及び経済活動主体の関わる範囲と影響力が急激な速度で変化・増大する一方で，それらの負の影響に対応する社会の能力が前者に比して大きく劣後している，という事である。そして，越境性を高める多国籍企業の活動を規律する法的枠組みは，今日のグローバリゼーションの複雑性とダイナミックスを十分に反映することなく旧態依然として存在している。そういった狭間を埋めるべく，ソフト・ローや非国家行為者による取り組み等の種々の試みが断片的かつ個別の取り組みとして行われてきたわけである。

　さて，「ビジネスと人権」の問題において加害者として語られることが多い企業であるが，同時に忘れてはならないのは，経済，社会の発展とそれを通じての人権促進に対する企業の貢献・寄与という側面である。UNCTADの試算によれば，多国籍企業は世界においてそのGDPの4分の1を捻出しているが[15]，こうした経済への貢献が人権問題の改善に繋がるというのは，既に1957年11月の国連総会決議1161序文において「均衡のとれた統合的な経済社会発展は，国際平和と安全保障，社会進歩，生活水準向上の促進と維持に寄与するだけでなく，人権と基本的自由の順守と尊重に貢献する」として認識されている[16]。更に，多国籍企業との繋がりが，従来であれば他国の関心事項として見做されていた問題に対して，受入国以外の国々の市民社会が声を上げる入口を与えたことも事実であろう。近年では，企業の社会的責任や社会的責任投資などの概念の普及，浸透と共に，企業の社会的貢献の実施程度や範囲も拡大している。これは，企業が人権尊重よりも経済利益を優先し続けることによって起こる企業，国家そして市民社会の間の不調和が，結果として企業の事

---

[14] *Supra* n.(1), A/HRC/8/5, paras. 11-16.
[15] UNCTAD, World Investment Report 2011.
[16] United Nations General Assembly Resolution 1161 (XII) on "Balanced and Integrated Economic and Social Progress," 26 November 1957.

業の経済的妥当性自体を損なうことにもなりかねないからである。

　これらの背景の下，ラギー・フレームワークは「企業とビジネス」の問題には単純に保障された解決策はなく，むしろ国家，企業，市民社会などの全ての社会の構成員が足並みをそろえて首尾一貫した形で，今までと違った形で物事に取り組むことを学ぶ必要があるとしている[17]。そして(1)国家による人権保護の義務，(2)人権を尊重する企業の責任，(3)企業活動による人権侵害を受けた者への救済手段の必要性，の三点を相互補完的な柱として挙げている。

III 国家管轄権の域外適用と国際秩序形成

1 グローバル・ガバナンス・ギャップと国家管轄権の域外適用

　国家はその領域もしくは管轄内にいる個人の人権を尊重，保護，履行する義務を国際人権法上負う，と指導原則は示している[18]。一方，企業に関しては，国際法上での直接的義務というアプローチから距離を置き，人権尊重を企業責任として捉えている。こうした基本的枠組みの認識の中で特徴的なのは，国内制度の役割についての視座である。企業の人権を尊重する責任は，単に国家法に定められたものだけではなく，それを超えて存在し[19]，国際的に広く認められた人権に符合するものであるとする[20]。他方，従来否定的に受け止められることの多かった国家管轄権の域外適用及び域外効果のある国内措置に対しては，国家が「ビジネスと人権」の問題について取り得る実効性のある手段として，より積極的な形で捉えている。指導原則はその注釈の中で，自国の企業が海外において人権を尊重するべきである，という期待を明確に示すことに国家は強い政策的理由を持つ，としている。そして国家は，ある場合には域外効果のある国内措置を取り，ある場合には規律管轄を域外適用，執行することによってそれを達成している，としている[21]。更に，企業がその活動の場にかかわらず重大な人権侵害に貢献することに関するリスクが，法的遵守の問題であると見做す理由の一つとして，他国で起こされる民事訴訟から生じる潜在的な企業賠

---

(17) *Ibid.*, para. 7.
(18) *Supra* n. (2), A/HRC/17/31, para. 1 Commentary.
(19) *Ibid.*, para. 11 Commentary.
(20) *Ibid.*, para. 12.
(21) *Ibid.*, para. 2, Commentary.

〈第 7 部〉伝統的国際法概念の変容と発展

償責任を挙げている[22]。では，なぜ法規律やその執行の域外適用，もしくは域外的に効果を与える措置，といった手法が選ばれるのであろうか。それは，前述のように，企業活動の舞台となる国際市場の普遍性と，領域主権を中心とした体系の限定性，そしてにそこに生み出された競争力学とガバナンスの不整合の問題に一因を置く。

　国連貿易開発会議（UNCTAD）の 2006 年の報告によれば，世界経済は 7 万 7 千を超える多国籍企業に加えて，77 万を超える子会社と数百万に及ぶそれらへのサプライヤーが存在している[23]。多国籍企業によって構築されたビジネス・ネットワークはそこに複数の企業を擁し，地理的広がりも複数国に及ぶようになってきている。これは経済的効率性を高めると同時に，国内のあらゆる分野における渉外的要素を高める結果となり，故に企業の規制の問題をより複雑化させている。例えば，企業の他国での活動で起こされた人権侵害への制裁もしくは被害者の救済は，属地主義に基づけばその侵害が行われた国で求められることになる。また，現地法の下で設立された子会社は独立の法人として現地法に服し[24]，よって現地子会社が現地で人権侵害をしたとしても，一般的にはそれは親会社とは別責任とされる。しかしながら，現代における通信技術の発展，企業組織の超国家化，経済や金融自体のグローバル化により，このような従来の線引きがより難しくなってきている。これは同時に，国際法の下で企業の獲得した権利と従来の線引きに基づいた規制の枠組みが非対称な状態といえる。例えば，紛争地域など，国家の統治機能が有効に機能していない場合，多国籍企業の現地法人によって国際的に広く認められた人権の侵害が行われた場合，従来の線引きのもとで侵害行為の責任の追及を実態に沿った形で公平，公正に行われるかに関しては大きな疑問が投げかけられている。よって，企業がより革新的な方法を用いてグローバル化し，その影響力を強めていく中，それを如何に有効にかつ正当，公平に統治していくべきか，ということが問題となる。しかしながら，固有の中央集権的権力をもって規律する普遍的な枠組み

---

[22] *Ibid.*, para. 23, Commentary.
[23] UNCTAD, *World Investment Report 2006*, p. 10, Annex A. I. 6.
[24] 国際司法裁判所は，バルセロナ・トラクション事件において，国際法における企業の国籍はそれを設立する文書が登記された場所，もしくはその主たる営業所の所在する法によって判断される，という考えを支持した。Barcelona Traction Case（Belgium v. Spain），ICJ, 3, 5 February 1970.

が不在する国家中心体系の中では，実際の社会秩序の実現は，各国家がその権限内において如何に統治を実行するか，という点に大きく依存することになる。そういった現実の中において，国家は如何なる範囲の人，活動や事実を規律することが許容されるのか，という問題が国家管轄権の問題である。

国際法上，国家管轄権は領域主権に基づき属地性優位のもとに成立してきた。そこでは，国際法の規則がこれを許容しない限り，管轄権の域外適用は原則として認められない。しかしながら，実際には管轄権の問題はそれ程単純に処理することができない。というのも，管轄権という概念は多面的な要素を含み，その機能領域も多岐に及ぶからである。その方法については諸説あるものの，一般的に，国家管轄権はその機能・作用上，規律管轄権（prescriptive jurisdiction）と執行管轄権（enforcement jurisdiction）の二分類，もしくは裁判管轄権（adjudicative jurisdiction）を加えての三分類に整理される[25]。こういった管轄権の機能的分割は，ローチェス号事件における常設国際司法裁判所の判決においても自覚的に認識されていたと考えられる。そこでは執行管轄に関しては国家領域を超えて一方的に行使することを禁止する国際法が一般的に確立しているとする一方，規律管轄に関しては国際法の一般的な禁止規範は確立しておらず，よって後者に関しては，特段の禁止法規によって制限されていない限りにおいては，それが国家の裁量事項であることを前提に，域外適用の許容を推定している[26]。但し，今日では，禁止法規が不在であれば規律管轄の域外適用が無限定に認められるわけではなく，それが許容されるためには，国際法上の根

---

[25] 国家管轄権の分類に関して種々の方法が採られているが，日本では山本草二教授が，立法管轄権（legislative jurisdiction），司法管轄権（juridical jurisdiction），執行管轄権（executive or administrative jurisdiction）の三つに分類。山本草二「国家管轄権の機能とその限界」法学教室35号（1983年）19頁。米国では，「アメリカ対外関係法リステイトメント（第3版）(The American Law Institute, Restatement of the Law, Third, The Foreign Relations Law of the United States (1987)」が規律管轄権（jurisdiction to prescribe），裁判管轄権（jurisdiction to adjudicate），執行管轄権（jurisdiction to enforce）に分類。一方，F. A. Mann は Jurisdiction to adjudicate は Jurisdiction to legislate の派生であり，個別の分類ではないとする。F. A. Mann, "The Doctrine of International Jurisdiction Revisited After Twenty Years," Hague Recueil des cours, 186 HR 9, 1984–II.

[26] 但し，この見解は *obiter dicta* に留まる。The Lotus Case, Permanent Court of International Justice, PCIJ, Series A, No. 10, 1927, pp.18-19; F. A. Mann, "The Doctrine of Jurisdiction in International Law," in *International Law*, Oxford, 1973.

〈第7部〉伝統的国際法概念の変容と発展

拠の明確性や原因行為と結果との密接な関連性などが要件として要求される，と一般的に考えられている[27]。つまり，規律管轄権については，国際法上，一定の場合，一定の条件のもとに，域外適用が認められると考えられる。その適用基準として主張されてきたものには，主観的属地主義，客観的属地主義，属人主義，受動的属人主義，保護主義，普遍主義などがある。

では，規律管轄権であろうと執行管轄権であろうと，その域外適用がなぜ国際法によって規制されるのかというと，それは，ある国家による管轄権の行使が他の国家の領域もしくは人的管轄権の侵害になりうる場合があるからである。よって主権の抵触を調整する具体的な規範が必要となる。経済的，社会的，文化的背景あるいは発展段階の違いから，国家は当然のようにそれぞれの国内社会の現状に見合った法政策を取ろうとする。その中で，もし法規制の適用範囲が自国領域内に限定されたならば，その本来の目的を達するのが困難になる場合がある。それは規制の対象となる活動や人自体があらゆる意味において越境性を備えるようになり，国際的な相互依存関係の深化・拡大を背景に，現代型の経済・社会問題が出現してきたからである。それ故に一事象が複数国間の関心事になる事は珍しいことではなく，また同時に国家法の効果を国内に限定する事がより困難になっている。こういった中，越境性を持つ当該問題とは非対称に，それを規律する法規制が領域限定的である場合，当該国の法規律が骨抜きにされ，国の法政策の実効性を危うくする可能性も孕んでくる。ここに域外適用の動機がある訳であるが，他方，ある国家の法政策の域外適用が，翻って異なった法政策を取っている他国の政策実行を阻害することは多いに有りうる。また，経済，政治的な力を背景とした一方的措置が新たな帝国主義的な行動である，という批判の対象にもなっている。このように，域外管轄の問題は，他国への内政干渉といった主権の侵害の問題との関係において微妙なバランスの上にある。

管轄権の衝突が問題となるおそらく最も顕著な例として経済法の分野が挙げられよう。そもそも経済法とは，経済の自由化や産業構造の高度化が進展する中で，公正な競争の確保や取引の安定性や継続性を保障する経済秩序の維持への要求に基づき，国家が介入して行われるものである。他方，規制・規律の対

---

[27] 村瀬信也「国家管轄権の一方的行使と対効力」村瀬信也＝奥脇直也編集『国家管轄権——国際法と国内法』山本草二先生古稀記念（勁草書房，1997年）62頁。

象である経済ないしは企業活動の超国家化は，国境がそれらを他国から遮断するものではあらざる状態を生み出している。マクロ的には，一連の世界金融危機からも見られるように，一国の経済の動向が他国の経済の動向に重大な影響を与え，ミクロ的には，国境を越えて張り巡らされた生産・供給ネットワークを使い，ますます多くの企業が国境を越えて活動を行っている。域外管轄権は，国家がそういった状況のもとで起こる種々の問題に対応すべく，企業活動を有効に規制するために必要な措置として近年より頻繁に主張されているわけであるが，これは，企業が経済の自由化と共に獲得した国境を越えて活動する自由と能力故に，自国の法の適用を自国領域に限定すれば，その法政策の実効性の確保が限定的になる，という現実に対する認識といえよう。更に，複雑に絡み合った経済活動のネットワークの存在の帰結として，法の効果が自ずと越境して現れるようになる。しかしながら，経済，社会，政治的構造は国によって異なっており，全ての国が経済活動の規制に対して同じような立場をとっているわけではない。また，どのような法政策をとるかは各国家の主権に基づいて決定される国内管轄事項であると考えられる。よって，域外管轄の必要性の議論に対峙して，相手国の法政策との衝突，及びその実効性の阻害，といった相手国の主権の抵触・侵害の問題が存在する。この両者の相克は，伸張する国際市場の普遍性と国家主権の限定性の矛盾に起因するといえる。もっともこれは経済法に限られた現象ではなく，むしろその実態は人権や環境問題，テロや汚職防止を初めとしてあらゆる分野に及んでいる。

では実際にどこまでが「国内管轄事項」でどこからが「干渉」に当たるかというと，これは時代の潮流とともに発展する国際法の原則に比しての相対的な概念である[28]。国連憲章第2条7項の観点から見れば，国内管轄事項と内政不干渉原則の問題は国連創設以来，常に解釈の対象であり，歴史的な展開のなかでその解釈の射程は狭まりつつある。例えば，南アフリカのおけるアパルトヘイト政策に関して，国連総会が一連の決議においてアパルトヘイトの継続が国際平和と安全を危うくしていると認識し，1966年には南アの事態が国連憲

---

[28] 1923年のチュニス及びモロッコ国籍法事件における常設国際司法裁判所の勧告的意見では，当該問題が国内管轄事項は固定的ではなく，それが国際管轄事項であるかどうかは国際法の問題であるとした。Nationality Decrees issued in Tunis and Morocco, PCIJ. Series B, No. 4, 1923, pp. 7, 23-4.

〈第 7 部〉伝統的国際法概念の変容と発展

章第 7 章の「国際の平和と安全に対する脅威」と認め，アパルトヘイト政策が「人道に反する罪」であると断罪した[29]。こういった国連の関心事の拡大は国内管轄事項の範囲を制限することに繋がり，人権の大規模侵害が，国内管轄事項からはずれて「国際関心事項」となっていく[30]。今日では，国連による人権の調査や勧告が第 2 条 7 項によって禁止されているわけではない，といった解釈がとられている。

2　米国による域外管轄権の主張と一方的行使

ここでは，管轄権の域外行使の歴史的な潮流を概観してみる。まず，現在では経済法分野を中心に域外管轄権を最も積極的に主張する米国であるが，そういった米国もかつては域外管轄には否定的な立場をとっていた[31]。例えば，1812 年には，当時連邦最高裁判所長官であったマーシャルが，スクーナー船エクスチェンジ号対マクファドン事件において，国家はその領域内では絶対かつ排他的な管轄権を持っており，相手国の明示的もしくは暗示的な同意に基づいた場合にのみ領域管轄権の例外として認めることができるとし，その理由付けとして下記のように述べている[32]。

「ある国の個人がビジネスもしくはその他所用で他国へ赴き，その国の住民と差別なく交流している場合，もしくは商業船が通商目的で入港している場合，もしそういった個人や商人が一時的に現地に対して忠誠をとりその国の管轄権に従順に服さなければ，それは現地社会にとっては明らかに不都合及び危険なことであり，法を継続的に細分化された状態に陥れ，かつその国の政府の権威を陥れることとなる。」

つまり，個人や企業は自らが現在在住する国の法に従うべきである，という考えである。もっとも，当時のこのような厳格な属地主義は本質的には西欧的な価値観からの発想に基づき，そのため根本的に社会的習慣や生活水準，法や慣習の異なる国家（例えば中国や日本）に対しては，そこに根付く宗教や道徳観，

---

[29] A/RES/2022 A (XXI) paras 1, 2&7, 1966.
[30] 芹田健太郎『国際人権法 1』（信山社，2011 年）190-192 頁。
[31] 例えば，F. Wharton, *A Digest of the International Law of the U. S.* (2nd ed. 1887), Vol. 2, p. 432, section 198.
[32] The Schooner Exchange v. M'Faddon, 11 U. S. (7 Cranch) 116, 143, (1812).

政治的組織の違いから，完全な主権国家とは見做されなかった。それ故，これらの国家はそれらが西欧の認める文明国と見做されるまでは属地主義の例外とされ，現地法は外国人には適用されず，本国法が域外適用されるものとされた[33]。

では，米国の域外管轄権の主張への転換はどのように起こったのかというと，まずは競争法に関する問題に始まる。企業の越境活動の増加に伴い，1920年代以降反トラスト法の域外適用に関する見直しがなされるようになり[34]，戦後1945年にアルコア事件において，カルテルなどの競争制限的な行為が域外で行われた場合であっても，その結果が自国の領域内に効果を与え，それを当事者が認識していた場合には自国の管轄事項になりうる，として，効果主義が採用される[35]。このような一方的な主義の変更に対し，ヨーロッパ諸国は当初強い批判を行い，英国をはじめとして，対抗法を制定して米国法の適用を防ごうとする国々が現れた[36]。しかしその後，効果主義の運用にあたって他国の管轄権との衝突を調整するための考慮が米国側によってとられるようになる[37]。紛争解決策としては，関係各国との間で競争法の適用に関する協力協定を締結してきた[38]。また経済の相互依存の更なる深化と共に，国境を超えて影響を与える企業の行動に対して同様の懸念を持つ国が増え[39]，ヨーロッパ諸国を初めと

---

[33] Shalom Kassan, Extraterritorial Jurisdiction in the Ancient World, *American Journal of International Law*, vol. 29, 1935, pp. 238-239.

[34] 例えば，Ford v. United States, 273 US 593 (1927); United States v. Sisal Sales Corp., 274 US 268 (1927).

[35] United States v. Aluminum Co. of America (Alcoa), 148 F. 2nd 416 (2nd Cir. 1945).

[36] 英国では1980年に British Protection of Trading Interests Act of 1980（1980年貿易利益保護法）を制定。その他，カナダやオランダ等も，1947年 Canada Business Records Protection Act of the Province of Ontario と1956年 Netherlands Economic Cooperation Act において，米国競争法違反の調査のために情報を供与する事を禁ずる対抗法を制定して対抗した。

[37] 例えば，ティンバレン事件では，合理性原則の採用により，管轄権行使が正当化される場合でも，他国の管轄権行使と衝突するような場合には，一定の要件を満たせば管轄権行使を抑制するという立場をとった。Timberlane Lumber Co. v. Bank of America National Trust Saving Association, 549 F. 2d 597 (9th Cir. 1976). 但し，ハートフォード事件では，管轄権の真の衝突は，米国の法の遵守が相手国の法を侵害する場合にのみ存在するとした。Hartford Fire Insurance v. California, 509 U. S. 764 (1993). 更に，管轄権の行使にあたって事前に情報を交換するなど，関係省庁の間での協力を進めている。

[38] 1967年に西ドイツ，1982年にオーストラリア，1984年にカナダ，1991年にEU，1999年には日本との間で協力協定を締結している。

[39] 例えば，ダイスタッフス事件，Case 48/69, Imperial Chemical Industry v. Commission,

〈第 7 部〉伝統的国際法概念の変容と発展

して効果主義に理解を示す国が増加する。以降，競争法の分野においては世界の流れは効果主義に収斂している。

　米国が積極的に域外管轄権を一方的に行使してきたもう一つの分野として輸出入管理法令が挙げられる。これらの多くは，米国に対して敵対的な関係にある国家に対しての米国による経済制裁という側面を持つが，その適用の主体範囲が米国内または米国企業や国民のみならず域外の外国人にまで拡張するため，多くの批判と議論を呼び起こすこととなる。その根底には，そこに強く反映された政治的色合いと，それに対する米国と他国の立場の違いがある。一つの例としてまず挙げられるのは，冷戦を背景として対ソ経済制裁の一環として米国のとった1982年のシベリア・パイプライン禁輸措置である。そこでは，親会社である米国企業の実質支配下にある外国子会社だけでなく，米国企業と技術提携関係にある企業にも米国法を適用してソ連への輸出及び再輸出を禁止し，それら企業の行為を規制しようとした。これに対しては，ECを初めとした他の先進諸国が抗議，英国，フランス等は対抗法を使って反対した[40]。

　その他の例としては，1992年のキューバ民主主義法[41]及び1996年のキューバ自由・民主主義連帯法（ヘルムズ・バートン法）[42]，1996年のイラン・リビア制裁法（ダマト法）[43]が挙げられる。これらの法令は，対象国と投資や貿易を行った米国企業並びに外国企業等に対しての制裁を規定し，それらの国との取引を規制する。しかし，キューバ民主主義法に対してはカナダや英国が対抗法を制定[44]。また，国連総会が1993年11月に，米国による対キューバ措置を非難する決議を採択した[45]。また，EUも対キューバ，対イラン・リビアの両制裁

---

18 E. C. R. 619 [1971-1973 Transfer Binder] Common Market Report (CCH) [paragraph] 8161 (1972)．ウッドパルプ事件 Case 89/85. Ahlstrom v. Commission, 1988 E. C. R. 5193 [1988] 4 C. M. L. R. 901 (1988)．ゲンコー事件 Case T-102/96, Gencor Limited v. Commission, 1999 E. C. R. II-753, [1999] 4 C. M. L. R. 971 (1991) を参照。

[40]　英国は1980年貿易利益保護法により，フランスは戦時国家組織法によって対抗した。

[41]　Cuban Democracy Act, 22 U. S. C. s. 6001-6010 (Supp. V 1993).

[42]　Cuban Liberty and Democratic Solidarity (Libertad) Act of 1996 (Helms–Burton Act), Pub.L. 104-114, 110 Stat. 785, 22 U. S. C. §§ 6021–6091.

[43]　Iran and Libya Sanctions Act of 1996, Pub. L. 104-172: 110-Stat. 1541, 1996.

[44]　英国は1980年貿易利益保護法によって，カナダは Canada Foreign Extraterritorial Measures Act of 1985（1985年外国域外措置法）によって対抗した。

[45]　United Nations General Assembly Resolution 47/19 on "Necessity of ending the economic, commercial and financial embargo imposed by the United States of America

に対して対抗法を制定して抗議[46]。加えて，ヘルムズ・バートン法は関税及び貿易に関する一般協定（GATT）及びサービスの貿易に関する一般協定（GATS）の下での権利の侵害にあたるとして世界貿易機関（WTO）に申し立てを行った。結局，米国とEUは覚書を締結し，WTOへの申し立ての引き下げと引き換えにEUに対しての免除を引き出して事態を収拾することになる[47]。

　このような域外管轄権の行使によって法の抵触が起こる場合，大きく分けて，⑴相手国で許容されていることを自国で禁止する場合と，⑵相手国で要求されていることを自国で禁止する場合（もしくは相手国で禁止されていることを自国で要求する場合）が挙げられる。一方的域外適用とそれに対する対抗法は後者の状態を引き起こす結果となるわけであるが，こういった法の衝突が企業等，両国法の主体になる者を難しい立場に陥れる可能性があることは言うまでもない。最も有名な話としては，米国企業ウォールマートのカナダ子会社が，米国法に従ってカナダの店舗からキューバ製のパジャマを引き上げたことに関する一連のエピソードがある。カナダ子会社のキューバ製品の引き上げに対し，カナダ政府による調査が入り，カナダ子会社はカナダ法に基づいてパジャマを棚に戻すが，今度は米国政府による米国法違反の調査が入ることとなった。様々な世論を巻き込んで間に挟まれたウォールマート米国親会社は結局，カナダ子会社は故意に米国の対キューバ輸出入禁止法に従わなかった，という異例の声明を出して事態は終結する[48]。それに対して前者の場合においては，技術的には両国の法の遵守は可能である。反トラスト法違反が争点となったハートフォード火災保険会社事件では，1993年に米国連邦最高裁判所が，管轄権の真の衝突は，米国の法の遵守が相手国の法を侵害する場合にのみ存在する，として域外管轄の許容に対してより緩やかな解釈を示した[49]。しかしながら，ここでの真の問題は，技術的に法を遵守する能力だけではなく，ある国の法政策を他国に押し付ける可能性に対する考慮であるといえよう。つまり，より厳格もしくは

---

against Cuba," A/RES/47/19, 17 March, 1993.
[46] EU Regulation 2271/96.
[47] The Understanding with respect to Disciplines for Strengthening of Investment Protection and the Declaration on Transatlantic Partnership on Political Cooperation.
[48] Peter L. Fitzgerald, "The Cuban Thistle Crisis: Rethinking U. S. Sanction," *Foreign Service Journal* March 1995.
[49] Hartford Fire Insurance v. California, 509 U. S. 764 (1993).

〈第7部〉伝統的国際法概念の変容と発展

制限的な規制を制定した国がそれを一方的に域外適用すると宣言することにより，より緩やか規制を持つ国の人々の行動に影響を与えることができ，その傾向は，前者の国が経済的，政治的に大国であればある程顕著となるということである。

3 国際的合意と協力の構築

実際には管轄権の域外行使は米国の独占物ではない。上述の通り，競争法の分野においては，欧州を含み，他国も効果主義を容認する様相を呈している。輸出入管理法令の分野でも，アラブ同盟諸国がイスラエルの建国に反対し，イスラエル企業及び製品に対して行っていたボイコットを，1973年にはイスラエルと取引をするいかなる企業に対しても域外適用することを決め，ブラック・リストに載った企業との取引を禁じた[50]。米国はこれに対し1977年に対抗法を制定し，米国企業がアラブ・ボイコットに協力することを違法とした[51]。しかしながら，上記の分野の問題は多くの場合，関係諸国の間で最終的に処理され，今のところ国際的に域外管轄の問題を規定した枠組・条約は存在しない。一方，域外管轄の有用性が国際的に一定の認識を得て条約に組み込まれた分野も存在するようになる。その例として，まず腐敗防止についてここでは取り上げる。

1970年代，ウォーターゲート事件やロッキード事件をきっかけに，米国企業の海外における大規模な贈賄行為への関与への事実が顕在化する。そして，1977年に米国連邦海外腐敗行為防止法（The Foreign Corrupt Practices Act of 1977）[52]が制定され，世界に先駆けて海外での贈賄行為を犯罪と規定した。この米国による域外管轄権行使に対しての抵抗は，海外よりはむしろ国内からであった。米国企業はこれによって海外における競争で他国企業に比して不利な立場に置かれることを懸念，それを受けて米国政府は他国に対して国際的条約を作成するよう働きかけた。しかし当初，他国はこれは他人の問題であると受

---

[50] Andreas F. Lowenfeld, ""... Sauce for the Gander": The Arab Boycott and United States Political Trade Controls", *Texas International Law Journal*, vol. 12, 1977, pp 28-34; Andreas F. Lowenfeld, "Congress and Cuba: The Helms-Burton Act," *American Journal of International Law*, vol. 90, 1996, p. 429.

[51] Export Administration Act of 1979, Pub. L. No. 96-72, 93 Stat. 503.

[52] 15 U.S.C. 78m, *et seq.* (1988 Amendment).

け止め，積極的な支持を見せず，米国による国連経済社会理事会の下での条約作成の試みも失敗に終わる。しかしながら，1990 年代に入り，グローバリゼーションと冷戦の終結により国際市場獲得競争が激化する中，各国の腐敗問題への関心が高まりを見せ，1997 年 OECD 国際商取引における外国公務員への贈賄の防止に関する条約（Convention on Combating Bribery of Foreign Public Officials in International Business Transactions）を初めとして複数の条約が成立することになる[53]。これらの条約は海外腐敗行為防止のための属人主義による域外管轄権の行使等について規定している。

次に，条約が域外管轄権に関して規定するもう一つの例として，児童の売買等に関する児童の権利条約選択議定書について取り上げる。このきっかけの一つとなったのが，1994 年にオーストラリアにおいて制定された児童買春旅行に関する規定である[54]。これは，オーストラリア人のアジアにおける児童買春への関連に対して，NGO 等からの激しい批判を受けて制定されたものであり，オーストラリア人が国外においても児童買春等に関わることを罪としたものである。相手国の被害者の権利の保護と共に，加害者国にとっても自国民の海外での行動が国家にとって恥ずべきものである，ということが域外管轄を規定した法の制定への支持の基盤となったといえる。その後，他国も同様の法を制定，更に 2000 年には属人主義に基づく管轄権を授権した児童の売買等に関する児童の権利条約選択議定書が採択された。そこでは，問題の解決には児童の売春等に対する消費需要を減少させることが必至であるが，それには「すべての関係者の間の世界的な連携を強化し及び国内における法の執行を促進すること」[55]が重要であるとしている。このように，多角的条約において域外管轄権を授権もしくは是認する例が近年，より頻繁に見られるようになるが[56]，それは経済，情報，犯罪を含む市民，社会，企業活動の活発化と越境化という現実への国際的適応とも云えよう。

---

[53] 1996 年の米州機構（OAS）条約，1997 年の EU 条約，2003 年の国連腐敗防止条約などが挙げられる。
[54] Crimes (Child Sex Tourism) Amendment Act of 1994 No. 105, 1994.
[55] 児童の売買等に関する児童の権利条約選択議定書序文。
[56] その他の例としては，1984 年拷問等禁止条約が"準"普遍的管轄権を規定している。

〈第7部〉伝統的国際法概念の変容と発展

4 普遍的管轄権と人権

人, 財, サービスといった経済活動のグローバル化と共に, 域外管轄権行使の背景となるものに, 民主主義や法の支配等の価値観やイデオロギーの普及または共有が挙げられる。東西冷戦の終結以降1990年代には, 人道普遍主義が高まりを見せ, 人道保護のための普遍的管轄権の行使がより頻繁に議論されるようになる。そして, 西欧を中心に数々の国々でコア・クライム（戦争犯罪, ジェノサイド, 人道に対する罪）等を対象に, 自国裁判所に普遍的管轄権を与えている[57]。では普遍的管轄権は何かというと, そもそも領域主権の及ばない公海上で行われる海賊行為に対処するため, 海賊行為を人類共通の敵として, すべての国家が司法及び執行管轄権を有するものとして認められてきたものであるが[58], その後, 奴隷貿易, 戦争犯罪, ジェノサイド, 人道に対する罪などの国際法上最も重大な犯罪も, 国際社会全体にとっての罪として普遍的管轄権の対象として考えられるようになってきた[59]。

戦後, 普遍的管轄権が脚光を浴びたものとしてアイヒマン事件が挙げられる。この事件では, 第二次世界大戦中ユダヤ人虐殺に中心的な役割を果たし, 戦後は偽名でアルゼンチンに居住していたアドルフ・アイヒマンが, 1960年5月11日, イスラエル特殊機関の手で, アルゼンチンからイスラエルに拉致され, イスラエルの国内法である「ナチスおよびナチス協力者（処罰）法」の下で,「ユダヤ人に対する罪, 人道に対する罪, ジェノサイド罪, 重大な戦争犯罪」などにより, 同国の裁判所に訴追された。これに対しアイヒマンは, 検察側の主張する普遍的管轄権は本件には適用されないと異議を申し立てたが[60], 裁判

---

[57] 1949年ジュネーヴ諸条約では, 条約の実施を確保するため, 締約国に対して, その「重大な違反行為」に対してある一定の普遍的管轄権の設定について規定している。我が国でも例えば2004年に, 国際的な武力紛争において適用される国際人道法に規定する重大な違反行為を処罰することにより, これらの国際人道法の的確な実施の確保に資することを目的として, 該当犯罪の国外犯の処罰を可能とした「国際人道法の重大な違反行為の処罰に関する法律」が制定された。重要な文化財を破壊する罪をはじめ捕虜の送還を遅延させる罪, 占領地域に移送する罪, 文民の出国等を妨げる罪などが, ジュネーヴ諸条約等に基づき規定されている。平成16年6月18日法律第115号。

[58] In re Piracy Iure Gentium, [1934] A. C. 586, 589.

[59] Report of the Secretary-General, *The Scope and Application of the Principle of Universal Jurisdiction*, UN Doc. A/65/181（29 July, 2010）; Restatement (Third) of the Foreign Relations Law of the United States, s. 402, 404 and 423（1987）.

[60] 検察側は, 追加的に保護主義, 受動的属人主義なども主張した。

所はこれを否定した[61]。これに対し他国は，アイヒマンの逮捕に至るまでの経緯に対しては非難したものの，普遍的管轄権に対しての抗議は行わなかった[62]。

更に冷戦後，重大な人権侵害の問題が数多く表面化するに伴い，地球的関心事項としての人権問題への関心が高揚する。そして，旧ユーゴスラビア及びルワンダ国際刑事裁判所などの国連による各種のアドホックな国際刑事法廷の経験を受けて，ようやく2003年に常設のICCが設置され，ジェノサイド罪，人道に対する罪，戦争犯罪，侵略犯罪に対するICCの管轄権を設定する。但し，ICCは国内裁判所を補完するものと規定されており，故に国内裁判所による普遍的管轄権にも注目が集まっている[63]。ランガー教授の2011年の研究によると，アイヒマン事件以来，世界では1051の申し立てが普遍的管轄権の下になされており，その内32件が実際に裁判にかけられた[64]。それらの申し立てが持ち込まれた国は，西欧を中心として22カ国に上る。

国際法上許容される普遍的管轄権の行使の範囲と適用方法については，しかしながらまだ論争の集まるところで，その中でも特に政治的問題にまで発展した事例としてベルギーとスペインの例が挙げられる。ベルギーでは，1993年に制定，1999年に改定された「国際人道法の重大な違反の処罰に関する法律」により，1948年集団殺害罪の防止および処罰に関する条約（ジェノサイド条約）に定められたジェノサイド行為，1998年ICCローマ規程に定められた人道に対する罪，4つの1949年ジュネーブ4条約及び第1，第2議定書に定められた戦争犯罪に対して，犯罪の行為地にかかわらずベルギーの裁判所に管轄権を与えると定めた。また，訴追における容疑者の国内の所在性を条件とせず（不

---

[61] Attorney General of Israel v. Eichmann, 36 International Law Reports (I. L. R.) 5 (Jerusalem District Court 1961); Ditto, 36 I. L. R. 277 (Israeli Supreme Court 1962).

[62] アルゼンチンはイスラエルに対し，アイヒマン拉致・逮捕は「領域主権の侵害」として強力に抗議し，問題は国連安全保障理事会に付託された。同理事会は，1960年6月23日，決議138号を採択し，イスラエルによる拉致を主権侵害として非難し，その責任の解除を「賠償」という形で求める一方，同国に対しアイヒマンの身柄をアルゼンチンに返還という「原状回復」を求めることはしなかった。United Nations Security Council Resolution 138 on "Question relating to the case of Adolf Eichmann," S/4349, 23 June 1960.

[63] 但し，ICC規定は国家の普遍的管轄権について要求または授権してはいない。

[64] Máximo Langer, "The Diplomacy of Universal Jurisdiction: The Political Branches and the Transnational Prosecution of International Crimes," *American Journal of International Law*, vol. 105, 2011.

〈第7部〉伝統的国際法概念の変容と発展

在管轄権),国家元首等への免除の適用も除外した。更に,被害者の要請によって司法調査の開始が可能であったため,ベルギー国内で訴訟が乱発し,複数の外国の現職もしくは元国家元首や閣僚が告訴され問題が大きく取り上げられた。実際には,この法の下,2001年には4人のルワンダ人が1994年のルワンダでの虐殺に関してジェノサイド罪で有罪とされる。一方,2002年にはイスラエル首相アリエル・シェロン他が1982年のレバノンでの虐殺に関する役割で告訴,2003年には米国前大統領ブッシュ他が1991年のイラク攻撃に関して告訴されるが,結局,国家元首に対する免除という見地,及び後の法改正から訴えは却下された[65]。また,2002年にはベルギー逮捕状事件において,コンゴ領域内で拷問や虐殺に関する問題でベルギーの裁判所がコンゴの現職の外務大臣に逮捕状を発給したことに対して,コンゴがベルギーを国際司法裁判所(ICJ)に提訴した。ICJはこれに対して,普遍主義の問題には答えず,外務大臣には免除の観点から逮捕状の取り消しを命じた[66]。その後,米国及びイスラエルによる政治的圧力を受け,結局この法は2003年に改正され[67],対象となる犯罪はベルギー人またはベルギーに3年以上合法的に居住しているものに対するもの,訴追は連邦検事の要請によること,等の条件を付加し,普遍的管轄権の行使の幅が大きく制限されるに至る。

次にスペインにおいては,1985年の司法権組織法がジェノサイドや拷問,1949年ジュネーブ条約及び第1議定書の重大なる違反等に対しての不在普遍的管轄権を規定するものとされてきた。この法の下で,2007年にはアルゼンチン人退役軍人が1970年代のアルゼンチンでの大虐殺への関与に対して有罪判決を受けている。その他にも数多くの訴訟がスペインに持ち込まれるが,その中でも世界的に大きな関心を集めたものとして,1998年のチリの元大統ピノチェトに対する逮捕状発行と英国への引き渡し要求,2003年以降の江沢民元国家主席他,中国の政府高官のチベットにおける人権侵害等に対する起訴,

---

[65] Court of Cassation of Belgium: H. S. A et al. v. S. A. et al., (Decision related to the indictment of defendant Ariel Sharon, Amos Yaron and others), No. P. 02. 1139. F/1 (February 12, 2003), No. P. 03. 1217. F (September 9, 2003), Cass. No. P. 03. 1216. F.

[66] Arrest Warrant of 11 April 2000 (Democratic Republic of the Congo v. Belgium), Judgment of 14 February 2002, General List No. 121.

[67] 2003年には現行法を改正のみならず,同年に新たな「国際人道法の重大な違反に関する法律」を制定し,従来の法を塗り替えている。

イスラエル高官のガザ付近への攻撃による殺傷に対する起訴，米国政府高官のグアンタナモ湾収容キャンプにおける人権侵害等に対する起訴等がある。これらの事件は政治的問題にも発展し国内外で議論を巻き起こし，スペインは結局2009年に法を改正し，人道に対する罪を対象として追加する一方，被疑者が国内にいる，被害者がスペイン国民である，もしくはスペインの利益に何らかの関連があること等を条件として取り入れ，管轄権の射程を狭めるに至る。更には，この様な一連の紛争を受けて，国連においても普遍的管轄権の問題が提起され，2009年12月国連総会において普遍的管轄権の射程と適用の問題の検討を決議した[68]。

5　民事的救済

人権侵害に対しては，国境を越えた刑事訴追のみならず，民事的救済の道も模索されてきた。ここで特に問題となるのが民事裁判管轄権である。米国では外国人不法行為請求権法（Alien Tort Claims Act）が，国際法違反の不法行為に対して外国人が起こす民事訴訟について，米国連邦地裁が第一審管轄権を有することを定めている[69]。この法はもともと1789年に施行されたものであるが，1980年にフィラルティガ事件に於いて第2巡回区連邦控訴裁が，パラグアイ人に対してパラグアイ人警官によって行われた拷問が国際法違反であり，それに対しての民事訴訟請求を本法に基づき認める判決をしたことから新たに注目されるようになった[70]。そして近年では，多国籍企業における重大な人権侵害などの国際刑事法の違反を理由に，この法律を用いて米国の裁判所で救済を求める動きがある[71]。

ユノカル事件では，米国の石油会社ユノカルがミャンマーにおいて天然ガス・パイプライン建設を手掛けていたが，その際，ミャンマー軍がユノカルの

---

[68] United Nations General Assembly Resolution 64/117 on "The scope and application of the principle of universal jurisdiction," A/RES/64/117, 16 December 2009.

[69] 28 USC, para. 1350 (1982).

[70] Filartiga v. Pena-Irala, 630 F. 2d 876 (2d Cir. 1980).

[71] Doe v. Unocal, 248 F. 3d 915 (9th Cir. 2001), Presbterian Church of Sudan v. Talisman Energy Inc., 453 F. Supp. 2d 633 (U. S. District 2996) や Khulumani v. Barclay National Bank Ltd., et al., 504 F. 3d 254 2nd Cir. 2007) などが，訴訟の試みの例として挙げられる。

〈第7部〉伝統的国際法概念の変容と発展

事業に対して同社周知の上で警備その他のサービスを提供していた。現地住人は，その際，軍により強制労働，強姦，殺人などの人権侵害を被ったと主張，ユノカルの人権侵害への関与を争い，1996年，ロサンゼルスの連邦地裁に提訴[72]。本件は結局，ユノカルが原告に補償を支払うことで和解した。一方，ロイヤル・ダッチ・ペトロリアム事件では，個人ではなく企業が外国人不法行為請求権法の下での訴訟の対象になるかが争点となった。本件では，オランダのロイヤル・ダッチ・ペトロリアムと英国のシェル・トランスポート＆トレーディングが，現地子会社を通してナイジェリアにおいて石油開発を行っていた際に，地元住民の石油開発反対運動を抑圧するためにナイジェリア政府と共謀して殺人，拷問，人道に対する罪などのに関わったとして，ナイジェリア人が訴訟を起こしていた。これに対して，第2巡回区連邦控訴裁は2010年，国際法規範違反に対する企業責任は慣習国際法になっておらず，よって企業への制裁を定める国際法の不在において，企業は外国人不法行為請求権法の下での訴訟の対象にはならない，と判決を下した[73]。他方，エクソン・モービル事件では，エクソン・モービル社が天然ガス施設の護衛のためにインドネシア・アチェ州の軍治安部隊を採用していた際，部隊によって殺人や拷問などの人権侵害が行われたとして，インドネシア住民が訴えていた。これに対してコロンビア特別区巡回区連邦控訴裁は2011年7月に，企業も外国人不法行為請求権法の対象になりうると判決を下した[74]。各裁判所での見解が異なる中，企業における重大な人権侵害に対して，国際刑事法の違反として同法を用いて救済を追求する可能性について，今後の行方が注目される。

EUにおいては，欧州議会が2002年5月にその決議において，EU企業が第三国で引き起こした損害に対して，1968年民事及び商事事件における裁判管轄並びに裁判の承認及び執行に関するブリュッセル条約（現ブリュッセルⅠ規則[75]）

---

[72] Doe I v. Unocal Corp., 963 F. Supp 880 (C.D. Cal 1997).

[73] Kiobel v. Royal Dutch Petroleum, 621 F, 3d, 111 (2nd Cir. 2010). 但し，Sinaltrainal v. Coca-Cola, 578 F. 3d 1252, 1263 (11th Cir. 2009); Romero v. Drummond Co., Inc., 552 F. 3d 1303 (11th Cir. 2008) は意見の異なる判決を下している。

[74] John Doe Ⅷ et al v. Exxon Mobil Corp et al, D. C. Circuit Court of Appeals, No. 09-7125.

[75] Council Regulation 44/2001 on Jurisdiction and the Recognition and Enforcement of Judgments in Civil and Commercial Matters, 22 December 2000, 2001 O. J. (L 12) 1-23 (EC). ブリュッセルⅠ規則は1968年民事及び商事事件における裁判管轄並びに裁判の

がEU加盟国の裁判所に管轄権を与えているとし，加盟国にこの域外適用の原則を各国法規に盛り込むよう呼びかけている[76]。欧州議会は更に2007年3月の決議において，ブリュッセルⅠ規則に従い，EU企業の域外で引き起こした被害者へのEU域内の裁判所での民事救済の可能性を指摘し，現存する法的手段の有効活用による企業責任の促進を進めること示唆している[77]。

更に，環境の分野においても，親会社の責任などをめぐって国境を越えた民事救済が各国で模索されている。例えば，ナイジェリアで起こった土壌汚染に関しては，汚染が英国・オランダ企業のロイヤル・ダッチ・シェルの現地子会社によって所有されていたパイプラインからの原油流出によるものだとして，現地住民がシェルを相手にオランダでで訴訟を起こした[78]。これに対してシェルは，ナイジェリアでの活動に対してオランダは裁判管轄権を欠くと主張した。本件の争点は多岐に亘るが，この論点に関しては2009年にオランダ裁判所はシェルの主張を退け，親会社と子会社は密接に関係していることを認めて両社への請求に対する裁判権を認めた。

6 国家法と域外効果

更に近年問題として取り上げられているのが，厳密には管轄権の域外適用とは言えないものの，その法規制の実際の効果が域外に及び，その経済的，政治的影響力と相まって，結果として管轄権の域外適用と類似した結果が引き起こされる場合である。例としては，国内基準の適用を条件として自国内市場への参入を許可することにより，域外の人々や活動に対して実質上国内基準の順守を強いる場合である。有名なものとしては，1980年代に始まった米国のキハダマグロ事件がある。ここでは，東太平洋においてマグロの捕獲の際にイルカ

承認及び執行に関するブリュッセル条約の後継である。

[76] Parliament Resolution 2002/278 on the Commission Green Paper on Promoting a European Framework for Corporate Social Responsibility (COM (2001) 366-C5-0161/2002-2002/2069 (COS)), 30 May 2002, 2003 O. J. (C 187 E), Preamble, Recital J, Para. 50.

[77] Resolution on Corporate Social Responsibility: a New Partnership, EUR. PARL. DOC. (COM 62) para. 39, 2007, para. 37.

[78] Oguru, Efanga, Vereniging Milieudefensie v. Shell Petroleum Development Company of Nigeria Ltd, Court of the Hague Hearing, 8 July, 2009, Statement of Defense in the Motion Contending Jurisdiction.

〈第7部〉伝統的国際法概念の変容と発展

が混獲されて大量に死亡しているという事態を懸念した米国が，自国の法，つまり海洋哺乳類保護法（Marine Mammal Protection Act）に従わない方法でメキシコが公海上で捕獲したマグロの輸入を一方的に禁止したものである。米国という巨大な輸出市場を失うことになったメキシコは，この問題に対してGATT違反であるとしてGATT紛争処理手続きに申し立てする。GATTパネルはこれに対し，自国の法律を自国の領域外の保護を理由として適用する一方的な措置は他国の権利を危うくする，として米国の主張を退けた[79]。このパネルの判断は環境保護団体などによって貿易偏重であると批判され，その後，環境と貿易の問題が世界的に大きな論争を呼び，その問題の解決・対応について各方面から模索されるようになる[80]。

他の例としては，米国のサーベンス・オクスリー法（Sarbane-Oxley Act）が挙げられえる。これはエンロン事件やワールドコム事件など1990年代末から2000年代初頭にかけて頻発した不正会計問題に対処するために2007年に制定されたもので，投資家保護のため企業会計や財務報告の透明性・正確性を高めることを目的にしている。ここで問題となったのは，法の対象が米国に本拠を置く企業だけではなく，ニューヨーク証券取引所やNASDAQといった米国の証券市場に上場している外国企業をも対象としているため，米国で上場する場合には，例えそれが二次的な上場であったとしても，自国とは異なる米国の会計原則に基づいて企業会計や財務報告を作成する事を強いられるという点である。

これらの例が厳格な意味において管轄権の域外適用とはいえないのは，米国市場に参入していない限りにおいては米国の法規制に服する必要はなく，米国法が米国領域外の人又は行為に直接適用された訳ではない，という点からである。しかしながら，これらもまた法政策の相違が問題の根底にあり，それに対

---

[79] GATT Panel Report, *United States-Restrictions on Imports of Tuna*, DS21/R, DS21/R, 3 September 1991, unadopted, BISD 39S/155. 但し，このパネル報告は米国の反対によって採択されていない。

[80] その後，同様に米国が環境保護を理由に行った輸入制限に対してWTOに申し立てされたエビ・カメ事件では，米国は敗訴したもののWTO上級委員会は環境保護のための輸入制限自体の可能性は否定しなかった。WTO Appellate Body Report, *United States-Import Prohibition of Certain Shrimp and Shrimp Products*, WT/DS58/AB/R, 12 October 1998, adopted 6 November 1998.

して経済または政治力の強さを背景に委縮効果をもたらし，他国の人々の行動に影響を与え，時には強制に近い効力を持つ，といった意味では管轄権の域外適用と同種の利益状況に陥る。よって，その公平性もしくは正当性という観点からも他国からの批判の対象となってきた。

7 管轄権の域外適用と国際協力

　管轄権の域外適用及びそれによって生ずる管轄の競合の可能性に対しては，分野ごとに状況は異なるものの，全体としてより緩やかに解釈する方向に国際法は進化し，国際社会の意識もこれに連動して変化してきているといえよう。もっとも，管轄権が衝突した場合，その優先順位を確立し，もしくは国家間の主権の抵触を調整する国際法規則が未成熟なのは，上記の事例からも見て取れる。そういった規則の制定の難しさは，国家管轄権の域外適用の背景にある問題状況が分野ごとに大きく異なることにも因る。しかしながら，そういった状況のもとでの一方的措置に対する他国の許容もしくは抗議は，一般的に見て，その行為が国際社会の一般的もしくは共通の利益や価値の実現として諸国に認められる正当性を備えているかどうかに大きく依存しているといえる。それは，逆に言えば，他国への干渉又は国家主権の侵害にあたるかどうかの判断基準でもある。

　もしある国による一方的措置に正当性が欠けると思われた場合には，相手国は抗議し，時にはICJやWTOなどの国際的紛争処理手続きを利用し，又時には対抗法などの対抗措置をとる。それに対して，当該国は措置を継続するか変更するかの選択を迫られる。また時には，国家間の意見や情報交換などの協力を促し，それによって利害関係が調整され，共通利益に対する認識，及び協力協定などの協調的解決策を生み出す。同時に，こうした一連の攻防を通して国内法の基準の拡散と収斂・統一化が実現され得る。それは，当該措置の関係二国間の紛争または関心事項のみに留まらず，他国の関心，理解や協調を導きだし，そして場合によっては多国間条約の締結に結びつく。またその多くの場合，このような多国間の協調は，国際社会の変容に呼応して段階的に拡散，浸透している。その形成に長期を要する伝統的な国際法の法定立方式では十分な対応が不可能な場合が存在する中，こういった管轄権の域外適用に関しての一連の国家間の取り組みは，それを国際法のもとで適切に調整することによって，

〈第 7 部〉伝統的国際法概念の変容と発展

超国家的問題に実効的に対処し，ひいては国際的基準や国際法の形成において，伝統的な法定立方式を補完しながらグローバル・ガバナンス・ギャップを埋めていく道具になり得るのかも知れない。

しかしながら，一方的処置が国家の経済力もしくは政治力といった権力政治に濫用され，国家間関係の悪化や不当な干渉を引き起こす可能性は否めない。更には，マーシャルが述べたように法を継続的に細分化された状態に陥れ，法の安定性，予見性を奪い，かつ相手国政府の権威を陥れる危険性を孕んでいる。それ故に一方的措置が国際法上対抗力を持つための条件として正当性根拠，及び関係国がその措置の発動に至る過程で「信義誠実」を尽くしたかを要求し[81]，国際協力の原則に準じて，国家間の対立する利益を国際社会の全体的な利益と関係づけながら，調整していく事が重要になっていくであろう[82]。また，管轄権の競合と調整をより透明性をもって行うため，それを規定する条約の作成といった方法が有効であるのは言うまでもないが，過去における多国間でのそういった試みは特に実質的な問題に対する各国の意見の違いから難航している[83]。そういった現状を踏まえ，今後は事前協議を含めた国家間協力の手続きを定める枠組みを制定し，それを通じて利害関係の調整に勤めることが有用となろう。

Ⅳ おわりに

普遍的な国際法的枠組みが未だ不在の中，国家，企業，市民社会が各々，分散的に取り組みを行っている「ビジネスと人権」の問題に対し，ラギー・フレームワークは包括的な方向性を指し示す権威ある中心軸を与えることを目的とした。そして現在，それを実践するための指導原則の具体化が種々の行為主体を巻き込んで進められている。国連人権理事会は「ビジネスと人権」についてのフォーラムを設立し，各国家，国連諸機関，他の国際機関，地域機関，企

---

[81] 国家管轄権の一方的行使と対抗力に関しては，村瀬・前掲注(27)を参照。
[82] 例えば1991年国際投資および多国籍企業に関するOECD声明（OECD Declaration on International Investment and Multinational Enterprises）の付属書2：General Considerations and Practical Approaches concerning Conflicting Requirements imposed on Multinational Enterprisesは，その一項で，国際法の原則を考慮し，他国の利益に対して尊重，適応すること等を推奨している。
[83] 例えばハーグ国際私法会議では民事及び商事に関する裁判管轄及び外国判決に関する条約準備草案を検討したが，加盟国の意見がまとまらず，多くの課題が持ち越しとなった。

業，労働団体，学会，NGO等，各方面からの参加の下，指導原則を実践するにあたっての問題を議論すると決議している[84]。また，OECD，国際標準化機構（ISO）[85]，グローバル・レポーティング・イニシアティブ（GRI）や国連グローバル・コンパクトなどで支持を得ており，ラギー・フレームワークを触媒として人権に対する企業社会責任の統一化が進められている。

　芹田健太郎教授は，現代の国際法規範の重層性を指摘し，普遍的法への萌芽を21世紀以降に登場する第4のカテゴリーをして挙げている[86]。更に，「500年に及ぶ植民地時代の終焉とともに，冷戦も終わり，世界が真の意味で，ひとつの地球共同体に生まれ変わりつつある。国際人権法はやがて各国憲法がそこへと収斂し地球共同体憲法となっていく。」[87]といった展望に立っている。企業の社会的責任と国際的人権保障の問題に対する各国家，組織，団体や個人における努力も，普遍的国際社会への変容の一過程を成し，ラギー・フレームワークに示された枠組みを通じて，地球共同体のための地球的努力として収斂していくことになるのかも知れない。国家管轄権の域外適用の問題においては，未だそれを規定又は調整する国際法規則が未成熟ではあり，その運用には多くの問題点を孕んでいる。しかしながら，一定の分野においてはその有用性が認識されている。そして，「ビジネスと人権」の分野においてもその地球的努力の収斂の過程において，また普遍的法の成立までの過渡において，それぞれの行為体によるあらゆる手法の努力を相互補完する形で，ある一つの役割を果たしていくのかも知れない。

---

[84]　Human Rights Council Resolution on June 16, 2011, para. 12&13.
[85]　ISO26000では世界人権宣言，ILO基準，にラギー・フレームワークが加えて導入された。
[86]　芹田健太郎『普遍的国際社会の成立と国際法』（有斐閣，1996年）250頁。他のカテゴリーとして〔1〕抽象的国家間に基づく国際法規範，〔2〕非植民地化に伴う過渡期の国際法規範，〔3〕具体的国家間に基づく国際法規範，を挙げている。
[87]　芹田・前掲注(30) vi頁。

24 領域紛争における仮保全措置の新展開
――最近の国際司法裁判所判例とその含意――

李　禎之

I　はじめに
II　指示要件――被保全権利の変容
III　措置内容――紛争悪化防止機能の強化
IV　おわりに

I　はじめに

　国際裁判は国際法に従った決定（判決）によって紛争を処理する手続と理解されているが，国際裁判所は判決以外の裁判活動を通じても紛争解決に貢献していると考えられる[1]。とりわけ，近年では国際司法裁判所（ICJ）における仮保全措置の利用が活性化していることを受けて，仮保全措置が紛争解決に果たす機能が注目されている[2]。実行上，仮保全措置は領域紛争[3]においても軍事衝突を伴う場合に申請され，裁判所によって指示されてきた[4]。しかし，仮保

---

[1] 本稿では，「裁判活動（acte juridictionell）」を「紛争処理に向けて，裁判所が行う訴訟行為（終局判決以外も含む）」と定義し，「紛争処理のため，請求に法を適用して，拘束力ある（終局）判決を下すこと」を意味する本来的任務（争訟裁判機能）よりも広義の「裁判（juridiction）」概念を指す用語として使用する。こうした裁判機能の理解については，李禎之「国際司法裁判所による請求の規律」国際法外交雑誌107巻4号（2009年）19-21頁を参照。

[2] See e.g. Shabtai Rosenne, "A Role for the International Court of Justice in Crisis Management?", in Gerald Kreijen (ed.), *State, Sovereignty, and International Governance* (2002), pp. 212-216；酒井啓亘「国際司法裁判所仮保全命令の機能㈠」法学論叢163巻3号（2008年）1-39頁；酒井啓亘「国際司法裁判所仮保全命令の機能㈡・完」法学論叢165巻1号（2009年）1-37頁。

[3] 本稿では，領土紛争（権原帰属紛争）と国境紛争（境界画定紛争）を区別せず，両者を包括して「領域紛争」という用語を使用する。両者の相違については，許淑娟『領域権原論』（東京大学出版会，2012年）209-212, 219-220頁を参照。

[4] See Shabtai Rosenne, *Provisional Measures in International Law* (2005), p. 193.

〈第 7 部〉伝統的国際法概念の変容と発展

全措置が「政治的な観点から事態の鎮静化をはかるための措置ではなく，あくまで本案判決の実効性を確保するための手続」であり[5]，紛争悪化・拡大防止を目的とする仮保全措置は「権利保全を補完する」ものとして位置づけられるにすぎないことに鑑みると[6]，領域紛争における仮保全措置に対しては以下の二点につき問題が指摘できよう。

まず第一に，仮保全措置の指示要件に関わる問題である。仮保全措置は ICJ が「事情によって必要と認めるとき」「各当事者のそれぞれの権利を保全するために」指示されるため[7]，仮保全措置を指示するために満たすべき要件は全てこの「事情」の解釈に帰着する[8]。仮保全措置の指示を正当化する事情が存在するか否かは裁判所の広範な裁量のもと個別に判断されてきたが[9]，判例によると，①「一応（*prima facie*）管轄権」の存在，②回復不能な損害の存在，③事態の緊急性の三つが要件として確立してきたと理解されている。これら指示要件の中で，領域紛争における仮保全措置に着目する本稿においては，係争権利に対する「回復不能な損害」要件が問題となる。領域紛争における係争権利は領域主権と解されるが，領域主権に対して「回復不能な損害」は発生し得るのだろうか。ここでは，領域紛争に起因して軍事衝突が発生ないし予見される場合，当該係争地における人命損失が領域紛争における仮保全措置の指示要件を満たすと考えられるかに検討の要がある。

第二の問題は，領域紛争における仮保全措置と司法機能の整合性に関わる。

---

(5) 杉原高嶺『国際司法裁判制度』（有斐閣，1996 年）269-270 頁。
(6) *Voir* Usine de pâte à papier sur le fleuve Uruguay（Argentine c. Uruguay）, mesures conservatoires, ordonnance du 23 janvier 2007, CIJ Recueil 2007, p. 16, para. 49; Certain Activities carried out by Nicaragua in the Border Area（Costa Rica *v.* Nicaragua）, Order of 8 May 2011,（not yet published, the text is available at the Court's website）, paras. 62 and 83. 李禎之「仮保全措置による国際共同体利益の保護可能性──国際司法裁判所における判例の動向」岡山大学法学会雑誌 61 巻 3 号（2012 年）422-423 頁も参照。
(7) 国際司法裁判所規程 41 条を参照。
(8) *See* Karin Oellers-Frahm, "Article 41", in Andreas Zimmermann *et al.*（eds.）, *The Statute of the International Court of Justice: A Commentary*（2006）, p. 933.
(9) スツッキは，「裁判所の裁量は規程 41 条の文言に黙示されている」と指摘している。*See* Jerzy Sztucki, *Interim Measures in the Hague Court*（1983）, p. 102. ロゼンヌもまた，「仮保全措置を規律する法の大部分は，司法立法（judge made）である」と指摘する。*See* Shabtai Rosenne, *The Law and Practice of the International Court*, 4th Ed., Volume Ⅲ, Procedure,（2006）, p. 1382.

〔李　禎之〕　　　　　　　　　　　　　　*24* 領域紛争における仮保全措置の新展開

仮保全措置は本案権利の保全を目的とするため，領域紛争における措置内容も権利保全性を有する必要があると考えられるが，領域紛争で指示される具体的な措置内容は本案権利（領域主権）の保全と関連しているのであろうか。もし仮保全措置に権利保全からの乖離がみられるのであれば，当該措置は紛争悪化防止のみを目的とした独立手続と位置づけられ，争訟裁判機能を核とした司法機能の理解に影響を与えるように思われる。

そこで本稿は，領域紛争における仮保全措置を権利保全の観点から再考することをその目的として，国境紛争事件（ブルキナファッソ／マリ），領土・海洋境界画定事件（カメルーン対ナイジェリア），国境地域におけるニカラグアの活動事件（コスタリカ対ニカラグア）[10]，プレアビヘア寺院事件判決解釈請求事件（カンボジア対タイ）[11]，を取り上げて以下の順に検討を加えることにしたい。まず，第Ⅱ章では，領域紛争において仮保全措置の指示自体が正当化されるかどうかに関して，「回復不能な損害」要件の観点から検討をする。ここでは，ICJによる被保全権利の性質把握に着目することで，領域主権概念の拡張を確認したいと考える。続く第Ⅲ章では，領域紛争において如何なる措置内容の指示が正当化されるか，そして，それらは裁判所の機能との関係で如何に位置付けられるのかを検討する。とりわけ，軍事衝突の回避に向けた仮保全措置（軍隊等の撤退）に関して，その実効性確保のために裁判所の職権的な指示がなされていることを指摘しつつ，その問題点を分析しておきたい。以上の検討を通じて，近

---

[10] 本稿では，国境地域におけるニカラグア活動事件を実質的には領域紛争であると考えて分析対象とする。確かに，本件の紛争主題は領域主権ではない（コスタリカの主張を参照。See Certain Activities carried out by Nicaragua in the Border Area (Costa Rica v. Nicaragua), Order of 8 May 2011, para. 34; CR/2011/1, p. 37 (M. Kohen, para. 4))。しかし，ニカラグアは問題の活動は自国領（ニカラグア領）で行われたと主張しており (Certain Activities carried out by Nicaragua in the Border Area (Costa Rica v. Nicaragua), Order of 8 May 2011, para. 36; CR/2011/2, p. 13 (M. Argüello Gómez, para. 25); id., pp. 18-30 (M. McCaffrey))，裁判所もニカラグアの活動が行われたポルティロス島の一部を係争地と仮定している (Certain Activities carried out by Nicaragua in the Border Area (Costa Rica v. Nicaragua), Order of 8 May 2011, para. 56) ことから，係争地域における活動の評価（本件の紛争主題）にはその前提として領域主権の所在確認が包含されていると考えられる。

[11] 本件は判決解釈手続ではあるが，解釈対象たる判決内容（「カンボジア領域周辺（its vicinity on Cambodian territory）からの撤退義務」）が領域問題であるため，実質的に領域紛争であると考える。

年における ICJ による仮保全措置の判例法理を明らかにし，そこに具現された ICJ の司法機能のあり方を考察することにしたい。

II　指示要件——被保全権利の変容

1　領域主権の静態的理解

　領域紛争における仮保全措置は，仮保全措置の要件，とりわけ，「係争権利に対する回復不能な損害の存在」という要件を充足し得るのであろうか。この問題については，そもそも領域主権は仮保全措置による保全が必要とされる権利ではないと理解し，領域紛争における仮保全措置の必要性を否認する見解がある[12]。こうした見解は，領域紛争においては属地的性質の権利が紛争主題をなしており，属地的な領域主権それ自体が当事国の行動によって破壊・消滅することはないという点にその理論的根拠を置いていると考えられる。

　こうした理解は，常設国際司法裁判所（PCIJ）時代の南東部グリーンランド事件の仮保全措置命令において既に見られる。本件は「回復不能な損害」について，「法上の回復不可能性」基準（＝金銭賠償不可能性）を拡張し，「事実上の回復不可能性」基準を採用したが[13]，以下の点（南東部グリーンランド事件定式）を理由に，領域主権への損害は認めなかったのであった。

> ノルウェーが防止しようとしている [紛争の悪化をもたらす] 事態は，将来の本案判決で当事国の権利が裁判所によって正当に承認されるならば，問題の領域に対してノルウェーが主張する主権的権利 [droits souverains/sovereign rights] の存在や価値になんらの影響も与えない[14]。

同様の理解は，ICJ においてもエーゲ海大陸棚事件において，トルコの行動（コンセッションの供与や探査活動）は，「紛争区域に関して新たな権利創設することはなく，また他方の国が法的に享受しうる権利を奪うこともない」[15]と述べ

---

[12]　杉原高嶺「判例研究・国際司法裁判所　国境紛争事件——仮保全措置の申請（命令・1986 年・特別裁判部）」国際法外交雑誌 88 巻 3 号（1989 年）42 頁。

[13]　See Yoshiyuki Iwamoto (Lee), "The Protection of Human Life Through Provisional Measures Indicated by the International Court of Justice", *Leiden J. I. L.* 15 (2002), pp. 348-349.

[14]　Statut juridique du territoire du sud-est du Groënland, ordonnance, 3 août 1932, CPJI Série A/B, No. 48, p. 285.（括弧内引用者）

[15]　Aegean Sea Continental Shelf (Greece *v.* Turkey), Interim Protection, Order of 11

ている点に見いだすことができる。つまり，この理解によると，領域主権に対する侵害の救済は本案判決で領域主権の所在が確認されれば十分であるため，領域主権に対する「回復不能の損害」は生じ得ないのであり，仮保全措置は不要との結論が導かれる。

このような「領域主権が当事者の行動により毀損され得ない権利である」という立場からは，国境紛争事件（ブルキナファッソ／マリ）は以下のように評価される。

> 一時的な軍事衝突があったとしても，のちの本案判決が履行されるかぎり，少なくとも訴訟の主題である「主権的な権利」の存否——当該地区の生命・財産の危険は別として——は影響を受けないはずである。（裁判所はその不履行を予断すべきではない。）[16]

ここで，国家の権利（領域主権）と個人の権利（生命権・財産権）を峻別する理解が示されている点に注意する必要があろう。こうした二分論は，領土・海洋境界画定事件（カメルーン対ナイジェリア）の命令における小田判事の宣言にも見られ[17]，この区別の妥当性について学説上も一定の支持がある[18]。これら事件においても南東部グリーンランド事件定式が援用されていることから，裁判所は「回復不能の損害」の存在を否認していると解することもできるが[19]，それは国家の権利と個人の権利との峻別を前提として，紛争主題を構成する前者（国家の権利）に対する回復不能な損害が否認されているとの理解であろう。

以上から，被保全権利たる領域主権は「破壊・毀損され得ない国家の権利」

September 1976, ICJ Reports 1976, para. 29.

[16] 杉原・前掲注[12] 42 頁（括弧内原文，傍点引用者）。

[17] Frontière terrestre et maritime entre le Cameroun et le Nigéria, mesures conservatoires, ordonnance du 15 mars 1996, CIJ Recueil 1996, pp. 26-27 (Declaration of Judge Oda).

[18] See Jerzy Sztucki, "Case Concerning Land and Maritime Boundary (Cameroon v. Nigeria): Provisional Measures, Order of 15 March 1996", Leiden J.I.L. 10 (1997), p. 354. 国際司法裁判所判例研究会（吉井淳）「判例研究・国際司法裁判所 カメルーンとナイジェリアの国境および海洋境界事件——仮保全措置の申請（仮保全命令・1996 年 3 月 15 日）」国際法外交雑誌 97 巻 6 号（1999 年）45 頁も参照。

[19] See Bernhard Kempen and Zan Hen, "The Practice of the International Court of Justice on Provisional Measures: The Recent Development", Zeitschrift für ausländisches öffentliches Recht und Völkerrecht 69-3 (2009), p. 924, note 18.

〈第7部〉伝統的国際法概念の変容と発展

である，と静態的に理解されてきたことを確認できる．そして，この理解によると，被保全権利に対する「回復不能な損害」は否定されるため，少なくとも権利保全を目的とした仮保全措置は指示できないということになる[20]．

2 領域主権の動態的把握

他方で，国境紛争事件（ブルキナファッソ／マリ）においても領域主権に対して「回復不能の損害」が認定されていると解することは必ずしも不可能ではない．なぜなら，本件において「争点となる権利は，双方が主張する領域に対する主権的権利［droits souverains／sovereign rights］である」とされつつ[21]，回復不能の損害について「本件の事実に徴すると，紛争地区の人と財産，および両国の利益は回復不能な損害の危機にさらされている」[22]との認定がなされているからである．確かに，上記認定における回復不能な損害は「利益（interests）」に対して認められているのであって，「権利（rights）」（＝領域主権）に対して生じているとはされていないと解する余地は残る[23]．しかし，ロゼンヌが本命令を被保全権利の性質が拡張していく端緒と位置付けているように[24]，本命令以降の判例は領域主権に対する回復不能な損害が個人の生命・財産の損失によって認定される方向へと展開していったといえる．

この点は，領土・海洋境界画定事件（カメルーン対ナイジェリア）命令に明らかである．本件でICJは，「争点となる権利は，領域に対する両国の主権的な権利［droits souverains／sovereign rights］であり，当該権利は住民［des personnes／persons］にも関係している．」[25]と述べた後，以下のように回復不能の損害を認定しているのであった．

---

[20] こうした静態的理解を採る論者は，国境紛争事件と領土・海洋境界画定事件を「紛争悪化防止」を重視した（ないし唯一の目的とした）仮保全措置の先例と位置づける．See 杉原・前掲注(12) 42頁；吉井・前掲注(18) 43-44頁；Sztucki, supra note (18), p. 357.

[21] Différend frontalier (Burkina Faso/Mali), mesures conservatoires, ordonnance du 10 janvier 1986, CIJ Recueil 1986, CIJ Recueil 1986, p. 9, para. 15.

[22] Id., p. 10, para. 21.（傍点引用者）

[23] See Hugh Thirlway, "The Law and Procedure in the International Court of Justice 1960-1989 (Part Twelve)", B.Y.I.L. 72 (2002), p. 96, note 222.

[24] See Rosenne, supra note (4), p. 193.

[25] Frontière terrestre et maritime entre le Cameroun et le Nigéria, mesures conservatoires, ordonnance du 15 mars 1996, CIJ Recueil 1996, p. 22, para. 39.

申請の原因となった事件，とりわけバカシ半島における住民の殺害は，同半島に当事国が持つかもしれない諸権利［les droits／the rights］に回復不能な損害をもたらした。紛争地域の住民，それ故に当事国が当該紛争地域に対して持つかもしれない諸権利は，更なる回復不能な損害を受ける危機にさらされている。(下線引用者)(26)

本件については，「人命の保護が領域紛争における仮保全措置の指示に際して考慮される要素であることを明らかにした」との評価もあり(27)，回復不能な損害の認定に関して，国境紛争事件（ブルキナファッソ／マリ）よりも踏み込んだ判断がなされたといえよう。

そして，この傾向は近年の事例でも踏襲されているとみることができる。まず，国境地域におけるニカラグアの活動事件（コスタリカ対ニカラグア）では，「係争領域に対する競合する請求」の存在を指摘した上で(28)，以下のように回復不能な損害を認定している。

　　この状況［ニカラグアが係争地域で何らかの活動を実行する意思を有していること］は，主権に対する権原［title to sovereignty］およびそこから導かれる諸権利［the rights］への回復不能な損害の急迫した危険［an imminent risk of irreparable prejudice］を創出し，さらに，この状況は，死傷という形で回復不能な損害［irremediable harm in the form of bodily injury or death］を引き起こす衝突［incidents］の現実かつ現在の危険［a real and present risk］を生じさせている。(下線引用者)(29)

また，プレアビヘア寺院事件判決解釈請求事件（カンボジア対タイ）でも「被保全権利」を「プレアビヘア寺院地域の自国主権を尊重される権利［le droit au respect de sa souveraineté dans la zone du temple de Préah Vihéar］，より一般的には，領土保全の権利［le droit à l'intégrité de son territoire］」(30)とした上で，以下のよう

---

(26) *Id.*, p. 23, para. 42.
(27) *See* Rosenne, *supra* note (4), p. 195. *See also* J. G. Merrills, "The Land and Maritime Boundary Case (*Cameroon* v. *Nigeria*), Order of 15 March 1996", *I.C.L.Q.* 46 (1997), p. 680.
(28) *See* Certain Activities carried out by Nicaragua in the Border Area (Costa Rica v. Nicaragua), Order of 8 May 2011, para. 75.
(29) *See id.*（括弧内引用者）
(30) Demande en interprétation de l'arrêt du 15 juin 1962 en l'affaire du *temple de Préah Vihéar (Cambodge c. Thaïlande)*, (Cambodge c. Thaïlande), ordonnance du 18 juillet 2011, (Il n'est pas encore publié, voir le website de la Cour), para. 35.

〈第7部〉伝統的国際法概念の変容と発展

に「回復不能な損害」の認定を行っている。

　寺院のある地域でカンボジアが1962年判決のもとで保有すると主張する諸権利 [les droits / the rights] は，当該地域での軍事的活動，とりわけ生命損失，肉体的損傷および寺院および付随する財産への損害 [des pertes en vies humaines, des atteintes à l'intégrité physique des personnes et des dommages infligés au temple ainsi qu'aux biens qui s'y rattachent] に起因して回復不能な損害を受けるかもしれない [pourraient subir un préjudice irréparable]。（下線引用者）[31]

以上の判例からは，領域紛争における個人の生命や身体の損失・損傷が仮保全措置の指示要件たる「回復不能な損害」に含められていることを見てとれる。確かに人命損失は領域主権侵害から生じており，人命損失それ自体が「不可逆 (irreversible)」であることは自明といえるかもしれないが，その逆は論理的に必ずしも真であるとは限らない。それゆえ，人命損失が当該住民の所属する国家の権利に対する回復不能な損害に包含されるという論理にはある種の飛躍が含まれていると考えられる[32]。換言すると，住民を軍事攻撃から保護する権利が領域に対する主権的権利の要素と見なし得るのかについては議論の余地があるといえよう[33]。しかし，こうした理論的難点を残しつつも，軍事衝突に伴う人命損失等をもって領域主権に対する回復不能な損害の存在を認定する解釈が判例上確立するに至っていると解される[34]。この解釈は領域紛争が軍事衝突へと段階的に拡大する危険性を事実上内包していることにその実質的根拠をおいていると考えられるが[35]，同解釈の採用は裁判所が軍事衝突の拡大防止を仮保全措置による「権利保全」と形式論理上において関連づけるために被保全権利たる領域主権を動態的・拡張的に把握していることをも示唆していると考えられる。

---

[31] *Id.*, para. 55.
[32] Thirlway, *supra* note [23], p. 111. *Cf.* Rosenne, *supra* note [9], p. 1410.（ロゼンヌは，「領域主権は，係争地住民の生命権を含む」と明言する。）
[33] *See* Kempen/He, *supra* note [19], p. 927.
[34] *See also* Rosalyn Higgins, "Interim Measures for the Protection of Human Rights", in Jonathan Charney (ed.), *Politics, Values and Function, International Law for the 21st Century; Essays in Honour of Professor Louis Henkin* (1997), p. 102.
[35] *See* Kempen/He, *supra* note [19], p. 925.

Ⅲ 措置内容──紛争悪化防止機能の強化

1 権利保全と紛争悪化防止の交錯

　領域紛争においても紛争主題をなす領域主権の保全を目的として仮保全措置の指示が正当化されるとすると，次の問題はその際に如何なる内容の措置が指示され得るのか，そしてそれら措置はどのように権利保全と関連しているのか，ということになる。では，この問題について，国境紛争事件（ブルキナファッソ／マリ）における措置を整理することから検討を始めることにしよう[36]。本件では，①一般的・抽象的な「権利保全」と「紛争悪化」防止の指示に加えて[37]，具体的措置として，②停戦合意の尊重および軍隊の撤退，③証拠保全，④係争地域における統治の不変更が指示されている[38]。本命令におけるこれらの措置をどのように位置づけるのかに関しては，紛争悪化防止を重視したものとみるか権利保全を重視したものとみるか，学説上，見解の相違があるように思われる。

　まず，紛争悪化防止を重視していると解する立場は，その根拠として本命令における主文の構成を挙げる。本命令において一般的な紛争の悪化拡大防止措置が主文の冒頭に置かれていることから，酒井啓亘は「本件で裁判部は，権利保全とは別に，仮保全措置における紛争悪化防止機能を認め，これを重視する立場をとった」と指摘するし[39]，メリルスも同様にこの点を「紛争の封じ込めが優先事項とみなされている」と見て，本命令が紛争悪化防止を重視していると評価する[40]。加えて，本件の具体的な措置内容を紛争悪化防止措置とみなす見解もある。例えば，杉原高嶺は「その権利（領土に対する「主権的権利」）の保

---

[36] Différend frontalier (Burkina Faso/Mali), mesures conservatoires, ordonnance du 10 janvier 1986, CIJ Recueil 1986, CIJ Recueil 1986, pp. 11-12, para. 32.

[37] See Thirlway, *supra* note [23], p. 104 ("The first measure indicated may [...] be seen as a combination of a non-specific 'preservation' measure and a 'non-aggravation' measure").

[38] 領土・海洋境界画定事件では，統治の不変更に変えて，国連の事実調査団への協力が含まれているが，措置の内容は基本的に国境紛争事件とほぼ同一と位置付けられている。See Merrills, *supra* note [27], p. 680.; 吉井・前掲注[18] 43-44 頁。奥脇直也「武力紛争と国際裁判──暫定措置の法理と機能」村瀬信也＝真山全編『武力紛争の国際法』（東信堂，2004 年）803 頁も参照。

[39] 酒井啓亘「国際司法裁判所における仮保全措置の目的の展開──最近の判例の検討を中心として」外務省調査月報 2001 年度 2 巻（2001 年）54 頁。

〈第7部〉伝統的国際法概念の変容と発展

全のための具体的措置を指示するというよりは，たんに抽象的・一般的に紛争の悪化と権利侵害の防止を命じ，つづけて証拠の確保，停戦の遵守，軍隊の撤退，現状の維持，といった，いわば紛争の防止に重点を置いた内容となっている」[41]という。つまり，こうした紛争悪化防止を重視していると解する立場は，一般的・抽象的な措置に重点をおき，具体的な措置を「紛争悪化防止措置の具体化」と位置付けているといえよう[42]。

　他方で，具体的な措置に着目しつつ，本命令は紛争悪化防止だけを目的としていたとは必ずしもいえないと解する立場もある[43]。この立場によると，暫定措置の指示を導く理由のなかで，訴訟対象である権利の保全が重視されているという[44]。その根拠として，まず第一に，「証拠保全」措置は，「権利保全」措置に含まれると考えられている点が挙げられる[45]。本件の仮保全措置について，サールウェイは「証拠保全」を「特定の権利を保全する措置」と解しているし[46]，奥脇直也も証拠保全への言及を「暫定措置が権利保全（あるべき正しい国境線の保全）と関係づけられている表れ」と評価する[47]。論理的にも，スツッキが指摘するように，仮保全措置の明文上の目的が「各当事者のそれぞれの権利を保全する」ことにあることから，「当該権利を裏付け得る証拠の保全は，最も異論のない仮保全措置の例」と考えられるであろう[48]。そして二点目として，「統治の不変更」を命ずる措置も「権利保全」措置に位置付けられると考えら

---

[40] John G. Merrills, "Interim Measures of Protection in the Recent Jurisprudence of the International Court of Justice", *I.C.L.Q.* 44 (1995), p. 123.

[41] 杉原・前掲注[12] 38-39 頁（傍点引用者）。

[42] Yoshifumi Tanaka, "A New Phase of the *Temple of Preah Vihear* Dispute before the International Court of Justice: Reflections on the Indication of Provisional Measures of 18 July 2011", *Chinese J.I.L.*, 11 (2012), p. 215, para. 44. 田中嘉文は，「紛争悪化防止措置は，紛争悪化を実効的に防止するためには更なる具体化が必要とされるほど抽象的である（傍点引用者）」と指摘する。

[43] *See* Paolo Palchetti, "The Power of the International Court of Justice to Indicate Provisional Measures to prevent the Aggravation of a Dispute", *Leiden J.I.L.* 21 (2008), p. 638.

[44] 奥脇・前掲注[38] 800 頁も参照。

[45] Oellers-Frahm, *supra* note (8), p. 931, MN 21. *Cf.* Rosenne, *supra* note (9), p. 1410. （ロゼンヌは証拠保全を紛争悪化防止措置として位置付けている。）

[46] Thirlway *supra* note [23], p. 104.

[47] 奥脇・前掲注[38] 800 頁。

[48] Sztucki, *supra* note [18], p. 350.

れる[49]。サールウェイは本命令について「統治の不変更のみが権利保全措置」であり,「権利保全措置が紛争悪化防止措置に付随している」とみる[50]。また,奥脇直也も「裁判継続中であっても,事実としてなされる統治権の行使が,事実上,不可逆な既成事実をさらに積み上げる効果を持たないとは限らない。」と指摘し[51],「統治権の行使が権原として凝縮すること差し止める」こと,つまりは,エフェクティヴィテによる権原取得を否定することが領域主権の保全となり得ることを認めているように思われる。

では,停戦合意の尊重や軍隊等の撤退も権利保全措置に含めて良いであろうか。この点,ICJ は軍隊等の撤退を権利保全措置として位置付ける傾向を示しているように思われる。とりわけ,近年の判例では,権利保全措置と一般的・抽象的な紛争悪化防止措置とが区別されており[52],国境地域におけるニカラグアの活動事件において紛争悪化防止措置は「特定の権利保全措置を補完する措置」とされ[53],プレアビヘア寺院判決解釈請求事件でも「紛争悪化防止措置は,権利保全措置が指示される場合に是認される」と確認されている[54]。そして,これら事件においては一般的・抽象的な紛争悪化措置が指示されており,それ以外に指示されている措置が軍隊等の撤退であることを考えれば,軍隊等の撤退が権利保全措置と考えられているといえよう。こうした消極的な理由付けで

---

[49] ただし,統治の不変更(領域や住民の地位を永続的に変更する単独行為の禁止)を,事実上の統治国に対して国連憲章2条3項に基づいて課される「紛争悪化防止に努める一般的義務(注意義務)」と位置づける見解もある。See Enrico Milano and Irini Papanicolopulu, "State Responsibility in Disputed Areas on Land and at Sea", *Zeitschrift für ausländisches öffentliches Recht und Völkerrecht* 71 (2011), pp. 604-606.

[50] Thirlway *supra* note [23], p. 101.

[51] 奥脇・前掲注[38] 802頁(傍点引用者)。But See Constanze Schulte, *Compliance with Decisions of the International Court of Justice* (2004), p. 362.(シュルテは,バカシ半島に対するナイジェリアの統治につき,不可逆な状況を創出したからではなく,カメルーン勝訴の結果,バカシ半島からナイジェリアを排除する過程で将来に兵站上の問題を生じさせるという点に紛争悪化ないし権利保全の根拠がある,と理解する。)

[52] *Voir* Usine de pâte à papier sur le fleuve Uruguay (Argentine c. Uruguay), mesures conservatoires, ordonnance du 23 janvier 2007, CIJ Recueil 2007, p. 16, para. 49.

[53] Certain Activities carried out by Nicaragua in the Border Area (Costa Rica v. Nicaragua), Order of 8 May 2011, paras. 62 and 83.

[54] Demande en interprétation de l'arrêt du 15 juin 1962 en l'affaire du *temple de Préah Vihéar (Cambodge c. Thaïlande)*, (Cambodge c. Thaïlande), ordonnance du 18 juillet 2011, para. 59.

〈第7部〉伝統的国際法概念の変容と発展

あるとはいえ，軍隊の撤退を権利保全措置と位置づけることは理論上不可能ではない。しかしながら，軍の撤退という措置は「軍事衝突の回避」・「戦闘行為の停止」を媒介して領域主権の保全と間接的に関連しているにすぎないとも考えられる。事実，国境紛争事件（ブルキナファッソ／マリ）においては「紛争悪化防のために，裁判部が指示する措置には軍の撤退が含まれねばならない」と述べられており，紛争悪化防止措置の側面が強いことは明らかである[55]。そのため，形式論理上はともかく，実質上，直接的な関連を有する考慮要因は紛争悪化防止（軍事衝突の回避・戦闘行為の停止）にあるといわざるを得ないように思われる[56]。

　以上の分析から，軍事衝突を伴う領域紛争に対する仮保全措置の場合，ある措置を権利保全型または紛争悪化防止型のいずれかに峻別することが必ずしも容易ではないといえよう（二分論の不適合）。抽象的措置の次元では，権利保全と紛争悪化防止が一体として指示されていることから明らかな通り，ICJ も両者を区別してはいない。さらに，被保全権利たる領域主権が「係争地住民の人命や財産の保護を含むもの」と構成されることで，両者の交錯は具体的措置の次元にまで及ぶことになる。なぜなら，領域主権を動態的に把握することによって，「領域主権の保全」が人命損失を引き起こす戦闘行為や軍事衝突の停止ないし回避と結びつくため，権利保全が必然的に紛争悪化防止を内包することになるからである。つまり，軍隊等の撤退を命じる措置は"領域主権を侵害する軍事衝突"を回避するために必要な措置として指示されているのであり[57]，紛争悪化防止が権利保全に融合しているものとみることができるのである。

2　軍隊等撤退命令のジレンマ

　前節の検討から，軍隊等の撤退は権利保全と紛争悪化防止の両面を具備しつつも，紛争悪化防止を重視した措置であると位置付けられることがわかった。

---

[55] Différend frontalier (Burkina Faso/Mali), mesures conservatoires, ordonnance du 10 janvier 1986, CIJ Recueil 1986, CIJ Recueil 1986, pp.10-11, para. 27. *See also* Palchetti, *supra* note [43], pp. 637-638.

[56] 奥脇・前掲注[38] 805頁。

[57] パルテェッティは，「判例上，紛争悪化の危険性は，それ自体として仮保全措置の指示を正当化する要件ではなく，如何なる措置が指示されるべきかを検討する際に考慮されている」と指摘する。*See* Palchetti, *supra* note [43], p. 637.

しかし，こうした紛争悪化防止を重視した措置は仮保全措置の制度趣旨との関係で問題を惹起せざるを得ないのであり，奥脇直也は軍隊等の撤退命令に内在する問題を以下のように指摘している。

> もともと暫定措置［仮保全措置］においては，本案の判断を予断しないことが前提となるのであるから，その意味で，国境画定紛争において ICJ は［紛争当事者によって］取られた［軍事的あるいは行政的］措置についての法的評価を控え，暫定措置［仮保全措置］においては，もっぱら紛争の悪化・拡大防止を呼びかける以外にはないこととなる。ただそれに具体的な措置としての意味をもたせようとすると，展開されている軍隊の一定の線までの撤退を指示せざるを得なくなるが，その線をどこに引くか自体がある意味では予断を内包することになりかねない[58]。

つまり，軍隊等の撤退命令に際して ICJ は，撤退線の提示を伴う具体的な指示にまで踏み込むと領有権原や国境画定線あるいは国家責任に関する本案予断の危険性が生じてしまい，他方で，抽象的な指示に止まれば措置の実効性が確保されず，場合によっては紛争をかえって激化させかねないというジレンマに陥るのである[59]。ここでの問題は，本案予断の危険性と紛争悪化防止の実効性とを如何にして調整するのか（できるのか）という点にある。

この点につき ICJ は，紛争悪化防止を重視した措置を指示するに際して両当事国に対して同内容の措置を指示することで，いわば手続上で一定の調整を図ろうとしている[60]。これは仮保全措置要請国の優位を中和化する効果を狙ったものであると同時に[61]，紛争悪化防止を重視した措置による本案予断を緩和する試みと考えられるであろう。

また，国境紛争事件（ブルキナファッソ／マリ）においては，撤退線の設定を当事者の合意に委ねることで上記のジレンマを回避したとみることもできる[62]。本件で裁判所は，ブルキナファッソが主張した OAU 調停委員会が勧告した撤退線（1975 年）を採用せず，特定の線の存在を予断するべきではないと考えた

---

[58] 奥脇・前掲注(38) 806 頁（括弧内引用者）。
[59] 奥脇・前掲注(38) 806-807 頁を参照。
[60] *See* Christine Gray, "The Use and Abuse of the International Court of Justice: Case concerning the Use of Force after Nicaragua", *E.J.I.L.* 14-5（2003），pp. 892-893.
[61] 酒井啓亘「国際司法裁判所における紛争処理手続 ―訴訟当事国と裁判所の間の協働プロセスとして」国際問題 597 号（2010 年 12 月）15 頁。
[62] *Voir* Différend frontalier (Burkina Faso/Mali), mesures conservatoires, ordonnance du 10 janvier 1986, CIJ Recueil 1986, CIJ Recueil 1986, pp. 10-11, para. 27.

〈第7部〉伝統的国際法概念の変容と発展

上で[63]，「双方の合意で決められる位置まで」軍隊を撤退させるように命令したのであった[64]。ただし，こうした対応を可能にしたのは，①合意付託事案であり，かつ双方が仮保全措置を要請していたこと，②「不侵略・防衛援助協定（ANAD）」の仲介プロセスとの協働が期待し得たこと[65]，という本件の特殊性によるところが大きく，紛争悪化防止の実効性を当事国の合意により確保する手法が常に可能なわけではない。事実，領土・海洋境界画定事件（カメルーン対ナイジェリア）では，カメルーンの主張を認容して「1996年2月3日以前の位置」まで撤退するよう命じたが[66]，共同反対意見も指摘するように，1996年2月3日の状態については両当事国が異なる見解をとっていたため[67]，当事国間での合意形成は期待できなかったといえる[68]。なお，本命令における撤退位置の指示方法に対しては不確定性を残している点に批判があり[69]，そこには事実認定の困難性に起因する問題をみてとることができるであろう。すなわち，軍隊の撤退といった措置が当事者にとっては主観的に公平でないと考えられやすいことを考えると[70]，こうした措置には客観的根拠に基づく具体性が必要とされるが，軍事衝突を伴う領域紛争の場合，事実認定に関して武力紛争に特有の困難が指示内容に一定の不確定性を導入するため，それがジレンマを一層解消し難いものにしていると考えられるのである[71]。

---

[63] *Voir id.*, pp. 10-11, paras. 28-29.

[64] *Voir id.*, p. 12, para. 32, 1. D. 実際，命令後に撤退に関する合意が当事国で成立し（1986年1月18日），2月1日には無事に撤退が完了した。*See* Schulte, *supra* note [51], p. 323.

[65] *See* Schulte, *id.*, pp. 322-323.

[66] Frontière terrestre et maritime entre le Cameroun et le Nigéria, mesures conservatoires, ordonnance du 15 mars 1996, CIJ Recueil 1996, p. 24, para. 49. (3).

[67] *Voir id.*, p. 31 (Joint Declaration of Judges Weeramantry, Shi and Vereshchetin).

[68] この問題に関しては，国連事務総長の事実調査団の役割は限定的であり（提案に止まる），実際にも機能しなかった。*See* Schulte, *supra* note [51], pp. 358 and 361.

[69] シャハブディーン判事は，主文3は法律上の基礎を欠いており，正確な撤退位置や撤退線を定めていない故にそれ自体が新たな紛争の原因になりかねないと述べる。*Voir* Frontière terrestre et maritime entre le Cameroun et le Nigéria, mesures conservatoires, ordonnance du 15 mars 1996, CIJ Recueil 1996, p. 28 (Declaration of Judge Shahabuddeen).

[70] 酒井・前掲注(2)「国際司法裁判所仮保全命令の機能(一)」28頁。

[71] *See* Gray, *supra* note [60], pp. 894-895.

3 職権的措置の活用とその問題性

　以上の検討から，軍隊の撤退といった軍事衝突の回避に向けた措置の実効的な指示には，法的に本案予断を招く危険性が伴い得るとともに，事実認定の困難性に起因する制約もあることが明らかとされた。こうした問題に対して近年のICJは，職権的措置（規則75条2項）を積極的に利用することで[72]，領域紛争に伴う軍事衝突を抑止する措置の実効性を確保しようとしているように思われる。しかし，こうした職権的措置は裁判所の司法裁量内にあるものとして正当化されるのであろうか。それでは，以下，各事件の内容と裁判所の措置を概観し，問題点を分析していくことにしよう。

(1) 国境地域におけるニカラグアの活動事件

　本件は，サンフアン川流域の係争地域におけるニカラグアの活動（軍隊の進駐，浚渫作業，運河建設）が領域主権侵害および環境損害を発生させているとしてコスタリカによって提訴された事件であり，コスタリカは仮保全措置として，ニカラグアがポルティロス島を含む地域において軍隊等の駐留，運河建設，伐木や土壌等の除去，堆積物の投棄をしないこと（第1仮保全措置），サンフアン川の浚渫計画を中止すること（第2仮保全措置），そして紛争を拡大・悪化させる行動を慎むこと（第3仮保全措置）を求めた[73]。この申請を審理した結果，裁判所は以下の仮保全措置を命じたのであった[74]。

① 軍人・文民を問わず，派兵・派遣，駐留を禁止[75]。
② ただし，係争地における環境保全のためにコスタリカ要員（文民）派遣は許可。

　本件で裁判所は，両国に係争地域からの人員撤退を命じつつも，ラムサール条約上の保護義務を根拠としてコスタリカ側にのみ人員派遣を職権的に許可

---

[72] See Certain Activities carried out by Nicaragua in the Border Area (Costa Rica v. Nicaragua), Order of 8 May 2011, para. 76; Demande en interprétation de l'arrêt du 15 juin 1962 en l'affaire du *temple de Préah Vihéar (Cambodge c. Thaïlande)*, (Cambodge c. Thaïlande), ordonnance du 18 juillet 2011, para. 58.

[73] See Certain Activities carried out by Nicaragua in the Border Area (Costa Rica v. Nicaragua), Order of 8 May 2011, paras. 1-45.

[74] See id., para. 86. なお，一般的・抽象的な紛争悪化防止の指示および履行状況の報告を除く。

[75] See id., para. 86(1) and para. 77.

813

〈第 7 部〉伝統的国際法概念の変容と発展

したといえる。そして，こうした措置の根拠は，「ヒュメダル・カリブ・ノレステ（Humedal Caribe Noreste）湿地については，コスタリカがラムサール条約上の義務を負って」おり[76]，「当該湿地に対して回復不能の損害を回避する地位にあるのはコスタリカである［Costa Rica must be in a position to avoid irreparable prejudice being caused to the part of that wetland where that territory is situated］」という点に置かれているのであった[77]。

しかし，命令のこの部分に対しては裁判所内でも批判がなされている。例えば，スコトニコフ判事はその宣言において，ラムサール条約上の義務が係争地に及ぶかは本案事項であると指摘する[78]。加えて，コスタリカの活動がニカラグアの主張する領域権原を毀損する可能性があるため，同措置が紛争を悪化させると述べるのであった[79]。こうした批判の要点は，同措置は本案を予断しているのではないか，具体的にはコスタリカ領を前提とした判断ではないのか，という点にあるといえるであろう[80]。

こうした批判に対しては，ラムサール条約上の義務は推定によるものと解する反論があり得る。実際，グリーンウッド判事はその宣言において，「裁判所は，係争地がラムサール条約上でコスタリカの通告した湿地に含まれているという事実を考慮する権限を有する。ニカラグアではなく，コスタリカに係争地の環境保護義務が，ラムサール条約上，推定される［assumed responsibilities under the terms of the Convention］」[81]と述べている。確かに，形式的手続（通告）の存在を根拠とした条約適用の推定は必ずしも不合理ではないため，文民派遣に対する裁判所の許可をコスタリカの「よりよい権原（better title）」の予断とみなすべきではないという主張は法的にもその妥当性が認められると考える[82]。

ただし，本件命令が当事者間の公平性を崩していることは否定できない。従来，規則 75 条 2 項は，①両当事者に同じ内容を指示する際，あるいは①と同

---

[76]　*See id.*, para. 79.
[77]　*Id.*, para. 80.
[78]　*See id.*, (Declaration of Judge Skotnikov, para. 6). *See also id.*, (Declaration of Judge Xue).
[79]　*See id.*, (Declaration of Judge Skotnikov, para. 7).
[80]　*See id.*, (Declaration of Judge Skotnikov, paras. 8-9)；(Separate opinion of *ad hoc* Judge Dugard. paras. 1-26).
[81]　*Id.*, (Declaration of Judge Greenwood, para. 14).（傍点引用者）
[82]　*See* Milano/Papanicolopulu, *supra* note ㊾, p. 606, note 53.

814

時に②当事者から要請されていない措置を指示する際に援用されたきた[83]。本件は，当事者から要請のない措置（文民の派遣）を一方当事者にのみ指示（②単独の援用）していることから，事実上の本案予断を潜在させているとの印象を与えているように思われる。

(2) プレアビヘア寺院事件判決解釈請求事件

本件は，カンボジアによるプレアビヘア寺院のユネスコ世界遺産リスト登録申請（2008年7月に登録）に反発したタイが軍隊を同寺院近郊の領域に進攻させた結果，両国間に軍事衝突が発生したことからカンボジアにより提起された事件である[84]。同寺院の領有権については既に1962年の判決があり，同判決主文は「プレアビヘア寺院はカンボジア領にある」こと，そして，「タイは，カンボジア領域内にある寺院またはその付近に［or in its vicinity］配置した軍隊または警察隊もしくは他の監視員を撤退しなければならない」ことを判示していた[85]。しかし，同判決につきタイは「カンボジアの主権は寺院に限定され，周辺地域には及ばない」と解しており，カンボジアはこの点を解釈請求として提訴したのであった。そして，提訴と同時に，カンボジアは，カンボジア領であるプレアビヘア寺院地域からのタイ軍の即時・無条件撤退（第1仮保全措置），プレアビヘア寺院地域におけるタイによる軍事活動の禁止（第2仮保全措置），権利侵害ないし紛争悪化をもたらす行為をタイが慎むこと（第3仮保全措置）を求めて仮保全措置を申請した[86]。この申請を受けた裁判所は，以下の仮保全措置を命じたのであった[87]。

①「暫定非軍事地域（la zone démilitarisée provisoire／provisional demilitarized zone）」からの撤兵および派兵・駐留の禁止。

---

[83] Rosenne, *supra* note (4), pp. 176-177.
[84] 本件の背景と訴訟に至る経緯については，Ghislain Poissonnier, "Préah Vihéar: le temple de la discorde", *Journal du droit international* 139-1（2012），pp. 115-134 を参照。
[85] *See* Case concerning the Temple of Preah Vihear (Cambodia *v.* Thailand), Merits, Judgment of 15 June 1962, ICJ Reports 1962, p. 37.（傍点引用者）
[86] Demande en interprétation de l'arrêt du 15 juin 1962 en l'affaire du *temple de Préah Vihéar (Cambodge c. Thaïlande)*, (Cambodge c. Thailande), ordonnance du 18 juillet 2011, para. 11.
[87] *Voir id.*, para. 69. なお，一般的・抽象的な紛争悪化防止の指示および履行状況の報告を除く。

〈第7部〉伝統的国際法概念の変容と発展

② 寺院への自由なアクセスおよび非軍事要員への物資供給の確保。

③ ASEANの枠組みでの協力継続，とりわけ監視団の受入を要請。

ここで本稿の関心からは，①「暫定非軍事地域からの撤兵等」が重要である[88]。同措置の根拠について，裁判所はプレアビヘア寺院周辺地域において軍事衝突再発の危険があることを指摘しつつ，「現手続の範囲内で，解釈請求の判決が言い渡されるまで同地域において人や財産に対する回復不能な損害が生じないように確保するのは裁判所の責任である [il revient à la Cour de s'assurer]」という[89]。そのため，「すべての軍隊を寺院周辺地域から暫定的に撤退させるのが適当である」との認識を示しつつ[90]，以下のように判断をする。

<u>本件手続の係争権利を保護するために</u>，暫定的にすべての軍事的存在をなくすべき<u>区域を画定することが必要であると考える</u> [la Cour estime nécessaire, <u>aux fins de protéger les droits qui sont en cause dans la présente procédure</u>, de définir une zone qui devra provisoirement être exempte de toute présence militaire]。（下線引用者）[91]

そして裁判所は具体的な「暫定非軍事地域」の画定までをも行っているのである[92]。

この「暫定非軍事地域」について，コロマ判事は「軍事衝突の危険を最小化するため」の措置と指摘しており[93]，軍隊等の撤退に関する従来からの争点が撤退地点をどこに設定するのかにあったことに鑑みると，撤兵の地理的範囲を明確化する試みとして紛争悪化防止の観点からは評価できるように思われる[94]。

しかし，裁判所内部においても非軍事地域の設定は不要であったとの批判

---

[88] なお，アクセス確保については，裁判所は「寺院自体がカンボジアであることに争いはない」ことを根拠としているが（Voir id., para. 65)，田中嘉文は「人道上の考慮」も根拠として指摘する（Tanaka, *supra* note [42], p. 209, para. 35)。ASEANとの協力については，根拠があげられていない（Voir Demande en interprétation de l'arrêt du 15 juin 1962 en l'affaire du *temple de Préah Vihéar (Cambodge c. Thaïlande)*, (Cambodge c. Thaïlande), ordonnance du 18 juillet 2011, para. 64)。

[89] *Id.*, para. 61.

[90] *Id.*

[91] *Id.*

[92] Demande en interprétation de l'arrêt du 15 juin 1962 en l'affaire du *temple de Préah Vihéar (Cambodge c. Thaïlande)*, (Cambodge c. Thaïlande), ordonnance du 18 juillet 2011, para. 62.

[93] *See id.*, (Declaration of Judge Koroma, para. 3).

[94] *See* Tanaka, *supra* note [42], p. 217, para. 47.

が少なくない。小和田所長は"係争地域"からの撤兵指示を命じてきた先例を指摘しつつ，本件における非軍事地域の画定は先例からの逸脱であり，法的正当事由がないと主張する[95]。アルハサウネ判事も，係争地域からの撤兵指示で十分であり，暫定非軍事地域の設定は権利保全と関連性を欠くと指摘するし[96]，スエ判事も暫定非軍事地域の設定は権利保全と合理的関連性がなく，非係争地域からの撤兵を含んでいる点で司法裁量の逸脱であると多数意見の処理を批判する[97]。こうした反対意見からの批判は，本件の「非軍事地域」に非係争地域までもが含まれている点に向けられているといえる。この点を法的観点から整理すると，問題は，仮保全措置の内容が本案権利の保全から乖離しており，必ずしも本案判決に吸収されないということにあると考えられよう。

確かに，係争地域からの撤兵については，本案での領域帰属認定に付随する効果であり，本案判決に吸収され得る。このことは，領土・海洋境界画定事件（カメルーン対ナイジェリア）の本案判決（2002年）において，裁判所により帰属が確定された領域からの行政機関および軍の撤退義務が確認されていることからも確認することができよう[98]。しかし，非係争地域からの撤兵を本案に根拠づけることは不可能といわざるを得ない。非係争地域からの撤兵は軍事衝突回避の「必要性」によって正当化するしかなく[99]，結果として，こうした判断は政治的機関たる安全保障理事会の判断に近似することになる[100]。なぜなら，奥脇直也も指摘するように，「具体的な権利と切り離された措置は，その機能と

---

[95] Voir Demande en interprétation de l'arrêt du 15 juin 1962 en l'affaire du *temple de Préah Vihéar (Cambodge c. Thaïlande)*, (Cambodge c. Thaïlande), ordonnance du 18 juillet 2011, (Dissenting opinion of Judge Owada, paras. 1-10).

[96] See id., (Dissenting opinion of Judge Al-khasawneh).

[97] See id., (Dissenting opinion of Judge Xue).

[98] Frontière terrestre et maritime entre le Cameroun et le Nigéria, (Cameroun c. Nigéria; Guinée équatoriale (intervenant)), arrêt, CIJ Recueil 2002, pp. 451-452, paras. 314-315.

[99] Dapo Akande, Recent Developments with Regard to ICJ Provisional Measures, *EJIL Talk*, Jul. 21, 2011. ("Though it appears contentious at first sight to require withdrawal from parts of a States own territory, *if that is necessary* to prevent further clashes in the area in dispute then the Court should have this power." [emphasis added].)

[100] Voir aussi Demande en interprétation de l'arrêt du 15 juin 1962 en l'affaire du *temple de Préah Vihéar (Cambodge c. Thaïlande)*, (Cambodge c. Thaïlande), ordonnance du 18 juillet 2011, (Dissenting opinion of Judge Owada, para. 11).

〈第7部〉伝統的国際法概念の変容と発展

しては明らかに安全保障理事会の政治的権限と同じレベルで並列する」からである[101]。しかも、仮保全措置は憲章第七章下の安保理決議と同じ効果をもたらし得ると考えることができるため[102]、法的拘束力の観点から両者の同一化傾向は強化されるといえよう。

もしこうした法的根拠の希薄化（本案権利からの乖離）を是認するのであれば、問題は裁判所がそうした措置（具体的権利から乖離した措置）を指示する妥当な判断主体たり得るのか、という政策的判断に帰着する。しかし、この点にも疑問が残る。ジャン・ピエール＝コット特任判事が指摘するように、「暫定非軍事地域」の設定は「机上の戦略（stratégie de chambre）」の産物であり、事実、裁判所に地形や戦略に関する資料は提出されていない[103]。そうであるならば、暫定非軍事地域の範囲決定に関する客観的基準を、裁判所が正確に提供することはできないといわざるを得ないであろう[104]。

Ⅳ おわりに

学説上、軍事衝突を伴う領域紛争における仮保全措置は紛争悪化防止を目的としたものと位置付けられる傾向にあったが、近年のICJは、こうした措置を紛争悪化防止措置の独立手続化として是認するのではなく、あくまで権利保全と結びつけて整理する傾向を示しているように思われる。そこでまず、本稿は領域紛争における仮保全措置と権利保全との関係を仮保全措置の指示要件である「回復不能の損害」の認定という観点から分析することにより、ICJが被保全権利たる領域主権に当該領域における人命や財産の保護をも包含していることを明らかにした。こうした領域主権概念の拡張は、領域支配の実態を反映した解釈であるといえるのであり、領域性原理に「国際社会の利益を実現するための空間として捉える積極的な意義」[105]を見いだす「領域主権の領域管理責

---

(101) 奥脇・前掲注(38) 796頁。
(102) See Oellers-Frahm, *supra* note 8, p. 959, MN 95. *See also* Gentian Zyberi, "Provisional Measures of the International Court of Justice in Armed Conflict", *Leiden J. I. L.* 23 (2010), p. 577.
(103) *Voir* Demande en interprétation de l'arrêt du 15 juin 1962 en l'affaire du *temple de Préah Vihéar (Cambodge c. Thaïlande)*, (Cambodge c. Thaïlande), ordonnance du 18 juillet 2011, (Opinion dissidente de M. le juge *ad hoc* Cot, para. 22).
(104) *See also* Tanaka, *supra* note (42), p. 218. para. 49.

任 (*imperium*)」的構成を裁判所が採用しているとみることも可能かもしれない。

しかし同時に, こうした領域主権の捉え直しが, そもそも属地的性質を持つ権利に平和や人権といった諸価値を潜在させる結果をもたらしている点を見逃してはならない。そして, こうした被保全権利たる領域主権の再構成は, 当該領域主権を保全するために命じられる措置の内容にも影響を与えていると考えられるのであった。仮保全措置は, ICJ が司法機関に止まる限り, 法的考慮に基礎づけ得るものに限定されなければならないが, "拡張された" 領域主権の保全は「軍事衝突を回避する必要性」を媒介して紛争悪化防止と不可分のものと捉えられるため, 「権利保全」という側面が実質的には希薄化され, 「紛争悪化防止」に重点が置かれることになる。確かに, 権利保全と紛争悪化防止の交錯は仮保全措置の指示内容が抽象的な指示である場合には法的問題を顕在化させないといえる。しかし, 軍隊等の撤退命令に見られるよう, 紛争の悪化 (つまりは軍事衝突の発生) を実効的に防止するために具体的な指示を行おうとすると, 保全すべき本案権利たる領域主権の所在を予断する危険性を惹起することになる。

この問題は武力紛争にかかる事実認定が困難であることにも起因する難問であるが, 近年の判例は, こうした状況に対して ICJ が領域紛争に伴う軍事衝突を抑止する措置の実効性を自らの職権で暫定的な領域管理レジームを創設することによって対応しようとしていることを示しているのであった。しかし, 問題はこうした職権的対応が司法裁量の範囲内の措置と考えられるのか, ひいては裁判所の司法機能と両立するものと理解すべきか, にあるといわなければならない。この点に関連して, 奥脇直也は以下のように述べる。

> 国家間紛争にとっての「司法の府」である ICJ が, 暫定措置を通じて「人権・人道の府」としての役割を担うことは, それ自体としてはありうることではあるが, 国家間の武力紛争の過程で人的損害が発生するのは必定であり, したがって暫定措置を指示することによってその拡大を防止しようとすることは, 付随手続としての暫定措置としては, その限界を超えているともいえる[106]。

---

(105) 奥脇直也「日本の国際法学における領域性原理の展開——領域支配の実効性と正当性」国際法外交雑誌 96 巻 4・5 合併号 (1997 年) 111 頁。
(106) 奥脇・前掲注(38) 792 頁 (傍点引用者)。

819

〈第 7 部〉伝統的国際法概念の変容と発展

　仮保全措置が本案の付随手続である以上，本案に吸収され得ない措置を命ずることは法的に困難といわざるを得ず，紛争の法的側面の処理（本案判決による解決）に局限して司法機能を理解する立場からは，近年の ICJ による職権的措置の活用は紛争悪化防止措置の独立手続化，ひいては裁判所の政治機関化であると消極的に受け止められるように思われる。

　他方で，ICJ が国連の主要機関であることに鑑み，その司法機能を紛争全体の解決，つまりは，平和と安全の維持への貢献にまで拡張して捉える立場からは[107]，近年の傾向は仮保全措置の紛争悪化防止機能を強化する試みであり，職権的措置の活用により裁判所が紛争解決に向けた訴訟当事国との協働作業を自ら主導しようとしていると評価できるかもしれない。ここには「当事者の交渉の一過程に裁判を位置づけてみるという視点」と親和的な裁判所の姿勢が見てとれよう[108]。ただし，こうした司法機能の理解に必ずしも一致がないことは裁判所自身の評決が示す通りであり[109]，そこには紛争の処理をめぐる政治過程の中で裁判所が主体的な役割を果たすことの難しさが反映されているように思われる。

---

[107]　*See e.g.* Rosenne, *supra* note (2), pp. 217-218.
[108]　芹田健太郎「国際紛争処理論覚書」神戸法学雑誌 35 巻 3 号（1985 年）677 頁。*See also* Vaughan Lowe, "The Function of Litigation in International Society", *I.C.L.Q.* 61 (2012), pp. 220-222.
[109]　Certain Activities carried out by Nicaragua in the Border Area (Costa Rica *v.* Nicaragua), Order of 8 May 2011, para. 86(2), 13-4; Demande en interprétation de l'arrêt du 15 juin 1962 en l'affaire du *temple de Préah Vihéar (Cambodge c. Thaïlande)*, (Cambodge c. Thaïlande), ordonnance du 18 juillet 2011, para. 69, B(1), 11-5.

25 非国家主体と自衛権
——「侵略の定義」決議第3条(g)を中心に——

浅 田 正 彦

I はじめに
II ニカラグア事件判決における
　自衛権と帰属論
III 「侵略の定義」決議
IV 国 家 実 行
V おわりに

I はじめに

　武力行使や自衛権といった問題は，伝統的には国家間の関係としてのみ捉えられてきた[1]。しかし，今日では，むしろ非国家主体による武力行為に関連して自衛権が問題となるケースが顕著である。少なくとも国際司法裁判所（ICJ）に係属し実質的な判断が下された事件については，明らかにそのような傾向がある。1986年のニカラグア事件，2004年のパレスチナの壁事件，2005年のコンゴ・ウガンダ事件などがその代表例である。
　しかし，ICJへの付託の結果として関連する規則が明確化されたかといえば，

---

(1) See, e. g., Josef L. Kunz, "Individual and Collective Self-Defense in Article 51 of the Charter of the United Nations," *American Journal of International Law*, Vol. 41, No. 4 (October 1947), p. 878; Antonio Cassese, "The International Community's 'Legal' Response to Terrorism," *International and Comparative Law Quarterly*, Vol. 38, No. 3 (July 1989), p. 597; Christine Gray, "The Use of Force and the International Legal Order," in Malcolm D. Evans (ed.), *International Law*, 2nd ed. (Oxford UP, 2006), p. 603; Legal Consequences of the Construction of a Wall in the Occupied Palestinian Territory, Advisory Opinion, *ICJ Reports 2004*, p. 194, para. 139; *ibid.*, Separate Opinion of Judge Kooijmans, *ICJ Reports 2004*, p. 230, para. 35. アメリカも，NATO条約締結時には，武力攻撃とは「他国による」武力攻撃か，「他国によって援助された」革命をいうものとの立場であった。Tom Ruys and Sten Verhoeven, "Attacks by Private Actors and the Right of Self-Defence," *Journal of Conflict and Security Law*, Vol. 10, No. 3 (Winter 2005), p. 291.

〈第7部〉伝統的国際法概念の変容と発展

必ずしもそうではない。それらの判決・勧告的意見に対して有力な少数意見が付され，あるいは他の国際裁判所が異なる見解を示しているところに，その原因の一端がある。そこでの主要な論点は，他国所在の非国家主体による越境攻撃の犠牲となった国は[2]，①当該他国に対して自衛権を行使することができるか，また，②そのような非国家主体そのものに対して自衛権を行使することができるか，という点にある。両者は相互に密接に関連する問題であるが，理論的には異なる範疇に属し，①が私人の行為の国家への帰属の問題（以下「行為帰属論」または「帰属論」という）に関係するのに対して，②は自衛権概念の射程に関係する[3]。

こういった問題に関しては近年学界の関心も高く，万国国際法学会（IDI）が2007年のサンティアゴ会期において，「自衛権と非国家主体から生ずる特別な問題」を含めた検討を行い，自衛権に関するサンティアゴ決議を採択しているし[4]，国際法協会（ILA）の非国家主体委員会においても，「非国家主体に対する自衛」の問題を含めて検討が進められている[5]。

本稿は，上記①の問題に絞って検討を行うこととし，とりわけICJがニカラグア事件本案判決（以下「ニカラグア判決」という）で示した「侵略の定義」決議に依拠した判断の当時および今日における当否を，同判決に対する反対意見を分析の手がかりとしつつ明らかにすることを目的とする。具体的な検討に先立って，まず，ニカラグア判決の関連部分の判旨とそれに対する反対意見を振り返っておくことにしたい。

---

[2] 可能性としては，本文に述べたような場合のほか，ある国が他国への攻撃を，当該他国に所在する非国家主体や第三国に所在する非国家主体，さらには公海上に所在する非国家主体に対して命ずるということも考えられるが，本稿では，議論の単純化のため本文に述べたような場合に限定して論ずる。

[3] もっとも，①の問題を，非国家主体による攻撃の領域国への帰属の問題としてではなく，当該領域国自身の守るべき一次規則の問題として捉える場合（後述参照）には，①も②も自衛権（武力攻撃）概念の射程に関係するということになる。

[4] Institut de droit international, *Annuaire*, Vol. 72 (Session de Santiago (Chili), 2007), pp. 233-236.

[5] International Law Association Non-State Actors Committee, "Preliminary Issues for the ILA Conference in Rio de Janeiro," August 2008, p. 3.

II　ニカラグア事件判決における自衛権と帰属論

1　ニカラグア事件判決とシュウェーベル判事の反対意見
(1)　ニカラグア事件判決

　ニカラグア事件（ニカラグア対アメリカ）は，ICJ が初めて武力行使と自衛権の問題を本格的に取り上げた事件である。この事件は，ニカラグアが隣国（エルサルバドル，ホンジュラス，コスタリカ）の反政府ゲリラに武器供与その他の支援を行っていることを理由に，アメリカが，ニカラグアの反政府武装集団（コントラ）を支援したほか，アメリカ自身も自ら雇用したラテンアメリカ国籍の要員（UCLA）を用いてニカラグアの港湾に機雷を敷設し，港湾・石油施設・海軍基地などを攻撃したという事件である。ニカラグアが，一般国際法上の武力行使禁止に違反したなどとしてアメリカを訴えたのに対して，アメリカは，自己の行為を集団的自衛権の行使であるとして正当化した。

　本件において ICJ は，行為帰属論を2つの異なる局面において展開した。ひとつは自衛権との関係においてであり，1974 年の「侵略の定義」決議が援用された。今ひとつは一般理論としての帰属論であり，「完全な支配」および「実効的支配」という基準が提示された。後者については別稿[6]で検討したので，本稿では前者を中心に検討することにしたい。

　ニカラグア判決は，適用法の検討において，自衛権との関係で次のように述べている。自衛権行使の要件である「武力攻撃」には，正規軍の越境行動のほか，「［正規軍の行う現実の武力攻撃］に相当する重大性を有する武力行為を他国に対して実行する武装した集団，団体，不正規兵または傭兵の国家による派遣（sending）もしくは国家のための派遣，またはそれへの実質的関与（substantial involvement therein）」も含まれるものと理解しなければならないとの合意があるように思える，と（パラ 195）。これは，「侵略の定義」決議第3条(g)を武力攻撃の場合に当てはめたものであり，要するに，武力攻撃に相当する武力行為を他国に対して実行する武装集団等の，国家による（のための）「派遣」またはそれへの「実質的関与」をもって，その国家による武力攻撃と見なすということである。

---

(6)　浅田正彦「非国家主体の行為の国家への帰属――包括的帰属関係と個別的帰属関係をめぐって」国際法外交雑誌 111 巻 2 号（2012 年）1-28 頁参照。

〈第7部〉伝統的国際法概念の変容と発展

他方，武器供与や兵站その他の支援の形態で行われる叛徒への「援助(assistance)」については，裁判所は，それらは武力による威嚇や武力の行使または干渉に当たると見なされるかも知れないが，「武力攻撃」に含まれるとは考えないと述べた（パラ195）。こういった，叛徒への「援助」をもって「武力の行使」等に当たるかもしれないとの判断は，ニカラグア判決の他の部分において慣習法であることが示唆された1970年の「友好関係宣言」の間接的武力行使禁止規定（他国における非国家主体の武力行使を「組織」し，「援助 (assisting)」し，またはそのための自国における組織的活動を「黙認」する国家は武力行使を行ったことになる旨を定める）を念頭に置いたもののように思われる[7]。

いずれにせよ裁判所は，非国家主体の他国に対する武力攻撃が国家に帰属するためには，国家による（のための）非国家主体の「派遣」またはそれへの「実質的関与」が必要であり，国家による非国家主体への「援助」では不十分であるとの考えを示したといえる。

(2) シュウェーベル判事の反対意見

しかし，以上の判断を示すに当たってICJは，関連する国家実行等を説得的に提示している訳ではないし，少数意見による厳しい批判にも晒されている。「侵略の定義」との関連で判決を厳しく批判したのはシュウェーベル判事である[8]。シュウェーベル判事は，「侵略の定義」第3条(g)の起草過程を踏まえて次のように述べた。すなわち，同決議の起草過程においては，間接侵略に関連して，ソ連提案（武装集団の派遣による武力の行使などを侵略に含める），西側6カ国提案（武装集団の組織・支援 (supporting) なども侵略に含める），そして非同盟13カ国提案（他国の組織・支援した武装集団の破壊行為・テロ行為につき当該他国に対して自衛権を行使できない）が提示されたが，最終的に採択された決議は，西側6カ国

---

(7) Case Concerning Military and Paramilitary Activities in and against Nicaragua (Nicaragua v. United States of America), Merits, Judgment (hereinafter cited as "Nicaragua (Merits)"), *ICJ Reports 1986*, p. 101, para. 191, p. 108, para. 205.

(8) ジェニングス判事も，判決の上記引用パラ195について次のように批判している。単なる武器の供与のみでは武力攻撃に当たらないことは容易に合意されるであろうが，武器の供与は「他の種類の関与と併せて行われれば」武力攻撃の極めて重要な要素となりうる，と述べた上で，国連による集団安全保障が機能しない中で自衛の条件を不必要に厳格にすることは危険であると指摘している。Nicaragua (Merits), Dissenting Opinion of Judge Sir Robert Jennings, *ICJ Reports 1986*, pp. 543-544.

提案とソ連提案のすべてではないにしてもそのエッセンスを含んでおり，(「実質的関与」という文言を強調しつつ，ストーンの見解を引用して）採用されたのは西側6カ国の見解であった，と述べている[9]。

その上で，「侵略の定義」第3条(g)は，武装集団の「派遣」のみならず，その派遣への「実質的関与」も侵略行為となりうるとしているのであって，ニカラグアが武装集団をエルサルバドルに派遣したのではないにしても，ニカラグアはエルサルバドルの叛徒に対する武器弾薬の供与，訓練施設，指揮統制施設，避難所の提供その他の援助を通じてその派遣に実質的に関与しており，武装集団の派遣への関与が武器供与や兵站支援のみならず他の広範な活動を含む実質的なものである場合には武力攻撃と解釈されうる，と主張した[10]。そして，判決は「侵略の定義」が慣習法を反映していることを認めながら，「侵略の定義」とそれが反映する国家実行の双方の重要性を無視しているとして批判した[11]。

2 「侵略の定義」決議第3条(g)と帰属論

「侵略の定義」決議第3条(g)の規則としての性格づけに関して，上記ではそれを行為帰属論に関するものとして位置づけた[12]。しかし学説上，同号は行為帰属論（二次規則）に関するものではなく，単に国家の守るべき行為規範（一次規則）を示したに過ぎないとの考え方も主張されている。例えばベッカーによれば，「［第3条(g)において］国家の行為［派遣や実質的関与］を侵略と性格づ

---

[9] Nicaragua (Merits), Dissenting Opinion of Judge Schwebel, *ICJ Reports 1986*, pp. 341-342, paras. 162-163, p. 343, para. 165.

[10] *Ibid.*, pp. 343-344, para. 166, p. 346, paras. 170-171.

[11] *Ibid.*, p. 345, para. 168.

[12] 「侵略の定義」第3条(g)を帰属論で捉える学説として，see, e. g., Pierluigi Lamberti Zanardi, "Indirect Military Aggression," in A. Cassese (ed.), *The Current Legal Regulation of the Use of Force* (Nijhoff, 1986), p. 155; Terry D. Gill, "The Law of Armed Attack in the Context of the Nicaragua Case," *Hague Yearbook of International Law*, Vol. 1 (1988), pp. 39-40; Albrecht Randelzhofer, "Article 51," in Bruno Simma (ed.), *The Charter of the United Nations: A Commentary*, 2nd ed. (Oxford UP, 2002), pp. 800-802; Olivier Corten, "Self-Defence against Terrorists: What Can be Learned from Recent Practice (2005-2010)?," *Journal of International Law and Diplomacy*（国際法外交雑誌), Vol. 109, No. 2 (August 2010), p. 26. 浅田正彦「同時多発テロ事件と国際法上の自衛権」法学セミナー567号（2002年）38頁，松田竹男「国際テロリズムと自衛権」国際法外交雑誌101巻3号（2002年）5-7頁，植木俊哉「国際テロリズムと国際法理論」国際法外交雑誌105巻4号（2007年）8頁。

〈第 7 部〉伝統的国際法概念の変容と発展

けるのは，必ずしも帰属に関する諸原則の作用によるものではなく，国家自身の行為の独立した評価［つまり一次規則違反＝引用者注］によるものである」とされる[13]。そこで，同号の性格づけ（一次規則か二次規則か）について若干検討しておくことにしたい。

　一般的にいって，ある規則が一次規則であるか二次規則であるかは，場合によってはアプリオリには決まらないということもある[14]。実際，上記の要約からも窺えるように，ニカラグア判決においても，「侵略の定義」第 3 条(g)が非国家主体の行為の国家への帰属についての規則であることを示唆する記述は見当たらない。判決は，「侵略の定義」を，自衛権行使の前提たる「武力攻撃」が存在するか否かを判断する基礎として利用したに過ぎないのである[15]。

　しかし，その後の判例に照らせば，少なくとも ICJ に関する限り，「侵略の定義」第 3 条(g)は行為帰属論の枠組みで捉えられているということができるように思える。例えば 2005 年のコンゴ・ウガンダ事件判決（以下「コンゴ・ウガンダ判決」という）において ICJ は，ニカラグア判決を踏襲して第 3 条(g)に照らした判断を行い，その結果として同盟民主軍（ADF＝ウガンダの反政府武装集団）による攻撃はコンゴに「帰属しない（non-attributable）」と明確に述べており（パラ 146）[16]，同号は行為帰属論の文脈で捉えられていると考えることができる。し

---

[13] Tal Becker, *Terrorism and the State: Rethinking the Rules of State Responsibility* (Hart, 2006), pp. 176-181, esp. p. 177. See also Tarcisio Gazzini, *The Changing Rules on the Use of Force in International Law* (Manchester UP, 2005), p. 189. 宮内靖彦「自衛の発動要件にとっての非国家的行為体の意味──国際判例の観点からの分析」村瀬信也編『自衛権の現代的展開』（東信堂，2007 年）139-141 頁。

[14] 一次規則と二次規則の区別の相対化につき，兼原敦子「行為帰属論の展開にみる国家責任法の動向」立教法学 74 号（2007 年）4，27-28 頁参照。

[15] ただし，シュウェーベル判事の捉え方につき，後掲注[16]参照。

[16] Case Concerning Armed Activities on the Territory of the Congo (Democratic Republic of the Congo v. Uganda), Judgment (hereinafter cited as "DRC v. Uganda"), *ICJ Reports 2005*, p. 223, para. 146. コイマンス判事もその個別意見の中で，「不正規集団が［統治権能のほぼ完全に欠如している］領域から隣国に対して行う武力攻撃は，領域国に帰属し得ないとしてもなお武力攻撃であ」り，「単に攻撃国が存在しないからといって，攻撃を受けた国の自衛権を否定するのは不合理であろう」と述べることで，判決が帰属論をとっていることを前提に論を展開している。DRC v. Uganda, Separate Opinion of Judge Kooijmans, *ICJ Reports 2005*, p. 314, paras. 29-30, 32. Voir aussi Raphaël van Steenberghe, "L'arrêt de la Cour internationale de Justice dans l'affaire des activités armées sur le territoire du Congo et le recours à la force," *Revue belge de*

〔浅田正彦〕

たがって，以下ではそのような前提で論を進めることにしたい。

ところで，同じコンゴ・ウガンダ判決において ICJ は，同様に非国家主体を利用した間接的武力行使等との関係では（ここではウガンダへの帰属が問題），国家責任条文第 8 条（私人の行為はその者が国家の指示・指揮・支配の下に行動する場合には当該国家に帰属する）に照らして，コンゴ解放運動（MLC＝コンゴの反政府集団）の行為のウガンダへの帰属を否定するとともに，「たとえ……ウガンダに帰属（attributable）……しないとしても」として，友好関係宣言の間接的武力行使禁止の規定（他国における非国家主体の武力行使を組織し，援助し，またはそのための自国における組織的活動を黙認する国家は武力行使を行ったことになるとの趣旨）に照らして，ウガンダによる ALC（MLC の軍事部門）の訓練や軍事支援は武力不行使原則に違反する旨の判断を下している[17]。

このように ICJ は，武装集団の行為の国家への帰属を否定した後に友好関係宣言の間接的武力行使禁止規則を適用して判断を下していることから，友好関係宣言の当該規則については，行為帰属論の文脈ではなく一次規則の文脈で捉えているということになろう。だとすればコンゴ・ウガンダ判決において ICJ は，同じく間接的な武力行為であるにも拘らず，間接的武力攻撃に関する「侵略の定義」の関連規定は帰属論として捉えたのに対して，間接的武力行使に関する友好関係宣言の関連規則は帰属論としては捉えていないということになり，その結果，類似した事項を扱う 2 つの規則の性格づけにおいて一貫性がないということにもなる[18]。

---

droit international, vol. 39, no. 2 (2006), pp. 686-690. なお判決は，上記パラ 146 で「派遣」にのみ言及し「実質的関与」には言及していない。そのことにいかなる意味があるのかは直ちには明らかでないが，学説には，「派遣」は帰属に関係するが，「実質的関与」は帰属に関係しないとするものもある。Voir Olivier Corten, *Le droit contre la guerre: l'interdiction du recours à la force en droit international contemporain* (Pedone, 2008), p. 672; Tom Ruys, *'Armed Attack' and Article 51 of the UN Charter: Evolutions in Customary Law and Practice* (Cambridge UP, 2010), p. 415. なお，ニカラグア判決のシュウェーベル反対意見は，「［自衛権の行使には］自国領域内で活動する不正規兵がそれを支援する外国の代理人（agents）として行動していることを示す必要はない。外国がそれらの不正規兵の自国領域への派遣に『実質的に関与』していることを示せば十分である」と述べており，「実質的関与」を帰属とは異なる局面で捉えている可能性を示唆している。Nicaragua (Merits), Dissenting Opinion of Judge Schwebel, *supra* note (9), p. 344, para. 167.

(17) DRC v. Uganda, *supra* note (16), paras. 160-163.

〈第7部〉伝統的国際法概念の変容と発展

　もっとも，少なくとも実践的な観点からは，友好関係宣言の関連規則を上記のように扱ったことに問題はない。友好関係宣言の関連規則に定める国家と非国家主体との関係（組織，援助，黙認など）は，明らかに国家責任条文第8条の定める国家と非国家主体との関係（指示，指揮，支配）よりも緩やかであり[19]，したがって，より厳格な後者の基準に照らしてそれを満たさないとして帰属が否定されたとしても，より緩やかな前者の基準に照らせばそれを満たす可能性は残るのであって，そのため後者に照らした検討の後に前者に照らした検討が引き続き行われたということであろう。しかし両者の性格づけの観点からは，上記のような疑問は残る。

　ICJによる「侵略の定義」と友好関係宣言の関連規定のそれぞれの性格づけ（一次規則か二次規則か）については，①意図せずして両者が一致しないこととなった，②意図して異なる性格づけを行った，③ICJは一次規則，二次規則の区別に拘泥していない，のいずれかであろうが，①は両者が同一の判決の近接した部分で扱われていることからも考えがたく，③は判決が「帰属」という用語を使用していることからも考えがたい。そうすると，ICJは意図的に（少なくとも意識して）両者に異なる性格づけを行ったということになろう。しかし，なぜそのような異なる性格づけを行ったかについては定かでない。あるいは，自身は異なる見解を持つベッカーでさえ認める，「侵略の定義」第3条(g)を帰属論で捉える昨今の学説の一般的趨勢[20]が影響したのかも知れない。

　いずれにせよ，実体的な観点から重要なのは，ニカラグア判決が，武装集団等の他国に対する武力攻撃相当の武力行為について，「侵略の定義」第3条(g)

---

[18] ニカラグア判決は，本文でも触れたように，武器供与や兵站支援その他の形態で行われる叛徒への援助は，武力攻撃の概念には含まれないが，武力行使と見なされるかも知れないと述べて，（間接的）武力攻撃と（間接的）武力行使をある程度パラレルに捉えていた。Nicaragua (Merits), *supra* note (7), para. 195.

[19] 浅田・前掲注(6) 24-26頁。

[20] 自らは異なる見解のベッカーも，テロリストに対する自衛の問題を帰属論で捉える分析法が今日では極めて一般的であると述べ，その理由として，冷戦期には大国による不正規兵の利用（代理戦争）が一般に想定されていたため，国家と私的集団との間の具体的な関係は重視されなかったが，今日の中心的課題であるテロにおいては，非国家主体そのものが独立の行為者として行動しているため，そういったテロに対する国家の責任は，想定されるものではなく，立証されるべきものとなった（したがって国家と非国家主体との間の具体的な関係の評価が必要となる）ことによるとする。Becker, *supra* note (13), pp. 182-183.

に照らして，国家が当該集団を「派遣」しまたはそれに「実質的に関与」した場合には当該国家による武力攻撃と見なされるとする一方で，国家の関与が武装集団への「援助」に留まる場合には武力攻撃とは見なされないとしたの対して，シュウェーベル判事が，「実質的関与」という文言を強調しつつ，判決は「侵略の定義」とそれが反映する国家実行の双方の重要性を無視しているとして批判している点である。そこで，シュウェーベル判事の主張の当否を検証すべく，「侵略の定義」の起草過程および関連する国家実行を検討することにしたい。なお，この点は2005年のコンゴ・ウガンダ事件でも争われ，ウガンダが，「侵略の定義」第3条(g)にいう「実質的関与」には「兵站支援の提供」も含まれる旨を主張したが，裁判所はこれには答えなかった[21]。

III 「侵略の定義」決議

1 「侵略の定義」決議の起草過程

「侵略の定義」は，国連総会の「侵略の定義問題に関する特別委員会」において主要な討議が行われたが，1969年以降，ソ連提案，西側6カ国提案，非同盟13カ国提案の3つの案を基礎に検討が続けられ，1974年に国連総会においてコンセンサスで採択されたものである[22]。3つの提案の関連部分は，それぞれ以下のように規定していた[23]。

① ソ連提案は，武力侵略には直接と間接の2つのものがあることを示した上で，「一国による武装集団，傭兵，テロリストまたは破壊活動家の他国の領域への派遣 (sending) による武力の行使，および武力の行使を伴うその他の形態の破壊活動 (subversive activity) への関与 (engagement)」を「間

---

[21] DRC v. Uganda, Counter-Memorial Submitted by the Republic of Uganda, 21 April 2001, paras. 346, 359, 367. See also Stephanie A. Barbour and Zoe A. Salzman, "'The Tangled Web': The Right of Self-Defense against Non-State Actors in the *Armed Activities Case*," *New York University Journal of International Law and Politics*, Vol. 40, Special Issue (2008), pp. 68-70.

[22] 「侵略の定義」第3条(g)の起草過程について，森本清二郎「間接武力行使・侵略に対する自衛権行使の許容性（一）——友好関係原則宣言及び侵略の定義決議を手がかりにして」早稲田政治公法研究78号 (2005年) 247-256頁参照。

[23] A/7620, New York, 1969, pp. 4-9, reproduced in Benjamin B. Ferencz, *Defining International Aggression: The Search for World Peace*, Vol. 2 (Oceana Pub., 1975), pp. 329-335.

〈第7部〉伝統的国際法概念の変容と発展

接侵略行為」と定めていた（第2項C）。
② 西側6カ国（オーストラリア，カナダ，イタリア，日本，イギリス，アメリカ）提案は，第2条において「『侵略』という用語は，一国による公然のまたは隠密の，直接のまたは間接の，国際関係における武力の行使であって，他のいかなる国家の領土保全または政治的独立に対するものにも，また，国際連合の目的と両立しない他のいかなる方法によるものにも適用する」と定義した上で，第4条においてその態様として，一国の軍隊による他国の管轄の下にある領域に対する侵入などの直接的な態様のほか，間接的な態様として，「(6) 他国に侵入する武装集団，不正規軍または義勇軍を組織し，支援しまたは指揮すること（organizing, supporting or directing）」「(7) 他国において内戦（violent civil strife）またはテロ行為を組織し，支援しまたは指揮すること」「(8) 他国の政府の暴力的な転覆を目的とした破壊活動を組織し，支援しまたは指揮すること」を列挙していた。
③ 非同盟13カ国（コロンビア，キプロス，エクアドル，ガーナ，ガイアナ，ハイチ，イラン，マダガスカル，メキシコ，スペイン，ウガンダ，ウルグアイ，ユーゴスラビア）提案は，「一国が自国の領域内において他国によって組織されもしくは支援された不正規兵，義勇兵もしくは武装集団による破壊行為および／またはテロ行為の犠牲となる場合には，憲章第51条の下において当該他国に対して個別的または集団的自衛権に訴えることなく，自国の存在と機構（institutions）を護るために合理的かつ適当なすべての措置をとることができる」（第7条）と規定していた。

本稿に直接に関連する間接侵略との関係で重要な妥協がなされたのは，1972年〜1974年の特別委員会においてである。1972年には，特別委員会の設置した作業部会の非公式交渉グループが，上記3提案等をもとに，「間接的武力行使」と題して交渉の基礎となるべき2案を提示した[24]。上記ソ連提案および非同盟13カ国提案を反映した「第1案」は，①間接的武力行使を「［国連］憲章第51条の想定する武力攻撃に相当する武力と状況において他国の領域に侵入する武装集団，不正規兵または傭兵の国家による派遣（sending）」と概念規定するとともに，②「一国が自国の領域内において他国によって組織されもしく

---

[24] A/8719, New York, 1972, p. 15, reproduced in Ferencz, *supra* note [23], p. 501.

830

は支援された武装集団，不正規兵もしくは義勇兵による破壊行為および／または・テロ・行・為・の犠牲となる場合には，当該他国に対して個別的または集団的自衛権に訴えることなく，自国の存在と機構 (institutions) を護るために合理的かつ適当なすべての措置をとることができる」(傍点引用者) と定めていた。

他方，西側6カ国の作業部会での提案(25)を反映した「第2案」は，①「すべての国家は，他国の領域に侵入させるために，傭兵を含む不正規軍もしくは武装集団を組織し，または組織を奨励することを慎む義務を有する」と定めるとともに，②「すべての国家は，他国において内戦行為もしくはテロ行為を組織し，教唆し，これに援助を与えもしくは参加すること，またはかかる行為の実行に向けられた自国領域内における組織的活動を黙認することを，本項にいう諸行為が武力による威嚇または武力の行使を伴う場合には，慎む義務を有する」と定めていた。この第2案は，1970年の友好関係宣言の武・力・行・使・禁・止・の項目から，間接的武力行使に関する規定をそのまま再録したものであった。

両提案は多くの点で異なるというよりも，むしろ部分的には正反対とさえいえる内容を含んでいた。まず，間接侵略の概念規定（非国家主体（の行為）への国家の関与形態）の観点からは，第1案は，他国の領域に侵入する武装集団等を自ら「派遣」するといった直・接・的・か・つ・能・動・的・な・行・為のほか（①），他国の領域内において破壊行為等を行う武装集団の「組織」や「支援」といった間・接・的・な・が・ら・も・能・動・的・な・行・為（②）を念頭においていたのに対して，第2案は，他国に侵入させるための武装集団の「組織」や「組織の奨励」，他国における武力行使を伴う内戦行為等の「組織」や「援助」といった間・接・的・な・が・ら・も・能・動・的・な・行・為（①②）に加えて，他国における武力行使を伴う内戦行為等の実行に向けられた自国領域内における組織的活動の「黙認」といった間・接・的・か・つ・受・動・的・な・行・為（②）をも念頭においていた。

また，自衛権との関係では，西側諸国の主張を反映した第2案は，友好関係宣言の定める武・力・行・使・相・当・の事態に過ぎないにも拘らず，（間接侵略に対する自衛権を肯定するアメリカや日本などの主張(26)を反映しておれば）それに対する自・衛・権・の・行

---

(25) 西側6カ国の作業部会での提案は，友好関係宣言の間接的武力行使に関する規定を実質的にそのまま再録したものであった。A/8719, New York, 1972, p. 18, reproduced in Ferencz, *supra* note (23), p. 504.

(26) A/AC.134/SR.34, 13 March 1969, p. 62 (Japan); A/AC.134/SR.36, 17 March 1969,

〈第7部〉伝統的国際法概念の変容と発展

使を肯定していたのに対して，非同盟13カ国提案を反映した第1案の②では，同様の事態に対して明確に自衛権の行使を否定していた[27]。したがって，全体をごく簡略化して述べるならば，非同盟諸国およびソ連の主張を反映した第1案は，国家の関与が比較的緩やかな場合には間接侵略に対して自衛権を認めないというものであったのに対して，西側諸国の主張を反映した第2案は，友好関係宣言におけるような国家の関与が比較的緩やかな場合であっても間接侵略に対して自衛権を（恐らく）認めるというものであった。

こういった正反対ともいえる2つの案を統合して作成されたのが1973年の第3条(g)案であり，間接侵略を「上記の諸行為［＝侵略行為］に相当する重大性を有する武力行為を伴う侵入もしくは攻撃を他国に対して実行する武装した集団，団体，不正規兵または傭兵の国家によるもしくは国家のための派遣 (sending)，またはそれへの国家の公然かつ能動的な参加 (open and active participation therein)[28]」（傍点引用者）と定めていた。この過程でアメリカは，武装集団の「組織」「援助」「黙認」といった文言を放棄して，より客観的な基準である武装集団等の他国への「派遣」という文言の採用に同意した[29]。もっとも，アメリカはなお，「公然かつ能動的な参加」を侵略に含めることには固執した。これに対して特別委員会の多数の国は，「派遣」以外の活動を侵略に含めることに反対した[30]。特に「参加」の語は，不明確で広範な事態（援助の提供

---

p. 94 (US); A/AC. 134/SR. 44, 25 March 1969, p. 158 (US); A/AC. 134/SR. 67, 30 July 1970, p. 7 (Japan). See also *Yearbook of the United Nations 1969*, p. 771. 日米両国が間接侵略に対する自衛権を肯定していたにも拘らず，6カ国提案にそれが明記されなかったのは，憲章第39条にいう「侵略」と第51条にいう「武力攻撃」とは異なる概念であるとの考え方（日米），自衛を定義しようとすると大きな困難に遭遇するとの懸念（英豪），自衛の定義は委員会の任務ではないとの制約（日）などによるものと思われる。See, e. g., A/AC. 134/SR. 44, 25 March 1969, p. 156 (US); A/AC. 134/SR. 67, 30 July 1970, pp. 5-6 (UK), 6-7 (Japan), 8-9 (Australia); A/AC.134/SR.82, 4 February 1971, pp. 18-19 (US).

[27] 13カ国提案の非同盟諸国が間接侵略に対して自衛権の行使を認めない立場であった点について，see, e. g., A/AC. 134/SR. 57, 20 July 1970, p. 32 (Uruguay); A/AC. 134/SR. 60, 22 July 1970, pp. 86 (Mexico), 90-91 (Cyprus); A/AC. 134/SR. 63, 24 July 1970, pp. 118-119 (Cyprus). 間接侵略に対しては，平和に対する脅威として，国連の介入を求めるべきであるとの主張であった。See, e. g., A/AC. 134/SR. 60, p. 86 (Mexico).

[28] A/9019, New York, 1973, p. 17, reproduced in Ferencz, *supra* note [23], p. 528.

[29] Ferencz, *supra* note [23], p. 39.

[30] Zanardi, *supra* note [12], pp. 114-115. 非同盟13カ国提案に賛成の国は，特別委員会の

832

までも）をカバーし濫用される危険があるとして反対された[31]。このような対立のなか，最終的には 1974 年になされた妥協において，1973 年案の「公然かつ能動的な参加」を「実質的関与」で置き換えることで妥結した[32]。

以上のような経緯からすれば，「侵略の定義」第 3 条(g)は，①ソ連提案（「派遣」）と，②西側と非同盟との間の妥協（「実質的関与」）とを反映したもののように思える。

2 「実質的関与」の意味

最終的に採択された「侵略の定義」第 3 条(g)において注目すべきは，「実質的関与」の意味内容と，その「組織」「援助」「黙認」との関係である。ニカラグア判決への反対意見の中でシュウェーベル判事が，第 3 条(g)は西側 6 カ国提案を採用したものであるとするとともに，「実質的関与」の語の存在を強調しつつ，ニカラグアはエルサルバドルの叛徒に対する「援助」を通じて「その派遣に実質的に関与」したので武力攻撃を行ったと解釈されうる，と述べていたからである。

まず，前提問題として，ここにいう「関与」が何に対する関与であるのかを確認しておく必要があろう。第 3 条(g)は単に「substantial involvement therein」として，何に対する関与なのかを明示していない。学説上は，①「［武装集団等］の派遣」への関与を意味するとするもの（ザナルディ，ストーン，ランデルツホーファなど）[33]と，②「［武装集団等の行う］武力行為」への関与を含

構成 35 カ国中 20 カ国に上ったといわれる（*Ibid.*, p. 118, n. 17）。

[31] A/AC.134/SR.107, 28 May 1973, p. 33 (Egypt); A/AC.134/SR.108, 29 May 1973, p. 40 (Iraq); A/C.6/SR.1441, 19 November 1973, para. 16 (East Germany); A/C.6/SR.1443, 20 November 1973, para. 32 (USSR). See also A/9411, 10 December 1973, p. 11, para. 22, reproduced in Ferencz, *supra* note (23), p. 550.

[32] Ferencz, *supra* note (23), pp. 39-40. 1973 年提案にあった「侵入もしくは攻撃」への言及も削除された。「実質的関与」を提案したガイアナによると，何が「実質的」であるかは，すべての状況に基づいて判断されなければならないとされる。Ibid., p. 40. なお，この合意の背景には，自決権に関する規定（第 7 条）の挿入に非同盟諸国や東側諸国が満足した点がある。See, e.g., A/AC.134/SR.112, 12 April 1974, p. 21 (Syria); A/AC.134/SR.113, 12 April 1974, pp. 47 (USSR), 52 (Egypt). 森本・前掲注(22) 253-255 頁。See also Julius Stone, "Hopes and Loopholes in the 1974 Definition of Aggression," *American Journal of International Law*, Vol. 71, No. 2 (April 1977), p. 238-239.

[33] See, e.g., Julius Stone, *Conflict through Consensus: United Nations Approaches to*

〈第7部〉伝統的国際法概念の変容と発展

むとするもの（アビ・サーブ，スターン，ルイス，コルタンなど）[34]の2つに大別できるが，フランス語の「正文」からは明らかに①の解釈となるし[35]，ニカラグア事件の反対意見でアメリカの主張を擁護するシュウェーベル判事でさえ（本来ならばより広範な行為をカバーできる②の解釈をとると思われるところ）①の解釈を前提に論を展開していた点（前掲の引用部分参照）には注目すべきであろう。

しかし，シュウェーベル判事のその余の論の展開には疑問がある。もし関与が「派遣」への関与でなければならないとすれば，そもそもいずれかの国（A国）による（のための）武装集団等の「派遣」がなければ，派遣への当該国（B

Aggression（Johns Hopkins UP, 1977），p. 74; Zanardi, *supra* note ⑫, p. 115; B. C. Nirmal, "Aggression as Defined by the General Assembly," *Indian Year Book of International Affairs*, Vol. 19 (1986), p. 337; Randelzhofer, *supra* note ⑫, p. 801.

[34] See, e. g., Georges Abi-Saab, "Cours général de droit international public," *Recueil des Cours*, tome 207 (1987-VII), p. 363; Carsten Stahn, "Terrorist Acts as 'Armed Attack': The Right to Self-Defense, Article 51 (1/2) of the UN Charter, and International Terrorism," *Fletcher Forum of World Affairs*, Vol. 27, No. 2 (Summer/Fall 2003), p. 51; Ruys, *supra* note ⑯, p. 388; Corten, *supra* note ⑯, p. 672. 近藤航「テロ支援国家に対する自衛権行使の『帰属の要件』——9.11テロ事件に関する学説の整理」『横浜国際社会科学研究』第13巻6号（2009年）62頁は，①の解釈であるとすると，派遣と実質的関与の主体がともに「国家」であることから，武装集団等を派遣する国家自身がさらに実質的に関与するという奇妙なことになるとして，②の解釈を支持する。しかし，派遣する国と実質的に関与する国は同一の国であるという訳でなく，一国が別の国の行う派遣に実質的に関与するということである（英文からも必ずしも派遣国と関与国が同一の国でなければならないということにはならない）。See Stone, *supra* note ㉝, p. 74.

[35] 浅田・前掲注⑫ 39頁，注⑽。当該部分のフランス語は，「le fait de s'engager d'une manière substantielle dans une telle action」となっており，「une telle action」は「des actes de force」ではなく「L'envoi」を受けている。この文言はフランスの第3条(g)に関する主張とも整合的であり，フランスはその起草過程において，「武装集団が派遣されるまでは侵略行為が発生したことにはならない」「武装集団が国境を越えるまでは侵略行為は発生していない。武装集団の組織や準備という事実だけではそれ自体として侵略行為を構成しない」と述べている。A/AC. 134/SR. 113, 12 April 1974, p. 26; A/C. 6/SR. 1271, 1 November 1971, para. 30; A/C. 6/SR. 1441, 19 November 1973, para. 46; A/C. 6/SR. 1474, 11 October 1974, para. 29. その意味では，フランス語を母国語とするコルタンが上記②の解釈をとっているのは注目される。もっとも彼も，武力攻撃とされるためには武装集団への大規模な援助が必要であるとの立場である。Olivier Corten, "Judge Simma's Separate Opinion in the *Oil Platforms* Case: To What Extent Are Armed 'Proportionate Defensive Measures' Admissible in Contemporary International Law?," in Ulrich Fastenrath et al. (eds.), *From Bilateralism to Community Interest: Essays in Honour of Judge Bruno Simma*（Oxford UP, 2011），p. 854. 後掲注㊱をも参照。

国）による「関与」もありえず，B国による武力攻撃は存在しないことになる。そうであれば，A国による派遣がない中で，B国による武装集団等の「組織」「支援」など（作業部会での提案では「組織」「援助」「黙認」など）が単独で武力攻撃となるということにはならず，シュウェーベル判事のいうように，第3条(g)では6カ国提案の見解が採用された，ということにもならないはずである。「派遣」への関与を語る以上は，まずいずれかの国による「派遣」を立証した上で，それへの「実質的関与」を立証する必要があろう。

　また，ニカラグア事件における具体的な事実との関係についていえば，シュウェーベル判事が累積して「実質的関与」に当たるとして列挙している，叛徒に対する武器弾薬の供与や訓練施設の提供などは，武装集団（の活動）への関与であって，厳密には「派遣」への関与とはいい難く，相当柔軟に解しない限り判事自身の「関与」に関する立場（「派遣」への関与）と一致しないように思える。もっとも，具体的事例においては，何をもって「派遣」への関与であり，何をもって「武力行為」への関与であるというのか，この両者を截然と区別することが必ずしも容易でない点には注意すべきであろう。ともあれ，（特にフランス語の文言からは）上記①の解釈が有力であるとはいえ，それが起草過程から明確に確認できるという訳ではない。

　次に，「実質的関与」における「実質的」の意味であるが，この点についても学説は分かれている。狭い解釈をとる者（ザナルディ，ルイス，コルタン，アビ・サーブなど）は，「実質的関与」に単なる「援助」や「黙認」は含まれないとするのに対して，広い解釈をとる者（ストーン，ランデルツホーファなど）は，「援助」や場合によっては「黙認」までも含めて「実質的」関与であるとする[36]。この

---

[36] 狭い解釈（単なる援助や黙認は含まれない）をとるものとして，see, e. g., Zanardi, *supra* note (12), pp. 115-116; Nirmal, *supra* note (33), p. 337; Corten, *supra* note (16), p. 677; Ruys, *supra* note (16), pp. 389-390; Abi-Saab, *supra* note (34), p. 363. 浅田・前掲注(12) 37 頁。より広い解釈（援助（や黙認）も含まれる）をとるものとして，see, e. g., Stone, *supra* note (33), p. 74; Randelzhofer, *supra* note (12), p. 801. 近藤・前掲注(34) 62 頁。ただし，より厳密にいえば，「実質的関与」を狭く捉える捉え方にも，①派遣への関与に限るとして狭く捉える考え方（Zanardi）と，②派遣への関与以外に，（武装集団の行為への関与であるが）派遣にも相当する密接な関与も含めつつ狭く捉える考え方（Ruys，浅田）がある。また，「実質的関与」を広く捉える捉え方にも，③実質的関与は「派遣」に対するものであるが，関与の形態は支援でもよいとする考え方（Stone）と，④友好関係宣言の間接的武力行使禁止規則のいうような関係（非国家主体の活動の黙認があれ

〈第7部〉伝統的国際法概念の変容と発展

点における学説の対立を，前述の何に対する「関与」であるのかについての学説の対立と合わせてみると，必ずしも「派遣」への関与という立場の者が狭い解釈をとり，武装集団の行為への「関与」を含むという立場の者が広い解釈をとっているという訳ではないことが分かる。つまり，何への「関与」かということと，「実質的」関与を厳格に解するか緩やかに解するかということとの間には，特に相関関係はないということのようである。

　起草過程においては，前述のように，作業部会での西側6カ国の提案やそれを受けた作業部会非公式交渉グループの第2案は，「組織」「援助」「黙認」など友好関係宣言に定める緩やかな関係に言及していたが，非同盟諸国の反対に遭ってその部分は削除され，より客観的な「派遣」が採用されたものの，アメリカはなお「公然かつ能動的な参加」への言及には固執し，後者が最終的な妥協の結果として「実質的関与」となった。このような経緯からすれば，少なくともアメリカの主観においては，「組織」「援助」が完全に放棄されたといえるかは微妙である（なお，「黙認」は「公然かつ能動的な参加」とはいえまい）。実際アメリカは，「侵略の定義」が採択された国連総会第6委員会において，第3条(g)の解釈に当たっては友好関係宣言などの文書を参照することが特に有用であると述べ，「実質的関与」の中に友好関係宣言の要素が残されているとの立場を強く示唆している[37]。

　しかし，第3条(g)の起草過程において，友好関係宣言の要素への言及が広範な支持を得ていなかったのは明らかである。西側であるフランスでさえ，武装集団の派遣への参加とは独立の，武装集団の単なる組織やその結成の奨励などが侵略行為となることは受け入れられないと一貫して主張していたし[38]，インドネシアは，支持がないことから，武装集団の「支援および組織」に言及する提案を撤回することに同意しているのである[39]。したがって，「実質的関与」を，

　　ばよい）でも実質的関与となるとする考え方（近藤）がある。

[37]　A/C. 6/SR. 1480, 18 October 1974, p. 95.

[38]　See, e. g., A/C. 6/SR. 1441, 19 November 1973, para. 46. 前出注[35]をも参照。なお，フランスはそもそも間接的武力行使を侵略の定義に含めることには反対の立場であった。See *Yearbook of the United Nations 1969*, pp. 769, 771.

[39]　Ruys, *supra* note [16], p. 388; A/AC. 134/SR. 106, 28 April 1973, p. 24. もっとも，同国はその後，「能動的な参加」の語でその概念（支援および組織）は充分に扱われていると理解するとも述べている。A/AC. 134/SR. 111, 21 March 1974, p. 10.

友好関係宣言に定めるような「組織」「援助」「黙認」を含むものとして解釈することには無理があるといわねばならない。起草過程からは，「実質的関与」は極力制限的に解すべきであって，「派遣」そのものではないにしても，「派遣」にも相当するような密接な関係（派遣への関与には限られない）を意味すると解釈すべきであろう。

以上からして，少なくとも「侵略の定義」第3条(g)に関する限り，ニカラグア判決におけるICJの判断（武器供与や兵站その他の支援の形態で行われる叛徒への援助は「武力攻撃」とは考えない）は，同号の起草過程を概ね反映したものであるといえる。もっとも，「侵略の定義」が国連総会決議に過ぎず，上記に見たような妥協の産物に過ぎないこと，そしてまた，ニカラグア判決が（全体として）国家実行を軽視しているとして批判されてきたこと[40]などを考慮すれば，武力攻撃に当てはめた第3条(g)の規則が「慣習法を反映しているといえるかも知れない[41]」としたICJの判断および同号のICJによる解釈の当否は，当時の国家実行を検討してはじめて明らかとなるように思える。国家実行の検討はまた，不明確なところの残る「実質的関与」という概念の射程を明らかにすることにも資するかも知れない。

Ⅳ　国家実行

1　国家実行評価の視座

検討に先立って，まず，本稿における国家実行評価の視座を示しておきたい。国家実行は，慣習法の成立・変更との関係で，法的信念確認のための重要な手段である。しかし，とりわけ武力行使に係わる実行は，その態様が一様でないだけでなく，それに対する諸国の反応も多様である。そのような中で諸国の法的信念を確認するためには，まず武力行使国（自衛権行使国）による正当化の内

---

[40] See, e.g., Anthony D'Amato, "Trashing Customary International Law," *American Journal of International Law*, Vol. 81, No. 1 (January 1987), p. 102; Thomas M. Franck, "Some Observations on the ICJ's Procedural and Substantive Innovations," *American Journal of International Law*, Vol. 81, No. 1 (January 1987), pp. 118-119; Michael J. Glennon, "The Fog of Law: Self-Defense, Inherence, and Incoherence in Article 51 of the United Nations Charter," *Harvard Journal of Law and Public Policy*, Vol. 25, No. 2 (Spring 2002), p. 554.

[41] Nicaragua (Merits), *supra* note (7), para. 195.

〈第7部〉伝統的国際法概念の変容と発展

容と，武力行使犠牲国による武力行使国非難の内容に注目することになる。しかし，通常，武力行使国は自己の行為を正当化するためにあらゆる論理を駆使し，犠牲国はそれらを悉く否定するであろうから，その点は割り引かなければならない。

その意味では第三国の反応（とりわけ安保理における決議および討議）が重要となる。しかし，第三国の反応は武力行使国や犠牲国との政治的な関係によって左右されるところがある（特に冷戦期）。したがって，政治的には批判を行わないように思われる国による法的批判や，政治的には批判を行うように思われる国による法的是認には特に注目すべきである。そのような場合にはその旨の法的信念が強く働いていると推定することができるからである。同様なことは，稀ではあるが，武力行使国による違法性を認める発言（謝罪を含む）や，武力行使犠牲国による違法性を追及しない態度にはより強く当てはまる[42]。なお，こういった第三国の反応を左右することのある非法的な要因としては，冷戦期の東西対立におけるような狭い意味での政治的な要素のほか，より広く人道的な感情といった要素が関係することもあろう。

今ひとつ注意しなければならないのは，新たな慣習法の成立や慣習法の変更を語ることができるためには，いかに顕著な実行であっても単一の事例だけでは不十分であり，同様な事態において同様な反応が繰り返される必要があるということである[43]。逆に，たとえ当初の段階では政治的な要素が圧倒的な影響力をもったとしても，その後同様な事態において同様な反応が繰り返される場合には，新たな慣習法の成立や慣習法の変更を語ることができるであろう。

なお，特に自衛権との関係で指摘すべきは，武力行使国の行為が「均衡を失している」とか，武力行使国は「人道法を遵守すべき」といった批判は，反対の証拠がない限り，自衛権行使の前提（特に武力攻撃の発生）は存在するとの認識を示唆するという点である[44]。

---

[42] こういった点は以前にも指摘したことがある。浅田正彦「国際法における規則の明確性と実効性――兵器の使用規制をめぐって」岡山大学法学会雑誌37巻1号（1987年）74頁。

[43] See Marcelo G. Kohen, "The Use of Force by the United States after the End of the Cold War, and Its Impact on International Law," in Michael Byers and Georg Nolte (eds.), *United States Hegemony and the Foundations of International Law* (Cambridge UP, 2003), p. 225.

以上の諸点を念頭に置きつつ，まずニカラグア判決までの実行を見ることにしよう。もとより関連する事例をすべて網羅することは不可能であるので，非国家主体による攻撃に対して反撃国が反撃に当たって自衛権を援用して正当化を行った顕著な事例，代表的な事例を取り上げ，帰属に関連する部分を中心に検討することにしたい。

2　ニカラグア事件判決まで
(1)　1950年代〜1960年代

まず1950年代の事例として，1956年10月のイスラエルによるエジプトのシナイ半島への武力侵攻，いわゆるスエズ動乱がある。イスラエルは，安保理において，「自衛の固有の権利」を援用した上で，「ナセル氏の特別な保護と権威の下に」殺人と破壊活動のためにイスラエルに侵入したエジプトのフェダイーン（戦士）の基地を排除するのが作戦の目的であったことを明らかにした[45]。そして，「ナセル氏の責任と支配の下における武装集団のイスラエルへの侵入」を，エジプトによる武装集団の「派遣（send/sent）」と表現して非難した[46]。

安保理では，イスラエルによる「侵略行為」を非難するとの発言がなされたほか，イスラエルに即時撤退を求めるアメリカ提出の決議案（その後イスラエルとエジプトに即時停戦を求める項を追加）は，英仏両国の拒否権で辛うじて否決された（7対2棄権2）が[47]，イスラエルを非難できないとの発言や，イスラエル

---

[44]　後出注(102)および同注に対応する本文参照。なお，たとえ「違法な武力復仇」であるとの非難がなされても，それに先立つ非国家主体による先行行為が，国家に帰属する武力攻撃ではなかったということには必ずしもならない。「武力復仇」には，必要性・均衡性の要件を満たさない場合の「自衛行為」（武力攻撃への武力による対応）も含まれるとされるからである。James A. Green, "Self-Defence: A State of Mind for States?," *Netherlands International Law Review*, Vol. 55, Issue 2 (2008), pp. 196-197; Christine Gray, *International Law and the Use of Force*, 3rd ed. (Oxford UP, 2008), pp. 153, 197-198. もっとも，武力復仇には，非武力違法行為に対する武力による対応を含め，それ以外の場合も当然ある。したがって，非国家主体による武力攻撃相当の武力行為に対して行われた非国家主体所在国への武力行使が「武力復仇」として非難された場合には常に，非国家主体の武力攻撃相当の行為が所在国に帰属したが，必要性・均衡性の要件を満たさなかったと判断された，ということにもならない。非国家主体の行為は所在国に帰属しなかったが，所在国による干渉あるいは武力攻撃に至らない武力行使に対する武力による対応として，武力復仇であるとの非難がなされたとも考えられるからである。

[45]　S/PV. 749, 30 October 1956, paras. 33, 36-37, 108.

[46]　*Ibid*., paras. 98, 105.

〈第7部〉伝統的国際法概念の変容と発展

の反応は均衡を失しているといった発言も少なくなかった[48]。

1958年7月には，レバノンが，シリア（当時エジプトと共にアラブ連合共和国を構成）からの武装要員の侵入と武器の供給によって独立が脅かされているとして，国連憲章第51条を援用して友好国に支援を要請したところ[49]，これに応えてアメリカがレバノンに軍事介入した。レバノンは，アラブ連合共和国による内政干渉があるとして，同国によるレバノンの破壊活動分子に対する武器供与，彼らを訓練した後のレバノンへの「派遣（sending back）」などに言及すると共に，フェダイーンのレバノンへの「派遣（sending）」に責任を有するのはシリア（Syrian circles）であると主張した[50]。

本件は，武装集団を「派遣」したとされるシリアそのものに対してアメリカが武力を行使した訳ではないので，典型的な自衛の事態とはいい難いが（むしろ要請による介入か），レバノンが，他国（シリア）の「派遣」した非国家主体の侵入との関係で当該他国の責任に言及しつつ自衛権を援用していることからは，シリアがフェダイーンを「派遣」したことによって「武力攻撃」を行ったことになるとの同国の認識が窺える[51]。本件において，アメリカに武力干渉の停止とレバノンからの即時撤兵を求めるソ連決議案は，圧倒的多数（1対8棄権2）で否決されたのに対して，レバノンへの違法な要員侵入と武器供与の即時停止を求めるアメリカ決議案は，ソ連の拒否権（9対1棄権1）で辛うじて否決された[52]。

---

[47] S/PV.748, 30 October 1956, paras. 21-22 (Yugoslavia), 29 (USSR); S/PV.749, 30 October 1956, paras. 25 (Yugoslavia), 29-30, 149 (USSR). S/3710, 30 October 1956; S/PV.749, 30 October 1956, para. 186.

[48] See, e.g., S/PV.748, 30 October 1956, paras. 21 (Yugoslavia), 37 (Australia); S/PV/749, 30 October 1956, paras. 133 (China), 168, 173 (France). 同様な指摘として，Thomas M. Franck, *Recourse to Force: State Action against Threats and Armed Attacks* (Cambridge UP, 2002), p. 55; Becker, *supra* note (13), p. 187; Ruys, *supra* note (16), pp. 114, 395. なお，国連総会はいかなる時点でもイスラエル非難を行わなかったとされる。Franck, *Recourse to Force*, p. 56.

[49] S/PV.827, 15 July 1958, paras. 71-72, 78-79, 82-84.

[50] S/PV.835, 21 July 1958, para. 91.

[51] 他方，スウェーデンは，国連憲章第51条適用の要件の一つは加盟国に対する武力攻撃の発生であるが，本件においてこの要件は満たされていないと考える，と述べている。S/PV.830, 16 July 1958, paras. 47-48.

[52] S/PV.834, 18 July 1958, paras. 67, 68.

類似の状況における自衛権の主張は，ベトナム戦争との関係でアメリカによってもなされている。アメリカは，1959 年～64 年に北ベトナムが 4 万人以上の武装・非武装のゲリラを南ベトナムに「侵入させた (may well have moved; infiltration)」ことをもって「武力攻撃」に当たるとし，南ベトナムの要請を受けて集団的自衛権を行使したとして，南ベトナム国内および北ベトナムに対する直接の軍事行動を正当化した[53]。本件に関して諸国は，事実関係は争っても，不正規兵の行為が国家に帰属しうること自体は否定しなかったとされる[54]。

(2) 1960 年代～1980 年代

1960 年代～80 年代には，主としてポルトガル，イスラエル，南アフリカ（以下「南ア」という）の 3 国が，「派遣」より緩やかな関係を基礎として自衛権を援用しつつ，武力行使を行うという例が多く見られた。例えば 1969 年 8 月には，南レバノンの村落を空爆したとして非難されたイスラエルが次のように主張している。すなわち，レバノンはテロリストによる対イスラエル・テロ戦争の基地となっているが，それを抑制する「意思も能力もなく」，これを「匿っている」ので，これらの基地に対して「自衛行動」をとらざるを得なかったと述べると共に，レバノン政府は自国の領域をテロ基地として使用させた責任を免れないと指摘した[55]。安保理では，イスラエルの行動を国連憲章違反とする発言のみならず，レバノンの責任を問う発言もなされたが[56]，安保理は，イスラエルによる村落の攻撃を国連憲章違反として非難すると共に，かかる「軍事的復仇行動 (actions of military reprisal)」は容認できないとする決議 270 を全会一致で採択した[57]。

1970 年代の例として，1972 年 2 月にイスラエルは，レバノンの村落に対し

---

[53] Leonard C. Meeker (Legal Adviser of the US Department of State), "The Legality of United States Participation in the Defense of Viet-Nam, March 4, 1966," *American Journal of International Law*, Vol. 60, No. 3 (July 1966), pp. 565-566, 573.

[54] Gray, *supra* note (44), p. 174; Ruys, *supra* note (16), p. 398.

[55] S/9387, 12 August 1969; A/PV.1498, 13 August 1969, paras. 46, 67, 68, 82, 83.

[56] *Yearbook of the United Nations 1969*, p. 203. アメリカは，停戦の甚だしい違反であるイスラエルの行為を許すことはできないし，レバノン領内からの不正規兵による攻撃に対するレバノン政府の責任を完全に免除することもできないと述べている。S/PV.1500, 14 August 1969, para. 13.

[57] S/PV.1504, 26 August 1969, para. 3.

〈第7部〉伝統的国際法概念の変容と発展

て大規模な陸軍および空軍による攻撃を行った。イスラエルは、このことについて、レバノンが自国領域内に対イスラエル・テロ攻撃を行う相当数の不正規兵を「匿っている」ことに言及し[58]、またレバノンが自国領域からの（武装集団による）対イスラエル武力攻撃を防止する「意思か能力がない限り」自衛行動に苦情を申し立てることはできないと述べるなど[59]、自衛権を援用して正当化を行った。しかし、安保理では多くの国がイスラエルを非難したほか[60]、レバノンに対する軍事行動を直ちに停止して軍隊を撤退させるようイスラエルに要求する決議313が全会一致で採択された。イスラエルはテロリストのみに向けられた最小限の行動であることを強調した[61]。

　1980年代に入ってからも、同様な事態は頻発した。例えば1984年1月にはアンゴラが、南部アンゴラにおいて南ア軍とアンゴラ軍が戦闘中であるとして、安保理に問題を提起し、次のように述べた[62]。すなわち、南アは1981年以来南部アンゴラを違法占領し、占領地からアンゴラ政府・人民に対して侵略行為を行っているが、今回は戦闘機や戦車などを使った最大規模の作戦であると非難した。これに対して南アは、自国の行動の唯一の目的はナミビアの住民を南西アフリカ人民機構（SWAPO＝アンゴラを拠点に南アと対立したナミビアの解放運動団体）から守ることであり、アンゴラ軍とはケンカをしていないが、「アンゴラ軍がSWAPOに対して積極的な軍事支援を行えば」、その結果に責任を負うことになるし、アンゴラが「SWAPOテロ集団の領域内における存在を許容し、奨励し、助長する限り」、その基地を捜索し破壊する、と述べた[63]。

　しかし安保理は、決議546を採択し（13対0棄権2）、南アによる爆撃と占領をアンゴラの主権侵害として強く非難し、南アに対し爆撃その他の侵略行為の即時停止と即時無条件撤退を要求しただけでなく、逆にアンゴラの自衛権の再確認まで行っている[64]。フランスは、「攻撃は本質的にSWAPOの戦士に対す

---

(58)　S/10550, 25 February 1972, p. 1.
(59)　S/PV. 1643, 26 February 1972, para. 51.
(60)　*Yearbook of the United Nations 1972*, p. 159.
(61)　S/PV. 1643, 26 February 1972, para. 47.
(62)　S/16244, 3 January 1984; S/PV. 2509, 4 January 1984, paras. 20-23.
(63)　S/PV. 2509, 4 January 1984, paras. 23, 35, 37, 39-42, 44.
(64)　S/RES/546 (1984), 6 January 1984, paras. 1, 3, 5. 翌年の決議574の第4項もアンゴラの自衛権を再確認している。

842

る自衛行為（act of self-defence）であるとの南アの主張は受け入れられない」と明言した[65]。棄権した英米両国は，文言が極端であるとか，平和的和解を探求していないといった点を理由に棄権したのであり，南アの行動を非難（遺憾と）するという点では異論はなかった[66]。

　本件につき南アは，安保理において必ずしも明確に「自衛権」に言及した訳ではなかったが（ただしフランス発言に注目），アンゴラとの関係における同様な事態につき，1985年6月の安保理では自己防衛に言及しつつ次のように自らの行為を正当化した。アンゴラはアフリカ民族会議（ANC＝白人政権と闘争した南アの政党）を積極的に支援して，その訓練を行い，武器を供与し，南アの人民へのテロ行為を準備しているところ，南アはアンゴラに対してANCのテロリストをその領域から排除し，支援をやめるよう求めたが，アンゴラはそれに応えていない，南アは国際法に従って行動しており，「自己防衛（defend ourselves）に必要で適当なあらゆる行動をとる」と述べた[67]。

　これに対して，発言したすべての国（英米を含む[68]）が南アのアンゴラ侵略を非難し[69]，その結果，南アの侵略行為をアンゴラの主権の重大な侵害として強く非難し，南アに対して即時無条件撤退とすべての侵略行為の停止を要求する決議567が全会一致で採択された。

(3) 小　括

　以上のように，1950年代〜60年代には，「侵略の定義」に定めるような「派遣」を問題にしつつ自衛権を援用する主張がなされたのに対して，他国の反応は，侵略であるとして非難しながらも「均衡を失している」点が強調されたり（スエズ動乱），武力干渉の停止を求める決議案が圧倒的多数で否決されたり（レバノン），事実関係を争っても不正規兵の行為の派遣国への帰属の可能性については否定しない（ベトナム戦争）といったものであった。これに対して，1960年代〜80年代には，イスラエルや南アなどによってより緩やかな関係（匿い，支

---

(65) S/PV. 2511, 4 January 1984, para. 20.
(66) *Ibid*., paras. 61, 63（UK），71-72（US）.
(67) S/PV. 2597, 20 June 1985, paras. 57-60.
(68) *Ibid*., paras. 180-181（UK），182（US）. ただし，アメリカは遺憾の意と強い不快感を表明したに留まる。
(69) *Yearbook of the United Nations 1985*, p. 182.

〈第7部〉伝統的国際法概念の変容と発展

援, 許容, 奨励, 訓練, 武器供与など）を基礎に自衛権の主張がなされた。しかし, 安保理ではそれらの主張は認められず, 全会一致ないし圧倒的多数をもって彼らを非難する決議が採択されている。したがってこの時期までの実行は, 明確でない部分はあるものの, 全体としてニカラグア判決と概ね（少なくとも緩やかな関係を基礎とした自衛権の主張を認めないという点で）整合的なものであったということができるように思える。

もっとも, 上で検討した1960年代～80年代の実行のいくつかにおいて, 武力行使国（「自衛権」行使国）は, その武力行使が領域国に向けられたものではないと主張している（領域国の責任に全く言及しないこともある）。この点に注目すれば, それらの武力行使（「自衛権」の行使）は, 領域国にではなく非国家主体に対するものだということになるのかも知れない（この点の検討は別稿に委ねたい）。もしそうであれば, それらは非国家主体に対する「自衛」の事例として, 帰属論の問題とはならず, 本稿の射程外ということになろう。しかし, いずれにせよ国際社会は上記のように, それらの「自衛権」の主張を認めてはいない。

またグレーも指摘するように, 1960年代～80年代にイスラエルや南アの主張が拒否された背景には, これらの国が違法占領を行っていると見られていたにも拘らず, その違法な占領地を防衛すべく自衛権を援用したという点があるのかも知れない[70]。しかし, そのことのみを理由に, 直ちに上記の国家実行の評価に変更を加えなければならないということにはならない。そのような要素が諸国の反応に決定的な影響を及ぼしたとすれば, それは, その後の（あるいは他の文脈における）実行によって修正されることになるはずだからである。したがって, その点を確認するためにも, そしてまた, ニカラグア判決の理解が今日においても妥当するか否かを確認するためにも, その後の国家実行を検討しなければならないということになる。

3 9.11同時多発テロ事件まで
(1) チュニスPLO本部事件 (1985年)

1980年代以降（概ねニカラグア事件以降）は, 国際テロに係わる事例が目立つようになる[71]。例えば1985年10月, 前月にPLOが行ったとされるキプロス

---

[70] Gray, *supra* note (44), p. 138.
[71] 同じ文脈で, チュニスPLO本部事件と並んで, 西ベルリン・ディスコ事件を契機と

におけるイスラエル人3人の殺害を直接の理由として[72]イスラエルが行った，チュニスのPLO本部空爆事件がそうである（チュニスPLO本部事件）。本件についてイスラエルは，安保理において次のように主張した。すべての国は自国領域から武力攻撃（特に文民に対するテロ攻撃）が行われるのを防止する責任を負うが，この責任を放棄すればその結果を甘受しなければならないリスクを負うのであり，チュニジアは故意にPLOを匿って，自国領域から攻撃を行う行動の自由を与え，それを防止する意図を有していなかったので，（自衛権の行使以外に）他に方法がなかったと述べて，国連憲章第51条を援用した[73]。もっとも，自国の行動はPLOに向けられたもので，領域国に向けられたものではない旨も付言している。

これに対して安保理では，多数の西側諸国を含むほとんどの国がイスラエルの行為を国連憲章に違反する侵略行為であるとして非難し[74]，「イスラエルによる武力侵略行為を強く非難する」旨の決議573が採択された（14対0棄権1）。棄権したアメリカは，真の脅威がテロであることが充分に盛り込まれていないとして棄権の理由を説明すると共に，さらなるテロ攻撃に対して自己を守るために適当な武力で対応することは，憲章で認められた自衛の固有の権利の一側面であり，自国領域内の人または集団によるテロ攻撃を防止するため適当な措置をとることは各国の責任である，と述べている[75]。

この発言は，1983年に発生した在レバノン・アメリカ大使館および海兵隊兵舎へのテロ攻撃などを背景に，アメリカが1980年代半ばに唱えたいわゆる「シュルツ・ドクトリン」を反映したものである。シュルツ・ドクトリンとは，「テロリストの攻撃を受けた国は，将来の攻撃を防止し，それに先制的に対応

した1986年のアメリカによるリビア空爆が取り上げられることがあるが，これは非国家主体の行為というよりもリビア政府が直接実行した事件と考えられる。S/PV. 2674, 15 April 1986, pp. 16-17 (US)。なおリビアは，2004年8月にアメリカ人以外の犠牲者への賠償の支払いに同意している。Becker, *supra* note (13), p. 199, n. 194.

[72] A/40/688-S/17502, 27 September 1985, pp. 1-2; S/PV. 2611, 2 October 1985, paras. 60-64.

[73] *Ibid.*, paras. 65-69.

[74] See, e. g., *ibid.*, paras. 10 (France), 17-18 (Denmark), 28 (Peru), 40-41 (Turkey), 52, 55 (Australia), 80, 88 (Algeria), 94, 103 (USSR), 112 (UK), 119 (Cuba), 134 (Senegal), 155 (Pakistan); S/PV. 2615, 4 October 1985, para. 175 (Viet Nam).

[75] *Ibid.*, paras. 250-252.

〈第7部〉伝統的国際法概念の変容と発展

し，テロリストを捕らえ，または市民を救出するために，他に手段がない場合には武力を行使することが許される」とするもので，「自衛権」をもってこれを正当化する理論である[76]。このような主張は1990年代に入っても続けられた。

(2) **アフガン事件・スーダン事件**（1998年）

1998年8月，アメリカは，同月のケニアとタンザニアのアメリカ大使館爆破事件（220人以上が死亡，4,000人以上が負傷[77]）に対するものとして，事件関与者と目されるオサマ・ビンラディンの訓練基地（アフガニスタン）と関連化学兵器工場と目された製薬工場（スーダン）に対してミサイル攻撃を行った（それぞれアフガン事件，スーダン事件）。アメリカは，安保理への書簡の中で，テロ活動を停止させ，ビンラディンの組織との協力をやめるよう繰り返し両国政府を説得する努力をしたが，テロ攻撃の継続を防止する他の手段がなかったので自衛権を行使した，と主張した[78]。そして，アメリカはその攻撃がビンラディンの基地や施設に限られていることを明らかにした[79]。

これに対してスーダンは，侵略行為として安保理会合の開催を要求したが，安保理は本件を議題として取り上げなかった。アフガニスタンとの関連では，事件の一週間後に安保理で同国の内戦問題が取り上げられ，決議1193が採択されたが，本件にはまったく触れられていない[80]。しかし安保理の外では，スーダンとの関係で，アラブ連盟理事会の決議や非同盟諸国首脳会議の最終文書が，アメリカの行為を国連憲章違反として非難しているし，アフガニスタン

---

[76] George Shulz, "Low-Intensity Warfare: The Challenge of Ambiguity," 15 January 1986, *International Legal Materials*, Vol. 25, No. 1（January 1986）, p. 206; idem, "Terrorism and the Modern World, October 25, 1984," *Department of State Bulletin*, Vol. 84, No. 2093（December 1984）, pp. 15-16. See also Ruys, *supra* note (16), p. 422.

[77] Jan Kittrich, *The Right of Individual Self-Defense in Public International Law*（Logos Verlag Berlin, 2008）, p. 142. 犠牲者の大部分は現地人であった。

[78] S/1998/780, 20 August 1998, p. 1.

[79] *Ibid.*, p. 1. See also Kimberly N. Trapp, "Back to Basics: Necessity, Proportionality, and the Right of Self-Defence against Non-State Terrorist Actors," *International and Comparative Law Quarterly*, Vol. 56, Pt. 1（January 2007）, p. 149. この点は，後述の9.11を受けたアメリカの反撃が，アフガンにあるアルカイダの訓練基地に加えてタリバン政権の軍事施設をも対象としていたことと対照的である。

[80] これらの事実は，大使館爆破事件そのものについては，それらを「強く非難する」安保理決議1189が全会一致で採択されたことと対照的である。S/PV.3915, 13 August 1998, p. 2.

との関係では，アラブ諸国，イスラム諸国が同国に対するミサイル攻撃に抗議している[81]。

他方，多くの西側諸国は，法的な根拠を示さずにアメリカの行動を支持するとするか，単に理解を示すに留まった[82]。このうち，英仏独三国による支持表明については，アフガニスタンとスーダンに対する巡航ミサイル攻撃を命令する数時間前に，アメリカのクリントン大統領がブレア首相（英），シラク大統領（仏），コール首相（独）にそれぞれ電話で支持を要請し，これらの首脳が法律顧問と協議する時間もなく支持を約束し，実際に攻撃の直後に公の支持表明をしたという事実が指摘される[83]。そうであれば，これらの国の支持には，かなりの程度政治的な要素が作用したと考えなければならないであろう。

以上のように見てくると，国際テロの時代においても，自衛権を主張する国やそれを支持する国（特にアメリカおよびイスラエル）の側からは，テロ防止にかかる不作為（チュニスPLO本部事件）やテロ組織との協力（スーダン事件，アフガン事件）が援用されているが，そのような主張を国際社会が支持するには至っていないということができる。したがって，この時期においても，国際社会一般の立場はニカラグア判決と概ね合致していたということができよう[84]（非国家主体に対する「自衛権」の主張といいうるものもあるが，1960年代〜80年代同様，いずれにせよ国際社会はそれらの「自衛権」の主張を認めてはいない）。

(3) 同時多発テロ事件（2001年）

そのような中で発生したのが，2001年9月11日の同時多発テロ事件である。この事件に対してアメリカは，同年10月，テロを実行したとされるアルカイダが基地を置くアフガニスタンに対して，自衛権の行使として軍事行動を開始

---

[81] 浅田正彦「国際法における先制的自衛権の位相——ブッシュ・ドクトリンを契機として」浅田正彦編『21世紀国際法の課題』（有信堂，2006年）314頁参照。

[82] Jules Lobel, "The Use of Force to Respond to Terrorist Attacks: The Bombing of Sudan and Afghanistan," *Yale Journal of International Law*, Vol. 24, No. 2 (Summer 1999), p. 538; Sean D. Murphy, *United States Practice in International Law*, Vol. 1 (1999-2001) (Cambridge UP, 2002), p. 421; Ruys, *supra* note (16), p. 426.

[83] Michael Byers, "Terror and the Future of International Law," in Ken Booth and Tim Dunne (eds.), *Worlds in Collision: Terror and the Future of Global Order* (Palgrave Macmillan, 2003), p. 123.

[84] 同様な評価として，Gray, *supra* note (44), pp. 199-200.

〈第7部〉伝統的国際法概念の変容と発展

した（アフガン事件，スーダン事件とは異なり，軍事行動の対象にはアルカイダの訓練基地のみならず領域国アフガニスタンのタリバン政権の軍事施設が含まれた）。安保理に提出した書簡においてアメリカは，自衛権行使の理由として，アフガンのタリバン政権に支援されたアルカイダ組織が攻撃の中心的な役割を果たしたこと，その支配地域の一部をアルカイダ組織に作戦基地として使用させるタリバン政権の決定によって攻撃が可能となったことに言及した[85]。

　前述のように，領域国による非国家主体への協力や支援などに言及しつつ，自衛権を行使したとする主張は，以前から一部の国によってなされてきたが，本件では，他のほとんどの国が，アメリカによるそのような主張を支持した点でこれまでとは違った[86]。事件翌日には，前文で一般的ながらも国連憲章に従った自衛権を承認する（recognizing）と述べる決議1368が全会一致で採択されている。

　この事件における国際社会の反応がこれまでと違ったのはなぜか。まず第一に，被害の甚大さとその衝撃の大きさ（ニューヨークの象徴ともいえる世界貿易センタービルが破壊されて[87]約3,000人が犠牲になり，事件がリアルタイムで世界中に放映された）があげられよう。また第二に，「自衛権」行使国の本土に対するテロ攻撃であった点（アメリカの場合それまでの事例はすべて外国領域におけるものであり，イスラエルや南アの事例もほとんどが占領地や外国領域におけるものであった）が影響したのかも知れない。さらに第三に，アメリカによる「自衛権」行使の対象に領域国であるアフガニスタンが明示的に含まれていたにも拘らず国際社会がアメリカを支持した背景には，アフガニスタンがアルカイダと緊密な関係をもち国際社

---

[85] S/2001/946, 7 October 2001, p. 1.
[86] 例えばEUの欧州理事会は，9月21日に特別会合を開き，安保理決議1368に基づいてアメリカによる反撃を正当とし，EU加盟国も同様な行動をとる用意があるとした上で，「そのような行動はテロリストを幇助し，支援しまたは匿う諸国にも向けることができる」旨を表明している。"Conclusions and Plan of Action of the Extraordinary European Council Meeting on 21 September 2001," p. 1. イスラム諸国でさえ，軍事行動がアフガンを超えて拡大しないよう求めるに留まり，対アフガン軍事行動自体を非難しなかったのは象徴的である。*Washington Post*, 11 October 2001. わずかにイラクなどの少数国のみがアメリカの軍事行動の合法性を直接問題にしたといわれる。Gray, *supra* note (44), p. 193; Steven R. Ratner, "*Jus ad Bellum* and *Jus in Bello* after September 11," *American Journal of International Law*, Vol. 96, No. 4 (October 2002), p. 910.
[87] ラトナーは，エッフェル塔が同様なことになったとしても世界の反応は同様だったであろうと述べて，これを「エッフェル塔現象」と呼ぶ。*Ibid.*, p. 919.

会から無法者と見られていたタリバン政権の下にあった点も関係するかも知れない[88]。

　実際にこれらの事情が政治的に他国の反応に決定的な影響を与えたのか，それとも武力攻撃にかかる帰属の法が緩やかな関与（攻撃のための領域使用の許容など）でも帰属を認める方向へと変わったのか。後者の主張を行う学説は少なくないが[89]，この点についてはその後の実行に照らして判断しなければならないであろう。なお，9.11後の国家実行との関連では，イスラエルが2000年6月に南部レバノンの占領地から撤退したことから[90]，レバノンとの関係では，前述の「違法占領」を理由とした政治的観点からのイスラエル非難の可能性という要素を考慮する必要がなくなった点に留意しなければならない。

4　9.11同時多発テロ事件後

(1)　ダマスカス事件（2003年）

　9.11後の実行としてまず取り上げるべきは，2003年10月のイスラエルによるシリア攻撃である。イスラエルは，数十名の死傷者を出した前日のハイファ（イスラエル）のレストランにおける自爆テロを理由に，シリアのダマスカスにあるイスラム聖戦機構（Islamic Jihad＝パレスチナ解放をめざすスンナ派武装組織）の基地に対して空爆を行った（ダマスカス事件）。イスラエルは，安保理において，シリアが同機構を含むテロ組織に対して避難所，訓練施設を提供することによって支援していることを指摘した後，シリアのテロリスト訓練施設に対する自国の慎重な防衛的対応は「憲章第51条に従った明確な自衛行為である」と

---

[88]　Gerry Simpson, *Great Powers and Outlaw States: Unequal Sovereigns in International Legal Order*（Cambridge UP, 2004）, pp. 339-348; Lindsay Moir, *Reappraising the Resort to Force: International Law, Jus ad Bellum and the War on Terror*（Hart, 2010）, p. 154.

[89]　実際，そのような主張が少なからずなされた。Michael Byers, "Terrorism, the Use of Force and International Law after 11 September," *International and Comparative Law Quarterly*, Vol. 51, Pt. 2（April 2002）, pp. 409-410; Sean D. Murphy, "Terrorism and the Concept of 'Armed Attack' in Article 51 of the U. N. Charter," *Harvard International Law Journal*, Vol. 43, No. 1（Winter 2002）, pp. 45-47; Michael N. Schmitt, *Counter-Terrorism and the Use of Force in International Law*（George C. Marshall European Center for Security Studies, 2002）, pp. 67-69, 72-73; Randelzhofer, *supra* note (12), p. 801. See, generally, Becker, *supra* note (13), pp. 231-236.

[90]　See S/PRST/2000/21, 18 June 2000, p. 1. なお，イスラエルは2005年9月にガザ地区からも撤退したとされる。外務省「パレスチナ概況」（平成21年3月）。

〈第7部〉伝統的国際法概念の変容と発展

主張した[91]。同時にイスラエルは，目標はシリア自体ではなく，シリアにあるテロリストの基地であるとも主張した[92]。

しかし安保理では，多数の国が国際法違反であるとしてイスラエルを非難した。アラブ諸国が，国連憲章の重大な違反である，侵略行為である，憲章第2条4項違反であるなどとしてイスラエルを非難したほか[93]，パキスタンやモロッコやヨルダンは明確に自衛権による正当化を拒否した[94]。そして中国や多くの西側諸国も，テロ行為を非難すると同時に，イスラエルの行為も国際法の明白な違反であるなどとして非難した[95]。アメリカはイスラエルを非難しなかったものの，その自衛権の主張を支持することもしなかった[96]。一部の国は，これはイスラエルの違法占領から生じた問題であるとも指摘した[97]。

(2) 第2次レバノン戦争（2006年）

2006年7月，イスラエルは，ヒズボラ（レバノンのシーア派組織）による越境攻撃の結果としての8名のイスラエル兵殺害と2名の拉致を受けて，ヒズボラに対する軍事行動を開始した[98]（第2次レバノン戦争）。イスラエルは，安保理への書簡の中で，この戦争行為の責任は「その領域からこれらの行為が行われたレバノン政府にある」と述べた上で，「国際連合憲章第51条に従って行動する権利を留保する」として自衛権の行使を留保する旨を明らかにした[99]。これに対してレバノンは，「本件については了知しておらず，それに責任を負わず，

---

[91] S/PV. 4836, 5 October 2003, pp. 5, 7.

[92] Amos N. Guiora, "Self-Defense – From the Wild West to 9/11: Who, What, When," *Cornell International Law Journal*, Vol. 41, No. 3 (Fall 2008), p. 660.

[93] See, e. g., S/PV. 4836, 5 October 2003, pp. 14 (League of Arab States), 15-16 (Lebanon), 16 (Algeria), 17 (Morocco), 18 (Jordan), 18 (Egypt), 19 (Tunisia), 20 (Kuwait), 20 (Saudi Arabia), 22 (Bahrain).

[94] *Ibid.*, pp. 8 (Pakistan), 17 (Morocco), 18 (Jordan).

[95] See, e. g., *ibid.*, pp. 9 (Spain), 9 (China), 9 (UK), 10 (Germany), 10 (France). ただし，イギリスは，「イスラエルの行動は受け入れられない」と述べたのみで，法的な主張は行っていない。

[96] *Ibid.*, pp. 13-14.

[97] *Ibid.*, pp. 8 (Pakistan), 23 (Libya).

[98] See, e.g., S/2007/392, 28 June 2007, para. 2. なお，当初の段階では，イスラエル兵2名が死亡，3名が負傷，2名が拉致と報告された。S/PV. 5489, 14 July 2006, p. 2 (UNUSG).

[99] A/60/937-S/2006/515, 12 July 2006, pp. 1-2. イスラエルは，ヒズボラを支援するイランとシリアにも責任があるとした。

850

その行為を是認もしない」と主張し，イスラエルの行為を「広範かつ野蛮な侵略」として非難した(100)。

安保理の討議では，イスラエルは，安保理への書簡ほど明確には自衛権を援用して正当化する論の展開を行わなかったが(101)，非同盟諸国を含む極めて多数の国が「イスラエルの自衛権を承認（recognize）する」旨の発言をし(102)，国連事務総長も「イスラエルの自衛権については誰も争っていない」と述べるなど(103)，9.11後に類似する状況が現出した(104)。イスラエルは，レバノンと戦っているのではないと繰り返し述べたが(105)，レバノンは，ターゲットはヒズボラではなくレバノンだと応じた(106)。

本件におけるイスラエルの自衛権を承認するとの発言の多くは，単にそのように述べるのみで，承認するのがレバノン（国家）に対する自衛権行使なのか，ヒズボラ(107)（非国家主体）に対するそれなのか，必ずしも明確でない(108)。後

---

(100) S/PV.5489, 14 July 2006, p. 4; A/60/938-S/2006/518, 13 July 2006. See also Yaël Ronen, "Israel, Hizbollah, and the Second Lebanon War," *Yearbook of International Humanitarian Law*, Vol. 9 (2006), p. 363.

(101) 安保理の討議において，イスラエルが曖昧ながらもほぼ唯一自衛に言及したのは，「我々はこの残忍な戦争で自己防衛を行っている（defending ourselves）」と述べたときである。S/PV.5498, 30 July 2006, p. 5.

(102) もっとも，そのほとんどが，国際人道法の遵守や自衛における均衡性の遵守を求めた。See, e.g., S/PV.5489, 14 July 2006, pp. 9 (Argentina), 10-11 (Qatar), 12 (UK), 14 (Peru), 15 (Denmark), 16 (Slovakia), 17 (Greece), 17 (France); S/PV.5493, 21 July 2006, p. 19 (Slovakia); S/PV.5493 (Resumption 1), 21 July 2006, pp. 3 (Greece), 4 (Peru), 6 (UK), 7 (Denmark), 9 (Argentina), 12 (France), 16 (Finland on behalf of EU), 19 (Brazil), 23 (Norway), 27 (Australia), 28 (Turkey), 39 (Canada), 41 (Guatemala).

(103) S/PV.5498, 30 July 2006, p. 3. See also S/PV.5492, 20 July 2006, p. 3. ただし，中国とカタールはイスラエルの「侵略」を非難した。S/PV.5489, 14 July 2006, pp. 10 (Qatar), 11 (China).

(104) Gregor Wettberg, *The International Legality of Self-Defense against Non-State Actors: State Practice from the U. N. Charter to the Present* (Peter Lang, 2007), p. 115.

(105) S/PV.5503, 31 July 2006, p. 4; S/PV.5511, 11 August 2006, p. 21. See also S/PV.5492, 20 July 2006, p. 3 (UNSG).

(106) S/PV.5498, 30 July 2006, p. 6. See also S/PV.5511, 11 August 2006, p. 18.

(107) ヒズボラは，軍事集団であると同時に政党でもあり，レバノン政府に2人の閣僚さえ出している。Tom Ruys, "Crossing the Thin Blue Line: An Inquiry into Israel's Recourse to Self-Defense against Hezbollah," *Stanford Journal of International Law*, Vol. 43, No. 2 (Summer 2007), pp. 276-277. そのため，その位置づけはやや微妙であるが，ヒズボラ自身は法律的には国家の機関ではないし，レバノン政府自身も，ヒズボラの軍

〈第7部〉伝統的国際法概念の変容と発展

者であるとすれば,本件は非国家主体に対する自衛権行使の問題となる(本稿の射程外)。

本件を受けて全会一致で採択された安保理決議1701は,ヒズボラに対して「すべての攻撃(attacks)」の即時停止を,イスラエルに対しては「すべての攻撃的な(offensive)軍事行動」(傍点引用者)の即時停止を求めた(第1項)。曖昧ながらも,これをもって,イスラエルによるヒズボラに対する「防衛的な軍事行動」の許容と解釈することは可能かも知れない[109]。しかし,これをもってイスラエルのレバノンに対する自衛権行使の許容と理解するのは困難であろう。したがって,全体として,本件が9.11に引き続いて,緩やかなリンク(本件では領域国の不作為)の下で非国家主体(ヒズボラ)の行為(武力攻撃)の国家(レバノン)への帰属を認めた上で,イスラエルのレバノンに対する自衛権行使を認めたものと解するのは困難なように思える。

(3) FARC事件(2008年)

第2次レバノン戦争とは異なり,明確に国家間の武力措置が問題となったのが,2008年のFARC事件である。2008年3月,コロンビアは,エクアドル領域内にあるコロンビア革命軍(FARC=コロンビアの反政府武装組織)の基地を急

事行動とは一線を画す態度を示している。A/60/938-S/2006/518, 13 July 2006; Noam Lubell, *Extraterritorial Use of Force against Non-State Actors* (Oxford UP, 2010), p. 37. また後述の安保理決議1701も,レバノン政府が全レバノン領域に支配を拡大して「レバノン政府以外の当局」が存在しないようにすることが重要であることを強調することで(第3項),ヒズボラがレバノン政府からは独立の存在であるとの認識を示している。

(108) 明示的にテロリズムないしテロリストに対するイスラエルの自衛権を承認するとしたのは,フランス(S/PV5493 (Resumption 1), 21 July 2006, p. 12)とスロバキア(S/PV. 5493, 21 July 2006, p. 19)である。イスラエルが,安保理での討議においては,安保理への書簡ほど明確には自衛権を援用して正当化を図ることはしなかったのは前述の通りであるが,イスラエルと並んでテロリストに対する自衛権の存在を主張してきたアメリカも,単にイスラエルの自衛権に言及するのみで,その意味するところの詳細については語っていない。*Ibid.*, p. 17.

(109) ただし,決議1701は自衛権に明文で言及してはいない。フランスと共にこの決議を主導したアメリカは,投票説明において,やや一般的ながら自衛権に言及している。フランスは,その投票説明で自衛権には言及せず,イスラエルの「安全に対する権利」に言及しただけである。S/PV.5511, 11 August 2006, pp. 5 (US), 7 (France). なお,投票説明においては,ギリシアがイスラエルの自衛権に言及したほか,(投票説明ではないが)イスラエルが「自国の市民を守る権利(the right ... to defend its citizens)」に言及している。*Ibid.*, pp. 10 (Greece), 21 (Israel).

852

襲した。コロンビアは本件を安保理に報告しなかったが，同国外務省は「自衛の原則に従って行動した」旨を宣言した[110]。これに対してエクアドルは，FARC 支援の事実を否定し，コロンビアの「主権侵害」を非難した[111]。しかし，FARC がエクアドルをコロンビア攻撃の基地として利用していることはよく知られている事実とされる[112]。

この問題を審議した米州機構（OAS）の常設理事会が採択した決議[113]によれば，コロンビアが，「秘密裏に野営していた」（前文）FARC に対して作戦行動を実施したとされていることから，少なくとも本件でエクアドルが積極的に FARC を支援していたとはされていない。また，決議には自衛権への言及が全くないだけでなく[114]，前文でコロンビアの行為が「エクアドルの主権および領土保全の侵害と国際法の諸原則の違反」と認定された上で，決議の本文において，「国の領土は，不可侵であり，いかなる理由であれ，直接または間接に，一時的であっても，他国による軍事占領その他の武力措置（measures of force）の対象とすることはできない[115]という原則を再確認する」とされていることから，本決議は，かかる状況下においては，（コロンビアの主張するような）越境テロ攻撃に対する武力の行使（自衛権の行使）は認められないことを確認したものと解することができるように思える[116]。そしてコロンビアはエクアド

---

[110] Comunicado del Ministerio de Relaciones Exteriores de Colombia No. 081, 2 March 2008, cited in Tatiana Waisberg, "Colombia's Use of Force in Ecuador against a Terrorist Organization: International Law and the Use of Force against Non-State Actors," *ASIL Insight*, Vol. 12, Issue 17, 22 August 2008, n. 2.

[111] S/2008/146, 3 March 2008, p. 1; S/2008/177, 14 March 2008, p. 1.

[112] Waisberg, *supra* note (110); Gabriel Marcella, *War without Borders: The Colombia-Ecuador Crisis of 2008* (Strategic Studies Institute, December 2008), p. 9.

[113] OEA/Ser. G, CP/RES. 930 (1632/08), 5 March 2008.

[114] もっとも，アメリカはコロンビアの自衛権を支持した。Marcella, *supra* note (112), p. 8.

[115] この文言は恐らく OAS 憲章第 21 条からとったものである。

[116] この点については，本事件に関するリオ・グループの宣言の方がより明確である。同宣言は，一方で不正規集団の行動から生ずる安全への脅威に対抗するとの確固たるコミットメントに言及しつつも，他方で OAS 常設理事会の決議とほぼ同文で，いかなる理由であれ他国の領土を武力措置の対象とすることはできないと述べる。"Declaration of the Heads of State and Government of the Rio Group on the Recent Events between Ecuador and Colombia," 7 March 2008, paras. 2, 8, reproduced in Marcella, *supra* note (112), pp. 39-41.

〈第 7 部〉伝統的国際法概念の変容と発展

ルに対して謝罪したのである[117]。

(4) 小　　括

以上のように9.11後の国家実行[118]は，一見したところ必ずしも整然としたものとはいえないが，一定の方向性は示しているように思える。ダマスカス事件では，イスラエルは，イスラム聖戦機構が避難所として利用しているシリアとの関係における武力行使を自衛権をもって正当化したが，西側諸国を含め他国はこれを認めなかった（これは9.11前の実行と合致する）。これに対して，第2次レバノン戦争では逆に，イスラエル自身は（とりわけ安保理の討議において）

---

[117] *Ibid.*, para. 3; Waisberg, *supra* note (110).

[118] 本文で述べたもののほかにも，2001年にイスラエルがパレスチナ自治政府への軍事行動を，パレスチナ過激派を支援する団体に対するものとして自衛権で正当化したのに対して，アラブ諸国のみならずEU諸国もそれを非難したという事実，および，2002年にロシアがチェチェン武装集団の対ロシア攻撃基地たるグルジアとの関係で自衛権を留保するとしたのに対して，アメリカがグルジアの主権を強調することでこれを間接的に拒否したという事実がある。これらは，必ずしも現実の対国家の自衛権行使とはいえないものの，本文に述べた点とは整合的である。浅田・前掲注[81] 317頁。なお，関連するその他の国家実行として，ソマリアの武装勢力であるイスラム法廷会議（UIC）による「侵入」に対するエチオピアの武力行使（2006年）や，在イラクのクルド労働者党（PKK）による攻撃に対するトルコの武力行使（2007～2008年）などがあるが，自衛権に関する顕著な法的議論は展開されていないようである（後者では自衛権による正当化も行われなかった）。Gray, *supra* note (44), pp. 244-252; Moir, *supra* note (88), pp. 144-147; Tom Ruys, "Quo Vadit Jus Ad Bellum?: A Legal Analysis of Turkey's Military Operations against the PKK in Northern Iraq," *Melbourne Journal of International Law*, Vol. 9, Issue 2 (October 2008); idem, *supra* note (16), pp. 457-462, 469-471. 他方，2008年～2009年にはイスラエルがガザ地区からのテロ攻撃に対して軍事行動をとり，自衛権をもって正当化したが，安保理は，「イスラエル軍のガザからの完全撤退につながるような即時の，恒久的で完全に尊重される停戦を要請する」とする決議1860を採択したし（14対0棄権1（アメリカ）），緊急特別総会でも上記引用部分を含む安保理決議1860の完全な尊重を要求する決議（A/RES/ES-10/18, 23 January 2009）が圧倒的多数で採択されている（143対4（アメリカ，イスラエル，ナウル，ミクロネシア）棄権9）。A/ES-10/PV.36, 16 January 2009, p. 9. ガザ地区は，（将来）パレスチナ国家の一部となるべきとされている地域に過ぎず，イスラエルの軍事行動を本稿の検討対象である国家に対する自衛権行使と同列の文脈で捉えることができるのか，疑問なしとしない。S/2008/816, 27 December 2008; S/PV. 6063, 8 January 2009, p. 3; Raphaël van Steenberghe, "Self-Defence in Response to Attacks by Non-state Actors in the Light of Recent State Practice: A Step Forward?," *Leiden Journal of International Law*, Vol. 23, No. 1 (March 2010), pp. 189-191; Corten, *supra* note (12), pp. 31-33.

以前ほど明確には自衛権による正当化を行わなかったにも拘らず，多数の国がイスラエルの自衛権を承認する旨の発言を行った。しかし，それらの発言も採択された安保理決議も，イスラエルによるヒズボラへの（レバノンではなく）防衛的軍事行動を容認したものと解することもでき，そうであれば，第2次レバノン戦争の事例をもって非国家主体の行為の領域国への帰属の問題を論ずることは困難だということになろう。FARC事件の経緯は（安保理ではなく地域的機構であるOASにおいて審議されたものであるが）9.11前の実行と調和する。同事件では，越境攻撃する非国家主体を取り締まらない隣国エクアドルに所在する非国家主体を急襲した行為を，コロンビアが自衛権をもって正当化したが，これに対してOASは，隣国の領土への武力措置はいかなる理由であれ認められないとする決議を採択し，コロンビアもエクアドルに対して謝罪しているからである。

　こうして見てくると，9.11において見られた行為帰属要件を緩和する方向とも見られた動きは，自衛権を主張する側の国の主張としてはともかく，国際社会一般について見た場合には，その後の国家実行において受け入れられているとはいえないとの結論に導かれるように思える。そのような理解が正しいとすれば，ニカラグア判決の示した「侵略の定義」にかかる判断は，同判決の前後を通じて国家実行と概ね合致している（少なくともそれとは異なる国家実行の一般的な展開はない）と評価することができるであろう。ニカラグア判決の前後を通じて，武力行使国が，自国の武力行使は非国家主体に向けられたものであって，領域国に向けられたものではないとの主張を行っているという点も，それが非国家主体に対する自衛権の主張であるという可能性のほか，諸国からの支持を得るための政治的な戦略の側面と，正面から領域国に対する自衛権行使の主張を行うのは困難かもしれないとの判断の側面の，双方を含んでいるのではないかと思える。

　なお，一事例に過ぎないことから確定的にはいい難いが，第2次レバノン戦争における諸国の反応が，それまでのイスラエルに対する諸国の対応と対照的である点は，イスラエルによる違法占領が以前の諸国の反応に少なからぬ影響を与えていたことを示唆している。

〈第7部〉伝統的国際法概念の変容と発展

V おわりに

　本稿では、非国家主体による武力攻撃に相当する武力行為に対して、その犠牲となった国は自衛権を行使することができるかという問題のうち、非国家主体の所在する領域国に対して自衛権を行使することができるための基準は何か、換言すれば、非国家主体による攻撃が領域国に帰属するための基準は何か、という問題を取り上げ、ICJのニカラグア判決で示された基準、すなわち「侵略の定義」決議第3条(g)に定める規則を出発点として、同規則の起草過程、ICJのその後の判例、国家実行、学説などを手がかりに検討を加えた。その結果、以下の諸点が明らかとなったように思える。

　ニカラグア判決は、「侵略の定義」決議第3条(g)を武力攻撃の場合に当てはめ、武力攻撃に相当する武力行為を他国に対して実行する武装集団を、国家が(のために)「派遣」しまたはそれに「実質的に関与」する場合には、当該国家が武力攻撃を行ったものと認められるとする一方で、武器供与や兵站支援などの「援助」の提供では、援助国による武力行使等に当たると見なされるかも知れないが、援助国による武力攻撃とは見なされない、と判示した。そしてそのような規則が慣習法であることが示唆された[119]。判決は、同決議の起草過程や関連する国家実行を特に検討している訳ではないが、その判断は、同決議の起草過程および当時の国家実行を概ね反映していると評価することができる。

　「侵略の定義」の起草過程には紆余曲折があり、とりわけ「(国家の)実質的関与」が何を意味するかについては、必ずしも容易に一義的な解が得られる訳ではない。しかし、それが国家による「組織」「援助」「黙認」などを含むようには思えない。起草過程においても、そのような趣旨の西側諸国の提案に対して多数の国が反対していたし、国家実行においても、9.11同時多発テロ事件を唯一の顕著な例外として（しかもそこでは非法的な要素が強く作用した）、「援助」等を理由とした領域国への「自衛権」の行使が、当時もそしてその後も国際社会によって受け入れられているとはいえないからである。したがって、「侵略の定義」決議の起草過程のみならず、ICJのニカラグア判決、さらには諸国の実行に照らして、ある国の領域に所在する非国家主体が武力攻撃相当の武力行

---

(119) Nicaragua (Merits), *supra* note (7), paras. 191, 195.

為を行った場合に，その犠牲となった国が当該領域国に対して自衛権を行使できるのは，領域国が（のために）当該非国家主体を派遣するか，それに実質的に関与した場合に限られるのであって，それ以下の関与，例えば友好関係宣言の間接的武力行使規定にいう非国家主体の組織，援助，活動の黙認などの場合には，自衛権を行使できないということになろう。

　以上の考察が正しいとすれば，次の事実が注目される。すなわち，非国家主体を介した「間接的武力攻撃」の場合には，「侵略の定義」第3条(g)により，国家が当該非国家主体を派遣したり派遣にも相当するような実質的関与を行った場合にはじめて，当該国家が武力攻撃を行ったことになるのに対して，同じく非国家主体を介した「間接的武力行使」の場合には，（ニカラグア判決において慣習法の法的信念を示すものとされた）友好関係宣言の間接的武力行使規則に従えば，より緩やかな関与形態（組織，援助，黙認など）の場合にも，当該国家が武力行使を行ったことになる。こうして，間接的な武力行為を包摂する範囲は，間接的武力行使の方が間接的武力攻撃よりも広いということになる。その結果，武力行使と武力攻撃との間にある「ギャップ」[120]（＝武力攻撃に至らない武力行使に対しては自衛権を行使できないという問題）は，間接的武力行使・武力攻撃の場合には，直接的武力行使・武力攻撃の場合よりもさらに拡大することになる。

　もっとも，間接的武力行為をどの程度「武力行使」に含めるかは，もっぱら「武力行使」の概念規定に属する問題であるともいえるのであって（それ自体は重要であるが），その問題とは独立に自衛権行使の可能性という点にのみ注目すれば，間接的武力攻撃に対しても自衛権が行使できるという点で，自衛権行使の可能性がその部分について拡大したと捉えることもできる。ただ，武力攻撃（自衛権）の場合の拡大の程度が，武力行使の場合と比較して，それほど大きくはないというだけである。

　このことは，逆に，武力行使の防止，さらには重大な武力衝突の防止という観点からは一定の評価ができるかも知れない。すなわち，一国のみによる武力行使にとどまると仮定した場合，間接的武力行使を「武力行使」概念に相対的に広く取り込むことによって，武力不行使原則の適用される範囲を相対的に広く確保し，他方で，自衛権の行使を通じて双方向の武力行使，つまり武力衝突

---

[120] Yoram Dinstein, *War, Aggression and Self-Defence*, 5th ed. (Cambridge UP, 2011), pp. 207-210.

〈第 7 部〉伝統的国際法概念の変容と発展

へとつながりうる武力攻撃については，武力攻撃と見なされる間接的な武力攻撃の範囲を相対的に狭く絞り込み，自衛権を通じた双方向の武力行使によって重大な武力紛争へと発展する事態を回避することに寄与しうるといえるのかも知れない。

　しかし，これは純粋に第三者的な立場からの見方であって，間接的武力行使の犠牲となった国の立場からすれば，まったく異なった評価となるであろう。すなわち，まさにジェニングス判事がニカラグア判決の反対意見で述べたように，「［国連による集団安全保障が機能しない中で］合法な自衛の条件を不必要に厳格に定義することは危険であるように思える[121]」ということになろう。いずれにせよ，こうした武力行使と武力攻撃との間の「ギャップ」の問題は，国際法が解決しなければならない大きな課題であり，その課題は間接的武力行為の分野においてさらに拡大したということになるのである。

　〔付記〕本稿は，科学研究費補助金基盤研究 C（2009 年～ 2011 年）による研究　　成果の一部である。

---

[121] Nicaragua (Merits), Dissenting Opinion of Judge Sir Robert Jennings, *supra* note (8), pp. 543-544.

芹田健太郎先生 略歴

1941 年 3 月　中国（旧満州）にて出生
1963 年 3 月　京都大学法学部卒業
1963 年 4 月　京都大学大学院法学研究科修士課程入学
1965 年 3 月　京都大学大学院法学研究科修士課程修了
1965 年 4 月　京都大学大学院法学研究科博士課程進学
1966 年 3 月　神戸商船大学（現・神戸大学海事科学部）助手
1968 年 4 月　神戸商船大学講師
1968 年 6 月　石川希和子と結婚
1969 年 10 月　フランス政府給費留学生としてパリ大学法学部（現・パリ第二大学）博士課程に研修出張（1971 年 11 月まで）
1972 年 3 月　神戸商船大学助教授
1979 年 5 月　国連国際法委員会第 31 会期に日本政府オブザーバーとして出席（同年 8 月まで）
1981 年 4 月　神戸大学法学部教授
1987 年 5 月　世界法学会理事（2011 年 5 月まで）
1988 年 12 月　国際人権法学会理事（1997 年 11 月まで）
1989 年 8 月　第 1 回大学洋上セミナーひょうご船内委員長（同年 9 月まで）
1990 年 4 月　㈶兵庫県国際交流協会運営委員（その後，同副委員長，委員長を歴任。2010 年 3 月まで）
1991 年 5 月　㈶神戸国際協力交流センター理事（2010 年 4 月公益財団法人化に伴い，現在評議員）
1991 年 10 月　国際法学会理事（2009 年 10 月まで）
1993 年 4 月　神戸大学大学院国際協力研究科教授（法学部教授兼任）
1994 年 4 月　国連大学グローバル・セミナー神戸実行委員会委員長（2000 年 2 月まで）
1994 年 10 月　神戸大学大学院国際協力研究科長（1996 年 9 月まで）
1995 年 2 月　（阪神淡路大震災）外国人県民復興会議座長（同年 5 月まで）（呼

芹田健太郎先生 略歴

	びかけ人：関西領事団長，現地対策本部長，兵庫県知事，神戸市長，芹田）
1996 年 4 月	総理府（現内閣府）国際平和協力本部事務局人道救援物資協力問題検討委員会座長（1997 年 3 月まで）
1997 年 4 月	同上人道援助に関する有識者懇談会座長（1998 年 3 月まで）
1997 年 4 月	神戸新聞社客員論説委員（2006 年 3 月まで）
1997 年 11 月	国際人権法学会理事長（2003 年 11 月まで）
1998 年 6 月	(特活)汎太平洋フォーラム理事長（2007 年 1 月まで）
1999 年 9 月	兵庫県人権教育・啓発推進懇話会委員（現在に至る）
2000 年 4 月	神戸大学大学院国際協力研究科教授（大学院法学研究科教授兼任）
2002 年 1 月	(特活)CODE 海外災害援助市民センター（2008 年 11 月第 15 回読売国際協力賞受賞）代表理事（現在に至る）
2003 年 11 月	国際人権法学会名誉理事
2004 年 3 月	神戸大学退職
2004 年 4 月	神戸大学名誉教授
2004 年 4 月	㈶兵庫県国際交流協会参与（2010 年 4 月公益財団法人化に伴い，現在評議員）
2004 年 4 月	愛知学院大学法学部教授
2005 年 4 月	愛知学院大学法科大学院教授
2006 年 3 月	(特活)女性人権機構理事（現在に至る）
2006 年 4 月	㈶ひょうご震災記念 21 世紀研究機構研究部長（2010 年 3 月まで）
2008 年 7 月	愛知学院大学法科大学院研究科長（現在に至る）
2013 年 4 月	京都ノートルダム女子大学学長に就任

芹田健太郎先生 主要業績

◆ I 主要著書

◆ 単　著

『憲法と国際環境』（有信堂高文社，1975 年）

『憲法と国際環境（改訂版）』（有信堂高文社，1980 年）

『永住者の権利』（信山社，1991 年）

『憲法と国際環境（補訂版）』（有信堂高文社，1992 年）

『普遍的国際社会の成立と国際法』（有斐閣，1996 年）

『島の領有と経済水域の境界画定』（有信堂高文社，1999 年）

『亡命・難民保護の諸問題 I ──庇護法の展開』（北樹出版，2000 年）

『21 世紀の国際化論──兵庫からの挑戦』（兵庫ジャーナル社，2001 年）

『日本の領土』（中央公論新社，2002 年）

『地球社会の人権論』（信山社，2003 年）

『日本の領土（中公文庫）』（中央公論新社，2010 年）

『国際人権法 I 』（信山社，2011 年）

◆ 編　訳

『国際人権条約・資料集』（有信堂高文社，1979 年）

『国際人権規約草案註解／国際連合［編］』（有信堂高文社，1981 年）

『国際人権条約・資料集（第 2 版）』（有信堂高文社，1982 年）

◆ 共　著

『国際政治・国際法の基本知識』（北樹出版，1982 年）

『国際法 2 』（蒼林社，1986 年）

『ホーンブック国際法』（北樹出版，1987 年）

『アジア・太平洋の人と暮らし』（南窓社，1990 年）

『アジア・太平洋の人と暮らしⅡ』（南窓社，1992 年）

芹田健太郎先生 主要業績

『ホーンブック国際法（改訂版）』（北樹出版，1994年）
『ホーンブック国際法（再改訂版）』（北樹出版，1998年）
『ブリッジブック国際人権法』（信山社，2008年）

◆ 共 編 著
『日本の国際法事例研究1 国家承認』（日本国際問題研究所，1983年）
『日本の国際法事例研究2 国交再開・政府承認』（慶應通信，1988年）
『日本の国際法事例研究3 領土』（慶應通信，1990年）
『日本の国際法事例研究4 外交・領事関係』（慶應義塾大学出版会，1996年）
『日本の国際法事例研究5 条約法』（慶應義塾大学出版会，2001年）
『講座国際人権法1 国際人権法と憲法』（信山社，2006年）
『講座国際人権法2 国際人権規範の形成と展開』（信山社，2006年）
『コンパクト学習条約集』（信山社，2010年）
『講座国際人権法3 国際人権法の国内的実施』（信山社，2011年）
『講座国際人権法4 国際人権法の国際的実施』（信山社，2011年）

◆ II 主 要 論 文

「ヨーロッパ人権委員会の活動とその性格（上）――人権の国際的保障と国家主権の問題をめぐって」法学論叢79巻1号（1966年）
「ヨーロッパ人権委員会の活動とその性格（下）――人権の国際的保障と国家主権の問題をめぐって」法学論叢79巻2号（1966年）
「ヨーロッパ人権条約と国内的救済原則――ヨーロッパ人権委員会決定の分析」神戸商船大学紀要第一類文科論集15号（1967年）
「国際人権規約」神戸商船大学紀要第一類文科論集16号（1968年）
「国連における人権問題の取扱い――現状とその問題点」国際問題103号（1968年）
「米州における人権の保護――米州人権委員会を中心に」法学論叢86巻2号（1969年）
「フランスの社会保障制度について――病院からの経験的報告」神戸商船大学紀要第一類文科論集20号（1972年）
「政治犯罪人不引渡原則の確立――歴史的・実証的検討」国際法外交雑誌71

芹田健太郎先生 主要業績

巻4号（1972年）

「油による海洋汚染の防止と国際法——海の環境保護と国際法」神戸商船大学紀要第一類文科論集21号（1973年）

「海洋環境保全に関するカナダ案について——海の環境保全と国際法（二）」神戸商船大学紀要第一類文科論集22号（1973年）

「1973年IMCO海洋汚染防止条約案」海事産業研究所報86号（1973年）

「政治犯罪と擬装引渡——政治犯罪人不引渡原則適用の問題」太寿堂鼎編『変動期の国際法』田畑茂二郎先生還暦記念（有信堂，1973年）

「国際海峡と群島水域の通航」航海44号（1974年）

「油濁事故と国際法」法律のひろば28巻4号（1975年）

「国連の領域内庇護宣言について（一）」国際法外交雑誌74巻6号（1976年）

「国連の領域内庇護宣言について（二・完）」国際法外交雑誌75巻1号（1976年）

「国際人権規約を知るために——国際人権規約発効記念講演」部落解放89号（1976年）

「国際人権規約」の意義と批准の闘い」部落解放95号（1976年）

「船舶航行の権利と義務——歴史的パースペクティブと第3次海洋法会議」海事産業研究所報137号（1977年）

「国連の領域内庇護条約案（一）」法律時報49巻1号（1977年）

「国連の領域内庇護条約案（二・完）」法律時報49巻3号（1977年）

「いわゆる海洋二法と国際法——一方的行為をめぐって」法律のひろば30巻7号（1977年）

「国際人権規約を知るために」和島岩吉編『国際人権規約と人間解放』（解放出版社，1977年）

「フランスの海とその制度」季刊海洋時報8号（1978年）

「英仏大陸棚事件仲裁判決（抄）」国際法外交雑誌77巻2号（1978年）

「英仏間大陸棚境界画定（一）」季刊海洋時報13号（1979年）

「人権と国際法」ジュリスト681号（1979年）

「国際人権規約の意義とその概要」法律時報51巻8号（1979年）

「島と大陸棚境界画定」神戸法学雑誌30巻2号（1980年）

"Recognition of New States and Japanese Practice after the Second World War (1)" Kobe University Law Review, No. 15（1981年）

芹田健太郎先生 主要業績

「英仏間大陸棚境界画定(二)」季刊海洋時報23号（1981年）

「海洋開発と国際法」日本舶用機関学会誌16巻3号（1981年）

"Recognition of New States and Japanese Practice after the Second World War (2)" Kobe University Law Review, No. 16（1982年）

「英仏間大陸棚境界画定(三)」季刊海洋時報24号（1982年）

「英仏間大陸棚境界画定(四)」季刊海洋時報25号（1982年）

「新国家の承認と戦後日本の慣行」神戸法学雑誌31巻4号（1982年）

「チュニジア・リビア大陸棚事件判決について(一)」季刊海洋時報27号（1982年）

"Recognition of new states and Japanese Practice after the Second World War (3)" Kobe University Law Review, No. 17（1983年）

「チュニジア・リビア大陸棚事件判決について(二)」季刊海洋時報28号（1983年）

「チュニジア・リビア大陸棚事件判決について(三・完)」季刊海洋時報29号（1983年）

「国家主権と人権」国際問題279号（1983年）

「人権尊重義務とその制度的保障」法学教室40号（1984年）

「国際法における人間」（『基本法学5 責任』（岩波書店，1984年）〔第2次発行（1985年）では『基本法学1 人』に所収〕

「国籍単一の原則に対する疑問」国際法外交雑誌83巻3号（1984年）

「人種差別撤廃条約と課題」部落解放222号（1984年）

「内外人平等原則と品位を傷つける取扱いの禁止」ジュリスト826号（1984年）

「内のなかの異邦人」初瀬龍平編『内なる国際化』（三嶺書房，1985年）

「普遍的国際社会の成立——「文明」優位の清算」浦野起央＝牧田幸人編『現代国際社会の法と政治』深津栄一先生還暦記念論文集（北樹出版，1985年）

「国際紛争処理論覚書」神戸法学雑誌35巻3号（1985年）

「人権尊重義務とその保障制度」寺沢一＝内田久司編『国際法の基本問題』（有斐閣，1986年）

「日本における外国人の国際法上の権利と義務」ジュリスト877号（1987年）

「承認制度の今日的意義」神戸法学雑誌36巻4号（1987年）

「「自国」に戻る権利——サハリン裁判の一つの論点」ジュリスト893号（1987年）

芹田健太郎先生 主要業績

「ヨーロッパにおける国際人権保障」第二東京弁護士会人権擁護委員会編『国際人権と日本』(悠久書房, 1988年)

「永住権者の再入国の自由と国際法——国際人権規約による法務大臣の裁量権の制約」判例タイムズ678号 (1988年)

"Some Questions of the Legal Status of Foreign Workers in Japan" Japanese Annual of International Law, No. 33 (1990年)

「犯罪人引渡 中国民航機乗っ取り事件を契機に」法学教室117号 (1990年)

「地球社会の人権論の構築——国民国家的人権論の克服」国際人権1号 (1990年)

「国際関係における個人の権利と「人民」の権利」国際問題363号 (1990年)

「人権保障の将来」ジュリスト1000号 (1992年)

「ベトナムにおける法整備・国際協力事情」ジュリスト1034号 (1993年)

「日本の技術協力協定の分析」国際協力論集1巻2号 (1993年)

「国際人権の意義について」山影進編『新国際秩序の構想』浦野起央博士還暦記念論文集 (南窓社, 1994年)

「社会主義連邦諸国の解体と国家承認」神戸法学雑誌44巻2号 (1994年)

「国家承認制度の再検討」国際法外交雑誌94巻2号 (1995年)

「太平洋・カリブ海の島嶼国の承認」神戸法学雑誌45巻2号 (1995年)

「米国対外援助をめぐる議会と大統領の確執——援助政策の動揺」神戸法学雑誌45巻3号 (1995年)

「21世紀国際法的作用」外国法論評(中国社会科学院法学研究所)1997年第1期 (1997年)

「日韓漁業協定破棄の法と外交」ジュリスト1130号 (1998年)

「世界人権宣言採択の経緯と意義」国際問題459号 (1998年)

「難民の一時的保護」国際人権9号 (1998年)

「台湾の国際的地位と法治の主張」ジュリスト1138号 (1998年)

"Japan's Adoption and Implementation of Human Rights in Law and Practice" JYIL and Nisuke Ando (eds.), Japan and International Law: Past, Present and Future, Kluwer Law International (1999年)

「米州人権裁判所手続への個人の参加」ジュリスト1205号 (2001年)

「東アジア人権委員会設立の提案——東アジアにおける国際人権保障制度設立の可能性」山手治之＝香西茂編『21世紀国際社会における人権と平和：

芹田健太郎先生 主要業績

国際法の新しい発展をめざして〈下巻〉現代国際法における人権と平和の保障』（東信堂，2003年）
「グローバリゼーションの国際法秩序形成に及ぼす影響」世界法年報24号（2005年）
「災害報道から人道報道へ――人間の尊さ謳歌する記事が求められている」新聞研究 2006/6（No. 659）（2006年）
「日韓間領土問題の大胆な打開策――竹島を消すことが唯一の解決法だ」中央公論 2006年11月号（2006年）
「地域的人権機関の役割と課題」芹田健太郎ほか編集代表『講座国際人権法1 国際人権法と憲法』（信山社，2007年）
"The Takeshima Dispute: A Radical Proposal" Japan Echo Vol. 34 No. 1（2007年）
"Pour une solution radicale du problème de Takeshima" Cahier du Japon, N° 110, Printemps-Été（2007年）
"Some Legal Aspects of Territorial Disputes over Islands" Seoung-Yong Hong and Jon M. Van Dyke(eds), Maritime Boundary Disputes, Settlement Processes, and the Law of the Sea, Martinus Nijhoff Publishers（2009年）
「テロリズムの法的規制と日本」初川満編『国際テロリズム入門』（信山社，2010年）
「人権法の基本原則について」愛知学院大学論叢 法学研究51巻2号（2010年）
「領土紛争の法と政治――憲法9条と紛争の平和的解決」法律時報84巻13号（2012年）
「尖閣問題への視座」東亜 2013年3月号（2013年）

　　＊上記は，芹田教授の主要著書，論文目録であり，ここに掲載したのは，代表的なものであって，すべてを網羅するものではない。

芹田健太郎先生古稀記念
普遍的国際社会への法の挑戦

2013(平成25)年3月10日　第1版第1刷発行

編　者	坂元茂樹　薬師寺公夫
発行者	今井　貴　稲葉文子
発行所	株式会社　信　山　社

〒113-0033 東京都文京区本郷 6-2-9-102
Tel 03-3818-1019　Fax 03-3818-0344
info@shinzansha.co.jp
東北支店　〒981-0944 宮城県仙台市青葉区子平町 11 番 1 号
笠間才木支店　〒309-1611 茨城県笠間市笠間 515-3
　Tel 0296-71-9081　Fax 0296-71-9082
笠間来栖支店　〒309-1625 茨城県笠間市来栖 2345-1
　Tel 0296-71-0215　Fax 0296-72-5410
出版契約 2013-1967-01011 Printed in Japan

Ⓒ 編・著者, 2013　印刷・製本／ワイズ書籍・渋谷文泉閣
ISBN978-4-7972-1967-8 C3332　分類329.100-a003 国際法・憲法・国際人権法
￥20,000: p896-012-400-120-N30

JCOPY 《(社)出版者著作権管理機構　委託出版物》
本書の無断複写は著作権法上での例外を除き禁じられています。複写される場合は、そのつど事前に、(社)出版者著作権管理機構(電話03-3513-6969, FAX03-3513-6979, e-mail: info@jcopy.or.jp)の許諾を得てください。また、本書を代行業者等の第三者に依頼してスキャニング等の行為によりデジタル化することは、個人の家庭内利用であっても、一切認められておりません。

◆ヨーロッパ人権裁判所の判例
　戸波江二・北村泰三・建石真公子・小畑郁・江島晶子 編集代表
・ボーダーレスな人権保障の理論と実際。解説判例80件に加え、概説・資料も充実。来たるべき国際人権法学の最先端。

◆ドイツの憲法判例〔第2版〕
　ドイツ憲法判例研究会 編　栗城壽夫・戸波江二・根森健 編集代表
・ドイツ憲法判例研究会による、1990年頃までのドイツ憲法判例の研究成果94件を収録。ドイツの主要憲法判例の分析・解説、現代ドイツ公法学者系譜図などの参考資料を付し、ドイツ憲法を概観する。

◆ドイツの憲法判例Ⅱ〔第2版〕
　ドイツ憲法判例研究会 編　栗城壽夫・戸波江二・石村修 編集代表
・1985～1995年の75にのぼるドイツ憲法重要判決の解説。好評を博した『ドイツの最新憲法判例』を加筆補正し、新規判例も多数追加。

◆ドイツの憲法判例Ⅲ
　ドイツ憲法判例研究会 編　栗城壽夫・戸波江二・嶋崎健太郎 編集代表
・1996～2005年の重要判例86判例を取り上げ、ドイツ憲法解釈と憲法実務を学ぶ。新たに、基本用語集、連邦憲法裁判所関係文献、1～3通巻目次を掲載。

◆フランスの憲法判例
　フランス憲法判例研究会 編　辻村みよ子 編集代表
・フランス憲法院（1958～2001年）の重要判例67件を、体系的に整理・配列して理論的に解説。フランス憲法研究の基本文献として最適な一冊。

◆フランスの憲法判例Ⅱ〈2013年最新刊〉
　フランス憲法判例研究会 編　辻村みよ子 編集代表
・2000年以降のDC判決、近年のQPC判決など、75件を越える重要判決を解説。統合欧州での、フランスの人権保障、統治機構の最新の動向を捉えた貴重な一冊。

植木俊哉 編
グローバル化時代の国際法

中村民雄・山元一 編
ヨーロッパ「憲法」の形成と各国憲法の変化

森井裕一 編
国際関係の中の拡大EU

森井裕一 編
地域統合とグローバル秩序
——ヨーロッパと日本・アジア——

吉川元・中村覚 編
中東の予防外交

八谷まち子 編
EU拡大のフロンティア
——トルコとの対話——

信山社

地球社会の人権論
芹田健太郎

抗う思想・平和を創る力
阿部浩己

人権条約の現代的展開
申　惠丰

国際人権・刑事法概論
尾崎久仁子

マイノリティの国際法
窪　誠

国際公務員法の研究
黒神直純

国際裁判の動態
李　禎之

国際テロリズム入門
初川　満　編　　芹田健太郎 他執筆

憲法学の可能性
棟居快行

憲法と国際規律
齊藤正彰

国際法論集
村瀬信也

実践国際法
小松一郎

信山社

講座　国際人権法 1　　国際人権法学会15周年記念
◆**国際人権法と憲法**
　　編集代表　芹田健太郎・棟居快行・薬師寺公夫・坂元茂樹

講座　国際人権法 2　　国際人権法学会15周年記念
◆**国際人権規範の形成と展開**
　　編集代表　芹田健太郎・棟居快行・薬師寺公夫・坂元茂樹

講座　国際人権法 3　　国際人権法学会20周年記念
◆**国際人権法の国内的実施**
　　編集代表　芹田健太郎・戸波江二・棟居快行・薬師寺公夫・坂元茂樹

講座　国際人権法 4　　国際人権法学会20周年記念
◆**国際人権法の国際的実施**
　　編集代表　芹田健太郎・戸波江二・棟居快行・薬師寺公夫・坂元茂樹

◆**国際人権法 I**
　　芹田健太郎　著

◆**コンパクト学習条約集**
　　芹田健太郎　編集代表／森川俊孝・黒神直純・林美香・李禎之　編集委員

◆**ブリッジブック国際人権法**
　　芹田健太郎・薬師寺公夫・坂元茂樹　著

信山社